Springer-Lehrbuch

Tim Drygala • Marco Staake • Stephan Szalai

Kapitalgesellschaftsrecht

Mit Grundzügen des Konzern- und
Umwandlungsrechts

 Springer

Prof. Dr. Tim Drygala
Dr. Marco Staake
Stephan Szalai

Universität Leipzig
Juristenfakultät
Lehrstuhl für Bürgerliches Recht,
Handels-, Gesellschafts- und Wirtschaftsrecht
Burgstraße 27
04109 Leipzig
kapitalgesellschaftsrecht@uni-leipzig.de

ISSN 0937-7433
ISBN 978-3-642-17174-1   e-ISBN 978-3-642-17175-8
DOI 10.1007/978-3-642-17175-8
Springer Heidelberg Dordrecht London New York

Die Deutsche Nationalbibliothek verzeichnet diese Publikation in der Deutschen Nationalbibliografie; detaillierte bibliografische Daten sind im Internet über http://dnb.d-nb.de abrufbar.

Gedruckt auf säurefreiem Papier

Springer ist Teil der Fachverlagsgruppe Springer Science+Business Media (www.springer.com)

Zu diesem Buch

Das Recht lebt nicht nur von den Paragraphen, sondern von den Konflikten, die die beteiligten Personen miteinander austragen. Für das Kapitalgesellschaftsrecht gilt das in besonderem Maße, denn es ist mehr als andere Rechtsmaterien fallgetrieben und interessengeleitet.

Das vorliegende Buch versucht, dieser Besonderheit dadurch Rechnung zu tragen, dass es die hinter den Normen und Gerichtsentscheidungen stehenden Interessenkonflikte offenlegt. Dem Leser soll es ermöglicht werden, sich selbst ein Bild über die unseres Erachtens zutreffende, aber zugleich selten einzig richtige Lösung zu verschaffen.

Klare und optisch hervorgehobene Hinweise zu den Grundstrukturen helfen gleichzeitig dabei, den Gesamtzusammenhang nicht aus dem Blick zu verlieren. Wir hoffen, dass dieser Ansatz zu einer anschaulichen und lebendigen Darstellung führt, so dass das Buch trotz seiner Länge für den Leser verdaulich bleibt. Zahlreiche Beispiele und Prüfungsschemata erleichtern dabei das Gesetzesverständnis und die Problemverortung. Die in der Verlagsankündigung versprochenen ausführlichen Falllösungen hätten hingegen den Umfang des Buches endgültig gesprengt. Als Ausgleich dafür arbeiten wir bereits an einem begleitenden Fallbuch, das bald erscheinen wird.

Die Studien- und Prüfungsordnungen der Bundesländer haben unverständlicherweise das wirtschaftlich weniger wichtige Personengesellschaftsrecht zum Pflichtfach erklärt, leisten es sich aber, die rund eine Million Gesellschaften mit beschränkter Haftung in diesem Lande weitgehend zu ignorieren. Das vorliegende Buch wendet sich daher vornehmlich an fortgeschrittene Studierende, die einen unternehmensrechtlichen Schwerpunkt gewählt haben, in denen das Kapitalgesellschaftsrecht typischerweise zum Prüfungsstoff gehört.

Viele unserer Leser werden zudem später ihr Berufsfeld in einer eher beratenden als gerichtlichen Tätigkeit finden – sei es als Anwalt in einer wirtschaftsberatenden Kanzlei, sei es in einem Unternehmen. Die Darstellung bezieht daher auch Fragen der praktischen Gestaltung ein und versucht Hinweise darauf zu geben, wie eine zweckmäßige Beratung Konflikte vermeiden kann. Ebenfalls aus Gründen der praktischen Bedeutung, aber auch, weil sich diese Rechtsform dem Anfänger leichter erschließt, haben wir in der Darstellung die GmbH nach vorne gestellt und das Aktienrecht anschließend darauf aufbauend entwickelt.

Wir haben es natürlich nicht unterlassen können, unserer eigenen wissenschaftlichen Neugier nachzugeben. Dort, wo es uns geboten erschien oder wo wir einfach Lust dazu hatten, haben wir eigene Positionen entwickelt. Schwerpunkte dabei sind – so viel sei vorab verraten – das Verständnis des Stamm- bzw. Grundkapitals als Beitrag der Gesellschafter zum unternehmerischen Risiko und die zunehmende Unterscheidung zwischen börsennotierter und nicht börsennotierter AG. Wir hoffen daher in aller Unbescheidenheit, dass das Buch über studentische Kreise hinaus Verbreitung finden und einen Beitrag zum wissenschaftlichen Fortschritt leisten wird.

Denen, die an der Erstellung dieses Buches ebenfalls beteiligt waren, gebührt an dieser Stelle Dank. Dies sind insbesondere Frau *Ekaterina Kozlova*, ferner Herr *Tony Grobe* sowie Frau *Constance Waber*. Gedankt sei auch Frau *Anke Seyfried* und Frau *Manuela Schwietzer* vom Springer-Verlag für Ihre Geduld und die wertvolle Unterstützung, die wir erfahren haben.

Den Lesern wünschen wir viel Freude und Erkenntnisgewinn mit diesem Buch. Sollte dieser sich in Grenzen halten, weil sich Mängel und Auslassungen finden oder etwas unklar ist, so sind wir für Hinweise und Anregungen dankbar, gern per E-Mail an *kapitalgesellschaftsrecht@uni-leipzig.com*. Seien Sie aber bitte gnädig mit uns und denken Sie daran: Nur wer nicht arbeitet, macht keine Fehler.

Leipzig, Oktober 2011

Tim Drygala
Marco Staake
Stephan Szalai

Inhaltsverzeichnis

1. Teil: Einführung in das Kapitalgesellschaftsrecht 1

§ 1 Grundlagen des Kapitalgesellschaftsrechts 3
   I.   Begriff der Kapitalgesellschaft 3
   II. Kapitalgesellschaften als juristische Personen 4
       1. Rechtsfähigkeit und Rechtspersönlichkeit 4
       2. Kapitalgesellschaftsrechtliche Grundprinzipien 5
          a) System der Normativbedingungen 5
          b) Körperschaftliche Struktur 5
       3. Verein als Grundform 7
   III. Kapitalgesellschaften als Formkaufleute 7
   IV. Die Bedeutung des Kapitals 8
       1. Legitimation der beschränkten Haftung 8
       2. Funktion des Stamm- bzw. Grundkapitals 9
       3. Eigen- und Fremdkapital 12
       4. Kapital und Kapitalanteil 13
   V. Zur Trennung von Aktienrecht und GmbH-Recht 14
       1. Strenges Aktienrecht 14
       2. Liberales GmbH-Recht 15
       3. Aktieneinheitsrecht oder zwei Rechtsformen namens
          „Aktiengesellschaft"? 16
          a) Das Prinzip des Aktieneinheitsrechts 16
          b) Trennung von börsennotierten und nicht börsennotierten
             Aktiengesellschaften 16
          c) Kapitalgesellschaftsrecht und Kapitalmarktrecht 17
          d) Gesellschaftertypen 19
          e) Kapitalmarktorientierte Trennlinien 21

§ 2 Internationale Einflüsse 23
   I.   Rechtsangleichung in der Europäischen Union 23
   II. Supranationale Gesellschaftsformen 24
       1. Überblick 25
       2. Die Societas Europaea 25
          a) Gesetzliche Grundlagen 25
          b) Rechtsnatur, Kapital, Sitz 26
          c) Gründung 26
          d) Organe 27
          e) Mitbestimmung 28
          f) Bedeutung der SE 29
       3. Die Societas Privata Europaea (SPE) 30
   III. Bewegungsfreiheit im Europäischen Binnenmarkt 31
       1. Niederlassungsfreiheit 31
       2. Sitztheorie vs. Gründungstheorie 32

3. Rechtsprechung des EuGH 33
    a) „Daily Mail" 34
    b) „Centros" 34
    c) „Überseering" 35
    d) „Inspire Art" 35
    e) „Sevic" 36
    f) „Cartesio" 36
    g) Zusammenfassung 37
5. Behandlung von Nicht-EU-Gesellschaften 38

2. Teil: Die Gesellschaft mit beschränkter Haftung 39

§ 3 Historische Entwicklung und Bedeutung der GmbH 41
I. Gesetzesgeschichte 41
II. Das MoMiG 42
  1. Entstehungsgeschichte 42
  2. Zielstellung und Schwerpunkte 42
    a) Erleichterung und Beschleunigung
       von Unternehmensgründungen 43
    b) Steigerung der Attraktivität der GmbH 43
    c) Missbrauchsbekämpfung 44
III. Wirtschaftliche Bedeutung der GmbH 44

§ 4 Die Gründung der GmbH 47
I. Grundlagen 47
  1. „Errichtung" und „Gründung" 47
  2. Gründungsphasen 48
    a) Überblick 48
    b) Vorgründungsgesellschaft 48
    c) Vorgesellschaft 49
    d) Die GmbH „als solche" 50
II. Gründungsgesellschafter 50
  1. „Personen" 50
    a) Natürliche Personen 50
    b) Juristische Personen, Personengesellschaften und
       Erbengemeinschaften 51
  2. Zulässigkeit der Einpersonengründung 52
III. Der Gesellschaftsvertrag 53
  1. Bedeutung und Rechtsnatur 53
  2. Form des Gesellschaftsvertrages und Vertretung 54
    a) Notarielle Beurkundung 54
    b) Musterprotokoll im vereinfachten Verfahren 55
    c) Vertretung 56
  3. Inhalt des Gesellschaftsvertrages 56
    a) Mindestinhalt 57
       aa) Firma und Sitz 57
       bb) Gegenstand des Unternehmens 58

cc) Betrag des Stammkapitals 59
dd) Zahl und Nennbeträge der übernommenen
    Geschäftsanteile 59
b) Fakultativer Inhalt 60
    aa) „Echte" Satzungsbestandteile 60
    bb) „Unechte" Satzungsbestandteile 60
4. Auslegung des Gesellschaftsvertrages 61
IV. Geschäftsführerbestellung 63
V. Einlageleistung 63
    1. Grundlagen 63
    2. Bareinlage 64
        a) Leistungsgegenstand 64
        b) Mindesteinzahlung 65
        c) Endgültige freie Verfügbarkeit 65
            aa) Bedeutung 65
            bb) Zahlung auf ein debitorisches Bankkonto 66
            cc) Schuldrechtliche Verwendungsabreden 67
            dd) Kein Vorbelastungsverbot 67
    3. Sacheinlagen 68
        a) Allgemeines 68
        b) Sacheinlage und Sachübernahme; gemischte Sacheinlage 68
        c) Sacheinlagefähige Gegenstände 69
        d) Festsetzung im Gesellschaftsvertrag 70
        e) Sachgründungsbericht 71
        f) Änderung der Einlagen 71
        g) Freie Verfügbarkeit, Leistungszeitpunkt 72
        h) Bewertung der Sacheinlagen 72
        i) Rechtsfolgen der Überbewertung 73
            aa) Eintragungshindernis (§ 9c I 2 GmbHG) 73
            bb) Differenzhaftung (§ 9 I GmbHG) 74
VI. Weiteres Verfahren 75
    1. Anmeldung zum Handelsregister 75
        a) Verfahren und Inhalt 75
        b) Versicherung und Nachweise 76
        c) Rechtliche Sanktionen bei Falschangaben 77
    2. Prüfung des Registergerichts 77
        a) Prüfungsgegenstand und -dichte 77
        b) Verfahren 78
    3. Eintragung 79
VII. Folgen von Gründungsmängel 79
    1. Vor Eintragung 79
    2. Nach Eintragung 80
VIII. Vorratsgründung und Mantelverwendung 81
    1. Grundlagen 81
    2. Rechtliche Anforderungen 82

§ 5 Die Unternehmergesellschaft 85
  I.   Bedeutung.. 85
  II. Rechtsnatur.. 86
  III. Firma 86
  IV. Gründung... 87
  V. Kapital, Kapitalaufbringung und Kapitalaufholung 87
     1. Höhe des Stammkapitals.. 87
     2. Einlagepflicht.. 88
        a) Beschränkungen des § 5a II GmbHG......................... 88
        b) Kapitalerhöhungen... 89
     3. Thesaurierung... 90
  VI. Gesellschafterversammlung bei drohender Zahlungsunfähigkeit............ 92
  VII.Übergang zur GmbH gemäß § 5a V GmbHG................................. 92

§ 6 Die Vor-GmbH.. 95
  I.   Grundlagen... 95
     1. Die Vor-GmbH als Zwischenstadium................................. 95
     2. Rechtsnatur und anwendbares Recht 96
  II. Vertretung der Vor-GmbH 97
  III. Haftungsverhältnisse in der Vorgesellschaft 99
     1. Haftung der Gesellschaft.. 99
     2. Haftung der Gesellschafter 99
        a) Haftung nach Eintragung 100
        b) Haftung bei fehlender Eintragung............................101
           aa) Grundsatz..101
           bb) Ausnahmen..102
     3. Handelndenhaftung...103
        a) Zweck..103
        b) Anspruchsvoraussetzungen 104
           aa) Handelnder..104
           bb) Rechtsgeschäftliches Tätigwerden 104
           cc) Handeln im Namen der Gesellschaft.......................105
           dd) Zeitlicher Anwendungsbereich................................106
        c) Rechtsfolgen 106
        d) Erlöschen der Haftung 106

§ 7 Sicherung der Kapitalaufbringung 107
  I.   Das Prinzip der realen Kapitalaufbringung 107
  II. Befreiungsverbot (§ 19 II 1 GmbHG) 108
  III. Aufrechnungsverbot (§ 19 II 2 GmbHG) 110
     1. Aufrechnung durch den Gesellschafter.............................110
        a) Grundsatz...110
        b) Ausnahmen 110
     2. Aufrechnung durch die Gesellschaft.................................111
        a) Traditionelle Lösung...111
        b) Neubewertung nach dem MoMiG..............................112
  IV. Eingeschränktes Zurückbehaltungsrecht (§ 19 II 3 GmbHG) 113

V. Die verdeckte Sacheinlage § 19 IV GmbHG...113
 1. Ausgangspunkt 113
 2. Rechtslage vor und nach dem MoMiG 114
 3. Tatbestand..116
  a) Legaldefinition..116
  b) Gegengeschäft...116
  c) Abrede...117
  d) Dienstleistungen..118
  e) Verdeckte Sacheinlagen bei der UG? 119
 4. Rechtsfolgen...120
  a) Fortbestehen der Bareinlagepflicht 120
  b) Keine Unwirksamkeit des Gegengeschäfts...............................120
  c) Anrechnung...120
  d) Keine Leistung zur freien Verfügung 123
 5. Heilung 124
VI. Das Hin- und Herzahlen (§ 19 V GmbHG)...124
 1. Grundlagen 124
 2. Abgrenzung zur Kapitalerhaltung..126
 3. Voraussetzungen der Privilegierung...126
 4. Rechtsfolgen...128
  a) Privilegierte Vorgänge..128
  b) Sonstige Fälle...128
 5. Her- und Hinzahlen..129
 6. Dienstleistungen 129
  a) Der Standpunkt des BGH..130
  b) Kritik..130
VII. Kapitalaufbringung im Cash-Pool 131
 1. Grundlagen des Cash-Pooling 131
 2. Kein Sonderrecht bei der Kapitalaufbringung 132
  a) Rechtslage bis zum MoMiG 132
  b) „Cash Pool II" 133
  c) Stellungnahme 133
VIII. Sanktionen bei nicht rechtzeitiger Erfüllung der Einlagepflicht...........134
 1. Überblick 134
 2. Rechtsfolgen nicht rechtzeitiger Leistung..135
  a) Verzinsungspflicht (§ 20 GmbHG)..135
  b) Kaduzierung (§§ 21 ff. GmbHG)...135
  c) Haftung für den Fehlbetrag 137
   aa) Haftung der Vormänner 137
   bb) Verwertung..137
   cc) Ausfallhaftung des ausgeschlossenen Gesellschafters 137
   dd) Ausfallhaftung der übrigen Gesellschafter (§ 24 GmbHG).138

§ 8 Kapitalerhaltung..139
 I. Grundlagen 139
 1. Funktion und Umfang der Kapitalbindung 139
 2. Kein Schutz vor Verwirtschaftung..141

    3. Alternative zur bilanziellen Kapitalerhaltung 141
    4. Das „November"-Urteil und die Folgen 142
  II. Das Auszahlungsverbot des § 30 GmbHG 143
    1. Verbotstatbestand 143
        a) Sachlicher Anwendungsbereich: „Auszahlung" 144
            aa) Grundlegende Unterscheidung 144
            bb) Behandlung von Austauschverträgen 145
            cc) Behandlung von Darlehen...147
            dd) Behandlung von Sicherheiten..148
            ee) Cash-Pooling..149
        b) Personelle Reichweite 150
            aa) Ehemalige und zukünftige Gesellschafter 150
            bb) Leistungen durch Dritte...150
            cc) Leistung an Dritte...150
    2. Ausnahmen (§ 30 I 2 und 3 GmbHG)...151
        a) Bestehen eines Beherrschungs- oder
           Gewinnabführungsvertrages 151
        b) Deckung durch vollwertigen Gegenleistungs- oder
           Rückgewähranspruch...151
        c) Keine Anwendung auf Gesellschafterdarlehen 152
    3. Rückzahlungen von Nachschüssen (§ 30 II GmbHG) 152
    4. Rechtsfolgen von Verstößen...152
        a) Unzulässigkeit, aber keine Unwirksamkeit............................152
        b) Rückzahlungsanspruch (§ 31 GmbHG) 153
            aa) Anspruchsgegner..153
            bb) Anspruchsinhalt..153
            cc) Haftungsumfang 155
            dd) Privilegierung des gutgläubigen Empfängers...................156
            ee) Beseitigung der Unterbilanz...156
            ff) Verjährung und Bindungen 156
        c) Ausfallhaftung der Mitgesellschafter....................................157
        d) Verschuldenshaftung...158
        e) Steuerrechtliche Folgen 159
  III. Erwerb eigener Anteile, § 33 GmbHG 159
    1. Gesetzliche Beschränkungen 159
    2. Rechtsfolgen des wirksamen Erwerbs 160

§ 9 Gesellschafterdarlehen und Co...163
  I. Problemstellung..163
  II. Historische Entwicklung 164
    1. Eigenkapitalersatzrecht...164
        a) Rechtsprechungsregeln 164
        b) Die Novellenregeln (§§ 32a/b GmbHG) 165
        c) Zwei Säulen des Eigenkapitalersatzrechts 165
    2. Die Neukonzeption durch das MoMiG..166
    3. Übergangsrecht...167

III. Anwendungsbereich der Neuregelungen 168
    1. Rechtsformübergreifender Ansatz 168
    2. Erfasste Personen 168
       a) Gesellschafter 168
       b) Zurechnung bei Beteiligung Dritter 169
    3. Ausnahmen vom Anwendungsbereich 170
       a) Kleinbeteiligtenprivileg 170
       b) Sanierungsprivileg 170
    4. Erfasste Rechtshandlungen 171
IV. Rechtsfolgen 171
    1. Nachrangigkeit in der Insolvenz 171
    2. Anfechtbarkeit von Sicherungs- und Befriedigungsleistungen 172
    3. Bilanzielle Behandlung 173
V. Gesellschafterbesicherte Drittdarlehen 173
VI. Nutzungsüberlassung 174
    1. Alte Rechtslage 174
    2. Neuregelung durch das MoMiG 174
       a) Fortdauernde Nutzungsmöglichkeit 174
       b) Ausgleichsanspruch des Gesellschafters 175

§ 10 Haftungsdurchgriff und Existenzvernichtungshaftung 177
  I. Ausgangspunkt: Das Trennungsprinzip 177
  II. Haftungsdurchgriff 178
    1. Dogmatische Grundlagen 178
    2. Fallgruppen 179
       a) Vermögensvermischung 179
       b) Materielle Unterkapitalisierung 180
       c) Existenzvernichtung 182
  III. Haftung wegen existenzvernichtenden Eingriffs nach „Trihotel" 184
    1. Haftungsvoraussetzungen 184
       a) Kompensationsloser Eingriff in das Gesellschaftsvermögen 184
       b) Sittenwidrigkeit 185
       c) Vorsatz 186
       d) Darlegungs- und Beweislast 186
    2. Rechtsfolgen 186
       a) Anspruchsinhaber 186
       b) Anspruchsschuldner 187
       c) Ersatzfähiger Schaden 187
       d) Kein Vorrang des Einzelausgleichs nach § 31 GmbHG 188
    3. Bewertung 188

§ 11 Die Organe der GmbH 191
  I. Überblick 191
  II. Geschäftsführer 192
    1. Rechtsstellung 192
    2. Pflichten und Befugnisse 193

3. Persönliche Anforderungen 194
   a) Selbst- oder Fremdorganschaft 194
   b) Gesetzliche Mindestanforderungen und Ausschlussgründe.......194
   c) Ausländische Geschäftsführer...195
4. Begründung des Organverhältnisses...195
   a) Trennungstheorie 195
   b) Rechtsgeschäftliche Bestellung...196
   c) Gerichtliche Bestellung eines Notgeschäftsführers...............197
5. Beendigung des Organverhältnisses 198
   a) Abberufung 199
      aa) Grundsatz: freie Abberufbarkeit...................................199
      bb) Einschränkungen 199
      cc) Abberufung aus wichtigem Grund 200
      dd) 200Mitbestimmungsrechtliche Besonderheiten 202
   b) Amtsniederlegung...202
   c) Sonstige Beendigungsgründe..203
   d) Wirkung der Beendigung...203
6. Anstellungsvertrag..203
   a) Rechtsnatur 203
   b) Vertragsschluss 204
   c) Inhalt...205
   d) Vergütung 205
   e) Beendigung 206
      aa) Ordentliche Kündigung...206
      bb) Außerordentliche Kündigung.......................................207
      cc) Sonstige Beendigungsgründe 208
7. Vertretung der GmbH 208
   a) Grundlagen..208
   b) Umfang der Vertretungsmacht..209
8. Haftung gegenüber der Gesellschaft (Innenhaftung) 210
   a) Überblick 210
   b) Allgemeine Sorgfaltshaftung (§ 43 II, III GmbHG)..................211
      aa) Überblick...212
      bb) Pflichtwidrigkeit und Sorgfaltsmaßstab 212
      cc) Keine Haftung bei Handeln aufgrund Weisung 214
      dd) Nachträgliche Haftungsfreistellung................................216
      ee) Schuldner 217
      ff) Verjährung 218
      gg) Geltendmachung 218
      hh) Konkurrenzen...219
   c) Haftung nach § 64 GmbHG wegen Zahlungen
      nach Insolvenzreife 220
      aa) Überblick...220
      bb) Normzweck 221
      cc) „Zahlung"...222
      dd) Zahlungsunfähigkeit...223

ee) Überschuldung 224
ff) Geltendmachung 225
9. Haftung gegenüber Gesellschaftsgläubigern (Außenhaftung)..........226
   a) Überblick 226
   b) Haftung aus culpa in contrahendo.....................................226
   c) Haftung aus unerlaubter Handlung 227
      aa) § 823 I BGB 227
      bb) § 823 II BGB...227
      cc) § 826 BGB 228
   d) Haftung wegen Insolvenzverschleppung gemäß
       § 823 II BGB, 15a I 1 InsO...228
      aa) Insolvenzrechtliche Grundlagen....................................228
      bb) Schutzgesetz..229
      cc) Haftungsumfang...230
10. Haftung gegenüber Gesellschaftern..231
III. Die Gesellschafterversammlung..232
1. Bedeutung und Terminologie 232
2. Zuständigkeiten...233
3. Einberufung 234
   a) Grundlagen..234
   b) Einberufungskompetenz..235
   c) Einberufungspflicht...236
   d) Form, Frist und Inhalt 236
   e) Folgen von Einberufungsmängeln 237
4. Teilnahme..238
   a) Teilnahmerecht der Gesellschafter....................................238
   b) Rede- und Antragsrecht 239
   c) Teilnahme sonstiger Personen 239
5. Versammlungsleiter...239
6. Beschlussfassung...240
   a) Willensbildung durch Abstimmung.....................................240
   b) Mehrheitserfordernisse 241
   c) Beschlussfeststellung 241
   d) Formerfordernisse und Protokollierung 242
   e) Beschlussfassung im schriftlichen Verfahren 244
   f)   Stimmrecht..244
   g) Ausschluss des Stimmrechts und sonstige
       Ausübungsschranken 246
      aa) Stimmrechtslose Anteile 246
      bb) Stimmverbote..246
      cc) „Bewegliche Ausübungsschranken" 247
      dd) Stimmbindungsvereinbarungen......................................248
7. Fehlerhafte Beschlüsse der Gesellschafterversammlung
   (Beschlussmängelrecht)..249
   a) Analoge Anwendung der §§ 241 ff. AktG 249
   b) Nichtigkeit 249

c) Anfechtbarkeit...250
    aa) Anfechtungsgründe 251
    bb) Geltendmachung durch Anfechtungsklage.........................251
IV. Aufsichtsrat 253
    1. Der fakultative Aufsichtsrat...253
    2. Der obligatorische Aufsichtsrat 254
        a) Unternehmerische Mitbestimmung nach dem
            Drittelbeteiligungsgesetz...254
        b) Unternehmerische Mitbestimmung nach dem
            Mitbestimmungsgesetz 254
V. Beirat..255

§ 12 Erwerb und Verlust der Mitgliedschaft..257
I.   Verknüpfung von Mitgliedschaft und Geschäftsanteil 257
II.   Die Bedeutung der Gesellschafterliste...258
      1. Publizität des Gesellschafterbestandes 258
      2. Keine Wirksamkeitsvoraussetzung für Rechtsänderung..................259
      3. Legitimationswirkung gegenüber der Gesellschaft....................260
          a) Berechtigung..260
          b) Haftung 260
          c) Scheinerwerber 261
          d) Gesamtrechtsnachfolge 261
          e) Innenverhältnis zwischen Veräußerer und Erwerber 262
      4. Rechtsscheinträger 262
III. Rechtsgeschäftliche Übertragung von Geschäftsanteilen......................262
      1. Grundsatz der freien Verfügbarkeit; Formbedürftigkeit.................262
      2. Beschränkungen; insbesondere Vinkulierung.................................264
      3. Erwerb vom Nichtberechtigten...266
          a) Verkehrsgeschäft..266
          b) Existenz des Geschäftsanteils 267
          c) Unrichtigkeit der Gesellschafterliste.................................268
          d) Ausschlussgründe 268
          e) Bedingte Übertragungen und Zweitverfügungen......................270
IV. Vererbung..271
V.   Dingliche Belastungen; Treuhand 272
VI. Zwangsvollstreckung..273
VII. Beendigung der Mitgliedschaft 274
     1. Überblick..274
     2. Einziehung des Geschäftsanteils (Amortisation) 274
         a) Grundlagen...275
         b) Freiwillige Einziehung..275
         c) Zwangseinziehung 276
         d) Wirkungen der Einziehung 277
         e) Rechtswidrige Einziehung 278
     3. Ausschluss eines Gesellschafters...278
         a) Grundlagen...279
         b) Ausschlussgrund 279

      c) Kapitalschutz 281
      d) Ausschlussverfahren 281
      e) Wirkungen 282
  4. Austritt eines Gesellschafters...283
      a) Grundlagen..283
      b) Austrittsgrund 283
      c) Kapitalschutz 284
      d) Verfahren und Wirkungen 284
  5. Abfindung des Gesellschafters bei Einziehung, Ausschluss
      und Austritt..285
      a) Grundlagen..285
      b) Höhe des Abfindungsanspruchs......................................286
      c) Statutarische Abfindungsklauseln und Inhaltskontrolle...........287
          aa) Grobes Missverhältnis..287
          bb) Gläubigerbenachteiligung 288
          cc) Verstoß gegen Gleichbehandlungsgrundsatz 288
      d) Zahlung der Abfindung als Wirksamkeitsvoraussetzung?.........288

§ 13 Mitgliedschaftliche Rechte und Pflichten 291
  I. Geschäftsanteil und Mitgliedschaft 291
  II. Rechte der Gesellschafter 291
    1. Verwaltungs- und Vermögensrechte......................................291
    2. Auskunfts- und Einsichtsrecht (§ 51a GmbHG) 293
      a) Umfassendes Informationsrecht......................................293
      b) Auskunft..294
      c) Einsicht 295
      d) Verweigerung nach § 51a II GmbHG 296
      e) Informationsbedürfnis als ungeschriebene Voraussetzung? 296
      f) Ausübungsschranken 296
      g) Rechtsschutz gegen Informationsverweigerung.....................297
    3. Gesellschafterklage (actio pro socio) 298
      a) Grundlagen..298
      b) Eigenes Recht oder Prozessstandschaft?.........................298
      c) Anwendungsbereich..299
      d) Hilfszuständigkeit 300
      e) Prozessuale Folgen..301
  III. Pflichten der Gesellschafter...302
    1. Einlagepflicht...302
    2. Nachschusspflicht 302
      a) Grundlagen..302
      b) Die beschränkte Nachschusspflicht................................303
      c) Die unbeschränkte Nachschusspflicht............................303
    3. Treuepflicht 304
      a) Grundlagen..304
      b) Inhalt und Anwendungsfälle 305
      c) Folgen eines Verstoßes gegen die Treuepflicht 306
      d) Treuepflicht in der Einpersonengesellschaft? 307

        4. Wettbewerbsverbot..307
            a) Gesetzliches Wettbewerbsverbot......................................307
            b) Statutarisches Wettbewerbsverbot.....................................308
            c) Rechtsfolgen bei Verstößen..309
    IV. Der Gleichbehandlungsgrundsatz...309

§ 14 Rechnungslegung und Ergebnisverwendung 311
    I. Buchführung und Rechnungslegung...311
        1. Grundsätze ordnungsgemäßer Buchführung............................311
        2. Jahresabschluss und Lagebericht.......................................312
        3. Abschlussprüfung...314
    II. Aufstellung und Feststellung des Jahresabschlusses in der GmbH 315
    III. Ergebnisverwendung...317
        1. Anspruch auf den Jahresüberschuss bzw. den Bilanzgewinn..........317
        2. Ergebnisverwendungsbeschluss..318
        3. Gewinnverteilung und Gewinnanspruch................................319
    IV. Offenlegung und Bekanntmachung..320

§ 15 Kapitalmaßnahmen 321
    I. Überblick..321
    II. Kapitalerhöhung..322
        1. Ordentliche Kapitalerhöhung..322
            a) Kapitalerhöhungsbeschluss..323
            b) Bezugsrecht und Bezugsrechtsausschluss..........................325
            c) Durchführung der Kapitalerhöhung.................................327
        2. Genehmigtes Kapital 329
        3. Kapitalerhöhung aus Gesellschaftsmitteln............................330
    III. Kapitalherabsetzung..332

§ 16 Auflösung, Liquidation und Beendigung...................................335
    I. Überblick..335
    II. Auflösungsgründe 335
        1. Zeitablauf..336
        2. Auflösungsbeschluss...336
        3. Auflösungsurteil 337
        4. Insolvenz der Gesellschaft...338
        5. Amtslöschung..338
        6. Sonstige Auflösungsgründe...338
    III. Liquidation 339
    IV. Beendigung und Nachtragsliquidation 341

§ 17 Die GmbH als Komplementärin einer GmbH & Co. KG.................343
    I. Grundlagen..343
        1. Rechtsnatur und Bedeutung der GmbH & Co. KG....................343
        2. Vorzüge und Nachteile..344
        3. Erscheinungsformen der GmbH & Co. KG.............................346
            a) Beteiligungsidentische GmbH & Co. KG...........................346

       b)   Einheitsgesellschaft...346
       c)   Publikumsgesellschaften..347
       d)   Schachtelbeteiligungen 347
   4.   Verknüpfung der Rechtsverhältnisse 348
       a)   Gründung 348
       b)   Auflösung und Beendigung 348
 II. Die GmbH & Co. KG im Rechtsverkehr...349
   1.   Firmierung der GmbH & Co. KG...349
   2.   KG als Unternehmensträgerin 350
   3.   Gesellschafterhaftung 350
 III. Kapitalschutz..351
   1.   Kapitalaufbringung 351
       a)   Komplementär-GmbH 351
           aa) Enge Auffassung des BGH 351
           bb) Kritik und eigener Ansatz 352
       b)   KG...353
   2.   Kapitalerhaltung 353
   3.   Gesellschafterdarlehen..354
 IV. Stellung der Kommanditisten 355
   1.   Teilhabe- und Informationsrechte...355
   2.   Vermögensrechte 356

3. Teil: Die Aktiengesellschaft..357

§ 18 Grundlagen des Aktienrechts 359
 I.   Historische Entwicklung des Aktienrechts......................................359
 II. Benachbarte Rechtsmaterien 361
 III. Wirtschaftliche Bedeutung der AG 362
 IV. Die Aktie 363
   1.   Ein Begriff – drei Bedeutungen 363
   2.   Aktie als Anteil am Grundkapital 364
       a)   Nennbetragsaktien..364
       b)   Stückaktien...364
   3.   Aktie als Mitgliedschaft..365
   4.   Aktie als Wertpapier...365
       a)   Ausgestaltung als Wertpapier 365
       b)   Inhaberaktien 366
       c)   Namensaktien...367
       d)   Entkörperlichung im Rechtsverkehr 368
 V. Aktionärsleitbilder...370
   1.   Der Aktionär als wirtschaftlicher Eigentümer 370
   2.   Veränderungen durch das Kapitalmarktrecht 371
   3.   Konsequenzen...372

§ 19 Besonderheiten bei der Gründung einer AG...373
  I.   Überblick...373
  II. Einzelheiten...374
       1. Gründer...374
       2. Satzung...374
       3. Erster Aufsichtsrat und erster Vorstand.......................................375
       4. Einlagen...376
           a) Höhe..376
           b) Bareinlagen...376
           c) Sacheinlagen...376
       5. Gründungsbericht und Gründungsprüfung....................................377
  III. Haftungsfragen...378
  IV. Gründungsmängel...379

§ 20 Besonderheiten des aktienrechtlichen Kapitalschutzes.........................381
  I.   Vorbemerkung..381
  II. Kapitalaufbringung..382
       1. Das Prinzip der realen Kapitalaufbringung....................................382
       2. Die Problematik der verdeckten Sacheinlage.................................382
           a) § 27 IV AktG..382
           b) Nachgründung..383
       3. Die Problematik des Hin- und Herzahlens.....................................386
           a) § 27 IV AktG..386
           b) Probleme des Mindesteinzahlungsgebots.................................386
           c) Verbot der financial assistance (§ 71a AktG).........................387
  III. Kapitalerhaltung..389
       1. Vermögensbindung und „Verbot der Einlagenrückgewähr"...........389
       2. Verbotstatbestand...391
       3. Konzernprivileg..392
           a) Vertragskonzern...392
           b) Faktischer Konzern...392
       4. Rechtsfolgen bei Verstößen...393
           a) Unzulässigkeit, aber keine Unwirksamkeit..............................393
           b) Aktienrechtlicher Rückgewähranspruch..................................393
       5. Kapitalschutz vs. Anlegerschutz..394
  IV. Erwerb eigener Aktien..396
       1. Grundsatz: Erwerbsverbot..397
       2. Ausnahmen..397
           a) Überblick..397
           b) Insbesondere: Erwerb aufgrund eines
               Hauptversammlungsbeschlusses..398
               aa) Ermächtigungsbeschluss..398
               bb) Einsatzmöglichkeiten..399
               cc) Gleichbehandlung der Aktionäre, Andienungs- und
                   Bezugsrecht..400
       3. Rechtsfolgen...401

§ 21 Organe der AG...**403**
I.   Grundlagen...403
   1.   Organtrias...403
   2.   Prinzipal-Agent-Konflikt..404
   3.   Corporate Governance...405
     a)   Begriff...405
     b)   Entwicklungstendenzen...406
       aa) Aufsichtsrat..406
       bb) Weitere Kernthemen...407
     c)   Deutscher Corporate Governance Kodex (DCGK)...................408
       aa) Grundlagen...408
       bb) Verfassungsrechtliche Bedenken.........................409
       cc) Empfehlungen und Anregungen..........................410
       dd) Die Entsprechenserklärung.................................410
   4.   Das Unternehmensinteresse..412
     a)   Shareholder Value..412
     b)   Berücksichtigung sonstiger (Stakeholder-)Interessen?..............413
     c)   Stellungnahme...413
II. Der Vorstand..414
   1.   Der Vorstand als Leitungsorgan..414
     a)   Leitung und Geschäftsführung..................................415
     b)   Compliance..415
     c)   Weisungsfreiheit und Bedeutung
       des Unternehmensgegenstandes................................416
     d)   Vertretung..417
   2.   Organisation des Vorstandes...418
     a)   Zahl der Vorstandsmitglieder; persönliche Voraussetzungen....418
     b)   Arbeitsweise, Geschäftsverteilung und
       Gesamtverantwortung...418
     c)   Vorsitzender...420
   3.   Organverhältnis..421
     a)   Bestellung..421
     b)   Abberufung..422
     c)   Sonstige Beendigungsgründe....................................424
   4.   Anstellungsvertrag...424
     a)   Überblick...424
     b)   Insbesondere: Vorstandsvergütung...........................425
       aa) Grundlagen...426
       bb) Rechtsfolgen unangemessener Vergütungen.........427
       cc) Votum der Hauptversammlung zum Vergütungssystem.....428
       dd) Offenlegung..429
   5.   Verantwortlichkeit und Haftung gegenüber der AG...............429
     a)   Sorgfaltsmaßstab..430
       aa) Legalität..430
       bb) Loyalität..430
     b)   Business Judgment Rule..430
     c)   Allgemeine Sorgfaltshaftung....................................432

　　　　d)　Anspruchsverfolgung durch den Aufsichtsrat..........................434
　　　　e)　Klageerzwingung, Sonderprüfung und
　　　　　　Klagezulassungsverfahren 434
　　6.　Haftung gegenüber Dritten 436
　　7.　Haftung gegenüber Aktionären...437
III. Der Aufsichtsrat 437
　　1.　Der Aufsichtsrat als Überwachungsorgan 438
　　　　a)　Kontrolle und Beratung..438
　　　　b)　Information des Aufsichtsrates 438
　　　　c)　Überwachungsgegenstand...440
　　　　d)　Überwachungsdichte..441
　　　　e)　Überwachung im Konzern 442
　　　　f)　Zustimmungsvorbehalte..442
　　2.　Weitere Aufgaben und Befugnisse 444
　　3.　Größe und Zusammensetzung des Aufsichtsrates 444
　　　　a)　Aktienrechtliche Vorgaben 444
　　　　b)　Mitbestimmungsrechtliche Modifikationen 445
　　　　c)　Statusverfahren 446
　　4.　Mitglieder des Aufsichtsrates 447
　　　　a)　Persönliche Anforderungen..447
　　　　b)　Unabhängigkeit und Sachkunde..448
　　　　c)　Bestellung 451
　　　　d)　Rechtsfolgen fehlerhafter Bestellung.......................................452
　　　　e)　Beendigung des Mandats 454
　　　　f)　Vergütung und Beraterverträge...456
　　5.　Organisation des Aufsichtsrates..458
　　　　a)　Vorsitzender..458
　　　　b)　Ausschüsse..459
　　　　　　aa) Allgemeines...459
　　　　　　bb) Insbesondere: Prüfungsausschuss......................................460
　　　　c)　Sitzungen 461
　　6.　Beschlussfassung...463
　　　　a)　Gebot ausdrücklicher Beschlussfassung 463
　　　　b)　Beschlussfähigkeit 463
　　　　c)　Stimmrecht..464
　　　　d)　Mehrheit...464
　　　　e)　Fehlerhafte Aufsichtsratsbeschlüsse 464
　　7.　Verantwortlichkeit und Haftung 465
　　　　a)　Organverantwortung und individuelle Sorgfaltspflicht.............466
　　　　b)　Mindeststandards sorgfältiger Mandatswahrnehmung..............466
　　　　c)　Einzelne Mitwirkungspflichten...467
　　　　d)　Treuepflicht..467
　　　　e)　Allgemeine Sorgfaltshaftung 468
IV. Die Hauptversammlung..469
　　1.　Grundlagen 469
　　2.　Kompetenzen der Hauptversammlung..470
　　　　a)　Geschriebene Kompetenzen..471

  b) Ungeschriebene Kompetenzen..472
     aa) Die „Holzmüller/Gelatine"-Grundsätze 472
     bb) Die „Macrotron"-Grundsätze 476
3. Einberufung der Hauptversammlung..479
  a) Einberufungsgründe...479
  b) Zuständigkeit 480
  c) Inhalt..480
  d) Einberufungsfrist und Anmeldestichtag...................................481
  e) Bekanntmachung..482
  f) Mitteilungspflichten...483
  g) Anträge von Aktionären, Aktionärsforum 483
  h) Folgen von Einberufungsmängeln; Vollversammlung..............484
4. Teilnahme..485
  a) Teilnahmerecht der Aktionäre und Nachweis
     der Berechtigung...485
  b) Online-Teilnahme 485
  c) Teilnahme und Anwesenheit weiterer Personen.......................486
5. Ablauf der Hauptversammlung..487
  a) Versammlungsleitung 487
  b) Teilnehmerverzeichnis..488
  c) Behandlung der Tagesordnungspunkte 488
  d) Niederschrift 489
6. Information der Aktionäre 489
  a) Informationen anlässlich ordentlicher Hauptversammlungen....489
  b) Weitere Informationsquellen...490
  c) Frage- und Auskunftsrecht..490
7. Beschlussfassung 493
  a) Willensbildung durch Abstimmung 493
  b) Mehrheitserfordernisse 494
  c) Stimmrecht...495
  d) Ausschluss und Einschränkungen des Stimmrechts..................495
     aa) Vorzugsaktien 495
     bb) Höchststimmrechte...496
     cc) Stimmverbote nach § 136 I AktG...496
     dd) Bewegliche Ausübungsschranken 497
     ee) Stimmbindungsvereinbarungen...497
  e) Stimmrechtsausübung durch Dritte...497
     aa) Stimmrechtsvertretung 497
     bb) Insbesondere: Depotstimmrecht der Banken.......................498
     cc) Legitimationsübertragung 499
8. Fehlerhafte Hauptversammlungsbeschlüsse 500
  a) Überblick 500
  b) Nichtigkeit 501
     aa) Nichtigkeitsgründe 501
     bb) Geltendmachung der Nichtigkeit..502
     cc) Heilung..503

c) Anfechtbarkeit...503
    aa) Inhaltsmängel...504
    bb) Verfahrensmängel..505
    cc) Insbesondere: Informationspflichtverletzungen.................506
    dd) Geltendmachung: Anfechtungsklage....................................507
    ee) Das Freigabeverfahren...509

§ 22 Erwerb und Verlust der Mitgliedschaft...513
I. Verknüpfung von Mitgliedschaft und Aktie................................513
II. Rechtsgeschäftliche Übertragung von Aktien.............................513
    1. Bedeutung der wertpapierrechtlichen Verbriefung.............513
    2. Inhaberaktien...514
        a) Sachenrechtliche Übereignung......................................514
        b) Abtretung...515
    3. Namensaktien..515
        a) Übertragung durch Übereignung und Indossament.........515
        b) Abtretung...517
        c) Vinkulierung..517
        d) Bedeutung des Aktienregisters......................................518
    4. Eigentumserwerb nach DepotG..519
    5. Treuhand, Legitimationsübertragung................................519
III. Dingliche Belastungen, Zwangsvollstreckung...........................520
    1. Inhaberaktien...520
    2. Namensaktien..520
IV. Vererbung..520
V. Beendigung der Mitgliedschaft...521
    1. Überblick..521
        a) Kaduzierung..521
        b) Einziehung...521
        c) Ausschluss...522
        d) Austritt...523
        e) Beendigung der AG..523
    2. Der aktienrechtliche Squeeze-out (§§ 327a ff. AktG).........523
        a) Normzweck und Kritik...523
        b) Voraussetzungen und Verfahren.....................................525
        c) Rechtsschutz..526
    3. Der übernahmerechtliche Squeeze-out..............................526
        a) Regelungsort..526
        b) Voraussetzungen und Verfahren.....................................527
        c) Andienungsrecht („Sell-out")..527
        d) Verhältnis zum aktienrechtlichen Squeeze-out..............528
    4. Der umwandlungsrechtliche Squeeze-out..........................528

§ 23 Mitgliedschaftliche Rechte und Pflichten...529
I. Aktie und Mitgliedschaft...529
II. Mitgliedschaftliche Rechte...529
    1. Verwaltungs- und Vermögensrechte.................................529

    2. Aktionärsklage 531
        a) Keine actio pro socio 531
        b) Mitgliedschaftliche Abwehrklage 532
  III. Mitgliedschaftliche Pflichten..533
    1. Einlagepflicht..533
    2. Nebenleistungspflichten 533
    3. Treuepflichten..533
        a) Grundlagen..534
        b) Inhalt und Anwendungsfälle 535
        c) Folgen eines Verstoßes gegen die Treuepflicht 537
    4. Wettbewerbsverbot? 537
  IV. Gleichbehandlungsgrundsatz..538
    1. Adressaten und Begünstigte...538
    2. Verbot willkürlicher Differenzierung 539
    3. Gleichbehandlungsmaßstab 541
    4. Satzungsmäßige Modifikationen 541
    5. Verzicht auf Gleichbehandlung 542
    6. Rechtsfolgen aus einer Verletzung
        des Gleichbehandlungsgrundsatzes 542

§ 24 Rechnungslegung und Ergebnisverwendung **545**
  I. Buchführung und Rechnungslegung......................................545
  II. Aufstellung und Prüfung des Jahresabschlusses.....................546
  III. Bericht des Aufsichtsrates an die Hauptversammlung 547
  IV. Feststellung des Jahresabschlusses..547
  V. Ergebnisverwendung..548
    1. Ergebnisverwendung 548
    2. Vorgelagerte Rücklagenbildung 549
        a) Thesaurierungskompetenz der Verwaltung................549
        b) Sonderproblem: Rücklagenbildung im Konzern..........550
  VI. Dividendenanspruch der Aktionäre 552

§ 25 Kapitalmaßnahmen **553**
  I. Überblick..553
  II. Ordentliche Kapitalerhöhung 554
    1. Verfahren..554
        a) Kapitalerhöhungsbeschluss.......................................554
        b) Durchführung..556
        c) Fremdemissionen 557
    2. Bezugsrecht und Bezugsrechtsausschluss...........................557
        a) Gesetzliches Bezugsrecht..557
        b) Ausschluss des Bezugsrechts 558
        c) Kritik und Rechtsvergleich 561
        d) Vereinfachter Bezugsrechtsausschluss.......................562
        e) Mittelbares Bezugsrecht..563
  III. Genehmigtes Kapital 564
    1. Begriff und Bedeutung 564

2. Voraussetzungen...565
3. Durchführung..565
4. Bezugsrecht und Bezugsrechtsausschluss..................................566
IV. Bedingtes Kapital 569
1. Begriff...569
2. Einsatzzwecke 569
    a) Bedienung von Wandelschuldverschreibungen 570
    b) Vorbereitung von Unternehmenszusammenschlüssen...........570
    c) Bedienung von stock options 571
3. Verfahren..572
    a) Kapitalerhöhungsbeschluss..572
    b) Durchführung...572
4. Kein Bezugsrecht...573
V. Die Finanzierungsinstrumente des § 221 AktG..............................574
1. Überblick..574
    a) Finanzierungsformen 574
    b) Wandelschuldverschreibungen 575
    c) Gewinnschuldverschreibungen 576
    d) Genussrechte..576
    e) Andere Rechtsformen 577
2. Voraussetzungen...577
    a) Hauptversammlungsbeschluss 577
    b) Bezugsrecht..578
    c) Begebung und Übertragung 578
    d) Inhaltskontrolle nach §§ 305 ff. BGB 579
VI. Kapitalerhöhung aus Gesellschaftsmitteln 580
VII. Kapitalherabsetzung 581
1. Praktische Bedeutung 581
2. Verfahren der ordentlichen Kapitalherabsetzung 581
3. Vereinfachte Kapitalherabsetzung...582
4. Einziehung..583

§ 26 Auflösung, Liquidation und Beendigung der AG 585
I.   Überblick..585
II. Auflösungsgründe 585
III. Liquidation 586
IV. Beendigung und Nachtragsliquidation 588

4. Teil: Die Kommanditgesellschaft auf Aktien.................................589

§ 27 Grundlagen des Rechts der KGaA 591
I.   Struktur der KGaA 591
II. Anwendbares Recht...592
1. Grundlegende Weichenstellung...592
2. (Partielle) Satzungsautonomie 593
    a) Ausgangspunkt...593
    b) Kein Sonderrecht der atypischen KGaA 593

c)   Gestaltungsmöglichkeiten...594
III. Bedeutung der KGaA 595
IV. Wesentliche Unterschiede zur AG 595

§ 28 Einzelheiten zum Recht der KGaA 597
  I.   Besonderheiten bei der Gründung...597
       1.   Anwendbare Vorschriften..597
       2.   Gründer...597
       3.   Ablauf der Gründung im Überblick...597
       4.   Vor-KGaA 598
       5.   Behandlung von Vermögenseinlagen der Komplementäre..............599
  II. Organe der KGaA...599
       1.   Komplementäre 599
            a)   Geschäftsführungs- und Vertretungsorgan........................599
            b)   Vertretungsmacht...600
            c)   Funktionsverlust...600
       2.   Hauptversammlung...601
            a)   Doppelfunktion 601
            b)   Zuständigkeiten...602
            c)   Zustimmungsvorbehalt 602
            d)   Vorbereitung und Ablauf der Hauptversammlung...................603
            e)   Beschlussfassung und Stimmrecht...................................603
       3.   Aufsichtsrat...604
            a)   Zusammensetzung..604
            b)   Aufgaben und Befugnisse 604
            c)   Arbeitsweise und Mandatswahrnehmung 606
  III. Die Mitgliedschaft in der KGaA 606
       1.   Komplementäre 606
            a)   Mitgliedschaftliche Rechte und Pflichten 606
            b)   Persönliche Haftung..608
            c)   Erwerb und Verlust der Mitgliedschaft.............................608
                 aa) Eintritt 608
                 bb) Austritt 609
                 cc) Verfügung über Anteil 609
                 dd) Ausschluss...609
                 ee) Austritt 609
                 ff) Abfindungsanspruch...610
                 gg) Vererblichkeit...610
       2.   Kommanditaktionäre 610
            a)   Mitgliedschaftliche Rechte 610
            b)   Mitgliedschaftliche Pflichten 611
            c)   Erwerb und Verlust der Mitgliedschaft.............................611
  IV. Die Finanzverfassung der KGaA..612
       1.   Überblick 612
            a)   Das zweigliedrige Kapitalsystem in der KGaA 612
            b)   Die Bedeutung des „Kapitalanteils".................................612

2. Kapitalschutz 613
  a) Kapitalaufbringung 613
    aa) Einlagen der Kommanditaktionäre....................................613
    bb) Vermögenseinlagen der Komplementäre 613
  b) Kapitalerhaltung...613
    aa) Kommanditaktionäre..613
    bb) Komplementäre...614
  c) Gesellschafterdarlehen...614
3. Kapitalmaßnahmen..615
4. Rechnungslegung und Feststellung des Jahresabschlusses...............615
5. Gewinnverwendung..615
V. Auflösung, Liquidation und Beendigung der KGaA 616
1. Auflösung 616
2. Liquidation und Beendigung 617

5. Teil: Grundzüge des Konzernrechts **619**

§ 29 Einführung in das Konzernrecht...**621**
I. Regelungsanliegen des Konzernrechts 621
1. Rechtliche Selbständigkeit und einheitliche Leitung.....................621
2. Konzernrecht als Schutzrecht 621
3. Konzernrecht als Organisationsrecht 623
II. Notwendigkeit eines Konzernrechts..624
1. „Im Konzern ist alles anders"...624
2. Trendwende 626
3. Stellungnahme 627
III. Konzernrechtliche Grundbegriffe...628
1. Systematik 628
2. Unternehmensbegriff...629
  a) Abhängiges Unternehmen...629
  b) Herrschendes Unternehmen 630
3. Abhängigkeit 633
  a) Begriff und Bedeutung..633
  b) Abhängigkeitsvermutung..634
  c) Abhängigkeit kraft realer Einflussmöglichkeit 634
  d) Widerlegung der Vermutung 634
  e) Abhängigkeit kraft Zurechnung 635
    aa) Handeln für Rechnung und wirtschaftliche Verflechtung...635
    bb) Weitere Zurechnungsgründe 636
    cc) Rechtsfolgen der Zurechnung 637
4. Konzern 637
5. Weitere Grundbegriffe...638
  a) Gleichordnungskonzern..638
  b) Wechselseitige Beteiligung..638

§ 30 Konzerneingangskontrolle **641**
  I. Problemstellung 641
  II. Methoden der Abhängigkeitsbegründung 641
  III. Gegenmaßnahmen 642
    1. GmbH 642
    2. AG 644
      a) Börsennotierte Gesellschaften 644
      b) Nicht börsennotierte Gesellschaften 645
  IV. Präventivschutz in der Muttergesellschaft 646

§ 31 Faktischer Konzern **647**
  I. Überblick und Problemlage 647
    1. Legitimität des faktischen AG-Konzerns 647
    2. Regelungsüberblick 649
    3. Keine analoge Anwendung auf die GmbH
      und Personengesellschaft 650
    4. Abkoppelung vom Unternehmensbegriff? 651
  II. Anwendungsbereich der §§ 311 ff. AktG 652
    1. Allgemeine Voraussetzungen 652
    2. Mehrstufige Konzernbeziehung 653
  III. Einflussgrenzen des § 311 AktG 654
    1. Nachteiligkeit 655
      a) Ausgangspunkt 655
      b) Beurteilung durch Drittvergleich 656
      c) Verhältnis zu § 57 AktG 656
    2. Bewertbarkeit des Nachteils 658
      a) Allgemeines 658
      b) Sonderfall: Konzern mit Matrix-Organisation 659
      c) Zwischenfazit 660
    3. Veranlassung des Nachteils 660
  IV. Rechtsfolgen 661
    1. Nachteilsausgleich und Schadensersatz 661
    2. Abhängigkeitsbericht 662
      a) Inhalt 662
      b) Prüfung 662
      c) Keine Veröffentlichung 663
    3. Organhaftung 665
  V. Gesamtbewertung des Schutzsystems 666
  VI. Überschreitung der Grenzen der §§ 311 ff. AktG 667
    1. Problemlage 667
    2. Die Idee des „qualifiziert-faktischen Konzerns" 668
    3. Fortgeltung für die AG? 670
  VII. Faktischer GmbH-Konzern 673
    1. Treuepflicht als Ausgangspunkt 673
    2. Treuepflicht in der mehrgliedrigen Gesellschaft 673
      a) Abwehrrecht der Minderheit 673
      b) Definition der Nachteiligkeit 674

3. Treuepflichten in der Einpersonen-GmbH und bei
   einvernehmlichem Handeln 675
4. Ergänzung durch Existenzvernichtungshaftung 676
5. GmbH-Konzernrecht – alles nur geträumt? 677

§ 32 Vertragskonzernrecht 679
I. Überblick 679
II. Beherrschungsvertrag 680
   1. Voraussetzungen 680
     a) Allgemeines 680
       aa) Vertragsschluss 680
       bb) Vertragsbericht 681
       cc) Prüfung durch Sachverständigen 681
       dd) Zustimmung der Hauptversammlungen 681
       ee) Eintragung ins Handelsregister 682
     b) Rechtsschutz 682
     c) Fehlerhafte Beherrschungsverträge 683
     d) Herrschendes Unternehmen erforderlich? 685
   2. Rechtsfolgen 687
     a) Weisungsrecht in Geschäftsführungsangelegenheiten 687
     b) Weisung im Konzerninteresse 688
     c) Aufhebung der Vermögensbindung 689
     d) Ungeschriebene Grenzen des § 308 AktG 689
       aa) Voraussichtliche Uneinbringlichkeit
          des Ausgleichsanspruchs 690
       bb) Existenzvernichtende Weisung 690
   3. Organverantwortlichkeiten 691
   4. Sicherung der Gläubiger 692
     a) Mittelbarer Schutz 692
     b) Anspruch auf Sicherheitsleistung 693
   5. Sicherung der Gesellschafterminderheit 694
     a) Abfindung 694
     b) Angemessener Ausgleich 695
     c) Kein zusätzlicher Schutz bei Vertragsbeendigung 695
   6. Änderung des Vertrages 696
   7. Vertragsbeendigung 696
III. Gewinnabführungsvertrag 697
IV. Eingliederung 698
   1. Regelungsüberblick 698
   2. Praktische Bedeutung 699
   3. Voraussetzungen 699
     a) Eingliederung einer 100%igen Tochter 699
     b) Mehrheitseingliederung 699
V. GmbH-Vertragskonzern 700
   1. Analoge Anwendbarkeit der aktienrechtlichen Vorschriften 700
   2. Bedeutung des GmbH-Vertragskonzerns 700
   3. Voraussetzungen 701

    4. Gläubiger- und Minderheitenschutz 702
    5. Besonderheiten bei der Vertragsbeendigung 703

§ 33 Konzernorganisationsrecht 705
   I. Worum geht es? 705
   II. Konzernklausel in der Satzung als Vorbedingung 705
   III. Leitungspflicht des Vorstandes „oben" 706
     1. Erforderliche Leitungsdichte 706
      a) Grundsatz 706
      b) Besondere Regeln betreffend die Rechtmäßigkeit des
         Unternehmensverhaltens 707
     2. Durchsetzung erforderlicher Überwachungsmaßnahmen 709
     3. Haftung aus fehlerhafter Konzernleitung 712
   IV. Pflichten des Leitungsorgans der Tochter 713
   V. Konzernweite Pflichten des Aufsichtsrates 714
   VI. (Keine) Kompetenzverlängerung der Hauptversammlung 715
   VII. Informationsordnung in Konzern 716
   VIII. Wettbewerbsverbote im Konzern 717
   IX. Zurechnung der Gesellschafterstellung in Kapitalfragen 718

6. Teil: Grundzüge des Umwandlungsrechts 723

§ 34 Funktion und Strukturprinzipien des UmwG 725
   I. Ausgangslage 725
   II. Das UmwG als Angebot des Gesetzgebers 725
     1. Handlungsoptionen außerhalb des UmwG 725
     2. Vereinfachungseffekt des UmwG 726
   III. Strukturprinzipien des Umwandlungsgesetzes 727
     1. Das Prinzip der Gesamtrechtsnachfolge 727
     2. Das Prinzip der Anteilsgewährung 728

§ 35 Verschmelzung, Spaltung und Formwechsel 731
   I. Die Verschmelzung 731
     1. Verschmelzung zur Aufnahme und zur Neugründung 731
     2. Problemfälle der Beteiligungsfähigkeit 732
      a) GbR 732
      b) UG (haftungsbeschränkt) 733
      c) Aufgelöste Rechtsträger 733
      d) Überschuldete Gesellschaften 734
      e) Auslandsgesellschaften 735
     3. Ablauf der Verschmelzung 737
      a) Zu treffende Maßnahmen 737
      b) „AT-Charakter" der §§ 3-20 UmwG 738
      c) Rechtsformbezogene Erleichterungen 738
      d) Rechtsformbezogene Zusatzanforderungen 739
      e) Keine Bewahrung des Kapitalschutzniveaus 740

4. Die Anforderungen im Einzelnen 741
   a) Der Verschmelzungsvertrag...741
      aa) Anteilsgewährung und Umtauschverhältnis.......................741
      bb) Abfindung 742
      cc) Behandlung von Sonderrechten..744
      dd) Verschmelzungsstichtag..744
      ee) Besondere Vorteile...744
      ff) Arbeitnehmerbezogene Angaben 745
      gg) Besonderheiten bei der Verschmelzung
           zur Neugründung...745
   b) Der Verschmelzungsbericht..746
   c) Verschmelzungsprüfung 747
   d) Verschmelzungsbeschluss...747
   e) Rechtsschutz 748
   f) Eintragung in das Handelsregister 750
II. Die Spaltung...752
  1. Grundlagen und Formen der Spaltung...752
   a) Aufspaltung...752
   b) Abspaltung..753
   c) Ausgliederung..754
  2. Umfang des betroffenen Vermögens 754
  3. Zusätzliche Angaben im Vertrag 755
  4. Gläubigerschutz 756
III. Der Formwechsel 757

Stichwortverzeichnis...759

Literatur

Das Schrifttum zum Kapitalgesellschafts-, Konzern- und Umwandlungsrecht ist äußerst reichhaltig und kaum noch zu überblicken. Folgende Werke werden in den Fußnoten mehrfach zitiert.

Lehrbücher

Canaris, Handelsrecht, 24. Aufl. 2006
Emmerich/Habersack, Konzernrecht, 9. Aufl. 2008
Flume, Allg. Teil des Bürgerlichen Rechts I/2, Die Juristische Person, 1983
Grunewald, Gesellschaftsrecht, 8. Aufl. 2011
Hirte, Kapitalgesellschaftsrecht, 6. Aufl. 2009
Hueck/Canaris, Recht der Wertpapiere, 12. Aufl. 1986
Kuhlmann/Ahnis, Konzern- und Umwandlungsrecht, 2. Aufl. 2007
Langenbucher, Aktien- und Kapitalmarktrecht, 2. Aufl. 2011
Meyer-Cording/Drygala, Wertpapierrecht, 3 Aufl. 1995
Raiser/Veil, Recht der Kapitalgesellschaften, 5. Aufl. 2010
K. Schmidt, Gesellschaftsrecht, 4. Aufl. 2002
K. Schmidt, Handelsrecht, 5. Aufl. 1999
Wiedemann, Gesellschaftsrecht I, 1980
Wiedemann, Gesellschaftsrecht II, 2004
Wilhelm, Kapitalgesellschaftsrecht, 3. Aufl. 2009
Windbichler, Gesellschaftsrecht, 22. Aufl. 2009
Zöllner, Wertpapierrecht, 15. Aufl. 2006

Kommentare

Baumbach/Hopt, HGB, 34. Aufl. 2010
Baumbach/Hueck, GmbHG, 19. Aufl. 2010
Beck'scher Bilanz-Kommentar, 7. Aufl. 2010
Beck'scher Online-Kommentar BGB, 20. Ed. 2011
Beck'scher Online-Kommentar GmbHG, 8. Ed. 2011
Bürgers/Körber, AktG, 2. Aufl. 2011
Großkommentar AktG, 4. Aufl. ab 1995
Heidel, AktG, 3. Aufl. 2011
Hölters, AktG, 2011
Hüffer, AktG, 9. Aufl. 2010
Kallmeyer, UmwG, 4. Aufl. 2010
Kölner Kommentar AktG, 3. Aufl. ab 2004
Lutter, UmwG, 4. Aufl. 2009

Lutter/Hommelhoff, GmbHG, 17. Aufl. 2009
Lutter/Hommelhoff, SE, 2008
Manz/Mayer/Schröder, Europäische Aktiengesellschaft, 2. Aufl. 2010
Michalski, GmbHG, 2. Aufl. 2010
Münchener Kommentar AktG, 2. Aufl. ab 2003, 3. Aufl. ab 2008
Münchener Kommentar BGB, 5. Aufl. ab 2004
Münchener Kommentar GmbHG, ab 2010
Münchener Kommentar HGB, 2. Aufl. ab 2007
Münchener Kommentar HGB, 3. Aufl. ab 2010
Roth/Altmeppen, GmbHG, 6. Aufl. 2009
Rowedder/Schmidt-Leithoff, GmbHG, 4. Aufl. 2002
K. Schmidt/Lutter, AktG, 2. Aufl. 2010
Schmitt/Hörtnagl/Stratz, UmwG, 5. Aufl. 2009
Scholz, GmbHG, 10. Aufl. ab 2006
Semler/Stengel, UmwG, 2. Aufl. 2007
Spindler/Stilz, AktG, 2. Aufl. 2010
Staub, HGB, 5. Aufl. ab 2008
Ulmer/Habersack/Winter, GmbHG, 2008
Wicke, GmbHG, 2. Aufl. 2011

Handbücher

Beck'sches Handbuch der AG, 2. Aufl. 2009
Emmerich/Habersack, Aktien- und GmbH-Konzernrecht, 6. Aufl. 2010
Fleischer, Handbuch des Vorstandsrechts, 2006
Hommelhoff/Hopt /von Werder, Handbuch Corporate Governance, 2. Aufl. 2010
Lutter/Krieger, Rechte und Pflichten des Aufsichtsrats, 5. Aufl. 2009
Münchener Handbuch des Gesellschaftsrechts, 3. Aufl. ab 2007
Oppenländer/Trölitzsch, Praxishandbuch der GmbH-Geschäftsführung,
      2. Aufl. 2011
Sudhoff, GmbH & Co. KG, 6. Aufl. 2005

Damit ist zugleich ein erster Überblick über die „Standardwerke" gegeben. Siehe ferner die Literaturhinweise, die den Kapiteln und einzelnen Abschnitten vorangestellt sind. Auch in den Fußnoten finden sich weitere Anregungen zur Vertiefung.

Zeitschriften

Zudem gibt es zahlreiche Fachzeitschriften, in denen gesellschaftsrechtliche Fragestellung regelmäßig behandelt werden. Diese sollten zumindest dem Namen nach bekannt sein. (Aber auch ein gelegentlicher Blick hinein schadet gewiss nicht!)

AG – Die Aktiengesellschaft
BB – Betriebs-Berater
DB – Der Betrieb
Der Konzern
DStR – Deutsches Steuerrecht
EWiR – Entscheidungen zum Wirtschaftsrecht
GmbHR – GmbH-Rundschau
NZG – Neue Zeitschrift für Gesellschaftsrecht
WM – Wertpapiermitteilungen
ZGR – Zeitschrift für Unternehmens- und Gesellschaftsrecht
ZHR – Zeitschrift für das gesamte Handelsrecht und Wirtschaftsrecht
ZIP – Zeitschrift für Wirtschaftsrecht

Hinzu kommen die Standard- und Ausbildungszeitschriften:

JA – Juristische Arbeitsblätter
JURA – Juristische Ausbildung
JuS – Juristische Schulung
JZ – Juristenzeitung
NJW – Neue Juristische Wochenschau

1. Teil:

Einführung in das Kapitalgesellschaftsrecht

§ 1 Grundlagen des Kapitalgesellschaftsrechts

Literatur: *Flume*, Die juristische Person, § 1; *K. Schmidt*, Gesellschaftsrecht, § 3 und § 8; *Wiedemann*, Gesellschaftsrecht I, § 1.

I. Begriff der Kapitalgesellschaft

Unter den Begriff der Kapitalgesellschaft werden die **Gesellschaft mit beschränkter Haftung** (GmbH), die **Aktiengesellschaft** (AG) und – für Studium und Praxis weniger bedeutsam – die **Kommanditgesellschaft auf Aktien** (KGaA) gefasst.

1

Die Einbeziehung dieser Rechtsformen in den Kreis der Kapitalgesellschaften entspricht einerseits dem traditionellen Verständnis, andererseits findet sie sich auch in der gesetzlichen Definition nach § 3 I Nr. 2 UmwG. Der Katalog der Kapitalgesellschaften wird ergänzt durch die **Societas Europaea** (SE), einer supranationalen Rechtsform, die auf einer EU-Verordnung beruht und der AG rechtlich weitgehend angenähert ist (dazu eingehend unter § 2 Rn. 6 ff.).

Geplant ist zudem ein europarechtliches Pendant zur GmbH, die **Societas Privata Europaea** (SPE). Allerdings bestehen erheblich Zweifel, ob die EU-Mitgliedstaaten hier noch zu einer Einigung kommen.

Bereits der Terminus *Kapital*-Gesellschaften weist auf das zentrale Kriterium hin: Sie müssen von den Gesellschaftern mit einem **Mindestmaß an Kapital** (dazu sogleich Rn. 12 ff.) ausgestattet werden. Bei der GmbH ist dies das sog. „Stammkapital", bei AG, KGaA und SE das sog. „Grundkapital", auf das die Gesellschafter jeweils „Einlagen" leisten, die als Eigenkapital besonderen Regeln unterliegen. Im Gegenzug haftet für Verbindlichkeiten der Gesellschaft grundsätzlich nur diese mit ihrem Vermögen, nicht aber die Gesellschafter mit ihrem Privatvermögen.

2

Eine Ausnahme stellen insoweit die Komplementäre bei der KGaA dar (dazu unten § 28 Rn. 38).

Die Kapitaleinlage fungiert so als **persönlicher Risikobeitrag** – gleichsam als „Eintrittskarte" – der Gesellschafter zu der mittels der Gesellschaft betriebenen wirtschaftlichen Unternehmung, für die sie im Übrigen eine persönliche Haftung nicht übernehmen wollen und müssen.

II. Kapitalgesellschaften als juristische Personen

1. Rechtsfähigkeit und Rechtspersönlichkeit

3 Kapitalgesellschaften sind rechtsfähig und mit eigener Rechtspersönlichkeit ausgestattet – kurzum: sie sind **juristische Personen**[1] (vgl. § 13 I GmbHG, §§ 1 und 278 I AktG).

Insoweit unterscheiden sie sich nach herrschender, wenn auch nicht unbestrittener[2] Auffassung von den **Personengesellschaften**. Diese werden überwiegend zwar als rechtsfähig angesehen, nicht aber als juristische Personen. Offene Handelsgesellschaften (OHG), Kommanditgesellschaften (KG) und – wegen des Verweises in § 7 II PartGG – auch Partnerschaftsgesellschaften können gemäß § 124 HGB Träger von Rechten und Pflichten sein, was deren Rechtsfähigkeit zwingend voraussetzt[3]. Ferner wird überwiegend auch die Gesellschaft bürgerlichen Rechts, sofern sie nach außen in Erscheinung tritt (sog. Außen-GbR) als rechtsfähig angesehen[4]. Jedoch wird dabei die Rechtsfähigkeit aus der gesamthänderischen Verbundenheit der Gesellschafter abgeleitet, während sie den juristischen Personen um ihrer selbst willen gewährt wird. Das kommt im Gesetzestext dadurch zum Ausdruck, dass z.B. die GmbH nach § 13 I GmbHG „als solche" Rechte und Pflichten hat, während diese Formulierung in § 124 HGB fehlt. Daraus wird deutlich, dass die Grundlage der Rechtsfähigkeit eine unterschiedliche ist.

Nach dieser Konzeption, die der Gesetzgeber auch den **§ 14 BGB** und **§ 11 II InsO** zugrunde gelegt hat, gibt es neben natürlichen und juristischen Personen eine dritte Art von Rechtssubjekten: die rechtsfähigen Personengesellschaften.

Ob diese Unterscheidung gewinnbringend oder auch nur notwendig ist, mag an dieser Stelle dahinstehen. Wie schmal der Grat zwischen juristischer Person und (nur) rechtsfähiger Personengesellschaft ist, zeigt sich am Beispiel der KGaA, die ohne strukturelle Brüche auch als Personengesellschaft hätte konzipiert werden können. Jedenfalls darf die Unterscheidung nicht zu übersteigerten Erwartungen führen. Insbesondere lässt sich eine trennscharfe Abgrenzung von kapitalgesellschaftsrechtlichen Strukturprinzipien zu solchen des Personengesellschaftsrechts nur bedingt vornehmen. Dennoch soll nachfolgend der Versuch unternommen werden, einige Grundprinzipien des Kapitalgesellschaftsrechts herauszuarbeiten.

---

[1] Zum historischen Streit, ob die juristische Person ein fingiertes Rechtssubjekt (so die Fiktionstheorie *Friedrich Carl von Savignys*) oder eine real existierende Verbandspersönlichkeit (so insbesondere *Otto von Gierke*) ist, vgl. die Darstellung bei *K. Schmidt*, Gesellschaftsrecht, § 8 II.

[2] Für die Einbeziehung der rechtsfähigen Personengesellschaften in den Kreis der juristischen Personen etwa *Raiser*, AcP 194 (1994), 49 ff.; *ders.*, AcP 199 (1999), 104 ff.; *Staake* in Zetzsche u.a. (Hrsg.), Recht und Wirtschaft, Jahrbuch Junger Zivilrechtswissenschaftler 2007, S. 109 ff.; *Raiser/Veil*, Recht der Kapitalgesellschaften, § 3 Rn. 9.

[3] Anders aber noch RGZ 3, 57 und 139, 152, wonach § 124 HGB lediglich eine Fiktion sei.

[4] Vgl. BGHZ 146, 341 – „ARGE Weißes Ross"; grundlegend *Flume*, ZHR 136 (1972), 177 ff.; zum Streitstand siehe *Ulmer/Schäfer* in MünchKomm. BGB, § 705 Rn. 296 ff.

2. Kapitalgesellschaftsrechtliche Grundprinzipien

a) System der Normativbedingungen

Ein weithin für wesentlich erachtetes Unterscheidungskriterium zwischen juristi- **4**
scher Person und rechtsfähiger Personengesellschaft setzt bei deren Entstehen an:
Wesensmerkmal der juristischen Person sei das **Erfordernis eines hoheitlichen
Publizitätsaktes.** Juristische Personen bedürften daher entweder der konstitutiven
Eintragung in ein öffentliches Register oder einer besonderen staatlichen Erlaubnis (Konzession). Dadurch werde verhindert, dass das Entstehen der juristischen
Person allein vom Willen der Beteiligten abhängt. Demgemäß erlangen Kapitalgesellschaften ihre Rechtsfähigkeit „als solche" erst mit Eintragung in das Handels-
register (vgl. § 11 I GmbHG; § 41 I 1 AktG).

> Die Eintragung ist ein konstitutiver Akt, der an die Erfüllung bestimmter
> **Normativbedingungen** geknüpft ist. Der Registerrichter prüft, wenn auch
> eher formal und schematisch, ob die von Gesetzes wegen bestehenden for-
> malen und materiellen Voraussetzungen bei der Errichtung der Gesellschaft
> eingehalten worden sind.

Dies bedeutet aber keineswegs, dass vor der Eintragung ein Rechtsträger nicht be- **5**
steht. Vielmehr wird für die Phase zwischen Abschluss des Gesellschaftsvertrages
und Registereintragung das Bestehen einer rechtsfähigen **Vorgesellschaft** angenommen (siehe zur Vor-GmbH unten § 6). Ob diese (noch) Personengesellschaft
oder (trotz fehlender Eintragung schon) juristische Person ist, ist umstritten[5].

> Demgegenüber sieht das Personengesellschaftsrecht für die GbR und die Personen-
> handelsgesellschaften (vgl. § 123 II HGB) einen konstitutiven Publizitätsakt nicht
> zwingend vor. Etwas anders gilt aber für die Partnerschaft, deren Wirksamwerden (§ 7
> PartGG) stets an die Eintragung im Partnerschaftsregister knüpft. Somit ist das Publizi-
> tätserfordernis weder ein Alleinstellungsmerkmal der juristischen Personen noch ein
> eindeutiges Abgrenzungskriterium zwischen Kapital- und Personengesellschaften.

b) Körperschaftliche Struktur

Juristische Personen sind zwar rechts-, nicht aber handlungsfähig. Zur Geschäfts- **6**
führung und Vertretung gegenüber Dritten bedürfen sie besonderer Handlungsträ-
ger: ihrer **Organe.**
Dabei schreibt das Gesetz für die einzelnen Rechtsformen das Vorhandensein
bestimmter Organe in unterschiedlicher Weise vor. Auch die Ausgestaltung der
innerverbandlichen Kompetenzordnung variiert. Während etwa der Vorstand einer
AG deren Geschäfte in eigener Verantwortung führt (§ 76 I AktG), hierbei durch
den Aufsichtsrat überwacht wird (§ 111 AktG) und die Hauptversammlung auf die
Geschäftsführung nur in sehr engen Grenzen Einfluss nehmen kann, ist der Ge-

---

[5] Für Letzteres *Drygala* in K. Schmidt/Lutter, AktG, § 41 Rn. 4 f.; dazu unten § 6 Rn. 4 ff.

schäftsführer einer GmbH an Weisungen der Gesellschafterversammlung gebunden (§ 37 I GmbHG).

> Handelt es sich bei der organschaftlichen Verfasstheit also um ein typisches Element, das Kapitalgesellschaften und andere juristische Personen von den Personengesellschaften wesentlich unterscheidet? Dies ist zu verneinen. Auch Personengesellschaften sind **organschaftlich verfasst**. Als Organe fungieren die Gesellschafter selbst; durch sie handelt die Gesellschaft als Rechtssubjekt[6]. Allerdings beschränkt das Gesetz bei den **Personengesellschaften** den Kreis der möglichen Organpersonen auf die Gesellschafter. Nur diese sind zur organschaftlichen Vertretung befugt. Es gilt der Grundsatz der **Selbstorganschaft**. Zwar können durch Gesellschaftsvertrag die Geschäftsführung und Vertretung nur einzelnen oder einem Teil der Gesellschafter zugewiesen sein. Doch sind Gestaltungen, in denen sich die Gesellschafter insgesamt ihrer organschaftlichen Stellung begeben, unzulässig.

7   Hingegen besteht bei **AG und GmbH** die Möglichkeit der **Fremd- oder Drittorganschaft**[7]. Die Mitglieder von Vorstand und Aufsichtsrat bei der AG bzw. die Geschäftsführer einer GmbH können zwar, müssen aber nicht zugleich Gesellschafter sein.

> Allerdings ist auch dies kein hinreichendes Kriterium zur Unterscheidung von Kapital- und Personengesellschaften, da namentlich bei der **KGaA**, zwingend und ausschließlich die persönlich haftenden Gesellschafter als organschaftliche Vertreter fungieren (§§ 278 II AktG i.V.m. §§ 161 II, 125 HGB). Hieraus wird deutlich, dass der Grundsatz der Selbstorganschaft sicherstellen soll, dass Gesellschafter, deren Haftung für Gesellschaftsverbindlichkeiten nicht auf eine Einlage beschränkt ist, angemessenen Einfluss auf die Geschicke der Gesellschaft nehmen können.

8   Die fehlende persönliche Haftung liefert zudem die Begründung dafür, dass in Kapitalgesellschaften Beschlüsse grundsätzlich nach dem **Mehrheitsprinzip** gefasst werden, selbst wenn sie die Änderung der Verbandsverfassung betreffen, während bei den Personengesellschaften das Gesetz vom Einstimmigkeitsprinzip als Grundsatz ausgeht (vgl. § 709 BGB, § 119 HGB). Dabei richtet sich das Stimmrecht bei Kapitalgesellschaften nach **Höhe der Kapitalbeteiligung** (vgl. § 47 II GmbHG, § 134 I 1 AktG), bei Personengesellschaften vorbehaltlich einer abweichenden gesellschaftsvertraglichen Vereinbarung nach Köpfen.

9   Schließlich ist der **Grad der Verselbständigung** der Kapitalgesellschaften gegenüber ihren Gesellschaftern wesentlich größer als dies bei den Personengesellschaften der Fall ist. So verlangt das Personengesellschaftsrecht stets das Vorhandensein von mindestens zwei Gesellschaftern, während an AG und GmbH auch eine einzelne Person allein beteiligt sein kann (sog. **Einpersonengesellschaften**; vgl. § 1 GmbHG, § 2 AktG). Demgegenüber muss eine KGaA lediglich aufgrund der besonderen Haftungsstruktur aus mindestens einem persönlich haftenden Gesellschafter (Komplementär) und mindestens einem Kommanditaktionär bestehen

---

[6] Zum organschaftlichen Charakter der Vertretungsbefugnis nach § 125 HGB etwa BGHZ 33, 108; 36, 295; 51, 200; 64, 75; *Hopt* in Baumbach/Hopt, HGB, § 125 Rn. 2; für die GbR *Ulmer/Schäfer* in MünchKomm. BGB, § 705 Rn. 253 ff.

[7] Die Terminologie ist austauschbar.

(§ 278 I AktG). Anders als Personengesellschaften können Kapitalgesellschaften auch **eigene Anteile** halten, wenngleich hierfür gewisse gesetzliche Beschränkungen bestehen (§ 33 GmbHG, §§ 71 ff. AktG). Schließlich sind **Gesellschaftsanteile** (Mitgliedschaften) an Kapitalgesellschaften auch ohne entsprechende gesellschaftsvertragliche Abrede **veräußerlich** und vererblich (so explizit § 15 I GmbHG). Durch die Möglichkeit der Verbriefung in Aktienurkunden sind die Gesellschaftsanteile bei der AG in besonderem Maße verkehrsfähig.

3. Verein als Grundform

Als **Grundform** der juristischen Personen und damit auch der Kapitalgesellschaften kann der in den §§ 21 ff., 55 ff. BGB geregelte Verein mit nicht-wirtschaftlicher Zielsetzung (sog. **Idealverein**) angesehen werden[8]. Soweit im Recht der Kapitalgesellschaften eine planwidrige Regelungslücke auftritt, kann daher ergänzend das Vereinsrecht des BGB herangezogen werden.

10

> **Wichtigster Fall** ist die analoge Anwendung des § 31 BGB[9], der die Haftung der juristischen Person für zum Schadensersatz verpflichtende Handlungen der organschaftlichen Vertreter statuiert. Ein weiteres Beispiel ist die Regelung in § 35 BGB betreffend die Sonderrechte einzelner Mitglieder. Auch das ist ein allgemeines Rechtsprinzip, das für das Aktien- und GmbH-Recht fruchtbar gemacht werden kann[10].

III. Kapitalgesellschaften als Formkaufleute

> Die Kapitalgesellschaften gelten kraft gesetzlicher Anordnung als **Handelsgesellschaften** im Sinne des HGB, auch wenn der Gegenstand des Unternehmens nicht im Betrieb eines Handelsgewerbes besteht (§§ 13 III GmbHG, §§ 3 I und 278 III AktG). Sie sind damit stets **Formkaufleute** im Sinne des § 6 HGB.

11

Da der Unternehmensgegenstand nicht auf gewerbliche Tätigkeiten beschränkt ist, eignen sich die Kapitalgesellschaften etwa auch als Rechtsform für freie Berufe.

> So können **Rechtsanwälte** sich zwar nicht zu einer OHG oder KG zusammenschließen, sehr wohl aber eine Rechtsanwalts-GmbH gründen und betreiben (vgl. §§ 59c ff. BRAO). Auf diese sind sodann die an die Kaufmannseigenschaft anknüpfenden Vorschriften des HGB anwendbar. Entsprechendes gilt für **Gesellschaften ohne Erwerbszweck** (Beispiel: kommunale Wirtschaftsförderungs-GmbH).

---

[8] *Raiser/Veil*, Recht der Kapitalgesellschaften, § 3 Rn. 5; *Schwarz/Schöpflin* in BeckOK BGB, § 21 Rn. 37.

[9] Für die AG etwa BGH NJW 2005, 2450 ff.. für die GmbH: BGH WM 1987, 286. Ferner wird § 31 BGB auch auf Personengesellschaften analog angewendet, vgl. *Reuter* in MünchKomm. BGB, § 31 Rn. 15 mit weiteren Nachweisen.

[10] Vgl. BGH NJW-RR 1989, 542.

IV. Die Bedeutung des Kapitals

Literatur: *Drygala*, Stammkapital heute – Zum veränderten Verständnis vom System des festen Kapitals und seinen Konsequenzen, ZGR 2006, 587.

1. Legitimation der beschränkten Haftung

12 Die Möglichkeit der Haftungsbeschränkung ist rechtspolitisch nicht gänzlich unproblematisch. Sie ermöglicht es den von der persönlichen Haftung befreiten Gesellschaftern, das wirtschaftliche Risiko der Unternehmung auf die Gläubiger zu verlagern. Im Falle des Scheiterns riskieren die Gesellschafter nur den Verlust ihrer Kapitaleinlage, während die Verluste der Gläubiger weitaus höher sein können. Gleichzeitig partizipieren die Gesellschafter aber unbeschränkt am wirtschaftlichen Erfolg des Unternehmens. Mit einem politischen Schlagwort ausgedrückt: Die Haftungsbeschränkung führt zur **Privatisierung der Gewinne** und **Sozialisierung der Verluste**.

Damit einher geht die Vorstellung von wirtschaftlich erfolglosen, weil unfähigen oder untüchtigen Unternehmern, die lediglich mit einem Mindestmaß an eigenem Kapitaleinsatz Gesellschaft um Gesellschaft in die Insolvenz führen. Dabei verlieren die Gesellschafter zwar ihre Einlage, doch ist der Forderungsausfall, den die Gesellschaftsgläubiger erleiden, oftmals weit größer. Und mehr noch: Die Gesellschafter sind grundsätzlich nicht gehindert, durch Gründung einer neuen Gesellschaft mit einem erneut überschaubaren Kapitaleinsatz eine neue Unternehmung zu wagen.

Natürlich ist dieses Bild **überzeichnet**. Dennoch ist die zugrunde liegende Vorstellung nicht gänzlich fernliegend, zumal die Praxis zu viele Fälle kennt, in denen namentlich die Rechtsform der GmbH vorsätzlich zum Schaden der Gesellschaftsgläubiger von den Gesellschaftern **missbraucht** wird.

13 Ungeachtet dessen ist die Entscheidung des Gesetzgebers für Rechtsformen, die eine nur beschränkte Haftung der Gesellschafter vorsehen, **ökonomisch sinnvoll**.

Dies gilt zunächst für die sog. **Publikumsgesellschaften**, an denen viele Gesellschafter mit kleinen Anteilen beteiligt sind und die unter der Leitung von professionellen Fremdgeschäftsführern steht. Dieses Leitbild liegt insbesondere dem Aktienrecht zugrunde. Der Vorstand leitet die Geschäfte der AG in eigener Verantwortung (§ 76 I AktG), während die Einflussmöglichkeiten der Aktionäre wegen der begrenzten Zuständigkeit der Hauptversammlung (vgl. § 119 AktG) beschränkt sind und als Überwachungsorgan der Aufsichtsrat zwischengeschaltet ist (vgl. § 111 AktG). Eine persönliche Haftung der Aktionäre über die Einlageleistung hinaus würde die Beteiligung gänzlich unattraktiv machen, sodass die AG ihre volkswirtschaftlich sinnvolle Funktion als **Kapitalsammelbecken**[11] nicht erfüllen könnte.

Die Möglichkeit der Haftungsbeschränkung ist auch für jene Gesellschaften **14** sinnvoll, in denen die Gesellschafter auf die grundlegende Ausrichtung des Unternehmens und die laufenden Geschäfte Einfluss nehmen können. Angesprochen ist damit in erster Linie die Rechtsform der GmbH. In der Praxis fungieren GmbH-Gesellschafter oftmals selbst als Geschäftsführer. Zudem kann die Gesellschafterversammlung durch die Erteilung von Weisungen auf die Geschäftspolitik auch im Detail Einfluss nehmen. Anders als im Aktienrecht ließe sich im GmbH-Recht somit grundsätzlich ein Gleichlauf zwischen wirtschaftlicher Verantwortung und persönlicher Haftung herstellen. Jedoch wird der Haftungsbeschränkung auch insoweit eine volkswirtschaftlich erwünschte **Anreizfunktion** zugesprochen. Die Möglichkeit, ein Unternehmen mit beschränkter Haftung zu betreiben, ist potentiell geeignet, Risikoaversionen zu überwinden und positive Anreize für die Gründung eines Unternehmens zu geben.

Es handelt sich mithin um eine **rechtspolitische Abwägung** zwischen die-   **15** sen Vorteilen und den eingangs geschilderten Nachteilen für die Gesellschaftsgläubiger, die ganz überwiegend – und auch zu Recht – zugunsten der Haftungsbeschränkung ausfällt.

Hierfür spricht nicht zuletzt, dass auch zahlreiche ausländische Rechtsordnungen Haftungsbeschränkungen sowohl für Publikumsgesellschaften als auch für kleinere, personalistisch verfasste Gesellschaften kennen. Dabei diente die 1892 geschaffene „deutsche GmbH" vielfach als **Regelungsvorbild**. Die rechtstatsächlichen Erfahrungen mit der beschränkten Haftung sind daher sowohl national wie auch international positiv.

2. Funktion des Stamm- bzw. Grundkapitals

Die Haftungsbeschränkung wird den Gesellschaftern nicht ohne „**Gegenleistung**"   **16** gewährt, sondern muss durch die **Aufbringung des Mindestkapitals** „erkauft" werden. Gemäß § 5 I GmbHG muss das Stammkapital einer GmbH mindestens 25.000 EUR betragen[12], das Grundkapital einer AG gemäß § 7 AktG mindestens 50.000 EUR. Allerdings kann die Einlagepflicht eines einzelnen Gesellschafters

---

[11] *Henssler/Wiedemann* in Bayer/Hommelhoff (Hrsg.), Aktienrecht im 2007, Band II, 1. Kap. Rn. 18.

[12] Die Unternehmergesellschaft (haftungsbeschränkt), die gemäß § 5a GmbHG mit einem Mindestkapital von nur 1 EUR gegründet werden kann, stellt insoweit einen Sonderfall dar, der später gesondert behandelt wird. Siehe dazu unten § 5.

weitaus geringer sein, da § 5 II GmbHG sowie § 8 II, III AktG als kleinstmögliche Anteilsstückelung einen Betrag von lediglich 1 EUR vorschreiben[13].

Das Mindestkapital ist daher keine von einem einzelnen Gesellschafter, sondern eine **von allen Gesellschaftern gemeinsam zu überwindende Hürde**.

17 Welchen Zweck verfolgt der Gesetzgeber aber konkret mit dieser Hürde? Einigkeit besteht darin, dass das Kapitalerfordernis dem Gläubigerschutz dient[14]. Nicht ganz so einfach zu beantworten ist, in welcher Weise das geschieht.

Die **traditionelle Ansicht** sieht den Sinn des Mindestkapitals darin, die Gesellschaft mit Betriebsmitteln auszustatten und eine Haftungsmasse zur Verfügung zu stellen, die eintretende Verluste abfedert (**Ausstattungs- und Verlustpufferfunktion** des Kapitals). Diese Funktionen mag das Mindestkapital tatsächlich auch einmal erfüllt haben. So musste bei Inkrafttreten des GmbHG im Jahr 1892 das Stammkapital der GmbH mindestens 20.000 Goldmark betragen, was einer heutigen Kaufkraft von ca. 350.000 EUR entspricht. Demgegenüber stellen die heute geforderten 25.000 EUR in vielen Fällen **keine angemessene Kapitalausstattung** dar.

Hinzu kommt, dass das GmbH- und das Aktienrecht zwar jeweils Vorschriften zur Sicherung einer ordnungsgemäßen Kapitalaufbringung sowie zur Kapitalerhaltung bereitstellen, jedoch **keinen Schutz vor Verwirtschaftung** des Gesellschaftsvermögens bieten. Das Kapital muss gerade nicht zugunsten des Gläubigers im Tresor verwahrt werden. Es kann und soll für die geschäftlichen Zwecke der Gesellschaft eingesetzt werden. Dann aber kann es durch Verluste aufgezehrt sein, wenn es für den Gläubiger darauf ankommt. Insofern leistet auch die Pflicht zur Kapitalerhaltung (§ 30 GmbHG, § 57 AktG) keine Garantie des Kapitals zugunsten der Gläubiger; diesbezügliche Aussagen in der Literatur[15] sind bestenfalls missverständlich, wenn nicht gar falsch. **Verboten ist nur die Rückgewähr an die Gesellschafter**, während der Verlust des Kapitals im geschäftlichen Wettbewerb mit Mitteln des Rechts überhaupt nicht verhindert werden kann.

18 Vorzugswürdig erscheint es daher, das Mindestkapital als **unverzichtbaren Risikobeitrag** der Gesellschafter anzusehen: Der intendierte Gläubigerschutz wird danach nicht unmittelbar durch das Vorhalten eines Reservefonds bewirkt, sondern lediglich mittelbar durch die **verhaltenssteuernde Wirkung** dieses Risikobeitrages, die sich allein aus dem Verlust im Falle des Scheiterns der Unternehmung ergibt. Diesem Ansatz, das Kapital nur

---

[13] Seit 1980 wurde bei der GmbH die Mindesteinlage schrittweise von 500 DM auf 100 EUR und schließlich mit dem MoMiG im Jahr 2008 auf 1 EUR herabgesetzt.

[14] Vgl. *Wiedemann*, Gesellschaftsrecht I, § 10 IV 1; *Wiedemann*, DB 1903, 141, 147; *Stimpel*, Festschrift 100 Jahre GmbHG, 1992, S. 335, 349; vgl. BGHZ 238, 77; BGHZ 51, 157, 162.

[15] Exemplarisch die zu weite Auffassung bei *Hueck/Fastrich* in Baumbach/Hueck, GmbHG, § 3 Rn. 14. Zur weiteren Kritik vgl. *Drygala*, ZGR 2006, 587, 589 ff.

noch als Risikobeitrag der Gesellschafter zu verstehen, folgt ausdrücklich auch der Gesetzgeber in der Begründung zum MoMiG[16].

Die **Folgen des Scheiterns** treffen nicht nur die Gläubiger, sondern auch die Gesellschafter, und zwar in Gestalt des Verlustes des eingesetzten Kapitals. Das Kapital bewirkt daher, ähnlich wie der Selbstbehalt in der Sach- und Haftpflichtversicherung, dass das **Risiko nicht gänzlich auf andere verlagert** werden kann.

> Damit ist zugleich gesagt, dass an das Mindestkapital keine zu hoch gesteckten Erwartungen **gestellt** werden sollten.

Im Übrigen ist das Erfordernis eines Mindestkapitals **rechtspolitisch keineswegs zwingend**. Dies zeigt ein Blick in benachbarte Rechtsordnungen. So kann beispielsweise eine englische Limited mangels gesetzlicher Vorgaben hinsichtlich der Kapitalausstattung bereits mit 1 £ (zuzüglich Gründungskosten) errichtet werden. Dies hat Mitte der 2000er Jahre zahlreiche deutsche Unternehmer zur Gründung einer Limited veranlasst. Der deutsche Gesetzgeber hat hierauf im Jahr 2008 mit dem MoMiG reagiert. Hierdurch wurde nicht nur das bestehende GmbH-Recht modernisiert, sondern auch eine neue Unterform der GmbH geschaffen: die sog. **Unternehmergesellschaft (haftungsbeschränkt)**, für die ein gesetzliches Mindestkapital nicht besteht (siehe vorerst nur § 5a GmbHG und unten § 5). Der Trend zur Limited ist zwischenzeitlich wieder deutlich abgeklungen. Zu den gemeinschaftsrechtlichen Vorbedingungen der grenzüberschreitenden Rechtsformwahl siehe unten § 2 Rn. 26 ff.

19

Eine weitere Funktion können Grund- und Stammkapital insbesondere dann erfüllen, wenn die Gesellschafter eine über das gesetzliche Mindestmaß hinausgehende Festsetzung der Kapitalhöhe treffen. Das ist bei der GmbH, insbesondere aber bei der AG durchaus nicht selten. Hier gibt es zahlreiche Gesellschaften, bei denen die Gesellschafter weit mehr als nur das Mindestkapital einsetzen. Bei den großen börsennotierten Aktiengesellschaften liegt das Kapital durchweg im Bereich mehrerer hundert Millionen EUR.

20

> **Beispiele** (Stand Oktober 2011):
> - *Adidas AG*: 209 Mio. EUR,
> - *BMW AG*: 655 Mio. EUR,
> - *Siemens AG*: 2.743 Mio. EUR.

Mit einer höheren als der gesetzlich vorgeschriebenen Kapitalausstattung bringen die Gesellschafter zum Ausdruck, dass sie im Vertrauen auf den wirtschaftlichen Erfolg des Unternehmens einen höheren Risikobeitrag zu leisten bereit sind (**Seriositätsfunktion**)[17].

---

[16] Begr. RegE zum MoMiG, BT-Drucks. 16/6140. Mit dem ARUG wurde dieser Ansatz auch für das Aktienrecht übernommen.

[17] *Drygala*, ZGR 2006, 587, 599.

3. Eigen- und Fremdkapital

21 An dieser Stelle ist auf eine grundlegende Unterscheidung hinzuweisen, die im Hinblick auf die Kapitalausstattung der Gesellschaften zu treffen ist. Abgesehen vom gesetzlichen Mindestkapital steht es den Gesellschaftern frei, ob sie die Gesellschaft mit **Eigen- oder Fremdkapital** ausstatten, damit die für den Geschäftsbetrieb erforderlichen Investitionen getätigt, also insbesondere Betriebsmittel angeschafft und Personal bezahlt werden können. Die Qualifizierung als Eigen- oder Fremdkapital gibt Auskunft über die Herkunft der im Unternehmen vorhanden Mittel[18].

22 **Eigenkapital** ist eine bilanzielle Größe, die auf der Passivseite der Handelsbilanz ausgewiesen wird. Zum Eigenkapital zählen gemäß §§ 266 III, 272 HGB das „gezeichnete Kapital", also das von den Gesellschaftern durch Einlageleistung eingebrachte Grund- bzw. Stammkapital, ferner aber auch Kapital- und Gewinnrücklagen, der erwirtschaftete Jahresüberschuss bzw. Jahresfehlbetrag sowie Vorträge hierauf aus vergangenen Jahren.

> Stark vereinfacht lässt sich formulieren: Das Eigenkapital ist der Teil des Gesellschaftsvermögens, der nach Abzug sämtlicher Schulden übrig bleibt. Zu ihm gehören insbesondere auch die Rücklagen, die die Gesellschaft durch die Einbehaltung (Thesaurierung) von Gewinnen gebildet hat (vgl. § 272 I-III HGB).

Die Einbeziehung von Gewinnen und Verlusten zeigt, dass das Eigenkapital **keine feste Größe** ist, sondern sich im Lauf der Zeit verändert. Maßgeblich ist insoweit einerseits der wirtschaftliche Erfolg oder Misserfolg des von der Gesellschaft betriebenen Unternehmens. Andererseits können die Gesellschafter durch Kapitalmaßnahmen, etwa die Vereinbarung weiterer Einlageleistungen im Rahmen einer Kapitalerhöhung, die Eigenkapitalsituation an veränderte Erfordernisse anpassen. Im Übrigen stimmt auch bei Entstehen der Gesellschaft, also noch bevor Gewinne oder Verluste erwirtschaftet werden konnten, das Eigenkapital nicht notwendigerweise mit dem Stamm- bzw. Grundkapital überein. Vielmehr ist es in der Praxis durchaus üblich, dass die Gesellschafter zusätzlich zu der nominellen Einlage einen Aufschlag (**Agio**) zahlen, der in die Kapitalrücklage eingestellt wird[19].

23 **Fremdkapital** ist das durch Schuldenaufnahme finanzierte Kapital einer Unternehmung. Es umfasst diejenigen Teile der Passivseite einer Bilanz, die Gläubigeransprüche darstellen.

Fremdkapital steht den Unternehmen regelmäßig **nur befristet** zur Verfügung. Die Fremdkapitalgeber (Gläubiger) haben regelmäßig einen Anspruch auf Verzinsung und Rückzahlung der von ihnen bereitgestellten Mittel. Ihnen stehen auf-

---

[18] *Kropff* in MünchKomm. AktG, § 272 HGB Rn. 3.
[19] Zum Agio vgl. *Ziemons* in BeckOK GmbHG, § 5 Rn. 103.

grund ihrer Stellung als Fremdkapitalgeber keine mitgliedschaftlichen Rechte zu, andererseits haften sie auch nicht für Verluste aus der Geschäftstätigkeit. Auch die Gesellschafter selbst können – natürlich nur neben ihrer Einlagepflicht – Fremdkapitalgeber sein (vgl. unten § 9 Rn. 3), doch unterliegen sie insoweit besonderen Regelungen.

Die Behandlung von **Gesellschafterdarlehen** war lange Zeit rechtspolitisch und rechtsdogmatisch umstritten und hat jüngst durch das MoMiG eine grundlegende Änderung erfahren (siehe unten § 9 Rn. 11 ff.).

Die Fremdkapitalfinanzierung erfolgt in der Regel durch die Aufnahme von **Darlehen**, in größeren Unternehmen auch durch die Ausgabe von **Inhaberschuldverschreibungen**, sog. Anleihen oder Obligationen (vgl. §§ 793 ff. BGB)[20]. Zudem besteht die Möglichkeit Wandelschuldverschreibungen, Gewinnschuldverschreibungen und Genussrechte auszugeben (§ 221 AktG; siehe unten § 25 Rn. 58 ff.).

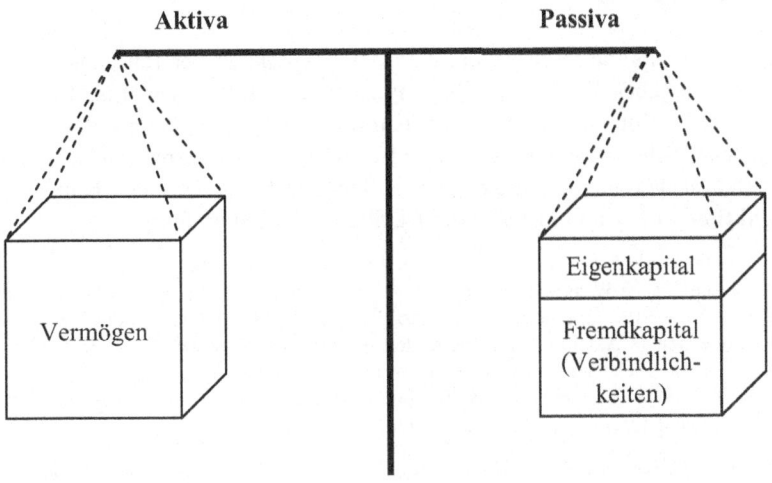

Abb. 1: Bilanz im Gleichgewicht

4. Kapital und Kapitalanteil

Das Stammkapital bei der GmbH und das Grundkapital bei der AG haben neben der geschilderten rechtspolitisch-wirtschaftlichen, auch eine **rechtstechnische** **24**

---

[20] Zur grundsätzlichen Zulässigkeit dieser Finanzierungsformen auch in der GmbH siehe *Lutter* in Lutter/Hommelhoff, GmbHG, § 55 Rn. 58 ff.

Funktion: Sie sind die jeweilige Summe der Kapitalanteile sämtlicher Gesellschafter.

Das Stamm- bzw. Grundkapital wird in verschiedene Anteile zerlegt, die bei der GmbH als **Geschäftsanteile**, bei der AG als **Aktien** bezeichnet werden.

Nach dem Verhältnis der einem Gesellschafter zustehenden Anteile am Stamm- bzw. Grundkapital bemessen sich grundsätzlich das Stimmgewicht bei Beschlussfassungen (§ 47 II GmbHG, § 134 I 1 AktG), der Anteil am Gewinn (§ 29 III GmbHG, § 60 I AktG) sowie im Falle der Beendigung der Gesellschaft der Anteil am Liquidationserlös (§ 72 GmbHG, § 271 II AktG).

V. Zur Trennung von Aktienrecht und GmbH-Recht

1. Strenges Aktienrecht

25 Es war bereits die Rede davon, dass die Möglichkeit der Haftungsbeschränkung ein wesentlicher Anreiz zur Gründung einer Kapitalgesellschaft ist. Daneben kann als zweites Motiv das **Werben um Kapitalgeber** stehen, die mit ihrer Einlage die wirtschaftliche Betätigung der Gesellschaft zwar finanzieren, auf den Geschäftsbetrieb aber keinen Einfluss nehmen. Historisch war es diese **Kapitalsammelfunktion**[21], die zum Entstehen der Kapitalgesellschaften führte.

Kapitalgesellschaften sind hiernach ein Ergebnis von Kolonialisierung und Industrialisierung[22]. Eine Wirtschaftsexpedition etwa nach Indien oder ein Eisenbahnbau verlangte im 18. oder 19. Jahrhundert den Einsatz derart großer Kapitalmassen, dass einzelne oder einige wenige Akteure damit überfordert gewesen wären. Zudem war das Risiko eines wirtschaftlichen Fehlschlags extrem hoch, sodass es töricht gewesen wäre, die Finanzierung allein zu übernehmen. Angestrebt wurde daher früh eine Risikostreuung durch die Beteiligung einer Vielzahl von Investoren.

26 Demgemäß ist traditionell das Aktienrecht für **Publikumsgesellschaften**, also die Beteiligung vieler Gesellschafter konzipiert. Dies wirkt sich zum einen auf die Organisationsverfassung der AG aus, die die Aktionäre weitgehend von der Leitung und Verwaltung der Gesellschaft ausschließt. Diese Aufgaben hat vielmehr zuvörderst der Vorstand in eigener Verantwortung zu erfüllen, der zudem nicht unmittelbar durch die Hauptversammlung, sondern durch ein zwischengeschaltetes Überwachungsorgan, den Aufsichtsrat, beraten und kontrolliert wird. Dies alles führt zu vielgestaltigen Problem, die unter dem Stichwort „**Corporate Governance**" diskutiert werden[23].

---

[21] Vgl. *Henssler/Wiedemann* in Bayer/Hommelhoff (Hrsg.) Aktienrecht im Wandel, 2007, Band II, 1. Kap. Rn. 18.

[22] Instruktiv die Darstellung bei *Assmann* in Großkomm. AktG, Einl. Rn. 13 ff.

[23] Einführend dazu *Veil/Brinckmann*, JURA 2007, 366.

Corporate Governance bezeichnet den rechtlichen und tatsächlichen Ordnungsrahmen für die Leitung und Überwachung eines Unternehmens.

Die **Trennung von Leitungsmacht und wirtschaftlicher Teilhabe** macht dabei   **27**
bestimmte Schutzvorschriften zugunsten der Aktionäre im Allgemeinen und der
Aktionärsminderheit im Besonderen unverzichtbar, zumal der Gesellschaftsvertrag – das Aktienrecht verwendet die Bezeichnung „Satzung" – oftmals nicht von
allen anlageorientierten Aktionären ausgehandelt wird, sondern ihnen unver-
handelbar zum Beitritt vorliegt.

Daher hat der Gesetzgeber das **Aktienrecht** weitgehend als **zwingendes
Recht** ausgestaltet, von dem durch Satzungsregelungen nur abgewichen
werden kann, wenn das Gesetz dies vorsieht (sog. Grundsatz der Satzungsstrenge, § 23 V AktG).

Das Aktienrecht ist somit relativ starr und unflexibel, was zugleich aber zu einem
Mehr an **Rechtsklarheit und -sicherheit** im Hinblick auf die Verbandsverfassung
führt. Damit einher geht eine Erhöhung der Fungibilität der Gesellschaftsanteile,
die ihrerseits Vorbedingung für den **börslichen Aktienhandel** ist[24]. Denn kein
Anleger hat Lust, zunächst die Satzung zu studieren, bevor er Aktien erwirbt. Er
vertraut darauf, dass das erworbene Rechtsprodukt „Aktie" bei allen Gesellschaften im Wesentlichen einheitlich ist und dass gleichwohl vorhandene Unterschiede,
die das Gesetz zulässt (z.B. Stamm- oder Vorzugsaktien, Namens- oder Inhaberaktien; siehe dazu unten § 18 Rn. 11 ff.), für ihn leicht erkennbar sind.

2. Liberales GmbH-Recht

Historischer Ausgangspunkt der Entwicklung war somit die AG. Bereits in der   **28**
zweiten Hälfte des 19. Jahrhunderts wurde aber deutlich, dass die Haftungsbeschränkung auch für kleinere Unternehmungen von Interesse war. Die AG war dafür in der strengen Fassung, die sie infolge der Reformen von 1884 gefunden hatte, nicht geeignet, weil überreguliert. Der Gesetzgeber entschied sich daher, der
AG eine „kleine Schwester" zur Seite zu stellen: die **GmbH**, die es kleineren und
mittelständischen Unternehmen erlauben sollte, Haftungsrisiken zu minimieren
und zugleich den unternehmerischen Einfluss der Gesellschafter auf ihre Gesellschaft beizubehalten[25].

Dementsprechend geht das GmbHG von einer **grundsätzlichen Disposi-
tionsfreiheit** der Gesellschafter nicht nur im Hinblick auf die Leitung der
Gesellschaft (etwa durch Weisungsbefugnisse gegenüber den Geschäftsfüh-

---

[24] *Pentz* in MünchKomm AktG, § 23 Rn. 150.
[25] *Michalski* in Michalski, GmbHG, Syst. Darst. 1 Rn. 1 f.

rern), sondern auch auf die Ausgestaltung der Verbandsverfassung aus, sofern nicht die Interessen Dritter, insbesondere der Gesellschaftsgläubiger entgegenstehen. Das GmbH-Innenrecht ist daher ganz überwiegend als dispositives Recht ausgestaltet.

3. Aktieneinheitsrecht oder zwei Rechtsformen namens „Aktiengesellschaft"?

Literatur: *Fleischer*, Das Aktiengesetz von 1965 und das neue Kapitalmarktrecht, ZIP 2006, 451; *C. Schäfer*, Besondere Regelungen für börsennotierte und für nichtbörsennotierte Gesellschaften?, NJW 2008, 2536; *Staake*, Ungeschriebene Hauptversammlungskompetenzen in börsennotierten und nicht börsennotierten Aktiengesellschaften, 2009.

a) Das Prinzip des Aktieneinheitsrechts

29 Die GmbH ermöglicht somit – wenn auch nicht unbeschränkt – die Anpassung der Gesellschaftsverhältnisse an die Bedürfnisse der jeweiligen Gesellschafter. Gesetzgeberische Zielstellung bei der Schaffung des Aktiengesetzes war es demgegenüber seit jeher, ein Verbandsrecht für sämtliche AGs zu schaffen – ohne Ansehung ihrer Größe, ihres Unternehmensgegenstandes, der Aktionärszahl und Beteiligungsstruktur. Dabei ist das **Prinzip des Aktieneinheitsrechts** eher als Leitmotiv, denn als unumstößliches Dogma zu verstehen.

Eine gewichtige Neuerung des AktG 1965 zielte sogar darauf ab, Sonderregeln für lediglich einen Teil der Gesellschaften zu statuieren: das Konzernrecht. Weitere punktuelle Durchbrechungen des Einheitsprinzips finden sich beispielsweise in den Regelungen zum Aufsichtsrat. So hängt dessen Mindestgröße maßgeblich von der Höhe des Grundkapitals, die Zusammensetzung hingegen von der Anzahl der vom Unternehmen Beschäftigten ab.

b) Trennung von börsennotierten und nicht börsennotierten Aktiengesellschaften

30 In den 1980er Jahren wurde von verschiedenen Seiten der Versuch unternommen, das zweispurige System des deutschen Kapitalgesellschaftsrechts flexibler zu gestalten und um **Zwischengesellschaftsformen** zu erweitern. Über den zu beschreitenden Reformweg bestand indes keine Einigkeit. Unter anderem wurden Vorschläge zur **Deregulierung des Aktienrechts** für bestimmte Formen der AG unterbreitet[26].

Der Gesetzgeber knüpfte hieran 1994 mit dem „Gesetz für die kleine Aktiengesellschaft und zur Deregulierung des Aktienrechts"[27] an. Anders als die Gesetzesbezeichnung vermuten lässt, wurde jedoch kein eigenständiger Regelungskomplex für die **„kleine AG"** – etwa vergleichbar demjenigen für die KGaA – geschaffen. Vielmehr wurden punktuelle Veränderungen im bestehenden Normgefüge vorgenommen mit dem Ziel, „Aktiengesellschaften auch für mittelständische Unter-

---

[26] *Albach/Lutter u.a*, Deregulierung des Aktienrechts: Das Drei-Stufen-Modell, 1988.

[27] Vom 10. August 1994, BGBl. I S. 1961; dazu *Lutter*, AG 1994, 429.

nehmen attraktiv zu machen"[28]. Dabei wurden auch erste **Unterscheidungen zwischen börsennotierten und nicht börsennotierten Gesellschaften** getroffen. Das
war noch kein revolutionärer Einschnitt in das Aktienrecht aber doch der erste,
noch behutsame Schritt in diese Richtung, dem weitere folgen sollten.

Der nächste Schritt war die Einführung des § 3 II AktG durch das KonTraG[29],
der erstmals eine aktienrechtliche Legaldefinition der börsennotierten Gesellschaft
enthielt. Nach der derzeit aktuellen Fassung der Vorschrift sind börsennotiert im
Sinne dieses Gesetzes Gesellschaften, deren Aktien zu einem Markt zugelassen
sind, der von staatlich anerkannten Stellen geregelt und überwacht wird, regelmäßig stattfindet und für das Publikum mittelbar oder unmittelbar zugänglich ist.

Das trifft auf den regulierten Markt (§§ 32 ff. BörsG) zu, nicht aber auf den Freiverkehr
(§ 48 BörsG) oder auf den Handel an staatlich nicht regulierten elektronischen Handels-
plattformen. Der Markt muss nicht in Deutschland liegen, auch eine Auslandsnotiz
genügt.

§ 3 II AktG grenzt **börsennotierte und nicht börsennotierte Gesellschaf-**   **31**
ten voneinander ab, trifft selbst aber keine inhaltliche Aussage darüber, welche verbandsrechtlichen Folgen an diese Unterscheidung geknüpft sind.

Diese erschließen sich erst bei einem Blick auf die einzelnen Vorschriften, die
Sonderregeln entweder für börsennotierte oder für nicht börsennotierte Gesellschaften statuieren. Diese Regeln lassen sich in verschiedene Gruppen einteilen:
einerseits Vorschriften, die Erleichterungen für nicht börsennotierte Gesellschaften schaffen[30]; andererseits jene, die erhöhte Anforderungen an börsennotierte Gesellschaften stellen[31]. Unabhängig von der rechtstechnischen Ausgestaltung ist die
Intention in diesen Fällen identisch: Bezweckt ist die **Liberalisierung des Aktienrechts** für nicht börsennotierte Gesellschaften.

c) Kapitalgesellschaftsrecht und Kapitalmarktrecht

Die Unterscheidung zwischen börsennotieren und nicht börsennotierten Gesell-   **32**
schaften wird durch die **Einflüsse des Kapitalmarktrechts** noch verstärkt[32].

Noch in den 1980er-Jahren wurde das Kapitalmarktrecht in Deutschland wegen
seiner nur punktuellen und zudem verstreuten Regelungen lediglich als „Margina-
lie des Gesellschaftsrechts" bezeichnet[33]. Mit der zunehmenden Verrechtlichung

---

[28] Begr. des Gesetzentwurfs der Fraktionen CDU/CSU und FDP, BT-Drucks. 12/6721, S. 5.

[29] Gesetz zur Kontrolle und Transparenz im Unternehmensbereich (KonTraG) vom 27. April
1998, BGBl. I S. 786.

[30] Vgl. §§ 67 VI 2, 110 III 2, 127 S. 3, 130 I 3, 134 I 2 AktG.

[31] Vgl. § 121 III, 125 I 3, 130 II 2 und VI, 161, 171 II 2, 328 III AktG.

[32] Zum Folgenden *Staake*, Ungeschriebene Hauptversammlungskompetenzen in börsennotierten
und nicht börsennotierten Aktiengesellschaften, 2009, S. 137 ff.

[33] So noch *K. Schmidt*, Gesellschaftsrecht, 2. Aufl. 1991, § 1 II 2 d.

des Kapitalmarktes und dem Auf- und Ausbau des Kapitalmarktrechts veränderte sich notwendigerweise auch dessen Verhältnis zum Verbandsrecht. Verbandsrecht und Kapitalmarktrecht verhalten sich zueinander nicht wie die Kehrseiten einer Medaille; sie sind weder in ihrem Geltungsbereich noch ihren Zielsetzungen kongruent. Sie stellen im Ausgangspunkt vielmehr zwei voneinander zu unterscheidende Rechtsmaterien dar. Dessen ungeachtet ist eine zunehmende **Verschränkung** beider Rechtsgebiete unverkennbar[34]. Die Schnittstelle hierfür ist der Kapitalmarkt – oder aus verbandsrechtlicher Sicht: die Börsenzulassung.

> Für börsennotierte Gesellschaften gelten sowohl aktien- als auch kapitalmarktrechtliche Vorschriften.

33   Trotz der im Ausgangspunkt zu konstatierenden Eigenständigkeit der Rechtsgebiete ist ein schlichtes Nebeneinander von Verbands- und Kapitalmarktrecht nicht vorstellbar. Im Gegenteil: Die **normative Schnittmenge** der Regelungsbereiche wird zunehmend größer. So finden sich im Aktienrecht vielfach spezifisch kapitalmarktrechtliche Zielsetzungen – etwa beim Erwerb eigener Aktien gemäß § 71 I 1 Nr. 8 AktG[35] oder dem erleichterten Bezugsrechtsausschluss bei Kapitalerhöhungen gemäß § 186 IV 3 AktG[36]. Andererseits sind bestimmte dem Kapitalmarktrecht zugeordnete Materien rechtsformspezifisch auf die AG zugeschnitten, etwa das Pflichtangebot bei Kontrollerwerb nach dem WpÜG[37].

> Das Erstarken eines Kapitalmarktrechts hat zu einer **Veränderung der Wertungsgrundlage** für das Aktienrecht geführt. Infolgedessen können sich der Anwendungsbereich oder auch die Funktion aktienrechtlicher Vorschriften verändern. Somit ist die Annahme eines spezifischen **Börsengesellschaftsrechts**[38] durchaus gerechtfertigt[39].

34   Noch nicht abschließend geklärt ist, wann eine Differenzierung zwischen börsennotierten und nicht börsennotierten Gesellschaften in Betracht kommt. Ohne weiteres möglich muss eine unterschiedliche Behandlung jedenfalls dann sein, wenn es um die Frage der analogen Anwendung aktienrechtlicher Vorschriften oder um

---

[34] Vgl. *Fleischer*, ZIP 2006, 451 ff.

[35] *Lutter/Drygala* in KölnKomm. AktG, § 71 Rn. 22.

[36] Vgl. dazu *Servatius* in Spindler/Stilz, AktG, § 186 Rn. 22 f.

[37] Vgl. *Fleischer*, NZG 2002, 545, 546 ff.; *Staake*, Ungeschriebene Hauptversammlungskompetenzen in börsennotierten und nicht börsennotierten Aktiengesellschaften, 2009, S. 142 ff.

[38] Siehe den Titel des Festschriftenbeitrages von *Nobel*, Festschrift Bär, 1998, S. 301: „Börsengesellschaftsrecht?".

[39] So auch *Bayer*, Gutachten E zum 67. Deutschen Juristentag, S. 81 ff., S. 98 f.; *Staake*, Ungeschriebene Hauptversammlungskompetenzen in börsennotierten und nicht börsennotierten Aktiengesellschaften, 2009, S. 154 f.; *Fleischer*, ZHR 165 (2001), 513, 514; *ders.*, ZIP 2006, 451, 454; *Merkt*, AG 2003, 126, 128; ferner bereits *Lutter*, Festschrift Zöllner, 1998, S. 363; *Hommelhoff*, ZGR 2000, 748, 769 ff.

die Reichweite richterlicher Rechtsfortbildung[40] geht. So ist bei der Analogie bekanntlich nach der Vergleichbarkeit der **Interessenlage** (zum gesetzlich geregelten Fall) zu fragen, die bei der börsennotierten AG im Einzelfall von der Interessenlage bei der nicht börsennotierten AG deutlich abweichen kann. Problematisch
sind die Fälle, in denen es eine gesetzliche Regelung gibt. Kann der Wortlaut ein
und derselben Vorschrift in Ansehung des Vorliegens oder Nichtvorliegens der
Börsennotierung unterschiedlich ausgelegt werden? Eine derart **„gespaltene Auslegung"** ist rechtsmethodisch durchaus kein Fremdkörper; die **teleologische Reduktion** gehört längst zum juristischen Handwerkszeug. Daher stellt ein nicht
zwischen börsennotierter und nicht börsennotierter AG unterscheidender Gesetzeswortlaut kein unüberwindbares Hindernis für eine **im Einzelfall gebotene differenzierende Normanwendung** dar.

d) Gesellschaftertypen

Börsennotierte und nicht börsennotierte Gesellschaften unterscheiden sich aber   35
nicht nur in rechtlicher, sondern typischerweise auch in tatsächlicher Hinsicht,
konkret: in der **Zusammensetzung des Aktionärskreises**[41].

Es war bereits die Rede davon, dass die Aktie eine relativ beliebte Form der
Kapitalanlage geworden ist, auch wenn die Deutschen immer noch mehr Geld für
Bananen als für Aktien ausgeben. Aber dies wird dadurch ausgeglichen, dass sich
zunehmend **ausländische Aktionäre** an deutschen Aktien beteiligen. Die Aus-
landsbesitzquote beträgt bei vielen im DAX notierten Gesellschaften inzwischen
mehr als 70 %.

Entsprechend der mit dem Investment in die Gesellschaft verfolgten Interessen lassen sich **unternehmerisch interessierte** und **anlageorientierte Gesellschafter** unterscheiden.

Unternehmergesellschafter wirken aktiv an der Ausrichtung der Gesellschaft   36
mit. Sie nehmen die ihnen vom Gesetz eingeräumten Mitwirkungsrechte (insbesondere Stimmrechte, Auskunfts- und Fragerechte, ggf. auch Initiativrechte) tatsächlich wahr. Sie suchen zum Teil auch das direkte Gespräch mit den Leitungsorganen und versuchen, Einfluss auf die Geschäftspolitik zu nehmen.

Anlegeraktionäre betrachten die Mitgliedschaft in der Aktiengesellschaft hin-   37
gegen in erster Linie als Kapitalanlage. Primäres Anlageinteresse ist die Erzielung
einer Rendite. Da Aktien als Anlageform in Konkurrenz zu anderen Anlageobjek-

---

[40] Für die sog. „Holzmüller/Gelatine"-Grundsätze siehe *Staake*, Ungeschriebene Hauptversammlungskompetenzen in börsennotierten und nicht börsennotierten Aktiengesellschaften, 2009, passim und unten § 21 Rn. 200 ff.
[41] Siehe zum Folgenden *Staake*, Ungeschriebene Hauptversammlungskompetenzen in börsennotierten und nicht börsennotierten Aktiengesellschaften, 2009, S. 95 ff.

ten stehen[42], ist der Anlegeraktionär zudem daran interessiert, dass die Gesellschaft die für eine sachgerechte Anlageentscheidung maßgeblichen Informationen frühzeitig, vollständig und inhaltlich richtig veröffentlicht. Verbandsintern nehmen Anlegeraktionäre eine hybride Stellung[43] ein. Ihre mitgliedschaftliche Position umfasst zwar sowohl vermögensrechtliche als auch Mitverwaltungs- und Teilhaberechte, doch liegen letztere regelmäßig brach, da ihre Ausübung (*voice*) für die Anlegeraktionäre wirtschaftlich nicht sinnvoll ist (sog. **rationale Apathie**[44]). An die Stelle der aktiven Mitwirkung an Willensbildung und Kontrolle tritt das Vertrauen in die Mechanismen des Marktes und die Bereitschaft, gegebenenfalls die erworbene Beteiligung wieder zu veräußern, wenn sie die Erwartungen nicht erfüllt (*exit*). Einfluss auf die Geschäftspolitik haben diese Aktionäre eher mittelbar: Entscheiden sich viele für den *exit*, sinkt der Aktienkurs – und die Finanzierungsbedingungen der AG verschlechtern sich.

> Der Vorstand wird daher regelmäßig darauf bedacht sein, auch die Anlegeraktionäre „bei Laune" zu halten.

38   Eine Sonderstellung nehmen die sog. **institutionellen Investoren** ein. Dabei handelt es sich um Marktteilnehmer, denen von Dritten Kapital zur Verfügung gestellt wird und die dieses Kapital treuhänderisch und gebündelt zum Erwerb von Gesellschaftsanteilen und anderen Kapitalmarkttiteln einsetzen und diese professionell verwalten[45].

Angesprochen sind damit insbesondere **Fonds, Kreditinstitute und Versicherungen**. Diese sind ein gewichtiger Marktfaktor, zumal sie aufgrund ihrer beträchtlichen finanziellen Ressourcen große Anteilspakete erwerben und so gesellschaftsintern ein beträchtliches Einflusspotential erlangen.

> Traditionell handeln institutionelle Investoren jedoch nach der sog. **Wallstreet-Rule**[46]: „*If we don't like management, we sell.*"

Institutionelle Investoren sind daher nach ihrem Einflusspotential Unternehmergesellschafter, nach ihrer Beteiligungsabsicht und ihrem Verhalten dagegen Kapi-

---

[42] *Röhricht*, ZGR 1999, 445, 474 f.

[43] *Bayer*, ZHR Sonderheft 71 (2002), 137, 140; *Merkt*, AG 2003, 126, 128; *Mülbert*, Festschrift Ulmer, 2003, S. 433, 434; *Zetzsche*, Aktionärsinformation in der börsennotierten Aktiengesellschaft, 2006, S. 118 ff.

[44] Siehe *Black*, 89 Michigan Law Review (1990), S. 520; ferner *Dauner-Lieb*, WM 2007, 9, 11; *Roth*, ZIP 2003, 369 ff.

[45] Ähnlich *Gerke/Bank/Steiger* in Hopt/Wymeersch (Hrsg.), Capital Markets and Company Law, 2003, S. 357, 359.

[46] *Claussen*, AG 1991, 10, 14.

talanleger[47]. Zunehmend ist jedoch ein Rollenwechsel vom rein reaktiven Investor hin zum aktiven Mitgestalter der Unternehmenspolitik erkennbar[48].

Sämtliche Gesellschaftertypen – Unternehmergesellschafter, Anlegeraktionäre und institutionelle Investoren – können zwar grundsätzlich in allen Aktiengesellschaften vorkommen, doch gibt es ein relativ klar bestimmbares Kriterium, das zwei Arten der Aktiengesellschaft trennt: die **Börsenzulassung**. Nur diese gewährleistet die für die anlageorientierten Aktionäre und institutionellen Investoren relevante Möglichkeit jederzeitiger Desinvestition.   **39**

Auf die Problematik wird unten § 18 Rn. 31 ff. noch zurückzukommen sein.

e) Kapitalmarktorientierte Trennlinien

Im AktG ist somit eine „kapitalmarktorientierte Trennlinie" zwischen Gesellschaften mit und ohne Börsenzulassung angelegt. Allerdings ist dies nicht die einzige Trennlinie, die das Gesetz kennt.   **40**

Durch das BilMoG[49] wurde mit **§ 264d HGB** rechtsformübergreifend die Figur der **kapitalmarktorientierten Kapitalgesellschaft** geschaffen. Eine Kapitalgesellschaft ist danach kapitalmarktorientiert, wenn sie einen organisierten Markt im Sinne des § 2 V WpHG durch von ihr ausgegebene Wertpapiere im Sinne des § 2 I 1 WpHG in Anspruch nimmt oder die Zulassung solcher Wertpapiere zum Handel an einem organisierten Markt beantragt hat.

Das Kriterium der „Kapitalmarktorientierung" ist damit weiter als das der „Börsennotierung", da letzteres zwingend an die Zulassung von Aktien anknüpft, während eine Gesellschaft kapitalmarktorientiert auch dann ist, wenn sie Anleihen, Genussscheine oder andere Wertpapiere an einem organisierten Markt emittiert hat.

Indes ist die Bedeutung des § 264d HGB und der darin enthaltenen Trennlinie für das Aktienrecht noch gering; sie beschränkt sich derzeit auf die §§ 100 V, 107 IV AktG[50]. Im Recht der Rechnungslegung geht jedoch die Tendenz dahin, an die Kapitalmarktorientierung anzuknüpfen, weil es für das Informationsinteresse der Anleger nicht darauf ankommt, welche Wertpapiere am Markt emittiert sind.

---

[47] So bereits *Hopt*, ZHR 141 (1977), 389, 428.

[48] *U.H. Schneider*, AG 1990, 317, 323 ff.; *Engert*, ZIP 2006, 2105 ff.

[49] Gesetz zur Modernisierung des Bilanzrechts (BilMoG) vom 25. Mai 2009, BGBl. I S. 1102.

[50] Dazu *Staake*, ZIP 2010, 1013 ff.

§ 2 Internationale Einflüsse

I. Rechtsangleichung in der Europäischen Union

Literatur: *Grundmann*, Europäisches Gesellschaftsrecht, 2. Aufl. 2011; *Habersack*, Europäisches Gesellschaftsrecht, 3. Aufl. 2006; *Lutter*, Europäisches Unternehmensrecht, 4. Aufl. 1996.

Seit den 1960er Jahren bestehen Bestrebungen, die Gesellschaftsrechte der EU-**1** Mitgliedstaaten zu **harmonisieren**. Diese Rechtsangleichung soll den grenzüberschreitenden Verkehr der nach nationalem Recht gegründeten Gesellschaften erleichtern. Angestrebt wird dabei der schrittweise Abbau der Unterschiede zwischen den einzelnen Rechtsordnungen, nicht aber – jedenfalls bislang – die völlige Einebnung dieser Unterschiede. Ziel ist es, dass die Marktteilnehmer in den praktisch besonders bedeutsamen Fragestellungen von einem vergleichbaren Standard ausgehen können, dem alle Gesellschaften unterliegen[1]. Hierdurch sollen das Vertrauen ausländischer Geschäftspartner gesteigert und Transaktionskosten gesenkt werden, die ansonsten für die Absicherung des Geschäfts und die rechtliche Beratung entstehen würden[2].

Die Rechtsangleichung erfolgt dabei durch zahlreiche **Richtlinien**, die entwe-**2** der genuin gesellschaftsrechtliche Materien regeln oder Nebengebiete (insbesondere das Kapitalmarktrecht) betreffen, die unmittelbare oder zumindest mittelbare Auswirkungen auch auf die gesellschaftsrechtlichen Regelungskomplexe zeitigen.

> Die wichtigsten auf dem Gebiet des Gesellschaftsrechts verabschiedeten Richtlinien sind:
> - Erste Richtlinie 68/151/EWG (Publizitätsrichtlinie) und Elfte Richtlinie 89/666/EWG (Zweigniederlassungsrichtlinie),
> - Zweite Richtlinie 77/91/EWG (Kapitalrichtlinie),
> - Dritte Richtlinie 78/855/EWG (Verschmelzungsrichtlinie), Sechste Richtlinie 82/891/EWG (Spaltungsrichtlinie) und Richtlinie 2005/56/EG (grenzüberschreitende Verschmelzung), Vierte Richtlinie 78/660 EWG (Jahresabschlussrichtlinie) und Siebente Richtlinie 83/349 EWG (Konzernabschlussrichtlinie), beide abgeändert durch Richtlinie 2006/46/EG (Abänderungsrichtlinie),
> - Achte Richtlinie 84/253/EWG (Prüferbefähigungsrichtlinie) und Richtlinie 2006/43/EG (Abschlussprüferrichtlinie),
> - Zwölfte Richtlinie 89/667/EWG (Einpersonengesellschaft-Richtlinie),
> - Richtlinie 2004/25/EG (Übernahmerichtlinie),
> - Richtlinie 2007/36/EG (Aktionärsrechterichtlinie).

Nicht zum Abschluss gekommen und wohl auch endgültig gescheitert sind hingegen Vorschläge bzw. Entwürfe zu einer Fünften (Strukturrichtlinie) und Neunten Richtlinie

---

[1] *Habersack*, Europäisches Gesellschaftsrecht, S. 54f.; *Thoma/Leuering*, NJW 2002, 1449, 1450.

[2] *Lutter* in Lutter/Hommelhoff, SE, SE-VO Einl. Rn. 33f.

(Konzernrechtsrichtlinie). Ein Vorschlag für eine Vierzehnte Richtlinie (Sitzverlegungs-richtlinie) ist vorläufig zurückgestellt, wird aber wohl noch einmal diskutiert werden[3].

3 Wie der kursorische Überblick gezeigt hat, ist das Kapitalgesellschaftsrecht eine in zunehmendem Maße auch **gemeinschaftsrechtlich geprägte Rechtsmaterie**. Allerdings darf dabei nicht übersehen werden, dass bislang nur Teilbereiche von der Harmonisierung erfasst sind. Bislang nicht harmonisiert sind etwa die Frage des Kapitals und der Gesellschafterhaftung bei der GmbH bzw. vergleichbaren ausländischen Rechtsformen (die zweite Richtlinie gilt nur für Aktiengesellschaf-ten), ferner der Großteil der Innenverfassung der AG sowie das Konzernrecht und Haftungsfragen jenseits des gesetzlichen Mindestkapitals. So ist Organhaftung für pflichtwidriges Handeln ebenso wenig gemeinschaftsrechtlich geregelt wie die Behandlung von Gesellschafterdarlehen. Ferner bestehen keine Vorgaben für das „Ende der Gesellschaft", also für eine etwaige Insolvenzantragspflicht und die Ausgestaltung der Liquidation der Gesellschaft im Allgemeinen.

4 Dort, wo eine Harmonisierung stattgefunden hat bzw. angestrebt wird, besteht die wichtigste Folge bei der Rechtsanwendung in der Verpflichtung zur **richtli-nienkonformen Auslegung**[4] der betreffenden Norm und in der Pflicht der Gerich-te, in Zweifelsfragen eine **Vorabentscheidung** des EuGH[5] einzuholen (Art. 267 AEUV). Dabei stellt sich oftmals die Frage, ob die in einer Richtlinie getroffenen Regelungen lediglich **Mindeststandards** darstellen sollen, die es den Mitglied-staaten erlauben, weiter gehende Anforderungen zu stellen und schärfere Rechts-folgen vorzusehen, oder ob weitergehend durch die Richtlinie eine **Vollharmoni-sierung** angestrebt wird[6].

II. Supranationale Gesellschaftsformen

Literatur: *Bezzenberger*, Die Europäische Aktiengesellschaft, JURA 2003, 229; *Jung*, Welche SPE braucht Europa?, DStR 2009, 1700; *Lingl*, Die Europäische Aktiengesell-schaft – Societas Europaea (SE), JA 2006, 304; *Thoma/Leuering*, Die Europäische Aktiengesellschaft – Societas Europaea, NJW 2002, 1449; *Wedemann*, Die Europa-GmbH ante portas, EuZW 2010, 534.

---

[3] Vgl. dazu den Vorentwurf eines Richtlinienvorschlages zur Verlegung des Gesellschaftssitzes innerhalb der EU, abgedruckt in ZGR 1999, 157 ff.; *Schröder/Fuchs* in Manz/Mayer/Schröder, SE, Teil A Vorb. Rn. 39.

[4] Vgl. dazu *Schröder/Fuchs* in Manz/Mayer/Schröder, SE, Teil A Vorb. Rn. 58 ff.; *Habersack*, Europäisches Gesellschaftsrecht, S. 41 f.

[5] *Lutter* in Lutter/Hommelhoff, SE, SE-VO Einl. Rn. 31; *Schröder/Fuchs* in Manz/Mayer/Schröder, SE, Teil A Vorb. Rn. 72 ff.

[6] *Habersack*, Europäisches Gesellschaftsrecht, S. 47 f.

1. Überblick

Die Harmonisierung durch EU-Richtlinien lässt die Eigenständigkeit der nationa- 5
len Rechtsformen unberührt. Eine ganz andere Form der Rechtsvereinheitlichung
wird durch die Schaffung supranationaler Rechtsformen auf gemeinschaftsrechtlicher Basis angestrebt. Diese sollen insbesondere für grenzüberschreitend tätige
Unternehmen eine **Alternative zu den nationalen Gesellschaftsformen** darstellen. Da es insoweit verbindlicher Vorgaben bereits auf Gemeinschaftsebene bedarf, ist die Verordnung das typische Regelungsinstrument.

Als erste supranationale Gesellschaftsform wurde in den 1980er Jahren durch die
Verordnung (EWG) Nr. 2137/85 aus dem Jahr 1985 die **Europäische Wirtschaftliche
Interessenvereinigung** (EWIV), eine Personengesellschaft, geschaffen. Es folgten im
Jahr 2001 durch die EG-Verordnung Nr. 2157/2001 die Europäische (Aktien-) Gesell-
schaft, die **Societas Europaea** (SE), und zwei Jahre später durch die Verordnung (EG)
Nr. 1435/2003 die Europäische Genossenschaft, die **Societas Cooperativa Europaea**
(SCE). Zu allen drei Rechtsformen existieren nationale Einführungs- bzw. Ausführungs-
gesetze.

2. Die Societas Europaea

a) Gesetzliche Grundlagen

Die Idee einer europäischen Kapitalgesellschaft ist nicht neu, sondern wurde be- 6
reits seit mehr als 30 Jahren diskutiert, bevor 2001 auf Gemeinschaftsebene die
Rechtsgrundlagen geschaffen wurden: die **SE-Verordnung** (EG) 2157/2001 (SE-
VO)[7] sowie die **SE-Richtlinie** 2001/86/EG (SE-RiL)[8], die ergänzende Regelungen
über die Mitbestimmung der Arbeitnehmer enthält. Beide Rechtsakte sind nach
einer Übergangsfrist von drei Jahren am 8. Oktober 2004 in Kraft getreten. Seitdem steht die SE als eigenständige Rechtsform zur Verfügung.

Anlässlich der Einführung der SE erließ der deutsche Gesetzgeber im Jahr 2004
das Gesetz zur Einführung der Europäischen Gesellschaft (SE-Einführungs-
gesetz)[9], das im Wesentlichen aus zwei Einzelgesetzen besteht: dem **SE-Ausfüh-
rungsgesetz** (SEAG), das die SE-VO ergänzt, und dem **SE-Beteiligungsgesetz**
(SEBG), das die SE-RiL umsetzt. Das SEAG war erforderlich gewesen, weil die
SE-VO ungeachtet ihrer unmittelbaren Geltung zahlreiche Regelungsaufträge und
Wahlrechte für die nationalen Gesetzgeber enthielt[10]. Dies führte dazu, dass im
Endeffekt doch nicht eine einheitliche supranationale Rechtsform geschaffen wur-

---

[7] Verordnung (EG) Nr. 2157/2001 des Rates vom 8. Oktober 2001 über das Statut der Europäischen Gesellschaft (SE), ABl. EG Nr. L 294, S. 1 ff.

[8] Richtlinie 2001/86/EG des Rates vom 8. Oktober 2001 zur Ergänzung des Statuts der Europäischen Gesellschaft hinsichtlich der Beteiligung der Arbeitnehmer, ABl. EG Nr. L 294, S. 22 ff.

[9] Gesetz zur Einführung der Europäischen Gesellschaft (SEEG) vom 22. Dezember 2004,
BGBl. I S. 3675.

[10] *Lutter* in Lutter/Hommelhoff, SE, SE-VO Einl. Rn. 20.

de, sondern es unterschiedliche nationale Ausprägungen der SE gibt, deren Anwendung davon abhängt, in welchem Mitgliedstaat die betreffende SE ihren Sitz hat.

7   Der deutsche Gesetzgeber hat im Rahmen des so eröffneten Gestaltungsspielraums die „deutsche" SE weitgehend der deutschen AG angepasst. Die wegen der verschiedenen Rechtsgrundlagen ohnehin schwierige Handhabung wird durch zahlreiche **Verweisungen** im SEAG **auf das AktG** noch erschwert.

b) Rechtsnatur, Kapital, Sitz

8   Die SE ist **juristische Person** und kraft Rechtsform **Handelsgesellschaft** (Art. 1 SE-VO), folglich auch Kaufmann im Sinne des deutschen Handelsrechts (§ 6 HGB). Die SE muss nach der Gründung und Eintragung mit dem entsprechenden Rechtsformzusatz „SE" firmieren (Art. 11 I SE-VO).

9   Das gesetzliche **Mindestkapital** der SE beträgt 120.000 EUR (Art. 4 II SE-VO). Die Haftung für Verbindlichkeiten ist auf das Gesellschaftsvermögen beschränkt (Art. 1 SE-VO). Das Kapital ist in Aktien zerlegt. Die Anteile können an der Börse notiert und gehandelt werden. Für Kapitalaufbringung und -erhaltung, Kapitalmaßnahmen sowie die Aktien der SE findet das nationale Aktienrecht Anwendung (Art. 5 SE-VO). Gleiches gilt für die Aufstellung des Jahresabschlusses (Art. 61 SE-VO) und das Konzernrecht (Art 9 I c SE-VO).

10   Der **Satzungssitz** der SE muss in der Gemeinschaft liegen, und zwar in dem Mitgliedstaat, in dem sich die Hauptverwaltung der SE befindet (Art. 7 S. 1 SE-VO). Die Sitzverlegung in einen anderen Mitgliedstaat ist nach Maßgabe des Art. 8 SE-VO zulässig. Darin liegt ein entscheidender Vorteil gegenüber der AG, die nach gegenwärtigem Rechtsstand ihren Satzungssitz nur über Umwegkonstruktionen in einen anderen Mitgliedstaat verlegen kann. Das würde sich mit der Verabschiedung einer Sitzverlegungsrichtlinie ändern.

c) Gründung

11   Eine SE kann originär auf vier verschiedene Arten gegründet werden (**numerus clausus** der Gründungsformen):

- ➲ durch Verschmelzung von Aktiengesellschaften (Art. 2 I i.V.m. 17 ff. SE-VO)
- ➲ durch die Bildung einer SE-Holdinggesellschaft (Art. 2 II i.V.m. 32 ff. SE-VO)
- ➲ durch Gründung einer SE-Tochtergesellschaft (Art. 2 III i.V.m. 35 f. SE-VO)
- ➲ durch Umwandlung (Formwechsel) einer bestehenden Aktiengesellschaft (Art. 2 IV i.V.m. 37 SE-VO).

12   Sämtliche Gründungsvarianten müssen einen **grenzüberschreitenden Bezug aufweisen**[11].

---

[11] Für die – im Einzelnen sehr diffizilen – Anforderungen vgl. *Thoma/Leuering*, NJW 2002, 1449, 1451 f.

Dabei stehen, wenn die SE aus einer oder mehreren Aktiengesellschaften hervorgehen soll, sämtliche Varianten offen. Bei der Beteiligung von GmbH kommen hingegen lediglich die Bildung einer SE-Holding oder die Gründung einer SE-Tochter in Betracht. Natürliche Personen können, soweit sie nicht personengesellschaftsrechtlich verbunden sind, eine SE nicht gründen.

Neben den in der SE-VO getroffenen Festlegungen gelangen **ergänzend** die nationalen aktienrechtlichen Gründungsvorschriften (§§ 23-29, 32-53 AktG), die Vorschriften über die Bestellung des Aufsichtsrats sowie die das Kapital betreffenden Vorschriften (§§ 27, 36 II, 36a AktG) und die Vorschriften über die Aktien (§§ 8-13 AktG) zur Anwendung. Für Umwandlung und Verschmelzung gilt ebenfalls ergänzend das nationale Recht.   **13**

Eine wirksam errichtete SE kann ihrerseits eine Tochter-SE (oder auch mehrere) gründen (sog. **Sekundärgründung**), wobei in diesem Fall ein zusätzlicher grenzüberschreitender Bezug nicht erforderlich ist (Art. 3 II 1 SE-VO). Sie kann aber auch nach den eingangs dargestellten Varianten der **Primärgründung** vorgehen, da die SE insoweit wie eine AG behandelt wird.   **14**

d) Organe

Die Regelungen zur Organisationsverfassung (Art. 38 ff. SE-VO) sind weitgehend zwingendes Recht.   **15**

Als Organe der SE sind gemäß Art. 38 SE-VO vorgesehen
- ⊃ die **Hauptversammlung** der Aktionäre und
- ⊃ entweder ein **Aufsichtsorgan und ein Leitungsorgan** (dualistisches System) **oder** ein einheitliches **Verwaltungsorgan** (monistisches System).

Ebenso wenig wie das Aktiengesetz kennt die SE-VO eine hierarchische Organverfassung. Es ist also unzutreffend, wenn bisweilen die **Hauptversammlung** als „oberstes Organ" bezeichnet wird[12]. Die **Rolle der Hauptversammlung** der SE entspricht im Wesentlichen derjenigen der AG.

> Zwar beschließt nach Art. 52 S. 1 SE-VO die Hauptversammlung über die ihr durch die SE-VO unmittelbar übertragenen Zuständigkeiten (z.B. Entscheidung über Sitzverlegung, Rückumwandlung), doch gelten für die „deutsche" SE im Übrigen die geschriebenen und ungeschriebenen Hauptversammlungskompetenzen des deutschen Aktienrechts (Art. 52 S. 2 SE-VO). Entsprechendes gilt im Wesentlichen für die Regelungen über die Einberufung (Art. 54 II SE-VO), die Organisation und den Ablauf (Art. 53 SE-VO) sowie das Abstimmungsverfahren (Art. 55 SE-VO).

Anders als das deutsche Aktienrecht, das dem **dualistischen System** mit dem Vorstand als Leitungs- und dem Aufsichtsrat als Überwachungsorgan zwingend vorschreibt, steht bei der SE auch das sog. **monistische System** mit nur einem   **16**

---

[12] So aber *Wilhelm*, Kapitalgesellschaftsrecht, Rn. 167.

Verwaltungsorgan zur Verfügung[13]. Die Gesellschafter haben bei der Satzungsgestaltung insoweit ein **Wahlrecht**. Dieses Wahlrecht kann nachträglich wieder abgeändert werden, sodass ein Wechsel der Leitungssysteme möglich ist[14].

> Für deutsche Gesellschaften ist die Wahl des monistischen Systems **problematisch**, da der Aufsichtsrat das Repräsentationsorgan ist, in dem sich die Arbeitnehmermitbestimmung verwirklicht. Hierfür im monistischen System Ersatz zu finden, ist nicht einfach.

17   Für das **dualistische System** bedurfte es für die „deutsche" SE kaum Anpassungen; die Rechtslage entspricht hier wiederum weitgehend derjenigen nach dem Aktienrecht[15].

> Hingegen bedurfte es für das **monistische**, auch als **Board-System** bekannte Modell mangels Vorbilds im AktG einer speziellen Regelung. Diese hat der deutsche Gesetzgeber – übrigens ohne hierzu durch die SE-VO verpflichtet gewesen zu sein – in den §§ 20 ff. SEAG betreffend den „Verwaltungsrat" geschaffen.

18   Der **Verwaltungsrat**[16] leitet gem. § 22 I 1 SEAG die Gesellschaft, bestimmt die Grundlinien ihrer Tätigkeit und überwacht deren Umsetzung. Er trägt die Letztverantwortung für die Unternehmenspolitik und die strategischen Entscheidungen. Der Verwaltungsrat muss aus mindestens drei Mitgliedern bestehen und nach § 40 SEAG einen oder mehrere geschäftsführende Direktoren (*executives*) bestellen, die dem Verwaltungsrat selbst angehören können, aber nicht müssen. Allerdings muss die Mehrheit des Verwaltungsrats zwingend aus nicht geschäftsführenden Mitgliedern (*non-executives*) bestehen. **Aufgabe der geschäftsführenden Direktoren** ist die Führung des Tagesgeschäfts sowie die Vertretung der Gesellschaft im Außenverhältnis. Intern sind sie aber an Beschlüsse des Verwaltungsrates gebunden[17].

> Von der durch Art. 57 I SE-VO eingeräumten Möglichkeit, juristische Personen zu Mitgliedern der Leitungsorgane zu bestellen, hat der deutsche Gesetzgeber im SEAG keinen Gebrauch gemacht.

e) Mitbestimmung

19   Eine **wesentliche Schwierigkeit** auf dem Weg zur SE-VO war die Regelung zur Beteiligung der Arbeitnehmer an unternehmerischen Entscheidungen, die in den

---

[13] Hierzu *Manz* in Manz/Mayer/Schröder, SE, Art. 38 SE-VO Rn. 3 ff., Art. 43 SE-VO Rn. 1 ff.; *Thoma/Leuering*, NJW 2002, 1449, 1451 f.

[14] *Thoma/Leuering*, NJW 2002, 1449, 1451f.

[15] *Teichmann* in Lutter/Hommelhoff, SE, Art. 38 SE-VO Rn. 20.

[16] Vgl. dazu *Bachmann*, ZGR 2008, 779.

[17] *Teichmann* in Lutter/Hommelhoff, SE, Art. 43 SE-VO Rn. 30 ff.

einzelnen Mitgliedstaaten sehr unterschiedlich ausgestaltet ist. Diese Problematik ist Gegenstand der SE-RiL und des SEBG.

> Das Drittelbeteiligungsgesetz und das Mitbestimmungsgesetz, die die Beteiligung von Arbeitnehmervertretern im Aufsichtsrat zwingend vorsehen, sofern das Unternehmern mehr als 500 bzw. 2.000 Arbeitnehmer beschäftigt (dazu unten § 21 Rn. 131 ff.), finden auf eine SE mit Sitz in Deutschland **keine** Anwendung.

Die anstelle dessen einschlägigen SE-Bestimmungen umfassen Regelungsbereiche, die sowohl dem Betriebsverfassungsrecht als auch dem Recht der unternehmerischen Mitbestimmung zuzuordnen sind. Richtlinie und Umsetzungsgesetz verfolgen dabei eine **Verhandlungslösung**[18].   **20**

> Vorrangig ist stets eine **Vereinbarung** zwischen den Vertretungsorganen der am Gründungsvorgang der SE beteiligten Gesellschaften (Arbeitgeberseite) und einem von der Arbeitnehmerseite zu wählenden Verhandlungsgremium. Nur soweit eine **Einigung nicht** erzielt wird, greifen die gesetzlichen Auffangregelungen (§§ 35 ff. SEBG).

Im Falle des Formwechsels einer AG in eine SE, wird hiernach das bisherige Mitbestimmungsmodell beibehalten. In den übrigen Fällen der SE-Gründung setzt sich der höchste Mitbestimmungsstandard in den am Gründungsvorgang beteiligten Gesellschaften durch.

> Die **bisherigen Erfahrungen** haben gezeigt, dass die Vereinbarung gerne genutzt wird,   **21**
> um die Größe der Aufsichtsräte zu reduzieren. Hierfür ist in den Verhandlungen häufig
> auch eine Zustimmung der Arbeitnehmerseite zu bekommen, vor allem dann, wenn der
> Arbeitgeber dies mit Vorteilen an anderer Stelle versüßt. Eine interessante Möglichkeit
> bietet die SE für Unternehmen, die an der Schwelle zur paritätischen Mitbestimmung
> stehen: Da das MitbestG nicht gilt, führt ein nachträgliches Überschreiten der Schwelle
> nicht zu einem Wegfall der Verhandlungslösung und auch nicht zu einer Neuver-
> handlungspflicht. Der Wechsel in die SE bietet daher die Möglichkeit, die Mitbe-
> stimmung auf dem bisher geltenden Stand „einzufrieren", ehe eine strengere gesetzliche
> Lösung eingreift[19].

f) Bedeutung der SE

Die SE wird – zumindest rechtspolitisch – gern als **„Flaggschiff"** des europäi-   **22**
schen Gesellschaftsrechts bezeichnet. Sie soll es Unternehmen ermöglichen, im Binnenmarkt mit einer einheitlichen Gesellschaftsform zu operieren, so dass diese ihren Standort auf Basis wirtschaftlicher und ungeachtet rechtlicher Erwägungen

---

[18] *Köstler*, ZGR 2003, 800 ff.

[19] *Thoma/Leuering*, NJW 2002, 1449, 1454.

wählen können. Allerdings ist dieses Ziel nicht vollständig erreicht worden, da die SE in weiten Teilen nach nationalem Aktienrecht zu behandeln ist.

Die SE weist also je nach Sitzstaat unterschiedliche Erscheinungsformen auf.

23   Dennoch dürfte die Frage, ob die SE sich in der Praxis als **Alternative zu den nationalen Rechtsformen** bewährt hat, mittlerweile durchaus zu bejahen sein.

> Schon bald nach Inkrafttreten der SE-VO kam es zu einigen bedeutenden SE-Gründungen. So verschmolz beispielsweise die *Allianz AG* im Jahr 2006 mit einer italienischen Tochtergesellschaft zur *Allianz SE*. Fünf Jahre nach „Geburt" der SE hatten schon mehr als 100 Gesellschaften ihren Satzungssitz in Deutschland[20]. Derzeit sind vier der 30 im Deutschen Aktienindex (DAX), dem Leitindex für den deutschen Aktienmarkt, gelisteten Gesellschaften in der Rechtsform der SE verfasst. Gerade der Umstand, dass „Schwergewichte der deutschen Unternehmenslandschaft"[21] von der Möglichkeit einer SE-Gründung Gebrauch gemacht haben, kann als Zeichen des Erfolgs der neuen Rechtsform gewertet werden. Dabei hat sich die SE vor allem als attraktives Vehikel für grenzüberschreitende Sitzverlegungen bewährt[22].

3. Die Societas Privata Europaea (SPE)

24   Die Einführung einer weiteren supranationalen Rechtsform innerhalb der Europäischen Union wird derzeit diskutiert. Die Europäische Privatgesellschaft – **Societas Privata Europaea (SPE)**. Die SPE soll vor allem als **Rechtsformalternative für klein- und mittelständische Unternehmen** mit grenzüberschreitenden Aktivitäten fungieren. Dabei soll anders als bei der SE der grenzüberschreitende Bezug bei Gründung noch nicht vorliegen müssen.

> Ein wesentliches Anliegen besteht zudem darin, die Verweistechnik der SE-VO auf das nationale Recht nicht zu wiederholen. Die SPE soll eine **genuin europäische Rechtsform** werden und nicht erneut je nach Sitz unterschiedlich ausfallen. Angestrebt wird daher eine **Vollharmonisierung**. Einzelne Fragen sollen zwar der Satzungsgestaltung überlassen werden, das nationale Gesellschaftsrecht im Leben der SPE nach Möglichkeit aber gar keine Rolle spielen.

25   Die SPE soll auf einer **europäischen Verordnung** beruhen und strukturell der GmbH bzw. vergleichbaren „kleinen" Kapitalgesellschaften anderer Mitgliedstaaten entsprechen, weshalb sie mitunter auch als „Europa-GmbH" bezeichnet wird.

---

[20] *Bayer*, Aktienrecht in Zahlen, AG-Sonderheft August 2010, S. 10.

[21] So *Bayer*, Aktienrecht in Zahlen, AG-Sonderheft August 2010, S. 12 unter Verweis auf die Allianz SE und die BASF SE.

[22] *Bayer*, Aktienrecht in Zahlen, AG-Sonderheft August 2010, S. 10 f. mit dem Hinweis auf die Eignung der SE als Instrument für Restrukturierungen auch nach nationalem Recht.

Das Europäische Parlament[23] hat im März 2009 den Vorschlag der EU-
Kommission[24] für ein Statut der Europäischen Privatgesellschaft befürwortet.

Allerdings bedürfen entsprechende Regelungen noch der Anpassung an die spezifischen
Gegebenheiten des nationalen Rechts der Mitgliedstaaten. Der ursprüngliche Zeitplan des
Gesetzgebungsverfahrens sah ein Inkrafttreten des Statuts bereits im Sommer 2010 vor.
Allerdings bestehen zwischen den Mitgliedstaaten Meinungsverschiedenheiten, die dazu
geführt haben, dass das Gesetzgebungsverfahren bisher nicht abgeschlossen werden
konnte. Im Juli 2011 **scheiterte** schließlich ein Kompromissvorschlag der ungarischen
Ratspräsidentschaft im Rat der Europäischen Union am Veto Deutschlands und
Schwedens.

Ob die SPE tatsächlich kommen wird, ist derzeit fraglicher denn je.

III. Bewegungsfreiheit im Europäischen Binnenmarkt

Literatur: *Bayer/Schmidt*, Grenzüberschreitende Sitzverlegung und grenzüberschreitende
Restrukturierungen nach MoMiG, Cartesio und Trabrennbahn, ZHR 173 (2009), 735;
Burk, Art. 49, 54 AEUV: Zum Stand der Niederlassungsfreiheit für natürliche Personen
und Gesellschaften nach der neuen EuGH-Rechtsprechung, JURA 2010, 284; *Eiden-
müller*, Mobilität und Restrukturierung von Unternehmen im Binnenmarkt, JZ 2004, 24;
Koch, Die europäische Niederlassungsfreiheit als Herausforderung für das deutsche
Gesellschaftsrecht, JuS 2004, 755.

1. Niederlassungsfreiheit

Das dritte Einfallstor für gemeinschaftsrechtliche Einflüsse auf nationale Gesell-   **26**
schaftsrechte sind **Grundfreiheiten**, die im Europäischen Binnenmarkt den freien
Warenverkehr, die Personenfreizügigkeit, die Dienstleistungsfreiheit und einen
freien Kapital- und Zahlungsverkehr gewährleisten sollen. Sie ähneln in ihrer
Struktur den Grundrechten des Grundgesetzes („Abwehrrechte"), sodass sich jedes vom Schutzbereich erfasste Rechtssubjekt unmittelbar gegenüber dem Mitgliedstaat hierauf berufen kann. Besondere gesellschaftsrechtliche Relevanz hat
dabei als **spezielle Ausprägung der Personenfreizügigkeit** die Niederlassungsfreiheit[25], auf die sich sowohl EU-Bürger als natürliche Personen (Art. 49 AEUV
[vormals Art. 43 EGV]) als auch die nach den Rechtsvorschriften eines Mitgliedstaats gegründeten Gesellschaften berufen können (Art. 54 AEUV [vormals
Art. 48 EGV]).

---

[23] Europäisches Parlament, Entschließung mit Empfehlungen an die Kommission zum Statut einer Europäischen Privatgesellschaft, 2006/2013 (INI) = BR-Drucks. 182/07.

[24] Kommission, Vorschlag für eine Verordnung des Rates über das Statut der Europäischen Privatgesellschaft, KOM (2008), 396.

[25] Vgl. dazu *Burk*, JURA 2010, 284 ff.; *Habersack*, Europäisches Gesellschaftsrecht, S. 9 ff.

Die Niederlassungsfreiheit soll die dauerhafte Verlagerung der Wirtschafts-
tätigkeit von einem EU-Mitgliedstaat in einen anderen ermöglichen[26].

27 **Was bedeutet das aber für Gesellschaften?** Können diese ihren Sitz ohne Weiteres grenzüberschreitend verlagern, also aus einem Mitgliedstaat weg- und in einen anderen zuziehen? Und was bedeutet es eigentlich, wenn in diesem Zusammenhang von „Sitz" die Rede ist? Zur Beantwortung dieser Fragen bedarf es eines
kurzen Ausfluges in das Internationale Privatrecht (IPR), das – weitgehend in
nicht kodifizierter Form – Auskunft darüber gibt, nach welchem von mehreren in
Betracht kommenden Rechtsordnungen ein Sachverhalt zu bewerten ist.

2. Sitztheorie vs. Gründungstheorie

28 Das **Internationale Gesellschaftsrecht** sucht die Fragen zu beantworten, ob eine
Gesellschaft ihren Sitz überhaupt ins Ausland verlegen kann und, falls dies der
Fall ist, ob und inwiefern das Gesellschaftsrecht des Zuzugsstaates an die Stelle
des Gesellschaftsrechts des Wegzugsstaates tritt – oder kürzer: nach welchem
„Gesellschaftsstatut" die umgezogene Gesellschaft zu behandeln ist. Dabei ist zu
beachten, dass der Begriff „Sitz" mehrdeutig ist.

> ➲ Der **Satzungssitz** wird von den Gesellschaftern in Gesellschaftsvertrag
>   oder Satzung festgelegt (vgl. § 4a GmbHG, § 5 AktG) und ist von der
>   tatsächlichen Geschäftstätigkeit der Gesellschaft unabhängig.
> ➲ Der **Verwaltungssitz** bezeichnet den Ort, an dem die Gesellschaft
>   schwerpunktmäßig tätig ist. **Sitzverlegung** bezeichnet im vorliegenden
>   Zusammenhang typischerweise die Verlegung des Verwaltungssitzes
>   über die Grenze bei Fortbestehen des Satzungssitzes im Wegzugsstaat.

Im **Internationalen Gesellschaftsrecht** streiten im Wesentlichen **zwei Theorien**
um die sachgerechte Behandlung der geschilderten Fälle: Sitztheorie und Gründungstheorie.

29 Nach der seit langem im anglo-amerikanischen Rechtskreis vorherrschenden
Gründungstheorie richtet sich das Gesellschaftsstatut stets nach dem Recht
desjenigen Staates, nach dessen Bestimmungen die Gesellschaft gegründet
wurde[27].

Die Gründungstheorie knüpft zur Bestimmung des maßgeblichen Gesellschaftsrechts allein an den Satzungssitz der Gesellschaft an und **ermöglicht** zugleich die

---

[26] *Habersack*, Europäisches Gesellschaftsrecht, S. 9.

[27] Dazu *Kindler* in MünchKomm. BGB, Internationales Handels- und Gesellschaftsrecht,
Rn. 359 ff.

grenzüberschreitende **Verlegung des Verwaltungssitzes**. Die Verlegung des Verwaltungssitzes ins Ausland wird nicht als Auflösung der Gesellschaft gewertet. Folgt auch der Zuzugsstaat der Gründungstheorie, so wird er zugleich eine nach fremdem Recht gegründete Gesellschaft als solche anerkennen und sie weiterhin nach dem Gesellschaftsrecht des Wegzugsstaates behandeln. Eine Verlegung des Verwaltungssitzes über die Grenze ist danach möglich. An der Identität der Gesellschaft und ihrer rechtlichen Verfassung ändert sich nichts.

> Demgegenüber soll nach der **Sitztheorie** das Gesellschaftsstatut des Staates **30** zur Anwendung kommen, in dem die Gesellschaft ihren Verwaltungssitz hat[28].

Staaten, die der Sitztheorie folgen, neigen dazu, die Verlegung des Verwaltungssitzes einer Gesellschaft ins Ausland (Wegzug) als Auflösung zu werten. Ferner wird nach der Sitztheorie ein Zuzugsstaat der zugezogenen Gesellschaft die rechtliche Anerkennung entweder ganz verweigern oder er wird auf sie sein eigenes Gesellschaftsrecht anwenden. Traditionell wurde für das deutsche IPR überwiegend die Sitztheorie befürwortet[29]. Diese macht die **Sitzverlegung** sehr viel **schwieriger**, wenn nicht unmöglich.

Die Gründungstheorie kommt den Interessen der Gesellschaften und ihrer Gesellschafter an einer möglichst weitgehenden Mobilität eher entgegen als die Sitztheorie. Zugleich verhindert sie aber auch, dass die Zuzugsstaaten die für ihre eigenen Rechtsformen für notwendig erachteten Schutzstandards auf die ausländische Gesellschaft übertragen. Insoweit begünstigt die Gründungstheorie den viel beschworenen[30] **„Wettbewerb der Rechtsordnungen"**.

3. Rechtsprechung des EuGH

In dieses Spannungsfeld greift für Sitzverlegungen zwischen EU-Mitgliedstaaten **31** die Niederlassungsfreiheit ein. Bei der Bestimmung der Reichweite der Grundfreiheiten kommt der Rechtsprechung des EuGH eine kaum zu überschätzende Bedeutung zu. Daher sollen die wesentlichen Entscheidungen im Folgenden kurz nachgezeichnet werden. Dabei wird deutlich werden, dass der EuGH eine wesentliche Unterscheidung zwischen **Wegzugs- und Zuzugsfällen** vornimmt. Die Unterscheidung knüpft an die Quelle der Beschränkung der grenzüberschreitenden Sitzverlegung an.

---

[28] Dazu *H.F. Müller* in Spindler/Stilz, AktG, Internationales Gesellschaftsrecht, Rn. 4 ff.; *Kindler* in MünchKomm. BGB, Internationales Handels- und Gesellschaftsrecht, Rn. 420 ff.

[29] Vgl. die zahlreichen Nachweise bei *Kindler* in MünchKomm. BGB, Internationales Handels- und Gesellschaftsrecht, Rn. 5.

[30] *Habersack*, Europäisches Gesellschaftsrecht, S. 26.

> ⊃ In **Wegzugsfällen** will der Staat, in dem eine Gesellschaft nach nationa-
> lem Gesellschaftsrecht gegründet wurde, die Sitzverlegung ins Ausland
> verhindern oder einschränken.
> ⊃ In **Zuzugsfällen** geht die Behinderung von dem Staat aus, in den die
> Gesellschaft ihren Sitz verlegen will.

a) „Daily Mail"

32 Die erste grundlegende Entscheidung[31] des EuGH zur Sitzverlegung aus dem Jahr
1988 betraf einen **Wegzugsfall**.

> Die in Großbritannien gegründete und zunächst auch unternehmerisch tätige *Daily Mail
> and General Trust plc.* wollte ihren Verwaltungssitz aus steuerlichen Gründen in die
> Niederlande verlegen. Das britische Steuerrecht knüpfte aber die Sitzverlegung an die
> Zustimmung des Finanzministeriums. Dieses wollte zumindest einen Teil des Geschäfts
> in Großbritannien versteuert wissen und verweigerte die Erteilung der Genehmigung zur
> Sitzverlegung.

Obwohl der EuGH in seiner Entscheidung in Sachen „Daily Mail" die Bedeutung
der Niederlassungsfreiheit als grundlegende Regelung des Gemeinschaftsrechts
hervorhob, verneinte er *„nach dem derzeitigen Stand des Gemeinschaftsrechts"*
ein Recht der Gesellschaften, ihren Verwaltungssitz unter Wahrung ihrer Eigenschaft als Gesellschaft des Gründungsstaates in einen anderen Mitgliedstaat zu
verlegen.

b) „Centros"

33 Eine andere Richtung schlug der EuGH in seiner „Centros"-Entscheidung[32] aus
dem Jahr 1999 ein.

> Zwei dänische Staatsangehörige hatten in Großbritannien die *Centros Ltd.* gegründet.
> Dort hielt die Gesellschaft zwar eine Geschäftsadresse vor, doch sollte sie ausschließlich
> in Dänemark geschäftlich tätig werden. Einen Antrag auf Eintragung einer Zweignieder-
> lassung in das dänische Handelsregister wurde mit der Begründung abgelehnt, dass die
> *Centros Ltd.* beabsichtige, unter Umgehung der nationalen Vorschriften (insbesondere
> über die Einzahlung eines Mindestgesellschaftskapitals) in Dänemark nicht lediglich eine
> Zweigniederlassung, sondern einen Hauptsitz zu errichten.

Es handelte sich mithin um einen **Zuzugsfall**, da – anders als im Fall „Daily Mail"
– nicht die Zulässigkeit der Sitzverlegung aus dem Gründungsstaat (Großbritanni-
en) heraus in Frage stand, sondern der Zuzugsstaat (Dänemark) die Verlegung des
Verwaltungssitzes beschränkte. Der EuGH entschied, dass die **Niederlassungsfreiheit die Eintragung** der Zweigniederlassung einer in einem anderen Mitgliedstaat rechtmäßig errichtet Gesellschaft auch dann **gebiete**, wenn die Zweigniederlassung es der Gesellschaft ermöglichen soll, ihre gesamte Geschäftstätigkeit im

---

[31] EuGH Slg. 1988, 5483 = NJW 1989, 2186.
[32] EuGH Slg. 1999, I-1459 = NJW 1999, 2027.

Zuzugsstaat auszuüben. Zudem stelle es für sich allein **keine missbräuchliche Ausnutzung** des Niederlassungsrechts dar, wenn ein Staatsangehöriger eines Mitgliedstaats, der eine Gesellschaft gründen möchte, diese in dem Mitgliedstaat errichtet, dessen gesellschaftsrechtliche Vorschriften ihm die größte Freiheit lassen.

c) „Überseering"

Diese Rechtsprechung zu Zuzugsfällen setzte der EuGH in der Folgezeit fort, zunächst in der „Überseering"-Entscheidung[33].

34

> Die nach niederländischem Recht errichtete *Überseering BV* hatte ihren Verwaltungssitz nach Deutschland verlegt. Im Rahmen einer zivilrechtlichen Streitigkeit erkannte ein deutsches Gericht jedoch die Parteifähigkeit der Gesellschaft nicht an, da nach der in Deutschland vorherrschenden Sitztheorie sich das Gesellschaftsstatut allein nach dem Recht des Zuzugsstaates richte.

Die *Überseering BV* berief sich mit Erfolg auf die Niederlassungsfreiheit. Nach Auffassung des EuGH muss bei einer Verlegung des Verwaltungssitzes der Zuzugsstaat die **Rechts- und Parteifähigkeit achten**, die die Gesellschaft nach dem Recht ihres Gründungstaats besitzt. Noch nicht explizit entschieden war damit die Frage, ob der zugezogenen Gesellschaft als solcher – d.h. als ausländischer Gesellschaft – Rechts- und Parteifähigkeit zuzuerkennen war oder ob die Behandlung etwa als Personenhandelsgesellschaft nach inländischem Recht weiterhin in Betracht kam[34].

d) „Inspire Art"

Diese Frage wurde durch die Entscheidung in Sachen „Inspire Art"[35] schon bald beantwortet.

35

> Nach niederländischem Recht mussten Gesellschaften, die nach ausländischem Recht gegründet wurden, ihre Tätigkeit aber ausschließlich in den Niederlanden ausübten, u.a. mit dem Zusatz „formal ausländische Gesellschaft" firmieren und zur Vermeidung der persönlichen Haftung der Gesellschafter ein der niederländischen Besloten Vennootschap (B.V.) entsprechendes Mindestkapital aufweisen.

Während der Rechtsformzusatz bereits gegen Sekundärrecht (Art. 2 der Elften Gesellschaftsrechtlichen Richtlinie) verstieß, sah der EuGH in der Regelung zu Mindestkapital und Gesellschafterhaftung einen **Verstoß gegen die Niederlassungsfreiheit**. Zudem betonte der EuGH nochmals, dass die Verwendung ausländischer Rechtsformen für sich gesehen weder missbräuchlich noch betrügerisch sei. Somit muss der Zuzugsstaat die nach ausländischem Recht gegründete Gesellschaft auch

---

[33] EuGH Slg. 2002, 9919 = NJW 2002, 3614.

[34] Dafür unmittelbar vor der Überseering-Entscheidung noch BGHZ 151, 204; dagegen aber alsbald BGHZ 154, 185.

[35] EuGH Slg. 2003, I-10155= NJW 2003, 3331.

nach dem im Gründungsstaat geltenden Gesellschaftsrecht behandeln, ohne
dass weitergehende Anforderungen, insbesondere an die Kapitalausstattung, gestellt werden dürfen.

e) „Sevic"

36   Dass ein grenzüberschreitender Bezug nicht nur durch die Verlegung des Verwal-
      tungssitzes gegeben ist, zeigt der Fall „Sevic"[36].

> Eine luxemburgische Gesellschaft sollte auf die deutsche *Sevic Systems AG* verschmolzen
> werden. Im Ergebnis wäre die luxemburgische Gesellschaft ohne weitere Abwicklung er-
> loschen und ihr Vermögen als Ganzes im Wege der Gesamtrechtsnachfolge auf die *Sevic*
> *Systems AG* übergegangen. Das deutsche Registergericht verweigerte die Eintragung der
> Verschmelzung im Handelsregister mit der Begründung, dass das deutsche Umwand-
> lungsgesetz lediglich eine Verschmelzung von nach deutschem Recht errichteten Rechts-
> trägern kenne.

Der EuGH sah auch hierin einen nicht gerechtfertigten Verstoß gegen die Niederlassungsfreiheit. Die **Herein-Verschmelzung** war somit als zulässig anerkannt.

> Die damit verbundenen Schwierigkeiten hat der europäische Gesetzgeber durch die sog.
> Verschmelzungsrichtlinie[37] zu beseitigen versucht. Zur Umsetzung dieser Richtlinie
> wurden im Jahr 2007 die **§§ 122a ff. UmwG** eingeführt, die sowohl die **Herein-** als auch
> die **Heraus-Verschmelzung** ermöglichen.

f) „Cartesio"

37   Erst 20 Jahre nach „Daily Mail" bot sich dem EuGH mit der Rechtssache
      „Cartesio"[38] wieder die Gelegenheit, zur Vereinbarkeit von Wegzugsbeschränkun-
      gen mit der Niederlassungsfreiheit Stellung zu nehmen. Weithin war erwartet
      worden, dass das Gericht seine Rechtsprechung insoweit revidieren und an die für
      die seit „Centros" für Zuzugsfälle vertretene „niederlassungsfreundliche" Linie
      anpassen würde[39]. Diese Erwartung sollte sich indes nicht erfüllen.

> Die *Cartesio Oktató és Szolgáltató bt* wurde in Ungarn als Kommanditgesellschaft ge-
> gründet und im Handelsregister eingetragen. In der Folge sollte ihr Verwaltungssitz unter
> Beibehaltung ihres ungarischen Gesellschaftsstatuts nach Italien verlegt werden. Da eine
> Sitzverlegung nach ungarischem Recht die Eintragung im Handelsregister erfordert, bean-
> tragte *Cartesio* eine Bestätigung der Sitzverlegung sowie deren Eintragung beim zustän-
> digen Registergericht. Der Antrag wurde mit der Begründung abgelehnt, dass eine Gesell-
> schaft ungarischen Rechts ihren Sitz nicht identitätswahrend ins Ausland verlegen könne.
> Vielmehr müsse die ungarische Gesellschaft aufgelöst und anschließend nach dem Recht
> des Zuzugsstaates neu gegründet werden.

---

[36] EuGH Slg. 2005, I-10805 = NJW 2006, 425.

[37] Richtlinie 2005/56/EG über die Verschmelzung von Kapitalgesellschaften aus verschiedenen
Mitgliedstaaten vom 25. Oktober 2005, ABl. EU Nr. L 310, S. 1.

[38] EuGH Slg. 2008, I-9641 = NJW 2009, 569.

[39] Dafür auch Generalstaatsanwalt *Maduro*, Slg. 2008. S I-09641 = NZG 2008, 498.

Der EuGH sah darin **keinen Verstoß** gegen die Niederlassungsfreiheit. Die Anwendbarkeit der Niederlassungsfreiheit setze vielmehr voraus, dass überhaupt eine Gesellschaft im Sinne des Rechts eines Mitgliedstaates vorliegt. Dies aber sei eine allein nach nationalem Recht zu beantwortende Vorfrage, die ihrerseits noch nicht von der Niederlassungsfreiheit berührt wird. Die Mitgliedstaaten könnten frei über die Zuerkennung und Aberkennung von nach ihrem Recht errichteten Gesellschaften entscheiden, insbesondere die **Verlegung des Verwaltungssitzes ins Ausland mit dem Verlust der Rechtsfähigkeit verknüpfen.** Im Gegensatz zum Zuzugsstaat kann der Wegzugsstaat (= Gründungsstaat) also nach der Rechtsprechung des EuGH die rechtsformwahrende Sitzverlegung verhindern.

Demgegenüber soll nach einem *obiter dictum* des EuGH die Satzungssitzverlegung durch den **Formwechsel in eine ausländische Gesellschaft** ohne Beendigung und Abwicklung **vom Schutzbereich der Niederlassungsfreiheit umfasst** und daher vom Gründungsstaat zuzulassen sein. Dies muss entsprechend auch für die Heraus-Verschmelzung gelten. Insoweit ergänzt „Cartesio" die „Sevic"-Rechtsprechung des EuGH.

g) Zusammenfassung

Somit ist für die Beantwortung der eingangs aufgeworfenen Fragen zu Zulässig- **38**
keit und Rechtsfolgen der grenzüberschreiten Sitzverlegung wie folgt zu differenzieren:

> ➲ Die gemeinschaftsrechtlich verbürgte Niederlassungsfreiheit gebietet grundsätzlich die Anerkennung einer in einem anderen Mitgliedstaat wirksam errichteten Gesellschaft. Ein **Zuzugsstaat** muss die Rechtsfähigkeit der zugezogenen Gesellschaft anerkennen und darf keine über die im Recht des Gründungsstaates hinausgehenden Anforderungen stellen, auch wenn seine nationalen Gesellschaften strengeren Gründungsvoraussetzungen unterliegen. Diesen Anforderungen wird allein die Gründungstheorie gerecht.
>
> ➲ Demgegenüber verbietet es die Niederlassungsfreiheit den Mitgliedstaaten nicht, den **Wegzug** der nach nationalem Recht errichten Gesellschaften an bestimmte Voraussetzungen zu knüpfen oder gänzlich zu untersagen, sofern nur der Verwaltungssitz betroffen ist. Will die Gesellschaft sich jedoch über die Grenze formwechselnd umwandeln oder will sie sich auf eine ausländische Gesellschaft verschmelzen, so ist auch dies von der Niederlassungsfreiheit gedeckt.

Für die **Sitztheorie** verbleibt – jedenfalls soweit es um Gesellschaften aus der EU **39**
und dem Europäischen Wirtschaftsraum (EWR) geht – nur noch ein extrem **schmaler Anwendungsbereich.** Zudem ist gerade der Fall, dass die Gesellschaft ihren Verwaltungssitz verlegt, aber als Gesellschaft deutschen Rechts in einem deutschen Register eingetragen bleiben will, aus Sicht des nationalen Rechts nicht

sehr problematisch. Der Gesetzgeber und die Gerichte sind daher gut beraten, insoweit von der Sitztheorie ganz Abstand zu nehmen.

In jedem Fall vom Schutzbereich der Niederlassungsfreiheit erfasst ist die **grenzüberschreitende Verschmelzung**. Diesbezüglich enthalten die §§ 122a ff. UmwG nunmehr spezielle Regelungen, allerdings beschränkt auf Kapitalgesellschaften.

4. Behandlung von Nicht-EU-Gesellschaften

40   Der BGH hat diese für die EU-Mitgliedstaaten entwickelten Grundsätze auf Gesellschaften aus dem **Europäischen Wirtschaftsraum** (EWR), also aus Liechtenstein, Norwegen und Island, übertragen[40]. Ein von der Sitztheorie abweichender Staatsvertrag besteht zwischen der Bundesrepublik Deutschland und den **USA** in Gestalt des „Freundschafts-, Handels- und Schifffahrtsvertrages" aus dem Jahr 1954. Dieses Abkommen knüpft an das Gründungsrecht an. Eine in Übereinstimmung mit US-amerikanischen Vorschriften wirksam gegründete Gesellschaft ist daher als in der Bundesrepublik Deutschland rechtsfähiges Gebilde anzuerkennen[41].

Im Übrigen hat es der BGH bislang abgelehnt, auf **Drittstaaten** ohne entsprechende staatsvertragliche Abreden die Gründungstheorie anzuwenden. Von praktischer Bedeutung ist dies insbesondere für nach dem Recht der **Schweiz** gegründete Gesellschaften[42].

Ein **Referentenentwurf** für ein „Gesetz zum Internationalen Privatrecht der Gesellschaften, Vereine und juristischen Personen" aus dem Jahr 2007 sah u.a. die Einfügung eines Art. 10 EGBGB vor, in dem die Gründungstheorie für sämtliche ausländische Gesellschaften festgeschrieben werden sollte. Allerdings wurde von einem weiteren Betreiben des Gesetzgebungsverfahrens abgesehen.

---

[40] BGHZ 164, 148.

[41] BGHZ 153, 353; siehe dazu auch *Drouven/Mödl*, NZG 2007, 7.

[42] BGH NJW 2009, 289 – „Trabrennbahn".

2. Teil:

Die Gesellschaft mit beschränkter Haftung

§ 3 Historische Entwicklung und Bedeutung der GmbH

I. Gesetzesgeschichte

Im Jahr 1892 wurde mit Schaffung des GmbHG der AG eine „kleine Schwester", 1
die GmbH, zur Seite gestellt. Diese sollte einfacher zu gründen und flexibler an
die Bedürfnisse der Gesellschafter anzupassen sein (siehe oben § 1 Rn. 28).

> Nachdem bereits zur Jahrhundertwende die Großprojekte BGB und HGB einige Änderun-
> gen und Anpassungen auch des GmbHG mit sich brachten, kamen in den 1930er Jahren
> größere **Reformbestrebungen** auf. Während das Aktienrecht 1937 grundlegend refor-
> miert wurde, blieb es im GmbH-Recht bei dem Entwurf des Reichsjustizministeriums aus
> dem Jahr 1940. Nach dem Zweiten Weltkrieg wurden die Reform-arbeiten wieder aufge-
> nommen, doch kam es erneut zunächst lediglich zu einer Reform des Aktienrechts (1965).
> Regierungsentwürfe aus den Jahren 1971/1973[1], die auf eine umfassende Neuregelung
> sowie die Normierung auch konzernrechtlicher Aspekte abzielten und das GmbH-Recht
> dabei stärker an das Aktienrecht anlehnen wollten, blieben im Gesetzgebungsverfahren
> stecken. Das war auch gut so, da die Entwürfe übermäßig stark an der AG orientiert
> waren und mit der weitgehenden Einführung zwingenden Rechts gerade den Umstand
> beseitigt hätten, der für den Erfolg der GmbH ursächlich gewesen war. Die GmbH wäre
> damit als Rechtsform „ermordet" worden[2].

Anstelle einer großen Reform wurde deshalb **1980** lediglich eine **GmbH-Novelle** 2
verabschiedet[3]. Dabei sollten insbesondere die richterrechtlich entwickelten
Grundsätze zum Auskunftsrecht, zur Einpersonengründung und zu eigenkapitalersetzenden Gesellschafterdarlehen gesetzlich normiert werden.

In der Folgezeit kam es zu weiteren Gesetzesänderungen, die teilweise auf- 3
grund gemeinschaftsrechtlicher Vorgaben (siehe § 2 Rn. 1 ff.) geboten waren. Zu
den **wichtigsten Reformgesetzen** zählten das „Gesetz zur Kontrolle und Transparenz im Unternehmensbereich" (KonTraG)[4] , das „Gesetz über elektronische
Handelsregister und Genossenschaftsregister sowie das Unternehmensregister"
(EHUG)[5] und das „Gesetz zur Modernisierung des Bilanzrechts" (Bilanzrechtsmodernisierungsgesetz, BilMoG)[6]. Von besonderer Bedeutung, da mit weitrei-

---

[1] BT-Drucks. VI/3088, unverändert wieder vorgelegt als BT-Drucks. 7/253; dazu *Immenga*, ZGR
1979, 392.

[2] So der Vorwurf von *Wiethölter* in Centrale für Gesellschaften mbH (Hrsg.), Probleme der
GmbH-Reform, 1970, S. 11.

[3] Vgl. *Geßler*, BB 1980, 1385; *Lutter*, DB 1980, 1317; *K. Schmidt*, NJW 1980, 1769.

[4] Gesetz zur Kontrolle und Transparenz im Unternehmensbereich vom 6. März 1998, BGBl. I
S. 786.

[5] Gesetz über elektronische Handelsregister und Genossenschaftsregister sowie das Unternehmensregister vom 10. November 2006, BGBl. I S. 2553.

[6] Gesetz zur Modernisierung des Bilanzrechts vom 25. Mai 2009, BGBl. I S. 1102.

chenden Änderungen verbunden, ist das „Gesetz zur Modernisierung des GmbH-Rechts und zur Bekämpfung von Missbräuchen" (MoMiG)[7].

II. Das MoMiG

Literatur: *Fleischer*, Grundzüge des neuen Kapitalgesellschaftsrechts, NJW 2008, 3249; *Goette*, Einführung in das neue GmbH-Recht, 2008, *Kröber/Kliebisch*, Das neue GmbH-Recht, JuS 2008, 1041.

1. Entstehungsgeschichte

4   Aufgrund der Rechtsprechung des EuGH zur Niederlassungsfreiheit (siehe § 2 Rn. 31 ff.) befindet sich die deutsche GmbH im „Wettbewerb der Rechtsformen". Nachdem zahlreiche Unternehmer von der Möglichkeit Gebrauch gemacht hatten, eine Limited nach englischem Recht zu gründen, sah sich der Gesetzgeber gezwungen, das **GmbH-Recht grundlegend zu reformieren** und attraktiver zu gestalten.

Ein **Kernanliegen** des MoMiG ist die Erleichterung und Beschleunigung von Unternehmensgründungen. In der langen Dauer der Verfahren wurde ein Wettbewerbsnachteil der GmbH gegenüber ausländischen Rechtsformen gesehen, da in vielen EU-Mitgliedstaaten geringere Anforderungen gestellt werden. Zudem sollten die aus der Praxis übermittelten Missbrauchsfälle im Zusammenhang mit der Rechtsform der GmbH durch verschiedene Maßnahmen bekämpft werden.

Das MoMiG wurde im Juni 2008 vom Bundestag beschlossen und trat am 01. November 2008 in Kraft[8]. Unter den zahlreichen Änderungen, die im Zuge des Gesetzgebungsverfahrens noch vorgenommen wurden, sticht ein Aspekt heraus: der **Verzicht auf die Absenkung des gesetzlichen Mindestkapitals**[9].

2. Zielstellung und Schwerpunkte

Hinweis: Die nachfolgenden Ausführungen dienen dazu, einen Überblick über die zahlreichen Änderungen zu geben, die das GmbHG durch das MoMiG erfahren hat, und diese in einen rechtspolitischen Kontext zu betten. Diese Änderungen sind bei der Lektüre älterer Entscheidungen und Literatur unbedingt zu berücksichtigen. Leser ohne Vorkenntnisse im GmbH-Recht können diesen Abschnitt zunächst auch überspringen und später bei der Darstellung der jeweiligen Einzelprobleme hierauf zurückkommen.

---

[7] Gesetz zur Modernisierung des GmbH-Rechts und zur Bekämpfung von Missbräuchen vom 23. Oktober 2008, BGBl. I S. 2026.

[8] BGBl. I S. 2026.

[9] Vgl. Empfehlung des Rechtsausschusses, BR-Drucks. 354/1/07, S. 6 f.

a) Erleichterung und Beschleunigung von Unternehmensgründungen

Der vordergründige Reiz der englischen Limited – der „Hauptkonkurrentin" der 5
GmbH – besteht in der Möglichkeit, das Stammkapital auf lediglich ein britisches
Pfund festzusetzen[10]. Der deutsche Gesetzgeber hat hierauf nicht etwa mit einer
generellen Reduktion des Mindestkapitals reagiert, sondern mit der **Unternehmergesellschaft** (haftungsbeschränkt) eine „Einstiegsvariante" der GmbH eingeführt (§ 5a GmbHG). Es handelt sich dabei nicht um eine neue Rechtsform, sondern um eine GmbH, die mit einem frei festzusetzenden Stammkapital gegründet
werden kann, im Gegenzug aber besonderen Regelungen betreffend die Firmierung sowie die Kapitalaufbringung und -erhaltung unterliegt (siehe dazu § 5
Rn. 5 ff.).

In allen GmbHs können die Gesellschafter jetzt über die jeweilige Höhe ihres
individuellen Kapitalanteils frei bestimmen und ihn dadurch besser nach ihren Bedürfnissen und finanziellen Möglichkeiten ausrichten. Jeder **Geschäftsanteil** muss
nun nur noch auf einen Betrag von mindestens einem Euro lauten. Zudem können
Geschäftsanteile leichter aufgeteilt, zusammengelegt und an Dritte übertragen
werden. Ferner sollen Standardgründungen in einem vereinfachten Verfahren
schnell und kostengünstig durch die Verwendung von **Musterprotokollen** erfolgen können (§ 2 Ia GmbHG). Auch sind notwendige staatliche Genehmigungen
(insbesondere gewerbliche Erlaubnisse) bei der Anmeldung nicht mehr vorzuwei-
sen. Dies alles dient der **Verfahrensbeschleunigung**.

Eine wesentliche materielle Erleichterung hat die Reform durch die erstmalige
Kodifizierung der sog. **„verdeckten Sacheinlage"** (§ 19 IV GmbHG) und des
sog. **„Hin-und-Herzahlens"** (§ 19 V GmbHG) erfahren. Dabei hat der Gesetzge-
ber die bisherige strengere Rechtsprechung nicht übernommen, sondern die
Rechtsfolgen durch eine Anrechnungslösung deutlich abgemildert (siehe § 7
Rn. 22). Dies führt zugleich zu einem Gewinn an Rechtssicherheit.

b) Steigerung der Attraktivität der GmbH

Daneben wurden weitere Maßnahmen zur Erhöhung der Attraktivität der GmbH 6
ergriffen. So wurde für die GmbH die **Gründungstheorie** (siehe § 2 Rn. 29) implizit anerkannt: Die Verlegung des Verwaltungssitzes ins Ausland ist nunmehr
möglich. Eine Regelung zur Verlegung des Satzungssitzes fehlt weiterhin.

Aufgewertet wurde zudem die Bedeutung der **Gesellschafterliste**, die zum
Handelsregister einzureichen ist (§ 40 GmbHG). Die Eintragung in diese Liste ist
nach § 16 I GmbHG einerseits Voraussetzung für die Ausübung der Gesellschafterrechte; andererseits ist die Liste Rechtsscheinträger für den erstmals zugelasse-
nen gutgläubigen Erwerb der Gesellschafterstellung (§ 16 III GmbHG). Da zugleich die Struktur der Anteilseigner transparenter wird, lassen sich Missbräuche
(z.B. Geldwäsche) besser verhindern[11].

---

[10] Vgl. *Kadel*, MittBayNot 2006, 102, 104.
[11] BT-Drucks. 16/6140, S. 37.

Im Recht der Kapitalerhaltung sollten die durch das sog. „November-Urteil" des BGH[12] aufgeworfenen Zweifel an der Zulässigkeit des **Cash-Pooling** (dazu unten § 7 Rn. 65 ff.) durch eine Neuformulierung des § 30 I GmbHG ausgeräumt werden. Darüber hinaus wurde das **Eigenkapitalersatzrecht** grundlegend reformiert und die Problematik vollständig in das Insolvenzrecht verlagert.

c) Missbrauchsbekämpfung

7   Zur Bekämpfung von Missbräuchen sollte die Rechtsverfolgung gegenüber Gesellschaften beschleunigt werden[13]. Diese scheiterte in der Praxis oftmals schon daran, dass die Gesellschaften sich der Zustellung von Mahnungen und Klagen entziehen. Um dem vorzubeugen, muss zukünftig in das Handelsregister eine **inländische Geschäftsanschrift** eingetragen werden. Zudem wurde die öffentliche Zustellung erleichtert.

In den Fällen der **Führungslosigkeit**, in denen eine GmbH keinen Geschäftsführer mehr hat, sind die Gesellschafter nunmehr verpflichtet, bei Zahlungsunfähigkeit und Überschuldung einen Insolvenzantrag zu stellen (§ 15a III InsO). Auch sind sie zur Entgegennahme von Willenserklärungen passivlegitimiert (§ 35 I 2 GmbHG). Hierdurch soll ein „Abtauchen" der GmbH verhindert werden.

Zudem wurden die **Ausschlussgründe für Geschäftsführer** erweitert (§ 6 II Nr. 3 GmbHG). Zum Geschäftsführer kann nunmehr nicht mehr bestellt werden, wer wegen Insolvenzverschleppung, falscher Angaben und unrichtiger Darstellung sowie aufgrund allgemeiner Straftatbestände mit Unternehmensbezug (§§ 263 bis 264a und §§ 265b bis § 266a StGB) verurteilt wurde.

> **Ziele des MoMiG:**
> ➲ Erleichterung und Beschleunigung von Unternehmensgründungen,
> ➲ Steigerung der Attraktivität der GmbH,
> ➲ Missbrauchsbekämpfung.

III. Wirtschaftliche Bedeutung der GmbH

8   Die GmbH ist – ganz im Einklang mit der gesetzlichen Zielstellung – **in der Praxis** die Rechtsform der kleinen und mittleren Unternehmen. Typischerweise wird sie gewählt, wenn zum einen eine Haftungsbeschränkung gewollt ist, zum anderen sich die AG als Rechtsform aber nicht eignet. Dies ist insbesondere dann der Fall, wenn der **Unternehmensgegenstand relativ klein** und die **Gesellschafterzahl** überschaubar ist. Oftmals arbeiten einige oder alle Gesellschafter im Unternehmen als Geschäftsführer aktiv mit[14]. Anteilsübertragungen sind häufig nur mit Zustim-

---

[12] BGHZ 157, 72.

[13] BT-Drucks. 16/6140, S. 37.

[14] *Hueck/Fastrich* in Baumbach/Hueck, GmbHG, Einleitung Rn. 12.

mung der Gesellschafter möglich (§ 15 IV GmbHG). Die Gesellschaft wird damit durch die Vertragsgestaltung einer Personengesellschaft angenähert, das körperschaftliche Element (Fremdorganschaft, freie Übertragbarkeit der Anteile) wird zurückgedrängt[15]. Darüber hinaus findet die GmbH im **Konzernverbund** und als **Komplementärin einer KG** vielfach Verwendung. In einigen Fällen werden auch **Großunternehmen** in der Rechtsform der GmbH geführt (Beispiel: Robert Bosch GmbH).

Der Erfolg des GmbHG zeigt sich nachdrücklich an der **statistischen Entwicklung**[16]: Bereits 1911 waren 20.000 GmbHs registriert; später sogar über 70.000. Nach dem zweiten Weltkrieg stieg die Zahl der registrierten GmbHs rapide an: 1953 zählte man in Deutschland knapp 30.000 GmbHs, 1972 wurde die 100.000-Grenze überschritten, 1979 waren es schon mehr als 200.000, 1990 mehr als 400.000 und 1998 mehr als 800.000. Derzeit dürfte es ca. 950.000 registrierte GmbHs geben.   **9**

> Darunter befinden sich zahlreiche kleine und kleinste Unternehmen. Gehen Sie einmal über den örtlichen Wochenmarkt und achten Sie auf die Firmierung der Marktstandbetreiber: Sie werden sicher mehr als eine GmbH finden!

Demgegenüber spiegelt sich der **befürchtete „Angriff"**[17] **der englischen Limited** (ca. 15.000 im Jahr 2008[18]) auf die GmbH in den Statistiken kaum wider. In welchem Ausmaß dies auf die Reformerfolge des MoMiG zurückzuführen ist oder ob nicht eher die in der Praxis erkennbar gewordenen Nachteile der Limited (höhere Unterhaltungskosten, fremde Rechtsordnung) hierzu geführt haben, bleibt ungewiss.

Die volkswirtschaftliche Bedeutung der GmbH zeigt sich auch im **Vergleich zur AG.** Dies spiegelt sich nicht nur in der zahlenmäßigen Überlegenheit der GmbH gegenüber der AG (derzeit ca. 17.000[19]) wider. Hinzu kommt, dass seit den 1970er Jahren der Betrag des Gesamtstammkapitals aller GmbHs höher als der Betrag des Gesamtgrundkapitals aller AGs ist[20].

---

[15] Dazu immer noch lesenwert *Limbach*, Theorie und Wirklichkeit der GmbH, 1966, passim.

[16] Für die nachfolgenden Zahlen vgl. *Hueck/Fastrich* in Baumbach/Hueck, GmbHG, Einleitung Rn. 16; *Roth* in Roth/Altmeppen, GmbHG, Einleitung Rn. 8.

[17] Kritisch zur diesbezüglichen Annahme des MoMiG-Gesetzgebers etwa *Niemeier*, ZIP 2007, 1794 ff.; *Hueck/Fastrich* in Baumbach/Hueck, GmbHG, § 5a Rn. 1.

[18] *Kornblum*, GmbHR 2009, 16, 31.

[19] *Bayer*, Aktienrecht in Zahlen, AG-Sonderheft August 2010, S. 6 f.

[20] *Hueck/Fastrich* in Baumbach/Hueck, GmbHG, Einleitung Rn. 16.

§ 4 Die Gründung der GmbH

Literatur: *Langenbucher*, Grundfälle zum Recht der Gesellschaft mit beschränkter Haftung, JuS 2004, 387; *Lutter*, Haftungsrisiken bei der Gründung einer GmbH, JuS 1998, 1073.

I. Grundlagen

1. „Errichtung" und „Gründung"

Die §§ 1-12 GmbHG enthalten detaillierte Vorgaben über die „Errichtung der GmbH". Aus § 1 GmbHG ergibt sich, dass der Begriff „Errichtung" in diesem Zusammenhang mit dem der „Gründung" gleichgesetzt wird. Insoweit weicht das GmbHG von der aktienrechtlichen Terminologie ab. Nach § 29 AktG ist die AG bereits mit Übernahme sämtlicher Aktien durch die Gründer errichtet, der Gründungsvorgang hierdurch aber noch nicht abgeschlossen. Auch für das GmbH-Recht hat sich für den Begriff „Errichtung" ein engerer Bedeutungsgehalt eingebürgert[1].

1

Zur Errichtung in diesem engeren Sinne zählt nur der erste von **mehreren Gründungsakten**, nämlich der Abschluss des Gesellschaftsvertrages. Hierauf folgen, soweit nicht im Gesellschaftsvertrag bereits geschehen, die Bestellung der Geschäftsführer, die erforderlichen Leistungen auf die Stammeinlagen, die Anmeldung zum Handelsregister und die registergerichtliche Prüfung, Eintragung und Bekanntmachung.

Die Vorschriften über Gesellschaftszweck, Satzungsinhalt, Firma, Stammkapital und Gesellschaftsanteile sowie die Geschäftsführer haben eine grundlegende, über den Gründungsvorgang hinausgehende Bedeutung. Die §§ 1-12 GmbHG sind **zwingendes** Recht und insbesondere auch bei nachfolgenden Satzungsänderungen zu beachten[2].

2

Eine GmbH kann nicht nur durch Neugründung, sondern auch durch Umwandlung nach dem UmwG geschaffen werden (siehe unten § 35). In Betracht kommen insoweit ein **Formwechsel** – etwa von einer Personenhandelsgesellschaft (§§ 214 ff. UmwG) oder einer AG (§§ 238 ff. UmwG) zur GmbH –, ferner die **Spaltung** und **Verschmelzung** zur Neugründung (§§ 2 Nr. 2, 36, 56, 123, 135 ff. UmwG).

3

---

[1] Vgl. *Hueck/Fastrich* in Baumbach/Hueck, GmbHG, § 1 Rn. 2; *Roth* in Roth/Altmeppen, GmbHG, § 1 Rn. 2.

[2] *Hueck/Fastrich* in Baumbach/Hueck, GmbHG, § 1 Rn. 1.

2. Gründungsphasen

a) Überblick

4 Bei der Neugründung durchläuft eine GmbH bis zum Entstehen verschiedene Stadien. Anknüpfungspunkt für rechtliche Veränderungen sind dabei jeweils bestimmte Ereignisse:

> ➲ der gemeinsame Entschluss, eine GmbH zu gründen,
> ➲ der Abschluss des Gesellschaftsvertrages und schließlich
> ➲ die Eintragung im Handelsregister.

Um einen ersten Überblick zu geben, sollen die Stadien und die den Übergang auslösenden Ereignisse anhand des nachfolgenden Schemas dargestellt werden:

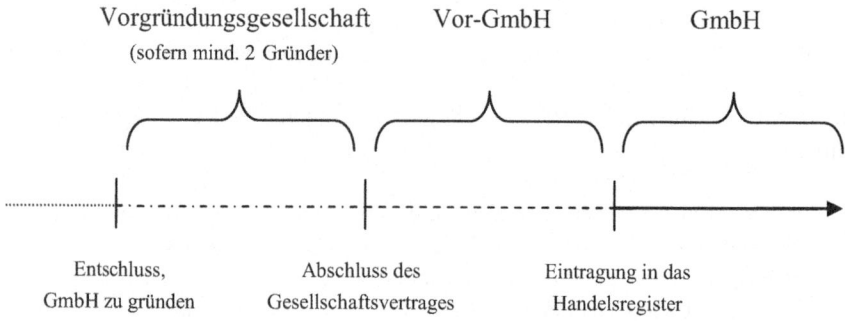

Abb. 2: Gründungsstadien

b) Vorgründungsgesellschaft

5 Am Anfang steht der **gemeinsame Entschluss** der Gründer, eine GmbH zu schaffen. Dieser Entschluss führt zu einer personengesellschaftsrechtlichen Verbindung der Gründer: Diese versprechen sich gegenseitig und mit Rechtsbindungswillen die Förderung eines gemeinsamen Zwecks, nämlich die Gründung der GmbH. Damit sind die Voraussetzungen des § 705 BGB erfüllt, sodass es sich zumindest um eine Innen-GbR handelt. Werden die Gründer darüber hinaus bereits zu diesem Zeitpunkt nach außen tätig, kommt auch das Vorliegen einer Außen-GbR oder einer OHG in Betracht.

> Auf die Vorgründungsgesellschaft finden die allgemeinen Regeln des **Personengesellschaftsrechts** Anwendung.

Enthält der Vertrag die Verpflichtung, an der GmbH-Gründung mitzuwirken, so ist er als **Vorvertrag**, der auf ein formbedürftiges Rechtsgeschäft (§ 2 GmbHG) gerichtet ist, selbst notariell formbedürftig.

Die Vorgründungsgesellschaften können als Außen-GbR oder OHG Rechte erwerben und Verbindlichkeiten eingehen (§ 124 HGB). Die Gesellschafter haften für Verbindlichkeiten der Vorgründungsgesellschaft nach § 128 HGB – unmittelbar bei der OHG, analog bei der Außen-GbR. **6**

Fasst lediglich eine **einzelne Person** den Entschluss, eine GmbH zu gründen, was zulässig ist, so entsteht **keine** Vorgründungsgesellschaft.

c) Vorgesellschaft

In einem zweiten Schritt bedarf es für die Gründung der GmbH eines **notariell beurkundeten Gesellschaftsvertrages**. Mit dessen Abschluss ist die GmbH noch nicht gegründet, aber doch – im engeren Sinne – **errichtet** (vgl. § 29 AktG). Insbesondere sind die körperschaftliche Verfassung der GmbH sowie so wesentliche Merkmale wie Gründungsgesellschafter, Sitz, Firma, Stammkapital und Gesellschaftsanteile bereits zu diesem Zeitpunkt festgelegt. Dies rechtfertigt die Annahme einer neuen, der späteren GmbH schon stark angenäherten Rechtsform, die als Vorgesellschaft (Vor-GmbH) bezeichnet wird. Diese ist ein **notwendiges Durchgangsstadium,** das jede neu gegründete GmbH durchläuft. **7**

Auf den Streit um die Rechtsform der Vor-GmbH und die Frage, inwieweit die Vorschriften des GmbH-Rechts auf diese anwendbar sind, soll an späterer Stelle (unten § 6 Rn. 4 ff.) näher eingegangen werden. Zunächst genügt der Hinweis darauf, dass es sich bei der Vor-GmbH nach überwiegender Auffassung um eine Rechtsform *sui generis* handelt: nicht mehr Personengesellschaft, aber eben auch noch nicht ganz GmbH.

Die Vor-GmbH ist nach einhelliger Auffassung rechtsfähig. Sie ist aber **nicht mit der Vorgründungsgesellschaft identisch** und auch nicht deren Gesamtrechtsnachfolgerin. **8**

Daher geht das Vermögen der Vorgründungsgesellschaft nicht automatisch auf die Vor-GmbH und erst recht nicht auf die endgültige GmbH über. Sofern dies von den Gründern gewollt ist, bedarf es einer **rechtsgeschäftlichen Übertragung** der betreffenden Vermögensgegenstände der Vorgründungsgesellschaft. Die Vor-GmbH haftet für die Verbindlichkeiten der Vorgründungsgesellschaft nur, sofern ein entsprechender Verpflichtungsgrund (etwa durch Schuldbeitritt oder Schuldübernahme, Vertragsübernahme) durch besondere Vereinbarung geschaffen wurde. Auch führt der Übergang zur Vor-GmbH grundsätzlich nicht zum Erlöschen der Haftung der Gesellschafter für die Verbindlichkeiten der Vorgründungsgesellschaft.

d) Die GmbH „als solche"

9　Mit Eintragung in das Handelsregister entsteht die GmbH „als solche" (vgl. § 11 I GmbHG), d.h. **als juristische Person in ihrer endgültigen Gestalt**. Da sie auf die Ausfüllung des Unternehmensgegenstandes gerichtet ist, wird dieses Stadium auch als das der „werbenden" GmbH bezeichnet. Ab Eintragung sind sämtliche Vorschriften des GmbHG ohne weiteres anwendbar.

> Die GmbH rückt **ipso iure** in die Rechtspositionen ein, die bislang der Vor-GmbH zugeordnet waren. Das Gesellschaftsvermögen geht mit allen für die Vorgesellschaft begründeten Rechten und Verbindlichkeiten auf die GmbH über.

10　Einer besonderen rechtsgeschäftlichen Vereinbarung bedarf es insoweit nicht. **Dogmatisch** ließe sich dies als Gesamtrechtsnachfolge in das Vermögen der nunmehr erloschenen Vor-GmbH begründen[3]. Vorzugswürdig erscheint es aber, aufgrund der gemeinsamen gesellschaftsvertraglichen Grundlage GmbH und Vor-GmbH nicht als zwei voneinander zu unterscheidende Rechtssubjekte, sondern als **miteinander identisch** anzusehen[4] (siehe auch unten § 6 Rn. 3).

> Der Übergang von der Vor-GmbH zur GmbH stellt sich insoweit als identitätswahrender **Rechtsformwechsel** dar.

II. Gründungsgesellschafter

1. „Personen"

11　Eine GmbH kann von einer oder mehreren Personen errichtet werden (§ 1 GmbHG). Der Begriff der „Person" ist dabei weit zu verstehen.

> Als Gründer können neben natürlichen und juristischen Personen auch rechtsfähige Personengesellschaften auftreten.

a) Natürliche Personen

12　Natürliche Personen müssen nicht unbeschränkt geschäftsfähig sein. Geschäftsunfähige und beschränkt Geschäftsfähige (**Minderjährige**) können den Gesellschaftsvertrag jedoch nicht selbst abschließen, sondern bedürfen stattdessen der Mitwirkung des gesetzlichen Vertreters (vgl. § 107 BGB). Ist dieser selbst am Gründungsgeschäft beteiligt oder wird er als Vertreter eines anderen Gesellschaf-

---

[3] So etwa *Hueck/Fastrich* in Baumbach/Hueck, GmbHG, § 11 Rn. 56 f.

[4] Hierfür auch *K. Schmidt*, Gesellschaftsrecht, § 34 III 4 a; *Roth* in Roth/Altmeppen, GmbHG, § 11 Rn. 19.

ters tätig, so muss für den Vertragsschluss ein **Ergänzungspfleger** bestellt werden (§§ 181, 1795 II, 1629 II, 1909 BGB).

Die Beteiligung eines nicht voll Geschäftsfähigen an der GmbH-Gründung be- **13** darf außerdem der **Genehmigung des Familien- oder Betreuungsgerichts** gemäß §§ 1643, 1822 Nr. 3 BGB, wenn der Gesellschaftszweck auf den Betrieb eines Erwerbsgeschäftes gerichtet ist[5]. Dies gilt nach dem eindeutigen Gesetzeswortlaut, obwohl sich die Risiken für den Minderjährigen aufgrund der beschränkten Haftung in Grenzen halten. Bei Gesellschaften, die kein Erwerbsgeschäft (also z.B. nur Vermögensverwaltung) betreiben, ist nach h.M. **zu differenzieren**: Die Genehmigung soll gemäß §§ 1643, 1822 Nr. 10 BGB erforderlich sein, wenn der nicht voll Geschäftsfähige mit der Gesellschafterstellung die Ausfallhaftung des § 24 GmbHG (dazu unten § 7 Rn. 83 f.) und damit kraft Gesetzes eine fremde Verbindlichkeit übernimmt. Dies ist wiederum nur dann der Fall, wenn neben dem nicht voll Geschäftsfähigen weitere Gesellschafter vorhanden sind, also nicht bei der Einpersonen-GmbH[6].

> Fehlt eine (erforderliche) familien- oder betreuungsgerichtliche Genehmigung, so ist eine Mehrpersonengründung schwebend unwirksam, eine Einpersonengründung nichtig (§§ 1829, 1831 BGB). Zu den sich hieraus ergebenden Rechtsfolgen unten Rn. 97 ff.

b) Juristische Personen, Personengesellschaften und Erbengemeinschaften

Juristische Personen können uneingeschränkt Gesellschafter und Gründer einer **14** GmbH sein. Dies gilt sowohl für juristische Personen des Privatrechts als auch für solche des öffentlichen Rechts. Bei Beteiligung der öffentlichen Hand können sich aus deren gesetzlichen Grundlagen und Aufgabenstellungen Grenzen ergeben.

Auch **rechtsfähige Personengesellschaften** kommen als Gründungsgesell- **15** schafter einer GmbH in Betracht. Für OHG und KG folgt dies ohne weiteres aus § 124 HGB, für die Partnerschaft aus § 7 II PartGG i.V.m. § 124 HGB. Zwar fehlt eine entsprechende Vorschrift für die **Außen-GbR**, doch ist auch diese nach der zutreffenden Auffassung von Rechtsprechung und h.M. rechtsfähig (dazu oben § 1 Rn. 3). Bedenken gegen eine Stellung als Gesellschafter bestehen nicht.

> Allerdings wird die GbR anders als die übrigen Personengesellschaften nicht in einem öffentlichen Register geführt. Daher muss **analog § 162 I Nr. 2 HGB** der GmbH-Gesellschaftsvertrag die einzelnen Gesellschafter der GbR namentlich nennen. Des Weiteren sind Veränderungen im Gesellschafterbestand der GbR durch Änderung der Gesellschafterliste (vgl. § 40 GmbHG, dazu eingehend unter § 12 Rn. 6 ff.) mitzuteilen. Ansonsten bestünde die Gefahr, dass eine eventuell eingreifende Haftung der Gründer (z.B. wegen §§ 9, 9a oder 24 GmbHG) faktisch nicht durchgesetzt werden kann, weil die hinter der GbR stehenden Personen nicht zu ermitteln sind.

---

[5] *Hueck/Fastrich* in Baumbach/Hueck, GmbHG, § 2 Rn. 22; *Bayer* in Lutter/Hommelhoff, GmbHG, § 2 Rn. 5.

[6] OLG Stuttgart GmbHR 1980, 102, 103; *Hueck/Fastrich* in Baumbach/Hueck, GmbHG, § 2 Rn. 24; a.A. insoweit *Roth* in Roth/Altmeppen, GmbHG, § 2 Rn. 11.

16 Nach h.M. kann auch die **Erbengemeinschaft** (§§ 2032 ff. BGB) Gründungsgesellschafter sein[7]. Umstritten ist, ob damit notwendig eine persönliche Haftung der Miterben für die gesamthänderisch übernommene Einlagepflicht einhergeht[8].

2. Zulässigkeit der Einpersonengründung

17 § 1 GmbHG stellt ausdrücklich klar, dass die GmbH auch von nur einem Gründer errichtet werden kann – mit der Folge, dass dieser sämtliche Gesellschaftsanteile übernimmt.

> Das war nicht immer so: Vor der GmbH-Novelle 1980 sah das GmbHG die Beteiligung von mindestens zwei Gründern zwingend vor. Dies führte dazu, dass in der Praxis vielfach sog. **Strohmanngründungen** vorgenommen wurden. Dabei übernahmen zwar formal zwei Gründungsgesellschafter Anteile an der GmbH, doch hielt einer von ihnen seinen Anteil nur treuhänderisch (§§ 667, 670 BGB) – als „Strohmann" – für den anderen. Verbreitet wurde von Notaren dazu der Service angeboten, dass eine der im Notariat beschäftigten Bürokräfte formal als der erforderliche „zweite Mann" fungierte. Oftmals übertrug ein solcher Strohmann seinen Anteil nach Entstehen der GmbH auf den Hintermann, wodurch sämtliche Anteile in der Hand eines Gesellschafters vereinigt waren. Diese Gestaltung entsprach im Ergebnis somit der Einpersonengründung und wurde von der Rechtsprechung gebilligt. Insbesondere wurde das nachträgliche Absinken der Gesellschafterzahl auf eins seit jeher für unschädlich angesehen. Im Jahre 1980 hat der Gesetzgeber kapituliert und eingesehen, dass sich die Einpersonengründung faktisch nicht verhindern lässt. Inzwischen hat sich diese Sichtweise auch europaweit durchgesetzt: Die Zwölfte Gesellschaftsrechtliche Richtlinie verpflichtet die Mitgliedstaaten, entweder die Einpersonengründung zuzulassen oder eine besondere Rechtsform für Einzelunternehmer mit Haftungsbeschränkung einzuführen[9].

Mit Zulassung der Einpersonengründung haben Treuhänder- und Strohmanngesellschafter an Bedeutung verloren. Sonderregeln, nach denen die Einmann-GmbH im Gründungsrecht auch nach der Reform von 1980 strenger behandelt wurde als die Mehrpersonengründung, hat das **MoMiG** im Jahre 2008 aus Gründen der Rechtsvereinfachung beseitigt.

Einpersonengründungen unterliegen nunmehr denselben Anforderungen wie Mehrpersonengründungen.

---

[7] *Ulmer* in Ulmer/Habersack/Winter, GmbHG, § 2 Rn. 77; *Hueck/Fastrich* in Baumbach/Hueck, GmbHG, § 1 Rn. 36; *Emmerich* in Scholz, GmbHG, § 2 Rn. 51 ff.; *Bayer* in Lutter/Hommelhoff, GmbHG, § 2 Rn. 5; *Roth* in Roth/Altmeppen, GmbHG, § 1 Rn. 30 f.

[8] Dafür etwa *Hueck/Fastrich* in Baumbach/Hueck, GmbHG, § 1 Rn. 36; differenzierend *Bayer* in Lutter/Hommelhoff, GmbHG, § 2 Rn. 8.

[9] Frankreich hat z.B. insofern der SARL (Société à responsabitité limitée) die EURL (Entreprise unipersonelle à responsabitité limitée) zur Seite gestellt; vgl. dazu *Pfeifer*, GmbHR 2010, 972. Zu der Einschätzung, dass auch eine Körperschaft mit nur einem Mitglied „Gesellschaft" sein kann, konnte sich das französische Recht nicht durchringen.

Somit bietet das Gründungsrecht keinen Anlass mehr zur Einschaltung von Strohmännern und Treuhändern. Indes können diese nach wie vor aus anderen (etwa steuerrechtlichen) Gründen Gesellschaftsanteile für einen Hintermann/Treugeber übernehmen.

In **dogmatischer Hinsicht** liegt die Schwierigkeit der Einmann-GmbH darin, sich einen Gesellschafts*vertrag* (§ 2 GmbHG) mit nur einem Beteiligten vorzustellen. An Stelle des Vertragsschlusses tritt hier ein **einseitiger Errichtungsakt** des alleinigen Gründers, durch den die Organisation der GmbH festgestellt wird. Es handelt sich um eine einseitige, nicht empfangsbedürftige Willenserklärung.

III. Der Gesellschaftsvertrag

Literatur: *Grunewald*, Die Auslegung von Gesellschaftsverträgen und Satzungen, ZGR 1995, 68; *Jäger*, Schuldrechtliche Nebenabreden zum Gesellschaftsvertrag der GmbH, DStR 1996, 1935; *König/Herrler*, Aktuelle Praxisfragen zur GmbH-Gründung im vereinfachten Verfahren (Musterprotokoll), DStR 2010, 2138; *Wicke*, Schuldrechtliche Nebenvereinbarungen bei der GmbH, DStR 2006, 1137; *Zöllner*, Inhaltsfreiheit bei Gesellschaftsverträgen, Festschrift 100 Jahre GmbHG, 1992, S. 85.

1. Bedeutung und Rechtsnatur

Der Gesellschaftsvertrag erfüllt eine Doppelfunktion: Er ist zum einen **rechtsge-**   **18**
schäftlicher Gründungsakt, durch den die spätere GmbH errichtet wird[10]. Insoweit bindet er die am Vertragsschluss beteiligten Gründungsgesellschafter, die insbesondere zur Einlageleistung verpflichtet werden. Zum anderen ist er aber **organisationsrechtliche Grundlage** der späteren GmbH[11]. Als solcher entfaltet er auch Rechtswirkungen für später hinzukommende Gesellschafter und außenstehende Dritte.

> Der Gesellschaftsvertrag ist Errichtungsgeschäft und körperschaftliche Verfassung (Satzung) zugleich.

Gründen **zwei oder mehrere Personen** eine GmbH, so ist der Gesellschaftsvertrag „echter" Vertrag im Sinne des BGB, d.h. er kommt durch übereinstimmende Willenserklärungen zustande. Aufgrund seiner Doppelfunktion ist er aber nicht nur schuldrechtlicher, sondern zugleich korporationsrechtlicher Vertrag[12]. Der Gesellschaftsvertrag ist nicht gegenseitiger Vertrag im Sinne der §§ 320 ff. BGB[13]. Gemäß § 310 IV 1 BGB unterliegt er auch nicht der AGB-Kontrolle.

---

[10] *Roth* in Roth/Altmeppen, GmbHG, § 2 Rn. 10; *Jaeger* in BeckOK GmbHG, § 2 Rn. 1.

[11] *Hueck/Fastrich* in Baumbach/Hueck, GmbHG, § 2 Rn. 5; *Jaeger* in BeckOK GmbHG, § 2 Rn. 1.

[12] *Hueck/Fastrich* in Baumbach/Hueck, GmbHG, § 2 Rn. 5.

[13] *Hueck/Fastrich* in Baumbach/Hueck, GmbHG, § 2 Rn. 6; *Wicke*, GmbHG, § 2 Rn. 3.

Bei der **Einpersonengründung** entfällt notwendig die vertragliche Einigung (siehe oben Rn. 17).

2. Form des Gesellschaftsvertrages und Vertretung

a) Notarielle Beurkundung

19   Nach § 2 I 1 GmbHG bedarf der Gesellschaftsvertrag der notariellen Beurkundung im Sinne der § 128 BGB, §§ 6 ff. BeurkG.

Durch die Prüfungs- und Belehrungspflicht des Notars (§ 17 BeurkG) sollen einerseits im Interesse des Rechtsverkehrs die Grundlagen der GmbH klargestellt werden (**Rechtssicherheit**). Dies ist hier besonders wichtig, da den Gläubigern nur die GmbH haftet und eine Unwirksamkeit der Gründung deswegen besonders schwer erträglich wäre. Andererseits soll den Gründern die Bedeutung ihrer Erklärungen vor Augen geführt werden (**Warnfunktion**). Dies betrifft auch mögliche Haftungsfolgen, die sich aus der Gründung ergeben können (siehe §§ 9, 9a, 24 GmbHG). Auch spätere Änderungen des Gesellschaftsvertrages sind beurkundungspflichtig (§ 53 II GmbHG), ebenso wie die Anteilsübertragung (§ 15 III GmbHG).

Notariell zu beurkunden ist grundsätzlich der **gesamte Gesellschaftsvertrag**. Zu den fakultativen, aber formbedürftigen Regeln gehören neben der zeitlichen Beschränkung (§ 3 II GmbHG) beispielsweise Nebenleistungspflichten der Gesellschafter, Sonderrechte oder Vinkulierungen (siehe unten Rn. 36).

Die notarielle Beurkundung kann so erfolgen, dass die Gründer den Gesellschaftsvertrag unmittelbar zu Protokoll erklären. In der **Praxis** wird aber in aller Regel ein **Gründungsprotokoll** erklärt, das als **Anlage den Gesellschaftsvertrag** enthält (§ 9 I 2 BeurkG).

20   Der Gesellschaftsvertrag ist von **allen Gründern** zu unterzeichnen (§ 2 I 2 GmbHG).

Gleichzeitige Anwesenheit ist aber nicht erforderlich. Ausreichend ist vielmehr, dass jeder Gründer eine Niederschrift unterschreibt, die den Abschluss des Gesellschaftsvertrages beurkundet (vgl. § 128 BGB). Die Beurkundung kann mangels gegenteiliger Anhaltspunkte auch in gesonderter Verhandlung vor verschiedenen Notaren erfolgen.

21   Umstritten ist, ob Gesellschaftsverträge auch durch **ausländische Notare** beurkundet werden können. Der BGH hält dies für ausreichend, wenn die Beurkundung der deutschen gleichwertig ist, d.h. wenn der ausländische Notar nach Vorbild und Stellung im Rechtsleben eine dem deutschen Notar entsprechende Funktion ausübt und ein in den Grundsätzen dem deutschen entsprechendes Beurkundungsrecht anwendet[14]. Dies wird bejaht für einen Teil der schweizerischen Notariate, für die österreichischen und niederländischen Notare sowie für das sog. lateinische Notariat (Belgien, Frankreich, Italien, Spanien), verneint aber etwa für den US-amerikanischen *notary public*.

Diese Rechtsprechung dürfte auch noch nach Inkrafttreten des MoMiG Bestand haben. Zwar wurden Notaren hierdurch zusätzliche Aufgaben übertragen (vgl. etwa § 40 II GmbHG), doch zwingen diese nicht zu der Annahme, die Beurkundung im Ausland sei hierdurch nicht länger möglich[15]. Für Einzelheiten siehe unten § 12 Rn. 9.

b) Musterprotokoll im vereinfachten Verfahren

Seit dem MoMiG gibt es die Möglichkeit, eine GmbH in einem vereinfachten Verfahren unter Verwendung eines sog. **Musterprotokolls** zu gründen (§ 2 Ia sowie die Anlage zum GmbHG). Hierdurch soll die Gründung der GmbH in „unkomplizierten Standardfällen" erleichtert werden. Das Erfordernis der notariellen Beurkundung besteht allerdings auch hier[16]. Die Gründung im vereinfachten Verfahren ist **kostenprivilegiert** gemäß § 41d KostO; doch wirkt sich dies praktisch nur bei der Unternehmergesellschaft (§ 5a GmbHG) aus[17].

Im Musterprotokoll sind **Gesellschaftsvertrag, Geschäftsführerbestellung und Gesellschafterliste** in einem Dokument zusammengefasst[18]. Das vereinfachte Verfahren kann gewählt werden, wenn an der Gründung **nicht mehr als drei Gesellschafter** beteiligt sind und im Gesellschaftsvertrag keine vom Gesetz abweichenden Regelungen getroffen werden. Der Text des Musterprotokolls darf weder ergänzt noch abgeändert werden. Daher kann aufgrund einer entsprechenden Vorgabe nur ein Geschäftsführer eingesetzt werden. Die nachträgliche Bestellung weiterer Geschäftsführer ist aber zulässig.

Ein **Nachteil** des Musterprotokolls ist, dass keine Regelungen über die Anteilsübertragung (§ 15 V GmbHG), die Vererbung der Geschäftsanteile im Todesfall eines der Gesellschafter (§ 15 I GmbHG) und über die Befugnisse des Geschäftsführers (§ 37 I GmbHG) getroffen werden können. Solche Angaben dürfen eigentlich in keinem GmbH-Vertrag fehlen, wenn mehrere Gesellschafter beteiligt sind. Daher taugt das Musterprotokoll eigentlich nur für die Einpersonengründung.

22

---

[14] BGHZ 80, 76; vgl. zum Folgenden die Nachweise bei *Hueck/Fastrich* in Baumbach/Hueck, GmbHG, § 2 Rn. 9.

[15] So aber für die Beurkundung durch einen schweizerischen Notar LG Frankfurt a.M. NJW 2010, 683; zutreffend hingegen OLG Düsseldorf NJW 2011, 1370.

[16] *Bayer* in Lutter/Hommelhoff, GmbHG, § 2 Rn. 35. Anders die noch im RegE zum MoMiG (BT-Drucks. 16/6140) vorgesehene „Mustersatzung".

[17] Vgl. *Heckschen*, DStR 2009, 166, 168.

[18] Einzelheiten bei *Jaeger* in BeckOK GmbHG, § 2 Rn. 72 ff.

23

> Ist der Gesellschaftsvertrag **nicht notariell beurkundet** oder leidet das Beurkundungs-
> verfahren an einem **schwerwiegenden Mangel**, so ist der Gesellschaftsvertrag nichtig
> (§ 125 BGB). Zu weiteren Rechtsfolgen siehe sogleich unter Rn. 97 ff.

c) Vertretung

24 Die Vertretung durch **Bevollmächtigte** bei Abschluss des Gesellschaftsvertrages
ist zulässig.

Die Vollmacht muss allerdings notariell beurkundet oder beglaubigt sein
(§ 2 II GmbHG i.V.m. §§ 128, 129 BGB, §§ 8 ff., 40 BeurkG).

§ 2 II GmbHG gilt nur für die rechtsgeschäftliche Stellvertretung, nicht hingegen
für die gesetzliche oder organschaftliche Vertretung. Diese kann in geeigneter
Form nachgewiesen werden, etwa durch standesamtliche oder gerichtliche Urkunden, Registerauszüge etc.

Zur Beteiligung nicht voll Geschäftsfähiger siehe bereits oben Rn. 12 f.

25 Fehlt es an einer formgerechten Vollmacht, so finden die allgemeinen Regeln über
den Vertreter ohne Vertretungsmacht (§§ 177 ff. BGB) Anwendung.

- ⊃ Demgemäß ist der Gesellschaftsvertrag bei einer **Mehrpersonengründung** unwirksam[19]. Der Vertretene kann die Erklärung des vollmachtlosen Vertreters genehmigen
  und so seinen Beitritt herbeiführen (§ 177 I BGB). Nach herrschender Auffassung
  bedarf die Genehmigung allerdings – entgegen § 182 II BGB – ihrerseits der
  notariellen Form[20].
- ⊃ Bei der **Einpersonengründung** ist der Gesellschaftsvertrag gemäß § 180 S. 1 BGB
  nichtig, da es sich hierbei um eine einseitige Willenserklärung handelt. In diesem
  Fall kommt lediglich eine Heilung durch Bestätigung, also formgerechte Wiederholung (§ 141 BGB) in Betracht. Für die sich aus der Unwirksamkeit ergebenden
  Rechtsfolgen siehe unten Rn. 97 ff.

3. Inhalt des Gesellschaftsvertrages

26 Die Gründer einer GmbH haben bei der Festlegung des Satzungsinhalts – soweit
sie nicht unter Anwendung des Musterprotokolls erfolgt – weitgehend freie Hand,
soweit es um die Regelung des Innenverhältnisses unter den Gesellschaftern geht.
Das GmbHG kennt keine dem § 23 V AktG entsprechende Regelung, dass das
Gesetz im Zweifel als zwingend anzusehen ist (siehe bereits § 1 Rn. 28). Das ermöglicht es, die GmbH durch **zweckmäßige Vertragsgestaltung** an die Bedürfnisse der Gesellschafter anzupassen. Sie wird durch diese Flexibilität des Innenverhältnisses zum Allzweckinstrument, das sich für Unternehmen aller Größe und

---

[19] *Hueck/Fastrich* in Baumbach/Hueck, GmbHG, § 2 Rn. 22.

[20] *Roth* in Roth/Altmeppen, GmbHG, § 2 Rn. 30.

Zweckrichtung eignet. Vereinzelt kennt auch das GmbH-Innenrecht zwingende Vorschriften, von denen nicht abgewichen werden kann (anschaulich z.B. § 51a III GmbHG). Zwingendes Recht sind ferner die Vorschriften, die dem Gläubigerschutz dienen (insbesondere §§ 30, 64 GmbH, daneben z.B. die Buchführungspflicht in § 41 GmbHG). Zudem muss der Gesellschaftsvertrag einen bestimmten, in § 3 I GmbHG festgelegten **Mindestinhalt** haben. Daneben können weitere gesellschaftsvertragliche Regelungen treten (**fakultativer Inhalt**).

a) Mindestinhalt

Gemäß § 3 I GmbHG muss der Gesellschaftsvertrag **zwingend** enthalten: 27
- die Firma und den Sitz der Gesellschaft (Nr. 1),
- den Gegenstand des Unternehmens (Nr. 2),
- den Betrag des Stammkapitals (Nr. 3) sowie
- die Zahl und die Nennbeträge der Geschäftsanteile, die jeder Gesellschafter gegen Einlage auf das Stammkapital (Stammeinlage) übernimmt (Nr. 4).

Genügt der Gesellschaftsvertrag nicht den nachfolgend darzustellenden Anforderungen, so ist er **nichtig**. Zu den sich hieraus ergebenden Rechtsfolgen siehe unten Rn. 97 ff.

aa) Firma und Sitz

Die **Firma** ist der Name der GmbH, unter dem sie im Rechtsverkehr auftritt (§ 17 28 I HGB). Gemäß § 4 GmbHG muss die Firma die Bezeichnung „Gesellschaft mit beschränkter Haftung" oder eine allgemein verständliche Abkürzung dieser Bezeichnung („GmbH") enthalten. Die firmenrechtlichen Grundsätze des Handelsrechts[21] finden Anwendung.

Die Firma muss daher insbesondere zur Kennzeichnung geeignet sein und Unterscheidungskraft gegenüber anderen Rechtsträgern aufweisen (§ 18 I HGB; Grundsatz der Firmenunterscheidbarkeit). Ferner darf sie nicht über wesentliche Umstände in Bezug auf die Gesellschaft irreführen (§ 18 II HGB, Grundsatz der Firmenwahrheit).

Die Festlegung des Sitzes der Gesellschaft bezieht sich allein auf den **Satzungs** 29 **sitz**, also den Ort, an dem die Gesellschaft ins Handelsregister eingetragen ist. Seit dem MoMiG lässt § 4a GmbHG die freie Sitzwahl zu. Insbesondere muss der Satzungssitz nicht mehr mit dem Ort, an dem die Gesellschaft operativ tätig ist (Verwaltungssitz), identisch sein.

Zur Unterscheidung von Satzungssitz und Verwaltungssitz siehe bereits § 2 Rn. 28.

---

[21] Siehe dazu *Canaris*, Handelsrecht, § 10 f.

Der **Verwaltungssitz** kann seit dem MoMiG auch **ins Ausland** verlegt werden[22]. Für die deutsche GmbH folgt der Gesetzgeber somit der Gründungstheorie.

Die Rechtsprechung des EuGH, wonach Wegzugsbeschränkungen keinen unzulässigen Eingriff in die **Niederlassungsfreiheit** (Art. 49, 54 AEUV) darstellen, gelangt folglich nur noch insoweit zur Anwendung, als es um die Verlegung des Satzungssitzes ins Ausland geht. Gegen die Verlegung des Verwaltungssitzes hat das GmbHG keine Einwände mehr, und auch der Zuzugsstatt ist innerhalb Europas verpflichtet, die zuziehende deutsche GmbH anzuerkennen und nach deutschem Gesellschafsrecht zu behandeln[23]. Und die Möglichkeit der rechtsformwahrenden Verlegung des Satzungssitzes sieht der EuGH nicht als geschützt an[24].

Für Einzelheiten zur grenzüberschreitenden Sitzverlegung und der Rechtsprechung des EuGH zur Niederlassungsfreiheit von Gesellschaften siehe § 2 Rn. 26 ff..

bb) Gegenstand des Unternehmens

30 Der **Unternehmensgegenstand** ist zu unterscheiden vom **Gesellschaftszweck** (§ 1 GmbHG), wenngleich beide Begriffe miteinander verflochten sind.

> ⮕ Der **Gesellschaftszweck** bezeichnet die finale Ausrichtung der Gesellschaft und der Gesellschafter, vergleichbar dem gemeinsamen Zweck im Sinne des § 705 BGB. Dies ist in der Regel die Absicht zur Gewinnerzielung, sofern nicht die GmbH karitative oder öffentliche Zwecke verfolgt.
>
> ⮕ Der **Unternehmensgegenstand** hingegen legt Bereich und Art der Betätigung der GmbH fest, beschreibt also das konkrete Mittel zur Erreichung des Gesellschaftszwecks und wird zugleich von diesem mit umfasst[25].

31 In Betracht kommt **jeder beliebige Gegenstand**, der den allgemeinen Gesetzen nicht zuwiderläuft (vgl. § 1 GmbHG). Der Betrieb eines Handelsgewerbes oder die Tätigkeit an einem Markt sind demnach nicht erforderlich; eine ideelle Betätigung oder die Verwaltung eigenen Vermögens reicht aus. Für manche Geschäftszweige ist die GmbH aufgrund besonderer gesetzlicher Vorschrift nicht zulässig (z.B. für Versicherungsunternehmen nach § 7 VAG, für Apotheken nach § 8 ApothekenG und bestimmte freiberufliche Tätigkeiten).

---

[22] BT-Drucks. 16/6140, S. 29.

[23] Vgl. EuGH Slg. 2002, 9919 = NJW 2002, 3614 – „Überseering"; EuGH Slg. 2003, I-10155 = NJW 2003, 3331 – „Inspire Art".

[24] EuGH Slg. 2008, I-9641 = NJW 2009, 569 – „Cartesio"; anders aber laut *obiter dictum* bei Wechsel in Rechtsform des Zuzugsstaates.

[25] Vgl. *Hueck/Fastrich* in Baumbach/Hueck, GmbHG, § 1 Rn. 5; *Bayer* in Lutter/Hommelhoff, GmbHG, § 1 Rn. 2; *Roth* in Roth/Altmeppen, GmbHG, § 1 Rn 4.

Die Angabe des Unternehmensgegenstands soll zum einen den **Schwerpunkt der Geschäftstätigkeit** für den Rechtsverkehr erkennbar machen[26]. Daneben sollen die Gesellschafter gegen willkürliche Änderungen oder Ausweitungen des Geschäftsbetriebs durch die Geschäftsführung geschützt werden[27]. Solche Änderungen (z.B. Kauf eines Computerunternehmens durch einen Autohersteller) erfordern wegen § 3 I Nr. 2 GmbHG immer eine **Satzungsänderung**, die von der Gesellschafterversammlung mit ¾-Mehrheit beschlossen werden muss (§ 53 II 1 GmbHG).

> Der Gesellschaftszweck (also insbesondere die Gewinnerzielungsabsicht) kann hingegen analog § 33 I 2 BGB nur mit Zustimmung aller Gesellschafter geändert werden.

cc) Betrag des Stammkapitals

Anzugeben ist ferner das **Stammkapital** als fester Betrag in EUR. Dieses muss **mindestens 25.000 EUR** betragen (§ 5 I GmbHG), sofern nicht eine Unternehmergesellschaft nach § 5a GmbHG gegründet wird. Beschränkungen „nach oben" gibt es nicht. **32**

> Zur rechtspolitischen Bedeutung und rechtstechnischen Funktion des Stammkapitals siehe bereits oben § 1 Rn. 16 ff..

dd) Zahl und Nennbeträge der übernommenen Geschäftsanteile

Seit dem MoMiG kann jeder Gesellschafter bei der Gründung auch mehrere Gesellschaftsanteile übernehmen. Im Gesellschaftsvertrag müssen **Zahl und Nennbeträge der Geschäftsanteile** angegeben werden. An die Übernahme der Gesellschaftsanteile knüpft das Gesetz die Pflicht zur Einlageleistung (**Stammeinlage**), deren Höhe dem Nennbetrag der Gesellschaftsanteile entspricht. Die Summe der Nennbeträge der Geschäftsanteile muss sich mit dem Betrag des Stammkapitals decken (§ 5 III 2 GmbHG). Die **Nennbeträge** sind als fester Betrag in EUR anzugeben, auch wenn statt einer Bareinlage eine Sacheinlage (siehe unten Rn. 58 ff.) geschuldet ist. Anzugeben sind auch die Namen der Gesellschafter[28], denen so die Geschäftsanteile zugeordnet werden können. **33**

Alle Geschäftsanteile müssen **vollständig übernommen** werden, d.h. das Stammkapital muss vollständig gezeichnet sein. **34**

Dadurch wird sichergestellt, dass der Gesellschaft bei Vertragsschluss zumindest ein Anspruch auf den vollen im Vertrag ausgewiesenen Betrag zusteht. Es ist unzulässig, die Gesellschaft ohne vollständig gezeichnetes Kapital in der Erwartung

---

[26] BGHZ, 78, 311; *Bayer* in Lutter/Hommelhoff, GmbHG, § 3 Rn. 5.

[27] *Hueck/Fastrich* in Baumbach/Hueck, GmbHG, § 3 Rn. 7; *Roth* in Roth/Altmeppen, GmbHG, § 3 Rn. 7.

[28] *Hueck/Fastrich* in Baumbach/Hueck, GmbHG, § 3 Rn. 16.

anzumelden, später beitretende Gesellschafter würden den Fehlbetrag noch aufbringen (**Verbot der Stufengründung**).

b) Fakultativer Inhalt

35 Über den Mindestinhalt hinaus besteht keine Regelungspflicht. Die Gründer können aber weitere Regelungen treffen; für die Praxis ist dies sogar in der Regel zu
empfehlen[29]. Hinsichtlich der fakultativen Regelungen ist **zu unterscheiden**: Einerseits unterliegen gewisse Bestimmungen dem Formzwang, d.h. sie müssen, um
wirksam zu sein, im notariell beurkundeten Gesellschaftsvertrag enthalten sein.
Andere Bestimmungen sind demgegenüber zwar formal Bestandteil des Vertrages,
hätten aber auch anderweitig getroffen werden können.

aa) „Echte" Satzungsbestandteile

36 **Formbedürftig** sind jene Inhalte, die wesentlich für das Gesellschaftsverhältnis sind, weil sie die Organisation der Gesellschaft oder die mitgliedschaftlichen Rechte und Pflichten der Gesellschafter betreffen.

Diese Inhalte werden als **„echte" oder „materielle" Satzungsregelungen** bezeichnet. Vielfach ordnet das Gesetz selbst die Aufnahme der Regelung in den
Gesellschaftsvertrag an.

Hierzu zählen insbesondere:
▪ zeitliche Beschränkungen (§ 3 II Alt. 1 GmbHG),
▪ Nebenleistungspflichten der Gesellschafter (§ 3 II Alt. 2 GmbHG),
▪ Sacheinlagen (§ 5 IV 1 GmbHG),
▪ Vinkulierungen der Geschäftsanteile (§ 15 V GmbHG),
▪ Nachschusspflichten (§§ 26 ff. GmbHG),
▪ Regelungen über die Einziehung von Geschäftsanteilen (§ 34 I GmbHG),
▪ Auflösungsgründe (§ 60 II GmbHG),
▪ Sonderrechte einzelner Gesellschafter.

bb) „Unechte" Satzungsbestandteile

37 Hiervon zu unterscheiden sind Abreden, die die Gesellschafter gleichsam nur „zu-
fällig" im Gesellschaftsvertrag getroffen haben.

Den Gesellschaftern steht es frei, weitere Vereinbarungen in den Gesellschaftsvertrag aufzunehmen, die auch formfrei möglich wären[30].

---

[29] Insbesondere Familienunternehmen bietet diese Regelung die Möglichkeit, den Gesellschaftsvertrag an individuelle Bedürfnisse anzupassen, vgl. dazu *Hennerkes/May*, NJW 1988, 2761.
[30] *Bayer* in Lutter/Hommelhoff, GmbHG, § 3 Rn. 69.

Derartige Abreden werden **als „unechte" oder „formelle" Satzungsregelungen** bezeichnet.

> Hierzu zählen beispielsweise: Geschäftsordnungen, Gerichtsstandsklauseln und Schiedsgerichtsvereinbarungen. Auch die Geschäftsführerbestellung kann bereits im Gesellschaftsvertrag erfolgen (vgl. § 6 III 2 GmbHG).

Schließlich können die Gesellschafter untereinander auch sog. **schuldrechtliche Nebenabreden** treffen. Praktisch bedeutsam sind insbesondere **Stimmbindungsvereinbarungen**, durch welche sich die Gesellschafter gegenseitig ein zukünftiges Abstimmungsverhalten versprechen[31]. Gebunden werden durch derartige Abreden nur die beteiligten Gesellschafter, nicht aber die GmbH und deren Geschäftsführer, zukünftige Gesellschafter oder sonstige Dritte.   **38**

Unechte Satzungsbestandteile können **formfrei abgeändert** werden; § 53 GmbHG gilt nicht[32].

Ob ein materieller oder ein bloß formeller Satzungsbestandteil vorliegt, ist grundsätzlich eine Frage der **Auslegung**. In Zweifelsfällen rechtfertigt es die Aufnahme in den Gesellschaftsvertrag, die in Rede stehende Regelung als materiellen Satzungsbestandteil anzusehen.   **39**

4. Auslegung des Gesellschaftsvertrages

Gesellschaftsverträge können wie jede andere rechtliche Erklärung **unvollständig oder mehrdeutig** sein.   **40**

> **Beispiel:** „Der Gewinn wird in drei Hälften geteilt".

Da der Vertrag auf Dauer angelegt ist und die Verhältnisse sich ändern, treten unbeabsichtigte Regelungslücken sogar verhältnismäßig häufig auf.

> **Beispiel:** Der Vertrag enthält Regeln über die Nachfolge eines geschäftsführenden Gesellschafters im Todesfall, aber keine Regelung für die Nachfolge bei Krankheit oder hohem Alter.

In diesen Fällen stellt sich die Frage nach einer (erläuternden oder ergänzenden) **Vertragsauslegung**. Der Gesellschaftsvertrag ist Rechtsgeschäft im Sinne des BGB; er kommt durch Willenserklärungen zustande. **Ausgangspunkt** für die Auslegung sind bei mehrgliedrigen Gesellschaften daher die **§§ 133, 157 BGB**. Danach wäre stets nach dem übereinstimmenden subjektiven Willen der am Vertragsschluss beteiligten Gesellschafter zu fragen. Das bedeutet insbesondere, dass die *Falsa-demonstratio*-Regel Anwendung findet, wonach sich der übereinstimmende Parteiwille auch gegenüber einem klaren Wortlaut durchsetzt.

---

[31] *Michalski* in Michalski, GmbHG, § 3 Rn. 90.
[32] *Bayer* in Lutter/Hommelhoff, GmbHG, § 3 Rn. 69.

> **Beispiel:** Im Gesellschaftsvertrag ist vereinbart, dass ein Gesellschafter mit 68 Jahren berechtigt sein soll, eine Altersversorgung zu beziehen oder dass dem geschäftsführenden Gesellschafter eine Mercedes S-Klasse als Dienstwagen zusteht. Wollten die Parteien aber übereinstimmend, dass die Altersgrenze bei 65 Jahren liegt und der Geschäftsführer nur eine E-Klasse bekommt, dann gilt dies auch; der Wortlaut tritt insoweit zurück.

41 Umstritten ist, ob und ggf. inwiefern der organisationsrechtliche Charakter des Gesellschaftsvertrages („Satzung der GmbH", siehe oben Rn. 18) zu einer **„Verobjektivierung"** zwingt[33]. Danach wäre der Rückgriff auf das subjektiv übereinstimmend gewollte ausgeschlossen und es würde der Inhalt gelten, der sich aus Sicht des objektiven Betrachters ergibt. **Vorzugswürdig** erscheint es, darauf abzustellen, ob durch die auszulegende Bestimmung nicht am Vertragsschluss beteiligte Dritte betroffen sind. Dies ist namentlich dann der Fall, wenn sich der Gesellschafterbestand später ändert, weil ein Dritter im Zuge einer Kapitalerhöhung neue Geschäftsanteile übernimmt oder einen bestehenden Geschäftsanteil durch Abtretung erwirbt[34]. Mithin sollte wie folgt **differenziert** werden:

42 ⊃ Hat sich der Gesellschafterkreis seit Abschluss des Gesellschaftsvertrages nicht geändert, so ist der übereinstimmende Wille der Gründungsgesellschafter zu ermitteln (**subjektive Auslegung**).

Zu diesem Zweck kann auch die nicht im Handelsregister dokumentierte Entstehungsgeschichte (z.B. Brief- und E-Mailverkehr vor Vertragsschluss, Vorentwürfe des Gesellschaftsvertrages) herangezogen werden.

⊃ Ist hingegen ein neuer Gesellschafter hinzugekommen, müssen die Bestimmungen des Gesellschaftsvertrages nach **objektiven Kriterien** ausgelegt werden. Etwas anders gilt nur, wenn der neue Gesellschafter durch die auszulegende Bestimmung nicht berührt wird (z.B. bei schuldrechlichen Nebenabreden).

Maßgeblich bei der objektiven Auslegung sind Wortlaut, Zweck und systematischer Zusammenhang der in der Satzungsurkunde enthaltenen Regelung[35]. Dabei können die zum Handelsregister eingereichten Dokumente berücksichtigt werden[36]. Auch die ergänzende Vertragsauslegung erfolgt dann allein nach objektiven Kriterien[37]. Dies alles gilt unabhängig von der Realstruktur der Gesellschaft, für eine GmbH mit vielen Gesellschaftern ebenso wie für die Zweipersonengesellschaft.

---

[33] Dafür *Bayer* in Lutter/Hommelhoff, GmbHG, § 2 Rn. 13; *Hueck/Fastrich* in Baumbach/Hueck, GmbHG, § 2 Rn. 25; *Roth* in Roth/Altmeppen, GmbHG, § 2 Rn. 1.

[34] Ebenso *Grunewald*, ZGR 1995, 68 ff; *Emmerich* in Scholz, GmbHG, § 2 Rn. 38.

[35] *Jaeger* in BeckOK GmbHG, § 2 Rn. 68.

[36] Vgl. BGHZ 116, 359 ff.

[37] *Hueck/Fastrich* in Baumbach/Hueck, GmbHG, § 2 Rn. 31.

IV. Geschäftsführerbestellung

Für die weiteren Schritte bis hin zur Eintragung der GmbH in das Handelsregister **43** bedarf es eines Organs, das die erforderlichen Handlungen für die Gesellschaft (Vor-GmbH) vornimmt. Vor allem muss der Geschäftsführer die Mindesteinzahlung entgegennehmen (§ 7 II, III GmbHG), sonst kann die GmbH nicht beim Handelsregister angemeldet werden.

> Ohne Geschäftsführer geht es also mit der Gründung nicht weiter!

Daher empfiehlt es sich, schon im Gesellschaftsvertrag einen oder mehrere Geschäftsführer zu bestellen (§ 6 III 2 GmbHG). Erfolgt das nicht, müssen die Gesellschafter zu einer Gesellschafterversammlung zusammentreten, um über die Geschäftsführerbestellung zu beschließen (§ 46 Nr. 5 GmbHG).

Erfolgt die Bestellung im Gesellschaftsvertrag, so handelt es sich um eine **„unechte"** **Satzungsbestimmung** (dazu oben Rn. 37). Zur Abberufung bedarf es daher keiner Änderung des Gesellschaftsvertrages; es genügt vielmehr ein Beschluss der Gesellschafterversammlung (§ 38 GmbHG). Für Einzelheiten zu Bestellung und Abberufung, Aufgaben und Kompetenzen des Geschäftsführers siehe unten § 11 Rn. 8 ff.

V. Einlageleistung

Literatur: *Drygala*, Stammkapital heute – Zum veränderten Verständnis vom System des festen Kapitals und seinen Konsequenzen, ZGR 2006, 587; *Haas*, Mindestkapital und Gläubigerschutz in der GmbH, DStR 2006, 993; *K. Schmidt*, Die Eigenkapitalausstattung der Unternehmen als rechtspolitisches Problem, JZ 1984, 771.

1. Grundlagen

Das Stammkapital als Eigenkapital wird durch die Einlageleistung erbracht. Ob- **44** wohl sowohl das Stammkapital als auch der Nennwert der jeweiligen Geschäftsanteile in Euro-Beträgen anzugeben ist, kann die Einlagepflicht sowohl durch Baral als auch durch Sacheinlage erbracht werden. Auch eine Kombination beider Einlagearten („Mischeinlage") ist möglich und gebräuchlich.

> Gesetzlicher Regelfall ist die Bareinlage. Für Sacheinlagen stellt § 5 IV GmbHG besondere Anforderungen auf.

Viele Gesellschaftsrechte innerhalb und außerhalb der EU messen dem Vorgang **45** der Kapitalaufbringung nur eine formelle Bedeutung bei. Das ist betont nicht die Sichtweise des deutschen Rechts. Es gilt vielmehr der **Grundsatz der realen Kapitalaufbringung**. Dieser soll sicherstellen, dass der Risikobeitrag des Gesellschafters auch tatsächlich erbracht wird. Nach herrschender, hier aber nicht geteilter Auffassung (vgl. § 1 Rn. 17 f.) dient das Stammkapital zudem dazu, die

Gesellschaft mit Betriebsmitteln auszustatten und einen finanziellen Reservefonds
zu bilden.

Der Grundsatz der realen Kapitalaufbringung wird zumeist als Element eines präventiven
Gläubigerschutzes verstanden. Risiken für die Gläubiger sollen durch eine strenge
materielle Kontrolle der Kapitalaufbringung schon im Vorfeld minimiert werden. Das soll
zugleich die Notwendigkeit mindern, auf Gläubigergefährdungen im weiteren Verlauf des
Lebens der Gesellschaft mit Haftungsmaßnahmen (z.B. Durchgriff) reagieren zu
müssen[38]. Daher geht die Rechtsprechung auch energisch gegen Versuche vor, die Regeln
der realen Kapitalaufbringung zu umgehen[39].

46 **Nicht zur Stammeinlage gehören** Aufschläge (Agios) über den Gesamtbetrag
des Stammkapitals hinaus. Diese sind als Eigenkapital in die Kapitalrücklage einzustellen (siehe § 1 Rn. 22). Abschläge (Disagios) auf den Nennbetrag der Geschäftsanteile sind unzulässig; sie verstoßen sowohl gegen § 5 III 3 GmbHG als
auch gegen das Befreiungsverbot nach § 19 II GmbHG. Möglich sind ferner finanzielle Zuschüsse der Gesellschafter außerhalb des Stammkapitals (vgl. § 272 II
Nr. 4 HGB).

Keine Umgehung ist es daher, das **Stammkapital möglichst niedrig** anzusetzen und
einen nicht gedeckten Finanzbedarf der Gesellschaft durch Darlehen (dazu § 135 I InsO
und unten § 9 Rn. 3 f.), Nutzungsüberlassungen von Sachen und Rechten (dazu § 135 III
InsO und unten § 9 Rn. 35 ff.) oder verlorene Zuschüsse nach § 272 Abs. 2 Nr. 4 HGB zu
decken. Dazu wird inzwischen von der Praxis auch ausdrücklich geraten[40], um Problemen
mit der realen Kapitalaufbringung vorzubeugen. Der von der Rechtsprechung aufgebaute
Haftungsdruck verursacht insoweit Ausweichreaktionen.

2. Bareinlage

a) Leistungsgegenstand

47   Bareinlagen sind analog § 54 III AktG in gesetzlichen Zahlungsmitteln
(Barzahlung) oder durch Gutschrift auf einem Bankkonto der Vorgesellschaft oder der Geschäftsführer zu leisten.

Die **Hingabe eines Schecks oder Wechsels** ist zulässig; die Einlagepflicht erlischt aber erst mit Einlösung und Auszahlung bzw. Gutschrift[41]. Demgegenüber
genügt die **Zahlung an einen Gesellschaftsgläubiger** auf eine Verbindlichkeit

---

[38] Betont so *Goette*, DStR 2005, 197, 198 f.; *ders.*, ZGR 2006, 261, 264 f.; ganz anderer Ansicht
und für ein rein reaktiv angelegtes Konzept hingegen z.B. *Schall*, Kapitalgesellschaftsrechtlicher
Gläubigerschutz, 2009, passim.

[39] Gute Übersicht zu den einschlägigen Fallgruppen bei *Bayer*, GmbHR 2010, 1290 ff.

[40] *Hentzen/Schwandtner*, ZGR 2009, 1007, 1024.

[41] *Hueck/Fastrich* in Baumbach/Hueck, GmbHG, § 7 Rn. 37; *Tebben* in Michalski, GmbHG, § 7
Rn. 32.

der Gesellschaft nicht[42]. Auch ist die Leistung anderer Vermögensgegenstände „an Erfüllungs statt" nicht zulässig, da anderenfalls die Sacheinlagevorschriften umgangen werden würden[43].

Bei Vorliegen einer sog. „**verdeckten Sacheinlage**" bestimmt aber § 19 IV GmbHG, dass der Wert des Gegenstandes auf die Bareinlagepflicht angerechnet wird (dazu § 7 Rn. 34 ff.).

Grundsätzlich ohne Belang ist, **von wem** das Geld stammt, mit dem ein Gesell- **48** schafter seine Einlagepflicht erfüllt. So ist etwa eine darlehensweise Finanzierung ebenso zulässig wie die Leistung durch Dritte. Etwas anderes gilt aber, wenn die Einlageleistung aus den Mitteln der Gesellschaft selbst erfolgen soll, beispielsweise mittels eines von der Gesellschaft selbst gewährten Darlehens.

Diesbezüglich ist nunmehr auch § 19 V GmbHG zu beachten, der seit dem MoMiG das sog. „**Hin- und Herzahlen**" unter bestimmten Voraussetzungen zulässt (siehe unten § 7 Rn. 50 ff.).

b) Mindesteinzahlung

Bareinlagepflichten müssen von Gesetzes wegen nicht sofort vollständig erfüllt **49** werden, damit die Gesellschaft entstehen kann. § 7 II 1 GmbHG verlangt lediglich die Einzahlung von ¼ **des Nennbetrags jedes** in bar übernommenen **Geschäftsanteils. Insgesamt** müssen von den Gesellschaftern zum Zeitpunkt des Eintragungsantrags **12.500 EUR** auf das Stammkapital geleistet worden sein. Dies folgt aus § 7 II 2 GmbHG, wonach der Gesamtbetrag der eingezahlten Geldeinlagen die Hälfte des gesetzlichen Mindeststammkapitals erreichen muss.

c) Endgültige freie Verfügbarkeit

Gemäß § 8 II 1 GmbHG müssen die Bareinlagen endgültig zur freien Verfü- **50** gung der Geschäftsführer geleistet werden.

aa) Bedeutung

Die freie Verfügbarkeit ist kein lediglich formelles, sondern ein wichtiges **materielles Kriterium**. Einlagen, die nicht zur freien Verfügung geleistet sind, führen nicht nur zu Problemen mit dem Handelsregister (§ 9c GmbHG), sondern bewirken materiell keine Erfüllung (§ 362 BGB), da die Einlage nicht in der rechten Art und Weise geleistet ist. Auf ein Verschulden kommt es dabei nicht an. Rechtsfolge ist (vorbehaltlich der Ausnahmen in § 19 IV und V GmbHG), dass die Einlagepflicht noch offen ist und bis zur Verjährung (zehn Jahre ab Entstehung, § 19 VI GmbHG) noch einmal geltend gemacht werden kann.

---

[42] *Bayer* in Lutter/Hommelhoff, GmbHG, § 7 Rn. 16.
[43] *Tebben* in Michalski, GmbHG, § 7 Rn. 33.

Im Fall der **Insolvenz** wird daher der Insolvenzverwalter, wenn er sein Geschäft versteht, sorgfältig prüfen, ob unter diesem Gesichtspunkt von den Gesellschaftern noch etwas zu holen ist. Das war in der Vergangenheit erschreckend oft der Fall. Das lag aber nicht immer am bösen Willen der Gesellschafter, die das Gesetz umgehen wollten, sondern auch daran, dass das deutsche Recht der Kapitalaufbringung **sehr kompliziert** ist. Das MoMiG hat insoweit mit § 19 IV und V GmbHG Erleichterungen auf der Rechts-folgenseite gebracht, aber an der Komplexität der Tatbestände nichts geändert[44]. Die Rechtsfolgen fallen weniger dramatisch aus, aber die Verstöße werden häufig bleiben.

51 Bareinlagen sind zur endgültig freien Verfügung geleistet, wenn die Ge-schäftsführer uneingeschränkt über den eingelegten Betrag disponieren kön-nen. Dieser muss dauerhaft aus dem Vermögen und Herrschaftsbereich des Gesellschafters ausgesondert und der Gesellschaft zugeflossen sein.

Das ist nicht so einfach, wenn der einzahlende Gesellschafter selbst einziger Geschäftsführer ist. Es gibt durchaus Gerichte, die eine wirksame Barzahlung dann nicht für möglich halten, weil der Gesellschafter das Geld dann nur „von einer Tasche in die andere steckt"[45]. Da auch § 19 V GmbHG den Fall nicht erfasst, wird das Recht der Kapitalaufbringung hier zur Haftungsfalle für den einzahlenden Gesellschafter – bzw. für seinen Berater, der das Problem nicht erkannt hat.

bb) Zahlung auf ein debitorisches Bankkonto

52 Der Verschaffung von Bargeld steht die Einräumung einer uneingeschränkten Kontogutschrift gleich[46]. Problematisch ist dabei die **Zahlung auf ein debitorisches, also dauerhaft überzogenes Bankkonto.** Hier besteht die Gefahr, dass die Mittel bei der GmbH nicht wirklich ankommen, weil die Bank die Ein-zahlung und die damit einhergehende Reduzierung des Sollsaldos nutzen kann, um das Konto zu schließen und die Einzahlung damit für sich zu behalten.

Nach **h.M.** ist die freie Verfügbarkeit nur zu bejahen, wenn und soweit eine nicht gekündigte Kreditlinie besteht oder die kontoführende Bank einen an-deren Kredit in Höhe des Einlagebetrages zur Verfügung stellt[47]. Die bloße Duldung der Überziehung durch die Bank soll hingegen schon nicht mehr genügen[48].

---

[44] Mit Recht kritisch *Hentzen/Schwandtner*, ZGR 2009, 1007, 1017 ff.; für eine weitergehende Reform auch *Bayer*, GmbHR 2010, 1289, 1291 ff.

[45] OLG Brandenburg vom 7. März 2007, 7 U 185/06 – juris; OLG Oldenburg GmbHR 2007, 1043, 1044 f.; zustimmend *Bayer* in Lutter/Hommelhoff, GmbHG, § 19 Rn. 12.

[46] *Hueck/Fastrich* in Baumbach/Hueck, GmbHG, § 7 Rn. 10.

[47] Vgl. BGHZ 150, 197, 201; BGH NJW 1991, 1294; NJW 1991, 226 ff; WM 1990, 1820, 1822; *Hueck/Fastrich* in Baumbach/Hueck, GmbHG, § 7 Rn. 8; *Lutter/Bayer* in Lutter/Hommelhoff, GmbHG, § 7 Rn. 18; *Ulmer* in Ulmer/Habersack/Winter, GmbHG, § 7 Rn. 59; *Heinrich* in MünchHdb. GesR III (GmbH), § 7 Rn. 14; *Priester*, DB 1987, 1473, 1474 f.

[48] BGHZ 150, 197, 201.

Dem ist – ausgehend von dem hier vertretenen Standpunkt zum Zweck des Kapi-   **53**
tals (siehe oben § 1 Rn. 17 f.) – **nicht zu folgen**[49]. Die Tatsache, dass die Bank
oder ein anderer Gläubiger (z.B. durch Pfändung des Kontos) auf die Mittel zu-
greift, ändert nichts daran, dass der Gesellschafter seinen **Risikobeitrag erbracht**
hat. Zugleich ist es nach dieser Ansicht vom Schutzzweck der Norm nicht umfasst, der GmbH Betriebsmittel zur Verfügung zu stellen. Schließlich gefährdet die
Tatsache, dass die Mittel nicht bei der GmbH angekommen sind, die Gläubiger
auch nicht stärker als die Verwirtschaftung durch schlechte Geschäftsführung, die
das Recht der Kapitalaufbringung nicht verhindern kann.

cc) Schuldrechtliche Verwendungsabreden

Erst recht nicht einlageschädlich sind **schuldrechtliche Verwendungsabreden**   **54**
zwischen Gesellschafter und Geschäftsführer über die Verwendung der Einlagemittel, etwa zum Erwerb von bestimmten Vermögensgegenständen. Unter dem
Gesichtspunkt des § 19 GmbHG bedenklich sind diese Abreden jedoch dann,
wenn sie darauf abzielen, die Mittel zum Gesellschafter zurückfließen zu lassen.
Denn dadurch wird der Gesellschafter aus dem übernommenen Risiko wieder entlassen. Allerdings hat das MoMiG durch die Neufassung des § 19 IV und V
GmbHG zugunsten der Gesellschafter hier gewisse Erleichterungen gebracht (dazu unten § 7 Rn. 22, 48).

dd) Kein Vorbelastungsverbot

Das Gebot, die Einlagen zur freien Verfügbarkeit zu erbringen, zwingt nicht dazu,   **55**
die eingebrachten Mittel bis zur Eintragung der Gesellschaft im Handelsregister
unangetastet zu lassen. Ein **Vorbelastungsverbot** ist **nicht** anzuerkennen[50] (siehe
unten § 6 Rn. 8). Vielmehr können Einlagen auch bereits vor Eintragung verwendet werden – und zwar auch zur Aufnahme bzw. Fortführung eines bereits bestehenden Geschäftsbetriebs.

> Dies bereitet von vornherein keine Probleme, wenn an die Stelle der Einlagemittel andere
> Vermögenswerte treten, der Vorgang also bilanziell neutral ist. Entstehen durch die
> Verwendung Verluste, weil etwa die erworbenen Gegenstände ihr Geld nicht wert sind
> oder weil sie für nicht aktivierungsfähige Dinge ausgegeben werden (z.B. Miete für das
> Geschäftslokal), stellt das die freie Verfügung ebenfalls nicht in Frage. Etwas anderes gilt
> nur dann, wenn die Einlage an den Gesellschafter zurückfließt, siehe dazu nochmals § 19
> IV und V GmbHG unten § 7 Rn. 18 ff. und 45 ff.

Dementsprechend wird auch § 8 II GmbHG verstanden: Zwar soll sich die Versi-   **56**
cherung der Geschäftsführer auch darauf erstrecken, dass sich die Einlageleistungen im **Zeitpunkt der Anmeldung** zum Handelsregister noch zu ihrer frei-
en Verfügung befinden. Nicht gefordert wird insoweit aber, dass die Einlagen

---

[49] Vgl. *Drygala*, ZGR 2006, 587, 608 ff.
[50] Anders noch RGZ 154, 276, 286 f.

unverändert vorhanden sind; es genügt vielmehr eine wertmäßige Deckung[51]. Sind die eingebrachten Mittel verbraucht oder entwertet worden und ist das schon zum Zeitpunkt der Anmeldung erfolgt, so ist dies offenzulegen; anderenfalls ist die Versicherung nach § 8 II GmbHG falsch.

57 Zu beachten ist ferner, dass das Stammkapital darüber hinaus noch im Zeitpunkt der Eintragung ungeschmälert vorhanden sein muss. Allerdings ist auch hierbei eine rein **bilanzielle Betrachtung** anzustellen. Zu berücksichtigen sind dabei sämtliche Vermögenswerte der Gesellschaft, einschließlich noch offener Einlageforderungen, soweit Bareinlagen noch nicht vollständig erbracht wurden. Ergibt sich dabei eine **Unterbilanz**, d.h. erreicht das Gesellschaftsvermögen nicht den Betrag des Stammkapitals, so haften die Gesellschafter der GmbH anteilig auf den Differenzbetrag. Hierbei handelt es sich aber gerade nicht um ein Problem der freien Verfügbarkeit. Siehe zu Haftungsfragen im Zusammenhang mit der Vor-GmbH unten § 6 Rn. 13 ff.

3. Sacheinlagen

Literatur: *Giedinghagen/Lakenberg*, Kapitalaufbringung durch Dienstleistungen?, NZG 2009, 201; *Habersack*, Die gemischte Sacheinlage, Festschrift Konzen, 2006, S. 179; *Mülbert*, Sacheinlagepflicht, Sacheinlagevereinbarung und Sacheinlagefestsetzung im Aktien- und GmbH-Recht, Festschrift Priester, 2007, S. 485.

a) Allgemeines

58 Anstelle von Bar- oder Buchgeld können die Gesellschafter auch andere Vermögensgegenstände als Sacheinlage einbringen (vgl. § 5 IV GmbHG).

Hierdurch werden die Gesellschaftsgläubiger jedoch verschiedenen Risiken ausgesetzt. Insbesondere besteht die Gefahr, dass die eingebrachte Sache nicht vollwertig ist, also im Verkehr nicht das wert ist, was die Gesellschafter angesetzt haben. Dann erbringt der dadurch begünstigte Gesellschafter seinen Risikobeitrag nur teilweise oder, wenn die Sache ganz wertlos ist, auch gar nicht. Dieser Gefahr soll durch ein aufwendigeres Gründungsverfahren entgegengewirkt werden.

b) Sacheinlage und Sachübernahme; gemischte Sacheinlage

59 Das GmbHG unterscheidet seit der Novelle 1980 – anders als § 27 AktG – nicht mehr zwischen Sacheinlagen und Sachübernahmen, sondern spricht durchgängig nur von Sacheinlagen. Dennoch wird die aktienrechtliche Unterscheidung auch für das GmbH-Recht fruchtbar gemacht.

Sacheinlagen im engeren Sinne sind danach alle Einlagen, die nicht durch – bare oder unbare – Zahlung erbracht werden sollen. Bei der **Sachübernahme** hingegen wird zwar eine Bareinlage vereinbart, doch soll die Gesell-

---

[51] *Hueck/Fastrich* in Baumbach/Hueck, GmbHG, § 8 Rn. 13.

schaft Vermögenswerte übernehmen und die geschuldete Vergütung auf die Bareinlage angerechnet werden.

> Der Begriff „Sacheinlage" wird nachfolgend **im weiteren Sinne**, also unter Einbeziehung von Sacheinlagen im engeren Sinne und Sachübernahmen verwendet. Dies entspricht auch dem Willen des Gesetzgebers, der beide Formen demselben Regelungsregime unterwerfen wollte[52].

Als **gemischte Sacheinlage** werden Gestaltungen bezeichnet, in denen der Wert   **60**
der Sachleistung den Nennbetrag des Geschäftsanteils übersteigt, wobei der Gesellschafter für die Differenz eine Vergütung in Geld erhält[53]. Da es sich um ein einheitliches Rechtsgeschäft handelt, werden hierauf insgesamt die Regeln über die Sacheinlage angewendet.

> Von der gemischten Sacheinlage zu unterscheiden ist die **Mischeinlage**, bei der ein Gesellschafter auf einen Geschäftsanteil sowohl Bar- als auch Sacheinlagepflichten übernimmt.

c) Sacheinlagefähige Gegenstände

Als Sacheinlage können alle Wirtschaftsgüter eingebracht werden, die einen gegenwärtig **erfassbaren Vermögenswert** haben (vgl. auch § 27 II AktG) und für die GmbH wirtschaftlich verwertet werden können.   **61**

> Als Sacheinlagen kommen insbesondere in Betracht:
> - bewegliche Sachen,
> - Grundstücke,
> - dingliche Rechte (Erbbaurecht, Nießbrauch, Grundschuld etc.),
> - Wertpapiere,
> - Patente, Geschmacks- und Gebrauchsmusterrechte sowie Lizenzen,
> - Sachgesamtheiten (wichtig: Unternehmen),
> - abtretbare Forderungen des Gesellschafters gegen Dritte.

Nicht einlagefähig sind **Dienstleistungen**. Dies ist für die AG in § 27 II AktG explizit geregelt, gilt aber nach einhelliger Auffassung auch für die GmbH[54]. Dabei spielt es keine Rolle, ob Schuldner der Dienstleistung der Gesellschafter oder ein Dritter ist. Begründet wird die Nichteinlagefähigkeit zum einen mit dem Hinweis auf § 887 III ZPO, der eine zwangsweise Durchsetzung von Ansprüchen aus Dienstverträgen ausschließt, zum anderen mit den Schwierigkeiten bei der Bestimmung des Wertes von Dienstleistungen.   **62**

> Ebenfalls **nicht sacheinlagefähig** sind Ansprüche, die gegen den Gesellschafter selbst gerichtet sind. Daher sind die Fälle des Hin- und Herzahlens, in denen die Gesellschaft eine geleistete Bareinlage abredegemäß an den Gesellschafter wieder auskehrt und stattdessen einen schuldrechtlichen Rückgewähranspruch gegen den Gesellschafter erhält,

---

[52] Bericht des Rechtsausschusses, BT-Drucks. 8/3908, S. 69.

[53] *Bayer* in Lutter/Hommelhoff, GmbHG, § 7 Rn. 4.

[54] Vgl. nur *Giedinghagen/Lakenberg,* NZG 2009, 201 ff. mit weiteren Nachweisen.

kein Problem der offenen oder verdeckten Sacheinlage. Hieran ändert auch § 19 V GmbHG nichts, der derartige Gestaltungen unter gewissen Voraussetzungen zulässt (siehe unten § 7 Rn. 50 ff.).

d) Festsetzung im Gesellschaftsvertrag

63 Gemäß § 5 IV 1 GmbHG müssen der Gegenstand der Sacheinlage und der Nennbetrag des Geschäftsanteils, auf den sich die Sacheinlage bezieht, im Gesellschaftsvertrag festgesetzt werden.

Dadurch wird gegenüber dem Rechtsverkehr offengelegt, dass die Gesellschafter ihren Risikobeitrag nicht in bar, sondern ganz oder teilweise durch Sacheinlage erbracht haben. Auch das trägt zum präventiven Gläubigerschutz bei. Die **Sacheinlagevereinbarung** ist korporationsrechtlicher Vertrag und zugleich Rechtsgrund für die dingliche Übertragung. Die Übertragung erfolgt durch einen **Einbringungsvertrag**, mit dem die als Sacheinlage zu leistenden Gegenstände auf die Gesellschaft übertragen werden. Die Festsetzung im Gesellschaftervertrag muss so bestimmt sein, dass Dritte sich ein Bild über die Kapitalgrundlage der Gesellschaft machen können.

64 Fehlt die Festsetzung im Gesellschaftsvertrag, ist diese zu ungenau oder ist der Gegenstand nicht sacheinlagefähig, so ist die Sacheinlagevereinbarung **unwirksam.** Dies berührt die Wirksamkeit der Übernahme des Geschäftsanteils indes nicht[55]. Der Gesellschafter ist stattdessen zur Bareinlage verpflichtet.

Die Bareinlage bildet den gesetzlichen Regelfall der Einlagepflicht; die Sacheinlagevereinbarung begründet demgegenüber nur eine **Ersetzungsbefugnis** des Schuldners, statt dem primär geschuldeten Bargeld etwas anderes leisten zu dürfen. Folglich lebt in den Fällen, in denen die Sacheinlagevereinbarung unwirksam war, die zugrunde liegende Bareinlagepflicht stets wieder auf.

65 Legt der Gesellschafter trotz fehlender Festsetzung im Gesellschaftsvertrag dennoch einen Gegenstand ein, so liegt ein Fall der **verdeckten Sacheinlage** vor und § 19 IV GmbHG greift ein[56]. Außerdem darf das Registergericht die Eintragung nicht vornehmen (Eintragungshindernis gemäß § 9c GmbHG)[57].

---

[55] So auch *Bayer* in Lutter/Hommelhoff, GmbHG, § 5 Rn. 32; *Hueck/Fastrich* in Baumbach/Hueck, GmbHG, § 5 Rn. 50.

[56] *Roth* in Roth/Altmeppen, GmbHG, § 5 Rn. 55 ff.

[57] *Hueck/Fastrich* in Baumbach/Hueck, GmbHG, § 5 Rn. 50.

e) Sachgründungsbericht

Die Gesellschafter haben in einem **Sachgründungsbericht** darzulegen, wel-   **66**
che Umstände für die Bewertung der Sacheinlage wesentlich waren (§ 5 IV
2 GmbHG).

Diesen Bericht müssen sie als Teil der Gründungsunterlagen gemäß § 8 I Nr. 1
GmbHG beim Registergericht einreichen. Er soll dem Gericht die Prüfung der
Werthaltigkeit der vollständig erbrachten Sacheinlagen ermöglichen.

Dazu müssen die Gesellschafter angeben, wie sie den Wert ermittelt haben und warum
dieser mindestens dem Betrag der primär geschuldeten Einlage entspricht. Bei beweglichen Sachen kommt der Verweis auf Anschaffungswerte, Listenpreise (z.B. Schwacke-
Liste bei Autos) oder Ähnliches in Betracht. Wird ein Unternehmen oder Unternehmens-
teil eingebracht, so ist das Jahresergebnis der letzten beiden Geschäftsjahre anzugeben;
besteht das Unternehmen noch nicht so lange, wird eine Unternehmensbewertung durch
Gutachten erforderlich sein. Das gilt auch bei anderen schwer bewertbaren Rechtsgütern,
also z.B. bei Patenten und Lizenzen.

> Der Nachweis wird erleichtert, wenn man das Stammkapital nicht zu hoch festsetzt. Dass
> ein eingebrachtes Patent 10.000 EUR wert ist, ist leichter nachzuweisen, als dass es zwei
> Millionen abdeckt. Ein eventueller Mehrwert kann im Innenverhältnis dem Gesellschafter
> als Agio gutgeschrieben werden, auf das sich der Bericht aber nicht erstreckt.

Der Bericht ist **nicht** Teil des Gesellschaftsvertrages, sodass Schriftform im Sinne   **67**
des § 126 BGB genügt. Der Bericht ist von allen Gründungsgesellschaftern zu unterzeichnen, wobei nach h.M. eine Stellvertretung unzulässig sein soll[58].

Fehlt der Sachgründungsbericht oder ist er **unzureichend**, darf die Gesell-   **68**
schaft nicht in das Handelsregister eingetragen werden[59] (§ 9c GmbHG). Bei erheblichen Zweifeln des Gerichts ist die Einholung ergänzender Angaben, etwa eines Sachverständigengutachtens zum Wert der eingebrachten Sache, zulässig. Das
Gericht wird dann durch **Zwischenverfügung** (§ 26 FamFG) den Gründern Gelegenheit geben, die Angaben zu ergänzen und nur dann, wenn diese nicht erfolgt,
die Eintragung ablehnen. Erfolgt die Eintragung trotz mangelhaften Berichts, so
berührt der Mangel weder die Wirksamkeit der GmbH noch das Bestehen der
Sacheinlagepflicht des betreffenden Gesellschafters.

f) Änderung der Einlagen

Änderungen der Einlageform von der Bar- zur Sacheinlage oder umgekehrt sind   **69**
vor der Anmeldung zum Handelsregister grundsätzlich möglich. Ebenso verhält
es sich mit dem **Austausch von einzulegenden Gegenständen** oder der Änderung von Einzelheiten, etwa der Änderung der in Bezug genommenen Geschäfts-

---

[58] Vgl. *Zeidler* in Michalski, GmbHG, § 5 Rn. 150; *Bayer* in Lutter/Hommelhoff, GmbHG, § 5
Rn. 34; *Hueck/Fastrich* in Baumbach/Hueck, GmbHG, § 5 Rn. 54.
[59] *Zeidler* in Michalski, GmbHG, § 5 Rn. 158.

anteile. Erforderlich ist jeweils eine **Änderung des Gesellschaftsvertrages** in der Form des § 2 GmbHG, an der sämtliche Gründungsgesellschafter mitwirken müssen[60]. Zudem muss jeweils den Anforderungen des § 5 IV GmbHG Rechnung getragen werden.

g) Freie Verfügbarkeit, Leistungszeitpunkt

70   Auch die Sacheinlage muss zur freien Verfügung des Geschäftsführers geleistet werden, wie sich aus § 7 III GmbHG ergibt.

Das Begriffsverständnis deckt sich mit dem bei der Bareinlage (siehe oben Rn. 50 f.).

Die Sacheinlage muss im Zeitpunkt der Anmeldung zum Handelsregister bereits vollständig erbracht sein (Umkehrschluss aus § 7 II, III GmbHG). Bei einer Kombination von Bar- und Sacheinlage (sog. **Mischeinlage**) ist § 7 II GmbHG zu berücksichtigen, wonach mindestens die Hälfte des gesetzlichen Mindeststammkapitals (also 12.500 EUR) geleistet sein muss.

> Zur Verdeutlichung folgendes **Beispiel**:
> Im Rahmen einer Einpersonengründung wird das Stammkapital der neu errichteten GmbH auf 25.000 EUR festgesetzt. Im Gesellschaftsvertrag wird bestimmt, dass der Alleingesellschafter (A) seinen Privat-PKW im Wert von 5.000 EUR als Sacheinlage und die restlichen 20.000 EUR in bar einbringen soll. Gemäß § 7 II, III GmbHG ist die Sacheinlage bereits vor Anmeldung vollständig zu leisten, die Bareinlage jedoch nur zu einem ¼, also in Höhe von 5.000 EUR. Allerdings muss nach § 7 II 2 GmbHG das hälftige Mindestkapital (12.500 EUR) bereits aufgebracht sein. Daher muss A weitere 2.500 EUR leisten, bevor die Anmeldung erfolgen darf.

h) Bewertung der Sacheinlagen

71   Der Grundsatz der realen Kapitalaufbringung verbietet sog. Unterpariemissionen nicht nur bei Bareinlagen, sondern auch bei Sacheinlagen. Daher muss der Wert des eingelegten Gegenstandes den Betrag der Anrechnung auf die Einlage voll decken.

> Einfacher formuliert: Die Einbringung eines Gegenstandes **befreit nur** in Höhe seines Wertes von der Einlagepflicht.

Das ist Ausfluss der Tatsache, dass primär Geld geschuldet ist und die Sacheinlage nur eine Ersetzungsbefugnis begründet. Maßgebend ist dabei nicht die subjektive Einschätzung der Gesellschafter, sondern der **objektive Wert**.

72   Die Bestimmung der objektiven Wertkriterien bereitet in der Praxis oft Schwierigkeiten. Dennoch haben Gesellschaft und Gesellschafter **keinen Beurteilungsspielraum**[61]. Die Wertbemessung ist vollständig justiziabel und kann vom Regis-

---

[60] *Hueck/Fastrich* in Baumbach/Hueck, GmbHG, § 5 Rn. 52.
[61] *Bayer* in Lutter/Hommelhoff, GmbHG, § 5 Rn. 24.

tergericht ohne Bindung an die Einschätzung der Gesellschafter vorgenommen werden. Allerdings ist zu berücksichtigen, dass es nicht nur eine allein maßgebende Methode zur Bewertung von Gegenständen gibt.

Als Wert einer Sacheinlage kann höchsten der „Zeitwert" eines Gegenstandes angesehen werden. Abgestellt wird insoweit typischerweise auf den **Marktpreis** eines Gegenstandes bzw. den Preis, den die Gesellschaft zur Wiederbeschaffung aufwenden müsste (**Wiederbeschaffungswert**)[62]. Bisweilen werden auch der Ertragswert[63] oder der Weiterveräußerungswert[64] herangezogen.

i) Rechtsfolgen der Überbewertung

Während eine Unterbewertung von Sacheinlagen gesellschaftsrechtlich unbedenklich ist, ist eine Überbewertung mit Blick auf das Gebot der realen Kapitalaufbringung problematisch.

73

Als Sanktionen kommen namentlich die Ablehnung der Eintragung durch das Registergericht (§ 9c I 2 GmbHG) und die Differenzhaftung gemäß § 9 GmbHG in Betracht.

aa) Eintragungshindernis (§ 9c I 2 GmbHG)

Sind die Sacheinlagegegenstände „**nicht unwesentlich** überbewertet", muss das Registergericht die Eintragung gemäß § 9c I GmbHG ablehnen. Eine nur geringfügige Unterbewertung schadet insoweit also nicht. Angesichts der verschiedenen zur Verfügung stehenden Bewertungsmethoden ist ein Eintragungshindernis jedenfalls dann anzunehmen, wenn die Bandbreite möglicher Bewertungen überschritten ist[65], also wenn keine Methode den Wertansatz rechtfertigt.

74

Umstritten ist in diesem Zusammenhang der **Bewertungszeitpunkt**. Anknüpfend an § 9 I GmbHG stellen Teile des Schrifttums auf den Zeitpunkt der Anmeldung ab[66]. Die Gegenauffassung, der auch der BGH folgt, will hingegen auch Wertverluste berücksichtigen, die nach der Anmeldung eingetreten sind[67].

75

Nimmt das Registergericht die Eintragung trotz einer nicht unwesentlichen Überbewertung der Sacheinlagen vor, hindert dies nicht die Wirksamkeit der GmbH-Gründung.

---

[62] OLG Düsseldorf WM 1991, 1670 f.; *Bayer* in Lutter/Hommelhoff, GmbHG, § 5 Rn. 25.

[63] *Zeidler* in Michalski, GmbHG, § 5 Rn. 161.

[64] *Hueck/Fastrich* in Baumbach/Hueck, GmbHG, § 5 Rn. 34.

[65] Vgl. *Hüffer*, AktG, § 38 Rn. 9 mit weiteren Nachweisen.

[66] *Bayer* in Lutter/Hommelhoff, GmbHG, § 5 Rn. 28; *Hueck/Fastrich* in Baumbach/Hueck, GmbHG, § 9c Rn. 8.

[67] BGHZ 80, 136, 137; *Ulmer* in Ulmer/Habersack/Winter, GmbHG, § 9c Rn. 21 und 41; *Roth* in Roth/Altmeppen, GmbHG, § 9c Rn 11.

bb) Differenzhaftung (§ 9 I GmbHG)

76   Erreicht der Wert einer Sacheinlage im Zeitpunkt der Anmeldung der Gesellschaft
zur Eintragung in das Handelsregister nicht den Nennbetrag des dafür übernommenen Geschäftsanteils, hat der **Gesellschafter in Höhe des Fehlbetrags eine
Einlage in Geld** zu leisten (§ 9 I 1 GmbHG). Auf ein Verschulden des Gesellschafters kommt es dabei nicht an.

> In dieser Differenzhaftung findet sich der Grundgedanke wieder, dass jede Einlagepflicht
> in einem bestimmten Euro-Betrag, also in Geld auszudrücken ist (vgl. § 5 Nr. 3 GmbHG)
> und nur bei entsprechender Vereinbarung (§ 5 Nr. 4 GmbHG) durch Einbringung von
> Gegenständen im Wege der Ersetzungsbefugnis erfüllt werden kann. **Nur in Höhe des
> tatsächlichen Wertes** der Sacheinlage tritt Erfüllung ein. Der ungedeckte Betrag ist durch
> Geldzahlung auszugleichen.

77   Der Anspruch ist der Höhe nach **nicht** auf den Betrag der Einlage beschränkt.
Dies wird in Fällen relevant, in denen der eingebrachte Gegenstand einen **negativen Wert** hat[68].

> **Beispiel:** Einbringung eines Grundstücks in die Gesellschaft, auf dem sich Altlasten
> befinden, deren ordnungsgemäße Entsorgung Kosten verursacht, die den Wert des Grund-
> stücks übersteigen.

Ausweislich des Gesetzeswortlauts ist **maßgeblicher Bewertungszeitpunkt** für
die Differenzhaftung die Anmeldung zum Handelsregister. Nachträgliche Werter-
höhungen kommen dem Gesellschafter nicht zugute; umgekehrt sind aber auch
Wertminderungen zwischen Anmeldung und Eintragung für den Anspruch aus § 9
GmbHG ohne Bedeutung.

78   Die Differenzhaftung dient der Sicherung der realen Kapitalaufbringung. Daher
gelangt **§ 19 II GmbHG** zur Anwendung (insbesondere keine Befreiung durch die
Gesellschaft, näher dazu § 7 Rn. 6 ff.). Der Anspruch verjährt gemäß § 9 II
GmbHG in zehn Jahren ab Eintragung der Gesellschaft im Handelsregister.

79   § 9 I 2 GmbHG stellt klar, dass neben der Differenzhaftung **weitere Ansprüche** in Betracht kommen. Hierzu zählt namentlich auch die Haftung der Gesellschafter für eine im Zeitpunkt der Eintragung bestehende **Unterbilanz** (näher dazu
unten § 6 Rn. 15 ff.). Auf diesem Wege kann eine nach Anmeldung eingetretene
Wertminderung zu Ausgleichsansprüchen der Gesellschaft führen, wobei sämtliche Gesellschafter anteilig für den Ausgleich der Unterbilanz haften.

> Zudem kommen Ansprüche aus § 9a GmbHG wegen vorsätzlich falscher Angaben und
> aus der allgemeinen Geschäftsführerhaftung nach § 43 II GmbHG in Betracht[69]. Ob und
> inwieweit daneben die allgemeinen **Mängelgewährleistungsrechte** nach dem BGB zur

---

[68] Wie hier *Bayer* in Lutter/Hommelhoff, GmbHG § 9 Rn. 4; *Hueck/Fastrich* in Baum-
bach/Hueck, GmbHG, § 9 Rn. 3; a.A. *Trölitzsch*, Differenzhaftung für Sacheinlagen in Kapitalgesellschaften, 1998, S. 228 ff.

[69] *Bayer* in Lutter/Hommelhoff, GmbHG, § 9 Rn. 12; *Tebben* in Michalski, GmbHG, § 9 Rn. 21.

Anwendung gelangen können, ist höchst umstritten[70]. Jedenfalls sind insoweit die GmbH-rechtlichen Wertungen zu berücksichtigen.

VI. Weiteres Verfahren

Das weitere Gründungsverfahren läuft wie folgt ab: Nachdem die Gesellschafter   **81** die vom Gesetz geforderten Mindesteinzahlungen auf ihre Stammeinlagen vorgenommen haben (§ 7 II GmbHG) erfolgt die Anmeldung zum Registergericht (§§ 7 I, 8 GmbHG). Nach positiver Prüfung des Registergerichts (§ 7 I 2 GmbHG) wird die Gesellschaft ins Handelsregister eingetragen.

1. Anmeldung zum Handelsregister

a) Verfahren und Inhalt

Die Anmeldung muss **von sämtlichen Geschäftsführern** im Namen der Gesell-   **82** schaft bewirkt werden (§ 78 GmbHG). Dabei handelt es sich um eine höchstpersönliche Verpflichtung, sodass eine Stellvertretung nicht möglich ist. Die Anmeldung ist an das sachlich und örtlich ausschließlich als Registergericht zuständige Amtsgericht am Satzungssitz der Gesellschaft zu richten (§ 7 I GmbHG i.V.m. § 8 HGB, § 376 FamFG). Die Anmeldung hat seit dem EHUG[71] gemäß § 8 IV GmbHG, § 12 HGB **elektronisch** zu erfolgen; auch die Beibringung von Dokumenten erfolgt in elektronischer Form[72].

Folgende Unterlagen sind gemäß § 8 I GmbHG beizubringen: **83**
- ⮱ der Gesellschaftsvertrag sowie gegebenenfalls die notariell beurkundeten Vollmachten der für die Gesellschafter zeichnenden Vertreter (Nr. 1),
- ⮱ die Legitimation der Geschäftsführer, sofern diese durch Gesellschafterbeschluss bestellt wurden (Nr. 2),
- ⮱ eine Gesellschafterliste mit den zugeordneten übernommenen Geschäftsanteilen (Nr. 3, näher zur Liste unten § 12 Rn. 6 ff.),
- ⮱ im Falle der Sachgründung ein Sachgründungsbericht und im Zusammenhang hiermit geschlossene Verträge (Nr. 4) sowie die den Wert der auf die Geschäftsanteile eingebrachten Sacheinlagen belegenden Unterlagen (Nr. 5).

Anzugeben ist ferner eine **inländische Geschäftsanschrift** (§ 8 IV GmbHG), die   **84** von der Gesellschaft frei gewählt werden kann. Hierdurch soll es Gesellschaftsgläubigern erleichtert werden, eine Adresse zu ermitteln, unter der an Vertreter der GmbH zugestellt werden kann[73]. Dies ist insbesondere (aber nicht nur) im Hinblick auf die durch das MoMiG eröffnete Möglichkeit, den Verwaltungssitz ins

---

[70] Vgl. dazu *Zeidler* in Michalski, GmbHG, § 5 Rn. 176 ff.; *Schäfer/Grützediek*, DB 2006, 1040 (jeweils mit weiteren Nachweisen).

[71] Gesetz über elektronische Handelsregister und Genossenschaftsregister sowie das Unternehmensregister vom 10. November 2006 (EHUG), BGBl. I S. 2553.

[72] Für Einzelheiten siehe *Jeep/Wiedemann*, NJW 2007, 2439.

[73] *Hueck/Fastrich* in Baumbach/Hueck, GmbHG, § 8 Rn. 17.

Ausland zu verlegen, von Bedeutung. Weiterhin sind **Art und Umfang der Vertretungsbefugnis** der Geschäftsführer (§ 8 IV GmbHG), einschließlich einer etwaigen Befreiung vom Verbot des Selbstkontrahierens (§ 181 BGB) mit anzugeben. Seit dem MoMiG nicht mehr erforderlich ist hingegen die Beibringung von öffentlich-rechtlichen Genehmigungen für den Gewerbebetrieb.

> Für den Fall, dass ein Aufsichtsrat (fakultativ oder obligatorisch; zur Unterscheidung siehe unten § 11 Rn. 177 ff.) gebildet wird, sind die entsprechenden Bestellungsurkunden beizubringen (vgl. § 52 II 1 i.V.m. § 37 IV Nr. 3 AktG).

b) Versicherung und Nachweise

85 Die anmeldenden Geschäftsführer müssen zudem die **Versicherung** abgeben, dass die gesetzlichen Mindesteinlagen bewirkt sind und sich endgültig in der freien Verfügung der Geschäftsführer befinden (§ 8 II GmbHG). In die Versicherung sind auch Angaben darüber aufzunehmen, inwieweit das Anfangskapital durch Verbindlichkeiten vorbelastet ist[74]. Etwas anderes gilt nur für gründungsbedingte Gebühren und Steuern, die im Gesellschaftsvertrag als Gründungsaufwand festgesetzt wurden[75]. Die Versicherungen können in der Anmeldung oder gesondert in öffentlich beglaubigter Form abgegeben werden[76].

86 Die Versicherung bezieht sich auf den Zeitpunkt der Anmeldung. **Nachträgliche Veränderungen** machen die Versicherung nicht unrichtig. Auch ist eine automatische Nachmeldepflicht nicht anzuerkennen[77]. Das Registergericht kann aber bei länger dauernden Verfahren eine ergänzende Versicherung über das vorhandene Eigenkapital anfordern[78].

87 **Nachweise** sind grundsätzlich **nicht** beizubringen, können aber vom Gericht im Rahmen der Prüfung nach § 9c GmbHG **bei erheblichen Zweifeln**[79] an der Richtigkeit der Versicherung angefordert werden (§ 8 II 2 GmbHG). Als Nachweis für erfolgte Einzahlungen nennt das Gesetz beispielhaft Einzahlungsbelege.

> § 8 III GmbHG verlangt zudem die Versicherung jedes Geschäftsführers darüber, dass keine Bestellungshindernisse gemäß § 6 II 2 Nr. 2 und 3, S. 3 GmbHG bestehen und dass sie über ihre unbeschränkte Auskunftspflicht gegenüber dem Registergericht gemäß § 53 II BZRG belehrt wurden.

---

[74] BGHZ 80, 129, 143; *Hueck/Fastrich* in Baumbach/Hueck, GmbHG, § 8 Rn. 14.

[75] *Hueck/Fastrich* in Baumbach/Hueck, GmbHG, § 5 Rn. 57.

[76] *Tebben* in Michalski, GmbHG, § 8 Rn. 29.

[77] Wie hier *Hueck/Fastrich* in Baumbach/Hueck, GmbHG, § 8 Rn. 14; *Bayer* in Lutter/Hommelhoff, GmbHG, § 8 Rn. 6; a.A. *Roth* in Roth/Altmeppen, GmbHG, § 8 Rn. 21.

[78] LG Düsseldorf BB 1998, 1497; *Hueck/Fastrich* in Baumbach/Hueck, GmbHG, § 8 Rn. 14; *Jäger*, MDR 1995, 1185.

[79] Das MoMiG hat insoweit zu Erleichterungen für die Gesellschaften geführt, da das Registergericht bislang bereits bei „begründeten Zweifeln" die Beibringung von Nachweisen verlangen konnte (vgl. auch § 26 FamFG).

c) Rechtliche Sanktionen bei Falschangaben

Die in der Anmeldung enthaltenen Angaben sind Grundlage für die Registerein-   **88**
tragung und werden im Regelfall vom Gericht inhaltlich nicht überprüft. Um zu
verhindern, dass dies von Geschäftsführern und Gesellschaftern als „Freibrief" für
inhaltlich falsche oder unvollständige Angaben verstanden wird, hält das GmbH-
Recht zwei scharfe Sanktionen bereit.

> § **9a I GmbHG** normiert eine umfassende **Gründungshaftung** gegenüber
> der Gesellschaft. Danach sind Geschäftsführer und Gesellschafter, die im
> Gründungsverfahren falsche Angaben machen, verpflichtet,
> ⊃ fehlende Einzahlungen zu leisten,
> ⊃ eine Vergütung, die nicht unter den Gründungsaufwand aufgenommen
>   ist, zu ersetzen und
> ⊃ für den sonst entstehenden Schaden Ersatz zu leisten.

Die Gesellschaft ist danach so zu stellen, wie sie stünde, wenn die Angaben richtig
wären. Mehrere Verpflichtete haften als Gesamtschuldner. Ausweislich des § 9a
III GmbHG handelt es sich um eine **Verschuldenshaftung**, wobei das Verschulden aber vermutet wird.

§ 9a II GmbHG erweitert die Haftung der Gesellschafter (nicht: der Geschäftsführer).
Diese sind der GmbH auch für Schädigungen der Gesellschaft durch Sacheinlagen oder
Gründungsaufwand verantwortlich. Allerdings ist die Regelung nach h.M. subsidiär zu
§ 9a I GmbHG[80] und der Anwendungsbereich somit gering.

Falschangaben im Gründungsverfahren sind zudem gemäß § 82 I Nr. 1 GmbHG   **89**
strafbewehrt.

2. Prüfung des Registergerichts

a) Prüfungsgegenstand und -dichte

Nach Anmeldung zur Eintragung erfolgt die Prüfung durch das Registergericht.   **90**
Prüfungsgegenstand ist gemäß § 9c I GmbHG die **ordnungsgemäße Errichtung
und Anmeldung** der Gesellschaft.

> Geprüft wird ausschließlich die **Gesetzmäßigkeit** der Gründung, **nicht** hin-
> gegen die **Zweckmäßigkeit** gesellschaftsvertraglicher Regelungen und
> schon gar nicht die wirtschaftlichen Grundlagen der zu errichtenden Gesell-
> schaft. Kommt das Registergericht im Rahmen seiner Prüfung zu dem Er-
> gebnis, dass die Gesellschaft nicht ordnungsgemäß errichtet und angemeldet
> wurde, muss es die Eintragung ablehnen (§ 9c I 1 GmbHG).

---

[80] *Hueck/Fastrich* in Baumbach/Hueck, GmbHG, § 9a Rn. 18 mit weiteren Nachweisen.

91 Die Überprüfung der Satzung auf **inhaltliche Mängel** wird durch den 1998 eingefügten § 9c II GmbHG im Interesse der Verfahrensbeschleunigung **begrenzt**[81]. Trotzdem ist offensichtlich, dass die materielle Prüfung der Gründung Zeit kostet. Eine Eintragung innerhalb eines Tages, wie sie etwa das englische Recht ermöglicht, ist nicht realisierbar, wenn man an der materiellen Prüfung festhält, was der Gesetzgeber des MoMiG mit guten Gründen getan hat. Die durchschnittliche Gründungsdauer liegt inzwischen bei ca. drei Wochen, was im europäischen Vergleich einen Mittelplatz darstellt. Weitere Verkürzungen sind ohne einen grundlegenden Systemwechsel nicht möglich.

92 Das Registergericht hat insbesondere die formelle und materielle Wirksamkeit des Gesellschaftsvertrages zu prüfen. **Die Unwirksamkeit des Gesellschaftsvertrages** ist stets Eintragungshinderns (vgl. § 9c II Nr. 3 GmbHG).

Bei **inhaltlichen Mängeln** des Gesellschaftsvertrages ist die gerichtliche Prüfung nach Maßgabe des § 9c II GmbHG auf die dort abschließend aufgeführten Gründe beschränkt. Zu prüfen ist danach, ob der Gesellschaftsvertrag den gesetzlichen Mindestinhalt (vgl. § 3 I GmbHG) aufweist (Nr. 1). Sonstige Vertragsbestimmungen unterliegen nur der Prüfung, wenn sie im Handelsregister einzutragen sind (z.B. Vertretungsregelungen[82]). Ferner hat das Gericht zu prüfen, ob gegen Bestimmungen verstoßen wird, die ausschließlich oder überwiegend zum Schutz der Gläubiger der Gesellschaft oder sonst im öffentlichen Interesse gegeben sind (Nr. 2), oder ob der Gesellschaftsvertrag wegen Fehlens oder Unwirksamkeit einer Bestimmung nichtig ist (Nr. 3).

Zu prüfen sind schließlich auch:
- ➲ die Ordnungsgemäßheit der Anmeldung (z.B. auf Vollständigkeit der Anmeldeunterlagen, Legitimation der Anmelder, Vorliegen der Versicherungen nach § 8 II, III GmbHG),
- ➲ die Aufbringung der Mindesteinlagen,
- ➲ das Fehlen von Vorbelastungen im Zeitpunkt der Anmeldung,
- ➲ die Werthaltigkeit von Sacheinlagen, wobei die Eintragung nur abgelehnt werden kann, wenn die Sacheinlage *nicht unwesentlich* überbewertet ist (§ 9c I 2 GmbHG).

Die gerichtliche Kontrolle erstreckt sich hingegen **nicht** auf Verstöße gegen sonstiges zwingendes Recht, die nicht unter § 9c II Nr. 1 bis 3 GmbHG fallen. Demgemäß hindern Verstöße gegen unentziehbare Mitgliedschafts- und Minderheitenrechte die Eintragung nicht.

b) Verfahren

93 Die Prüfung beschränkt sich grundsätzlich auf die **Anmeldeunterlagen** (Gesellschaftsvertrag, die Unterlagen über die Festsetzungen und den Wert von Sacheinlagen und die Versicherung der Geschäftsführer)[83]. Nur wenn im Einzelfall be-

---

[81] Vgl. *Ulmer* in Ulmer/Habersack/Winter, GmbHG, § 9c Rn. 44 f.

[82] Weitere Beispiele bei *Hueck/Fastrich* in Baumbach/Hueck, GmbHG, § 9c Rn. 5

[83] *Hueck/Fastrich* in Baumbach/Hueck, GmbHG, § 9c Rn. 2.

gründete Zweifel bestehen, sind weitere Prüfungsmaßnahmen durchzuführen. Hinsichtlich der Aufbringung der Mindesteinlagen verlangt § 8 II 2 GmbHG sogar erhebliche Zweifel (siehe oben Rn. 87). Im Rahmen der Prüfung kann das Gericht **eigene Ermittlungen** anstellen und auch **Gutachter** hinzuziehen.

Die Anforderung weiterer Unterlagen und Nachweise sowie die Beanstandung   **94** behebbarer Mängel erfolgt durch **Zwischenverfügung gemäß § 26 FamFG**. Diese ist nach § 382 IV FamFG mit einer Fristsetzung zu verbinden.

Bei unbehebbaren Mängeln ist die Eintragung durch Beschluss abzulehnen. Statthaftes Rechtsmittel hiergegen ist die Beschwerde (§§ 58 ff. FamFG).

3. Eintragung

Gelangt das Registergericht zu einem **positiven Prüfungsergebnis**, wird die Ge-   **95** sellschaft in das Handelsregister mit dem Inhalt des § 10 GmbHG eingetragen.

Die bei der Anmeldung eingereichten Unterlagen bleiben bei den Registerakten. Sie können von jedermann eingesehen werden (§ 9 I HGB), ohne dass es hierfür eines besonderen sachlichen Grundes bedarf. Schließlich erfolgt die Veröffentlichung der Eintragung nach Maßgabe der § 10 HGB, §§ 25, 27 und 32 bis 34 HRV in einem elektronischen Informations- und Kommunikationssystem. Die Bundesländer haben hierfür ein gemeinsames Online-Portal geschaffen (*www.handelsregister.de*).

Mit der Eintragung entsteht die GmbH „als solche", d.h. die bis dahin bestehende   **96** Vorgesellschaft wird zur GmbH (dazu Rn. 9 und unten § 6 Rn. 1 ff.). Von diesem Zeitpunkt an sind **sämtliche** Vorschriften des GmbHG uneingeschränkt anwendbar.

VII. Folgen von Gründungsmängeln

1. Vor Eintragung

Bis zur Eintragung sind **Gründungsmängel** beachtlich. Dabei ist zu differenzie-   **97** ren, ob die Vor-GmbH bereits Vermögen gebildet oder in sonstiger Weise am Rechtsverkehr teilgenommen und somit „in Vollzug gesetzt" wurde oder nicht.

- ➲ **Vor Invollzugsetzen** gelten die allgemeinen zivilrechtlichen Vorschriften über Willensmängel und sonstige Fehler uneingeschränkt.
- ➲ **Nach Invollzugsetzen** finden die **Grundsätze der fehlerhaften Gesellschaft**[84] Anwendung, sodass die Vor-GmbH grundsätzlich nicht rückabgewickelt, sondern *ex nunc* beendet wird.

---

[84] Dazu *Maultzsch*, JuS 2003, 544 ff.; *Kliebisch*, JuS 2010, 958 ff.; *Kummer*, JURA 2006, 330 ff.

2. Nach Eintragung

98

> Ab Eintragung können Mängel des Gründungsverfahrens **nur noch** nach Maßgabe der §§ 75 ff. GmbHG durch Erhebung der sog. Nichtigkeitsklage geltend gemacht werden.

Dabei benennt § 75 I GmbHG die **Nichtigkeitsgründe** abschließend:
- ➲ Die Satzung enthält keine Angabe über die Höhe des Stammkapitals.
- ➲ Die Satzung enthält keine Angabe über den Unternehmensgegenstand.
- ➲ Die Angabe zum Unternehmensgegenstand ist nichtig, insbesondere wenn der Gegenstand illegal ist.

> **Beispiel:** „Drogenhandel" als Unternehmensgegenstand.

Gemäß § 76 GmbHG können Mängel betreffend den Unternehmensgegenstand durch einstimmigen Beschluss der Gesellschafter **geheilt** werden (§ 76 GmbHG). Erforderlich ist hierfür, dass ein rechtmäßiger Gegenstand im Gesellschaftsvertrag festgeschrieben wird.

99   **Nichtigkeitsklage** kann jeder Gesellschafter, jeder Geschäftsführer, jedes Mitglied des Aufsichtsrates, sofern ein solcher besteht, und im Liquidationsstadium auch jeder Liquidator erheben. Klagegegner ist die Gesellschaft. Die Klage ist an keine Frist gebunden; das Recht zur Klageerhebung kann aber verwirkt werden (§ 242 BGB). Zuständig ist das Landgericht am Satzungssitz der Gesellschaft (Kammer für Handelssachen, § 246 III 2 AktG).

Die Nichtigkeitsklage ist eine **Gestaltungsklage**, die darauf gerichtet ist, die Gesellschaft „für nichtig zu erklären". Nach überwiegender Auffassung soll das rechtskräftige stattgebende Urteil jedoch nicht zur Nichtigkeit der Gesellschaft, sondern lediglich zu deren **Auflösung** führen[85]. Die Gegenauffassung[86] argumentiert mit dem Wortlaut des § 75 I GmbHG und verweist darauf, dass die Nichtigerklärung nicht als Auflösungsgrund in § 60 GmbHG genannt ist. Der Meinungsstreit wirkt sich praktisch nicht aus, da gemäß § 77 I GmbHG die Vorschriften über die Abwicklung einer aufgelösten Gesellschaft jedenfalls entsprechend anwendbar sind.

100   Neben der Nichtigkeitsklage kommt aus denselben Gründen auch eine **Amtslöschung nach § 397 FamFG** in Betracht. Beide Verfahren schließen sich nicht aus.

101

> Alle nicht von § 75 I GmbHG erfassten Gründungsmängel berühren den Bestand der eingetragen Gesellschaft nicht. Ein bis zur Eintragung unwirksamer Gesellschaftsvertrag wird daher mit Eintragung **wirksam!** Einer Anwendung der Grundsätze der fehlerhaften Gesellschaft bedarf es daher nicht.

---

[85] So etwa *Kleindiek* in Lutter/Hommelhoff, GmbHG, § 75 Rn. 1; *Rühland* in Michalski, GmbHG, § 75 Rn. 29; *K. Schmidt* in Scholz, GmbHG, § 75 Rn. 20.

[86] Siehe *Haas* in Baumbach/Hueck, GmbHG, § 75 Rn. 5, 29; *Trölitzsch* in BeckOK GmbHG, § 75 Rn. 13.

Genügen die Bestimmungen des Gesellschaftsvertrages über Firma, Satzungssitz,   **102**
Stammkapital und Geschäftsanteile nicht den Anforderungen des § 3 I GmbHG,
kommt eine **Auflösung der Gesellschaft nach § 399 FamFG** in Betracht. Vor
Löschung muss der Gesellschaft aber Gelegenheit gegeben werden, durch Satzungsänderung einen gesetzeskonformen Zustand zu schaffen[87].

VIII. Vorratsgründung und Mantelverwendung

Literatur: *Goette*, Haftungsfragen bei der Verwendung von Vorratsgesellschaften und
„leeren" GmbH-Mänteln, DStR 2004, 461; *Habersack*, Wider das Dogma von der
unbeschränkten Gesellschafterhaftung bei wirtschaftlicher Neugründung einer AG oder
GmbH, AG 2010, 845; *Kleindiek*, Mantelverwendung und Mindestkapitalerfordernis,
Festschrift Priester, 2007, S. 369; *K. Schmidt*, Vorratsgründung, Mantelkauf und Mantelverwendung, NJW 2004, 1345.

1. Grundlagen

In der Praxis häufig anzutreffen sind sog. **Vorratsgründungen**, bei denen eine   **103**
GmbH zwar unter Beachtung des GmbH-rechtlichen Gründungsverfahrens gegründet, ein Unternehmensgegenstand zunächst jedoch nicht festgelegt wird[88]. Die
„auf Vorrat" gegründete GmbH soll nicht selbst unternehmerisch tätig werden. Sie
wird vielmehr aktiviert, wenn schnell eine Gesellschaft benötigt wird und das
Anmeldeverfahren nicht abgewartet werden kann[89]. Im Bereich des Gesellschaftsrechts tätige Anwaltskanzleien verfügen normalerweise über eine gewisse Anzahl
solcher Gesellschaften, um sie im Bedarfsfall ihren Mandanten zur Verfügung zu
stellen. Es gibt auch kommerzielle Anbieter.

Die Vorrats-GmbH soll vorerst nur als „leere Hülse" bestehen und als
„Mantel" für eine spätere Verwendung dienen.

Hierdurch sollen der Zeitaufwand für die Gründung verringert und die strenge Gründungshaftung bei umgehender Aufnahme des Geschäftsbetriebs vermieden werden[90].

Als **Mantelverwendung** bezeichnet man demgegenüber den Umstand, dass eine   **104**
wirksam gegründete, aber unternehmerisch nicht tätige Gesellschaft aktiviert wird.
Dabei kann es sich um eine bis dahin ungenutzte Vorratsgesellschaft handeln,
aber auch um eine Gesellschaft, die bereits geschäftlich tätig geworden ist, ihren
Geschäftsbetrieb später jedoch eingestellt hat.

---

[87] Für Einzelheiten zum Verfahren *Krafka* in MünchKomm. ZPO, 3.Aufl. 2010, § 399 FamFG
Rn. 11 ff.

[88] *Hueck/Fastrich* in Baumbach/Hueck, GmbHG, § 3 Rn. 11; *Michalski* in Michalski, GmbHG,
§ 3 Rn. 19.

[89] Vgl. BGHZ 117, 323; *Michalski* in Michalski, GmbHG, § 3 Rn. 20.

[90] Vgl. BGHZ 117, 323; *Michalski* in Michalski, GmbHG, § 3 Rn. 20.

> Um im sprachlichen Bild zu bleiben: Es kann sich um einen „neuen" oder um einen „getragenen Mantel" handeln.

Da die Mantelverwendung nicht durch die Gründer erfolgen muss, ist es möglich – und praktisch auch üblich –, dass die Geschäftsanteile an der betreffenden Gesellschaft im Rahmen eines sog. **Mantelkaufs** veräußert werden. Die erstmalige Aktivierung einer Vorratsgesellschaft bzw. die Reaktivierung eines Mantels setzt in der Regel eine Reihe von Satzungsänderungen voraus. Unternehmensgegenstand und Sitz müssen in jedem Fall angepasst werden[91], häufig wird auch das Kapital erhöht.

2. Rechtliche Anforderungen

105   Die Zulässigkeit von Vorratsgründung und Mantelverwendung war lange umstritten[92].

> Der BGH hat die Zulässigkeit der Vorratsgründung bejaht[93], allerdings nur für den Fall, dass die entsprechende Bestimmung der Gesellschaft, für die spätere Aufnahme eines Geschäftsbetriebs zu dienen, bei der Bezeichnung des Unternehmensgegenstandes offen gelegt wird (sog. **offene Vorratsgründung**), etwa indem in der Satzung als Unternehmensgegenstand „Verwaltung des eigenen Vermögens" angegeben wird.

106   Die **Problematik** beider Vorgänge liegt im Bereich der Kapitalaufbringung. Denn das Kapital der aktivierten Gesellschaft kann verloren sein, wenn der Erwerber sie übernimmt.

> Bei einer Vorratsgründung ist das weniger wahrscheinlich als bei einem „alten Mantel", wo das Vorliegen von Verlusten aus der früheren Geschäftstätigkeit und eine entsprechende Verringerung des Kapitals naheliegend sind. Aber auch die „Verwaltung eigenen Vermögens" kann zu Verlusten führen, je nachdem, wie riskant das Vermögen angelegt war.

Auf die Übernahme des „Mantels" sind die **Gründungsvorschriften der §§ 1 ff. GmbHG nicht unmittelbar anwendbar**, da die Gesellschaft ja schon in der Vergangenheit wirksam gegründet wurde. Bliebe es dabei, wäre es dem Erwerber möglich, eine Gesellschaft mit beschränkter Haftung zu betreiben, ohne selbst einen **Risikobeitrag** zu erbringen. Denn auch der Kaufpreis, den er für eine solche entleerte Gesellschaft zahlt, wird weit unter dem Mindestkapitalbetrag liegen.

---

[91] *Hueck/Fastrich* in Baumbach/Hueck, GmbHG, § 3 Rn. 12

[92] Siehe die Nachweise zum Streitstand bei *Michalski* in Michalski, GmbHG, § 3 Rn. 23 ff.

[93] BGHZ 117, 323 (AG); BGHZ 153, 158 (GmbH).

Der BGH[94] und weite Teile des Schrifttums[95] befürworten daher eine ent- **107**
sprechende Anwendung der Gründungsvorschriften[96], weil sonst die
Gründungsregeln umgangen werden könnten. Die Mantelverwendung wird
hiernach als „**wirtschaftliche Neugründung**" der Gründung gleichgestellt –
unabhängig davon, ob die GmbH auf Vorrat gegründet wurde oder früher
selbst wirtschaftlich aktiv war, später aber „stillgelegt" wurde und nunmehr
„wiederbelebt" werden soll[97].

Insbesondere muss nach dieser Ansicht die Tatsache der Wiederverwendung dem
Registergericht **offengelegt** werden, wobei der Geschäftsführer versichern muss,
dass die gesetzlich geforderten Leistungen auf die Geschäftsanteile bewirkt sind
und sich weiterhin bei der Gesellschaft zu freien Verfügung befinden (§ 8 II
GmbHG analog). Zur Sicherung der Kapitalaufbringung sollen zudem die Haf-
tungsinstitute der Vor-GmbH – namentlich die Handelndenhaftung analog § 11 II
GmbHG und die Gesellschafterhaftung (dazu unten § 6 Rn. 15 ff., 27 ff.) – auch
bei der Mantelverwendung anwendbar sein.

Damit gehen **erhebliche Haftungsgefahren** für die Gesellschafter einher, vor **108**
allem, wenn die Offenlegung gegenüber dem Register versäumt wurde: Dann haften die Gesellschafter (nur der Gesellschaft gegenüber, aber immerhin) **unbeschränkt persönlich**!

> Dies ist eine weitere **Haftungsfalle**, die sich aus der Umgehungsrechtsprechung des BGH
> ergibt[98].

Ein Teil der Literatur spricht sich daher mit guten Gründen für eine **Beschränkung der Haftung auf die Differenz zwischen Soll- und Ist-Kapital** im Zeitpunkt der Übernahme aus[99]. Ferner macht die Handelndenhaftung bei einer bereits
gegründeten Gesellschaft keinen Sinn; sie ist daher abzulehnen[100].

---

[94] BGHZ 155, 318.

[95] *Bayer* in Lutter/Hommelhoff, GmbHG, § 3 Rn. 16; *Goette*, DStR 2004, 461, 463; *Peetz*,
GmbHR 2003, 229, 231; *Priester*, ZHR 168 (2004), 248, 261.

[96] Ablehnend hingegen *Altmeppen*, DB 2003, 2050; *K. Schmidt*, NJW 2004, 1345, 1348.

[97] *Hueck/Fastrich* in Baumbach/Hueck, GmbHG, § 3 Rn. 13.

[98] Kritisch auch *Altmeppen*, DB 2003, 2050; *Drygala*, ZGR 2006, 587, 619 ff.; *Habersack*, AG
2010, 845 ff.; *Schall*, NZG 2011, 656 ff.; positiv demgegenüber *Bachmann*, NZG 2011, 441,
446 f.

[99] Vgl. *Habersack*, AG 2010, 845 ff.; ablehnend *Hüffer*, NJW 2011, 1772, 1777.

[100] So schon *Drygala*, ZGR 2006, 587, 622.

§ 5 Die Unternehmergesellschaft

Literatur: *Freitag/Riemenschneider*, Die Unternehmergesellschaft – „GmbH light" als Konkurrenz für die Limited, ZIP 2007, 1485; *Hangebrauck*, Aktuelle Fragen zur Unternehmergesellschaft (haftungsbeschränkt), JR 2010, 323; *Heckschen*, Gründungserleichterungen nach dem MoMiG – Zweifelsfragen in der Praxis, DStR 2009, 166; *Hucke/Holfter*, Die Unternehmergesellschaft (haftungsbeschränkt) – eine echte Alternative für Unternehmensgründer, JuS 2010, 861; *Leyendecker*, Rechtsökonomische Überlegungen zur Einführung der Unternehmergesellschaft (haftungsbeschränkt), GmbHR 2008, 302; *Veil*, Die Unternehmergesellschaft im System der Kapitalgesellschaften, ZGR 2009, 623.

I. Bedeutung

Die in § 5a GmbHG geregelte Unternehmergesellschaft (haftungsbeschränkt) ist keine eigenständige Rechtsform, sondern eine Rechtsformvariante der GmbH[1] – gleichsam eine **„GmbH light"**.   **1**

Geschaffen wurde die UG 2008 durch das MoMiG als deutsche Antwort auf ausländische Rechtsformen, die mit keinem oder nur geringem Mindestkapital gegründet werden können. Im Blick hatte der Gesetzgeber dabei insbesondere die britische Limited. Es bestand die Sorge, dass die britische Limited die deutsche GmbH in zunehmendem Maße verdrängen würde.

> Damit wären auch deutschen Juristen Geschäfte entgangen. So würde beispielsweise dieses Lehrbuch nicht mehr gekauft werden, wenn in der Praxis nur noch ausländische Gesellschaftsformen eine Rolle spielen würden.

Durch **Verzicht auf ein gesetzliches Mindeststammkapital** sollte der – vermeintliche, vielleicht aber auch nur gefühlte – Trend zu ausländischen Rechtsformen gestoppt werden. Zugleich sollten Existenzgründungen in Branchen mit geringem Eigenkapitalbedarf gefördert und Anreize für kapitalschwache Gründer geliefert werden.   **2**

Hiergegen wird **kritisch** eingewandt, dass die UG nicht nur als „Einstiegsmodell" attraktiv sei, sondern auch als Instrument zur Durchführung **risikoreicher und spekulativer Unternehmungen**[2] sowie als Rechtsform für Gründer, die schon einen oder sogar mehrere wirtschaftliche Fehlschläge erlitten hätten. Da der zu leistende Risikobeitrag von den Gesellschaftern frei festgesetzt werden kann, drohen bei einem Scheitern kaum Verluste, sodass ein gewisser Anreiz zu beden-

---

[1] Begr. RegE zum MoMiG, BT-Drucks. 16/6140, S. 31.

[2] *Heckschen*, DStR 2009, 166, 169; *Leyendecker*, GmbHR 2008, 302, 304; *Hueck/Fastrich* in Baumbach/Hueck, GmbHG, § 5a Rn. 4.

kenlosem Wirtschaften nicht bestritten werden kann. Es erscheint fraglich, ob die zusätzlichen Vorgaben des § 5a GmbHG dem hinreichend entgegenwirken.

3   Trotz (oder gerade wegen?) dieser Einwände ist die UG von der unternehmerischen Praxis angenommen worden.

Zum 28.02.2011 waren im Handelsregister ca. 48.000 Unternehmergesellschaften eingetragen[3]. Wegen des geringen Kapitaleinsatzes eignet sich die UG auch als Komplementärin bei einer UG & Co. KG (siehe unten Rn. 20), als Beteiligungsgesellschaft im Konzernverbund und als Vorratsgesellschaft.

II. Rechtsnatur

4   Soweit § 5a GmbHG keine andere Anordnung trifft, unterliegt die UG denselben Regeln wie eine „normale" GmbH.

Die UG ist **juristische Person** und **Formkaufmann** (§ 13 I, III GmbHG).

III. Firma

5   § 5a I GmbHG schreibt die **Firmierung** als „Unternehmergesellschaft (haftungsbeschränkt)" oder „UG (haftungsbeschränkt)" zwingend vor.

Der Rechtsformzusatz[4] soll dem Schutz des Rechtsverkehrs dienen[5]. Dabei ist die Bezeichnung „Unternehmergesellschaft" unglücklich gewählt. Zwar tritt die UG im Rechtsverkehr notwendig als **Unternehmer** im Sinne des § 14 BGB auf; doch sind beide Begriffe strikt voneinander zu trennen. Auch der Annex „haftungsbeschränkt" ist nicht sehr aussagekräftig, da in jeder GmbH die Haftung auf das Gesellschaftsvermögen beschränkt ist.

6   Fehlt der Rechtsformzusatz, ist er verkürzt oder unverständlich, so ist die Eintragung in das Handelsregister gemäß § 9c GmbHG zu verweigern. Zudem gelangen die allgemeinen Grundsätze der **Rechtsscheinhaftung** zur Anwendung. Danach kann das Weglassen des gebotenen Rechtsformzusatzes im schriftlichen Verkehr eine persönliche Haftung auslösen, wenn der Gläubiger im Vertrauen darauf, einen Einzelkaufmann oder eine Personengesellschaft vor sich zu haben, mit

---

[3] Unter *http://www.rewi.uni-jena.de/Forschungsprojekt_Unternehmergesellschaft.html* können aktuelle Zahlen online abgerufen werden.

[4] Zutreffend gegen die abweichende Einordnung in der Stellungnahme des Rechtsausschusses (BT-Drucks. 16/9737, 95) *Hueck/Fastrich* in Baumbach/Hueck, GmbHG, § 5a Rn. 9.

[5] *Goette*, Einführung in das neue GmbH-Recht, 2008, Rn. 43.

der Gesellschaft kontrahiert[6]. Eine solche Haftung kommt also nicht in Betracht, wenn die UG unzulässigerweise als GmbH firmiert, da hier der Anschein einer persönlichen Haftung der Gesellschafter gerade nicht geweckt wird.

IV. Gründung

Die Gründung der UG erfolgt nach den **allgemeinen GmbH-rechtlichen Vor-**   7
schriften (siehe oben § 4). Nach Abschluss des notariell zu beurkundenden Gesellschaftsvertrages durch einen oder mehrere Gründer entsteht bis zur Eintragung im Handelsregister eine Vor-UG. Die UG kann im vereinfachten Verfahren unter Verwendung eines Musterprotokolls (§ 2 Ia GmbHG) gegründet werden (dazu oben § 4 Rn. 22). Hier wirkt sich die Kostenprivilegierung gemäß § 41d KostO tatsächlich aus.

> Die UG kann auch als **Vorratsgesellschaft** gegründet werden und später als Mantel verwendet werden. Zu beachten ist, dass auch hier die Mantelverwendung als wirtschaftliche Neugründung anzusehen ist (dazu oben § 4 Rn. 10).

Hingegen kann die UG **nicht durch Herabsetzung des Stammkapitals** einer be-   8
reits bestehenden GmbH errichtet werden[7]. Ein solcher Formwechsel ist vom Gesetz nicht vorgesehen und widerspricht zudem der Funktion der UG als „Einstiegsvariante".

> Umstritten ist, ob die UG durch **Umwandlung** nach dem UmwG entstehen kann (näher dazu unten § 35 Rn. 6).

V. Kapital, Kapitalaufbringung und Kapitalaufholung

1. Höhe des Stammkapitals

Der wichtigste Unterschied zur regulären GmbH besteht darin, dass das Gesetz für   9
die UG ein Mindeststammkapital nicht vorsieht. Dies bedeutet zwar nicht, dass ein Stammkapital und Einlagen hierauf gänzlich verzichtbar wären; vielmehr haben diese auch in der UG die bereits an anderer Stelle geschilderten **rechtstechnischen Funktionen** (siehe § 1 Rn. 24).

> Doch sind die Gründer in der Bestimmung des Stammkapitals weitgehend frei. Das Stammkapital der UG kann zwischen 1 EUR und 24.999 EUR betragen.

---

[6] Allerdings soll nach dem BGH nur der Handelnde, nicht aber alle Gesellschafter haften, so BGH NJW 2007, 1529, 1531; kritisch *Römermann*, GmbHR 2007, 595.

[7] *Seibert*, GmbHR 2007, 674, 675; *Freitag/Riemenschneider,* ZIP 2007, 1485, 1491; *Hueck/Fastrich* in Baumbach/Hueck, GmbHG, § 5a Rn. 4.

Die **Begrenzung „nach oben"** ergibt sich zwingend aus § 5a I GmbHG; **die Begrenzung „nach unten"** folgt aus § 5 II GmbHG, wonach der Nennbetrag eines Geschäftsanteils auf volle EUR lauten muss. Bei Mehrpersonengründungen entspricht das geringstmögliche Stammkapital somit der Anzahl der Gründer.

10 Erfahrungen aus der Praxis zeigen, dass das Stammkapital häufig mit ca. 1.000 EUR angesetzt wird. Dies erscheint auch sinnvoll[8], da bei einer geringeren Festsetzung bereits geringe Ausgaben sowohl zur Zahlungsunfähigkeit (§ 17 InsO) als auch zur (zumindest bilanziellen) Überschuldung[9] (§ 19 InsO) führen können, was den Geschäftsführer zur Stellung eines Insolvenzantrages binnen drei Wochen nach Entstehen der UG zwingen könnte (§ 15a I InsO).

Allgemein zur Insolvenzantragspflicht und Insolvenzgründen siehe unten § 11 Rn. 108 ff.

2. Einlagepflicht

a) Beschränkungen des § 5a II GmbHG

11 Die auf die übernommenen Geschäftsanteile zu leistenden Einlagen müssen vor der Anmeldung zum Handelsregister vollständig (**Volleinzahlungsgebot**) erbracht werden (§ 5a II 1 GmbHG).

§ 7 II GmbHG findet auf die UG keine Anwendung und zwar auch dann nicht, wenn das Stammkapital mit mehr als der Hälfte des gesetzlichen Mindestkapitals festgesetzt wird. Daher muss bei der Gründung einer UG mit einem Stammkapital von über 12.500 EUR ein höherer Betrag vor Anmeldung eingezahlt werden als bei der Gründung einer regulären GmbH mit dem Mindestkapital von 25.000 EUR. Der Gesetzgeber hat diese **Divergenz** gesehen und bewusst **hingenommen**[10].

12 Die Einlagen müssen als **Bareinlagen** erbracht werden; Sacheinlagen sind unzulässig (§ 5a II 2 GmbHG).

Nach der Regierungsbegründung[11] rechtfertigt sich das Sacheinlageverbot aus dem Umstand, dass die Gründer das Stammkapital an ihre finanziellen Möglichkeiten zur Barzahlung anpassen können. Überzeugender dürfte hingegen der Gedanke der Vereinfachung des Gründungsverfahrens sein. Denn es sind häufig die bei Sacheinlagen auftretenden Bewertungsschwierigkeiten, die das Gründungsverfah-

---

[8] Vgl. *Gehb/Drange/Heckelmann*, NZG 2006, 88, 92.

[9] Zur Unwahrscheinlichkeit einer positiven Fortführungsprognose in diesen Fällen etwa *Miras* in BeckOK GmbHG, § 5a Rn. 25.

[10] Begr. RegE zum MoMiG, BT-Drucks. 16/6140, S. 31.

[11] Begr. RegE zum MoMiG, BT-Drucks. 16/6140, S. 31.

ren in die Länge ziehen und dem Regelungsziel der UG als einer einfach und schnell zu gründenden Rechtsform im Wege stehen.

Zur Behandlung verdeckter Sacheinlagen in der UG siehe unten § 7 Rn. 30 f.

b) Kapitalerhöhungen

Die Beschränkungen des § 5a II GmbHG gelten nicht mehr, wenn die Gesellschaft **13** ihr Stammkapital auf mindestens den Betrag des gesetzlichen Mindeststammkapitals gemäß § 5 I GmbHG (25.000 EUR) erhöht hat (§ 5a V GmbHG). Hieraus lässt sich zwanglos ableiten, dass Kapitalerhöhungen, durch die das Stammkapital auf weniger als 25.000 EUR erhöht wird, den strengen Anforderungen des § 5a II GmbHG unterliegen. Wurde das Stammkapital hingegen bereits auf 25.000 EUR oder mehr erhöht, so finden auf nachfolgende Kapitalerhöhungen die allgemeinen Vorschriften Anwendung.

Fraglich ist aber, ob bei Kapitalerhöhungen, durch die die **Schwelle zur GmbH** **14** **überschritten**, das Stammkapital also auf 25.000 EUR oder mehr erhöht wird, noch Abs. 2 oder bereits Abs. 5 des § 5a GmbHG zur Anwendung gelangt. Die Problematik wird zumeist im Hinblick auf das **Sacheinlageverbot** nach § 5a II 2 GmbHG diskutiert[12].

Der Wortlaut des Abs. 5 spricht für ein entsprechendes Verbot, da die Schwelle zur GmbH erst mit Wirksamwerden der Kapitalerhöhung überschritten und die UG auch erst dann zur regulären GmbH wird. Die Kapitalerhöhung wird aber nicht bereits durch den Erhöhungsbeschluss der Gesellschafterversammlung, sondern durch Eintragung im Handelsregister (§ 54 III GmbHG) wirksam, sodass die Bestimmung der Einlagepflicht noch als UG erfolgt. Hiergegen lässt sich einwenden, dass die Motive für die Einführung des Sacheinlageverbots (siehe oben Rn. 12) bei der Erhöhung des Stammkapitals auf 25.000 EUR oder mehr nicht eingreifen. Die Gesellschafter wollen durch die Erhöhung gerade nicht mehr von der „Vergünstigung" eines niedrigen Stammkapitals profitieren. Zugleich spielt der Aspekt eines einfachen Gründungsverfahrens keine Rolle mehr. Im Gegenzug sind Gründe, die für eine strikte Anwendung des Abs. 5 auch in diesen Fällen sprechen, nicht ersichtlich. Insbesondere werden bei Zulassung von Sacheinlagen die für die reguläre GmbH geltenden Gründungsvorschriften nicht umgangen[13].

Das Sacheinlageverbot gilt also nicht für Kapitalerhöhungen, durch die die Schwelle zur GmbH überschritten wird[14].

Etwas anderes gilt in Ansehung des **Volleinzahlungsgebots** (§ 5a II 1 GmbHG): **15** Insofern besteht die Gefahr, dass die Mindesteinzahlungspflichten nach § 5 II GmbHG umgangen werden. Bei der Gründung einer regulären GmbH müssen

---

[12] Vgl. dazu *Fastrich* in Baumbach/Hueck, GmbHG, § 5a Rn. 32 ff.

[13] So auch *Freitag/Riemenschneider,* ZIP 2007, 1485, 1491; *Klose,* GmbHR 2009, 294, 295; a.A. OLG München NZG 2010, 1303; *Hueck/Fastrich* in Baumbach/Hueck, GmbHG, § 5a Rn. 33; *Gehrlein,* Der Konzern 2007, 771, 779; *Seibert,* GmbHR 2007, 673, 676.

[14] Ebenso BGH ZIP 2011, 955.

hiernach auf jeden Geschäftsanteil mindestens ¼ des Nennbetrags und insgesamt mindestens 12.500 EUR vor der Anmeldung geleistet sein. Bei Kapitalerhöhungen gilt lediglich die Viertelregelung (§§ 57 i.V.m. 7 II GmbHG).

> **Beispiel:** Eine Einmann-UG wird mit einem Stammkapital von 1.000 EUR gegründet. Bald darauf beschließt der Gesellschafter, das Stammkapital durch Schaffung eines neuen Geschäftsanteils (Nennwert: 24.000 EUR) auf 25.000 EUR zu erhöhen. Würde man hier auf die Volleinzahlung verzichten, so wäre wegen §§ 57 i.V.m. 7 II GmbHG nur ¼ auf den Geschäftsanteil vor Anmeldung zu erbringen, also 6.000 EUR. Demnach wäre eine GmbH mit 1.000 EUR + 6.000 EUR = 7.000 EUR entstanden. Dies steht aber im Widerspruch zu § 5 II GmbHG der für die Errichtung einer GmbH eine sofortige Einzahlung von mindestens 12.500 EUR zwingend vorschreibt.

Das Volleinzahlungsgebot gilt daher auch für die Kapitalerhöhungen, durch die die Schwelle zur GmbH überschritten wird.

3. Thesaurierung

16 Zum Ausgleich für das fehlende Mindeststammkapital ist die UG besonderen Thesaurierungsvorschriften unterworfen.

Der erwirtschaftete Gewinn darf von den Gesellschaftern nicht beliebig verwendet, insbesondere nicht vollständig ausgeschüttet werden. Vielmehr müssen 25 % des erwirtschafteten Jahresüberschusses (abzüglich eines Verlustvortrages) in eine gesetzliche Rücklage eingestellt werden (§ 5a III GmbHG). Diese Rücklage ist gegen Ausschüttungen gesperrt.

Hierdurch soll erreicht werden, dass sich das bei der Gründung unterhalb des Mindestkapitals liegende Eigenkapital im Laufe der Zeit dem Stammkapital der regulären GmbH angleicht. Denn erwirtschaftet die Gesellschaft fortgesetzt Gewinne, wird die Rücklage irgendwann einen Betrag von 25.000 EUR überschreiten. Die Rücklage kann dann durch eine Kapitalerhöhung aus Gesellschaftsmitteln (§ 57c GmbHG) in reguläres Stammkapital umgewandelt und die UG zur „regulären" GmbH werden.

Die Rücklage ist gemäß **§ 266 III HGB** unter der Rubrik „Eigenkapital" auf der **Passivseite** der Bilanz zu bilanzieren (siehe dazu oben § 1 Rn. 21 ff.).

17 Gemäß § 5a III 2 GmbHG darf die Rücklage nur zu **folgenden Zwecken** eingesetzt werden:
- ➲ zur Kapitalerhöhung aus Gesellschaftsmitteln nach § 57c GmbH,
- ➲ zum Ausgleich eines Jahresfehlbetrags, soweit er nicht durch einen Gewinnvortrag aus dem Vorjahr gedeckt ist oder
- ➲ zum Ausgleich eines Verlustvortrags aus dem Vorjahr, soweit er nicht durch einen Jahresüberschuss gedeckt ist.

Die **Thesaurierungspflicht endet** erst mit dem Übergang zur GmbH nach § 5a V   **18**
GmbHG, d.h. mit Erhöhung des Stammkapitals auf mindestens 25.000 EUR. Die
Höhe der bis dahin gebildeten Rücklage ist dabei ohne Belang. Somit besteht ein
ökonomischer Anreiz für die Gesellschafter, der fortwährenden Pflicht zur Rücklagenbildung durch Vornahme einer Kapitalerhöhung zu entkommen[15].

Verstöße gegen die Thesaurierungspflicht führen zur Nichtigkeit der Fest-   **19**
stellung des Jahresabschlusses (analog § 256 I Nr. 1 AktG) und des Gewinnverwendungsbeschlusses (analog § 253 AktG). Hierauf beruhende Auszahlungen sind
nach §§ 30, 31 GmbHG zurückzugewähren[16].

Eine **Pflicht** zur Gewinnerzielung besteht allerdings **nicht**.   **20**

Eine solche Pflicht kann von Rechts wegen auch nicht angeordnet werden. Umstritten ist aber, ob eine UG auch für solche Gesellschaftszwecke eingesetzt werden kann, bei denen eine Gewinnerzielung von vornherein ausgeschlossen ist. Das
wird zum Teil mit dem Argument angenommen[17], die Thesaurierungspflicht liefe
bei fehlender Gewinnerzielungsabsicht leer. Diese Ansicht verstößt jedoch gegen
den auch für die UG geltenden § 1 GmbHG, wonach die GmbH für **alle Zwecke**
verwendet werden kann. Dazu gehört z.B. auch eine gemeinnützige Tätigkeit[18],
bei der ebenfalls kein Gewinn zu erwarten ist. Zudem müssten die Fälle, in denen
die UG nicht verwendet werden darf, von Sachverhalten abgegrenzt werden, in
denen das Vorhaben aus wirtschaftlichen Gründen keinen Gewinn verspricht. Das
ist kaum rechtssicher möglich.

Daher kann die UG insbesondere auch als **Komplementärin einer KG** (sog.
UG & Co. KG) fungieren, auch wenn der Gesellschaftsvertrag der KG dafür keine
Vergütung vorsieht. Die UG kann auch **gemeinnützige Zwecke** verfolgen. Und
sie kann sowohl beherrschendes als auch abhängiges Unternehmen im **Unternehmensverbund** sein.

Die Thesaurierungspflicht und die damit einhergehende Ausschüttungssperre sind
natürlich auch im Konzern bei Bestehen eines **Gewinnabführungsvertrages** (dazu unten
§ 32 Rn. 48 ff.) zu beachten[19].

---

[15] Dazu *Freitag/Riemenschneider*, ZIP 2007, 1485, 1488.

[16] So auch Begr. RegE zum MoMiG, BT-Drucks. 16/6140, S. 32; *Fastrich* in Baumbach/Hueck,
GmbHG, § 5a Rn. 26; *Gehrlein*, Der Konzern 2007, 771, 779.

[17] *Katschinski/Rawert*, ZIP 2008, 1993, 1999; *Veil*, GmbHR 2007, 108; dagegen *Heckschen*,
DStR 2009, 166, 171; *Heeg*, DB 2009, 719, 721.

[18] Zur gemeinnützigen GmbH vgl. *Ullrich*, GmbHR 2009, 750.

[19] Zur Problematik vgl. *Stenzel*, NZG 2009, 168, 171.

VI. Gesellschafterversammlung bei drohender Zahlungsunfähigkeit

21   Für die reguläre GmbH schreibt § 49 III GmbHG vor, dass bei Verlust von 50 %
      des Stammkapitals eine Gesellschafterversammlung einzuberufen ist. Dies ist für
      die UG wegen des oftmals nur geringen Stammkapitals nicht sinnvoll. Daher
      knüpft **§ 5a IV GmbHG** die Einberufungspflicht an die drohende Zahlungsunfä-
      higkeit. Diese liegt vor, wenn die UG voraussichtlich nicht in der Lage sein wird,
      bestehende Zahlungspflichten im Zeitpunkt ihrer Fälligkeit zu erfüllen (vgl. § 18
      II InsO). Daneben besteht weiterhin die **allgemeine Pflicht** des Geschäftsführers
      nach §§ 49 II, 43 I GmbHG, die Gesellschafterversammlung bei Vorliegen einer
      Krise einzuberufen.

      Im Übrigen gelten auch für die „UG in der Krise" keine Besonderheiten.

22   Besondere Haftungstatbestände für die – wegen der geringen Kapitalausstattung
      praktisch häufig vorkommenden – Fälle der sog. materiellen Unterkapitalisierung
      (dazu § 10 Rn. 12 ff.) sind auch bei der UG nicht anzuerkennen.

      Die bei einer UG stets latente **Überschuldungsgefahr** und die damit einhergehende
      Gefahr einer Haftung wegen Verstoßes gegen § 15a I 1 InsO (Insolvenzverschleppungs-
      haftung, dazu unten § 11 Rn. 108 ff.) ist gegenwärtig dadurch entschärft, dass § 19 II 1
      InsO eine Fortführung der Gesellschaft auch bei rechnerischer Überschuldung zulässt,
      wenn eine positive Fortführungsprognose besteht. Diese ist bei einer neu gegründeten
      Gesellschaft stets gegeben und endet erst, wenn konkrete Umstände darauf hinweisen,
      dass das Geschäftsmodell nicht tragfähig ist. Auf diese Weise kann vermieden werden,
      dass die bei jeder Gründung unvermeidlichen Anlaufverluste in die Insolvenzantrags-
      pflicht führen. Allerdings ist die gegenwärtige Fassung des § 19 II InsO durch die
      Finanzkrise bedingt und – derzeit – bis zum 31. Dezember 2013 befristet. Nach dem
      regulären, bis 2008 geltenden und ab 1. Januar 2014 wieder vorgesehenen Über-
      schuldungsbegriff kommt der rechnerischen Überschuldung eine größere Bedeutung zu.
      Dies könnte sich auf die UG mit ihrem dünnen Eigenkapital nachteilig auswirken.

VII. Übergang zur GmbH gemäß § 5a V GmbHG

23   § 5a V GmbHG regelt den Übergang der UG zur GmbH.

      Erreicht oder übersteigt das Stammkapital der Gesellschaft den Mindestbe-
      trag aus § 5 I GmbHG, so finden die Absätze 1 bis 4 des § 5a GmbHG keine
      Anwendung mehr.

      Dies entspricht dem ursprünglichen Ziel, mit der UG den Einstieg in die GmbH zu
      erleichtern (siehe oben Rn. 2). Inwieweit sich dieses Ziel in der Praxis verwirklicht hat,
      wird erst im Lauf der Zeit festgestellt werden können.

      Der Wechsel vollzieht sich nicht nach den Normen des UmwG über den Form-
      wechsel, vielmehr erfolgt der Übergang zur GmbH **ipso iure** durch entsprechende

Erhöhung des Stammkapitals[20]. Mit Leistung der Einlagen und Eintragung der Kapitalerhöhung in das Handelsregister (vgl. § 54 III GmbHG) fallen die Beschränkungen des § 5a GmbHG weg[21]. Maßgeblich ist allein das Stammkapital, nicht die gesetzlich gebildete Rücklage.

> Daher **empfiehlt** es sich, thesaurierte Gewinne nach § 5a III 2 Nr. 1 GmbHG zur Kapitalerhöhung aus Gesellschaftsmitteln zu verwenden. Nach dem Übergang zur GmbH kann die überschüssige, also die nicht für die Kapitalerhöhung verwendete Rücklage aufgelöst werden[22].

Die Gesellschaft kann den **Rechtsformzusatz** entsprechend § 4 GmbHG in „GmbH" ändern. Der nun entstandenen GmbH ist es aber auch weiterhin gestattet, den Rechtsformzusatz „UG (haftungsbeschränkt)" beizubehalten (§ 5a V GmbHG a.E.). Zwar erscheint dies im Hinblick auf die Transparenz fragwürdig[23], doch sind negative Auswirkungen auf den Rechtsverkehr nicht ersichtlich, da das vorhandene Stammkapital höher ist als der Rechtsformzusatz vermuten lassen könnte.   **24**

> Eine Rückumwandlung der GmbH in eine UG ist ausgeschlossen, d.h. die Gesellschaft darf ihr Kapital nicht wieder unter die Grenze von 25.000 EUR herabsetzten[24].   **25**

---

[20] *Lutter* in Lutter/Hommelhoff, GmbHG, § 5a Rn. 34.

[21] *Fastrich* in Baumbach/Hueck, GmbHG, § 5a Rn. 32.

[22] So auch *Fastrich* in Baumbach/Hueck, GmbHG, § 5a Rn. 32.

[23] Kritisch zur Beibehaltung des Rechtsformzusatzes *Heckschen*, DStR 2009, 166, 170; *Goette*, Einführung in das neue GmbH-Recht, 2008, Rn. 47.

[24] *Lutter* in Lutter/Hommelhoff, GmbHG, § 5a Rn. 34.

§ 6 Die Vor-GmbH

Literatur: *Cebulla*, Haftungsmodelle bei der GmbH-Gründung, NZG 2001, 972; *Drygala*, Praktische Probleme der Vor-GmbH, JURA 2003, 433; *Langenbucher*, Grundfälle zum Recht der Gesellschaft mit beschränkter Haftung, JuS 2004, 387; *Lutter*, Haftungsrisiken bei der Gründung einer GmbH, JuS 1998, 1073.

I. Grundlagen

1. Die Vor-GmbH als Zwischenstadium

Vom Entschluss eine GmbH zu gründen über den Abschluss des Gesellschaftsvertrages bis hin zur Eintragung durchläuft die GmbH verschiedene Gründungsphasen (siehe bereits § 4 Rn. 4 ff.). **1**

Vor Eintragung besteht die Gesellschaft mit beschränkter Haftung *als solche* nicht (§ 11 I GmbHG).

Dies darf aber nicht dahingehend missverstanden werden, dass vor Eintragung ein **2** – von den Gründungsgesellschaftern verschiedener – Rechtsträger nicht besteht. Hiervon geht auch das Gesetz selbst nicht aus, heißt es doch in § 7 III GmbHG, dass die Sacheinlagen „an die Gesellschaft" zu bewirken sind. Da Sacheinlagen vollständig, Bareinlagen jedenfalls zu einem Mindestbetrag zum Zeitpunkt der Anmeldung zu erbringen sind (§§ 7 II, 8 II GmbHG), muss es bereits vor der Eintragung einen Rechtsträger geben, der die Leistungen in Empfang nimmt. **Dieser Rechtsträger ist die Vor-GmbH.**

Und mehr noch: Diese Einlagen sollen nach Eintragung der dann entstandenen **3** GmbH zustehen – und zwar ohne weiteres, also ohne zusätzlichen rechtsgeschäftlichen Übertragungsakt.

Dies lässt sich auf zwei Wegen begründen:
- Die Vor-GmbH erlischt mit Entstehen der GmbH; diese wird Rechtsnachfolgerin kraft Gesamtrechtsnachfolge.
- Die Vor-GmbH ist mit der später entstehenden GmbH identisch.

Vorzugswürdig ist die zweitgenannte Lösung, da sie die **gesetzlich angelegte Kontinuität** erklären kann, ohne hierzu künstlich zwei voneinander zu unterscheidende Rechtsträger konstruieren zu müssen. Zudem beruhen Vor-GmbH und GmbH auf ein und demselben organisationsrechtlichen Akt: dem Gesellschaftsvertrag.

Die Vor-GmbH ist somit notwendiges **Zwischenstadium** zur späteren GmbH und mit dieser **identisch**[1].

Damit ist noch nicht geklärt, inwiefern sich die Vor-GmbH von der GmbH unterscheidet. Was bedeutet es also, dass die GmbH zwar schon errichtet und durch den Gesellschaftsvertrag konstituiert, mangels Eintragung aber nicht „als solche" entstanden ist? Insbesondere: Welches Gesellschaftsrecht ist auf sie anwendbar? Diese Fragen beantwortet das Gesetz nicht. Daher waren und sind Rechtsprechung und Lehre aufgerufen, sie zu beantworten.

2. Rechtsnatur und anwendbares Recht

4   Über die **Rechtsnatur der Vor-GmbH** besteht noch immer keine Einigkeit. Bisweilen wird sie als Gesamthand, ähnlich den Personengesellschaften angesehen[2]. Andere betonen den bereits angelegten körperschaftlichen Charakter und plädieren daher für eine am Kapitalgesellschaftsrecht orientierte Behandlung der Vorgesellschaft[3]. Überwiegend vermeidet man dabei jedoch eine klare Festlegung und bezeichnet die Vorgesellschaft als Rechtsform eigener Art („sui generis")[4].

5   Nach hier vertretener Auffassung ist die Vor-GmbH kein von der GmbH verschiedenes Rechtssubjekt, sondern eine **notwendige Vorstufe** – ein „Minus" – zur GmbH. Die Organisationsverfassung entspricht bei der Vor-GmbH derjenigen der GmbH, eben weil der Gesellschaftsvertrag die körperschaftliche Verfassung auch der Vor-GmbH bildet. Gegen eine Einordnung als Gesamthand[5] spricht insbesondere auch, dass auch bei der Einpersonengründung mit Abschluss des Gesellschaftsvertrages (siehe § 4 Rn. 17) eine Vorgesellschaft entsteht[6].

Die **Gegenauffassung** muss konsequenterweise das Entstehen einer Vor-GmbH bei nur einem Gründer verneinen[7]. Dies vermag aber nicht zu erklären, wie die vor Eintragung der GmbH erbrachten Einlagen vor dem Zugriff der Gläubiger des Gründers geschützt sind. Auch muss dann fingiert werden, dass die bereits bestellten Organe in diesem Zwischenstadium nicht für die Gesellschaft, sondern für den Gründer handeln. All dies

---

[1] Ebenso *Michalski/Funke* in Michalski, GmbHG, § 11 Rn. 70; *Raiser/Veil*, Recht der Kapitalgesellschaften, § 26 Rn. 111; *K. Schmidt*, Gesellschaftsrecht, § 11 IV 4; gegen Identität etwa BGHZ 80, 129, 137; *Hueck/Fastrich* in Baumbach/Hueck, GmbHG, § 11 Rn. 51.

[2] RGZ 58, 55, 56; 83, 370, 373; BGHZ 80, 129, 135; wohl auch *Roth* in Roth/Altmeppen, GmbHG, § 11 Rn. 39.

[3] *Gummert* in MünchHdb. GesR III (GmbH), § 16 Rn. 7 f.; *Raiser/Veil*, Recht der Kapitalgesellschaften, § 26 Rn. 94 ff.; *K. Schmidt*, Gesellschaftsrecht, § 11 IV 2 b.

[4] BGHZ 21, 242, 246; 45, 338, 347; *Hueck/Fastrich* in Baumbach/Hueck, GmbHG, § 11 Rn. 7; *Bayer* in Lutter/Hommelhoff, GmbHG, § 11 Rn. 5.

[5] Dafür aber BGHZ 80, 129, 135; *Hueck/Fastrich* in Baumbach/Hueck, GmbHG, § 11 Rn. 7; für die AG *Hüffer*, AktG, § 41 Rn. 4; *Pentz* in MünchKomm. AktG, § 41 Rn. 9.

[6] Vgl. *Drygala* in K. Schmidt/Lutter, AktG, § 41 Rn. 4; *Jaeger* in BeckOK GmbHG, § 11 Rn. 6.

[7] A.A. *Hüffer*, ZHR 145 (1981), 536 ff.: Bildung eines Sondervermögens des Gründers.

vermag nicht zu überzeugen, zumal das Gesetz nicht zwischen der Einpersonen- und der Mehrpersonengründung unterscheidet.

Das Gesetz geht damit erkennbar davon aus, dass es sich bei der Vor-GmbH **6** – wie auch bei der Vor-AG[8] – um eine **rechtsfähige Körperschaft** handelt. Entgegen der wohl h.M. wird man daher bereits die Vorgesellschaft als **juristische Person** ansehen müssen. Die Vor-GmbH hat im Rechtsverkehr, vor allem aber auch gegenüber den Gründern als solche eigene Rechte und Pflichten[9].

Die noch fehlende Handelsregistereintragung steht dem nicht zwingend entgegen, da die Abneigung des Gesetzgebers gegen nicht eingetragene juristische Personen des Privatrechts auf historischen Gründen beruht, die heute nicht mehr einschlägig, jedenfalls aber nicht mehr zwingend erforderlich sind[10].

Über die **Haftungsverfassung** ist damit noch nichts gesagt, da die juristische Person nicht zwingend durch das Merkmal der beschränkten Haftung gekennzeichnet ist[11]. Hier besteht denn auch der wesentliche Unterschied zwischen Vor-GmbH und GmbH: Nur in der GmbH ist die Haftung auf das Gesellschaftsvermögen beschränkt. Im Übrigen können aber die Vorschriften des GmbH-Rechts durchaus auch bereits auf die Vor-GmbH angewendet werden, sofern die Schutzinteressen der Gesellschafter oder des Rechtsverkehrs nicht entgegenstehen. **7**

§ 11 I GmbHG ist richtigerweise so zu lesen: Vor Eintragung besteht die Gesellschaft „als solche", d.h. als Gesellschaft *mit beschränkter Haftung* nicht.

Merke: Die Vorgesellschaft kann alles – außer die Haftung beschränken!

II. Vertretung der Vor-GmbH

Die Vor-GmbH wird durch den (oder die) vor Anmeldung notwendig bereits **8** zu bestellenden Geschäftsführer vertreten.

---

[8] Dazu *Drygala* in K. Schmidt/Lutter, AktG, § 41 Rn. 5.

[9] Ähnlich auch *K. Schmidt*, Gesellschaftsrecht, § 11 IV 4; für die AG siehe etwa *Drygala* in K. Schmidt/Lutter, AktG, § 41 Rn. 5.

[10] *K. Schmidt* in Großkomm. AktG, § 41 AktG Rn. 42; *Staake* in Zetzsche u.a. (Hrsg.), Recht und Wirtschaft, Jahrbuch Junger Zivilrechtswissenschaftler 2007, S. 109, 126 f. ff.; *Drygala* in K. Schmidt/Lutter, AktG, § 41 Rn. 5; a.A. *Wiedemann*, Gesellschaftsrecht II, § 1 I 2b aa.

[11] *Raiser/Veil*, Recht der Kapitalgesellschaften, § 3 Rn. 12; *Raiser*, AcP 194 (1994), 495, 496 ff.; *Timm*, NJW 1995, 3209, 3215; *Staake* in Zetzsche u.a. (Hrsg.), Recht und Wirtschaft, Jahrbuch Junger Zivilrechtswissenschaftler 2007, S. 109, 129 ff.

Diese haben ohne weiteres Vertretungsmacht für die **gründungsnotwendigen Geschäfte**. Das früher von der Rechtsprechung angenommene Verbot, darüber hinausgehende Geschäfte überhaupt abzuschließen (sog. Vorbelastungsverbot), ist mit Recht aufgegeben worden[12].

> Das **Vorbelastungsverbot** sollte das möglichst ungeschmälerte Vorhandensein des Stammkapitals zum Zeitpunkt der Eintragung gewährleisten. Hierdurch wurde jedoch die Fortführung eines existierenden Handelsgeschäfts bei Einbringung in die GmbH extrem erschwert. Diese Garantiefunktion übernimmt nunmehr die **Vorbelastungshaftung**, wonach die Gesellschafter verpflichtet sind, eine zum Zeitpunkt der Eintragung bestehende Unterbilanz anteilig ausgleichen zu müssen.

9   Allerdings benötigt der Geschäftsführer zur Vornahme von **nicht gründungsnotwendigen Geschäften** die Zustimmung der Gesellschafter, da diese für eventuelle Verluste in der Gründungsphase finanziell einzustehen haben.

Die Zustimmung kann bereits im Gesellschaftsvertrag enthalten sein, aber auch nachträglich durch Beschluss[13] erteilt werden. Der Beschluss bedarf nicht der notariellen Beurkundung[14]. Er muss aber von den Gründern einstimmig gefasst werden[15], da die Haftung jedes einzelnen Gründers droht.

10   Das **gänzliche Fehlen** bzw. die Unwirksamkeit der Gründerzustimmung führt zum Fehlen der Vertretungsmacht auch im Außenverhältnis; § 37 II GmbHG findet insoweit keine Anwendung. Diese Einschränkung der Vertretungsmacht ist zum Schutz der Gründer vor ungewollter persönlicher Haftung notwendig.

11   Soweit es nur um **einzelne Beschränkungen** der Vertretungsmacht (Zeit, Ort, Umfang, Gegenstand, finanzielles Volumen etc.) geht, ist § 37 II GmbHG aber anwendbar: Die Beschränkung wirkt **nur im Innenverhältnis**, nicht aber nach außen gegenüber Dritten. Die sachlich unbeschränkte Vertretungsmacht der Organe im Außenverhältnis ist ein allgemeiner Rechtsgrundsatz des Handelsrechts und gilt daher auch für die geschäftstätige Vorgesellschaft. Die vorherrschende Gegenansicht[16] vernachlässigt den Schutz des Rechtsverkehrs vor nicht erkennbaren Beschränkungen der Vertretungsmacht.

12   Dem **Schutz der Gesellschafter vor einer ungewollten Haftung** wird nach hier vertretener Ansicht dadurch Rechnung getragen, dass sie der Geschäftsaufnahme jenseits der gründungsnotwendigen Geschäfte nicht zustimmen müssen. Haben sie es aber getan, gilt der Grundsatz: „Ganz oder gar nicht". Das ist eine Rechtslage wie in der OHG, wo der geschäftsführende Gesellschafter ebenfalls unbeschränkte Vertretungsmacht hat (§ 126 II HGB). Warum das bei der Vor-GmbH unzumutbar sein soll, ist nicht ersichtlich.

---

[12] Grundlegend BGHZ 80, 129 ff.

[13] Dagegen *Ulmer*, ZGR 1981, 593, 597 f.

[14] BGHZ 80, 129, 139; *Bayer* in Lutter/Hommelhoff, GmbHG, § 11 Rn. 14.

[15] *Bayer* in Lutter/Hommelhoff, GmbHG, § 11 Rn. 14.

[16] BGHZ 80, 129, 139; *Ulmer* in Ulmer/Habersack/Winter, GmbHG, § 11 Rn. 68.

III. Haftungsverhältnisse in der Vorgesellschaft

1. Haftung der Gesellschaft

Aufgrund ihrer Rechtsfähigkeit kann die Vorgesellschaft jede erdenkliche Rechts- **13** position übernehmen, z.B. Verträge schließen, Inhaberin eines Kontos sein, sich an anderen Gesellschaften beteiligen, ins Insolvenzverfahren gehen, vor Gericht klagen und verklagt werden.

> Ihre Rechtsfähigkeit ist auch in verwaltungsgerichtlichen Verfahren zu respektieren, sodass z.B. im Polizeirecht die Vor-GmbH und nicht ihre Gesellschafter als Störer anzusehen sind, und dass erforderliche Genehmigungen im Namen der Vor-GmbH beantragt werden können.

Für Verbindlichkeiten der Vorgesellschaft haftet daher diese selbst.

Dies gilt nicht nur für Verbindlichkeiten aus gründungsnotwendigen Geschäften, sondern **für alle Verbindlichkeiten**, gleich ob sie vertraglicher, deliktischer oder sonstiger Natur sind. Die deliktische Haftung der Vor-GmbH folgt aus der Zurechnung des schädigenden Verhaltens ihrer Organe analog § 31 BGB[17].

Für Verbindlichkeiten, die vor Abschluss des Gesellschaftsvertrages von den **14** Gründern eingegangen worden sind, haftet die Vor-GmbH hingegen nicht. Es besteht **keine Haftungskontinuität zwischen Vorgründungsgesellschaft und Vorgesellschaft.** Daher bedarf es insoweit eines selbständigen Verpflichtungsgrundes (z.B. Schuldbeitritt, Schuldübernahme).

Mit Eintragung der GmbH wird die Vor-GmbH zur GmbH. Hier besteht **Haftungskontinuität**, da es sich um denselben Rechtsträger handelt.

> Die **Gegenposition** geht von einer **Gesamtrechtsnachfolge** der GmbH in das Vermögen der Vor-GmbH aus und kommt so ebenfalls zu einer Haftung der GmbH für vor Eintragung begründete Verbindlichkeiten[18]. Ein besonderer rechtsgeschäftlicher Übertragungsvorgang ist jedenfalls nicht erforderlich.

2. Haftung der Gesellschafter

Die Haftungsbeschränkung des § 13 II GmbHG knüpft nach einhelliger Auffas- **15** sung an die Eintragung im Handelsregister an, ist also auf die Vor-GmbH **nicht anwendbar**. Daher haften Gründungsgesellschafter grundsätzlich für die Verbindlichkeiten der Vor-GmbH. Über die Ausgestaltung der Haftung und die Anspruchsberechtigten (Gesellschaft oder deren Gläubiger?) ist damit noch nichts gesagt.

---

[17] *Jaeger* in BeckOK GmbHG, § 11 Rn. 74.

[18] BGHZ 80, 129, 137; *Hueck/Fastrich* in Baumbach/Hueck, GmbHG, § 11 Rn. 51.

a) Haftung nach Eintragung

16   Das Stammkapital dient dazu, die Gesellschafter in einem bestimmten Umfang am Risiko der Unternehmung zu beteiligen (dazu oben § 1 Rn. 18). Maßgeblicher Zeitpunkt hierfür ist nach dem Gesetz die Eintragung in das Handelsregister. Zu diesem Zeitpunkt muss das Stammkapital möglichst unversehrt zur Verfügung stehen.

17   Um dies zu gewährleisten, nahm die Rechtsprechung, namentlich das RG, zunächst an, dass eine Vorbelastung (mit Ausnahme notwendiger Gründungskosten) verboten sei[19]. Allerdings hat sich das **Vorbelastungsverbot** für die Praxis als Hemmnis erwiesen. Kaum handhabbar waren insbesondere die Fälle, in denen ein Gesellschafter ein bereits bestehendes Unternehmen in die Gesellschaft einbringen wollte. Hier hätte man für die Dauer des Eintragungsverfahrens schließen müssen, um keine Verbindlichkeiten zu produzieren. Daher hat der BGH das Vorbelastungsverbot richtigerweise aufgegeben und durch eine Vorbelastungshaftung ersetzt[20]. Danach ist die Geschäftstätigkeit in der Gründungsphase zulässig, aber die Gesellschafter müssen eine zwischen Errichtung der Gesellschaft und Eintragung entstandene Unterbilanz ausgleichen.

18   Bei der **Vorbelastungshaftung** (auch **Unterbilanz- oder Differenzhaftung**) handelt es sich um eine Innenhaftung, d.h. anspruchsberechtigt ist allein die GmbH.

Der Anspruch umfasst den gesamten Betrag, der erforderlich ist, um das Stammkapital der Gesellschaft auf das statutarisch vorgesehene Maß aufzufüllen. Die Haftung ist daher der Höhe nach nicht begrenzt. Mehrere Gesellschafter haften nicht als Gesamtschuldner, sondern anteilig gemäß ihrer Beteiligungsverhältnisse. Fällt ein Gesellschafter aus, so haften die übrigen analog § 24 GmbHG für den Ausfall.

19   Erwirtschaftet die GmbH in der Folgezeit **Gewinne**, führt dies insoweit zum **Wegfall des Anspruchs**[21].

Die Rechtsprechung zu § 30 GmbHG, nach der Gewinne der Gesellschaft den Anspruch gegen den Gesellschafter wegen Kapitalrückzahlung nicht entfallen lassen[22] (siehe dazu unten § 8 Rn. 51), ist auf die Vorbelastungshaftung nicht übertragbar. Hier ist keine Rückzahlung von Kapital an den Gesellschafter erfolgt, sondern lediglich Verlust erwirtschaftet worden. Folglich hat der Gesellschafter

---

[19] RGZ 154, 276, 286 f.

[20] Grundlegend BGHZ 80, 129.

[21] So auch *Bayer/Lieder*, ZGR 2006, 875, 879 ff.

[22] BGHZ 144, 336 – „Balsam/Procedo"; BGH NJW 2003, 3629, 3631.

seinen **Risikobeitrag wirksam erbracht**, sodass kein Anlass besteht, vom Gesellschafter eine erneute Zahlung zu verlangen.

Der Anspruch verjährt, wenn er nicht vorher durch Gewinne ausgeglichen wurde, analog § 9 II GmbHG in zehn Jahren.

b) Haftung bei fehlender Eintragung

Über das Haftungskonzept für die Zeit nach Eintragung der Gesellschaft in das **20** Handelsregister besteht – trotz Unterschieden im Detail – ein Grundkonsens in Rechtsprechung und Schrifttum. Demgegenüber ist die Behandlung der Fälle, in denen eine Eintragung nicht erfolgt ist, **umstritten**.

aa) Grundsatz

Nach Auffassung des BGH[23] besteht insoweit eine der Vorbelastungshaftung ver- **21** gleichbare Pflicht der Gesellschafter zum Ausgleich der durch die Vorgesellschaft erwirtschafteten Verluste (sog. **Verlustdeckungshaftung**). Die Gesellschafter müssen also Stammkapital, das durch Verluste während des Eintragungsverfahrens verloren geht, der Gesellschaft ersetzen. Die **Kapitalaufbringung** ist nach dieser Ansicht kein einmaliger Vorgang, sondern ein **fortlaufender Prozess**.

> Auch die Verlustdeckungshaftung ist als **Innenhaftung** konzipiert, bei der die Gesellschafter der Vorgesellschaft gegenüber der Höhe nach zwar unbeschränkt, aber nur anteilig nach Maßgabe ihrer Beteiligungsquote haften.

Diese Verlustdeckungspflicht wird vielfach als nicht ausreichend **kritisiert**. An **22** Stelle dessen wird für den Fall der Nichteintragung eine **unbeschränkte Außenhaftung** der Gründer analog **§ 128 HGB** gefordert[24].

Der **Nachteil** der Innenhaftung besteht in ihrer komplizierteren Durchsetzung. Die Gläubiger der Vor-GmbH müssen deren Ausgleichsanspruch der Gesellschaft gegen den bzw. die Gesellschafter pfänden und sich überweisen lassen (§§ 829, 835 ZPO). Dies setzt die Kenntnis entsprechender Ansprüche voraus, die mangels Recht auf Einsicht in die Bücher und Schriften der Gesellschaft kaum zu erlangen sind. Das fällt bei Eröffnung eines Insolvenzverfahrens weniger ins Gewicht, weil hier ohnehin der Insolvenzverwalter die Innenhaftung durchsetzen kann, wobei er Zugriff auf die erforderlichen Unterlagen hat. Probleme entstehen daher vor allem bei ungeordneter Liquidation nach Abweisung des Insolvenzantrags mangels Masse. Zudem haften die Gesellschafter nicht gesamtschuldnerisch, sondern nur in Höhe ihrer Beteiligungsquote.

Der **Vorteil der internen Verlustdeckungspflicht** liegt jedoch in ihrer systemati- **23** schen Stimmigkeit als Fortsetzung der Vorbelastungshaftung, denn ein Übergang von der internen Vorbelastungshaftung zur externen Haftung nach § 128 HGB

---

[23]Grundlegend BGHZ 134, 333 ff.

[24] *Altmeppen*, ZIP 2005, 117; *K. Schmidt*, ZIP 1996, 353; *ders.*, ZIP 1997, 671; *Bayer* in Lutter/Hommelhoff, GmbHG, § 11 Rn. 23; *Roth* in Roth/Altmeppen, GmbHG, § 11 Rn. 55, 9.

wird vermieden. Zudem werden durch das Innenhaftungskonzept die Gründer aus Streitigkeiten der Gesellschaft mit ihren Gläubigern herausgehalten. Vorteilhaft ist schließlich, dass in einem laufenden Insolvenzverfahren der Insolvenzverwalter die Ansprüche für die Gesellschaft geltend machen und so für eine regelmäßig zwar nur anteilige, aber immerhin gleichmäßige Befriedigung der Gläubiger sorgen kann. So wird ein „Wettlauf der Gläubiger" vermieden. Die Innenhaftung erscheint aufgrund der dargestellten Vorteile als das **im Grundsatz vorzugswürdige Haftungskonzept.**

bb) Ausnahmen

24   Die damit verbundene Privilegierung der Gründer (Haftung nur anteilig und nur gegenüber der Gesellschaft) ist aber nicht in allen Fällen gerechtfertigt. Auch der BGH erkennt **Ausnahmen vom Innenhaftungskonzept** an.

> So heißt es in **BGHZ 152, 290** (Leitsatz):
> „Scheitert die Gründung einer GmbH, die im Einverständnis ihrer Gesellschafter schon vor der Eintragung in das Handelsregister die Geschäfte aufgenommen hat, finden die Grundsätze der Verlustdeckungshaftung allein dann Anwendung, wenn die Geschäftstätigkeit sofort beendet und die Vorgesellschaft abgewickelt wird. Werden dementgegen die Geschäfte nach diesem Zeitpunkt fortgeführt, haben die Gründer für sämtliche Verbindlichkeiten der Vorgesellschaft, auch für die bis zum Scheitern entstandenen, nach personengesellschaftsrechtlichen Grundsätzen einzustehen."

25   Setzen die Gesellschafter die Geschäftstätigkeit fort, obwohl die Eintragung **endgültig gescheitert** ist, wandelt sich die Vor-GmbH in eine OHG oder GbR um – mit der Folge der persönlichen und unbeschränkten Außenhaftung nach § 128 HGB.

Die **Gründung ist gescheitert,** wenn der Eintragungsantrag vom Registergericht zurückgewiesen wird oder wenn durch Zwischenverfügung Beanstandungen erhoben werden, die Gesellschafter daraufhin aber weder Rechtsmittel einlegen noch die Beanstandungen beheben[25]. Ein Scheitern ist ferner **zu vermuten,** wenn die Eintragung nicht innerhalb angemessener Zeit (Richtwert: sechs Monate[26]) erfolgt[27].

26   Die reine Innenhaftung verliert darüber hinaus ihre Berechtigung, wenn die Gesellschaft ihre Tätigkeit **ohne geordnetes Liquidationsverfahren** eingestellt hat[28].

---

[25] *Drygala,* ZIP 2002, 2311 ff.; *Hueck/Fastrich* in Baumbach/Hueck, GmbHG, § 11 Rn. 32.

[26] *Drygala,* ZIP 2002, 2311 ff.; *ders.* in K. Schmidt/Lutter, AktG, § 41 Rn. 16.

[27] BGHZ 152, 290, 293; OLG Hamm GmbHR 2006, 1044, 1045.

[28] *Drygala* in K. Schmidt/Lutter, AktG, § 41 Rn. 17.

Hierin kommt der **Gedanke des Rechtsformmissbrauchs** zum Ausdruck: Machen die Gesellschafter von dem gesetzlich vorgesehenen, dem Interesse der Gläubiger dienenden Verfahren zur Beendigung der Gesellschaft keinen Gebrauch, so ist eine Haftungsprivilegierung nicht geboten. In diesen Fällen haften die Gesellschafter analog § 128 HGB **für sämtliche Verbindlichkeiten** unabhängig vom Zeitpunkt ihrer Begründung[29].

Bei Insolvenzreife dürfen die Gesellschafter daher die Vor-GmbH nicht „still" liquidieren, sondern müssen darauf hinwirken, dass der Geschäftsführer Insolvenzantrag stellt. Ist kein Geschäftsführer vorhanden (Führungslosigkeit), müssen die Gesellschafter den Antrag selbst stellen (§ 15a III InsO). Die Haftung analog § 128 HGB tritt dann neben eine etwaige Haftung wegen Insolvenzverschleppung gemäß § 823 II BGB (siehe dazu unten § 11 Rn. 108 ff.).

3. Handelndenhaftung

Von der Haftung der Gesellschafter strikt zu unterscheiden ist die sog. Handelndenhaftung. **27**

Gemäß § 11 II GmbHG haften diejenigen, die vor Eintragung im Namen der Gesellschaft gehandelt haben, persönlich für die eingegangenen Verbindlichkeiten.

a) Zweck

Durch die Handelndenhaftung sollten die Gesellschaftsorgane ursprünglich dazu **28** angehalten werden, **auf eine zügige Eintragung hinzuwirken**. Zudem ging man zunächst vom Bestehen eines Vorbelastungsverbotes aus und sah in der Handelndenhaftung konsequenterweise eine **Sanktionierung** von Verstößen gegen dieses Verbot[30]. Da zudem die Rechtsfähigkeit der Vorgesellschaft lange Zeit unsicher war und auch die Gesellschafterhaftung noch auf tönernen Füßen stand, wurde durch § 11 II GmbHG sichergestellt, dass überhaupt ein Schuldner vorhanden war[31]. All dies ist durch die wissenschaftliche Weiterentwicklung der Vorgesellschaft weitgehend überflüssig geworden. Indes könnte der deutsche Gesetzgeber die Handelndenhaftung nicht streichen – diese ist europarechtlich durch Art. 7 der Publizitätsrichtline[32] grundsätzlich vorgeschrieben.

Darin liegt der Vorteil, dass ein ähnlicher Haftungsgrundsatz in allen europäischen Rechtsordnungen existiert. Der Gläubiger kann daher im **grenzüberschreitenden Verkehr** mit noch nicht eingetragenen Gesellschaften darauf vertrauen, dass ihm

---

[29] *Michalski/Funke* in Michalski, GmbHG, § 11 Rn. 79.

[30] *Bayer* in Lutter/Hommelhoff, GmbHG, § 11 Rn. 24.

[31] BGHZ 47, 25, 29 f.; *Michalski/Funke* in Michalski, GmbHG, § 11 Rn. 85.

[32] Richtlinie 68/151/EWG vom 9. März 1968, ABl. Nr. L 065, S. 8.

wenigstens der Handelnde haftet. Das gilt unabhängig von der Frage, ob der betreffende Mitgliedstaat die Vorgesellschaft als rechtsfähig ansieht oder nicht.

b) Anspruchsvoraussetzungen

aa) Handelnder

29 Handelnder im Sinne der Vorschrift ist nur, wer als Geschäftsführer oder wie ein solcher für die Gesellschaft tätig wird (**enger Handelndenbegriff**).

Das **RG** ging hingegen von einem **weiten Handelndenbegriff** aus[33]. Handelnder war danach jeder, der mit der rechtsgeschäftlichen Maßnahme einverstanden war. Erfasst wurden hierdurch insbesondere auch die Gesellschafter, die nicht zugleich Geschäftsführer waren, die in Rede stehende Maßnahme aber – ggf. konkludent – gebilligt hatten. Dieses Verständnis ist durch die Entwicklung einer eigenständigen Gesellschafterhaftung nicht mehr angezeigt und wird auch nicht mehr vertreten.

30 § 11 II GmbHG stellt somit nach moderner Auffassung einen Fall der **Organhaftung** dar[34]. Haftungsadressaten sind die Geschäftsführer. Auf die Wirksamkeit der Bestellung kommt es dabei aber nicht an. Erfasst werden daher auch sog. **faktische Geschäftsführer**[35], die ohne wirksam zum Geschäftsführer bestellt zu sein, die Geschäfte der GmbH mit Billigung der Gesellschafter führen und auch wie ein Geschäftsführer nach außen auftreten (siehe auch unten § 11 Rn. 80).

Nachgeordnete Mitarbeiter (z.B. Prokuristen) sind hingegen nicht erfasst. Beauftragt der Geschäftsführer einen Mitarbeiter zur Vornahme eines Rechtsgeschäfts, so kann darin aber ein Handeln im Sinne des § 11 II GmbHG liegen, da die Vorschrift kein höchstpersönliches Tätigwerden verlangt[36].

bb) Rechtsgeschäftliches Tätigwerden

31 Die Norm setzt rechtsgeschäftliches oder rechtsgeschäftsähnliches Tätigwerden voraus[37]. Die Handelndenhaftung gilt daher **nicht** für gesetzliche Ansprüche, auch nicht solche aus Delikt oder aus gesetzlichem Schuldbeitritt (z.B. § 25 HGB). Sekundäransprüche aus Verträgen (§§ 280 ff. BGB) und Ansprüche aus Bereicherungsrecht sind hingegen vom Normzweck erfasst[38].

---

[33] RGZ 55, 302, 304; 70, 296, 301; so auch noch BGH NJW 1955, 1228.

[34] *Michalski/Funke* in Michalski, GmbHG, § 11 Rn. 89.

[35] Vgl. BGHZ 47, 26, 28 f.; 80, 129, 135; 91, 148, 149.

[36] *Bayer* in Lutter/Hommelhoff, GmbHG, § 11 Rn. 26; *Hueck/Fastrich* in Baumbach/Hueck, GmbHG, § 11 Rn. 47.

[37] *Michalski/Funke* in Michalski, GmbHG, § 11 Rn. 95; *Hueck/Fastrich* in Baumbach/Hueck, GmbHG, § 11 Rn. 49.

[38] *Jaeger* in BeckOK GmbHG, § 11 Rn. 73.

cc) Handeln im Namen der Gesellschaft

§ 11 II GmbHG fordert ferner ein Handeln „im Namen der Gesellschaft".   **32**

Der **BGH** folgert hieraus, dass eine Haftung nur in Betracht kommt, wenn namens der künftigen GmbH gehandelt worden ist[39]. Ein Hinweis auf die fehlende Eintragung, etwa durch eine entsprechende Firmierung als „GmbH in Gründung" oder „GmbH i.G.", würde danach die Handelndenhaftung gemäß § 11 II GmbHG stets ausschließen. **Dies überzeugt nicht.** Insbesondere trägt das Argument nicht, dass der über die fehlende Eintragung informierte Vertragspartner wisse, worauf er sich einlasse, und daher weniger schutzwürdig sei. Ebenso gut lässt sich argumentieren, dass sich der Vertragspartner gerade deshalb auf das Geschäft einlässt, weil er mit einer Haftung des Handelnden rechnet. Übermäßig praktisch ist die Differenzierung nach dem Auftreten als Vertreter für die Vor-GmbH oder die GmbH ohnehin nicht, da vom Rechtsverkehr eine juristische Analyse der Haftungsverhältnisse in der Vor-GmbH schlechterdings nicht erwartet werden kann.

Daher kommt es für die Haftung nach § 11 II GmbHG nicht darauf an, ob namens der Vor-GmbH oder der GmbH gehandelt wurde[40]. Auch die Verwendung des korrekten Rechtsformzusatzes ist nicht entscheidend. Maßgebend ist vielmehr, dass **erkennbar für den Betriebsinhaber** gehandelt wurde.

Ob der Handelnde **Vertretungsmacht** für den Abschluss des betreffenden   **33**
Rechtsgeschäfts hatte oder nicht, ist ebenfalls **ohne Relevanz**[41]. § 11 II GmbHG ist neben § 179 BGB anwendbar[42].

Der **BGH** vertritt auch insoweit die Gegenposition: Die Haftung aus § 11 II GmbHG solle nur sicherstellen, dass bei fehlender Vertretungsmacht der Vertragspartner „wenigstens die als organschaftlicher Vertreter für die Gesellschaft auftretende Person in Anspruch nehmen" dürfe[43]. Diese teleologische Reduktion ist mit Art. 7 der Publizitätsrichtlinie durchaus vereinbar, da dieser die Handelndenhaftung nur für die Fälle vorschreibt, in denen die Gesellschaft die Haftung nicht übernimmt, also nicht bei der wirksamen Verpflichtung der Gesellschaft. Allerdings verkennt der BGH, dass die Norm einen weiteren Zweck verfolgt: Der Vertragspartner soll – gerade im grenzüberschreitenden Verkehr – einen leicht erkennbaren und greifbaren Schuldner haben. Dies ist aber nicht gewährleistet, wenn man mit dem BGH davon ausgeht, dass § 37 II GmbHG in der Vor-GmbH nicht gilt und Beschränkungen der Vertretungsmacht auch nach außen wirken (siehe oben Rn. 10 f.). Dies hätte nämlich zur Folge, dass der Vertragspartner das Vorliegen von Vertretungsmacht nicht sicher beurteilen kann. Die Kombination beider Standpunkte (Haftung nur bei Vertretungsmacht und Beschränkbarkeit der Vertretungsmacht) führt so

---

[39] BGHZ 66, 359; dem folgend *Roth* in Roth/Altmeppen, GmbHG, § 11 Rn. 23 f.

[40] Wie hier *Hueck/Fastrich* in Baumbach/Hueck, GmbHG, § 11 Rn. 48; *Bayer* in Lutter/Hommelhoff, GmbHG, § 11 Rn. 27; *Michalski/Funke* in Michalski, GmbHG, § 11 Rn. 98 f.

[41] Ebenso *Bayer* in Lutter/Hommelhoff, GmbHG, § 11 Rn. 27; *Jaeger* in BeckOK GmbHG, § 11 Rn. 68.

[42] *Ulmer* in Ulmer/Habersack/Winter, GmbHG, § 11 Rn. 139.

[43] BGH GmbHR 2004, 1151, 152. Auch die hierzu konträre Position, wonach § 11 II GmbHG nur eingreift, wenn mit Vertretungsmacht gehandelt wurde, wird vertreten, vgl. *Beuthien* GmbHR 1996, 561, 564 f.; *A. Meyer*, GmbHR 2002, 1176, 1185 f.

zu einer erheblichen Unsicherheit auf Seiten des Vertragspartners und gibt diesem Steine statt Brot.

dd) Zeitlicher Anwendungsbereich

34 § 11 II GmbHG bezieht sich nur auf das Handeln im **Gründungsstadium**. Eine Haftung für Handlungen im Vorgründungsstadium (vor Abschluss des Gesellschaftsvertrages) ist durch die Vorschrift nicht vorgesehen. Bei Dauerschuldverhältnissen werden nur die Teilleistungen erfasst, die in den betreffenden Zeitraum fallen.

c) Rechtsfolgen

35 § 11 II GmbHG führt zur **persönlichen Haftung des Handelnden** für die begründeten Verbindlichkeiten. Mehrere Handelnde haften gesamtschuldnerisch. Die Haftung ist auf die Erfüllung des geschlossenen Vertrages gerichtet[44]. Inhalt und Umfang richten sich nach dem Schuldgrund, mithin nach dem Verpflichtungsgeschäft.

Hatte der Handelnde Vertretungsmacht, so haften er und die Gesellschaft nebeneinander. Die Handelndenhaftung ist dabei **nicht subsidiär**. Der Gläubiger muss daher nicht zuerst Befriedigung bei der Gesellschaft suchen. Beim Handeln ohne Vertretungsmacht kann der Gläubiger den Handelnden aus § 11 II GmbHG oder aus § 179 I BGB in Anspruch nehmen[45]. Für **Einwendungen und Einreden** gilt § 129 HGB entsprechend: Der Handelnde kann sich auf diese berufen, wo die Gesellschaft es könnte.

d) Erlöschen der Haftung

36 Mit Eintragung der GmbH in das Handelsregister erlischt die Handelndenhaftung aus § 11 II GmbHG.

Da die Gesellschaft nun als Haftungsschuldner mit einem registerrechtlich geprüften Stammkapital zur Verfügung steht, ist eine Organhaftung nicht mehr erforderlich[46]. Dabei kommt es nicht darauf an, dass die Gesellschaft unter der zunächst verwendeten Firma eingetragen wurde[47]. Maßgebend ist allein die rechtliche Identität.

> **Achtung:** Eine etwaige Haftung aus § 179 I BGB wegen Handelns ohne Vertretungsmacht bleibt hiervon unberührt!

---

[44] Vgl. dazu *Michalski/Funke* in Michalski, GmbHG, § 11 Rn. 103 ff.

[45] Wie hier *Roth* in Roth/Altmeppen, GmbHG, § 11 Rn. 37; gegen eine Wahlmöglichkeit aber *Michalski/Funke* in Michalski, GmbHG, § 11 Rn. 106 mit weiteren Nachweisen.

[46] BGHZ 69, 95, 103 f.; 70, 132, 139 ff.; 80, 182, 183 f.

[47] OLG Oldenburg GmbHR 2001, 973.

§ 7 Sicherung der Kapitalaufbringung

Literatur: *Bayer*, Moderner Kapitalschutz, ZGR 2007, 220; *Drygala*, Stammkapital heute – Zum veränderten Verständnis vom System des festen Kapitals und seinen Konsequenzen, ZGR 2006, 587; *Schall*, Kapitalaufbringung nach dem MoMiG, ZGR 2009, 126.

I. Das Prinzip der realen Kapitalaufbringung

Auf jeden Geschäftsanteil ist eine Einlage zu leisten (§ 14 S. 1 GmbHG). Deren   1
Höhe bestimmt sich nach dem bei der Errichtung der Gesellschaft im Gesellschaftsvertrag (oder bei einer späteren Kapitalerhöhung in der Übernahmeerklärung) festgesetzten Nennbetrag des jeweiligen Geschäftsanteils. Die Einlagepflicht repräsentiert den **Risikobeitrag**, den jeder Gesellschafter bei Übernahme eines Geschäftsanteils zu leisten hat.

> Die Koppelung der Einlagepflicht an den Geschäftsanteil ist auch bei Übertragung bestehender Geschäftsanteile (**derivativer Erwerb**) von Bedeutung. Hat der Veräußerer die Einlagepflicht bereits erfüllt, kommt dies auch dem Erwerber zugute. Besteht hingegen die Einlagepflicht ganz oder zum Teil zum Zeitpunkt der Übertragung noch, so haftet der Erwerber (verschuldensunabhängig) für die ausstehende Einlage. Der Veräußerer haftet als „Vormann" nur nach Maßgabe des § 22 GmbHG. Einen gutgläubigen lastenfreien Erwerb kennt das GmbHG nicht.

Aus dem Gedanken des Risikobeitrages erklären sich die besonderen Bindungen,   2
denen der Einlageanspruch der GmbH gegen ihre Gesellschafter unterliegt. Es gilt insoweit das Prinzip der realen Kapitalaufbringung, nach dem die **tatsächliche und endgültige Aufbringung** des im Gesellschaftsvertrag festgelegten und nach Eintragung auch im Handelsregister verlautbarten Stammkapitals sichergestellt werden soll.

Zentrale Vorschrift zur Sicherung der Kapitalaufbringung im GmbH-Recht   3
ist § 19 GmbHG.

§ 19 II GmbHG entzieht den Einlageanspruch der Disposition der Gesellschaft, die den Gesellschafter nicht von der Einlagepflicht befreien kann. Zudem wird dem Gesellschafter die Möglichkeit genommen, sich der Leistungspflicht durch Aufrechnung zu entziehen. § 19 II GmbHG soll somit sicherstellen, dass die Einlage real und in voller Höhe erbracht wird, sodass der Gesellschafter das eingegangene wirtschaftliche Risiko auch wirklich und nicht nur auf dem Papier übernimmt. Die durch das MoMiG eingefügten **§ 19 IV und V GmbHG** enthalten erstmals Regelungen zur Behandlung von verdeckten Sacheinlagen und zum Hin- und Herzahlen. Die Neuregelungen knüpfen dabei tatbestandlich an die bereits zuvor von der Rechtsprechung entwickelten Grundsätze (siehe unten Rn. 20) an, doch sind die angeordneten Rechtsfolgen – aus Sicht der Gesellschafter – weit weniger gravierend, sodass hierin durchaus eine **Aufweichung des Prinzips der realen Kapitalaufbringung** gesehen werden kann[1].

4   Die Sicherung der Kapitalaufbringung ist nur ein Element des gesetzlichen Kapitalschutzes. Sie wird ergänzt durch die Kapitalerhaltungsvorschriften, namentlich die §§ 30 ff. GmbHG, die den Bestand des bereits aufgebrachten Stammkapitals gegen Eingriffe der Gesellschafter sichern sollen. Die Kapitalaufbringung ist dabei gegenüber der Kapitalerhaltung logisch vorrangig.

5   So stellt sich in der Praxis oftmals die Frage, ob ein bestimmtes Geschehen nach Maßgabe des § 19 IV oder V GmbHG oder des § 30 I 1 GmbHG zu bewerten ist. Zur Verdeutlichung folgendes **Beispiel**:

A ist Gründer und Alleingesellschafter einer GmbH. Seine im Gesellschaftsvertrag übernommene Bareinlagepflicht in Höhe von 25.000 EUR hat er bereits vor Anmeldung der Gesellschaft zum Handelsregister erbracht. Bereits kurz nach Eintragung erwirtschaftet die Gesellschaft gute Gewinne, sodass das Gesellschaftsvermögen nach drei Monaten bereits auf 35.000 EUR angewachsen ist. Daraufhin schließt Geschäftsführer G für die GmbH mit A einen Kaufvertrag über dessen PKW ab. Der PKW hat einen Wert von 20.000 EUR, der Kaufpreis wird aber mit 25.000 EUR festgesetzt. Hat die GmbH Ansprüche gegen A?

Die Lösung des Beispielsfalles hängt maßgeblich davon ab, ob der Vorgang nach § 19 IV GmbHG oder nach § 30 I 1 GmbHG zu bewerten ist. Handelt es sich um eine verdeckte Sacheinlage (Einzelheiten dazu sogleich), bleibt die Bareinlagepflicht nach § 19 IV 1 GmbHG trotz Zahlung der 25.000 EUR bestehen. Allerdings wird der Wert des mit den eingebrachten Mitteln erworbenen Gegenstandes (PKW) auf die Bareinlagepflicht angerechnet, sodass hiernach A noch 5.000 EUR schulden würde. In diesem Fall ist für eine Prüfung des § 30 I 1 GmbHG kein Raum. Nur wenn die Voraussetzungen des § 19 IV 1 GmbHG nicht vorliegen, die Kapitalaufbringung also abgeschlossen ist, muss gefragt werden, ob gegen § 30 I 1 GmbHG verstoßen wurde. Im Beispielsfall liegt ein Verstoß nicht vor, weil trotz des für die GmbH ungünstigen Geschäfts das Gesellschaftsvermögen (dann 30.000 EUR) das Stammkapital (25.000 EUR) weiterhin deckt. **Die Kapitalaufbringungsregeln sind insoweit also strenger als die Kapitalerhaltungsregeln.** Dies ist im Aktienrecht anders (dazu unten § 20 Rn. 25 ff.).

Der Beispielsfall zeigt zudem, dass die Kapitalaufbringung mit Eintragung im Handelsregister und Leistung des versprochenen Gegenstandes **noch nicht abgeschlossen** sein muss. Daher sind kapitalrelevante Maßnahmen, die zeitlich zwar nach Abschluss des Gründungsvorgangs (oder nach Durchführung einer Kapitalgründung) vorgenommen werden, stets auf ihre Vereinbarkeit mit § 19 IV und V GmbHG zu prüfen.

II. Befreiungsverbot (§ 19 II 1 GmbHG)

6   Gemäß § 19 II 1 GmbHG können Gesellschafter von der Verpflichtung zur Leistung der Einlagen nicht befreit werden.

---

[1] Vgl. *Hueck/Fastrich* in Baumbach/Hueck, GmbHG, § 19 Rn. 2.

Von dem weit auszulegenden Begriff der „Befreiung" werden alle Rechtsgeschäfte umfasst, die den Einlageanspruch der GmbH nach Grund, Höhe, Inhalt oder Leistungszeitpunkt aufheben oder beeinträchtigen würden[2]. Verboten ist jeder **Erlass- oder Teilerlassvertrag**, aber auch jede Vereinbarung, die mit formal anderen Mitteln materiell zu dem gleichen Ergebnis führt.

> Hierzu zählen insbesondere:
> - die Abgabe eines **negativen Schuldanerkenntnisses** nach § 397 II BGB,
> - die **befreiende Schuldübernahme** nach §§ 414, 415 BGB,
> - die Verpflichtung, die Einlageforderung auf Dauer nicht geltend zu machen,
> - die nicht nur kurzfristige **Stundung**,
> - die Annahme einer ungenügenden Leistung als Erfüllung.

Auch ein **rechtsgeschäftlicher Vergleich** über die Einlageforderung ist grund-   **7**
sätzlich ausgeschlossen, da auch er zu einer Teilbefreiung des betreffenden Gesellschafters führt[3]. Er ist insbesondere unzulässig, wenn lediglich die Zahlungsfähigkeit des Einlageschuldners zweifelhaft ist.

Die Gesellschaft kann in diesen Fällen das **Kaduzierungsverfahren** gemäß §§ 21 ff. GmbHG betreiben, dazu unten Rn. 74 ff.

Eine Ausnahme von diesem Grundsatz mag allenfalls dann gelten, wenn über die restliche Einlageschuld beachtliche rechtliche oder tatsächliche Unklarheiten bestehen (z.B. über die Mangelhaftigkeit von Sacheinlagen), sodass ein Vergleich – gemessen an den Kosten und Schwierigkeiten des Rechtsstreites – sachlich geboten erscheint[4].

Unzulässig ist ferner die Annahme einer anderen als der geschuldeten Einlage-   **8**
leistung **an Erfüllungs statt (§ 364 I BGB)**[5], da anderenfalls die Sacheinlagevorschriften leicht umgangen werden könnten. Insoweit kann aber das Rechtsfolgenregime des § 19 IV GmbHG entsprechend herangezogen werden.

Einlageforderungen können auch nicht in einen Insolvenzplan (§§ 217 ff., 254 InsO) mit der Möglichkeit einer anschließenden Restschuldbefreiung (§§ 227, 286 InsO) einbezogen werden[6].

Eine **Ausnahme** vom Befreiungsverbot enthält § 19 III GmbHG für Kapitalherab-   **9**
setzungen. Eine Kapitalherabsetzung kann in Verbindung mit einem Erlassvertrag zum Erlass der Einlagepflicht führen. Das Verfahren richtet sich dabei nach § 58

---

[2] Vgl. statt aller *Hueck/Fastrich* in Baumbach/Hueck, GmbHG, § 19 Rn. 16.

[3] Wie hier *Bayer* in Lutter/Hommelhoff, GmbHG § 19 Rn. 20; *Ebbing* in Michalski, GmbHG, § 19 Rn. 66; a.A. *Hueck/Fastrich* in Baumbach/Hueck, GmbHG, § 19 Rn. 21.

[4] *Ebbing* in Michalski, GmbHG, § 19 Rn. 72; *Hueck/Fastrich* in Baumbach/Hueck, GmbHG, § 19 Rn. 20.

[5] OLG Köln ZIP 1989, 176; *Ebbing* in Michalski, GmbHG, § 19 Rn. 58; *Hueck/Fastrich* in Baumbach/Hueck, GmbHG, § 19 Rn. 16.

[6] Vgl. für die AG eingehend *Drygala* in KölnKomm. AktG, § 66 Rn. 11.

GmbHG[7]. Gesellschafter können insoweit aber höchstens in Höhe des Betrags befreit werden, um den das Stammkapital herabgesetzt worden ist.

III. Aufrechnungsverbot (§ 19 II 2 GmbHG)

1. Aufrechnung durch den Gesellschafter

a) Grundsatz

10   § 19 II 2 GmbHG verbietet grundsätzlich die Aufrechnung durch den einlagepflichtigen Gesellschafter. Eine dennoch erklärte Aufrechnung ist wirkungslos[8].

Das Aufrechnungsverbot soll zum einen der Gefahr entgegensteuern, dass zwar gleichartige, aber wirtschaftlich ungleichwertige Forderungen zur Aufrechnung gestellt werden mit der Folge, dass damit materiell eine Teilbefreiung erreicht wird. Gleichzeitig will die Regelung verhindern, dass der Gesellschafter seine gesellschaftlichen Pflichten gegenüber der Gesellschaft mit solchen aus seinen allgemeinen Geschäften vermengt. Der Gesellschafter soll **beide Risiken** voll tragen: Gerät die Gesellschaft in Schwierigkeiten, soll er sein allgemeines geschäftliches Kreditrisiko nicht durch Überwälzen auf die Gesellschafterposition verringern können.

b) Ausnahmen

11   **Zulässig** ist eine Aufrechnung gegen die Einlageforderung der GmbH gemäß § 19 II 2 GmbHG, wenn im Gesellschaftsvertrag festgesetzt ist, dass die Gesellschaft einen Vermögensgegenstand vom Gesellschafter erwerben und das zu zahlende Entgelt auf die Einlageforderung angerechnet werden soll[9] (sog. Sachübernahme, dazu § 4 Rn. 59).

Die Aufrechnung ist darüber hinaus auch zulässig, wenn der Gesellschafter die Einbringung einer Forderung gegen die Gesellschaft schuldet (als Sacheinlage) und diese nicht im Wege der Abtretung erfolgt[10]. Die Einbringung einer gegen die Gesellschaft gerichteten Forderung führt stets zum Erlöschen der Forderung; ob dies durch Konfusion oder Aufrechnung erfolgt, spielt keine entscheidende Rolle.

---

[7] *Bayer* in Lutter/Hommelhoff, GmbHG, § 19 Rn. 23; *Ebbing* in Michalski, GmbHG, § 19 Rn. 106 f.

[8] Vgl. RGZ 93, 330.

[9] Vgl. Begr. RegE zum MoMiG, BT-Drucks. 16/6140, 39.

[10] *Bayer* in Lutter/Hommelhoff, GmbHG, § 19 Rn. 25.

2. Aufrechnung durch die Gesellschaft

§ 19 II 2 GmbHG regelt nur die Aufrechnung durch den Gesellschafter gegen die   **12**
Einlageforderung („**gegen** den Anspruch der Gesellschaft"), sagt aber nichts über
die Aufrechnung **durch** die Gesellschaft, also den Fall, dass die Gesellschaft mit
ihrer Einlageforderung gegen eine Forderung des Gesellschafters aus einem Dritt-
geschäft aufrechnet. Der **Effekt**, dass bei der Gesellschaft keine realen Mittel zufließen und der Gesellschafter wegen der wirtschaftlichen Ungleichwertigkeit der
Forderungen seinen Risikobeitrag materiell nicht voll erbringt, ist jedoch **dersel-**
be. Denn gerade für den beherrschenden Gesellschafter einer GmbH ist es ein
leichtes, den Geschäftsführer zur Erklärung der Aufrechnung zu veranlassen,
wenn er nicht sogar selbst Geschäftsführer ist.

Daher wird die Aufrechnungsmöglichkeit der Gesellschaft im Interesse der
Kapitalaufbringung eingeschränkt.

a) Traditionelle Lösung

Vor Inkrafttreten des MoMiG wurde zumeist **unterschieden** zwischen sog. Alt-   **13**
verbindlichkeiten, die bereits vor Begründung der Einlagepflicht bestanden haben,
und Neuverbindlichkeiten, die die Gesellschaft erst nach diesem Zeitpunkt eingegangen ist. Die Unterscheidung wird insbesondere bei Kapitalerhöhungen relevant, da hier bereits die Gesellschaft bei Begründung der Einlagepflicht besteht.

➲   Für **Neuverbindlichkeiten** wurde der Gedanke des Befreiungsverbotes fruchtbar
    gemacht. Die Gesellschaft hätte insoweit nur aufrechnen können, wenn sie durch die
    mit der Aufrechnung verbundene Schuldbefreiung den vollen Wert der geschuldeten
    Einlage so erhält, als hätte der Gesellschafter tatsächlich geleistet (**Prinzip der**
    wirtschaftlichen Vollwertigkeit)[11]. Die Aufrechnung durch die Gesellschaft wurde
    nur dann als zulässig angesehen, wenn sie sich ausschließlich als Abkürzung eines
    wirtschaftlich sinnlosen Hin- und Herschiebens der gleichen Geldleistung erweist[12].
    Jede auch nur potentielle wirtschaftliche Schlechterstellung sollte der Aufrechnung
    entgegenstehen. Ansonsten galt die Aufrechnung als unzulässig und wirkungslos[13].
    Etwas anderes sollte nur gelten, wenn die Einlageforderung aufgrund der schlechten
    wirtschaftlichen Lage des Gesellschafters gefährdet war[14].
➲   Für **Altverbindlichkeiten** wurden hingegen die (damals noch ungeschriebenen)
    Grundsätze über die verdeckte Sacheinlage herangezogen. Dahinter stand die
    Überlegung, dass die Forderung gegen die Gesellschaft als Sacheinlage hätte
    eingebracht werden können[15]. Die Aufrechnung war nach den Rechtsprechungs-

---

[11] *Ebbing* in Michalski, GmbHG, § 19 Rn. 91; *Hueck/Fastrich* in Baumbach/Hueck, GmbHG,
§ 19 Rn. 33.

[12] *Bayer* in Lutter/Hommelhoff, GmbHG, § 19 Rn. 26.

[13] *Hueck/Fastrich* in Baumbach/Hueck, GmbHG, § 19 Rn. 33; *Ebbing* in Michalski, GmbHG,
§ 19 Rn. 88.

[14] BGHZ 15, 52; 42, 93; 90, 370.

[15] *Ebbing* in Michalski, GmbHG, § 19 Rn. 87.

regeln (siehe unten Rn. 20 f.) somit als Umgehungsgeschäft anzusehen und als solches unwirksam.

b) Neubewertung nach dem MoMiG

14   Die Einführung des **§ 19 IV GmbHG** durch das MoMiG macht eine **Neubewertung erforderlich**. Die Vorschrift sieht – abweichend von den zuvor entwickelten Rechtsprechungsregeln – vor, dass die Geschäfte im Zusammenhang mit einer verdeckten Sacheinlage trotz Verstoßes gegen die Sacheinlagevorschriften wirksam sind und zudem der Wert des eingebrachten Vermögensgegenstandes auf die Bareinlagepflicht angerechnet wird (näher dazu unten Rn. 32 ff.).

Dies ist zunächst für die Aufrechnung gegen **Altverbindlichkeiten** von Bedeutung. Wurde die Aufrechnung bereits bei Begründung der Einlagepflicht verabredet, liegt eine verdeckte Sacheinlage vor und es erfolgt die Anrechnung des tatsächlichen Wertes der Forderung auf die Einlagepflicht. Diese Rechtsfolge muss auch gelten, wenn eine entsprechende Abrede (ausnahmsweise) fehlt und auch nicht vermutet wird. Gleichzeitig ist es dann aber wenig überzeugend, an der abweichenden Behandlung der **Neuverbindlichkeiten** festzuhalten, da die Interessenlage identisch ist.

15   Die Unterscheidung zwischen Alt- und Neuforderungen kann insoweit **aufgegeben** werden und die Anrechnungslösung des § 19 IV GmbHG generell auf die Aufrechnung durch die GmbH erstreckt werden. Die Aufrechnung durch die Gesellschaft führt daher zum Erlöschen des Einlageanspruchs, **soweit** die Forderung des Einlageschuldners werthaltig ist.

Dieses Lösungsmodell **vermeidet systematische Widersprüche** und trägt der Zielstellung des Gesetzgebers, den tatsächlichen Wertzufluss im Vermögen der Gesellschaft zu berücksichtigen, weitaus besser Rechnung, als das von Teilen des Schrifttums[16] auch nach Inkrafttreten des MoMiG verfochtene „Alles-oder-nichts-Modell".

Die **Werthaltigkeit** bestimmt sich dabei allein nach **objektiven Maßstäben** im Zeitpunkt der Aufrechnung[17]. Vollwertigkeit ist nur anzunehmen, wenn sich bei einer wirtschaftlichen Betrachtung, die Position der Gesellschaftsgläubiger durch die Aufrechnung nicht verschlechtert hat[18].

---

[16] Vgl. *Ziemons* in BeckOK GmbHG, § 19 Rn. 132; wie hier etwa *Roth* in Roth/Altmeppen, GmbHG, § 19 Rn. 36.

[17] *Bayer* in Lutter/Hommelhoff, GmbHG, § 19 Rn. 31.

[18] Für Einzelheiten siehe *Drygala*, ZGR 2006, 587, 616 ff.; für die AG auch *Drygala* in Köln-Komm. AktG, § 66 Rn. 24 ff.

IV. Eingeschränktes Zurückbehaltungsrecht (§ 19 II 3 GmbHG)

Bei **Sacheinlagen** kann der Einlageschuldner gemäß § 19 II 3 GmbHG ein Zu-   **16**
rückbehaltungsrecht lediglich für Forderungen, die sich auf den einzubringenden
Gegenstand beziehen, geltend machen. In Betracht kommen damit vor allem Ansprüche auf Verwendungsersatz als Grundlage eines Zurückbehaltungsrechts gemäß §§ 273 II, 1000 S. 1 BGB[19]. Hingegen steht dem Einlageschuldner weder das
allgemeine (§ 273 I BGB) noch das kaufmännische Zurückbehaltungsrecht gemäß
den §§ 369 f. HGB zu.

Bei **Bareinlagen** ist ein Zurückbehaltungsrecht auch ohne ausdrückliche ge-   **17**
setzliche Regelung generell ausgeschlossen, da dessen Rechtswirkungen der nach
§ 19 II 2 GmbHG verbotenen Aufrechnung durch den Einlageschuldner gleichkä-
men[20].

V. Die verdeckte Sacheinlage § 19 IV GmbHG

Literatur:

Zur älteren Rechtslage: Preuß, Grundsätze der Kapitalaufbringung und Kapitalerhaltung
in der GmbH, JuS 1999, 342; *Pentz*, Neues zur verdeckten Sacheinlage, ZIP 2003, 2093;
Wertenbruch, Rechtsfolgen und Heilung einer (mittelbar) verdeckten Sacheinlage, NZG
2003, 1107.

Zur Rechtslage nach dem MoMiG: Heinze, Verdeckte Sacheinlagen und verdeckte
Finanzierungen nach dem MoMiG, GmbHR 2008, 1065; *Kersting*, Verdeckte Sach-
einlage, in Gesellschaftsrechtliche Vereinigung (Hrsg.), Gesellschaftsrecht in der Diskus-
sion 2008, 2009, S. 101; *Pentz*, Die Verdeckte Sacheinlage im GmbH-Recht nach dem
MoMiG, Festschrift K. Schmidt, 2009, S. 1265; *Ulmer*, Die „Anrechnung" (MoMiG) des
Wertes verdeckter Sacheinlagen auf die Bareinlageförderung der GmbH – ein neues
Erfüllungssurrogat?, ZIP 2009, 293.

1. Ausgangspunkt

Die **Sacheinlagevorschriften** sind **zwingendes** Recht. Will ein Gesellschafter   **18**
seine Einlage nicht in Geld erbringen, sondern durch Einbringung eines anderen
Vermögensgegenstandes, so muss dies im Gesellschaftsvertrag festgelegt und ein
Sachgründungsbericht erstellt werden (§ 5 IV GmbHG, dazu oben § 4 Rn. 66 ff.).
Der Grund dafür ist einfach: Es soll verhindert werden, dass der Wert der Sacheinlage die übernommene Einlagepflicht nicht deckt, der Gesellschafter also den versprochenen Risikobeitrag nicht leistet. Sacheinlagen sind also mit **Aufwand** verbunden. Hinzu kommt, dass durch sie typischerweise das Eintragungsverfahren

---

[19] *Ebbing* in Michalski, GmbHG, § 19 Rn. 104; *Hueck/Fastrich* in Baumbach/Hueck, GmbHG,
§ 19 Rn. 41; *Bayer* in Lutter/Hommelhoff, GmbHG, § 19 Rn. 37.

[20] Vgl. *Ebbing* in Michalski, GmbHG, § 19 Rn. 105; *Bayer* in Lutter/Hommelhoff, GmbHG, § 19
Rn. 37.

verzögert wird, weil sich die gerichtliche Prüfung eben nicht darauf beschränkt, ob eine Leistung in das Vermögen der Gesellschaft geflossen ist, sondern auch, ob diese werthaltig ist.

Daher überrascht es nicht, dass Gesellschafter – bewusst oder unbewusst – dazu neigen, von der Vereinbarung einer Sacheinlage abzusehen und stattdessen das gewünschte wirtschaftliche Ergebnis auf anderem Wege erreichen wollen. Zu diesem Zwecke wird eine **Bareinlage vereinbart** und auch tatsächlich **durch Zahlung zunächst erbracht**, bevor in einem zweiten Schritt die Gesellschaft den betreffenden **Vermögensgegenstand gegen Entgelt erwirbt**.

19   Entscheidend ist dabei, dass die erbrachte Bareinlage wertmäßig an den Gesellschafter zurückfließt, während die Gesellschaft im Gegenzug den Gegenstand erwirbt, der nach der Intention des Gesetzes eigentlich formal als Sacheinlage hätte deklariert werden müssen.

Mit anderen Worten: Die Gesellschaft erhält bei einer wirtschaftlichen Betrachtung etwas anderes (den Gegenstand), als der Gesellschafter versprochen hat (Geld), wobei die strengen **Sacheinlagevorschriften umgangen** werden. Derartige Gestaltungen werden als **„verdeckte Sacheinlage"**[21] bezeichnet. Die hierzu zunächst von der Rechtsprechung entwickelten und durch das MoMiG in § 19 IV GmbHG modifizierten Regeln dienen mithin dem **Umgehungsschutz**.

2. Rechtslage vor und nach dem MoMiG

20   Zum besseren Verständnis der gesetzlichen Regelung zu Tatbestand und Rechtsfolgen verdeckter Sacheinlagen in § 19 IV GmbHG lohnt ein Blick auf die Rechtslage vor Inkrafttreten des MoMiG. Erst vor diesem Hintergrund wird deutlich, wie groß der **Einschnitt** ist, den der Gesetzgeber mit der Neuregelung vorgenommen hat.

Dieser Einschnitt betrifft nicht die **tatbestandlichen Voraussetzungen** einer verdeckten Sacheinlage. Insoweit wollte der Gesetzgeber lediglich die bestehende **Rechtsprechungspraxis übernehmen**[22], sodass auch bei Anwendung des § 19 IV GmbHG auf die bisherige Praxis zurückgegriffen werden kann. Dies hat der BGH alsbald nach Inkrafttreten der Neuerung betont[23].

21   Einen **fundamentalen Neuansatz** hat der Gesetzgeber aber hinsichtlich der **Rechtsfolgen** gewählt. Der BGH war in ständiger Rechtsprechung davon ausgegangen, dass bei Vorliegen einer verdeckten Sacheinlage trotz zunächst erfolgter

---

[21] Vormals war auch die Bezeichnung als „verschleierte Sacheinlage" gebräuchlich, doch würde diese Formulierung angesichts der in § 19 IV 1 GmbHG und § 27 III 1 AktG enthaltenen Legaldefinitionen unnötigerweise zu neuen Unklarheiten führen.

[22] Vgl. *Ziemons* in BeckOK GmbHG, § 19 Rn. 139.

[23] BGHZ 180, 38 – „Qivive".

Geldzahlung die Bareinlagepflicht weiter besteht[24]. Hieran hat sich durch das MoMiG – jedenfalls im Ausgangspunkt – nichts geändert; § 19 IV 1 GmbHG ordnet das Fortbestehen der Bareinlagepflicht explizit an.

Die **Crux der Rechtsprechungsregeln** lag darin, dass sämtliche den Vorwurf der verdeckten Sacheinlage begründende Rechtsgeschäfte als **nichtig** angesehen wurden[25] (analog § 27 III 1 AktG a.F.). Somit waren sowohl das Verpflichtungsgeschäft, mit dem der Gesellschafter und die Gesellschaft den Rechtsgrund für die Übertragung des Vermögensgegenstandes schaffen wollten, als auch das Verfügungsgeschäft (Übereignung, Abtretung etc.) unwirksam, sodass der gesamte Vorgang **rückabzuwickeln** war. Eine Anrechnung des Wertes des übertragenen Gegenstandes auf die Bareinlagepflicht fand konsequenterweise nicht statt. Die Rechtsfolgen traten zudem auch dann ein, wenn die verdeckt eingebrachte Sache durchaus werthaltig war und der Verstoß unbewusst vorgenommen wurde. Dann führte der reine Formfehler, nicht den korrekten Weg der Sacheinlage gewählt zu haben, im Ergebnis zur **doppelten Leistungspflicht**.

Das vom BGH entwickelte Rechtsfolgenregime war dogmatisch durchaus stringent, doch führte es zu bisweilen als „**katastrophal**"[26] bezeichneten Folgen für die Gesellschafter. Aufgrund der erbrachten Sachleistungen hatten die betroffenen Gesellschafter zwar Rückforderungs- bzw. Kondiktionsansprüche (insbesondere aus §§ 985, 812 ff. BGB) gegen die Gesellschaft, doch waren diese bei Insolvenz der Gesellschaft zumeist nicht durchsetzbar[27]. Die Gesellschafter mussten daher ihre Einlage im Ergebnis oft zweimal erbringen – und das mitunter noch Jahre nach der ersten Leistung.

Die **MoMiG-Lösung vermeidet** jegliche **Rückabwicklungsschwierigkeiten**, in-   **22**
dem die im Zusammenhang mit einer verdeckten Sacheinlage abgeschlossenen Rechtsgeschäfte **nicht** länger als **unwirksam** angesehen werden. Die Gesellschaft wird und bleibt Eigentümerin der ihr übereigneten Sachen, Inhaberin der ihr abgetreten Rechte usw. Im Gegenzug darf der Gesellschafter den gezahlten Kaufpreis behalten. Zudem kann der Wert des eingelegten Gegenstandes auf den fortbestehenden Bareinlageanspruch der Gesellschaft nach Maßgabe des § 19 IV 3-5 GmbHG „angerechnet" werden.

Diese „Anrechnungslösung" zwingt nicht zu der Annahme, dass die verdeckte Sacheinlage damit legalisiert wurde. Im Gegenteil: In den Gesetzesmaterialien wird ausdrücklich auf die **Strafbarkeit** gemäß § 82 GmbHG verwiesen, wenn entsprechende Abreden bei Anmeldung zum Handelsregister nicht offengelegt werden. Von dieser Sanktion bedroht sind im Regelfall die anmeldenden Geschäftsführer.

---

[24] Vgl. nur BGH NJW 2009, 2886 ff. – „Lurgi".

[25] BGHZ 155, 329; 166, 8; *Ulmer* in Ulmer/Habersack/Winter, GmbHG, § 19 Rn. 133 f.

[26] *Lutter* in KölnKomm. AktG, 2. Aufl. 1988, § 66 Rn. 31; kritisch insbesondere auch *Priester*, ZIP 2008, 56; *Winter*, Festschrift Priester, 2007, S. 872; *Lutter/Gehling*, WM 1989, 1445, 1453.

[27] Begr. RegE MoMiG, BT-Drucks. 16/6140, S. 95.

3. Tatbestand

a) Legaldefinition

23   Die verdeckte Sacheinlage ist legal definiert in **§ 19 IV 1 GmbHG**.

> Eine verdeckte Sachleinlage liegt immer dann vor, wenn eine **Geldeinlage** eines Gesellschafters **bei wirtschaftlicher Betrachtung** und **aufgrund einer** im Zusammenhang mit der Übernahme der Geldeinlage getroffenen **Abrede** vollständig oder teilweise **als Sacheinlage zu bewerten** ist.

Es lassen sich drei tatbestandliche Elemente der verdeckten Sacheinlage dieser Definition entnehmen:

➲ die Vereinbarung einer Bareinlage,
➲ die Vornahme eines Gegengeschäfts, durch das der Gesellschaft anstelle der Barmittel ein Sachwert zufließt und
➲ das Bestehen einer entsprechenden Abrede bereits bei Übernahme der Einlagepflicht.

Das Vorliegen einer Bareinlagepflicht lässt sich unschwer feststellen: Da die Bareinlage der gesetzliche Regelfall ist, handelt es sich stets um eine solche, wenn keine Sacheinlage im Gesellschaftsvertrag festgesetzt wurde (vgl. § 5 IV 1 GmbHG).

b) Gegengeschäft

24   Bei wirtschaftlicher Betrachtungsweise muss die Bareinlage als Sacheinlage zu bewerten sein. Die Gestaltungsformen können variieren. Im **klassischen Fall** der verdeckten Sacheinlage fließt die erbrachte Bareinlage als **Entgelt für den Erwerb eines sacheinlagefähigen Gegenstandes** an den Gesellschafter zurück.

> Zu diesem Zweck schließen Gesellschaft und Gesellschafter typischerweise einen **Kaufvertrag**, aufgrund dessen der Gesellschafter eine ihm gehörende Sache an die Gesellschaft übereignet oder eine ihm zustehende Forderung an sie abtritt. Im Gegenzug zahlt die Gesellschaft den vereinbarten Kaufpreis.

Auf die Reihenfolge der Zahlungen kommt es dabei nicht an. Und mehr noch: Da es allein auf das wirtschaftliche Ergebnis (Sachwert statt Geldeinlage) ankommt, muss eine wechselseitige Zahlung tatsächlich nicht erfolgt sein; eine verdeckte Sacheinlage liegt daher auch dann vor, wenn der Kaufpreis mit der Einlageschuld **verrechnet** wird.

Dieser Gedanke lässt sich auf sämtliche Fälle übertragen, in denen dem Gesellschafter ein Zahlungsanspruch gegen die Gesellschaft zusteht und dieser nunmehr mit dem Einlageanspruch verrechnet werden soll. Ob es sich dabei um eine sog. Altforderung des Gesellschafters handelt oder um eine Neuforderung, spielt grundsätzlich keine Rolle (siehe dazu oben Rn. 15).

An eine verdeckte Sacheinlage ist somit stets zu denken, wenn **25**
- ➲ die Bareinlage als Entgelt für den Erwerb von Gegenständen an den Gesellschafter zurückfließt oder
- ➲ Ansprüche des Gesellschafters gegen die Gesellschaft mit der Einlageschuld verrechnet werden.

Dabei ist stets eine **wertmäßige Betrachtung** anzustellen. In den „Rückflussfällen" ist es nicht erforderlich, dass die ursprünglich geleistete Bareinlage nominal mit dem zurückgeflossenen Betrag übereinstimmt.

Ist die geleistete Bareinlage höher, liegt nur in Höhe des zurückgezahlten Betrags eine verdeckte Sacheinlage vor. Übersteigt der zurückgezahlte Betrag hingegen die Bareinlage, so handelt es sich um einen Fall der sog. „**verdeckten gemischten Sacheinlage**" (siehe dazu Rn. 40).

Die Einlage muss nicht unbedingt an den Gesellschafter selbst zurückgeflossen **26** sein. Bei einem Leistungsaustausch zwischen der Gesellschaft und einem Dritten kommt eine verdeckte Sacheinlage jedoch nur in Betracht, wenn die **Leistung an den Dritten dem Gesellschafter zurechenbar** ist. Dies ist namentlich dann der Fall, wenn der Gesellschafter durch die Leistung des bzw. an den Dritten in gleicher Weise begünstigt wird, wie durch eine unmittelbare Leistung[28]. Zu fragen ist daher stets, ob Gesellschafter und Dritter eine **Zurechnungseinheit** bilden.

Dies kann namentlich der Fall sein bei Zuwendungen an:
- ➲ Ehegatten, Kinder, Lebenspartner, sonstige nahe Angehörige des Gesellschafters,
- ➲ mit dem Gesellschafter verbundene Unternehmen,
- ➲ sonstige Dritte, die für Rechnung des Gesellschafters handeln (z.B. Treuhänder).

c) Abrede

Eine verdeckte Sacheinlage liegt ferner nur vor, wenn „im Zusammenhang" mit **27** der Übernahme der Bareinlagepflicht eine Abrede über das Gegengeschäft getroffen wurde.

Bereits zum Zeitpunkt der Begründung der Einlagepflicht muss eine auf den wirtschaftlichen Erfolg einer Sacheinlage abzielende **Vorabsprache** getroffen worden sein.

Das erforderliche Einvernehmen kann dabei zwischen den Gesellschaftern untereinander[29] oder zwischen Gesellschafter und Geschäftsführer[30] (so insbesondere

---

[28] BGHZ 125, 141; 153, 107; 170, 47; *Ziemons* in BeckOK GmbHG, § 19 Rn. 162.

[29] Vgl. BGHZ 155, 329, 335.

[30] Vgl. BGHZ 132, 133, 139; 166, 8, 13.

bei der Kapitalerhöhung) erzielt werden. Bei der **Einpersonengesellschaft** genügt entsprechendes Vorhaben des Gründers bzw. Alleingesellschafters[31].

§ 19 IV 1 GmbHG verlangt zwar das Vorliegen einer Vorabsprache, aber weder das Bewusstsein noch die Absicht, die GmbH-rechtlichen Sacheinlagevorschriften zu umgehen[32]. Die Abrede selbst muss nicht rechtlich bindend sein. Sie kann auch konkludent getroffen werden.

28   Der Nachweis einer Vorabsprache lässt sich in der Praxis oftmals nicht führen. Daher wird nach h.M. das Vorliegen einer Abrede **widerleglich vermutet**, wenn ein **enger zeitlicher und sachlicher Zusammenhang** zwischen der Übernahme der Bareinlage und dem Gegengeschäft besteht[33].

Ein solcher Zusammenhang wird von der Rechtsprechung angenommen, wenn der in Rede stehende Leistungsaustausch innerhalb von **sechs Monaten** vorgenommen wird. Es handelt sich insoweit aber nicht um eine starre Grenze, sodass auch ein längerer Zeitraum ausnahmsweise genügen kann. Eine „absolute Grenze" dürfte aber bei einem Jahr liegen[34].

Die **Vermutung kann widerlegt** werden. Insbesondere kann der Gesellschafter darlegen und ggf. beweisen, dass das Gegengeschäft ein normales Verkehrsgeschäft ist, das nicht im Zusammenhang mit der Gründung bzw. Kapitalerhöhung steht. Für Umsatzgeschäfte zu marktüblichen Konditionen wird dem Gesellschafter die Widerlegung der Vermutung regelmäßig gelingen[35]: Es wird insoweit typischerweise am sachlichen Zusammenhang zwischen der Übernahme des Geschäftsanteils und dem Leistungsaustausch fehlen.

Wird die **Abrede erst nach Übernahme** der Bareinlagepflicht getroffen, handelt es sich nicht um eine verdeckte Sacheinlage. In Betracht kommt dann aber ein Verstoß gegen das Aufrechnungsverbot (§ 19 II 2 GmbHG) oder ein unzulässiges Hin- und Herzahlen im Sinne des § 19 V GmbHG.

d) Dienstleistungen

29   Eine verdeckte Sacheinlage kommt nach h.M. nur in Betracht, wenn der Sachwert, den die Gesellschaft erlangt hat, **sacheinlagefähig** ist. Dem liegt die Erwägung zugrunde, dass die Regeln über die verdeckte Sacheinlage eine Umgehung der Sacheinlagevorschriften sanktionieren sollen.

---

[31] BGHZ NZG 2008, 311; BGH DB 2008, 751; *Bayer* in Lutter/Hommelhoff, GmbHG, § 19 Rn. 56; *Ebbing* in Michalski, GmbHG, § 19 Rn. 143.

[32] BGHZ 110, 47, 63 ff.; *Henze*, ZHR 154 (1990), 105, 108 ff.; *Bayer* in Lutter/Hommelhoff, GmbHG, § 19 Rn. 54.

[33] BGH 166, 8, 12; 153, 107, 109; *Hueck/Fastrich* in Baumbach/Hueck, GmbHG, § 19 Rn. 49.

[34] So auch Roth in Roth/Altmeppen, GmbHG, § 19 Rn. 71

[35] Vgl. dazu *Ziemons* in BeckOK GmbHG, § 19 Rn. 146.

Zu Recht hat der BGH es in seiner **„Qivive"**-Entscheidung[36] abgelehnt, die Grundsätze der verdeckten Sacheinlage auf Dienstleistungen, welche ein GmbH-Gesellschafter nach Leistung einer Bareinlage entgeltlich erbringen soll, anzuwenden.

Dienstleistungen sind nicht sacheinlagefähig (dazu § 4 Rn. 62), ihre Erbringung kann daher auch bei einer „wirtschaftlichen Betrachtungsweise" nicht als Sacheinlage zu bewerten sein. Hat der Gesellschafter die Dienstleistung bei Übernahme der Bareinlagepflicht hingegen schon erbracht, dann kann er den **bereits entstandenen Vergütungsanspruch** gegen die Gesellschaft als Sacheinlage einbringen.

Zur Problematik des Hin- und Herzahlens siehe unten Rn. 45 ff.

e) Verdeckte Sacheinlagen bei der UG?

Ein Sonderproblem stellt sich bei der UG, bei der **Sacheinlagen** gemäß § 5a II 2 GmbHG **generell unzulässig** sind. Eine Umgehung der Sacheinlagevorschriften ist somit *per se* ausgeschlossen, weshalb von **Teilen des Schrifttums** die Anwendbarkeit des § 19 IV GmbHG **verneint** wird. Stattdessen sollen die alten Rechtsprechungsregeln (siehe oben Rn. 20 f.) für die UG fortgelten[37]. Dies führe angesichts des geringeren Kapitaleinsatzes bei der UG auch nicht zu einer unbilligen Benachteiligung der betroffenen Gesellschafter. **30**

Dem ist **nicht zu folgen**. Der MoMiG-Gesetzgeber wollte die bisherigen Rechtsfolgen einer verdeckten Sacheinlage beseitigen und für ein Mehr an **Rechtssicherheit** sorgen. Hierzu stünde ein zweispuriges Rechtsfolgenregime – § 19 IV GmbHG für die reguläre GmbH, Rechtsprechungsregeln für die UG – ersichtlich in Widerspruch. Gegen die Herausnahme der UG vom Anwendungsbereich des § 19 IV GmbHG spricht zudem, dass der Begriff der verdeckten Sacheinlage lediglich ein wirtschaftliches Ergebnis beschreibt, die geschuldete Bareinlage aber rechtlich gerade nicht zu einer Sacheinlage wird. § 19 IV 1 GmbHG ordnet das Fortbestehen der Bareinlagepflicht ausdrücklich an. **31**

§ 19 IV GmbHG ist somit auch bei der UG anwendbar[38].

---

[36] BGHZ 180, 38; siehe ferner etwa *Ziemons* in BeckOK GmbHG, § 19 Rn. 143.

[37] *Hueck/Fastrich* in Baumbach/Hueck, GmbHG, § 19 Rn. 48; *Wicke*, GmbHG, § 5a Rn 8; *Miras* in BeckOK GmbHG, § 5a Rn. 41 ff.; *Schall*, ZGR 2009, 126, 152.

[38] Ebenso etwa *Lutter* in Lutter/Hommelhoff, GmbHG, § 5a Rn. 13; *Veil*, ZGR 2009, 623, 631 f.; *Witt*, ZIP 2009, 1102, 1104 f.; *Heinze*, GmbHR 2008, 1065, 1066 f.; *Gehrlein*, Der Konzern 2007, 771, 779.

4. Rechtsfolgen

a) Fortbestehen der Bareinlagepflicht

32 Das Vorliegen einer verdeckten Sacheinlage berührt das Bestehen der Bareinlagepflicht nicht. Im Gegenteil:

> Die Leistung der Bareinlage befreit den Gesellschafter nicht von seiner Einlagepflicht.

§ 19 IV 1 GmbHG **verhindert** somit, dass **Erfüllung** im Sinne des § 362 BGB eintritt, auch wenn der Gesellschafter die versprochene Leistung tatsächlich zunächst bewirkt hat.

b) Keine Unwirksamkeit des Gegengeschäfts

33 Abweichend von den alten Rechtsprechungsregeln bestimmt § 19 IV 2 GmbHG nunmehr, dass die Verträge über die Sacheinlage und die Rechtshandlungen zu ihrer Ausführung nicht unwirksam sind. Verpflichtungs- und Verfügungsgeschäft zeigen somit den von Gesellschafter und Gesellschaft erstrebten Erfolg: Der Vermögensgegenstand wird **kondiktionsfest** in das Gesellschaftsvermögen eingebracht; der Gesellschafter erhält im Gegenzug seine geleistete Bareinlage (wirtschaftlich betrachtet) ganz oder teilweise zurück.

> **Achtung:** Andere Unwirksamkeitsgründe werden hierdurch nicht ausgeschlossen!

c) Anrechnung

34 Da der Gesellschaft der im Wege der verdeckten Sacheinlage eingebrachte Gegenstand verbleibt, muss der Wertzuwachs auf andere Weise berücksichtigt werden. Müsste der Gesellschafter die Bareinlage ungeschmälert erbringen, stünde der Gesellschafter schlechter als nach den alten Rechtsprechungsregeln. Der Gesetzgeber hat daher eine **Anrechnungslösung** entwickelt.

> Nach § 19 IV 3 GmbHG wird der Wert der Sachleistung auf die nach Satz 1 fortbestehende Bareinlagepflicht des Gesellschafters angerechnet.

35 Die **dogmatische Einordnung** der Anrechnung ist umstritten. Stets wird versucht dieses neuartige Rechtsinstitut in bekannte zivilrechtliche Kategorien zu verorten.

Einige Lösungsvorschläge im Überblick:

- ⊃ Einordnung als Fall der Leistung an Erfüllungs statt[39],
- ⊃ Einordnung als ein verrechnungsähnliches Erfüllungssurrogat sui generis[40],
- ⊃ Einordnung als Fall der Vorteilsausgleichung[41],
- ⊃ analoge Anwendung des § 9 I GmbHG betreffend die Differenzhaftung bei einer offenen Sacheinlage[42],
- ⊃ Annahme einer Sachübernahme[43],
- ⊃ Umwidmung der Kaufpreiszahlung zur Rückzahlung der Bareinlage unter gleichzeitiger Anrechnung des Sachwertes auf die Einlagepflicht[44].

> Die Auflistung zeigt, dass die „Anrechnung" die Zivil- und Gesellschaftsrechtler vor größere Schwierigkeiten zu stellen scheint als den von aller dogmatischen Schwere befreiten Rechtsunterworfenen.

Angesichts der klaren Intention des Gesetzes, die Bareinlagepflicht in Höhe des Sachwertes erlöschen zu lassen, ist der Streit für die Praxis nicht von Bedeutung. Auch kann offen bleiben, ob die Anrechnung selbst zur Erfüllung der Bareinlagepflicht führt oder lediglich die ursprüngliche Unwirksamkeit der Erfüllung der erfolgten Bareinlage ex nunc beseitigt[45]. Wichtig ist nur: **Die Bareinlagepflicht besteht in Höhe des Anrechnungsbetrages nicht mehr.**

> Die Anrechnung erfolgt kraft Gesetzes, sobald das Gegengeschäft vollzogen ist, jedoch nicht vor Eintragung der Gesellschaft in das Handelsregister (§ 19 IV 3 und 4 GmbHG).

36

Angerechnet wird der **objektive Wert**, den der eingebrachte Gegenstand **im Zeitpunkt der Anmeldung** zum Handelsregister hat; erfolgt die Überlassung später, so ist dieser Zeitpunkt maßgebend. Die Beweispflicht für die Werthaltigkeit trifft den Einlageschuldner (§ 19 IV 5 GmbHG).

> Bei der Anrechnung ist eine von der Gesellschaft erbrachte Gegenleistung (Kaufpreis) zu berücksichtigen.

37

Dies ergibt sich zwar nicht aus dem Wortlaut des Gesetzes, folgt aber zwingend aus dem Zweck der Anrechnung.

---

[39] *Roth* in Roth/Altmeppen, GmbHG, § 19 Rn. 25; *Herrler*, DB 2008, 2347, 2351 f.

[40] *Pentz*, GmbHR 2009, 1226, 1227 f.

[41] *Ulmer*, ZIP 2009, 293, 298.

[42] *Bayer* in Lutter/Hommelhoff, GmbHG, § 19 Rn. 71.

[43] *Heidinger* in Heckschen/Heidinger, Die GmbH in der Gestaltungs- und Beratungspraxis 2009, § 11 Rn. 247.

[44] *Maier-Reimer/Wenzel*, ZIP 2008, 1449, 1452.

[45] *Hueck/Fastrich* in Baumbach/Hueck, GmbHG, § 19 Rn. 63.

Der **Anrechnungsbetrag** lässt sich danach **wie folgt ermitteln**:

➲ In einem **ersten Schritt** ist festzustellen, welche Vermögenswerte aus dem Vermögen des Gesellschafters in das Vermögen der Gesellschaft geflossen sind. Hierbei handelt es sich um die zunächst eingezahlte Bareinlage und den im Zuge des Gegengeschäfts überlassenen Sachwert.

➲ In einem **zweiten Schritt** sind hiervon die Vermögenswerte abzuziehen, die aus dem Vermögen der Gesellschaft in das Vermögen des Gesellschafters geflossen sind, zumeist also der entrichtete Kaufpreis.

Die so ermittelte Differenz ist der anrechnungsfähige Betrag. Die Anrechnung erfolgt maximal bis zur Höhe der übernommenen Einlagepflicht.

38   Unproblematisch sind dabei jene Fälle, in denen der Wert des überlassenen Gegenstandes und der Kaufpreis **übereinstimmen**.

> **Beispiel 1:** Gesellschafter T hat bei Gründung der GmbH einen Geschäftsanteil mit einem Nennwert in Höhe von 10.000 EUR übernommen. Eine Sacheinlage wurde nicht im Gesellschaftsvertrag festgesetzt. T zahlt zunächst 10.000 EUR auf ein Konto der Gesellschaft ein. Abredegemäß verkauft und übereignet T kurz darauf seinen privaten PKW (Wert 8.000 EUR) an die Gesellschaft, diese zahlt hierfür einen Kaufpreis in Höhe von 8.000 EUR.
> **Lösung:** Bei einer wertmäßigen Betrachtung hat A hier 10.000 EUR (Bareinlage) + 8.000 EUR (Wert des PKW) = 18.000 EUR aus seinem Vermögen in das Gesellschaftsvermögen eingebracht. Hiervon abzuziehen sind 8.000 EUR, die zurück ins Vermögen des A geflossen sind. Die Anrechnung erfolgt daher in Höhe von 10.000 EUR. Dieser Betrag entspricht der Höhe der Bareinlagepflicht, die somit vollständig erlischt.

39   Der anzustellende Vermögensvergleich ermöglicht aber auch die sachgerechte Behandlung von Fällen, in denen der vereinbarte **Kaufpreis höher** ist als der Wert des eingebrachten Gegenstandes.

> **Beispiel 2:** Wie zuvor, doch beträgt der Kaufpreis für den PKW (Wert 8.000 EUR) nunmehr 10.000 EUR.
> **Lösung:** 10.000 EUR (Bareinlage) + 8.000 EUR (Wert des PKW) − 10.000 (Kaufpreis) = 8.000 EUR. Die Bareinlagepflicht besteht somit in Höhe von 2.000 EUR fort.

40   Kaufpreis und Wert des eingebrachten Gegenstandes können auch höher sein als die versprochene Bareinlage. Praktisch bedeutsam ist dies namentlich in den Fällen, in denen ein bestehendes Unternehmen in die Gesellschaft eingebracht werden soll, dessen Wert den der Einlage (oftmals deutlich) übersteigt. Derartige Fälle werden als **verdeckte gemischte Sacheinlage** bezeichnet. Hier hätte formal ordnungsgemäß nämlich eine sog. gemischte Sacheinlage (siehe oben § 4 Rn. 60) vereinbart werden müssen, also eine Kombination von Sacheinlage im engeren Sinne über den auf die Einlagepflicht anrechenbaren Teil und Sachübernahme über den Rest.

Die Behandlung derartiger Fälle bereitete vor Inkrafttreten des MoMiG große Schwierigkeiten, insbesondere was die (damals ja erforderliche) Rückabwicklung anging. In seiner

„Lurgi"-Entscheidung hat sich der BGH[46] insoweit für eine Anwendung der bereicherungsrechtlichen Saldotheorie ausgesprochen. Durch die Neuregelung sind die **Probleme weitgehend entfallen**. Es muss nicht mehr rückabgewickelt werden und die Wertanrechnung erfolgt nach der bekannten Formel.

> **Beispiel 3:** Wie zuvor, doch verkauft T einen PKW im Wert von 20.000 EUR zu einem Preis von 23.000 EUR an die GmbH.
> **Lösung:** 10.000 EUR (Bareinlage) + 20.000 EUR (Wert des PKW) – 23.000 (Kaufpreis) = 7.000 EUR. Die Bareinlagepflicht besteht somit in Höhe von 3.000 EUR fort.

Umstritten ist die Behandlung der Fälle, in denen die Berechnung einen **negativen** **41** **Anrechnungsbetrag** ergibt. Dies wird bei gemischten verdeckten Sacheinlagen immer dann der Fall sein, wenn die Differenz zwischen Kaufpreis und Sachwert größer als die übernommene Einlagepflicht ist. Dann finanziert die Gesellschaft den Erwerb des Gegenstandes nicht nur mit der eingezahlten Bareinlage, sondern muss darüber hinaus auf das bereits vorhandene Gesellschaftsvermögen zugreifen. Das ist dann aber kein Problem der Kapitalaufbringung mehr, sondern eines der **Kapitalerhaltung**. Mithin erhöht sich die Bareinlagepflicht nicht[47]. Wegen des überschießenden Betrages kann sich eine Haftung allein aus §§ 30, 31 GmbHG – bzw. bei der AG aus §§ 57, 62 AktG – ergeben[48].

> **Beispiel 4:** Wie zuvor, doch verkauft T einen PKW im Wert von 10.000 EUR zu einem Preis von 23.000 EUR an die GmbH.
> **Lösung:** 10.000 EUR (Bareinlage) + 10.000 EUR (Wert des PKW) – 23.000 (Kaufpreis) = -3.000 EUR. Auf die Bareinlagepflicht ist daher nichts anzurechnen. Allerdings erhöht sich die Einlagepflicht nicht um weitere 3.000 EUR. Eine Haftung kann sich diesbezüglich allein aus §§ 30, 31 GmbHG ergeben.

d) Keine Leistung zur freien Verfügung

Ist eine Zahlung an den Gesellschafter abredegemäß zurückgeflossen, so stand die **42** Bareinlage nicht zur freien Verfügung des Geschäftsführers. Dies führt dazu, dass die Versicherung nach §§ 8 II i.V.m 7 II GmbHG (siehe oben § 4 Rn. 85 ff.) nicht abgegeben werden darf[49]. Eine dennoch abgegebene Versicherung ist falsch und führt zur Strafbarkeit des Geschäftsführers gemäß § 82 I Nr. 1 GmbHG[50] sowie zur zivilrechtlichen Haftung gegenüber der Gesellschaft gemäß §§ 9a, 43 II GmbHG.

---

[46] BGHZ 173, 145 (zur AG).

[47] Abweichend *Bayer* in Lutter/Hommelhoff, GmbHG, § 19 Rn. 76; *Ziemons* in BeckOK GmbHG, § 19 Rn. 186: Differenzhaftung analog § 9 GmbHG.

[48] Ebenso BGHZ 185, 44, ff. – „AdCoCom"; ebenso für die AG etwa *Drygala* in KölnKomm. AktG, § 57 Rn. 25.

[49] Siehe *Ziemons* in BeckOK GmbHG, § 19 Rn. 172; *Bayer* in Lutter/Hommelhoff, GmbHG, § 19 Rn. 73.

[50] *Bayer* in Lutter/Hommelhoff, GmbHG, § 19 Rn. 73; *Seibert/Decker*, ZIP 2008, 1208, 1210; a.A. *Wälzholz*, GmbHR 2008, 841, 845.

5. Heilung

43   Nach alter Rechtslage war die Heilung verdeckter Sacheinlagen möglich. Die Gesellschafter konnten die strengen Rechtsfolgen dadurch vermeiden, dass den **Sacheinlagevorschriften nachträglich entsprochen** wurde[51].

> Erforderlich war hierfür insbesondere ein satzungsändernder Beschluss der Gesell-
> schafterversammlung. In diesem war der verdeckt eingebrachte Gegenstand konkret zu
> bezeichnen. Die Sacheinlage war sodann noch vor der Anmeldung zum Handelsregister
> zu leisten. Der Anmeldung beizufügen war u.a. ein Werthaltigkeitsnachweis bezogen auf
> den Zeitpunkt der Anmeldung des Heilungsbeschlusses zum Handelsregister[52].

44   Ausweislich der Gesetzesmaterialien sollte sich durch das MoMiG hieran nichts
ändern[53]. Allerdings ist mit der gesetzlichen Neuregelung das Bedürfnis für eine
Heilung entfallen. Verpflichtungs- und Verfügungsgeschäft sind wirksam und die
Bareinlagepflicht durch Anrechnung des Wertes des eingebrachten Gegenstandes
erloschen[54]. Kurzum: **Der Zustand, der durch eine Heilung angestrebt werden
würde, besteht bereits.**

> Dass ein „Heilungsverfahren" dennoch möglich sein müsse, wird mit dem Hinweis auf
> die in § 19 IV 4 GmbHG angeordnete Beweislastumkehr begründet[55]. Indes muss der
> Nachweis der Werthaltigkeit auch im Heilungsverfahren durch ein Wertgutachten geführt
> werden. Liegt ein solches Gutachten vor, kann der Gesellschafter aber auch den Nachweis
> nach § 19 IV 4 GmbHG führen! In diesen Fällen droht auch nicht die Haftung aus § 9a
> GmbHG. Hingegen beseitigen weder die Anrechnung nach § 19 IV GmbHG noch ein
> etwaiges Heilungsverfahren die Strafbarkeit gemäß § 82 I Nr. 1 GmbHG.

VI. Das Hin- und Herzahlen (§ 19 V GmbHG)

> **Literatur:** *Bormann/Urlichs*, Der Entwurf des MoMiG zur Regelung des Hin- und
> Herzahlens – ein Fremdkörper im GmbH-Gesetz, GmbHR 2008, 119; *Henkel*, Kapital-
> aufbringung bei der GmbH nach dem MoMiG – Hin- und Herzahlen, NZI 2010, 84; *Roth*,
> Neue Fallstricke beim Hin- und Herzahlen – Cash Pool, NJW 2009, 3397.

1. Grundlagen

45   Von der verdeckten Sacheinlage strikt zu unterscheiden ist das sog. Hin- und
Herzahlen, bei dem die geleistete Einlage wieder an den Gesellschafter zu-
rückfließt, **ohne** dass an die Stelle der Bareinlage bei einer wirtschaftlichen
Betrachtungsweise ein Sachwert getreten ist.

---

[51] Vgl. BGHZ 132 141, 148 ff.

[52] Einzelheiten bei *Ettinger/Reiff*, NZG 2004, 258.

[53] Begr. RegE zum MoMiG, BT-Drucks. 16/6140, S. 40; dem folgend etwa *Gehrlein*, Der Konzern 2007, 771, 784; *Wicke*, GmbHG, § 19 Rn. 29.

[54] Zutreffend *Ziemons* in BeckOK GmbHG, § 19 Rn. 214 f.

[55] Vgl. *Veil*, ZIP 2007, 1241, 1245.

Vor Inkrafttreten des MoMiG wurde zwischen beiden Formen des Einlagenrückflusses nicht immer deutlich unterschieden und das Hin- und Herzahlen bisweilen als Unterfall der verdeckten Sacheinlage behandelt. Dies war unzutreffend[56].

Das Gesetz unterscheidet nunmehr zwischen verdeckten Sacheinlagen (§ 19 IV GmbHG) und dem „schlichten" Hin- und Herzahlen (§ 19 V GmbHG), wobei ausweislich des Gesetzeswortlauts **Abs. 5 nur in Betracht kommt, soweit nicht Abs. 4 einschlägig ist**.

§ 19 IV GmbHG ist vorrangig zu prüfen. Bei Vorliegen einer verdeckten Sacheinlage ist § 19 V GmbHG daher **nicht** zu prüfen!

Beide Vorschriften unterscheiden sich sowohl in ihrer Zielstellung als auch in den Rechtsfolgen. § 19 IV GmbHG sanktioniert die Umgehung der Sacheinlagevorschriften, führt aber immerhin zu einer Anrechnung des eingebrachten Sachwertes auf die Bareinlagepflicht. Das Hin- und Herzahlen ist nicht unter Umgehungsgesichtspunkten problematisch, sondern weil die Abrede über den Rückfluss der geleisteten Einlage an den Gesellschafter dazu führt, dass sich die Mittel nicht in der **freien Verfügung** der Geschäftsführer (vgl. § 8 II GmbHG) befinden[57]. Dies ist aber grundsätzlich Voraussetzung für die Erfüllung der Einlagepflicht.   **46**

Im **Grundsatz** gilt daher: Beim Hin- und Herzahlen bleibt die Bareinlagepflicht des Gesellschafters bestehen.   **47**

Dies wird in **§ 19 V GmbHG** nicht geregelt, sondern vorausgesetzt. Die Vorschrift enthält vielmehr eine **Ausnahme** für die Fälle, in denen die Gesellschaft wegen der zurückgeflossenen Mittel einen vollwertigen und jederzeit fälligen bzw. kündbaren Rückgewähranspruch erhält. Mit anderen Worten:

§ 19 V GmbHG **privilegiert** bestimmte Fälle des Hin- und Herzahlens dergestalt, dass an die Stelle der Einlageforderung ein (schwächerer) schuldrechtlicher Rückgewähranspruch der Gesellschaft gegen den Gesellschafter treten kann. Angesprochen sind damit insbesondere die Fälle, in denen die GmbH dem Gesellschafter die eingelegten Barmittel wieder darlehensweise oder aufgrund einer Treuhandabrede zur Verfügung stellt.   **48**

Ein wesentliches Ziel der Neuerung war es, die **Kapitalaufbringung im sog. Cash-Pool** zu erleichtern[58]. Hierauf ist sogleich unter Rn. 65 ff. zurückzukommen.

---

[56] Vgl. *Goette*, Einführung in das neue GmbH-Recht, 2008, Rn. 22.

[57] Der RegE zum MoMiG (BT-Drucks. 16/6140, S. 6) hatte das Hin- und Herzahlen auch in § 8 II 2 GmbHG-E verortet. Erst im weiteren Gesetzgebungsverfahren ist die Materie in den § 19 V GmbHG verlagert worden.

[58] Begr. RegE zum MoMiG, BT-Drucks. 16/6140, S. 82.

2. Abgrenzung zur Kapitalerhaltung

49   Das Hin- und Herzahlen ist unter dem Gesichtspunkt der Kapitalaufbringung nur erheblich bei Vorliegen einer entsprechenden **Abrede**. Maßgeblicher Zeitpunkt ist insoweit der Beginn des Leistungsaustauschs[59].

> Bei Fehlen einer Vorabsprache kommt lediglich ein Verstoß gegen § 30 I 1 GmbHG in Betracht[60].

Allerdings wird bei einem engen sachlichen und zeitlichen Zusammenhang zwischen Übernahme der Einlagepflicht und dem Vorgang des Hin- und Herzahlens das Bestehen einer Vorabsprache vermutet. Insoweit kann auf die Ausführungen zur verdeckten Sacheinlage (oben Rn. 18 ff.) verwiesen werden.

3. Voraussetzungen der Privilegierung

50   Die Privilegierung setzt nach § 19 V 1 GmbHG voraus, dass
- ➲ die Bareinlage vom Gesellschafter tatsächlich erbracht wurde,
- ➲ aufgrund einer Vorabsprache die Gesellschaft eine Leistung an den Gesellschafter erbracht hat, die wirtschaftlich einer Rückzahlung der Einlage entspricht,
- ➲ der Vorgang nicht als verdeckte Sacheinlage im Sinne des § 19 IV GmbHG zu bewerten ist und
- ➲ die Gesellschaft im Gegenzug einen vollwertigen und jederzeit fälligen oder kündbaren Rückzahlungsanspruch erhält.

51   Bei der **Leistung der Gesellschaft** handelt es sich in der Regel um eine Geldleistung. In Betracht kommen aber auch die Gewährung eines Sachdarlehens oder die Bestellung von Sicherheiten für ein vom Gesellschafter bei einem Dritten aufgenommenes Darlehen.

52   Der **Rückgewähranspruch** der Gesellschaft muss **vollwertig** sein. Das Vermögen des Gesellschafters muss also zur Begleichung sämtlicher Verbindlichkeiten ausreichen[61]. Anzustellen ist dabei eine **objektive** Betrachtung; auf die subjektive Vorstellung der Beteiligten kommt es nicht an[62]. Die Bestellung von Sicherheiten zugunsten der Gesellschaft ist grundsätzlich nicht erforderlich, so-

---

[59] So auch *Roth* in Roth/Altmeppen, GmbHG, § 19 Rn. 97.

[60] *Maier-Reimer/Wenzel*, ZIP 2008, 1449, 1453; *Hueck/Fastrich* in Baumbach/Hueck, GmbHG, § 19 Rn. 73; *Ebbing* in Michalski, GmbHG, § 19 Rn. 169; *Wicke*, GmbHG, § 19 Rn. 36.

[61] Ebenso *Hueck/Fastrich* in Baumbach/Hueck, GmbHG, § 19 Rn. 76.

[62] *Bayer* in Lutter/Hommelhoff, GmbHG, § 19 Rn. 95.

weit die Solvenz des Gesellschafters gewährleistet ist. Das Vorhandensein von Sicherheiten kann aber die ansonsten zweifelhafte Vollwertigkeit sicherstellen[63].

§ 19 V 1 GmbHG stellt nur auf die Vollwertigkeit des Rückgewähranspruchs ab. Eine **53**
Vergütung für die Rücküberlassung der Einlagemittel verlangt das Gesetz nicht, sodass
z.B. auch zinslose Darlehen von der Privilegierung profitieren können. Allerdings
verlangt ein Teil des Schrifttums, dass **Darlehen mit einer Laufzeit von mehr als einem
Jahr angemessen zu verzinsen** sind[64]. Dabei stellt sich allerdings die Frage, wann eine
Verzinsung angemessen ist. Ein Drittvergleich (insbesondere zu Bankkrediten) ist hier
ausgeschlossen, da bei Darlehen an Gesellschafter eine ganz andere Risikolage besteht als
bei Bankkrediten („Klumpenrisiko"). Das **Angemessenheitskriterium** lässt sich daher
sachgerecht **nicht bestimmen**. Unter dem Gesichtspunkt der Kapitalaufbringung relevant
ist hingegen eine mögliche Geldentwertung. Der Rückgewähranspruch entspricht daher
wirtschaftlich nur dann der Bareinlage, wenn die **Inflation durch eine entsprechende
Verzinsung ausgeglichen** wird[65].

Über den Wortlaut des § 19 V 1 GmbHG hinaus ist zu fordern, dass der Rückge-   **54**
währanspruch **liquide** ist. Der Anspruch muss nach Grund und Höhe unstreitig
sein und einredefrei bestehen[66]. Schließlich muss der Rückgewähranspruch **jederzeit fällig sein** oder **durch fristlose Kündigung fällig gestellt werden** können.
Dieses Kriterium stellt einen Ausgleich für den Verzicht auf die freie Verfügbarkeit dar.

Entscheidend ist, dass Vollwertigkeit, Liquidität und jederzeitige Realisier-   **55**
barkeit des Rückgewähranspruchs **im Zeitpunkt der Leistung der Gesellschaft** gegeben sind.

Eine nachträgliche Verschlechterung der wirtschaftlichen Lage des Gesellschaf-
ters führt nicht zum Entfallen der Privilegierung, sondern begründet die Pflicht des
Geschäftsführers, den Rückgewähranspruch alsbald geltend zu machen[67]. Dem-
gemäß ist der Geschäftsführer nach § 43 I GmbHG verpflichtet, entsprechende
Überwachungsmaßnahmen zu treffen. Von Bedeutung ist dies vor allem beim
Cash-Pooling (siehe unten Rn. 65 ff.).

Umstritten ist, ob § 19 V 2 GmbHG eine zusätzliche materielle Voraussetzung   **56**
aufstellt. Hiernach ist die Leistung der Gesellschaft oder die Vereinbarung einer
solchen Leistung (kurz: das Hin- und Herzahlen) in der Anmeldung zum Handelsregister nach § 8 GmbHG anzugeben. Der **BGH** sieht hierin eine **Wirksamkeitsvoraussetzung** und versagt die Privilegierung, wenn die Offenlegung bei der An-

---

[63] *Hueck/Fastrich* in Baumbach/Hueck, GmbHG, § 19 Rn. 77.

[64] *Bormann* in Bormann/Kauka/Ockelmann, Hdb. GmbH-Recht, 2009, Kap. 4 Rn. 50.

[65] Ähnlich *Hueck/Fastrich* in Baumbach/Hueck, GmbHG, § 19 Rn. 77.

[66] *Bayer* in Lutter/Hommelhoff, GmbHG, § 19 Rn. 95.

[67] BGHZ 179, 71 ff. – „MPS"; *Hueck/Fastrich* in Baumbach/Hueck, GmbHG, § 19 Rn. 79.

meldung unterbleibt[68]. Dies führt namentlich in Cash-Pool-Fällen zu merkwürdi-
gen Diskrepanzen und Wertungswidersprüchen (dazu sogleich unter Rn. 67 ff.)
und **vermag** auch aus systematischen Gründen **nicht zu überzeugen**[69]. Dennoch
gilt für die Praxis bis auf Weiteres:

> Nur das bei Anmeldung zum Handelsregister offengelegte Hin- und Herzah-
> len ist nach h.M. privilegiert (§ 19 V 2 GmbHG).

4. Rechtsfolgen

a) Privilegierte Vorgänge

57   Die **Privilegierung** des § 19 V GmbHG führt dazu, dass trotz des vorabge-
sprochenen Rückflusses die Bareinlagepflicht mit Zahlung des Gesellschafters erfüllt wird.

58   Noch nicht abschließend geklärt ist, ob der Rückgewähranspruch den **Bindungen
des § 19 II GmbHG** unterliegt. Eine verbreitete Auffassung verneint dies, sodass
hiernach die Gesellschaft auf den Anspruch verzichten und der Gesellschafter gegen diese aufrechnen könnte[70]. Dies vermag nicht zu überzeugen. Es wäre geradezu widersinnig, die Privilegierung einerseits von den strengen Voraussetzungen
des § 19 V GmbHG abhängig zu machen, andererseits aber das Bestehen des
Rückgewähranspruchs zur Disposition der Gesellschaft zu stellen. Daher muss jedenfalls das **Befreiungsverbot** (§ 19 II 1 GmbHG) auch für den Rückgewähranspruch gelten[71]. Anderenfalls wäre nicht sichergestellt, dass der Gesellschafter
seinen Risikobeitrag (siehe oben § 1 Rn. 18) tatsächlich erbringt.

b) Sonstige Fälle

59   Liegen die Voraussetzungen des § 19 V GmbHG **nicht** vor, bleibt die Bareinlagepflicht bestehen. Das der Leistung der Gesellschaft zugrunde liegende Verpflichtungsgeschäft, in der Regel also der Darlehensvertrag, ist dann

---

[68] BGHZ 180, 38 ff. – „Qivive"; zustimmend *Ziemons* in BeckOK GmbHG, § 19 Rn. 248;
Heckschen, DStR 2009, 166, 173; *Pentz*, GmbHR 2009, 505, 511; *Wälzholz*, GmbHR 2008, 841,
846.

[69] Ablehnend auch *Hueck/Fastrich* in Baumbach/Hueck, GmbHG, § 19 Rn. 80; *Altmeppen*, NZG
2010, 441, 445; *Roth*, NJW 2009, 3397; wohl auch *Bayer* in Lutter/Hommelhoff, GmbHG, § 19
Rn. 99.

[70] Vgl. *Gehrlein*, Der Konzern 2007, 771, 782; *Pentz*, GmbHR 2009, 505, 511; *Bayer* in Lut-
ter/Hommelhoff, GmbHG, § 19 Rn. 98.

[71] Ebenso *Heinze*, GmbHR 2008, 565, 570; *Ziemons* in BeckOK GmbHG, § 19 Rn. 251.

wegen Verstoßes gegen die Kapitalaufbringungsvorschriften nichtig[72]. Die ausgetauschten Leistungen gelten als nicht erbracht und es bestehen keine wechselseitigen Bereicherungsansprüche. Allerdings führt die Zahlung auf die vermeintliche Darlehensschuld zur Erfüllung der Einlagepflicht[73].

Die Erfüllungswirkung tritt insbesondere dann **nicht** ein, wenn der Rückgewähranspruch **nur zum Teil werthaltig** ist. Dies folgt zum einen aus dem Gesetzeswortlaut („wenn" statt „soweit"), zum anderen aus der Gesetzesgeschichte[74].

5. Her- und Hinzahlen

§ 19 V GmbHG regelt den Fall, dass der Gesellschafter die Einlage zunächst er-   **60**
bringt und diese sodann wieder von der Gesellschaft zurückerhält. Auch der umgekehrte Fall ist denkbar und praktisch relevant: Zuerst gewährt die Gesellschaft ein Darlehen, das der Gesellschafter abredegemäß zur Zahlung der Einlage verwendet. Es besteht kein sachlicher Grund, beide Konstellationen im Rahmen der Kapitalaufbringung unterschiedlich zu behandeln.

Daher ist das Her- und Hinzahlen nach den soeben dargestellten Grundsätzen zu behandeln.

6. Dienstleistungen

Problematisch sind die Fälle, in denen die geleistete Bareinlage abredegemäß als   **61**
Entgelt für vom Gesellschafter zu erbringende Dienstleistungen an diesen wieder zurückfließt. Derartige Vorgänge sind **nicht** als **verdeckte Sacheinlage** anzusehen (siehe oben Rn. 29) – das hat der BGH in seiner „Qivive"-Entscheidung[75] zutreffend festgestellt. Sind derartige Vorgänge aber vielleicht als unzulässiges Hin- und Herzahlen anzusehen (wobei es auf die Reihenfolge der Leistungen auch hier nicht ankommen kann)?

> Die Fragestellung ist von besonderer praktischer Bedeutung, da bei der GmbH die Gesellschafter oftmals zugleich auch Geschäftsführer sind und hierfür eine Vergütung erhalten. Dass derartige Leistungsbeziehungen jedenfalls im Grundsatz möglich sein müssen, ist unstreitig. Umstritten ist aber, ob die Entgeltzahlungen ein Problem der Kapitalaufbringung oder der Kapitalerhaltung sind.

---

[72] *Ziemons* in BeckOK GmbHG, § 19 Rn. 231.

[73] BGHZ 165, 113; 165, 352.

[74] Eine entsprechende Formulierung war vom Bundesrat angeregt (BT-Drucks. 16/6140, S. 66), von der Bundesregierung explizit abgelehnt worden (BT-Drucks. 16/6140, S. 76).

[75] BGHZ 180, 38.

a) Der Standpunkt des BGH

62   Die **„Qivive"**-Entscheidung lässt erkennen, dass der BGH den Rückfluss der Einlage zur Bezahlung von Dienstleistungen im Ausgangspunkt als **zulässig** erachtet. Sofern der Gesellschafter die Bareinlage „in den Geldkreislauf der Gesellschaft" eingespeist habe, sei dem **Erfordernis der freien Verfügbarkeit** Rechnung getragen. Dann könne die GmbH die Einlagemittel auch dazu verwenden, erbrachte Dienstleistungen eines Gesellschafters, die sie ansonsten anderweitig hätte einkaufen müssen, zu bezahlen[76]. Ein unzulässiges Hin- und Herzahlen liege nur dann vor, wenn der Einlageschuldner die eingezahlten Mittel für die Vergütung seiner Dienstleistungen „reserviert" habe.

63   In der – zur aktienrechtlichen Parallelvorschrift des § 27 III, IV AktG – ergangenen **„Eurobike"**-Entscheidung[77] hat der BGH allerdings weitere Zulässigkeitskriterien aufgestellt:

> ⮫ Die Leistung muss vom Gesellschafter tatsächlich erbracht worden sein.
> ⮫ Die Vergütung muss einem Drittvergleich standhalten.
> ⮫ Die Leistung muss objektiv werthaltig und für die Gesellschaft auch „verwendbar" sein.

Diese Kriterien haben mit Privilegierungsvoraussetzungen der § 19 V GmbHG, § 27 IV AktG ersichtlich nichts mehr zu tun. Es handelt sich vielmehr um richterrechtliche, aus dem Grundsatz der Leistung zur freien Verfügbarkeit entwickelte Zulässigkeitskriterien.

b) Kritik

64   Zuzustimmen ist dem BGH dahingehend, dass die Privilegierung der hier in Rede stehenden Vorgänge sich nicht aus § 19 V 1 GmbHG (bzw. § 27 IV 1 AktG) ergeben kann. Diese knüpfen an einen Rückgewähranspruch der Gesellschaft an, der bei vom Gesellschafter zu erbringenden Dienstleistungen fehlt. Es handelt sich in der Tat um ein **Problem der „freien Verfügbarkeit"**. Allein maßgebende Frage muss dann aber sein, ob die in der „Eurobike"-Entscheidung aufgestellten Kriterien geeignet sind, die freie Verfügung in Frage zu stellen[78].

Bei dem ersten Merkmal, dass die Leistung tatsächlich erbracht sein muss, ist das freilich ohne weiteres der Fall: Wenn überhaupt keine Gegenleistung erbracht wurde, handelt es sich bei der Einlageleistung um eine **Scheinzahlung**, bei der die Mittel alsbald und unter Umgehung der Kapitalaufbringungsregeln, nämlich hier der Bareinlagepflicht, wieder an den Einleger zurückfließen. Darin liegt ganz

---

[76] Vgl. BGHZ 180, 38.

[77] BGHZ 184, 158; dazu *Drygala*, JZ 2011, 53 ff.

[78] Zum Folgenden *Drygala*, JZ 2011, 53 ff.

deutlich ein Mangel an freier Verfügung[79]. Fälle dieser Art werden freilich die Ausnahme sein.

Weit häufiger wird es vorkommen, dass die Gesellschaft den Gesellschafter für die Dienste **zu großzügig vergütet** oder auf Drängen des Gesellschafters Dienste in Anspruch nimmt, die sie **nicht benötigt**. Hieran knüpfen die Kriterien der Angemessenheit der Vergütung, der Werthaltigkeit und Verwendbarkeit der Leistung für die AG an. Diese haben aber mit der „freien Verfügbarkeit" der Einlage nichts zu tun, sondern betreffen die Frage, ob die Gesellschaft die ihr zur Verfügung stehenden Mittel möglicherweise unter Verstoß gegen die **Regeln der Kapitalerhaltung** (§ 30 GmbHG, § 57 AktG) an die Gesellschafter ausgezahlt hat.

VII. Kapitalaufbringung im Cash-Pool

Literatur: *Altmeppen*, Cash Pooling und Kapitalaufbringung, NZG 2010, 441; *Bormann/Urlichs*, Kapitalerhöhungen im Cash Pooling – welche Erleichterungen bringt das MoMiG tatsächlich?, DStR 2009, 641; *Lieder*, Kapitalaufbringung im Cash-Pool nach neuem Recht, GmbHR 2009, 1177; *Roth*, Neue Fallstricke beim Hin- und Herzahlen – Cash Pool, NJW 2009, 3397; *Schockenhoff/Wexler-Uhlich*, Rechtsprechung gegen den Gesetzgeber? – Zur Wirksamkeit der Einlageleistung beim Hin- und Herzahlen nach dem „Cash-Pool II"-Urteil des BGH, NZG 2009, 1327.

1. Grundlagen des Cash-Pooling

Das Cash-Pooling dient der Liquiditätsbündelung und -steuerung im Konzern. Es beruht auf dem Gedanken, dass der Liquiditätsbedarf von Konzerngesellschaften durch die bei anderen Konzerngesellschaften vorhandenen Überschüsse ausgeglichen und so die Aufnahme teurer Fremdkredite vermieden werden kann.   **65**

Zu diesem Zweck schließen die (rechtlich selbständigen) Konzerngesellschaften einen sog. Cash-Management-Vertrag ab. Die Konzernmutter oder eine von ihr gegründete Zweckgesellschaft führen ein Zentralkonto (*master account*), das als „gemeinsame Kasse" fungiert. Hierzu werden periodisch, in der Regel täglich, die Salden der Bankkonten der beteiligten Gesellschaften (Quellkonten) auf „Null" (sog. *zero balancing*) gestellt. Weisen die Quellkonten einen positiven Saldo auf, wird das Guthaben auf das Zentralkonto übertragen; bei negativem Saldo wird dieser durch Überweisung vom Zentralkonto ausgeglichen.

Beschrieben ist damit das sog. echte oder physische Cash-Pooling, bei dem es tatsächlich zu Überweisungsvorgängen kommt. Daneben gibt es in der Praxis auch Gestaltungsformen, in denen ein effektiver Übertrag der Salden auf das Zentralkonto nicht erfolgt, sondern lediglich fiktive Verrechnungen durchgeführt werden (unechtes oder *Notional-Pooling*). Dies dient nicht der Liquiditätssteuerung, sondern ausschließlich der Zinsoptimierung.

---

[79] So bereits BGHZ 113, 335, 348 f.; 150, 197, 200.

66   Rechtlich sind diese Vorgänge als **Darlehen** einzuordnen[80]. Bei einem positiven Saldo gewährt die Gesellschaft der Cash-Pool-Führerin ein Darlehen, bei einem negativen Saldo ist die Gesellschaft Empfängerin eines Darlehens.

Aufgrund der **periodischen** (täglichen) Umbuchungen verändert sich dabei nur ständig die Höhe des Darlehensbetrages – und mehr noch: auch die jeweiligen Rollen als Darlehensgeber und Darlehensnehmer können wechseln. Entscheidend ist die jeweilige Liquiditätslage bei den am Cash-Pooling teilnehmenden Gesellschaften. Dies ist für die rechtliche Behandlung der Kapitalaufbringung von entscheidender Bedeutung.

2. Kein Sonderrecht bei der Kapitalaufbringung

a) Rechtslage bis zum MoMiG

67   In seiner Entscheidung „**Cash Pool I**"[81] aus dem Jahr 2006 – also vor dem Mo-MiG – hatte der BGH entschieden, dass die in ein Cash-Pool-System einbezogenen GmbHs den Kapitalaufbringungsvorschriften des GmbHG und den dazu von der Rechtsprechung entwickelten Grundsätzen (siehe oben Rn. 20 f.) unterliegen. Ein „Sonderrecht" für diese Art der Finanzierung könne nicht anerkannt werden. Dies hat in der Praxis zu erheblicher Verunsicherung geführt, zumal der BGH in der berüchtigten „**November**"-**Entscheidung**[82] bereits im Jahr 2004 die Darlehensgewährung an Gesellschafter (sog. *upstream loans*) erheblich eingeschränkt hatte (dazu unten § 8 Rn. 10 f.). Dies führte zu der misslichen Situation, dass zwar einerseits der wirtschaftliche Nutzen des Cash-Pooling weitgehend anerkannt war, andererseits aber die strengen Regeln der Kapitalaufbringung und – bei der GmbH etwas abgeschwächt – der Kapitalerhaltung eine hohe und zudem nicht sicher abschätzbare Hürde darstellten.

68   Der MoMiG-Gesetzgeber wollte hier **Abhilfe** schaffen. Für die Kapitalerhaltung wurde § 30 I 2 GmbHG neu gefasst (dazu unten § 8 Rn. 33 f.), bei der Kapitalaufbringung sollte § 19 V GmbHG helfen: Der Gesetzgeber sah die Kapitalaufbringung im Cash-Pool in erster Linie als Problem des Hin- und Herzahlens an und wollte durch den neu geschaffen Privilegierungstatbestand gerade diese Fälle erfassen[83].

---

[80] *Ziemons* in BeckOK GmbHG, § 19 Rn. 255.

[81] BGHZ 166, 8 ff.

[82] BGHZ 157, 72 ff.

[83] Siehe Begr. RegE zum MoMiG, BT-Drucks. 16/6140, S. 34 (noch zu § 8 II 2 GmbHG-E, wo die Problematik zunächst verortet werden sollte).

b) „Cash Pool II"

Indes hat der Gesetzgeber die Rechnung ohne den BGH gemacht, der in der Ent- **69** scheidung **„Cash Pool II"**[84] aus dem Jahr 2009 eine **differenziertere Betrachtung** angestellt hat. Der BGH hat nicht die Gesetzesmaterialien, sondern das Gesetz selbst beim Wort genommen: § 19 V GmbHG gelangt immer nur dann zur Anwendung, wenn der betreffende Vorgang nicht als verdeckte Sacheinlage zu bewerten ist:

> **BGHZ 182, 103 – „Cash Pool II"** (1. Leitsatz):
> „Die Einzahlung der Einlage auf ein Konto, das in einen dem Inferenten zuzurechnenden Cash-Pool einbezogen ist, ist eine verdeckte Sacheinlage, wenn der Saldo auf dem Zentralkonto des Cash-Pools im Zeitpunkt der Weiterleitung zulasten der Gesellschaft negativ ist, andernfalls liegt ein Hin- und Herzahlen vor."

Ein **negativer Saldo** auf dem Zentralkonto des Cash-Pools bedeutet, dass die Gesellschaft mehr Mittel aus dem Cash-Pool erhalten hat, als von ihr hinein geflossen sind. Es besteht also ein Anspruch gegen die Gesellschaft auf Darlehensrückzahlung (§ 488 I 2 BGB).

Ist der einlagepflichtige Gesellschafter (Inferent) selbst Cash-Pool-Führer und Inhaber des Zentralkontos, so ist er ohne weiteres Gläubiger dieses Anspruchs. Wird der Cash-Pool über eine Zweckgesellschaft „abgewickelt", dann ist zwar diese Gläubigerin, doch greifen die oben Rn. 26 dargestellten Zurechnungskriterien ein und der Anspruch wird in Ansehung des § 19 IV, V GmbHG als Anspruch des Gesellschafters behandelt.

Dieser Anspruch hätte als Sacheinlage eingebracht werden können – und müssen, weshalb sich die Rechtsfolgen insoweit ausschließlich nach § 19 IV GmbHG richten. § 19 V GmbHG greift daher tatbestandlich nur ein, wenn der Saldo auf dem Zentralkonto nicht negativ zulasten der Gesellschaft war.

Liegt nur **teilweise** eine verdeckte Sacheinlage vor, weil die Einlagenzahlung den negativen Saldo zulasten der Gesellschaft im Zentralkonto übersteigt, ist der Vorgang teilweise als verdeckte Sacheinlage, teilweise als Hin- und Herzahlen zu beurteilen[85].

c) Stellungnahme

Die Auffassung des BGH ist **dogmatisch stringent** und entspricht nicht zuletzt **70** dem Wortlaut des Gesetzes; sie ist daher überwiegend auf Zustimmung gestoßen[86]. Zwar lässt sich einwenden, dass die Anknüpfung an den jeweiligen Saldo zu zufälligen Ergebnissen führt, doch ist **eine bessere Lösung** auf der Basis des § 19

---

[84] BGHZ 182, 103.

[85] BGHZ 182, 103.

[86] Zustimmend etwa *Lieder*, GmbHR 2009, 1177 ff.; *Theiselmann*, Der Konzern, 2009, 460 ff.; *Merkner/Schmidt-Bendun*, NJW 2009, 3072 ff.

IV und V GmbHG **nicht zu entwickeln**, nachdem sich der Gesetzgeber einmal entschieden hat, die beiden Fallgruppen getrennt zu kodifizieren. Insbesondere wäre es verfehlt, die Kapitalaufbringungsvorschriften nur deshalb zu ignorieren, weil die Gesellschaft in ein Cash-Pool-System einbezogen ist.

> Daher muss man in der Tat darauf abstellen, ob bei einer wirtschaftlichen Betrachtungsweise die Einlagemittel dazu dienen, mit einer Forderung aus dem Cash-Pooling gegen den Gesellschafter verrechnet zu werden (dann § 19 IV GmbHG) oder als weiteres Darlehen der Gesellschaft in den Cash-Pool zu fließen (dann § 19 V GmbHG).

71   Der BGH knüpft dabei an den Saldo im **Zeitpunkt** der Weiterleitung der Einlagemittel an den Cash-Pool an. Das **Problem für die Praxis** besteht darin, dass bei Übernahme der Einlagepflicht nicht stets absehbar ist, welchen Saldo das Zentralkonto zu diesem Zeitpunkt aufweisen wird.

> Deshalb kann es sich für die Praxis empfehlen, die Gesellschaft für den Zeitraum zwischen Begründung der Einlagepflicht und erster Saldierung nach Einzahlung der Einlagemittel vom Cash-Pool „abzuklemmen", also zwischenzeitliche Buchung und Verrechnung nicht vorzunehmen. Dann stellt sich allerdings die Frage, wie die Gesellschaft in diesem Zeitraum mit Liquidität versorgt werden soll. Mehr als eine **Hilfslösung** ist auch dieser Weg nicht.

VIII. Sanktionen bei nicht rechtzeitiger Erfüllung der Einlagepflicht

1. Überblick

72   Zur Sicherung der Kapitalaufbringung gehören auch Regelungen, die die rechtzeitige Erfüllung übernommener Einlagepflichten sicherstellen sollen.

Bei **Sacheinlagen** erfüllen diese Funktion bereits die §§ 7 III, 8 II GmbHG: Sacheinlagen müssen bereits zum Zeitpunkt der Anmeldung zum Handelsregister vollständig erbracht sein; dies ist vom Anmeldenden (strafbewehrt, vgl. § 82 I Nr. 1 GmbHG) zu versichern.

Die **Bareinlagen** müssen hingegen nach § 7 II GmbHG lediglich zu einem Viertel erbracht sein. Über die **Fälligstellung der restlichen Bareinlage** entscheiden die Gesellschafter – entweder indem sie einen Leistungstermin bereits im Gesellschaftsvertrag festlegen oder die Einforderung gemäß § 46 Nr. 2 GmbHG beschließen. Die Befugnis über die Einforderung zu entscheiden, kann auch auf den Geschäftsführer übertragen werden. Die Einlageforderung wird zudem erst fällig, wenn sie durch den Geschäftsführer **angefordert** ist[87].

---

[87] *Römermann* in Michalski, GmbHG, § 46 Rn. 145 f.; *Zöllner* in Baumbach/Hueck, GmbHG, § 46 Rn. 29.

> Voraussetzungen für die Fälligkeit einer offenen Bareinlageforderung:
> ⊃ Einforderung durch Bestimmung im Gesellschaftsvertrag oder Beschluss der Gesellschafterversammlung <u>und</u>
> ⊃ Anforderung durch den Geschäftsführer.

2. Rechtsfolgen nicht rechtzeitiger Leistung

a) Verzinsungspflicht (§ 20 GmbHG)

Leistet der Gesellschafter auf die Anforderung nicht, hat er den fraglichen Betrag **73** nach § 20 GmbHG zu verzinsen. Die Regelung gilt für die Einlageforderung und alle Ansprüche, die an ihre Stelle treten[88] (z.B. Ansprüche aus § 9 GmbHG), nicht aber für darüber hinausgehende Leistungspflichten (z.B. Agio, Nebenleistungen). Verzug im Sinne des § 286 BGB ist dafür nicht erforderlich; es handelt sich um einen Fall von **Fälligkeitszinsen**[89]. Dafür beträgt der **Zinssatz** gemäß § 246 BGB auch nur 4%, da § 288 BGB auf § 20 GmbHG nicht anwendbar ist. Liegt zusätzlich Verzug vor, kann die Gesellschaft aber die höheren Zinsen nach BGB sowie Ersatz weiterer Verzögerungsschäden verlangen. § 20 GmbHG ist dispositiv: Der Gesellschaftsvertrag kann einen höheren Zinssatz festlegen, aber auch die Verzinsungspflicht ausschließen[90].

Fälligkeitszinsen sind ein **Druckmittel gegen den Gesellschafter**. Sie unterliegen jedoch nicht den strengen Bindungen des § 19 II GmbHG. Daher kann der Gesellschafter gegen die Zinsforderung aufrechnen und die Gesellschaft kann die Zinsen erlassen[91].

b) Kaduzierung (§§ 21 ff. GmbHG)

Leistet ein Gesellschafter seine Bareinlage pflichtwidrig nicht, kann er aus der Gesellschaft **ausgeschlossen** werden, weil mit der Verletzung der Beitragspflicht der Grund für seine Mitgliedschaft entfällt und den vertragstreuen Gesellschaftern nicht zumutbar ist, dem Nichtleistenden Gesellschafterrechte zu gewähren. Anstelle des denkbaren Ausschlusses aus wichtigem Grund enthält das GmbHG ein besonderes Verfahren, dass man **Kaduzierung** nennt. Es ist in §§ 21-24 GmbHG geregelt. **74**

---

[88] *Bayer* in Lutter/Hommelhoff, GmbHG, § 20 Rn. 1; *Hueck/Fastrich* in Baumbach/Hueck, GmbHG, § 20 Rn. 2.

[89] Anders nur *Pentz* in Rowedder/Schmidt-Leithoff, GmbHG, § 20 Rn. 19.

[90] Ebenso *Hueck/Fastrich* in Baumbach/Hueck, GmbHG, § 20 Rn. 1; a.A. *Ebbing* in Michalski, GmbHG, § 20 Rn. 1; *Bayer* in Lutter/Hommelhoff, GmbHG, § 20 Rn. 5.

[91] So auch *Hueck/Fastrich* in Baumbach/Hueck, GmbHG, § 20 Rn. 7; a.A. *Bayer* in Lutter/Hommelhoff, GmbHG, § 20 Rn. 5; *Ebbing* in Michalski, GmbHG, § 20 Rn. 38; nur die Aufrechnung für zulässig erachtend *Altmeppen* in Roth/Altmeppen, GmbHG, § 20 Rn. 12.

75   Kaduzierung ist der zwangsweise Ausschluss eines Gesellschafters, der seine Einlageverpflichtung trotz Fälligkeit nicht erbringt.

Die **Durchführung** des Kaduzierungsverfahrens ist **nicht zwingend** (vgl. § 21 GmbHG: „kann"). Die Gesellschaft kann sich auch dafür entscheiden, die offene Einlageforderung einzuklagen[92].

> In der Praxis wird die Kaduzierung eher selten durchgeführt[93]. Dennoch sind die §§ 21 ff. GmbHG nicht etwa „totes Recht". Sie erfüllen wegen des immanenten Drohpotentials eine wichtige Funktion im System der Kapitalaufbringungsregeln. Dem Gesellschafter droht nämlich nicht nur der Verlust des Geschäftsanteils, sondern auch das Fortbestehen der Haftung für die offene Einlageforderung (§ 21 III GmbHG).

76   Die Kaduzierung setzt gemäß § 21 I 1 GmbHG neben der Säumnis des Gesellschafters voraus, dass
- ⮞ der Gesellschafter erneut zur Zahlung aufgefordert,
- ⮞ ihm hierfür eine Nachfrist gesetzt und
- ⮞ dabei der Ausschluss mit dem Geschäftsanteil angedroht wurde.

Die Nachfrist muss angemessen sein und **mindestens einen Monat** betragen (§ 21 I 2 GmbHG); eine zu kurz bemessene Frist ist unwirksam[94].

Nach fruchtlosem Ablauf der Frist kann der Gesellschafter seines Geschäftsanteils sowie der geleisteten Teilzahlungen zugunsten der Gesellschaft verlustig erklärt werden (§ 21 II GmbHG).

> Auch nach Fristablauf kann der Gesellschafter die Einlagepflicht durch Zahlung noch erfüllen und damit die weiteren Wirkungen des Kaduzierungsverfahrens vermeiden.

77   Der Ausschluss erfolgt **nicht kraft Gesetzes**; es bedarf vielmehr einer ausdrücklichen **Erklärung**. Zuständig ist der Geschäftsführer. Die einmal zugegangene Ausschlusserklärung ist unwiderruflich[95]. Mit Zugang verliert der betroffene Gesellschafter seinen Geschäftsanteil einschließlich darauf geleisteter Einlagen sowie sämtliche mitgliedschaftlichen Rechte. Ein Abfindungsanspruch steht ihm nicht zu. Rechte Dritter an dem Anteil (Nießbrauch, Pfandrecht) erlöschen[96].

---

[92] *Hueck/Fastrich* in Baumbach/Hueck, GmbHG, § 21 Rn. 1.

[93] Vgl. dazu *Ebbing* in Michalski, GmbHG, § 21 Rn. 8.

[94] *Hueck/Fastrich* in Baumbach/Hueck, GmbHG, § 21 Rn. 5; *Altmeppen* in Roth/Altmeppen, GmbHG, § 21 Rn. 12; a.A. *Ebbing* in Michalski, GmbHG, § 21 Rn. 71.

[95] *Ebbing* in Michalski, GmbHG, § 21 Rn. 88; *Hueck/Fastrich* in Baumbach/Hueck, GmbHG, § 21 Rn. 10; *Bayer* in Lutter/Hommelhoff, GmbHG, § 21 Rn. 16.

[96] Vgl. nur *Hueck/Fastrich* in Baumbach/Hueck, GmbHG, § 21 Rn. 13.

Der Geschäftsanteil erlischt aber nicht, sondern er fällt der Gesellschaft zu.   **78**
Diese hält ihn treuhänderisch, bis ein neuer Inhaber gefunden ist[97].

c) Haftung für den Fehlbetrag

Mit dem Ausschluss des Säumigen entsteht ein neues Problem: Das Stammkapital   **79**
ist nicht vollständig aufgebracht: zwischen der im Handelsregister verlautbarten
und der tatsächlich vorhandenen Summe klafft eine unter Umständen erhebliche
Lücke. Dies ist nicht nur unter Aspekten des Gläubigerschutzes bedenklich, sondern der Gesellschaft fehlt auch Betriebskapital. Das Gesetz sieht daher ein gestuf-
tes Verfahren vor, um den Differenzbetrag dennoch beizubringen:

aa) Haftung der Vormänner

Zunächst kommt eine **Haftung der Rechtsvorgänger** des säumigen Gesellschaf-   **80**
ters in Betracht, § 22 I GmbHG. Diese sog. Vormänner des ausgeschlossenen Gesellschafters, die ja ebenfalls einmal nur einen teileingezahlten Geschäftsanteil
hielten, sind sukzessive in umgekehrter Erwerbsreihenfolge in Anspruch zu nehmen (sog. Staffelregress, § 22 II GmbHG). Zahlt ein Vormann die restliche Einlage, so erwirbt er den Geschäftsanteil (§ 22 IV GmbHG). Die Haftung der Vormänner ist zeitlich begrenzt auf fünf Jahre ab Übertragung des Geschäftsanteils
auf deren jeweiligen Rechtsnachfolger (§ 22 III GmbHG).

bb) Verwertung

Hat der ausgeschlossene Gesellschafter keine Vormänner, weil er den Geschäfts-   **81**
anteil originär bei Gründung oder im Zuge einer Kapitalerhöhung erworben hat,
oder ist die Inanspruchnahme der Vormänner erfolglos geblieben, kann die Gesellschaft den **Geschäftsanteil öffentlich versteigern** (§ 23 I GmbHG). Anwendbar sind die §§ 383 III, 156 BGB. Der Ersteigerer erwirbt den Geschäftsanteil unmittelbar durch Zuschlag[98]. Eine **andere Art des Verkaufs** (z.B. „freihändig") ist
nur mit Zustimmung des ausgeschlossenen Gesellschafters zulässig (§ 23 II
GmbHG).

cc) Ausfallhaftung des ausgeschlossenen Gesellschafters

Der ausgeschlossene Gesellschafter haftet auch nach erfolgter Kaduzierung weiter   **82**
für die offene Einlageforderung, allerdings ist seine Haftung **subsidiär** gegenüber
der Vormännerhaftung nach § 22 GmbHG[99]. Sie greift auch nur, soweit der offene
Betrag nicht durch Veräußerung gemäß § 23 GmbHG erzielt werden konnte. Zahlt

---

[97] *Hueck/Fastrich* in Baumbach/Hueck, GmbHG, § 21 Rn. 12; *Bayer* in Lutter/Hommelhoff,
GmbHG, § 21 Rn. 15.

[98] Vgl. *Bayer* in Lutter/Hommelhoff, GmbHG, § 23 Rn. 4; *Ebbing* in Michalski, GmbHG, § 23
Rn. 30, 32; *Hueck/Fastrich* in Baumbach/Hueck, GmbHG, § 23 Rn. 4.

[99] Vgl. *Ebbing* in Michalski, GmbHG, § 23 Rn. 7.

der ausgeschlossene Gesellschafter, so erlischt die Einlagepflicht. Er rückt aber nicht wieder in die Gesellschafterstellung ein; die **Kaduzierung bleibt wirksam**.

dd) Ausfallhaftung der übrigen Gesellschafter (§ 24 GmbHG)

83   Praktisch wichtiger als die übrigen Rechtsbehelfe ist die Ausfallhaftung der übrigen Gesellschafter. Bleiben die nach §§ 21-23 GmbHG vorgesehenen Schritte erfolglos, wird der verbleibende Fehlbetrag auf die Mitgesellschafter umgelegt.

Die **Ausfallhaftung setzt** im Einzelnen **voraus**, dass
➲   wirksam nach § 21 GmbHG kaduziert wurde,
➲   etwaige Vormänner erfolglos nach § 22 GmbHG in Anspruch genommen wurden,
➲   die Veräußerung des kaduzierten Geschäftsanteils nach § 23 GmbHG den noch ausstehenden Betrag nicht eingebracht hat oder offensichtlich aussichtslos war (z.B. wegen Insolvenz der Gesellschaft)[100] und
➲   der ausgeschlossene Gesellschafter nach § 21 III GmbHG erfolglos in Anspruch genommen wurde.

84   Die übrigen Gesellschafter haften dabei **im Verhältnis ihrer Geschäftsanteile**; sind Beiträge von einzelnen Gesellschaftern nicht zu erlangen, so werden sie nach diesem Verhältnis auf die übrigen Gesellschafter verteilt (§ 24 S. 2 GmbHG). Als Folge ergibt sich, dass ein einziger zahlungsfähiger Gesellschafter ungeachtet der vertraglich vorgesehenen Beteiligungshöhe das gesamte Stammkapital aufbringen muss, wenn außer ihm alle anderen Gesellschafter zahlungsunfähig sind. Da die Haftung **nicht verschuldensabhängig** ist, kommt es nicht darauf an, ob er den Verstoß gegen die Kapitalaufbringungspflicht erkennen oder verhindern konnte. Ohne Bedeutung ist auch, warum der Einlagebetrag offen ist: Die Ausfallhaftung kann insbesondere auch bei einer unwirksamen oder scheinbaren Leistung des Mitgesellschafters eingreifen.

Die damit verbundene Haftung kann existenzvernichtende Züge annehmen. Drastische Beispiele dafür finden sich in BGHZ 132, 390 und LG Mönchengladbach, ZIP 1986, 306. In beiden Fällen ging es um verdeckte Sacheinlagen des Mehrheitsgesellschafters, für die jeweils der mit weniger als 10 % beteiligte Minderheitsgesellschafter aufkommen musste. Das führte jeweils zu Zahlungspflichten in Millionenhöhe. – In dem scherzhaften Merkspruch „Gehst du mit, bist du hin!" steckt also jedenfalls ein wahrer Kern!

Gleichzeitig hat der nicht geschäftsführende Minderheitsgesellschafter kaum eine Möglichkeit, die Wirksamkeit der Einlageleistung seines Mitgesellschafters zu überprüfen[101]. Ob eine derart weitgehende Haftung, die für den Minderheitsgesellschafter **praktisch unausweichlich** ist, dem heutigen Verständnis von Privatautomonie[102] entspricht, kann hier nicht näher untersucht werden, ist aber jedenfalls zweifelhaft.

---

[100] OLG Hamm DB 1993, 1765; *Jaeger* in BeckOK GmbHG, § 24 Rn. 8.

[101] Für Anwendung des Kleinbeteiligungsprivilegs aus dem Recht der Gesellschafterdarlehen (heute § 39 V InsO) deshalb *Gaiser*, GmbHR 1999, 214.

[102] Vgl. insbesondere BVerfG NJW 2005, 2363 ff. und 2377 ff.

§ 8 Kapitalerhaltung

Literatur: *Bitter*, Rechtsperson und Kapitalerhaltung – Gesellschafterschutz vor „verdeckten Gewinnausschüttungen" bei Kapital- und Personengesellschaften, ZHR 168 (2004), 302; *Canaris*, Die Rückgewähr von Gesellschaftereinlagen durch Zuwendungen an Dritte, Festschrift Fischer, 1979, S. 31; *Drygala*, Stammkapital heute, ZGR 2006, 587; *Eusani*, Systematik der neuen Kapitalerhaltung bei der GmbH, JURA 2009, 502; *Fleck*, Der Grundsatz der Kapitalerhaltung – seine Ausweitung und seine Grenzen, Festschrift 100 Jahre GmbHG, 1992, S. 391; *Henze*, Gesichtspunkte des Kapitalerhaltungsgebots und seiner Ergänzung im Kapitalgesellschaftsrecht in der Rechtsprechung des BGH, NZG 2003, 649; *Stimpel*, Zum Auszahlungsverbot des § 30 Abs. 1 GmbHG, Festschrift 100 Jahre GmbH-Gesetz, 1992, S. 335; *Wilhelmi*, Der Grundsatz der Kapitalerhaltung im System des GmbH-Rechts, 2001.

I. Grundlagen

1. Funktion und Umfang der Kapitalbindung

Der GmbH- und aktienrechtliche **Kapitalschutz** ruht auf **zwei Säulen**: den Regeln   1
zur Sicherung der Kapitalaufbringung und der Kapitalerhaltung. Die **Kapitalaufbringungsvorschriften** sollen sicherstellen, dass die Gesellschafter die mit Übernahme der Geschäftsanteile bzw. Aktien versprochenen Risikobeiträge auch tatsächlich erbringen und die Gesellschaft mit dem in der Satzung festgesetzten
Stammkapital ausgestattet wird. Im Fokus steht hier die Einlagepflicht der Gesellschafter. Die **Regeln über die Kapitalerhaltung** hingegen sollen den späteren
Zugriff der Gesellschafter auf das Vermögen der Gesellschaft, also den Rückfluss
des bereits aufgebrachten Kapitals begrenzen. Die Vorschriften über die Kapitalaufbringung wären sinnlos, wenn das einmal erbrachte Kapital sofort wieder an
die Gesellschafter zurückgewährt werden könnte. Der Risikobeitrag muss vielmehr der Gesellschaft auf Dauer zur Verfügung gestellt werden.

Zum grundsätzlichen Vorrang der Regeln über die Kapitalaufbringung vor den Regeln
über die Kapitalerhaltung siehe § 7 Rn. 4.

Die Kapitalerhaltungsregeln dienen dem **Schutz der Gesellschaftsgläubiger**[1].   2
Dabei folgen GmbH- und Aktienrecht bei der Kapitalaufbringung einem weitgehend identischen Schutzkonzept. Bei der Kapitalerhaltung ist das anders; hier erlaubt das GmbH-Recht mit dem insoweit zentralen § 30 GmbHG deutlich mehr als
§ 57 AktG.

---

[1] *Hueck/Fastrich* in Baumbach/Hueck, GmbHG, § 30 Rn. 1; *Bayer* in Lutter/Hommelhoff, GmbHG, § 30 Rn. 1.

3   Bei der **AG** ist das **gesamte Gesellschaftsvermögen** vor dem Zugriff der
Aktionäre geschützt (vgl. § 57 I AktG).

> Ausgeschüttet werden darf bei der AG nur der Bilanzgewinn. Die aktienrechtliche
> Kapitalbindung beschränkt sich somit nicht auf das Grundkapital, sondern erfasst insbe-
> sondere auch Rücklagen, wie z.B. thesaurierte Gewinne. Daher ist § 57 AktG zugleich
> eine Schutzvorschrift zugunsten der Minderheitsgesellschafter[2]. Näher zur Vermögens-
> bindung in der AG unten § 20 Rn. 25 ff.

4   Bei der **GmbH** ist das Gesellschaftsvermögen nicht generell, sondern **nur in
Höhe des Stammkapitals** vor dem Zugriff der Gesellschafter geschützt
(vgl. § 30 I 1 GmbHG). Anders als das Aktienrecht (vgl. § 150 I AktG)
kennt das GmbH-Recht, mit Ausnahme der Sondervorschrift zur UG in § 5a
II GmbHG **keine Pflicht zur Bildung von Rücklagen**.

5   Anzustellen ist eine **bilanzielle Betrachtung**, bei der das Reinvermögen der Ge-
sellschaft („Aktiva minus Verbindlichkeiten") mit dem statutarisch festgesetzten
Stammkapital zu vergleichen ist. Ausschüttungen und Entnahmen oberhalb der
Stammkapitalziffer (sog. **ungebundenes bzw. freies Vermögen**) können bei der
GmbH zwar Probleme unter dem Gesichtspunkt des Minderheitenschutzes auf-
werfen; unter dem Gesichtspunkt des Gläubigerschutzes sind sie jedoch zulässig.

> Keine Rolle spielt dabei der Schutz der GmbH als solcher, da diese – obwohl sie
> juristische Person ist – ein vom übereinstimmenden Willen der Gesellschafter abweichen-
> des Eigeninteresse grundsätzlich nicht hat[3]. Die Zweckbindung des Gesellschaftsvermö-
> gens dient allein dem Schutz der Gesellschaftsgläubiger[4].

6   Nach hier vertretener Auffassung soll der Kapitalschutz sicherstellen, dass die Gesellschafter ihre versprochenen Risikobeiträge erbringen und dauerhaft in der Gesellschaft belassen (siehe oben § 1 Rn. 18). Das Stammkapital ist die Summe eben
dieser (individuellen) Risikobeiträge. Den **GmbH**-Gesellschaftern ist der Zugriff
auf das Gesellschaftsvermögen nur gestattet, wenn nach dem Zugriff dieser „**Ge-
samtrisikobeitrag**" noch im Gesellschaftsvermögen vorhanden ist.

> Vereinfacht ausgedrückt: Zugegriffen werden kann nur auf das, was erwirtschaftet wurde,
> nicht aber auf die kapitalmäßige Grundausstattung.

---

[2] Vgl. *Drygala* in KölnKomm. AktG, § 57 Rn. 11 ff. mit Nachweisen auch zur Gegenansicht.

[3] A.A. *Wilhelm*, Rechtsform und Haftung bei der juristischen Person, 1981, S. 285 ff.; *ders.*,
NJW 2003, 175; *Altmeppen*, DB 2000, 657 ff.; *ders.*, ZIP 2001, 1837, 1841 ff.; *ders.* NJW 2002,
321 ff.

[4] Zutreffend BGHZ 173, 246 ff. – „Trihotel"; BGHZ 176, 204 ff. – „Gamma".

2. Kein Schutz vor Verwirtschaftung

Trotz des unterschiedlichen Schutzumfangs haben das GmbH- und aktienrechtliche Regelungsmodell eine bedeutende Gemeinsamkeit: Die Kapitalerhaltungsvorschriften **schützen nicht vor Verwirtschaftung** des Stamm- bzw. Grundkapitals[5]. Dieses muss insbesondere nicht als Reservefonds zugunsten der Gesellschaftsgläubiger vorgehalten oder gar unangetastet in Geldschränken verwahrt werden[6]. Es kann und soll vielmehr zur Finanzierung des Geschäftsbetriebs der GmbH dienen. Damit entsteht zwar die Gefahr, dass das Kapital durch Wertverluste vermindert wird, doch nimmt das Gesetz dies hin. Es besteht auch keine Pflicht der Gesellschafter, das „verbrauchte Kapital" wieder aufzufüllen; eine solche Pflicht liefe der Idee der Haftungsbeschränkung zuwider. Auch besteht grundsätzlich **keine Pflicht**, Gewinne in der Gesellschaft zu belassen (**„zu thesaurieren"**). Lediglich für die UG schreibt § 5a III 1 GmbHG eine Pflicht zur Rücklagenbildung vor, um einen Anreiz zur alsbaldigen Umwandlung in eine reguläre GmbH zu schaffen (dazu § 5 Rn. 16 ff.).

> Das Risiko der Verwirtschaftung tragen somit die Gesellschaftsgläubiger. Dafür Sorge zu tragen, dass sich dieses Risiko nicht uferlos ausweitet, ist Aufgabe des Insolvenzrechts. Ist das Vermögen gänzlich aufgebraucht, dann ist die Gesellschaft (rechnerisch) überschuldet, sodass ggf. Insolvenzantrag gestellt werden muss (§§ 15a I i.V.m. 19 InsO). Für Einzelheiten insoweit siehe unten § 11 Rn. 108 ff.

Anknüpfungspunkt für den § 30 GmbHG und § 57 AktG ist nicht die Minderung des Gesellschaftsvermögens schlechthin, sondern die Vermögensverlagerung zugunsten des Gesellschafters.

3. Alternative zur bilanziellen Kapitalerhaltung

Das strikt am bilanziell ermittelten Stammkapital (bei der GmbH) bzw. dem ebenso bilanziell betrachteten Gesellschaftsvermögen in Gänze (bei der AG) orientierte Kapitalschutzmodell ist nicht die einzig denkbare Lösung. Vor allem die angloamerikanischen Rechtsordnungen stehen auf dem Standpunkt, dass die Bilanz als ein Vermögensstatus (siehe § 242 I HGB) nichts über die Ausschüttungsfähigkeit einer Gesellschaft aussagt. Daher wird auf andere Instrumente abgestellt, um den Zugriff der Gesellschafter auf das Gesellschaftsvermögen zu beschränken. Es war nicht zuletzt die Rechtsprechung des EuGH zur Niederlassungsfreiheit (siehe § 2 Rn. 31 ff.), durch die **Alternativkonzepte** zur bilanziellen Kapitalerhaltung deutscher Prägung in den Fokus der rechtspolitischen Diskussion rückten[7]. Eine pro-

7

8

---

[5] *Heidinger* in Michalski, GmbHG, § 30 Rn. 7; *Altmeppen* in Roth/Altmeppen, GmbHG, § 30 Rn. 6.

[6] Vgl. *Drygala*, ZGR 2006, 587, 636.

[7] Vgl. auch *Teichmann*, NJW 2006, 2444.

minente Stellung nimmt dabei der im angloamerikanischen Rechtskreis wurzelnde **Solvenztest** (*solvency test*) ein[8]. Dabei wird nicht auf die Vermögenslage der Gesellschaft abgestellt, sondern auf ihren Liquiditätsstatus. Es wird, vereinfacht gesagt, danach gefragt, ob die Gesellschaft die auszuschüttenden Mittel entbehren kann, ohne in absehbarer Zeit in Gefahr der Zahlungsunfähigkeit (nicht Überschuldung!) zu kommen. Das Konzept hat insoweit Ähnlichkeit mit dem Auszahlungsverbot der § 64 S. 3 GmbHG, § 92 II 2 AktG.

> Es gab sogar **Überlegungen auf EU-Ebene**, den Gedanken eines bilanziell geschützten Kapitals in Gänze aufzugeben und durch ein auf einen Solvenztest abstellendes System zu ersetzen. Da Studien einen entsprechenden Reformbedarf jedoch nicht belegen konnten[9], sind die Pläne mittlerweile wieder in einer Schublade verschwunden.

4. Das „November"-Urteil und die Folgen

9   Die europarechtliche Entwicklung war aber nur ein Grund dafür, dass das Kapitalerhaltungsrecht im vergangenen Jahrzehnt Gegenstand heftiger Diskussionen war. Auf nationaler Ebene wurde diese Diskussion befeuert durch die Rechtsprechung des BGH[10], die das Konzept der Kapitalerhaltung immer weiter ausgebaut hat[11] – dogmatisch geschlossen und konsequent, aber dafür auch schwerfällig und innovationsfeindlich.

10   Höhepunkt dieser Entwicklung war das **„November"-Urteil**[12] aus dem Jahr 2003. Der BGH sah bei einer GmbH die Vergabe von Darlehen an Gesellschafter als unzulässig an, sofern die überlassenen Mittel aus dem gebundenen Vermögen stammten[13]. Dies ist vom Standpunkt einer bilanziellen Betrachtungsweise aus bemerkenswert, weil die Vergabe eines Darlehens sich bilanziell nicht als Abfluss von Vermögen, sondern als Aktivatausch darstellt, bei dem auf der Aktivseite der Rückgewähranspruch aus § 488 BGB anstelle der vorher vorhandenen Liquidität tritt. Das Verhältnis von Reinvermögen zu Stammkapital verändert sich also gerade nicht, sofern nur der Rückgewähranspruch vollwertig ist (zur Verzinsung siehe unten Rn. 24).

> Dennoch hat der BGH es grundsätzlich abgelehnt, den Rückgewähranspruch zu berücksichtigen, sofern nicht ganz ausnahmsweise die Bonität des Schuldners „über jeden

---

[8] Vgl. dazu *Weller*, DStR 2007, 116.

[9] Dazu im Einzelnen *Drygala* in KölnKomm. AktG, § 57 Rn. 2.

[10] Insbesondere BGHZ 157, 72 – „Novemberurteil"; instruktiv zur Intention des BGH etwa *Goette*, ZGR 2006, 261, 266 f.

[11] Grundsätzlich zustimmend die Literatur, vgl. etwa *Priester*, DB 2005, 1315, 1316; *Habersack/Schürnbrand*, NZG 2004, 689 ff.; *Saenger/Koch*, NZG 2004, 271, 272 f.

[12] BGHZ 157, 72.

[13] Vgl. auch die dogmatischen „Vorarbeiten" von *Hommelhoff*, Festschrift Kellermann, 1991, S. 165 f.; *Schön*, ZHR 159 (1995), 351, 361; *Stimpel*, Festschrift 100 Jahre GmbHG, 1992, S. 335, 352.

Zweifel erhaben" war. Der BGH hat dies unter anderem damit begründet, dass der Anspruch der Gesellschaft auf Rückgewähr der Darlehensvaluta in der Insolvenz der Gesellschaft weniger leicht verwertbar sei als Bargeld und zudem mit dem Risiko belastet wäre, dass Gläubiger des Gesellschafters zuerst auf die fraglichen Mittel zugreifen[14].

Durch die „November"-Entscheidung wurde im Ergebnis der durch die Kapitalschutzvorschriften erreichte Gläubigerschutz auf die reale Zusammensetzung des Gesellschaftsvermögens erweitert[15].

Das Urteil wurde zwar von manchen als dogmatisch konsequent begrüßt[16], aber **11** zugleich von anderen als Überspannung des Kapitalschutzes[17] und als praxisfeindlich kritisiert[18]. Zweifelhaft war insbesondere geworden, ob die Konzernfinanzierung durch Einrichtung von **Cash-Pools** noch länger möglich war, da es sich insoweit um ein Geflecht von Darlehen der beteiligten Gesellschaften handelt.

Zu den wirtschaftlichen und rechtlichen Grundlagen des Cash-Pooling oben § 7 Rn. 65.

Diese Folgen waren es schließlich, die den Gesetzgeber zum Einschreiten veran- **12** lasst haben. Mit dem **MoMiG** wurde in § 30 I 2 Alt. 2 GmbHG die **bilanzielle Betrachtungsweise** festgeschrieben (dazu unten Rn. 20) – und die „November"-Rechtsprechung somit kurzerhand „außer Kraft gesetzt".

II. Das Auszahlungsverbot des § 30 GmbHG

1. Verbotstatbestand

Gemäß § 30 I 1 GmbHG darf das zur Erhaltung des Stammkapitals erforder- **13** liche Vermögen der Gesellschaft an die Gesellschafter nicht ausgezahlt werden.

Die Vorschrift statuiert ein generelles Auszahlungsverbot für die Fälle, in denen nach der „Auszahlung" das Gesellschaftsvermögen die Stammkapitalziffer nicht erreicht (sog. **Unterbilanz**). Das Verbot greift nicht nur ein, wenn durch die Vermögensverlagerung diese Unterbilanz herbeigeführt wird, sondern auch (und erst

---

[14] BGHZ 157, 72, 76 f.

[15] *Schall*, Kapitalgesellschaftsrechtlicher Gläubigerschutz, 2009, S. 159, spricht insoweit treffend von „realer Kapitalerhaltung".

[16] *Bayer/Lieder*, ZGR 2005, 133 ff.; *Habersack/Schürnbrand*, NZG 2004, 689 ff.; *Saenger/Koch*, NZG 2004, 271, 272 f.

[17] *Cahn*, Der Konzern 2004, 235 ff.; *Drygala*, ZGR 2006, 587, 626 ff.; *K. Schmidt*, Gesellschaftsrecht, § 37 III 1 c.

[18] *Fuhrmann*, NZG 2004, 552 ff.; *Helmreich*, GmbHR 2004, 457; *Schilmar*, DB 2004, 1411, 1412 ff.; *Wessels*, ZIP 2004, 793, 794 ff.

recht), wenn hierdurch eine bestehende Unterbilanz vertieft oder die Gesellschaft sogar schon überschuldet ist.

14 Die Unterbilanz ist **zu unterscheiden** von der für die Insolvenzantragspflicht maßgeblichen Überschuldung. Überschuldung liegt vor, wenn das Vermögen der Gesellschaft nach Abzug der Verbindlichkeiten negativ, das Kapital also vollständig aufgebraucht ist. Hingegen ist bei der Unterbilanz durchaus noch Vermögen vorhanden, es ist nur kleiner als die Ziffer des Stammkapitals.

Unterbilanz: (Aktiva – Verbindlichkeiten) < Stammkapital **rechnerisch (bilanzielle) Überschuldung:** Aktiva < Verbindlichkeiten

Diese Unterscheidung ist konsequent: Auf das Absinken des Vermögens unter die Stammkapitalschwelle reagiert das Gesetz zunächst mit einem Ausschüttungsverbot, das so lange andauert, bis der Risikobeitrag wieder aufgefüllt ist. Ist das Vermögen hingegen ganz verloren, ginge die Weiterführung der Gesellschaft nur noch auf Kosten der Gläubiger, während die Gesellschafter nichts mehr zu verlieren hätten. Darauf reagiert das Gesetz mit der Pflicht zum Insolvenzantrag, um die Gesellschaft entweder aus dem Verkehr zu ziehen oder geordnet zu sanieren.

15 **Maßgeblicher Zeitpunkt** für die Beurteilung der Frage, ob eine Unterbilanz besteht, ist die effektive Auszahlung[19]. Die Stammkapitalziffer ergibt sich aus dem Gesellschaftsvertrag (§ 3 I Nr. 3 GmbHG); sie ist in das Handelsregister einzutragen (§ 10 GmbHG). Das Gesellschaftsvermögen ist nach Bilanzgrundsätzen zu berechnen und unter Fortführung der sich aus dem letzten Jahresabschluss ergebenden Buchwerte zu berücksichtigen[20]. Von den Aktiva sind die Verbindlichkeiten abzuziehen, zudem auch gesetzliche Rücklagen, die nicht aufgelöst werden können (wichtigstes Beispiel: **§ 5a III GmbHG**, dazu oben § 5 Rn. 16 f.) – insoweit ist die oben stehende Kurzformel gedanklich zu ergänzen.

a) Sachlicher Anwendungsbereich: „Auszahlung"

16 § 30 I 1 GmbHG verlangt die „Auszahlung" an einen Gesellschafter. Der Begriff „Auszahlung" ist dabei weit zu verstehen.

Erfasst sind daher nicht nur Geldzahlungen, sondern Leistungen aller Art, durch die das Gesellschaftsvermögen verringert wird.

aa) Grundlegende Unterscheidung

17 Unterschieden werden können dabei offene und verdeckte Verstöße.

---

[19] BGH NJW 2003, 3629, 3631; *Heidinger* in Michalski, GmbHG, § 30 Rn. 49; *Hueck/Fastrich* in Baumbach/Hueck, GmbHG, § 30 Rn. 22; *Altmeppen* in Roth/Altmeppen, GmbHG, § 30 Rn. 15.

[20] Einzelheiten zu Bilanzierungsansatz- und Bewertungsgrundsätzen bei *Ebbing* in Michalski, GmbHG, § 30 Rn. 28 ff.; zur Behandlung nicht eingezahlter Einlagen siehe *Hueck/Fastrich* in Baumbach/Hueck, GmbHG, § 30 Rn. 15.

Ein **offener Verstoß** liegt vor, wenn die Gesellschaft aus ihrem gebundenen Vermögen dem Gesellschafter etwas **einseitig zuwendet**.

Wie (und ob) diese Zuwendung bezeichnet wird und auf wessen Veranlassung sie erfolgt ist, spielt dabei keine Rolle. Bei offenen Verstößen passt oftmals das Bild vom „Griff in die Gesellschaftskasse".

Bei **verdeckten Verstößen** erfolgt die Zuwendung nicht einseitig durch die **18** Gesellschaft, sondern aufgrund eines **Austauschvertrages**, bei dem Leistung und Gegenleistung aber zugunsten des Gesellschafters in einem **Missverhältnis** stehen.

Dass auch diese verdeckten Vermögensvorteile vom Ausschüttungsverbot erfasst sind, ist seit langem allgemein anerkannt und wird seit dem MoMiG durch § 30 I 2 Alt. 2 GmbHG bestätigt: Das darin enthaltene **Vollwertigkeits- und Deckungsgebot** macht überhaupt nur bei zweiseitigen Rechtsgeschäften Sinn. Die dadurch eintretende **Erschwerung des Leistungsverkehrs** zwischen Gesellschaft und Gesellschafter muss in Kauf genommen werden; sie ist Preis des Festhaltens am System des gesetzlichen Kapitals!

Diese traditionelle und jetzt durch das MoMiG bestätigte Lösung ist **rechtsvergleichend** nicht selbstverständlich. Zahlreiche andere europäische Aktienrechte erfassen von vornherein nur offene Ausschüttungen oder erkennen ein Verbot verdeckter Vermögensverlagerungen nur dann an, wenn auch keine Dividende mehr gezahlt werden könnte[21]. Das darf freilich nicht dahin verstanden werden, dass andere Rechtsordnungen den Vorgang als solchen nicht als Problem wahrnehmen würden. Es haben sich dort zur Lösung der Frage rechtlich anders ansetzende Systeme herausgebildet, die insbesondere auf die Offenlegung der Transaktion oder besondere Zustimmungs- und Prüfungserfordernisse setzen und vielfach die Problematik verdeckter Zuwendungen als eine solche der Organhaftung verstehen[22].

bb) Behandlung von Austauschverträgen

Umstritten war und ist, nach welchen **Kriterien** zu bestimmen ist, ob eine verdeckte Zuwendung vorliegt. Vor Inkrafttreten des MoMiG wurde zumeist gefordert, dass das Rechtsgeschäft einem **Drittvergleich** standhalten müsste (*dealing at arm's length*). Zu fragen war danach, ob die Gesellschaft das Geschäft zu diesen Konditionen auch mit einem (beliebigen) Dritten abgeschlossen hätte. Maßgeblich hierfür sollte zunächst das objektive wirtschaftliche Verhältnis von Leistung und Gegenleistung sein[23]. Darüber hinaus wurde zum Teil gefordert, dass das Geschäft betrieblich veranlasst und die vom Gesellschafter zu erbringende Leistung auch **19**

---

[21] Vgl. *Schall*, Kapitalgesellschaftsrechtlicher Gläubigerschutz, 2009, S. 258 f.; *Drygala* in KölnKomm. AktG, § 57 Rn. 39.

[22] *Drygala* in KölnKomm. AktG, § 57 Rn. 39.

[23] Vgl. *Drygala* in KölnKomm. AktG, § 57 Rn. 43 mit weiteren Nachweisen.

tatsächlich verwendbar sein müsse[24]. Diese Einschränkungen zielten ersichtlich auf einen nicht nur bilanziellen, sondern auch gegenständlichen Schutz des Vermögens ab – eine Sichtweise, die schließlich im „November"-Urteil auf höchstrichterliche Zustimmung stieß (siehe oben Rn. 10).

20   Mit dem **MoMiG** ist der Gesetzgeber aber einen anderen Weg gegangen und zur **(rein) bilanziellen Betrachtungsweise** zurückgekehrt. § 30 I 2 Alt. 2 GmbHG ist insoweit nicht nur als Ausnahmetatbestand von Bedeutung; die Vorschrift ist Ausdruck eben dieses Verständnisses.

> Das Vorliegen einer verdeckten Zuwendung im Rahmen eines Austauschgeschäfts ist ausschließlich anhand eines **rechnerischen Vermögensvergleichs** festzustellen. Unerheblich ist, ob das Geschäft überhaupt mit Dritten möglich ist, der Gesellschaft wirtschaftlich nützt, im Unternehmensinteresse liegt, betrieblich veranlasst und/oder vom Unternehmensgegenstand gedeckt ist.

> **Beispiel:** Die Gesellschaft kauft vom Gesellschafter eine goldene Drehbank zum Marktpreis. Ein Verstoß gegen § 30 I GmbHG liegt nicht vor, da es bei der gebotenen rein bilanziellen Sichtweise auf die wirtschaftliche Sinnhaftigkeit des Geschäfts nicht ankommt. Eine etwaige Geschäftsführerhaftung nach § 43 I, II GmbHG bleibt hiervon unberührt.

21   Bei Austauschgeschäften sind Leistung und Gegenleistung miteinander zu vergleichen. Dabei ist der **Verkehrswert** zugrunde zu legen.

> Die Anwendung von Bilanzwerten würde bei dem Erwerb von Vermögensgegenständen durch die Gesellschaft dazu führen, dass jeder Erwerbspreis einer bilanziellen Betrachtungsweise genügen würde, da Gegenstände nach § 253 I 1 HGB zum Anschaffungspreis bilanziert werden können. Dies kann nicht richtig sein!

Bei marktgängiger Ware gibt es typischerweise einen **Marktwert**, der als Vergleichsgröße herangezogen werden kann[25]. Dies gilt entgegen einer verbreiteten Auffassung[26] auch für die Bewertung von Dienstleistungen. Bei nicht marktgängigen Gegenständen gibt es keinen Marktwert, sodass der objektive Wert näherungsweise mittels anerkannter betriebswirtschaftlicher Bewertungsmethoden[27] zu bestimmen ist.

---

[24] Kritisch dazu *Winter*, DStR 2007, 1484, 1489.

[25] Zu ggf. erforderlichen Modifikationen siehe *Drygala* in KölnKomm. AktG, § 57 Rn. 39.

[26] Vgl. etwa *Fleischer* in K. Schmidt/Lutter, AktG, § 57 Rn. 13; *Hüffer*, AktG, § 57 Rn. 9.

[27] *Drygala* in KölnKomm. AktG, § 57 Rn. 64.

> **Beispiel:** Bei Erwerb und Veräußerung von Unternehmen, Unternehmensteilen und nicht börsennotierten Beteiligungen an Unternehmen kommt insbesondere die Anwendung der aus dem Umwandlungs- und Abfindungsrecht geläufigen Ertragswertmethode[28] in Betracht. Allerdings ist dies nicht zwingend. Eine Festlegung auf eine bestimmte Methode muss hier – wie auch im Umwandlungsrecht – vermieden werden, um eine Versteinerung der Methodik und ein faktisches Deutungsmonopol bestimmter Standardsetzer zu verhindern.

cc) Behandlung von Darlehen

Bei Darlehen kommt es abweichend von den vorstehend erörterten Grundsätzen nicht auf die Verkehrswerte an, sondern auf die Frage, ob der Rückgewähranspruch bei Anlegung normaler bilanzieller Maßstäbe als vollwertig anzusehen ist. Dies folgt aus § 30 I 2 Alt. 2 GmbHG[29]. **22**

> Der Gesetzgeber wollte damit dem Umstand Rechnung tragen, dass sich das bisher verwendete Kriterium des Drittvergleichs gerade bei Darlehensgeschäften häufig nicht als praktikabel erweist, wenn die darlehensgebende Gesellschaft in ihrem regulären Geschäftsbetrieb keine Darlehen vergibt. Damit wollte er zugleich die Möglichkeit der Darlehensgewährung von der Gesellschaft an den Gesellschafter (*upstream loans*) rechtlich absichern (siehe bereits § 7 Rn. 67 f.).

Die bilanzielle Betrachtung führt bei Darlehen dazu, dass die **Vollwertigkeit des Anspruchs auf Rückzahlung** der als Darlehen vergebenen Mittel nach bilanziellen Kriterien zu beurteilen ist (vgl. § 253 HGB). Dabei kommt es entscheidend auf die Einschätzung der **Realisierbarkeit** der Forderung an[30], da nur Forderungen, deren Realisierung gesichert erscheint, in der Bilanz zum Nennwert angesetzt werden dürfen[31]. Eine absolute oder über alle Zweifel erhabene Sicherheit der Forderung ist nicht erforderlich[32], denn gerade dieses Erfordernis aus der „November"- Entscheidung des BGH wollte der Gesetzgeber beseitigen.

Auch gibt es keine Regel, dass eine Forderung nur bei Stellung banküblicher Sicherheiten bilanziell vollwertig ist[33]. Der Gesetzgeber hat mit der Neuregelung gerade das Cash-Pooling privilegieren wollen, bei dem Sicherheiten in aller Regel gerade nicht gestellt werden. **23**

> Zudem besteht bei Cash-Pool-Systemen ein sog. **Klumpenrisiko**, da bei einem Zahlungsausfall der Cash-Pool-Führerin erhebliche Liquiditätsrisiken für die einzahlenden Gesellschaften drohen, weil die ganze Liquidität einem einzigen Darlehensnehmer zur

---

[28] Vgl. *Großfeld*, Die Unternehmens- und Anteilsbewertung im Gesellschaftsrecht, 4. Aufl. 2002, S. 39 ff.

[29] Siehe auch Begr. RegE zum MoMiG, BT-Drucks. 16/6140, S. 41.

[30] *Altmeppen*, ZIP 2009, 49; *Hueck/Fastrich* in Baumbach/Hueck, GmbHG, § 30 Rn. 42.

[31] BGHZ 137, 378, 380.

[32] *Hommelhoff* in Lutter/Hommelhoff, GmbHG, § 30 Rn. 28; *Westermann* in Scholz, GmbHG, Nachtrag MoMiG, § 30 Rn. 26.

[33] *Bayer/Lieder*, GmbHR 2006, 449, 452.

Verfügung gestellt wurde[34]. Wenn der Gesetzgeber den Cash-Pool trotzdem zulassen will, liegt darin die Wertung, dass er die Vorteile solcher Finanz-verbünde für die Innenfinanzierung der Unternehmensgruppen höher gewichtet als die Ausfallrisiken der Gläubiger. Da dem Gesetzgeber die Problematik bekannt war, liegt in der Zulassung des Cash-Pools die Wertung, das Klumpenrisiko bei ansonsten gegebener Vollwertigkeit als Restrisiko in Kauf zu nehmen[35]. Dies muss bei Darlehen außerhalb von Cash-Pool-Systemen gleichermaßen gelten. Aus diesem Grund ist Vorschlägen nicht zu folgen, das Klumpenrisiko durch Bewertungsabschläge bei der Beurteilung der Vollwertigkeit zu erfassen[36] oder die Darlehensgewährung nur bei Installation eines Frühwarnsystems zuzulassen, das es ermöglicht, eine Bonitätsverschlechterung rechtzeitig zu erkennen[37].

24 Nach bilanziellen Kriterien können **kurzfristige Darlehen** mit einer Laufzeit von nicht mehr als einem Jahr auch unverzinst vergeben werden[38]. Bei **längerfristigen Darlehen** lässt das Fehlen einer angemessenen Verzinsung die Vollwertigkeit entfallen. In diesen Fällen ist die gesamte Auszahlung als unzulässig anzusehen[39], sofern die übrigen Voraussetzungen des § 30 I 1 GmbHG vorliegen.

25 Die bilanzielle Vollwertigkeit des aus dem Darlehen resultierenden Anspruchs ist zum **Zeitpunkt der Valutierung** zu überprüfen, weil damit der Anspruch auf Rückgewähr entsteht und bilanziell erfasst wird[40]. Eine nachträgliche Bonitätsverschlechterung führt nicht dazu, dass das Darlehen gegen § 30 GmbHG verstoßen würde. Der Geschäftsführer wird jedoch verpflichtet sein, eine Kündigung zu erwägen.

dd) Behandlung von Sicherheiten

26 Praktisch relevant sind außerdem die Fälle, in denen die Gesellschaft dem Gesellschafter nicht selbst ein Darlehen gewährt, sondern zu seinen Gunsten **ein von ei-**

---

[34] Grundsätzlich kritisch daher OLG Jena NZG 2008, 275, 277; *Hentzen*, ZGR 2005, 480, 504 f.; *Kropff*, NJW 2009, 814, 815; *Altmeppen* in Roth/Altmeppen, GmbHG, § 30 Rn. 97; *Liebscher*, GmbH-Konzernrecht, Rn. 359.

[35] So insbesondere *Fleischer/Schmolke*, ZHR 173 (2009), 649, 685.

[36] Dafür *Habersack* in Ulmer/Habersack/Winter, GmbHG, Nachtrag MoMiG, § 30 Rn. 20; *Altmeppen* in Roth/Altmeppen, GmbHG, § 30 Rn. 97; *Hentzen*, ZGR 2005, 480, 504 f.; *Kropff*, NJW 2009, 814, 815.

[37] Dafür *Hommelhoff* in Lutter/Hommelhoff, GmbHG, § 30 Rn. 31; *ders.*, ZHR 173 (2009), 255, 274 f.

[38] *Drygala/Kremer*, ZIP 2007, 1289, 1293; *Gehrlein*, Der Konzern 2007, 771, 785; *Ekkenga* in MünchKomm. GmbHG, § 30 Rn. 252; *Hueck/Fastrich* in Baumbach/Hueck, GmbHG, § 30 Rn. 56; enger *Altmeppen*, ZIP 2009, 49, 52; *ders.* in Roth/Altmeppen, GmbHG, § 30 Rn. 118; für eine Verzinsungspflicht *Westermann* in Scholz, GmbHG, Nachtrag MoMiG, § 30 Rn. 27; *Wirsch*, Der Konzern 2009, 443, 449 f.; *Cahn*, Der Konzern 2009, 67, 71.

[39] *Altmeppen* in Roth/Altmeppen, GmbHG, § 30 Rn. 98; *Hueck/Fastrich* in Baumbach/Hueck, GmbHG, § 30 Rn. 55; für die AG auch *Drygala* in KölnKomm. AktG, § 57 Rn. 73; einschränkend aber *Blaschke/König*, GmbHR 2009, 897, 901; anders aber BGHZ 179, 71 – „MPS" (für die AG und zum faktischen Konzern).

[40] Vgl. *Habersack* in Ulmer/Habersack/Winter, GmbHG, § 30 Rn. 23; *Hommelhoff* in Lutter/Hommelhoff, GmbHG, § 30 Rn. 26; *Mülbert/Leuschner*, NZG 2009, 281, 282.

nem Dritten begebenes Darlehen besichert. Da die Sicherheitenbestellung im Vergleich zur Darlehensgewährung ein „Minus" ist, gelten hier die soeben dargestellten Grundsätze entsprechend. Zu fragen ist, ob der Gesellschaft bereits bei der Bestellung der Sicherheit eine Inanspruchnahme konkret droht[41]. Ist das nicht der Fall, kommt es darauf an, ob ihr für den Fall der Inanspruchnahme ein werthaltiger Rückgriffsanspruch gegen den Gesellschafter zusteht. Diese Beurteilung ist ebenfalls im Zeitpunkt der Bestellung vorzunehmen.

ee) Cash-Pooling

Für Darlehensgewährungen im Rahmen eines Cash-Pools gelten **keine weiteren Besonderheiten.** Auch hier muss der Rückzahlungsanspruch im Zeitpunkt der Einzahlung auf das Zentralkonto vollwertig sein. Zu fragen ist daher, ob der zu erwartende Höchstbetrag der Darlehensgewährung durch einen werthaltigen Gegenanspruch gedeckt ist. **27**

Ist die Empfängerin eine schwach kapitalisierte Zweckgesellschaft, so kann eine **Besicherung** durch die besser aufgestellte Muttergesellschaft erforderlich werden, um die Vollwertigkeit bejahen zu können[42]. Einer Verzinsung bedarf es wegen der Kurzfristigkeit der Ausleihungen nicht[43]. Nicht erforderlich ist schließlich, dass sich die Teilnahme am Cash-Pool für die teilnehmende Gesellschaft insgesamt im Sinne des Deckungsgebots „rechnet", dass ihr also vollwertige Gegenleistungen zufließen, die über die Pflicht zur Rückgewähr der Darlehensvaluta hinausgehen[44].

Die **Kreditüberwachung** und ihre sachgerechte Organisation ist im Cash-Pool – wie bei anderen Darlehensbeziehungen auch – eine **Frage der Organhaftung**, nicht der Kapitalerhaltung. Der Geschäftsführer der einzahlenden GmbH muss daher stets prüfen, ob der Rückgewähranspruch noch werthaltig ist und diesen ggf. umgehend geltend machen, wenn eine Liquiditätskrise im Konzern erkennbar wird. Anderenfalls droht die Haftung aus § 43 I, II GmbHG, die in der GmbH jedoch zur Disposition der Gesellschafter steht, sofern nicht §§ 30, 64 GmbHG (siehe dazu § 11 Rn. 78, 101) oder die Grundsätze der Existenzvernichtungshaftung (dazu § 10 Rn. 17 ff.) entgegenstehen. Da die Darlehensgewährung als solche nicht gegen § 30 GmbHG verstößt, können die Gesellschafter den Geschäftsführer folglich anweisen, nicht zu kündigen[45]. Dies ist erst dann anders, wenn die Gesellschaft durch den Verzicht auf eine mögliche Kündigung in die Gefahr der Existenzvernichtung gerät. **28**

---

[41] *Drygala/Kremer*, ZIP 2007, 1289, 1295; *Altmeppen* in Roth/Altmeppen, GmbHG, § 30 Rn. 129 f.

[42] *Wirsch*, Der Konzern 2009, 443, 447; *Drygala* in KölnKomm. AktG, § 57 Rn. 85.

[43] A.A. *Blaschke/König*, GmbHR 2009, 897, 899; *Eusani*, GmbHR 2009, 795, 796.

[44] So aber *Hommelhoff* in Lutter/Hommelhoff, GmbHG, § 30 Rn. 39; *Ekkenga* in MünchKomm. GmbHG, § 30 Rn. 188; *Mülbert/Leuschner*, NZG 2009, 281, 283; wie hier hingegen *Schall*, Kapitalgesellschaftsrechtlicher Gläubigerschutz, 2009, S. 160.

[45] A.A. *Altmeppen*, ZIP 2009, 49, 53 f.

b) Personelle Reichweite

29   Dem Wortlaut nach erfasst § 30 I 1 GmbHG Auszahlungen von der **Gesellschaft an einen Gesellschafter**. Geschäfte mit Dritten unterfallen im Ausgangspunkt nicht dem Verbotstatbestand. Würde man dabei stehen bleiben, wäre eine Umgehung ein Leichtes, da sowohl die Gesellschaft als auch der Gesellschafter einen Dritten „vorschieben" könnten, der die Leistung statt ihrer erbringt bzw. in Empfang nimmt[46]. Aus diesem Grunde haben Literatur und Rechtsprechung Fallgruppen gebildet, in denen eine **Erweiterung des Adressatenkreises** stattfindet.

aa) Ehemalige und zukünftige Gesellschafter

30   Leistungen an Personen, die noch nicht oder nicht mehr Gesellschafter sind, unterfallen § 30 I 1 GmbHG, wenn zwischen der Leistung und der Mitgliedschaft ein **innerer Zusammenhang** dahingehend besteht, dass die Leistung aufgrund der ehemaligen Mitgliedschaft oder mit Hinblick auf die künftige Mitgliedschaft gewährt wird. Das gilt namentlich dann, wenn das Leistungsversprechen zu einem Zeitpunkt erfolgte, als die Mitgliedschaft bestand[47].

bb) Leistungen durch Dritte

31   Leistungen durch Dritte stehen einer Leistung durch die Gesellschaft selbst gleich, wenn die finanziellen Auswirkungen die Gesellschaft so treffen, als hätte sie selbst geleistet. Das ist insbesondere der Fall, wenn der **Dritte für Rechnung** der GmbH handelt, also von dieser im Ergebnis für die an den Gesellschafter getätigten Leistungen Aufwendungsersatz nach Art des § 670 BGB verlangen kann oder die erforderlichen Mittel vorab erhalten hat (§ 669 BGB).

    Ähnliche Auswirkungen wie die Leistung für fremde Rechnung hat auch die Leistung **durch ein von der GmbH beherrschtes Unternehmen**[48], da der Wert der von diesem erbrachten Leistung über die gehaltene Beteiligung auf das Vermögen der GmbH durchschlägt. Zuzurechnen sind dabei Leistungen von Drittunternehmen, die von der GmbH (mittelbar oder unmittelbar) abhängig sind oder in deren Mehrheitsbesitz stehen. Die Grundsätze des § 16 IV AktG (dazu unten § 29 Rn. 36 f.) können dafür herangezogen werden.

cc) Leistung an Dritte

32   Wird der Dritte auf der Seite des Gesellschafters als Empfänger der Leistung tätig, kommt ebenfalls eine Gleichstellung mit dem Aktionär oder eine Zurechnung in Betracht[49]. Auch hier gelten die bekannten Zurechnungskriterien (siehe bereits § 7

---

[46] Vgl. zum Folgenden *Drygala* in KölnKomm. AktG, § 57 Rn. 118 ff.

[47] BGHZ 13, 49, 54.

[48] Vgl. dazu *Hueck/Fastrich* in Baumbach/Hueck, GmbHG, § 30 Rn. 44 f.

[49] Vgl. *Heidinger* in Michalski, GmbHG, § 30 Rn. 109 ff.

Rn. 26). Zu fragen ist dabei stets, ob Gesellschafter und Dritter eine **Zurech-nungseinheit** bilden.

2. Ausnahmen (§ 30 I 2 und 3 GmbHG)

a) Bestehen eines Beherrschungs- oder Gewinnabführungsvertrages

Nach § 30 I 2 Alt. 1 GmbHG greift das Auszahlungsverbot nicht bei Bestehen eines Beherrschungs- oder Gewinnabführungsvertrages im Sinne des § 291 AktG.   **33**

In diesen Fällen kann auf die Kapitalbindung verzichtet werden, weil der Gläubigerschutz durch die Pflicht des herrschenden Unternehmens zum Verlustausgleich (§ 302 AktG) sichergestellt ist. Dafür kommt es nicht darauf an, ob der Geschäftsführer überhaupt auf Grund einer Weisung tätig wird und ob die Weisung rechtmäßig ist; dies sind interne Vorgänge der verbundenen Unternehmen, die den Gläubiger nichts angehen.

Die Regelung findet folglich ihre Grenze erst dort, wo die §§ 302 ff. AktG **34** nicht eingreifen. Sie gilt daher nicht für die Unternehmensverträge nach § 292 AktG, wie etwa den Teilgewinnabführungsvertrag. Eine weitere ungeschriebene Beschränkung ergibt sich aus dem Normzweck: Wenn die Norm ihre Legitimation darin findet, dass der Gläubigerschutz bereits durch § 302 AktG sichergestellt ist, setzt das implizit voraus, dass das **Ausgleichssystem des Verlustausgleichs zum Jahresende funktionsfähig** ist. Daran fehlt es vor allem, wenn schon bei Abschluss des Geschäfts absehbar ist, dass die Muttergesellschaft den Ausgleich voraussichtlich nicht wird leisten können[50]. Gleiches wird man für existenzvernichtende Weisungen anzunehmen haben, da auch diese geeignet sind, das Ausgleichssystem des § 302 AktG außer Kraft zu setzen bzw. zu überfordern[51].

b) Deckung durch vollwertigen Gegenleistungs- oder Rückgewähranspruch

Nur um eine **scheinbare Ausnahme** handelt es sich bei § 30 I 2 Alt. 2 GmbHG, **35** wonach das Auszahlungsverbot nicht greift, wenn die Auszahlung durch einen vollwertigen Gegenleistungs- oder Rückgewähranspruch gegen den Gesellschafter gedeckt ist. Hierdurch werden nicht einzelne Vorgänge privilegiert, sondern die Voraussetzungen einer verdeckten Ausschüttung insgesamt geregelt. Es kann daher auf die obigen Ausführungen (Rn. 18 ff.) verwiesen werden.

---

[50] *Drygala/Kremer*, ZIP 2007, 189, 1296.
[51] *Drygala* in KölnKomm. AktG, § 57 Rn. 100.

c) Keine Anwendung auf Gesellschafterdarlehen

36 Schließlich ist § 30 I 1 GmbHG zudem nicht anzuwenden auf die Rückgewähr eines Gesellschafterdarlehens und Leistungen auf Forderungen aus Rechtshandlungen, die einem Gesellschafterdarlehen wirtschaftlich entsprechen (Satz 3). Die Norm beschreibt damit die Abkehr des MoMiG-Gesetzgebers vom sog. Eigenkapitalersatzrecht. Sie entzieht der bisherigen Rechtsprechung, die die §§ 30 f. GmbHG auf eigenkapitalersetzende Gesellschafterdarlehen analog angewendet hat, die Grundlage. Für Einzelheiten siehe sogleich unter § 9 Rn. 11 ff.

3. Rückzahlungen von Nachschüssen (§ 30 II GmbHG)

37 Nachschüsse (vgl. §§ 26-28 GmbHG und unten § 13 Rn. 39 ff.) sind unternehmerisches Risikokapital der Gesellschaft, unterliegen aber **weniger strengen Bindungen als das Stammkapital**. Insbesondere dürfen sie grundsätzlich wieder zurückgezahlt werden. Die Vorschrift ist von geringer praktischer Bedeutung, da die GmbH jenseits des Stammkapitals üblicherweise nicht durch Nachschüsse, sondern durch Gesellschafterdarlehen finanziert wird.

Die Rückzahlung von Nachschüssen unterfällt aber dem Auszahlungsverbot des § 30 I GmbHG dergestalt, dass durch ihre Rückzahlung keine Unterbilanz entstehen oder vertieft werden darf. Darüber hinaus stellt § 30 II GmbHG noch zusätzlich **zwingende Rückzahlungsvoraussetzungen** zur Sicherung des Nachschusskapitals auf.

4. Rechtsfolgen von Verstößen

a) Unzulässigkeit, aber keine Unwirksamkeit

38 Verstöße gegen § 30 I 1 GmbHG führen zur Unzulässigkeit der betreffenden Leistung. Allerdings handelt es sich nach h.M. **nicht** um ein **gesetzliches Verbot** im Sinne des § 134 BGB[52]. Dies überzeugt, da die Kapitalerhaltungsregeln nicht die gegenständliche Zusammensetzung des Gesellschaftsvermögens schützen.

Verpflichtungs- und Verfügungsgeschäft sind daher **nicht** wegen Verstoßes gegen § 30 I 1 GmbHG **unwirksam**. Eine Rückabwicklung findet weder nach §§ 985 f. BGB noch nach §§ 812 ff. BGB statt. Der erforderliche Ausgleich wird vielmehr über § 31 GmbHG vollzogen.

---

[52] BGHZ 136, 125, 129 f.; 148, 167, 171; *Heidinger* in Michalski, GmbHG, § 30 Rn. 134; *Altmeppen* in Roth/Altmeppen, GmbHG, § 30 Rn. 79; *Kort*, ZGR 2001, 615, 623; für § 57 AktG ist dies umstritten, siehe die Nachweise bei *Drygala* in KölnKomm. AktG, § 57 Rn. 132 ff.

b) Rückzahlungsanspruch (§ 31 GmbHG)

§ 31 I GmbHG normiert einen eigenständigen gesellschaftsrechtlichen   **39**
Rückgewähranspruch, der darauf gerichtet ist, den nach § 30 GmbHG unzulässigen Vermögensabfluss auszugleichen.

Die Interessenlage ist mit derjenigen des § 172 IV HGB vergleichbar. Durch den
Empfang einer verbotenen Leistung wird der betreffende Gesellschafter quasi so gestellt,
als ob er seiner Einlagepflicht in Höhe der verbotenen Leistung noch nicht genügt hätte.
Der Anspruch kann daher als **„Wiedereinlage-Anspruch"** bezeichnet werden[53]. Dieser
ist aber – anders als der originäre Einlageanspruch – **nicht mit einem Geschäftsanteil
verknüpft.** Es handelt sich vielmehr um eine **persönliche Schuld** des die verbotene
Leistung empfangenden Gesellschafters.

aa) Anspruchsgegner

Schuldner des Anspruchs ist der **Gesellschafter**, der die Leistung erhalten hat   **40**
bzw. dem diese zuzurechnen ist (siehe oben Rn. 32 und § 7 Rn. 26).

Zwar richtet sich das Auszahlungsverbot unmittelbar nur an die GmbH und ihre   **41**
Gesellschafter, doch kann im Einzelfall die Ausdehnung des Anwendungsbereichs
der Vorschriften auf Nichtgesellschafter geboten sein und ein **Dritter** selbst aus
§ 31 I GmbHG verpflichtet werden.

- ⟳ Dies gilt zunächst unstreitig für **ehemalige und künftige Gesellschafter**, wenn ein
  enger Zusammenhang zwischen Gesellschafterstellung und der Zuwendung vorliegt
  (siehe Rn. 30).
- ⟳ Hält der Gesellschafter die Beteiligung **treuhänderisch** für einen Hintermann, ist
  auch dieser Schuldner des Rückgewähranspruchs, wenn er die Leistung tatsächlich
  erhalten hat. Dabei spielt es keine Rolle, ob die Gesellschaft zunächst an den
  Treuhänder-Gesellschafter geleistet und dieser die Leistung sodann an den Hintermann weitergeleitet hat oder ob der Hintermann die Zuwendung unmittelbar aus
  dem Gesellschaftsvermögen erhalten hat.
- ⟳ Auch **nahe Angehörige**, die eine nach § 30 GmbHG verbotene Leistung empfangen
  haben, sollen nach einer verbreiteten Auffassung stets selbst auf Rückgewähr
  haften[54].

bb) Anspruchsinhalt

§ 31 I 1 GmbHG spricht davon, dass verbotswidrige Zahlungen „zu erstatten"   **42**
sind. Auch hier gilt: **Der Wortlaut ist zu eng.** Erfasst sind vielmehr sämtliche
Zuwendungen, die der Gesellschafter unter Verstoß gegen § 30 I 1 GmbHG aus
dem Gesellschaftsvermögen erhalten hat.

---

[53] Siehe etwa BGHZ 146, 331, 34.

[54] BGHZ 81, 365; *Hueck/Fastrich* in Baumbach/Hueck, GmbHG, § 31 Rn. 13.

43	Umstritten ist, ob der Erstattungsanspruch inhaltlich auf eine **gegenständliche Rückgewähr** der erbrachten Leistungen[55] **oder** lediglich auf einen **Wertersatz** gerichtet ist[56]. Diese Frage stellt sich immer dann, wenn die Leistung der Gesellschaft nicht in einer Geldzahlung bestand. Nach hier vertretener Auffassung sollen die §§ 30, 31 GmbHG sicherstellen, dass die Gesellschafter ihren geleisteten Risikobeitrag zu dem Unternehmen, von dem sie wirtschaftlich profitieren, nicht nachträglich wieder entziehen. Ist es aber gerade dieser Gedanke, der das Kapitalschutzprinzip legitimiert, so wird deutlich, dass es nicht darauf ankommt, welche Gegenstände aus dem Gesellschaftsvermögen in das Vermögen des Gesellschafters transferiert werden, sondern wie sich diese Transaktion auf den Wert des Gesellschaftsvermögens auswirkt. „Verboten" ist nicht die gegenständliche Vermögensverschiebung schlechthin, sondern die Wertverschiebung zu Lasten des Stammkapitals.

> Der Anspruch aus § 30 I 1 GmbHG ist daher ein auf Geld gerichteter **Wertersatzanspruch**.

44	Dies schließt es nicht aus, dass GmbH und Gesellschafter sich **über eine anderweitige Restitution einigen**. Hält ein vollzogener Austauschvertrag dem Wertdeckungsgebot nicht stand, können die Parteien sich einvernehmlich für die Rückabwicklung des Geschäfts entscheiden und eine Rückgewähr *in natura* vornehmen. Dies gilt indes nur, wenn und soweit dadurch die eingetretene Wertverschiebung tatsächlich auch kompensiert wird. Selbstverständlich kann durch eine Vertragsanpassung auch nachträglich eine marktübliche Gegenleistung vereinbart und so der Verstoß gegen § 30 I 1 GmbHG beseitigt werden.

> Indes lässt sich aus der allgemeinen Treuepflicht keine Verpflichtung herleiten, auf eine Vertragsanpassung hinzuwirken und schon gar nicht, sich auf einen entsprechenden Inhalt zu einigen. Diese Lösung basiert also rein auf Freiwilligkeit[57].

> Somit besteht grundsätzlich weder ein Anspruch der GmbH noch des Gesellschafters auf eine gegenständliche Rückabwicklung.

45	Diese Regelung ist auch sachgerecht, da sie zu einer angemessenen Verteilung der Sachgefahr führt und insbesondere die sich bei einer gegenständlichen Betrachtung aus § 275 I BGB ergebenden Problem vermeidet. Vielmehr trägt der Gesell-

---

[55] So etwa BGH NJW 2008, 2118; *Ekkenga* in MünchKomm. GmbHG, § 31 Rn. 6; *Hueck/ Fastrich* in Baumbach/Hueck, GmbHG, § 31 Rn. 16; *Westermann* in Scholz, GmbHG, § 31 Rn. 2; *Hommelhoff* in Lutter/Hommelhoff, GmbHG, § 31 Rn. 8.

[56] Dafür *Joost*, ZHR 84 (1984), 27, 53 f; *K. Schmidt*, Gesellschaftsrecht, § 37 III 2 a; *ders.*, JZ 2008, 735, 736 f.; wohl auch *Heidinger* in Michalski, GmbHG, § 31 Rn. 30 ff.

[57] Anders *Joost*, ZHR 84 (1984), 27, 53; *Ulmer*, Festschrift 100 Jahre GmbHG, 1992, S. 363, 379; *Heidinger* in Michalski, GmbHG, § 31 Rn. 34.

schafter das **Risiko einer Wertminderung** ab dem (allein maßgeblichen) Zeitpunkt der Übertragung.

cc) Haftungsumfang

Der Anspruch ist auch darauf gerichtet, den Zugriff auf das Stammkapital rückgängig zu machen. Verstößt die Leistung an den Gesellschafter nur teilweise gegen § 30 I 1 GmbHG, so besteht eine Erstattungspflicht nur bis zur Höhe des Stammkapitals. **46**

> **Beispiel 1:** A ist Gesellschafter einer GmbH mit einem Stammkapital in Höhe von 25.000 EUR. Das Gesellschaftsvermögen beträgt 40.000 EUR. An A werden nunmehr 30.000 EUR ausgezahlt.
> **Lösung:** Nach der Auszahlung sinkt das Gesellschaftsvermögen auf 10.000 EUR. Das Stammkapital wird somit um 15.000 EUR unterschritten. In dieser Höhe besteht der Anspruch aus § 31 I 1 GmbHG.

Bestand bereits eine Unterbilanz und wird diese durch die Zuwendung an den Gesellschafter noch vertieft, ist der Anspruch auf die **Wiederherstellung des Status quo** gerichtet. **47**

> **Beispiel 2:** B ist Gesellschafter einer GmbH mit einem Stammkapital in Höhe von 25.000 EUR. Das Gesellschaftsvermögen beträgt 20.000 EUR. An B werden nunmehr 15.000 EUR ausgezahlt.
> **Lösung:** Nach der Auszahlung sinkt das Gesellschaftsvermögen auf 5.000 EUR. Das Stammkapital wird um 20.000 EUR unterschritten. Dennoch besteht der Erstattungsanspruch nur in Höhe von 15.000 EUR. B muss also das Stammkapital nicht vollständig auffüllen.

Der Erstattungsanspruch ist der Höhe nach **nicht** auf die Stammkapitalziffer und erst recht nicht auf die ursprüngliche Einlagepflicht des Gesellschafters begrenzt. Dies ist wichtig in den Fällen, in denen die Zuwendung an den Gesellschafter nicht nur zu einer Unterbilanz, sondern sogar **zur rechnerischen Überschuldung** der Gesellschaft führt. **48**

> **Beispiel 3:** C ist Gesellschafter einer GmbH mit einem Stammkapital in Höhe von 25.000 EUR. Das Gesellschaftsvermögen beträgt 35.000 EUR. An C werden nunmehr 100.000 EUR ausgezahlt.
> **Lösung:** Nach der Auszahlung weist das Gesellschaftsvermögen einen Fehlbetrag in Höhe von 65.000 EUR auf. Die Gesellschaft ist rechnerisch überschuldet Da das Stammkapital um 90.000 EUR unterschritten wird, besteht in dieser Höhe der Anspruch aus § 31 I 1 GmbHG.

Der Erstattungsanspruch aus § 31 I GmbHG ist ein **eigenständiger gesellschaftsrechtlicher Anspruch** und kein Bereicherungsanspruch[58]. Der Gesellschafter kann sich daher insbesondere nicht auf eine eingetretene Entreicherung (§ 818 III BGB) berufen. **49**

---

[58] *Heidinger* in Michalski, GmbHG, § 31 Rn. 26; *Wicke*, GmbHG, § 31 Rn. 2.

dd) Privilegierung des gutgläubigen Empfängers

50 War der Gesellschafter bei Empfang der Leistung in gutem Glauben, so kann die Erstattung **nur insoweit** verlangt werden, als sie zur Befriedigung der Gesellschaftsgläubiger erforderlich ist (§ 30 II GmbHG). Dies setzt aber voraus, dass der Gesellschafter nachweisen kann, dass er weder wusste noch grob fahrlässig verkannt hat (vgl. § 932 II BGB), dass die Leistung unter Verstoß gegen § 30 GmbHG erfolgt ist.

ee) Beseitigung der Unterbilanz

51 Wird das Stammkapital nach der verbotswidrigen Leistung anderweitig – etwa durch die Erwirtschaftung von Gewinnen – wieder aufgefüllt und die Unterbilanz somit behoben, führt dies **nicht** zum Erlöschen des Anspruchs aus § 31 I 1 GmbHG.

Dieser im Schrifttum schon lange vorherrschenden Auffassung[59] hat sich mittlerweile auch der **BGH** angeschlossen[60]. Nach hier vertretener Auffassung ergibt sich dies bereits aus dem Gedanken des Risikobeitrages, der bei einem Verstoß gegen § 30 I 1 GmbHG unzulässigerweise wieder an den Gesellschafter zurückgeflossen ist. § 31 I 1 GmbHG soll sicherstellen, dass der Gesellschafter den Risikobeitrag erneut erbringt, was bei anderweitiger Beseitigung der Unterbilanz gerade nicht geschehen ist.

ff) Verjährung und Bindungen

52 Der Anspruch verjährt in zehn Jahren ab der verbotswidrigen Leistung (§ 31 V GmbHG). Die Gesellschaft kann auf den Anspruch **nicht verzichten** (§ 31 IV GmbHG) und zwar auch dann nicht, wenn die Unterbilanz anderweitig wieder beseitigt worden ist[61]. Für Einzelheiten kann auf die Ausführungen zu § 19 II 1 GmbHG verwiesen werden (siehe oben § 7 Rn. 6 ff.).

> Darüber hinaus ist umstritten, ob das Aufrechnungsverbot des § 19 II 2 GmbHG analog anzuwenden ist[62]. Dies ist mit Blick auf die **funktionale Äquivalenz von Kapitalaufbringung und -erhaltung** zu bejahen. Es finden daher auch die oben § 7 Rn. 14 f. entwickelten Grundsätze Anwendung.

---

[59] *Hommelhoff* in Lutter/Hommelhoff, GmbHG, § 31 Rn. 12; *ders.*, Festschrift Kellermann, 1991, S. 165 ff.; *Kort*, ZGR 2001, 615, 617 ff.; *Brandner*, Festschrift Fleck, 1988, S. 23, 30 ff.; *Butzke*, ZHR 154 (1990), 357, 366 ff.

[60] BGH 144, 336 – „Balsam/Procedo I"; anders noch BGH NJW 1988, 139, 140.

[61] So aber *Ulmer*, Festschrift 100 Jahre GmbHG, 1992, S. 363, 387 f.

[62] Dafür BGHZ 146, 105 ff.; *Ekkenga* in MünchKomm. GmbHG, § 31 Rn. 72; *Habersack* in Ulmer/Habersack/Winter, GmbHG, § 31 Rn. 64; *Lutter/Hommelhoff* in Lutter/Hommelhoff, GmbHG, § 31 Rn. 27 f.; *Hommelhoff*, Festschrift Kellermann, 1991, S. 165, 175 f; *Ulmer*, Festschrift 100 Jahre GmbHG, 1992, S. 363, 387 f.; dagegen aus der jüngeren Literatur *Lange*, NJW 2002, 2293.

c) Ausfallhaftung der Mitgesellschafter

§ 31 III GmbHG normiert eine Ausfallhaftung der übrigen Gesellschafter, **53** soweit der Erstattungsbetrag vom verpflichteten Gesellschafter nicht zu erlangen, dieser Betrag aber zur Befriedigung der Gesellschaftsgläubiger erforderlich ist.

Die Mitgesellschafter haften dabei nur **anteilig** nach dem Verhältnis ihrer Geschäftsanteile (Satz 1); allerdings müssen sie auch den Ausfall von Mitgesellschaftern anteilig tragen (Satz 2). Ansprüche aus § 31 III GmbHG verjähren in fünf Jahren (Abs. 5); auch sie können nicht erlassen werden (Abs. 4).

Der **Umfang der Ausfallhaftung** bestimmt sich dabei nach der primären Haf- **54** tung des die verbotene Leistung empfangenden Gesellschafters. Das Gesetz sieht eine Begrenzung der Ausfallhaftung auf einen bestimmten Betrag nicht vor. Dies ist problematisch, da der Erstattungsanspruch nach § 31 I GmbHG nicht auf die Stammkapitalziffer begrenzt ist (siehe oben Rn. 48 mit Beispiel 3).

> **Beispiel:** A ist mit 80 %, B mit 20 % an einer GmbH beteiligt. Das Stammkapital beträgt 25.000 EUR. A ist zugleich Alleingeschäftsführer. Nach der Gründung nimmt die GmbH ein Darlehen in Höhe von 1.000.000 EUR auf. Weiteres Vermögen hat die GmbH nicht. Kurz nach Eingang der Darlehensvaluta transferiert A die gesamte Summe auf sein privates Bankkonto. B bekommt von alldem nichts mit. Bald darauf setzt sich A in die Karibik ab.

Dass A Rückzahlung in Höhe von 1.000.000 EUR schuldet, ist ohne weiteres einsichtig. Da A aber nicht greifbar ist, stellt sich die Frage nach der Ausfallhaftung des B gemäß § 31 III GmbHG. Soll er wirklich für den gesamten Erstattungsbetrag einstehen müssen? Nach dem Wortlaut des Gesetzes: ja! Dieses Ergebnis wäre auch dogmatisch stringent. Durch die Ausfallhaftung hat der Gesetzgeber den Mitgesellschaftern eine Mitverantwortung für den Erhalt des Stammkapitals zugewiesen. Es stellt sich aber die Frage, ob dieses Ergebnis sachgerecht ist. Soll der ahnungslose B in unserem Beispielsfall wirklich in Höhe von 1.000.000 EUR – also auf das 200fache seines ursprünglich übernommenen Risikobeitrages – haften?

Die Rechtsprechung und weite Teile des Schrifttums sprechen sich für eine Be- **55** grenzung der Ausfallhaftung aus. Die Haftung müsse sich in „**kalkulierbaren Grenzen**" halten[63] und die Mitgliedschaft in einer GmbH dürfe nicht zu einem „Vabanquespiel mit unbeschränkter Haftung" werden[64]. Teile der Literatur[65] sehen in § 31 III GmbHG die Kehrseite des zum Kapitalaufbringungsrecht gehörenden § 24 GmbHG, weshalb wie dort die anteilige Haftung auf den Stammeinlagebetrag des Auszahlungsempfängers beschränkt sein müsse. Der BGH orientiert sich hingegen an der Stammkapitalziffer.

---

[63] Vgl. schon BGHZ 60, 324, 331.

[64] *Joost*, GmbHR 1983, 285, 289.

[65] *K. Schmidt*, BB 1985, 154, 157; *ders.*, Festschrift Raiser, 2005, S. 311 ff.; *Westermann* in Scholz, GmbHG, § 31 Rn 30.

Nach Auffassung des **BGH**[66] stellt das **Stammkapital die Obergrenze** (ohne Abzug der eigenen Einlage[67]) der Haftung aus § 31 III GmbHG dar.

Dem wird man folgen können, zumal eine unbeschränkte verschuldensunabhängige Haftung der Mitgesellschafter verfassungsrechtlich (Art. 2 I GG) nicht unbedenklich wäre. Die Festlegung auf die Stammkapitalziffer ist dabei nicht zwingend und lässt sich dogmatisch auch nicht sauber begründen, da die Haftungsbegrenzung selbst unter dogmatischen Gesichtspunkten mehr als fraglich ist. Es handelt sich um eine **„gegriffene Größe"**, die allerdings für die Praxis leicht zu handhaben ist.

d) Verschuldenshaftung

56   Über die verschuldensunabhängige Ausfallhaftung hinaus hat der BGH früher eine Schadensersatzhaftung der Mitgesellschafter wegen schuldhafter Verletzung eigener Gesellschafterpflichten für möglich gehalten, wenn der Gesellschafter die verbotene Auszahlung selbst erbracht oder den Geschäftsführer dazu veranlasst hatte. Dies konnte zu einer unbeschränkten Haftung führen. Der BGH hat diese Auffassung aber mittlerweile wieder **aufgegeben**[68] – zu Recht, da anderenfalls das abgestufte System des § 31 III GmbHG ausgehöhlt werden würde[69].

Eine über § 31 III GmbHG hinausgehende Verhaltenshaftung der Mitgesellschafter kann sich daher nur nach den Grundsätzen der Haftung wegen existenzvernichtenden Eingriffs ergeben (siehe dazu unten § 10 Rn. 21 ff.).

57   In Betracht kommen aber Ansprüche der Mitgesellschafter gegen den Leistungsempfänger oder die hieran mitwirkenden Gesellschafter wegen **Verletzung der gesellschaftsrechtlichen Treuepflicht** (zu dieser unten § 13 Rn. 45 ff.)[70]. Voraussetzung hierfür ist aber, dass ihnen selbst ein eigener Schaden entstanden ist.

58   Schließlich führt ein Verstoß gegen § 30 GmbHG regelmäßig zur **Haftung der Geschäftsführer** gegenüber der Gesellschaft aus **§ 43 III GmbHG** (dazu unten § 11 Rn. 65). Darüber hinaus ist der Geschäftsführer den nach **§ 31 III GmbHG** ausgleichspflichtigen Gesellschaftern zum Ersatz verpflichtet, wenn ihm hinsichtlich der geleisteten Zahlung ein Verschulden zur Last fällt (§ 31 VI GmbHG).

---

[66] BGHZ 150, 61; BGH NJW 2003, 3629, 3632; zustimmend *Hueck/Fastrich* in Baumbach/Hueck, GmbHG, § 31 Rn. 24; *Altmeppen*, ZIP 2002, 961, 962 ff.; *Heidinger* in Michalski, GmbHG, § 31 Rn. 71; dagegen etwa *Wilhelm*, Festschrift Flume, 1978, Bd. II, S. 337, 361 ff.; *Fabritius*, ZHR 144 (1980), 628, 634; *Jungmann*, DStR 2004, 688, 693.

[67] A.A. *Hommelhoff* in Lutter/Hommelhoff, GmbHG, § 30 Rn. 22.

[68] BGH NJW 1999, 2817; zustimmend *Geißler*, GmbHR 2003, 394, 399; *Westermann* in Scholz, GmbHG, § 31 Rn. 31; kritisch aber *Altmeppen*, ZIP 2002, 961, 966; *ders.* in Roth/Altmeppen, GmbHG, § 30 Rn. 22.

[69] *Hueck/Fastrich* in Baumbach/Hueck, GmbHG, § 31 Rn. 25.

[70] BGH NJW 2009, 68, 70; *Heidinger* in Michalski, GmbHG, § 31 Rn. 78.

Nach allgemeiner Auffassung[71] ist § 30 GmbHG aber **kein Schutzgesetz** im Sinne von § 823 II BGB.

59

e) Steuerrechtliche Folgen

Fast immer geht der Verstoß gegen § 30 GmbHG einher mit dem Vorliegen einer verdeckten Gewinnausschüttung im Sinne des Steuerrechts (§ 8 KStG), da dem Gesellschafter außerhalb der förmlichen Gewinnverteilung Leistungen aus dem Gesellschaftsvermögen ohne äquivalente Gegenleistung gewährt werden.

60

III. Erwerb eigener Anteile, § 33 GmbHG

1. Gesetzliche Beschränkungen

Der Erwerb eigener Geschäftsanteile führt ebenso wie eine Auszahlung zu einer Minderung des Gesellschaftsvermögens, da der eigene Anteil in der Hand der GmbH keinen Wert darstellt: Sie erwirbt eine Beteiligung an Vermögen, das ihr ohnehin gehört. Zudem wird der Gesellschafter aus dem übernommenen Risiko entlassen. Deshalb begrenzt das Kapitalgesellschaftsrecht den Erwerb eigener Anteile. Die GmbH-rechtliche Regelung ist dabei weniger streng als die aktienrechtliche. Der Erwerb ist nach dem GmbHG anders als im Aktienrecht (dazu unten § 20 Rn. 44 ff.) – grundsätzlich **erlaubt**, jedoch nur in dem durch § 33 GmbHG abgesteckten Rahmen.

61

Gemäß § 33 I GmbHG ist der Erwerb unzulässig, wenn die Einlagen noch **nicht vollständig** geleistet worden sind.

62

Damit soll verhindert werden, dass die offene Einlageforderung durch Konfusion erlischt. Das Erwerbsverbot dient damit der **Sicherung der Kapitalaufbringung**. Zulässig ist daher der Erwerb unter der aufschiebenden Bedingung vollständiger Einlagezahlung.

Ein Verstoß gegen § 33 I GmbHG führt sowohl zur Nichtigkeit des Verpflichtungs- als auch des Verfügungsgeschäfts[72]. Der Veräußerer bleibt Inhaber des Geschäftsanteils und haftet als solcher weiter für die offene Einlagepflicht. Das von der Gesellschaft gezahlte Entgelt ist nach Maßgabe der §§ 812 ff. BGB zurück zu gewähren. Eine Abrede, dass ein

---

[71] Vgl. etwa *Hueck/Fastrich* in Baumbach/Hueck, GmbHG, § 30 Rn. 1; *Heidinger* in Michalski, GmbHG, § 30 Rn. 7.

[72] RGZ 71, 399, 403; BGHZ 15, 391, 393; *Hohner/Paura* in Ulmer/Habersack/Winter, GmbHG, § 33 Rn. 19; *Hueck/Fastrich* in Baumbach/Hueck, GmbHG, § 33 Rn. 6; *Sosnitza* in Michalski, GmbHG, § 33 Rn. 16.

Dritter für Rechnung der Gesellschaft nicht voll eingezahlte Geschäftsanteile erwirbt, ist analog § 33 I GmbHG nichtig[73].

63   Für den Erwerb **voll eingezahlter Anteile** enthält § 33 II GmbHG eine Beschränkung im Interesse der Erhaltung des Stammkapitals. Die Vorschrift ergänzt somit § 30 GmbHG.

Die Gesellschaft darf eigene Anteile nur erwerben, wenn sie eine **Rücklage** in Höhe der Aufwendungen für den Erwerb **bilden könnte**, ohne das Stammkapital oder eine nach dem Gesellschaftsvertrag zu bildende Rücklage zu mindern, die nicht zur Zahlung an die Gesellschafter verwandt werden darf (§ 33 II 1 GmbHG)[74]. Dass die Rücklage tatsächlich gebildet wird, ist seit dem BilMoG nicht mehr erforderlich. Es handelt sich um einen **Rechenvorgang**, der sicherstellen soll, dass der Erwerb nur aus ungebundenen Mitteln erfolgt. Das bedeutet praktisch, dass der Erwerb verboten ist, wenn kein freies, nach § 30 GmbHG ausschüttungsfähiges Vermögen vorhanden ist, dass er aber zulässig ist, wenn er aus ungebundenen Mitteln erfolgen kann. Das ist konsequent, denn da die Gesellschaft das freie Vermögen ja ohnehin ausschütten könnte, kann es ihr nicht verwehrt sein, es zum Rückerwerb eigener Anteile zu verwenden.

> Erwirbt die GmbH eigene Anteile, obwohl die „fiktive Rücklage" nach § 33 II 1 GmbHG nicht hätte gebildet werden können, so ist der Erwerb zwar wirksam, allerdings wegen Nichtigkeit des Verpflichtungsgeschäfts (§ 33 II 3 GmbHG) ohne Rechtsgrund erfolgt. Neben Ansprüchen aus den §§ 812 ff. BGB kann auch ein solcher aus § 31 I GmbHG bestehen.

64   Nach dem UmwG hat die Gesellschaft unter bestimmten Voraussetzungen einem Anteilsinhaber, der gegen einen Beschluss zur Verschmelzung (§ 29 UmwG, § 122i UmwG), zur Spaltung (§ 125 UmwG) oder zu einem Formwechsel (§ 207 UmwG) Widerspruch zur Niederschrift erklärt, den **Erwerb seiner Anteile gegen Zahlung einer angemessenen Barabfindung** anzubieten. Diesen Erwerb soll § 33 III GmbHG ermöglichen, auch wenn die Anteile nicht voll eingezahlt sind.

> Die fiktive Bildung der Rücklage aus nicht gebundenen Mitteln muss auch hier möglich sein; anderenfalls kann die Abfindung nicht gezahlt werden – mit der Folge, dass die Umwandlungsmaßnahme rechtswidrig ist und daher unterbleiben muss (siehe dazu unten § 35 Rn. 34).

2. Rechtsfolgen des wirksamen Erwerbs

65   Der wirksame Erwerb führt dazu, dass die GmbH Gesellschafterin ihrer selbst wird. Allerdings **ruhen** die mitgliedschaftlichen Rechte und Pflichten aus eigenen Anteilen.

---

[73] *Sosnitza* in Michalski, GmbHG, § 33 Rn. 6.

[74] Für Einzelheiten siehe *Lutter* in Lutter/Hommelhoff, GmbHG, § 33 Rn. 14 ff.

Die Gesellschaft hat daher kein Stimmrecht in der Gesellschafterversammlung, kein Anfechtungsrecht, kein Auskunftsrecht nach § 51a GmbHG, kein Bezugsrecht bei Kapitalerhöhungen gegen Einlagen und keinen Gewinnanspruch. Zu den mitgliedschaftlichen Rechten im Einzelnen siehe unten § 13 Rn. 2 ff.

Die von der GmbH gehaltenen Anteile können auch wieder veräußert werden. Da **66** die Veräußerung an einen Dritten oder einzelnen Gesellschafter das Verhältnis der Gesellschafter untereinander berührt, es sich also nicht um eine gewöhnliche Geschäftsführungsmaßnahme handelt, bedarf sie der **Zustimmung der Gesellschafterversammlung**[75].

Umstritten ist, welche **Beschlussmehrheit** hierfür erforderlich ist[76]. Für das Erfordernis einer qualifizierten Mehrheit von ¾ der abgegeben Stimmen spricht, dass die Interessenlage bei der Übertragung eigener Anteile auf einen neuen Gesellschafter mit einer Kapitalerhöhung vergleichbar ist. Zwar bleibt das Stammkapital unverändert, doch werden auch hier Beteiligungsrechte gewährt. Zudem kommt es zu einer Veränderung der Beteiligungsgewichte, da die bislang ruhenden Mitgliedschaftsrechte mit Veräußerung wieder aufleben. Ein **Bezugsrecht** der Gesellschafter besteht nach h.M. **nicht**[77].

Theoretisch ist es möglich, dass die GmbH sämtliche Anteile erwirbt. Eine so ent- **67** stehende „**Keinmann-GmbH**" ist nur als kurzfristiger Übergangszustand zulässig[78]. Wird dieser Zustand nicht unverzüglich durch Veräußerung eines Geschäftsanteils aufgehoben, wird die Gesellschaft kraft Gesetzes aufgelöst[79].

---

[75] A.A. *Altmeppen* in Roth/Altmeppen, GmbHG, § 33 Rn. 26.

[76] Für einfache Mehrheit *Hueck/Fastrich* in Baumbach/Hueck, GmbHG, § 33 Rn. 28; *Lutter* in Lutter/Hommelhoff, GmbHG, § 33 Rn. 35; für qualifizierte Mehrheit *Westermann* in Scholz, GmbHG, § 33 Rn. 38; *Hohner/Paura* in Ulmer/Habersack/Winter, GmbHG, § 33 Rn. 87.

[77] Vgl. *Hueck/Fastrich* in Baumbach/Hueck, GmbHG, § 33 Rn. 28 mit weiteren Nachweisen auch zur Gegenauffassung.

[78] *Hueck/Fastrich* in Baumbach/Hueck, GmbHG, § 33 Rn. 19; *Schindler* in BeckOK GmbHG, § 33 Rn. 81; *Sosnitza* in Michalski, GmbHG, § 33 Rn. 53 f.; gegen die Möglichkeit einer Keinmann-GmbH etwa *Winkler*, GmbHR 1972, 73, 77.

[79] Wie hier *Michalski* in Michalski, GmbHG, § 1 Rn. 62; *Kleindiek* in Lutter/Hommelhoff, GmbHG, § 60 Rn. 24; *Roth* in Roth/Altmeppen, GmbHG, § 1 Rn. 56.

§ 9 Gesellschafterdarlehen und Co.

Literatur: *Gehrlein,* Die Behandlung von Gesellschafterdarlehen durch das MoMiG, BB 2008, 846; *Heinze,* Die (Eigenkapital ersetzende) Nutzungsüberlassung in der GmbH-Insolvenz nach dem MoMiG, ZIP 2008, 110; *Huber,* Gesellschafterdarlehen im GmbH- und Insolvenzrecht nach der MoMiG-Reform, ZIP 2010, 7; *Huber/Habersack,* GmbH-Reform: Zwölf Thesen zu einer möglichen Reform des Rechts der kapitalersetzenden Gesellschafterdarlehen, BB 2006, 1; *Kind,* Insolvenzrechtliche Änderungen durch das MoMiG, NZI 2008, 475; *K. Schmidt,* Gesellschafterdarlehen im GmbH- und Insolvenzrecht nach der MoMiG-Reform – eine alternative Sicht, ZIP 2010, 15; *Roth,* Reform des Kapitalersatzrechts durch das MoMiG, GmbHR 2008, 1184; *Schönfelder,* Gesellschafterdarlehen in der Insolvenz – auch ohne Krise in die Krise?, WM 2009, 1401.

I. Problemstellung

Sieht man vom Erfordernis des § 5 I GmbHG ab, wonach das Stammkapital einer GmbH mindestens 25.000 EUR betragen muss und anderenfalls nach § 5a I GmbHG eine UG vorliegt, enthält das Gesetz keine Vorgaben über die **Höhe des Stammkapitals.** Die Gesellschafter können mithin bei Abschluss des Gesellschaftsvertrages – oder einer nachfolgenden Kapitalerhöhung – nach Belieben über den Umfang der Einlagepflichten und somit des Haftkapitals bestimmen.   **1**

Ebenso steht es ihnen frei, bei Einlageleistung durch Zahlung eines Aufgelds **2** (**Agios**) in die sog. Kapitalrücklage der GmbH nicht gebundenes Eigenkapital zur Verfügung zu stellen oder erwirtschaftete Gewinne in die sog. Gewinnrücklage einzustellen. Ein entsprechendes Vorgehen mag betriebswirtschaftlich in vielen Fällen sinnvoll sein – gesetzlich zwingend ist es indes nicht. Insbesondere sind die Gesellschafter nicht verpflichtet, die GmbH mit einem dem Geschäftsgegenstand angemessenen Stammkapital oder sonstigem Eigenkapital auszustatten.

> Die Problematik wird unter dem Stichwort „materielle Unterkapitalisierung" diskutiert. Zur – im Ergebnis zu verneinenden – Frage, ob hieraus eine Haftung der Gesellschafter gegenüber den Gesellschaftsgläubigern resultieren kann, siehe unten § 10 Rn.13 ff.

Kapitalbedarf und **Eigenkapitalausstattung** einer Gesellschaft stehen somit nicht in einem notwendigen Zusammenhang.

> Die Entscheidung, ob ein etwaiger Bedarf an finanziellen Mitteln durch den **3** Zufluss neuen Eigenkapitals – namentlich durch eine Kapitalerhöhung – oder durch die Aufnahme von als Fremdkapital zu qualifizierenden Darlehen gedeckt werden soll, obliegt daher den Gesellschaftern.

Gegen die Übernahme und Erbringung weiterer Stammeinlagen spricht, dass die eingezahlten Mittel wegen der Kapitalerhaltungsregeln (insbesondere § 30 I 1 GmbHG) gebunden sind, also nicht ohne weiteres an die Gesellschafter ausgeschüttet werden dürfen. Andererseits führt die Aufnahme von Darlehen regelmäßig zu hohen Zinsbelastungen (sog. Fremdkapitalkosten). Daher wählen Gesellschafter in der Praxis oft den Mittelweg und **gewähren selbst Darlehen**. Dies ist zulässig, da die Gesellschafter als „Privatpersonen" – d.h. gerade nicht in ihrer Eigenschaft als Gesellschafter – Verträge mit ihrer Gesellschaft schließen können; dies gilt auch für Darlehensgewährungen an die GmbH.

4   Gesellschafterdarlehen sind aber **nicht unbedenklich**: Zum einen ermöglichen sie, dass der Geschäftsbetrieb der GmbH nur mit einem **minimalen Haftkapital** betrieben wird. Risikobeitrag der Gesellschafter und wirtschaftliches Risiko können somit deutlich auseinanderfallen. Zum anderen treten die Gesellschafter in **Verteilungskonkurrenz zu den übrigen Gesellschaftsgläubigern**, was insbesondere in der Insolvenz der Gesellschaft nicht sachgerecht ist. Weiterhin besteht die Gefahr, dass die Gesellschafter als „Unternehmensinsider" noch kurz vor Insolvenzeröffnung auf die Befriedigung ihrer Rückzahlungsansprüche drängen, wodurch die später zu verteilende Masse für die übrigen Gläubiger geschmälert werden würde.

II. Historische Entwicklung

1. Eigenkapitalersatzrecht

a) Rechtsprechungsregeln

5   Als Fremdkapital unterliegen Forderungen aus Gesellschafterdarlehen eigentlich nicht den Kapitalerhaltungsregeln der §§ 30 f. GmbHG. Dies wurde namentlich von der Rechtsprechung als unbefriedigend angesehen und führte zur Entwicklung des **Eigenkapitalersatzrechts**. Wegweisend war dabei das „Lufttaxi"-Urteil des BGH aus dem Jahr 1959, deren zweiter Leitsatz wie folgt lautet:

> **BGHZ 31, 258 – „Lufttaxi"** (2. Leitsatz):
> „Der Gesellschafter einer unterkapitalisierten Gesellschaft mit beschränkter Haftung, der der Gesellschaft zur Abwendung der Konkursantragspflicht Gelder darlehensweise zur Verfügung gestellt hat, muss diese Gelder, solange dieser Zweck noch nicht nachhaltig erreicht ist, wie haftendes Kapital behandeln lassen [...]"

6   Ein in der Krise gewährtes Darlehen wurde hiernach als **eigenkapitalersetzend** qualifiziert und § 30 I GmbHG unterworfen. Die Rückzahlung war demnach ausgeschlossen, wenn und soweit hierdurch das Stammkapital der Gesellschaft angegriffen wurde. Bei dennoch erfolgter Rückzahlung stand der GmbH ein Rückforderungsanspruch analog § 31 GmbHG zu.

Dogmatisch wurde dies mit Verweis auf eine **„Finanzierungsfolgenverantwortung"** der Gesellschafter begründet. Diese stünden in der Krise vor der Entscheidung, die Gesellschaft entweder mit finanziellen Mitteln zu versorgen oder zu liquidieren. Entschieden sich die Gesellschafter für eine Fortführung und die Zuführung weiterer finanzieller Mittel, so sei diese Entscheidung insoweit bindend, als die Rückzahlung nicht zulasten gebundenen Vermögens gehen dürfe.

In der Folgezeit baute der BGH diese Rechtsprechung aus und erstreckte sie   7
- auf Darlehen, die zwar vor Eintritt der Krise begeben, aber nach Eintritt nicht umgehend gekündigt wurden (sog. „Stehenlassen")[1],
- auf der Darlehensgewährung **wirtschaftlich vergleichbare** Vorgänge[2],
- auf das Stellen von **Sicherheiten**[3] sowie
- auf Fälle der **Nutzungsüberlassung**[4].

b) Die Novellenregeln (§§ 32a/b GmbHG)

Im Zuge der **GmbH-Novelle 1980** hat der Gesetzgeber die Problematik aufgegriffen und die §§ 32a/b GmbHG eingeführt. Anders als die Rechtsprechungsregeln   8
kamen die neuen Vorschriften **erst in der Insolvenz** der Gesellschaft zur Anwendung.

Nach § 32a I GmbHG a.F. konnte ein Gesellschafter, der der Gesellschaft „in einem Zeitpunkt, in dem ihr die Gesellschafter als ordentliche Kaufleute Eigenkapital zugeführt hätten (Krise der Gesellschaft), statt dessen ein Darlehen gewährt" hat, seinen Rückforderungsanspruch nur als nachrangiger Insolvenzgläubiger geltend machen. Abs. 3 erstreckte den Anwendungsbereich einerseits auf wirtschaftlich vergleichbare Leistungen (z.B. die Stundung einer Forderung), nahm aber andererseits kleinbeteiligte Gesellschafter (max. 10 % der Geschäftsanteile) und bestimmte Sanierungsdarlehen vom Anwendungsbereich aus (Kleinbeteiligten- und Sanierungsprivileg). In der Rechtsfolge war eine Anfechtung durch den Insolvenzverwalter vorgesehen, wenn die Rückgewähr eines kapitalersetzenden Gesellschafterdarlehens nicht länger als ein Jahr vor Stellung des Insolvenzantrags zurücklag.

c) Zwei Säulen des Eigenkapitalersatzrechts

Obwohl der Gesetzgeber mit dem Anspruch angetreten war, die Problematik   9
durch die Novellenregeln umfassend zu lösen, hat der BGH[5] schon im Jahr 1984
bekräftigt, an seiner bisherigen Rechtsprechung festhalten und die §§ 30 f.
GmbHG analog **neben** den §§ 32 a/b GmbHG anwenden zu wollen. Der BGH
rechtfertigte diesen „Aufstand der Makulatur gegen den Gesetzgeber" mit dem
Hinweis, dass die ausschließliche Anwendung der Novellenregeln das bis dahin

---

[1] Vgl. BGHZ 75, 334, 337 ff.

[2] BGHZ 76, 326.

[3] BGHZ 67, 171.

[4] Vgl. BGHZ 109, 55 – „Lagergrundstück I"; BGHZ 121, 31 – „Lagergrundstück II"; BGHZ 127, 1 – „Lagergrundstück III"; BGHZ 127, 17 – „Lagergrundstück IV"; siehe zum Ganzen etwa *Altmeppen* in Roth/Altmeppen, GmbHG, § 32a Rn. 193 ff.

[5] BGHZ 90, 370, 378.

erreichte Schutzniveau entgegen dem Willen des Gesetzgebers verschlechtern
würde. Die Folge war eine **Zweispurigkeit des Eigenkapitalersatzrechts**.

10   Trotz der Abweichung in den Rechtsfolgen hatten Rechtsprechungs- und Novellenregeln einen **gemeinsamen Anknüpfungspunkt**: die **Krise der Gesellschaft**, in der ein Gesellschafter ein Darlehen, eine Sicherheit oder eine vergleichbare Leistung gewährt hat.

> Als **Krise** wurde einhellig und im Einklang mit § 32a I GmbHG eine Situa-
> tion angesehen, in der „ordentliche Kaufleute" der Gesellschaft Eigenkapital
> zugeführt hätten, weil die Gesellschaft zu marktüblichen Konditionen von
> dritter Seite keinen Kredit erhalten hätte.

Dieser **unscharfe Krisenbegriff** machte die Handhabung für die Praxis schwierig
und für die betroffenen Gesellschafter und Geschäftsführer **unberechenbar** und
gefährlich. Verstärkt wurde dies noch durch das Bestreben, auch vor der Krise
gewährte Darlehen über die Kategorie des „Stehenlassens" als kapitalersetzend zu
qualifizieren.

2. Die Neukonzeption durch das MoMiG

11   Der Gesetzgeber entschloss sich daher, dass Recht der Gesellschafterdarlehen
durch das MoMiG grundlegend zu reformieren.

Zu den wesentlichen Neuerungen zählen dabei:
- ➲ die Aufhebung der §§ 32a/b GmbHG,
- ➲ die Einfügung des § 30 I 3 GmbHG, durch die die Fortgeltung der Rechtsprechungsregeln ausdrücklich ausgeschlossen wird,
- ➲ die Verlagerung der Materie in das Insolvenzrecht (§§ 39, 44a, 135, 143 InsO),
- ➲ der Verzicht auf das Merkmal der Krise zugunsten einer starren Fristenregelung.

12   Rückgewähransprüche aus Gesellschafterdarlehen sind nunmehr in der Insolvenz
der Gesellschaft stets **nachrangig** gegenüber den Forderungen der übrigen Gesellschaftsgläubiger.

> Dies führt im Regelfall dazu, dass Gesellschafter **keine**, auch keine quotale Befriedigung
> erhalten.

13   Wurde ein Gesellschafterdarlehen an einen Gesellschafter zurückgezahlt, so kann
der Insolvenzverwalter die Rückzahlung **anfechten**, sofern diese nicht später als
ein Jahr vor Stellung des Insolvenzantrages erfolgt ist (§§ 135 I Nr. 2, 143 InsO).
Auf eine „kapitalersetzende" Funktion des Darlehens kommt es nicht mehr an. Es
spielt daher keine Rolle, ob das Darlehen in einer Krise gewährt oder zurückgezahlt wurde – maßgeblich ist allein der durch die **Jahresfrist** abgesteckte zeitliche
Zusammenhang zwischen Rückzahlung und Insolvenz.

Dies kann zu gewissen **Härten** in den Fällen führen, in denen eine Gesellschaft **14**
nach Rückzahlung des Gesellschafterdarlehens plötzlich und unvorhergesehen in
wirtschaftliche Schwierigkeiten gerät, etwa weil ein wichtiger Kunde weggefallen
ist oder sich das gesamte Marktumfeld negativ verändert hat.

> Bisweilen wird versucht, diese Fälle über eine **teleologische Reduktion** vom Anwen-
> dungsbereich der insolvenzrechtlichen Vorschriften auszunehmen[6]. Dabei wird das
> Merkmal der Krise durch die Behauptung, bei der in § 135 I Nr. 2 InsO normierten
> Jahresfrist handele es sich lediglich um eine Vermutung, wieder eingeführt. Es werde –
> lediglich – vermutet, dass die Gesellschaft bereits im letzten Jahr vor Antragstellung in
> wirtschaftlichen Schwierigkeiten gesteckt habe. Die Gesellschafter könnten die Ver-
> mutung widerlegen und darlegen, dass das Darlehen weder in der Krise gewährt noch in
> sonstiger Weise zu einer Verschleppung der Insolvenz geführt habe[7]. Diesem Ver-
> ständnis der Neuregelung ist **nicht** zu folgen[8]. Das Hineinlesen des Krisenbegriffs in die
> Jahresfrist bedeutet ein Festhalten am traditionellen Konzept der Finanzierungsfolgen-
> verantwortung[9]. Gerade das wollte der Gesetzgeber mit dem MoMiG aber aufgeben.

Dogmatischer Ausgangspunkt der Neuregelungen ist vielmehr der Gedanke **15**
des **Risikobeitrags** der Gesellschafter.

Diejenigen, die das Unternehmen in Gang setzen und darin Herrschaftsmacht ausüben, dürfen nicht mit denen in Verteilungskonkurrenz treten, die von Fehlentscheidungen nachteilig betroffen sind, also mit den Gläubigern der Gesellschaft.
Bereits hieraus legitimiert sich der Nachrang in der Insolvenz. Eines Rückgriffs
auf den Gedanken der materiellen Unterkapitalisierung[10] bedarf es dabei ebenso
wenig wie die Fiktion oder Vermutung einer bewussten Finanzierungsentscheidung durch die Gesellschafter.

3. Übergangsrecht

Aufgrund der Übergangsregelung in **Art. 103d EG-InsO** ist das alte Recht der ei- **16**
genkapitalersetzenden Gesellschafterleistungen weiterhin in Insolvenzverfahren
anzuwenden, die vor Inkrafttreten des MoMiG (also vor dem 1. November 2008)
eröffnet worden sind. In den übrigen Fällen gelangt grundsätzlich das neue Recht
zur Anwendung[11]. Dies gilt nicht nur für die insolvenzrechtlichen Regelungen

---

[6] So etwa *Pentz*, Festschrift Hüffer, 2010, S. 747, 771.

[7] So insbesondere *Altmeppen*, NJW 2005, 1911, 1914; *ders.*, NJW 2008, 3601, 3602; *Haas*,
ZInsO 2007, 617, 622; *Kleindiek*, ZGR 2006, 335, 338; *Thiessen*, ZIP 2007, 253; *Marotzke*, JZ
2010, 592; dagegen etwa *Huber*, Festschrift Priester, 2007, S. 259, 274 f.; *Bork*, ZGR 2007, 250,
256.

[8] So auch Begr. RegE zum MoMiG, BT-Drucks. 16/6140, S. 42, 56 f.; *Dahl/Schmitz*, NZG 2009,
325, 327.

[9] *K. Schmidt*, ZIP 2010 Beilage 2, 15, 19.

[10] Dafür *Bitter*, ZIP 2010, 1, 5 ff.

[11] Für Einzelheiten zum Übergangsrecht siehe *Rellermeyer/Gröblinghoff*, ZIP 2009, 1933 ff.

und die sogenannten Novellenregelungen in §§ 32a/b GmbHG, sondern auch für die Anwendung der Rechtsprechungsregeln[12]. Im Einzelfall können daher Rückforderungsansprüche, die nach alter Rechtslage analog § 31 GmbHG entstanden sind, im Zuge der Neuregelung entfallen sein.

III. Anwendungsbereich der Neuregelungen

1. Rechtsformübergreifender Ansatz

17 Gemäß §§ 39 IV, 135 IV InsO gelten die Neuregelungen für alle Kapitalgesellschaften – einschließlich der Vorgesellschaften und der SE – sowie für die Personengesellschaften, bei denen keine natürliche Person die unbeschränkte persönliche Haftung gegenüber den Gläubigern übernimmt. Die Vorschrift bezieht hinsichtlich der Personengesellschaften ohne persönlich haftenden Gesellschafter auch die Gesellschafter-Gesellschafter mit ein. Ausgenommen vom Anwendungsbereich sind also Gesellschaften, bei denen sich auf der ersten oder der zweiten Gesellschafterebene eine natürliche Person mit unbeschränkter Haftung findet.

18 Nach der Vorstellung des Gesetzgebers sollen die rechtsformunabhängigen Regelungen **auch Gesellschaften ausländischer Rechtsform** erfassen[13], sofern diese den Schwerpunkt ihrer Geschäftstätigkeit in Deutschland haben und damit die Anforderungen der EU-InsVO für die Eröffnung eines Hauptinsolvenzverfahrens in Deutschland erfüllen. Die Vorschriften über die Gesellschafterdarlehen kommen dann ebenfalls zur Anwendung, da sie an das Insolvenz- und nicht an das Gesellschaftsstatut anknüpfen[14].

2. Erfasste Personen

a) Gesellschafter

19 Den Regelfall der §§ 39, 135 InsO bilden Forderungen, die einem Gesellschafter gegen seine Gesellschaft aus Darlehen oder wirtschaftlich entsprechenden Rechtshandlungen zustehen. Damit bilden die Gesellschafter der betroffenen Gesellschaft den **typischen Kreis der Normadressaten**.

20 Ist Darlehensgeber ein außenstehender Dritter, **tritt** dieser aber später in die Gesellschaft **ein**, so gelangen die §§ 39, 135 InsO zur Anwendung, es sei denn,

---

[12] BGHZ 179, 249 – „Gut Buschow".

[13] Siehe dazu Begr. RegE zum MoMiG, BT-Drucks. 16/6140, S. 57.

[14] Kritisch demgegenüber *Zahrte*, ZInsO 2009, 223; *Roth*, GmbHR 2008, 1184, 1192; *Oechsler*, NZG 2007, 161, 165f. Zur Vereinbarkeit der Neuregelung mit der Niederlassungsfreiheit siehe *Drygala* in KölnKomm. AktG, § 57 Rn. 158.

der Neugesellschafter hat vor dem Erwerb der Gesellschaftsanteile oder zeitgleich mit diesem sein Darlehen zurückgezogen[15].

Den Gesellschaftern kann schließlich auch nicht zugestanden werden, sich **21** durch **Ausscheiden** aus der Gesellschaft den nachteiligen Rechtsfolgen des Gesellschafterdarlehens zu entziehen. Scheidet daher ein Gesellschafter aus der Gesellschaft aus, bleibt er aber weiterhin Darlehensgeber, so ist eine Tilgung innerhalb der Jahresfrist anfechtbar und die Forderung in der Insolvenz nachrangig[16].

b) Zurechnung bei Beteiligung Dritter

Darüber hinaus können auch Darlehen Dritter von §§ 39, 135 InsO erfasst sein. **22** Das ist zwar dem Gesetz selbst nicht unmittelbar zu entnehmen, war aber schon zum alten Recht bei § 32a III 1 GmbHG a.F. anerkannt. Demgemäß findet sich in den Gesetzesmaterialien der zutreffende Hinweis, dass Darlehen von dritter Seite **wirtschaftlich einem Gesellschafterdarlehen entsprechende Rechtshandlungen** sein können[17].

Eine **Zurechnung** kommt danach insbesondere in Betracht in Fällen des Handelns für fremde Rechnung, bei Vorliegen einer engen persönlichen Verbundenheit (z.B. bei nahe stehenden Angehörigen) und im Verhältnis von verbundenen Unternehmen nach den Grundsätzen des § 16 IV AktG.

Eine **konzernrechtliche Zurechnung** findet unstreitig bei Bestehen eines Beherrschungs- oder Gewinnabführungsvertrages zwischen Gesellschafter und Dritten statt. Darüber hinaus ist umstritten, ob auch die über die Mehrheitsbeteiligung vermittelte faktische Herrschaftsmacht ausreicht, um die Zurechnung zu begründen. Dies ist mit Blick auf § 16 IV AktG zu bejahen[18].

Hiernach erscheint es sachgerecht, bei der Frage nach dem zu leistenden Risikobeitrag die Unternehmensgruppe, zu der ein Gesellschafter gehört, in den Blick zu nehmen. Die Zurechnung ist daher nicht nur bei Beteiligung in direkter Linie (Mutter – Tochter – Enkel) geboten, sondern auch bei Darlehensgewährung durch Unternehmen, die an der empfangenden Gesellschaft selbst nicht beteiligt, mit ihr aber durch gemeinsame beherrschende Gesellschafter verbunden sind (Tochter – Mutter – Schwester)[19]. Eine Ausnahme von der hier befürworteten Zurechnung ist aber dann geboten, wenn die darlehensnehmende und die darlehensgebende Gesellschaft aneinander nicht oder nur in den Grenzen des Kleinbeteiligungsprivilegs beteiligt sind und sich die Transaktion ohne

---

[15] *Altmeppen*, NJW 2008, 3601, 3603; *Dahl/Schmitz*, NZG 2009, 325, 326.

[16] *Altmeppen*, NJW 2008, 3601, 3603; *Dahl/Schmitz*, NZG 2009, 325, 326; *Haas*, ZInsO 2007, 617, 626; a.A. *Gehrlein*, BB 2008, 846, 850; *Schlösser/Klüber*, BB 2009, 1594, 1597, die bei Ausscheiden vor Beginn der Jahresfrist die Nachrangigkeit und Anfechtbarkeit der Forderung verneinen.

[17] Vgl. Begr. RegE zum MoMiG, BT-Drucks. 16/6140, S. 56.

[18] Für Näheres siehe *Drygala* in KölnKomm. AktG, § 57 Rn. 163 ff.

[19] A.A. BGH ZIP 2008, 1230; *Habersack*, ZIP 2008, 2385, 2389 ff.

Wissen und Wollen des gemeinsamen Mehrheitsgesellschafters abgespielt hat. Zur Zurechnung im Konzern siehe auch unten § 33 Rn. 33 ff.

3. Ausnahmen vom Anwendungsbereich

23 § 39 IV 2, V InsO behalten in Anlehnung an den früheren § 32a III 2 und 3 GmbHG das **Kleinbeteiligungs-** und das **Sanierungsprivileg** als Ausnahmen vom Nachrang des Darlehens und der Anfechtbarkeit bei.

a) Kleinbeteiligtenprivileg

24 Das Kleinbeteiligtenprivileg greift ein, wenn die Beteiligung des Gesellschafter-Kreditgebers **nicht über 10 %** beträgt und er in der Gesellschaft **nicht geschäftsführend** tätig ist.

Hinsichtlich der Beteiligungsquote kommt es allein auf die **Kapitalbeteiligung**, nicht auf die Stimmkraft oder die Gewinnbeteiligung an[20]. Nach den oben (Rn. 22) beschriebenen Zurechnungskriterien kann ein Gesellschafter das Kleinbeteiligungsprivileg verlieren, wenn ihm Anteile Dritter zuzurechnen sind und er dadurch die 10%-Schwelle überschreitet[21]. Auch das Zusammenwirken mehrerer Gesellschafter bei koordinierter Kreditvergabe oder durch Vereinbarung eines Stimmrechtspools kann eine Zusammenrechnung begründen.

25 **Nicht privilegiert** sind Gesellschafter die zugleich **Geschäftsführer** (bei der AG: Mitglied des Vorstandes) sind. Entsprechendes gilt, wenn der Gesellschafter zwar nicht formal zum Geschäftsführer bestellt ist, aber faktisch wie ein solcher nach außen in Erscheinung tritt (siehe dazu unten § 11 Rn. 80). Demgegenüber führt eine rein wirtschaftliche Einflussposition (etwa als Hausbank oder wichtiger Lieferant) nicht zum Verlust der Privilegierung.

b) Sanierungsprivileg

26 Das Sanierungsprivileg greift ein, wenn bei drohender bzw. eingetretener Zahlungsunfähigkeit oder Überschuldung der Gesellschaft Geschäftsanteile zum Zwecke der Sanierung erworben werden. Es endet, wenn eine nachhaltige Sanierung eingetreten ist.

Nach den Gesetzesmaterialien setzt das Sanierungsprivileg voraus, dass die erwerbende Person vor dem Erwerb an der Gesellschaft gar nicht oder nur im Rah-

---

[20] *Gehrlein*, BB 2008, 846, 851; *Habersack*, ZIP 2007, 2145, 2149; *Hirte*, ZInsO 2008, 689, 695.

[21] Derartige Fragen haben schon unter der alten Regelung eine erhebliche Rolle gespielt, vgl. OLG Düsseldorf AG 1991, 401; OLG Köln ZIP 2009, 808.

men des Kleinbeteiligungsprivilegs beteiligt war[22]. Dies überzeugt indes nicht, da der Kapitaleinsatz eines Altgesellschafters ebenso zur Sanierung beitragen kann wie der eines Neu- oder Kleingesellschafters[23]. Dem Normzweck, die Beteiligung an Sanierungen zu fördern, wird durch eine **einheitliche Anwendung** des Ausnahmetatbestandes besser Rechnung getragen.

4. Erfasste Rechtshandlungen

In sachlicher Hinsicht kommt es nach dem Wegfall des Merkmals der Krise nur noch darauf an, ob ein **Gesellschafterdarlehen oder eine wirtschaftlich entsprechende Rechtshandlung** vorliegt.   **27**

Überlegungen, die Regelung auf alle Gesellschafterforderungen mit Ausnahme der Bargeschäfte nach § 142 InsO zu erstrecken[24], ist der Gesetzgeber bewusst nicht gefolgt. Damit kommt es weiterhin darauf an, ob das Geschäft eine liquiditätssteigernde Wirkung für die Gesellschaft hat, denn die Zuführung von Liquidität ermöglicht die Expansion der Geschäftstätigkeit, was wiederum ein erhöhtes Risiko für die Gesellschaftsgläubiger bedeutet.

Austauschgeschäfte fallen daher unabhängig von der Frage, ob die Gegenleistung des Gesellschafters vollwertig war, nicht unter die §§ 39, 135 InsO.

Wie bisher kann allerdings die (ausdrückliche oder konkludente) **Stundung** der aus einem Austauschgeschäft entstehenden Forderung als darlehensartige Finanzierungshandlung anzusehen sein[25]. Auch das **Nichteinziehen der Forderung** trotz bestehender Berechtigung genügt, jedenfalls wenn die Geltendmachung der Forderung geschäftsunüblich lange hinausgezögert wurde[26].

IV. Rechtsfolgen

1. Nachrangigkeit in der Insolvenz

Zentrale Rechtsfolge seit dem MoMiG ist die **Nachrangigkeit der Gesellschafterforderung** in der Insolvenz (§ 39 I Nr. 5 InsO). Diese bewirkt, dass jede Forderung aus einem Gesellschafterdarlehen oder einer wirtschaftlich entsprechenden   **28**

---

[22] Begr. RegE BT-Drucks. 16/6140, S. 57, dem folgend *Habersack*, ZIP 2007, 2145, 2149; *Hirte*, ZInsO 2008, 689, 695.

[23] So auch *Altmeppen*, NJW 2008, 3601, 3605; *Haas*, ZInsO 2007, 617, 624.

[24] Vgl. *Huber/Habersack*, BB 2006, 1 ff.

[25] *Bayer/Graff*, DStR 2006, 1654, 1657; *Gehrlein*, BB 2008, 846, 850; *Kleindiek* in Lutter/Hommelhoff, GmbHG, Anh. zu § 64 Rn. 117.

[26] *Gehrlein*, BB 2008, 846, 850.

Rechtshandlung erst nach Erfüllung aller vorrangigen Forderungen der anderen Insolvenzgläubiger befriedigt werden kann. Nachrangig sind ohne weiteres auch die noch offenen Zinsen, ohne dass eine Stundung der Zinsforderung erforderlich wäre (§ 39 III InsO).

2. Anfechtbarkeit von Sicherungs- und Befriedigungsleistungen

29   Hingegen besteht **kein Zahlungsverbot** analog § 30 I GmbHG, wie dessen S. 3 nunmehr explizit klarstellt. Die Gesellschaft ist also nicht gehindert, ein fälliges Gesellschafterdarlehen fristgerecht zu tilgen. Der Geschäftsführer ist verpflichtet, einem entsprechenden Auszahlungsverlangen des Gesellschafters nachzukommen; etwas anders gilt nur, wenn die Gesellschaft die Liquidität nicht entbehren kann, ohne in konkrete Insolvenzgefahr zu geraten (§ 64 S. 3 GmbHG, für den Vorstand der AG: § 94 II 3 AktG).

30   Allerdings kann der Insolvenzverwalter gemäß § 135 I InsO Rechtshandlungen **anfechten**, durch welche die Gesellschaft
       ➲ **innerhalb der letzten zehn Jahre** vor Stellung des Insolvenzantrages oder danach dem Gesellschafter für seine Forderung **Sicherheit bestellt** hat (§ 135 I Nr. 1 InsO) oder
       ➲ **innerhalb des letzten Jahres** vor Stellung des Insolvenzantrages oder danach die Forderung des Gesellschafters **erfüllt** hat (§ 135 Abs. 1 Nr. 2 InsO).

Die Anfechtungsbefugnis **ergänzt im Vorfeld der Insolvenz den** in § 39 I Nr. 5 InsO geregelten **Nachrang**. Die beiden Normen stehen in einem engen inneren Zusammenhang. Dies spricht dafür, Zahlung von Darlehenszinsen in den Anwendungsbereich des § 135 I InsO mit einzubeziehen, obwohl eine dem § 39 III InsO entsprechende Klarstellung hier fehlt[27]. Kleinbeteiligungs- und Sanierungsprivileg gelten auch hier (§ 135 IV InsO).

31   Die **Rechtsfolgen der Anfechtung** bestimmen sich nach **§ 143 I InsO**. Hiernach muss dasjenige, was durch die anfechtbare Handlung aus dem Vermögen des Insolvenzschuldners veräußert, weggegeben oder aufgegeben ist, zur Insolvenzmasse zurückgewährt werden. Der Gesellschafter schuldet mithin Rückzahlung, wobei er sich nicht auf den Wegfall der Bereicherung (§ 818 III BGB) berufen kann. Vielmehr haftet er nach dem strengen Maßstab der §§ 818 IV, 819 i.V.m. 292, 987 ff. BGB.

32   **Außerhalb des Insolvenzverfahrens** gilt die Anfechtungsvorschrift des **§ 6 AnfG**. Sie ermöglicht die Anfechtung durch einzelne Gläubiger insbesondere auch dann, wenn die Eröffnung des Insolvenzverfahrens mangels Masse (vgl. § 26 InsO) abgelehnt wurde.

---

[27] Wie hier auch *Gehrlein*, BB 2008, 846, 850; a.A. *Hueck/Fastrich* in Baumbach/Hueck, GmbHG, Anh. zu § 30 Rn. 67; *Mylich*, ZGR 2009, 474, 494 ff.

3. Bilanzielle Behandlung

Im regulären **Jahresabschluss** war ein Gesellschafterdarlehen von jeher zu passi-   **33**
vieren; daran hat sich durch die Reform nichts geändert.

Anders liegen die Dinge in der **Überschuldungsbilanz**. Nach dem bisherigen
Recht wurden Gesellschafterdarlehen bei der Beurteilung des Überschuldungssta-
tus wie sonstige Verbindlichkeiten passiviert, es sei denn für die Forderung wurde
ein **„qualifizierter" Rangrücktritt** vereinbart[28].

> Dieses Merkmal bereitete erhebliche Schwierigkeiten, da unsicher war, wann eine
> hinreichende Qualifikation des Rangrücktritts angenommen werden konnte. Da die Neu-
> regelung durch das MoMiG auf das Merkmal der Krise verzichten und einen generellen
> Nachrang für sämtliche Gesellschafterdarlehen anordnen sollte, war zunächst vorgesehen,
> die Passivierungspflicht generell aufzuheben[29]. Nach Kritik aus dem Schrifttum[30] hat der
> Gesetzgeber hieran aber grundsätzlich festgehalten, in § 19 II 2 InsO aber eine Ausnahme
> statuiert: Erforderlich ist ein Rücktritt noch hinter die in § 39 Abs. 1 Nr. 1 bis 5 InsO
> bezeichneten Forderungen. Das bedeutet den Rücktritt auf der Stufe des **§ 39 II InsO**[31].
> Ein Rücktritt auf eine Stufe mit der Forderung auf Rückgewähr der Einlagen (§ 199 I
> InsO), wie sie vom BGH zuvor verlangt wurde[32], ist hingegen nicht erforderlich.

V. Gesellschafterbesicherte Drittdarlehen

Auch die Bestellung von Sicherheiten durch einen Gesellschafter für Darlehens-   **34**
verbindlichkeiten der Gesellschaft gegenüber einem Dritten ist von erheblicher
praktischer Bedeutung.

> Sie begegnet vor allem in Gestalt von Gesellschafterbürgschaften oder dinglichen
> Sicherheiten an Grundstücken des Gesellschafters.

Die früher in § 32a II GmbHG geregelte Problematik wurde durch das MoMiG in
den **§ 44a InsO** verlagert. Danach kann ein Drittgläubiger seine Forderung nur insoweit im Insolvenzverfahren geltend machen, wie er bei der Inanspruchnahme
des seinen Anspruch besichernden Gesellschafters ausfällt. Er ist damit darauf
verwiesen, **primär den Sicherungsgeber in Anspruch zu nehmen**[33].

Erlangte der Kreditgeber auf sein gesellschafterbesichertes Drittdarlehen innerhalb des letzten Jahres vor dem Insolvenzantrag Befriedigung durch die Gesell-

---

[28] BGHZ 146, 264, 271.

[29] RefE MoMiG vom 29. Mai 2006, S. 82, abrufbar unter *www.bmj.bund.de*; ebenso *Hu-ber/Habersack*, BB 2006, 1, 6 ff.; Stellungnahme des Handelsrechtsausschusses des DAV, NZG 2007, 211, 220.

[30] Siehe dazu die Nachweise bei *Drygala* in KölnKomm. AktG, § 57 Rn. 213 ff.

[31] *Haas*, DStR 2009, 326; *Hirte*, ZInsO 2008, 689, 696 f.; *Roth*, GmbHR 2008, 1184, 1190 f.

[32] BGHZ 142, 264, 272 ff.; ferner auch OLG Frankfurt, GmbHR 2004, 53, 54; *Goette*, DStR 2001, 175, 179.

[33] Zu Einzelheiten und Zweifelsfragen siehe *Drygala* in KölnKomm. AktG, § 57 Rn. 184 ff.

schaft, unterliegt diese Rückzahlung nach § 135 II InsO der Anfechtung. § 143 III 1 und 2 InsO zeigt insoweit klarstellend, dass der **Anfechtungsgegner** hier nicht der Dritte, sondern der sichernde **Gesellschafter** ist und dieser nur in Höhe seiner übernommenen Bürgschaft bzw. nach dem Wert seiner Sicherung auf Rückerstattung haftet. Zudem wird der Gesellschafter frei, wenn er der Insolvenzmasse gemäß § 143 III 3 InsO den Sicherungsgegenstand zur Verfügung stellt.

VI. Nutzungsüberlassung

1. Alte Rechtslage

35 Die Nutzungsüberlassung von Wirtschaftsgütern war im alten Recht als eine dem Darlehen wirtschaftlich vergleichbare Rechtshandlung angesehen[34], aber in Tatbestand und Rechtsfolgen deutlich modifiziert worden. Insbesondere kam es anstelle der Kreditwürdigkeit auf eine gesondert zu definierende Überlassungsunwürdigkeit an. In der Rechtsfolge wirkte sich vor allem aus, dass der Vertragspartner bei der miet- oder pachtweisen Sachüberlassung im Gegensatz zum Darlehensgeber Eigentümer der überlassenen Sachen bleibt. Daraus folgte, dass der Vermieter/Verpächter bei einer **eigenkapitalersetzenden Nutzungsüberlassung** verpflichtet war, die Nutzung **im Insolvenzverfahren kostenlos weiter zu gewähren**. Daneben traten der Nachrang offen gebliebener Miet- und Pachtzahlungen.

2. Neuregelung durch das MoMiG

36 Das MoMiG hat auch hier zu einer grundlegenden Neuausrichtung geführt. Tatbestand und Rechtsfolgen sind nunmehr in § 135 III InsO geregelt. Die Vorschrift ist als Ausprägung des Gedankens des **Existenzschutzes der Gesellschaft** zu verstehen, der ins Insolvenzverfahren hinein verlängert wird. **Kleinbeteiligungs- und Sanierungsprivileg** finden wiederum entsprechende Anwendung (135 IV InsO).

a) Fortdauernde Nutzungsmöglichkeit

37 Dem Gesellschafter wird gemäß § 135 III InsO während der Dauer des Insolvenzverfahrens, höchstens aber ein Jahr ab Insolvenzeröffnung, die Geltendmachung seines Aussonderungsrechts (vgl. § 47 InsO) verwehrt, wenn der zum Gebrauch überlassene Gegenstand für die Fortführung des Unternehmens des Schuldners von erheblicher Bedeutung ist.

---

[34] Ständige Rspr. seit BGHZ 109, 55 – „Lagergrundstück I".

Der Begriff des **Gegenstandes** umfasst alle beweglichen und unbeweglichen Sachen sowie Rechte[35]. Darin liegt eine Erweiterung gegenüber den bisherigen Rechtsprechungsgrundsätzen, die nur körperliche Gegenstände erfassten. Nach wie vor erforderlich ist jedoch, dass ein Aussonderungsrecht besteht, sodass Dienstleistungen nicht erfasst werden. Von einer **wesentlichen Bedeutung** im Sinne der Vorschrift ist auszugehen, wenn ohne den Gegenstand die Fortführung des Unternehmens entweder tatsächlich oder wirtschaftlich unmöglich oder zumindest erheblich beeinträchtigt wäre[36].

b) Ausgleichsanspruch des Gesellschafters

Für die Gebrauchsüberlassung gebührt dem Gesellschafter ein Ausgleich (§ 135 III 1 InsO). Der Anspruch ist Masseverbindlichkeit (§§ 53, 55 I InsO) und somit vorrangig zu befriedigen. **38**

Die **Höhe des Anspruchs** richtet sich gemäß § 135 III 2 InsO nicht nach der vereinbarten, sondern nach der im letzten Jahr vor der Eröffnung des Insolvenzverfahrens **tatsächlich gezahlten Vergütung**. Damit hat der Gesetzgeber auf den Umstand reagiert, dass bei schlechter wirtschaftlicher Lage die Gesellschafter ihre Ansprüche auf Nutzungsvergütung oft nicht oder nur teilweise geltend machen.

---

[35] BT-Drucks. 16/9737, S. 59; *Burg/Blasche*, GmbHR 2008, 1250, 1252.
[36] BT-Drucks. 16/9737, S. 59; *Burg/Blasche*, GmbHR 2008, 1250, 1252.

§ 10 Haftungsdurchgriff und Existenzvernichtungshaftung

Literatur: *Altmeppen*, Zur vorsätzlichen Gläubigerschädigung, Existenzvernichtung und materiellen Unterkapitalisierung in der GmbH, ZIP 2008, 1201; *Dauner-Lieb*, Die Existenzvernichtungshaftung als deliktische Innenhaftung gemäß § 826 BGB, ZGR 2008, 34; *Habersack*, Trihotel – Das Ende der Debatte?, ZGR 2008, 53; *Luttermann*, Juristische Person, Konzern und Existenzvernichtungshaftung, JA 2008, 833; *Osterloh-Konrad*, Abkehr vom Durchgriff – Die Existenzvernichtungshaftung des GmbH-Gesellschafters nach „Trihotel", ZHR 172 (2008), 274; *Pfeifer*, Die persönliche Haftung der Gesellschafter einer GmbH, JuS 2008, 490; *Strohn*, Existenzvernichtungshaftung – Vermögensvermischungshaftung – Durchgriffshaftung, ZInsO 2008, 706; *J. Vetter*, Die neue dogmatische Grundlage des BGH zur Existenzvernichtungshaftung, BB 2007, 1965; *Weller*, Die Neuausrichtung der Existenzvernichtungshaftung durch den BGH und ihre Implikationen durch die Praxis, ZIP 2007, 1681.

I. Ausgangspunkt: Das Trennungsprinzip

Infolge der rechtlichen Verselbständigung der GmbH besteht eine prinzipielle 1 Trennung zwischen der GmbH als Rechtssubjekt und ihren Gesellschaftern (sog. **Trennungsprinzip**). § 13 II GmbHG bestimmt, dass als Haftungsmasse für Verbindlichkeiten der GmbH den Gläubigern nur das Gesellschaftsvermögen zur Verfügung steht. Auf das Vermögen der Gesellschafter sollen Gesellschaftsgläubiger nicht zugreifen können.

> Die **rechtspolitischen Hintergründe** dieser Haftungsbeschränkung wurden bereits oben § 1 Rn. 12 ff. dargestellt. Zur Erinnerung: Der volkswirtschaftliche Nutzen, insbesondere die mit der beschränkten Risikoübernahme einhergehende Anreizwirkung für Unternehmer wird vom Gesetzgeber grundsätzlich höher bewertet als das für die Gläubiger daraus resultierende Ausfallrisiko.

Die Haftungsbeschränkung gilt auch, wenn Einlagen noch nicht vollständig geleistet wurden, Ansprüche aus § 9 I GmbHG, Unterbilanzhaftung oder § 31 GmbHG bestehen – kurzum: es kommt nicht darauf an, dass die Gesellschafter ihren Risikobeitrag bereits endgültig erbracht haben.

> Auf diese – der GmbH zustehenden – Ansprüche können die Gesellschaftsgläubiger nur mittelbar dadurch zugreifen, dass sie einen Titel gegen die Gesellschaft erwirken und sodann diese Ansprüche pfänden und sich überweisen lassen (§§ 829, 835 ZPO). Dies ist nicht nur aufwendig, sondern zumeist für die Gläubiger mangels hinreichender Information über die zugrunde liegenden gesellschaftsinternen Vorgänge undurchführbar. In der Insolvenz obliegt es dem Insolvenzverwalter, solche Ansprüche geltend zu machen. Für ihn ist es leichter, da ihm die Geschäftspapiere zur Verfügung stehen.

Allerdings gilt die Haftungsbeschränkung auf das **Gesellschaftsvermögen nicht** 2 **schrankenlos**. Bestimmte Verhaltensweisen können dazu führen, dass trotz § 13 II GmbHG die Gesellschafter selbst – und zwar ohne „Umweg" über die Gesellschaft – für Verbindlichkeiten der GmbH in Anspruch genommen werden können.

So kann nach allgemeinen zivilrechtlichen Grundsätzen eine selbständige vertragliche Verpflichtung eines Gesellschafters für Verbindlichkeiten der Gesellschaft begründet werden (z.B. Schuldbeitritt, Bürgschaft). Eine Haftung kann sich zudem aus culpa in contrahendo (§ 311 II, III BGB), aus Rechtsscheingrundsätzen (z.B. wenn durch Verzicht auf den Rechtsformzusatz „GmbH" der Eindruck der persönlichen Haftung erweckt wird) und aus Delikt (§§ 823 ff. BGB) ergeben.

3   Aber auch ohne einen selbständigen Verpflichtungsgrund kann das **Trennungsprinzip durchbrochen** werden. Indes besteht keine Einigkeit darüber, unter welchen Voraussetzungen es zu einem sog. **Haftungsdurchgriff** auf die Gesellschafter kommen kann.

4   Neben dem Haftungsdurchgriff (oder auch: der Durchgriffshaftung) gibt es auch den sog. **Zurechnungsdurchgriff**. Dabei geht es um die Frage, ob und unter welchen Voraussetzungen (nur) bei den Gesellschaftern gegebene rechtlich relevante Tatsachen ausnahmsweise unmittelbar der GmbH zugerechnet werden können – und umgekehrt. Eine Fallgruppe, in der das eine Rolle spielt, ist die Wissenszurechnung nach § 166 II BGB, eine andere die Frage, ob die GmbH im Rahmen von Rechtsscheintatbeständen als gut- oder als bösgläubig anzusehen ist. Die Fallkonstellationen, in denen ein Zurechnungsdurchgriff in Frage kommt, sind derart vielgestaltig, dass sie hier nicht dargestellt werden können[1].

II. Haftungsdurchgriff

1. Dogmatische Grundlagen

5   Beim Haftungsdurchgriff besteht bereits über die dogmatische Grundlage keine Einigkeit. Es lassen sich zwei traditionelle „Strömungen" unterscheiden[2]:

⊃   Nach der **„institutionellen Durchgriffslehre"** (auch „Missbrauchslehre") soll das Trennungsprinzip immer dann durchbrochen werden, wenn die Rechtsform einer juristischen Person missbraucht wird oder ein Berufen auf die Haftungsbeschränkung gegen Treu und Glauben verstoßen würde[3].

⊃   Die **„Normzwecklehre"** stellt hingegen nicht auf die Rechtsform und ihren Missbrauch ab, sondern will anhand der jeweils anzuwenden Vorschriften ermitteln, ob ein Durchgriff geboten ist[4].

Die vagen Formulierungen lassen bereits erahnen, dass abstrakt-generelle Tatbestandsmerkmale sich hieraus nicht ableiten lassen. Die **Rechtsprechung** hat es bislang vermieden, sich auf einen bestimmten dogmatischen Ansatz festzulegen und greift auf **unterschiedliche Begründungselemente** zurück.

---

[1] Vgl. stattdessen die Darstellung bei *Michalski/Funke* in Michalski, GmbHG, § 13 Rn. 314 ff.

[2] Zu weiteren Erklärungsmodellen *K. Schmidt*, Gesellschaftsrecht, § 9 II 1.

[3] *Serick*, Rechtform und Realität juristischer Personen, 1955, S. 203 ff.; *Reuter* in MünchKomm. BGB, § 21 Rn. 18; *Reinhardt*, Festschrift Lehmann, Bd. II, 1956, S. 576, 579 ff.

[4] *Müller-Freienfels*, AcP 156 (1957), 522; *Schanze*, Einmanngesellschaft und Durchgriffshaftung, 1975, S. 102 ff.

> **Hinweis:** Für die Fallbearbeitung empfiehlt es sich, die „Missbrauchslehre" zumindest im Hinterkopf zu haben, da diese den Haftungsdurchgriff anhand bekannter Kriterien (Missbrauch, Treu und Glauben) begründet. Dies macht eine argumentative Begründung, warum im konkreten Fall eine Ausnahme von § 13 II GmbHG geboten ist, natürlich nicht entbehrlich!

Allerdings betont der BGH stets, dass ein Haftungsdurchgriff **nur in Ausnahmefällen** in Betracht kommen könne, dass über die Haftungsbeschränkung nicht leichtfertig hinweggegangen werden dürfe[5]. Dem ist beizupflichten. Die grundlegende Wertentscheidung des Gesetzgebers, die Haftung auf das Gesellschaftsvermögen zu beschränken, darf nicht durch eine allzu großzügige Handhabung des Haftungsdurchgriffs negiert werden. Daher kann eine wirtschaftliche Fehlentwicklung bei der Gesellschaft als Begründung nicht genügen, weil anderenfalls die Haftungsbeschränkung immer dann verwehrt wäre, wenn die Gesellschafter auf sie am nötigsten angewiesen wären[6]. Auch in Einpersonengesellschaften ist die Trennung von Gesellschafts- und Gesellschaftersphäre zu respektieren, auch wenn die Missbrauchsgefahr bei ihnen tatsächlich größer ist als in mehrgliedrigen Gesellschaften[7].

6

Der Haftungsdurchgriff ist übrigens auch in anderen Rechtsordnungen bekannt. Im englischen Gesellschaftsrecht hat sich dafür eine schöne Formulierung eingebürgert: **„piercing the corporate veil"**[8]. Der schützende Schleier der Gesellschaft wird gehoben und der Zugriff auf die bislang verborgenen Gesellschafter ermöglicht.

2. Fallgruppen

Der Haftungsdurchgriff wird insbesondere für drei Fallgruppen diskutiert:

7

- ➭ bei Vermögensvermischung,
- ➭ bei materieller Unterkapitalisierung,
- ➭ bei existenzvernichtenden bzw. -gefährdenden Eingriffen.

a) Vermögensvermischung

Eine Vermögensvermischung liegt vor, wenn eine **Vermögensabgrenzung zwischen Gesellschafts- und Privatvermögen** durch eine undurchsichtige Buchführung oder auf andere Weise **verschleiert** wird, sodass insbesondere

8

---

[5] BGHZ 61, 380; BGH DB 1978, 1269; vgl. dazu auch *Altmeppen* in Roth/Altmeppen, GmbHG, § 13 Rn. 130 f.

[6] BGH NJW 1977, 1449.

[7] *Hueck/Fastrich* in Baumbach/Hueck, GmbHG, § 13 Rn. 43.

[8] Grundlegend die Entscheidung *Salomon v. Salomon & Co. Ltd.* (1897) A.C. 22, H.L.

die Beachtung der Kapitalerhaltungsvorschriften nicht mehr überprüft werden kann[9].

Angesprochen sind damit u.a. die sog. **Waschkorblagen**, bei denen der Insolvenzverwalter statt einer geordneten Buchführung nur Post vorfindet, die teils geöffnet, teils ungeöffnet in Waschkörben (oder vergleichbaren Behältnissen) verwahrt werden, weswegen eine klare Zuordnung von Vermögenswerten nicht mehr möglich ist. Bloße Vermögensverschiebungen genügen nicht, um einen Haftungsdurchgriff zu rechtfertigen, solange sie nach §§ 30, 31 GmbHG ausgeglichen werden können.

9 Der BGH geht davon aus, dass die Vermögensvermischung zu einer **Außenhaftung** gegenüber den Gesellschaftsgläubigern führt[10].

Im Vordergrund steht dabei ersichtlich der **Missbrauchsgedanke**: Wer es nicht einmal schafft, eine abgrenzbare Vermögensmasse bereitzuhalten, dem soll die Beschränkung der Haftung auf diese Vermögensmasse nicht zugutekommen!

Vertreter der Normanwendungslehre stellen hingegen darauf ab, dass die Buchführungspflicht gegenüber der GmbH bestehe und daher ihre Verletzung nur eine Innenhaftung auslösen könne[11].

10 Die Vermögensvermischung führt nach Auffassung des BGH nur zur persönlichen Haftung derjenigen Gesellschafter, die auf Grund ihrer Stellung als Gesellschafter Einfluss in der Gesellschaft haben und für den Vermögensvermischungstatbestand **verantwortlich** sind[12]. Dazu gehören Minderheitsgesellschafter nur dann, wenn sie aufgrund besonderer tatsächlicher oder rechtlicher Umstände die Geschicke des Unternehmens bestimmen können.

11 Der **Haftungsumfang** richtet sich nach dem Ausmaß der Vermögensvermischung[13]. Ist überhaupt keine Vermögenstrennung vorhanden, haftet der verantwortliche Gesellschafter mit seinem gesamten Vermögen. Lässt sich hingegen nur bei einzelnen Gegenständen nicht mehr feststellen, zu welchem Vermögen sie gehören, so werden lediglich diese in die Haftungsmasse einbezogen.

b) Materielle Unterkapitalisierung

12 Das GmbHG stellt nur eine Anforderung an die Eigenkapitalausstattung der Gesellschaften: Das Stammkapital muss **mindestens** 25.000 EUR betragen. Bei der

---

[9] BGHZ 125, 366; BGHZ 165, 85; vgl. auch *Altmeppen*, NJW 1996, 1017, 1025.

[10] BGHZ 125, 366, 368.

[11] Vgl. *K. Schmidt*, Gesellschaftsrecht, § 9 IV 2 a; *Ehricke*, AcP 199 (1999), 257, 292 ff.

[12] BGHZ 125, 366, 368 f.; vgl. dazu auch *K. Schmidt*, ZIP 1994, 837.

[13] Dazu *K. Schmidt*, Gesellschaftsrecht, § 9 IV 2 a; *Michalski/Funke* in Michalski, GmbHG, § 13 Rn. 314 ff.

UG hat der Gesetzgeber auch noch auf diese Mindestvorgabe verzichtet. Selbstverständlich können die Gesellschafter ein höheres **Eigenkapital** zur Verfügung stellen, sei es in Form von Einlagen als gebundenes Vermögen (Stammkapital) oder durch sog. Aufgelder (Agios). Sie können aber auch die für den Geschäftsbetrieb erforderliche Liquidität durch die Aufnahme von **Fremdkapital** (insbesondere: Kredite) beschaffen.

> Zur Sonderstellung von Gesellschafterdarlehen siehe oben § 9.

Eine gesetzliche Regelung, wonach die GmbH mit einem dem Geschäftsbetrieb „angemessenen" Eigenkapital ausgestattet werden muss, findet sich nicht.

> Daher könnte beispielsweise ein Flugzeugbauunternehmen in der Rechtsform der GmbH mit dem Einsatz von lediglich 25.000 EUR betrieben werden, sofern es gelingt, die für den Geschäftsbetrieb erforderlichen Mittel auf anderem Wege zu finanzieren.

Was gilt aber, wenn eine anderweitige Finanzierung nicht mehr sichergestellt ist, **13** der Geschäftsbetrieb nicht aufrecht erhalten werden kann und die Gesellschaft in die Insolvenz gehen muss? Können dann die Gesellschafter in Anspruch genommen werden, weil sie es unterlassen haben, für eine angemessene Eigenkapitalausstattung zu sorgen – mit anderen Worten: weil die Gesellschaft **„materiell unterkapitalisiert"** ist?

> Eine bekannte **Definition**[14] der materiellen Unterkapitalisierung lautet: Eine Gesellschaft ist materiell unterkapitalisiert, wenn das Eigenkapital nicht ausreicht, um den nach Art und Umfang der angestrebten oder tatsächlichen Geschäftstätigkeit unter Berücksichtigung der Finanzierungsmethoden bestehenden, nicht durch Kredite Dritter zu deckenden mittel- oder langfristigen Finanzbedarf zu befriedigen.

Vor allem im **Schrifttum** wird ein Bedürfnis für eine Haftung wegen materieller **14** Unterkapitalisierung aus Gründen des Gläubigerschutzes vielfach bejaht.

> Die Anhänger der **Missbrauchslehre** plädieren dabei für eine Außenhaftung, da das Haftungsprivileg des § 13 II GmbHG entfalle, wenn es von den Gesellschaftern dazu ausgenutzt werde, auf Kosten der Gläubiger zu spekulieren[15]. Nach Vertretern der **Normzwecklehre** bestehe eine Pflicht gegenüber der GmbH, sie im Rahmen einer ordnungsgemäßen Unternehmensfinanzierung mit angemessenem Eigenkapital auszustatten. Die Verletzung dieser Pflicht führe zur Innenhaftung[16].

---

[14] *Ulmer* in Hachenburg, GmbHG, Anh. zu § 30 Rn. 16.

[15] *Ulmer* in Hachenburg, GmbHG, Anh. zu § 30 Rn. 52; ähnlich *Lutter* in Lutter/Hommelhoff, GmbHG, § 13 Rn. 15.

[16] *K. Schmidt*, Gesellschaftsrecht, § 9 IV 4; *Emmerich* in Scholz, GmbHG, § 13 Rn. 93.

15   Der **BGH** ist dem nicht gefolgt und hat sich zuletzt in seiner „Gamma"-
Entscheidung[17] nachdrücklich **gegen eine eigenständige Haftungsfigur der materiellen Unterkapitalisierung** ausgesprochen.

> **BGHZ 176, 204 – „Gamma":**
> „Für die Statuierung einer allgemeinen gesellschaftsrechtlichen – verschul-
> densabhängigen oder gar verschuldensunabhängigen – Haftung des Gesell-
> schafters wegen materieller Unterkapitalisierung im Wege höchstrichterli-
> cher Rechtsfortbildung ist bereits mangels einer im derzeitigen gesetzlichen
> System des GmbHG bestehenden Gesetzeslücke kein Raum."

16   Dem ist **zuzustimmen**[18]. Die gesetzgeberische **Wertentscheidung**, nur einen relativ geringen Risikobeitrag zu verlangen, ist zu respektieren. Dieser widerspräche
es, wenn man bei wirtschaftlichem Scheitern des Unternehmens die Frage nach
der angemessenen Kapitalausstattung aufwerfen würde. Diese Frage ist ohnehin
nicht zu beantworten, weil nicht sicher bestimmt werden kann, welches Eigenkapital für welchen Geschäftsbetrieb denn nun das angemessene sein soll.

> Eine Haftung kann sich allenfalls dann ergeben, wenn die materielle Unterkapitalisierung
> gleichzeitig als **existenzvernichtender Eingriff** anzusehen ist. In seiner „Gamma"-Ent-
> scheidung hat der BGH aber darauf hingewiesen, dass das Unterlassen angemessener
> Kapitalausstattung nicht als „Eingriff" in das Gesellschaftsvermögen anzusehen sei. Ob
> dies dennoch zu einer Haftung aus § 826 BGB führen könne, hat er aber ausdrücklich
> offen gelassen.

c) Existenzvernichtung

17   Nicht minder kontrovers diskutiert wurde und wird die Haftungsfigur des existenzvernichtenden Eingriffs. Worum geht es?

Zugriffe auf das Gesellschaftsvermögen werden durch die Kapitalerhaltungsregeln (§§ 30, 31 GmbHG) sanktioniert. Diese streben einen Einzelausgleich an:
Leistungen an den Gesellschafter, die das Stammkapital angreifen, sind unzulässig
und zurückzugewähren. Allerdings versagt dieser Einzelausgleich immer dann,
wenn die schädigenden Maßnahmen **nicht mehr individualisiert** werden können
oder wenn der entstandene Nachteil durch die Rückerstattung erhaltener Zuwendungen **nicht vollständig kompensiert** wird – und zwar insbesondere deshalb,
weil die Gesellschaft infolge des Eingriffs in die Insolvenz gefallen ist und eine
Rückgewähr der entzogenen Vermögensmasse die infolge der Insolvenz eingetretenen Kollateralschäden (Abwanderung von Kunden, Verlust der Marktposition
etc.) nicht wieder rückgängig machen kann. In diesen Fällen kommt eine Haftung
wegen existenzvernichtenden Eingriffs in Betracht.

---

[17] BGHZ 176, 204 – „Gamma".

[18] Ebenso *Drinkuth* in BeckOK GmbHG, § 13 Rn. 29; *Hueck/Fastrich* in Baumbach/Hueck,
GmbHG, § 13 Rn. 47.

Die Rechtsprechung hatte hierin zunächst eine Fallgruppe der Durchgriffshaftung   **18**
gesehen, wobei aber der BGH in seiner „Fertighaus"-Entscheidung[19] aus dem Jahr
1977 den Durchgriff nur bei Vorliegen einer vorsätzlichen sittenwidrigen Schädigung der Gesellschaftsgläubiger (§ 826 BGB) zulassen wollte. In den 1980er Jahren folgte erstmals ein grundlegender Rechtsprechungswandel: Beginnend mit der
„Autokran"-Entscheidung[20] hatte der BGH die **Rechtsfigur des „qualifiziert-
faktischen GmbH-Konzerns"** entwickelt und die Haftung mit einer Analogie zu
den §§ 302, 303 AktG begründet.

Ihren unrühmlichen Höhepunkt fand diese Entwicklung in der **„Video"**-Entscheidung[21],
in der der BGH den (vermeintlichen) Grundstein für eine konzernrechtliche Strukturhaftung in der GmbH gelegt hatte. Die gravierenden Folgen – jedem Mehrheitsgesellschafter drohte eine quasi-verschuldensunabhängige Haftung – wurden aber alsbald durch
die **„TBB"**-Entscheidung[22] wieder abgemildert, in der sich der BGH zu einer konzernrechtlichen Verschuldenshaftung bekannte. Siehe zum Ganzen auch unten § 31 Rn. 50 ff.

Eine erneute Wende kam im Jahr 2002 durch die Entscheidung **„Bremer Vul-**   **19**
kan"[23], in der der BGH den qualifiziert-faktischen Konzern „beerdigte" und sich
wieder zu einer Durchgriffshaftung bekannte.

Interessant ist dabei ein neuer Begründungsansatz: Aus der Funktion der juristischen
Person als Haftungsobjekt leitete der BGH ein **eigenständiges Bestandsinteresse** der
Gesellschaft ab[24]. Dieses Interesse, das sich bei näherer Betrachtung als Summe der vom
Rechtsverkehr an die GmbH gerichteten Haftungserwartungen darstellt, sollte der
Disposition der Gesellschafter entzogen sein. Existenzvernichtende Eingriffe außerhalb
eines geordneten Liquidationsverfahrens seien unzulässig und sollten zum Verlust des
Haftungsprivilegs führen. Auch hier wird der **Missbrauchsgedanke** wieder deutlich: Wer
der Zweckbindung des Gesellschaftsvermögens[25] nicht Rechnung trägt und die Gesellschaft für eigene Zwecke instrumentalisiert, der missbraucht die Rechtsform der GmbH
und kann sich nicht auf § 13 II GmbHG berufen.

Den Gedanken der **Zweckbindung des Gesellschaftsvermögens im Gläubiger-**   **20**
interesse hat der BGH in der Entscheidung **„Trihotel"**[26] aus dem Jahr 2007 wieder aufgegriffen, zugleich aber ganz neue Folgerungen hieraus gezogen. Das Au-
ßenhaftungskonzept wurde in einem – vorerst – letzten Schritt wieder aufgegeben
und durch eine auf § 826 BGB gestützte **Innenhaftung** ersetzt. Damit handelt es

---

[19] BGHZ 68, 312 – „Fertighaus".

[20] BGHZ 95, 330 – „Autokran"; daran anschließend BGHZ 107, 7 – „Tiefbau"; BGHZ 115, 187
– „Video"; BGHZ 122, 123 – „TBB".

[21] BGHZ 115, 187 – „Video".

[22] BGHZ 122, 123 – „TBB".

[23] BGHZ 149, 10 – „Bremer Vulkan"; daran anschließend BGHZ 151, 181 – „KBV"; BGH NZG
2005, 177 – „Autovertragshändler".

[24] Grundlegend *Röhricht*, Festschrift 50 Jahre BGH, 2000, Bd. I, S. 83.

[25] Dazu auch BGHZ 151, 181 – „KBV".

[26] BGHZ 173, 246 – „Trihotel", daran anschließend BGHZ 176, 204 – „Gamma"; BGHZ 179,
344 – „Sanitary".

sich bei der Existenzvernichtungshaftung – jedenfalls nach gegenwärtigem Stand der Entwicklung – nicht mehr um einen Fall des Haftungsdurchgriffs.

III. Haftung wegen existenzvernichtenden Eingriffs nach „Trihotel"

1. Haftungsvoraussetzungen

21 Die Existenzvernichtungshaftung „neuester Prägung" ist keine eigenständige gesellschaftsrechtliche Haftungsfigur, sondern eine **besondere Fallgruppe der vorsätzlichen sittenwidrigen Schädigung** (§ 826 BGB).

Es handelt sich dabei um eine Verhaltenshaftung für „missbräuchliche, zur Insolvenz der GmbH führende oder diese vertiefende kompensationslose Eingriffe in das der Zweckbindung zur vorrangigen Befriedigung der Gesellschaftsgläubiger dienende Gesellschaftsvermögen"[27].

a) Kompensationsloser Eingriff in das Gesellschaftsvermögen

22 Zentraler Anknüpfungspunkt ist der „betriebsfremde", weil kompensationslose Eingriff in das Gesellschaftsvermögen.

Ein solcher Eingriff setzt voraus, dass dem als Haftungsmasse („Haftungsfonds"[28]) für die Gesellschaftsgläubiger dienenden Gesellschaftsvermögen auf Veranlassung eines Gesellschafters Gegenstände **entzogen** werden. Oder in den Worten des BGH: Der Gesellschafter soll sich nicht zum Nachteil der Gläubiger aus dem Gesellschaftsvermögen bedienen. Der Eingriff kann auch noch im Stadium der Liquidation erfolgen[29].

In Betracht kommen beispielsweise[30]:
- der Abzug liquider Mittel,
- der Entzug von Geschäftschancen,
- der Entzug wichtiger Patente, Lizenzen, Produktionsmittel, Produktionslinien usw. („Kronjuwelen"),
- die Auferlegung von existenzbedrohenden Risiken (z.B. durch Einbeziehung in einen Cash-Pool ohne Absicherung und Ausstiegsmöglichkeit),
- die Bestellung von Sicherheiten für Gesellschafter bei absehbarem Ausfall.

Häufig spielen sich diese Fälle im **Konzernverbund** ab, wobei es gleichgültig ist, ob die missbräuchliche Maßnahme unmittelbar der Konzernmutter (= Gesellschafterin) oder auf

---

[27] BGHZ 173, 246 – „Trihotel".

[28] So die Formulierung in BGH ZIP 2005, 250.

[29] BGHZ 179, 344 – „Sanitary".

[30] Vgl. auch die Beispiele bei *Hueck/Fastrich* in Baumbach/Hueck, GmbHG, § 13 Rn. 72.

deren Veranlassung hin einer anderen Tochtergesellschaft zugutekommen soll. Auch hier gelten die unter § 9 Rn. 22 dargestellten Zurechnungskriterien.

Allerdings ist zu bedenken, dass die Vermögensbindung in der GmbH weitaus **23** weniger streng ist als etwa in der AG und dass Entnahmen der Gesellschafter grundsätzlich zulässig sind. Deshalb verlangt der BGH zu Recht, dass der betriebsfremde Eingriff zur **Insolvenz der Gesellschaft** geführt oder diese vertieft hat. Daher ist nur die „**kompensationslose Selbstbedienung**" [31] verboten. Hat der Gesellschafter einen Anspruch auf die Leistung oder erhält die Gesellschaft eine angemessene Gegenleistung, so fehlt es am Missbrauch des Gesellschaftsvermögens.

An einem betriebsfremden Eingriff **fehlt es** auch, wenn die Minderung des Gesellschaftsvermögens Folge unternehmerischer Fehlentscheidungen ist („Managementfehler") [32]. Der BGH hat es in seiner „Gamma"-Entscheidung zudem abgelehnt, die **materielle Unterkapitalisierung** – also das Vorenthalten einer angemessenen Kapitalausstattung – als „Eingriff" in das Gesellschaftsvermögen einzuordnen. Dies soll auch für sog. „**Aschenputtel-Konstellationen**" gelten, in denen die Vertragsbeziehungen der GmbH so ausgestaltet sind, dass Nachteile aus der Geschäftstätigkeit notwendig die Gesellschaftsgläubiger treffen müssen [33], etwa weil die GmbH von vornherein keine angemessenen Geschäftschancen zugewiesen werden.

Die Haftung wegen existenzvernichtenden Eingriffs setzt mithin eine **nachteilige Veränderung des Status quo** des Gesellschaftsvermögens voraus. Das Vorenthalten einer angemessenen Kapitalausstattung oder von Geschäftschancen genügt nicht.

b) Sittenwidrigkeit

Der Eingriff in das Gesellschaftsvermögen ist sittenwidrig, wenn er **planmäßig** **25** zum unmittelbaren oder mittelbaren Vorteil des Gesellschafters erfolgt und damit die **Mindestmaßstäbe eines ordentlichen kaufmännischen Verhaltens verletzt** [34]. Maßgeblich ist insoweit, dass der Eingriff sich nicht mehr als unternehmerische Maßnahme zur Verfolgung des Gesellschaftszwecks darstellt, sondern den hiervon abweichenden Individualinteressen des Gesellschafters dient [35].

Dem Gesellschafter muss es nicht darauf ankommen, das Gesellschaftsvermögen dem Zugriff der Gläubiger zu entziehen. Es genügt vielmehr, wenn der Ein-

[31] *Drinkuth* in BeckOK GmbHG, § 13 Rn. 36.

[32] BGH ZIP 2005, 250; *Lutter* in Lutter/Hommelhoff, GmbHG § 13 Rn. 38; *Hueck/Fastrich* in Baumbach/Hueck, GmbHG, § 13 Rn. 44; *Altmeppen* in Roth/Altmeppen, GmbHG, § 13 Rn. 80.

[33] Vgl. *Hueck/Fastrich* in Baumbach/Hueck, GmbHG, § 13 Rn. 51.

[34] Vgl. BGHZ 151, 181 – „KBV"; *Hueck/Fastrich* in Baumbach/Hueck, GmbHG, § 13 Rn. 67.

[35] *Hueck/Fastrich* in Baumbach/Hueck, GmbHG, § 13 Rn. 67.

griff zur Verfolgung eigennütziger Zwecke erfolgt und zur Insolvenz der Gesellschaft geführt hat[36], wobei Mitursächlichkeit genügt.

c) Vorsatz

26 § 826 BGB verlangt **Vorsatz**, der sich sowohl auf die schädigende Handlung als auch auf die Folgen beziehen muss. Der Gesellschafter muss die Herbeiführung oder Vertiefung der Insolvenz der Gesellschaft zumindest als mögliche Folge seines Handelns vorausgesehen und billigend in Kauf genommen haben (*dolus eventualis*)[37]. **Nicht erforderlich** sind hingegen weder das Bewusstsein, sittenwidrig zu handeln, noch die Absicht, die Gesellschaftsgläubiger zu schädigen[38].

d) Darlegungs- und Beweislast

27 Als Gläubigerin des Anspruchs aus § 826 BGB trägt die Gesellschaft und mithin der Insolvenzverwalter die Darlegungs- und Beweislast für das Vorliegen aller objektiven und subjektiven Tatbestandsvoraussetzungen. Die Sittenwidrigkeit des Verhaltens und der entsprechende Vorsatz kann aber aus den objektiven Umständen gefolgert werden.

Darüber plädiert ein Teil des Schrifttums für eine **Beweislastumkehr** für die Fälle, in denen die Höhe des der Gesellschaft entstandenen Schadens nicht genau ermittelt werden kann[39]. Hier soll vermutet werden, dass der Schaden in Höhe der gesamten Überschuldung bis zur restlosen Gläubigerbefriedigung besteht. Mit anderen Worten: Der Gläubiger soll darlegen und beweisen müssen, dass der Schaden der Gesellschaft geringer ist als der Gesamtbetrag, mit dem die Gesellschaftsgläubiger letztlich ausgefallen sind. Dies vermag zu **überzeugen**. Der Gesellschafter muss die Folgen der Unaufklärbarkeit der Schadenshöhe tragen, weil allein er die Unaufklärbarkeit zu vertreten hat[40].

2. Rechtsfolgen

a) Anspruchsinhaber

28 Der Anspruch aus § 826 BGB steht der **Gesellschaft, nicht deren Gläubigern** zu. Dies gilt auch dann, wenn ein Insolvenzverfahren mangels Masse nicht eröffnet

---

[36] *Drinkuth* in BeckOK GmbHG, § 13 Rn. 36.

[37] BGHZ 173, 246, 258 –„Trihotel".

[38] *Hueck/Fastrich* in Baumbach/Hueck, GmbHG, § 13 Rn. 70; *Wicke*, GmbHG, § 13 Rn. 10; vgl. auch *Altmeppen* in Roth/Altmeppen, GmbHG, § 13 Rn. 88 ff. mit weiteren Nachweisen.

[39] *Drinkuth* in BeckOK GmbHG, § 13 Rn. 53; *Altmeppen* in Roth/Altmeppen, GmbHG, § 13 Rn. 99.

[40] *Altmeppen* in Roth/Altmeppen, GmbHG, § 13 Rn. 100.

wurde[41]. Es handelt sich um einen Fall der Innenhaftung (und damit nicht um einen Fall des Haftungsdurchgriffs, siehe oben Rn. 5).

Im Konzern ist wegen der größeren Häufigkeit schädigender Eingriffe und   **29**
weil die Haftung nach § 826 BGB an Stelle der früheren Konzernhaftung getreten ist, jedoch dem Gläubiger der Gesellschaft analog §§ 317 IV, 309 IV AktG ein **eigenes Verfolgungsrecht** zu gewähren[42]. Dies hilft auch, die Durchsetzungsschwierigkeiten außerhalb des Insolvenzverfahrens zu verringern.

b) Anspruchsschuldner

Schuldner des Anspruchs aus § 826 BGB können nur Gesellschafter sein[43]. Da es   **30**
sich bei der Existenzvernichtungshaftung um eine Verhaltenshaftung handelt, sind nur diejenigen Gesellschafter verpflichtet, die an dem existenzvernichtenden Eingriff mitgewirkt haben. Auch faktische Gesellschafter und – in Konzernsachverhalten – die sog. Gesellschafter-Gesellschafter kommen als **Täter** in Betracht[44].

Sonstige Dritte können als **Teilnehmer** nach § 830 II BGB haften. Dies ist   **31**
praktisch bedeutsam insbesondere für Fremdgeschäftsführer, die an den existenzvernichtenden Eingriffen „auf Seiten der Gesellschaft" mitwirken. Praktisch kommen auch Berater, Anwälte und Banken als Teilnehmer in Betracht. Täter und Teilnehmer haften gemäß § 840 I BGB als Gesamtschuldner.

c) Ersatzfähiger Schaden

Zu ersetzen ist der kausal und zurechenbar durch den Eingriff herbeigeführte   **32**
Schaden für die Gesellschaft. Dieser besteht zunächst im **Wert der entzogenen Vermögensgegenstände** (Eingriffsausgleich)[45]. Darüber hinaus sind aber auch **Folgeschäden** („Kollateralschäden") zu ersetzen, die aus der Vermögensentziehung resultieren.

> **Beispiel:** Infolge der durch den Eingriff herbeigeführten Insolvenz müssen die Aktiva der Gesellschaft unter Wert veräußert werden. Zudem sind die Kosten des Insolvenzverfahrens ersatzfähiger Folgeschaden.

Die Schadensersatzpflicht reicht nicht weiter, als dies zur Befriedigung der Gesellschaftsgläubiger erforderlich ist. Sie dient also nicht dazu, die insolvente Gesellschaft wieder als werbendes Unternehmen zu installieren[46].

---

[41] A.A. *Habersack*, ZGR 2008, 533, 548.

[42] *Habersack*, ZGR 2008, 533, 548.

[43] *Drinkuth* in BeckOK GmbHG, § 13 Rn. 49; *Altmeppen* in Roth/Altmeppen, GmbHG, § 13 Rn. 101.

[44] Vgl. dazu *Altmeppen* in Roth/Altmeppen, GmbHG, § 13 Rn. 102.

[45] *Hueck/Fastrich* in Baumbach/Hueck, GmbHG, § 13 Rn. 68.

[46] *Zöllner*, Festschrift Konzen, 2006, S. 999, 1008; *Weller*, ZIP 2007, 1681, 1686.

d) Kein Vorrang des Einzelausgleichs nach § 31 GmbHG

33 Die Haftung wegen existenzvernichtenden Eingriffs nach § 826 BGB ist gegenüber Ansprüchen aus § 31 GmbHG nicht subsidiär[47]. Es besteht insoweit Anspruchskonkurrenz.

3. Bewertung

34 Der vom BGH in der „Trihotel"-Entscheidung gewählte Lösungsansatz über § 826 BGB weicht, was die tatbestandlichen Anforderungen betrifft, kaum von den zuvor in der „Bremer Vulkan"-Entscheidung entwickelten Grundsätzen ab. In beiden Modellen dominiert der **Missbrauchsgedanke**. Der Grund für den dogmatischen Umschwung lag also in den Rechtsfolgen der Durchgriffshaftung: Der BGH scheute offensichtlich die **Konsequenzen einer Außenhaftung**. Die erstrebte Anspruchsbündelung, die dadurch entsteht, dass nicht die Gläubiger, sondern die Gesellschaft geschädigt sind, wodurch es nur einen Anspruchsberechtigten gibt, hätte sich auch im Durchgriffskonzept realisieren lassen – und zwar nach § 92 InsO. Ein **„Windhundrennen" der Gläubiger** um die beim Gesellschafter vorhandene Haftungsmasse hätte sich auch danach vermeiden lassen.

35 Der zentrale Vorteil des schadensersatzrechtlichen Ansatzes besteht jedoch darin, dass berücksichtigt werden kann, dass die Forderung des Gesellschafters wirtschaftlich schon abgewertet war, als der Eingriff erfolgte.

Zu ersetzen ist nur der bei der GmbH angerichtete Schaden, was mit dem Verlust des Gläubigers nicht identisch sein muss. Diese Differenzierung kann die Durchgriffshaftung nicht leisten. Nach ihr ist der gesamte Anspruch des Gläubigers vom Gesellschafter zu begleichen, obwohl durchaus ungewiss ist, ob er von der Gesellschaft noch vollständige Zahlung erhalten hätte.

36 **Problematisch** ist nach wie vor der Ansatz, die GmbH als das geschützte Rechtssubjekt anzusehen, obwohl es eigentlich um eine Frage des Gläubigerschutzes geht und außerhalb des Deliktsrechts die GmbH – auch nach Ansicht des BGH[48] – kein schützenswertes Eigeninteresse im Verhältnis zu ihren Gesellschaftern genießt. Man muss sich daher stets vor Augen führen, dass die **Zweckbindung des Gesellschaftsvermögens allein dem Schutz der Gesellschaftsgläubiger dient**. Nur dies erklärt auch widerspruchsfrei die betragsmäßige Begrenzung der Haftung auf den zur Gläubigerbefriedigung erforderlichen Betrag. Unter diesen Voraussetzungen kann man mit dem vom BGH gewählten Ansatz leben.

37 Möglicherweise – insoweit lässt sich nur spekulieren – hat der BGH mit der dogmatischen Anbindung an das allgemeine Deliktsrecht noch einen weiteren Zweck verfolgt. Die Rechtsprechung des EuGH zur Niederlassungsfreiheit (dazu § 2 Rn. 31) verbietet es dem

---

[47] Anders noch die Durchgriffshaftung nach BGHZ 149, 10 – „Bremer Vulkan".
[48] Vgl. BGHZ 173, 246 ff. – „Trihotel"; BGHZ 176, 204 ff. – „Gamma".

Zuzugsstaat, auf zuziehende Gesellschaften „sein" nationales Gesellschaftsrecht anzuwenden. Die Durchgriffshaftung ist unbestritten als gesellschaftsrechtliches Haftungsinstitut anzusehen und daher beispielsweise nicht auf eine englische Limited anzuwenden. Für das Deliktsrecht gilt hingegen das Recht des Ortes, an dem der Schaden eintritt (Art. 4 I Rom-II-VO). Mithin wäre beim Zusammenbruch einer in Deutschland ansässigen Limited deutsches Deliktsrecht und somit auch § 826 BGB anwendbar[49], da die geschädigte Vermögensmasse (nämlich das Gesellschaftsvermögen der Limited) sich im Inland befindet. Allerdings wird dies für die Existenzvernichtungshaftung von Teilen des Schrifttums mit dem Hinweis auf die gesellschaftsrechtliche Anknüpfung weiterhin verneint[50].

---

[49] In diesem Sinne etwa *Lutter* in Lutter/Hommelhoff, GmbHG, § 13 Rn 47.

[50] *Gehrlein,* WM 2008, 761, 769; *Drinkuth* in BeckOK GmbHG, § 13 Rn. 56.

§ 11 Die Organe der GmbH

Literatur: *Konzen*, Geschäftsführung, Weisungsrecht und Verantwortung in der GmbH und GmbH & Co. KG, NJW 1989, 2977; *Limbach*, Theorie und Wirklichkeit der GmbH, 1966; *Peltzer*, Vorstand und Geschäftsführung als Leitungs- und gesetzliches Vertretungsorgan der Gesellschaft, JuS 2003, 348; *Seel*, Rechtsstellung des GmbH-Geschäftsführers – Worauf ist zu achten?, JA 2009, 446.

I. Überblick

Die GmbH handelt – wie jede juristische Person – durch ihre Organe. Ohne Orga- **1**
ne gäbe es weder eine gesellschaftsinterne Willensbildung noch könnte die Gesellschaft nach außen im Rechtsverkehr in Erscheinung treten.

Anders als das Aktienrecht kennt das GmbH-Recht dabei nicht nur **obligatorische**, also zwingend vorgeschriebene Organe, sondern auch **fakultative**, die im
Gesellschaftsvertrag vorgesehen werden können, aber nicht müssen. Während zudem die Kompetenzordnung in der AG wegen § 23 V AktG im Wesentlichen gesetzlich vorgegeben und von den Gesellschaftern nicht verändert werden kann,
kann die Organisationsverfassung der GmbH durch gesellschaftsvertragliche Bestimmungen weitgehend **an die Bedürfnisse der Gesellschafter angepasst** werden.

Für jede GmbH schreibt das Gesetz zwei Organe zwingend vor: **Geschäfts-** **2**
führer (§§ 6, 35 ff. GmbHG) und **Gesellschafterversammlung** (§§ 45 ff.
GmbHG).
- ➲ Der Geschäftsführer ist zugleich das gesetzliche Vertretungsorgan der
  GmbH nach außen.
- ➲ Die Gesellschafterversammlung als Gesamtheit aller Gesellschafter ist –
  anders als in der AG die Hauptversammlung – das zentrale Willensbildungsorgan mit weitreichenden Einflussmöglichkeiten auf die Geschäftsführung.

Die Gesellschafterversammlung fungiert in der GmbH als **oberstes Organ**, dem
ein **Weisungsrecht** gegenüber dem Geschäftsführer als ausführendem Organ zusteht (§ 37 I GmbHG). Dieses erstreckt sich, wenn der Gesellschaftsvertrag nichts
anderes bestimmt, auf alle Angelegenheiten. Ein weisungsfreier Bereich eigener
Zuständigkeit steht dem Geschäftsführer dann nicht zu, ganz anders als dem Vorstand in der AG.

Wenn die Gesellschafter es möchten, können sie den Geschäftsführer als reinen Befehls-
empfänger behandeln, bis hin zur Frage, welche Farbe das auf der Betriebstoilette
verwendete Toilettenpapier haben soll. Ökonomisch sinnvoll ist das freilich nicht.

3   Ferner enthält § 52 GmbHG Regelungen zum **Aufsichtsrat**, die auf das Aktien-recht verweisen. Die Bildung eines Aufsichtsrats ist **freiwillig, sofern nicht das Mitbestimmungsrecht sie vorschreibt.** Demgemäß werden fakultative und obligatorische Aufsichtsräte unterschieden.

4   Der Gesellschaftsvertrag kann daneben weitere Organe vorsehen, etwa **Beiräte, Gesellschafterausschüsse und Verwaltungsräte.**

Diese haben häufig nur beratende oder überwachende Funktion. Ihnen kann jedoch auch Entscheidungsgewalt übertragen werden.

5   Im **Stadium der Abwicklung** ersetzen der oder die Liquidatoren das gesetzliche Vertretungsorgan, den Geschäftsführer. In der **Insolvenz** tritt der Insolvenzverwalter – mit weitergehenden Befugnissen – an die Stelle des Geschäftsführers.

II. Geschäftsführer

Literatur: *Boemke*, Das Dienstverhältnis des GmbH-Geschäftsführers zwischen Gesellschafts- und Arbeitsrecht, ZfA 1998, 209; *Konzen*, Geschäftsführung, Weisungsrecht und Verantwortung in der GmbH und GmbH & Co KG, NJW 1989, 2977; *Peltzer*, Vorstand und Geschäftsführung als Leitungs- und gesetzliches Vertretungsorgan der Gesellschaft, JuS 2003, 348; *Reuter*, Bestellung und Anstellung von Organmitgliedern im Körperschaftsrecht, Festschrift Zöllner, 1998, Bd. I, S. 487; *Strohn*, Faktische Organe – Rechte, Pflichten, Haftung, DB 2011, 158; *Stück*, Der GmbH-Geschäftsführer zwischen Gesellschafts- und Arbeitsrecht im Spiegel aktueller Rechtsprechung, GmbHR 2006, 1009.

1. Rechtsstellung

6   Der Geschäftsführer ist ein **zwingend notwendiges** Organ jeder GmbH (§ 6 I GmbH). Jede GmbH muss demnach **mindestens einen** Geschäftsführer haben. Die Zahl der Geschäftsführer ist gesetzlich nicht beschränkt.

> **Hinweis:** Aus Gründen der besseren Lesbarkeit wird nachfolgend zumeist von „dem Geschäftsführer" die Rede sein. Die Fälle, in denen mehrere Geschäftsführer vorhanden sind, sollen hiervon mit umfasst sein. Und mit solchem Unsinn wie geschlechtsneutralen Formulierungen fangen wir gar nicht erst an.

Der Geschäftsführer ist selbst **nicht Kaufmann** im Sinne des § 1 I HGB, da das Handelsgewerbe nicht von ihm, sondern von der Gesellschaft betrieben wird[1].

Entsprechendes gilt für die Unternehmereigenschaft gemäß § 14 I BGB. Das hat z.B. zur Folge, dass der Geschäftsführer als Verbraucher anzusehen ist, wenn er sich für Verbindlichkeiten der GmbH verbürgt.

---

[1] BGHZ 104, 95, 98; BGH NJW 2006, 431.

Aus § 44 GmbHG ergibt sich, dass auch die Bestellung von **Stellvertretern** von   **7**
Geschäftsführern möglich ist. Auf sie finden „die für Geschäftsführer geltenden
Vorschriften Anwendung". Stellvertretende Geschäftsführer stehen daher im Außenverhältnis den ordentlichen Geschäftsführern gleich. Im Innenverhältnis darf
ihre Stellung allerdings beschränkt werden. Die **Stellvertretereigenschaft** kann
nicht im Handelsregister vermerkt werden, da juristische Laien anderenfalls
entgegen § 44 GmbHG vermuten könnten, dass die Stellvertreter gerade nicht den
Geschäftsführern gleichgestellt sind[2].

2. Pflichten und Befugnisse

Der Geschäftsführer ist sowohl Vertretungsorgan nach außen als auch Ge-   **8**
schäftsleitungsorgan nach innen.

> Zu den **Pflichten des Geschäftsführers** zählen insbesondere:
> - die Geschäftsleitung,
> - die gerichtliche und außergerichtliche Vertretung (§ 35 I GmbHG),
> - die Einberufung der Gesellschafterversammlung (§ 49 I GmbHG),
> - die Buchführung und Aufstellung des Jahresabschlusses und des Lageberichts (§ 41 GmbHG, §§ 264, 242 HGB),
> - die Auskunftserteilung gegenüber Gesellschaftern (§ 51a GmbHG),
> - die Vornahme von Anmeldungen zum Handelsregister (§ 78 GmbHG) sowie die Einreichung der Gesellschafterliste (§ 40 GmbHG),
> - die Stellung des Insolvenzantrags bei Insolvenzreife (§ 15 InsO),
> - die Abgabe von Steuererklärungen (§ 34 AO),
> - die Abführung von Sozialversicherungsbeiträgen (§ 28a SGB IV).

Anders als der Vorstand der AG leitet er die Geschäfte aber nicht in eigener   **9**
Verantwortung (vgl. § 76 I AktG), vielmehr ist er **den Weisungen der Gesellschafterversammlung unterworfen**.

Die **nähere Ausgestaltung** der Geschäftsführerkompetenzen ist den Gesellschaftern überlassen. Sie kann in der Satzung oder einer Geschäftsordnung geregelt
werden. Wenn keine besonderen Regelungen getroffen wurden, besteht ein umfassendes Weisungsrecht der Gesellschafterversammlung. Zu beachten ist aber, dass
Beschränkungen im Innenverhältnis Dritten gegenüber nicht wirken, der Geschäftsführer mithin eine umfassende Vertretungsmacht hat (vgl. § 37 GmbHG
und unten Rn. 56).

Der Geschäftsführer ist der Gesellschaft gegenüber zur **Treue und Verschwie-**   **10**
genheit verpflichtet[3]. Er muss insbesondere drohende Schäden abwenden, sich

---

[2] So auch BGH, NJW 1998, 1071; *Altmeppen* in Roth/Altmeppen, GmbHG, § 44 Rn. 3 mit weiteren Nachweisen.

[3] OLG Oldenburg NZG 2000, 1038, 1039; *Altmeppen* in Roth/Altmeppen, GmbHG, § 6 Rn. 78;
Wisskirchen/Kuhn in BeckOK GmbHG, § 6 Rn. 89.

bietende Geschäftschancen wahrnehmen und darf nicht in Konkurrenz zu ihr treten. § 88 AktG findet entsprechende Anwendung.

11   Der Geschäftsführer unterliegt daher während der Dauer seines Amtes auch
ohne gesellschafts- oder individualvertragliche Abrede einem umfassenden
Wettbewerbsverbot[4].

Grundsätzlich darf er weder ein konkurrierendes Unternehmen selbst betreiben
noch einzelne Geschäfte im Geschäftszweig der Gesellschaft für sich oder Dritte
vornehmen noch Geschäftsführer oder Vorstand eines Konkurrenzunternehmens
sein[5]. Das Wettbewerbsverbot besteht aber nicht um seiner selbst willen, sondern
zum Schutz der wirtschaftlichen Interessen der GmbH. Deshalb kann die Gesellschafterversammlung, wenn sie mit der Nebentätigkeit kein Problem hat, dem Geschäftsführer durch Beschluss von diesem Verbot **Befreiung** erteilen.

3. Persönliche Anforderungen

a) Selbst- oder Fremdorganschaft

12   Gemäß § 6 III 1 GmbHG können sowohl Gesellschafter als auch andere Personen
zu Geschäftsführern bestellt werden. Die Gesellschafter können daher zwischen
Selbst- und Fremdorganschaft wählen und diese auch kombinieren, indem bei
mehreren Geschäftsführern nur ein Teil aus dem Kreis der Gesellschafter stammt.

b) Gesetzliche Mindestanforderungen und Ausschlussgründe

13   Das Gesetz stellt in § 6 II GmbHG aber gewisse **Mindestanforderungen** an
die Person eines Geschäftsführers.

Geschäftsführer kann danach nur eine **natürliche, unbeschränkt geschäftsfähige
Person** sein (§ 6 II 1 GmbHG). Wird ein Geschäftsführer nachträglich geschäftsunfähig, so endet sein Amt. Darüber hinaus enthält § 6 II 2 GmbHG verschiedene
Ausschlussgründe (sog. Inhabilität), wozu neben der Betreuung mit Einwilligungsvorbehalt (Nr. 1) und dem gerichtlichen oder behördlichen Berufs- bzw.
Gewerbeverbot (Nr. 2) namentlich die Verurteilung wegen einer der in Nr. 3 aufgeführten Katalogstraftaten zählt. Das MoMiG hat insoweit zu Verschärfungen
geführt. Erfasst sind nunmehr nicht nur Insolvenzdelikte und Straftaten wegen
Falschangaben, sondern auch allgemeine Vermögensdelikte (§§ 263 ff. StGB), so-

---

[4] BGH GmbHR 1977, 129; NJW 1997, 2055; *Kleindiek* in Lutter/Hommelhoff, GmbHG, Anh.
zu § 6 Rn. 20 ff.; *Zöllner/Noack* in Baumbach/Hueck, GmbHG, § 35 Rn. 41 ff. (jeweils mit weiteren Nachweisen).

[5] *Zöllner/Noack* in Baumbach/Hueck, GmbHG, § 35 Rn. 41.

fern für diese eine Freiheitsstrafe von mindestens einem Jahr verhängt wurde. Die Inhabilität gilt grundsätzlich für die Dauer von fünf Jahren seit Verurteilung und erstreckt sich auch auf im Ausland abgeurteilte Straften.

Die **Satzung** kann zusätzliche Anforderungen bestimmen, denen ein Geschäftsführer genügen muss, um bestellt werden zu können.

c) Ausländische Geschäftsführer

Das GmbHG stellt **keine** Anforderungen an die Staatsangehörigkeit, den Wohnsitz   **14** oder den gewöhnlichen Aufenthaltsort des Geschäftsführers einer GmbH. Daher können auch Nicht-EU-Ausländer zu Geschäftsführern einer GmbH bestellt werden[6]. Dabei wird ein inländischer Wohnsitz nicht gefordert.

Jedoch verlangt die wohl noch überwiegende Auffassung in Rechtsprechung und Schrifttum, dass zumindest die **jederzeitige Einreise** möglich sein muss[7]. Nur so könne die Erfüllung der gesetzlichen Mindestpflichten durch den Geschäftsführer gewährleistet werden. Dem ist nicht (mehr) zu folgen[8]. Den gesetzlichen Aufgaben kann auch unter Verwendung moderner Kommunikationsmittel nachgekommen werden. Dies gilt namentlich auch für die Anmeldung zum Handelsregister. Darüber hinaus kann der Verwaltungssitz einer GmbH seit dem MoMiG auch ins Ausland – und zwar nicht nur in EU-Mitgliedstaaten – verlegt werden (vgl. § 4a GmbHG und oben § 2 Rn. 26 ff.), so dass das generelle Erfordernis physischer Anwesenheit in Deutschland (bzw. ihrer Möglichkeit) kaum einsehbar ist[9].

> Ist damit ein gesetzlicher Ausschlussgrund zwar abzulehnen, so bedeutet dies nicht, dass die Bestellung eines Nicht-EU-Ausländers ohne Einreisemöglichkeit auch empfehlenswert ist. Im Gegenteil: Führt die Abwesenheit des Geschäftsführers dazu, dass er seinen Pflichten nicht nachkommen kann, so kann er sich der GmbH gegenüber schadensersatzpflichtig machen (§ 43 I GmbHG).

4. Begründung des Organverhältnisses

a) Trennungstheorie

Im Kapitalgesellschaftsrecht ist streng zu unterscheiden zwischen Bestellung und   **15** Anstellungsvertrag.

---

[6] OLG Köln GmbHR 1999, 182, 183; OLG Hamm NJW-RR 2000, 37, 38 f.

[7] OLG Celle NZG 2007, 633, 634, OLG Köln NJW-RR 2001, 1417, 1419; ebenso etwa *Haase*, GmbHR 1999, 1091 ff.

[8] OLG Düsseldorf NZG 2009, 678; OLG München NJW-RR 2010, 338; OLG Zweibrücken NZG 2010, 1347; *Altmeppen* in Roth/Altmeppen, GmbHG, § 6 Rn. 35; *Wisskirchen/Kuhn* in BeckOK GmbHG, § 6 Rn. 15.

[9] Einen Ausschlussgrund deshalb ablehnend nunmehr auch OLG Düsseldorf ZIP 2009, 1074.

Die **Bestellung** ist der körperschaftliche Akt, durch den die Organstellung begründet wird. Der **Anstellungsvertrag** hingegen ist schuldrechtlicher Natur und regelt die persönliche Rechtsstellung des Geschäftsführers gegenüber der Gesellschaft.

Diese Trennung wird von § 38 I GmbHG bestätigt, wonach die Bestellung zum Geschäftsführer „unbeschadet der Entschädigungsansprüche aus bestehenden Verträgen" jederzeit widerrufen werden kann. Das Gesetz gibt hier selbst zu erkennen, dass zwischen der Bestellung als solcher und dem Anstellungsvertrag zu unterscheiden ist.

Der **Abschluss eines Anstellungsvertrages** ist zwar die Regel, aber **nicht zwingend** erforderlich. Insbesondere haben Mängel des Anstellungsvertrages keine Auswirkungen auf die Wirksamkeit der Bestellung. Hingegen kann das Anstellungsverhältnis durch Vereinbarung an das Organverhältnis gekoppelt werden[10].

b) Rechtsgeschäftliche Bestellung

16   Gemäß § 6 III GmbHG erfolgt die Bestellung entweder im Gesellschaftsvertrag oder durch Beschluss der Gesellschafterversammlung (§ 46 Nr. 5 GmbHG).

Bei einer entsprechenden gesellschaftsvertraglichen Regelung handelt es sich um einen **„unechten" Satzungsbestandteil** (dazu oben § 4 Rn. 37), d.h. eine spätere Änderung durch Gesellschafterbeschluss bleibt möglich. Die Gesellschafterversammlung beschließt bei der Bestellung mit Stimmmehrheit, sofern der Gesellschaftsvertrag keine qualifizierte Mehrheit verlangt.

17   Die Bestellungskompetenz kann durch gesellschaftsvertragliche Bestimmung auf **andere Organe** der Gesellschaft (z.B. Aufsichtsrat, Beirat) übertragen werden.

Dies gilt auch, wenn das Bestellungsorgan ganz oder teilweise mit Nichtgesellschaftern besetzt ist[11]. Ausgeschlossen ist die Übertragung auf bereits bestellte Geschäftsführer. Darüber hinaus kann im Gesellschaftsvertrag auch **einzelnen Gesellschaftern** das Recht eingeräumt werden, selbst als Geschäftsführer zu fungieren oder eine andere Person hierfür zu bestimmen[12].

18   Ob entsprechende Befugnisse auch **Dritten** – etwa einer Behörde oder der Konzernmutter – eingeräumt werden können, ist umstritten. Dagegen wird angeführt, dass die Übertragung der Bestellungskompetenz auf außenstehende Dritte

---

[10] BGH NJW 1998, 1480; BGH NJW 1999, 3263.

[11] *Hueck/Fastrich* in Baumbach/Hueck, GmbHG, § 6 Rn. 19; *Tebben* in Michalski, GmbHG, § 6 Rn. 61; *Altmeppen* in Roth/Altmeppen, GmbHG, § 6 Rn. 27.

[12] *Altmeppen* in Roth/Altmeppen, GmbHG, § 6 Rn. 58.

mit dem Prinzip der Selbstorganisation nicht vereinbar sei[13]. Jedoch kann die Gesellschafterversammlung diese Kompetenz jederzeit durch Satzungsänderung wieder an sich ziehen; zudem verbleibt ihr – jedenfalls bei Vorliegen eines wichtigen Grundes – stets die Möglichkeit, den Geschäftsführer abzuberufen (§ 38 I GmbHG). Daher ist die Bestellung durch Dritte **grundsätzlich zuzulassen**[14].

Praktisch relevant wird dies beispielsweise bei der GmbH & Co. KG (siehe dazu unten § 17 Rn. 40).

Anders als im Aktienrecht (vgl. § 84 I 1 AktG) ist die Amtsdauer von Gesetzes wegen **nicht befristet**. Im Gegenzug kann der Geschäftsführer durch die Gesellschafterversammlung grundsätzlich ohne weiteres **abberufen** werden (§ 38 I GmbHG sowie unten Rn. 24 ff.). Der Gesellschaftsvertrag kann auch insoweit abweichende Bestimmungen treffen.   **19**

Kontrovers diskutiert wird, ob die Bestellung unter einer **auflösenden Bedingung** erfolgen kann. Dies wird bisweilen mit dem Einwand abgelehnt, eine bedingte Bestellung führe, da die Bedingung nicht in das Handelsregister eingetragen werden könne, zu Unsicherheiten für den Rechtsverkehr[15]. Die Gegenauffassung[16] verweist hingegen zutreffend auf § 15 I HGB: Die Gesellschaft kann sich auf das Ausscheiden des Geschäftsführers aus seiner organschaftlichen Stellung nach Eintritt der auflösenden Bedingung erst berufen, wenn dies im Handelsregister eingetragen worden ist.

Die Bestellung ist **kein einseitiger Rechtsakt**. Sie muss dem zu bestellenden Geschäftsführer rechtsgeschäftlich erklärt und von diesem – zumindest konkludent – **angenommen werden**.   **20**

Gemäß § 39 I GmbHG ist die Eintragung der Bestellung in das **Handelsregister** erforderlich; diese hat aber nur deklaratorischen Charakter.

c) Gerichtliche Bestellung eines Notgeschäftsführers

Bei **Fehlen oder rechtlicher Verhinderung** bestellter Geschäftsführer kommt analog § 29 BGB in dringenden Fällen auch die gerichtliche Bestellung eines Notgeschäftsführers in Betracht[17].   **21**

---

[13] Ablehnend daher *Ulmer*, Festschrift Werner, 1984, S. 911, 919 ff.

[14] Ebenso *Tebben* in Michalski, GmbHG, § 6 Rn. 63; *Altmeppen* in Roth/Altmeppen, GmbHG, § 6 Rn. 53; *Beuthien/Gätsch*, ZHR 157 (1993), 483, 492 ff.; *Fleck*, ZGR 1988, 121 f.; *Hopt*, ZGR 1979, 7 f.

[15] *Altmeppen* in Roth/Altmeppen, GmbHG, § 6 Rn. 62; *Kleindiek* in Lutter/Hommelhoff, GmbHG, § 6 Rn. 41.

[16] BGH ZIP 2005, 2255; *Zöllner/Noack* in Baumbach/Hueck, GmbHG, § 38 Rn. 40; *Tebben* in Michalski, GmbHG, § 6 Rn. 42.

[17] Vgl. dazu *Tebben* in Michalski, GmbHG, § 6 Rn. 72 ff.

Ein dringender Fall ist gegeben, wenn den Beteiligten ohne Bestellung des Notgeschäftsführers ein **Schaden droht** oder eine alsbald erforderliche Handlung nicht vorgenommen werden kann.

Zwar scheidet die gerichtliche Bestellung grundsätzlich aus, wenn die Gesellschafter in der Lage sind, selbst einen Geschäftsführer zu bestellen; doch kann es im Einzelfall genügen, dass sich die Gesellschafter nicht einigen können[18] – was insbesondere bei zerstrittenen Gesellschaftern einer Zweipersonengesellschaft nicht selten der Fall ist[19].

Die Bestellung erfolgt im **Verfahren nach dem FamFG**[20]. Auch hier gilt, dass niemand gegen seinen Willen zum Geschäftsführer bestellt werden kann. Auch die gerichtliche Bestellung bedarf daher der **Annahme** durch den Bestellten.

Der Notgeschäftsführer kann nicht nach § 38 GmbHG durch Beschluss der Gesellschafterversammlung abberufen werden.

Sein **Amt endet** aber mit der ordnungsgemäßen Bestellung eines Geschäftsführers durch die Gesellschafterversammlung[21]. Zudem kann die Abberufung aus wichtigem Grund durch das Gericht beantragt werden[22].

22   Für die Fälle der Führungslosigkeit enthält **§ 35 I 2 GmbHG** seit dem MoMiG eine **partielle Notgeschäftsführungskompetenz der Gesellschafter**. Diese betrifft jedoch nur die **Passivvertretung** bei Zustellungen und Willenserklärungen. Der BGH hat jüngst klargestellt, dass eine Klage gegen eine führungslose GmbH grundsätzlich **mangels Prozessfähigkeit** unzulässig ist[23]; § 35 I 2 GmbHG hilft hier also nicht weiter. Die fehlende Prozessfähigkeit kann aber bis zur letzten mündlichen Verhandlung geheilt werden. Der Kläger muss hierfür die Bestellung eines Prozesspflegers nach § 57 I ZPO oder eines Notgeschäftsführers gemäß § 29 BGB beantragen.

5. Beendigung des Organverhältnisses

23   Die Gründe für die Beendigung des Organverhältnisses, die wiederum strikt von der Beendigung des Anstellungsvertrages zu unterscheiden sind, können vielfältig sein. Neben Umständen, die automatisch zur Beendigung führen, sind insbesonde-

---

[18] BayObLG BB 1997, 2546; *Roth* in Roth/Altmeppen, GmbHG, § 6 Rn. 20; *Hueck/Fastrich* in Baumbach/Hueck, GmbHG, § 6 Rn. 32.

[19] Vgl. *Westermann*, Festschrift Kropff, 1997, S. 683 ff.

[20] Dazu *Tebben* in Michalski, GmbHG, § 6 Rn. 77 f.

[21] BGH NJW 1981, 1041; BayObLG NZG 2000, 41; *Altmeppen* in Roth/Altmeppen, GmbHG § 6 Rn. 48; *Hueck/Fastrich* in Baumbach/Hueck, GmbHG, § 6 Rn. 32; *Tebben* in Michalski, GmbHG, § 6 Rn. 82; abweichend *Westermann*, Festschrift Kropff, 1997, S. 683, 687, der einen Beschluss fordert.

[22] OLG München GmbHR 1994, 259; OLG Düsseldorf ZIP 1997, 846.

[23] BGH NZG 2011, 26.

re die Abberufung durch die Gesellschafterversammlung und die Amtsniederlegung durch den Geschäftsführer selbst zu nennen.

a) Abberufung

Der gesetzliche Regelfall der Beendigung des Organverhältnisses ist die Abberufung. § 38 I GmbHG spricht insoweit vom „Widerruf" der Bestellung.   **24**

aa) Grundsatz: freie Abberufbarkeit

Die Abberufung ist nach § 38 I GmbHG **jederzeit ohne Frist, Begründung**   **25**
oder vorherige Anhörung des Geschäftsführers möglich.

Die Vorschrift stellt einen Ausgleich für die Unbeschränkbarkeit der Vertretungsmacht der Geschäftsführer im Außenverhältnis dar (vgl. § 37 I GmbHG), führt zur Disziplinierung der Geschäftsführer und dient somit dem Schutz der Gesellschafterinteressen.

Die Abberufung erfordert einen **Beschluss der Gesellschafterversammlung** (§ 46 Nr. 5 GmbHG), der grundsätzlich mit einfacher Mehrheit gefasst wird. Allerdings kann der Gesellschaftsvertrag ein qualifiziertes Mehrheitserfordernis (z.B. eine ¾-Mehrheit) vorsehen. Der abzuberufende Geschäftsführer kann, wenn er zugleich Gesellschafter ist, an der Beschlussfassung mitwirken; er unterliegt **keinem Stimmverbot**. Durch Gesellschaftsvertrag kann die Abberufungskompetenz auf den Aufsichtsrat oder einen Beirat, aber auch auf Dritte übertragen werden. Insoweit gilt das Gleiche wie für die Bestellungskompetenz (oben Rn. 16 ff.).

bb) Einschränkungen

Der Grundsatz der freien Abberufbarkeit kann im Einzelfall durch die gesell-   **26**
schaftsrechtliche **Treuepflicht** beschränkt sein. Insbesondere bei der Abberufung von maßgeblich beteiligten und langjährig tätigen Gesellschafter-Geschäftsführern fordert die Rechtsprechung zutreffend das Vorliegen eines sachlichen Grundes[24].

Darüber hinaus kann der Gesellschaftsvertrag generell die Abberufung an das **Vorliegen bestimmter Gründe** oder sonstiger qualifizierter Voraussetzungen knüpfen (§ 38 II GmbHG).

Schuldrechtliche Vereinbarungen zwischen Gesellschaft und Geschäftsführer, etwa im Anstellungsvertrag, genügen hierfür nicht[25]; deren Verletzung kann aber Schadensersatzpflichten begründen.

---

[24] BGH DStR 1994, 214; OLG Zweibrücken GmbHR 2003, 1206.
[25] OLG Stuttgart GmbHR 1995, 229.

cc) Abberufung aus wichtigem Grund

27   Die Abberufung aus wichtigem Grund kann durch den Gesellschaftsvertrag weder ausgeschlossen noch erschwert werden (arg. ex § 38 II GmbHG).

> Ein wichtiger Grund liegt vor, wenn Umstände vorliegen, die den Verbleib des Geschäftsführers in der Organstellung für die Gesellschaft **unzumutbar** machen. Ob ein wichtiger Grund vorliegt, ist durch eine **Gesamtwürdigung** aller Umstände des Einzelfalls festzustellen.

28   § 38 II 2 GmbHG benennt (nicht abschließend) eine **grobe Pflichtverletzung** sowie die **Unfähigkeit zur ordnungsgemäßen Geschäftsführung** als wichtige Gründe. Nicht ausreichend ist der schlichte Entzug des Vertrauens durch die Gesellschafter, da sonst der wichtige Grund ins Belieben der Gesellschafter gestellt wäre. Erforderlich ist mithin, dass der Vertrauensbruch eine gewisse Schwere erreicht und insbesondere auf Tatsachen beruht, die bei verständiger Würdigung eine Beendigung der Organtätigkeit nahelegen. Ein schuldhaftes Verhalten des Geschäftsführers ist hierfür nicht zwingend erforderlich. Es kann genügen, dass aufgrund eines tiefgreifenden Zerwürfnisses mit einem Mitgesellschafter eine vertrauensvolle Zusammenarbeit nicht mehr erwartet werden kann[26]. Zudem kann die in § 38 GmbHG erwähnte Unfähigkeit auch auf unverschuldeter Krankheit (z.B. Alzheimer) beruhen.

> Die **Kasuistik** zum Vorliegen eines wichtigen Grundes ist reichhaltig. In nachfolgend benannten Konstellationen wurde und wird das Vorliegen eines wichtigen Grundes bejaht; die Liste ließe sich unschwer verlängern:
> - Annahme von Schmiergeldern,
> - Bezahlung privater Kosten aus der Gesellschaftskasse[27],
> - selbstverschuldeter Verdacht der Steuerhinterziehung[28],
> - Tätlichkeiten, sexuelle Belästigungen oder nachhaltige Ehrverletzenden gegenüber Mitarbeitern, Gesellschaftern oder Mitgeschäftsführern[29],
> - Dulden pflichtwidrigen Handelns anderer Geschäftsführer[30],
> - wiederholte Missachtung von Weisungen der Gesellschafterversammlung oder von Auskunftsersuchen nach § 51a GmbHG,
> - lang andauernde Krankheit[31],
> - Haft von längerer oder nicht absehbarer Dauer.

29   Die Abberufung muss nicht innerhalb der Zweiwochenfrist des § 626 II BGB erfolgen; diese gilt nur für die Kündigung des Anstellungsvertrages (siehe unten Rn. 46 ff.). Erfolgt die Abberufung allerdings nicht **in angemessener Frist**, spricht

---

[26] BGH NJW-RR 1992, 993; *Wicke*, GmbHG, § 38 Rn. 9.

[27] BGH WM 1984, 29.

[28] BayObLG NJW 1955, 1679.

[29] OLG Karlsruhe NZG 2008, 785.

[30] OLG Düsseldorf WM 1992, 14.

[31] OLG Zweibrücken NZG 2003, 931.

dies gegen die hinreichende Wichtigkeit des Grundes[32]. Auch eine Verwirkung des Abberufungsrechts kommt in Betracht, insbesondere wenn die in Rede stehenden Umstände bereits bei Bestellung bekannt waren[33].

Auch die Abberufung aus wichtigem Grund erfolgt durch **Mehrheitsbeschluss** **30** **der Gesellschafterversammlung**. Der Gesellschaftsvertrag kann eine **qualifizierte** Mehrheit **nicht** vorschreiben, da hierin eine wegen § 38 II GmbHG unzulässige Einschränkung des Abberufungsrechts läge[34].

> Ein abzuberufender Gesellschafter-Geschäftsführer ist hierbei analog § 47 IV GmbHG **nicht stimmberechtigt**[35], da er anderenfalls als „Richter in eigener Sache" auftreten würde.

Für Näheres zu Stimmverboten siehe die Ausführungen unten Rn. 161 ff.

Umstritten ist, ob das Stimmverbot nur bei tatsächlichem Vorliegen eines wichtigen Grundes eingreift[36] und welche Folgen sich aus dem Fehlen eines solchen ergeben. Zur Vermeidung von für die Praxis kaum handhabbaren Differenzierungen ist es vorzugswürdig, das **Stimmverbot schon bei der substantiierten Behauptung** eines wichtigen Grundes anzunehmen. Der Gesellschafter-Geschäftsführer darf hiernach zwar auch dann nicht mitstimmen, wenn ein wichtiger Grund tatsächlich gar nicht vorliegt. Doch ist er in diesen Fällen nicht schutzlos:

> Das Vorliegen bzw. Nichtvorliegen eines wichtigen Grundes kann gericht- **31** lich im Wege der **Anfechtungsklage** (analog §§ 243 ff. AktG) festgestellt werden[37]. Liegt ein wichtiger Grund nicht vor, so ist der Beschluss vom angerufenen Gericht für nichtig zu erklären (§ 245 AktG analog).

Diese Anfechtungsmöglichkeit besteht aber nicht für den **Fremdgeschäftsführer**, **32** der aus wichtigem Grund abberufen wurde, obwohl ein solcher tatsächlich nicht vorlag. Der zu Unrecht abberufene Fremdgeschäftsführer kann sich lediglich auf die Nichtigkeit des Abberufungsbeschlusses oder die erfolgreiche Anfechtung durch einen Gesellschafter berufen. Eine Satzungsregel, durch die die Abberufung an das Vorliegen eines wichtigen Grundes geknüpft wird, dient zuvörderst dem Schutz der Minderheitsgesellschafter und schützt nur reflexiv den Geschäftsfüh-

---

[32] Vgl. auch BGHZ 13, 194.

[33] BGH ZIP 1993, 1229.

[34] Ebenso BGHZ 86, 179; *Kleindiek* in Lutter/Hommelhoff, GmbHG, § 38 Rn. 16; *Altmeppen* in Roth/Altmeppen, GmbHG, § 38 Rn. 18; *Terlau* in Michalski, GmbHG, § 38 Rn. 58; a.A. *Zöllner/Noack* in Baumbach/Hueck, GmbHG, § 38 Rn. 30 mit weiteren Nachweisen.

[35] BGH ZIP 1992, 760 f; OLG Düsseldorf GmbHR 2000, 1050; OLG Zweibrücken GmbHR 1998, 373 f.; grundlegend für das Gesellschaftsrecht BGHZ 86, 177, 178 = NJW 1983, 938.

[36] So *Zöllner/Noack* in Baumbach/Hueck, GmbHG, § 38 Rn. 35; a.A. BGHZ 97, 28, 33; *Kleindiek* in Lutter/Hommelhoff, GmbHG, § 38 Rn. 17.

[37] Wie hier *Kleindiek* in Lutter/Hommelhoff, GmbHG, § 38 Rn. 17.

rer[38]. Auch ein – von manchen Autoren befürworteter[39] – Anspruch auf Wiederbestellung lässt sich weder aus der unberechtigten Abberufung noch aus dem Anstellungsvertrag begründen[40].

dd) Mitbestimmungsrechtliche Besonderheiten

33 Besonderheiten gelten bei Gesellschaften, die dem **MitbestG** (nicht: DrittelbG)
unterfallen. Nach § 31 MitbestG findet auf die Abberufung der Geschäftsführer
zwingend § 84 AktG Anwendung. Sie erfolgt dann durch den obligatorisch zu bildenden Aufsichtsrat und ist **nur bei Vorliegen eines wichtigen Grundes** zulässig.
Allerdings soll hier der „schlichte" Vertrauensentzug ausreichen[41].

b) Amtsniederlegung

34 Der Geschäftsführer kann sein Amt grundsätzlich jederzeit und ohne Einhaltung einer Frist niederlegen.

Einer besonderen Form bedarf die Erklärung nicht. Dabei reicht es aus, wenn die
Erklärung gegenüber einem Gesellschafter erfolgt und sie den anderen nachricht-
lich mitgeteilt wird[42]. Eine Erklärung gegenüber einem Mitgeschäftsführer genügt
nicht, sofern dieser nicht zugleich Gesellschafter ist.

Ein wichtiger Grund ist nicht erforderlich. Die Amtsniederlegung darf allerdings **nicht zur Unzeit** erfolgen (vgl. §§ 627 II, 671 II BGB) oder rechtsmissbräuchlich sein; anderenfalls ist sie unwirksam[43].

Eine Amtsniederlegung zur Unzeit liegt insbesondere dann vor, wenn hierdurch
die Gesellschaft handlungsunfähig wird und die Erfüllung öffentlich-rechtlicher
Pflichten gefährdet ist[44].

---

[38] Zutreffend *Kleindiek* in Lutter/Hommelhoff, GmbHG, § 38 Rn. 17.

[39] So *Altmeppen* in Roth/Altmeppen, GmbHG, § 38 Rn. 64.

[40] Wie hier *Kleindiek* in Lutter/Hommelhoff, GmbHG, § 38 Rn. 17.

[41] Vgl. *Altmeppen* in Roth/Altmeppen, GmbHG, § 38 Rn. 40; *Terlau* in Michalski, GmbHG, § 38 Rn. 39.

[42] BGHZ 121, 260.

[43] Wie hier BayObLG NZG 1999, 1003; OLG Düsseldorf GmbHR 2001, 145; *Kleindiek* in Lut-
ter/Hommelhoff, GmbHG, § 38 Rn. 42; für die Wirksamkeit bei gleichzeitiger Annahme einer
Schadensersatzpflicht des Niederlegenden hingegen *Zöllner/Noack* in Baumbach/Hueck,
GmbHG, § 38 Rn. 90.

[44] *Kleindiek* in Lutter/Hommelhoff, GmbHG, § 38 Rn. 44.

c) Sonstige Beendigungsgründe

Das Organverhältnis endet **automatisch**, wenn der Geschäftsführer die Vorausset-   **35**
zungen des § 6 II GmbHG nicht mehr erfüllt, also bei Tod des Geschäftsführers,
Eintritt der Geschäftsunfähigkeit oder sonstiger **Inhabilitätsgründe** (siehe oben
Rn. 13). Im Fall der befristeten Bestellung endet diese mit Zeitablauf, bei einer
auflösend bedingten Bestellung mit Bedingungseintritt.

> Dagegen endet die Organstellung mit Auflösung der Gesellschaft nur dann, wenn
> besondere Liquidatoren bestellt werden (siehe dazu unten § 16 Rn. 21). Auch die
> Eröffnung des Insolvenzverfahrens, die Bestellung eines Notgeschäftsführers oder die
> Kündigung des Anstellungsvertrages führen nicht ohne weiteres zum Amtsverlust.

d) Wirkung der Beendigung

Mit der wirksamen Beendigung der Organstellung **endet** die Geschäftsfüh-   **36**
rungs- und Vertretungsbefugnis. Es greift allerdings **§ 15 I HGB**, bis die
Beendigung im Handelsregister eingetragen ist.

Einzelne Pflichten wirken auch nach Beendigung **fort**. Dies gilt beispielsweise
für die Treuepflicht, die Pflicht zur Verschwiegenheit sowie für spezielle insol-
venz- und steuerrechtliche Pflichten (vgl. §§ 101 I 2, 97 I, 98 InsO, § 36 AO).

6. Anstellungsvertrag

a) Rechtsnatur

Von der Organstellung als körperschaftliches Rechtsverhältnis ist der Anstel-   **37**
lungsvertrag als rein schuldrechtliche Beziehung zu unterscheiden. Der Anstellungsvertrag ist regelmäßig ein Geschäftsbesorgungsvertrag mit dienstvertraglichen Elementen (§§ 675, 611 BGB).

Der Anstellungsvertrag ist **kein Arbeitsvertrag**, da der Geschäftsführer Ar-   **38**
beitgeberfunktionen wahrnimmt.

Die organschaftliche Rechtsstellung prägt mithin auch das Anstellungsverhältnis[45].
Dies gilt grundsätzlich auch für Fremdgeschäftsführer. Bestätigt wird dies durch
verschiedene arbeitsrechtliche Vorschriften, die den sozialen Schutz von Mitgliedern gesetzlicher Vertretungsorgane zurücknehmen (vgl. etwa § 14 KSchG, § 18 I
Nr. 1 ArbZG). Nach § 5 II Nr. 1 BetrVG sind Geschäftsführer keine Arbeitnehmer
im Sinne des Betriebsverfassungsrechts.

---

[45] *Goette*, Festschrift Wiedemann, 2002, S. 873, 886; *Kleindiek* in Lutter/Hommelhoff, GmbHG,
Anh. zu § 6 Rn. 3.

39   Allerdings genießen Geschäftsführer einen gewissen **Sozialschutz**, ohne dass das Anstellungsverhältnis als Arbeitsverhältnis qualifiziert werden muss. Jedoch können arbeitsrechtliche Regeln und Prinzipien nur eingreifen, soweit die ungestörte Funktion des Organverhältnisses gewährleistet ist[46].

Schutzpflichten der GmbH resultieren dabei aus **Treuebindungen**, die sich aus dem Organverhältnis ergeben. Beispielsweise finden zwar weder das EntgeltfortzahlungsG noch das BUrlG Anwendung, doch folgt die Pflicht zur Lohnfortzahlung im Krankheitsfall aus § 616 BGB[47] und ein Anspruch auf Urlaubsgewährung ist auch ohne besondere Vereinbarung anzunehmen[48]. Auch gewährt die Rechtsprechung[49] den Pfändungsschutz gemäß §§ 850 ff. ZPO. Für die Kündigungsfrist gilt bei allen nicht beherrschenden Geschäftsführern nicht § 621 BGB, sondern § 622 BGB[50].

Für die Fälle, in denen vor Abschluss des Anstellungsvertrages bereits ein Arbeitsverhältnis bestand, ist zu beachten, dass das Arbeitsverhältnis aufgehoben werden muss, wenn der Arbeitnehmer zum Geschäftsführer befördert wird[51]. Dabei ist das Schriftformerfordernis des § 623 BGB zu beachten[52].

b) Vertragsschluss

40   Ein **Formzwang** für den Anstellungsvertrag **besteht nicht**; insbesondere sind weder das Nachweisgesetz noch § 623 BGB anwendbar.

41   **Vertragspartner** des Anstellungsvertrages ist regelmäßig die **GmbH**. Gesellschaftsintern zuständig ist das Bestellungsorgan, in der Regel also die Gesellschafterversammlung (§ 46 Nr. 5, 8 GmbHG). Es besteht die Möglichkeit, die Zuständigkeit für Anstellung und Bestellung im Gesellschaftsvertrag unterschiedlichen Organen zuzuweisen. Das Bestellungsorgan kann einzelne seiner Mitglieder zur Vertretung beim Vertragsschluss ermächtigen. Auch Vertragsänderungen unterfallen der Kompetenz des Bestellungsorgans[53].

---

[46] *Zöllner/Noack* in Baumbach/Hueck, GmbHG, § 35 Rn. 177.

[47] *Wimmer*, DStR 1997, 247, 249; *Henssler* in MünchKomm. BGB, § 616 Rn. 11 f.

[48] *Haase*, GmbHR 2005, 265 ff.; *Wimmer*, DStR 1997, 247, 250.

[49] BGH NJW 1978, 756.

[50] BGHZ 112, 103, 115; *Tebben* in Michalski, GmbHG, § 6 Rn. 126.

[51] BAG GmbHR 2008, 1259; BAG NJW 2007, 3228; anders noch BAG GmbHR 1997, 837 f.; ZIP 1994, 1044 ff.

[52] Vgl. *Tebben* in Michalski, GmbHG, § 6 Rn. 128; *Kleindiek* in Lutter/Hommelhoff, GmbHG, Anh. zu § 6 Rn. 4.

[53] BGH NJW 1991, 1680 f.; *Altmeppen* in Roth/Altmeppen, GmbHG, § 6 Rn. 43; *Zöllner/Noack* in Baumbach/Hueck, GmbHG, § 35 Rn. 169.

Der Anstellungsvertrag kann auch **mit einem Dritten** geschlossen werden[54]. Insbesondere im Unternehmensverbund schließen Geschäftsführer abhängiger Tochtergesellschaften nicht selten ihren Anstellungsvertrag mit der Muttergesellschaft ab.

c) Inhalt

Im Anstellungsvertrag werden die **persönliche Stellung** des Geschäftsführers, **42** seine **schuldrechtlichen Rechte und Pflichten** gegenüber der GmbH festgelegt. Regelungsinhalt und -dichte richten sich dabei nach dem jeweiligen Einzelfall, was auch dazu führen kann, dass die Gesellschaft und der Geschäftsführer auf den Abschluss eines Anstellungsvertrages gänzlich verzichten.

Die einzelnen Rechte und Pflichten ergeben sich dabei zum Teil bereits aus dem Organverhältnis und werden durch den Anstellungsvertrag lediglich bestätigt oder **konkretisiert**. Dies gilt etwa für das in der Praxis vielfach im Anstellungsvertrag geregelte Wettbewerbsverbot (dazu oben Rn. 11).

Zugunsten des Geschäftsführers enthalten Anstellungsverträge oftmals Regelungen zur Vergütung, ferner zu sonstigen Zuwendungen und Vergünstigungen (Beispiel: Dienstwagen), Abfindungen, Ruhegeldbezügen, Aufwendungsersatz, Urlaubsansprüchen und von der Gesellschaft zu tragenden Versicherungsentgelten.

d) Vergütung

Während § 87 AktG für die AG eine Regelung zur **Vergütung** der Vorstandstätigkeit bereithält, insbesondere deren Angemessenheit verlangt und hierfür – jüngst durch das VorstAG[55] ergänzte – Kriterien benennt, schweigt das GmbHG zur Geschäftsführervergütung. Eine gesetzliche Regelung ist auch nicht erforderlich, da die Gesellschafter ein lebhaftes Interesse daran haben, nicht zu viel zu bezahlen und, anders als die Hauptversammlung der AG, dieses Interesse auch selbst wahren können.

Ist die Höhe der Geschäftsführerbezüge nicht vereinbart, so gilt § 612 BGB, wobei aber bei einem Gesellschafter-Geschäftsführer nicht generell die Erwartung besteht, er werde nur gegen Entgelt für die GmbH tätig[56].

---

[54] *Lenz* in Michalski, GmbHG, § 35 Rn. 121.

[55] Gesetz zur Angemessenheit der Vorstandsvergütung (VorstAG) vom 31. Juli 2009, BGBl. I S. 2509.

[56] Vgl. OLG Hamburg NZG 2000, 698; *Kleindiek* in Lutter/Hommelhoff, GmbHG, Anh. zu § 6 Rn. 31; *Tebben* in Michalski, GmbHG, § 6 Rn. 156.

44 Allerdings unterliegt der **Gesellschafter-Geschäftsführer** aufgrund seiner mitgliedschaftlichen Stellung **Treuebindungen**, kraft derer er sich nicht selbst eine
überhöhte Vergütung bewilligen darf[57]. Eine zu hohe Vergütung, die ohne Zustimmung der Minderheitsgesellschafter gewährt wird, ist als ungerechtfertigter
Sondervorteil anzusehen. Zudem ist insoweit die Schranke des § 30 GmbHG zu
beachten: Eine unangemessen hohe Geschäftsführervergütung, die ein Gesellschafter erhält, ist als verdeckte Gewinnausschüttung zu behandeln[58].

45 Die **Anpassung der Geschäftsführervergütung** kann durch eine Änderungs-
kündigung erfolgen. Ein **einseitiges Herabsetzungsrecht** der Gesellschaft (etwa
analog § 87 II AktG) ist **nicht** anzuerkennen[59]. Allerdings kann der Gesellschafter-
Geschäftsführer wiederum aufgrund der Treuepflicht zur Mitwirkung an einer
einvernehmlichen Änderung des Anstellungsvertrages verpflichtet sein[60].

e) Beendigung

46 Der Anstellungsvertrag wird nicht schon durch die Abberufung des Geschäftsführers oder dessen Amtsniederlegung beendet[61] (Trennungstheorie),
es sei denn, der Anstellungsvertrag ist unter einer entsprechenden auflösenden Bedingung geschlossen worden, was bei Fremdgeschäftsführern nicht
selten ist.

Grundsätzlich bedarf es daher der **Kündigung des Anstellungsvertrages**. Deren
Wirksamkeit richtet sich nach den §§ 620 ff. BGB. Zu unterscheiden sind die ordentliche Kündigung, bei der eine Kündigungsfrist einzuhalten ist und die außerordentliche Kündigung aus wichtigem Grund.

aa) Ordentliche Kündigung

47 Bei der ordentlichen Kündigung ist weiter zu differenzieren: Bei Fremdgeschäfts-
führern und nur gering beteiligten Gesellschafter-Geschäftsführern wendet die
Rechtsprechung § 622 I BGB an (siehe oben Rn. 39), im Übrigen greift § 621
BGB ein.

48 Ist der Anstellungsvertrag **auf eine bestimmte Zeit** geschlossen, kann er nur
außerordentlich vorzeitig gekündigt werden. Ist die Kündigung nicht möglich, so
verbleibt dem abberufenen Geschäftsführer für die Restlaufzeit der Anspruch auf
die Vergütung. Hier empfehlen sich für die Praxis **Abfindungsregeln** im Anstellungsvertrag. Fehlen gesellschaftsvertragliche Regelungen, so kann auch nachträglich noch eine Abfindungsvereinbarung getroffen werden.

---

[57] *Tebben* in Michalski, GmbHG, § 6 Rn. 160.

[58] Dazu *Tebben* in Michalski, GmbHG, § 6 Rn. 161 f.

[59] Wie hier *Raiser/Veil*, Recht der Kapitalgesellschaften, § 32 Rn. 50.

[60] BGH NJW 1992, 2894; OLG Naumburg GmbHR 2004, 423.

[61] BGH NJW 2000, 1864, 1865; BAG NJW 1999, 3096.

bb) Außerordentliche Kündigung

Das Recht zur außerordentlichen Kündigung richtet sich nach § 626 I BGB. An   **49**
den danach erforderlichen „**wichtigen Grund**" werden höhere Anforderungen gestellt als bei § 38 II GmbHG. Nicht jede Abberufung aus wichtigem Grund rechtfertigt deshalb die außerordentliche Kündigung nach § 626 BGB.

> Auch hier ist die **Kasuistik** reichhaltig. Als wichtige Gründe für die Kündigung durch die
> Gesellschaft wurden beispielsweise angesehen:
> - strafbare Handlungen oder schwerwiegender Verdacht strafbarer Handlungen[62],
> - Annahme von Schmiergeldern[63],
> - schuldhafte Insolvenzverschleppung[64],
> - Unfähigkeit zur Amtsführung[65],
> - wiederholtes Handeln gegen Weisungen der Gesellschafterversammlung oder
>   sonstige Kompetenzüberschreitungen[66],
> - systematische Vorenthaltung von Informationen über die Buchführung[67],
> - missbräuchliche Ausnutzung von Geschäftschancen der Gesellschaft für sich selbst
>   oder Vornahme sonstiger eigennütziger Geschäfte[68],
> - wirksame, aber grundlose Amtsniederlegung[69] (dazu bereits oben Rn. 34).

Der bloße Vertrauensentzug genügt hingegen nicht. Auch berechtigen betriebliche
Gründe, insbesondere wirtschaftliche Schwierigkeiten der Gesellschaft **nicht** zur außer-
ordentlichen Kündigung des Anstellungsvertrages. Der Geschäftsführer soll nicht das
Wirtschafts- und Betriebsrisiko der Gesellschaft tragen müssen.

Bei einer **verhaltensbedingten Kündigung durch die Gesellschaft** bedarf es   **50**
nicht generell einer vorherigen **Abmahnung**[70]. Hieran hat sich auch durch die Einfügung des § 314 II BGB nichts geändert[71]. Allerdings kann im Einzelfall eine
Abmahnung erforderlich sein, wenn die Pflichtverletzung nur leicht ist und die
negativen Wirkungen für die Zukunft wegen der zu erwartenden Einsicht des Geschäftsführers nicht ins Gewicht fallen.

Die Kündigung kann nur innerhalb von **zwei Wochen** seit Kenntnis des Kündigungs-
grundes ausgesprochen werden (§ 626 II BGB). Nach Verstreichen der Zwei-Wochen-
Frist wird unwiderleglich vermutet, dass die Fortsetzung des Anstellungsvertrages der

---

[62] BGH WM 1956, 865, 867; LAG Berlin GmbHR 1997, 839.

[63] BAG NJW 1973, 533.

[64] BGH NJW 2005, 3069.

[65] BGH WM 1976, 379, 380; DStR 1998, 1398, 1399 f.

[66] BGH DStR 1998, 1398, 1399 (AG); OLG Celle NZG 2004, 475; OLG Frankfurt GmbHR 1997, 349.

[67] BGH DB 1995, 1852.

[68] BGH WM 1989, 1335 f; WM 1995, 752, 753; OLG Karlsruhe GmbHR 1988, 484.

[69] BGH DStR 1995, 1359; OLG Celle NZG 2004, 475.

[70] Wie hier *Kleindiek* in Lutter/Hommelhoff, GmbHG, Anh. zu § 6 Rn. 61a; vor der Schuld-
rechtsmodernisierung bereits BGH NJW 2000, 1638, 1639.

[71] A.A. *von Hase*, NJW 2002, 2278, 2281; *U.H. Schneider*, GmbHR 2003, 1, 4; *Koch*, ZIP 2005, 1621, 1627.

Gesellschaft zumutbar ist. Maßgeblich ist die Kenntnis des zur Kündigung zuständigen Organs[72]; das ist im Regelfall die Gesellschafterversammlung.

51 Ein **Kündigungsrecht aus wichtigem Grund** steht auch dem **Geschäftsführer** selbst zu; auch insoweit gilt § 626 II BGB.

> Als wichtige Gründe für die Kündigung durch den Geschäftsführer kommen **beispielsweise** in Betracht:
> - Widerruf der Bestellung[73],
> - Zuweisung eines neuen unzumutbaren Aufgabenbereichs,
> - Anweisung, gesetzwidrige Handlungen vorzunehmen[74],
> - Beleidigungen oder Belästigungen durch Gesellschafter oder Mitgeschäftsführer[75].

cc) Sonstige Beendigungsgründe

52 Neben dem Fristablauf bei befristeten Anstellungsverträgen kommen als weitere Beendigungsgründe das Eintreten einer auflösenden Bedingung, der **Tod des Geschäftsführers** sowie die Löschung der GmbH (nicht aber deren Auflösung) in Betracht. Ferner können die Parteien einen **Aufhebungsvertrag** schließen.

In der **Insolvenz der GmbH** bleibt das Anstellungsverhältnis zwar zunächst bestehen (§ 108 I InsO), doch kann es nach § 113 InsO unter Einhaltung einer dreimonatigen Kündigungsfrist sowohl vom Insolvenzverwalter als auch vom Geschäftsführer selbst gekündigt werden.

7. Vertretung der GmbH

a) Grundlagen

53 Gemäß § 35 I 1 GmbHG wird die GmbH von dem bzw. den Geschäftsführern gerichtlich und außergerichtlich vertreten. Hierbei handelt es sich um einen Fall **organschaftlicher Vertretung**, durch die die GmbH überhaupt erst handlungsfähig wird. Bei der durch Vollmacht erteilten Vertretungsmacht hingegen (§§ 164 I, 167 I BGB) eröffnet sich der Vertretene eine weitere Handlungsmöglichkeit neben seiner eigenen Handlungsmacht. In der Praxis ist die Bestellung weiterer rechtsgeschäftlicher Vertreter, insbesondere von Prokuristen (§§ 48 ff. HGB) und Handlungsbevollmächtigten (§ 54 HGB) aufgrund der Größe des Geschäftsbetriebes oft unverzichtbar.

54 Sind **mehrere Geschäftsführer** vorhanden, so sind sie Gesamtvertreter, sofern der Gesellschaftsvertrag nicht Einzelvertretung vorsieht (§ 35 II 1

---

[72] Zu den – sehr komplexen – Zurechnungsfragen, die insoweit auftreten können, siehe *Tebben* in Michalski, GmbHG, § 6 Rn. 238 f.

[73] BGH GmbHR 2003, 100, 101.

[74] BGHZ 13, 194.

[75] BGH WM 1992, 733 f.

GmbHG). Für die Abgabe einer Willenserklärung gegenüber der Gesellschaft genügt aber der Zugang bei einem Geschäftsführer (§ 35 II 2 GmbHG, sog. Passivvertretung).

Die **Art der Vertretungsbefugnis** ist gemäß § 8 IV Nr. 2 GmbHG bei der Anmeldung zum Handelsregister anzugeben.

Die Grundsätze des **§ 181 BGB** (Verbot des Insichgeschäfts und der Mehrfachvertretung) finden Anwendung. Ohne besondere Erlaubnis kann der Geschäftsführer also keine Rechtsgeschäfte zwischen sich und der Gesellschaft oder (praktisch wichtiger) zwischen zwei Gesellschaften tätigen, wenn er bei beiden Geschäftsführer ist. Die erforderliche **Befreiung** von den Beschränkungen des § 181 BGB kann im Gesellschaftsvertrag oder durch Beschluss der Gesellschafterversammlung erfolgen[76]. Die Befreiung ist verkehrsüblich und bei vielen GmbHs anzutreffen.
55

§ 35 III GmbHG bestimmt für den Sonderfall, dass der **Alleingesellschafter** zugleich Geschäftsführer ist, dass Rechtsgeschäfte zwischen ihm und der Gesellschaft zusätzlich unverzüglich nach ihrer Vornahme in eine Niederschrift aufzunehmen sind.

b) Umfang der Vertretungsmacht

Die Vertretungsmacht des Geschäftsführers ist Dritten gegenüber grundsätzlich **unbeschränkt und unbeschränkbar** (§ 37 II GmbHG).
56

Zwar können die Gesellschafter durch Regelung im Gesellschaftsvertrag oder Beschluss der Gesellschaftsversammlung dem Geschäftsführer Beschränkungen auferlegen, die für diesen auch bindend sind, doch wirken diese nicht im Außenverhältnis. Dies entspricht europarechtlichen Vorgaben, konkret Art. 9 II der Publizitätsrichtlinie[77].

Die Regelung entspricht im Wesentlichen dem, was auch für Prokuristen (§ 50 I HGB) und für die geschäftsführenden Gesellschafter der Personengesellschaften gemäß § 126 II HGB gilt. Es handelt sich um einen allgemeinen Grundsatz des Handelsrechts.

Zu unterscheiden ist somit das **rechtliche Dürfen** im Innenverhältnis und das **rechtliche Können** nach außen. Eine Weisung der Gesellschafterversammlung über die Vornahme oder das Unterlassen einer konkreten Maßnahme entfaltet im Innenverhältnis zwar Wirkungen, doch ist der mit Dritten weisungswidrig abgeschlossene Vertrag grundsätzlich gültig. Ebenso beschränkt der satzungsmäßige Unternehmensgegenstand (§ 3 I Nr. 2 GmbHG) nur das rechtliche Dürfen des Geschäftsführers.
57

[76] *Zöllner/Noack* in Baumbach/Hueck, GmbHG, § 35 Rn. 132; *Goette*, DStR 2000, 697.
[77] Richtlinie 68/151/EWG, ABl. EG Nr. L 65, S. 8; neu gefasst durch Richtlinie 2009/101/EG, ABl. EU Nr. L 258, S. 11.

> **Beispiel:** Ist der Unternehmensgegenstand einer GmbH der Betrieb einer Automobil-fabrik, dann handelt der Geschäftsführer zwar intern pflichtwidrig, wenn er für die GmbH ein Unternehmen erwirbt, das Speiseeis herstellt. Dennoch ist der Unternehmenskauf-vertrag wirksam.

58   § 37 II GmbHG gilt nicht in den Fällen des **Missbrauchs der Vertretungsmacht**. Hierbei werden zwei Konstellationen unterschieden: der Missbrauch wegen Kollusion und wegen Evidenz.

- ⊃ **Kollusion** ist das einverständliche Zusammenwirken von Geschäftsführer und Dritten zum Nachteil der vertretenen GmbH. Ein derartiges Verhalten ist sittenwidrig, ein geschlossenes Rechtsgeschäft daher nach § 138 I BGB nichtig[78].

- ⊃ Von **Evidenz** spricht man, wenn für den Dritten die Beschränkung der Vertretungsmacht so offenkundig ist, dass sie sich ihm geradezu aufdrängen musste. Die Rechtsfolgen richten sich dann nach den §§ 177 ff. BGB, d.h. der Vertrag ist schwebend unwirksam, kann aber durch Beschluss der Gesellschafterversammlung genehmigt werden[79].

59   § 37 II GmbHG gilt im Übrigen nur, soweit die organschaftliche Vertretungsbefugnis des Geschäftsführers überhaupt betroffen ist, also insbesondere bei Verkehrsgeschäften.

Nicht erfasst sind dagegen Rechtsakte, die das Gesellschaftsverhältnis als solches betreffen, sowie Geschäfte mit den Gesellschaftern. Diese sind nicht „Dritte" im Sinne der Vorschrift und auch nicht schutzwürdig, da sie den Umfang der Befugnisse des Geschäftsführers kennen oder leicht herausfinden können.

8. Haftung gegenüber der Gesellschaft (Innenhaftung)

a) Überblick

60   GmbH-Geschäftsführer sehen sich einer doppelten Verantwortung ausgesetzt: Zum einen sind sie berufen, den Gesellschaftszweck bestmöglich zu verwirklichen, Krisen zu vermeiden oder zu bewältigen, Geschäftschancen für die GmbH aufzudecken und wahrzunehmen – kurzum wirtschaftlich erfolgreich zu sein. Zum anderen sind sie aber auch dafür verantwortlich, gesetzliche Vorschriften einzuhalten, insbesondere jene, die dem Schutz der Gesellschaftsgläubiger und der Allgemeinheit dienen.

Demgemäß ist bei der Geschäftsführerhaftung zu unterscheiden zwischen der Haftung gegenüber der Gesellschaft selbst und – weniger bedeutsam –

---

[78] *Zöllner/Noack* in Baumbach/Hueck, GmbHG, § 37 Rn. 45 mit weiteren Nachweisen.
[79] *Habermeier* in BeckOK BGB, § 167 Rn. 48 ff.

gegenüber den Gesellschaftern (sog. **Innenhaftung**) und der Haftung gegenüber außenstehenden Dritten (sog. **Außenhaftung**).

Wichtigster Fall der Innenhaftung ist die **allgemeine Sorgfaltshaftung** gemäß   **61**
§ 43 II GmbHG, wonach Geschäftsführer, die bei Ausübung ihrer Organtätigkeit
pflichtwidrig handeln, der Gesellschaft zum Ersatz des hieraus entstanden Schadens verpflichtet sind (siehe sogleich Rn. 64 ff.).

Daneben treten weitere gesetzlich normierte Innenhaftungstatbestände: die Haftung
wegen Falschangaben bei Gründung (§ 9a GmbHG) und Kapitalerhöhungen (§ 57 IV
GmbH) und die Haftung für Zahlungen nach Insolvenzreife (§ 64 GmbH).

Zudem kommt eine **deliktische Haftung gegenüber der GmbH** in Betracht. So   **62**
droht dem Geschäftsführer bei Vornahme **existenzvernichtender Eingriffe** auch
eine Haftung wegen vorsätzlicher sittenwidriger Schädigung (§ 826 BGB) nach
den Grundsätzen der „Trihotel"-Rechtsprechung des BGH[80]. Praktisch bedeutsam
ist schließlich die Haftung nach § 823 II BGB in Verbindung mit einem Schutzgesetz. Als solches kommt insbesondere § 266 I StGB (Untreue) in Betracht.

Der GmbH-Geschäftsführer, dessen Vertretungsmacht nach außen („rechtliches Können")
grundsätzlich nicht durch Beschränkungen im Innenverhältnis („rechtliches Dürfen")
begrenzt wird, ist nachgerade ein Paradebeispiel für die **Missbrauchsalternative** des
Untreuetatbestandes. Zusätzlich ist mit der Organstellung wegen der damit verbundenen
Aufgaben eine gesteigerte **Vermögensbetreuungspflicht** verbunden[81].

Gläubiger der Gesellschaft profitieren von Innenhaftungsansprüchen nur mittel-   **63**
bar. Sie können im Wege der Zwangsvollstreckung gegen die GmbH deren Ansprüche pfänden und sich überweisen lassen (§§ 829, 835 ff. ZPO). Dies setzt jedoch die Kenntnis von den Ansprüchen voraus, die Gläubiger mangels Einsicht in
Gesellschaftsinterna häufig fehlen wird. Praktisch relevanter ist demgegenüber die
Inanspruchnahme durch einen Insolvenzverwalter, der nach Eröffnung des Insolvenzverfahrens anstelle der GmbH (Insolvenzschuldnerin) die Verfügungsbefugnis über die Ansprüche erlangt (§ 80 I InsO) und den nötigen Einblick in die Unterlagen der Gesellschaft hat.

b) Allgemeine Sorgfaltshaftung (§ 43 II, III GmbHG)

Literatur: *Ebenroth/Lange*, Sorgfaltspflichten und Haftung des Geschäftsführers einer
GmbH nach § 43 GmbHG, GmbHR 1992, 69; *Fleischer*, Die „Business Judgment Rule"
im Spiegel von Rechtsvergleichen und Rechtsökonomie, Festschrift Wiedemann, 2002,
S. 827; *Habersack*, Die Freistellung des Organwalters von seiner Haftung gegenüber der
Gesellschaft, Festschrift Ulmer, 2003, S. 151; *Hauschka*, Ermessensentscheidungen bei

---

[80] BGHZ 173, 246; vgl. *Zöllner/Noack* in Baumbach/Hueck, GmbHG, § 43 Rn. 62a; *Strohn*,
ZInsO 2008, 706, 709; *Gehrlein*, WM 2008, 761, 764; siehe auch *Lutter/Banerjea*, ZIP 2003,
2177 ff.; zum (derzeitigen) Innenhaftungskonzept des BGH bei Existenzvernichtung siehe oben
§ 10 Rn. 21 ff.

[81] Zum Tatbestand der Untreue (§ 266 I StGB) und der Unterscheidung zwischen Missbrauchs-
und Treuebruchsalternative siehe etwa *Mitsch*, JuS 2011, 874 ff.

der Unternehmensführung, GmbHR 2007, 11; *Joussen*, Der Sorgfaltsmaßstab des § 43 Abs. 1 GmbHG, GmbHR 2005, 4; *Lutter*, Die Business Judgment Rule und ihre praktische Anwendung, ZIP 2007, 841; *U.H. Schneider/S.H. Schneider*, Die zwölf goldenen Regeln des GmbH-Geschäftsführers zur Haftungsvermeidung und Vermögenssicherung, GmbHR 2005, 1229.

aa) Überblick

64   § 43 II GmbHG normiert eine **allgemeine Sorgfaltshaftung**: Geschäftsführer, die ihre Obliegenheiten verletzen, haften der Gesellschaft für den entstandenen Schaden.

Die Diktion des Gesetzes entspricht hier nicht dem modernen Verständnis von „Obliegenheiten"; gemeint sind vielmehr echte Pflichten. § 43 II GmbHG entspricht – trotz sprachlicher Abweichungen – tatbestandlich weitgehend § 93 II 1 AktG, unterliegt aber weniger strengen Bindungen als das aktienrechtliche Pendant.

65   Als besondere Ausprägung der allgemeinen Sorgfaltshaftung regelt § 43 III GmbHG die Haftung wegen **Verstoßes gegen Kapitalerhaltungsregeln**. Danach besteht eine Schadensersatzpflicht „insbesondere" dann, wenn entgegen § 30 I GmbHG Zahlungen aus dem zur Erhaltung des Stammkapitals erforderlichen Vermögen der Gesellschaft gemacht oder unter Verstoß gegen § 33 GmbHG eigene Geschäftsanteile der Gesellschaft erworben worden sind. Die Haftung des Geschäftsführers tritt dabei neben die Haftung des Zahlungsempfängers nach § 31 GmbHG. Die besondere Verantwortung der Geschäftsführer im Hinblick auf die Kapitalerhaltung wird nicht zuletzt dadurch ausgedrückt, dass Ansprüche nach § 43 III strengeren Bindungen unterliegen (dazu unten Rn. 78).

bb) Pflichtwidrigkeit und Sorgfaltsmaßstab

66   Der Haftungstatbestand des § 43 II GmbHG muss im Zusammenhang mit Abs. 1 der Vorschrift gelesen werden, der den Sorgfaltsmaßstab für Geschäftsführer in vagen Worten wie folgt beschreibt: *„Die Geschäftsführer haben in den Angelegenheiten der Gesellschaft die Sorgfalt eines ordentlichen Geschäftsmannes anzuwenden."* Klargestellt ist damit, dass der Sorgfaltsmaßstab nach **objektiven** Kriterien zu bestimmen ist.

§ 43 I GmbHG erfüllt dabei eine **Doppelfunktion**: Er legt den Maßstab des Verschuldens fest und ist zugleich Maßstab für die Konkretisierung des Pflichtenkanons, den der Geschäftsführer kraft seiner Organstellung erfüllen muss.

67   Der Geschäftsführer ist zu einer **ordnungsgemäßen Unternehmensleitung** verpflichtet, deren Ziel es sein muss, den Gesellschaftszweck unter Wahrung des durch Gesetz, Satzung und Anstellungsvertrag abgesteckten Rahmens bestmöglich zu verwirklichen[82]. Der so beschriebene Sorgfaltsmaßstab bedarf ersichtlich der weiteren **Konkretisierung im Einzelfall**. Dabei ist zu berücksichtigen, dass die Anforderungen je nach Art und Größe des Unternehmens deutlich variieren können.

⮊ Stets ist der Geschäftsführer verpflichtet, die gesetzlichen, statutarischen oder durch eine etwaige Geschäftsordnung vorgegebenen Kompetenzregeln zu beachten und rechtmäßigen Weisungen der Gesellschafter Folge zu leisten. Er muss im Rahmen der Gesetze handeln und bestehende öffentlich-rechtliche Pflichten erfüllen (sog. **Legalitätspflicht**). Rechtswidriges Verhalten ist stets sorgfaltswidrig, auch wenn die Entdeckungsgefahr nur gering ist.

⮊ Mehrere Geschäftsführer sind zur Zusammenarbeit verpflichtet. Zur ordnungsgemäßen Unternehmensleitung zählen insbesondere (aber nicht nur) eine **sachgerechte Organisation** der Unternehmensstruktur und Arbeitsabläufe, die ständige **Überwachung der Finanzlage** der Gesellschaft, bei entsprechender Größe des Unternehmens auch das Vorhalten eines **Risikomanagementsystems**. Ferner muss der Geschäftsführer für die **sachgerechte Auswahl, Anleitung und Überwachung von Mitarbeitern** Sorge tragen. Der Geschäftsführer hat seine Entscheidung sorgfältig vorzubereiten und frei von sachfremden Einflüssen am Gesellschaftsinteresse zu orientieren.

⮊ Darüber hinaus ist der Geschäftsführer der Gesellschaft zur **Loyalität** verpflichtet. Kollidierende eigene Interessen muss er bei seiner Amtstätigkeit zurückstellen. Daher darf der Geschäftsführer sich bietende **Geschäftschancen** nicht zum Nachteil der Gesellschaft für sich selbst wahrnehmen.

Als pflichtwidrig wurden **beispielsweise** beanstandet:

- Wahrnehmung von Geschäftschancen der Gesellschaft für sich selbst[83],
- Markttätigkeit als Wettbewerber der Gesellschaft[84],
- Verkauf von Waren ohne Abrechnung,
- Fehlbestände im Warenlager bzw. in der Kasse als Vermutung für Sorgfaltswidrigkeiten[85],
- Offenbarung von Geschäftsgeheimnissen,
- Gewährung von Leistungen auf Kredit ohne Sicherheit an Geschäftspartner, dessen Bonität nicht hinreichend geprüft wurde[86],
- tatenlose Hinnahme des Abzweigens von Geldeingängen durch einen Gesellschafter zur Bildung einer schwarzen Kasse ohne Billigung der Gesellschafterversammlung; ein täterschaftliches Zusammenwirken ist nicht erforderlich[87].

---

[82] *Kleindiek* in Lutter/Hommelhoff, GmbHG, § 43 Rn. 8.

[83] BGH NJW 1986, 585.

[84] BGH WM 1964, 1320.

[85] BGH GmbHR 1980, 298.

[86] LG Köln, NJW-RR 2000, 1054.

[87] OLG Celle NJOZ 2006, 1563.

68   Allerdings haftet der Geschäftsführer nicht für den wirtschaftlichen Erfolg des Unternehmens schlechthin.

Unternehmerisches Handeln erfolgt stets aufgrund von Prognosen, wobei der Erfolg oftmals auch an das Eingehen von Risiken geknüpft ist. Unternehmerische Entscheidungen dürfen daher nicht schon dann zur Haftung führen, wenn der Gesellschaft ein Schaden entstanden ist, weil die Entwicklung anders als prognostiziert verlaufen ist und sich Risiken verwirklicht haben. Hier hilft dem Geschäftsführer die sog. **Business Judgment Rule** (dazu unten § 21 Rn. 84 ff.).

Analog § 93 I 2 AktG liegt eine Pflichtverletzung nicht vor, wenn der Geschäftsführer bei einer unternehmerischen Entscheidung vernünftigerweise annehmen durfte, auf der Grundlage angemessener Informationen zum Wohle der Gesellschaft zu handeln[88].

69   Die Lage ist in der GmbH allerdings insofern anders, als der Vorstand weisungsfrei wie ein Unternehmer agiert (§ 76 AktG), der GmbH-Geschäftsführer hingegen nicht (§ 37 I GmbHG). Er ist zugleich auch verpflichtet, **Geschäfte von besonderer Bedeutung** von sich aus der Gesellschafterversammlung **vorzulegen**[89]. Das Unterlassen der Vorlage kann für sich genommen pflichtwidrig sein. Er kann zudem die Angelegenheit freiwillig vorlegen, um sich abzusichern (zur enthaftenden Wirkung von Gesellschafterbeschlüssen sogleich Rn. 70 ff.). Wo er aber selbst entscheidet, steht ihm auch die Haftungserleichterung der Business Jugdment Rule zu[90].

cc) Keine Haftung bei Handeln aufgrund Weisung

70   Da der Geschäftsführer verpflichtet ist, Weisungen der Gesellschafter Folge zu leisten, wäre es unbillig, ihn auch bei einem weisungsgemäßen Verhalten haftbar zu machen.

Durch die Weisung geben die Gesellschafter zu erkennen, dass ein bestimmtes Vorgehen gewünscht ist und der Geschäftsführer insoweit gerade keinen Entscheidungsspielraum haben soll. Daher ist in diesen Fällen für eine Haf-

---

[88] BGHZ 152, 280, 282 f.; BGH NJW 2008, 3361 ff.; *U.H. Schneider* in Scholz, GmbHG, § 43 Rn. 54; *Zöllner/Noack* in Baumbach/Hueck, GmbHG, § 43 Rn. 22; *Paefgen* in Ulmer/Habersack/Winter, GmbHG, § 43 Rn. 22; *Haas/Ziemons* in Michalski, GmbHG, § 43 Rn. 68; *Altmeppen* in Roth/ Altmeppen, GmbHG, § 43 Rn. 8.

[89] *Haas/Ziemons* in Michalski, GmbHG, § 43 Rn. 53a; a.A. *Zöllner* in Baumbach/Hueck, GmbHG, § 51a Rn. 59.

[90] Zu eng *Jungmann*, Festschrift K. Schmidt, 2010, S. 831, 850, der verkennt, dass auch die GmbH-Gesellschafter ein Interesse an einem risikoneutral agierenden Geschäftsführer haben und zudem das Ausmaß des übernommenen Risikos nach § 37 I GmbHG steuern können.

tung kein Raum – vorausgesetzt, die Weisung ist ihrerseits wirksam und verbindlich.

Voraussetzung hierfür ist grundsätzlich zwar, dass die Weisung auf **einem Be-** **71** **schluss der Gesellschafterversammlung** beruht. Eines förmlichen Beschlusses bedarf es aber nicht, wenn die Weisung von allen Gesellschaftern erteilt wird, also stets in der Einpersonengesellschaft. Zudem genügt die Weisung durch einzelne Gesellschafter, wenn die anderen Gesellschafter **informiert und einverstanden** waren; ein förmlicher Beschluss ist dann nicht erforderlich[91]. Zudem kann die Gesellschafterversammlung abgesehen von einigen Ausnahmen (dazu unten Rn. 78) Maßnahmen der Geschäftsführung **nachträglich** durch einen zustimmenden Beschluss legitimieren oder auf Ersatzansprüche verzichten.

Dass eine Weisung zu **nachteiligen Folgen** für die Gesellschaft und ihr **72** Vermögen führen kann, macht die Weisung weder rechtswidrig noch unverbindlich, selbst wenn diese Folgen absehbar oder gar beabsichtigt waren.

Denn die Gesellschafter sind als oberstes Organ die Herren der GmbH, die sie auch schädigen können. Ein dagegen gerichtetes Eigeninteresse der Gesellschaft ist nicht anzuerkennen[92]. Etwas anderes gilt erst dort, wo Drittinteressen berührt sind.

Rechtswidrig sind also Weisungen, die zu einem **gesetzwidrigen Verhal-** **73** **ten** auffordern oder gegen **gläubigerschützende Vorschriften** verstoßen. Dem stehen Weisungen gleich, durch die ein existenzvernichtender Eingriff (oben § 10 Rn. 17 ff.) gegenüber der GmbH bewirkt wird.

Beispiele:
- Weisung, die Bilanzen unter Missachtung der handelsrechtlichen Rechnungslegungsvorschriften „zu schönen",
- Weisung, trotz Insolvenzreife (vgl. § 15a InsO) keinen Insolvenzantrag zu stellen,
- Weisung, entgegen § 30 I 1 GmbHG Auszahlungen an Gesellschafter vorzunehmen, obwohl das Gesellschaftsvermögen das Stammkapital nicht (mehr) deckt,
- Weisung, die Gesellschaft ohne geordnetes Verfahren („still") zu liquidieren.

Derartige Weisungen sind rechtlich nicht bindend und exkulpieren den Geschäftsführer nicht[93]. Für Verstöße gegen die Kapitalerhaltungsvorschriften (§§ 30 I, 33

---

[91] So auch BGH NZG 2003, 528; *Kleindiek* in Lutter/Hommelhoff, GmbHG, § 43 Rn. 32; *U.H. Schneider* in Scholz, GmbHG, § 43 Rn. 121; restriktiver *Haas/Ziemons* in Michalski, GmbHG, § 43 Rn. 59a; *Zöllner/Noack* in Baumbach/Hueck, GmbHG, § 43 Rn. 33.

[92] BGHZ 173, 246 ff. – „Trihotel"; BGHZ 176, 204 ff. – „Gamma"; a.A. insbesondere *Wilhelm*, Rechtsform und Haftung bei der juristischen Person, 1981, S. 285 ff.; *ders.*, NJW 2003, 175; *Altmeppen*, DB 2000, 657 ff.; *ders.*, ZIP 2001, 1837, 1841 ff.; *ders.*, NJW 2002, 321 ff.

[93] Wie hier *Kleindiek* in Lutter/Hommelhoff, GmbHG, § 37 Rn. 22; *Haas/Ziemons* in Michalski, GmbHG, § 43 Rn. 61; enger aber *Zöllner/Noack* in Baumbach/Hueck, GmbHG, § 43 Rn. 34.

GmbHG) bestimmt **§ 43 III 3 GmbHG** ausdrücklich, dass der Geschäftsführer durch die Weisung der Gesellschafter nicht von seiner Haftung befreit ist, soweit seine Inanspruchnahme zur Befriedigung der Gläubiger der Gesellschaft erforderlich ist. Entsprechendes gilt aufgrund der Verweisung in **§ 64 S. 3 GmbHG** auf § 43 III GmbHG für die Haftung wegen Zahlungen nach Insolvenzreife. Anerkannt ist ferner die analoge Anwendung des § 43 III 3 GmbHG auf Ersatzansprüche wegen existenzvernichtender Eingriffe[94], für die auch Geschäftsführer haftbar gemacht werden können[95].

74   Von der hier diskutierten Frage zu unterscheiden ist das Problem des **Minderheitenschutzes**. Weisungen der Gesellschafterversammlung, die die GmbH schädigen, sind treuwidrig gegenüber der Gesellschafterminderheit[96]. Das macht die zugrunde liegenden Beschlüsse aber nicht nichtig, sondern nur anfechtbar. Die Minderheit muss selbst entscheiden, ob sie dagegen vorgeht. Bei anfechtbaren Beschlüssen muss der Geschäftsführer nach pflichtgemäßem Ermessen einschätzen, ob eine Klage wahrscheinlich ist. Hat ein Gesellschafter bereits Klage erhoben, so muss der Geschäftsführer abwägen, ob die Klage Aussicht auf Erfolg hat. Bei Zweifeln muss er eine Folgenabwägung vornehmen. Wird innerhalb der Anfechtungsfrist keine Klage erhoben, so darf der Geschäftsführer die Weisung befolgen. Eine Pflicht, von sich aus die Interessen der Minderheit (ggf. sogar gegen deren Willen) zu wahren, hat er nicht.

dd) Nachträgliche Haftungsfreistellung

75   Während Weisungen unter den soeben dargestellten Voraussetzungen bereits die Haftungsbegründung verhindern, kann im GmbH-Recht ein an sich pflichtwidriges Verhalten gebilligt und so eine Haftung verhindert werden. Eine solche **Billigung** kann sogar konkludent erfolgen[97], wenn sich alle Gesellschafter mit der in Rede stehenden Maßnahme einverstanden erklären. Daher wirkt beispielsweise das erkennbare Einverständnis des Alleingesellschafters in der Einpersonengesellschaft schon gar nicht haftungsbegründend (siehe oben Rn. 71).

76   Eine vergleichbare Wirkung zeitigt die **Entlastung** des Geschäftsführers durch Beschluss der Gesellschafterversammlung (§ 46 Nr. 5 GmbHG).

> Die Entlastung ist eine einseitige, körperschaftsrechtliche Erklärung, mit der die vergangene Amtsführung gebilligt und dem Entlasteten für die Zukunft das Vertrauen ausgesprochen wird[98].

---

[94] *Zöllner/Noack* in Baumbach/Hueck, GmbHG, § 43 Rn. 34; *Haas/Ziemons* in Michalski, GmbHG, § 43 Rn. 220d; zur Existenzvernichtungshaftung und dem Innenhaftungskonzept des BGH über § 826 BGB siehe oben § 10 Rn. 21 ff.

[95] Vgl. *Lutter/Banerjea*, ZGR 2003, 402, 429.

[96] BGHZ 65, 15.

[97] BGH NJW 2000, 576; *Kleindiek* in Lutter/Hommelhoff, GmbHG, § 43 Rn. 33.

[98] Vgl. *Bayer* in Lutter/Hommelhoff, GmbHG, § 46 Rn. 26; *Roth* in Roth/Altmeppen, GmbHG, § 46 Rn. 30.

Im GmbH-Recht führt die Entlastung dazu, dass der Entlastete von allen bei der Beschlussfassung erkennbaren Ersatzansprüchen freigestellt wird[99]. Die Entlastung hat mithin eine **präklusive Wirkung**.

> Hingegen bestimmt § 120 II 2 AktG für die **AG**, dass der Entlastung von Vorstand und Aufsichtsrat durch Beschluss der Hauptversammlung **keine** Verzichtswirkung zukommt (siehe dazu unten § 21 Rn. 93).

Ferner kann die Gesellschafterversammlung, der im Regelfall die Geltendmachung von Ansprüchen gegen die Geschäftsführer obliegt (§ 46 Nr. 8 GmbHG), von der Durchsetzung von Ansprüchen absehen, auf Ansprüche **verzichten** und sich über diese **vergleichen**[100]. **77**

Dies gilt jedoch nicht uneingeschränkt. Gemäß **§ 43 III 2 i.V.m. 9b I 1 GmbHG** sind Verzicht und Vergleich nicht möglich, wenn die Ersatzansprüche aus Verstößen gegen die Kapitalerhaltungsregeln resultieren, soweit der Ersatz **zur Befriedigung der Gesellschaftsgläubiger erforderlich** ist. Entsprechendes gilt für die Haftung nach § 64 S. 1 GmbHG, da dessen Satz 3 auf § 43 III GmbHG verweist. Der dahinter stehende Rechtsgedanke lässt sich **verallgemeinern**: **78**

> Soweit der Geschäftsführer durch eine Weisung der Gesellschafter nicht gebunden werden kann, können die Gesellschafter den Geschäftsführer auch **nicht nachträglich** von der Haftung befreien, auf Ersatzansprüche verzichten oder sich hierüber vergleichen. Auch insofern sind die Gläubigerinteressen vorrangig.

ee) Schuldner

Mehrere pflichtwidrig handelnde Geschäftsführer haften **gesamtschuldnerisch** im Sinne der §§ 421 ff. BGB. **79**

In zeitlicher Hinsicht beginnt die Haftung mit der **tatsächlichen Aufnahme** des Amtes und endet mit der tatsächlichen Beendigung der Tätigkeit für die Gesellschaft. Soweit Organpflichten nachwirken, kommt eine Haftung aus § 43 II GmbHG noch nach der Beendigung des Amtes in Betracht.

Auf die Wirksamkeit der Bestellung zum Geschäftsführer kommt es nicht an, sodass auch die sog. **faktischen Geschäftsführer** in Anspruch genommen werden können[101]. **80**

---

[99] *Zöllner* in Baumbach/Hueck, GmbHG, § 46 Rn. 41; *Roth* in Roth/Altmeppen, GmbHG, § 46 Rn. 30; *K. Schmidt*, Gesellschaftsrecht, § 14 VI 2 b.

[100] Vgl. dazu etwa *Bayer* in Lutter/Hommelhoff, GmbHG, § 46 Rn. 36; *Zöllner/Noack* in Baumbach/Hueck, GmbHG, § 43 Rn. 47.

[101] BGHZ 150, 61; BGH NZG 2005, 816; *Zöllner/Noack* in Baumbach/Hueck, GmbHG, § 43 Rn. 2; *Kleindiek* in Lutter/Hommelhoff, GmbHG, § 43 Rn. 2; *Ziemons/Haas* in BeckOK GmbHG, § 43 Rn. 17.

Als faktische Geschäftsführer werden Personen bezeichnet, die nicht oder nicht wirksam zum Geschäftsführer bestellt sind, die aber mit Einverständnis der Gesellschafter die Geschäftsführung übernommen und auch gegenüber dem formellen Geschäftsführer ein deutliches Übergewicht bei den Entscheidungen haben. Darüber hinaus verlangt die Rechtsprechung ein Auftreten nach außen[102].

ff) Verjährung

81   Der Anspruch verjährt gemäß § 43 IV GmbHG in **fünf Jahren**. Die Verjährung beginnt mit Anspruchsentstehung, also frühestens mit Schadenseintritt[103]. Nicht erforderlich ist aber, dass der Schaden bereits bezifferbar ist[104]. Auf die Kenntnis der Gesellschafter von den anspruchsbegründenden Tatsachen kommt es nicht an.

gg) Geltendmachung

82   Zur Geltendmachung des Anspruchs bedarf es eines Gesellschafterbeschlusses (§ 46 Nr. 8 GmbHG). Dieser ist nach h.M. eine **materielle Anspruchsvoraussetzung**[105], d.h. bei Fehlen des Beschlusses ist eine zulässige Leistungsklage als unbegründet abzuweisen.

Der Beschluss kann aber noch im Laufe eines bereits anhängigen Prozesses gefasst und dem Gericht vorgelegt werden[106].

83   Problematisch sind die Fälle, in denen eine **Gesellschafterminderheit** Ersatzansprüche geltend machen will, die Mehrheit dies aber ablehnt. Dies ist grundsätzlich hinzunehmen. Ausnahmsweise kann aber die Ablehnung der Anspruchsverfolgung **treuwidrig** sein. Dies ist namentlich dann der Fall, wenn das Bestehen des Anspruchs wahrscheinlich ist, seine Durchsetzung für die Gesellschaft Erfolg verspricht und ein sachlicher Grund für die Nichtverfolgung nicht vorliegt. Dabei ist aber zu beachten, dass die Gesellschafter bei ihrer Entscheidung auch die nachteiligen Folgen der Geltendmachung berücksichtigen dürfen.

---

[102] So etwa BGHZ 104, 44, 46; BGHZ 150, 61; OLG München ZIP 2010, 2295 ff., vgl. auch *Strohn*, DB 2011, 158, 161.

[103] *Zöllner/Noack* in Baumbach/Hueck, GmbHG, § 43 Rn. 57; *Haas/Ziemons* in Michalski, GmbHG, § 43 Rn. 233; *Kleindiek* in Lutter/Hommelhoff, GmbHG, § 43 Rn. 58.

[104] BGH ZIP 2005, 853; *Kleindiek* in Lutter/Hommelhoff, GmbHG, § 43 Rn. 58; *Altmeppen* in Roth/Altmeppen, GmbHG, § 43 Rn. 137.

[105] BGHZ 28, 355, 359; 97, 382, 390; BGH NJW 1999, 2115; NZG 2004, 962, 964; *Haas/Ziemons* in Michalski, GmbHG, § 43 Rn. 222; *Zöllner/Noack* in Baumbach/Hueck, GmbHG, § 43 Rn. 30; *Bayer* in Lutter/Hommelhoff, GmbHG, § 46 Rn. 40; a.A. *Fastrich*, DB 1981, 925; *Winter*, GmbHR 1965, 6.

[106] BGH ZIP 2008, 117 f.

> **Beispiel**: Der Gesellschaft droht bei klageweiser Geltendmachung ein Ansehensverlust, dessen drohende finanzielle Folgen durch die Vorteile eines Obsiegens nicht aufgewogen werden. Die Gesellschaftermehrheit spricht sich daher gegen eine Anspruchsverfolgung aus. Diese Entscheidung ist nicht treuwidrig, da ein sachlicher Grund gegeben ist.

Überstimmte Gesellschafter können – anders als bei Klagen gegen Mitgesellschafter (dazu § 13 Rn. 24 ff.) – grundsätzlich **nicht** im Wege der **actio pro socio** die Haftungsansprüche der Gesellschaft gegen den Geschäftsführer im eigenen Namen einklagen. Vielmehr müssen sie Anfechtungsklage gegen den ablehnenden Beschluss der Gesellschafterversammlung erheben und – notfalls klageweise – einen neuen Beschluss herbeiführen[107].

Die Zuständigkeit zur Verfolgung von Ansprüchen gegen Geschäftsführer kann im Gesellschaftsvertrag auch auf ein **anderes Organ** übertragen werden. Unterliegt die GmbH dem MitbestG, so vertritt zwingend der Aufsichtsrat die Gesellschaft im Prozess gegen die Geschäftsführer (§ 25 MitbestG, § 112 AktG). Umstritten ist, ob der Aufsichtsrat in diesen Fällen auch über die Verfolgung als solche entscheiden muss[108].   **84**

hh) Konkurrenzen

§ 43 II GmbHG ist **lex specialis** gegenüber Ansprüchen wegen Verletzung des Anstellungsvertrages (§ 280 I BGB) und angemaßter Eigengeschäftsführung (§ 687 II BGB). Zu Delikts-, Bereicherungs- und Herausgabeansprüchen besteht Anspruchskonkurrenz. Diese unterliegen auch nicht der speziellen Verjährungsregelung des § 43 IV GmbHG.   **85**

---

[107] Einzelheiten hierzu sind umstritten; zum Meinungsstand sie etwa *Altmeppen* in Roth/Altmeppen, GmbHG, § 43 Rn. 92; *Berger*, ZHR 149 (1985), 599 ff.

[108] Dafür *Bayer* in Lutter/Hommelhoff, GmbHG, § 46 Rn. 35; dagegen *Roth* in Roth/Altmeppen, GmbHG, § 46 Rn. 66.

86   **Prüfungsschema zu § 43 II, III GmbHG (Anspruchsvoraussetzungen)**

⊃ Geschäftsführer als Haftungsadressat
   – Wirksamkeit der Bestellung nicht erforderlich (Stichwort: faktischer
     Geschäftsführer)
⊃ Verletzung organschaftlicher Pflichten
   – § 43 I GmbHG als Pflichtenmaßstab
   – bei unternehmerischen Entscheidungen: Business Judgment Rule
   – keine Haftung bei Handeln aufgrund rechtmäßiger Weisung
     oder bei (auch nachträglicher) Billigung durch die Gesellschafter
⊃ Verschulden
   – § 43 I GmbHG als Sorgfaltsmaßstab
   – „Sorgfalt eines ordentlichen Geschäftsmanns"
⊃ adäquat kausaler Schaden
⊃ Beschluss der Gesellschafterversammlung über Geltendmachung
⊃ keine Einwendungen
   – insbesondere kein Verzicht (Grenze: § 43 III GmbHG)
   – präklusive Wirkung der Entlastung
⊃ keine Einreden
   – Verjährung: fünf Jahre ab Schadenseintritt

c) Haftung nach § 64 GmbHG wegen Zahlungen nach Insolvenzreife

Literatur: *Kleindiek*, Geschäftsführer nach der GmbH-Reform, Festschrift K. Schmidt,
2009, S. 893; *Poertzgen*, Geschäftsführerhaftung aus § 64 S. 1 GmbHG – Anwendungs-
praxis und rechtspolitische Kritik, ZInsO 2011, 305.

aa) Überblick

87   Einen besonderen Fall der **Innenhaftung** regelt § 64 GmbHG, der **zwei** Haftungstatbestände enthält.

⊃ **Satz 1** sanktioniert die Schmälerung des Gesellschaftsvermögens durch
   Zahlungen, die nach Eintritt der Zahlungsunfähigkeit der Gesellschaft oder
   nach Feststellung ihrer Überschuldung geleistet werden. Voraussetzung ist
   insoweit also, dass die GmbH bereits insolvent ist. Eine Haftung tritt nicht
   ein, wenn die Zahlungen mit der Sorgfalt eines ordentlichen Geschäftsmanns vereinbar sind (Satz 2).
⊃ **Satz 3** knüpft zeitlich eher an und normiert eine Haftung für Zahlungen,
   die zur Zahlungsunfähigkeit geführt haben. Voraussetzung ist insoweit
   aber, dass es sich um Zahlungen an Gesellschafter handelt. War der Eintritt
   der Zahlungsunfähigkeit bei sorgfältiger Betrachtung nicht erkennbar, so
   haftet der Geschäftsführer nicht.

Auf die Wirksamkeit der Bestellung zum Geschäftsführer kommt es auch hier nicht an. Insbesondere unterliegen auch sog. **faktische Geschäftsführer** (dazu oben Rn. 80) der Haftung.

Die früher in § 64 GmbHG mit enthaltene Haftung für die verspätete Stellung des **88** Insolvenzantrages (als Schutzgesetz nach § 823 II BGB) ist durch das MoMiG in die InsO verlagert worden (siehe dort § 15a I InsO). Nur die Sondertatbestände der Zahlung nach Insolvenzreife (Satz 1) und der Insolvenzbeschleunigung (Satz 3) sind in § 64 GmbHG erhalten geblieben.

bb) Normzweck

Der **rechtspolitische Hintergrund** des § 64 GmbHG ist folgender: Idealerweise **89** dient ein Insolvenzverfahren der Sanierung eines in eine wirtschaftliche Krise geratenen Unternehmens.

Dieser Zweck, den der Gesetzgeber bei Schaffung der InsO[109] ausdrücklich verwirklichen wollte, wird in der Praxis dadurch unterlaufen, dass Insolvenzanträge zu spät gestellt werden, weil die Betroffenen die nachteiligen Folgen des Insolvenzverfahrens fürchten. Dies führt dazu, dass in vielen Fällen ein Insolvenzverfahren „mangels Masse" schon gar nicht eröffnet wird oder nach Eröffnung dem Insolvenzverwalter nur noch die Abwicklung der Geschäfte und die gleichmäßige Befriedigung der Gesellschaftsgläubiger als Handlungsoption verbleiben.

Dem soll § 64 S. 1 GmbHG entgegenwirken: Durch die **Androhung der persönlichen Haftung** soll der Geschäftsführer dazu angehalten werden, die Insolvenzlage zu beseitigen oder rechtzeitig Insolvenzantrag zu stellen[110]. Zur Antragstellung ist er gemäß § 15a I InsO nicht nur berechtigt, sondern sogar verpflichtet. Zugleich dient die Vorschrift der Massesicherung[111], da der Ersatzanspruch gegen den Geschäftsführer eine etwaige Minderung des Gesellschaftsvermögens ausgleicht und so die zur Verfügung stehende Masse erhöht wird.

Der durch das MoMiG neu eingeführte § 64 S. 3 GmbHG soll den Kapitalschutz nach § 30 I GmbHG ergänzen, da auch Zahlungen erfasst werden, die das zur Erhaltung des Stammkapitals erforderliche Gesellschaftsvermögen nicht antasten[112]. Insofern nimmt er Überlegungen auf, nicht nur das Vermögen im Sinne des § 30 GmbHG, sondern auch die Liquidität der Gesellschaft besonders zu schützen.

---

[109] Die Insolvenzordnung wurde 1994 verabschiedet, trat aber erst zum 1. Januar 1999 in Kraft.

[110] *Kleindiek* in Lutter/Hommelhoff, GmbHG, § 64 Rn. 2; *K. Schmidt*, Gesellschaftsrecht, § 36 II 5 b mit weiteren Nachweisen.

[111] *Nerlich* in Michalski, GmbHG, § 64 Rn. 8.

[112] Vgl. Begr. RegE, BT-Drucks. 16/6140, S. 41; kritisch *Altmeppen* in Roth/Altmeppen, GmbHG, § 64 Rn. 54.

cc) „Zahlung"

90   Entsprechend dem Normzweck ist der Begriff „Zahlung" **weit zu verstehen**[113]. Erfasst sind auch nicht nur bare oder unbare Geldzahlungen, sondern jedweder Vermögenstransfer, insbesondere auch Warenlieferungen, die Übertragung von Rechten und andere vermögenswirksame Leistungen. Unerheblich ist, ob die Zahlung an Gesellschafter oder an Dritte erfolgt. Nicht erfasst ist demgegenüber die Begründung neuer das Gesellschaftsvermögen belastender Verbindlichkeiten.

91   Wichtig ist, dass § 64 S. 1 GmbHG keinen Schadensersatzanspruch normiert, sondern einen **Ersatzanspruch eigener Art**[114].

Zum Teil wird daher angenommen, dass Zahlungen auch dann haftungsschädlich sind, wenn die Gesellschaft eine **Gegenleistung** erhält und keinen Schaden erleidet[115]. Ist aber durch die Gegenleistung ein dauerhafter Wert ins Gesellschaftsvermögen gelangt, so wird die Masse durch die Zahlung nicht vermindert, sondern nur in ihrer Zusammensetzung geändert. Davor schützt § 64 S. 1 GmbHG **nicht**.

92   Der Geschäftsführer kann sich daher durch den Nachweis, dass bei einer wirtschaftlichen Betrachtungsweise ein Gegenwert in das Gesellschaftsvermögen gelangt und dort voll erhalten geblieben ist, entlasten[116].

Soweit das nicht der Fall ist, weil die Gesellschaft durch die Zahlung keinen unmittelbar messbaren Vorteil hat (z.B. Dienstleistungen, Fixkosten, Steuern etc.), kann das Korrektiv des Satz 2 eingreifen. Ausgenommen von der Haftung sind danach Leistungen, die mit der Sorgfalt eines ordentlichen Geschäftsmanns vereinbar waren. Allerdings ist die Ausnahme mit Rücksicht auf den Normzweck der Masseerhaltung so auszulegen, dass nur Zahlungen ausgenommen sind, die auch **unter Beachtung der Insolvenzlage** als sorgfaltsgemäß erscheinen. Es muss sich also um Leistungen handeln, die ein ordentlicher Geschäftsmann selbst dann getätigt hätte, wenn ihm die Insolvenzlage bewusst gewesen wäre.

> ⟳   Hierzu gehören zunächst einmal alle **gesetzlichen Pflichtleistungen**, insbesondere die Zahlung von Steuern und Sozialabgaben, letzteres auch vor dem Hintergrund des § 266a StGB[117].

---

[113] Vgl. *Haas* in Baumbach/Hueck, GmbHG, § 64 Rn. 65; *Kleindiek* in Lutter/Hommelhoff, GmbHG, § 64 Rn. 24.

[114] BGHZ 146, 264, 278 f.; BGH NJW 1974, 1088 f.; *K. Schmidt*, ZHR 168 (2004), 637, 651 f. (jeweils zu § 64 II GmbHG a.F.).

[115] *Schulze-Osterloh*, Festschrift Bezzenberger, 2000, S. 415 ff.

[116] So im Ergebnis auch BGH NJW 1974, 1088, 1089 ; ZIP 1986, 456, 459; *Altmeppen* in Roth/Altmeppen, GmbHG, § 64 Rn. 13; *Haas* in Baumbach/Hueck, GmbHG, § 64 Rn. 70; *Pape*, ZInsO 2001, 397, 401.

[117] Zum Normkonflikt mit § 266a StGB vgl. BGH NJW 2003, 3787.

➲ Bei **Gegenleistungen aus Verträgen** ist darauf abzustellen, ob sie der Aufrecht-
   erhaltung des Betriebes dienten[118]. Als **Leitlinie** kann dabei dienen, ob sie ein Insolvenzverwalter im Rahmen einer Unternehmensfortführung in der Insolvenz auch
   getätigt hätte[119].

Dass die Handlungen des Geschäftsführers insolvenzrechtlich nach den §§ 129 ff. InsO
angefochten werden können, ist für die Haftung nach § 64 GmbHG hingegen **ohne
Bedeutung**[120]. Auch kann die Insolvenzquote, die die Insolvenzgläubiger erhalten, nicht
in Abzug gebracht werden[121].

---

dd) Zahlungsunfähigkeit

Zahlungsunfähigkeit und Überschuldung sind die **Insolvenzgründe**, die die Ge-   **93**
schäftsführer einer GmbH zur Stellung des Insolvenzantrags verpflichten und
Gläubiger der Gesellschafter zur Antragstellung berechtigen (§ 15a I 1 InsO). Der
Begriff der Zahlungsunfähigkeit ist in § 17 II 1 InsO legal definiert:

> Zahlungsunfähig ist, wer nicht in der Lage ist, seine fälligen Zahlungspflich-
> ten zu erfüllen.

Die Zahlungsunfähigkeit ist in der Praxis der häufigste Eröffnungsgrund, da sie
leichter feststellbar ist als die Überschuldung. Anknüpfungspunkt ist allein die
fehlende Liquidität. Entscheidend ist die mangelnde Fähigkeit zur Zahlung, nicht
die Bereitschaft. Verfügbare Zahlungsmittel und fällige Zahlungspflichten sind ei-
nander gegenüberzustellen.

   Die Zahlungsunfähigkeit ist von der bloßen **Zahlungsstockung** abzugrenzen,   **94**
bei der der Schuldner sich die fehlenden liquiden Mittel kurzfristig beschaffen
kann. Der BGH setzt dabei den Zeitraum, den eine kreditwürdige Person benötigt,
um sich die notwendigen Mittel zu beschaffen, in Anlehnung an die Frist in § 15a
I InsO mit drei Wochen an[122]. Auch sollen nur **geringfügige Liquiditätslücken**
noch nicht die Zahlungsunfähigkeit begründen.

Nach Auffassung des BGH ist bei Liquiditätslücken von weniger als 10 % regelmäßig
nicht von Zahlungsfähigkeit auszugehen, sofern nicht bereits absehbar ist, dass die Lücke
in absehbarer Zeit größer wird. Umgekehrt wird bei einer Liquiditätslücke von mehr als
10 % vermutet, dass der Schuldner zahlungsunfähig ist[123].

Die Zahlungsunfähigkeit wird **vermutet**, wenn der Schuldner seine **Zahlungen**   **95**
eingestellt hat (§ 17 II 2 InsO). Als Zahlungseinstellung wird dabei jedes Verhal-

---

[118] *Heeg*, DStR 2007, 2134, 2138; *Nerlich* in Michalski, GmbHG, § 64 Rn. 46.

[119] Zutreffend *Kleindiek* in Lutter/Hommelhoff, GmbHG, § 64 Rn. 12.

[120] Vgl. BGH 131, 325, 328 ff.; BGH ZIP 2003, 1005, 1007; *Kleindiek* in Lutter/Hommelhoff,
GmbHG, § 64 Rn. 17.

[121] *Haas* in Baumbach/Hueck, GmbHG, § 64 Rn. 88.

[122] BGH NZI 2005, 547, 548 ; OLG Hamm ZInsO 2008, 511, 512.

[123] BGH NZI 2005, 547, 550.

ten angesehen, das Geschäftspartnern den Eindruck vermittelt, die Nichtzahlung beruhe auf der Unfähigkeit, die Verbindlichkeiten begleichen zu können.

> **Beispiele:** Bitte um längerfristige Stundung, Nichtzahlung wichtiger laufender Betriebs-kosten, gehäufte Wechselproteste oder Vollstreckungsmaßnahmen, Schließung des Geschäftsbetriebes.

ee) Überschuldung

96   **Vor Inkrafttreten der InsO**, also unter Geltung von KO und VerglO, galt ein zweistufiger Überschuldungsbegriff[124]: In einem ersten Schritt galt es die rechneri-sche Überschuldung festzustellen, bevor in einem zweiten Schritt nach der Wahr-scheinlichkeit der Unternehmensfortführung gefragt wurde. War die Fortführung wahrscheinlich, musste trotz rechnerischer Überschuldung kein Insolvenzantrag gestellt werden.

97   Trotz Protesten aus dem Schrifttum ist der Gesetzgeber bei der Schaffung der InsO hiervon abgerückt und hat in § 19 II InsO auf die Fortführungsprognose als eigenständiges Element verzichtet und eine bilanzielle Betrachtung gefordert. Eine mögliche Fortführung des Unternehmens blieb dabei nicht unberücksichtigt, son-dern spielte bei der Frage, welche Werte in der **Überschuldungsbilanz** anzuset-zen waren, eine entscheidende Rolle. War die Fortführung überwiegend wahr-scheinlich, konnten die Aktiva gemäß § 19 II 2 InsO a.F. mit ihrem jeweiligen **„Fortführungswert"** angesetzt werden, anderenfalls nur mit dem – regelmäßig deutlich niedrigeren – **„Zerschlagungswert"**. Ergab sich jedoch auch nach Ansatz der höheren Fortführungswerte eine rechnerische Überschuldung, war Insolvenz anzumelden. Der Gesetzgeber setzte darauf, dass bei einer positiven Fortfüh-rungsprognose die Unternehmensfortführung in der Insolvenz möglich sein werde (Sanierung in der Insolvenz).

98   Im Zuge der Finanzkrise im Jahr 2008 ist der Gesetzgeber jedoch **zum zwei-stufigen Überschuldungsbegriff zurückgekehrt**[125].

> Bemerkenswert dabei ist, dass die Änderung nach geltender Rechtslage befristet ist und zwar derzeit bis zum 31. Dezember 2013, danach soll § 19 II InsO insoweit wieder in seiner ursprünglichen Fassung gelten. Ob der Gesetzgeber daran festhalten wird, bleibt abzuwarten.

---

[124] Die Terminologie ist uneinheitlich. Hier wird im Folgenden zwischen dem zweistufigen und dem einstufigen Überschuldungsbegriff unterschieden, je nachdem ob die Fortführungsprognose eine eigene Stufe darstellt oder lediglich ein Berechnungsfaktor ist. Anders etwa *Lauscher*, JURA 2009, 886 ff., der zwischen „zweistufigem" und „modifiziert zweistufigem" Überschul-dungsbegriff unterscheidet.

[125] Durch Art. 5 des Gesetzes zur Umsetzung eines Maßnahmenpakets zur Stabilisierung des Fi-nanzmarktes (Finanzmarktstabilisierungsgesetz – FMStG) vom 17. Oktober 2008, BGBl. I S. 1982.

Nach dem gegenwärtig geltenden **zweistufigen Überschuldungsbegriff** des § 19 II 1 InsO liegt eine Überschuldung vor, wenn

➲ das Vermögen des Schuldners die bestehenden Verbindlichkeiten nicht mehr deckt,

➲ es sei denn, die Fortführung des Unternehmens ist nach den Umständen überwiegend wahrscheinlich (§ 19 II 1 InsO).

Zur Feststellung der Überschuldung werden Aktiva und Passiva in einer **Über-** **99** **schuldungsbilanz** gegenübergestellt. **Zu passivieren** sind diejenigen Verbindlichkeiten, die im Falle der Insolvenzeröffnung als Insolvenzforderungen anzusehen wären. **Nicht** zu passivieren ist das **Eigenkapital**, insbesondere auch nicht das Stammkapital. Anders als bei der bilanziellen Betrachtung nach § 30 I 1 GmbHG geht es bei der Überschuldungsprüfung nicht um Kapitalschutz, sodass ein „bilanzieller Verlustpuffer" nicht erforderlich ist.

Nicht passiviert werden müssen zudem Forderungen, für die ein **Nachrang** gemäß §§ 19 II 3 i.V.m. 39 I Nr. 5 InsO vereinbart wurde[126]. Dies ist namentlich für Forderungen aus Gesellschafterdarlehen von Bedeutung (siehe dazu § 9 Rn. 5 ff.).

Aktiva sind die Vermögensbestandteile, die im Falle einer Insolvenzeröffnung **100** verwertet werden können. In der Überschuldungsbilanz sind die Aktiva mit Zerschlagungswerten anzusetzen. Die Fortführungsprognose spielt an dieser Stelle noch keine Rolle. Erst wenn die Überschuldungsbilanz ergibt, dass die Aktiva die Passiva nicht mehr decken, kommt die **Fortführungsprognose** ins Spiel: **Ist sie positiv, so schadet die rechnerische Überschuldung nicht.**

Voraussetzung hierfür ist, dass die Fortführung des Unternehmens überhaupt beabsichtigt ist und sich die wirtschaftliche Überlebensfähigkeit aufgrund eines aufzustellenden Finanzplans belegen lässt. Der Finanzplan muss dabei mindestens das laufende Jahr und das folgende Geschäftsjahr umfassen und darauf schließen lassen, dass die notwendige Liquidität im Prüfungszeitraum gewährleistet ist[127].

ff) Geltendmachung

Der Ersatzanspruch steht der Gesellschaft zu und ist im Regelfall vom **Insolvenz-** **101** **verwalter** geltend zu machen. Wird die Eröffnung des Insolvenzverfahrens mangels Masse abgelehnt (§ 26 InsO) oder später wegen Masseunzulänglichkeit eingestellt (§§ 207 ff. InsO), können die Gläubiger auf den Anspruch im Rahmen der Zwangsvollstreckung, insbesondere also durch Erwirkung eines Pfändungs- und Überweisungsbeschlusses (§§ 829, 835 ZPO) zugreifen.

§ 64 S. 4 GmbHG verweist auf §§ 43 III, IV GmbHG: Verzicht, Vergleich oder ähnliche zum Erlöschen der Forderung führende Rechtshandlungen sind

---

[126] Zur Rechtslage vor dem MoMiG siehe die grundlegende Entscheidung BGHZ 146, 264.

[127] Siehe hierzu die IDW S 6 (Anforderungen an die Erstellung von Sanierungskonzepten) des Instituts für Wirtschaftsprüfer e.V. vom 20. August 2009, abgedruckt in WPg Supplement 4/2009, S. 145 ff.

demgemäß nicht möglich. Auch entlastet eine Weisung der Gesellschafter den Geschäftsführer nicht. Der Anspruch verjährt in fünf Jahren.

9. Haftung gegenüber Gesellschaftsgläubigern (Außenhaftung)

a) Überblick

102 Geschäftsführer können sich nicht nur gegenüber der GmbH, für die sie tätig sind, sondern auch gegenüber Dritten, namentlich den Gesellschaftsgläubigern haftbar machen. **Spezielle Außenhaftungstatbestände** sind an verschiedenen Stellen im und außerhalb des GmbHG normiert.

> Zu nennen sind insbesondere:
> - Handelndenhaftung in der Vor-GmbH (§ 11 II GmbHG),
> - Haftung wegen Pflichtwidrigkeiten im Zusammenhang mit der Gesellschafterliste (§ 40 III GmbHG),
> - Haftung wegen nicht ordnungsgemäßer Erfüllung der steuerrechtlichen Pflichten der Gesellschaft (§§ 34, 69 AO).

Darüber hinaus bleiben die **allgemeinen zivilrechtlichen Haftungstatbestände** anwendbar. In Betracht kommen dabei insbesondere eine Haftung aus culpa in contrahendo (§ 311 BGB) und aus unerlaubter Handlung (§§ 823 ff. BGB).

b) Haftung aus culpa in contrahendo

103 Aus den Verträgen, die der Geschäftsführer namens der GmbH schließt, wird grundsätzlich nicht er, sondern die Gesellschaft berechtigt und verpflichtet. Begeht der Geschäftsführer eine Pflichtverletzung, so muss die Gesellschaft hierfür analog § 31 BGB einstehen. Der Geschäftsführer selbst haftet nur, wenn **besondere Umstände** hinzutreten.

§ 311 III 2 BGB nennt exemplarisch hierfür die Fälle, in denen ein Dritter **in besonderem Maße Vertrauen** für sich in Anspruch genommen und dadurch die Vertragsverhandlungen oder den Vertragsschluss erheblich beeinflusst hat. Erforderlich ist insoweit, dass der Dritte (hier also der Geschäftsführer) über das „gewöhnliche Verhandlungsvertrauen" hinaus ein zusätzliches, von ihm selbst ausgehendes Vertrauen auf die Vollständigkeit und Richtigkeit seiner Erklärungen hervorgerufen hat, das sich im Vorfeld einer Garantiezusage bewegt[128].

> Das kann insbesondere vorliegen, wenn der Geschäftsführer Zweifel des Geschäftspartners an der Zahlungsfähigkeit der GmbH mit Hinweis auf seine persönliche Zuverlässigkeit zerstreut („Mir können Sie doch vertrauen!").

Eine zweite anerkannte Fallgruppe der c.i.c.-Haftung von Nicht-Vertragspartnern ist das „**wirtschaftliche Eigeninteresse**". Insoweit darf aber **nicht vorschnell** auf

---

[128] BGHZ 126, 181, 189 f.; *Emmerich* in MünchKomm. BGB, § 311 Rn. 248.

eine Geschäftsführerhaftung aus § 311 III BGB geschlossen werden. Es genügt nicht, dass der Geschäftsführer am wirtschaftlichen Erfolg der Gesellschaft partizipiert[129]. Die gesetzliche Wertung des § 13 II GmbHG, wonach grundsätzlich nur das Gesellschaftsvermögen zur Befriedigung der Gesellschaftsgläubiger zur Verfügung steht, darf nicht über den Umweg einer c.i.c.-Haftung ausgehöhlt werden.

c) Haftung aus unerlaubter Handlung

aa) § 823 I BGB

Eine Haftung des Geschäftsführers aus § 823 I BGB kommt in Betracht, wenn er **104** ein absolutes Recht eines Dritten verletzt, auch wenn dies in Verrichtung seiner Organtätigkeit geschieht. Analog § 31 BGB haftet daneben auch hier die GmbH. Anders als bei der vertraglichen Haftung ändert das aber nichts an der Haftung desjenigen, der selbst die Rechtsgutsverletzung begangen hat.

Hoch umstritten ist dabei die Behandlung von Fällen, in denen der Geschäfts- **105** führer **Verkehrssicherungspflichten** verletzt, die nicht ihm persönlich, sondern der GmbH als Unternehmensträgerin auferlegt sind. Dabei erscheint zumindest zweifelhaft, ob sich bereits aus der Übernahme der Organstellung eine allgemeine Garantenstellung gegenüber Dritten ableiten lässt. Das Meinungsbild im Schrifttum ist unübersichtlich und kann hier nicht nachgezeichnet werden[130]. Erwähnt werden muss aber die sog. „Baustoff"-Entscheidung[131] des BGH, wonach eine deliktische Außenhaftung des Geschäftsführers schon dann in Betracht kommen soll, wenn der Geschäftsführer im Innenverhältnis zur GmbH bestehende **Organisationspflichten** verletzt. Diese Transformation interner Organisationspflichten zu externen Verkehrspflichten ist bedenklich und kann zu einer uferlosen Haftung führen, da sie sich kaum sachgerecht eingrenzen lässt.

bb) § 823 II BGB

Eine Haftung nach § 823 II BGB greift nur ein, wenn der Geschäftsführer ein **106** **Schutzgesetz** verletzt und der geschädigte Dritte dem Schutzbereich der Norm unterfällt.

Dabei genügt es allerdings nicht, dass die einschlägige Vorschrift Dritte nur reflexiv schützt. Nicht als Schutzgesetze zugunsten Dritter angesehen werden daher insbesondere § 43 GmbHG[132] und § 266 StGB (Untreue). Auch die in § 41 GmbHG normierte Pflicht zur ordnungsgemäßen Buchführung soll unmittelbar nur dem Schutz der GmbH und ihrer Gesellschafter dienen.

---

[129] Vgl. BGHZ 126, 181, 183 ff.; für eine weitgehende Haftung noch BGHZ 87, 27, 35 ff.

[130] Vgl. die Darstellung bei *Zöllner/Noack* in Baumbach/Hueck, GmbHG, § 43 Rn. 76 ff.

[131] BGHZ 109, 297.

[132] BGHZ 110, 342, 359 f.; *Zöllner/Noack* in Baumbach/Hueck, GmbHG, § 43 Rn. 79; *Haas/Ziemons* in Michalski, GmbHG, § 43 Rn. 289.

Als Schutzgesetze anerkannt sind demgegenüber:
- §§ 263, 265b StGB: Betrug und Kreditbetrug,
- § 266a StGB i.V.m. § 14 Nr. 1 StGB, § 22 SGB VI: Vorenthalten und Veruntreuen von Arbeitsentgelt (Schutzgesetz zugunsten der Sozialversicherungsträger),
- § 15a InsO: Verletzung der Insolvenzantragspflicht.

cc) § 826 BGB

107 Schließlich kommt nach allgemeinen deliktsrechtlichen Grundsätzen auch eine Haftung wegen **vorsätzlicher sittenwidriger Schädigung** in Betracht. Zu beachten ist allerdings insoweit, dass das schädigende Verhalten unmittelbar gegen den Dritten gerichtet sein muss. Eine nur mittelbare Beeinträchtigung durch die sittenwidrige Schädigung der GmbH genügt nicht.

Dies folgt nicht zuletzt aus der „Trihotel"-Rechtsprechung des BGH[133] zur Existenzvernichtungshaftung, wonach der Anspruch aus § 826 BGB der Gesellschaft und gerade nicht deren Gläubigern zustehen soll (siehe oben § 10 Rn. 28).

d) Haftung wegen Insolvenzverschleppung gemäß § 823 II BGB, 15a I 1 InsO

Literatur: *Flume*, Die Haftung des GmbH-Geschäftsführers bei Geschäften nach Insolvenzreife der GmbH, ZIP 1994, 337; *Goette*, Zur persönlichen Haftung des Geschäftsführers einer GmbH gegenüber Dritten aus Geschäften, die nach Eintritt der Insolvenzreife mit ihnen geschlossen werden, DStR 1994, 1048; *Haas*, Fragen zur Insolvenzverschleppungshaftung des GmbH-Geschäftsführers, NZG 1999, 373.

aa) Insolvenzrechtliche Grundlagen

108 Durch das MoMiG wurde die **Insolvenzantragspflicht** aus den gesellschaftsrechtlichen Spezialgesetzen (vgl. § 64 I GmbHG a.F., § 92 II AktG a.F.) rechtsformneutral in § 15a InsO verlagert[134].

Gemäß § 15a I 1 InsO sind die Mitglieder von Vertretungsorganen juristischer Personen verpflichtet, ohne schuldhaftes Zögern, spätestens aber drei Wochen nach Eintritt der Zahlungsunfähigkeit oder Überschuldung, Insolvenzantrag zu stellen.

Zu den Insolvenzgründen Zahlungsunfähigkeit und Überschuldung siehe bereits oben Rn. 93 ff. und 96 ff.

109 **Antragspflichtig** sind die einzelnen Organmitglieder, d.h. bei Vorhandensein mehrerer Geschäftsführer jeder einzelne von ihnen[135]. Auf die Wirksamkeit der

---

[133] BGHZ 173, 246.

[134] Gesetzgeberisches Ziel war es dabei, den Geltungsbereich der Antragspflicht auf ausländische Gesellschaften zu erweitern, vgl. Begr. RegE zum MoMiG, BT-Drucks. 16/6140, S. 126 f.

[135] Unzutreffend *Bußhardt* in Braun, InsO, 4. Aufl. 2010, § 15a Rn. 7.

Bestellung kommt es wiederum nicht an, sodass auch **faktische Geschäftsführer** (siehe oben Rn. 80) zur Stellung des Insolvenzantrags verpflichtet sind[136].

Bei Insolvenzreife der GmbH hat der Geschäftsführer bis zu **drei Wochen** Zeit, **110** den **Insolvenzgrund zu beseitigen.** Die Drei-Wochen-Frist entspricht nach – zweifelhafter – Auffassung des Gesetzgebers, der Zeit, in der die erforderlichen Sanierungsmaßnahmen bei Sanierungswürdigkeit der Gesellschaft regelmäßig herbeigeführt werden können[137]. Wird vorher klar, dass eine Sanierung nicht in Betracht kommt, so darf der Geschäftsführer die Frist nicht ausreizen, sondern muss umgehend Insolvenzantrag stellen[138].

> Die Zahlungsfähigkeit kann, da es der Gesellschaft „lediglich" an Liquidität mangelt, durch die Zuführung zusätzlicher liquider Mittel, insbesondere durch die Aufnahme von Krediten beseitigt werden.

Schwieriger stellt sich die Lage bei der Überschuldung dar. Hier genügt die Aufnahme von Krediten grundsätzlich nicht, da hierdurch nicht nur die Aktivseite der Bilanz (Geld), sondern zugleich auch die Passivseite (Verbindlichkeiten) erhöht wird und damit die bestehende Unterbilanz gerade nicht ausgeglichen wird.

> Eine Überschuldung kann grundsätzlich nur durch Forderungsverzicht der Gläubiger (Reduzierung der Passiva) oder die Zuführung neuen Eigenkapitals beseitigt werden.

Die Zuführung von **Fremdkapital** genügt ausnahmsweise dann, wenn für die Verbindlichkeiten ein Nachrang gemäß §§ 19 II 3 i.V.m. 39 I Nr. 5 InsO vereinbart wurde. Dies gilt auch für Gesellschafterdarlehen (siehe oben Rn. 99).

Die **Antragsfrist beginnt** nach zutreffender Auffassung des BGH, wenn das objektive Vorliegen eines Insolvenzgrundes für den Geschäftsführer zumindest erkennbar war[139]. Das Verschulden wird dann vermutet. Bei Zahlungsunfähigkeit ist die Erkennbarkeit regelmäßig gegeben, da der Geschäftsführer weiß oder wissen muss, dass offene Verbindlichkeiten nicht beglichen werden können.

bb) Schutzgesetz

Die Insolvenzantragspflicht soll die wirtschaftlichen Risiken begrenzen, die sich **111** aus der beschränkten Haftung einer juristischen Person in finanziellen Krisensituationen ergeben[140] (siehe dazu oben § 1 Rn. 12 ff.). Geschützt werden dabei nicht

---

[136] BGHZ 104, 44; BGH DStR 2005, 1704.

[137] Vgl. *Kiethe/Hohmann* in MünchKomm. StGB, § 15a InsO Rn. 62 f.

[138] *Hirte* in Uhlenbruck, InsO, 13. 2010, § 15a Rn. 16; *Bußhardt* in Braun, InsO, 4. Aufl. 2010, § 15a Rn. 9.

[139] BGHZ 143, 184; a.A. *Dannecker* in Michalski, GmbHG, § 84 Rn. 84, der auf die positive Kenntnis abstellt.

[140] Vgl. BGHZ 126, 181.

nur die **Vermögensinteressen der Gesellschaft** und ihrer Gesellschafter, sondern auch diejenigen der **Gesellschaftsgläubiger**. Denn wenn der von den Gesellschaftern aufgebrachte Risikobeitrag vollständig verloren ist, trifft jeder weitere Verlust die Gläubiger, während die Gesellschafter nichts mehr zu verlieren haben. Diese Situation kann zudem einen Fehlanreiz dahin liefern, zu versuchen, das Ruder durch besonders spekulative Geschäfte doch noch herumzureißen (sog. *gambling for resurrection*)[141] – was dann oftmals den Verlust nur noch vergrößert.

§ 15a I 1 InsO ist daher Schutzgesetz im Sinne von § 823 II BGB[142].

Für den Anspruch gelten die allgemeinen zivilrechtlichen Regeln. Insbesondere sind die Gläubiger darlegungs- und beweisbelastet für die Verletzung der Insolvenzantragspflicht. Erleichtert wird dies im Hinblick auf das Verschulden, das bei Erkennbarkeit des Insolvenzgrundes vermutet wird. Der Anspruch unterliegt der Regelverjährung gemäß §§ 195, 199 I BGB.

cc) Haftungsumfang

112   Verletzt der Geschäftsführer seine Insolvenzantragspflicht so ist er den Gläubigern zum Ersatz des hierdurch entstanden Schadens verpflichtet. Anzustellen ist insoweit eine Differenzhypothese (§ 249 BGB): Die Gläubiger sind so zu stellen, wie sie stünden, wäre der Insolvenzantrag rechtzeitig gestellt worden. Dies zwingt hinsichtlich des Umfangs des ersatzfähigen Schadens zu einer **Differenzierung** zwischen Gläubigern, deren Forderungen schon zu dem Zeitpunkt bestanden haben, in dem der Insolvenzantrag hätte gestellt werden müssen (sog. **Altgläubiger**), und solchen, deren Forderungen erst nach diesem Zeitpunkt entstanden sind (sog. **Neugläubiger**)[143].

113   Der Schaden der **Altgläubiger** besteht nicht darin, dass sie mit ihrer Forderung insgesamt ausfallen, da auch bei rechtzeitiger Antragstellung das Vermögen der Gesellschaft (als Insolvenzschuldnerin) regelmäßig nicht ausgereicht hätte, um die Insolvenzforderungen vollständig zu decken – im Gegenteil: die Quoten bewegen sich typischerweise im einstelligen Prozentbereich.

Altgläubiger können daher (nur) Ersatz des sog. **Quotenschadens** verlangen, der aus der Minderung der Insolvenzquote aufgrund nicht rechtzeitiger Antragstellung resultiert. Zu ersetzen ist dabei die Differenz zwischen dem Betrag, den die Altgläubiger bei rechtzeitiger Antragstellung als Insolvenzquote erhalten hätten, und dem Betrag, den sie tatsächlich als Insolvenzquote erhalten.

---

[141] Dazu *Kuhner,* ZGR 2005, 753, 768.

[142] So für die Vorgängervorschrift § 64 I GmbHG a.F. etwa BGHZ 126, 190 f.

[143] Grundlegend BGHZ 126, 181 ff.; ablehnend *Altmeppen/Wilhelm,* NJW 1999, 673 ff.

Der Quotenschaden betrifft alle Altgläubiger, da er aus der Verminderung des zur Insolvenzmasse gehörenden Vermögens resultiert. Es handelt sich daher um einen sog. **Gesamtschaden** im Sinne des § 92 InsO[144], der während der Dauer des Insolvenzverfahrens **nur vom Insolvenzverwalter** geltend gemacht werden kann. Die Altgläubiger können daher in dieser Zeit ihren Anspruch aus § 823 II BGB i.V.m. § 15a I 1 InsO selbst nicht verfolgen.

Bei **Neugläubigern** stellt sich die Situation anders dar. Ausgangspunkt ist dabei   **114** die Überlegung, dass die Neugläubiger sich auf ein Geschäft mit der GmbH überhaupt nicht eingelassen hätten, wenn der Geschäftsführer den Insolvenzantrag rechtzeitig gestellt hätte[145]. Dies entspricht dem Schutzzweck der Insolvenzantragspflicht, insolvenzreife Gesellschaften vom Rechtsverkehr fernzuhalten.

Neugläubiger haben daher einen Anspruch auf Ersatz des **vollen negativen Interesses**. Ersatzfähig ist daher der komplette Forderungsausfall (Höhe der Forderung abzüglich der Insolvenzquote).

Der Schaden der Neugläubiger knüpft nicht an die Schmälerung der Masse an; er ist **kein Gesamtschaden** und kann daher von den Neugläubigern auch während der Dauer des Insolvenzverfahrens **selbst** geltend gemacht werden.

10. Haftung gegenüber Gesellschaftern

In Sonderfällen kommt eine Haftung des Geschäftsführers auch gegenüber den   **115** Gesellschaftern in Betracht. **Gesellschaftsrechtliche Haftungstatbestände** finden sich in den §§ 31 VI, 40 III GmbHG.

Im Übrigen kann eine Haftung sich nur aus **Deliktsrecht** ergeben, denn eine vertragliche Beziehung besteht zwischen dem Geschäftsführer und den Gesellschaftern nicht: Hier steht die GmbH dazwischen.

Weder das Organverhältnis noch der Anstellungsvertrag begründen eine Sonderrechtsbeziehung zu den Gesellschaftern[146].

Neben der bereits angesprochenen **c.i.c.-Haftung** gegenüber Erwerbern von Geschäftsanteilen aufgrund unzutreffender oder unvollständiger Angaben über die Lage der Gesellschaft (siehe oben Rn. 103) kommen auch hier vor allem deliktische Ansprüche in Betracht.

---

[144] *Haas* in Baumbach/Hueck, GmbHG, § 64 Rn. 132; *Altmeppen* in Roth/Altmeppen, GmbHG, Vorb. zu § 64 Rn. 124; *Ziemons* in Oppenländer/Trölitzsch, Hdb. des GmbH-Geschäftsführers, § 31 Rn. 6;

[145] Oder sie hätten mit dem Insolvenzverwalter kontrahiert und ihre Forderung wäre so eine vorrangig zu befriedigende Masseverbindlichkeit geworden (vgl. § 55 I Nr. 1 InsO).

[146] So auch *Zöllner/Noack* in Baumbach/Hueck, GmbHG, § 43 Rn. 64; *Haas/Ziemons* in Michalski, GmbHG, § 43 Rn. 272.

Dabei ist zu berücksichtigen, dass die §§ 43, 64 GmbHG sowie § 266 StGB die Gesell-schafter nur mittelbar schützen und daher nicht als Schutzgesetz im Sinne des **§ 823 II BGB** zugunsten der Gesellschafter anzusehen sind[147]. Auch die Insolvenzantragspflicht aus § 15a I 1 InsO schützt die Gesellschafter bestenfalls reflexiv. Entsprechendes gilt für die Existenzvernichtungshaftung gemäß **§ 826 BGB** nach der „Trihotel"-Rechtsprechung des BGH[148], die lediglich zu einer Haftung gegenüber der Gesellschaft führt.

116 Allerdings kommt gegenüber Gesellschaftern eine Haftung nach § 823 I BGB in Betracht, wenn durch geschäftsleitende Maßnahmen die mitgliedschaftliche Stel-lung verkürzt wird.

> Die Mitgliedschaft ist nach zutreffender, aber nicht unumstrittener Auffas-sung „sonstiges Recht" im Sinne des § 823 I BGB[149].

Haftungsbegründend ist insoweit aber nicht die bloße Schmälerung des Beteili-gungswertes. Zu fordern ist ein **mitgliedschaftsbezogener Eingriff**, durch den Vermögens- oder Verwaltungsrechte einzelner, mehrerer oder aller Gesellschafter in gesetzes- oder satzungswidriger Weise eingeschränkt oder ausgehebelt werden.

Beispiele:
- strukturändernde Maßnahmen,
- faktische Veränderung des Unternehmensgegenstandes,
- Verletzung des Informationsrechts,
- Verletzung des Gleichbehandlungsgrundsatzes.

III. Die Gesellschafterversammlung

Literatur: *Hüffer*, Die Gesellschafterversammlung, Festschrift 100 Jahre GmbHG, 1992, S. 521; *Karl*, Formerfordernisse bei Einberufung, Ankündigung und Durchführung von Gesellschafterversammlungen in der GmbH, DStR 1993, 880; *Seeling/Zwickel*, Typische Fehlerquellen bei der Vorbereitung und Durchführung der Gesellschafterversammlung einer GmbH, DStR 2009, 1097.

1. Bedeutung und Terminologie

117 Die Gesellschafterversammlung ist das **oberste Organ** der GmbH. Dies äußert sich nicht nur in dem Weisungsrecht gegenüber dem Geschäftsführer, sondern auch in der Kompetenz, den Gesellschaftsvertrag – und damit die korporations-

---

[147] Vgl. *Haas/Ziemons* in Michalski, GmbHG, § 43 Rn. 267; *Zöllner/Noack* in Baumbach/Hueck, GmbHG, § 43 Rn. 64; *K. Schmidt*, Gesellschaftsrecht, § 36 II 4 c.

[148] BGHZ 173, 246.

[149] Grundlegend BGHZ 110, 323, 334 – „Schärenkreuzer" (für den Verein) sowie *Habersack*, Die Mitgliedschaft – subjektives und sonstiges Recht, 1996, S. 171 ff. und passim; zustimmend *K. Schmidt*, JZ 1991, 157; *Haas/Ziemons* in Michalski, GmbHG, § 43 Rn. 276b; dagegen *Hadding*, Festschrift Kellermann, 1991, S. 91, 99 ff.

rechtlichen Rahmenbedingungen – zu ändern, und anderen „den Gesellschaftern" von Gesetzes wegen obliegende Zuständigkeiten (vgl. §§ 45 ff. GmbHG).

Die Bezeichnung des Organs als „Gesellschafterversammlung" ergibt sich **118** nicht ohne Weiteres aus dem Gesetz. In § 46 GmbHG ist nicht etwa von den „Zuständigkeiten der Gesellschafterversammlung" die Rede, sondern vom „Aufgabenkreis der Gesellschafter". Soweit § 48 GmbHG die Gesellschafterversammlung regelt, ist damit lediglich die tatsächliche Zusammenkunft der Gesellschafter gemeint, in der diese ihre Beschlüsse fassen. Demgegenüber bezeichnet das AktG als Hauptversammlung sowohl das Organ, dass sich aus der Gesamtheit der Aktionäre bildet, als auch deren tatsächliche Zusammenkunft. Im Folgenden wird diese **begriffliche Doppelfunktion** auch für das GmbH-Recht fruchtbar gemacht: Die Gesellschafterversammlung ist danach das Organ der Gesellschafter, unabhängig davon, ob die Beschlussfassung bei gleichzeitiger Anwesenheit in einer Versammlung erfolgt oder – wie von § 48 II GmbHG erlaubt – im Umlaufverfahren ohne gleichzeitige Anwesenheit.

> Der Begriff Gesellschafterversammlung bezeichnet nach hier zugrunde gelegtem Verständnis sowohl das **Organ** der GmbH, dem kraft Mitgliedschaft sämtliche Gesellschafter (und nur diese) angehören, als auch die **tatsächliche Zusammenkunft** der Gesellschafter zum Zwecke der Beschlussfassung.

Dies zwingt zwar zu einer Unterscheidung, die im GmbHG nicht angelegt ist, **119** doch liegt der Vorteil dieses Verständnisses darin, dass besser unterschieden werden kann zwischen:

➲ den **Aufgaben und Befugnissen**, die den **Gesellschaftern in ihrer Gesamtheit** kraft Gesetzes oder Gesellschaftsvertrages zugewiesen sind, und

➲ den **individuellen Rechten und Pflichten**, die die Gesellschafter einzeln aufgrund ihrer jeweiligen mitgliedschaftlichen Stellung treffen.

2. Zuständigkeiten

Die Kompetenzen der Gesellschafterversammlung – nochmals: „der Gesellschaf- **120** ter in ihrer Gesamtheit" – ergeben sich aus dem Gesetz, insbesondere aus § 46 GmbHG. Allerdings kann der Gesellschaftsvertrag weitere Zuständigkeiten vorsehen oder der Gesellschafterversammlung zustehende Kompetenzen auf ein anderes Organ oder einzelne Gesellschafter übertragen (vgl. § 45 I GmbHG).

> Nach **§ 46 GmbHG** obliegt der Gesellschafterversammlung von Gesetzes wegen die Entscheidung über folgende Maßnahmen:
> ▪ Feststellung des Jahresabschlusses und der Beschluss über die Verwendung des Ergebnisses (vgl. § 29 GmbHG), die ggf. zu treffende Entscheidung über die Offenlegung des Abschlusses nach internationalen Rechnungslegungsstandards sowie die Billigung des (Konzern-)Abschlusses (Nr. 1, 1a und 1b),
> ▪ Einforderung der Einlagen (Nr. 2),

> - Rückzahlung von Nachschüssen (Nr. 3),
> - Teilung, Zusammenlegung und die Einziehung von Geschäftsanteilen (Nr. 4),
> - Bestellung und Abberufung von Geschäftsführern und deren Entlastung (Nr. 5),
> - Maßregeln zur Prüfung und Überwachung der Geschäftsführung (Nr. 6),
> - Bestellung von Prokuristen und Handlungsbevollmächtigten (Nr. 7 i.V.m. §§ 48 ff., 54 HGB) [150],
> - Geltendmachung von Ersatzansprüchen gegen Geschäftsführer und Gesellschafter und die Vertretung der GmbH in Prozessen gegen Geschäftsführer (Nr. 8).

121   Darüber hinaus sind insbesondere die folgenden Zuständigkeiten als „**Grundlagenkompetenzen**" von übergeordneter Bedeutung. Diese können nicht durch Gesellschaftsvertrag übertragen werden.

> Zu den **grundlegenden Zuständigkeiten** der Gesellschafterversammlung gehören namentlich die Entscheidung über:
> - Satzungsänderung, einschließlich Kapitalmaßnahmen (§§ 53 ff. GmbHG),
> - Umwandlungen nach dem UmwG, also insbesondere Verschmelzung, Spaltung und Formwechsel (vgl. §§ 13, 50, 125, 193 UmwG),
> - den Abschluss von Unternehmensverträgen (§ 293 AktG analog),
> - den Ausschluss eines Gesellschafters,
> - die Auflösung der Gesellschaft (§ 60 I Nr. 2 GmbHG).

122   Weiter kann die Gesellschafterversammlung aufgrund ihrer Stellung als oberstes Willensbildungsorgan grundsätzlich jederzeit über nicht gesetzlich oder satzungsmäßig vorgesehene Gegenstände beschließen; sie hat insofern die **Kompetenz-Kompetenz**[151].

Insbesondere kann sie Entscheidungen aus dem originären Aufgabenbereich der Geschäftsführung **an sich ziehen** und den Geschäftsführer zu einem bestimmten Verhalten **anweisen**. Die Entscheidung muss dabei keine grundlegende Relevanz für die GmbH haben. Die Gesellschafterversammlung kann daher jede noch so marginale Entscheidung vorbestimmen.

3. Einberufung

a) Grundlagen

123   § 48 I GmbHG bestimmt, dass „die Gesellschafter" ihre Beschlüsse in Versammlungen fassen. Nach hier zugrunde gelegtem Begriffsverständnis lässt sich formulieren: Beschlüsse des Organs „Gesellschafterversammlung" werden grundsätzlich im Rahmen einer **tatsächlichen Zusammenkunft** der Gesellschafter gefasst.

---

[150] Gemeint ist nur die Entscheidung über das „Ob" der Bestellung, die Bestellung selbst ist eine den Geschäftsführern zustehende Vertretungshandlung. Ein fehlender Bestellungsbeschluss macht die Bestellung im Außenverhältnis nicht unwirksam.

[151] Vgl. dazu *Haas/Ziemons* in Michalski, GmbHG, § 43 Rn. 58; *Wicke*, GmbHG, § 45 Rn. 2.

Gesetzlicher Regelfall ist somit die **Präsenzversammlung** (§ 48 I GmbHG).

Allerdings folgt aus § 48 II GmbHG, dass auch Beschlussfassungen außerhalb ei-   **124**
ner Versammlung (im Sinne von „Zusammenkunft") möglich sind, wenn sämtliche Gesellschafter sich hiermit einverstanden erklären.

> Treffen sich also alle drei Gesellschafter in der Betriebskantine und besprechen dabei
> geschäftliche Dinge, kann darin ein Gesellschafterbeschluss liegen. Insofern ist das
> GmbHG **weit weniger förmlich** als das AktG.

Der Gesellschaftsvertrag kann die Stimmabgabe außerhalb einer Versammlung erleichtern, aber auch ausschließen.

Ein selbstverständlicher Grundsatz des Verbandsrechts ist, dass eine Präsenzver-   **125**
sammlung eine ordnungsgemäße **Einberufung** voraussetzt, durch die das Mitglied
darüber in Kenntnis gesetzt wird, **wann und wo** die Versammlung stattfindet und
welche Beschlussgegenstände auf der Tagesordnung stehen.

b) Einberufungskompetenz

Die Gesellschafterversammlung ist nach § 49 I GmbHG grundsätzlich durch   **126**
den **Geschäftsführer** einzuberufen.

Bei mehreren Geschäftsführern obliegt die Einberufung jedem einzelnen – unabhängig von der Vertretungsregelung nach außen[152]. Im Gesellschaftsvertrag kann
die Befugnis der Geschäftsführer zur Einberufung weder ausgeschlossen noch beschränkt werden. Dies gilt auch dann, wenn einem anderen Organ oder Dritten –
zulässigerweise – ein Einberufungsrecht zugestanden wird.

> Hat die GmbH einen Aufsichtsrat, so ist dieser nach § 52 I GmbHG i.V.m. § 111 III AktG
> zur Einberufung berechtigt und verpflichtet, wenn das Wohl der Gesellschaft dies erfor-
> dert. Für die mitbestimmte GmbH kann hiervon nicht durch Satzung abgewichen werden.

Gesellschafter haben **keine individuelle Einberufungskompetenz**. Allerdings   **127**
können Gesellschafter, die zusammen mindestens 10 % der Anteile halten, die
Einberufung vom Geschäftsführer verlangen und diese notfalls selbst vornehmen
(§ 50 I, III GmbHG). Entsprechendes gilt für das Verlangen, bestimmte Beschlussgegenstände in die Tagesordnung aufzunehmen (§ 50 II GmbHG). Eine
hiervon abweichende Satzungsregelung ist wegen des intendierten **Minderheitenschutzes** unwirksam.

---

[152] *Zöllner* in Baumbach/Hueck, GmbHG, § 49 Rn. 3; *Römermann* in Michalski, GmbHG, § 49
Rn. 35; *Roth* in Roth/Altmeppen, GmbHG, § 49 Rn. 2; *Bayer* in Lutter/Hommelhoff, GmbHG,
§ 49 Rn. 2.

c) Einberufungspflicht

128 Die Gesellschafterversammlung ist einzuberufen, wenn es im Interesse der Gesellschaft erforderlich erscheint (§ 49 II GmbHG).

Der Geschäftsführer hat insoweit einen **Ermessensspielraum**. Dabei ist allerdings zu beachten, dass schon wegen der Feststellung des Jahresabschlusses gemäß § 42a II GmbHG die Gesellschafterversammlung mindestens einmal jährlich zusammen kommen muss, um über den Jahresabschluss und die Ergebnisverwendung zu beschließen. Eine ermessensunabhängige Einberufungspflicht besteht ferner immer dann, wenn sich aus der Bilanz ergibt, dass die Hälfte des Stammkapitals (§ 49 III GmbHG) verloren ist. Der Gesellschaftsvertrag kann weitere Einberufungsgründe vorsehen.

Zu den Minderheitsrechten des § 50 GmbHG siehe soeben Rn. 127.

d) Form, Frist und Inhalt

129 Die Einberufung der Versammlung erfolgt durch Einladung der Gesellschafter **mittels eingeschriebener Briefe** (§ 51 I 1 GmbHG).

Die Ladung per Telefax oder E-Mail genügt von Gesetzes wegen nicht[153]. Der Gesellschaftsvertrag kann die Ladungsformalien sowohl weiter verschärfen (z.B. Bekanntmachung in Gesellschaftsblättern) als auch erleichtern (z.B. Ladung durch einfache Briefe[154], E-Mails[155] oder mündliche Übermittlung[156]). Auch hieran zeigt sich die Flexibilität des GmbH-Innenrechts.

130 Die Ladungsfrist muss mindestens **eine Woche** betragen (§ 51 I 2 GmbHG).

Die Frist beginnt mit dem Tag, an dem unter gewöhnlichen Umständen mit Zugang beim letzten Gesellschafter gerechnet werden kann[157]. Für die Fristberechnung gelten die §§ 187 I, 188 II BGB. Durch Gesellschaftsvertrag kann die Einberufungsfrist verlängert, aber nicht verkürzt werden.

---

[153] OLG Naumburg GmbHR 1998, 90, 92 für das Fax; *Zöllner* in Baumbach/Hueck, GmbHG, § 51 Rn. 11; *Bayer* in Lutter/Hommelhoff, GmbHG, § 51 Rn. 11.

[154] A.A. insoweit *Römermann* in Michalski, GmbHG, § 51 Rn. 119; *Zöllner* in Baumbach/Hueck, GmbHG, § 51 Rn. 39; wie hier OLG Dresden NZG 2000, 429.

[155] Vgl. *Zöllner* in Baumbach/Hueck, GmbHG, § 51 Rn. 39; *Bayer* in Lutter/Hommelhoff, GmbHG, § 51 Rn. 36.

[156] OLG Jena GmbHR 1996, 536, 537; *Zöllner* in Baumbach/Hueck, GmbHG, § 51 Rn. 39; *Zeilinger*, GmbHR 2001, 541, 542.

[157] BGHZ 100, 267; *Zöllner* in Baumbach/Hueck, GmbHG, § 51 Rn. 19; *Bayer* in Lutter/Hommelhoff, GmbHG, § 51 Rn. 14.

Die Einberufung *muss* **Zeit und Ort der Versammlung** enthalten und den Einbe- **131**
rufenden erkennen lassen. Zusammen mit der Einladung *soll* „der Zweck", also
die Gegenstände, auf die sich die Beschlussfassung erstrecken soll, mitgeteilt werden (§ 51 II GmbHG). Dies erfolgt regelmäßig in Form einer **Tagesordnung**. Aus
§ 51 IV GmbHG folgt, dass die Mitteilung auch gesondert von der Einladung erfolgen kann; sie muss aber spätestens drei Tage vor der Versammlung erfolgen.

e) Folgen von Einberufungsmängeln

Ist die Versammlung nicht ordnungsgemäß einberufen, können rechtmäßige **132**
Beschlüsse nur gefasst werden, wenn sämtliche Gesellschafter anwesend
sind (§ 51 III GmbHG, sog. **Vollversammlung**).

Erforderlich ist über den Gesetzeswortlaut hinaus allerdings, dass kein Gesellschafter der Beschlussfassung widerspricht[158]. Konkludent wird das erforderliche
Einvernehmen insbesondere durch die Teilnahme an der Beschlussfassung erklärt.

> Die Grundsätze über die Vollversammlung sind auch anwendbar, wenn alle nicht
> anwesenden Gesellschafter zuvor auf die ordnungsgemäße Ladung und ihre Teilnahme
> verzichtet haben[159].

Liegen die Voraussetzungen des § 51 III GmbHG nicht vor, sind die gefassten Be- **133**
schlüsse **rechtswidrig**. Mangels eigenständiger Regelungen im GmbHG werden
die §§ 241 ff. AktG entsprechend auch auf Beschlüsse der Gesellschafterversammlung angewendet. Dabei ist zwischen **Nichtigkeit** und **Anfechtbarkeit**
rechtswidriger Beschlüsse zu unterscheiden (näheres dazu unten Rn. 167 ff. und
§ 21 Rn. 284 ff.). Analog § 241 Nr. 1 AktG führen nur bestimmte Einberufungsmängel zur Nichtigkeit der gefassten Beschlüsse, wobei auf die Art und Schwere
des Mangels abzustellen ist[160].

Nichtigkeit wird regelmäßig etwa bei folgenden Mängeln angenommen:
- Fehlen der Einberufung,
- Einberufung durch Unbefugte,
- Einladung nicht aller Gesellschafter,
- fehlende Angabe von Ort und Zeit der Versammlung,
- Nichtbeachtung der Form des § 51 I 1 GmbHG (im Einzelnen str.)[161].

---

[158] BGHZ 100, 264, 269 f.; *Bayer* in Lutter/Hommelhoff, GmbHG, § 51 Rn. 33; *Zöllner* in
Baumbach/Hueck, GmbHG, § 51 Rn. 31; *Roth* in Roth/Altmeppen, GmbHG, § 51 Rn. 16.

[159] *Zöllner* in Baumbach/Hueck, GmbHG, § 51 Rn. 29; *Roth* in Roth/Altmeppen, GmbHG, § 51
Rn. 16a.

[160] Für Einzelheiten siehe die Darstellung bei *Römermann* in Michalski, GmbHG, § 51 Rn. 99 ff.

[161] Für die Nichtigkeit: *Zöllner* in Baumbach/Hueck, GmbHG, § 51 Rn. 29; *Römermann* in Michalski, GmbHG, § 51 Rn. 108; *Schindler* in BeckOK GmbHG, § 51 Rn. 56; für die bloße Anfechtbarkeit: *Bayer* in Lutter/Hommelhoff, GmbHG, § 51 Rn. 29 f.

> Lediglich zur **Anfechtbarkeit** führen Mängel, die weniger schwer wiegen, wie z.B.:
> - Festsetzung eines unzulässigen Orts oder einer unzulässigen Zeit,
> - Unterschreitung der Ladungsfrist, sofern hierdurch Gesellschaftern die Teilnahme nicht faktisch unmöglich gemacht wird.

134 Eine **Heilung** von Einberufungsmängeln ist möglich. Erforderlich ist dazu, dass die Gesellschafter nachträglich ihr Einverständnis mit der Beschlussfassung (nicht zwingend: dem Beschlussergebnis) oder einen Rügeverzicht erklären[162]. Selbst Verstöße, die zur Nichtigkeit führen, können so geheilt werden (analog § 242 II 4 AktG), sofern alle betroffenen Gesellschafter hiermit einverstanden sind[163].

Außerdem können die Gesellschafter das Entstehen eines Mangels von vornherein verhindern, indem sie für einen konkreten Fall oder für alle künftigen Fälle auf Ladung, eine besondere Ladungsform oder die Einhaltung der Ladungsfrist **verzichten**. Der Verzicht kann nur widerruflich erfolgen[164].

4. Teilnahme

a) Teilnahmerecht der Gesellschafter

135 Zur Teilnahme an der Gesellschafterversammlung sind nur die **Gesellschafter** berechtigt.

Das Teilnahmerecht gehört zum Kernbereich der Mitgliedschaft und umfasst das Recht auf Anwesenheit und auf aktive Teilnahme an der Erörterung der Beschlussgegenstände[165]. Die Beschränkung des Teilnahmerechts kann im Einzelfall auch ohne entsprechende Satzungsregel zulässig sein[166], wenn dies im Interesse der Gesellschaft geboten ist und dieses das Interesse des Gesellschafters an der Teilnahme an der Willensbildung überwiegt.

136 Eine **Vertretung durch Bevollmächtigte** ist zulässig, wobei die Vollmacht – vorbehaltlich abweichender Bestimmungen im Gesellschaftsvertrag – der Textform bedarf (§ 47 III GmbHG).

---

[162] *Zöllner* in Baumbach/Hueck, GmbHG, § 51 Rn. 30; *Bayer* in Lutter/Hommelhoff, GmbHG, § 51 Rn. 34.

[163] Wie hier *Zöllner* in Baumbach/Hueck, GmbHG, § 51 Rn. 30; *Roth* in Roth/Altmeppen, GmbHG, § 51 Rn. 18; *Römermann* in Michalski, GmbHG, § 51 Rn. 104.

[164] *Zöllner* in Baumbach/Hueck, GmbHG, § 51 Rn. 29.

[165] *Römermann* in Michalski, GmbHG, § 48 Rn. 30 f.

[166] Für Näheres vgl. *Bayer* in Lutter/Hommelhoff, GmbHG, § 48 Rn. 3; *Zöllner* in Baumbach/Hueck, GmbHG, § 48 Rn. 7 mit weiteren Nachweisen.

b) Rede- und Antragsrecht

Jeder anwesende Gesellschafter hat das Recht, an den Beratungen teilzunehmen **137**
und zu den Beschlussgegenständen in angemessenem Umfang mündliche Ausführungen zu machen (**Rederecht**). Darüber hinaus besteht das Recht, Beschlussanträge zu stellen (**Antragsrecht**). Rede- und Antragsrecht sind von der Stimmberechtigung unabhängig.

c) Teilnahme sonstiger Personen

Geschäftsführer, Mitglieder anderer Organe und **Abschlussprüfer** haben **kein** **138**
Teilnahmerecht, sofern der Gesellschaftsvertrag nichts Abweichendes bestimmt.
Etwas anderes gilt für die Mitglieder eines **Pflichtaufsichtsrats** in der mitbestimmten GmbH, die wegen § 118 II 1 AktG i.V.m. § 1 I Nr. 1 DrittelbG, § 25 I 1
Nr. 2 MitbestG stets zur Teilnahme berechtigt sind. Bei einer Einladung der Gesellschafterversammlung sind die bezeichneten Personen aber zur Teilnahme verpflichtet. Für den Abschlussprüfer folgt dies aus § 42a III GmbHG.

    Sonstige Dritte haben von Gesetzes wegen kein eigenes Teilnahmerecht[167]. **139**
Durch gesellschaftsvertragliche Regelung oder Beschluss der Gesellschafterversammlung kann die Teilnahme Dritter aber zugelassen werden[168]. Eines sachlichen
Grundes hierfür bedarf es nicht[169]. Im Einzelfall kann ein Gesellschafter auch einen Anspruch auf Zuziehung eines Dritten haben, etwa eines Beraters bei fehlender Sachkunde[170].

Die Verletzung des gesetzlichen oder statutarisch gewährten Teilnahmerechts führt regelmäßig dazu, dass der Ausgeschlossene die gefassten Beschlüsse **anfechten** kann (§§ 243 ff. AktG analog). Hingegen stellt die unzulässige Teilnahme eines Dritten keinen Anfechtungsgrund dar.

140

5. Versammlungsleiter

Die Bestellung eines Versammlungsleiters ist – anders als bei der AG (vgl. § 130 I **141**
AktG) – **nicht vorgeschrieben**. Die Satzung kann das Erfordernis eines Versammlungsleiters vorschreiben und sogar die Person bestimmen. Ohne Satzungsregelung kann die Gesellschafterversammlung einen Versammlungsleiter mit einfacher Mehrheit *ad hoc* bestellen.

---

[167] *Römermann* in Michalski, GmbHG, § 48 Rn. 70.

[168] *Bayer* in Lutter/Hommelhoff, GmbHG, § 48 Rn. 8; *Römermann* in Michalski, GmbHG, § 48
Rn. 71.

[169] A.A. *Zöllner* in Baumbach/Hueck, GmbHG, § 48 Rn. 12.

[170] *Zöllner* in Baumbach/Hueck, GmbHG, § 48 Rn. 13; *Bayer* in Lutter/Hommelhoff, GmbHG,
§ 48 Rn. 8; *Roth* in Roth/Altmeppen, GmbHG, § 48 Rn. 5.

Der Versammlungsleiter steht in einem **körperschaftlichen Rechtsverhältnis** zur Gesellschaft und muss entsprechend für einen **zweckmäßigen sachgerechten Ablauf** sorgen und die ordnungsgemäße Protokollierung sicherstellen. Er eröffnet und schließt die Versammlung, leitet Beratungen und Abstimmungen und hat die **Ordnungsgewalt** inne.

6. Beschlussfassung

a) Willensbildung durch Abstimmung

142 Die Gesellschafterversammlung entscheidet durch Beschlussfassung (§ 47 I GmbHG).

> Ein Gesellschafterbeschluss ist die organschaftliche **Willensbildung und Willensäußerung der Gesellschafter** zum Zweck der Entscheidung in bestimmten Gesellschaftsangelegenheiten durch Abstimmung.

Es handelt sich dabei um ein **mehrseitiges körperschaftliches** – nicht: vertragliches – **Rechtsgeschäft** eigener Art. Daher sind die allgemeinen Vorschriften des BGB über Rechtsgeschäfte anwendbar. Allerdings folgen Wirksamkeitsmängel einem eigenen Rechtsfolgenregime, dem sog. Beschlussmängelrecht (siehe dazu unten Rn. 167 ff.).

Nicht erforderlich ist, dass sämtliche Gesellschafter an der Beschlussfassung mitwirken. Es genügt vielmehr, dass ihnen die Möglichkeit eingeräumt wird, an der Willensbildung durch Teilnahme an der Versammlung und Ausübung ihres Stimmrechts teilzuhaben. Das GmbHG enthält keine Vorgaben über **Beschlussfähigkeit**. Daher genügt schon die Anwesenheit eines Gesellschafters, sofern die Versammlung ordnungsgemäß einberufen wurde. Der Gesellschaftsvertrag kann aber ein Beschlussquorum vorsehen.

143 Beschlüsse sind das Ergebnis von **Abstimmungen**. Abgestimmt wird dabei regelmäßig über einen bestimmten Beschlussantrag, der entweder befürwortet („ja") oder abgelehnt wird („nein").

Dem ist bei der Fassung der Beschlussanträge Rechnung zu tragen. Alternativ kann sich ein Gesellschafter auch der Stimme **enthalten**. Seine Stimme wird dann bei der Feststellung des Beschlussergebnisses nicht berücksichtigt.

144 Die Stimmabgabe erfolgt im Regelfall mündlich und damit offen. Ein Anspruch auf Durchführung einer geheimen Abstimmung besteht nicht; aber auch das kann durch Satzung oder Beschluss abweichend geregelt werden[171].

---

[171] Vgl. dazu *Zöllner* in Baumbach/Hueck, GmbHG, § 47 Rn. 19.

b) Mehrheitserfordernisse

Gesellschafterbeschlüsse werden, soweit durch Gesetz oder Gesellschafts- **145**
vertrag nichts anderes bestimmt ist, mit **einfacher Mehrheit der abgegebenen Stimmen** gefasst (§ 47 I GmbHG).

Stimmenthaltungen sind dabei nicht mitzurechnen. Überwiegt die Zahl der „ja"-
Stimmen die Zahl der „nein"-Stimmen, so gilt der Beschlussantrag als angenommen (sog. **positiver** Beschluss), anderenfalls als abgelehnt (sog. **negativer** Beschluss). Bei Stimmgleichheit ist eine Mehrheit nicht zustande gekommen, der
Beschlussantrag mithin abgelehnt.

Der Gesellschaftsvertrag kann **qualifizierte Mehrheitserfordernisse** vorsehen, **146**
nicht aber weniger als 50 % der abgegeben Stimmen für das Zustandekommen eines Beschlusses ausreichen lassen. Von Gesetzes wegen bedürfen bestimmte
Grundlagengeschäfte einer **qualifizierten Mehrheit von mindestens 75 %** der
abgegeben Stimmen.

Dies gilt namentlich für Entscheidungen über:
- Satzungsänderungen, einschließlich Kapitalerhöhung und -herabsetzung (§ 53 II
  GmbHG),
- die Auflösung der Gesellschaft (§ 60 I Nr. 2 GmbHG),
- die Umwandlung der GmbH nach dem UmwG (vgl. etwa §§ 13 I, 50 I 1 UmwG für
  die Verschmelzung[172]),
- den Abschluss von Unternehmensverträgen (§ 293 AktG analog),
- den Ausschluss eines Gesellschafters[173].

Nach **§ 53 III GmbHG** können einem Gesellschafter ohne dessen Zustimmung weder
neue Einlagepflichten noch Nebenleistungspflichten (§ 3 II GmbHG) auferlegt oder bereits übernommene Verpflichtungen erhöht[174] werden. Entsprechendes gilt für den Entzug
von statutarisch gewährten Sonderrechten im Sinne des § 35 BGB[175].

c) Beschlussfeststellung

Durch die Feststellung des Beschlussergebnisses verkündet eine hierzu berufene **147**
Person, typischerweise der Versammlungsleiter[176], gegenüber den Versammlungs-

---

[172] Für bestimmte Fälle des Formwechsels sieht § 233 I UmwG die Zustimmung aller Gesellschafter vor.

[173] So die h.M., vgl. BGHZ 153, 285, 288 ff.; *Lutter* in Lutter/Hommelhoff, GmbHG, § 34
Rn. 59; *Altmeppen* in Roth/Altmeppen, GmbHG, § 60 Rn. 86; jetzt auch *Hueck/Fastrich* in
Baumbach/Hueck, GmbHG, Anh. zu § 34 Rn. 9; a.A. OLG Köln NZG 2001, 82; siehe zum Gan-
zen § 12 Rn. 62 ff.

[174] Für Einzelheiten siehe *Zöllner* in Baumbach/Hueck, GmbHG, § 53 Rn. 32.

[175] Vgl. hierzu *Bayer* in Lutter/Hommelhoff, GmbHG, § 53 Rn. 24; *Zöllner* in Baumbach/Hueck,
GmbHG, § 53 Rn. 35; *Roth* in Roth/Altmeppen, GmbHG, § 53 Rn. 33.

[176] Zur nicht unumstritten Feststellungskompetenz des Versammlungsleiters siehe *Schindler* in
BeckOK GmbHG, § 47 Rn. 31 mit Nachweisen zum Streitstand.

teilnehmern, dass im Wege der Abstimmung über einen bestimmten Beschlussantrag ein Beschluss gefasst wurde. Dabei bringt der Verkündete zugleich zum Ausdruck, dass er den Beschluss für wirksam erachtet.

Anders als im Aktienrecht (vgl. § 130 II AktG) ist die Beschlussfeststellung im
GmbH-Recht **nicht** Voraussetzung für die Wirksamkeit der Beschlussfassung.
Dennoch ist sie rechtlich keineswegs bedeutungslos.

148 Durch die Feststellung durch den Versammlungsleiter wird das festgestellte
Beschlussergebnis **vorläufig verbindlich**. Das Nichtzustandekommen des
Beschlusses muss dann im Wege der **Anfechtungsklage** analog §§ 243 ff.
AktG geltend gemacht werden[177].

Die Verbindlichkeit des festgestellten Beschlussergebnisses[178] wird erst mit
Rechtskraft des durch die Anfechtungsklage stattgebenden Urteils beseitigt, dann
aber rückwirkend (§ 248 I 1 AktG analog). Die Möglichkeit, den Beschluss gerichtlich anzufechten, schließt eine Feststellungsklage nach § 256 ZPO aus[179].
Dies gilt auch nach Ablauf der Anfechtungsfrist (analog § 246 I AktG: ein Monat
ab Beschlussfassung) – mit der Folge, dass die Rechtswidrigkeit des Beschlusses
dann nicht mehr geltend gemacht werden kann.

149 Wird das Beschlussergebnis hingegen **nicht förmlich festgestellt**, so hat jeder Gesellschafter das Recht, das richtige Beschlussergebnis auch im Wege
einer Feststellungsklage klären zu lassen[180].

Entsprechendes soll bei **evidenter Unrichtigkeit** des festgestellten Beschlussergebnisses gelten, etwa wenn der Versammlungsleiter sich bei der Auszählung der
Stimmen verrechnet oder das Ergebnis absichtlich falsch festgestellt hat.

d) Formerfordernisse und Protokollierung

150 Gesellschafterbeschlüsse bedürfen grundsätzlich **keiner** besonderen Form.

Dies gilt jedoch nicht uneingeschränkt. Für die **Einpersonengesellschaft** enthält
§ 48 III GmbHG eine Sonderregelung, wonach der Allein-Gesellschafter unver-

---

[177] BGHZ 104, 66, 69; *Zöllner* in Baumbach/Hueck, GmbHG, Anh. zu § 47 Rn. 118; *Roth* in
Roth/Altmeppen, GmbHG, § 48 Rn. 24.

[178] Zur Problematik der konkludenten Beschlussfeststellung vgl. *Römermann* in Michalski,
GmbHG, § 47 Rn. 591 f.

[179] *Zöllner* in Baumbach/Hueck, GmbHG, Anh. zu § 47 Rn. 118.

[180] BGH GmbHR 1999, 477; *Bayer* in Lutter/Hommelhoff, GmbHG, Anh. zu § 47 Rn. 39; *Zöllner* in Baumbach/Hueck, GmbHG, Anh. zu § 47 Rn. 124; *Roth* in Roth/Altmeppen, GmbHG,
§ 48 Rn. 24.

züglich nach der Beschlussfassung eine Niederschrift hierüber aufzunehmen und zu unterschreiben hat.

Darüber hinaus bedürfen Beschlüsse mit **satzungsänderndem Charakter** gemäß § 53 II GmbHG der notariellen Beurkundung. Dies gilt auch für Beschlüsse über Verschmelzung, Spaltung, Vermögensübertragung und Formwechsel nach dem UmwG (vgl. §§ 13 III, 125, 176 I, 177 I, 193 III UmwG).

> **Achtung:** Sofern ein spezielles Formerfordernis für die Beschlussfassung gesetzlich oder statutarisch vorgeschrieben ist, handelt es sich um eine **Wirksamkeitsvoraussetzung** des Beschlusses.

Exkurs: Satzungsänderungen vs. Satzungsdurchbrechung   151

Eine **Satzungsänderung** ist zur Eintragung in das Handelsregister anzumelden, § 54 I 1 GmbHG. Erst durch die Eintragung erlangt sie rechtliche Wirksamkeit (§ 54 III GmbHG); es handelt sich also um einen Fall konstitutiver Eintragung. Im Zuge der Satzungsänderung wird zwingend der Wortlaut des Gesellschaftsvertrages geändert.

Von der Satzungsänderung zu unterscheiden ist die sog. **Satzungsdurchbrechung**. Dabei handelt es sich um eine im Einzelfall durch Gesellschafterbeschluss getroffene Regelung, die mit dem geltenden Gesellschaftsvertrag nicht übereinstimmt, ihn aber nicht für die Zukunft generell ändert. Die Zulässigkeit und Rechtsfolgen der Satzungsdurchbrechung sind umstritten. Im Kern geht es dabei um die Frage, ob die Satzung auch die Gesellschafterversammlung bindet, solange diese nicht von ihrer Satzungsänderungskompetenz nach Maßgabe der §§ 53, 54 GmbHG Gebrauch macht. Der BGH und die herrschende Auffassung im Schrifttum differenzieren dabei nach der „Reichweite" der Beschlüsse zwischen zustandsändernden und punktuellen Satzungsdurchbrechungen[181]. **Zustandsändernde** Satzungsdurchbrechungen sollen generell unzulässig und die betreffenden Beschlüsse **unwirksam** sein. Beschlüsse, die zu **punktuellen Satzungsdurchbrechungen** führen, sollen demgegenüber grundsätzlich **wirksam, aber anfechtbar** sein, sofern den §§ 53, 54 GmbHG nicht entsprochen wird.

Der Gesellschaftsvertrag kann auch für andere Beschlussgegenstände die Einhal-   152
tung einer besonderen Form vorsehen und insbesondere auch das Erfordernis der Protokollierung des Beschlusses fordern. Auch wenn es an einer entsprechenden Regelung fehlt, ist die **Protokollierung** aus Beweisgründen **dringend zu empfehlen**. Hierdurch wird dokumentiert, dass über einen *konkret bezeichneten* Beschlussantrag abgestimmt wurde und – jedenfalls nach Auffassung des Versammlungsleiters oder Protokollführers – dieser mit der erforderlichen Mehrheit angenommen oder wegen Nichterreichens dieser Mehrheit abgelehnt wurde.

---

[181] BGHZ 123, 15 ff.; *Priester*, ZHR 151 (1987), 40, 51 ff.; für Einzelheiten siehe *Trölitzsch* in BeckOK GmbHG, § 53 Rn. 27.

e) Beschlussfassung im schriftlichen Verfahren

153 Gesetzlicher **Regelfall** ist die Abhaltung einer **Präsenzversammlung**, bei der die Gesellschafter körperlich anwesend sind (siehe oben Rn. 123).

> Gemäß § 48 II GmbHG ist eine Beschlussfassung **ohne Präsenzversammlung** möglich, wenn sich sämtliche Gesellschafter in Textform (§ 126b BGB) mit der zu treffenden Bestimmung oder mit der schriftlichen Abgabe der Stimmen einverstanden erklären.

Die beiden in § 48 II GmbHG bezeichneten Alternativen unterscheiden sich nur marginal. Die **erste** setzt zwar Einstimmigkeit voraus, ermöglicht aber die Abstimmung mittels E-Mail und kommt daher praktischen Bedürfnissen nach einer schnellen Beschlussfassung auch über große Entfernungen entgegen. Die **zweite** Alternative verlangt Einstimmigkeit lediglich über die Art des Beschlussverfahrens, während hinsichtlich der Abstimmung in der Sache die allgemeinen Mehrheitserfordernisse gelten[182]. Lehnt ein Gesellschafter die Abstimmung ab, ist die Beschlussfassung unzulässig, auch wenn der Gesellschafter später erklärt, der angestrebten Regelung doch zustimmen zu wollen.

154 Eine **kombinierte Beschlussfassung**, d.h. die gleichzeitige Anwendung der Verfahren nach § 48 I und II GmbHG, soll nach h.M. nur zulässig sein, wenn diese Entscheidungsform im Gesellschaftsvertrag ausdrücklich vorgeschrieben ist[183]. Dies erscheint angesichts des technischen Fortschritts auf dem Gebiet der Kommunikationstechnologie nicht mehr recht zeitgemäß, da abwesende Gesellschafter heute ohne Weiteres via Telefon- und Videokonferenz zugeschaltet werden können. Dennoch erscheint es nicht unzumutbar, dem Gesellschafter bei entsprechendem Bedarf die Änderung des Gesellschaftsvertrages abzuverlangen[184].

155
> Erfolgt die Beschlussfassung in einem weder durch die § 48 I oder II GmbHG noch den Gesellschaftsvertrag vorgesehenen Verfahren, so sind die gefassten Beschlüsse nach h.M. analog § 241 Nr. 1 AktG **nichtig**[185]. Das gilt jedoch nicht, wenn eine Vollversammlung (oben Rn. 132) vorliegt: Diese kann in jedem Wege beschließen.

f) Stimmrecht

156
> Das Stimmrecht ist das mitgliedschaftliche Recht des Gesellschafters, an der Beschlussfassung durch Stimmabgabe mitzuwirken und so an der Willensbildung der Gesellschafterversammlung teilzunehmen.

---

[182] Zur Frage, ob die Einverständniserklärung ihrerseits einer besonderen Form bedarf, vgl. *Römermann* in Michalski, GmbHG, § 48 Rn. 251 f. mit weiteren Nachweisen.

[183] BGH NZG 2006, 428; *Zöllner* in Baumbach/Hueck, GmbHG, Anh. zu § 48 Rn. 41; *Römermann* in Michalski, GmbHG, § 48 Rn. 279.

[184] Anders für die Sitzungen des Aufsichtsrates bei der AG, bei der wegen § 23 V AktG ein solcher Gestaltungsspielraum nicht besteht, *Drygala* in K. Schmidt/Lutter, AktG, § 108 Rn. 26.

[185] BGH NJW 2006, 2044; *Bayer* in Lutter/Hommelhoff, GmbHG, § 48 Rn. 31; *Zöllner* in Baumbach/Hueck, GmbHG, Anh. zu § 48 Rn. 42 (jeweils mit weiteren Nachweisen).

Die Stimmabgabe ist eine rechtsgeschäftliche, auf die Herbeiführung eines Beschlusses gerichtete **Willenserklärung**. Sie kann die Zustimmung zu einem Beschlussantrag, dessen Ablehnung oder eine Enthaltung zum Gegenstand haben.

Stimmberechtigt sind nur die **Gesellschafter**. Das Stimmrecht ist zwingend an die Mitgliedschaft, also das Innehaben eines Geschäftsanteils gebunden (sog. **Abspaltungsverbot**[186]). Das Stimmrecht erlischt daher mit dem Verlust der Mitgliedschaft. **157**

Umstritten ist insoweit die Rechtslage beim **Ausschluss** eines Gesellschafters. Sofern der Gesellschaftsvertrag diesbezüglich keine abweichende Regelung enthält, bedarf es nach h.M. für das Wirksamwerden des Ausschlusses nicht nur eines Gesellschafterbeschlusses, sondern zusätzlich einer auf den Ausschluss gerichteten **Gestaltungsklage**. Der Gesellschafter scheidet mit Rechtskraft des Ausschlussurteils aus der GmbH aus und verliert zu diesem – klar bestimmbaren – Zeitpunkt sein Stimmrecht[187]. Demgegenüber hat der BGH in einer frühen Entscheidung[188] ein Erlöschen des Stimmrechts an die vollständige Erfüllung des Abfindungsanspruchs geknüpft (näher zum Ganzen unten § 12 Rn. 79 ff.).

Der kapitalistische Charakter der GmbH kommt bei der Stimmabgabe dadurch zum Ausdruck, dass **jeder Euro eines Geschäftsanteils eine Stimme** gewährt (§ 47 II GmbHG). **158**

Daher hat jeder Gesellschafter regelmäßig mehrere Stimmen. Diese können allerdings nur einheitlich ausgeübt werden[189], auch wenn ein Gesellschafter mehrere Geschäftsanteile inne hat[190] (**Einheitlichkeit der Mitgliedschaft**). Etwas anderes gilt nur, wenn für die uneinheitliche Stimmabgabe ein sachliches Interesse besteht, weil der Gesellschafter hinsichtlich eines Teils der Geschäftsanteile Interessenwahrungspflichten oder Weisungen unterliegt[191].

Beispiel: Gesellschafter A hält für sich selbst zwei Geschäftsanteile (Nennwert: jeweils 10.000 EUR) und als Treuhänder für B einen weiteren Geschäftsanteil (Nennwert 5.000 EUR). Er selbst will gegen einen Beschlussantrag stimmen, während B ihn angewiesen hat, dafür zu stimmen. Hier kann A 5.000 „Nein"-Stimmen und 20.000 „Ja"-Stimmen abgeben. „Seine" 20.000 Stimmen könnte er aber nicht weiter aufsplitten.

---

[186] BGHZ 43, 261 ,267; vgl. dazu auch *Schindler* in BeckOK GmbHG, § 47 Rn. 83; siehe zudem unten § 13 Rn. 6 f.

[187] So zutreffend *Hueck/Fastrich* in Baumbach/Hueck, GmbHG, Anh. zu § 34 Rn. 15.

[188] BGHZ 9, 157, 176.

[189] Ebenso *Zöllner* in Baumbach/Hueck, GmbHG, § 47 Rn. 20; *Roth* in Roth/Altmeppen, GmbHG, § 47 Rn. 29.

[190] A.A. insoweit *Römermann* in Michalski, GmbHG, § 47 Rn. 465 f.

[191] *Schindler* in BeckOK GmbHG, § 47 Rn. 49; *Bayer* in Lutter/Hommelhoff, GmbHG, § 47 Rn. 9.

Ob durch **Gesellschaftsvertrag** eine uneinheitliche Stimmabgabe zugelassen werden kann, ist umstritten[192]. Hier ist der Gestaltungsfreiheit gegenüber dem Prinzip der Einheitlichkeit der Vorrang einzuräumen, zumal diese Aufspaltung dem Kapitalgesellschaftsrecht keineswegs fremd ist: Im **Aktienrecht** kann nach h.M. für verschiedene Aktien unterschiedlich abgestimmt werden[193].

159 Wie § 47 III GmbHG belegt, ist das Stimmrecht kein höchstpersönliches Recht. **Stimmrechtsvollmachten** sind möglich, müssen aber **schriftlich** erteilt werden. Sollten sie Abstimmungen umfassen, in denen es um die Änderung des Gesellschaftsvertrages geht, bedürfen sie der **notariellen** Form (arg. ex § 2 II GmbHG). Die Stimmrechtsabgabe durch Boten bedarf der Zulassung durch Satzung[194].

g) Ausschluss des Stimmrechts und sonstige Ausübungsschranken

aa) Stimmrechtslose Anteile

160 Der Gesellschaftsvertrag kann **stimmrechtslose Geschäftsanteile** vorsehen; anders als in der AG bedarf es dazu nicht der Gewährung eines Gewinnvorzugs. Die nachträgliche Entziehung der einmal gewährten Stimmrechtsmacht durch Gesellschaftsvertrag bedarf wegen des damit verbundenen Eingriffs in die Mitgliedschaft der Zustimmung des betroffenen Gesellschafters.

bb) Stimmverbote

161 In § 47 IV GmbHG sind Fälle normiert, in denen der Gesellschafter sein Stimmrecht aufgrund einer Interessenkollision nicht ausüben darf.

> Ein sog. Stimmverbot besteht danach, wenn
> - der Gesellschafter durch den Beschluss **entlastet** werden soll,
> - der Gesellschafter **von einer Verbindlichkeit befreit** werden soll,
> - der Beschluss die **Vornahme eines Rechtsgeschäfts** gegenüber dem Gesellschafter betrifft oder
> - der Beschluss die **Einleitung oder Erledigung eines Rechtsstreites** gegenüber dem Gesellschafter betrifft (einschließlich vorbereitender Maßnahmen und solcher der Zwangsvollstreckung[195]).

Die Vorschrift ist weiter gefasst als das aktienrechtliche Pendant in § 146 I AktG und entspricht weitgehend dem vereinsrechtlichen § 34 BGB. § 47 IV GmbHG liegt dabei

---

[192] Bejahend *Römermann* in Michalski, GmbHG, § 47 Rn. 465 f.; *Heckelmann*, AcP 170 (1970), 306, 341 f.; verneinend *Zöllner* in Baumbach/Hueck, GmbHG, § 47 Rn. 20; *Winter*, GmbHR 1965, 23, 29.

[193] Vgl. *Volhard* in MünchKomm. AktG, § 133 Rn. 22 mit weiteren Nachweisen.

[194] *Zöllner* in Baumbach/Hueck, GmbHG, § 47 Rn. 56; *Schindler* in BeckOK GmbHG, § 47 Rn. 97; *Römermann* in Michalski, GmbHG, § 47 Rn. 382; *Roth* in Roth/Altmeppen, GmbHG, § 47 Rn. 37.

[195] Vgl. *Zöllner* in Baumbach/Hueck, GmbHG, § 47 Rn. 93; *Roth* in Roth/Altmeppen, GmbHG, § 47 Rn. 73.

derselbe Rechtsgedanke zugrunde wie § 181 BGB: Eine Teilnahme des Gesellschafters auf beiden Seiten eines Rechtsgeschäfts soll verhindert werden.

Der formale Katalog von Beschlussgegenständen **bedarf einer Einschränkung und einer Erweiterung**, um sinnvoll und in Übereinstimmung mit dem Normzweck anwendbar zu sein.

> Eine teleologische Reduktion ist geboten, wenn der Beschlussgegenstand   **162**
> zwar zum Katalog des § 47 IV GmbHG gehört (insbesondere „Rechtsge-
> schäft"), aber **Maßnahmen der innergesellschaftlichen Willensbildung**
> betrifft.

Denn an der Verwaltung der eigenen GmbH soll der Gesellschafter mitwirken dürfen. Dass er dabei eigene Interessen verfolgt, ist im Grundsatz legitim. Wo er es mit der Interessendurchsetzung übertreibt, sind **flexible Instrumente** wie die Treuepflicht geeigneter, einem Missbrauch der Stimmrechtsmacht entgegen zu wirken als der starre Katalog des § 47 IV GmbHG.

> So ist der Gesellschafter insbesondere nicht gehindert, bei der Wahl des Geschäftsführers
> für sich selbst abzustimmen. Bei einer Kapitalerhöhung gegen Sacheinlagen darf er auch
> dann mitstimmen, wenn er selbst die Sache (z.B. Grundstück) einbringen soll.

> Umgekehrt kommt der Gedanke des Richtens in eigener Sache im Katalog   **163**
> des § 47 IV GmbHG nur unvollkommen zum Ausdruck. Daher ist eine Ana-
> logie geboten, wenn die Gesellschafterversammlung außerhalb der Katalog-
> fälle über Maßnahmen aus wichtigem Grund gegen einen Gesellschafter
> entscheidet.

> Dies betrifft insbesondere folgende Beschlussgegenstände:
> * Abberufung eines Gesellschafter-Geschäftsführers aus wichtigem Grund,
> * zwangsweise Einziehung eines Geschäftsanteils,
> * Ausschluss des Gesellschafters aus der Gesellschaft.

cc) „Bewegliche Ausübungsschranken"

Grundsätzlich können Gesellschafter ihr Stimmrecht nach **freiem Belieben** aus-   **164**
üben. Allerdings gilt dies nicht schrankenlos.

> Gesellschafter unterliegen bei der Stimmrechtsausübung den Bindungen
> ➲ an zwingendes Recht und gute Sitten,
> ➲ an den Verbandszweck (Verbot der Satzungsdurchbrechung),
> ➲ an den Gleichbehandlungsgrundsatz (Diskriminierungsverbot) und
> ➲ durch die Treuepflicht gegenüber GmbH und Mitgesellschaftern (Ver-
>   bot illoyaler Beschlüsse).

Art und Umfang der Bindungen sind eine **Frage des Einzelfalles** und können nicht abstrakt-generell bestimmt werden („bewegliche Ausübungsschranken"). Verstöße gegen diese inhaltlichen Beschränkungen führen in der Regel zur Nichtigkeit der Stimmabgabe[196], bisweilen sogar zu einer positiven Stimmpflicht[197].

> Aus der Treuepflicht folgt eine **positive Stimmpflicht** immer dann, wenn die zu beschließende Maßnahme objektiv dringend geboten, dem Gesellschafter subjektiv zumutbar und insbesondere auch ohne Vermehrung seines Beitrags umsetzbar ist.

Beispiele aus der Rechtsprechung:
- Sanierungsmaßnahmen zur Sicherung des Fortbestands der Gesellschaft[198],
- Heilung einer verdeckten Sacheinlage[199],
- Satzungsänderung nach Änderung der Rechtslage[200],
- Zahlung einer angemessenen Geschäftsführervergütung[201].

---

165 Eine positive Stimmpflicht kann auf zwei Wegen **durchgesetzt** werden: durch Erhebung einer **Leistungsklage** und anschließende Zwangsvollstreckung nach § 894 ZPO oder durch Erhebung einer **Anfechtungsklage** (analog §§ 243 ff. AktG) gegen den (ablehnenden) Beschluss der Gesellschafterversammlung in Verbindung mit einer **positiven** Beschlussfeststellungsklage[202].

dd) Stimmbindungsvereinbarungen

166 Inhaltliche Beschränkungen können sich auch aus **vertraglichen Abreden der Gesellschafter untereinander** ergeben[203]. Dabei handelt es sich um schuldrechtliche Abreden zwischen den Gesellschaftern[204], die als unechte Satzungsbestandteile (siehe oben § 4 Rn. 37) auch im Text des Gesellschaftsvertrages enthalten sein können. Verstöße gegen Stimmbindungsvereinbarungen berühren die Wirksamkeit der Stimmabgabe nicht. Gefasste Beschlüsse sind weder nichtig noch an-

---

[196] BGH NJW 1988, 970; *Zöllner* in Baumbach/Hueck, GmbHG, § 47 Rn. 108.

[197] *Bayer* in Lutter/Hommelhoff, GmbHG, § 47 Rn. 13.

[198] Für die AG vgl. BGH NJW 1995, 1739.

[199] BGH GmbHR 2003, 1051.

[200] Vgl. BGH NJW 1987, 189.

[201] BGH DZWiR 2007, 292.

[202] Vgl. dazu *Zöllner* in Baumbach/Hueck, GmbHG, Anh. zu § 47 Rn. 191; *Bayer* in Lutter/Hommelhoff, GmbHG, § 47 Rn. 14.

[203] *Bayer* in Lutter/Hommelhoff, GmbHG, § 47 Rn. 15; *Roth* in Roth/Altmeppen, GmbHG, § 47 Rn. 38.

[204] Zu Stimmbindungsvereinbarungen mit Dritten vgl. *Bayer* in Lutter/Hommelhoff, GmbHG, § 47 Rn. 16.

fechtbar[205]. Gegebenenfalls ist der Gesellschafter seinem Vertragspartner zum Schadensersatz verpflichtet.

7. Fehlerhafte Beschlüsse der Gesellschafterversammlung (Beschlussmängelrecht)

Literatur: *Casper*, Das Anfechtungsklageerfordernis im GmbH-Beschlußmängelrecht, ZHR 163 (1999), 54; *Geißler*, Die Kassation anfechtbarer Gesellschafterbeschlüsse im GmbH-Recht, GmbHR 2002, 520; *Hüffer*, Beschlußmängel im Aktienrecht und im Recht der GmbH – eine Bestandsaufnahme unter Berücksichtigung der Beschlüsse von Leitungs- und Überwachungsorganen, ZGR 2001, 833; *Raiser*, Nichtigkeits- und Anfechtungsklagen, Festschrift 100 Jahre GmbH-Gesetz, 1992, S. 587; *Schwab*, Das Prozeßrecht gesellschaftsinterner Streitigkeiten, 2005; *Zöllner/Noack*, Geltendmachung von Beschlussmängeln im GmbH-Recht, ZGR 1989, 525.

a) Analoge Anwendung der §§ 241 ff. AktG

Das GmbHG schweigt dazu, wie gegen mangelhafte Beschlüsse der Gesellschaf- **167**
terversammlung vorgegangen werden kann.

Rechtsprechung und Schrifttum sprechen sich insoweit für eine analoge Anwendung der aktienrechtlichen Vorschriften (§§ 241 ff. AktG) aus, die zwischen der Nichtigkeit (vgl. § 241 AktG) und der Anfechtbarkeit (vgl. § 243 AktG) von Beschlüssen unterscheiden.

Eine **vertiefte Darstellung des Beschlussmängelrechts** erfolgt unten § 21 Rn. 284 ff. Auf die Ausführungen dort kann daher einleitend verwiesen werden.

Ähnlich wie im Verwaltungsrecht führt die Einstufung fehlerhafter Rechtsakte als lediglich anfechtbar dazu, dass mit der Versäumung der Anfechtungsfrist Bestandskraft einkehrt. Dies verhindert, dass (wie im Recht der Personengesellschaften) die Fehlerhaftigkeit des Beschlusses noch Jahre später geltend gemacht werden kann. Zudem kann die Rechtswidrigkeit nur in einem **bestimmten Verfahren** und nicht inzident in jedem Rechtsstreit geltend gemacht werden.

Die Analogie zum AktG erfolgt aber **nicht schematisch**, sondern die Vorschriften müssen darauf überprüft werden, ob sie auch bei der GmbH mit ihrem **überschaubareren Gesellschafterkreis** und ihrer **geringeren Formalisierung** (etwa bei der Einberufung und Durchführung der Gesellschafterversammlung) sinnvoll anwendbar sind. Hieraus können sich Unterschiede im Einzelfall ergeben.

b) Nichtigkeit

Die **Nichtigkeitsgründe** ergeben sich aus einer entsprechenden Anwendung von **168**
§§ 241, 250, 253 AktG (siehe dazu unten § 21 Rn. 288). Der Katalog der Nichtig-

---

[205] OLG Saarbrücken GmbHR 2005, 546; *Zöllner* in Baumbach/Hueck, GmbHG, § 47 Rn. 117; *Bayer* in Lutter/Hommelhoff, GmbHG, § 47 Rn. 20.

keitsgründe ist abschließend, bedarf aber aus den eben genannten Gründen der Modifikation. Zur Nichtigkeit wegen schwerer **Einberufungsmängel** (§ 241 Nr. 1 AktG analog) siehe bereits oben Rn. 133.

Weitere **Beispiele**[206]:

- Fehlen der notariellen Beurkundung, sofern diese durch Gesetz oder Satzung vorgeschrieben ist → § 241 Nr. 2 AktG analog,
- Beschluss von Ausschüttungen, die gegen § 30 I GmbHG (= gläubigerschützende Vorschrift) verstoßen → § 241 Nr. 3 AktG analog,
- Festsetzung eines verbotenen Unternehmensgegenstandes (z.B. „Drogenhandel") → § 241 Nr. 3 AktG analog,
- entschädigungslose Einziehung eines Geschäftsanteils mit dem Ziel der Vereitelung eines Pfändungspfandrechts (= sittenwidrig)[207] → § 241 Nr. 4 AktG analog,
- Gewinnverwendungsbeschluss beruht auf nichtigem Jahresabschluss → § 253 AktG analog.

---

169 Eine etwaige Nichtigkeit eines eintragungsbedürftigen Beschlusses (z.B. Satzungsänderung) kann nach Maßgabe des § 242 AktG **geheilt** werden[208].

Bei einem **Beurkundungsmangel** tritt mit der Eintragung im Handelsregister sofortige Heilung ein (§ 242 I AktG analog). Auch die Nichtigkeit aufgrund von Ladungsmängeln oder wegen (bestimmter) inhaltlicher Verstöße kann geheilt werden – und zwar nach Ablauf von drei Jahren seit der Handelsregistereintragung (§ 242 II AktG analog). Eine Ausnahme dürfte bei gesetzlichen Verboten bestehen, wie etwa § 6 II GmbHG ein solches darstellt. Derartige Mängel bleiben unheilbar.

170 Die Nichtigkeit ist von jedermann zu beachten und kann von jedermann geltend gemacht werden.

Die **gerichtliche Geltendmachung** der Nichtigkeit kann auf verschiedenen Wegen erfolgen (näher dazu unten § 21 Rn. 291 ff.):

- ➲ durch Erhebung einer Feststellungsklage gemäß § 256 ZPO,
- ➲ durch Nichtigkeitsklage analog § 249 AktG,
- ➲ inzident in einem anderen Verfahren durch schlichtes Berufen auf die Nichtigkeit.

c) Anfechtbarkeit

171 Gesetzes- oder Satzungsverstöße, die keinen Nichtigkeitsgrund erfüllen, führen lediglich zur Anfechtbarkeit des betreffenden Beschlusses (vgl. § 243 AktG und unten § 21 Rn. 297 ff.).

Der Beschluss ist wirksam, bis er im Rahmen einer Anfechtungsklage durch das Gericht für nichtig erklärt wurde.

---

[206] Weitere Beispiele bei *Zöllner* in Baumbach/Hueck, GmbHG, Anh. zu § 47 Rn. 44 ff.

[207] So etwa BGH NJW 1987, 2514.

[208] Für Einzelheiten siehe *Römermann* in Michalski, GmbHG, Anh. zu § 47 Rn. 237 ff.

aa) Anfechtungsgründe

Wie auch im Aktienrecht kann sich der Gesetzes- oder Satzungsverstoß aus dem Beschlussinhalt (**Inhaltsmangel**) oder aus dem der Beschlussfassung zugrunde liegenden Verfahren (**Verfahrensmangel**) ergeben. **172**

Beispiele für Inhaltsmängel:

- Verstoß gegen die gesellschaftsrechtliche Treuepflicht, z.B. bei Ablehnung der Geltendmachung offenkundig bestehender Schadensersatzansprüche gegen Gesellschafter-Geschäftsführer,
- Streben nach Sondervorteilen (§ 243 II AktG analog),
- Verletzung des Gleichbehandlungsgebots durch die ungerechtfertigte Begünstigung einzelner Gesellschafter bei der Gewinnverteilung[209], durch verdeckte Gewinnausschüttung an einen Gesellschafter oder durch sonstige Vermögenszuwendung ohne Rechtsgrund,
- Eingriff in die Mitgliedschaftsrechte anderer Gesellschafter,
- Entlastung des Geschäftsführers trotz erkennbar rechtswidrigen Verhaltens.

Beispiele für Verfahrensmängel:

- Einberufungsmängel, die nicht zur Nichtigkeit führen (siehe bereits oben Rn. 133),
- Verletzung des Rechts auf Auskunft und Einsicht (§ 51a GmbHG),
- unberechtigter Ausschluss eines Gesellschafters von der Gesellschafterversammlung (Verletzung des Teilnahmerechts),
- fehlende Beschlussfähigkeit,
- fehlerhafte Auszählung bei der Abstimmung, sofern diese ausschlaggebend für das Beschlussergebnis war (potentielle Kausalität).

Wie auch im Aktienrecht gilt: **Nur wesentliche Verfahrensverstöße** führen zur Anfechtbarkeit. Die Verletzung bloßer Ordnungsvorschriften (z.B. Sollvorschriften) genügt nicht. Entscheidend ist insoweit die Bedeutung der verletzten Norm aus Sicht eines verständigen Gesellschafters (siehe unten § 21 Rn. 303).

bb) Geltendmachung durch Anfechtungsklage

Die Anfechtung erfolgt durch Erhebung einer **Anfechtungsklage** beim Landgericht, in dessen Bezirk die Gesellschaft ihren Sitz hat (§ 246 III 1 AktG analog). **173** Dabei handelt es sich um eine **Gestaltungsklage**, die darauf gerichtet ist, dass das Gericht den angegriffenen Beschluss für nichtig erklärt (vgl. 248 AktG) – und zwar mit Wirkung *ex tunc*. Die Klage ist gegen die **GmbH als Beklagte** zu richten.

Anfechtungsbefugt sind alle Gesellschafter, die nicht für den Beschluss gestimmt haben. Ein Widerspruch zu Protokoll in der Gesellschafterversammlung ist **174** nicht erforderlich. § 245 AktG ist auf die GmbH nicht übertragbar[210]. Der Geschäftsführer ist jedenfalls dann zur Anfechtung berechtigt, wenn er sich durch die

---

[209] Vgl. BGH GmbHR 1990, 344, 345.

[210] *K. Schmidt* in Scholz, GmbHG, § 45 Rn. 129, 134; *Zöllner* in Baumbach/Hueck, GmbHG, Anh. zu § 47 Rn. 135; *Raiser* in Ulmer/Habersack/Winter, GmbHG, Anh. zu § 47 Rn. 173.

Ausführung des Beschlusses strafbar oder schadensersatzpflichtig machen würde[211]. Entsprechendes gilt für die Mitglieder eines etwaigen Aufsichtsrates.

Die **h.M.** geht davon aus, dass die Anfechtungsbefugnis eine **materielle Voraussetzung** der Anfechtungsklage ist[212]. Diese soll daher in der Begründetheit zu prüfen sein. Aus den unten § 21 Rn. 308 dargelegten Gründen ist dem nicht zu folgen. Auch bei der GmbH gilt daher: Die Anfechtungsbefugnis ist eine Frage der **Zulässigkeit**[213].

175 Ein **besonderes Rechtsschutzinteresse** ist nicht zu fordern. Jeder Gesellschafter hat ein anerkennenswertes Interesse daran, dass die Gesellschaft nur rechtmäßige Beschlüsse fasst. Die Gesellschafter müssen daher nicht persönlich nachteilig betroffen sein. Die Anfechtungsklage dient auch dem allgemeinen Zweck, auf die Rechtmäßigkeit des Verhaltens von Kapitalgesellschaften hinzuwirken (**Polizeifunktion**). Das Rechtsschutzbedürfnis kann nur im Ausnahmefall fehlen, wenn der Gesellschafter bspw. grob treuwidrig oder rechtsmissbräuchlich die Anfechtungsklage erhebt.

Näher zur Problematik **rechtsmissbräuchlicher Anfechtungsklagen** unten § 21 Rn. 311.

176 Die Anfechtungsklage ist fristgebunden. Eine direkte oder analoge Anwendung der aktienrechtlichen Monatsfrist (§ 246 AktG) wird überwiegend als zu starr abgelehnt; der Monatsfrist kommt aber Leitbildfunktion zu. Danach beträgt die **Anfechtungsfrist in der Regel einen Monat**[214] ab Kenntnis vom Beschluss[215], sofern nicht triftige Gründe vorliegen, die eine längere Frist rechtfertigen. Dies kann z.B. der Fall sein, wenn Verhandlungen über eine einvernehmliche Konfliktlösung stattfinden oder schwierige Tatsachen oder Rechtsfragen zu klären sind[216]. Eine nach Fristablauf erhobene Anfechtungsklage ist entgegen der h.M.[217] nicht als unbegründet, sondern als **unzulässig** abzuweisen (siehe dazu unten § 21 Rn. 309).

Die Satzung kann andere Fristen oder Fristläufe festlegen. Die Monatsfrist darf aber nicht unterschritten werden[218].

---

[211] *Bayer* in Lutter/Hommelhoff, Anh. zu § 47 Rn. 73; *Zöllner* in Baumbach/Hueck, GmbHG, Anh. zu § 47 Rn. 140; *Wicke*, GmbHG, Anh. zu § 47 Rn. 18; weitergehend für Inhaltsmängel *K. Schmidt* in Scholz, GmbHG, § 45 Rn. 134.

[212] BGH GmbHR 2008, 426, 427 f.; *Zöllner* in Baumbach/Hueck, GmbHG, Anh. zu § 47 Rn. 134; *Bayer* in Lutter/Hommelhoff, GmbHG, Anh. zu § 47 Rn. 75.

[213] Wie hier *K. Schmidt* in Scholz, GmbHG, § 45 Rn. 127.

[214] Vgl. BGH GmbHR 2005, 925, 927.

[215] BGH GmbHR 1998, 891, 982.

[216] Vgl. BGH GmbHR 1992, 801; *Bayer* in Lutter/Hommelhoff, GmbHG, Anh. zu § 47 Rn. 63 mit weiteren Nachweisen.

[217] BGH GmbHR 1998, 891, 892; 2005, 925, 927; *Zöllner* in Baumbach/Hueck, GmbHG, Anh. zu § 47 Rn. 158; *Bayer* in Lutter/Hommelhoff, GmbHG, Anh. zu § 47 Rn. 68; insoweit auch *K. Schmidt* in Scholz, GmbHG, § 45 Rn. 141.

[218] *Römermann* in Michalski, GmbHG, Anh. zu § 47 Rn. 475; *K. Schmidt* in Scholz, GmbHG, § 45 Rn. 144.

IV. Aufsichtsrat

Literatur: *Banspach/Nowak*, Der Aufsichtsrat der GmbH unter besonderer Berücksichtigung kommunaler Unternehmen und Konzerne, Der Konzern 2008, 195; *Deilmann*, Abgrenzung der Überwachungsbefugnisse von Gesellschafterversammlung und Aufsichtsrat einer GmbH unter besonderer Berücksichtigung des mitbestimmten Aufsichtsrats, BB 2004, 2253; *Goette*, Pflichten der Mitglieder eines fakultativen Aufsichtsrats, DStR 2007, 356; *Müller/Wolff*, Freiwilliger Aufsichtsrat nach § 52 GmbHG und andere freiwillige Organe, NZG 2003, 751; *Wilhelm*, Öffentlichkeit und Haftung bei Aufsichtsräten in einer kommunalen GmbH, DB 2009, 944.

1. Der fakultative Aufsichtsrat

Den Gesellschaftern ist es grundsätzlich freigestellt, einen Aufsichtsrat in der Gesellschaft einzurichten.   177

Sieht der Gesellschaftsvertrag die Bildung eines Aufsichtsrates vor, so finden vorbehaltlich einer abweichenden Regelung die Vorschriften über den Aufsichtsrat einer AG entsprechende Anwendung.

§ 52 I GmbHG verweist auf die folgenden aktienrechtlichen Regelungen, die aber nur   178
entsprechend anzuwenden sind, soweit der **Gesellschaftsvertrag** nichts Abweichendes
bestimmt:
- § 95 S. 1 AktG: Mitgliederzahl,
- § 100 I, II Nr. 2 AktG: persönliche Voraussetzungen,
- §§ 101 I 1, 103 I AktG: Bestellung, Abberufung,
- §§ 100 V, 107 IV AktG: Erfordernis eines unabhängigen Finanzexperten,
- § 110 AktG: Einberufung des Aufsichtsrates,
- § 90 III-V AktG: Berichtsansprüche gegenüber Leitungsorgan,
- § 111 AktG: Aufgaben und Befugnisse,
- § 112 AktG: Vertretung der Gesellschaft gegenüber Geschäftsführern,
- §§ 113, 114 AktG: Vergütung der Aufsichtsratstätigkeit,
- §§ 116 i.V.m. 93 AktG: Haftung der Aufsichtsratsmitglieder,
- § 124 III 2 AktG: Wahlvorschläge für Aufsichtsrat und Abschlussprüfer,
- §§ 170, 171 AktG: Prüfung des Jahresabschlusses und schriftlicher Bericht an die Gesellschafterversammlung.

Für Einzelheiten kann insoweit auf die Darstellung im aktienrechtlichen Teil verwiesen werden (siehe insbesondere unten § 21 Rn. 108 ff.).

Die gesellschaftsvertraglichen Ausgestaltungsmöglichkeiten finden allerdings ihre Grenzen in der grundlegenden gesetzlichen Kompetenzverteilung. Daher ist es nicht möglich, dem Aufsichtsrat Aufgaben der Geschäftsführung oder die Kompetenz zur Änderung des Gesellschaftsvertrages zuzuweisen. Hier bleiben Geschäftsführer und Gesellschafterversammlung zuständig.

2. Der obligatorische Aufsichtsrat

179   In bestimmten, gesetzlich abschließend normierten Fällen ist ein Aufsichtsrat zwingend zu bilden. Hauptanwendungsfall des obligatorischen Aufsichtsrates ist die **mitbestimmte GmbH**, wobei insbesondere zwischen der unternehmerischen Mitbestimmung nach dem DrittelbG und dem MitbestG zu unterscheiden ist.

> Ein Aufsichtsrat ist ferner zu bilden, wenn die Gesellschaft dem Anwendungsbereich des MontanMitbestG bzw. des MitbestErgG[219] oder des InvestmentG[220] unterfällt.

a) Unternehmerische Mitbestimmung nach dem Drittelbeteiligungsgesetz

180   Beschäftigt die Gesellschaft **mehr als 500, aber weniger als 2.000 Arbeitnehmer**, so ist ein Aufsichtsrat zu bilden, der zu einem Drittel aus Vertretern der Arbeitnehmer besteht (§§ 1 I Nr. 3, 4 I Drittelbeteiligungsgesetz).

Dessen Kompetenzen entsprechen weitestgehend dem Aufsichtsrat einer AG. Das Recht zur Bestellung und Anstellung von Geschäftsführern steht ihm jedoch nicht zu, da § 1 I Nr. 3 Drittelbeteiligungsgesetz nicht auf § 84 AktG verweist. Auch das Weisungsrecht nach § 37 GmbHG bleibt bei der Gesellschafterversammlung.

b) Unternehmerische Mitbestimmung nach dem Mitbestimmungsgesetz

181   Sind in der GmbH mehr als 2.000 Arbeitnehmer beschäftigt, ist ein paritätisch besetzter Aufsichtsrat zu bilden (§§ 1, 6 ff. MitbestG).

Anteilseigner- und Arbeitnehmervertreter stellen hier also jeweils die Hälfte der Mitglieder[221]. **Patt-Situationen** werden dadurch aufgelöst, dass dem Aufsichtsratsvorsitzenden bei Stimmengleichheit in der ersten Abstimmung in einem erneuten Wahlgang eine doppelte Stimme zukommt (§ 29 II 1MitbestG). § 27 II MitbestG stellt dabei sicher, dass der Aufsichtsratsvorsitzende aus der Gruppe der Anteilseignervertreter bestimmt wird, sofern nicht ein anderer Kandidat zuvor mit 2/3-Mehrheit gewählt wurde.

> Diese Regelung war letztlich der Grund dafür, dass das nach Inkrafttreten des MitbestG 1972 angerufene BVerfG die Verfassungsgemäßheit des MitbestG gerade noch bejahte[222],

---

[219] Einzelheiten bei *Giedinghagen* in Michalski, GmbHG, § 52 Rn. 79 ff; *Zöllner/Noack* in Baumbach/Hueck, GmbHG, § 52 Rn. 309 ff.

[220] Vgl. dazu bei *Zöllner/Noack* in Baumbach/Hueck, GmbHG, § 52 Rn. 317 ff.

[221] Einzelheiten zum Wahlverfahren bei *Giedinghagen* in Michalski, GmbHG, § 52 Rn. 97 ff.

[222] BVerfGE 50, 290.

da hierdurch das durch Art. 14 GG gebotene **Letztentscheidungsrecht der Anteils-eignerseite** gewährleistet sei[223].

Für den nach dem MitbestG zu bildenden Aufsichtsrat gelten gemäß § 25 I   **182**
MitbestG **umfassend** die aktienrechtlichen Regelungen.

Im Gegensatz zu dem Aufsichtsrat nach dem DrittelbG hat er daher auch das Recht zur Bestellung und Abberufung der Geschäftsführer. Aufgrund des engen sachlichen Zusammenhangs mit dem organschaftlichen Akt der Bestellung hat er darüber hinaus nach der Rechtsprechung auch die Kompetenz zum Abschluss des Anstellungsvertrages[224]. Das Weisungsrecht der Gesellschafter gegenüber dem Geschäftsführer bleibt jedoch auch hier bestehen.

V. Beirat

Literatur: *Huber,* Beirat und Beiratsmitglied – praxisrelevante Aspekte für ihre Tätigkeit, GmbHR 2004, 772.

Durch Gesellschaftsvertrag können – anders als im Aktienrecht – weitere Organe   **183**
gebildet werden.

> Praktisch häufig ist die Bildung von Beiräten, insbesondere wenn **staatliche oder kommunale Rechtsträger** beteiligt sind.

Ein Beirat ist ein (zumeist) beratendes Gremium, das keine Überwachungs-aufgaben hinsichtlich der Geschäftsführung wahrnimmt (sonst: fakultativer Aufsichtsrat nach § 52 GmbHG).

Die nähere Ausgestaltung der Aufgaben und Befugnisse, der Zusammensetzung und der Arbeitsweise der Beiräte ist fast vollständig der **Satzung** überlassen. Allerdings ist es nicht möglich, dem Beirat Aufgaben der Geschäftsführung oder die Kompetenz zur Änderung des Gesellschaftsvertrages zuzuweisen.

---

[223] Dazu auch *Zöllner/Noack* in Baumbach/Hueck, GmbHG, § 52 Rn. 299; *Giedinghagen* in Michalski, GmbHG, § 52 Rn. 372.
[224] Vgl. BGHZ 89, 48, 57; *Zöllner/Noack* in Baumbach/Hueck, GmbHG, § 52 Rn. 303.

§ 12 Erwerb und Verlust der Mitgliedschaft

Literatur: *Lutter*, Theorie der Mitgliedschaft, AcP 180 (1980), 84; *K. Schmidt*, Das Recht der Mitgliedschaft, ZGR 2011, 108; *Wiedemann*, Die Übertragung und Vererbung von Mitgliedschaftsrechten bei Handelsgesellschaften, 1965.

I. Verknüpfung von Mitgliedschaft und Geschäftsanteil

Die Gesellschafterstellung in der GmbH knüpft zwingend an das Halten mindestens eines Geschäftsanteils an. Der **Geschäftsanteil vermittelt sämtliche mitgliedschaftlichen Rechte und Pflichten**, die den Gesellschaftern gegenüber der GmbH und Mitgesellschaftern aus dem Gesellschaftsverhältnis zustehen. Dieses Bündel an Rechten und Pflichten ist die Mitgliedschaft. **1**

Geschäftsanteil und Mitgliedschaft sind untrennbar miteinander verbunden.

Jeder Geschäftsanteil entspricht einem bestimmten **Anteil am Stammkapital**. Auf jeden Geschäftsanteil ist demgemäß eine Einlage, die sog. Stammeinlage (§ 3 I Nr. 4 GmbHG) zu leisten, deren Höhe sich nach dem bei Gründung oder Kapitalerhöhung festgelegten Nennbetrag der Geschäftsanteile richtet (§ 14 GmbHG). Die Höhe der Nennbeträge kann bei verschiedenen Geschäftsanteilen unterschiedlich sein; die Summe der Nennbeträge muss aber der Stammkapitalziffer entsprechen (§ 5 III GmbHG). Jeder Gesellschafter kann auch mehrere Geschäftsanteile übernehmen. Der Nennbetrag der gehaltenen Geschäftsanteile entscheidet über den Umfang bestimmter mitgliedschaftlicher Rechte (z.B. Stimmrecht, Gewinnrecht). **2**

Die Mitgliedschaft wird mit dem Geschäftsanteil erworben. Vom **originären Erwerb** spricht man, wenn der Geschäftsanteil bei seinem Entstehen erstmalig übernommen wird. Dies ist der Fall bei der Gründung der Gesellschaft und bei späteren Kapitalerhöhungen gegen Einlagen (dazu § 15 Rn. 5 ff.). Die Geschäftsanteile entstehen dabei in der Person des übernehmenden Gesellschafters. **3**

GmbH-Geschäftsanteile sind übertragbar und vererbbar (§ 15 I GmbHG). **4**

Den Erwerb bestehender Geschäftsanteile bezeichneten man als **derivativen** (= abgeleiteten) **Erwerb**. Der Erwerber wird Rechtsnachfolger des bisherigen Gesellschafters aufgrund rechtsgeschäftlicher Veräußerung, im Wege der Gesamtrechtsnachfolge oder – praktisch äußerst selten – kraft Zuschlags im Rahmen einer öffentlichen Versteigerung.

Der Erwerb eines Gesellschaftsanteils ist auch dergestalt möglich, dass mehrere gemeinsam an ihm berechtigt werden. Praktisch häufigster Fall der **Mitberechtigung am** **5**

Geschäftsanteil ist die Erbengemeinschaft. Mehrere Berechtigte können die mitgliedschaftlichen Rechte gemäß § 18 I GmbHG nur gemeinschaftlich ausüben. Für auf den Geschäftsanteil zu bewirkende Leistungen (insbesondere: Einlagen) haften sie als Gesamtschuldner (§ 18 II GmbHG). Mehrere Berechtigte können einen gemeinsamen Vertreter benennen, demgegenüber die Gesellschaft in Ansehung des Geschäftsanteils die erforderlichen Rechtshandlungen (z.B. Ladung zur Gesellschafterversammlung) vorzunehmen hat[1]. Fehlt ein gemeinsamer Vertreter, so genügt es, wenn die entsprechende Handlung gegenüber nur einem Berechtigten vorgenommen wird (vgl. § 18 III GmbHG).

II. Die Bedeutung der Gesellschafterliste

Literatur: *Begemann/Galla*, Praxisfragen zur Gesellschafterliste der GmbH nach dem MoMiG, GmbHR 2009, 1065; *Hasselmann*, Die Gesellschafterliste nach dem MoMiG, NZG 2009, 409; *Mayer*, Aufwertung der Gesellschafterliste durch das MoMiG - Fluch oder Segen?, ZIP 2009 1037; *Preuss*, Gesellschafterliste, Legitimation gegenüber der Gesellschaft und gutgläubiger Erwerb von GmbH-Anteilen, ZGR 2008, 676; *Wicke*, Die GmbH-Gesellschafterliste im Fokus der Rechtsprechung, DB 2011, 1037.

1. Publizität des Gesellschafterbestandes

6 Gemäß § 8 I Nr. 3 GmbHG muss der Anmeldung der GmbH zum Handelsregister eine Liste der Gesellschafter beigefügt werden. Aus der Liste müssen **Name, Geburtsdatum und Wohnort aller Gesellschafter** sowie die **Nennbeträge und die laufenden Nummern der von ihnen übernommenen Geschäftsanteile** ersichtlich werden. Im vereinfachten Gründungsverfahren gilt das Musterprotokoll zugleich als Gesellschafterliste (§ 2 Ia 4 GmbHG).

Die Gesellschafterliste soll Auskunft darüber geben, wer in welchem Umfang an der GmbH beteiligt ist. Durch die hierdurch erreichte **Transparenz** sollen das entsprechende Informationsbedürfnis der GmbH, aber auch des Rechtsverkehrs befriedigt und Missbräuchen (z.B. Geldwäsche) vorgebeugt werden[2].

7 Diese Transparenz wäre aber nicht gewährleistet, wenn nur der Gesellschafterkreis bei Gründung offen zu legen wäre. Daher ordnet **§ 40 I GmbHG** an, dass die Geschäftsführer unverzüglich nach Wirksamwerden jeder Veränderung im Gesellschafterbestand eine **aktualisierte Gesellschafterliste** zum Handelsregister anzumelden haben. Erfasst sind sämtliche Veränderungen des Gesellschafterbestandes, gleich ob sie aufgrund von Einzel- oder Gesamtrechtsnachfolge erfolgen und ob neue Gesellschafter hinzukommen oder sich lediglich der Beteiligungsumfang der bisherigen Gesellschafter ändert. Dingliche Belastungen von Geschäftsanteilen sind hingegen nicht in der Gesellschafterliste zu vermerken.

8 Die Änderung der Liste durch die Geschäftsführer erfolgt dabei auf Mitteilung und Nachweis der Rechtsänderung durch die betroffenen Gesellschafter. Eine ma-

---

[1] Für Einzelheiten siehe *Ebbing* in Michalski, GmbHG, § 18 Rn. 49.

[2] *Wolff*, BB 2010, 454 f.

terielle Überprüfung der Rechtsänderung durch den Geschäftsführer sieht das Gesetz nicht vor (**formelles Konsensprinzip**)[3].

Reicht ein Geschäftsführer die Liste nicht, nicht unverzüglich oder inhaltlich fehlerhaft zum Handelsregister ein, haftet er den betroffenen Gesellschaftern und den Gesellschaftsgläubigern auf Schadensersatz (§ 40 III GmbHG).

Hat ein **Notar** an der Rechtsänderung mitgewirkt, was bei der rechtsgeschäftlichen Anteilsübertragung nach § 15 III, IV GmbHG zwingend der Fall ist, so obliegt es dem Notar, die Gesellschafterliste zum Handelsregister einzureichen und die Rechtsänderung zu bescheinigen (§ 40 II GmbHG)[4].   **9**

Es handelt sich bei dieser durch das MoMiG eingeführten Amtspflicht um eine **öffentlich-rechtliche Aufgabe**, die nach wohl h.M. nur von deutschen Notaren wahrgenommen werden kann[5]. **Ausländische Notare** können zwar unter bestimmten Voraussetzungen die rechtsgeschäftliche Übertragung wirksam beurkunden, sie sind aber weder einreichungspflichtig noch einreichungsfähig[6]. Für die Anteilsabtretung im Ausland (sofern sie möglich ist, siehe unten Rn. 22) bedeutet das, dass nicht § 40 II GmbHG, sondern Abs. 1 zur Anwendung kommt[7].

Nichtgeschäftsführende Gesellschafter haben nicht die Befugnis, die Gesellschafterliste selbst einzureichen. Daher können weder Veräußerer noch Erwerber die Einreichung selbst vornehmen. Sie haben aber einen **einklagbaren Anspruch** gegen die Gesellschaft auf Einreichung der aktualisierten Gesellschafterliste.   **10**

2. Keine Wirksamkeitsvoraussetzung für Rechtsänderung

Die Änderung der Gesellschafterliste ist keine Wirksamkeitsvoraussetzung für Änderungen im Gesellschafterbestand. Dies folgt bereits aus § 40 I 1 GmbHG, der an das Wirksamwerden der Rechtsänderung anknüpft. Sie bewirkt auch **keine Heilung etwaiger Erwerbsmängel** bei der Übertragung des Geschäftsanteils[8].   **11**

---

[3] Vgl. dazu *Zöllner/Noack* in Baumbach/Hueck, GmbHG, § 40 Rn. 20.

[4] Für Einzelheiten siehe etwa *Bayer* in Lutter/Hommelhoff, GmbHG, § 40 Rn. 23 ff.

[5] *Altmeppen* in Roth/Altmeppen, GmbHG, § 40 Rn. 14; *Grunewald*, ZIP 2006, 685, 688; *U.H. Schneider*, GmbHR 2009, 393, 396.

[6] Für einen Gleichlauf von Beurkundungs- und Einreichungsfähigkeit aber *Vossius,* DB 2007, 2304; *Götzke/Bressler,* NZG 2007, 896; für die Möglichkeit der Einreichung durch einen schweizerischen Notar OLG Düsseldorf NJW 2011, 1370; ablehnend LG Frankfurt a.M. NJW 2010, 683.

[7] Wie hier *Zöllner/Noack* in Baumbach/Hueck, GmbHG, § 40 Rn. 69.

[8] *Heidinger* in MünchKomm. GmbHG, § 16 Rn. 150; *Bayer* in Lutter/Hommelhoff, GmbHG, § 16 Rn. 22; *Ebbing* in Michalski, GmbHG, § 16 Rn. 49.

Der Inhaber eines Geschäftsanteils ist unabhängig von seiner Eintragung in der Gesellschafterliste rechtlich dazu in der Lage, über den Geschäftsanteil zu verfügen[9], da er **materiell Berechtigter** ist.

3. Legitimationswirkung gegenüber der Gesellschaft

12   Allerdings gilt im Verhältnis zur GmbH als Inhaber eines Geschäftsanteils nur, wer als solcher in der im Handelsregister aufgenommenen Gesellschafterliste eingetragen ist (§ 16 I 1 GmbHG).

a) Berechtigung

13   Die Eintragung in der Gesellschafterliste hat somit eine Legitimationsfunktion: Wer nicht in der Liste vermerkt ist, kann die ihm zustehenden mitgliedschaftlichen Rechte nicht ausüben!

> **Beispiel:** A überträgt seinen Geschäftsanteil formgerecht (§ 15 III, IV GmbHG) an B. Allerdings versäumt es der beurkundende Notar, die aktualisierte Gesellschafterliste zum Handelsregister einzureichen. Folge: Trotz wirksamen Erwerbs des Geschäftsanteils gilt B der Gesellschaft gegenüber nicht als Inhaber des Geschäftsanteils. Vielmehr wird unwiderleglich vermutet, dass A weiterhin Gesellschafter ist.

14   Bis zur Einreichung der neuen Liste nach der Anteilsübertragung bleibt der Veräußerer insbesondere **stimm- und gewinnberechtigt**. Eine Ausnahme sieht § 16 I 2 GmbHG vor: In Bezug auf das Gesellschaftsverhältnis vorgenommene Rechtshandlungen gelten als von Anfang an wirksam, wenn nach ihrer Vornahme die Liste **unverzüglich** zum Handelsregister **nachgereicht** wird[10]. Hierdurch soll Erwerbern die Möglichkeit gegeben werden, bereits unmittelbar nach Erwerb der Gesellschafterstellung an Beschlüssen mitzuwirken[11].

b) Haftung

15   Da der Veräußerer bis zur Einreichung der neuen Liste als Gesellschafter gilt, haftet er allein für sämtliche Verbindlichkeiten aus der Mitgliedschaft. Mit Einreichung der Liste gehen sämtliche mitgliedschaftlichen Pflichten (ebenso wie die Rechte) zwar auf den Erwerber über.

> Der Veräußerer haftet jedoch nach § 16 II GmbHG weiterhin neben dem Erwerber als Gesamtschuldner für die zu diesem Zeitpunkt rückständigen (= fälligen) Einlageverpflichtungen.

---

[9] *Ebbing* in Michalski, GmbHG, § 16 Rn. 50.

[10] Vgl. dazu *Hueck/Fastrich* in Baumbach/Hueck, GmbHG, § 16 Rn. 18 ff.

[11] Begr. RegE MoMiG, BT-Drucks. 16/6140, S. 37 f.

Hierzu zählen neben offenen Einlagepflichten insbesondere Ansprüche aus Differenzhaftung (§ 9 I GmbHG), aus Unterbilanzhaftung sowie aus der Ausfallhaftung gemäß §§ 24, 31 III GmbHG.

c) Scheinerwerber

Die **unwiderlegliche Vermutung**[12] des § 16 I GmbHG wirkt auch für und gegen denjenigen, der fälschlicherweise in der Liste vermerkt war, ohne zuvor Gesellschafter gewesen zu sein (sog. **Scheinerwerber**)[13].   **16**

> **Beispiel:** A überträgt seinen Geschäftsanteil an B, jedoch leidet die Abtretung an einem Wirksamkeitsmangel. Dennoch reicht der beurkundende Notar die aktualisierte Gesellschafterliste zum Handelsregister ein. Folge: B ist hier materiell-rechtlich zwar nicht Gesellschafter geworden, doch wird seine Gesellschafterstellung im Verhältnis zur GmbH unwiderleglich vermutet.

Im Hinblick auf die **mitgliedschaftlichen Pflichten** ist jedoch eine Einschränkung geboten: Wer die Eintragung in der Gesellschafterliste **in keiner Weise veranlasst** hat, kann nicht in die Haftung genommen werden[14]. Insoweit ist die Interessenlage vergleichbar mit derjenigen bei § 15 III HGB, für den die ganz h.M. eine entsprechende teleologische Reduktion vornimmt[15].   **17**

Noch nicht abschließend geklärt ist, ob und unter welchen Bedingungen ein (zurechenbar) eingetragener Scheinerwerber von der Haftung für rückständige Einlagepflichten durch **Widerruf oder Anfechtung** der Mitteilung des Rechtserwerbs i.S.v. § 40 I 2 GmbHG befreit werden kann[16].

d) Gesamtrechtsnachfolge

Die Legitimationswirkung des § 16 I GmbHG gilt nur für den rechtsgeschäftlichen Erwerb, **nicht** aber für **die Fälle der Gesamtrechtsnachfolge.** Daher kann insbesondere der Erbe alle mitgliedschaftlichen Rechte ausüben, auch wenn er selbst (noch) nicht in der Gesellschafterliste eingetragen ist[17]. Die Position des Eingetra-   **18**

---

[12] Nach a.A. handelt es sich um eine gesetzliche Fiktion, vgl. BGH 84, 47, 49; BGH DB 2008, 2587, 2588; *Heckschen*, Das MoMiG in der notariellen Praxis, 2009, Rn. 460 ff.; *Ebbing* in Michalski, GmbHG, § 16 Rn. 51; wie hier aber *Altmeppen* in Roth/Altmeppen, GmbHG, § 16 Rn. 5; *Wicke*, GmbHG, § 16 Rn. 3; *Hueck/Fastrich* in Baumbach/Hueck, GmbHG, § 16 Rn. 5; *Bayer* in Lutter/Hommelhoff, GmbHG, § 16 Rn. 27.

[13] *Altmeppen* in Roth/Altmeppen, GmbHG, § 16 Rn. 36; zur Behandlung von Missbrauchsfällen *Ebbing* in Michalski, GmbHG, § 16 Rn. 79 ff.

[14] Siehe *Hueck/Fastrich* in Baumbach/Hueck, GmbHG, § 16 Rn. 24; *Altmeppen* in Roth/Altmeppen, GmbHG, § 16 Rn. 17.

[15] Vgl. nur *Canaris*, Handelsrecht, § 5 Rn. 51.

[16] Für Einzelheiten siehe *Ebbing* in Michalski, GmbHG, § 16 Rn. 149 ff.

[17] Wie hier *Altmeppen* in Roth/Altmeppen, GmbHG, § 16 Rn. 18; OLG Jena AG 2004, 268, 270; für die vergleichbare Problematik bei § 67 II AktG siehe *Lutter/Drygala* in KölnKomm. AktG, § 67 Rn. 71.

genen ist nämlich ein selbständiger, von der Mitgliedschaft losgelöster Vermögenswert, der nach dem Grundsatz des § 1922 BGB auf den Erben übergeht. Die Gegenauffassung[18] verkennt das Erfordernis einer einheitlichen Behandlung des Erben hinsichtlich seiner Haftung für mitgliedschaftliche Verbindlichkeiten und der Ausübung mitgliedschaftlicher Rechte.

e) Innenverhältnis zwischen Veräußerer und Erwerber

19   § 16 I GmbHG regelt nur das Verhältnis zur GmbH, nicht aber das Innenverhältnis zwischen Veräußerer und Erwerber. Insoweit maßgeblich ist allein das **Kausalverhältnis** (z.B. Anteilskaufvertrag, Schenkung). Im Zweifel sollen die Nutzungen (Dividende = Rechtsfrucht im Sinne von § 99 II BGB) und Lasten mit Wirksamkeit der Abtretung auf den Erwerber übergehen, sodass der Veräußerer diese an den Erwerber weiterleiten muss. Hinsichtlich der mitgliedschaftlichen Verwaltungsrechte hat der Veräußerer die Stellung eines Treuhänders; er muss daher bei der Ausübung den Interessen des Erwerbers Rechnung tragen.

4. Rechtsscheinträger

20   Schließlich fungiert die Gesellschafterliste seit dem MoMiG als Rechtsscheinträger. § 16 III GmbHG ermöglicht den **gutgläubigen Erwerb vom Nichtberechtigten** und knüpft dabei an die Eintragung in der zum Handelsregister eingereichten Gesellschafterliste an (siehe dazu unten Rn. 31 ff.).

III. Rechtsgeschäftliche Übertragung von Geschäftsanteilen

Literatur: *Klöckner*, Praxisprobleme beim gutgläubigen Erwerb von GmbH-Geschäftsanteilen, NZG 2008, 841; *Lieder*; Gutgläubiger Erwerb im Erb- und Gesellschaftsrecht, JURA 2010, 801; *Preuß*, Gesellschafterliste, Legitimation gegenüber der Gesellschaft und gutgläubiger Erwerb von GmbH-Anteilen, ZGR 2008, 676; *Walz/ Fembacher*, Zweck und Umfang der Beurkundung nach § 15 GmbHG, NZG 2003, 1134.

1. Grundsatz der freien Verfügbarkeit; Formbedürftigkeit

21   § 15 I GmbHG bestimmt, dass Geschäftsanteile grundsätzlich veräußerlich und damit **verkehrsfähig** sind. Dies gilt auch noch im Liquidationsstadium.

---

[18] *Hueck/Fastrich* in Baumbach/Hueck, GmbHG, § 16 Rn. 10; *Bayer* in Lutter/Hommelhoff, GmbHG, § 16 Rn. 34; *Wicke*, GmbHG, § 16 Rn. 6.

Die Übertragung des Geschäftsanteils erfolgt durch **Abtretung** gemäß §§ 413, 398 ff. BGB. Nach § 15 III GmbHG bedarf die Abtretung[19] der **notariellen Beurkundung** im Sinne der §§ 8 ff. BeurkG, anderenfalls ist sie nichtig (§ 125 BGB).

22

Das Erfordernis notarieller Beurkundung des Veräußerungsvorgangs stand im Zuge des Gesetzgebungsverfahrens zum MoMiG auf dem Prüfstand. Dabei ist der Gesetzgeber den Forderungen aus der Praxis, auf das Formerfordernis zu verzichten, nicht nachgekommen. Hierin mag man einen weiteren Beleg für den starken Einfluss der Notarvereinigungen sehen.

Ebenso wie bei der Gründung stellt sich bei der Anteilsübertragung die Frage, ob die Beurkundung durch einen **ausländischen Notar** vorgenommen werden kann. Die Rechtsprechung stellte insoweit bislang auf die **Gleichwertigkeit** des ausländischen zum deutschen Notar ab (siehe bereits § 4 Rn. 21). Allerdings ist die Diskussion durch das MoMiG wieder neu entfacht worden. Insbesondere aus § 40 II GmbHG wird bisweilen der Schluss gezogen, dass die Beurkundung durch ausländische Notare nicht mehr möglich sei, da diese der Pflicht, eine aktualisierte Gesellschafterliste zum Handelsregister einzureichen, nicht nachkommen können[20]. Dies würde die Beurkundung der Abtretungen im Ausland letztlich unmöglich machen. Vorzugswürdig erscheint es daher, die Beurkundungsfähigkeit losgelöst von § 40 II GmbHG zu betrachten und bei wirksamen Auslandsbeurkundungen auf § 40 I GmbHG zurückzugreifen[21].

Auch die der Veräußerung zugrunde liegende **schuldrechtliche Vereinbarung** bedarf nach § 15 IV 1 GmbHG der **notariellen Beurkundung**.

23

§ 15 IV GmbHG knüpft an das Vorliegen einer Vereinbarung, also eines Vertrages an. Dabei kann es sich bei dem Verpflichtungsgeschäft z.B. um einen Anteilskaufvertrag, eine Schenkung oder ein Treuhandgeschäft handeln. Nach h.M. erstreckt sich die Vorschrift auch auf die Abtretung des Anspruchs auf Übertragung des Geschäftsanteils[22]. Nicht erfasst sind hingegen einseitige Rechtsgeschäfte (z.B. Auslobung, testamentarisches Vermächtnis)[23].

---

[19] Zur Reichweite des Beurkundungserfordernisses *Altmeppen* in Roth/Altmeppen, GmbHG, § 15 Rn. 70 ff.

[20] LG Frankfurt a.M. BB 2009, 2500, 2501 (als obiter dictum).

[21] So im Ergebnis auch *Ebbing* in Michalski, GmbHG, § 15 Rn. 98; *Hueck/Fastrich* in Baumbach/Hueck, GmbHG, § 15 Rn. 22; *Grunewald*, ZIP 2006, 685, 688; *Götze/Bressler*, NZG 2007, 894, 896.

[22] So BGHZ 75, 352 ff.; *Bayer* in Lutter/Hommelhoff, GmbHG, § 15 Rn. 30; *Hueck/Fastrich* in Baumbach/Hueck, GmbHG, § 15 Rn. 26; a.A. *Seibt* in Scholz, GmbHG, § 15 Rn. 94.

[23] *Hueck/Fastrich* in Baumbach/Hueck, GmbHG, § 15 Rn. 31; *Wicke*, GmbHG, § 15 Rn. 17; *Winter/Löbbe* in Ulmer/Habersack/Winter, GmbHG, § 15 Rn. 43 ff.; *Winter/Seibt* in Scholz, GmbHG, § 15 Rn. 48; *Altmeppen* in Roth/Altmeppen, GmbHG, § 15 Rn. 79.

Die Formnichtigkeit des Verpflichtungsgeschäfts wird allerdings durch die formgerechte Abtretung **geheilt** (§ 15 IV 2 GmbHG).

Damit ist eine bereicherungsrechtliche Rückabwicklung (§§ 812 ff. BGB) wegen eines Formmangels des Grundgeschäfts ausgeschlossen, sobald der Geschäftsanteil wirksam abgetreten wurde.

24   Sowohl beim schuldrechtlichen Verpflichtungsgeschäft als auch bei der Abtretung ist **Stellvertretung** möglich. Eine Vollmacht bedarf grundsätzlich nicht der notariellen Beurkundung (§ 167 II BGB)[24].

25   Leidet die Abtretung an einem Form- oder sonstigen Wirksamkeitsmangel, ist also der Erwerber nicht Inhaber des Geschäftsanteils geworden, so gelangen – entgegen der früheren Rechtsprechung[25] – die Grundsätze der fehlerhaften Gesellschaft (dazu oben § 4 Rn. 97) **nicht** zur Anwendung. Spätestens seit dem MoMiG besteht hierfür wegen der Legitimationswirkung der Gesellschafterliste nach § 16 I GmbHG (siehe oben Rn. 12 ff.) kein Bedarf mehr: Unbeschadet einer möglichen Unwirksamkeit der Abtretung gilt der in der Liste vermerkte Erwerber gegenüber der GmbH als Inhaber des Geschäftsanteils.

2. Beschränkungen; insbesondere Vinkulierung

26   Gemäß § 15 V GmbHG kann die Abtretung der Geschäftsanteile an weitere Voraussetzungen geknüpft werden. Wird sie von der Genehmigung der Gesellschaft abhängig gemacht, spricht man von „Vinkulierung"[26].

Latein für Laien: *„vinculum"* = Band, Fessel.

Durch die Vinkulierung können die Gesellschaft und damit die Gesellschafter Einfluss auf die Zusammensetzung des Gesellschafterkreises nehmen und insbesondere verhindern, dass unliebsame Dritte Gesellschafter werden und sich die Machtverhältnisse verändern.

27   Die Vinkulierung muss im **Gesellschaftsvertrag** vorgesehen sein. Die Vinkulierung nur einzelner Geschäftsanteile ist zulässig. Auch kann das Genehmigungserfordernis an weitere Voraussetzungen geknüpft oder nur für bestimmte Fallgruppen vorgesehen werden.

Beispiel: Nur Abtretungen an Nichtgesellschafter sollen der Genehmigung der Gesellschafter bedürfen.

Sollen Geschäftsanteile **nachträglich vinkuliert** werden, bedarf es eines satzungsändernden Beschlusses der Gesellschafterversammlung. Da die Gesellschaf-

---

[24] *Winter/Löbbe* in Ulmer/Habersack/Winter, GmbHG, § 15 Rn. 85 ff.

[25] So noch BGH WM 1975, 512, 514; dagegen aber BGH BGH NJW 2007, 1058, 1059; BGH NZG 2005, 263.

[26] Vgl. dazu *Loritz*, NZG 2007, 361; *Frenzel*, GmbHR 2008, 983; zu Umgehungsvarianten *Transfeld*, GmbHR 2010, 185.

termehrheit nicht ohne Zustimmung des Betroffenen in den Kernbereich der Mitgliedschaft eingreifen darf (vgl. § 35 BGB), wozu auch das Recht zur Veräußerung gehört, ist dabei neben der qualifizierten Mehrheit die Zustimmung aller betroffenen Gesellschafter erforderlich[27]. Für die nachträgliche Beseitigung der Vinkulierung genügt hingegen eine satzungsändernde Mehrheit.

Bei vinkulierten Geschäftsanteilen ist die Genehmigung Wirksamkeitsvoraussetzung für die Abtretung. Die **Genehmigung** kann dabei vor oder nach der Abtretung erteilt werden. Sie ist eine **empfangsbedürftige Willenserklärung**, die keiner besonderen Form bedarf; sie kann auch **konkludent** erteilt werden[28]. **28**

> **Beispiel:** Nach der Abtretung wird der Erwerber in die Gesellschafterliste eingetragen und von allen anderen Gesellschaftern und Geschäftsführern als Gesellschafter behandelt.

Wer über die Genehmigung entscheidet und sie nach außen erklärt, richtet sich zuvörderst nach der Regelung im Gesellschaftsvertrag[29]. Ist dort von der Genehmigung „durch die Gesellschaft" die Rede, so erteilt sie im **Außenverhältnis** der Geschäftsführer. **29**

Im **Innenverhältnis** ist jedoch – auch bei Fehlen einer entsprechenden Regelung – die Entscheidung über die Genehmigung grundsätzlich der Gesellschafterversammlung zugewiesen[30]. Diese beschließt mit einfacher Mehrheit, wobei betroffene Gesellschafter keinem Stimmverbot unterliegen[31]. Der Geschäftsführer ist an die Entscheidung der Gesellschafterversammlung gebunden, doch kommt einem ablehnenden Beschluss keine Außenwirkung zu, sodass eine dennoch erteilte Zustimmung wirksam ist.

Eine einmal erteilte Genehmigung ist **unwiderruflich**, ihre Verweigerung hindert eine spätere Genehmigung hingegen nicht[32]. **30**

> Bis zur Erteilung der Genehmigung ist die Abtretung **schwebend unwirksam**[33]. Wird die Genehmigung endgültig verweigert, wird dem Veräußerer die Erfüllung seiner Abtretungsverpflichtung unmöglich (§ 275 I BGB).

---

[27] Vgl. *Altmeppen* in Roth/Altmeppen, GmbHG, § 15 Rn. 92; *Zöllner* in Baumbach/Hueck, GmbHG, § 53 Rn. 34; *Hueck/Fastrich* in Baumbach/Hueck, GmbHG, § 15 Rn. 40; a.A. *Lutter/Timm*, NJW 1982, 409, 416; *Wiedemann*, NJW 1964, 284; *Fette*, GmbHR 1986, 76.

[28] BGH NZG 2006, 627; *Hueck/Fastrich* in Baumbach/Hueck, GmbHG, § 15 Rn. 45; *Ebbing* in Michalski, GmbHG, § 15 Rn. 140; *Bayer* in Lutter/Hommelhoff, GmbHG, § 15 Rn. 74.

[29] Vgl. zu den Gestaltungsformen im Einzelnen *Ebbing* in Michalski, GmbHG, § 15 Rn. 148 ff.

[30] *Altmeppen* in Roth/Altmeppen, GmbHG, § 15 Rn. 97; *Ebbing* in Michalski, GmbHG, § 15 Rn. 146; *Hueck/Fastrich* in Baumbach/Hueck, GmbHG, § 15 Rn. 42.

[31] *Hueck/Fastrich* in Baumbach/Hueck, GmbHG, § 15 Rn. 43; *Ebbing* in Michalski, GmbHG, § 15 Rn. 149; *Bayer* in Lutter/Hommelhoff, GmbHG, § 15 Rn. 66.

[32] *Bayer* in Lutter/Hommelhoff, GmbHG, § 15 Rn. 77; *Hueck/Fastrich* in Baumbach/Hueck, GmbHG, § 15 Rn. 47; *Wicke*, GmbHG, § 15 Rn. 26.

[33] *Altmeppen* in Roth/Altmeppen, GmbHG, § 15 Rn. 100; *Hueck/Fastrich* in Baumbach/Hueck, GmbHG, § 15 Rn. 47; *Bayer* in Lutter/Hommelhoff, GmbHG, § 15 Rn. 76.

Dem Erwerber kann dann ein **Schadensersatzanspruch** aus §§ 280 I, III, 283 BGB bzw. aus §§ 311a II, 280 BGB zustehen. Entsprechendes gilt, wenn nach einer angemessenen Zeitspanne die Genehmigung nicht erteilt (aber auch nicht verweigert) wurde.

3. Erwerb vom Nichtberechtigten

31   Seit dem MoMiG sieht § 16 III GmbHG den gutgläubigen Erwerb von GmbH-Geschäftsanteilen vom Nichtberechtigten vor. Es handelt sich um eine sehr eigentümliche Regelung des gutgläubigen Erwerbs, die zwar an § 892 BGB angelehnt ist, aber zum Teil eigenständige Voraussetzungen hat. Als Rechtsscheinträger fungiert die zum Handelsregister eingereichte Gesellschafterliste.

> Der gutgläubige Erwerb ist nach § 16 III GmbHG möglich, wenn
> ⊃   ein notariell beurkundeter Abtretungsvertrag über einen bestimmten Geschäftsanteil vorliegt (§ 15 III GmbHG) und es sich dabei um ein Verkehrsgeschäft handelt,
> ⊃   dieser Geschäftsanteil existiert,
> ⊃   die Gesellschafterliste den Inhaber des Geschäftsanteils oder dessen Umfang (Nennbetrag) unrichtig wiedergibt,
> ⊃   diese Unrichtigkeit dem eigentlich Berechtigten zurechenbar ist <u>oder</u> die Gesellschafterliste schon mindestens drei Jahre unrichtig ist,
> ⊃   kein Widerspruch (§ 16 III 3 GmbHG) stattgefunden hat und
> ⊃   dem Erwerber bei Vollendung des Rechtserwerbs die fehlende Berechtigung des Veräußerers weder bekannt noch grob fahrlässig unbekannt war.

a) Verkehrsgeschäft

32   § 16 III GmbHG setzt zunächst einen **rechtsgeschäftlichen Erwerb** voraus, greift also nicht bei Gesamtrechtsnachfolgen ein. Der Erbe eines zu Unrecht in der Gesellschafterliste Eingetragenen wird daher nicht Gesellschafter. Zudem muss es sich um ein sog. Verkehrsgeschäft handeln, d.h. Veräußerer und Erwerber dürfen **nicht wirtschaftlich identisch** sein[34]. Das Rechtsgeschäft muss schließlich abgesehen von der fehlenden Berechtigung des Veräußerers sämtliche **Wirksamkeitsvoraussetzungen** erfüllen, insbesondere in der von § 15 III GmbHG vorgesehenen Form abgeschlossen worden sein.

---

[34] Zu diesem Kriterium etwa *Ebbing* in Michalski, GmbHG, § 16 Rn. 175.

b) Existenz des Geschäftsanteils

Ferner können nach § 16 III GmbHG nur tatsächlich bestehende Geschäftsanteile **33** gutgläubig erworben werden. Anderenfalls würde durch den Erwerb die Summe der Nennbeträge der Geschäftsanteile größer sein als die Stammkapitalziffer, was nach § 5 III 2 GmbHG aber ausgeschlossen ist.

Umstritten ist, ob ein gutgläubiger Erwerb von Geschäftsanteilen auch in Be- **34** zug auf die in der Liste ausgewiesene Stückelung möglich ist[35], wenn also der in der Gesellschaftsliste ausgewiesene Geschäftsanteil **nicht so existiert**.

> **Beispiel 1:** Gesellschafter A ist Inhaber eines Geschäftsanteils mit einem Nennwert von 5.000 EUR und als solcher auch in der Gesellschafterliste vermerkt. Durch Beschluss der Gesellschafterversammlung (vgl. § 46 Nr. 4 GmbHG) wird der Geschäftsanteil in zwei Geschäftsanteile im Nennwert von jeweils 2.500 EUR geteilt. Daraufhin tritt A einen dieser Geschäftsanteile an B ab. Nichts davon wird in der Gesellschafterliste vermerkt. Später tritt A „seinen" Geschäftsanteil im Nennwert von 5.000 EUR an C ab. C beruft sich darauf, dass die Gesellschafterliste einen entsprechenden Anteilsbesitz ausweist.

In dem **Beispielsfall** sprechen gute Gründe dafür, den gutgläubigen Erwerb zuzulassen, obwohl es den Geschäftsanteil im Nennwert von 5.000 EUR nicht mehr gibt. Hätte A den Anteil ohne Teilung an B abgetreten und wäre dies nicht in der Gesellschafterliste vermerkt worden, so wäre § 16 III GmbHG ohne weiteres einschlägig. Dass im Beispielsfall eine Teilung vorgenommen wurde und Veräußerer A selbst noch einen Geschäftsanteil inne hatte, rechtfertigt keine andere Bewertung. Falls die übrigen Voraussetzungen des § 16 III GmbHG vorliegen, erwirbt daher C einen Geschäftsanteil im Nennwert von 5.000 EUR; A und B verlieren ihre Geschäftsanteile im Nennwert von 2.500 EUR. Hierdurch wird auch § 5 III 2 GmbHG Rechnung getragen, da die Summe der Nennbeträge aller Geschäftsanteile unverändert bleibt. Dass damit die Entscheidung der Gesellschafterversammlung, den Geschäftsanteil zu teilen, faktisch rückgängig gemacht wird, steht dieser Lösung nicht entgegen, zumal es den Gesellschaftern möglich war, nach der Beschlussfassung auf die entsprechende Änderung der Gesellschafterliste durch den Geschäftsführer (§ 40 I GmbHG) hinzuwirken.

Die Problematik kann übrigens auch in umgekehrter Richtung auftreten:

> **Beispiel 2:** Gesellschafter A ist Inhaber eines Geschäftsanteils mit einem Nennwert von 5.000 EUR. Durch Beschluss der Gesellschafterversammlung (vgl. § 46 Nr. 4 GmbHG) wird der Geschäftsanteil in zwei Geschäftsanteile im Nennwert von jeweils 2.500 EUR geteilt. A wird in der Gesellschafterliste als Inhaber beider Anteile vermerkt. Tatsächlich war der Teilungsbeschluss der Gesellschafterversammlung aber nichtig. Später tritt A einen der Geschäftsanteile im Nennwert von 2.500 EUR an C ab.

A war hier Berechtigter an einem ungeteilten Geschäftsanteil im Nennwert von 5.000 EUR, den abgetreten Geschäftsanteil gab es als solchen wegen Unwirksamkeit der Teilung nicht. Auch hier sollte man aber § 16 III GmbHG zumindest entsprechend anwenden. Das Vertrauen des C auf die Richtigkeit der Gesellschafterliste erscheint schutzwürdiger als die Kompetenz der Gesellschafterversammlung gemäß § 46 Nr. 4 GmbHG,

---

[35] Grundsätzlich dafür *Böttcher/Blasche*, NZG 2007, 565, 566 ff.; *Klöckner*, NZG 2008, 841, 844 ff.; *Ebbing* in Michalski, GmbHG, § 16 Rn. 247; ablehnend hingegen *Mayer*, DNotZ 2008, 403, 418; *Bayer* in Lutter/Hommelhoff, GmbHG, § 16 Rn. 59; *Heidinger* in Heckschen/ Heidinger, Die GmbH in der Gestaltungs- und Beratungspraxis, 2. Aufl. 2009, § 13 Rn. 140.

über die Teilung (wirksam) zu entscheiden. Nach dieser Lösung erfolgt die Teilung kraft Gesetzes infolge des gutgläubigen Erwerbs.

c) Unrichtigkeit der Gesellschafterliste

35 Die Gesellschafterliste fungiert als Rechtsscheinträger. Erforderlich ist daher, dass überhaupt eine Gesellschafterliste zum Handelsregister eingereicht wurde. Mängel im Einreichungsverfahren oder inhaltliche Mängel sind unschädlich, wenn sie sich nicht aus der Gesellschafterliste selbst ergeben.

> **Beispiele:** Einreichung der Liste durch nur einen Geschäftsführer bei Gesamtvertretung – unschädlich, da nicht aus der Liste ersichtlich. Fehlende Unterzeichnung durch Geschäftsführer – schädlich, da ersichtlich.

Ein gutgläubiger Erwerb ist nur möglich, wenn die Liste den Veräußerer fälschlicherweise als Inhaber des abgetretenen Geschäftsanteils ausweist. § 16 III GmbHG hilft nur über den Mangel der Berechtigung hinweg, **nicht** aber über das Bestehen von **Verfügungsbeschränkungen**[36] (z.B. wegen Eröffnung des Insolvenzverfahrens über das Gesellschaftervermögen, § 80 I InsO).

> Da sich dingliche Belastungen nicht aus der Gesellschafterliste ergeben, ist ein gutgläubiger lastenfreier Erwerb nicht möglich[37].

d) Ausschlussgründe

36 § 16 III GmbHG enthält drei voneinander unabhängige Ausschlussgründe, die einem gutgläubigen Erwerb entgegenstehen: die Bösgläubigkeit des Erwerbers, die Eintragung eines Widerspruchs und die mangelnde Zurechenbarkeit vor Ablauf von drei Jahren.

Der gutgläubige Erwerb ist nach § 16 III 3 Alt. 1 GmbHG ausgeschlossen, wenn dem Erwerber die mangelnde Berechtigung **bekannt oder infolge grober Fahrlässigkeit unbekannt** ist. Es handelt sich um den aus § 932 II BGB bekannten Maßstab der Bösgläubigkeit[38].

37 Ferner kann der tatsächlich Berechtigte einen **Widerspruch** zur Gesellschafterliste eintragen lassen (§ 16 III 3 Alt. 2 GmbHG) und so den **Rechtsschein der Liste zerstören**. Als Vorbild diente insoweit § 899 BGB. Die Zuordnung eines Widerspruchs erfolgt entweder aufgrund einer Bewilligung des durch die Gesell-

---

[36] Missverständlich insoweit Begr. RegE zum MoMiG, BT-Drucks. 16/6140, S. 38 f.; wie hier *Hueck/Fastrich* in Baumbach/Hueck, GmbHG, § 16 Rn. 29; *Ötze/Bressler*, ZIP 2007, 894, 897.

[37] OLG München, NJW 2010, 305, 306; *Lieder*, JURA 2010, 801, 805; *Bayer* in Lutter/Hommelhoff, GmbHG, § 16 Rn. 60; *Hueck/Fastrich* in Baumbach/Hueck, GmbHG, § 16 Rn. 26, 28; a.A. *Reymann*, WM 2008, 2095, 2098 ff.

[38] *Lieder*, JURA 2010, 801, 806; allgemein zur Bösgläubigkeit etwa *Kindl* in BeckOK BGB, § 932 Rn. 11 ff.

schafterliste Legitimierten oder aufgrund einer einstweiligen Verfügung (Satz 4), wobei eine Gefährdung des Rechts des Widersprechenden (Verfügungsgrund) nicht glaubhaft gemacht werden muss. Der Widerspruch hindert den gutgläubigen Erwerb, wenn er vor dessen Vollendung eingetragen wurde. Bedeutsam ist dies namentlich für die Fälle des aufschiebend bedingten Erwerbs (§ 161 BGB).

Ohne Regelungsvorbild ist hingegen § 16 III 2 GmbHG, der einen gutgläubi- **38** gen Erwerb **ausschließt**, wenn die Liste zum Zeitpunkt des Erwerbs hinsichtlich des Geschäftsanteils **weniger als drei Jahre unrichtig** und die Unrichtigkeit **dem Berechtigten nicht zuzurechnen** ist. Das Gesetz will damit dem Umstand Rechnung tragen, dass der Gesellschafter, der nicht selbst Geschäftsführer ist, die Einreichung der Liste nicht selbst vornehmen kann und auf die Mitwirkung anderer Personen (Geschäftsführer, Notar) angewiesen ist. Diese Personen sind auch nicht seine Erfüllungsgehilfen. Es geht daher um eine Obliegenheit des materiell Berechtigten, die Liste auf etwaige Unrichtigkeiten zu überprüfen. Auf ein Verschulden des Berechtigten kommt es dabei nicht an[39]. Da beide Merkmale kumulativ vorliegen müssen, kommt nach Ablauf von drei Jahren der Ausschlussgrund nicht mehr in Betracht. Das Gesetz geht insoweit davon aus, dass derjenige Gesellschafter, der die Unrichtigkeit drei Jahre lang nicht bemerkt hat, in eigenen Angelegenheiten unaufmerksam war.

Allerdings kommt eine solche Zurechnung nur in Betracht, wenn der Berechtigte nach allgemeinen Grundsätzen „zurechnungsfähig" war. Dies ist beispielsweise bei (dauerhafter) Geschäftsunfähigkeit nicht der Fall.

Grundsätzlich lässt sich formulieren: Wer an einer Rechtsveränderung mit- **39** wirkt, hat hinreichenden Anlass zu prüfen, ob die Gesellschafterliste entsprechend geändert wurde[40].

Die **Zurechenbarkeit fehlt**, wenn der Berechtigte von der Unrichtigkeit keine Kenntnis hatte und diese Unkenntnis auch nicht auf grober Fahrlässigkeit beruhte.

Beispiel: Der Geschäftsführer reicht eigenmächtig eine veränderte – und falsche – Gesellschafterliste zum Handelsregister ein, in der Gesellschafter A nicht mehr als Inhaber des Geschäftsanteils ausgewiesen ist.

Eine Pflicht des Gesellschafters, auch anlassunabhängig die Richtigkeit der Gesellschafterliste regelmäßig zu überprüfen, lässt sich dem Gesetz nicht entnehmen. Anderenfalls liefe auch der Ausnahmetatbestand des § 16 III 2 GmbHG weitgehend leer.

Sobald der Gesellschafter aber von der Unrichtigkeit Kenntnis erlangt, kann er sich durch Eintragung eines Widerspruchs vor dem Rechtsverlust schüt-

---

[39] *Bayer* in Lutter/Hommelhoff, GmbHG, § 16 Rn. 80; *Hueck/Fastrich* in Baumbach/Hueck, GmbHG, § 16 Rn. 33.
[40] Tendenziell wie hier *Bayer* in Lutter/Hommelhoff, GmbHG, § 16 Rn. 80.

zen und auf die Korrektur der Gesellschafterliste hinwirken; unterlässt er dies, ist ihm die Unrichtigkeit zurechenbar.

e) Bedingte Übertragungen und Zweitverfügungen

40 Ein Sonderproblem ergibt sich in den Fällen, in denen der materiell berechtigte und in der Gesellschafterliste eingetragene Gesellschafter seinen Geschäftsanteil zunächst **aufschiebend bedingt** veräußert und noch vor Bedingungseintritt den Geschäftsanteil an einen Dritten abtritt.

> **Beispiel:** A ist Inhaber eines Geschäftsanteils und als solcher in der Gesellschafterliste eingetragen. Am 01.11. verkauft A den Geschäftsanteil an B. Die formgerechte Abtretung erfolgt unter der aufschiebenden Bedingung vollständiger Kaufpreiszahlung. Am 03.11. tritt A den Geschäftsanteil – ebenfalls aufgrund eines Kaufvertrages – an C ab. Da C gleich bezahlt, erfolgt die Abtretung unbedingt. Am 05.11. zahlt B den Kaufpreis. Wer ist Inhaber des Geschäftsanteils?

Nach § 161 I 1 BGB wäre die Zweitverfügung (Abtretung an C) unwirksam, da sie die von der Bedingung der Erstverfügung (Abtretung an B) abhängige Wirkung (Erwerb des B) vereiteln würde. Allerdings bestimmt § 161 III BGB, dass die Vorschriften über den Erwerb vom Nichtberechtigten zur Anwendung kommen. § 16 III GmbHG ist eine solche Vorschrift. Das Problem besteht aber darin, dass sie tatbestandlich nicht vorliegt, weil die Gesellschafterliste durch die Erstverfügung nicht falsch geworden ist und A als Berechtigter verfügt hat! Dennoch will eine im Schrifttum vertretene Auffassung **§ 161 III BGB anwenden**[41]. Dies überzeugt. Zum einen spricht § 161 III BGB ohnehin nur von der „entsprechenden" Anwendung, da auch in den anderen Fällen des Gutglaubenserwerbs durch die aufschiebend bedingte Veräußerung die Berechtigung nicht verloren geht. Zum anderen führt die Nichtanwendung des § 161 III BGB zu einem **Wertungswiderspruch**: Hätte in unserem Beispielsfall A zunächst unbedingt an B abgetreten, so hätte C nach § 16 III GmbHG wirksam von A als Nichtberechtigtem erworben. Dass A hier sogar noch Berechtigter war, sollte nicht zum Nachteil des C gereichen.

41 Umstritten ist weiter, ob der aufschiebend bedingt Erwerbende seine Rechtsposition durch **Eintragung eines Widerspruchs** zur Gesellschafterliste sichern kann[42]. Dagegen spricht, dass die Gesellschafterliste nicht falsch ist, solange die Bedingung noch nicht eingetreten ist.

Dogmatisch stimmiger wäre es, im von § 40 GmbHG vorgesehenen Verfahren (also durch Einreichung einer neuen Liste) einen – gesetzlich nicht vorgesehenen – Hinweis auf die erfolgte bedingte Übertragung in die Gesellschafterliste aufzunehmen und so den für § 161 III BGB erforderlichen guten Glauben zu zerstören.

---

[41] Dafür etwa *Reymann*, WM 2008, 2095, 2097; *Klöckner*, NZG 2008, 841, 842 ; dagegen BGH DB 2011, 248, OLG München NZG 2011, 473; *Hueck/Fastrich* in Baumbach/Hueck, GmbHG, § 16 Rn. 29; *Preuß*, ZGR 2008, 676, 691 f.; *Zessel*, GmbHR 2009, 303, 305.

[42] Dafür LG Köln NZG 2009, 1195; *Lieder*, JURA 2010, 801, 806; *Bayer* in Lutter/Hommelhoff, GmbHG, § 16 Rn. 72; *Heckschen*, Das MoMiG in der notariellen Praxis, 2009, S. 575 ff.; *Altmeppen* in Roth/Altmeppen, GmbHG, § 16 Rn. 69; *Ebbing* in Michalski, GmbHG, § 16 Rn. 236 ff.; *Osterloh*, NZG 2011, 495; dagegen OLG München NZG 2011, 473; *Hueck/Fastrich* in Baumbach/Hueck, GmbHG, § 16 Rn. 29.

IV. Vererbung

Literatur: *Langner/Heydel*, Vererbung von GmbH-Geschäftsanteilen – Sicherstellung einer familieninternen Nachfolge, GmbHR 2005, 377; *dies.*, Nachfolgeklauseln im GmbH-Gesellschaftsvertrag, GmbHR 2006, 291; *Wachter*, Unternehmensnachfolge bei der GmbH und GmbH & Co. KG nach dem MoMiG, DB 2009, 159.

Für die GmbH ordnet § 15 I GmbHG die Vererblichkeit des Geschäftsanteils an. **42** Der Anteil fällt mit dem Tod des Gesellschafters in den Nachlass und der Erbe rückt in die Stellung als Gesellschafter ein.

Gibt es **mehrere Erben**, so steht diesen der Geschäftsanteil „zur gesamten Hand" zu (vgl. § 2032 I BGB). Nach § 18 I GmbHG können die Rechte aus dem Geschäftsanteil dann nur gemeinschaftlich ausgeübt werden (siehe oben Rn. 5). Beabsichtigen die Erben, jeder für sich Gesellschafter mit einem Geschäftsanteil zu werden, so muss der Geschäftsanteil **geteilt** werden. Erforderlich ist hierfür ein Beschluss der Gesellschafterversammlung (§ 46 Nr. 4 GmbHG).

§ 15 I GmbHG ist in Bezug auf die Vererbbarkeit zwingendes Recht[43]; dies **43** folgt aus einem Umkehrschluss aus § 15 V GmbHG. Daher sind Regelungen im Gesellschaftsvertrag, die die Vererbbarkeit des Geschäftsanteils ausschließen oder beschränken, unwirksam.

Die Lage ist insoweit grundlegend anders als im Personengesellschaftsrecht, in dem die Frage der Vererblichkeit bekanntlich im Gesellschaftsvertrag umfassend geregelt werden kann, und zwar auch in Form einer Sondererbfolge am Gesellschaftsanteil[44]. Diese Gestaltung ist in der GmbH nicht möglich. Unzulässig sind daher auch Klauseln, wonach beim Tod eines Gesellschafters der Geschäftsanteil ohne weiteres eingezogen werden soll[45].

Nachfolgeklauseln sind jedoch auch in Bezug auf GmbH-Anteile möglich, **44** aber diese müssen anders konstruiert werden als diejenigen des Personengesellschaftsrechts. An der Tatsache, dass jeder Erbe zunächst auch Gesellschafter wird, ist aufgrund des zwingenden Charakters des § 15 I GmbHG zunächst einmal nichts zu ändern. Jedoch wird es als zulässig angesehen, den **endgültige Verbleib der Mitgliedschaft** beim Erben an bestimmte Bedingungen zu knüpfen[46] oder eine Pflicht zur Abtretung des ererbten Geschäftsanteils an eine bestimmte oder von

---

[43] Vgl. *Bayer* in Lutter/Hommelhoff, GmbHG, § 15 Rn. 11; *Hueck/Fastrich* in Baumbach/Hueck, GmbHG, § 15 Rn. 9, 12; *Ebbing* in Michalski, GmbHG, § 15 Rn. 6.

[44] Siehe BGHZ 68, 225 ff.

[45] *Hueck/Fastrich* in Baumbach/Hueck, GmbHG, § 15 Rn. 12; *Bayer* in Lutter/Hommelhoff, GmbHG, § 15 Rn. 11; *Käppler*, ZGR 1978, 542, 569; *Ebbing* in Michalski, GmbHG, § 15 Rn. 7.

[46] Vgl. *Hueck/Fastrich* in Baumbach/Hueck, GmbHG, § 15 Rn. 13; *Promberger*, ZHR 150 (1986), 585.

der GmbH zu bestimmende Person oder an die GmbH selbst zu begründen (sog.
Abtretungsklausel)[47].

> Der von einer solchen Klausel betroffene Erbe wird also zunächst Gesellschafter, ist aber
> verpflichtet, aus der Gesellschaft zu weichen (sog. **weichender Erbe**). Für den Fall, dass
> der Erbe dieser Abtretungspflicht nicht nachkommt, soll zudem die Einziehung des
> Geschäftsanteils vorgesehen werden können (sog. **Einziehungsklausel**)[48]. Der zwingende
> Charakter des § 15 I GmbHG werde dadurch nicht missachtet, da die Einziehung des
> Geschäftsanteils nach dem Erbfall erfolgt.

45   Der Geschäftsanteil kann schließlich auch Gegenstand eines **Vermächtnisses**
(siehe auch Rn. 23) sein. Der Erbe wird dann zunächst Gesellschafter, doch besteht nach § 2174 BGB die schuldrechtliche Verpflichtung, den Geschäftsanteil
auf den Berechtigten zu übertragen.

> Zur Legitimationswirkung des § 16 I GmbHG in den Fällen der Gesamtrechtsnachfolge
> siehe bereits oben Rn. 18.

V. Dingliche Belastungen; Treuhand

46   Die **Verpfändung** des Geschäftsanteils richtet sich nach den Vorschriften über
das Pfandrecht an Rechten, §§ 1273 ff. BGB. Gemäß § 1274 I 1 BGB erfolgt die
Bestellung des Pfandrechts an einem Recht nach den Regelungen, die für die
Übertragung des Rechts gelten[49]. Erforderlich ist daher die notarielle Beurkundung
der Verpfändung (vgl. § 15 III GmbHG). Auch sind etwaige statutarische Beschränkungen nach § 15 V GmbHG zu beachten[50]. Entsprechendes gilt gemäß
§ 1069 BGB für die Bestellung eines **Nießbrauchs** (§§ 1068 ff. BGB).

> Bei Verpfändung und Nießbrauch stehen dem Gesellschafter weiterhin
> sämtliche mitgliedschaftlichen Rechte zu.

> Der Nießbraucher hat aber gemäß §§ 1068, 1030 I BGB einen Anspruch gegen den
> Gesellschafter auf den Gewinnanteil, da es sich hierbei um Rechtsfrüchte und somit um
> Nutzungen handelt (§§ 99 II, 100 BGB). Bei Pfandrecht bedarf dies der gesonderten
> Vereinbarung (sog. Nutzungspfand, vgl. §§ 1273 II 2, 1213 I BGB). Die Verwertung des
> Pfandrechts erfolgt gemäß § 1277 BGB im Wege der Zwangsvollstreckung oder durch
> freihändigen Verkauf.

---

[47] *Bayer* in Lutter/Hommelhoff, GmbHG, § 15 Rn. 15; *Ebbing* in Michalski, GmbHG, § 15
Rn. 25 f.; *Hueck/Fastrich* in Baumbach/Hueck, GmbHG, § 15 Rn. 13.

[48] *Bayer* in Lutter/Hommelhoff, GmbHG, § 15 Rn. 19; *Hueck/Fastrich* in Baumbach/Hueck,
GmbHG, § 15 Rn. 13.

[49] *Hueck/Fastrich* in Baumbach/Hueck, GmbHG, § 15 Rn. 48; *Altmeppen* in Roth/Altmeppen,
GmbHG, § 15 Rn. 51.

[50] *Bayer* in Lutter/Hommelhoff, GmbHG, § 15 Rn. 97; *Hueck/Fastrich* in Baumbach/Hueck,
GmbHG, § 15 Rn. 49.

Tritt der Gesellschafter den Geschäftsanteil zur Sicherheit oder aus sonstigen **47**
Gründen fiduziarisch an einen Gläubiger ab, so wird dieser Gesellschafter mit allen Rechten und Pflichten. Allerding ist insoweit § 16 I GmbHG zu beachten (dazu oben Rn. 12 ff.). Für eine derartige **Sicherungs- oder Treuhandabtretung**
gelten die allgemeinen Vorschriften, insbesondere die §§ 15 III-V GmbHG. Im
Innenverhältnis unterliegt der Treuhänder aber den Bindungen aus der (schuldrechtlichen) Sicherungs- oder Treuhandabrede.

VI. Zwangsvollstreckung

Die Zwangsvollstreckung in den Geschäftsanteil richtet sich nach § 857 I ZPO, **48**
der die entsprechende Geltung der Vorschriften über die Forderungspfändung anordnet. Die Pfändung erfolgt deshalb durch **Pfändungsbeschluss** (§ 829 I ZPO).
Dieser ist – obwohl der Geschäftsanteil eigentlich ein drittschuldnerloses Recht ist
– der Gesellschaft zuzustellen; diese ist Drittschuldner im Sinne der §§ 857, 829
ZPO[51].

> Die **Pfändung einzelner Ansprüche**, insbesondere konkreter Gewinnansprüche erfolgt
> nach §§ 828 ff. ZPO.

Durch die Pfändung erwirbt der Gläubiger ein **Pfändungspfandrecht**. Der Gesellschafter unterliegt gemäß § 829 I 2 ZPO einem Verfügungsverbot, soweit durch
Verfügungen das Pfandrecht beeinträchtigt wird. Dies ist bei der Veräußerung des
Geschäftsanteils aber gerade nicht der Fall, da das Pfandrecht hiervon nicht berührt wird. Die Abtretung bleibt somit rechtlich möglich.

> Die **Verwertung** des gepfändeten Geschäftsanteils erfolgt nicht durch Überweisung an
> den Gläubiger zur Einziehung oder an Erfüllungs statt, da der Geschäftsanteil keinen
> Nennwert im Sinne des § 835 ZPO hat. Insbesondere sagt der Nennbetrag des Geschäfts-
> anteils nichts über dessen Wert aus! Die Verwertung erfolgt daher nach §§ 844, 857 ZPO
> durch gerichtlich angeordnete Veräußerung, also durch öffentliche Versteigerung oder
> durch freihändigen Verkauf, wobei § 15 III GmbHG nur auf Letzteren Anwendung findet.

Die Zwangsvollstreckung in den Geschäftsanteil kann nicht durch Satzung **49**
ausgeschlossen oder erschwert werden.

Möglich ist aber eine Klausel, nach der der Gesellschafter zur unentgeltlichen Abtretung an die Gesellschaft verpflichtet ist, wenn diese den die Pfändung betrei-
benden Gläubiger befriedigt. Die Pfändung kann zudem als Grund für die **Einziehung** des Geschäftsanteils bestimmt werden. Das Pfändungspfandrecht setzt sich
dann am Einziehungsentgelt fort. Fehlt die statutarische Regelung eines Einzie-
hungsentgelts, so ist die Einziehung dennoch wirksam; das Entgelt richtet sich

---

[51] *Altmeppen* in Roth/Altmeppen, GmbHG, § 15 Rn. 62; *Ebbing* in Michalski, GmbHG, § 15
Rn. 236; *Hueck/Fastrich* in Baumbach/Hueck, GmbHG, § 15 Rn. 60; *Roth*, ZGR 2000, 187, 213.

dann nach dem wirtschaftlichen Wert des Geschäftsanteils[52]. Sieht der Gesellschaftsvertrag ein Entgelt zwar vor, ist dieses aber geringer als der tatsächliche Wert des Geschäftsanteils, dann ist die Einziehung unzulässig, wenn die Entgeltregelung darauf abzielt, die Gesellschafter-Gläubiger zu benachteiligen.

> **Beispiel:** Der Gesellschaftsvertrag sieht für Einziehungen ein Entgelt in Höhe des tatsächlichen Wertes vor. Lediglich bei Pfändung von Geschäftsanteilen soll das Entgelt nach (niedrigeren) Buchwerten zu berechnen sein. – Diese Regelung benachteiligt pfändende Gläubiger der Gesellschafter und ist daher unwirksam!

Näher zur Abfindungsproblematik unten Rn. 79 ff.

VII. Beendigung der Mitgliedschaft

1. Überblick

50 Das GmbHG kennt verschiedene Wege, wie die Mitgliedschaft beendet werden kann – und zwar durch:

- Abtretung des Geschäftsanteils nach § 15 GmbHG,
- Kaduzierung (§ 21 GmbHG, dazu oben § 7 Rn. 47 ff.),
- Preisgabe (Abandon, § 27 GmbHG),
- Einziehung des Geschäftsanteils (Amortisation, § 34 GmbHG).

51 Nicht gesetzlich geregelt, aber allgemein anerkannt sind ferner:

- Ausschluss,
- Austritt.

52 Darüber hinaus endet die Mitgliedschaft notwendigerweise, wenn die **Gesellschaft aufhört zu existieren**. Dies ist der Fall bei der Beendigung durch Auflösung und Liquidation (§§ 60 ff. GmbHG, dazu unten § 16) und bei der Verschmelzung auf einen anderen Rechtsträger (§§ 2 ff. UmwG, dazu unten § 35).

2. Einziehung des Geschäftsanteils (Amortisation)

Literatur: *Braun*, Nochmals: Einziehung von GmbH-Geschäftsanteilen und Konvergenz nach § 5 III 2 GmbHG, NJW 2010, 2700; *Peetz*, Voraussetzungen und Folgen der Einziehung von GmbH-Geschäftsanteilen, GmbHR 2000, 749; *Wanner-Laufer*, Die Zwangseinziehung von Geschäftsanteilen nach § 34 GmbHG – Veränderungen durch die Reform des GmbH-Rechts, NJW 2010, 1499; *H.P. Westermann*, Einziehung und Abfindung (§ 34 GmbHG), Festschrift 100 Jahre GmbHG, 1992, S. 447.

---

[52] *Ebbing* in Michalski, GmbHG, § 15 Rn. 247; *Niemeier*, Rechtstatsachen und Rechtsfragen der Einziehung von GmbH-Anteilen, 1982, S. 101 ff.

a) Grundlagen

Die Einziehung ist eine gesetzlich vorgesehene Form der Beendigung der Mit- **53**
gliedschaft bei Fortbestehen der Gesellschaft. Anders als Abtretung, Kaduzierung,
Preisgabe sowie Ausschluss und Austritt bleibt bei der Einziehung der Geschäftsanteil **nicht** bestehen.

> Die Einziehung ist gerichtet auf die Vernichtung des Geschäftsanteils.

§ 34 GmbHG unterscheidet **zwei Arten** der Einziehung: die freiwillige mit Zu- **54**
stimmung des betroffenen Gesellschafters (Abs. 1) und die Zwangseinziehung,
(Abs. 2). In beiden Fällen darf eine Einziehung nur erfolgen, wenn und soweit sie
im Gesellschaftsvertrag zugelassen ist. Eine Einziehung nicht **voll eingezahlter**
Geschäftsanteile ist generell unzulässig, da sie den Anspruch auf Leistung der Einlagen zum Erlöschen bringt und damit gegen den Grundsatz der realen Kapitalaufbringung verstößt.

Grundsätzlich erhält der Ausscheidende ein sog. **Einziehungsentgelt**: eine Ab- **55**
findung für den Verlust der Mitgliedschaft. § 34 III GmbHG stellt aber sicher,
dass das Einziehungsentgelt nicht aus nach § 30 I GmbHG gebundenem Vermögen gezahlt wird.

> Für Einzelheiten zur Abfindung siehe unten Rn. 79 ff. Nach hier vertretener Auffassung
> ist die Zahlung der Abfindung nicht Wirksamkeitsvoraussetzung für die Einziehung (dazu
> Rn. 88 ff.).

b) Freiwillige Einziehung

> Die freiwillige Einziehung ist unter folgenden Voraussetzungen möglich: **56**
> ⊃ Volleinzahlung des Geschäftsanteils,
> ⊃ Zulassung im Gesellschaftsvertrag,
> ⊃ **Zustimmung des Betroffenen,**
> ⊃ Beschluss der Gesellschafterversammlung (§ 46 Nr. 4 GmbHG),
> ⊃ Mitteilung an den Betroffenen.

Es genügt eine allgemeine **Regelung im Gesellschaftsvertrag** („Die Einziehung
ist zulässig"). Diese kann auch noch nachträglich mit satzungsändernder Mehrheit[53] eingeführt werden.

Die **Zustimmung** des Betroffenen kann formfrei erfolgen; § 15 III GmbHG ist
nicht anwendbar. Soweit Rechte Dritter (z.B. Pfandgläubiger, Nießbraucher) betroffen sind, müssen auch diese zustimmen[54]. Die Gesellschafterversammlung **be-**

---

[53] Wie hier *Hueck/Fastrich* in Baumbach/Hueck, GmbHG, § 34 Rn. 5; *Altmeppen* in
Roth/Altmeppen, GmbHG, § 34 Rn. 8; für Einstimmigkeit hingegen BGHZ 9, 160; *Sosnitza* in
Michalski, GmbHG, § 34 Rn. 11; *Lutter* in Lutter/Hommelhoff, GmbHG, § 34 Rn. 13.

[54] *Hueck/Fastrich* in Baumbach/Hueck, GmbHG, § 34 Rn. 6; *Sosnitza* in Michalski, GmbHG,
§ 34 Rn. 15.

schließt mit einfacher Mehrheit. Der Betroffene ist dabei stimmberechtigt[55]. Der Gesellschaftsvertrag kann die Zuständigkeit auch auf ein anderes Organ übertragen[56], nicht aber eine automatische Einziehung vorsehen[57].

Die **Mitteilung** an den Betroffenen ist Wirksamkeitsvoraussetzung[58]. Umstritten ist, ob insoweit der Geschäftsführer oder die Gesellschafterversammlung als beschließendes Organ zuständig ist[59].

c) Zwangseinziehung

57   Die Zwangseinziehung ist unter folgenden Voraussetzungen möglich:
   ⊃ Volleinzahlung des Geschäftsanteils,
   ⊃ Zulassung im Gesellschaftsvertrag mit Angabe konkreter Einziehungsgründe,
   ⊃ **Vorliegen eines Einziehungsgrundes**,
   ⊃ Beschluss der Gesellschafterversammlung (§ 46 Nr. 4 GmbHG),
   ⊃ Mitteilung an den Betroffenen.

Nach § 34 II GmbHG muss die gesellschaftsvertragliche Regelung bereits zum Zeitpunkt des Erwerbs des Geschäftsanteils bestanden haben. Ungeachtet dessen ist auch die **nachträgliche Einführung** der Zwangsamortisation durch Satzungsänderung möglich, wenn alle betroffenen Gesellschafter zustimmen[60].

58   Anders als bei der freiwilligen Einziehung genügt eine allgemein gehaltene Regelung im Gesellschaftsvertrag nicht. Erforderlich ist vielmehr die Angabe **konkreter Einziehungsgründe**. Die Zwangseinziehung kann nicht in das freie Ermessen der Mehrheit oder einzelner Gesellschafter gestellt werden. Derartige „Hinauskündigungsklauseln" würden zu einer Aushöhlung des Kernbereichs der Mitgliedschaft führen; insoweit gilt nichts anderes als bei den Personengesellschaften[61].

---

[55] *Hueck/Fastrich* in Baumbach/Hueck, GmbHG, § 34 Rn. 14; *Bayer* in Lutter/Hommelhoff, GmbHG, § 47 Rn. 45; a.A. *Sosnitza* in Michalski, GmbHG, § 34 Rn. 103.

[56] *Hueck/Fastrich* in Baumbach/Hueck, GmbHG, § 34 Rn. 14; *Altmeppen* in Roth/Altmeppen, GmbHG, § 34 Rn. 57.

[57] So auch *Hueck/Fastrich* in Baumbach/Hueck, GmbHG, § 34 Rn. 17; *Schindler* in BeckOK GmbHG, § 34 Rn. 20; a.A. *Grunewald*, Der Ausschluss aus Gesellschaft und Verein, 1986, S. 219 ff.

[58] KG FGPrax 2006, 29, 30; a.A. *Hueck/Fastrich* in Baumbach/Hueck, GmbHG, § 34 Rn. 16; *Altmeppen* in Roth/Altmeppen, GmbHG, § 34 Rn. 66.

[59] Vgl. zum Meinungsstand *Lutter* in Lutter/Hommelhoff, GmbHG, § 34 Rn. 18.

[60] BGHZ 9, 157, 160; 116, 359, 363; *Lutter* in Lutter/Hommelhoff, GmbHG, § 34 Rn. 23; *Hueck/Fastrich* in Baumbach/Hueck, GmbHG, § 34 Rn. 8; *Altmeppen* in Roth/Altmeppen, GmbHG, § 34 Rn. 9; a.A. *Paulick*, GmbHR 1978, 121, 124 (¾-Mehrheit, wenn vorher freiwillige Einziehungsklausel bestand).

[61] Vgl. BGHZ 112, 103, 107.

Als **Einziehungsgründe** kommen beispielsweise in Betracht:
- die Insolvenz des Gesellschafters,
- die Pfändung des Geschäftsanteils,
- der Tod des Gesellschafters oder das Erreichen einer bestimmten Altersgrenze,
- das Ausscheiden als Kommanditist bei GmbH & Co. KG.

Darüber hinaus sollen auch allgemein gehaltene Formulierungen zulässig sein[62], z.B.:
- „Unzumutbarkeit der weiteren Zusammenarbeit",
- „wichtiger Grund" in der Person des Gesellschafters.

Obwohl die Einziehung gegen den Geschäftsanteil gerichtet ist, können auch **wichtige Gründe in der Person des Gesellschafters** die Einziehung rechtfertigen.

Daher kommt auch die **Verletzung mitgliedschaftlicher Pflichten** als sachlicher Grund in Betracht. Die Pflichtverletzung muss dabei so schwer wiegen, dass nach umfassender Interessenabwägung unter Berücksichtigung aller Umstände des Einzelfalls eine andere Lösung den übrigen Gesellschaftern nicht zumutbar ist.

Bei der Beschlussfassung der Gesellschafterversammlung hat der Betroffene kein **Stimmrecht**, wenn die Zwangseinziehung aus wichtigem oder einem sonstigen in seiner Person liegenden Grund erfolgt (siehe dazu § 11 Rn. 163).

d) Wirkungen der Einziehung

Durch die Einziehung kommt es zur **Vernichtung des Geschäftsanteils**.   **59**
Die Mitgliedschaftsrechte des von der Einziehung Betroffenen enden.

Der Untergang des Geschäftsanteils führt dazu, dass die Summe der Nennbeträge   **60**
der Geschäftsanteile nicht mehr dem Betrag des Stammkapitals entsprechen, da dieses unverändert bleibt. Dies steht aber im **Widerspruch zu § 5 III 2 GmbHG**. Umstritten ist, wie dieser Widerspruch aufzulösen ist.

Beispiel: A, B, C und D sind mit einem Geschäftsanteil im Nennwert von jeweils 10.000 EUR an einer GmbH beteiligt. Der Anteil des A wird wirksam eingezogen. Die Stammkapitalziffer beträgt weiterhin 40.000 EUR, die Summe der Nennwerte aller noch bestehenden Geschäftsanteile hingegen nur 30.000 EUR.

Vor Inkrafttreten des MoMiG wurden im Wesentlichen **zwei Positionen** vertreten. Nach der vorherrschenden Auffassung sollte das Übereinstimmungsgebot (damals in § 5 II 3 GmbHG a.F. geregelt) nur bei Gründung bzw. bei der Vornahme von Kapitalerhöhungen, nicht aber dauerhaft zu beachten sein[63]. Die Gegenmeinung

---

[62] Vgl. *Lutter* in Lutter/Hommelhoff, GmbHG, § 34 Rn. 25 mit weiteren Nachweisen.

[63] BayObLG NJW-RR 1992, 736, 737; *Singer/Mertens*, ZIP 1996, 1494; *Wolf*, GmbHR 1999, 960 f.

wollte das Problem durch eine automatische Erhöhung der verbleibenden Anteile („Anwachsung") lösen[64].

> Nach letztgenannter Lösung würde sich in unserem **Beispielsfall** der Anteil von B, C und D um jeweils ein Drittel erhöhen und damit dann 13.333,33 EUR betragen. Abgesehen davon, dass hier ein weiterer Cent unverteilt bleibt, steht ein solcher Nennbetrag nunmehr im Widerspruch zu § 5 II 1 GmbHG, wonach Geschäftsanteile auf volle EUR lauten müssen.

Die **Gesetzesbegründung zum MoMiG** geht allerdings – wenngleich auch nicht frei von Widersprüchen – davon aus, dass es sich bei § 5 III 2 GmbHG um eine dauerhaft zu beachtende Regelung handelt und die verbleibenden Geschäftsanteile nicht automatisch angepasst werden[65]. Danach ist ein Beschluss über die Einziehung eines Geschäftsanteils zugleich mit einer gesellschaftsrechtlichen Lösung zur Wahrung der Voraussetzungen des § 5 III 2 GmbHG zu verbinden[66].

> In Betracht kommen insoweit
> ⊃   die nominelle Aufstockung der Geschäftsanteile durch Gesellschafterbeschluss,
> ⊃   eine Neubildung von Geschäftsanteilen oder
> ⊃   eine Kapitalherabsetzung.

e) Rechtswidrige Einziehung

61   Liegen die Voraussetzungen für die Einziehung nicht vor, ist der Einziehungsbeschluss rechtswidrig. Hinsichtlich der **Rechtsfolgen** ist zu differenzieren: Erfolgt die Einziehung ohne die erforderliche Grundlage im Gesellschaftsvertrag, so ist sie nichtig[67]. Sieht der Gesellschaftsvertrag die Einziehung zwar vor, fehlt es aber am Einziehungsgrund, so soll der Einziehungsbeschluss lediglich anfechtbar sein[68], d.h. der betroffene Gesellschafter muss sich binnen Monatsfrist durch Klageerhebung (§ 246 AktG analog) hiergegen wehren. Die Anfechtungsklage hat keine aufschiebende Wirkung; in der Praxis spielen **einstweilige Verfügungen** (§§ 935, 940 ZPO) zur vorübergehenden Regelung des Verhältnisses zwischen Gesellschaft und betroffenen Gesellschafter daher eine große Rolle.

3. Ausschluss eines Gesellschafters

> **Literatur:** *Goette*, Ausschließung und Austritt aus der GmbH in der Rechtsprechung des Bundesgerichtshofs, DStR 2001, 533; *Grunewald*, Der Ausschluss aus Gesellschaft und Verein, 1987; *Heckschen*, Einziehung, Zwangsabtretung und Ausschluss in der Insolvenz

---

[64] So etwa *Lutter* in Lutter/Hommelhoff, GmbHG, § 34 Rn. 2 f.; *Priester*, Festschrift Kellermann, 1991, S. 346 ff.

[65] Ablehnend weiterhin *Lutter* in Lutter/Hommelhoff, GmbHG, § 34 Rn. 3.

[66] So auch LG Essen NZG 2010, 867.

[67] BGH NJW 1999, 3779; *Hueck/Fastrich* in Baumbach/Hueck, GmbHG, § 34 Rn. 15; *Niemeier*, ZGR 1990, 314, 330; *Schindler* in BeckOK GmbHG, § 34 Rn. 68.

[68] So BGH GmbHR 1991, 362; OLG Oldenburg GmbHR 1992, 667.

eines GmbH-Gesellschafters, NZG 2010, 521; *Römermann*, Ausschließung von GmbH-Gesellschaftern und Einziehung von Anteilen – Ein Minenfeld, NZG 2010, 96; *Sikora*, Der Ausschluss eines Gesellschafters aus Personengesellschaft und GmbH, JA 2005, 816.

a) Grundlagen

Die Zwangseinziehung ermöglicht es, einen Gesellschafter ohne dessen Willen   **62**
aus der GmbH „zu entfernen". Sie hat dabei aber einen entscheidenden **Nachteil**:
Sie muss bereits bei Erwerb des Geschäftsanteils im Gesellschaftsvertrag vorgesehen gewesen sein. Bei Fehlen einer entsprechenden Regelung bliebe lediglich als einzige Alternative die Auflösung der Gesellschaft (§§ 60 ff. GmbHG). Dieser Umstand wird seit langem als unbefriedigend empfunden.

In Rechtsprechung und Literatur besteht daher Einigkeit, dass auch bei Fehlen einer gesellschaftsvertraglichen Regelung der **Ausschluss eines Gesellschafters aus wichtigem Grund** möglich sein muss[69].

Der Ausschluss ist nicht aus jedem beliebigen Grund zulässig. Dies liefe nämlich auf ein freies Kündigungsrecht hinaus, das die freie Ausübung mitgliedschaftlicher Rechte durch Minderheitsgesellschafter beeinträchtigen würde: Der Ausschluss würde wie ein „Damoklesschwert"[70] über jeder Rechtsausübung schweben. Das Erfordernis des wichtigen Grundes dient damit dem **Schutz der Gesellschafter**.

b) Ausschlussgrund

Zur näheren Bestimmung des Begriffs „wichtiger Grund" kann auf den Gesetzes-   **63**
entwurf zur einst geplanten großen GmbH-Reform aus dem Jahr 1971 zurückgegriffen werden[71].

In § 207 I 2 GmbHG-E hieß es: *„Ein wichtiger Grund liegt vor, wenn der Gesellschafter durch seine Person oder durch sein Verhalten die Erreichung des Gesellschaftszwecks unmöglich macht oder erheblich gefährdet oder sein Verhalten sein Verbleiben in der Gesellschaft untragbar erscheinen lässt. "*

Der wichtige Grund muss also gerade in der Person des Gesellschafters vorliegen, also an Eigenschaften, persönliche Verhältnisse oder das Verhalten des Gesellschafters anknüpfen.

---

[69] BGHZ 9, 157; 16, 317, 322; 80, 346, 349; *Lutter* in Lutter/Hommelhoff, GmbHG, § 34 Rn. 52 ff.; *Grunewald*, Der Ausschluss aus Gesellschaft und Verein, 1987, S. 45 ff.; *Michalski/Funke* in Michalski, GmbHG, Anh. zu § 34 Rn. 6; *Altmeppen* in Roth/Altmeppen, GmbHG, § 60 Rn. 60.

[70] Vgl. BGHZ 81, 263, 268; BGHZ 105, 213, 217.

[71] BT-Drucks. 6/3088, S. 57; vgl. auch BGH GmbHR 1991, 362; OLG Hamm GmbHR 1993, 660 ff.; OLG Frankfurt GmbHR 1993, 659.

Als **wichtige Gründe** kommen beispielsweise in Betracht[72]:
- längere schwere Krankheit,
- Verlust bestimmter Eigenschaften, deren Vorhandensein im Gesellschaftsvertrag gefordert werden (z.B. Verlust der Familienzugehörigkeit infolge von Scheidung),
- Zerstörung des Vertrauensverhältnisses,
- tiefgreifende, von einem Gesellschafter verursachte Zerwürfnisse zwischen den Gesellschaftern,
- schwere Treuepflichtverstöße oder sonstige Pflichtverletzungen,
- unsittliches Verhalten gegenüber Mitarbeitern,
- Unregelmäßigkeiten in Buchführungsangelegenheiten,
- strafbare Handlungen, insbesondere zum Nachteil der Gesellschaft oder der Mitgesellschafter.

Die Liste ließe sich unschwer verlängern! Voraussetzung ist aber, dass der betreffende Vorgang gerade Auswirkungen auf die Verhältnisse der Gesellschaft hat (Verbandsrelevanz)[73]. **Kein** wichtiger Grund ist ein Umstand, der in der Person eines anderen Gesellschafters oder im Zustand der Gesellschaft begründet ist[74].

64   Anzustellen ist stets eine **Gesamtbetrachtung**, bei der die Interessen des auszuschließenden Gesellschafters, der Mitgesellschafter sowie der Gesellschaft gegeneinander **abzuwägen** sind.

Dabei ist auch das Verhalten der übrigen Gesellschafter zu berücksichtigen. Dies ist insbesondere von Bedeutung in den Fällen, in denen die Vertrauensbasis für eine weitere Zusammenarbeit zerstört ist. In der Gesamtbetrachtung kann auch der Grad eines etwaigen Verschuldens, das grundsätzlich keine Voraussetzung für die Annahme eines wichtigen Grundes ist, zu berücksichtigen sein. Entsprechendes gilt (mit umgekehrten Vorzeichen) für das Verschulden der Mitgesellschafter.

Der **Gesellschaftsvertrag** kann wichtige Gründe für den Ausschluss benennen, nicht aber „unwichtige Gründe" zu „wichtigen" machen.

65   Der Ausschluss eines Gesellschafters soll stets nur äußerstes und letztes Mittel sein (**ultima ratio**).

Stehen andere Wege zur Beseitigung des Missstandes zur Verfügung, so sind diese vorrangig zu beschreiten[75] (z.B. durch Abberufung des Gesellschafters als Geschäftsführer).

---

[72] Vgl. *Michalski/Funke* in Michalski, GmbH, Anh. zu § 34 Rn. 10; *Lutter* in Lutter/Hommelhoff, GmbHG, § 34 Rn. 54 f.; *Hueck/Fastrich* in Baumbach/Hueck, GmbHG, Anh. zu § 34 Rn. 3 ff. jeweils mit weiteren Nachweisen.

[73] *Michalski/Funke* in Michalski, GmbH, Anh. zu § 34 Rn. 14.

[74] *Michalski/Funke* in Michalski, GmbH, Anh. zu § 34 Rn. 11.

[75] Näher dazu *Michalski/Funke* in Michalski, GmbH, Anh. zu § 34 Rn. 18 f.

c) Kapitalschutz

Auch bei Vorliegen eines wichtigen Grundes müssen die Kapitalschutzvorschrif-		**66**
ten eingehalten werden. Anders als bei der Einziehung ist die **Volleinzahlung** der
Geschäftsanteile aber dann **nicht** erforderlich, wenn ein Mitgesellschafter oder
Dritter diese übernimmt (dazu unten Rn. 76)[76]; die Gesellschaft selbst ist hieran
wegen § 33 I GmbHG gehindert. Jedoch darf die auch hier geschuldete **Abfindung** (dazu unten Rn. 79 ff.) **nur aus dem ungebundenen Vermögen** gezahlt
werden; § 34 III GmbHG gilt entsprechend.

d) Ausschlussverfahren

Ein einheitliches Ausschlussverfahren gibt es nicht. Maßgeblich ist vielmehr, ob		**67**
der Gesellschaftsvertrag eine entsprechende Regelung enthält oder nicht.

> Voraussetzungen sind danach
> ➲ ein Beschluss der Gesellschafterversammlung und
> ➲ ggf. eine Ausschlussklage.

Stets erforderlich ist ein **Beschluss der Gesellschafterversammlung**. Dieser be-		**68**
darf – in Anlehnung an § 60 I Nr. 2 GmbHG – einer ¾- Mehrheit[77], sofern nicht
der Gesellschaftsvertrag etwas anderes bestimmt. Der auszuschließende Gesellschafter ist analog § 47 IV GmbHG vom Stimmrecht ausgeschlossen (siehe bereits
§ 11 Rn. 136).

Der Gesellschaftsvertrag kann bestimmen, dass der Beschluss der Gesellschaf-		**69**
terversammlung – genauer: dessen Mitteilung an den auszuschließenden Gesellschafter – rechtsgestaltende Wirkung hat[78]. Fehlt eine entsprechende Regelung, ist
nach gefestigter Rechtsprechung der Ausschluss – anders als bei der Einziehung –
zwingend an die **Erhebung einer Ausschlussklage** gebunden (analog § 61
GmbHG, §§ 117, 127, 133, 140 HGB). Klagebefugt ist dabei die GmbH, vertreten
durch den Geschäftsführer. In der zweigliedrigen Gesellschaft ist nach h.M.[79] zudem der andere Gesellschafter klagebefugt. Kommt das Gericht zu dem Ergebnis,
dass die Voraussetzungen für den Ausschluss, insbesondere ein wichtiger Grund
vorliegen, schließt es den Gesellschafter durch **Gestaltungsurteil** aus der Gesellschaft aus. Bis zur Rechtskraft des Urteils bleibt der Auszuschließende aber Ge-

---

[76] *Michalski/Funke* in Michalski, GmbH, Anh. zu § 34 Rn. 11; a.A. *Lutter* in Lut-
ter/Hommelhoff, GmbHG, § 34 Rn 57.

[77] Wie hier BGH NZG 2003, 284; *Lutter* in Lutter/Hommelhoff, GmbHG, § 34 Rn. 59; *Altmeppen* in Roth/Altmeppen, GmbHG, § 60 Rn. 86; *Hueck/Fastrich* in Baumbach/Hueck, GmbHG,
Anh. zu § 34 Rn. 9; für eine einfache Mehrheit aber OLG Köln NZG 2001, 82.

[78] BGHZ 9, 160; BGHZ 32, 22.

[79] *Fischer*, Festschrift W. Schmidt, 1959, S. 117, 133; *Hueck/Fastrich* in Baumbach/Hueck,
GmbHG, Anh. zu § 34 Rn. 8; *Lutter* in Lutter/Hommelhoff, GmbHG, § 34 Rn 61.

sellschafter mit allen Rechten! Ist eine Zusammenarbeit nicht möglich, kann das Verhältnis durch einstweilige Verfügungen (§§ 935, 940 ZPO) geregelt werden.

70   Nach wohl noch h.M. soll im Urteil stets die dem Gesellschafter zustehende **Abfindung** festzusetzen und eine Frist zur Zahlung der Abfindung zu bestimmen sein[80]. Der BGH sieht die Zahlung der Abfindung nämlich als **Wirksamkeitsvoraussetzung** für den Ausschluss (rechtstechnisch: aufschiebende Bedingung) an[81]. Dies ist aber – ebenso wie bei der Einziehung – **abzulehnen** (näher dazu unten Rn. 88 ff.). Vorzugswürdig erscheint es, eine Entscheidungsbefugnis (!) des Gerichts über die Abfindung nur anzunehmen, wenn der Beklagte dies beantragt hat[82].

e) Wirkungen

71   Der Ausschluss (durch Mitteilung des Beschlusses oder rechtskräftiges Ausschlussurteil) führt **nicht** zur Vernichtung des Geschäftsanteils.

Daher stellt sich die Frage, was mit Wirksamwerden des Ausschlusses mit dem Geschäftsanteil passiert: Bleibt der Ausgeschlossene zunächst formal Inhaber des Geschäftsanteils (und wenn ja: mit welchen Rechten?), fällt der Geschäftsanteil automatisch an die Gesellschaft oder besteht der Anteil zunächst als „rechtsträgerloses Recht"? Diese Fragen sind in Rechtsprechung und Schrifttum höchst strittig!

Mitgliedschaft und Geschäftsanteil sind untrennbar verknüpft. Da der Ausschluss die Mitgliedschaft beenden soll, muss damit **zugleich** der Verlust des Geschäftsanteils einhergehen. Die Annahme, der Ausgeschlossene bleibe bis zur „Umsetzung" des Ausschlusses zunächst formaler Inhaber des Geschäftsanteils[83], vermag daher nicht zu überzeugen. Allerdings bestehen im Hinblick auf den automatischen Übergang auf die GmbH[84] Bedenken, da nicht in allen Fällen die Voraussetzungen des Eigenerwerbs (§ 33 GmbHG) vorliegen!

72   Die wohl h.M. geht daher zutreffend davon aus, dass die betroffenen Geschäftsanteile zunächst rechtsträgerlos werden[85]. Die Gesellschaft – genauer: die Gesellschafterversammlung – muss darüber entscheiden, ob die Anteile eingezogen oder der Gesellschaft selbst, einem Mitgesellschafter oder einem Dritten übertragen werden sollen.

---

[80] OLG Hamm, BB 1992, 2311 f.; *Battke*, GmbHR 2008, 850, 854; *Lutter* in Lutter/Hommelhoff, GmbHG, § 34 Rn. 63.

[81] BGHZ 9, 157, 169 ff.; *Winter/Seibt* in Scholz, GmbHG, Anh. zu § 34 Rn. 39 ff. mit weiteren Nachweisen; ähnlich *Ulmer* in Ulmer/Habersack/Winter, GmbHG, Anh. zu § 34 Rn. 38: auflösende Bedingung.

[82] Ebenso *Michalski/Funke* in Michalski, GmbH, Anh. zu § 34 Rn. 32 unter Verweis auf § 208 I GmbHG-E in der Fassung des RegE zur Reform des GmbHG aus dem Jahr 1971; ähnlich auch *Altmeppen* in Roth/Altmeppen, GmbHG, § 60 Rn. 96 ff.

[83] So etwa *Hueck/Fastrich* in Baumbach/Hueck, GmbHG, Anh. zu § 34 Rn. 14.

[84] Dafür BGHZ 9, 157, 178.

[85] LG Düsseldorf DB 2007, 848, 850; *Ulmer* in Ulmer/Habersack/Winter, GmbHG, Anh. zu § 34 Rn. 38; *Winter/Seibt* in Scholz, GmbHG, Anh. zu § 34 Rn. 47.

Diese Entscheidung kann bereits im Ausschließungsbeschluss getroffen werden, aber auch noch später beschlossen werden. Noch ungeklärt ist, was passiert, wenn ein Beschluss über die weitere Verwendung nicht (zeitnah) gefasst wird. Der Zustand der Rechtsträgerlosigkeit darf jedenfalls nur ein vorübergehender sein! Sollen die Anteile an einen Dritten übertragen werden, ist in jedem Fall dessen Zustimmung erforderlich.

4. Austritt eines Gesellschafters

Literatur: *Bösert*, Gesetzliches Sonderaustrittsrecht des GmbH-Gesellschafters, GmbHR 1994, 293; *Goette*, Ausschließung und Austritt aus der GmbH in der Rechtsprechung des Bundesgerichtshofs, DStR 2001, 533; *Röhricht*, Zum Austritt des Gesellschafters aus der GmbH, Festschrift Kellermann, 1991, S. 361.

a) Grundlagen

Ebenso wie die Möglichkeit des Ausschlusses eines Gesellschafters ist der Austritt   **73**
eines Gesellschafters (abgesehen vom Abandon nach § 27 GmbHG) im GmbH-
Gesetz nicht vorgesehen. Auch hier besteht Einigkeit: Der Austritt muss möglich
sein[86], da es sich – mit den Worten des BGH – um ein **„Grundprinzip des Verbandsrechts"** handelt[87].

b) Austrittsgrund

Der Austritt ist nur aus wichtigem Grund zulässig[88]. Entscheidend ist, dass   **74**
dem Gesellschafter der Verbleib in der GmbH nicht zugemutet werden
kann.

Der wichtige Grund muss im Verhalten der Mitgesellschafter liegen oder in der
Sphäre der Gesellschaft[89]. Dringender Geldbedarf des Gesellschafters oder das
Fehlen einer Veräußerungsmöglichkeit genügen nicht[90].

---

[86] RGZ 128, 1, 17; BGHZ 88, 320 ff.;116, 359, 369; *Röhricht*, Festschrift Kellermann, 1991, S. 361 ff.; *Hueck/Fastrich* in Baumbach/Hueck, GmbHG, Anh. zu § 34 Rn. 18; *Lutter* in Lutter/Hommelhoff, GmbHG, § 34 Rn. 70; *Altmeppen* in Roth/Altmeppen, GmbHG, § 34 Rn. 100.

[87] *Goette*, DStR 2001, 533, 541.

[88] *Lutter* in Lutter/Hommelhoff, GmbHG, § 34 Rn. 70; *Hueck/Fastrich* in Baumbach/Hueck, GmbHG, Anh. zu § 34 Rn. 19; *Altmeppen* in Roth/Altmeppen, GmbHG, § 34 Rn. 101; a.A. *Röhricht*, Festschrift Kellermann, 1991, S. 361.

[89] BGHZ 116, 359, 369; *Lutter* in Lutter/Hommelhoff, GmbHG, § 34 Rn. 72 f.; *Hueck/Fastrich* in Baumbach/Hueck, GmbHG, Anh. zu § 34 Rn. 19.

[90] Vgl. *Lutter* in Lutter/Hommelhoff, GmbHG, § 34 Rn. 74 mit weiteren Beispielen und Nachweisen.

Zum Austritt berechtigen können **beispielsweise**[91]:

- Maßnahmen der Gesellschaft, durch welche sich die rechtlichen und wirtschaftlichen Verhältnisse in einer für den Gesellschafter nicht zumutbaren Weise ändern,
- eine einseitige Thesaurierungspolitik, die einen Gesellschafter erheblich belastet,
- die unzumutbare Erhöhung des Risikos der Ausfallhaftung (§ 24 GmbHG) durch eine Kapitalerhöhung,
- der Missbrauch der Mehrheitsmacht oder sonstige schwerwiegende Treuepflichtverletzungen anderer Gesellschafter.

75 Auch hier gilt: Der Austritt ist nur **ultima ratio**. Der austrittswillige Gesellschafter muss daher zunächst versuchen, den Geschäftsanteil an Mitgesellschafter oder Dritte zu veräußern.

Der **Gesellschaftsvertrag** kann die Austrittsgründe erweitern und sogar ein ordentliches Austrittsrecht einräumen, nicht aber die Möglichkeit des Austritts aus wichtigem Grund einschränken. Darüber hinaus kann im Gesellschaftsvertrag die „Umsetzung" des Ausschlusses (dazu sogleich Rn. 77) näher geregelt werden.

c) Kapitalschutz

76 Auch beim Austritt sind die Kapitalschutzregeln zu beachten. Der Austritt ist daher nur möglich, wenn die betroffenen Geschäftsanteile voll eingezahlt sind, es sei denn das Stammkapital wird vor Wirksamwerden des Austritts herabgesetzt oder die Anteile werden von einem Mitgesellschafter oder Dritten übernommen. Die Gesellschaft selbst ist am Erwerb nicht voll eingezahlter Anteile wegen § 33 I GmbHG gehindert. Ferner darf die auch hier geschuldete Abfindung (dazu unten Rn. 79 ff.) nur aus dem ungebundenen Vermögen gezahlt werden; § 34 III GmbHG gilt entsprechend.

d) Verfahren und Wirkungen

77 Der Austritt erfolgt durch eine an die GmbH, vertreten durch den Geschäftsführer, zu richtende **Willenserklärung des Austretenden**. Diese bedarf keiner Form; § 15 III GmbH ist nicht entsprechend anwendbar. Einer Austrittsklage bedarf es nicht. Die Austrittserklärung **führt** nicht zum Erlöschen des Geschäftsanteils, anders als der Ausschluss aber auch **nicht zum automatischen Verlust** der Inhaberschaft. Der Austritt bedarf vielmehr der „Umsetzung".

Die Gesellschaft – genauer: die Gesellschafterversammlung – kann nach ihrer Wahl entweder den Anteil einziehen oder seine Abtretung an sich, einen Gesellschafter oder einen Dritten verlangen, allerdings nur Zug um Zug gegen Zahlung der Abfindung.

---

[91] *Lutter* in Lutter/Hommelhoff, GmbHG, § 34 Rn. 72 f.; *Hueck/Fastrich* in Baumbach/Hueck, GmbHG, Anh. zu § 34 Rn. 19; *Michalski/Funke* in Michalski, GmbHG, Anh. zu § 34 Rn. 50 ff.

Soll die „Umsetzung" des Austritts durch Abtretung des Geschäftsanteils erfolgen, findet § 15 GmbHG Anwendung[92]. Nimmt die Gesellschaft den Anteil nach angemessener Frist nicht an und zieht sie ihn auch nicht ein, kann der Austrittsberechtigte regelmäßig die Auflösung der GmbH verlangen[93].

Umstritten ist, ob der Gesellschafter bis zur Übertragung des Geschäftsanteils   **78** vollwertiges Verbandsmitglied bleibt, also weiterhin sämtliche mitgliedschaftlichen Rechte hat[94], oder ob die Rechte (ähnlich wie beim Ausschluss) ruhen[95]. Der BGH hat sich zuletzt[96] dafür ausgesprochen, dass der Austretende die mitgliedschaftlichen Rechte ausüben darf, soweit sein Interesse am Erhalt der ihm zustehenden Abfindung betroffen ist. Dogmatische Grundlage für diese Einschränkung ist die **Treuepflicht** (dazu unten § 13 Rn. 45 ff.).

Die Problematik stellt sich hier als weniger gravierend dar als bei der Zwangseinziehung und dem Ausschluss, da der Austretende „das Heft des Handelns" selbst in der Hand hält. So kann der Austritt unter der aufschiebenden Bedingung der Zahlung der Abfindung erklärt werden.

5. Abfindung des Gesellschafters bei Einziehung, Ausschluss und Austritt

a) Grundlagen

Den Verlust der Mitgliedschaft durch Einziehung des Geschäftsanteils oder infol-   **79** ge von Ausschluss oder Austritt aus der Gesellschaft muss der betroffene Gesellschafter nicht kompensationslos hinnehmen. Vielmehr hat er einen Abfindungsanspruch gegen die Gesellschaft (nicht: gegen die Mitgesellschafter!). Dies ergibt sich nicht aus dem GmbHG, das einen Abfindungsanspruch zwar in § 34 III GmbHG gedanklich voraussetzt, ihn aber nicht vorschreibt. Zur Begründung des Abfindungsanspruchs wird deshalb auf **§ 738 I 2 BGB** verwiesen, der einen verallgemeinerbaren Rechtsgedanken enthält: Verlust der Mitgliedschaft nur gegen Wertersatz!

Dieser Abfindungsanspruch besteht kraft Gesetzes, also unabhängig davon,   **80** ob er im Gesellschaftsvertrag vorgesehen ist oder nicht. Allerdings kann durch statutarische Regelung der Abfindungsanspruch beschränkt werden.

---

[92] BGHZ 88, 322; *Hueck/Fastrich* in Baumbach/Hueck, GmbHG, Anh. zu § 34 Rn. 24.

[93] Vgl. BGHZ 32, 17, 23; 88, 320, 326; *Altmeppen* in Roth/Altmeppen, GmbHG, § 60 Rn. 108; *Hueck/Fastrich* in Baumbach/Hueck, GmbHG, Anh. zu § 34 Rn. 23.

[94] So die h.M. *Hueck/Fastrich* in Baumbach/Hueck, GmbHG, Anh. zu § 34 Rn. 26 mit weiteren Nachweisen.

[95] Dafür etwa *Ulmer* in Ulmer/Habersack/Winter, GmbHG, Anh. zu § 34 Rn 60 ff..

[96] BGH NJW 2010, 1206; zustimmend *Lutter* in Lutter/Hommelhoff, GmbHG, § 34 Rn. 75.

In allen Fällen gilt: Die Abfindungszahlung darf nicht gegen das Kapitalerhaltungsgebot des § 30 I GmbHG verstoßen (vgl. § 34 III GmbHG), d.h. sie muss aus dem ungebundenen Vermögen erfolgen.

b) Höhe des Abfindungsanspruchs

81   Der betroffene Gesellschafter ist grundsätzlich zum **vollen wirtschaftlichen Wert** seiner Beteiligung abzufinden. Die Höhe der Abfindung richtet sich daher nach dem **Verkehrswert**, sofern nicht der Gesellschaftsvertrag etwas anderes bestimmt. Da ein Markt für GmbH-Anteile typischerweise nicht besteht, ist zur Ermittlung des Verkehrswertes in den meisten Fällen ein Sachverständigengutachten einzuholen, mittels dessen der **Unternehmenswert**[97] festgestellt werden soll.

> Der Wert eines Geschäftsanteils entspricht seinem Anteil am Unternehmenswert.

82   Die **Berechnung des Anteilswertes** erfolgt dabei auf der Grundlage des wirklichen Wertes des lebenden Unternehmens einschließlich der stillen Reserven und des Goodwills[98]. Die maßgebliche Fragestellung lautet: Für welchen Preis wäre ein Dritter bereit, das Unternehmen (bzw. einzelne Anteile) zu erwerben?

> **Achtung:** Es gibt nicht das „eine" Bewertungsverfahren, sondern verschiedene Methoden zur Bestimmung des Unternehmenswertes. Solange diese betriebswirtschaftlichen Standards entsprechen, ist die Entscheidung für ein Verfahren lediglich eine Frage der Praktikabilität und – nicht selten auch des „betriebswirtschaftlichen Glaubens".

In der Praxis spielt die sog. **Ertragswertmethode**[99] eine gewichtige Rolle, da diese insbesondere auch von der Rechtsprechung zugrunde gelegt wird[100]. Dabei wird der bisherige Ertrag der Gesellschaft ermittelt und – anhand der Planungen und Zukunftsaussichten der Gesellschaft – für die Zukunft hochgerechnet. Diese Zukunftserträge werden mit einem Abzinsungsfaktor auf Gegenwartswerte umgerechnet. Maßgeblich für die Höhe des Abzinsungsfaktors ist dabei die Rendite risikoloser Geldanlagen zuzüglich eines Risikozuschlags für die unternehmerische Tätigkeit. Wegen der zunehmenden Bedeutung internationaler Rechnungslegungsstandards dürfte in Zukunft die sog. **Discounted-Cashflow-Methode** (DCF-Methode)[101] eine größere Rolle als bislang spielen. Bei dieser wird der Unternehmenswert nicht anhand der bisherigen – auf die Zukunft hochgerechneten – Erträge bestimmt, sondern anhand der Zahlungsströme (Cashflows), die wiederum in die Zukunft projiziert und

---

[97] Allgemein dazu *Großfeld*, Unternehmens- und Anteilsbewertung im Gesellschaftsrecht, 4. Aufl. 2002; siehe die „Grundsätze zur Durchführung von Unternehmensbewertungen" des Instituts der Wirtschaftsprüfer, IDW S1 von 2008, abgedruckt in WPg Supplement 3/2008, S. 68 ff.

[98] Vgl. BGHZ 116, 359, 370 f.; vgl. dazu auch *Hueck/Fastrich* in Baumbach/Hueck, GmbHG, § 34 Rn. 22 ff.

[99] Dazu *Winnefeld*, Bilanz-Handbuch, 4. Aufl. 2006, Kap. N Rn. 480.

[100] Vgl. BGHZ 116, 359, 371; OLG Köln NZG 1998, 779; grundlegend BVerfGE 100, 289, 297 – „DAT/Altana I" (zu § 305 AktG).

[101] Dazu *Kruschwit/Löffler*, DB 2003, 1401; *Großfeld/Egert*, Festschrift Ludewig, 1995, S. 365 ff.

abgezinst werden. Schließlich kann im Einzelfall auch die Anwendung der sog. **Substanz-wertmethode**[102] in Betracht kommen, bei der Werte der einzelnen zum Unternehmen gehörenden Wirtschaftsgüter summiert werden. Zudem können die verschiedenen Bewer--tungsverfahren auch miteinander kombiniert werden.

c) Statutarische Abfindungsklauseln und Inhaltskontrolle

Im Gesellschaftsvertrag kann bestimmt werden, dass die Abfindung nicht zum Verkehrswert erfolgen, sondern aufgrund anderer Werte (z.B. zum Buchwert) oder anknüpfend an bestimmte Parameter (z.B. an den Jahres-überschuss) bestimmt werden soll. **83**

Mit diesen in der Praxis häufig anzutreffenden Klauseln wird das **Ziel** verfolgt, einen **Abfluss betriebsnotwendiger Mittel aus dem Gesellschaftsvermögen zu verhindern**. Denn in einer aus wenigen Gesellschaftern bestehenden Gesellschaft kann die Notwendigkeit, einen Gesellschafter abzufinden, zu einer ernsten Liquiditätskrise führen, da die Finanzmittel der Gesellschaft meist langfristig im Unternehmen gebunden sind. Häufig sind auch „good leaver clauses" und „bad leaver clauses", also Klauseln, die unterscheidend nach dem Grund des Verlusts der Mitgliedschaft verschiedene Werte (tatsächlicher Wert, Buchwert) ansetzen.

aa) Grobes Missverhältnis

Bei der Bestimmung des Inhalts gesellschaftsvertraglicher Abfindungsklauseln sind die Gesellschafter grundsätzlich frei – allerdings nur bis zur Grenze der Sittenwidrigkeit (§ 138 BGB bzw. § 241 Nr. 4 AktG analog). Die Sittenwidrigkeit kann sich dabei insbesondere aus einem **groben Missverhältnis zwischen Abfindungsbetrag und tatsächlichem Anteilswert** ergeben. **84**

Nach einer vielzitierten Formulierung des BGH[103] ist eine Abfindungsklausel insbesondere dann sittenwidrig, *„wenn die mit ihr verbundene Einschränkung des Abflusses von Gesellschaftskapital vollkommen außer Verhältnis zu der Beschränkung steht, die erforderlich ist, um im Interesse der verbleibenden Gesellschafter den Fortbestand der Gesellschaft und die Fortführung des Unternehmens zu sichern".*

Hinsichtlich der **Rechtsfolgen sittenwidriger Abfindungsklauseln** ist nach Auffassung ständiger Rechtsprechung des BGH danach zu differenzieren, ob das grobe Missverhältnis bereits bei Einführung der Abfindungsregelung bestand oder erst durch eine spätere Entwicklung der wirtschaftlichen Verhältnisse der Gesellschaft – also eine Steigerung des Unternehmenswertes – eingetreten ist. **85**

---

[102] Dazu *Winnefeld*, Bilanz-Handbuch, 4. Aufl. 2006, Kap. N Rn. 465 ff.
[103] BGHZ 116, 359.

⮑ Ein **anfängliches Missverhältnis** führt zur Nichtigkeit der Abfindungsklausel[104]; an ihre Stelle tritt dann der gesetzliche Anspruch auf Abfindung zum vollen Verkehrswert.

⮑ Ein **nachträgliches Missverhältnis** führt nicht zur Nichtigkeit der Abfindungsklausel, die aber im Wege der ergänzenden Vertragsauslegung den veränderten Gegebenheiten anzupassen ist[105]. Dabei sind die Interessen der Gesellschaft und des ausscheidenden Gesellschafters unter Berücksichtigung der Umstände des Einzelfalls gegeneinander abzuwägen[106]. Der BGH kommt so im Ergebnis zu einer geltungserhaltenden Reduktion der Klausel dahingehend, dass der Gesellschafter den Betrag erhält, der zulässigerweise noch hätte vereinbart werden können[107].

bb) Gläubigerbenachteiligung

86 Eine weitere Schranke stellt das Verbot der Gläubigerbenachteiligung dar (§ 241 Nr. 3 AktG analog bzw. wiederum § 138 BGB). Praktisch relevant sind dabei Regelungen, die bei **Insolvenz eines Gesellschafters oder Pfändung eines Geschäftsanteils** die Einziehung des Geschäftsanteils bzw. den Ausschluss des Gesellschafters vorsehen. Dies ist zulässig, darf aber nicht zu einer Benachteiligung der Gläubiger führen. Eine solche Benachteiligung läge aber vor, wenn gerade für die Fälle eine geringere Abfindung vorgesehen wäre als für andere Fälle des Verlusts der Mitgliedschaft[108].

cc) Verstoß gegen Gleichbehandlungsgrundsatz

87 Schließlich kann sich die Unzulässigkeit der Abfindungsregelung auch aus einem Verstoß gegen den Gleichbehandlungsgrundsatz ergeben. Dieser erlaubt zwar Differenzierungen, verbietet aber die **willkürliche**, also sachlich nicht gerechtfertigte Ungleichbehandlung.

> **Zulässig** ist es, bei der Abfindungshöhe nach der **Dauer der Mitgliedschaft** in der GmbH zu unterscheiden oder für Mitarbeiter-Gesellschafter, die ihre Beteiligung ohne oder nur gegen geringes Entgelt erlangt haben (sog. **Mitarbeiter-Modell**), stärkere Abfindungsbeschränkungen vorzusehen[109].

d) Zahlung der Abfindung als Wirksamkeitsvoraussetzung?

88 Der Verlust der Mitgliedschaft wird kompensiert durch die Abfindung. Namentlich beim unfreiwilligen Verlust der Mitgliedschaft durch Zwangseinziehung oder

---

[104] *Lutter* in Lutter/Hommelhoff, GmbHG, § 34 Rn. 84; *Hueck/Fastrich* in Baumbach/Hueck, GmbHG, § 34 Rn. 28; *Altmeppen* in Roth/Altmeppen, GmbHG, § 34 Rn. 49.

[105] Vgl. *Altmeppen* in Roth/Altmeppen, GmbHG, § 34 Rn. 49 mit weiteren Nachweisen.

[106] BGHZ 144, 365; *Hueck/Fastrich* in Baumbach/Hueck, GmbHG, § 34 Rn. 28.

[107] Kritisch *Dauner-Lieb*, ZHR 158 (1994), 271, 283 f.; *Müller*, ZIP 1995, 1561; *Büttner*, Festschrift Nirk, 1992, S. 119 ff.

[108] BGHZ 116, 359, 374.

[109] BGHZ 164, 107, 115.

Ausschluss rücken daher die **Vermögensinteressen des ausscheidenden Gesellschafters** in den Blick. Wie diesen Rechnung zu tragen ist, ist in Rechtsprechung und Schrifttum hoch umstritten.

Zur Sicherung dieser Interessen soll nach verbreiteter Auffassung das Ausscheiden an die Zahlung der Abfindung geknüpft werden: Zwangseinziehung und Ausschluss stünden danach unter der **aufschiebenden Bedingung**, dass die geschuldete Abfindung gezahlt wird[110]. Allerdings führt diese Lösung insbesondere in den – praktisch häufigen – Fällen, in denen über die Höhe der Abfindung gestritten wird oder eine Abfindung mangels hinreichenden freien Vermögens nicht sofort vollständig gezahlt werden kann, zu einem der Rechtssicherheit abträglichen Schwebezustand.

Diese Unsicherheit wird auch nicht durch eine in der Literatur vertretene Lösung beseitigt, wonach die Inhaberschaft am Gesellschaftsanteil **formal** bis zur Zahlung der Abfindung bestehen bleibt, die mitgliedschaftlichen Rechte hieraus aber **ruhen** sollen[111]. Dieselben Bedenken gelten für die Annahme einer **auflösenden Bedingung**[112], nach der die Gesellschafterstellung wiederaufleben soll, wenn die Abfindung „nicht rechtzeitig" (wann immer das sein soll) gezahlt wird. Die Annahme eines „**Wiedereintrittsrechts**"[113] hingegen führt zu konstruktiven Schwierigkeiten insbesondere in den Fällen, in denen der Anteil nicht mehr existiert (Einziehung) oder einem Dritten übertragen wurde (Ausschluss).

Im Interesse der Rechtssicherheit ist davon auszugehen, dass die Wirksamkeit von Zwangseinziehung und Ausschluss **nicht** von der Zahlung der Abfindung abhängt.

89

Daher werden die Zwangseinziehung mit Mitteilung des Einziehungsbeschlusses, der Ausschluss mit Mitteilung des Ausschlussbeschlusses bzw. mit rechtskräftigem Ausschlussurteil **wirksam**[114]. In diesem Augenblick entsteht der Abfindungsanspruch, der sofort fällig wird. Bei der – regelmäßig erforderlichen – Unternehmensbewertung zur Bestimmung der Abfindungshöhe sind dann auch nur solche Umstände zu berücksichtigen, die bei Wirksamwerden des Ausscheidens in der Gesellschaft schon „angelegt" waren.

---

[110] RZG 142, 286, 290 f.; BGH DStR 1997, 1336; vgl. auch *Hueck/Fastrich* in Baumbach/Hueck, GmbHG, § 34 Rn. 41 mit weiteren Nachweisen.

[111] So etwa *Hueck/Fastrich* in Baumbach/Hueck, GmbHG, § 34 Rn. 43; vgl. auch *Peetz*, GmbHR 2000, 749, 753.

[112] Dafür *Ulmer*, Festschrift Rittner, 1991, S. 735 ff., 748 ff.; *ders.*, Festschrift Priester, 2007, S. 775, 793 ff.

[113] Dafür *Grunewald*, GmbHR 1991, 185 f.; *Niemeier*, ZGR 1990, 314, 353 ff.

[114] Anders aber für den Ausschluss BGHZ 9, 157, 169 ff.; *Winter/Seibt* in Scholz, GmbHG, Anh. zu § 34 Rn. 39 ff.; *Ulmer* in Ulmer/Habersack/Winter, GmbHG, Anh. zu § 34 Rn. 38 (jeweils mit weiteren Nachweisen).

> **Beispiel:** Nach rechtskräftigem Ausschlussurteil beschließen die verbliebenen Gesellschafter, den Geschäftsbetrieb zu verkleinern. Hierdurch mindert sich zwar der Ertragswert des Unternehmens, doch ist dies für die Bestimmung der Abfindungshöhe unbeachtlich! Zum Zeitpunkt des Ausscheidens versprach das Unternehmen einen höheren Ertragswert; allein dieser ist maßgeblich. – Etwas anders gilt aber, wenn bereits vor Ausscheiden die Maßnahme beschlossen wurde. Der ausgeschiedene Gesellschafter hatte hier die Möglichkeit, auf die Willensbildung Einfluss zu nehmen.

Die Vermögensinteressen des ausscheidenden Gesellschafters sind daher nur insofern überhaupt schutzwürdig, als es um die **Durchsetzung des Abfindungsanspruchs** geht. Die wesentliche Sorge dürfte darin bestehen, dass das Gesellschaftsvermögen in der Folgezeit geschmälert wird und zur Befriedigung nicht mehr ausreicht. Dies ist aber ein allgemeines Risiko, das jeden Gesellschaftsgläubiger trifft. Sofern bewusst benachteiligende Handlungen der verbliebenen Gesellschafter eine besondere Gefahrenlage begründen, hilft die gesellschaftsrechtliche Treuepflicht, die auch nach dem Ausscheiden fortwirkt: Maßnahmen, die darauf gerichtet sind, die Durchsetzung des Abfindungsanspruchs zu beeinträchtigen, sind treuwidrig und können Schadensersatzansprüche gegen die (ehemaligen) Mitgesellschafter begründen.

90 Bleibt ein letztes Problem: Die Zahlung der Abfindung darf **nur aus freiem Vermögen** erfolgen (§§ 34 III, 30 I 1 GmbHG, siehe oben Rn. 80).

> Ist bereits bei der Beschlussfassung über Zwangseinziehung bzw. Ausschluss ersichtlich, dass die Abfindung nicht ohne Verstoß gegen die Kapitalerhaltungsregeln vollständig gezahlt werden kann, so ist der **Beschluss analog § 241 Nr. 3 AktG nichtig**[115]. In den übrigen Fällen kann der Ausgeschiedene analog § 61 GmbHG **auf Auflösung der Gesellschaft klagen**[116].

Ein wichtiger Grund im Sinne des § 61 I GmbHG für die Auflösung liegt vor, da die verbliebenen Gesellschafter einerseits nicht mehr mit dem Ausgeschiedenen zusammenarbeiten wollen, andererseits aber dessen Abfindung nicht begleichen können.

---

[115] BGHZ 9, 157, 173 f; 144, 365, 369 f.; *Ulmer*, Festschrift Rittner, 1991, S. 735, 742 f.; *Hueck/Fastrich* in Baumbach/Hueck, GmbHG, § 34 Rn. 40; a.A. OLG Celle GmbHR 1998, 141; *Altmeppen* in Roth/Altmeppen, GmbHG, § 34 Rn. 22 (nur Anfechtbarkeit).

[116] Dafür *Grunewald*, Der Ausschluss aus Gesellschaft und Verein, 1987, S. 242 ff.; *Niemeier* Rechtstatsachen und Rechtsfragen der Einziehung von GmbH-Anteilen, 1982, S. 239 ff.; immerhin sympathisierend auch *Hueck/Fastrich* in Baumbach/Hueck, GmbHG, § 34 Rn. 44; ablehnend *Ulmer*, Festschrift Rittner, 1991, S. 735, 747 f.

§ 13 Mitgliedschaftliche Rechte und Pflichten

Literatur: *Beuthien*, Zur Mitgliedschaft als Grundbegriff des Gesellschaftsrechts – Subjektives Recht oder Stellung im pflichthaltigen Rechtsverhältnis?, Festschrift Wiedemann, 2002, S. 755; *Flume*, Die juristische Person, § 8 I; *Habersack*, Die Mitgliedschaft – subjektives und „sonstiges" Recht, 1996; *Lutter*, Theorie der Mitgliedschaft, AcP 180 (1980), 84; *Reuter*, Die Mitgliedschaft als sonstiges Recht im Sinne des § 823 I BGB, Festschrift Hermann Lange, 1992, S. 707; *K. Schmidt*, Das Recht der Mitgliedschaft, ZGR 2011, 108; *Wiedemann*, Gesellschaftsrecht I, §§ 7 und 8.

I. Geschäftsanteil und Mitgliedschaft

Die Gesellschafterstellung knüpft an das Innehaben eines Geschäftsanteils an (siehe bereits § 12 Rn. 1). Der Geschäftsanteil vermittelt nicht nur die anteilige Beteiligung am Stammkapital, sondern das **Bündel an Rechten und Pflichten**, das als Mitgliedschaft bezeichnet wird. 1

> **Hinweis:** Zahlreiche dieser mitgliedschaftlichen Rechte und Pflichten wurden bereits an anderer Stelle näher dargestellt, so etwa die Einlagepflicht bei oben § 4 Rn. 44 ff., die Rechte im Zusammenhang mit der Gesellschafterversammlung oben § 11 Rn 135 ff. und 156 ff. Zur Vermeidung von Dopplungen wird daher vielfach auf die entsprechenden Stellen verwiesen.

Die Mitgliedschaft ist demnach zwar nicht „ein" Recht; dennoch ist sie als **sonstiges Recht** im Sinne des § 823 I BGB weitgehend anerkannt[1]. Auch hiervon war bereits die Rede (siehe bereits oben § 11 Rn. 116).

II. Rechte der Gesellschafter

1. Verwaltungs- und Vermögensrechte

Das GmbHG unterscheidet nicht sauber zwischen Rechten, die den Gesellschaftern in ihrer Gesamtheit zustehen, und den Rechten der einzelnen Gesellschafter. Nach hier verwendeter Diktion handelt es sich bei ersteren um Kompetenzen des Organs „Gesellschafterversammlung" (siehe dazu § 11 Rn. 120). Die **mitgliedschaftlichen Individualrechte** werden nach ihrem Inhalt unterschieden in Verwaltungs- und Vermögensrechte. 2

---

[1] BGHZ 110, 323 – „Schärenkreuzer"; *Lutter*, AcP 180 (1980), 84, 130 f.; *Reuter*, Festschrift Hermann Lange, 1992, S. 707, 710 ff.; *K. Schmidt*, JZ 1991, 157, 158 f.; *Habersack*, Die Mitgliedschaft – subjektives und „sonstiges Recht", 1996, passim; ablehnend etwa *Hadding*, Festschrift Kellermann, 1991, S. 91, 102 ff.

3

> Zu den **Verwaltungsrechten** zählen insbesondere:
> - das Recht auf Teilnahme an der Gesellschafterversammlung (dazu § 11 Rn. 135 ff.),
> - das Stimmrecht (§ 47 GmbHG, dazu § 11 Rn. 156 ff.),
> - das Auskunfts- und Einsichtsrecht (§ 51a GmbHG, dazu unten Rn. 8 ff.),
> - das Recht zur Anfechtung von Beschlüssen der Gesellschafterversammlung (§ 245 AktG analog, dazu § 11 Rn. 171 ff.).

Zu den Verwaltungsrechten zählen auch die **Minderheitsrechte** nach § 50 GmbHG auf Einberufung der Gesellschafterversammlung und Ergänzung der Tagesordnung. Die Besonderheit besteht hierbei darin, dass diese Rechte nur Gesellschaftern zustehen, die allein oder zusammen mindestens 10 % des Stammkapitals halten.

4

> Zu den **Vermögensrechten** zählen insbesondere:
> - der Gewinnanspruch (§ 29 I GmbHG, dazu § 14 Rn. 28 f.),
> - der Anspruch auf den Liquidationserlös nach Auflösung der Gesellschaft (§ 72 GmbHG, dazu § 16 Rn. 22),
> - der Abfindungsanspruch bei Ausscheiden aus der GmbH (dazu § 12 Rn. 79 ff.),
> - das Bezugsrecht bei Kapitalerhöhungen (dazu § 15 Rn. 13 ff.).

Im Übrigen können die Gesellschafter **weitere** Vermögensrechte im Gesellschaftsvertrag vorsehen.

> **Beispiele:** Bezugsrecht auf von der Gesellschaft hergestellte Produkte, Benutzungsrecht hinsichtlich von im Eigentum der Gesellschaft stehenden Sachen.

5   Von den aus der Mitgliedschaft resultierenden Rechten und Pflichten der Gesellschafter sind **sonstige – meist auf Vertrag beruhende – Rechtsbeziehungen zur GmbH** zu unterscheiden, bei denen der Gesellschafter wie jeder beliebige Außenstehende zur Gesellschaft steht. Diese sog. Drittgeschäfte, in deren Rahmen ein Gesellschafter mit der Gesellschaft Kaufverträge, Mietverträge oder Arbeitsverträge schließt, werden im Ausgangspunkt nach den allgemeinen zivilrechtlichen Regeln beurteilt. Allerdings sind auch insoweit die Kapitalschutzvorschriften (insbesondere die §§ 19 IV und V, 30 GmbHG) zu beachten. Beschränkungen können sich ferner aus dem Gebot der Gleichbehandlung und der gesellschaftsrechtlichen Treuepflicht ergeben.

6   Einzelne mitgliedschaftliche Rechte können nicht von der Gesellschafterstellung abgespalten und isoliert einem Dritten übertragen werden. Es gilt der Grundsatz der **Einheitlichkeit der Mitgliedschaft**[2].

Das Abspaltungsverbot trifft aber nur das Stammrecht, nicht die aus diesem erwachsenen einzelnen Ansprüche. Die **Unterscheidung zwischen abstraktem Stammrecht und konkretem Anspruch** ist namentlich bei den Vermögensrechten von fundamentaler Bedeutung.

---

[2] BGHZ 43, 261, 267; BGH NJW 1968, 396, 397; NJW 1987, 780; siehe *K. Schmidt*, Gesellschaftsrecht, § 19 III 4 mit weiteren Nachweisen.

> **Beispiel:** Das abstrakte Recht auf den Anteil am erwirtschafteten Jahresüberschuss (§ 29 I GmbHG) kann nicht von der Mitgliedschaft getrennt, also nicht isoliert auf einen Dritten übertragen werden. Durch den Ergebnisverwendungsbeschluss (§ 29 II GmbHG) wird das abstrakte Gewinnrecht aber zu einem selbständigen Gewinnanspruch konkretisiert. Dieser kann auch ohne den Geschäftsanteil abgetreten oder belastet werden. – Entsprechendes gilt für den Anspruch auf den Liquidationserlös, das Bezugsrecht und etwaige Abfindungsansprüche.

Das Abspaltungsverbot verbietet nicht die Wahrnehmung mitgliedschaftlicher **7** Rechte durch Dritte auf Veranlassung und im Interesse des Gesellschafters. Grundsätzlich zulässig ist daher eine Ermächtigung oder Bevollmächtigung für die Rechtsausübung, sofern Gesetz oder Gesellschaftsvertrag nicht entgegenstehen.

> **Beispiel:** Vertretung bei der Stimmabgabe in der Gesellschafterversammlung (arg ex. § 47 III GmbHG, näher dazu oben § 11 Rn. 159).

2. Auskunfts- und Einsichtsrecht (§ 51a GmbHG)

Literatur: *Grunewald*, Einsichts- und Auskunftsrecht des GmbH-Gesellschafters nach neuem Recht, ZHR 146 (1982), 211; *Kretzschmar*, Zur Konkretisierung des Auskunftsrechts nach § 51 a GmbHG, AG 1987, 121; *Lutter*, Zum Informationsrecht des Gesellschafters nach neuem GmbH-Recht, ZGR 1982, 1; *Mertens*, § 51a Abs. 1 GmbHG und die kapitalistisch strukturierte GmbH, Festschrift Werner, 1984, S. 557; *Römermann*, Reichweite des Einsichtsrechts nach § 51a GmbHG und Besonderheiten beim Ablauf einer Gesellschafterversammlung, GmbHR 2005, 627.

a) Umfassendes Informationsrecht

§ 51a I GmbHG verpflichtet die Geschäftsführer, jedem Gesellschafter auf **8** Verlangen unverzüglich Auskunft über die Angelegenheiten der Gesellschaft zu geben und die Einsicht in die Bücher und Schriften zu gestatten.

Zwischen Einsichts- und Auskunftsrecht besteht kein Rangverhältnis. Es handelt sich vielmehr um **Elemente eines umfassenden Rechts auf Information**, durch das sichergestellt werden soll, dass die Gesellschafter auch bei restriktiver Informationspolitik der Gesellschaft die zur Ausübung der übrigen Mitgliedschaftsrechte erforderlichen Informationen erhalten.

> Das Auskunfts- und Einsichtsrecht ist **zwingend** (§ 51a III GmbHG). Eine Ausgestaltung des Verfahrens durch den Gesellschaftsvertrag ist zulässig, solange das Recht materiell nicht beeinträchtigt wird[3].

Berechtigt sind nur Gesellschafter; maßgeblich ist die Gesellschafterliste (§ 16 I **9** GmbHG, dazu oben § 12 Rn. 6 ff.). Mit Verlust der Mitgliedschaft erlischt auch

---

[3] *Zöllner* in Baumbach/Hueck, GmbHG, § 51a Rn. 3; *Lutter* in Lutter/Hommelhoff, GmbHG, § 51a Rn. 32; *Roth* in Roth/Altmeppen, GmbHG, § 51a Rn. 41; *Römermann* in Michalski, GmbHG, § 51a Rn. 243.

der Anspruch aus § 51a GmbHG. Dies führt dazu, dass ehemalige Gesellschafter auch im Hinblick auf Ansprüche, die im Zusammenhang mit der Mitgliedschaft erwachsen sind, kein umfassendes Auskunfts- und Einsichtsrecht haben. Aufgrund der nachwirkenden Sonderrechtsbeziehung kann ausgeschiedenen Gesellschaftern aber ein **unselbstständiger Auskunftsanspruch** (aus § 810 BGB analog oder § 242 BGB) zustehen[4]. Dieser setzt ein konkretes Informationsbedürfnis voraus.

Pfandgläubiger, Treugeber und Nießbraucher haben keinen gesellschaftsrechtlichen Anspruch aus § 51a GmbHG[5].

b) Auskunft

10   Das **Auskunftsrecht** bezieht sich auf alle Angelegenheiten der Gesellschaft. Es ist nicht auf die Gegenstände der Tagesordnung beschränkt und kann auch außerhalb der Gesellschafterversammlung geltend gemacht werden.

Im Aktienrecht ist das Auskunftsrecht des Aktionärs wesentlich restriktiver ausgestaltet. Insbesondere kann es dort nur in der Hauptversammlung ausgeübt werden (vgl. § 131 I 1 AktG und unten § 21 Rn. 249 ff.).

11   Angelegenheiten der Gesellschaft sind alles, was mit deren wirtschaftlichen Verhältnissen, Beziehungen zu verbundenen Unternehmen und Dritten sowie der Geschäftsführung im Zusammenhang steht[6].

Das Auskunftsrecht ist sachlich auf die gegenständliche Gesellschaft beschränkt. Allerdings können auch die Angelegenheiten von verbundenen Unternehmen als Angelegenheiten der Gesellschaft anzusehen sein[7]. Die Auskunft kann auf gegenwärtige, vergangene und zukünftige Umstände gerichtet sein.

12   Die zu erteilende Auskunft muss den **Grundsätzen gewissenhafter und getreuer Rechenschaft** genügen (§ 131 II AktG analog). Insbesondere muss die erteilte Auskunft **nach bestem Wissen und Gewissen** erteilt werden. Etwaige Zweifel am Wahrheitsgehalt der Auskunft sind offen zu legen. Die Anforderungen an **Ausführlichkeit und Vollständigkeit** der Auskunft hängen vom Einzelfall ab.

Grundsätzlich gilt: **Je konkreter** das Auskunftsverlangen ist, **desto ausführlicher** muss die Auskunft erfolgen. Umgekehrt können allgemein gehaltene Auskunftsverlangen auch

---

[4] Vgl. dazu *Römermann* in Michalski, GmbHG, § 51a Rn. 53 mit weiteren Nachweisen.

[5] *Roth* in Roth/Altmeppen, GmbHG, § 51a Rn. 14; *Zöllner* in Baumbach/Hueck, GmbHG, § 51a Rn. 6; *Schindler* in BeckOK GmbHG, § 51a Rn. 10; *Wicke*, GmbHG, § 51a Rn. 5.

[6] *Lutter*, AG 1985, 117; *K. Schmidt*, Gesellschaftsrecht, § 35 I 4. b aa; *Schindler* in BeckOK GmbHG, § 51a Rn. 18; *Roth* in Roth/Altmeppen, GmbHG, § 51a Rn. 5; vgl. auch *Römermann* in Michalski, GmbHG, § 51a Rn. 25 ff.

[7] *Roth* in Roth/Altmeppen, GmbHG, § 51a Rn. 8; *Römermann* in Michalski, GmbHG, § 51a Rn. 35; *Lutter* in Lutter/Hommelhoff, GmbHG, § 51a Rn. 13.

kursorisch beantwortet werden. Ein Anspruch, stets umfassend über die Lage der Gesellschaft informiert zu werden, besteht nicht!

Die Auskunft kann **schriftlich oder mündlich** erteilt werden. Ein grundsätzlicher **13** Vorrang schriftlicher Auskunftserteilung[8] lässt sich dem Gesetz nicht entnehmen. Zuständig zur Auskunftserteilung sind die Geschäftsführer. Die Kosten der Auskunftserteilung trägt die Gesellschaft, die der Anfrage der Gesellschafter.

Dem Auskunftsverlangen muss **unverzüglich** Rechnung getragen werden. Es **14** besteht Einigkeit, dass eine großzügigere Handhabung als bei § 121 II BGB geboten ist[9], wenn es um die Frage geht, welche „Bearbeitungsfrist" im Einzelfall noch angemessen ist. Hierbei sind die Beeinträchtigung des Geschäftsbetriebs und die Dringlichkeit des Auskunftsbegehrens gegeneinander abzuwägen. Wird im Rahmen der Gesellschafterversammlung eine Auskunft begehrt, so ist diese – wenn möglich – sofort zu erteilen. Bei schwierigen oder komplexen Angelegenheiten haben die Geschäftsführer aber stets Gelegenheit zur Recherche.

c) Einsicht

Das Einsichtsrecht erlaubt den Einblick in Bücher und Schriften der Gesell- **15** schaft. **„Bücher"** in diesem Sinne sind Handelsbücher (vgl. § 238 HGB), also die gesamte Buchhaltung. **„Schriften"** sind alle Geschäftsunterlagen, wobei es nicht auf eine urkundliche Verkörperung ankommt; auch elektronische Dokumente sind erfasst.

Ermöglicht wird die Sichtung der Unterlagen in den Räumen der Gesellschaft. Ei- **16** ne Pflicht zur Übersendung besteht nicht[10]. Der **Umfang des Einsichtsrechts** richtet sich nach dem Begehren des Gesellschafters (zu Beschränkungen siehe sogleich Rn. 18 ff.). Soweit keine schutzwürdigen Interessen entgegenstehen, ist Gelegenheit zur Abschrift (Kopie, Ausdruck) zu geben[11]. Die Kosten hierfür hat der Gesellschafter zu tragen.

Bei Bedarf können auch **Sachverständige** hinzugezogen werden, sofern die **17** Vertraulichkeit sichergestellt ist[12], was bei Wirtschaftsprüfern, Steuerberatern und Rechtsanwälten wegen der beruflichen Schweigepflicht grundsätzlich angenommen werden kann.

---

[8] Dafür *Zöllner* in Baumbach/Hueck, GmbHG, § 51a Rn. 16; *Römermann* in Michalski, GmbHG, § 51a Rn. 155; enger hingegen *Lutter* in Lutter/Hommelhoff, GmbHG, § 51a Rn. 23b.

[9] Vgl. *Schindler* in BeckOK GmbHG, § 51a Rn. 18; *Römermann* in Michalski, GmbHG, § 51a Rn. 140 ff.

[10] OLG Köln GmbHR 1985, 358; *Schindler* in BeckOK GmbHG, § 51a Rn. 23; *Roth* in Roth/Altmeppen, GmbHG, § 51a Rn. 18; *Lutter* in Lutter/Hommelhoff, GmbHG, § 51a Rn. 19.

[11] *Lutter* in Lutter/Hommelhoff, GmbHG, § 51a Rn. 19; *Zöllner* in Baumbach/Hueck, GmbHG, § 51a Rn. 23.

[12] *Schindler* in BeckOK GmbHG, § 51a Rn. 33; *Zöllner* in Baumbach/Hueck, GmbHG, § 51a Rn. 25; *Roth* in Roth/Altmeppen, GmbHG, § 51a Rn. 15.

d) Verweigerung nach § 51a II GmbHG

18   Das Auskunfts- und Einsichtsrecht besteht nicht schrankenlos.

> Gemäß § 51a II 1 GmbHG dürfen die Geschäftsführer die Auskunft und die
> Einsicht verweigern, wenn zu besorgen ist, dass der Gesellschafter sie zu
> geschäftsfremden Zwecken verwenden und dadurch der Gesellschaft oder
> einem verbundenen Unternehmen einen nicht unerheblichen Nachteil zufü-
> gen wird.

Erforderlich ist hierfür ein **Beschluss der Gesellschafterversammlung** (Satz 2).
Vor der Beschlussfassung müssen die Geschäftsführer **begründen**, warum die Voraussetzungen des § 51a II 1 GmbHG vorliegen. Der Beschluss selbst muss keine
Begründung enthalten[13]. Ist der auskunftbegehrende Gesellschafter in der Versammlung nicht anwesend, muss er über den Grund der Verweigerung in Kenntnis
gesetzt werden[14]. Stets gilt: Die Begründung muss nicht so umfassend erfolgen,
dass hierdurch die gewünschte Information (mittelbar) erteilt wird[15].

e) Informationsbedürfnis als ungeschriebene Voraussetzung?

19   Nach einer im Schrifttum vertretenen Auffassung soll das Auskunfts- und Einsichtsrecht vom Bestehen eines konkreten Informationsbedürfnisses abhängen[16].
Dieses sei jedem mitgliedschaftlichen Informationsanspruch immanent. Hiernach
müsste der Gesellschafter jeweils *in concreto* darlegen, wozu er die Information
benötigt. Dies **widerspricht** aber sowohl dem Wortlaut des Gesetzes als auch der
erklärten Intention des Gesetzgebers[17].

f) Ausübungsschranken

20   Allerdings hat der BGH zutreffend darauf hingewiesen, dass die Ausübung des Informationsrechts durchaus Schranken unterliegt. Diese können sich aus dem allgemeinen **Verbot des Rechtsmissbrauchs und der schikanösen Rechtsausübung** (vgl. §§ 226, 242 BGB), aber auch aus der **gesellschaftsrechtlichen
Treuepflicht** ergeben. Zu berücksichtigen ist dabei, dass das Auskunfts- oder Ein-
sichtsbegehren in die Rechtssphäre der Gesellschaft eingreift. Die Erfüllung des
Informationsbedürfnisses ist mit personellem, zeitlichem und finanziellem Auf-

---

[13] A.A. *Roth* in Roth/Altmeppen, GmbHG, § 51a Rn. 28.

[14] Vgl. dazu *Schindler* in BeckOK GmbHG, § 51a Rn. 58.

[15] BGH 32, 159, 168; *Lutter* in Lutter/Hommelhoff, GmbHG, § 51a Rn. 30; *Römermann* in Michalski, GmbHG, § 51a Rn. 191.

[16] BayObLG BB 1993, 1547; *K. Schmidt* in Scholz, GmbHG, § 51a Rn. 8; *Zöllner* in Baum-
bach/Hueck, GmbHG, § 51a Rn. 27.

[17] Ebenso KG GmbHR 1988, 221, 223; *Lutter* in Lutter/Hommelhoff, GmbHG, § 51a Rn. 2 mit
weiteren Nachweisen.

wand verbunden. Daher ist zu fordern, dass das Auskunfts- bzw. Einsichtsbegeh-ren **verhältnismäßig** ist, insbesondere also zur Erfüllung eines Informationsbe-dürfnisses geeignet und erforderlich ist und der Aufwand nicht gänzlich außer Verhältnis zum Nutzen steht. Das Informationsbedürfnis ist hiernach also doch zu berücksichtigen. Allerdings muss nicht der Gesellschafter das Bestehen, sondern die Gesellschaft das Fehlen darlegen!

> Bedeutsam ist dies vor allem beim Einsichtsrecht. Ein **umfassendes Einsichtsbegehren** ist regelmäßig unverhältnismäßig[18]. Sonst käme es zu einer umfassenden Sonderprüfung durch einzelne Gesellschafter, die gesetzlich nicht vorgesehen ist.

g) Rechtsschutz gegen Informationsverweigerung

Wird dem Auskunfts- oder Einsichtsverlangen eines Gesellschafters nicht entspro-chen, kann dieser nach § 51b GmbHG i.V.m. § 132 AktG ein sog. **Informations-erzwingungsverfahren** einleiten.   **21**

> Das Verfahren hat in der Praxis jedoch **kaum Bedeutung** erlangt. Informationsrechts-verletzungen werden regelmäßig im Wege von Beschlussanfechtungen und Schadens-ersatzklagen geltend gemacht.

Die unberechtigte Informationsverweigerung kann zur Haftung der Geschäftsfüh-rer führen: gegenüber der GmbH aus § 43 II GmbHG, gegenüber dem betroffenen Gesellschafter aus § 823 I BGB wegen Verletzung der Mitgliedschaft[19]. Darüber hinaus kommen **Schadensersatzansprüche gegen Mitgesellschafter** wegen Ver-letzung der Treuepflicht in Betracht[20].   **22**

Hinsichtlich etwaiger **Beschlussmängelklagen** ist zu unterscheiden: Anfecht-bar ist zunächst der Verweigerungsbeschluss (§ 51a II GmbHG) selbst. Sollte die begehrte Information als Grundlage für die Stimmabgabe für andere Beschlussge-genstände dienen, so sind auch diese Beschlüsse anfechtbar, wenn bei verständiger Würdigung die Information für den Beschluss von Relevanz sein konnte und das Informationsverlangen im Zusammenhang mit der Beschlussfassung stand[21].   **23**

---

[18] Zutreffend *Schindler* in BeckOK GmbHG, § 51a Rn. 32; *Zöllner* in Baumbach/Hueck, GmbHG, § 51a Rn. 24; a.A. *Lutter* in Lutter/Hommelhoff, GmbHG, § 51a Rn. 18.

[19] So auch *A. Reuter*, BB 1986, 1658; anders hingegen *Zöllner* in Baumbach/Hueck, GmbHG, § 51a Rn. 51; *Lutter* in Lutter/Hommelhoff, GmbHG, § 51a Rn. 37.

[20] *Lutter* in Lutter/Hommelhoff, GmbHG, § 51a Rn. 38; *Zöllner* in Baumbach/Hueck, GmbHG, § 51a Rn. 52; *A. Reuter*, BB 1986, 1653, 1659.

[21] *Zöllner* in Baumbach/Hueck, GmbHG, § 51a Rn. 48; *Schindler* in BeckOK GmbHG, § 51a Rn. 67; *Martens*, GmbHR 1984, 270 ff.

3. Gesellschafterklage (actio pro socio)

Literatur: *Altmeppen*, Zur Rechtsnatur der actio pro socio, Festschrift Musielak, 2004, S. 1; *Berger*, Die actio pro socio im GmbH-Recht, ZHR 149 (1985), 599; *Grunewald*, Die Gesellschafterklage in der Personengesellschaft und der GmbH, 1990; *Raiser*, Das Recht der Gesellschafterklagen, ZHR 153 (1989), 1; *Zöllner*, Die sog. Gesellschafterklage im Kapitalgesellschaftsrecht, ZGR 1988, 392.

a) Grundlagen

24   Die sog. *actio pro socio* ist eine ursprünglich zum Personengesellschaftsrecht entwickelte Klagemöglichkeit, die als **allgemeines verbandsrechtliches Institut** auch im GmbH-Recht anerkannt ist. Allerdings besteht weder Einigkeit über die dogmatischen Grundlagen noch über die konkreten Voraussetzungen einer solchen Gesellschafterklage.

> **Beispiel:** A, B und C sind Gesellschafter einer GmbH und halten jeweils einen Geschäftsanteil im Nennwert von 10.000 EUR. A ist zugleich Geschäftsführer. B hat seine (fällige) Einlage noch nicht vollständig erbracht. Allerdings weigert sich A, den offenen Betrag von B einzufordern. Ein Beschlussantrag des C in der Gesellschafterversammlung, wonach die Einlageforderung ggf. klageweise geltend gemacht werden soll, findet keine Mehrheit, weil A dagegen votiert und B – vom Stimmrecht ausgeschlossen (§ 47 IV 2 GmbHG) – nicht mitstimmt. B ist zudem nicht bereit, den A als Geschäftsführer abzuberufen.

Die **Anwendungsfälle** der *actio pro socio* zeichnen sich dadurch aus, dass – wie in unserem Beispielsfall – die eigentlich zuständigen Organe handlungsunfähig oder -unwillig sind und deswegen Ansprüche aus dem Gesellschaftsverhältnis „brach liegen".

25   Die *actio pro socio* **durchbricht** in bestimmten Fällen die gesetzlich oder vertraglich festgelegte **Kompetenzordnung** und ermöglicht einzelnen Gesellschaftern so die Geltendmachung von Ansprüchen der Gesellschaft.

Das Recht, Ansprüche der Gesellschaft selbst geltend zu machen, ist Ausfluss der Mitgliedschaft des Verbandsmitglieds und hat als „Minderheitenrecht" bzw. „Notrecht" eine tragende Funktion. Es ist daher **nicht dispositiv**, kann also durch Gesellschaftsvertrag nicht ausgeschlossen oder wesentlich beschränkt werden.

b) Eigenes Recht oder Prozessstandschaft?

26   Umstritten ist, ob der klagende Gesellschafter ein eigenes materielles Recht geltend macht[22] oder in Prozessstandschaft für die Gesellschaft klagt[23]. Die Gesell-

---

[22] Dafür *Lutter* in Lutter/Hommelhoff, GmbHG, § 13 Rn. 52; *ders.*, ZHR 162 (1998), 164, 180; *Altmeppen*, Festschrift Musielak, 2004, S. 1, 10 ff.

[23] Dafür OLG Düsseldorf ZIP 1994, 621; *Hueck/Fastrich* in Baumbach/Hueck, GmbHG, § 13 Rn. 37; *Ebbing* in Michalski, GmbHG, § 14 Rn. 95 f.

schafterklage ist jedenfalls darauf gerichtet, dass eine Leistung an die Gesellschaft begehrt wird, die diese auch selbst fordern könnte. Vorzugswürdig erscheint es, allein die Gesellschaft als Inhaberin des fraglichen Anspruchs anzusehen. Dieser Anspruch darf ausnahmsweise vom Gesellschafter im eigenen Namen geltend gemacht werden. Es handelt sich daher um einen Fall der **Prozessstandschaft**. Die Annahme eines eigenen materiellen Anspruchs des Gesellschafters auf Leistung an die Gesellschaft bietet demgegenüber keine Vorteile. Die Möglichkeit einer *actio pro socio* ist nicht von einer gesellschaftsvertraglichen oder sonstigen Vereinbarung abhängig; die Prozessstandschaft ist daher eine **gesetzliche**[24].

> Da es sich mithin im eine „Klage für die Gesellschaft" handelt, wäre die Bezeichnung als *„actio pro societate"* eigentlich die genauere!

c) Anwendungsbereich

Die *actio pro socio* ist entwickelt worden für die Geltendmachung von sog. **Sozi-**   **27**
alansprüchen, also Ansprüchen, die ihre Grundlage im mitgliedschaftlichen Verhältnis zur Gesellschaft haben. Es geht also primär um die Durchsetzung der Mitgesellschaftern obliegenden Pflichten, die diese gerade in ihrer Eigenschaft als Gesellschafter treffen.

Ob die *actio pro socio* darüber hinaus auch **bei anderen Ansprüchen** gegen   **28**
die Gesellschafter oder sogar bei Ansprüchen gegen Dritte zur Anwendung gelangen kann, ist umstritten[25].

> **Beispiel:** Die Gesellschafterversammlung beschließt über die Erhebung einer auf § 43 II GmbHG gestützten Schadensersatzklage gegen den ehemaligen Fremdgeschäftsführer G. Die erforderliche Mehrheit kommt nicht zustande, weil Mehrheitsgesellschafter A nicht gegen seinen „alten Skatkumpel" G vorgehen will. G hatte A zuvor um ein entsprechendes Abstimmungsverhalten gebeten. Minderheitsgesellschafter B ist darüber erbost und will die Sache jetzt allein durchziehen.

Im **Beispielsfall** sprechen **zwei Argumente für** die grundsätzliche Möglichkeit einer *actio pro socio*.
- ⇨ Zum einen ist der geltend gemachte Anspruch spezifisch gesellschaftsrechtlicher Natur. Er ähnelt insofern den Sozialansprüchen gegen Gesellschafter.
- ⇨ Zum anderen bestünde ein erhebliches Schutzdefizit zu Lasten der Minderheitsgesellschafter, wenn der Mehrheitsgesellschafter aus sachfremden Gründen die Anspruchsverfolgung dauerhaft verhindern könnte. Erschwerend kommt im Beispielsfall hinzu, dass Mehrheitsgesellschafter A und Anspruchsgegner G „gemeinsame Sache" gemacht haben.

---

[24] So auch *Schindler* in BeckOK GmbHG, § 46 Rn. 119; *K. Schmidt*, Gesellschaftsrecht, § 21 IV 4; *Berger*, Die subjektiven Grenzen der Rechtskraft bei der Prozessstandschaft, 1990, S. 277; dagegen *Bork/Oepen*, ZGR 2001, 526 f. (gewillkürte Prozessstandschaft).

[25] Grundsätzlich ablehnend *Hueck/Fastrich* in Baumbach/Hueck, GmbHG, § 13 Rn. 38; *Ebbing* in Michalski, GmbHG, § 14 Rn. 101; *Grunewald*, Die Gesellschafterklage in der Personengesellschaft und der GmbH, 1990, S. 88 f.; großzügiger OLG Düsseldorf GmbHR 1994, 172.

29 Die bestehende Kompetenzordnung darf durch die Zulassung der actio pro socio aber nicht ausgehöhlt werden. Nur wenn die zuständigen Organe **rechtswidrig** von der Verfolgung absehen, ist Raum für die Gesellschafterklage.

Dabei ist zu bedenken, dass es auch für die Entscheidung, bestehende Ansprüche nicht zu verfolgen, gute Gründe geben kann.

> **Beispiel:** Die Gesellschafterversammlung beschließt über die Erhebung einer auf § 43 II GmbHG gestützten Schadensersatzklage gegen den ehemaligen Fremdgeschäftsführer G. Die erforderliche Mehrheit kommt nicht zustande, weil Zweifel an der Beweislage bestehen und außerdem ein Imageschaden durch den Prozess befürchtet wird.

30 Die Durchbrechung der Kompetenzordnung bedarf also ihrerseits der **Rechtfertigung**.

- ➲ Bei **Sozialansprüchen** ergibt sich diese aus dem besonderen mitgliedschaftlichen Band, dass die Gesellschafter nicht nur zur GmbH, sondern durch den Gesellschaftsvertrag auch untereinander geknüpft haben. Auch der Gleichbehandlungsgrundsatz spielt hier eine gewichtige Rolle, weshalb die Gesellschafter die Nichtdurchsetzung einzelner Sozialansprüche gegen Mitgesellschafter nicht hinnehmen müssen.
- ➲ Bei **sonstigen Ansprüchen** der GmbH gegen die Gesellschafter und erst recht gegen Dritte bedarf es zusätzlicher Umstände, die das Brachliegen des Anspruchs als nicht hinnehmbar erscheinen lassen. Dies dürfte nur ausnahmsweise der Fall sein.

d) Hilfszuständigkeit

31 Zuständig für die Entscheidung über die Geltendmachung und für die anschließende Durchsetzung von Ansprüchen der Gesellschaft ist zuallererst das durch Gesetz oder Gesellschaftsvertrag hierzu berufene Organ, also die Gesellschafterversammlung (vgl. § 46 Nr. 2 und 8 GmbHG) oder der Geschäftsführer. Die *actio pro socio* begründet nur eine **subsidiäre Hilfszuständigkeit**, ein „Notrecht"[26].

Daher ist der Gesellschafter vor Klageerhebung verpflichtet, **auf die Anspruchsverfolgung durch das zuständige Organ hinzuwirken**. Ist die Gesellschafterversammlung zuständig, muss daher zunächst ein entsprechender

---

[26] Wie hier *Hueck/Fastrich* in Baumbach/Hueck, GmbHG, § 13 Rn. 39; *Ebbing* in Michalski, GmbHG, § 14 Rn. 104; *Zöllner*, ZGR 1988, 392, 409 f.; anders *Lutter* in Lutter/Hommelhoff, GmbHG, § 13 Rn. 53; *Raiser*, ZHR 153 (1989), 1, 20 ff.

Beschluss herbeigeführt werden, es sei denn, dies ist von vornherein erkennbar aussichtslos[27].

Problematisch sind die Fälle, in denen die Gesellschafter mehrheitlich gegen die   **32**
Anspruchsverfolgung votieren. Die *actio pro socio* kommt dann nur in Betracht, wenn der Beschluss der Gesellschafterversammlung rechtswidrig ist. Allerdings binden auch rechtswidrige Beschlüsse, solange sie nicht angefochten oder nichtig sind. Daher muss der an der Durchsetzung des Anspruchs interessierte Gesellschafter in der Regel zunächst **Anfechtungsklage** erheben und so den ablehnenden Beschluss aus der Welt schaffen[28].

Ob er darüber hinaus auch eine sog. **Beschlussfeststellungsklage** erheben oder auf   **33**
anderem Wege auf einen positiven Beschluss hinwirken muss, ist ebenfalls nicht abschließend geklärt. Insoweit sollte nach dem Beschlussmangel **differenziert** werden: War der Beschluss wegen der Art und Weise des Zustandekommens rechtswidrig (insbesondere bei Verfahrensmängeln), ist ein erneuter Beschluss herbeizuführen. Anders aber, wenn sich die Rechtswidrigkeit aus dem Beschlussinhalt ergibt: Dann ist das allein rechtmäßige Beschlussergebnis ohnehin vorgezeichnet und die Herbeiführung des Beschlusses oftmals nur eine unnötige Förmelei.

e) Prozessuale Folgen

Die erhobene Gesellschafterklage begründet ein Prozessrechtsverhältnis zwischen   **34**
dem im eigenen Namen klagenden Gesellschafter und dem beklagten Anspruchsgegner. Der klagende Gesellschafter ist selbst Kostenschuldner, trägt also das **Prozesskostenrisiko**.

Da der Kläger ein fremdes Recht geltend macht, **fehlt** ihm die **Dispositionsbefugnis**, d.h. er kann keine Prozesshandlungen vornehmen, die den Anspruch umgestalten oder einer Verfügung hierüber gleichkommen[29] (z.B. Prozessvergleich).   **35**

Mit Klageerhebung wird der geltend gemachte Anspruch rechtshängig. Die Gesellschaft ist, obwohl sie materiell Berechtigte ist, an der klageweisen Geltendmachung des Anspruchs gehindert (**Einwand der Rechtshängigkeit**)[30].   **36**

Insbesondere verliert der Gesellschafter nicht die Befugnis, den Anspruch der Gesellschaft geltend zu machen, wenn die Gesellschaftermehrheit sich nach Klageerhebung

---

[27] Wie hier OLG Düsseldorf GmbHR 1994, 172; BGHZ 65, 15, 21; *Wicke*, GmbHG, § 13 Rn. 23; *Hueck/Fastrich* in Baumbach/Hueck, GmbHG, § 13 Rn. 39; *Römermann* in Michalski, GmbHG, § 46 Rn. 531.

[28] OLG Köln GmbHR 1993, 816; *Hueck/Fastrich* in Baumbach/Hueck, GmbHG, § 13 Rn 39; *Merkt* in MünchKomm. GmbHG, § 13 Rn. 326 f.; *Römermann* in Michalski, GmbHG, § 46 Rn. 533; *Zöllner*, ZGR 1988, 392, 409 f.; a.A. OLG Düsseldorf DB 1993, 2427; *K. Schmidt* in Scholz, GmbHG, § 46 Rn. 161; *Hüffer* in Ulmer/Habersack/Winter, GmbHG, § 46 Rn. 115; *M. Winter*, Mitgliedschaftliche Treuebindung, 1988, S. 315 f.

[29] BGH NJW 1985,2830, 2831; *Bork/Oepen*, ZGR 2001, 542.

[30] Wie hier *Wiedemann*, Gesellschaftsrecht I § 8 IV 1c; *Bork/Oepen* ZGR 2001, 540 f.; a.A. BGHZ 78, 1, 7; *Hopt* in Baumbach/Hopt, HGB, § 109 Rn. 35; *Raiser*, ZHR 153 (1989), 1, 23 f.; *Ulmer* in MünchKomm. BGB, § 705 Rn. 214.

durch den Gesellschafter doch noch zur Klage entschließt. Anderenfalls könnte die an sich „verfolgungsunwillige" Gesellschaftermehrheit ohne Weiteres einer zulässigerweise erhobenen *actio pro socio* nachträglich wieder die Grundlage entziehen. Dies muss der klagende Gesellschafter nicht hinnehmen, zumal das bisherige Verhalten der Mehrheit zur Besorgnis Anlass gibt, dass der Prozess durch die Gesellschaft nicht ordnungsgemäß geführt wird.

37   Das Urteil im Gesellschafterprozess wirkt auch für und gegen die Gesellschaft (**Rechtskrafterstreckung**)[31]. Führt der Gesellschafter den Prozess schlecht, kann er der GmbH unter Umständen zum Schadensersatz verpflichtet sein. Die Gesellschaft kann als Nebenintervenient (§§ 66 ff. ZPO) dem Prozess beitreten.

III. Pflichten der Gesellschafter

1. Einlagepflicht

38   Die wichtigste Pflicht der Gesellschafter ist die Pflicht zur Einlageleistung. Von dieser war bereits im Zusammenhang mit der Gründung der GmbH (§ 4 Rn. 44 ff.) und im Abschnitt über die Sicherung der Kapitalaufbringung (§ 7 Rn. 1 ff.) ausführlich die Rede.

2. Nachschusspflicht

a) Grundlagen

39   Von Gesetzes wegen besteht keine Pflicht zur Leistung von Nachschüssen. Entsteht im Verlauf der Geschäftstätigkeit ein zusätzlicher Kapitalbedarf, kann dieser auf verschiedene Weise gedeckt werden: durch eine Kapitalerhöhung gegen Einlagen (dazu unten § 15 Rn. 5 ff.) oder die Zuführung von Fremdkapital.

Zudem kann im Gesellschaftsvertrag bestimmt werden, dass Gesellschafter über die Nennbeträge der Geschäftsanteile hinaus die Einforderung von weiteren Einzahlungen (sog. Nachschüssen) beschließen können. Die Nachschusspflicht ist damit keine gesetzliche, sondern zwingend eine **vertraglich vereinbarte Pflicht**.

> Die **praktische Bedeutung** von Nachschusspflichten ist gering. Weitaus häufiger ist die Finanzierung mittels Gesellschafterdarlehen (vgl. dazu § 9 GmbHG).

40   Die Zahlung von Nachschüssen dient allein der **Kapitalbeschaffung**. Ein besonderer Gläubigerschutz ist mit ihr nicht bezweckt. Deshalb stehen die eingezahlten Gelder der Gesellschaft zur freien Verfügung. § 19 II GmbHG findet keine Anwendung, eine Befreiung von der Pflicht zur Nachschusszahlung ist also möglich.

---

[31] Wie hier *Hueck/Fastrich* in Baumbach/Hueck, GmbHG, § 13 Rn. 39; *Ebbing* in Michalski, GmbHG, § 14 Rn. 105; a.A. *Altmeppen* in Roth/Altmeppen, GmbHG, § 13 Rn. 19; *Lutter* in Lutter/Hommelhoff, GmbHG, § 13 Rn. 55.

Rückzahlungen der Nachschüsse sind nach Maßgabe des § 30 II GmbHG erlaubt
(dazu § 8 Rn. 37).

Eine Nachschusspflicht besteht nur, wenn   **41**
➲ der Gesellschaftsvertrag eine entsprechende Festsetzung enthält und
➲ ein Einforderungsbeschluss der Gesellschafterversammlung vorliegt.

Soll eine entsprechende Verpflichtung nachträglich in den Gesellschaftsvertrag aufgenommen werden, ist nach § 53 III GmbHG die Zustimmung aller betroffenen Gesellschafter erforderlich.

Die Einzahlung der Nachschüsse hat nach dem Verhältnis der Geschäftsanteile zu   **42**
erfolgen (§ 26 II GmbHG); im Gesellschaftsvertrag kann aber etwas anderes bestimmt werden. Die Nachschusspflicht kann auf einen bestimmten Betrag beschränkt werden (§ 26 III GmbHG). Demgemäß können **zwei Arten** von Nach-
schusspflichten unterschieden werden: die beschränkte (§ 28 GmbHG) und die
unbeschränkte Nachschusspflicht (§ 27 GmbHG).

b) Die beschränkte Nachschusspflicht

Bei der beschränkten Nachschusspflicht (§ 28 GmbHG) legt die Satzung einen be-   **43**
stimmten **Nachschuss-Höchstbetrag** fest. Die Haftung bei verzögerter Einzahlung ist streng, da die Höhe einer möglichen Inanspruchnahme vorhersehbar ist.
Nach §§ 28 I 1 i.V.m. 21-23 GmbHG haftet der säumige Gesellschafter wie für
rückständige Einlagen. Damit ist eine **Kaduzierung** ebenso wie die **Vormännerhaftung** möglich. Die Norm verweist **nicht** auf die **Ausfallhaftung** der übrigen
Gesellschafter (§ 24 GmbHG). Diese dient nur der Aufbringung des Stammkapitals im Interesse der Gläubiger, die aber bei Nachschüssen gerade nicht geschützt
werden.

c) Die unbeschränkte Nachschusspflicht

Bei einer fehlenden Beschränkung der Nachschusspflicht, ist diese für den Gesell-   **44**
schafter nicht kalkulierbar. Eine § 28 GmbHG vergleichbare strenge Haftung wäre
daher nicht angebracht. Daher hat der Gesellschafter nach § 27 I 1 GmbHG hier
das Recht, der Gesellschaft seinen Geschäftsanteil zur Verfügung zu stellen, um
sich damit von der Zahlung des Nachschusses zu befreien (sog. **Preisgabe** oder
Abandon)[32]. Der Gesellschaftsvertrag kann das Preisgaberecht davon abhängig
machen, dass die Nachschüsse einen bestimmten Betrag überschreiten (§§ 27 IV,
28 I 2 GmbHG). Es handelt sich in der Sache um eine Kombination von beschränkter und unbeschränkter Nachschusspflicht[33].

---

[32] Zum Verfahren siehe *Hueck/Fastrich* in Baumbach/Hueck, GmbHG, § 27 Rn. 3 ff.
[33] Vgl. zur kombinierten Nachschusspflicht *Zeidler* in Michalski, GmbHG, § 28 Rn. 5.

3. Treuepflicht

Literatur: *Flume*, Die Rechtsprechung des BGH zur Treuepflicht des GmbH-Gesellschafters und des Aktionärs, ZIP 1996, 161; *Henze*, Treuepflichten im Kapitalgesellschaftsrecht, ZHR 162 (1998), 186; *Koppensteiner*, Treuwidrige Stimmabgaben bei Kapitalgesellschaften, ZIP 1994, 1325; *Lutter*, Treuepflichten und ihre Anwendungsprobleme, ZHR 162 (1998), 164; *Raiser*, Treuepflichten im GmbH-Recht als Beispiel der Rechtsfortbildung, ZHR 151 (1987), 422; *K. Schmidt*, Die Behandlung treuwidriger Stimmen in der Gesellschafterversammlung im Prozess, GmbHR 1992, 9; *Ulmer*, Zur Treuepflicht zwischen GmbH-Gesellschaftern, NJW 1976, 192.

a) Grundlagen

45   Die Treuepflicht ist die mitgliedschaftliche Pflicht der Gesellschafter, die Interessen der Gesellschaft und der Mitgesellschafter zu wahren und durch schädigendes Verhalten nicht zu beeinträchtigen. Ihre Grenze findet die Treuepflicht in der Wahrnehmung berechtigter eigener Interessen.

Die allgemeine Treuepflicht hat keine gesetzliche Regelung gefunden, allerdings wird sie von der ganz herrschenden Meinung sowohl bei den Personengesellschaften als auch bei der GmbH[34] und der AG[35] anerkannt. Es handelt sich um ein **allgemeines Prinzip des Verbandsrechts**, dass die Verbandsmitglieder sich gegenseitig und dem Verband gegenüber Rücksichtnahme und Loyalität schulden. Die Ausprägungen der Treuepflicht können dabei aber stark differieren. Sie ist regelmäßig bei Personengesellschaften stärker ausgeprägt als bei der GmbH und bei dieser wiederum stärker als bei der AG. Darüber hinaus können Mehrheitsgesellschafter stärkeren Bindungen unterliegen als Minderheitsgesellschafter.

46   Treuepflichtbindungen unterliegen
- ➲ die Gesellschafter gegenüber der Gesellschaft,
- ➲ die Gesellschaft gegenüber den Gesellschaftern und
- ➲ die Gesellschafter untereinander[36].

Die Treuepflicht hat im Gesellschaftsrecht praktisch mehrere Funktionen. Sie dient einerseits dem Schutz der legitimen Erwartungen und Interessen der Beteiligten (**Schutzfunktion**). Zum anderen dient sie der Rechtsfindung, indem sie allgemeine oder spezielle Pflichten zu begründen oder zu präzisieren hilft (**Ergänzungs- und Klarstellungsfunktion**).

---

[34] Grundlegend BGHZ 65, 15 – „ITT".

[35] Grundlegend BGHZ 103, 184 – „Linotype"; BGHZ 129, 136 – „Girmes"; ablehnend noch BGH AG 1976, 218 - „Audi/NSU".

[36] Vgl. BGH NJW 1992, 368; *Lutter*, AcP 180 (1980), 84, 119 f.; *Hueck/Fastrich* in Baumbach/Hueck, GmbHG, § 13 Rn. 20; *Michalski/Funke* in Michalski, GmbHG, § 13 Rn. 141 f.

b) Inhalt und Anwendungsfälle

Intensität, Umfang und **inhaltliche Ausprägung** der Treuebindungen las-　**47**
sen sich nicht abstrakt-generell, sondern nur vor dem Hintergrund des jeweiligen Einzelfalles bestimmen. Erforderlich ist stets eine Interessenabwägung.

Dabei können die Größe der Gesellschaft, die Beteiligungsstruktur, die Bedeutung
der konkreten Angelegenheit für die Gesellschaft oder die Gesellschafter und zahlreiche andere Faktoren eine maßgebliche Rolle spielen.

> **Faustformel:** Die Treuebindungen sind umso stärker ausgeprägt, je personalistischer die
> GmbH strukturiert ist[37].

Als **Maßstab** für die Beurteilung der Treuwidrigkeit eines Verhaltens soll zudem　**48**
die Art des auszuübenden Rechts herangezogen werden können. So soll sich die
Geltendmachung uneigennütziger Rechte, d.h. von Rechtspositionen, die dem Gesellschafter nicht primär zum eigenen Nutzen eingeräumt wurden, am Gesellschaftsinteresse ausrichten. Nur soweit die Belange der Gesellschaft nicht beeinträchtigt werden, darf sich die Rechtsausübung an den Eigeninteressen des
Gesellschafters ausrichten.

> Allerdings besteht keine Einigkeit darüber, welche Rechte als uneigennützig zu
> qualifizieren sind. So soll insbesondere das Stimmrecht ein uneigennütziges Recht sein[38].
> Das erscheint in dieser Absolutheit jedoch zweifelhaft[39]. Abzustellen sein dürfte vielmehr
> auf den jeweiligen Beschlussgegenstand bzw. den angegriffenen Beschlussmangel.
> Unstreitig den eigennützigen Rechten zuzuordnen sind hingegen das Auskunftsrecht
> (§ 51a GmbHG), das Teilnahmerecht, das Rede- und Antragsrecht und insbesondere die
> Vermögensrechte[40]. Hier sollte nicht vorschnell auf die Treuwidrigkeit des Verhaltens
> geschlossen werden.

> **Beachte:** Die vorgeschlagene Differenzierung nach der Art des Rechts macht die
> gebotene Interessenabwägung nicht entbehrlich, sondern liefert nur ein weiteres bei der
> Abwägung zu berücksichtigendes Element.

Die aus der allgemeinen Treuepflicht **im konkreten Fall folgenden Pflichten**　**49**
können vielgestaltig sein.

---

[37] *Altmeppen* in Roth/Altmeppen, GmbHG, § 13 Rn. 39; *Dreher*, DStR 1993, 1632; *Wicke*,
GmbHG, § 13 Rn. 19; ähnlich *Bayer* in Lutter/Hommelhoff, GmbHG, § 14 Rn. 20.

[38] So *Hüffer*, AktG, § 53a En. 16.

[39] Vgl. *Drygala* in KölnKomm. AktG, § 53a Rn. 98 f.

[40] *Drygala* in KölnKomm. AktG, § 53a Rn. 97.

Im Einzelfall können aus der Treuepflicht hergeleitet werden:
- ➲ Unterlassungspflichten,
- ➲ Duldungspflichten,
- ➲ Handlungspflichten, insbesondere Stimmpflichten bei Beschlüssen der Gesellschafterversammlung.

Praktische Bedeutung erlangt die Treuepflicht insbesondere als inhaltliche Ausübungs-schranke bei Abstimmungen. Hiervon war bereits mehrfach die Rede (vgl. oben Rn. 20, § 11 Rn. 26).

c) Folgen eines Verstoßes gegen die Treuepflicht

50   Nicht nur die Erscheinungsformen und Ausprägungen der Treuepflicht sind man-nigfaltig, sondern auch die **möglichen Rechtsfolgen** von Verstößen.

Ein schuldhafter Treuepflichtverstoß kann als Pflichtverletzung im Sinne des § 280 I BGB zur **Schadensersatzhaftung** führen. Bei der Frage, ob der Verstoß zu einem kausalen und zurechenbaren Schaden geführt hat, ist zwischen der Sphä-re der Gesellschaft und derjenigen der Gesellschafter zu unterscheiden. Ein Er-satzanspruch der **Mitgesellschafter** setzt voraus, dass diese einen über den Scha-den der Gesellschaft hinausgehenden **„individuellen" Schaden** erlitten haben.

Es genügt nicht, dass sich der Wert ihrer Beteiligung infolge des von der Gesellschaft erlittenen Schadens vermindert hat; ein solcher **Reflexschaden** ist nicht ersatzfähig, sondern wird durch den Schadensersatzanspruch der GmbH hinreichend kompensiert.

51   Kraft Treuepflicht **gebotene** Handlungen können auch **klageweise durchgesetzt** werden. **Verbotene** Handlungen sind rechtswidrig und grundsätzlich **unwirksam**. Treuwidrige Beschlüsse der Gesellschafterversammlung müssen allerdings **ggf. angefochten** werden (dazu oben § 11 Rn. 167 ff.). Zudem hat jeder Gesellschafter einen Anspruch auf **Unterlassung** treuwidriger Maßnahmen.

> **Beispiel:** Aufgrund veränderter gesetzlicher Rahmenbedingungen ist die Erweiterung des Unternehmensgegenstandes einer GmbH zwingend geboten. Dennoch stimmt der mit 30 % an der GmbH beteiligte A gegen die Satzungsänderung, alle anderen Gesellschafter stimmen dafür.

Hier bedarf es keiner positiven Stimmpflicht; dies wäre anders, wenn der Gesellschafts-vertrag die Zustimmung aller Gesellschafter vorsähe. Im Beispiel ist die Stimmabgabe des A treuwidrig und muss daher vom Versammlungsleiter bei der Beschlussfeststellung nicht berücksichtigt werden. Die Stimmen gelten als nicht abgegeben, sodass dem Mehrheitser-fordernis des § 53 II GmbHG Genüge getan ist. – Stellt der Versammlungsleiter dennoch fest, dass der Beschluss nicht mit der erforderlichen Mehrheit zustande gekommen ist, muss dieses Beschlussergebnis zusätzlich mit der Anfechtungsklage beseitigt werden. Die **Anfechtungsklage** hat aber nur kassatorische Wirkung, führt also nicht dazu, dass der satzungsändernde Beschluss gefasst ist. Sie kann aber mit einer sog. **Beschluss-feststellungsklage** verbunden werden, durch die das Zustandekommen des Beschlusses gerichtlich festgestellt werden kann[41]. Dies erspart die erneute Beschlussfassung.

---

[41] Vgl. BGHZ 97, 28.

Besonders schwere Verstöße gegen die Treuepflicht können zum **Ausschluss** des   **52**
Gesellschafters (siehe dazu oben § 12 Rn. 63) oder zur **Auflösung** der Gesellschaft führen. Diese Maßnahmen stellen aber stets nur eine *ultima ratio* dar. Erforderlich ist insoweit, dass die Grundlage für ein weiteres gemeinsames Zusammenwirken zerstört wurde.

d) Treuepflicht in der Einpersonengesellschaft?

Besonderheiten gelten in der Einpersonengesellschaft. Auf die Interessen von   **53**
Mitgesellschaftern muss hier keine Rücksicht genommen werden. Fraglich ist allerdings, ob eine Treuepflicht des Alleingesellschafters gegenüber der Gesellschaft besteht. Dies ist grundsätzlich **abzulehnen**. Das Interesse des Alleingesellschafters ist mit dem Gesellschaftsinteresse identisch.

Es gibt allerdings eine gewichtige Einschränkung: Existenzvernichtende Eingriffe sind unzulässig und verpflichten nach gegenwärtiger Rechtsprechung zum
Schadensersatz nach § 826 BGB. Auch (und gerade) der Alleingesellschafter muss
die **Zweckbindung des Gesellschaftsvermögens im Gläubigerinteresse respek-**
tieren. Im Übrigen ist er zur Beachtung der gesetzlichen Regeln, insbesondere der
§§ 30, 64 GmbHG verpflichtet.

4. Wettbewerbsverbot

> **Literatur:** *Wilde*, Anteilserwerb an einer GmbH durch einen Wettbewerber bei bestehen-
> dem Wettbewerbsverbot für die Gesellschafter der GmbH, NZG 2010, 252; *Timm*, Wett-
> bewerbsverbot und „Geschäftschancen" – Lehre im Recht der GmbH, GmbHR 1981, 177;
> *Wassermeyer*, Das Wettbewerbsverbot des Gesellschafters und des Gesellschafter-
> Geschäftsführers einer GmbH, GmbHR 1993, 639.

a) Gesetzliches Wettbewerbsverbot

Das GmbHG sieht ein **allgemeines Wettbewerbsverbot** für Gesellschafter **nicht**   **54**
vor. Gesellschaftern ist es daher im Grundsatz nicht untersagt, sich an konkurrie-
renden Gesellschaften zu beteiligen oder sogar selbst wirtschaftlich in Konkurrenz
zur Gesellschaft zu treten. Dies gilt jedoch nicht schrankenlos.

Gesellschafter, die zugleich **Geschäftsführer** sind, unterliegen **analog § 88**   **55**
AktG einem Wettbewerbsverbot (siehe § 11 Rn. 11), ggf. auch noch über die
Amtszeit hinaus.

Darüber hinaus sollen Gesellschafter, die eine **beherrschende Stellung** in   **56**
der GmbH haben, aufgrund der gegenüber der Gesellschaft und den Mitgesellschaftern bestehenden **Treuepflicht** einem Wettbewerbsverbot unterliegen (Rechtsgedanke aus § 112 HGB).

Dem liegt der Gedanke zugrunde, dass die GmbH durch die unternehmerische Tätigkeit des beherrschenden Gesellschafters nicht „von innen her ausgehöhlt" werden soll[42]. Eine **beherrschende Stellung** ist regelmäßig dann gegeben, wenn der Gesellschafter eine **Mehrheitsbeteiligung** hält, weil er dann über die Gesellschafterversammlung dem Geschäftsführer Weisungen erteilen kann. Maßgeblich ist stets die Möglichkeit der Einflussnahme auf die Geschäftsführung[43]; daher kann auch der Minderheitsgesellschafter im Einzelfall einem Wettbewerbsverbot unterliegen, etwa bei Bestehen statutarischer Sonderrechte.

Ein gesetzliches Wettbewerbsverbot besteht regelmäßig aber **nicht, wenn** die Mitgesellschafter bei Eintritt des Gesellschafters eine bestehende Konkurrenzsituation **bereits kannten**, weil sie die Konkurrenztätigkeit dann im Zweifel stillschweigend gebilligt haben[44]. Auch der **Alleingesellschafter** in der Einpersonengesellschaft unterliegt keinem Wettbewerbsverbot, da es hier an der verbotsbegründenden Treuepflicht gerade fehlt[45] (dazu Rn. 53).

57   **Nicht beherrschende Gesellschafter** unterliegen von Gesetzes wegen zwar keinem generellen Wettbewerbsverbot, doch kann auch hier die Ausnutzung von konkreten, der Gesellschaft zustehenden Geschäftschancen **treuwidrig** sein.

b) Statutarisches Wettbewerbsverbot

58   Ein Wettbewerbsverbot kann auch vertraglich vereinbart werden. Da es sich um eine **Nebenleistungspflicht in Gestalt einer Unterlassungspflicht** handelt, muss diese zwingend im Gesellschaftsvertrag festgelegt sein.

Allerdings unterliegen vertragliche Wettbewerbsverbote **Beschränkungen** in zweifacher Hinsicht:

⊃   Das Wettbewerbsverbot darf nicht gegen das Kartellverbot der § 1 GWB, Art. 101 AEUV [ex. Art, 81 EGV] verstoßen[46].

⊃   Das Wettbewerbsverbot darf die berufliche Tätigkeit des betroffenen Gesellschafters nicht in sittenwidriger Weise (§ 138 BGB) einschränken.

Art. 12 GG gebietet insofern Einschränkungen. Darüber, wo die Grenzen des Zulässigen liegen, besteht jedoch keine Einigkeit[47]. Vorzunehmen ist stets eine Abwägung zwischen den Interessen der Gesellschaft und der Mitgesellschafter am Konkurrenzschutz und den eigenen unternehmerischen Interessen des Gesellschafters.

---

[42] BGH NJW 1988, 2738; *Altmeppen* in Roth/Almteppen, GmbHG, § 13 Rn. 46; *ders.*, ZIP 2008, 437, 439 f.

[43] BGHZ 104, 246.

[44] BGH GmbHR 1987, 302 f.; *Altmeppen* in Roth/Altmeppen, GmbHG, § 13 Rn. 48.

[45] BGHZ 122, 333, 336.

[46] Dazu *Roth* in Roth/Altmeppen, GmbHG, § 3 Rn. 38; *Hueck/Fastrich* in Baumbach/Hueck, GmbHG, § 3 Rn. 43.

[47] Vgl. *Kleindiek* in Lutter/Hommelhoff, GmbHG, Anh. zu § 6 Rn. 25 mit weiteren Nachweisen.

> **Faustformel**: Je personalistischer die Gesellschaft strukturiert und je größer der Einfluss des betreffenden Gesellschafters ist, desto eher ist das Wettbewerbsverbot gerechtfertigt.

Das Wettbewerbsverbot kann für die Dauer der Zugehörigkeit zur Gesellschaft, **59** aber auch für die Zeit nach Ausscheiden als Gesellschafter vereinbart werden. Allerdings bedürfen **nachwirkende Wettbewerbsverbote** einer besonderen Rechtfertigung[48].

c) Rechtsfolgen bei Verstößen

Ein Verstoß gegen das aus der Treuepflicht abgeleitete Wettbewerbsverbot hat **60** zum einen die bereits bei der Treuepflicht dargestellten Folgen (oben Rn. 50 ff.).

Darüber hinaus kann der Gesellschaft ein **Eintrittsrecht** analog § 113 I HGB zustehen[49]. Danach kann die GmbH von dem Gesellschafter verlangen, dass er die für eigene Rechnung gemachten Geschäfte als für Rechnung der Gesellschaft eingegangen gelten lässt und die aus Geschäften für fremde Rechnung bezogene Vergütung herausgibt oder seinen Vergütungsanspruch abtritt.

IV. Der Gleichbehandlungsgrundsatz

Literatur: *Verse*, Der Gleichbehandlungsgrundsatz im Recht der Kapitalgesellschaften, 2006.

Das Gleichbehandlungsgebot ist ein **allgemeiner Grundsatz des Verbands-** **61** **rechts**. Er hat in § 53a AktG eine positiv-rechtliche Ausprägung erfahren: „Aktionäre sind unter gleichen Voraussetzungen gleich zu behandeln". Das GmbHG enthält keine vergleichbare Vorschrift, doch sind zahlreiche Einzelregelungen vom Gleichbehandlungsgrundsatz durchdrungen (vgl. exemplarisch §§ 19 I, 29 III und 47 II GmbHG).

> Der Grundsatz der Gleichbehandlung verbietet nicht jedwede, sondern nur die willkürliche, also **sachlich nicht gerechtfertigte** Ungleichbehandlung der Gesellschafter.

Adressat dieses Willkür- und Diskriminierungsverbots sind **alle Gesellschaftsor-** **62** **gane**[50], also auch die Gesellschafterversammlung bei ihren Beschlüssen. Das Gebot bindet nur innerhalb gesellschaftsrechtlicher Beziehungen, nicht aber im Rahmen von Drittgeschäften.

---

[48] Vgl. dazu die Darstellung bei *Haas/Ziemons* in Michalski, GmbHG, § 43 Rn. 145 ff.

[49] *Haas/Ziemons* in Michalski, GmbHG, § 43 Rn. 262a; *Michalski/Funke* in Michalski, GmbHG, § 13 Rn. 272; *Zöllner/Noack* in Baumbach/Hueck, GmbHG, § 35 Rn. 42; a.A. *Kleindiek* in Lutter/Hommelhoff, GmbHG, Anh. zu § 6 Rn. 27.

[50] *Michalski/Funke* in Michalski, GmbHG, § 13 Rn. 124.

Viele Ausprägungen des Gleichbehandlungsgrundsatzes sind dispositiv; der Grundsatz selbst ist aber unabdingbar[51]. Gesellschafter können daher nicht vorab beliebige willkürliche Maßnahmen durch ihr Einverständnis legitimieren.

Allerdings gilt auch hier der **Grundsatz der Privatautonomie**, der es den Gesellschaftern erlaubt, die mitgliedschaftlichen Rechte und Pflichten durch gesellschaftsvertragliche Regelung auch ohne sachlichen Grund ungleich auszugestalten, sofern nur die allgemeinen zivilrechtlichen Grenzen (insbesondere §§ 134, 138 BGB) beachtet werden. Nach Abschluss des Gesellschaftsvertrages ist jede sachlich unbegründete Ungleichbehandlung ohne Einverständnis des Betroffenen hingegen unzulässig[52]. Nachteilige Rechtsveränderungen bedürfen der Zustimmung des Betroffenen (vgl. § 35 BGB und § 53 III GmbHG).

63 Der **Maßstab der gebotenen Gleichbehandlung** richtet sich nach dem betroffenen Recht[53]. Während bei unentziehbaren Mitgliedschaftsrechten wie dem Auskunfts- und Einsichtsrecht (§ 51a GmbHG) und dem Recht auf Teilnahme an der Gesellschafterversammlung absolute Gleichheit der Gesellschafter gewährleistet sein muss, gilt bei den Vermögensrechten grundsätzlich ein proportionaler Gleichheitsmaßstab (Verhältnis der Geschäftsanteile).

64 Die **Rechtsfolgen eines Verstoßes** gegen den Gleichheitsgrundsatz richten sich nach der konkreten Maßnahme[54]. Ein gleichheitswidriger Gesellschafterbeschluss ist anfechtbar. Andere Maßnahmen rechtlicher oder tatsächlicher Natur sind unwirksam und im Zweifelsfall rückgängig zu machen; die hieraus entstehenden Nachteile sind auszugleichen bzw. zu verhindern.

---

[51] *Bayer* in Lutter/Hommelhoff, GmbHG, § 14 Rn. 34.

[52] *Michalski/Funke* in Michalski, GmbHG, § 13 Rn. 120.

[53] *Michalski/Funke* in Michalski, GmbHG, § 13 Rn. 125 ff.

[54] *Hueck/Fastrich* in Baumbach/Hueck, GmbHG, § 13 Rn. 35.

§ 14 Rechnungslegung und Ergebnisverwendung

I. Buchführung und Rechnungslegung

Literatur: *Fink/Woring*, Buchführung für Juristen, JuS 2001, 1067; *Lange/Pyschny*, Einführung in das Recht der Bilanzierung, JURA 2005, 768.

1. Grundsätze ordnungsgemäßer Buchführung

Gemäß § 41 GmbHG sind die Geschäftsführer verpflichtet, für die ordnungsge- **1**
mäße Buchführung zu sorgen. Diese Pflicht besteht im öffentlichen Interesse und
steht damit nicht zur Disposition der Gesellschafter. § 41 GmbHG nimmt stillschweigend Bezug auf die in den §§ 238 ff. HGB niedergelegten Grundsätze.

Danach ist jeder Kaufmann verpflichtet, Bücher zu führen und in diesen seine Handelsgeschäfte und die Lage seines Vermögens nach den Grundsätzen
ordnungsmäßiger Buchführung ersichtlich zu machen (§ 238 I 1 HGB).

Die Buchführung soll einen **Überblick über die Geschäftsvorfälle und über die** **2**
Lage des Unternehmens vermitteln. Sie dient dazu, die Geschäftsvorfälle der Gesellschaft systematisch zu erfassen. Die Buchführung ermöglicht es, die wirtschaftliche Entwicklung nachzuzeichnen.

Sie ist damit ein wichtiges Instrument des **Gläubigerschutzes**, denn sowohl
das Ausschüttungsverbot (§ 30 GmbHG) als auch die Insolvenzantragspflicht nach
§ 15a InsO gehen ins Leere, wenn der Kaufmann bzw. der Geschäftsführer den
Überblick über den Stand des Vermögens und der Verbindlichkeiten verliert. Außerdem dient sie dem **Minderheitenschutz**, denn die Buchführung ist Grundlage
der Gewinnermittlung und Gewinnverwendung. Eine ordentliche Buchführung erschwert es zudem, Vermögenswerte an den Minderheitsgesellschaftern vorbei in
die Taschen des Mehrheitsgesellschafters umzuleiten. Und letztlich dient die
Buchführung der **Selbstvergewisserung**, ob das Unternehmen erfolgreich ist oder
nicht.

Zu den **Grundsätzen ordnungsgemäßer Buchführung** zählen insbesondere[1]: **3**
- ➲ die ordnungsmäßige Führung der laufenden Bücher (§§ 238 f. HGB),
- ➲ die ordnungsmäßige Aufstellung eines Inventars zu Beginn der Tätigkeit und am
  Ende des Geschäftsjahrs (§ 240 HGB),
- ➲ die ordnungsmäßige Aufstellung einer Bilanz zu Beginn der Tätigkeit und am Ende
  eines jeden Geschäftsjahrs (§ 242 I HGB),

---

[1] Vgl. *Sigloch/Weber* in Michalski, GmbHG, § 41 Rn. 3.

↶ die ordnungsmäßige Gegenüberstellung der Aufwendungen und Erträge in der sog.
Gewinn- und Verlustrechnung (GuV, § 242 II HGB),

↶ die Erfüllung der Aufbewahrungspflichten gemäß § 257 HGB.

4 Im Hinblick auf die Organisation der Buchführung bestehen gewisse Gestaltungs-
freiheiten. Das Buchführungssystem schlechthin gibt es nicht! Allerdings zwingt
die **handelsrechtliche Pflicht, eine Bilanz und eine Gewinn- und Verlustrechnung (GuV) aufzustellen** (§ 242 HGB), zur doppelten Buchführung[2].

> Bei der **doppelten Buchführung** besteht jeder Buchungsvorgang aus mindestens zwei
> Teilbuchungen auf sog. Bestands- und/oder Erfolgskonten. Erfasst werden können so
> sowohl die buchmäßigen Bestände (Bilanz) als auch die Aufwendungen und Erträge
> (GuV). Bei richtiger Buchung aller Geschäftsvorfälle sind die in der Bilanz und der GuV
> ausgewiesenen Salden identisch! Bei alledem gilt der eherne Grundsatz der Buchführung:
> **„Keine Buchung ohne Beleg"**[3].

2. Jahresabschluss und Lagebericht

5 Bilanz und GuV sind das „Herzstück" der jedem Kaufmann obliegenden Pflicht
zur periodischen Rechnungslegung. Gemeinsam bilden sie den Jahresabschluss
(§ 242 III HGB). Für beide Rechenwerke enthält das HGB Gliederungsvorschrif-
ten (§ 266 für die Bilanz, § 275 für die GuV). Der Aufbau ist also bei allen Unternehmen identisch.

6 Die **Bilanz** dient dazu, das Verhältnis des Vermögens und der Schulden
darzustellen. Auf der **Aktivseite** wird ersichtlich, welche Vermögenswerte
vorhanden sind und wie sich das Vermögen zusammensetzt. Die **Passivseite**
zeigt an, wie das Vermögen finanziert wurde; insbesondere das Verhältnis
von Eigen- zu Fremdkapital wird hier sichtbar. Aus der Veränderung des
Vermögenswerts nach Abzug der Verbindlichkeiten wird ersichtlich, ob
Gewinn oder Verlust erzielt wurde.

> **Achtung:** Gewinn bzw. Verlust stehen bei der Bilanz nicht „unter dem Strich", sondern
> auf der Passivseite unter Gliederungspunkt A. V. (vgl. § 266 III HGB).

7 Die **GuV** hingegen gibt Auskunft über die Aufwendungen, die im Geschäftsjahr angefallen sind und die Erträge, die erwirtschaftet wurden. Aus
ihr kann man also entnehmen, wie der Gewinn bzw. Verlust zustande gekommen ist (Erfolgsrechnung).

---

[2] H.M., vgl. etwa *Haas* in Baumbach/Hueck, GmbHG, § 41 Rn. 9; *Kleindiek* in Lut-
ter/Hommelhoff, GmbHG, § 41 Rn. 6; *Altmeppen* in Roth/Altmeppen, GmbHG, § 41 Rn. 9; a.A.
für Kleinbetriebe aber *Merkt* in Baumbach/Hopt, HGB, § 238 Rn. 12.

[3] *Sigloch/Weber* in Michalski, GmbHG, § 41 Rn. 6.

In der Bilanz sind das Anlage- und das Umlaufvermögen, das Eigenkapital, die **8** Schulden sowie die sog. Rechnungsabgrenzungsposten gesondert auszuweisen (§ 247 I HGB). Die Bilanz ist bei Kapitalgesellschaften in **Kontoform** aufzustellen (§ 263 I 1 HGB): Die Aktiva (insbesondere Anlage- und Umlaufvermögen) sind in einer Spalte aufzuführen, die Passiva (insbesondere Eigenkapital und Schulden) in einer anderen.

> Wie eine Bilanz zu gliedern ist, ergibt sich aus § 266 HGB – unbedingt einmal **lesen!**

Sämtliche Vermögenspositionen sind **stichtagsbezogen** zum Ende des Geschäftsjahres anzusetzen.

Aus diesem Grund hinkt die Bilanz der aktuellen Entwicklung immer hinterher. Entwicklungen, die nach dem Stichtag eingetreten sind, bildet sie nicht ab, und eine Übersicht über die *gegenwärtige* Lage des Unternehmens gibt sie dem Gläubiger nicht. Der Geschäftsführer kann allerdings jederzeit **Zwischenbilanzen** erstellen und muss das auch tun, wenn die Lage das erfordert.

Zentrale Bilanzierungsgrundsätze sind die Grundsätze der **Bilanzwahrheit** **9** und der **Bilanzklarheit**.

Zu den wichtigsten Einzelgrundsätzen zählen:
- ⮕ das **Vollständigkeitsprinzip**, nach dem alle bilanzierungsfähigen Vermögensgegenstände, Schulden und Rechnungsabgrenzungsposten zum Stichtag zu bilanzieren sind (§ 246 I HGB),
- ⮕ das **Verrechnungsverbot**, wonach Aktiv- und Passivposten grundsätzlich nicht verrechnet werden dürfen (§ 246 II HGB),
- ⮕ das **Einzelbewertungsprinzip** (§ 252 I Nr. 3 HGB),
- ⮕ das **Fortführungsprinzip**, wonach bei der Bewertung von der Fortführung der Unternehmenstätigkeit auszugehen ist, sofern dem nicht tatsächliche oder rechtliche Gegebenheiten entgegenstehen (§ 252 I Nr. 2 HGB),
- ⮕ der **Grundsatz der Bilanzvorsicht**, wonach Gewinne nur zu berücksichtigen sind, wenn sie zum Stichtag bereits realisiert sind, Risiken und Verluste hingegen auch dann, wenn sie zum Stichtag vorhersehbar sind (§ 252 I Nr. 3 HGB),
- ⮕ der **Grundsatz der Bilanzkontinuität**, wonach die Wertansätze in der Eröffnungsbilanz des Geschäftsjahrs mit denen der Schlussbilanz des vorhergehenden Geschäftsjahrs übereinstimmen müssen (**Bilanzidentität**, § 252 I Nr. 1 HGB) und die im vorhergehenden Jahresabschluss angewandten Bewertungsmethoden auch für den folgenden Jahresabschluss beizubehalten sind (**Bewertungsstetigkeit**, §§ 246 II, 252 I Nr. 6 HGB).

Hinsichtlich der anzusetzenden Werte bestehen zwar gewisse **Bewertungsspiel-** **10** **räume**, doch enthält das HGB zahlreiche **Vorgaben zum Wertansatz** (§§ 266 ff. HGB), die durch § 42 GmbHG ergänzt werden. Im Vordergrund der Rechnungslegung nach dem HGB steht dabei der Gedanke, dass die Bilanz einen Beitrag zu Gläubigerschutz und Kapitalerhaltung leisten kann. Die Bilanzierung soll demgemäß eher vorsichtig erfolgen.

Das angloamerikanische Recht verfolgt da einen anderen Ansatz: Dort dient die Bilanz vornehmlich der Information der Shareholder und des Kapitalmarkts. Diesem Ansatz sind auch die **International Financial Reporting Standards** (IFRS) verhaftet. Die IFRS enthalten zu einem nicht unerheblichen Teil von den HGB-Vorschriften abweichende Bewertungsgrundsätze und Regeln zum Wertansatz. Ein Einzelabschluss nach IFRS kann von deutschen Kapitalgesellschaften derzeit lediglich optional neben dem handelsrechtlichen Jahresabschluss gewählt werden[4]. Taugliche Grundlage für die Gewinnausschüttung ist er (noch?) nicht.

11 Das Bestreben, die tatsächliche Lage des Unternehmens richtig darzustellen (*true and fair view*)[5], ist aber auch den HGB-Vorschriften keineswegs fremd (vgl. § 264 II 1 und 2 HGB). Bei Kapitalgesellschaften ist der Jahresabschluss gemäß § 264 I 1 HGB mit einem **Anhang** (§§ 284 ff. HGB) zu versehen, der der Erläuterung der Bilanz und der GuV dient und zusätzliche Informationen über die Vermögens-, Finanz- und Ertragslage der Gesellschaft enthält. Zudem ist ein **Lagebericht** zu erstellen, in dem der Geschäftsverlauf einschließlich des Geschäftsergebnisses und die Lage der Kapitalgesellschaft darzustellen sind (vgl. § 289 HGB). Im Konzern sind nach Maßgabe der §§ 290 ff. HGB Konzernabschluss und Konzernlagebericht zu erstellen, bei denen die konzernverbundenen Unternehmen trotz ihrer rechtlichen Selbständigkeit zu einer bilanziellen Einheit zusammengefasst („konsolidiert") werden. Das soll es ermöglichen, sich ein Bild von der finanziellen Lage der Gesamtgruppe zu machen, ohne die Abschlüsse der einzelnen Gesellschaften zur Hand nehmen zu müssen.

Das HGB enthält zum Teil sehr ausführliche Vorgaben über die notwendigen Inhalte der Anhänge und Berichte, auf die an dieser Stelle aber nicht eingegangen werden kann.

12 Hingewiesen sei aber auf die in § 267 HGB vorgenommene **Unterscheidung von kleinen, mittelgroßen und großen Kapitalgesellschaften**. Sie ist wichtig für die Frage, in welchem Umfang die Gesellschaft den Rechnungslegungsvorschriften unterliegt und ob eine Pflicht besteht, den Abschluss durch einen neutralen Fachmann (Abschlussprüfer) prüfen zu lassen. Die Einordnung richtet sich dabei nach verschiedenen Bilanzsummen, Umsatzerlösen und Anzahl der Arbeitnehmer[6]. Kapitalmarktorientierte Kapitalgesellschaften im Sinne des § 264d HGB (dazu § 1 Rn. 40) sind stets „große" im Sinne des § 267 III HGB. Auf die Größenklassen nimmt das Gesetz an verschiedenen Stellen Bezug. Zumeist sieht es dabei Erleichterungen für kleine Kapitalgesellschaften vor. So muss bei diesen z.B. ein Lagebericht nicht aufgestellt und eine Abschlussprüfung nicht durchgeführt werden.

3. Abschlussprüfung

13 Bei mittelgroßen und großen Kapitalgesellschaften müssen Jahresabschluss und Lagebericht von einem Abschlussprüfer geprüft werden (§ 316 I HGB).

---

[4] Lediglich im Konzern besteht nach Maßgabe des § 315a HGB die Pflicht, einen Konzernabschluss nach internationalen Rechnungslegungsstandards zu erstellen.

[5] Vgl. dazu *Lüdenbach*, StuB 2009, 735; *Großfeld*, NZG 2004, 393.

[6] Für Einzelheiten lies § 267 I-III HGB.

Ohne Abschlussprüfung kann der Jahresabschluss nicht festgestellt und damit nicht „wirksam" werden (dazu sogleich Rn. 17 ff.). Der Abschlussprüfer ist kein Organ der Gesellschaft, sondern ein **externer, sachverständiger Dritter**. Abschlussprüfer können gemäß § 319 I 1 HGB Wirtschaftsprüfer und Wirtschaftsprüfungsgesellschaften sein; bei mittelgroßen Kapitalgesellschaften auch vereidigte Buchprüfer und Buchprüfungsgesellschaften (§ 319 I 2 HGB). Mit der Hinzuziehung dieses neutralen Dritten soll die Richtigkeitsgewähr des Jahresabschlusses erhöht werden.

Der Abschlussprüfer wird bei der GmbH gemäß § 318 I HGB von der **Gesellschafterversammlung** ausgewählt und bestellt, sofern nicht der Gesellschaftsvertrag diese Befugnis einem anderen Organ (nicht: den Geschäftsführern!) zuweist. Der Abschlussprüfer wird sodann aufgrund eines zwischen ihm und der Gesellschaft zu schließenden Geschäftsbesorgungsvertrages mit Werkvertragscharakter (§§ 675, 631 BGB) tätig[7].   **14**

Die Prüfung erstreckt sich nach § 316 I 1 HGB auf die **Rechtmäßigkeit der Buchführung und Rechnungslegung**. Bestehen keine Einwände, so hat der Abschlussprüfer einen Bestätigungsvermerk zu erteilen. Bei bestehenden Einwänden kann dieser eingeschränkt erteilt oder verweigert werden (Versagungsvermerk). Dies hindert allerdings nicht die Feststellung des Jahresabschlusses[8].   **15**

II. Aufstellung und Feststellung des Jahresabschlusses in der GmbH

Die **Aufstellung** des Jahresabschlusses obliegt den Geschäftsführern (§ 264 I HGB). Die Aufstellung ist lediglich ein technischer Vorgang, bei dem der Jahresabschluss aus der periodischen Buchführung (§§ 238 ff. HGB) entwickelt wird. Das leisten die heute üblichen EDV-Systeme im Zweifel täglich auf Knopfdruck. Entscheiden muss der Geschäftsführer aber auch über die **bilanzpolitischen Spielräume** und Wahlrechte, die das HGB eröffnet. Man darf sich insoweit nicht der Fehlvorstellung hingeben, dass es nur die eine, einzig richtige Bilanz gäbe. Das Ergebnis kann vielmehr, je nachdem ob ein Interesse daran besteht, die Gesellschaft „reich" oder „arm" erscheinen zu lassen, durchaus unterschiedlich ausfallen.   **16**

„Arm" zu erscheinen ist vor allem im Verhältnis zum Finanzamt ein Vorteil. Dazu gibt es aber eine eigene Steuerbilanz (vgl. § 141 AO, § 60 II EStDV), deren Regeln vom HGB zum Teil deutlich abweichen. Zu einer Unterbewertung wird der Geschäftsführer aber beispielsweise auch tendieren, wenn er Gesellschaftern gegenübersteht, die auf hohe Ausschüttungen Wert legen, er das Geld aber lieber im Unternehmen halten will. – Übelwollende Menschen ziehen an dieser Stelle gerne die Analogie zum Bikini, da die Bilanz, wie dieser, das Interessanteste verberge.

---

[7] *Hopt/Merkt* in Baumbach/Hopt, HGB, § 318 Rn. 3.
[8] *Förschle/Köster* in Beck'scher Bilanz-Kommentar, § 322 HGB Rn. 11.

17 Der aufgestellte Jahresabschluss ist ggf. vom Abschlussprüfer **zu prüfen** (siehe Rn. 13 ff.). Ist die Gesellschaft nicht prüfungspflichtig, haben die Geschäftsführer den Jahresabschluss nebst Anhang und Lagebericht unverzüglich nach Aufstellung der Gesellschafterversammlung vorzulegen, anderenfalls unverzüglich nach Eingang des Prüfungsberichts des Abschlussprüfers (§ 42a I 1 und 2 GmbHG). Hat die GmbH einen Aufsichtsrat, so ist der Jahresabschluss auch diesem vorzulegen (Satz 3).

18 Von der Aufstellung des Jahresabschlusses ist die **Feststellung** zu unterscheiden. Sie erfolgt nicht durch den Geschäftsführer, sondern in der GmbH durch Mehrheitsbeschluss der Gesellschafterversammlung (§ 46 Nr. 1 GmbHG).

> Der Beschluss über die Feststellung muss – ebenso wie der Beschluss über die Ergebnisverwendung (§ 29 GmbHG) – innerhalb der ersten acht Monate, bei kleinen Gesellschaften (§ 267 I HGB und oben Rn. 12) innerhalb der ersten elf Monate des Geschäftsjahres gefasst werden. Diese Frist kann durch Gesellschaftsvertrag nicht verlängert werden (vgl. § 42a II GmbHG).

> Durch den Feststellungsbeschluss billigt die Gesellschafterversammlung das vom Geschäftsführer aufgestellte Rechenwerk und macht sich insbesondere die Entscheidung über die Ausübung der Wahlrechte zu eigen. Sie ist dabei nicht an die Vorarbeiten der Geschäftsführer gebunden, sondern kann nach eigenem Ermessen in die Bilanzierung eingreifen.

19 Da der Beschluss mit einfacher **Mehrheit** ergeht, hängt der Umfang des ausgewiesenen Gewinns (in den Grenzen des HGB) zunächst einmal davon ab, wie die Mehrheit entscheidet. Diese ist jedoch durch die **Treuepflicht** gebunden. Sie darf bei der Ausnutzung von Wahlrechten nicht willkürlich vorgehen, sondern muss die Ausschüttungsinteressen der Minderheit mit berücksichtigen[9].

> Ist der Jahresabschluss sogar materiell oder formell rechtswidrig, weil die Vorschriften des HGB verletzt wurden, kommt zunächst die Beschlussanfechtung analog § 243 AktG in Betracht. Für bestimmte Mängel enthält § 256 AktG, der auf die GmbH ebenfalls analog anzuwenden ist, einen eigenen Katalog von **Nichtigkeitsgründen**. § 241 AktG wird insoweit verdrängt, auch die Heilung richtet sich nach eigenen Regeln (§ 256 VI AktG).

---

[9] *Kleindiek* in Lutter/Hommelhoff, GmbHG, § 42a Rn. 29; *Hueck/Fastrich* in Baumbach/Hueck, GmbHG, § 29 Rn. 32.

III. Ergebnisverwendung

Literatur: *Ehlke*, Die Ergebnisverwendung bei der GmbH, DB 1987, 671; *Hommelhoff/ Hartmann/Hillers*, Satzungsklauseln zur Ergebnisverwendung in der GmbH, DNotZ 1986, 323; *Vonnemann*, Ausschüttungen an die Gesellschafter einer GmbH, GmbHR 1992, 637.

1. Anspruch auf den Jahresüberschuss bzw. den Bilanzgewinn

Von der Feststellung des Jahresabschlusses ist, wie sich aus dem Wortlaut des **20** § 46 Nr. 1 GmbHG ergibt, der **Beschluss über die Verwendung des Ergebnisses** zu unterscheiden.

> Der Feststellungsbeschluss entscheidet, wie hoch der Gewinn ausfällt. Der Beschluss über die Ergebnisverwendung entscheidet, was mit dem Gewinn passieren soll.

In Betracht kommt dabei neben der **Gewinnausschüttung** vor allem die **Thesaurierung**, also das Einbehalten von Gewinnen in **Gewinnrücklagen**.

Der festgestellte Jahresabschluss ist Grundlage der Ergebnisverwendung. Die **21** einschlägige Vorschrift, § 29 GmbHG und hier insbesondere der Abs. 1, ist (für Juristen) schwer verständlich, weil sie an die Terminologie aus dem Recht der Rechnungslegung anknüpft.

> Gemäß § 29 I 1 GmbHG steht der erwirtschaftete **Jahresüberschuss** zuzüglich eines Gewinnvortrags und abzüglich eines Verlustvortrags grundsätzlich den Gesellschaftern zu.

⮩ Der Begriff **Jahresüberschuss** ist der Gewinn- und Verlustrechnung **22** (§ 275 II Nr. 20 und III Nr. 19 HGB) entnommen und bezeichnet den positiven Saldo von Erträgen, Aufwendungen und Steuern. Ist der Saldo negativ, spricht man vom **Jahresfehlbetrag**; die neutrale Formulierung lautet **Jahresergebnis**.

Auch in der Bilanz sind Jahresüberschuss bzw. Jahresfehlbetrag zu verbuchen und zwar auf der Passivseite als Eigenkapital (§ 266 III A. HGB). Der Jahresfehlbetrag erscheint dabei als negative Größe. Hierdurch wird sichergestellt, dass die Summe der Aktiva und der Passiva identisch, die Bilanz also ausgeglichen ist.

⮩ **Gewinn- bzw. Verlustvortrag** sind bilanzielle Methoden, mittels derer **23** das Jahresergebnis oder Teile davon in das folgende Geschäftsjahr übertragen werden können. Auch diese Posten sind auf der Passivseite der Bilanz auszuweisen.

Praktisch wird das bei Restbeträgen, die nach der Verteilung runder Summen übrig bleiben, sowie wenn nur ein geringer Gewinn („schwarze Null") gemacht wurde, der die

Ausschüttung nicht lohnt. Solche Beträge werden durch Gewinnvortrag „stehen gelassen" und ins nächste Geschäftsjahr übertragen.

24   ⮕ Gemäß § 268 I HGB kann in der Bilanz bereits die vollständige oder teilweise Verwendung des Jahresergebnisses berücksichtigt werden (z.B. Einstellung in Gewinnrücklagen). Die Bilanzposten „Jahresüberschuss/Jahresfehlbetrag" und „Gewinnvortrag/Verlustvortrag" sind in diesem Fall durch den Posten **„Bilanzgewinn/Bilanzverlust"** zu ersetzen.

Hieraus zieht § 29 I 2 GmbHG die Konsequenz, dass in diesen Fällen die Gesellschafter Anspruch auf den Bilanzgewinn haben. Entsprechendes gilt für die Fälle, in denen Rücklagen aufgelöst werden.

2. Ergebnisverwendungsbeschluss

25   Über die Ergebnisverwendung entscheidet die Gesellschafterversammlung durch Beschluss (§ 29 II GmbHG). In Betracht kommt neben der Ausschüttung an die Gesellschafter insbesondere[10] die Bildung von Gewinnrücklagen oder Gewinnvorträgen.

An dieser Stelle prallen die Gesellschafterinteressen oftmals heftig aufeinander. Gesellschafter, die auf einen Liquiditätszufluss nicht angewiesen sind und ein Wachstum der Gesellschaft anstreben, werden dazu neigen, die Mittel im Unternehmen zu belassen. Sie dienen dann der **Selbstfinanzierung der Gesellschaft**, machen sie unabhängiger von Bankkrediten und dienen als Eigenkapitalgrundlage für neue Projekte. Wer hingegen das Wachstumspotential der Gesellschaft für ausgereizt hält, von den Erträgen der Gesellschaft seinen Lebensunterhalt bestreitet oder die Gewinne lieber verwenden möchte, um wirtschaftliche Projekte außerhalb der Gesellschaft (und ohne den Mitgesellschafter) zu verwirklichen, wird mit ebenso guten Gründen anders entscheiden.

26   Das Gesetz weist die Entscheidungsbefugnis der Mehrheit zu, sofern der Gesellschaftsvertrag keine abweichenden Regeln enthält (was zulässig und zu empfehlen ist). Die Mehrheit unterliegt aber auch hier einer **Treuebindung**.

Freilich fällt die gerichtliche Kontrolle in diesem Bereich besonders schwer, da die oben dargestellten ökonomischen Motivlagen einer gerichtlichen Nachprüfung nur schwer zugänglich sind. Treuwidrig wird der Beschluss daher nur dann sein, wenn die Gesellschaft schon vor Geld „aus allen Nähten platzt", die weitere Thesaurierung also die Grenzen unternehmerischen Ermessens zweifelsfrei überschreitet, oder wenn der Mehrheitsgesellschafter unlautere Motive verfolgt, insbesondere beabsichtigt, den Minderheiter durch fortgesetzte Thesaurierung aus der Gesellschaft zu drängen („Aushungern").

---

[10] Zu weiteren Verwendungsformen siehe *Hueck/Fastrich* in Baumbach/Hueck, GmbHG, § 29 Rn. 22 ff.

Der Beschluss der Gesellschafterversammlung ist **Wirksamkeitsvoraussetzung** 27
für die Ergebnisverwendung. Ohne ihn entsteht daher der Auszahlungsanspruch
nicht. Deshalb hat jeder Gesellschafter einen klagbaren Anspruch auf Beschlussfassung[11].

3. Gewinnverteilung und Gewinnanspruch

Wird im Ergebnisverwendungsbeschluss die vollständige oder teilweise Ausschüt- 28
tung des Jahresüberschusses bzw. Bilanzgewinns beschlossen, so ist der auszu-
schüttende Betrag unter den Gesellschaftern zu verteilen[12].

> Die Verteilung erfolgt dann nach dem Verhältnis der Geschäftsanteile, so-
> fern der Gesellschaftsvertrag nicht etwas anderes bestimmt (§ 29 III
> GmbHG).

§ 29 III GmbHG ist eine gesetzliche Ausformung des allgemeinen Gleichbehandlungsgrundsatzes (dazu oben § 13 Rn. 61 ff.). Maßgebend sind die Nennbeträge
der Geschäftsanteile, nicht die tatsächlich geleisteten Einlagen. Allerdings sind
abweichende gesellschaftsvertragliche Regelungen des Verteilungsmaßstabes in
weitem Umfang möglich[13]. Dabei ist auch eine ungleiche Verteilung (sog. Vorzugsdividende) möglich[14].

Eigene Anteile der Gesellschaft bleiben bei der Ausschüttung unberücksichtigt, da sie
rechtlich zwar fortbestehen, die Mitgliedschaftsrechte aus ihnen aber ruhen (vgl. § 71b
AktG). Der rechnerisch auf diese Anteile entfallene Gewinn kann auf neue Rechnung
vorgetragen, in Rücklagen eingestellt oder unter den Gesellschaftern verteilt werden.

Mit Wirksamwerden des Beschlusses **konkretisiert sich** das zunächst abstrakte, 29
mit der Mitgliedschaft untrennbar verbundene **Gewinnstammrecht zu einem
schuldrechtlichen Zahlungsanspruch** gegen die Gesellschaft. Dieser Anspruch
kann vom Gesellschafter abgetreten oder verpfändet und von dessen Gläubigern
im Rahmen der Zwangsvollstreckung auch gepfändet werden. Auch eine Voraus-
abtretung künftiger Gewinnansprüche ist zulässig.

---

[11] Wie hier *Hueck/Fastrich* in Baumbach/Hueck, GmbHG, § 29 Rn. 40; *Hommelhoff* in Lut-
ter/Hommelhoff, GmbHG, § 29 Rn. 30; *Roth* in Roth/Altmeppen, GmbHG, § 29 Rn. 50; a.A.
Koppensteiner in Rowedder/Schmidt-Leithoff, GmbHG, § 46 Rn. 6 ff.

[12] Zur Gewinnbeteiligung von Nichtgesellschaftern und möglichen Gestaltungsformen vgl.
Hueck/Fastrich in Baumbach/Hueck, GmbHG, § 29 Rn. 62 ff. sowie 88 ff. (zu Genussrechten).

[13] Vgl. die Beispiele bei *Salje* in Michalski, GmbHG, § 29 Rn. 121.

[14] *Ellrott/Hoffmann* in Beck'scher Bilanz-Kommentar, § 29 GmbHG Rn. 126; *Salje* in Michalski,
GmbHG, § 29 Rn. 92; *Hueck/Fastrich* in Baumbach/Hueck, GmbHG, § 29 Rn. 62.

IV. Offenlegung und Bekanntmachung

Literatur: *Schlauß*, Die neue Offenlegungskultur seit Inkrafttreten des EHUG, DB 2011, 805.

30 Nach Maßgabe der §§ 325 ff. HGB sind Jahresabschluss, Lagebericht und der Beschluss über die Ergebnisverwendung unverzüglich zum elektronischen Bundesanzeiger einzureichen und bekannt machen zu lassen.

Das gilt auch für den Abschluss von Personengesellschaften im Sinne des § 264a HGB, bei denen weder ein Gesellschafter noch ein Gesellschafter-Gesellschafter eine natürliche Person ist (z.B. GmbH & Co. KG).

Die Offenlegung dient der **Information der Öffentlichkeit**. Unter *www.unternehmensregister.de* sind die Inhalte allgemein zugänglich. Gegenwärtige und zukünftige Gläubiger, Arbeitnehmer und alle anderen Interessierten können sich daher anhand der Rechnungslegung ein Bild über die Lage und Entwicklung der jeweiligen Gesellschaft machen[15]. Nach Auffassung des Gesetzgebers ist Publizität dabei „der Preis für die Haftungsbeschränkung"[16]. Zugleich leistet sie einen wichtigen Beitrag zur (externen) **Kontrolle** des Unternehmens.

31 Die Offenlegung ist bei Unternehmern unbeliebt, weil die Rechnungslegung in Deutschland lange Zeit als Geheimsache angesehen wurde. Man befürchtete auch, dass Konkurrenten daraus wettbewerbsrelevante Erkenntnisse gewinnen könnten. Die Norm wurde auch lange Zeit nicht ernsthaft durchgesetzt, was schließlich vom EuGH beanstandet wurde[17]. Seitdem wird der Verstoß gegen §§ 325 ff. HGB mit Bußgeld verfolgt; und seitdem das der Fall ist, veröffentlichen über 90 % der GmbHs und GmbH & Co. KGs ihren Abschluss pflichtgemäß[18].

Und da es alle machen müssen, hat auch niemand einen unfairen Wettbewerbsvorteil!

---

[15] *Fehrenbacher* in MünchKomm. HGB, § 325 Rn. 6 f.

[16] Beschlussempfehlung und Bericht des Rechtsausschusses, BT-Drucks. 14/2353, S. 26.

[17] EuGH NZG 1998, 902.

[18] Aktuelle Zahlen bei *Schlauß*, DB 2011, 805 f.

§ 15 Kapitalmaßnahmen

Literatur: *Heckschen*, Agio und Bezugsrechtsausschluss bei der GmbH, DStR 2001, 1437; *Hirte*, Gesellschaftsrechtliche Voraussetzungen eines Kapitalschnitts, ZInsO 1999, 6; *Schnorbus/Donner*, Das genehmigte Kapital bei der GmbH – der neue § 55a GmbHG in der Praxis, NZG 2009, 1241.

I. Überblick

Zum Mindestinhalt des Gesellschaftsvertrages zählt nach § 5 I Nr. 3 GmbHG die **1**
Festsetzung des Stammkapitals. In der weiteren Entwicklung des Geschäftsbetriebes einer GmbH kann es allerdings geboten sein, zusätzliches haftendes Eigenkapital zuzuführen, die Stammkapitalziffer also zu erhöhen. Umgekehrt kann es
im Interesse der Gesellschafter liegen, das Stammkapital abzusenken und so den
Umfang des gebunden Vermögens (vgl. § 30 GmbHG und oben § 8 Rn. 4 ff.) zu
reduzieren. Kapitalerhöhung und Kapitalherabsetzung sind besondere Formen der
Satzungsänderung und in den §§ 55 ff. GmbHG geregelt.

Zu unterscheiden ist zwischen „realen" (oder „effektiven") Kapitalerhöhungen
und „nominellen" Kapitalerhöhungen.

Bei **realen („effektiven") Kapitalerhöhungen** wird das Eigenkapital der **2**
Gesellschaft dadurch erhöht, dass neugeschaffene Anteile gegen Einlagen
ausgegeben werden.

Der Vorgang ähnelt damit stark der Übernahme der Geschäftsanteile bei der Gründung,
weshalb das Gesetz hier mehrfach auf die Gründungsregeln verweisen kann.

Bis 2008 kannte das GmbHG nur eine Form der realen Kapitalerhöhung: die sog.
ordentliche Kapitalerhöhung, die unmittelbar auf einem Beschluss der Gesellschafterversammlung beruht. Durch das MoMiG wurde mit § 55a GmbHG das
sog. **„genehmigte Kapital"** erstmals auch in der GmbH zugelassen (für die AG
siehe die §§ 202 ff. AktG). Durch gesellschaftsvertragliche Regelung können seit-
her die Geschäftsführer ermächtigt werden, das Stammkapital durch die Ausgabe
neuer Geschäftsanteile zu erhöhen (siehe im Einzelnen unten Rn. 5 ff.).

Ein sog. bedingtes Kapital kennt das GmbHG – im Gegensatz zu den §§ 192 ff. AktG
(dazu unten § 25 Rn. 44) – nicht.

Bei der **nominellen Kapitalerhöhung** wird der Gesellschaft neues Eigen- **3**
kapital nicht zugeführt. Vielmehr wird das Stammkapital durch Umwandlung von Rücklagen (insbesondere Gewinnrücklagen) erhöht. § 57c GmbHG
bezeichnet dies als „Kapitalerhöhung aus Gesellschaftsmitteln".

4　　Die **Kapitalherabsetzung** kann zu verschiedenen Zwecken eingesetzt werden. Da sie dazu führt, dass die Vermögensbindung nach § 30 I GmbHG reduziert wird, kann sie insbesondere dazu verwendet werden, den Zugriff der Gesellschafter auf bislang gebundenes Vermögen der GmbH zu ermöglichen. Ferner kann sie durchgeführt werden, um Gesellschafter von ihrer Einlagepflicht bei nicht voll eingezahlten Stammeinlagen zu befreien (vgl. § 19 III GmbHG und oben § 7 Rn. 9) oder die Stammkapitalziffer nach Einziehung eines Geschäftsanteils anzupassen (dazu oben § 12 Rn. 60). Die sog. **ordentliche Kapitalherabsetzung** ist gemäß § 58 GmbHG an verschiedene Bedingungen geknüpft, die insbesondere dem Schutz der Gesellschaftsgläubiger dienen. Erleichterungen sieht § 58a GmbHG für die Fälle vor, in denen die Kapitalherabsetzung dazu dienen soll, Wertminderungen auszugleichen oder sonstige Verluste zu decken (sog. **vereinfachte Kapitalherabsetzung**). Hierdurch soll die Sanierung von Unternehmen in wirtschaftlichen Schwierigkeiten erleichtert werden[1].

> Das Stammkapital kann in keinem Fall unter einen Betrag von 25.000 EUR herabgesetzt werden (§§ 58 II 1, 5 I GmbHG)

§ 58a II 1 GmbHG enthält für die vereinfachte Kapitalherabsetzung hiervon nur eine scheinbare Ausnahme: Die Vorschrift gestattet die Absenkung unter diesen Betrag nur, wenn zugleich das Kapital wieder erhöht wird. Diese Kombination aus Kapitalherabsetzung und Kapitalerhöhung bezeichnet man als **Kapitalschnitt** (dazu unten Rn. 40).

II. Kapitalerhöhung

1. Ordentliche Kapitalerhöhung

5　　Die Entscheidung, das Stammkapital zu erhöhen, fällt in die Zuständigkeit der Gesellschafterversammlung. Da es sich um eine **Satzungsänderung** handelt (oben Rn. 1), ist § 53 I GmbHG maßgeblich. Wie jede Satzungsänderung wird die Kapitalerhöhung erst mit Eintragung im Handelsregister wirksam (§ 54 III GmbHG). Allerdings sind bei der Kapitalerhöhung noch weitere Zwischenschritte erforderlich. Diese betreffen die Zuteilung und Übernahme der neu geschaffenen Geschäftsanteile (§ 55 GmbHG) sowie die Erbringung der hierauf geschuldeten Einlagen.

---

[1] Begr. RegE, BT-Drucks. 12/3803, S. 88, vgl. auch *Hirte*, ZInsO 1999, 61 sowie BGHZ 138, 71 – „Sachsenmilch".

a) Kapitalerhöhungsbeschluss

> Der Kapitalerhöhungsbeschluss der Gesellschafterversammlung bedarf der 6
> Mehrheit von ¾ der abgegebenen Stimmen, soweit nicht die Satzung eine
> höhere Mehrheit vorsieht (§ 53 I GmbHG). Er ist nach § 53 II GmbHG nota-
> riell zu beurkunden.

Der Beschluss muss angeben, in welchem Umfang das Stammkapital erhöht wer- 7
den soll. Bei Festlegung eines bestimmten **Erhöhungsbetrages** kann die Eintragung der Kapitalerhöhung jedoch nur erfolgen, wenn der gesamte Betrag von Gesellschaftern oder Dritten übernommen wird. Finden sich nicht genügend
„Abnehmer" für die neuen Anteile, ist die Kapitalerhöhung gescheitert. Allgemein
anerkannt ist daher die Möglichkeit, den Erhöhungsbetrag als **Maximalbetrag**
auszugestalten („um bis zu ... erhöht").

> Allerdings soll verhindert werden, dass der Zeitraum zwischen Beschlussfassung und
> Übernahme zu lang wird. Daher verlangt die h.M., dass im Beschluss eine **Frist** (bis zu
> sechs Monate[2]) zu bestimmen ist, nach deren Ablauf die Summe der dann vorliegenden
> Übernahmen als Erhöhungsbetrag anzumelden ist. Zudem kann bestimmt werden, dass
> die Kapitalerhöhung insgesamt unwirksam wird, wenn ein bestimmter Zeichnungsbetrag
> nicht erreicht wird[3].

Typischerweise wird ein **Ausgabebetrag** für die neu geschaffenen Anteile festge- 8
legt. Dieser darf den Nennwert der Geschäftsanteile nicht unterschreiten (**Verbot
der Unterpari-Emission**). Üblich ist aber die Ausgabe gegen ein sog. **Aufgeld**
(Agio). Dieses kann bereits im Kapitalerhöhungsbeschluss beziffert werden. Es
genügt aber auch, wenn der Beschluss Vorgaben zur Berechnung des Aufgelds
enthält[4]. Ist ein Ausgabebetrag nicht festgelegt, so sind die neuen Anteile zum
Nennwert auszugeben[5].

> Etwas anderes gilt nur, wenn das Bezugsrecht der Gesellschafter ausgeschlossen wird. In
> diesem Fall darf analog § 255 II AktG der Ausgabebetrag nicht „unangemessen niedrig"
> sein. Denn ansonsten würde den zum Erwerb zugelassenen Personen im Verhältnis zu den
> Altgesellschaftern ein ungerechtfertigter Vorteil zugewendet werden. Was das im
> Einzelnen bedeutet, ist jedoch streitig. Bisweilen wird gefordert, dass der Ausgabebetrag
> entsprechend „dem inneren Wert der Anteile" festzusetzen ist[6]. Das bedeutet eine
> Orientierung am rechnerischen Unternehmenswert, der sich (wie in Abfindungsfällen) im
> Zweifel nach der Ertragswertmethode ermitteln lässt.

---

[2] *Lutter* in Lutter/Hommelhoff, GmbHG, § 55 Rn. 9; *Hermanns* in Michalski, GmbHG, § 55
Rn. 17; a.A. *Zöllner* in Baumbach/Hueck, GmbHG, § 55 Rn. 11.

[3] *Hermanns* in Michalski, GmbHG, § 55 Rn. 17.

[4] BGH WM 2007, 2378, 2380; *Lutter* in Lutter/Hommelhoff, GmbHG, § 55 Rn. 10; *Hermanns*
in Michalski, GmbHG, § 55 Rn. 21.

[5] Wie hier *Ziemons* in BeckOK GmbHG, § 55 Rn. 43; *Lutter* in Lutter/Hommelhoff, GmbHG,
§ 55 Rn. 10; a.A. *Zöllner* in Baumbach/Hueck, GmbHG, § 55 Rn. 13: angemessenen Ausgabe-
trag auch, wenn sich Gesellschafter nicht auf einen solchen einigen können.

[6] *Lutter* in Lutter/Hommelhoff, GmbHG, § 55 Rn. 24.

9 Regelungsbedürftig sind zudem die **Modalitäten der Kapitalerhöhung**. Festzulegen sind insbesondere **Anzahl und Nennbetrag der neuen Geschäftsanteile**. Diesbezüglich gilt dasselbe wie bei der Gründung (§§ 55 IV i.V.m. 5 II, III GmbHG): Die Nennbeträge müssen auf volle Euro lauten, können aber unterschiedlich bemessen sein. Auch nach der Kapitalerhöhung muss die Summe der Nennbeträge aller Geschäftsanteile mit dem Stammkapital übereinstimmen. Es können auch bei der Kapitalerhöhung mehrere Anteile übernommen werden. Nehmen Gesellschafter an der Kapitalerhöhung teil, werden ihre Anteile gemäß § 53 III GmbHG nicht aufgestockt; vielmehr erwerben auch sie neue Anteile. Allerdings soll nach allgemeiner Auffassung die **Aufstockung** bestehender Geschäftsanteile vereinbart werden können, sofern diese bereits voll eingezahlt sind[7].

> Existieren unterschiedliche Gattungen von Geschäftsanteilen, so muss festgelegt werden, welcher Gattung die neuen Anteile angehören sollen. Auch die Bildung einer neuen Gattung ist möglich. So kann z.B. eine abweichende Gewinnberechtigung festgelegt werden oder die Vinkulierung nur der neuen Anteile festgelegt werden.

Nicht erforderlich ist es, dass die neuen Anteile im Kapitalerhöhungsbeschluss bereits nummeriert werden. Zwar müssen alle Anteile in der Gesellschafterliste (dazu oben § 12 Rn. 6 ff.) durch die **Nummerierung** voneinander unterscheidbar sein, doch kann diese auch noch später erfolgen[8].

10 Enthält der Kapitalerhöhungsbeschluss keine abweichende Regelung, so ist die gegen Übernahme der neuen Anteile zu erbringende Einlage als **Bareinlage** geschuldet. Wie bei der Gründung ist die Bareinlage der gesetzliche Regelfall.

> Soll die Kapitalerhöhung gegen **Sacheinlagen** erfolgen, müssen nach § 56 I GmbHG der einzubringende Gegenstand und der Nennbetrag des Geschäftsanteils, auf den sich die Sacheinlage bezieht, im Kapitalerhöhungsbeschluss festgesetzt sein.

11 Vom Gesetz nicht vorgesehen und daher grundsätzlich auch **nicht erforderlich** ist ein **Sachkapitalerhöhungsbericht**[9]. Die Gegenauffassung, die analog § 5 IV GmbHG einen Sachkapitalerhöhungsbericht oder zumindest eine ähnliche Darstellung verlangt[10], verkennt, dass es bereits an einer planwidrigen Regelungslücke fehlt. Allerdings kann das Registergericht Erläuterungen und Nachweise über den Wert der eingebrachten Sache verlangen, die den Anforderungen des § 5 IV GmbHG nahe kommen können[11] (z.B. Sachverständigengutachten).

---

[7] BGHZ 63, 116; *Zöllner* in Baumbach/Hueck, GmbHG, § 55 Rn. 46; *Hermanns* in Michalski, GmbHG, § 55 Rn. 22.

[8] Für Einzelheiten siehe *Ziemons* in BeckOK GmbHG, § 55 Rn. 43 mit weiteren Nachweisen.

[9] So auch *Zöllner* in Baumbach/Hueck, GmbHG, § 56 Rn. 17; *Hermanns* in Michalski, GmbHG, § 56 Rn. 64; *Lutter* in Lutter/Hommelhoff, GmbHG, § 56 Rn. 7.

[10] *Ehlke*, GmbHR 1985, 290; *Priester*, DNotZ 1980, 526; *Timm*, GmbHR 1980, 290.

[11] Vgl. auch *Hermanns* in Michalski, GmbHG, § 56 Rn. 64.

Eine vor allem in Sanierungsfällen sehr relevante Form der Sachkapitalerhöhungen sind **12** die sog. **Debt-Equity-Swaps**. Hierbei werden Forderungen von Gesellschaftern oder Dritten gegen die Gesellschaft in haftendes Eigenkapital umgewandelt. Umstritten ist dabei, ob die Forderung zum Nennwert[12] oder zu ihrem – in Insolvenznähe der Gesellschaft typischerweise niedrigeren – tatsächlichen Wert eingebracht werden kann. Zutreffend ist Letzteres, da auch nur insoweit der versprochene Risikobeitrag (siehe § 1 Rn. 18) geleistet wird. Die Behandlung als Sacheinlage führt zudem dazu, dass ein eventueller Minderwert der Forderung im Wege der Differenzhaftung nach § 9 GmbHG auszugleichen ist.

b) Bezugsrecht und Bezugsrechtsausschluss

Die Ausgabe neuer Geschäftsanteile führt zu einem „**Verwässerungseffekt**". Die **13** bereits bestehenden Geschäftsanteile repräsentieren zukünftig einen geringeren quotalen Anteil am Stammkapital.

> **Beispiel:** Eine GmbH wird mit einem Stammkapital von 25.000 EUR gegründet, wobei zehn Geschäftsanteile mit einem Nennwert von je 2.500 EUR gebildet werden. Jeder Geschäftsanteil vermittelt somit eine Beteiligung in Höhe von 10 % an der Gesellschaft. Wird das Stammkapital später durch Ausgabe von weiteren zehn Geschäftsanteilen mit Nennwert zu je 2.500 EUR auf 50.000 EUR erhöht, vermitteln die alten Geschäftsanteile jeweils nur noch eine Beteiligung in Höhe von 5 %.

In der GmbH richtet sich der Umfang eines Teils der **mitgliedschaftlichen Rechte**, insbesondere des Stimmrechts und des Gewinnanteilsrechts im Regelfall nach der **kapitalmäßigen Beteiligung**. Durch die Ausgabe neuer Geschäftsanteile verringern sich also einerseits die durch die alten Geschäftsanteile gewährte Stimmmacht in der Gesellschafterversammlung und andererseits der prozentuale Anteil am erwirtschafteten Gewinn. Deshalb haben die bisherigen Gesellschafter oftmals ein Interesse daran, die neuen Anteile selbst zu übernehmen und so ein Absinken der Beteiligungsquote zu verhindern.

Für die AG trägt diesem Interesse § 186 AktG Rechnung: Hiernach hat jeder **14** Aktionär ein gesetzliches Bezugsrecht auf neu ausgegebene Aktien. Eine entsprechende Vorschrift **fehlt** im GmbHG.

Hieraus wird von einem Teil des Schrifttums der Schluss gezogen, dass ein gesetzliches Bezugsrecht in der GmbH nicht bestehe[13]. Für diese Auffassung scheint auch § 55 II 1 GmbHG zu sprechen, wonach zur Übernahme eines Geschäftsanteils die bisherigen Gesellschafter oder andere Personen zugelassen werden können. Die Annahme, das Bezugsrecht setze einen entsprechenden Zulassungsbeschluss (oder eine entsprechende Satzungsregelung) voraus, verkennt aber die Bedeutung des Bezugsrechts als Element des Minderheitenschutzes. Würde man die Gewährung des Bezugsrechts in das – nur durch die Treuepflicht und andere bewegliche Stimmrechtsschranken (dazu § 11 Rn. 164 f.) begrenzte – Ermessen der (qualifizierten) Gesellschaftermehrheit stellen, könnte diese die Rechte der Minderheitsgesellschafter auf verhältnismäßig einfachem Wege aushöhlen.

---

[12] So etwa *Cahn/Simon/Theiselmann*, DB 2010, 1629; dagegen *Priester*, DB 2010, 1445.

[13] *Roth* in Roth/Altmeppen, GmbHG, § 55 Rn. 20 f.

15   Analog § 186 AktG haben die Gesellschafter einer GmbH bei Kapitalerhöhungen daher ein gesetzliches, unmittelbar aus der Mitgliedschaft fließendes
Bezugsrecht[14].

§ 55 II 1 GmbHG ist daher so zu lesen, dass Gesellschafter und Dritte zur Übernahme
zugelassen werden können. Eines ausdrücklichen Beschlusses bedarf es insoweit aber nur
für die Übernahme durch Dritte und soweit Gesellschafter über das gesetzliche Bezugsrecht hinaus Anteile übernehmen sollen.

16   Den Gesellschaftern kann zur Ausübung ihres Bezugsrechts eine **Frist** gesetzt
werden, die analog § 186 I 2 AktG mindestens zwei Wochen betragen muss. Üben
Gesellschafter ihr Bezugsrecht nicht aus, so haben diejenigen Gesellschafter, die
ihr Bezugsrecht vollständig ausgeübt haben, im Verhältnis ihrer Geschäftsanteile
ein **Nachbezugsrecht** auf die restlichen Anteile.

17   Wie bei der AG kann auch bei der GmbH das Bezugsrecht ausgeschlossen
werden. Der **Bezugsrechtsausschluss** muss dabei bereits im Kapitalerhöhungsbeschluss erfolgen, wobei eine Mehrheit von mindestens ¾ der abgegebenen Stimmen erforderlich ist[15]. Ließe man den Bezugsrechtsausschluss allerdings ohne
sonstige – „materielle" – Einschränkungen zu, wäre für den Minderheitenschutz
wenig gewonnen. Daher gilt für die GmbH wie auch für die AG:

18   Ein Bezugsrechtsausschluss ist nur zulässig, wenn er auch materiell gerechtfertigt ist. Dies ist dann der Fall, wenn
➲   der Ausschluss im Interesse der Gesellschaft liegt (**sachlicher Grund**),
➲   der verfolgte Zweck nicht durch ein milderes Mittel erreicht werden
kann (**Erforderlichkeit**) und
➲   der damit verbundene Nachteil für die Gesellschafter nicht außer Verhältnis zu dem für die Gesellschaft erstrebten Vorteil steht (**Verhältnismäßigkeit**).

Kapitalerhöhungen gegen Bareinlagen zielen zumeist darauf ab, der Gesellschaft
zusätzliches Eigenkapital zuzuführen. Da als Eigenkapitalgeber auch die bisherigen
Gesellschafter fungieren können, sofern diese hinreichend liquide sind, besteht regelmäßig kein sachlicher Grund für einen Bezugsrechtsausschluss. Etwas anderes kann aber
gelten, wenn der Kapitalbedarf der Gesellschaft durch die Gesellschafter nicht gedeckt
werden kann und Dritte zur Gewährung von Fremdkapital nicht bereit sind[16]. Bei der
Sachkapitalerhöhung ist ein Bezugsrechtsausschluss zwar eher vorstellbar, insbesondere
wenn die einzubringende Sache (z.B. ein Unternehmen) einem Dritten gehört und er diese
nur gegen Gewährung einer Beteiligung auf die GmbH übertragen will. Doch ist hier zu
prüfen, ob der nachteilige Effekt eines Bezugsrechtsausschlusses durch eine gleichzeitige
Barkapitalerhöhung zugunsten der bisherigen Gesellschafter abgemildert werden kann[17].

---

[14] Wie hier *Zöllner* in Baumbach/Hueck, GmbHG, § 55 Rn. 20; *Lutter* in Lutter/Hommelhoff,
GmbHG, § 55 Rn. 17; *Hermanns* in Michalski, GmbHG, § 55 Rn. 39.

[15] Für weitere formelle Voraussetzungen siehe *Hermanns* in Michalski, GmbHG, § 55 Rn. 46.

[16] *Hermanns* in Michalski, GmbHG, § 55 Rn. 52.

[17] Vgl. *Lutter*, ZGR 1979, 401, 406.

> **Beachte:** Bei Annahme eines gesetzlichen Bezugsrechts ist das Bezugsrecht die Regel und der Ausschluss die rechtfertigungsbedürftige Ausnahme. Nach der Gegenauffassung ist die freie Entscheidung über die Zulassung die Regel, die lediglich über die Treuepflicht und das Gleichbehandlungsgebot eingeschränkt wird.

Wird das Bezugsrecht ausgeschlossen, so hat die Gesellschafterversammlung darüber zu entscheiden, wer zur Übernahme der neuen Anteile berechtigt sein soll (**Zulassung** gemäß § 55 II GmbHG). Es bedarf dann eines Zulassungsbeschlusses, der entweder zugleich mit dem Kapitalerhöhungsbeschluss oder später gefasst werden kann. Eines solchen Beschlusses bedarf es auch dann, wenn die Gesellschafter ihr (nicht ausgeschlossenes) Bezugsrecht einschließlich des Nachbezugsrechts nicht vollständig ausüben und Anteile übrig bleiben[18]. Sofern es sich nicht um eine „um-bis-zu-Kapitalerhöhung" handelt, müssen alle Anteile verteilt werden, anderenfalls kann die Kapitalerhöhung nicht zur Eintragung im Handelsregister angemeldet werden (§ 57 I GmbHG). Für den Zuteilungsbeschluss selbst genügt die einfache Mehrheit[19]. Soll die Zuteilung an Gesellschafter erfolgen, so unterliegen diese keinem Stimmverbot[20].

19

Die GmbH selbst kann neue Anteile nicht übernehmen (**Verbot der Selbstzeichnung**) und daher auch nicht zur Übernahme zugelassen werden. Analog § 56 II AktG gilt dies auch für Gesellschaften, die im Mehrheitsbesitz der GmbH stehen oder die von der GmbH abhängig sind[21].

c) Durchführung der Kapitalerhöhung

Die beschlossene Kapitalerhöhung bedarf der Durchführung, die sich in mehreren Schritten vollzieht. Zunächst müssen die neuen Geschäftsanteile übernommen werden[22].

20

Die Übernahme neuer Geschäftsanteile erfolgt durch körperschaftlichen Vertrag zwischen GmbH und Übernehmer[23]. Durch den **Übernahmevertrag** werden die Geschäftsanteile ihrem zukünftigen Inhaber zugeordnet und die damit verbundenen Einlagepflichten (vgl. § 14 GmbHG) begründet.

---

[18] Vgl. *Zöllner* in Baumbach/Hueck, GmbHG, § 55 Rn. 28.

[19] *Lutter* in Lutter/Hommelhoff, GmbHG, § 55 Rn. 23; *Zöllner* in Baumbach/Hueck, GmbHG, § 55 Rn. 28.

[20] So auch *Lutter* in Lutter/Hommelhoff, GmbHG, § 55 Rn. 29; *Ziemons* in BeckOK GmbHG, § 55 Rn. 94; *Lieder* in MünchKomm. GmbHG, § 55 Rn. 106; dagegen *Zöllner* in Baumbach/Hueck, GmbHG, § 55 Rn. 29; *Roth* in Roth/Altmeppen, GmbHG, § 55 Rn. 27.

[21] *Ziemons* in BeckOK GmbHG, § 55 Rn. 96; *Zöllner* in Baumbach/Hueck, GmbHG, § 55 Rn. 19; *Lutter* in Lutter/Hommelhoff, GmbHG, § 55 Rn. 34.

[22] *Hermanns* in Michalski, GmbHG, § 55 Rn. 65; *Zöllner* in Baumbach/Hueck, GmbHG, § 55 Rn. 18.

[23] *Lutter* in Lutter/Hommelhoff, GmbHG, § 55 Rn. 32; *Hermanns* in Michalski, GmbHG, § 55 Rn. 86; *Zöllner* in Baumbach/Hueck, GmbHG, § 55 Rn. 31.

Gemäß § 55 I GmbHG bedarf die **Übernahmeerklärung** des Übernehmers der notariellen Beglaubigung (§§ 39 ff. BeurkG) oder Beurkundung (§§ 6 ff. BeurkG). Die Annahmeerklärung durch die GmbH kann hingegen formfrei, auch konkludent erfolgen.

> Aufgrund des körperschaftlichen Charakters der Übernahme soll die Gesellschaft dabei nach allgemeiner Ansicht nicht durch die Geschäftsführer, sondern durch die Gesellschafter vertreten werden[24]. Allerdings können die Geschäftsführer zum Abschluss des Übernahmevertrages ermächtigt werden.

21 Der Übernahmevertrag steht unter dem **Vorbehalt**, dass die Kapitalerhöhung durch Eintragung im Handelsregister wirksam wird[25]. Deshalb begründet er zwar die Verpflichtung der Gesellschaft, für eine ordnungsgemäße und zügige Durchführung der Kapitalerhöhung zu sorgen[26], **nicht** aber einen **klagbaren Anspruch** auf Verschaffung der übernommenen Geschäftsanteile[27]. Insbesondere kann die Gesellschafterversammlung bis zur Eintragung die Aufhebung des Kapitalerhöhungsbeschlusses beschließen.

> Wird die Kapitalerhöhung nicht durchgeführt, entstehen die neuen Geschäftsanteile nicht. Der Übernehmer kann dann auch nicht Schadensersatz statt der Leistung (positives Interesse) verlangen[28]. Bereits erbrachte Einlagen kann er aber nach § 812 I BGB zurückverlangen.

22 Auf die übernommenen Geschäftsanteile sind sodann die Einlagen zu leisten. Für die **Einlagepflicht** gilt § 19 GmbHG (siehe dazu oben § 7 Rn. 3). Die Anmeldung der Kapitalerhöhung zum Handelsregister darf gemäß §§ 56a, 57, 7 II 1, III GmbHG nur erfolgen, wenn **mindestens ¼ des Nennbetrages** jedes neuen Geschäftsanteils zur freien Verfügung der Geschäftsführer eingezahlt ist; **Sacheinlagen** müssen bereits **vollständig** erbracht sein. Vorleistungen auf eine erst noch zu beschließende Kapitalerhöhung sind grundsätzlich unzulässig und können nur in engen Grenzen auf die Einlagepflicht angerechnet werden[29].

> **Beachte:** Bei der Anmeldung ist zugleich nach § 40 I GmbHG eine aktualisierte Gesellschafterliste zum Handelsregister einzureichen. Zur Bedeutung der Liste siehe oben § 12 Rn. 6 ff.

23 Kommt das Registergericht bei seiner Prüfung zu dem Ergebnis, dass die Kapitalerhöhung nicht ordnungsgemäß durchgeführt und angemeldet worden ist, oder dass Sacheinlagen nicht nur unwesentlich überbewertet sind, muss es die Eintra-

---

[24] *Hermanns* in Michalski, GmbHG, § 55 Rn. 86; *Lutter* in Lutter/Hommelhoff, GmbHG, § 55 Rn. 32.

[25] BGHZ 140, 258, 260; *Hermanns* in Michalski, GmbHG, § 55 Rn. 99; *Ziemons* in BeckOK GmbHG, § 55 Rn. 119.

[26] Zutreffend *Hellwig*, Festschrift Rowedder, 1994, S. 141, 147; *Hermanns* in Michalski, GmbHG, § 55 Rn. 100; *Zöllner* in Baumbach/Hueck, GmbHG, § 55 Rn. 38.

[27] BGHZ 140, 258; vgl. auch *Zöllner* in Baumbach/Hueck, GmbHG, § 55 Rn. 38.

[28] BGHZ 140, 258; a.A. *Zöllner* in Baumbach/Hueck, GmbHG, § 55 Rn. 38.

[29] Für Einzelheiten siehe *Ziemons* in BeckOK GmbHG, § 56a Rn. 15 ff.

gung **ablehnen** (§§ 57a, 9c I GmbHG). Ist der Mangel behebbar, muss das Gericht zuvor durch Zwischenverfügung darauf hinweisen und Gelegenheit zur Abhilfe geben.

Mit Eintragung in das Handelsregister wird die Kapitalerhöhung **wirksam**[30]   **24**
(§ 54 III GmbHG) und die neuen Geschäftsanteile entstehen.

2. Genehmigtes Kapital

Der durch das **MoMiG** eingeführte § 55a GmbHG ermöglicht Kapitalerhöhungen   **25**
in Form des sog. genehmigten Kapitals. Dabei werden die Geschäftsführer ermächtigt, das Stammkapital durch Ausgabe neuer Geschäftsanteile gegen Einlagen zu erhöhen. Erforderlich hierfür ist eine entsprechende Regelung im Gesellschaftsvertrag, die entweder bereits bei Gründung der GmbH oder später durch
Satzungsänderung (§§ 53 f. GmbHG und oben § 11 Rn. 151) getroffen werden
kann.

Beim genehmigten Kapital wird die Zuständigkeit, über das „Ob" einer Kapitalerhöhung zu entscheiden, auf die Geschäftsführer übertragen.

Umstritten ist, ob die Gesellschafterversammlung die Geschäftsführer anweisen kann, von
einer erteilten Ermächtigung Gebrauch zu machen[31]. Für die AG, bei der das genehmigte
Kapital (§§ 202 ff. AktG) seit langem eine zulässige und weit verbreitete Gestaltungsform
ist, stellt sich diese Frage nicht, da der Vorstand nicht weisungsgebunden ist.

Die Ermächtigung darf allerdings für höchstens fünf Jahre erteilt werden   **26**
(§ 55a II GmbHG).

Fristbestimmung kann durch Angabe des Tages erfolgen, mit dem die Frist enden
soll, oder durch Angabe einer Fristdauer, die ab Eintragung gelten soll. Bei Fehlen
einer Befristung ist die Ermächtigung unwirksam[32].
Der Gesellschaftsvertrag muss den **Umfang der Ermächtigung**, also den   **27**
Nennbetrag des genehmigten Kapitals erkennen lassen. Dies geschieht zweckmä-
ßigerweise durch die Angabe eines konkreten Erhöhungsbetrages. Ob die Angabe

---

[30] Zu den Auswirkungen der Eintragung im Hinblick auf etwaige Mängel von Kapitalerhöhungs-
und Zulassungsbeschlüssen siehe *Hermanns* in Michalski, GmbHG, § 57 Rn. 47 ff.

[31] Dafür *Zöllner* in Baumbach/Hueck, GmbHG, § 55a Rn. 3; *Lutter* in Lutter/Hommelhoff,
GmbHG, § 55a Rn. 9; *Priester*, GmbHR 2008, 1177, 1179; *Roth* in Roth/Altmeppen, GmbHG,
§ 55a Rn. 7; dagegen *Ziemons* in BeckOK GmbHG, § 55a Rn. 52; *Hermanns* in Michalski,
GmbHG, § 55a Rn. 11.

[32] Wie hier *Lutter* in Lutter/Hommelhoff, GmbHG, § 55a Rn. 11; *Roth* in Roth/Altmeppen,
GmbHG, § 55a Rn. 12; a.A. *Zöllner* in Baumbach/Hueck, GmbHG, § 55a Rn. 4: „im GmbH-
Recht [...] unnötige Förmelei".

eines auf das zum Zeitpunkt der Eintragung vorhandene Stammkapital bezogenen Bruchteils oder Prozentsatzes ausreicht, ist umstritten[33].

> Der Nennbetrag des genehmigten Kapitals darf die Hälfte des Stammkapitals, das zur Zeit der Ermächtigung vorhanden ist, nicht übersteigen (§ 55a I 2 GmbHG).

Maßgeblich ist insoweit allein der Zeitpunkt der Eintragung im Handelsregister. Bereits beschlossene, aber noch nicht durchgeführte Kapitalerhöhungen sind daher nicht zu berücksichtigen[34]. Zu beachten ist, dass mehrere Ermächtigungen im Sinne des § 55a GmbHG zusammenzurechnen sind.

28 Sollen **Sacheinlagen** zulässig sein, muss die Ermächtigung dies gemäß § 55 III GmbHG vorsehen. Darüber hinaus kann die gesellschaftsvertragliche Ermächtigung **Vorgaben** zum Ausgabebetrag, zu den Modalitäten der Kapitalerhöhung und zur Ausstattung der Geschäftsanteile enthalten. Bei Fehlen entsprechender Vorgaben entscheiden hierüber die Geschäftsführer nach pflichtgemäßem Ermessen. Dabei sind der Grundsatz der Gleichbehandlung und die gesellschaftsrechtliche Treuepflicht zu beachten. Der Gesellschaftsvertrag kann die Ausnutzung des genehmigten Kapitals auch auf bestimmte Zwecke beschränken[35].

29 Auch beim genehmigten Kapital haben die Gesellschafter ein **gesetzliches Bezugsrecht**. Dieses kann aber in der Ermächtigung ausgeschlossen werden. Zudem können auch die Geschäftsführer zur Vornahme des Bezugsrechtsausschlusses ermächtigt werden. Der Ausschluss ist wie bei der ordentlichen Kapitalerhöhung jedoch nur zulässig, wenn er materiell gerechtfertigt ist (oben Rn. 18).

30 Die Geschäftsführer können von der Ermächtigung **nach pflichtgemäßem Ermessen** vollständig, teilweise, aber auch gar nicht **Gebrauch machen**. Wird das genehmigte Kapital ausgenutzt, so schließen sich dieselben Schritte wie bei der ordentlichen Kapitalerhöhung an: Übernahme, Einlageleistung und Anmeldung zum Handelsregister.

> Auch beim genehmigten Kapital wird die Kapitalerhöhung erst wirksam, wenn ihre Durchführung in das Handelsregister eingetragen ist.

3. Kapitalerhöhung aus Gesellschaftsmitteln

31 Bei der Kapitalerhöhung aus Gesellschaftsmitteln (§§ 57c ff. GmbHG) wird der Gesellschaft kein neues Eigenkapital zugeführt, Einlagepflichten also gerade nicht begründet. Es erfolgt vielmehr eine **bilanzielle Umwandlung** von nicht gegen Ausschüttung gesperrtem Eigenkapital (Kapital- oder Gewinnrücklagen) in Ei-

---

[33] Vgl. dazu *Zöllner* in Baumbach/Hueck, GmbHG, § 55a Rn. 5 mit weiteren Nachweisen.

[34] *Zöllner* in Baumbach/Hueck, GmbHG, § 55a Rn. 6.

[35] Beispiel bei *Ziemons* in BeckOK GmbHG, § 55a Rn. 30.

genkapital, das der Bindung nach § 30 GmbHG unterliegt (Stammkapital). Die Gesellschaft kann im Verkehr ein höheres Stammkapital verlautbaren, was der Kreditwürdigkeit der Gesellschaft zugutekommt. Ein Zugewinn an Finanzmitteln ist mit der Maßnahme jedoch nicht verbunden, das Eigenkapital setzt sich nur anders zusammen.

> Besondere Bedeutung dürfte die Kapitalerhöhung aus Gesellschaftsmitteln zukünftig bei der UG erlangen. Bei dieser sind 25 % der erwirtschafteten Gewinne in eine gesetzliche Rücklage einzustellen (§ 5 III 1 GmbHG), die dem Zugriff der Gesellschafter entzogen ist. Diese Rücklage kann aber in Stammkapital umgewandelt werden (§ 5 III 2 Nr. 1 GmbHG). Hierfür besteht auch ein Anreiz, da bei einer Erhöhung des Stammkapitals auf mindestens 25.000 EUR die UG automatisch zur GmbH wird (Abs. 5) und die Pflicht zur Rücklagenbildung entfällt (siehe dazu oben § 5 Rn. 23).

Die Kapitalerhöhung aus Gesellschaftsmitteln ist eine **Satzungsänderung**. Es bedarf daher eines mit ¾-Mehrheit zu fassenden Beschlusses der Gesellschafterversammlung. Und wie jede Satzungsänderung wird auch die Kapitalerhöhung aus Gesellschaftsmitteln erst mit Eintragung im Handelsregister wirksam. **32**

Auch hier gilt das **Gebot der realen Kapitalaufbringung**. Zu diesem Zweck enthalten die §§ 57c ff. GmbHG Regelungen zur Umwandlungsfähigkeit von Rücklagen (§ 57d GmbHG) und zur zugrunde zu legenden Bilanz (§§ 57e, 57f GmbHG). Zudem ist bei der Anmeldung zum Handelsregister zu versichern, dass zu dem Bilanzstichtag und dem Tag der Anmeldung keine Vermögensminderung eingetreten ist (§ 57i I 2 GmbHG). **33**

Die Kapitalerhöhung aus Gesellschaftsmitteln darf **nur zugunsten der bisherigen Gesellschafter** erfolgen und auch nicht zu einer Verschiebung der Beteiligungsverhältnisse führen. An den Rücklagen waren die Gesellschafter nämlich bislang entsprechend ihres Beteiligungsumfangs wirtschaftlich beteiligt. **34**

§ 57j GmbHG bestimmt daher, dass die neuen Geschäftsanteile den bisherigen Gesellschaftern im Verhältnis ihrer bisherigen Geschäftsanteile zustehen. Ein entgegenstehender Beschluss der Gesellschafterversammlung ist nichtig.

Die Kapitalerhöhung kann durch Bildung neuer Geschäftsanteile oder die Erhöhung des Nennbetrags der bestehenden Geschäftsanteile ausgeführt werden (§ 57h I GmbHG). Sind bestehende Anteil nicht voll eingezahlt, so ist deren Nennbetrag nach § 57h II 2 GmbHG zwingend aufzustocken. Bei der Bildung neuer Anteile bedarf es keiner rechtsgeschäftlichen Übernahme durch die Gesellschafter; der Erwerb erfolgt vielmehr kraft Gesetzes[36]. **35**

---

[36] *Roth* in Roth/Altmeppen, GmbHG, § 57c Rn. 5.

III. Kapitalherabsetzung

36 Die §§ 58 ff. GmbHG regeln die Kapitalherabsetzung (siehe bereits Rn. 4). Da der
Herabsetzungsbetrag aus der Vermögensbindung des § 30 GmbHG ausscheidet,
kann sich durch die Kapitalherabsetzung die Stellung der Gesellschaftsgläubiger
verschlechtern. Deren **Schutz** bezweckt § 58 GmbHG.

37 Erforderlich ist auch insoweit ein **satzungsändernder Beschluss** der Gesellschafterversammlung (§§ 53, 54 GmbHG), in dem Umfang und Zweck der Herabsetzung angegeben werden müssen. Das Stammkapital kann nicht unter einen Betrag von 25.000 EUR abgesenkt werden (§ 58 II 2 GmbHG, siehe oben Rn. 4).
Beschlossen werden kann die Herabsetzung der Nennbeträge sämtlicher oder einzelner Geschäftsanteile, parallel aber auch die Einziehung von Geschäftsanteilen,
sofern die Voraussetzungen des § 34 GmbHG vorliegen (dazu § 12 Rn. 53 ff.).

38 Das weitere Verfahren ist an die Vorschriften über die Liquidation der Gesellschaft
angelehnt und hat wie folgt abzulaufen:
- ⊃ Bekanntmachung des Beschlusses und Aufforderung an die Gläubiger, sich zu
  melden (§ 58 I Nr. 1 GmbHG),
- ⊃ Befriedigung oder Sicherstellung der Gläubiger (Nr. 2),
- ⊃ Ablauf des Sperrjahrs (Nr. 3),
- ⊃ Anmeldung zum Handelsregister mit der Versicherung der Geschäftsführer, dass die
  Gläubiger befriedigt oder sichergestellt sind (Nr. 3 und 4)
- ⊃ Eintragung im Handelsregister,
- ⊃ Ausführung der bezweckten Maßnahmen.

Dieses „Gläubigerschutzverfahren" ist verhältnismäßig **aufwendig** und führt dazu, dass
die freiwerdenden Mittel erst nach Ablauf des Sperrjahres ausgeschüttet werden können.
Reguläre Kapitalherabsetzungen sind daher **praktisch selten**.

---

39 Das Verfahren muss nicht durchlaufen werden, wenn die Kapitalherabsetzung dazu dient, Wertminderungen auszugleichen oder sonstige Verluste abzudecken
(§ 58a I GmbHG)[37]. Bei Bestehen einer Unterbilanz (dazu § 8 Rn. 13 f.) kann eine
sog. **vereinfachte Kapitalherabsetzung** durchgeführt werden, die die Stammkapitalziffer wieder in Übereinstimmung mit dem vorhandenen Vermögen bringt.
Dies soll die Sanierung der Gesellschaft erleichtern. Den Gläubigern wird dadurch
nichts genommen, da eine Ausschüttung an Gesellschafter nicht stattfindet und
das Stammkapital gegen das Entstehen von Verlusten nicht geschützt ist.

Vorrangig ist insoweit aber auf Kapital- und Gewinnrücklagen oder Gewinnvorträge
zuzugreifen (§ 58a II GmbHG). Darüber hinaus enthält § 58b GmbHG Vorgaben über die
Verwendung der Beträge, die aus der Auflösung der Rücklagen und der Kapitalherabsetzung gewonnen werden. § 58d GmbHG beschränkt zudem die Gewinnausschüttung für
die ersten fünf Jahre nach Beschlussfassung über die Kapitalherabsetzung.

---

[37] Dazu *Geißler*, GmbHR 2005, 1102.

Die vereinfachte Kapitalherabsetzung wird typischerweise mit einer Kapitalerhö-   **40**
hung verbundenen (vgl. § 58a IV GmbHG)[38]. Ein solcher **Kapitalschnitt** erhöht
den Anreiz für Dritte, Eigenkapital zur Verfügung zu stellen, weil zunächst das
Kapital auf das Reinvermögen abgesenkt und sodann um den Einlagebetrag erhöht
wird. So wird vermieden, dass die sanierungswilligen Neugesellschafter bislang
erwirtschaftete Verluste mittragen müssen[39].

---

[38] Anschaulich dazu *Knecht/Drescher* in Buth/Hermanns, Restrukturierung, Sanierung, Insolvenz, 3. Aufl. 2009, § 20 Rn. 25 ff.; zu den Voraussetzungen im Einzelnen siehe *Rühland* in
BeckOK GmbHG, § 58a Rn. 36 ff.

[39] *Waldner* in Michalski, GmbHG, § 58a Rn. 17.

§ 16 Auflösung, Liquidation und Beendigung

Literatur: *Gehrlein*, Möglichkeiten und Grenzen der Fortsetzung einer aufgelösten GmbH, DStR 1997, 31; *Schmelz*, Das Liquidationsrecht der GmbH, terra incognita?, NZG 2007, 135; *K. Schmidt*, Löschung und Beendigung der GmbH, GmbHR 1988, 209; *Vallender*, Auflösung und Löschung der GmbH, NZG 1998, 249.

I. Überblick

So wie das Leben (und damit die Rechtsfähigkeit) einer natürlichen Person durch   **1**
den Tod endet, kann auch das „Leben" einer juristischen Person sein Ende finden.
Dabei ist zwischen der Auflösung und der Beendigung zu unterscheiden.

> Die Auflösung führt nicht zum Erlöschen der Gesellschaft, sondern leitet ein
> Abwicklungsverfahren (Liquidation) ein, dessen Ziel es ist, die Gesell-
> schaftsgläubiger zu befriedigen und das verbleibende Vermögen unter den
> Gesellschaftern zu verteilen. Erst nach vollständiger Abwicklung *und* Lö-
> schung im Handelsregister tritt Beendigung ein und die Gesellschaft erlischt.

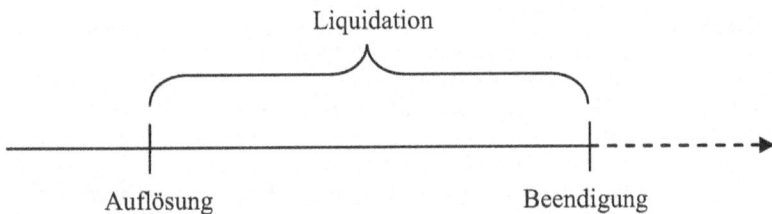

Abb. 3: Auflösung, Liquidation und Beendigung

Zur Beendigung ohne Liquidation kommt es, wenn die Gesellschaft auf einen an-   **2**
deren Rechtsträger verschmolzen wird. Dieser wird Gesamtrechtsnachfolger der
erlöschenden Gesellschaft (§ 20 I Nr. 1 und 2 UmwG, dazu unten § 35 Rn. 1).

II. Auflösungsgründe

> Die GmbH wird aufgelöst, wenn ein Auflösungsgrund vorliegt.   **3**

§ 60 I GmbHG enthält eine Reihe von **gesetzlichen** Auflösungsgründen, die durch
den Gesellschaftsvertrag noch ergänzt werden können.

1. Zeitablauf

4 Ist, was praktisch selten vorkommt, das Unternehmen im Gesellschaftsvertrag auf eine gewisse Zeit beschränkt worden (vgl. § 3 II GmbHG), so ist die Gesellschaft mit Zeitablauf aufgelöst (§ 60 I Nr. 1 GmbHG).

> Eine vorhandene Befristung kann durch Satzungsänderung (§ 53 GmbHG) verkürzt, verlängert oder aufgehoben werden. Eine abgelaufene Frist kann aber nicht nachträglich beseitigt werden. Die Gesellschafter können dann aber die Fortsetzung der GmbH beschließen.

2. Auflösungsbeschluss

5 Die Gesellschafterversammlung kann mit ¾-Mehrheit der abgegebenen Stimmen die Auflösung der Gesellschaft beschließen (§ 60 I Nr. 2 GmbHG).

Der Gesellschaftsvertrag kann andere Mehrheitserfordernisse vorsehen. Nur wenn der Auflösungsbeschluss zugleich eine Satzungsänderung darstellt, was in der Regel nicht der Fall ist, müssen die zusätzlichen Voraussetzungen der §§ 53, 54 GmbHG (notarielle Beurkundung, konstitutive Eintragung in das Handelsregister) erfüllt sein. Eine Satzungsänderung ist z.B. nötig, wenn der Gesellschaftsvertrag die Befristung der GmbH vorsieht.

6 Umstritten ist, ob ein satzungsändernder Beschluss, den **Satzungssitz (§ 4a GmbHG) ins Ausland** zu verlegen, als Auflösungsbeschluss zu behandeln ist. Die h.M. bejaht das, weil der Satzungssitz – anders als der Verwaltungssitz (siehe oben § 2 Rn. 28) – zwingend in Deutschland liegen muss[1]. Nach der Gegenauffassung entspricht die Auflösung hier regelmäßig nicht den Interessen der Gesellschafter, weshalb die Satzungsänderung als nichtig anzusehen sei[2]. Zu beachten ist insoweit aber die Rechtsprechung des EuGH zur Niederlassungsfreiheit. In seiner „Cartesio"-Entscheidung[3] hat der EuGH in einem *obiter dictum* aus der Niederlassungsfreiheit hergeleitet, dass ein Anspruch der Gesellschaft auf Verlegung des Satzungssitzes ins Ausland besteht, wenn damit eine Umwandlung in eine Rechtsform des Zuzugsstaates verbunden ist (siehe dazu oben § 2 Rn. 37). Zukünftig soll eine Sitzverlegungsrichtlinie die Durchführung der Maßnahme regeln.

7 Der Auflösungsbeschluss bedarf keiner materiellen Rechtfertigung.

Ein **sachlicher Grund** ist daher **nicht** erforderlich. Minderheitsgesellschafter müssen daher die Entscheidung der (qualifizierten) Gesellschaftermehrheit, die

---

[1] Vgl. BGHZ 25, 134, 144; OLG Hamm GmbHR 1997, 848; *Kleindiek* in Lutter/Hommelhoff, GmbHG, § 60 Rn. 5; *Altmeppen* in Roth/Altmeppen, GmbHG, § 60 Rn. 19.

[2] *Wicke*, GmbHG, § 4a Rn. 10; *Kindler*, AG 2007, 723.

[3] EuGH Slg. 2008, I-9641 = NJW 2009, 569.

GmbH nicht weiterzuführen, hinnehmen. Eine Grenze bildet aber auch hier die gesellschaftsrechtliche **Treuepflicht**[4].

> Da in den Fällen des § 60 I Nr. 2 GmbHG die Auflösung allein auf dem mehrheitlichen **8**
> Willen der Gesellschafter beruht, können diese auch die Fortsetzung der Gesellschaft
> beschließen. Erforderlich hierzu ist ein mit ¾-Mehrheit zu fassender **Fortsetzungs-**
> **beschluss.**

3. Auflösungsurteil

> Gemäß §§ 60 I Nr. 3, 61 GmbHG kann die Gesellschaft durch gerichtliches **9**
> Urteil aufgelöst werden, wenn dafür wichtige Gründe vorhanden sind.

Der wichtige Grund muss dabei in den Verhältnissen der Gesellschaft liegen und die **Fortsetzung** zumindest für einen Gesellschafter **unzumutbar** machen. Exemplarisch nennt § 61 I GmbHG die Nichterreichung des Gesellschaftszwecks. Das Recht zur Erhebung der Auflösungsklage kann durch den Gesellschaftsvertrag nicht eingeschränkt werden. Als Instrument des **Minderheitenschutzes** ist § 61 GmbHG zwingendes Recht.

Allerdings darf die gerichtliche Auflösung der Gesellschaft nur *ultima ratio* **10** sein. Daher ist stets zu fragen, ob der wichtige Grund nicht durch weniger einschneidende Maßnahmen beseitigt werden kann.

> **Vorrangig** in Betracht zu ziehen sind dabei der Austritt bzw. Ausschluss
> oder die Anteilsveräußerung, wenn diese zum vollen Anteilswert möglich ist
> **(Subsidiarität der Auflösungsklage).**

> Dies gebietet bereits die Treuepflicht des Auflösungsklägers. Relevant wird die
> Auflösungsklage insbesondere bei einem dauerhaften Zerwürfnis zwischen den Gesell-
> schaftern, das nicht auf das Fehlverhalten nur eines Gesellschafters zurückzuführen ist.

Klagebefugt sind nur Gesellschafter, die zusammen mindestens 10 % der Anteile **11** halten; **Klagegegner** ist die Gesellschaft (§ 61 II GmbHG). Liegt ein wichtiger Grund vor, dann muss das angerufene Gericht (Kammer für Handelssachen des Landgerichts am Sitz der Gesellschaft) durch **Gestaltungsurteil** die GmbH auflösen[5].

---

[4] Vgl. BGHZ 76, 352, 353 ff.; *Kleindiek* in Lutter/Hommelhoff, GmbHG, § 60 Rn. 6; *Haas* in Baumbach/Hueck, GmbHG, § 60 Rn. 20.

[5] RZG 164, 129, 132; *Kleindiek* in Lutter/Hommelhoff, GmbHG, § 61 Rn. 7; *Haas* in Baumbach/Hueck, GmbHG, § 61 Rn. 21; *Nerlich* in Michalski, GmbHG, § 61 Rn. 46.

4. Insolvenz der Gesellschaft

12   Eine GmbH wird aufgelöst, wenn über ihr Vermögen das Insolvenzverfahren eröffnet wird (§ 60 I Nr. 4 GmbHG).

Nach der Vorstellung des Gesetzgebers dient das Insolvenzverfahren auch dazu, die Fortführung sanierungswürdiger Unternehmen zu ermöglichen. Die Eröffnung des Insolvenzverfahrens bedeutet daher nicht zwangsläufig, dass es mit der GmbH „zu Ende geht". Wird das Insolvenzverfahren auf Antrag eingestellt oder nach der Bestätigung eines Insolvenzplans (vgl. §§ 217 ff. InsO), der den Fortbestand der Gesellschaft vorsieht, aufgehoben, so können die Gesellschafter die Fortsetzung der Gesellschaft beschließen.

13   Wird die Eröffnung des Insolvenzverfahrens **mangels Masse abgelehnt** (vgl. § 26 InsO), so stellt dies ebenfalls einen Auflösungsgrund dar (§ 60 I Nr. 5 GmbHG).

5. Amtslöschung

14   Schließlich kann unter bestimmten Voraussetzungen die GmbH aus dem Handelsregister von Amts wegen gelöscht und somit aufgelöst werden (vgl. § 60 I Nr. 6 und 7 GmbHG). Dies ist zum einen dann der Fall, wenn der **Gesellschaftsvertrag nicht** die **Mindestangaben nach § 3 I GmbHG** enthält (§ 399 FamFG). Hier hätte die Eintragung schon gar nicht erfolgen dürfen.

15   Zum anderen kennt § 394 FamFG die **Amtslöschung wegen Vermögenslosigkeit**. Hierdurch soll die Teilnahme vermögensloser Gesellschaften am Rechtsverkehr verhindert werden.

Ist die Gesellschaft tatsächlich vermögenslos und bedarf es auch keiner Abwicklungsmaßnahmen, dann führt die Löschung wegen Vermögenslosigkeit zugleich zur Beendigung.

6. Sonstige Auflösungsgründe

16   Auch die erfolgreiche **Nichtigkeitsklage** (§ 75 GmbHG) führt nach h.M. zur Auflösung der GmbH (siehe dazu § 4 Rn. 99). Darüber hinaus gibt es an verschiedenen Stellen außerhalb des GmbHG weitere gesetzliche Auflösungsgründe[6].

Nicht zur Auflösung führt die Einstellung oder Veräußerung des von der GmbH betriebenen Unternehmens, sofern nicht zugleich einer der benannten Auflösungsgründe vorliegt.

17   Der Gesellschaftsvertrag kann weitere Auflösungsgründe vorsehen (§ 60 II GmbHG), die gesetzlichen jedoch nicht einschränken.

---

[6] Vgl. dazu *Haas* in Baumbach/Hueck, GmbHG, § 60 Rn. 71 ff.

Gesellschaftsvertragliche Auflösungsgründe (§ 60 II GmbHG) müssen eindeutig bestimmt sein. Die „mangelnde Rentabilität des Unternehmens" genügt dem nicht, die Benennung eines konkreten Verlustbetrages hingegen schon[7].

Umstritten ist, ob die Ausübung statutarischer **Kündigungsrechte** zur Auflösung der Gesellschaft[8] oder zum Ausscheiden des kündigenden Gesellschafters führt[9]. Dies ist eine Frage des Einzelfalls. Für die Praxis empfiehlt es sich, die Rechtsfolgen einer Kündigung, sofern diese Möglichkeit gewollt ist, ausdrücklich zu regeln.

III. Liquidation

An die Auflösung schließt sich das Liquidationsverfahren an. Dieses soll zur geordneten Beendigung der GmbH führen. Dies kann durchaus einige Zeit in Anspruch nehmen, und die Gesellschaft ist in dieser Zeit weiterhin in vollem Umfang rechtsfähig.   **18**

> Den Rekord hält insoweit die ehemalige *IG Farben AG*, deren Liquidation von 1945 bis nach der Wiedervereinigung dauerte.

Die Auflösung der Gesellschaft ist grundsätzlich zum Handelsregister **anzumelden** (§ 65 I GmbHG). Bei Eröffnung des Insolvenzverfahrens und bei der Amtslöschung nach § 399 FamFG (oben Rn. 14 f.) wird das Registergericht von Amts wegen tätig. Bei der Löschung wegen Vermögenslosigkeit fallen Auflösung und Beendigung typischerweise zusammen, weswegen die Eintragung entbehrlich ist. Die Eintragung der Auflösung ist in den Gesellschaftsblättern – also jedenfalls im elektronischen Bundesanzeiger (vgl. § 12 S. 1 GmbHG) – **bekanntzumachen** (§ 65 II GmbHG). Dabei sind die **Gesellschaftsgläubiger aufzufordern**, sich zu melden.   **19**

Ist über das Vermögen der Gesellschafter das Insolvenzverfahren eröffnet worden, richtet sich die Abwicklung ausschließlich nach der InsO[10] und das Verfahren liegt in den Händen des Insolvenzverwalters.   **20**

> In allen anderen Fällen bestimmt sich das **Liquidationsverfahren** nach den §§ 66 ff. GmbHG.

Bei Löschung wegen Vermögenslosigkeit ist eine Liquidation nur erforderlich, wenn sich nachträglich herausstellt, dass noch Vermögen vorhanden ist (vgl. § 66 V 1 GmbHG).

---

[7] Für weitere Beispiele siehe *Haas* in Baumbach/Hueck, GmbHG, § 60 Rn. 89.

[8] So *Haas* in Baumbach/Hueck, GmbHG, § 60 Rn. 90; *Meyer-Landrut*, Festschrift Stimpel, 1985, S. 431, 436 ff.; *Nerlich* in Michalski, GmbHG, § 60 Rn. 329.

[9] So OLG Düsseldorf GmbHR 2004, 356; *Kleindiek* in Lutter/Hommelhoff, GmbHG, § 60 Rn. 27; *Hofmann*, GmbHR 1975, 217, 223.

[10] Einen Überblick über das Insolvenzverfahren geben *Krischok*, JA 2008, 626; *Matthies*, JURA 2009, 165.

21   Die Liquidation erfolgt durch die sog. **Liquidatoren**. Das sind entweder die bishe-
      rigen Geschäftsführer oder andere durch Gesellschaftsvertrag, Beschluss der Ge-
      sellschafterversammlung oder gerichtliche Entscheidung bestellte Personen (§ 66
      I, II GmbHG). Die Liquidatoren sind im Handelsregister einzutragen.

> **Aufgabe der Liquidatoren** ist es, die laufenden Geschäfte zu beenden, die
> Verpflichtungen der Gesellschaft zu erfüllen, ihre Forderungen einzuziehen
> und das Vermögen der Gesellschaft in Geld umzusetzen. Die Liquidatoren
> sind die organschaftlichen Vertreter der GmbH in Liquidation.

      Zur Abwicklung der Gesellschaft kann es erforderlich sein, **neue Geschäfte** ein-
      zugehen (§ 70 S. 2 GmbHG). Dabei ist die GmbH als „Liquidationsgesellschaft"
      zu bezeichnen, was typischerweise durch einen entsprechenden Rechtsformzusatz
      (beispielsweise „i. L.") geschieht. Eine Beschränkung der Rechtsfähigkeit der Ge-
      sellschaft oder der Vertretungsbefugnis der Liquidatoren ergibt sich daraus nicht.

      Gemäß § 71 GmbHG müssen die Liquidatoren eine **Eröffnungsbilanz** aufstellen, die von
      der Gesellschafterversammlung festzustellen ist. Die sonstigen Rechnungslegungspflich-
      ten (dazu oben § 14 Rn. 1 ff.) bestehen fort.

22   Die Gesellschafter haben einen mitgliedschaftlichen **Anspruch auf ihren
      Anteil am Liquidationserlös**. Soweit durch den Gesellschaftsvertrag nichts
      anderes bestimmt, ist das Gesellschaftsvermögen nach dem Verhältnis der
      Gesellschaftsanteile unter den Gesellschaftern zu verteilen (§ 72 GmbHG).

      Die Verteilung des Gesellschaftsvermögens darf aber nicht vor Tilgung oder Si-
      cherstellung der Verbindlichkeiten der Gesellschaft und nicht vor Ablauf des mit
      der Bekanntmachung der Auflösung an die Gläubiger (oben Rn. 19) beginnenden
      Sperrjahres erfolgen (§ 73 I GmbHG).

      Melden sich bekannte Gläubiger nicht, so ist der geschuldete Betrag zu hinterlegen (vgl.
      §§ 372 ff BGB); bei streitigen Verbindlichkeiten ist Sicherheit zu leisten (§ 73 II
      GmbHG). Dies alles dient dem Schutz der Gesellschaftsgläubiger. Für Verstöße gegen
      § 73 GmbHG ordnet dessen Abs. 3 die **persönliche Haftung** der Liquidatoren an.

23   Die Liquidation ist beendet, wenn das verwertbare Gesellschaftsvermögen
      verteilt ist und keine sonstigen Abwicklungsmaßnahmen mehr erforderlich
      sind. Nach Erstellung einer Schlussrechnung ist dann der Schluss der Liqui-
      dation zum Handelsregister anzumelden, woraufhin die Gesellschaft **ge-
      löscht** wird (§ 74 I 1 und 2 GmbHG).

IV. Beendigung und Nachtragsliquidation

Die Beendigung ist ein Doppeltatbestand[11]:   **24**

Die aufgelöste und abgewickelte GmbH erlischt danach nur dann, wenn
- kein Vermögen mehr vorhanden ist **und**
- die Gesellschaft aus dem Handelsregister gelöscht wurde.

Nicht erfüllte Verbindlichkeiten der Gesellschaft stehen der Beendigung nicht entgegen. Die Beendigung führt zum Erlöschen der Verbindlichkeiten[12]. Allerdings bleiben bestellte Sicherheiten bestehen, auch wenn diese akzessorisch sind[13].

Wurde die Gesellschaft gelöscht, obwohl noch Vermögen vorhanden ist, so **25** muss eine sog. **Nachtragsliquidation** erfolgen. Das gilt auch, wenn sich nachträglich herausstellt, dass weitere Abwicklungsmaßnahmen nötig sind (§ 273 IV AktG analog).

> **Weitere Beispiele für Abwicklungsmaßnahmen**: Erteilung eines Zeugnisses für Arbeitnehmer, Empfang von Willenserklärungen und Zustellungen, Wahrnehmung von Pflichten in einem gegen die Gesellschaft gerichteten Steuerverfahren.

Die Nachtragsliquidation ist ein eigenständiger Verfahrensabschnitt[14]. Sofern nicht nur noch einzelne Abwicklungsmaßnahmen vorgenommen werden müssen, ist die Gesellschaft **wieder** in das Handelsregister **einzutragen**[15]. Analog § 273 IV 1 AktG, § 66 V 2 GmbHG werden die **Nachtragsliquidatoren** vom Gericht bestellt. Ein erneuter Gläubigeraufruf (§ 65 II GmbHG) und die nochmalige Einhaltung des Sperrjahres nach § 73 I GmbHG sind **nicht** erforderlich. Jedoch ist nach Abschluss der Nachtragsliquidation erneut eine Schlussrechnung zu stellen und die Beendigung zum Handelsregister anzumelden.

> Die Bedeutung der Nachtragsliquidation zeigt sich insbesondere bei bereits zum Zeitpunkt **26** der Löschung **anhängigen Prozessen**. Die Rechtsstellung eines Verfahrensbeteiligten macht Abwicklungsmaßnahmen erforderlich, die die Beendigung ausschließen. Darüber hinaus stellen der im Aktivprozess geltend gemachte Anspruch sowie etwaige Kostenerstattungsansprüche Vermögenswerte dar[16]. Allerdings führt die Löschung zum Erlöschen der Vertretungsmacht der Liquidatoren, weshalb die Bestellung von Nachtragsliquidatoren erforderlich ist.

---

[11] Heute ganz h.M., vgl. *K. Schmidt*, GmbHR 1988, 209 ff.; *Kleindiek* in Lutter/Hommelhoff, GmbHG, § 60 Rn. 17 und § 74 Rn. 7; *Nerlich* in Michalski, GmbHG, § 60 Rn. 8; *Haas* in Baumbach/Hueck, GmbHG, § 60 Rn. 6.

[12] Vgl. *Nerlich* in Michalski, GmbHG, § 60 Rn. 309.

[13] BGHZ 82, 323, 326 f.; *Haas* in Baumbach/Hueck, GmbHG, § 74 Rn. 16.

[14] Vgl. *Haas* in Baumbach/Hueck, GmbHG, § 60 Rn. 106.

[15] *Kleindiek* in Lutter/Hommelhoff, GmbHG, § 74 Rn. 20; *Haas* in Baumbach/Hueck, GmbHG, § 60 Rn. 108; *Altmeppen* in Roth/Altmeppen, GmbHG, § 74 Rn. 38.

[16] *Lorscheider* in BeckOK GmbHG, § 74 Rn. 9; *Nerlich* in Michalski, GmbHG, § 74 Rn. 37.

§ 17 Die GmbH als Komplementärin einer GmbH & Co. KG

Literatur: *Gummert*, Die Kapitalaufbringung bei der Komplementär-GmbH einer GmbH & Co. KG, DStR 2008, 976; *Lambrich*, Die Haftung bei der GmbH & Co. KG, JURA 2007, 88; *K. Schmidt*, Die GmbH & Co. KG als Lehrmeisterin des Personengesellschaftsrechts, JZ 2008, 425; *ders.*, Mittelaufbringung und Mittelverwendung bei der GmbH & Co. KG – Funktionelles oder formelles Denken im Recht der Unternehmensfinanzierung?, ZIP 2008, 481; *Werner*, Die GmbH & Co. KG in der Form der Einheitsgesellschaft, DStR 2006, 706.

I. Grundlagen

1. Rechtsnatur und Bedeutung der GmbH & Co. KG

Die GmbH kann als Gesellschafterin an anderen Gesellschaften beteiligt sein. Sie **1** kann beispielsweise Gesellschafterin einer anderen GmbH, Aktionärin einer AG, aber auch Gesellschafterin einer Personengesellschaft sein. Besondere praktische Bedeutung hat die Beteiligung als – zumeist einzige – Komplementärin an einer KG, wobei das „gesellschaftsrechtliche Konstrukt" als GmbH & Co. KG bezeichnet wird.

> Die GmbH & Co. KG ist **keine eigenständige Rechtsform**, sondern eine Kommanditgesellschaft, in der eine GmbH als persönlich haftende Gesellschafterin (Komplementärin) und damit kraft Gesetzes als Geschäftsführungs- und Vertretungsorgan fungiert.

Darin erschöpft sich typischerweise die Funktion der GmbH. Das **Unternehmen** **2** **selbst wird bei der KG angesiedelt** und von dieser betrieben, in ihrem Namen werden die laufenden Geschäfte getätigt. Die Komplementär-GmbH, die häufig nur mit dem gesetzlichen Mindeststammkapital von 25.000 EUR ausgestattet wird, übernimmt lediglich Verwaltungsfunktionen und stellt insbesondere den Geschäftsführer.

Die **Komplementärfähigkeit der GmbH** war früher durchaus umstritten[1]. Bezweifelt **3** wurde zum einen, ob eine juristische Person überhaupt Geschäftsführungsaufgaben in einer Personengesellschaft wahrnehmen kann. Dies ist ohne weiteres zu bejahen. Zwar ist eine GmbH selbst nicht handlungsfähig, doch handelt sie durch ihre Organe, insbesondere durch die Geschäftsführer – mit der Folge, dass der Geschäftsführer der GmbH mittelbar auch zum Geschäftsführer der KG wird. Der zweite Kritikpunkt richtete sich dagegen, dass durch die Beteiligung einer GmbH als Komplementärin gleichsam durch die Hintertür eine Haftungsbeschränkung bei sämtlichen Gesellschaftern der KG eingeführt werden könnte. Auch dieser Einwand überzeugt indes nicht, da die Haftung der

---

[1] Vgl. *Liebscher* in Sudhoff, GmbH & Co. KG, § 1 Rn. 8.

Komplementär-GmbH rechtlich überhaupt nicht beschränkt ist; diese haftet mit ihrem gesamten Vermögen. Dass im Regelfall nicht auf das Vermögen der GmbH-Gesellschafter zugegriffen werden kann, ändert hieran nichts. Zudem gibt es keine Regel, dass der Komplementär einer KG ein großes Vermögen als Haftungsmasse mitbringen müsse – auch bei natürlichen Personen ist dies keineswegs immer der Fall[2]. Mittlerweile wird die rechtliche Zulässigkeit der GmbH & Co. KG allgemein anerkannt[3], und auch der Gesetzgeber hat sie in zahlreichen Vorschriften implizit oder explizit vorausgesetzt[4]. Er sucht den Schutz des Rechtsverkehrs dabei vor allem in der Transparenz, indem er etwa verbietet, dass die GmbH & Co. KG als „normale" KG firmiert: Nach § 19 II HGB ist auf die Haftungsbeschränkung hinzuweisen.

4 Anzumerken ist an dieser Stelle, dass auch **andere juristische Personen**, auch solche, die nach ausländischem Recht gegründet wurden, als Komplementär in Betracht kommen. So ist beispielsweise eine AG & Co. KG ebenso möglich wie eine Ltd. & Co. KG. Nach hier vertretener Auffassung kann auch eine UG als Komplementärin eingesetzt werden (siehe dazu oben § 5 Rn. 20). Dass im Folgenden dennoch nicht von der Kapitalgesellschaft & Co. KG die Rede sein wird, sondern von der GmbH & Co. KG ist allein deren **herausragender praktischer Bedeutung** geschuldet.

Gab es im Jahr 1980 noch ca. 40.000 GmbH & Co. KGs, waren es 2002 bereits ca. 100.000. Derzeit soll es ca. 200.000 GmbH & Co. KGs geben – eine stolze Zahl, wenn man bedenkt, dass es etwa nur fünfmal so viele GmbHs gibt (siehe oben § 3 Rn. 9).

2. Vorzüge und Nachteile

5 Die **Motive** für die Errichtung einer GmbH & Co. KG sind mannigfaltig. Zunächst waren es **steuerliche Gründe**, namentlich die steuerrechtliche Begünstigung der Personengesellschaften gegenüber den Kapitalgesellschaften, die zu einer Vielzahl von GmbH & Co. KGs geführt haben. Diese steuerlichen Gründe sind mittlerweile – jedenfalls teilweise – entfallen, da der Gesetzgeber auf die „Flucht in die GmbH & Co. KG" reagiert hat und entsprechende Anpassungen vorgenommen hat.

6 Fernab der steuerrechtlichen „Untiefen" können für die Errichtung einer GmbH & Co. KG aber auch **gesellschaftsrechtliche Gründe** ausschlaggebend sein. So führt der Einsatz einer Komplementär-GmbH zu einem überschaubaren, weil auf die in die GmbH und ggf. auch die KG eingebrachten Einlagen **begrenztem Risiko**. Darüber hinaus wird so die Fremdorganschaft zwar nicht rechtlich, aber doch faktisch auch in der KG möglich.

---

[2] Siehe dazu den „Rektor-Fall" des BGH (BGHZ 45, 204), in dem eine vermögenslose Putzfrau als Komplementärin fungierte.

[3] Wegweisend insoweit RGZ 105, 101; vgl. statt aller im Übrigen nur *Windbichler*, Gesellschaftsrecht, § 37 Rn. 2; *K. Schmidt*, Gesellschaftsrecht, § 56 I 2.

[4] Vgl. etwa §§ 19 II, 125a I 2, 130a I, III, 131 II, 172 VI, 177a, 264a HGB; §§ 19 III, 15a II, 15 III InsO.

> **Beispiel:** Nach dem Tod eines Kaufmanns wollen die erbenden Familienmitglieder das Unternehmen zwar als Personengesellschaft weiterführen, doch findet sich im Familienkreis kein geeigneter Nachfolger. – Hier ist die GmbH & Co. KG eine geeignete Lösung, da man so nicht gezwungen ist, einen Dritten als Gesellschafter aufzunehmen, was mit einer Schwächung des familiären Einflusses verbunden wäre und eine spätere Loslösung (etwa bei Unzufriedenheit mit der Geschäftsführertätigkeit) erschweren würde. Für die Komplementär-GmbH kann auch ein Dritter als Geschäftsführer bestellt werden, der zudem weisungsgebunden ist und bei Bedarf (relativ) einfach abberufen werden kann.

Ein weiterer Vorteil besteht schließlich darin, dass die **weitreichende Gestaltungsfreiheit** des Personengesellschaftsrechts mit der vertikalen Leitungsstruktur des GmbH-Rechts (Stichworte: Weisungsrecht und Kompetenz-Kompetenz der Gesellschafterversammlung) kombiniert werden können und so den praktischen Bedürfnissen der hinter der gesellschaftsrechtlichen Konstruktion stehenden Personen in weitem Umfang Rechnung getragen werden kann.   **7**

Auch die nur sehr begrenzte Anwendung der unternehmensrechtlichen **Mitbestimmung** wird bisweilen als Vorteil der GmbH & Co. KG angesehen.   **8**

Einschlägig ist insoweit (nur) § 4 **MitbestG**. Danach ist bei der Komplementär-GmbH ein Aufsichtsrat zu bilden und nach den Vorgaben des MitbestG zu besetzen, wenn die Mehrheit der Kommanditisten auch die Stimm- oder Anteilsmehrheit der GmbH-Geschäftsanteile hält, die KG mehr als 2.000 Arbeitnehmer und die GmbH selbst weniger als 500 Arbeitnehmer beschäftigen. Dann werden die Arbeitnehmer der KG der GmbH zugerechnet.

In jüngerer Zeit ist schließlich ein weiterer Aspekt in den Vordergrund gerückt: Die GmbH & Co. KG eignet sich auch als Rechtsform für **Kapitalanlagegesellschaften** (dazu noch unten Rn. 14). Die Anleger werden zu Kommanditisten, während die Initiatoren „hinter" der Komplementär-GmbH stehen und über diese die Geschicke der GmbH & Co. KG lenken können. Es liegt auf der Hand, dass hier andere gesellschaftsvertragliche Modalitäten gewählt werden als bei Familiengesellschaften.   **9**

Die weitreichenden gesellschaftsvertraglichen Gestaltungsmöglichkeiten führen dazu, dass es in der Praxis nicht „die" GmbH & Co. KG schlechthin gibt, sondern mannigfaltige Erscheinungsformen, die von der Ein-Personen-KG über die Familiengesellschaft bis hin zur Publikums-KG reichen.   **10**

> Daher ist die Lösung von Einzelproblemen vielfach nicht in einem Lehrbuch zu suchen, sondern aus den jeweiligen Gesellschaftsverträgen abzuleiten. Ein Lehrbuch kann hier nur die Grundlagen darstellen und die Grenzen des rechtlich Zulässigen aufzeigen.

Aber auch die **Nachteile** sollen nicht verschwiegen werden[5]: Die Konstruktion führt zu einer Verkomplizierung der Gesellschaftsstruktur und zu einer Vermehrung von Buchführungspflichten. Auch sieht sich die GmbH & Co. KG bisweilen   **11**

---

[5] Dazu *Bacher/v. Blumenthal*, IR 2007, 152.

dem Vorwurf ausgesetzt, dass sie Fehlanreize zu riskanten oder missbräuchlichen Verhaltensweisen setze.

> Besonders risikoträchtig sind die Fälle, in denen die Komplementär-GmbH **zugleich Komplementärin weiterer Gesellschaften** ist, sodass sich – verbildlicht – eine Stern-form ergibt. Laufen die Geschäfte in einer GmbH & Co. KG schlecht und wird die GmbH aus anderen Gründen von den Gläubigern dieser Gesellschaft in Anspruch genommen, führt dies zu einem Dominoeffekt, da mit der Insolvenz der GmbH auch die persönliche Haftung wertlos wird.

3. Erscheinungsformen der GmbH & Co. KG

a) Beteiligungsidentische GmbH & Co. KG

12   Insbesondere in Familiengesellschaften ist es üblich, dass die Gesellschafter der Komplementärin **personenidentisch bzw. beteiligungsidentisch** mit den Kom-manditisten der KG sind.

> Die hinter der Konstruktion stehenden natürlichen Personen sind an beiden Gesellschaften in gleichem Umfang beteiligt. Die Gesellschafterstruktur der Komplementär-GmbH entspricht also der Zusammensetzung des Komman-ditistenkreises.

Diese Gestaltungsform stellt rein zahlenmäßig den **Regelfall** der GmbH & Co. KG dar. Sinnvollerweise wird man hierbei die Gesellschaftsverträge von GmbH und KG miteinander verknüpfen – etwa indem man eine Pflicht zur Anteilsveräuße-rung in der einen Gesellschaft oder eine Kündigung fingiert, wenn die Mitglied-schaft in der anderen Gesellschaft beendet wird.

Die beteiligungsidentische GmbH & Co. KG ist auch als **„Quasi"-Einpersonengesellschaft** möglich. So kann eine Person sämtliche Geschäftsantei-le an der Komplementär-GmbH halten und zugleich einziger Kommanditist sein.

> **Achtung:** Die Komplementär-GmbH selbst kann aber nicht selbst Kommanditistin sein, da im Personengesellschaftsrecht der Grundsatz der „Einheitlichkeit der Mitgliedschaft" gilt[6]. Dies ist bei der KGaA anders; bei dieser können die Komplementäre zugleich Kommanditaktionäre sein (siehe unten § 28 Rn. 2).

b) Einheitsgesellschaft

13   Als **Alternative** zur beteiligungsidentischen GmbH & Co. KG wird seit ei-niger Zeit die sog. Einheitsgesellschaft beworben. Bei dieser hält die KG sämtliche Geschäftsanteile ihrer Komplementär-GmbH.

---

[6] BGHZ 24, 108; 58, 316; BGH NJW 84, 363; *Hopt* in Baumbach/Hopt, HGB, § 161 Rn. 4.

In diesem Fall kann eine **gleichlaufende Willensbildung** in KG und Komplementär-GmbH sichergestellt werden, ohne dass es einer gesellschaftsvertraglichen Verknüpfung bedarf. Der Willensbildungsprozess geht dabei freilich von der KG aus, weshalb Einheitsgesellschaften für Publikumsgesellschaften oder überhaupt Gesellschaften mit größerem Gesellschafterkreis weniger zu empfehlen sind.

c) Publikumsgesellschaften

Die GmbH & Co. KG ist auch bei Publikumsgesellschaften verbreitet. Dabei handelt es sich in der Regel um sog. **geschlossene Investmentfonds**, bei denen einige Gründer ein wirtschaftliches Projekt initiieren, für das sie dann bei vermögenden Privatinvestoren um Beteiligung werben. **14**

> Häufig sind dabei steuerliche Motive für die Rechtsformwahl entscheidend. Im Gegensatz zum Aktionär ist der Kommanditist steuerrechtlich Mitunternehmer (§ 15 III Nr. 1 EStG), was diverse Vorteile (vor allem im Hinblick auf die Verrechnung von Verlusten) mit sich bringt.

Bei Publikumsgesellschaften fungiert das „Publikum" regelmäßig als Kommanditist der KG, wohingegen in der GmbH regelmäßig lediglich die Initiatoren eine Gesellschafterstellung innehaben. Dies hat zur Folge, dass auf Seite der Kommanditisten regelmäßig nur geringe Einfluss- und Informationsmöglichkeiten bestehen.

Die **Corporate Governance** solcher Publikums-Personengesellschaften ist notorisch mangelhaft, zumal auch ein unabhängiges Kontrollgremium fehlt oder nur „pro forma" existiert und mit Vertrauenspersonen der Initiatoren besetzt ist. Insbesondere können sich die Kommanditisten kaum einen Überblick über die Lage in der GmbH (oder jeder anderen als Komplementärin agierenden Kapitalgesellschaft) verschaffen.

d) Schachtelbeteiligungen

Typischerweise fungiert lediglich eine GmbH als Komplementärin. Es können aber auch mehrere Kapitalgesellschaften Komplementäre sein. Möglich sind auch „geschachtelte" Konstruktionen, etwa dergestalt, dass eine Personengesellschaft als Komplementärin fungiert, an dieser jedoch nur Kapitalgesellschaften beteiligt sind. Möglich ist auch, dass eine GmbH & Co. KG Komplementärin einer anderen GmbH & Co. KG ist (sog. **doppelstöckige GmbH & Co. KG**). **15**

4. Verknüpfung der Rechtsverhältnisse

a) Gründung

16 Nochmals: Die GmbH & Co. KG ist keine eigenständige Rechtsform (siehe oben Rn. 1). Komplementär-GmbH und KG sind miteinander nicht identisch, sondern in ihrem Bestehen und Entstehen – im Ausgangspunkt – voneinander unabhängig. Es gelten insoweit für die GmbH die Vorschriften des GmbHG, für die KG die der §§ 105, 161 ff. HGB, §§ 705 ff. BGB.

> Eine GmbH & Co. KG kann auf verschiedene Weise entstehen:
> ➲ durch die Neugründung von Komplementär-GmbH und KG,
> ➲ durch die Verwendung einer bestehenden GmbH als Komplementärin einer neu zu gründenden KG,
> ➲ durch den Eintritt der bestehenden GmbH in eine bestehende KG,
> ➲ durch Verschmelzung, Spaltung oder Formwechsel nach dem UmwG.

17 Wichtig ist dabei, dass die KG ohne Komplementär weder entstehen noch fortbestehen kann. Es muss also stets ein Rechtsträger existieren, der die Komplementärstellung innehat.

> Dies wird namentlich dann relevant, wenn GmbH und KG neu gegründet werden. Dabei ist aber zu beachten, dass auch die **Vor-GmbH** rechtsfähig und mit der späteren GmbH identisch ist (siehe oben § 6 Rn. 3). Auch sie kann vorübergehend als Komplementärin fungieren. Die KG kann also schon gegründet werden, während das Eintragungsverfahren für die GmbH noch andauert.

b) Auflösung und Beendigung

18 Auch Auflösung, Liquidation und Beendigung richten sich zunächst nach dem für die jeweilige Gesellschaft einschlägigen Recht. Für die Komplementär-GmbH gelten also die §§ 60 ff. GmbHG, für die KG die §§ 161 II, 131 ff. HGB. Dennoch sind auch hier die Auflösungsgründe miteinander verknüpft:

➲ Die **Auflösung der (einzigen) Komplementär-GmbH** führt zwingend auch zur Auflösung der KG[7]. Die Kommanditisten haben aber die Möglichkeit, einen neuen Komplementär zu suchen und so aus der aufgelösten wieder eine werbende KG zu machen.

➲ Die **Auflösung der KG** berührt hingegen die GmbH nicht ohne Weiteres. Der GmbH-Gesellschaftsvertrag kann aber die Auflösung der KG auch als Auflösungsgrund für die GmbH vorsehen (§ 60 II GmbHG). Ist der statutarische Unternehmensgegenstand der GmbH ausschließlich darauf gerichtet, als Komplementärin einer bestimmten KG zu dienen, muss für das Fortbestehen der Unternehmensgegenstand durch Satzungsänderung an die

---

[7] Wie hier *K. Schmidt*, Gesellschaftsrecht, § 56 VI 1 a; *ders.* in MünchKomm. HGB, § 131 Rn. 47; *K. Schmidt/Bitter* in Scholz, GmbHG, § 60 Rn. 115; a.A. BGHZ 75, 178, 181 f.; OLG Frankfurt DNotZ 1976, 619, 620 f.; *Ulmer* in Staub, HGB, § 131 Rn. 85, die auf den Verlust der Rechtsfähigkeit, also auf die Beendigung der GmbH abstellen wollen.

neue Lage angepasst werden; andernfalls kommt eine Auflösung nach § 61 GmbHG in Betracht.

Ein Sonderproblem stellt sich, wenn GmbH und KG **gleichzeitig aufgelöst** werden, insbesondere wenn simultan das **Insolvenzverfahren** über ihr jeweiliges Vermögen eröffnet wird. Nach § 131 III Nr. 2 HGB würde die Komplementär-GmbH eigentlich aus der Gesellschaft ausscheiden – mit der Folge, dass eine KG nicht mehr vorläge und die Kommanditisten für sämtliche Verbindlichkeiten der KG persönlich einstehen müssten. Hier spricht viel dafür, § 131 III Nr. 2 HGB insoweit teleologisch zu reduzieren, also nicht anzuwenden[8]. Für die Praxis empfiehlt sich eine gesellschaftsvertragliche Klarstellung. **19**

Bei Personengesellschaften ist grundsätzlich nur die Zahlungsunfähigkeit Insolvenzgrund (§ 17 InsO und oben § 11 Rn. 93). Dies ist bei der GmbH & Co. KG anders; hier ist – anders als bei Personengesellschaften mit natürlichen Personen als Vollhaftern – auch die **Überschuldung Insolvenzgrund** (§ 19 III InsO). Das Gesetz reagiert damit auf die beschränkte Haftung, die den Insolvenzantrag verlangt, wenn das vorhandene Haftkapital mehr als verbraucht ist. Die Insolvenzeröffnung führt zur Auflösung der KG (§§ 161 II, 131 I Nr. 1 HGB). **20**

Damit zieht der Gesetzgeber die Konsequenz daraus, dass keine natürliche Person als Vollhafter vorhanden ist und stellt die KG insoweit einer Kapitalgesellschaft gleich. Zur strafbewehrten Antragspflicht siehe § 15a InsO. Gemäß §§ 177a, 130a HGB besteht ein Zahlungsverbot, das demjenigen des § 64 GmbHG ähnelt.

II. Die GmbH & Co. KG im Rechtsverkehr

1. Firmierung der GmbH & Co. KG

Die früher bestehenden Schwierigkeiten im Zusammenhang mit der korrekten Firmierung der GmbH & Co. KG sind seit der Handelsrechtsreform 1998 weitgehend gelöst. Zu beachten ist, dass die GmbH und KG jeweils eine eigene – und wegen § 30 HGB hinreichend unterscheidbare – Firma haben müssen. Der nach § 19 II HGB erforderliche **Rechtsformzusatz** muss bei der KG erkennen lassen, dass keine natürliche Person unbeschränkt haftet (vgl. §§ 177a, 161 II, 125a I HGB). **21**

Verbreitet ist, dass die KG als „XY GmbH & Co. KG" firmiert, während die GmbH sich „XY Verwaltungs-GmbH" nennt. Das ist zur Unterscheidung ausreichend und verdeutlicht zugleich, dass die Gesellschaften zusammen gehören.

Das Auftreten als schlichte KG kann eine **Vertrauenshaftung** nach sich ziehen, wenn der Rechtsverkehr fälschlicherweise von einer gesetzestypischen KG mit natürlicher Person als Komplementär ausgeht[9].

---

[8] Ebenso *K. Schmidt* in MünchKomm. HGB, § 158 Rn. 67 mit weiteren Nachweisen zum Meinungsstand.

[9] Zur Vertrauenshaftung bei falschem Rechtsformzusatz vgl. *K. Schmidt*, Handelsrecht, § 5 IV 2.

2. KG als Unternehmensträgerin

22 Das **operative Geschäft** wird in aller Regel von der KG betrieben. Diese ist Träger des Unternehmens, während die GmbH nur Verwaltungsfunktionen wahrnimmt und den Geschäftsführer stellt. Dies bedeutet, dass im rechtsgeschäftlichen
Verkehr typischerweise die KG Vertragspartner von Arbeitnehmern, Kreditge-
bern, Lieferanten, Kunden etc. wird. Damit trägt sie auch die in diesem Zuge an-
fallenden Verbindlichkeiten.

23 **Organschaftlich vertreten** wird sie dabei durch die Komplementär-GmbH
und diese wiederum durch ihren Geschäftsführer. Selbstverständlich kann dieser
Dritten, auch Kommanditisten Vollmacht oder Prokura erteilen. Die KG haftet
dann für die in ihrem Namen begründeten Verbindlichkeiten. Für deliktische Ansprüche findet § 31 BGB analoge Anwendung.

> Schädigt der Geschäftsführer der Komplementär-GmbH in Ausführung seiner geschäfts-
> leitenden Tätigkeit für die KG einen Dritten deliktisch, so haftet er zunächst selbst nach
> den allgemeinen haftungsrechtlichen Grundsätzen (also z.B. nach § 823 I BGB), darüber
> hinaus analog § 31 BGB die GmbH und nochmals analog § 31 BGB die KG. Es erfolgt
> also eine **doppelte Zurechnung**.

24 Für vertragliche Verbindlichkeiten, die der Geschäftsführer oder ein vertretungs-
berechtigter Dritter **namens der GmbH** eingeht, haftet nur diese, nicht die KG.
Gleiches gilt für Ansprüche aus Vertragsverletzung (§§ 280 ff. BGB). Eine Eigen-
haftung des Geschäftsführers kommt nur ausnahmsweise nach § 311 III BGB in
Betracht (siehe oben § 11 Rn. 103).

3. Gesellschafterhaftung

25 Als **Komplementärin** haftet die GmbH gemäß §§ 161 II, 128 HGB unmittelbar
und unbeschränkt mit ihrem gesamten Vermögen für die Verbindlichkeiten der
KG. Hinsichtlich der Haftung der GmbH-Gesellschafter gelten keine Besonderheiten, d.h. diese haften grundsätzlich nicht. Da Komplementär-GmbHs oftmals nur
mit einem geringen Stammkapital ausgestattet werden und selten weiteres Vermögen besitzen, ist ein Vorgehen gegen die GmbH zumeist unattraktiv.

26 Die **Kommanditisten** haften nach §§ 171, 172 HGB nur in Höhe der im Handelsregister ausgewiesen Hafteinlage und das auch nur, soweit sie diese noch nicht
erbracht haben[10]. Wurde die Kommanditistenstellung noch nicht im Handelsregister eingetragen, richtet sich die Haftung nach § 176 HGB.

> Für die GmbH & Co. KG gelten die Grundsätze der **Durchgriffshaftung** (siehe oben § 10
> Rn. 5 ff.) entsprechend – und zwar sowohl für die Gesellschafter der GmbH als auch für
> die Kommanditisten. Auch eine **(Innen-)Haftung wegen existenzvernichtenden Ein-
> griffs** ist möglich (dazu oben § 10 Rn. 21 ff.).

---

[10] Näher dazu die Literatur zum Personengesellschaftsrecht. Ein guter Überblick findet sich etwa
bei *Hopt* in Baumbach/Hopt, HGB, § 171 Rn. 1 ff.

III. Kapitalschutz

1. Kapitalaufbringung

Bei der GmbH & Co. KG treffen **zwei unterschiedliche Kapitalschutzsysteme**   27
aufeinander: das der Komplementär-GmbH einerseits und das der KG andererseits. Beide bestehen **nebeneinander**.

Für die Zwecke der Kapitalaufbringung und -erhaltung betrachtet die Rechtsprechung die beiden Gesellschaften getrennt, selbst wenn tatsächlich nur ein Unternehmen betrieben wird, weil nur die KG am Markt auftritt und die GmbH nur
verwaltend tätig wird. Den Vorschlag, die beiden Gesellschaften in diesem Fall als
„eine Kasse" anzusehen[11], hat der BGH schon im Jahre 1985 zurückgewiesen[12].

Für die Sichtweise des BGH spricht, dass die GmbH, auch wenn sie selbst nicht
geschäftstätig wird, durchaus Gläubiger haben kann, etwa das Finanzamt. Daher
ist es **im Ausgangspunkt richtig**, beide Gesellschaften als jeweils selbständige
Einheiten anzusehen und ihre Vermögensmassen getrennt zu betrachten. Die Gesellschafter beider Gesellschaften haben daher ihre Einlageverpflichtungen ihnen
gegenüber jeweils gesondert zu erfüllen[13]. Mit anderen Worten:

Es gibt kein Sonderrecht der Kapitalaufbringung für die GmbH & Co. KG.

a) Komplementär-GmbH

Für die **Einlageerbringung in der Komplementär-GmbH** finden die Regelun-   28
gen des GmbH-Rechts (dazu oben § 7) Anwendung. Die sich nach den übernommenen Geschäftsanteilen bemessenden Einlagen sind daher **zur freien Verfügung**
des Geschäftsführers der GmbH zu leisten.

aa) Enge Auffassung des BGH

Der **BGH** verlangt dazu die Einzahlung auf ein **eigenes Konto der GmbH**; die   29
Leistung auf ein Konto der KG soll selbst dann nicht genügen, wenn der GmbH-
Geschäftsführer darauf zugreifen kann[14]. Ferner bleibt nach Ansicht des BGH die
Einlageforderung der Komplementär-GmbH grundsätzlich auch dann bestehen,
wenn die an sie gezahlten Einlagemittel umgehend als **„Darlehen"** an die vom
Inferenten beherrschte KG weiterfließen[15]. Dabei soll es auch keine Rolle spielen,
ob die Komplementär-GmbH die Einlagemittel zur Begleichung von Verbindlich-

---

[11] Vgl. *K. Schmidt*, DB 1985, 1986

[12] BGH NJW 1986, 989; für eine Einheitsbetrachtung hingegen OLG Köln, NZG 2003, 41.

[13] BGHZ 174, 370 ff.; *K. Schmidt*, Gesellschaftsrecht, § 56 V 1; *Werner*, GmbHR 2006, 942.

[14] Vgl. BGHZ 174, 370 ff.

[15] BGHZ 174, 370 ff.

keiten aktuell benötigt oder nicht[16]. Nach Ansicht der Rechtsprechung mangelt es an der freien Verfügung der GmbH über die Einlagemittel (§ 8 II GmbHG).

bb) Kritik und eigener Ansatz

30   Dieser Rechtsprechung ist **nicht zu folgen**. Sie ist ein typisches Beispiel eines verfehlten, weil gegenständlich verstandenen Kapitalschutzsystems[17]. Verräterisch ist insoweit schon die Formulierung des BGH vom „gesetzlichen Garantiekapital"[18]. Hier scheint ersichtlich die Vorstellung durch, dass das Kapital für die Gläubiger der GmbH reserviert und für den Ernstfall unangetastet vorgehalten werden müsse. Das ist allerdings ganz evident nicht der Fall: Das Kapital kann und soll unternehmerisch eingesetzt werden. Gegen das daraus resultierende Verwirtschaftungsrisiko wird der Gläubiger nicht geschützt.

> Stellt man stattdessen mit der hier vertretenen Ansicht auf den **Risikobeitrag** ab, steht außer Frage, dass der Gesellschafter diesen dem von ihm betriebenen Unternehmen dauerhaft zur Verfügung gestellt hat. Mehr ist nicht erforderlich.

Die Auffassung des BGH kann auch deshalb nicht überzeugen, weil sie die GmbH nötigt, bei ihr nicht benötigte Liquidität zu horten, statt sie, was vernünftig wäre, ins Unternehmen zu investieren[19]. Das schafft nur einen **Fehlanreiz**, das Kapital der GmbH so niedrig wie möglich festzusetzen oder gleich auf die UG oder die Limited auszuweichen. Auch § 19 V GmbHG entschärft das Problem nur teilweise, denn dieser hat erhebliche materielle und formelle Voraussetzungen (siehe oben § 7 Rn. 45 ff.).

31   Richtigerweise sollte man daher die **Weitergabe der Mittel an die KG** in bestimmten Fällen für **unschädlich** ansehen, auch wenn die Voraussetzungen des § 19 V GmbHG nicht vorliegen, etwa weil vergessen wurde, das Hin- und Herzahlen beim Handelsregister anzumelden, was nach Auffassung des BGH materielle Voraussetzung der wirksamen Leistung ist[20].

⊃   Dies kommt einmal dann in Betracht, wenn die GmbH den Kapitalbetrag verwendet, um in die KG eine **Vermögenseinlage** zu leisten – was ein Komplementär kann, aber nicht muss. In diesem Fall ist auch die Direktzahlung an die KG unschädlich.

⊃   Zum anderen reicht es aber auch aus, wenn die **GmbH im Gesellschaftsvertrag der KG verpflichtet** wird, dieser ein Darlehen zu gewähren. Auch dann handelt es sich um eine Gesellschafterleistung, die auch ein natürlicher Komplementär erbringen

---

[16] A.A. *Priester*, EWiR 2006, 497.

[17] Zutreffend *K. Schmidt*, ZIP 2008, 481, 490; kritisch auch *Bayer* in Lutter/Hommelhoff, GmbHG, § 19 Rn. 87.

[18] BGHZ 174, 370 ff.

[19] So mit Recht auch *K. Schmidt*, ZIP 2008, 481, 488 ff.

[20] BGHZ 180, 38 ff. – „Qivive"; für weitere Nachweise, auch zur (vorzugswürdigen) Gegenauffassung siehe oben § 7 Rn. 56.

könnte und würde. Ein Verstoß gegen § 8 II GmbHG liegt nicht vor, denn die Vorabsprache über die Mittelverwendung ist anerkanntermaßen zulässig[21] und die Mittel
fließen auch nicht an den Inferenten zurück, sondern verbleiben im Unternehmen.

↻ Nur wenn keine dieser Fallgruppen vorliegt, ist der Vorgang nach § 19 V GmbHG
zu würdigen. Auch daraus kann sich die Wirksamkeit der Einlageerbringung ergeben
(näher oben § 7 Rn. 50 ff.).

b) KG

In der KG ist für Kommanditisten zwingend die Festsetzung einer **Hafteinlage**   **32**
vorgesehen, nach der sich die Kommanditistenhaftung im Außenverhältnis gegenüber den Gesellschaftsgläubigern bestimmt (§§ 171, 172 HGB).

Hiervon zu unterscheiden ist die sog. **Pflichteinlage**, also die Einlageansprüche, die der
KG im Innenverhältnis gegen die Kommanditisten zustehen. Ohne besondere Vereinbarung entsprechen sich Pflichteinlage und Hafteinlage, doch kann die Pflichteinlage auch
höher oder niedriger sein[22].

Wenn (und soweit) die Hafteinlage der KG zugeflossen ist, hat der Kommanditist   **33**
den nach außen kundgetanen **Risikobeitrag** erbracht und eine Haftung scheidet
aus (§ 171 HGB). Maßgeblich ist insoweit der objektive Wert der erbrachten Leistung. Besondere Form- oder Prüfungserfordernisse bestehen dabei nicht. Insbesondere muss die Einlageleistung nicht in bar erfolgen. Zudem besteht kein Aufrechnungsverbot. Die KG kann den Kommanditisten im Innenverhältnis sogar von
der Einlagepflicht befreien, doch ändert dies nichts an der Haftung im Außenverhältnis (§ 172 III HGB). Und die Rückgewähr der erbrachten Einlage an den
Kommanditisten führt zum Wiederaufleben der Haftung.

Für die GmbH & Co. KG von besonderer Bedeutung ist **§ 172 VI HGB**. Da-   **34**
nach kann zwar vereinbart werden, dass ein Kommanditist seine Einlagepflicht
gegenüber der KG dadurch erfüllt, dass er Anteile an der Komplementärin übernimmt. Doch wird er hierdurch nicht von der Kommanditistenhaftung nach § 171
HGB befreit.

Auch **Komplementäre** können eine Einlage übernehmen. Insoweit bestehen aber keine
rechtlichen Bindungen.

2. Kapitalerhaltung

Auch hinsichtlich der Kapitalerhaltung ist zwischen Komplementär-GmbH und   **35**
KG zu trennen.

---

[21] Vgl. BGH NJW 1991, 226; 1992, 2698, 2700; OLG Dresden ZIP 1999, 1885; *Ulmer* in Ul-
mer/Habersack/Winter, GmbHG, § 7 Rn. 58; *Heyder* in Michalski, GmbHG, § 7 Rn. 48; *K.
Schmidt*, AG 1986, 109 ff.; *Hommelhoff/Kleindiek*, ZIP 1987, 477 ff.; *Lutter*, NJW 1989, 2659.
[22] Näher zum Ganzen *v. Falkenhausen/Schneider*, MünchHdb. GesR II (KG), § 17 Rn. 6 ff.

↻ Für die **Komplementär-GmbH** gelten die §§ 30 f. GmbHG (dazu oben § 8). Danach sind Auszahlung an die Gesellschafter unzulässig, wenn und soweit hierdurch das Gesellschaftsvermögen unter die Stammkapitalziffer absinkt oder wenn eine bestehende Unterbilanz vertieft wird. Verbotswidrige Auszahlungen sind an die GmbH zurück-zugewähren.

↻ Bei der **KG** besteht keine zwingende Ausschüttungssperre[23]. Entnahmen durch Komple-mentäre und Kommanditisten sind daher – unter dem Aspekt des Gläubigerschutzes – grundsätzlich zulässig. Eine Einlagenrückgewähr kann aber zur Kommanditistenhaftung gemäß §§ 171, 172 HGB führen (siehe oben Rn. 33).

36   Allerdings können **Zahlungen aus dem Vermögen der KG mittelbar die Kom-plementär-GmbH belasten**. Zum einen stellt die Beteiligung an der KG in der Bilanz der GmbH einen Aktivposten dar. Deshalb können Wertveränderungen bei der KG dazu führen, dass der Beteiligungswert abgeschrieben werden muss, wo-durch sich das GmbH-Vermögen vermindert. Zudem kann es sein, dass bei dro-hender Inanspruchnahme der GmbH aus der Haftung nach § 128 HGB eine Rück-stellung zu bilden ist. In beiden Fällen kann dadurch eine **Unterbilanz bei der GmbH** ausgelöst werden[24]. Insoweit gelangen die §§ 30 f. GmbHG zur analogen Anwendung.

> Leistungen der KG an ihre Kommanditisten stellen einen **Verstoß gegen § 30 I GmbHG** dar, wenn durch sie Gesellschaftsvermögen der Komple-mentär-GmbH unter die Stammkapitalziffer absinkt oder hierdurch eine be-stehende Unterbilanz vertieft wird[25].

Verbotswidrige Leistungen sind in diesen Fällen nach Auffassung des BGH nicht an die GmbH, sondern **an die KG zurückzugewähren**[26] (§ 31 GmbHG analog). Dies gilt auch bei Personenverschiedenheit von Kommanditisten und GmbH-Gesellschaftern[27].

3. Gesellschafterdarlehen

37   Die früher in § 172a HGB behandelten „eigenkapitalersetzenden Gesellschafter-darlehen" sind inzwischen rechtsformneutral in §§ 135 I, 39 I Nr. 5 IV InsO gere-gelt. Sie gelten auch für die KG, bei der keine natürliche Person die unbeschränkte Haftung übernimmt. Insoweit kann auf die Ausführungen zur GmbH (oben § 9) verwiesen werden.

---

[23] Dazu *K. Schmidt*, Gesellschaftsrecht, § 56 V 1 b.

[24] *Hommelhoff* in Lutter/Hommelhoff, GmbHG, § 30 Rn. 60.

[25] BGHZ 110, 342; *Grunewald*, Gesellschaftsrecht, 1.C. Rn. 77.

[26] BGHZ 110, 342; NJW 1995, 1960; a.A. *Westermann* in Scholz, GmbHG, § 31 Rn. 10; *Hom-melhoff* in Lutter/Hommelhoff, GmbHG, § 31 Rn 3.

[27] BGHZ 110, 342; BGH NJW 1995, 1960; kritisch *Grunewald*, Gesellschaftsrecht, 1 C. Rn. 78.

IV. Stellung der Kommanditisten

1. Teilhabe- und Informationsrechte

In der **gesetzestypischen KG** haben die Kommanditisten eine schwache Stellung. **38**
Sie sind von der **Geschäftsführung** ausgeschlossen, und ihnen steht regelmäßig
auch kein Widerspruchsrecht gegen Entscheidungen der Komplementäre zu
(§ 164 S. 1 HGB).

> Lediglich Geschäfte, die über den gewöhnlichen Betrieb des Handelsgewerbes hinaus-
> gehen[28], bedürfen gemäß §§ 164 S. 2, 161 II, 116 II HGB der Zustimmung aller, auch der
> nicht geschäftsführenden Gesellschafter und mithin auch der Kommanditisten.

Die **Informationsrechte** der Kommanditisten beschränken sich gemäß § 166 I **39**
HGB darauf, dass eine abschriftliche Mitteilung des Jahresabschlusses verlangt
und dessen Richtigkeit unter Einsicht der Bücher und Papiere geprüft werden
kann. Ein **Auskunftsrecht** sieht das Gesetz nicht ausdrücklich vor, es ergibt sich
jedoch aus allgemeinen Grundsätzen, jedoch nur insoweit, als es zur Wahrung der
Kommanditistenrechte erforderlich ist[29].

Jedoch steht dies alles zur gesellschaftsvertraglichen Disposition. Im KG-
Gesellschaftsvertrag können die Verwaltungs- und Informationsrechte der
Kommanditisten gestärkt und insbesondere auch ein Gleichlauf mit § 51a
GmbHG hergestellt werden[30].

> Ob von dieser Möglichkeit in der GmbH & Co. KG Gebrauch gemacht wird, hängt maß-
> geblich von der Zwecksetzung und der Zusammensetzung des Gesellschafterkreises ab.
> Bei Publikumsgesellschaften, etwa Investmentfonds, sehen die Initiatoren in aller Regel
> keinen Bedarf für entsprechende Anpassung, da die Kommanditisten hier keine
> Mitspracherechte haben sollen (siehe oben Rn. 14). Ganz anders stellt sich die Lage
> typischerweise in Familiengesellschaften dar.

Diskutiert wird, ob den Kommanditisten in ihrer Gesamtheit auch das Recht ein- **40**
geräumt werden kann, den **Geschäftsführer der Komplementär-GmbH zu bestellen und abzuberufen**[31]. Dies ist zu bejahen. Allerdings kann diese Befugnis
nicht im Gesellschaftsvertrag der KG, sondern nur durch die **Satzung der GmbH**
eingeräumt werden.

> Zur grundsätzlichen Zulässigkeit der Bestellung und Abberufung von GmbH-Geschäfts-
> führern durch Dritte siehe oben § 11 Rn. 18.

---

[28] Zur Frage, welche Geschäfte als außergewöhnlich anzusehen sind, siehe etwa *Jickeli* in
MünchKomm. HGB, § 116 Rn. 6 ff.

[29] OLG Stuttgart, NZG 2002, 1106; *Koller* in Koller/Roth/Morck, HGB, § 166 Rn. 2.

[30] *Oppenländer* in Oppenländer/Trölitzsch, Hdb. des GmbH-Geschäftsführers, § 3 Rn. 27; *Hopt*
in Baumbach/Hopt, HGB, § 166 Rn. 18.

[31] Bejahend *K. Schmidt*, JZ 2008, 425, 436; verneinend BGH ZIP 2007, 1658, 1659.

41   Zwingend ausgeschlossen sind die Kommanditisten aber nach § 170 HGB von der
      organschaftlichen Vertretung der GmbH & Co. KG; hiervon kann auch durch
      Gesellschaftsvertrag nicht abgewichen werden[32]. Allerdings kann ihnen jede Form
      der rechtsgeschäftlichen Vertretungsmacht eingeräumt, also z.B. auch Prokura
      (§§ 48 ff. HGB) erteilt werden. Zudem können sie zum Geschäftsführer der Kom-
      plementär-GmbH bestellt werden.

2. Vermögensrechte

42   Vom **Jahresgewinn** gebührt nach der gesetzlichen Konzeption jedem Kommandi-
      tisten – wie auch jedem Komplementär – zunächst ein **Anteil** in Höhe von bis zu
      4 % ihres jeweiligen Kapitalanteils (§§ 168 I, 121 I HGB); im Übrigen ist der Ge-
      winn angemessen zwischen Komplementären und Kommanditisten zu verteilen.
43   Die gesetzliche Regelung „schreit" nachgerade nach einer vertraglichen Kon-
      kretisierung. Typischerweise wird das **Gewinnbezugsrecht der Komplementär-
      GmbH ausgeschlossen**. Stattdessen erhält diese einen pauschalisierten Aufwen-
      dungsersatz und eine Festvergütung, damit sie ihre (verhältnismäßig geringen)
      laufenden Kosten begleichen kann. Im Übrigen wird der Jahresüberschuss, sofern
      er nicht in Rücklage gestellt oder anderweitig bilanziell verwendet wird, unter den
      Kommanditisten verteilt.

44 | **Exkurs:** Rechnungslegung in der GmbH & Co. KG
      |
      | Abschließend noch eine Bemerkung zur Rechnungslegung in der GmbH & Co KG. Die
      | rechtliche Eigenständigkeit von Komplementär-GmbH und KG zwingt dazu, Buch-
      | führungs- und Rechnungslegungspflichten zweifach zu erfüllen. Die unter § 14 Rn. 1 ff.
      | dargestellten Grundsätze gelten daher für die GmbH, aber wegen § 364a I HGB zusätzlich
      | auch für die KG. Die Vorschrift ordnet nämlich an, dass Personengesellschaften ohne eine
      | natürliche Person als persönlich haftende Gesellschafter oder Gesellschafter-Gesell-
      | schafter wie eine gewöhnliche Kapitalgesellschaft bilanzieren müssen. Die §§ 264 ff.
      | HGB finden somit Anwendung. Damit ist die KG verpflichtet, Jahresabschluss, Bilanz,
      | Anhang und Lagebericht aufzustellen. Die Aufstellung obliegt dabei den Komplemen-
      | tären, in der GmbH & Co. KG damit dem Geschäftsführer der Komplementär-GmbH. Die
      | Feststellung des Jahresabschlusses hingegen erfolgt durch Beschluss aller Gesellschafter,
      | also auch durch die Kommanditisten. Damit entscheiden sie auch über die Bilanzpolitik,
      | insbesondere über die Ausübung von Wahlrechten und die Rücklagenbildung, von der
      | wiederum abhängt, wie viel verteilungsfähiger Gewinn übrig bleibt.

---

[32] BGHZ 51, 198, 201; *Schilling* in Staub, HGB, § 170 Rn. 4; *Gummert* in MünchHdb. GesR II
(KG), § 52 Rn. 10; a.A. *Bergmann*, ZIP 2006, 2064 ff.

3. Teil:

Die Aktiengesellschaft

§ 18 Grundlagen des Aktienrechts

Literatur: *Assmann* in Großkomm. AktG, Einleitung; *Habersack/Bayer* (Hrsg.), Aktienrecht im Wandel, Band I: Entwicklung des Aktienrechts, Band II: Grundsatzfragen des Aktienrechts, 2007; *Schubert/Hommelhoff*, 100 Jahre modernes Aktienrecht, 1985.

I. Historische Entwicklung des Aktienrechts

Während das GmbH-Recht eine „Erfindung" des deutschen Gesetzgebers des spä- **1**
ten 19. Jahrhunderts war, reichen die historischen Wurzeln des Aktienrechts viel
weiter zurück.

Bereits im Spätmittelalter gab es in Italien Gesellschaftsformen, die den AGs moderner
Prägung durchaus ähnelten. Im 17. und 18. Jahrhundert wurden zahlreiche Handels-
kompagnien gegründet, mittels derer Wirtschaftsexpeditionen etwa nach Indien oder
Amerika sowie der Bau von Eisenbahnen durchgeführt und vor allem auch finanziert
werden sollte (siehe bereits § 1 Rn. 25). Die Bedeutung der AG als Kapitalsammelbecken
wuchs noch in der Zeit der industriellen Revolution. Bereits der **Code de Commerce**
(1807) und das **Preußische Aktiengesetz** von 1843 enthielten erste Kodifizierungen eines
Aktienrechts, wobei die Gründung einer AG von einer staatlichen Genehmigung abhängig
gemacht wurde, um die Kapitalgeber vor allzu unseriösen Gründungen zu schützen. Auch
das Allgemeine Deutsche Handelsgesetzbuch (**ADHGB**) von 1861 folgte zunächst noch
dem Konzessionssystem, bevor an dessen Stelle durch die **1. Aktienrechtsnovelle** (1870)
das System der Normativbedingungen (Rechtsfähigkeit durch Eintragung, dazu oben § 1
Rn. 3) trat. Nachdem auf die sog. Gründerjahre der Gründerkrach folgte, entschied sich
der Gesetzgeber dazu, durch die **2. Aktienrechtsnovelle** (1884) das System des aktienrechtlichen Kapitalschutzes auszubauen. Zugleich sollte die Selbständigkeit der AG
gegenüber Gründern und Großaktionären durch ein ausgewogeneres Kompetenzsystem
gestärkt werden. Mit Wirkung zum 1. Januar 1900 wurde das Aktienrecht sodann in das
neu geschaffene HGB inkorporiert.

Als Katalysator für grundlegende Neuerungen fungierten die Wirtschaftskrise des **2**
Jahres 1923 und die 1929 einsetzende Weltwirtschaftskrise. Nach mehreren Not-
verordnungen wurde 1937 das Aktienrecht grundlegend reformiert und in ein eigenständiges Gesetz gefasst. Das **AktG 1937** enthielt dabei auch Zugeständnisse
an den nationalsozialistischen Zeitgeist (z.B. die Einführung des Führerprinzips
auch in der AktG).

Obgleich mit dem Ende des Zweiten Weltkrieges Rufe nach einer Entnazifizierung auch
des Aktienrechts recht bald laut wurden, blieb das AktG 1937 noch bis 1965 in Kraft – sei
es, weil es in den Zeiten des wirtschaftlichen Aufschwungs an Feuerproben für die Qualität
des Aktienrechts mangelte, sei es, weil das Gesetz besser war als sein stigmatisierter Ruf[1].

---

[1] Vgl. auch *Assmann* in Großkomm. AktG, Einleitung Rn. 173, 175; sowie die Begr. RegE zum
AktG 1965 bei *Kropff*, S. 13.

3 Die augenfälligste Neuerung des geltenden **AktG 1965** war die Einführung eines geschriebenen Konzernrechts (§§ 291 ff. AktG und unten § 29 Rn. 11). Zudem wurde die Rolle der Hauptversammlung deutlich aufgewertet, wenngleich deren Einfluss längst noch nicht mit dem der Gesellschafterversammlung in der GmbH verglichen werden kann (dazu oben § 11 Rn. 117 ff.).

4 In der Folgezeit hat das AktG zahlreiche Veränderungen erfahren, etwa durch das Mitbestimmungsgesetz (MitbestG 1976) oder die Umsetzung von EG-Richtlinien (dazu oben § 2 Rn. 2 ff.). Seit 1990 ist die Zahl der kleineren und größeren Reformgesetze derart angewachsen, dass verbreitet von einer **„Aktienrechtsreform in Permanenz"** gesprochen wird[2]. Ursache dafür ist der Charakter des AktG als grundsätzlich zwingendes Recht (§ 23 V AktG): Die Gesellschaften können auf sich ändernde Verhältnisse nicht durch Satzungsgestaltung kreativ reagieren, sondern müssen jeweils beim Gesetzgeber (bzw. bei dem zuständigen Referatsleiter im Justizministerium, Herrn *Prof. Dr. Seibert*) anklopfen und ihn überzeugen, eine Gesetzesänderung auf den Weg zu bringen.

> Zu den wichtigsten Reformgesetzen der letzten 20 Jahre, deren Abkürzungen man schon einmal gehört haben sollte, zählen:
> - 1994: Gesetz für kleine Aktiengesellschaften und zur Deregulierung des Aktienrechts („Kleine AG"-Gesetz),
> - 1998: Gesetz über die Zulassung von Stückaktien (StückAG),
> - 1998: Gesetz zur Kontrolle und Transparenz im Unternehmensbereich (KonTraG),
> - 2001: Gesetz zur Namensaktie und zur Erleichterung der Stimmrechtsausübung (Namensaktiengesetz – NaStraG),
> - 2002: Gesetz zur weiteren Reform des Aktien- und Bilanzrechts, zu Transparenz und Publizität (Transparenz- und Publizitätsgesetz – TransPuG),
> - 2005: Gesetz zur Unternehmensintegrität und Modernisierung des Anfechtungsrechts (UMAG),
> - 2005: Gesetz über die Offenlegung der Vorstandsvergütungen (VorstOG),
> - 2005: Gesetz über Musterverfahren in kapitalmarktrechtlichen Streitigkeiten (Kapitalanleger-Musterverfahrensgesetz – KapMuG),
> - 2006: Gesetz über elektronische Handelsregister und Genossenschaftsregister sowie das Unternehmensregister (EHUG),
> - 2008: Gesetz zur Begrenzung der mit Finanzinvestitionen verbundenen Risiken (Risikobegrenzungsgesetz),
> - 2008: Gesetz zur Modernisierung des GmbH-Rechts und zur Bekämpfung von Missbräuchen (MoMiG),
> - 2009: Gesetz zur Modernisierung des Bilanzrechts (BilMoG),
> - 2009: Gesetz zur Umsetzung der Aktionärsrechterichtlinie (ARUG),
> - 2009: Gesetz zur Angemessenheit der Vorstandsvergütung (VorstAG).

> **Achtung:** Im Zeitpunkt, in dem diese Zeilen verfasst wurden, gab es bereits einen Referentenentwurf vom 02. November 2010 für eine weitere Aktienrechtsreform (ursprünglich als „Aktienrechtsnovelle 2011" bezeichnet). Die „Aktienrechtsreform in Permanenz" geht also weiter, wenngleich diesmal wohl in etwas kleineren Schritten.

---

[2] So zuerst *Zöllner*, AG 1994, 336; vgl. ferner *Seibert*, AG 2004, 217; *Noack*, NZG 2008, 441.

II. Benachbarte Rechtsmaterien

Stark beeinflusst wurde und wird das Aktienrecht zudem durch zahlreiche Ände-   5
rungen im **Recht der handelsrechtlichen Rechnungslegung** und Abschlussprüfung. Berührungspunkte bestehen ferner zum **Umwandlungsrecht**, das bis 1994
im AktG normiert und erst dann mit dem UmwG ein eigenes Gesetz bekommen
hat (dazu unten § 34). Und schließlich haben die Herausbildung und der seit den
1990er Jahren stetige Ausbau des Kapitalmarktrechts zur Veränderung der aktienrechtlichen Wertungsgrundlage und zur Aufspaltung des Aktieneinheitsrechts geführt.

> Von den Wechselwirkungen zwischen Aktienrecht und Kapitalmarktrecht war bereits die
> Rede (oben § 1 Rn. 32 ff.). Hierauf sei nochmals nachdrücklich verwiesen.

Das **Kapitalmarktrecht** ist die Gesamtheit aller Regeln, welche die Ord-   6
nung des Kapitalmarktes und seiner Einrichtungen sowie die rechtliche Bewältigung von Vorgängen am Kapitalmarkt, insbesondere die Emission und
den Handel von Wertpapieren und anderen Anlageformen betreffen.

Das Kapitalmarktrecht ist eine **Querschnittsmaterie**. Zivilrechtliche Regelungen,
aufsichtsrechtliche (also öffentlich-rechtliche) Vorschriften und strafrechtliche
Sanktionsnormen finden sich in den verschiedenen Gesetzen, die zu einem großen
Teil auf europarechtlichen Vorgaben beruhen. Aufsichtsbehörde ist die Bundesanstalt für Finanzdienstleistungsaufsicht (BaFin).

Folgende kapitalmarktrechtliche Gesetze und ihre wesentlichen Inhalte sollten bekannt
sein (für das Aktienrecht wichtige Normen sind gefettet):

- **Wertpapierhandelsgesetz (WpHG):** Regeln für die Erbringung von Wertpapier-
  dienstleistungen, den börslichen und außerbörslichen Handel mit Finanzinstru-
  menten, insbesondere gegen den Insiderhandel (§§ 12 ff. WpHG), zur Ad-hoc-
  Publizität (**§ 15a WpHG**), dem Verbot der Marktmanipulation, zu Mitteilungs- und
  Veröffentlichungspflichten bei Erreichen bestimmter Beteiligungsschwellen (**§§ 21
  ff. WpHG,** anstelle der §§ 20 f. AktG), zur Haftung für falsche und unterlassene
  Kapitalmarktinformationen (**§§ 37b, 37c WpHG**) und zahlreiche weitere Infor-
  mations- und Verhaltenspflichten.
- **Wertpapiererwerbs- und Übernahmegesetz (WpÜG):** Regelungen zu freiwilligen
  Übernahmen von Wertpapieren (§§ 10 ff. WpÜG) und Pflichtangeboten bei Erwerb
  einer 30%igen Kontrollmehrheit (**§§ 29 ff. WpÜG**).
- **Wertpapierprospektgesetz (WpPG):** Regelungen zur Erstellung, Billigung und
  Veröffentlichung von Prospekten für Wertpapiere.
- **Börsengesetz (BörsG):** Regeln über die Organisation der Börsen (§§ 1 ff. BörsG),
  Börsenhandel und Börsenpreisfeststellung (§§ 23 ff. BörsG), die Zulassung von
  Wertpapieren zum Börsenhandel (§§ 32 ff. BörsG), zur Haftung wegen unrichtiger
  Wertpapierprospekte (**§ 44 BörsG**) und zur Einbeziehung in den Freiverkehr (§ 48
  BörsG).
- **Depotgesetz (DepotG):** Regeln über die Verwahrung von Wertpapieren (**§§ 1 ff.
  DepotG**) und zur Einkaufskommission (§§ 18 ff. DepotG).

7   Das Kapitalmarktrecht zielt darauf ab, die Funktionsfähigkeit und Effizienz des Kapitalmarktes zu gewährleisten (**Institutionenschutz**). Zugleich spielt aber auch der **Anlegerschutz** eine große Rolle.

Das Kapitalmarktrecht soll unter anderem die Grundlagen für eine **rationale Anlageentscheidung** liefern. Der Informiertheit des Anlegerpublikums kommt dabei ein große Bedeutung zu: Alle kurs- und damit potentiell entscheidungsrelevanten Tatsachen, die das emittierende Unternehmen betreffen, sollen frühestmöglich bekannt werden. Die Anleger sollen diese – unmittelbar oder vermittelt über Intermediäre (Analysten, Anlagenberater) wahrgenommenen – Tatsachen bei der Anlageentscheidung berücksichtigen können.

> Ob eine rationale Anlageentscheidung getroffen wird, bleibt dann aber jedem Anleger selbst überlassen. Niemand wird gezwungen, von den angebotenen Informationen Kenntnis zu nehmen oder seine Entscheidung an rationalen Gesichtspunkten zu orientieren.

> Insofern gilt der berühmte Satz von *Loss*[3]: *„Jeder hat das unveräußerliche Recht, sich zum Narren zu machen."*

III. Wirtschaftliche Bedeutung der AG

8   Derzeit gibt es ca. 17.000 AGs in Deutschland; mehr als 90 % davon sind nicht börsennotiert[4].

Die große börsennotierte AG mag somit vielleicht die Vorstellung breiter Bevölkerungsschichten prägen – der empirische Regelfall ist sie gewiss nicht. Dennoch ist das Aktienrecht mit seiner Satzungsstrenge (dazu oben § 1 Rn. 27) gerade nicht auf die AG mit einem überschaubaren Gesellschafterkreis und Unternehmensgegenstand zugeschnitten. **Leitbild** der aktienrechtlichen Regulierung ist vielmehr die **große börsennotierte AG** mit weit gestreutem Gesellschafterkreis. Dennoch gibt es zahlreiche dieser **„kleinen AGs"**, die sich aus verschiedenen Gründen dieser Rechtsform bedienen, obwohl das Gesetz eigentlich nicht auf ihre Bedürfnisse zugeschnitten ist.

> Ein Motiv ist dabei sicherlich, schon einmal die Voraussetzungen für einen späteren Börsengang zu schaffen und den Umgang mit der Rechtsform schon einmal zu üben. Zum anderen spielen aber auch Reputationseffekte eine beachtliche Rolle. „AG" klingt besser, seriöser und mehr nach einem Großunternehmen als „GmbH", und „Vorstandsvorsitzender" beeindruckt als Titel auf einer Visitenkarte den Geschäftspartner deutlich mehr als „Geschäftsführer".

---

[3] *Loss*, ZHR 129 (1967), 197, 208.

[4] *Bayer*, Aktienrecht in Zahlen, AG Sonderheft August 2010, 7, 12.

> Die rechtspolitische Diskussion kreist seit fast zwei Jahrzehnten auch um die Frage, ob
> und inwiefern das strenge Aktienrecht für die nicht börsennotierten Gesellschaften
> gelockert werden kann[5].

Zentrales Element der AG ist ihre Funktion als **Kapitalsammelbecken**, das die   **9**
Beteiligung einer großen Anzahl nur kapitalmäßig beteiligter Investoren mit einem begrenzten Risikobeitrag ermöglicht (siehe oben § 1 Rn. 18). Anders als die
GmbH und die Personengesellschaften kann die AG ihre Anteile zum Börsenhandel zulassen. Praktisch wird der Börsengang dabei mit einer Kapitalerhöhung verbunden, die frisches Eigenkapital in die Gesellschaftskasse „spült". Ist ein Börsengang geplant oder soll diese Möglichkeit zumindest offen gehalten werden, so
ist die AG die Rechtsform der Wahl.

Darüber hinaus findet die AG vielfach Verwendung im **Unternehmensver-**   **10**
bund und zwar als herrschendes Unternehmen ebenso wie als abhängiges. Auch
ist sie eine beliebte Rechtsform bei der **Privatisierung** staatlicher und kommunaler Unternehmen[6]. Ihr Vorzug liegt dabei darin, durch die unabhängige Stellung
des Vorstands diesen von Einflussnahmen der Gesellschafter abzuschirmen, was
der Professionalität des Managements entgegenkommt. Und schließlich wurden in
der jüngeren Vergangenheit auch auf dem **genossenschaftlichen Sektor** die Vorzüge des Aktienrechts entdeckt und zahlreiche Genossenschaften in AGs umgewandelt.

IV. Die Aktie

Literatur: *Staake*, Das Recht der Aktie, JA 2004, 247.

1. Ein Begriff – drei Bedeutungen

Die Aktie ist ein fester Bestandteil des Wirtschaftslebens. Was sich allerdings hin-   **11**
ter der Bezeichnung „Aktie" im rechtlichen Sinne verbirgt, ist weiten Teilen des
Publikums nur unvollständig bekannt. Eine Schwierigkeit bei der rechtlichen Ver-
ortung des Begriffs „Aktie" besteht darin, dass das AktG die Bezeichnung nicht in
einheitlicher Weise verwendet.

> Es lassen sich **drei Bedeutungen** unterscheiden:
> ➲ Aktie als Anteil am Grundkapital,
> ➲ Aktie als Mitgliedschaft,
> ➲ Aktie als Wertpapier.

---

[5] Vgl. *Bayer*, Empfehlen sich besondere Regeln für börsennotierte und für geschlossene Gesellschaften?, Gutachten E zum 67. Juristentag, 2008.
[6] *Habersack* in MünchKomm. AktG, Einl. Rn. 7.

2. Aktie als Anteil am Grundkapital

12   Nach § 1 II AktG hat jede Aktiengesellschaft ein in Aktien zerlegtes Grund-
         kapital, das mindestens 50.000 EUR betragen muss (§ 7 AktG).

Aktien sind Anteile – oder anders formuliert: Bruchteile – des festen Grundkapitals; sie sind insoweit das Pendant zu den Geschäftsanteilen bei der GmbH. Aktien
können entweder als **Nennbetragsaktien oder Stückaktien** ausgegeben werden
(§ 8 I AktG).

> Die sog. Quotenaktie als bruchteilige Bezifferung des Anteils am Grundkapital (Beispiel:
> 1/5.000.000 an der X-AG) ist dem deutschen Aktienrecht hingegen fremd.

Die Qualifikation als Nennbetrags- oder Stückaktie beeinflusst weder den Inhalt
der Beteiligung noch deren Wert. Es handelt sich vielmehr um zwei zwar verschiedene, im Ergebnis aber ähnliche Methoden zur Feststellung des **Umfangs** der
Beteiligung an einer AG.

a) Nennbetragsaktien

13   Aktien können auf einen Nennbetrag lauten.

Dieser muss gemäß § 8 II 1 AktG **mindestens einen Euro** betragen, kann aber
auch höher angesetzt werden. Die Summe der Aktiennennbeträge muss mit dem
satzungsgemäß festgesetzten Grundkapital der Gesellschaft übereinstimmen. Der
Anteil einer Aktie am Grundkapital ergibt sich aus dem Verhältnis ihres Nennbetrages zur Gesamtsumme (§ 8 IV AktG).

> **Achtung:** Der Nennbetrag einer Aktie sagt lediglich etwas über die Beteiligungsverhält-
> nisse innerhalb der Gesellschaft aus. Er darf insofern **nicht** mit dem **Wert der Beteili-**
> **gung** gleichgestellt werden. Letzterer hängt vom Wert des Unternehmens ab, welcher sich
> in erster Linie nach den Ertragsaussichten richtet.

b) Stückaktien

14   Ferner besteht[7] die Möglichkeit, „nennwertlose Aktien"[8] auszugeben (§ 8 III
         1 AktG). Auch bei Ausgabe von Stückaktien bleibt Bezugspunkt für den
         Umfang der Beteiligung an der Aktiengesellschaft das Grundkapital.

Jede Stückaktie repräsentiert nämlich einen **gleichen Anteil am Grundkapital**
(§ 8 III 2 AktG). Der Anteil am Grundkapital bestimmt sich nach der Anzahl der
ausgegebenen Aktien (§ 8 IV AktG), wobei der auf die einzelne Stückaktie entfal-

---

[7] Seit dem StückAG vom 25. März 1998, BGBl. I S. 590.

[8] Zu deren Vor- und Nachteilen siehe *Ekkenga*, WM 1997, 1645.

lende Anteil einen Betrag von einem Euro nicht unterschreiten darf (§ 8 III 3 AktG).

3. Aktie als Mitgliedschaft

Neben dem Umfang der Beteiligung repräsentieren Aktien zugleich die Rechts-   **15**
stellung des Aktionärs als **Mitglied der Aktiengesellschaft**. Die Gesamtheit aller sich daraus ergebenden Rechte und Pflichten wird als Mitgliedschaft bezeichnet (siehe bereits oben § 13 Rn. 1 und unten § 23 Rn. 1). Die Mitgliedschaft ist zwingend mit dem Innehaben mindestens einer Aktie verknüpft.

Wie bei der GmbH sind mit der Stellung als Mitglied verschiedene Pflichten und Rechte verbunden, wobei zu diesen Rechten wiederum **Vermögens- und Verwaltungsrechte** zählen (dazu näher unten § 23 Rn. 2 ff.).

Im Regelfall stehen dem Aktionär sämtliche Rechte aus der Mitgliedschaft   **16**
zu. Aktien, die eine solche Rechtsstellung verkörpern, bezeichnet man als **Stammaktien**. Die Satzung kann aber auch sog. **Vorzugsaktien** vorsehen, die Sonderrechte in Form einer Vorzugsdividende einräumen.

Diese **vorrangige Behandlung bei der Gewinnausschüttung** wird dadurch erkauft, dass bei diesen Vorzugsaktien gemäß § 139 I AktG das **Stimmrecht ausgeschlossen** werden kann, mithin eine Verminderung der Verwaltungsrechte die Folge ist. Weitergehende Beschränkungen der mitgliedschaftlichen Rechte sind jedoch nicht zulässig (§ 140 I AktG). Stimmrechtslose Vorzugsaktien dürfen nur bis zur Hälfte des Grundkapitals ausgegeben werden (§ 139 II AktG).

4. Aktie als Wertpapier

Eine dritte Bedeutung erlangt der Begriff Aktie schließlich, wenn die soeben erör-   **17**
terte **Mitgliedschaft in einer Urkunde verkörpert** wird. Die Anteile können, müssen aber grundsätzlich nicht verbrieft werden.

a) Ausgestaltung als Wertpapier

Die **Aktienurkunde** ist zunächst **Wertpapier im weiteren Sinn**[9], weil sie ein pri-   **18**
vates Recht – die Mitgliedschaft in einer AG – in der Weise verkörpert, dass zur Geltendmachung dieses Rechts das Innehaben der Urkunde erforderlich ist. Die Ausübung mitgliedschaftlicher Rechte ist somit grundsätzlich an den Besitz der Aktienurkunde gebunden. Die Mitgliedschaft entsteht jedoch unabhängig von der

---

[9] Zum Wertpapierbegriff etwa *Meyer-Cording/Drygala*, Wertpapierrecht, A I 1; *Zöllner*, Wertpapierrecht, § 3 III 4; *Annuß/Becker*, JA 2003, 337, 338.

Verbriefung mit Eintragung der Gesellschaft in das Handelsregister oder bei Kapitalerhöhung mit dem Eintrag der Durchführung. Bei der Aktie handelt es sich mithin um ein **deklaratorisches Wertpapier.**

Die **Verbriefungswirkung** setzt einen wirksamen **Begebungsvertrag** zwischen Aktiengesellschaft und Aktionär voraus. Die bloße Herstellung des Papiers genügt dafür keinesfalls (anders noch die früher vertretene Kreationstheorie); die Verbindung zwischen Urkunde und dem verbrieften Mitgliedschaftsrecht wird erst durch Aushändigung an den Aktionär bewirkt.

19 Da Aktien nur deklaratorische Wertpapiere sind, ist das verbriefte Recht von der materiellen Rechtslage abhängig. Insbesondere begründet die Verbriefung nicht die Mitgliedschaft; diese muss vielmehr zuvor bereits wirksam begründet worden sein. Deshalb wird – anders als etwa beim Wechsel – auch ein gutgläubiger Erwerber nicht geschützt, wenn das zu verkörpernde Recht **nicht** besteht.

> **Beispiel:** Im Zuge einer Kapitalerhöhung werden Aktien ausgegeben. Anschließend wird der Erhöhungsbeschluss erfolgreich angefochten, was zur Unwiksamkeit der Kapitalerhöhung führt: Die Erwerber der Aktien werden daher nicht Gesellschafter. – Dieser verminderte Verkehrsschutz erklärt sich aus dem Umstand, dass an einer AG nicht mehr Mitgliedschaften bestehen können, als der Ziffer des Grundkapitals entsprechen[10].

20 Das Aktienrecht kennt **Inhaber- und Namensaktien** (vgl. § 10 I AktG). Die Satzung muss bestimmen, ob Inhaber- oder Namensaktien auszugeben sind (§ 23 III Nr. 5 AktG), nicht jedoch deren Anzahl[11]. Auch eine Kombination beider Aktienarten ist rechtlich zulässig[12].

Vor Einzahlung des vollen Ausgabebetrages dürfen jedoch nur Namensaktien ausgegeben werden (§ 10 II 1 AktG), wodurch die Aufbringung des Grundkapitals abgesichert werden soll. Denn die Gesellschaft muss wissen, von wem sie die Resteinlage erlangen kann, was bei Inhaberaktien nicht gewährleistet ist. Bis zur Volleinzahlung kann das Recht der Aktionäre auch in **Zwischenscheinen** verbrieft werden, die ebenfalls auf den Namen lauten müssen und die gleichen Rechte wie eine Aktie gewähren.

b) Inhaberaktien

21 Lauten Aktien auf den Inhaber, so handelt es sich um **Inhaberpapiere.**

Inhaberaktien ähneln insoweit den Inhaberschuldverschreibungen, bei denen aber der Inhaber nicht Mitglied, sondern Gläubiger der Gesellschaft wird. Mangels einer speziellen Regelung können demnach die Vorschriften der **§§ 793 ff. BGB**

---

[10] So *Staake*, JA 2004, 247, 250; *Zöllner*, Wertpapierrecht, § 29 III; a.A. *Hueck/Canaris*, Recht der Wertpapiere, § 25 III 2 b, wonach ein gutgläubiger Erwerb durch eine gleichmäßige Kürzung zu Lasten sämtlicher Aktionäre ermöglicht werden könne.

[11] *Hüffer*, NJW 1979, 1065, 1066; *ders.*, AktG, § 23 Rn. 30; *Pentz* in MünchKomm. AktG, § 23 Rn. 132; *A. Arnold* in KölnKomm. AktG, § 23 Rn. 118.

[12] *A. Arnold* in KölnKomm. AktG, § 23 Rn. 118; *Pentz* in MünchKomm. AktG, § 23 Rn. 128; *Hüffer*, AktG, § 23 Rn. 30.

entsprechend angewandt werden, soweit nicht der mitgliedschaftliche Charakter der Aktie oder Grundsätze des Aktienrechts entgegenstehen[13].

> Wegen dieser Einschränkung gelangen indes nur die §§ 793 I, 805 und 806 S. 1 BGB zur lückenfüllenden Anwendung. Insbesondere wird damit eine widerlegliche Vermutung für die Berechtigung des Inhabers begründet (**Legitimationswirkung**). Andererseits wird auch die Gesellschaft geschützt, wenn sie in Ansehung der Urkunde Leistungen an einen Nichtaktionär erbringt (**Liberationswirkung**). Grundsätzlich greifen die Regelungen des wertpapierrechtlichen Einwendungsausschlusses (§ 796 BGB) nicht ein, weil der Inhalt der durch die Aktie verkörperten Rechte maßgeblich von der Satzung und Beschlüssen der gesellschaftsintern zuständigen Organe abhängt und ein Rechtsschein gerade nicht gesetzt wird.

Inhaberaktien können nach **sachenrechtlichen Grundsätzen** (§§ 929 ff. BGB)   **22**
übertragen werden.

> Es gilt der Satz: „Das Recht aus dem Papier folgt dem Recht am Papier."

Inhaberaktien sind demnach **Wertpapiere im engeren Sinne**, wodurch eine erleichterte Handelbarkeit und eine hohe Umlauffähigkeit gewährleistet werden. Zudem ist – unter dem Vorbehalt, dass die Mitgliedschaft tatsächlich besteht – ein gutgläubiger Erwerb nach §§ 932 ff. BGB auch möglich, wenn das Papier dem wahren Aktionär abhanden gekommen ist (§ 935 II BGB).

> Für Einzelheiten zur Übertragung siehe unten § 22 Rn. 4 ff.

c) Namensaktien

Namensaktien sind keine Namenspapiere (Rektapapiere) im Sinne des   **23**
Wertpapierrechts, sondern sog. **Orderpapiere**, da sie durch Indossament
übertragen werden können (§ 68 II AktG).

Bei dem **Indossament** handelt es sich um eine wertpapierrechtliche Sonderform rechtsgeschäftlicher Übertragung, bei der zusätzlich zur sachenrechtlichen Übereignung eine schriftliche Erklärung auf dem Wertpapier erforderlich ist[14].

> Auch hier gilt: „Das Recht aus dem Papier folgt dem Recht am Papier."

> Für Näheres siehe unten § 22 Rn. 9 ff.

Eine weitgehende Annäherung an Inhaberpapiere erfahren Namensaktien, wenn   **24**
sie mit einem **Blankoindossament** versehen werden (§ 68 I 2 AktG, Art. 13 II WG), der Name des Indossatars also nicht angegeben wird. Die besondere Bedeutung blankoindossierter Namensaktien liegt neben ihrer erhöhten Umlauffähigkeit

---

[13] *Hueck/Canaris*, Recht der Wertpapiere, § 25 III 2 b.

[14] Ursprünglich wurde diese Erklärung auf die Rückseite der Urkunde gesetzt; lat.: *in dosso* = auf dem Rücken.

darin, dass nur sie **an einer Börse handelbar** und **depotfähig** im Sinne des DepotG sind.

25 Nur für Namensaktien schreibt § 67 I AktG die Führung eines **Aktienregis-
ters** zwingend vor, das die Funktion der Gesellschafterliste übernimmt.

Auch hier ist die Eintragung als Aktionär zwar nicht Voraussetzung für den Erwerb der Aktien; doch ist nur derjenige, welcher im Aktienregister als Aktionär
vermerkt ist, gegenüber der AG **legitimiert**, die mitgliedschaftlichen Rechte aus
den betreffenden Aktien wahrzunehmen (§ 67 II AktG, dazu unten § 22 Rn. 16 f.).

Das Aktienregister erfüllt insofern dieselbe Funktion wie die Gesellschafterliste bei der
GmbH (vgl. § 16 I GmbHG und oben § 12 Rn. 6 ff.).

26 Gemäß § 68 II AktG kann durch Satzungsregelung die Übertragung von
Namensaktien an die Zustimmung der Gesellschaft gebunden werden. In
diesen Fällen spricht man von **vinkulierten Namensaktien**.

> Für Inhaberaktien sieht das AktG weder die Führung eines Aktienregisters noch die
> Möglichkeit der Vinkulierung vor!

d) Entkörperlichung im Rechtsverkehr

27 Die Verkörperung der Gesellschaftsanteile in einzelnen Urkunden macht deren
Aufbewahrung erforderlich, die ihrerseits wegen der erhöhten Umlauffähigkeit der
Wertpapiere und der damit verbundenen Möglichkeit des gutgläubigen Erwerbs
auch bei Abhandenkommen (§ 935 II BGB, Art. 16 II WG) verstärkte Sicherheits-
vorkehrungen voraussetzt. Eine gesonderte Aufbewahrung der Urkunden ist daher
stets mit Risiken verbunden, egal ob dies in **Einzelverwahrung** zu Hause oder
gemäß § 2 DepotG in **Sonderverwahrung** durch ein Kreditinstitut geschieht, wobei im zweiten Fall der Kunde auf einem Streifband als Eigentümer der hinterleg-
ten Wertpapiere bezeichnet wird (sog. **Streifbanddepot**). Hinzu kommt ein nicht
unbeträchtlicher Aufwand für die fälschungssichere Herstellung, Verwahrung und
Verwaltung der Wertpapiere.

28 Eine **Rationalisierungsmöglichkeit**[15] besteht darin, die einzelnen Wertpapiere
(Effekten) bei zentralen Sammelstellen, sog. **Wertpapiersammelbanken** (§ 1 III
DepotG), aufzubewahren.

Diese Aufgabe übernahmen zunächst neun „Kassenvereine", die sich später zur *Deutscher
Kassenverein AG* zusammenschlossen. Seit 1997 firmierte diese Wertpapiersammelbank
als *Deutsche Börse Clearing AG*, bevor sie 2000 in die *Clearstream International S.A.*
umgewandelt wurde.

---

[15] Vgl. *Staake*, JA 2004, 247, 253 f.

Im Rahmen der sog. **Sammelverwahrung** werden Effekten nicht für jeden Inhaber separat, sondern bei Gleichartigkeit der verkörperten Rechte gemeinsam verwahrt, sodass dem Berechtigten einzelne Urkunden gerade nicht mehr zugeordnet werden können. An die Stelle des Sondereigentums an den Effekten tritt somit ein Miteigentumsanteil am Sammelbestand, dessen Höhe sich nach der Anzahl der eingelagerten Wertpapiere bemisst (§ 6 I DepotG).

Sammelverwahrte Wertpapiere müssen bei Verfügungen nicht bewegt werden, es reicht vielmehr aus, dass der Miteigentumsanteil am Sammelbestand übertragen wird. Erforderlich ist allein eine Umbuchung bei der Wertpapiersammelbank, sodass man auch von einem **„stückelosen Effektenverkehr"** sprechen kann.

Wegen der evidenten Vorteile, insbesondere bei der elektronischen Abwicklung von Wertpapiergeschäften, ist die Girosammelverwahrung die in der Praxis regelmäßige Form der bankmäßigen Aufbewahrung von Aktien und anderen Wertpapieren. Bei Namensaktien übernimmt *Clearstream* zugleich die technische Durchführung und die Mitteilung vorgenommener Rechtsänderungen an die das Aktienregister führende Gesellschaft.

Folglich spielen für die Übertragung der einzelnen Rechte die einzelnen Papiere in der Praxis keine Rolle mehr. Zugleich ist für ihre Ausübung die Vorlage der Urkunde nicht mehr erforderlich, sondern eine Bestätigung durch die Wertpapiersammelbank ausreichend. Die Herstellung einer Vielzahl von Papieren ist somit nicht nur unpraktisch, sondern sogar überflüssig! Dies hat dazu geführt, dass an die Stelle des Sammelbestandes an Einzelurkunden eine einzige Sammelurkunde, auch **Globalurkunde** genannt, getreten ist. An dieser bestehen wiederum Miteigentumsanteile, die durch Buchungen übertragen oder belastet werden können. **29**

Diese Praxis, die zu einer weitreichenden **Entkörperlichung** der Wertpapiere führt, hat der Gesetzgeber in § 9a DepotG gebilligt. Dies darf aber nicht darüber hinwegtäuschen, dass die besonderen wertpapierrechtlichen Wirkungen und die Anwendbarkeit sachenrechtlicher Grundsätze gleichsam mit einer **juristischen Hilfskonstruktion**[16] erkauft werden. Den Schritt hin zu bloßen Wertrechten ohne jegliche Verkörperung will die h.M. indes (noch) nicht gehen[17]. Dafür ist zudem auch eine gesetzgeberische Entscheidung die bessere Lösung.

Grundsätzlich hat zwar jeder Aktionär einen **Anspruch auf Verbriefung** seines Mitgliedschaftsrechts in einer Urkunde. § 10 V AktG sieht allerdings vor, dass durch Satzungsregelung die Möglichkeit einer Verbriefung in Einzelurkunden **ausgeschlossen** werden kann[18]. **30**

---

[16] *Zöllner*, Festschrift L. Raiser, 1974, S. 249, 255 bezeichnet sie als „Denkbehelf, eine geistige Krücke".

[17] Vgl. *Baumbach/Hefermehl*, Wechselgesetz und Scheckgesetz, 21. Aufl. 1999, WPR Rn. 93; *Heinsius/Horn/Than*, Depotgesetz, 1975, § 42 Rn. 27 ff.

[18] Dazu *Seibert*, DB 1999, 267 ff.

Somit können alle Mitgliedschaftsrechte in einer einzigen Urkunde verbrieft werden. Der Verbriefungsanspruch des Aktionärs wird durch Hinterlegung der Globalurkunde bei der Wertpapiersammelbank erfüllt.

> Die **nachträgliche Einführung** einer derartigen Satzungsbestimmung erscheint zwar wegen des damit verbunden Eingriffs in die Mitgliedschaft nicht unproblematisch; doch dürfte im Rahmen einer Abwägung den Interessen der AG an einer Vereinfachung und Kostenersparnis durch Schaffung einer Globalurkunde und der somit eröffnet Möglichkeit der Girosammelverwahrung ein stärkeres Gewicht zukommen als dem Interesse einzelner Aktionäre an einer Verbriefung jedes einzelnen Anteils. Eine entsprechende nachträgliche Regelung bedarf folglich zwar einer satzungsändernden Mehrheit, nicht aber der Zustimmung aller Aktionäre[19].

V. Aktionärsleitbilder

1. Der Aktionär als wirtschaftlicher Eigentümer

31   In den Gesetzesmaterialien zum **AktG 1937** findet sich die bemerkenswerte Äußerung, dass es nicht angehe, dass die Mitglieder des Leitungsorgans *„bei ihrer Geschäftsführung in dem bisherigen Umfang von der Masse der unverantwortlichen Aktionäre abhängig sind, denen meist auch der notwendige Überblick über die Geschäftslage fehlt"*[20]. Hier wurde der **unverständige und unverantwortliche** Aktionär zum Leitbild erkoren! Dass dies unmittelbare Auswirkungen auf die Ausgestaltung des Aktienrechts, insbesondere der innerverbandlichen Kompetenzordnung haben musste, liegt auf der Hand.

> In dieselbe Kerbe schlägt die vielzitierte Äußerung des **Bankiers Carl Fürstenberg**, der allerdings auch sonst für seine derben Sprüche bekannt war: *„Aktionäre sind dumm und frech. Dumm, weil sie ihr Geld anderen Leuten ohne ausreichende Kontrolle anvertrauen und frech, weil sie Dividenden fordern, also für ihre Dummheit auch noch belohnt werden wollen."*

32   Nicht zuletzt unter dem Eindruck des Grundgesetzes nahm der Gesetzgeber bei Schaffung des **AktG 1965** eine grundlegende Neubewertung vor: Die Aktionäre wurden nicht länger als notwendiges, aber störendes Übel angesehen, sondern als **wirtschaftliche Eigentümer** des rechtlich der AG zugeordneten Unternehmens. Die Stellung als Mitglied in der AG dürfe angesichts der besonderen, auch grundgesetzlich (Art. 14 I GG) abgesicherten Bedeutung des Eigentums nur insoweit eingeschränkt werden, *„als dies erforderlich ist, um die Funktionsfähigkeit und die Erreichung des Zwecks des Zusammenschlusses zu sichern, zu dem sich die*

---

[19] Wie hier *Dauner-Lieb* in KölnKomm. AktG, § 10 Rn. 14; *Noack*, Festschrift Bezzenberger, 2000, S. 291, 302; *Hüffer*, AktG, § 24 Rn. 6.

[20] Amtliche Begründung zum AktG 1937, abgedruckt in: Deutscher Reichsanzeiger und Preußischer Staatsanzeiger 1937 (Nr. 28), S. 3.

Aktionäre freiwillig verbunden haben, sowie um die Wahrung übergeordneter wirtschafts- und gesellschaftspolitischer Ziele zu gewährleisten "[21].

> Erst vor diesem rechtspolitischen Hintergrund werden die zahlreich geführten Diskussionen um die richtige Auslegung und die rechtsfortbildende Ergänzung des Aktienrechts verständlich (siehe etwa unten § 21 Rn. 200 ff.).

Die **eigentumsrechtliche Komponente** wurde auch vom BVerfG in einigen wichtigen Entscheidungen zum Aktienrecht betont. Im Vordergrund steht dabei aber ein **wertorientiertes Verständnis**. Nicht die Mitgliedschaft im Verband als solche wird umfassend geschützt, sondern deren Wert.   **33**

> Demgemäß hat das BVerfG in seiner **„Feldmühle"**-Entscheidung[22] aus dem Jahr 1962 bestimmte Umwandlungsvorgänge für verfassungsgemäß erklärt, auch wenn hierdurch Minderheitsaktionäre aus der Gesellschaft herausgedrängt werden. Im **„Moto-Meter"**-Beschluss[23] aus dem Jahr 2000 hat das BVerfG dann klargestellt, dass Art. 14 GG es gebietet, dass die gegen ihren Willen aus der Gesellschaft gedrängten Aktionäre wirtschaftlich vollständig entschädigt werden, dass bei Wahrung dieses Ausgleichs aber der Ausschluss als solcher nicht zu beanstanden sei. Unter dieser Prämisse konnte das BVerfG auch die Regelungen der §§ 327a ff. AktG zum sog. **Squeeze-out** (dazu unten § 22 Rn. 32 ff.) für verfassungsgemäß erklären[24], da die Vorschriften einen angemessenen Wertersatz gewährleisten.

2. Veränderungen durch das Kapitalmarktrecht

Es war bereits die Rede davon, dass es nicht den Aktionärstypus schlechthin gibt, sondern dass gerade in börsennotierten Gesellschaften die **Aktionäre unterschiedliche Interessen verfolgen** (siehe oben § 1 Rn. 35 ff.). Während **unternehmerisch interessierte (Groß-)Aktionäre** auf den innergesellschaftlichen Willensbildungsprozess Einfluss nehmen wollen und deshalb die mitgliedschaftlichen Verwaltungsrechte eine große Rolle spielen, ist das primäre Interesse der **Anlegeraktionäre** typischerweise auf die Erzielung einer möglichst hohen Rendite gerichtet. Im Vordergrund stehen dabei die Vermögensrechte und gerade nicht die Verwaltungsrechte, deren Wahrnehmung oftmals sogar ökonomisch unsinnig ist (Beispiel: die Anreisekosten der Hauptversammlungsteilnahme übersteigen die erwartete Dividende). Auch ist die Möglichkeit der jederzeitigen Desinvestition (*exit*) für Anleger von entscheidender Bedeutung. Für **institutionelle Investoren** gilt letztlich dasselbe, auch wenn diese aufgrund ihrer Marktposition stärkere Einflussmöglichkeiten haben als Kleinanleger und ihren gesellschaftsrechtlichen Einfluss in zunehmendem Maße ausüben (dazu oben § 1 Rn. 38).   **34**

---

[21] Begr. RegE zum AktG 1965 bei *Kropff*, S. 14.

[22] BVerfGE 14, 263.

[23] BVerfG NJW 2001, 279.

[24] BVerfG NJW 2007, 3268.

35   In der börsennotierten AG wird das Aktionärsleitbild des AktG 1965 durch
           das kapitalmarktrechtliche Anlegerleitbild überlagert[25].

Am Kapitalmarkt tritt die Aktie in **Konkurrenz zu anderen Anlageformen**.
Nicht das konkrete Unternehmen steht im Vordergrund, sondern die mit den ge-
handelten Wertpapieren verbundenen Gewinnchancen und Verlustrisiken. Das
Kapitalmarktrecht soll gerade die Grundlagen dafür schaffen, dass ein Anleger die
Entscheidung für einen Beteiligungserwerb jederzeit rückgängig machen kann.
Das **unternehmerische Desinteresse** der Anlegeraktionäre wird dadurch legitimiert. Sehen die Anlegeraktionäre die Beteiligung als eine Option unter vielen an,
ist damit zugleich einer besonderen Identifikation des Aktionärs mit seiner Aktiengesellschaft von vornherein die Grundlage entzogen – und der **Gedanke des
wirtschaftlichen Eigentums tritt in den Hintergrund**.

3. Konsequenzen

36   Dies alles bleibt nicht ohne Konsequenzen für die Auslegung und Anwendung ak-
         tienrechtlicher Vorschriften und die (Fort-)Entwicklung ungeschriebener Rechts-
         institute. Das **Kapitalmarktrecht verändert die aktienrechtliche Wertungs-
         grundlage** und zwingt damit zu einer stärkeren Unterscheidung zwischen
         börsennotierten und nicht börsennotierten AGs. Dass eine differenzierte Rechts-
         anwendung insoweit möglich ist, wurde bereits dargelegt (oben § 1 Rn. 32 ff.) und
         soll hier nochmals betont werden.

Eine gewichtige Rolle spielt diese Unterscheidung beispielsweise
- ⊃ bei der **Kapitalbindung**, bei der das strenge Verbot der Einlagenrückgewähr nach
  § 57 I AktG zugunsten von **Schadensersatzansprüchen von Anlegern** wegen fehlerhafter Kapitalmarktinformation gelockert wird (dazu unten § 20 Rn. 40 ff.),
- ⊃ bei den **ungeschriebenen Kompetenzen der Hauptversammlung** nach den sog.
  „Holzmüller/Gelatine"-Grundsätzen (§ 21 Rn. 200 ff.) sowie bei Börsengang und
  Delisting („Macrotron", dazu unten § 21 Rn. 208 ff.),
- ⊃ bei der **Bildung von Rücklagen im Konzern** (dazu unten § 24 Rn. 13 ff.).

---

[25] Eingehend dazu *Staake*, Ungeschriebene Hauptversammlungskompetenzen in börsennotierten
und nicht börsennotierten Aktiengesellschaften, 2009, S. 95 ff.

§ 19 Besonderheiten bei der Gründung einer AG

I. Überblick

Die Gründung einer AG ähnelt in weiten Teilen der Gründung einer GmbH. Am **1** Anfang steht auch hier der Abschluss eines Gesellschaftsvertrages, der im AktG konsequenter als im GmbHG als **„Satzung"** bezeichnet wird (vgl. § 2 AktG).

Mit Feststellung der Satzung (so die Diktion des § 23 I GmbHG) und der Übernahme der Aktien durch die Gründer ist die Gesellschaft **errichtet** (§ 29 AktG). Entstanden ist damit zwar noch nicht die AG „als solche" (§ 41 I 1 AktG), aber als notwendiges Zwischenstadium eine **Vor-AG**, die sich mit Eintragung in das Handelsregister identitätswahrend zur AG umwandelt.

> Hinsichtlich der Rechtsnatur der Vor-AG, Fragen der Vertretungsbefugnis und der Haftung kann auf die Ausführungen zur Vor-GmbH (oben § 6) verwiesen werden. Die Handelndenhaftung ergibt sich bei der Vor-AG aus § 41 I 2 AktG; im Übrigen werden die von der Vor-GmbH bekannten Meinungsstreitigkeiten auch bei der Vor-AG geführt.

Wie ein Blick in die §§ 23 ff. AktG unschwer erkennen lässt, ist das aktienrechtli- **2** che Gründungsverfahren deutlich formaler als das bei der GmbH.

Ablauf der Gründung einer AG

⊃ Feststellung der Satzung und Übernahme der Aktien durch die Gründer (§ 2 AktG)
  – notarielle Beurkundung (§ 23 I AktG)
  – Aktienübernahme in derselben Urkunde (§ 23 II AktG)
  – Satzungsinhalt gemäß §§ 23 II-IV, 26, 27 AktG
  – **Folge:** Entstehen der Vor-AG
⊃ Bestellung des ersten Aufsichtsrates und des Abschlussprüfers durch die Gründer (§§ 30 I-III, 31 AktG)
⊃ Bestellung des ersten Vorstandes durch den ersten Aufsichtsrat (§ 30 IV AktG)
⊃ Leistung der (Mindest-)Einlagen (§ 36a AktG)
⊃ schriftlicher Gründungsbericht durch Gründer (§ 32 AktG)
⊃ Gründungsprüfung durch Vorstand und Aufsichtsrat (§§ 33 I, 34 AktG) und ggf. durch externe Gründungsprüfer (§§ 33 II-V, 33a, 34, 35 AktG)
⊃ Anmeldung der AG zum Handelsregister durch alle Gründer, Vorstand und Aufsichtsrat (§§ 36, 37, 37a AktG)
⊃ Prüfung durch das Registergericht (§ 38 AktG)
⊃ Eintragung im Handelsregister (§ 39 AktG)
  – **Folge:** Entstehen der AG
⊃ Bekanntmachung der Eintragung (§ 10 HGB)

II. Einzelheiten

1. Gründer

3 Die AG kann **einen oder mehrere** Gründer haben (§ 2 AktG). Gründer sind die Aktionäre, die die Satzung festgestellt haben (§ 28 AktG). Als Gründer kommen wie bei der GmbH natürliche und juristische Personen sowie rechtsfähige Personengesellschaften in Betracht (siehe dazu § 4 Rn. 15). Auch eine Erbengemeinschaft kann nach h.M. Gründer sein[1].

2. Satzung

4 Die Satzung ist **rechtsgeschäftlicher Gründungsakt** und **organisationsrechtliche Grundlage** („Verfassung") der AG.

In den §§ 2 und 23 I AktG ist davon die Rede, dass die Satzung „festgestellt" wird. Es handelt sich aber auch hier (siehe bereits oben § 4 Rn. 18 ff.) um einen „echten" Vertrag im Sinne des BGB, wenn zwei oder mehr Gründer beteiligt sind. Bei nur einem Gründer tritt an die Stelle des Vertragsschlusses ein einseitiger Errichtungsakt.

5 Die Feststellung der Satzung muss notariell beurkundet werden (§ 23 I 1 AktG i.V.m. § 128 BGB, §§ 6 ff. BeurkG). In derselben Urkunde müssen die Aktien von den Gründern übernommen werden (§ 23 II AktG).

Die Gründer können sich bei Vertragsschluss **vertreten** lassen. Vollmachten bedürfen aber ihrerseits der notariellen Beurkundung (§ 23 I 2 AktG). Für Einzelheiten zur Beurkundung kann auf die Ausführungen bei der GmbH (oben § 4 Rn. 19 ff.) verwiesen werden.

6 Die Satzungsurkunde muss zwingend die Gründer, die von den Gründern übernommenen Aktien sowie den Betrag des eingezahlten Grundkapitals[2] angeben (§ 23 II AktG). Die Erklärung der Aktienübernahme ist zwar formal nicht Bestandteil der Satzung, aber doch untrennbar mit der Feststellung der Satzung verbunden. Hierdurch soll sichergestellt werden, dass bei der Errichtung alle Aktien bereits übernommen sind (sog. **Einheits- oder Simultangründung**). Eine Übernahme (Zeichnung) der Aktien durch die Gesellschaft selbst ist nicht möglich (§ 56 I AktG). Dieses Verbot dient der realen Kapitalaufbringung und wird durch § 56 II, III AktG gegen Umgehungen geschützt.

---

[1] *Heider* in MünchKomm. AktG, § 2 Rn. 19; *Hüffer*, AktG, § 2 Rn. 11; a.A. *Kraft* in Köln-Komm. AktG, § 2 Rn. 27.

[2] Vgl. dazu *Pentz* in MünchKomm. AktG, § 23 Rn. 55; *Hüffer*, AktG, § 23 Rn. 19.

Der **Inhalt der Satzung** richtet sich nach den §§ 23 III-V, 26, 27 AktG. Dabei ist **7** der Gestaltungsspielraum der Gründer wesentlich enger als bei der GmbH. Die Satzung kann von den Vorgaben des AktG nur abweichen, wenn dies ausdrücklich zugelassen ist, und diese nur ergänzen, soweit das Gesetz keine abschließende Regelung enthält (§ 23 V AktG). Ob eine Regelung abschließend ist oder ob eine Regelungslücke vorliegt, ist durch Auslegung zu ermitteln[3].

Jede Satzung muss gemäß § 23 III AktG Angaben enthalten zu:
- ➲ Firma und Sitz,
- ➲ Gegenstand des Unternehmens,
- ➲ Höhe des Grundkapitals,
- ➲ Art, Umfang und Gattung der Aktien (Nennbetrags- oder Stückaktien? Inhaber- oder Namensaktien?),
- ➲ Zahl der Vorstandsmitglieder.

In der Satzung festzusetzen sind ferner gewährte **Sondervorteile** und der sog. **8** **Gründungsaufwand** (§ 26 AktG) sowie **Sacheinlagen** (§ 27 AktG, dazu unten Rn. 13 f.).

Sondervorteile sind keine mitgliedschaftlichen, sondern Gläubigerrechte, die einzelnen oder allen Aktionären oder Dritten aus Anlass der Gründung gewährt werden und für die keine adäquate Gegenleistung erbracht wird (§ 26 I AktG). **Gründungsaufwand** sind Entschädigungen oder Belohnungen, die Aktionären oder Dritten für die Gründung oder ihre Vorbereitung gewährt werden (§ 26 II AktG). Das Aktienrecht verbietet derartige Begünstigungen nicht, verlangt aber deren Offenlegung (**Satzungspublizität**). Bei fehlender Angabe in der Satzung sind sowohl die entsprechenden Abreden als auch deren Ausführung unwirksam (§ 26 III 1 AktG).

Zu den Grundsätzen der **Satzungsauslegung** siehe oben § 4 Rn. 40 ff. **9**

3. Erster Aufsichtsrat und erster Vorstand

Das deutsche Aktienrecht folgt dem **dualistischen Leitungsmodell**: Mit Vorstand **10** und Aufsichtsrat gibt es (zwingend) zwei Verwaltungsorgane, wobei der Vorstand die Geschäfte leitet und dabei vom Aufsichtsrat überwacht wird (näher dazu unten § 21 Rn. 2 f.). Dieser Dualismus findet sich auch in der Vor-AG.

Gemäß § 30 AktG müssen die Gründer zunächst den ersten Aufsichtsrat (Abs. 1) und dieser sodann den ersten Vorstand bestellen (Abs. 4).

Die Bestellung des ersten Aufsichtsrates erfolgt durch notariell zu beurkundenden **Beschluss der Gründer** (§ 30 I 2 AktG). Aufsichtsratsmitglied kann dabei nur sein, wer die in den §§ 100, 105 AktG normierten **persönlichen Voraussetzungen** erfüllt (dazu unten § 21 Rn. 135 ff.). Arbeitnehmervertreter muss der erste

---

[3] Zu möglichen Ergänzungen siehe *Pentz* in MünchKomm. AktG, § 23 Rn. 161.

Aufsichtsrat auch dann nicht haben, wenn die Gesellschaft mitbestimmungspflich-
tig im Sinne des § 96 AktG ist (§ 30 II AktG).

> Der Aufsichtsrat ist nur für das erste Voll- oder Rumpfgeschäftsjahr zu bestellen (vgl.
> § 30 I 1, III AktG). Spätestens in der Hauptversammlung, die über die Entlastung für
> diesen Zeitraum entscheidet, muss ein neuer Aufsichtsrat nach Maßgabe der §§ 95 ff.
> AktG bestellt werden. Für Sachgründungen enthält § 31 AktG weitere Vorgaben.

4. Einlagen

a) Höhe

11 Mit der Übernahme der Aktien entsteht die **Einlagepflicht**. Die Höhe der Einlagepflicht wird dabei durch den **Ausgabebetrag** begrenzt (§ 54 I AktG). Auch bei
der AG gilt das **Verbot der Unterpari-Emission**, d.h. der Ausgabebetrag darf
nicht geringer sein als der Nennbetrag bzw. der auf die einzelne Stückaktie entfallende anteilige Betrag am Grundkapital (§ 9 I AktG). Ein höherer Ausgabebetrag
ist aber zulässig (§ 9 II AktG). Ein etwaiges **Agio** muss daher bereits bei der Feststellung der Satzung (vgl. § 23 II Nr. 2 AktG) vereinbart werden, ist dann aber Bestandteil der Einlagepflicht gemäß § 54 AktG.

> Die Satzung kann einzelnen oder allen Aktionären zusätzliche Leistungspflichten
> auferlegen (vgl. § 55 AktG und dazu unten § 23 Rn. 14).

b) Bareinlagen

12 Wie bei der GmbH ist auch bei der AG die Bareinlage der gesetzliche **Regelfall**
(vgl. 54 II AktG). Die Anmeldung zum Handelsregister darf nur erfolgen, wenn
mindestens ¼ des Nennbetrages bzw. bei Stückaktien des anteiligen Betrages am
Grundkapital sowie das **volle Agio** zur freien Verfügung des Vorstandes eingezahlt wurden (§§ 36 II, 36a I, 54 III GmbHG).

Bei einer Leistung der Einlage durch Einzahlung auf ein Konto der Gesellschaft ist eine Bankbescheinigung über den Geldeingang erforderlich (§ 37 I
AktG), für deren Richtigkeit die ausstellende Bank der Gesellschaft haftet.

> **Beachte:** Eine entsprechende Regelung kennt das GmbH-Recht nicht!

c) Sacheinlagen

13 Anders als der § 5 IV GmbHG unterscheidet § 27 I AktG explizit zwischen **Sacheinlagen und Sachübernahmen** (dazu oben § 4 Rn. 59), unterwirft aber beide
Formen der Sacheinlage im weiteren Sinne denselben Regeln.

Sacheinlagen im engeren Sinne sind alle Einlagen, die nicht durch – bare
oder unbare – Zahlung erbracht werden sollen. Bei der **Sachübernahme**
hingegen wird zwar eine Bareinlage vereinbart, doch soll die Gesellschaft

Vermögenswerte übernehmen und die geschuldete Vergütung auf die Bareinlage angerechnet werden.

Sacheinlagen und Sachübernahmen sind **in der Satzung festzusetzen**. Dies gilt auch für sog. gemischte Sacheinlagen, bei denen nur ein Teil der Leistung auf die Einlageschuld angerechnet, der restliche Teil aber vergütet werden soll. Dienstleistungen sind weder sacheinlage- noch sachübernahmefähig (siehe § 4 Rn. 62).

An die Stelle des aus § 5 IV 2 GmbHG bekannten Sachgründungsberichts tritt bei der AG der umfassendere Gründungsbericht (§ 32 AktG und unten Rn. 15 f.).

Während bei der GmbH keine Zweifel daran bestehen, dass Sacheinlagen bei der **14** Anmeldung zum Handelsregister vollständig eingebracht sein müssen (§ 7 III GmbHG), bestehen bei der AG diesbezüglich erhebliche Auslegungsschwierigkeiten. Zwar bestimmt § 36a II 1 AktG, dass Sacheinlagen **vollständig zu leisten** sind. Besteht die Sacheinlage aber in der Verpflichtung einen Vermögensgegenstand auf die Gesellschaft zu übertragen, so muss diese Leistung **innerhalb von fünf Jahren** ab Eintragung der AG zu bewirken sein (S. 2).

➲ **Nach einer Auffassung**[4] stellt § 36a II 1 AktG den Regelfall dar und die Ausnahme des S. 2 betrifft nur die Einbringung von Ansprüchen gegen Dritte. Für diese soll es genügen, wenn die AG im Zeitpunkt der Anmeldung einen schuldrechtlichen Anspruch auf Übertragung hat, der binnen fünf Jahren fällig wird.

➲ **Die wohl herrschende Gegenauffassung**[5] wendet § 36a II 2 AktG auch auf Übertragungspflichten des Aktionärs an und gelangt so zu einem im Vergleich zum GmbH-Recht weniger strengen Ergebnis, was der generellen Tendenz – strengeres Aktienrecht, liberaleres GmbH-Recht – ersichtlich zuwider läuft.

5. Gründungsbericht und Gründungsprüfung

Gemäß § 32 I AktG haben die Gründer einen schriftlichen Bericht über den **15** Hergang der Gründung zu erstatten.

Der Bericht muss von allen Gründern **persönlich** unterzeichnet werden. Zu berichten ist über die wesentlichen Umstände bei der Entstehung der AG, auch wenn sich diese bereits aus der Satzung ergeben[6]. Sind Sacheinlagen oder Sachübernahmen in der Satzung vereinbart worden, so sind auch die Umstände darzulegen, die für die Beurteilung der Angemessenheit der entsprechenden Leistungen wesentlich sind (§ 32 II GmbHG).

---

[4] *Kraft* in KölnKomm. AktG, 2.Aufl., 1988, § 36a Rn. 10 ff.; *Lutter*, AG 1994, 429; *K. Schmidt*, Gesellschaftsrecht, § 27 II 2 h.

[5] *A. Arnold* in KölnKomm. AktG, § 36a Rn. 11; *Kleindiek* in K. Schmidt/Lutter, AktG, § 36a Rn. 5; *Pentz* in MünchKomm. AktG, § 36a Rn. 13 ff.

[6] *Bayer* in K. Schmidt/Lutter, AktG, § 32 Rn. 4; *A. Arnold* in KölnKomm. AktG, § 32 Rn. 6; *Pentz* in MünchKomm. AktG, § 32 Rn. 12.

Abs. 3 verlangt zusätzliche Angaben, wenn Aktien für Rechnung von Mitgliedern des Vorstandes oder des Aufsichtsrates übernommen wurden („Strohmanngründungen") oder wenn diesen im Zusammenhang mit der Gründung Sondervorteile, Entschädigungen oder Belohnungen gewährt werden. Hierdurch sollen mögliche **Interessenkonflikte** bei der Gründungsprüfung aufgedeckt werden[7].

16   **Vorstand und Aufsichtsrat** haben den Hergang der Gründung zu prüfen (§ 33 I AktG). In den in Abs. 2 genannten Fällen muss zusätzlich eine Prüfung durch **externe Gründungsprüfer** erfolgen.

Eine externe Prüfung ist zum einen erforderlich, wenn Vorstands- oder Aufsichtsratsmitglieder zu den Gründern gehören oder sonstige wirtschaftliche Vorteile aus der Gründung ziehen, zum anderen bei **Sachgründungen**, soweit nicht § 33a AktG eingreift. Der Umfang der Gründungsprüfung ergibt sich aus § 34 AktG. Über jede Prüfung ist ein schriftlicher Bericht zu erstellen (§ 34 II 1 AktG).

III. Haftungsfragen

17   § 46 AktG normiert zur Sicherung der Kapitalaufbringung eine weitreichende Gründungshaftung.

Danach sind alle Gründer gesamtschuldnerisch der AG zum Schadensersatz verpflichtet, wenn
- ➩ die zum Zwecke der Gründung gemachten Angaben falsch oder unvollständig sind (§ 46 I 1, 3 AktG),
- ➩ die Einlagen – im erforderlichen Umfang (siehe Rn. 11 ff.) – nicht zur freien Verfügung des Vorstands geleistet werden (§ 46 I 2 und 3 AktG) oder
- ➩ der Gesellschaft durch Einlagen, Sachübernahmen oder Gründungsaufwand (z.B. überhöhte Gründerhonorare) ein Schaden entstanden ist (§ 46 II AktG).

Die Gründungshaftung ist dabei als **Verschuldenshaftung** ausgestaltet, doch wird das Verschulden des einzelnen Gründers nach § 46 III AktG vermutet. In den Fällen des Abs. 2 muss zudem der Schaden durch mindestens einen Gründer vorsätzlich oder grob fahrlässig herbeigeführt worden sein.

Erleidet die AG einen Ausfall, weil ein Aktionär seine Bar- oder Sacheinlage nicht erbringen kann, so haften die Gründer, die im Zeitpunkt der Satzungsfeststellung Kenntnis von der Zahlungs- bzw. Leistungsunfähigkeit hatten, als Gesamtschuldner auf Schadensersatz (§ 46 IV AktG, **Ausfallhaftung**).

Bei sog. **Strohmanngründungen**, bei denen Gründer die Aktien für Rechnung eines Hintermannes übernehmen, sind die § 46 I-IV AktG auch auf den Hintermann anwendbar (Abs. 5), wobei dieser sich ein Verschulden des Gründers zurechnen lassen muss.

---

[7] *Hüffer*, AktG, § 32 Rn. 6; *A. Arnold* in KölnKomm. AktG, § 32 Rn. 17.

§ 47 AktG erstreckt die Gründerhaftung auf die sog. **Gründungsgenossen**[8]. Nach §§ 48, 49 AktG haften zudem die Mitglieder von Vorstand und Aufsichtsrat sowie der externe Gründungsprüfer für Pflichtverletzungen im Zusammenhang mit der Gründung. Diese Vorschriften gehen historisch bis auf die Novelle von 1884 zurück und sollten den damals verbreiteten **Gründungsschwindel** bekämpfen. Das ist weitgehend gelungen, jedoch haben die interessierten Kreise sich andere Methoden ausgedacht.

IV. Gründungsmängel

Im Hinblick auf Gründungsmängel gilt im Wesentlichen dasselbe wie bei der   **18**
GmbH (oben § 4 Rn. 97 ff.).

- ➲ **Ist die Vor-AG** noch nicht in Vollzug gesetzt worden, gelten die allgemeinen zivil-rechtlichen Vorschriften über Willensmängel und sonstige Fehler uneingeschränkt.
- ➲ **Nach Invollzugsetzen** der Vor-AG, aber vor Eintragung im Handelsregister sind die Grundsätze der fehlerhaften Gesellschaft anwendbar.
- ➲ **Ab Eintragung** der AG im Handelsregister können Mängel des Gründungs-verfahrens grundsätzlich nicht mehr geltend gemacht werden.

Insofern hat die Eintragung **Heilungswirkung**. Lediglich die in § 275 I AktG ab-   **19**
schließend aufgeführten Mängel (die denen des § 75 I GmbHG entsprechen, dazu oben § 4 Rn. 98) berechtigen nach Eintragung zur Erhebung der **Nichtigkeitskla-ge**. Anders als bei der GmbH kann die Nichtigkeitsklage bei der AG nur binnen drei Jahren nach Eintragung erhoben werden (§ 275 III AktG); zudem ist Gele-genheit zur Heilung zu geben (§§ 275 II, 276 AktG).

Auch bei der AG kommt eine Amtslöschung nach § 397 FamFG oder eine Auflösung   **20**
nach § 399 FamFG bei bestimmten Mängeln in Betracht (dazu oben § 4 Rn. 100 ff.).

---

[8] Für Einzelheiten siehe *M. Arnold* in KölnKomm. AktG, § 47 Rn. 1 ff.

§ 20 Besonderheiten des aktienrechtlichen Kapitalschutzes

I. Vorbemerkung

Der aktienrechtliche Kapitalschutz ruht – ebenso wie im GmbH-Recht – auf **zwei**   1
Säulen: der realen Kapitalaufbringung und der Kapitalerhaltung. Dabei verfolgen
zwar Aktien- und GmbH-Recht im Ausgangspunkt ein vergleichbares Schutzkonzept, sodass im Folgenden vielfach auf bereits Bekanntes – vgl. oben § 7 und § 8 –
zurückgegriffen (bzw. verwiesen) werden kann. Allerdings ist der Kapitalschutz
bei der AG deutlich strenger als bei der GmbH. Dies soll im Folgenden dargestellt
werden.

> **Keiner** gesonderten Behandlung bedürfen die (ohnehin nicht kapitalrechtlichen) Fragen
> rund um die Behandlung von Gesellschafterdarlehen (vgl. § 57 I 4 AktG als Parallelnorm
> zu § 30 I 3 GmbHG), Haftungsdurchgriff und Existenzvernichtungshaftung. Insoweit
> bestehen keine oder allenfalls marginale aktienrechtliche Besonderheiten, sodass auf die
> Ausführungen zur GmbH (oben § 9 und § 10) verwiesen werden kann.

Neben der strengeren Ausprägung des Kapitalschutzes an sich unterscheidet sich   2
die AG von der GmbH auch durch das Vorhandensein von **Rücklagen**, die ganz
oder teilweise gegen eine Ausschüttung an Gesellschafter gesperrt sind. Hierzu
gehören:

➲   die **gesetzliche Rücklage** nach § 150 I, II AktG

> In diese sind Teile des Jahresüberschusses so lange einzustellen, bis sie 10 % des
> Grundkapitals erreicht. Einen solchen „Sparstrumpf" gibt es bei der GmbH nicht.

➲   die **Kapitalrücklage** (§ 272 II Nr. 1-3 HGB)

> In diese fließen Erlöse aus dem Agio bei der Ausgabe von Aktien, aus der Ausgabe von
> Wandel- und Optionsanleihen (§ 221 aktG) und aus Zuzahlungen für Vorzugsrechte.
> Diese Rücklagen dürfen nur für die nach § 150 IV AktG genannten Zwecke verwendet
> werden, also insbesondere zum Ausgleich von Verlusten und zur Kapitalerhöhung aus
> Gesellschaftsmitteln. An die Gesellschafter zurückfließen dürfen sie hingegen nicht.

➲   die sog. **anderen Gewinnrücklagen** (§ 58 AktG)

> Diese entstehen dadurch, dass – anders als in der GmbH – Vorstand und Aufsichtsrat den
> Jahresabschluss feststellen und bis zu 50 % des Jahresüberschusses in die Gewinn-
> rücklagen einstellen können (sog. Thesaurierung). Von dieser Option machen Vorstand
> und Aufsichtsrat auch gerne und regelmäßig Gebrauch, weil das die Innenfinanzierung
> der AG stärkt, sie unabhängiger von Banken, aber auch vom Urteil des Kapitalmarktes
> macht[1]. Zudem erhöht das Vorhandensein von Gewinnrücklagen den Handlungsspielrum
> der Verwaltung, z.B. bei Investitionen und beim Erwerb anderer Unternehmen. Gewinn-
> rücklagen können ausgeschüttet werden, aber nur unter Beachtung der Formalien nach

---

[1] Zu den Schattenseiten dieser Methode vgl. *Drygala* in KölnKomm. AktG, § 58 Rn. 14 ff.

§ 58 III AktG: Sie müssen durch eine bilanzielle Entnahme zunächst in Jahresüberschuss umgewandelt werden (vgl. § 158 I Nr. 3 AktG), und es ist ein entsprechender Gewinnverwendungsbeschluss der Hauptversammlung nötig (§ 58 III AktG). Eine informelle Ausschüttung, die das GmbHG oberhalb der Grenze des § 30 GmbHG mit Einverständnis aller Gesellschafter zulässt, ist im Aktienrecht nicht möglich. Insofern wirkt sich auch hier die größere Formenstrenge des AktG aus.

II. Kapitalaufbringung

Literatur: *Bayer/J. Schmidt*, Die Reform der Kapitalaufbringung bei der Aktiengesellschaft durch das ARUG, ZGR 2009, 805; *Drygala*, Die aktienrechtliche Nachgründung zwischen Kapitalaufbringung und Kapitalerhaltung, Festschrift Huber, 2006, S. 691; *Habersack*, Verdeckte Sacheinlage und Hin- und Herzahlen nach dem ARUG – gemeinschaftsrechtlich betrachtet, AG 2009, 557; *Lieder*, Rechtsfragen der aktienrechtlichen Nachgründung nach ARUG, ZIP 2010, 964.

1. Das Prinzip der realen Kapitalaufbringung

3   Auch bei der AG gilt zunächst der **Grundsatz der realen Kapitalaufbringung,** nach dem übernommene Einlagepflichten nicht nur auf dem Papier bestehen sollen, sondern auch tatsächlich erfüllt werden müssen. Wie in der GmbH gilt auch hier, dass die AG die Aktionäre von ihrer Einlagepflicht **nicht befreien** kann (§ 66 I 1 AktG). Das **Aufrechnungsverbot** des § 66 I 2 AktG entspricht dem des § 19 II 2 GmbHG: Ein Aktionär kann daher nicht gegen die Einlageforderung aufrechnen, die AG nur, soweit die Forderung des Aktionärs vollwertig ist (für Einzelheiten siehe oben § 7 Rn. 10 ff.).

4   Anders als im GmbH-Recht soll bei der AG aber nicht nur die Aufbringung des festgesetzten Grundkapitals sichergestellt werden. Während sich bei der GmbH die Höhe der Einlagepflicht nach den Nennbeträgen der übernommenen Geschäftsanteile richtet (§ 14 S. 1 GmbHG), bestimmt sie sich bei der AG nach dem Ausgabebetrag, der auch ein etwaiges Agio umfasst (siehe § 19 Rn. 11). Das Agio ist nach § 272 II Nr. 1 HGB in die Kapitalrücklage einzustellen.

Das Befreiungs- und Aufrechnungsverbot des § 66 I AktG erstreckt sich daher – anders als bei § 19 II GmbHG – auch auf das Agio.

2. Die Problematik der verdeckten Sacheinlage

a) § 27 IV AktG

5   Zur Wiederholung: Bei einer **verdeckten Sacheinlage** fließt eine erbrachte Bareinlage wertmäßig an den Gesellschafter, während die Gesellschaft im Gegenzug einen Gegenstand erwirbt, der nach der Intention des Gesetzes eigentlich formal als Sacheinlage hätte deklariert werden müssen.

Mit dem MoMiG hat der Gesetzgeber im Jahr 2008 für das GmbH-Recht die verdeckte Sacheinlage kodifiziert und in § 19 IV GmbHG einem grundlegend neuen Rechtsfolgenregime unterworfen. Für die AG war eine Veränderung des Status quo zwar zunächst nicht angedacht, doch entschloss sich der Gesetzgeber auf Drängen der Praxis[2] im Zuge des **ARUG**, die Rechtslage bei AG und GmbH zu vereinheitlichen[3]. Zu diesem Zweck wurde **§ 27 III AktG** neu gefasst und dem Wortlaut des § 19 IV GmbHG angepasst.

Für **Einzelheiten zu Tatbestand und Rechtsfolgen** verdeckter Sacheinlagen kann daher auf die Ausführungen zur GmbH (oben § 7 Rn. 23 ff. und 32 ff.) verwiesen werden. An dieser Stelle genügt die folgende schematische Zusammenfassung:

Tatbestand der verdeckten Sacheinlage   6
- ⮑ Vereinbarung einer Bareinlage
- ⮑ Vornahme eines Gegengeschäfts, durch das der Gesellschaft anstelle der Barmittel ein Sachwert zufließt
- ⮑ Bestehen einer entsprechenden Abrede bereits bei Übernahme der Einlagepflicht

Rechtsfolgen der verdeckten Sacheinlage
- ⮑ Fortbestehen der Bareinlagepflicht
- ⮑ keine Unwirksamkeit des Gegengeschäfts (explizit anders noch § 27 III AktG a.F.)
- ⮑ Anrechnung des Wertes der Sachleistung auf die Bareinlagepflicht

Die Übernahme der MoMiG-Regeln in das AktG ist in wesentlichen Teilen miss-   7
glückt[4]. Der Gesetzgeber hat die Reform praktisch nur von der GmbH her gedacht und den **aktienrechtlichen Besonderheiten**, insbesondere der höheren Regelungsdichte und der weitergehenden europarechtlichen Bindung durch die Kapitalrichtlinie, **zu wenig Aufmerksamkeit geschenkt**. Dadurch kommt es gerade im Bereich des § 27 AktG, aber auch im Konzernrecht, zu Normkollisionen, die die Wirksamkeit der Reform erheblich einschränken.

b) Nachgründung

Ein solcher Normenkonflikt betrifft das Verhältnis von § 27 AktG zu § 52 AktG.   8
Denn § 27 AktG ist (anders als § 19 GmbHG) nicht die einzige Vorschrift, die Geschäfte der AG mit ihren Aktionären im Zusammenhang mit der Gründung Beschränkungen unterwirft. § 52 AktG regelt die sog. Nachgründung. Die Terminologie ist irreführend, da es nicht um einen der Gründung vergleichbaren Akt geht,

---

[2] Vgl. dazu *Bayer* in K. Schmidt/Lutter, AktG, § 27 Rn. 54.

[3] Vgl. Empfehlung und Bericht des Rechtsausschusses, BT-Drucks. 16/13098, S. 37.

[4] So auch die Bewertung von *Altmeppen*, NZG 2010, 441, 443: *Bayer/J. Schmidt*, ZGR 2009, 805, 845 f.

sondern um schuldrechtliche Verträge[5], deren Wirksamkeit von der Zustimmung der Hauptversammlung und der Beachtung weiterer, in § 52 I-VIII AktG normierter Verfahrensregeln abhängt.

> Die Nachgründungsregeln dienen der **Sicherung der Kapitalaufbringung**[6] (Umgehungsschutz) und damit dem Schutz von Aktionären und Gesellschaftsgläubigern. Daneben soll § 52 AktG den Vorstand einer jungen AG vor einer übermäßigen Einflussnahme durch die Gründer schützen[7].

9 Die tatbestandlichen **Voraussetzungen** der Nachgründung ergeben sich aus § 52 I AktG:
- ⮑ Vertrag zwischen AG und Gründern oder Aktionären, die mindestens mit 10 % des Grundkapitals an der AG beteiligt sind,
- ⮑ Verpflichtung der AG zum Erwerb von Vermögensgegenständen,
- ⮑ Vertragsschluss in den ersten zwei Jahren seit Eintragung der AG im Handelsregister,
- ⮑ Vergütung von mehr als 10 % des Grundkapitals.

10 **Nicht** nachgündungspflichtig ist der Erwerb der Vermögensgegenstände, wenn er im Rahmen der laufenden Geschäfte, in der Zwangsvollstreckung oder über die Börse erfolgt (§ 52 IX AktG).

11 Der Anwendungsbereich der Nachgründung überschneidet sich mit demjenigen der – typischerweise „gemischten" (dazu oben § 7 Rn. 40) – verdeckten Sacheinlage, deckt sich aber nicht mit diesem.
- ⮑ Der **zeitliche Anwendungsbereich** des § 52 AktG ist **weiter**, da Geschäfte in den ersten zwei Jahren ab Eintragung erfasst werden, während bei der verdeckten Sacheinlage der geforderte zeitliche Zusammenhang typischerweise nur bis zu sechs Monate nach Eintragung besteht.
- ⮑ Der **persönliche Anwendungsbereich** ist **enger**, da nur Verträge mit Gründern und qualifiziert beteiligten Aktionären (Beteiligung von mindestens 10 %) erfasst sind.
- ⮑ Der **sachliche Anwendungsbereich** ist teils **weiter**, da die zu erwerbenden Vermögensgegenstände nicht sacheinlagefähig sein müssen und daher auch Dienstleistungen erfasst sind[8]. Teils ist er aber auch **enger**, da die Geschäfte ein gewisses Transaktionsvolumen (Vergütung von mehr als 10 % des Grundkapitals) erreichen müssen.

---

[5] *Hüffer*, AktG, § 52 Rn. 2; *Pentz* in MünchKomm. AktG, § 52 Rn. 12; *M. Arnold* in KölnKomm. AktG, § 52 Rn. 13.

[6] BGH AG 2007, 741, 744; *Solveen* in Hölters, AktG, § 52 Rn. 2; *M. Arnold* in KölnKomm. AktG, § 52 Rn. 2; *Hüffer*, AktG, § 52 Rn. 1.

[7] BGHZ 110, 47, 55; *Hüffer*, AktG, § 52 Rn. 1; *M. Arnold* in KölnKomm. AktG, § 52 Rn. 2; *Pentz* in MünchKomm. AktG, § 52 Rn. 5.

[8] *Pentz* in MünchKomm. AktG, § 52 Rn. 17; *Hüffer*, AktG, § 52 Rn. 4; *M. Arnold* in KölnKomm. AktG, § 52 Rn. 18; *Bayer* in K. Schmidt/Lutter, AktG, § 52 Rn. 21.

Vor dem ARUG war § 52 AktG im gemeinsamen Anwendungsbereich regelmäßig ohne Bedeutung[9], da die Rechtsfolgen der (gemischten) verdeckten Sacheinlage strenger waren. Dies hat sich durch die Neufassung des § 27 III AktG geändert! Eine Angleichung an § 27 III AktG bzw. eine Streichung des § 52 AktG kommt nicht in Betracht, da die Regelung europarechtlich durch Art. 11 der Kapitalrichtlinie[10] geboten ist.

Ein nachgründungspflichtiger Vertrag bedarf, um wirksam zu sein,

➲ der Schriftform (§ 52 II 1 AktG, §§ 126, 125 BGB),

➲ der Zustimmung der Hauptversammlung und

➲ der Eintragung im Handelsregister.

12

Zudem muss vor der Beschlussfassung der Hauptversammlung der Vertragsinhalt durch Auslegung in den Geschäftsräumen oder Einstellung auf der Internetseite der Gesellschaft publik gemacht werden (§ 52 II 2-4 AktG). Darüber hinaus sehen die Abs. 3 und 4 eine Prüfung durch den Aufsichtsrat sowie ggf. durch einen oder mehrere Gründungsprüfer vor[11]. Zu Beginn der Hauptversammlung ist der Vertrag durch den Vorstand zu erläutern. Der Zustimmungsbeschluss der Hauptversammlung bedarf einer qualifizierten Mehrheit von mindestens 75 % der Stimmen[12]. Der Vertragspartner ist dabei stimmberechtigt[13].

Vor Eintragung im Handelsregister[14] ist ein nachgründungspflichtiger Vertrag **schwebend unwirksam.**

13

Dies gilt auch für die dinglichen Vollzugsgeschäfte (vgl. § 52 I 2 AktG). Mit Eintragung werden die Verträge wirksam, sofern die weiteren Wirksamkeitsvoraussetzungen erfüllt sind. Die Eintragung heilt weder den Verstoß gegen das Schriftformerfordernis noch das Fehlen des Zustimmungsbeschlusses! Hingegen führen ein Verstoß gegen die Publizitätsanforderungen nach § 52 II 2-7 AktG und die unterlassene oder fehlerhafte Prüfung nach § 52 III, IV AktG (nur) zur Anfechtbarkeit des Zustimmungsbeschlusses. Wurde eine Prüfung unterlassen, muss das Registergericht zudem die Eintragung ablehnen (§ 52 VII AktG).

Nach Ablauf der Zweijahresfrist werden nachgründungspflichtige Geschäfte nicht *ipso iure* wirksam[15]. Nach mittlerweile herrschender Auffassung[16] soll es dem Vorstand aber möglich sein, die betreffenden Geschäfte zu genehmigen und diesen so in eigener Verantwortung zur Wirksamkeit zu verhelfen. Hierfür spräche nicht zuletzt der Umstand,

14

---

[9] Exemplarisch BGHZ 173, 145 – „Lurgi".

[10] Zweite Richtlinie 77/91/EWG vom 13. Dezember 1976.

[11] Für Einzelheiten siehe *Bayer* in K. Schmidt/Lutter, AktG, § 52 Rn. 31.

[12] Vgl. *Bayer* in K. Schmidt/Lutter, AktG, § 52 Rn. 35; *M. Arnold* in KölnKomm. AktG, § 52 Rn. 31; *Pentz* in MünchKomm. AktG, § 52 Rn. 34.

[13] *M. Arnold* in KölnKomm. AktG, § 52 Rn. 32; *Pentz* in MünchKomm. AktG, § 52 Rn. 35.

[14] Zum Inhalt der Eintragung siehe § 52 VIII AktG und *Bayer* in K. Schmidt/Lutter, AktG, § 52 Rn. 39.

[15] *Bayer* in K. Schmidt/Lutter, AktG, § 52 Rn. 43; *Lieder*, ZIP 2010, 964, 970.

[16] So *M. Arnold* in KölnKomm. AktG, § 52 Rn. 44; *Bayer* in K. Schmidt/Lutter, AktG, § 52 Rn. 43; *Hüffer*, AktG, § 52 Rn. 7; *Lieder*, ZIP 2010, 964, 970.

dass der Vorstand das in Rede stehende Geschäft nach Ablauf von zwei Jahren ohnehin selbst vornehmen könnte. Indes überzeugt dies nicht[17]. Es macht einen erheblichen Unterschied, ob ein Geschäft zwei Jahre nach Gründung ganz neu vorgenommen wird oder ob ein bereits durchgeführtes Geschäft genehmigt oder bestätigt wird. Im ersten Fall ist der Vorstand in seiner Entscheidung frei; im zweiten besteht eine erhebliche faktische Bindung aufgrund des (in der Regel) bereits durchgeführten Geschäfts. Aufgrund der drohenden Rückabwicklungsschwierigkeiten besteht ein erheblicher Anreiz, auch ein schlechtes Geschäft gelten zu lassen. Um diesem **Fehlanreiz entgegenzuwirken**, bedürfen nachgründungspflichtige Verträge auch nach Ablauf der Zweijahresfrist einer Werthaltigkeitsprüfung (§ 52 III, IV AktG), der Zustimmung der Hauptversammlung und der Eintragung im Handelsregister.

3. Die Problematik des Hin- und Herzahlens

a) § 27 IV AktG

15 Durch das ARUG wurde zudem § 19 V GmbHG fast wortgleich in § 27 IV AktG übertragen. Auch in der AG gilt, dass beim Hin- und Herzahlen die Bareinlagepflicht des Aktionärs grundsätzlich bestehen bleibt. Bestimmte Vorgänge sollen aber nach § 27 IV AktG privilegiert sein – und zwar dergestalt, dass die Bareinlagepflicht trotz des Rückflusses der eingelegten Mittel an den Aktionär als erfüllt anzusehen ist.

> Für **Einzelheiten zu Tatbestand und Rechtsfolgen** des Hin- und Herzahlens im Allgemeinen und der Privilegierung nach § 27 IV AktG kann wiederum auf die Ausführungen zur GmbH (oben § 7 Rn. 45 ff. und 57 ff.) verwiesen werden.

16 Es ging dem Gesetzgeber auch hier um eine Vereinheitlichung des Aktien- und GmbH-Rechts. **Dies scheitert aber an § 71a AktG**, der dazu führt, dass trotz § 27 IV AktG das Hin- und Herzahlen aktienrechtlich stets unzulässig ist (dazu sogleich Rn. 18 ff.).

b) Probleme des Mindesteinzahlungsgebots

17 Gegen die Regelung des § 27 IV AktG wird eingewandt, sie führe dazu, dass entgegen § 36a AktG der Gesellschaft nicht ¼ des Ausgabebetrags in bar zur Verfügung steht[18]. Durchgreifend wären diese Bedenken freilich nur, wenn sich ein Mindesteinzahlungserfordernis des Inhalts, dass ¼ des geringsten Ausgabebetrages geleistet und bei der Gesellschaft verbleiben müsse, aus der Kapitalrichtlinie herleiten ließe. Anderenfalls wäre § 27 IV AktG schlicht *lex specialis* gegenüber § 36a AktG. Ein solches Gebot auf europäischer Ebene ist aber nicht anzuerkennen; die Kapitalrichtlinie gibt für ein derartiges Verständnis keine Anhaltspunkte und steht auch ansonsten einer Verwendung der eingelegten Mittel durch die Ge-

---

[17] Ablehnend auch *Pentz* in MünchKomm. AktG, § 52 Rn. 61; *Diekmann,* ZIP 1996, 2149, 2150.
[18] *Habersack*, AG 2009, 557, 561; *Heidinger/Herrler* in Spindler/Stilz, AktG, § 27 Rn. 262.

sellschaft, auch wenn sie in Absprache mit dem Gesellschafter erfolgt, offen gegenüber[19].

c) Verbot der financial assistance (§ 71a AktG)

In § 71a AktG ist das **Verbot der Erwerbsfinanzierung** (*financial assistance*) geregelt.   **18**

> § 71a I AktG verbietet es der AG, den Erwerb von Aktien durch Dritte aus Gesellschaftsmitteln zu fördern, sei es unmittelbar durch die finanzielle Unterstützung des Erwerbsgeschäfts oder mittelbar durch das Bereitstellen von Sicherheiten.

Die Vorschrift steht in einem engen Zusammenhang mit § 71 AktG, der den Er   **19**
werb eigener Aktien nur unter bestimmten Voraussetzungen zulässt (dazu unten Rn. 44 ff.). § 71a AktG sollte ursprünglich die **Umgehung des § 71 AktG verhindern**[20].

Sowohl beim Eigenerwerb als auch bei der *financial assistance* besteht die Gefahr eines sog. **Doppelschadens**[21]: In den Fällen des § 71a AktG übernimmt die Gesellschaft durch die Finanzierung oder Absicherung des Erwerbers dessen Insolvenzrisiko. Kann der Erwerber ein gewährtes Darlehen nicht an die AG zurückzahlen oder wird diese als Sicherungsgeberin von einem Dritten (dem Veräußerer der Aktien oder einem außenstehenden Kreditgeber) in Anspruch genommen, führt dies neben dem Vermögensverlust unter Umständen zugleich zu einer Minderung des Aktienwerts.

Gleichermaßen soll durch § 71 AktG wie auch durch § 71a AktG verhindert wer   **20**
den, dass der Vorstand auf die Zusammensetzung des Aktionärskreises Einfluss nimmt. Dabei spielen auch **übernahmerechtliche Aspekte eine Rolle**, unterfällt doch eine zunehmend verbreitete Form der Finanzierung von Unternehmensübernahmen (Takeovers) dem Anwendungsbereich: der sog. *Leveraged Buyout*[22].

Die Besonderheit eines *Leveraged Buyouts* besteht darin, dass der Erwerber zur Akquisition vornehmlich Fremdkapital einsetzt, wobei das Vermögen der Zielgesellschaft wirtschaftlich als Sicherungsmittel eingesetzt wird. Nach erfolgter Unternehmensübernahme sollen die Mittel der Gesellschaft zur Kredittilgung eingesetzt werden: Gewinn, Gewinnrücklagen, Cash-Flow und nötigenfalls auch stille Reserven der AG dienen folglich dazu, deren eigene Übernahme durch den Erwerber zu finanzieren. Mitunter soll anschließend die Zielgesellschaft auf die Übernahmegesellschaft oder eine extra zu diesem Zwecke gegründete Zwischengesellschaft verschmolzen werden. Dann steht wegen der in § 20 I UmwG angeordneten Gesamtrechtsnachfolge das vormalige

---

[19] *Bayer* in K. Schmidt/Lutter, AktG, § 27, Rn. 95; *Heidinger/Herrler* in Spindler/Stilz, AktG, § 27 Rn. 262.

[20] *Lutter/Drygala* in KölnKomm. AktG, § 71a Rn. 6; *Oechsler* in MünchKomm. AktG, § 71a Rn. 4; *Bezzenberger* in K. Schmidt/Lutter, AktG, § 71a Rn. 6.

[21] Vgl. *Lutter/Drygala* in KölnKomm. AktG, § 71a Rn. 7.

[22] Dazu *Lutter/Wahlers*, AG 1989, 1; *Lutter/Drygala* in KölnKomm. AktG, § 71a Rn. 10 ff.

Vermögen der Zielgesellschaft als Haftungsmasse zur Verfügung. Die Ausnutzung der Liquidität der Zielgesellschaft führt im Ergebnis so zu einer Hebelwirkung (engl.: *leverage*, von *lever* = Hebel), so dass im günstigsten Fall die Übernahme vollständig aus den Mitteln der Zielgesellschaft finanziert werden kann.

21 Verstöße gegen das Finanzierungsverbot führen zur **Nichtigkeit des schuldrechtlichen Rechtsgeschäfts**, das eine der verbotenen Leistungen der AG zum Gegenstand hat (§ 71a I 1 AktG). Das dingliche Erfüllungsgeschäft hingegen bleibt wirksam. Wurde dieses bereits vollzogen, so sind die erbrachten Leistungen rückabzuwickeln.

22 Die Crux liegt nun darin, dass beim durch § 27 IV AktG privilegierten Hin- und Herzahlen tatbestandlich **stets** eine Darlehensgewährung oder jedenfalls eine wirtschaftlich vergleichbare Leistung der AG an den Aktionär vorliegt. An die Stelle des Einlageanspruchs tritt der schuldrechtliche Rückgewähranspruch aus der Abrede, die dem Hin- und Herzahlen zugrunde liegt. Der Umstand, dass dieser Rückgewähranspruch jederzeit fällig bzw. durch Kündigung fällig zu stellen sein muss[23], ändert nichts daran, dass es sich hierbei um eine finanzielle Unterstützung des Anteilserwerbs handelt.

23 Eine „Kollision" zwischen § 27 IV AktG und § 71a AktG wäre nur dann ausgeschlossen, wenn Letzterer nur auf den derivativen, nicht aber auf den **originären** Aktienerwerb anwendbar wäre[24]. Dies wird in der Tat so vertreten – und zwar unter anderem mit Hinweis auf die europarechtliche Grundlage der Norm.

Art. 23 der Kapitalrichtlinie verbietet die Unterstützung des Aktienerwerbs durch einen Dritten. Der Richtliniengeber habe erkennbar Fälle vor Augen gehabt, bei denen eine bisher nicht oder jedenfalls nicht in dieser Höhe beteiligte Person die Kontrolle über die Gesellschaft fremdkapitalfinanziert zulasten ihres gebundenen Vermögens übernehmen möchte[25].

Bei einer näheren Betrachtung ist eine solche Situation auch beim originären Erwerb gegeben. Auch hier war der Erwerber vorher nicht oder (bei einer Kapitalerhöhung) nicht in dieser Höhe an der AG beteiligt. Und auch hier erfolgt die Finanzierung aus gebundenem Vermögen, da die erbrachte (und somit gebundene, vgl. unten Rn. 25 ff.) Einlage an den Aktionär zurückfließt. Art. 23 der Kapitalrichtlinie spricht damit keineswegs für eine Beschränkung auf den derivativen Erwerb.

Im Gegenteil: In Unterabs. 5 des Art. 23 I der Kapitalrichtlinie ist der originäre Erwerb seit ihrer Reform im Jahr 2006 explizit erwähnt.

---

[23] Dieses Argument für die Anwendbarkeit des § 71a AktG findet sich in Empfehlung und Bericht des Rechtsausschusses, BT-Drucks. 16/13098, S. 38.

[24] Dafür *Oechsler* in MünchKomm. AktG, § 71a Rn. 15; *Bezzenberger* in K. Schmidt/Lutter, AktG, § 71a Rn. 20; *Schroeder*, Finanzielle Unterstützung des Aktienerwerbs 1995, S. 152 ff.; *Merkt* in Großkomm. AktG, § 71a Rn. 43; für die Rechtslage vor dem ARUG auch *Lutter/Drygala* in KölnKomm. AktG, § 71a Rn. 21.

[25] Empfehlung und Bericht des Rechtsausschusses, BT-Drucks. 16/13098, S. 38.

Auch systematische Gründe sprechen richtigerweise nicht gegen, sondern für die **24**
Anwendung des § 71a AktG auch auf den originären Erwerb. Das Finanzierungsverbot ist eng mit dem Verbot des Erwerbs eigener Aktien verknüpft. Ein
solches findet sich aber nicht nur in § 71 AktG, sondern auch in § 56 AktG, der
die Selbstzeichnung neuer Aktien durch die AG verbietet.

§ 27 IV AktG kollidiert daher immer mit § 71a I 1 AktG – mit der Folge,
dass das Hin- und Herzahlen **stets unzulässig** ist und nicht zum Erlöschen
der Bareinlagepflicht führt[26].

Aufgrund des europarechtlichen Hintergrundes des § 71a AktG kann auch kein genereller
Vorrang des § 27 IV AktG angenommen werden. Auch der Gesetzgeber selbst hat einen
Vorrang nicht beabsichtigt, sondern die Konturierung des § 71a AktG und damit auch des
Anwendungsbereichs des § 27 IV AktG ausdrücklich der Wissenschaft überlassen[27].

III. Kapitalerhaltung

Literatur: *Baums*, Haftung wegen Falschinformation des Sekundärmarktes, ZHR 167
(2003), 139; *Cahn*, Das richterrechtliche Verbot der Kreditvergabe an Gesellschafter und
seine Folgen, Der Konzern 2004, 235; *Drygala*, Stammkapital heute – Zum veränderten
Verständnis vom System des festen Kapitals und seinen Konsequenzen, ZGR 2006, 587;
Habersack, Die finanzielle Unterstützung des Aktienerwerbs, Festschrift Röhricht, 2005,
S. 155; *ders.*, Aufsteigende Kredite im Lichte des MoMiG und des „Dezember"-Urteils
des BGH, ZGR 2009, 347; *Joost*, Grundlagen und Rechtsfolgen der Kapitalerhal-
tungsregeln im Aktienrecht, ZHR 149 (1985), 419; *Langenbucher*, Kapitalerhaltung und
Kapitalmarkthaftung, ZIP 2005, 239; *Mülbert/Leuschner*, Aufsteigende Darlehen im
Kapitalerhaltungs- und Konzernrecht – Gesetzgeber und BGH haben gesprochen, NZG
2009, 281; *Schön*, Vermögensbindung und Kapitalschutz in der AG – Versuch einer
Differenzierung, Festschrift Röhricht, 2005, S. 559.

1. Vermögensbindung und „Verbot der Einlagenrückgewähr"

Zentrale Vorschrift der Kapitalerhaltung bei der AG ist § 57 AktG.   **25**

Nach § 57 I 1 AktG dürfen „die Einlagen" den Aktionären **nicht zurückgewährt**
werden. Dies ist missverständlich, weil deutlich **zu eng** formuliert. Es besteht Einigkeit darüber, dass es nicht darauf ankommt, was der Empfänger oder ein anderer Aktionär einmal als Einlage geleistet hat und dass ihm genau dieses Geleistete
wieder zurückgewährt wird. § 57 I 1 AktG **bindet das Vermögen der AG seinem**
Werte nach und keinesfalls im Sinne einer Bindung einzelner Gegenstände[28].

---

[26] *Habersack*, AG 2009, 557, 561 f.; *Hüffer*, AktG, § 27 Rn. 45; *Cahn/v. Spannenberg* in Spind-
ler/Stilz, AktG, § 56 Rn. 12 f.

[27] Vgl. auch Empfehlung und Bericht des Rechtsausschusses, BT-Drucks. 16/13098, S. 38.

[28] *Drygala* in KölnKomm. AktG, § 57 Rn. 17; *Hüffer*, AktG, § 57 Rn. 6; OLG Frankfurt a. M.
AG 1992, 194, 196.

Der gegenteiligen, auch der „November"-Entscheidung des BGH[29] zugrunde liegenden Auffassung wurde durch das MoMiG die Grundlage entzogen. Die bilanzielle Betrachtungsweise ist nunmehr in § 57 I 3 AktG festgeschrieben. Zur Parallelregelung des § 30 I 2 GmbHG siehe bereits die Ausführungen oben § 8 Rn. 33 ff.

26 Die Vermögensbindung betrifft dabei das **gesamte Vermögen** der AG. Es gilt ein im Grundsatz **umfassendes Verbot der Gewährung finanzieller Vorteile** an Aktionäre[30].

> Vor Auflösung der Gesellschaft darf an die Aktionäre nur der Bilanzgewinn ausgeschüttet werden (§ 57 III AktG). Alle anderen Vermögenszuwendungen sind unzulässig, sofern sie nicht von § 57 I AktG oder anderen Vorschriften[31] ausnahmsweise gestattet sind.

Diese Vermögensbindung ist weit **umfassender** als im GmbH-Recht. Sie schützt auch das die Ziffer des Grundkapitals und der gesetzlichen Rücklagen übersteigende Vermögen so lange, bis dieses Vermögen in Bilanzgewinn umgewandelt und die Ausschüttung wirksam beschlossen ist[32]. Damit wird eine Formalisierung des Umgangs mit den finanziellen Reserven der AG erreicht, die insbesondere die bei der GmbH verbreiteten „informellen Entnahmen" ausschließt.

27 **Normzweck** des § 57 AktG ist (wie bei § 30 GmbH) der **Gläubigerschutz**[33]; insoweit sei nochmals an den Gedanken des Risikobeitrages erinnert (dazu § 1 Rn. 18). Allerdings erklärt dieser Normzweck allein noch nicht, warum auch gesetzlich nicht geforderte Gewinnrücklagen in die Ausschüttungssperre mit einbezogen werden. Diese Positionen werden freiwillig gebildet und können jederzeit wieder aufgelöst werden. Bei ihrer Ausschüttung wird dem Gläubiger folglich nichts genommen, was nicht schon vorher als Gewinn hätte ausgeschüttet werden können[34]. Die strenge weitgehende Vermögensbindung kann deshalb nur mit dem Zweck des **Minderheitenschutzes** gerechtfertigt werden[35]. Gäbe es sie nicht, bestünde beispielsweise die Gefahr, dass in der Gesellschaft ohne Großaktionär der unabhängig agierende Vorstand (dazu unten § 21 Rn. 31 ff.) einzelnen ihm genehmen Aktionären Sondervorteile zuwendet. Zudem wäre in der Gesellschaft mit Mehrheitsgesellschafter dessen Zugriff auf die Reserven zu befürchten. Durch solche Mittelabflüsse jenseits des gesetzlich vorgeschriebenen Verfahrens der Gewinnverwendung würden sowohl die Gewinnverwendungskompetenz der Hauptversammlung als auch die Gleichbehandlung der Gesellschafter beeinträchtigt. Die Aktionäre stehen dem Geschäftsbetrieb typischerweise ferner als GmbH-Gesellschafter. Deshalb

---

[29] BGHZ 157, 72 ff.

[30] *Drygala* in KölnKomm. AktG, § 57 Rn. 16; *Hüffer*, AktG, § 57 Rn. 2; *Bayer* in MünchKomm. AktG, § 57 Rn. 7; *Henze* in Großkomm. AktG, § 57 Rn. 9; *Fleischer* in K. Schmidt/Lutter, AktG, § 57 Rn. 9.

[31] Vgl. §§ 26, 59, 71 I, 71 d S. 2, 237 II, III AktG.

[32] *Lutter*, Festschrift Stiefel, 1987, S. 505, 525; *Drygala* in KölnKomm. AktG, § 57 Rn. 18.

[33] Vgl. zum Normzweck ausführlich *Drygala* in KölnKomm. AktG, § 57 Rn. 9 ff.

[34] Vgl. *Drygala* in KölnKomm. AktG, § 57 Rn. 9 ff.

[35] So *Drygala* in KölnKomm. AktG, § 57 Rn. 11; *Bayer* in MünchKomm. AktG, § 57 Rn. 2; a.A. *Fleischer*, WM 2007, 909, 910; *ders.* in K. Schmidt/Lutter, AktG, § 57 Rn. 3; *Cahn/v. Spannenberg* in Spindler/Stilz, AktG, § 57 Rn. 6.

sind sie schwächer informiert und auch faktisch kaum in der Lage, gegen Eigenmächtig-
keiten der Verwaltung oder Vermögensverlagerung zugunsten einzelner Aktionäre mit
dem Instrument der Treuepflicht oder im Konzern mit den Mitteln der §§ 309 IV, 317 IV
AktG vorzugehen.

2. Verbotstatbestand

§ 57 I 1 AktG verbietet offene und verdeckte Vermögensverlagerungen.   **28**

> Zur Wiederholung: Ein **offener Verstoß** liegt vor, wenn die AG dem Aktio-
> när etwas einseitig zuwendet; bei **verdeckten Verstößen** erfolgt die Zu-
> wendung nicht einseitig durch die Gesellschaft, sondern aufgrund eines Aus-
> tauschvertrages, bei dem Leistung und Gegenleistung aber zugunsten des
> Gesellschafters in einem Missverhältnis stehen.

Dabei ist auch bei der AG eine **rein bilanzielle Betrachtungsweise** anzustellen   **29**
(arg. ex § 57 I 3 Alt. 2 AktG). Das Vorliegen einer verdeckten Zuwendung im
Rahmen eines Austauschgeschäfts ist ausschließlich anhand eines rechnerischen
Vermögensvergleichs festzustellen. Unerheblich ist, ob das Geschäft überhaupt
mit Dritten möglich ist, der Gesellschaft wirtschaftlich nützt, im Unternehmensinteresse liegt, betrieblich veranlasst und/oder vom Unternehmensgegenstand gedeckt ist[36].

Für Einzelheiten zum sachlichen Anwendungsbereich kann auf die Ausführungen zu § 30
I GmbHG (oben § 8 Rn. 13 ff.) verwiesen werden. Dies gilt namentlich auch für die
Behandlung von Darlehen, Sicherheiten und den Kapitalschutz beim Cash-Pooling.

Nach dem Wortlaut des § 57 I 1 AktG sind nur Leistungen durch die AG an Akti-   **30**
onäre verboten. **Geschäfte mit Dritten** unterfallen daher im Grundsatz nicht dem
Verbotstatbestand. Dies gilt aber nicht uneingeschränkt, da anderenfalls die Regelung leicht umgangen werden könnte. Es gelten daher auch hier die unter § 8
Rn. 32 dargestellten Fallgruppen und Zurechnungskriterien.

Erfasst sind insbesondere auch[37]:
- ⭗ Leistungen an ehemalige und zukünftige Gesellschafter, wenn ein innerer Zusam-
menhang zwischen Leistung und Mitgliedschaft besteht,
- ⭗ Leistungen durch Dritte für Rechnung der AG oder durch ein von dieser beherr-
schtes Unternehmen,
- ⭗ Leistungen an Dritte, die mit dem Aktionär eine Zurechnungseinheit bilden.

Nach § 57 I 2 AktG ist die Zahlung des Erwerbspreises beim zulässigen Erwerb   **31**
eigener Aktien keine verbotene Einlagenrückgewähr. Mit dem Abkauf der Aktie
ist eine Kapitalrückgewähr verbunden, da die AG durch die Beteiligung an sich
selbst einen wirtschaftlichen Gegenwert nicht erlangt. Die Ausnahme dient also

---

[36] Vgl. *Drygala* in KölnKomm. AktG, § 57 Rn. 48 mit weiteren Nachweisen.
[37] Vgl. *Drygala* in KölnKomm. AktG, § 57 Rn. 118 ff.

dazu, die Erlaubnistatbestände des Rückerwerbs in § 71 I AktG (dazu unten
Rn. 47 ff.) nicht leerlaufen zu lassen[38].

3. Konzernprivileg

a) Vertragskonzern

32 Eine weitere Ausnahme enthält § 57 I 3 Alt. 1 AktG für den Vertragskonzern.
Leistungen bei Bestehen eines Beherrschungs- oder Gewinnabführungsver-
trages im Sinne des § 291 AktG sind danach zulässig, auch wenn die AG keine
adäquate Gegenleistung erhält. Die Norm beruht auf der Überlegung, dass im Vertragskonzern auf die Kapitalbindung deshalb verzichtet werden kann, weil der
Gläubigerschutz durch die Pflicht des herrschenden Unternehmens zum Verlustausgleich (§ 302 AktG) sichergestellt ist[39].

> Die Regelung findet folglich ihre Grenze erst dort, wo die §§ 302 ff. AktG nicht ein-
> greifen oder das Ausgleichssystem des § 302 AktG nicht funktionsfähig ist (siehe bereits
> oben § 8 Rn. 35 zur Parallelregelung in § 30 I 2 Alt. 2 GmbHG). Zu beachten ist ferner
> die Prüfungspflicht des Vorstandes nach § 308 AktG (dazu unten § 32 Rn. 25).

b) Faktischer Konzern

33 Für den faktischen Konzern fehlt es an einer entsprechenden Privilegierung. Allerdings muss § 57 I AktG unter **Berücksichtigung der in §§ 311, 317 AktG ge-**
troffenen Wertungen ausgelegt werden[40]. Diese gestatten es dem herrschenden
Unternehmen, die abhängige AG zu nachteiligen Maßnahmen zu veranlassen,
wenn diese Nachteile später ausgeglichen werden (dazu unten § 31 Rn. 17 ff.). Zu
diesen unter der Voraussetzung späteren Ausgleichs zulässigen Nachteilen gehören offenbar auch Leistungen aus dem Vermögen der abhängigen AG, so dass
§ 57 AktG insofern eingeschränkt werden muss; anderenfalls liefen die §§ 311 ff.
AktG zu einem erheblichen Teil leer. Dieser Auffassung hat sich im Jahre 2008
auch der BGH in seiner „MPS"-Entscheidung angeschlossen[41].

In Folge der Reform sind jedoch auch Fälle denkbar, in denen § 57 AktG Eingriffe ermöglicht, die nach § 311 AktG unzulässig sind. Dies ist dem Umstand geschuldet, dass bei § 57 AktG die **bilanzielle Betrachtungsweise** gilt, bei § 311
AktG hingegen noch das vor dem MoMiG vorherrschende Konzept des **Drittver-**

---

[38] *Drygala* in KölnKomm. AktG, § 57 Rn. 95.

[39] Vgl. *Fleischer* in K. Schmidt/Lutter, AktG, § 57 Rn. 36; *Drygala/Kremer*, ZIP 2007, 1289,
1295 f.

[40] Dazu eingehend *Drygala* in KölnKomm. AktG, § 57 Rn. 105 ff.

[41] BGHZ 179, 71, Rn. 12 – „MPS"; zustimmend *Drygala* in KölnKomm. AktG, § 57 Rn. 105;
Habersack in Emmerich/Habersack, Aktien- und GmbH-Konzernrecht, § 311 Rn. 82 f.; *Hüffer*,
AktG, § 311 Rn. 49; *Habersack/Schürnbrand*, NZG 2004, 689, 691 f.; *Ulmer*, Festschrift Hüffer,
2010, S. 999, 1007; kritisch *Altmeppen*, ZIP 1996, 693, 695 ff.

gleichs. In diesen Fällen sind die von § 57 AktG n.F. eingeführten Erleichterungen in den § 311 AktG zu übernehmen (siehe dazu auch unten § 31 Rn. 22 ff.).

4. Rechtsfolgen bei Verstößen

a) Unzulässigkeit, aber keine Unwirksamkeit

Nach traditioneller Auffassung stellt § 57 AktG ein Verbotsgesetz im Sinne des **34** § 134 BGB dar – mit der Folge, dass bei verbotswidrigen Leistungen sowohl das schuldrechtliche Verpflichtungsgeschäft als auch das dingliche Vollzugsgeschäft nichtig wären[42]. Indes liefe dies auf einen gegenständlichen Schutz des Gesellschaftsvermögens hinaus, dem der MoMiG-Gesetzgeber gerade eine Absage erteilt hat. Da nur der **rechnerische Bestand** des Gesellschaftsvermögens durch § 57 AktG geschützt wird und § 62 AktG einen speziellen aktienrechtlichen Rückgewähranspruch normiert, besteht kein Bedarf für eine Nichtigkeit. Es gilt mithin Entsprechendes wie bei der GmbH (oben § 8 Rn. 38 ff.):

> Verpflichtungs- und Verfügungsgeschäft sind daher **nicht** wegen Verstoßes gegen § 30 I 1 GmbHG **unwirksam**[43]. Eine Rückabwicklung findet weder nach §§ 985 f. BGB noch nach §§ 812 ff. BGB statt. Der erforderliche Ausgleich wird über § 62 AktG vollzogen.

b) Aktienrechtlicher Rückgewähranspruch

§ 62 AktG normiert – ähnlich dem § 31 I GmbHG – einen **gesellschaftsrechtli-** **35** **chen Anspruch der AG auf Rückgewähr** verbotswidrig empfangener Leistungen. Auch hier gilt: Der Schuldner kann sich nicht auf Entreicherung (§ 818 III BGB) berufen.

Da § 57 AktG das Gesellschaftsvermögen nicht in seiner gegenständlichen Zu- **36** sammensetzung schützt, ist der Wortlaut des § 62 AktG („Leistungen [...] zurückzugewähren") zu eng.

> Der Anspruch aus § 62 AktG ist nicht auf gegenständliche Rückgewähr gerichtet, sondern auf **Wertersatz**[44]. Geschuldet ist der Ersatz des vollen Wertes zum Zeitpunkt der Leistung.

---

[42] *Canaris*, Festschrift Fischer, 1979, S. 30, 33 f.; *Hüffer*, AktG, § 57 Rn. 23; *Henze* in Großkomm. AktG, § 57 Rn. 201 ff.

[43] Wie hier *Fleischer* in K. Schmidt/Lutter, AktG, § 57 Rn. 73; *Drygala* in KölnKomm. AktG, § 57 Rn. 132; *Bayer* in MünchKomm. AktG, § 57 Rn. 162 ff.

[44] *Drygala* in KölnKomm. AktG, § 62 Rn. 62; *Fleischer* in K. Schmidt/Lutter, AktG, § 62 Rn. 18; grundsätzlich auch *Bayer* in MünchKomm. AktG, § 62 Rn. 47 ff.; auf den Einzelfall abstellend *Cahn/v. Spannenberg* in Spindler/Stilz, AktG, § 62 Rn. 22 f.

Es besteht weder ein Anspruch der AG noch des Aktionärs auf eine gegenständliche Rückabwicklung[45]. Allerdings können sie sich auf eine andere Form der Restitution einigen oder durch eine Vertragsanpassung nachträglich eine marktübliche Gegenleistung festsetzen und so den Verstoß gegen § 57 I 1 AktG beseitigen (siehe bereits die Ausführungen zu § 31 GmbHG oben § 8 Rn. 39 ff.).

37   § 62 I 2 AktG **privilegiert** diejenigen Aktionäre, die **gutgläubig** Leistungen **als Dividende empfangen** haben. Von Bedeutung ist dies in den Fällen, in denen der Gewinnverwendungsbeschluss, der Grundlage für die Gewinnverteilung und Voraussetzung für das Entstehen des konkreten Dividendenanspruchs ist, nichtig ist oder erfolgreich angefochten wird.

38   **Gläubiger** des Anspruchs ist die AG. Problematisch ist dabei, dass die AG durch den Vorstand vertreten wird. Dieser wird aber in den meisten Fällen an der verbotswidrigen Leistung mitgewirkt haben, sodass das Verfolgungsinteresse in der Praxis oftmals gering sein wird.

Dennoch sind einzelne Aktionäre nicht klageberechtigt. Allerdings kann der Anspruch außerhalb des Insolvenzverfahrens gemäß § 62 II AktG auch durch die Gesellschaftsgläubiger im Wege der Prozessstandschaft geltend gemacht werden, wenn diese von der illiquiden AG keine Befriedigung erlangen können.

39   **Schuldner** ist der die verbotswidrige Leistung empfangende Aktionär. Dies gilt auch, wenn die Leistung an einen Dritten erfolgt, aber dem Aktionär zurechenbar ist (oben Rn. 30). **Dritte** haften grundsätzlich nicht selbst aus § 62 I 1 AktG.

Etwas anderes gilt aber für[46]:
- **ehemalige und zukünftige Aktionäre**, die die Leistung mit Blick auf die Mitgliedschaft erhalten haben,
- **Hintermänner** von Aktionären, sofern sie die Leistung unmittelbar von der AG erhalten haben oder der Strohmann-Aktionär die Leistung an den Hintermann weitergeleitet hat,
- **nahe Angehörige** (analog §§ 89 III, 115 II AktG).

5. Kapitalschutz vs. Anlegerschutz

40   Ein Sonderproblem betrifft das Verhältnis der Kapitalerhaltung zum Anlegerschutz. Das Kapitalmarktrecht enthält zahlreiche **Informations- und Publizitätspflichten**, die auf eine Steigerung der Markttransparenz zielen und den Anlegern eine sachgerechte Anlageentscheidung ermöglichen sollen. Werden diese Pflichten verletzt, drohen Ersatzansprüche.

---

[45] Zum Meinungsstand vgl. *Drygala* in KölnKomm. AktG, § 62 Rn. 55 ff.

[46] Für Einzelheiten siehe *Drygala* in KölnKomm. AktG, § 62 Rn. 29 ff.

> **Beispiel 1:** Die X-AG, ein Unternehmen der Pharmaindustrie, will die Zulassung ihrer Aktien zum regulierten Markt an der Frankfurter Wertpapierbörse beantragen. Gemäß § 32 III Nr. 2 BörsG muss hierfür ein Wertpapierprospekt nach den Vorschriften des WpPG erstellt, gebilligt und veröffentlicht werden. Der Prospekt muss dabei unter anderem Angaben über das Unternehmen der X-AG enthalten, denn schließlich sollen die Marktteilnehmer (Anleger und Investoren) sich aufgrund des Prospekts eine Meinung zum Wert einer Beteiligung an der X-AG machen können. Daher muss die X-AG im Prospekt z.B. auch Auskunft über drohende Strafzahlungen wegen Verstößen gegen das Kartellrecht geben; noch nicht zum Handel zugelassene Medikamente dürfen nicht als zugelassene deklariert werden usw. Werden bei Erstellung des Prospekts falsche oder unvollständige Angaben gemacht, so können Erwerber nach Maßgabe des § 44 BörsG von den Prospektverantwortlichen und Initiatoren (also zumindest auch der X-AG) Übernahme der Wertpapiere gegen Erstattung des Erwerbspreises verlangen[47].

Bei einem unrichtigen Wertpapierprospekt soll der Anleger also nicht an seine Investitionsentscheidung gebunden sein, sondern so gestellt werden, wie er stünde, wenn er nicht erworben hätte. Die Problematik stellt sich aber nicht nur bei der börsenrechtlichen Prospekthaftung am sog. **Primärmarkt**, sondern auch später am sog. **Sekundärmarkt**, an dem bereits gelistete Wertpapiere gehandelt, also von Inhaber zu Inhaber weiter veräußert werden. **41**

> **Beispiel 2:** Die X-AG ist mittlerweile im regulierten Markt notiert. Zeigen Versuchsreihen, dass ein bis dahin vielversprechendes Medikament doch nicht die erwartete Wirkung hat, so ist diese Information geeignet, den Börsenkurs zu beeinflussen. Es handelt sich, wenn noch nicht öffentlich bekannt, um eine sog. Insidertatsache. Nach § 15 I WpHG besteht die Verpflichtung zur Ad-hoc-Veröffentlichung. Unterlässt die X-AG die Veröffentlichung der Information, werden hierdurch die Anleger geschädigt, die zum gegenwärtigen Börsenkurs Aktien der X-AG erwerben. Wäre die Information pflichtgemäß veröffentlicht worden, so wäre der Börsenkurs entsprechend niedriger gewesen – und die Anleger hätten billiger oder auch gar nicht erworben. Gemäß § 37b WpHG sind Emittenten Dritten gegenüber zum Schadensersatz verpflichtet, wenn entgegen § 15 WpHG Insidertatsachen nicht unverzüglich veröffentlich werden. § 37c WpHG erstreckt die Ersatzpflicht auf die Veröffentlichung unwahrer Insiderinformationen.

Auch hier ist der geschädigte Anleger so zu stellen, wie er stünde, wenn er die Beteiligung an der AG nicht oder zu anderen Konditionen erworben hätte (**Naturalrestitution** nach § 249 I BGB). Dass die AG selbst nicht am Erwerbsgeschäft beteiligt war, steht dem schadensrechtlichen Ausgleich nicht entgegen. Die AG muss daher **Wertausgleich in Geld** leisten und die **Aktien ggf.** sogar selbst **gegen Erstattung des Kaufpreises erwerben**. Die Befriedigung der geschilderten Ersatzansprüche führt zu einer Einlagenrückgewähr im Sinne des § 57 I 1 AktG.

---

[47] Für Einzelheiten zur Prospekthaftung siehe *Madaus*, JURA 2006, 881.

42   Der kapitalmarktrechtliche (und deliktische[48]) Anlegerschutz und der aktienrechtliche Kapitalschutz stehen somit in einem **Spannungsverhältnis**, das **zugunsten des Anlegerschutzes aufzulösen** ist[49].

Es erschiene befremdlich, wenn das Kapitalmarktrecht zwar einen Schadensersatzanspruch zubilligen, das Aktienrecht diesen aber sogleich als unerfüllbar deklarieren und der Anspruch damit leerlaufen würde[50].

43   Allerdings ist insoweit eine **Einschränkung** geboten: In der Insolvenz der AG sind die Ersatzansprüche der Anleger nachrangig gegenüber den sonstigen Gesellschaftsgläubigern[51].

Dass der Erwerb über die Börse erfolgt, ändert nämlich nichts daran, dass die Anleger als Eigenkapitalgeber fungieren und damit ein gegenüber Fremdkapitalgebern höheres Risiko übernommen haben. Dieser Gedanke wird zudem gestützt durch die 2008 in Kraft getretene Neuregelung der Gesellschafterdarlehen in § 39 I Nr. 5 InsO. Die Vorschrift soll eine Verteilungskonkurrenz zwischen Gesellschaftern und Gläubigern verhindern und den Eigenkapitalgeber ein höheres Risiko auferlegen. Das trifft auch auf diejenigen zu, die ihre Beteiligung aufgrund fehlerhafter Kapitalmarktinformation erworben haben[52].

IV. Erwerb eigener Aktien

Literatur: *Baums/Stöcker*, Rückerwerb eigener Aktien und WpÜG, Festschrift Wiedemann, 2002, S. 703; *Drygala*, Finanzielle Unterstützung des Aktienerwerbs nach der Reform der Kapitalrichtlinie, Der Konzern 2007, 396; *Eidenmüller*, Private Equity, Leverage und die Effizienz des Gläubigerschutzes, ZHR 171 (2007), 644; *Habersack*, Das Andienungs- und Erwerbsrecht bei Erwerb und Veräußerung eigener Anteile, ZIP 2004, 1121; *ders.*, Die finanzielle Unterstützung des Aktienerwerbs – Überlegungen zu Zweck und Anwendungsbereich des § 71 a Abs. 1 S. 1 AktG, Festschrift Röhricht, 2005, S. 155; *Lutter/Wahlers*, Der Buyout: Amerikanische Fälle und die Regeln des deutschen Rechts, AG 1989, 1; *Peltzer*, Die Neuregelung des Erwerbs eigener Aktien im Lichte der historischen Erfahrungen, WM 1998, 322.

---

[48] In der wegweisenden Entscheidung in Sachen „EM.TV" hat der BGH die Ersatzansprüche der Anleger auf § 826 BGB gestützt, da die §§ 37b, 37c WpHG zum fraglichen Zeitpunkt noch nicht in Kraft waren; vgl. BGH NJW 2005, 2450.

[49] Wie hier *Drygala* in KölnKomm. AktG, § 57 Rn. 31; *Hüffer*, AktG, § 57 Rn. 3; *Fleischer* in K. Schmidt/Lutter, AktG, § 57 Rn. 66 f.; *Cahn/v. Spannenberg* in Spindler/Stilz, AktG, § 57 Rn. 47 ff.

[50] Restriktiver *Schwark*, Festschrift Raisch, 1995, S. 269, 288 f. sowie *Zöllner/Winter*, ZHR 158 (1994), 59, 78, die eine Erfüllung der Schadensersatzpflicht nur aus freien Rücklagen zulassen wollen.

[51] Ebenso *Drygala* in KölnKomm. AktG, § 57 Rn. 33; *Langenbucher*, ZIP 2005, 239 ff.; *Möllers*, BB 2005, 1637, 1642; dagegen *Zimmer*, WM 2004, 9, 11.

[52] *Drygala* in KölnKomm. AktG, § 57 Rn. 33.

1. Grundsatz: Erwerbsverbot

Anders als im GmbH-Recht (siehe oben § 8 Rn. 61 ff.) ist der Erwerb eige- **44** ner Anteile im Aktienrecht **grundsätzlich verboten**. Allerdings benennt § 71 I AktG eine ganze Reihe von Ausnahmefällen.

§ 71d AktG erstreckt das Erwerbsverbot auf den Erwerb durch verbundene Unternehmen und treuhänderisch handelnde Dritte, § 71e AktG auf die Inpfandnahme eigener Aktien. Vor Umgehungen des § 71 AktG soll § 71a AktG schützen (dazu oben Rn. 18 ff.).

Das Erwerbsverbot dient dem **Kapitalschutz**[53]. Der entgeltliche Erwerb eige- **45** ner Aktien ist die einfachste und eleganteste Form der Verteilung von Gesellschaftsvermögen an einzelne oder gar alle Gesellschafter, der Entbindung einzelner Gesellschafter vom gesellschaftlichen Risiko unter materieller Teilliquidation des Gesellschaftsvermögens. Insofern stellen die Erlaubnistatbestände des § 71 AktG eine Ausnahme von § 57 AktG dar, da in bestimmten Fällen eben eine „Einlagenrückgewähr" auf diesem Wege erlaubt ist (vgl. § 57 I 2 AktG).

Darüber hinaus besteht beim Eigenerwerb die **Gefahr eines wirtschaftlichen Doppelschadens**. Hat eine AG eigene Aktien erworben und erleidet sie dann geschäftliche Verluste, wirkt sich der Aktienbesitz doppelt negativ aus: Zum einen trifft die AG der geschäftliche Verlust selbst, zum anderen mindert sich durch den Verlust auch der Wert der eigenen Aktien.

Zudem bezwecken die §§ 71 ff. AktG den **Schutz der Kompetenzverteilung** in **46** der AG[54]. Der Vorstand soll hinsichtlich der zu erwerbenden beziehungsweise nicht zu erwerbenden Aktien nicht nach eigenem Gutdünken entscheiden und damit den Aktionärskreis so zusammensetzen können, wie es ihm dienlich ist (z.B. durch Auskaufen kritischer Aktionäre). Schließlich soll auch die **Gleichbehandlung der Aktionäre** bei Erwerb und Wiederveräußerung sichergestellt werden[55].

2. Ausnahmen

a) Überblick

Von den in § 71 I AktG geregelten Ausnahmetatbeständen ermöglichen einige den **47** Eigenerwerb ohne weitere Einschränkung, während für andere Abs. 2 zusätzliche Voraussetzungen aufstellt.

---

[53] *Lutter/Drygala* in KölnKomm. AktG, § 71 Rn. 16; *Hüffer*, AktG, § 71 Rn. 1; *Solveen* in Hölters, AktG, § 71 Rn. 1.

[54] *Lutter/Drygala* in KölnKomm. AktG, § 71 Rn. 19; *Huber*, Festschrift Duden, 1977, S. 142 ff.

[55] Vgl. dazu *Lutter/Drygala* in KölnKomm. AktG, § 71 Rn. 28 ff.

Fallgruppen des zulässigen Erwerbs (§ 71 I 1 AktG):

⮑ Nr. 1: Erwerb zur Abwendung eines schweren Schadens,

⮑ Nr. 2: Erwerb zum Zwecke eines Angebotes an die Arbeitnehmer der Gesellschaft,

⮑ Nr. 3: Erwerb zum Zwecke der Abfindung von Aktionären und der Erfüllung von Erwerbspflichten (§§ 305 II, 320b AktG, §§ 29 I, 125, 207 UmwG sowie – ungeschrieben – beim Delisting und zur Erfüllung von Schadensersatzpflichten),

⮑ Nr. 4: unentgeltlicher Erwerb und Erwerb in Ausführung einer Einkaufskommission

⮑ Nr. 5: Erwerb durch Gesamtrechtsnachfolge,

⮑ Nr. 6: Erwerb zum Zwecke der Einziehung,

⮑ Nr. 7: Erwerb zum Zwecke des Wertpapierhandels nur bei Kreditinstituten,

⮑ Nr. 8: Erwerb aufgrund eines Ermächtigungsbeschlusses der Hauptversammlung.

Der Erwerb nach den Nr. 1-3, 7 und 8 ist nur zulässig bis zur Höhe von insgesamt 10 % des Grundkapitals und nur, wenn er aus Rücklagen finanziert werden kann, die nach Gesetz oder Satzung zur Ausschüttung an Aktionäre verwendet werden dürfen (§ 71 II 1 und 2 AktG). Die Ausschüttung wird also in der Regel zulasten der anderen Gewinnrücklagen erfolgen. In den Fällen der Nr. 1, 2, 4, 7 und 8 müssen die Aktien zudem voll eingezahlt sein (§ 71 II 3 AktG).

b) Insbesondere: Erwerb aufgrund eines Hauptversammlungsbeschlusses

48 Praktisch von erheblicher Bedeutung ist der Erwerb aufgrund eines Hauptversammlungsbeschlusses nach § 71 I Nr. 8 AktG. Die Vorschrift wurde 1998 eingefügt und ist Ausdruck einer stärker **an den Erfordernissen des Kapitalmarktes ausgerichteten** Auffassung des Gesetzgebers.

Insbesondere bei börsennotierten Gesellschaften stellt der Eigenerwerb ein international bereits übliches und bewährtes Instrument zur Regelung des unternehmerischen Finanzierungsbedarfs dar. Durch den Eigenerwerb können überschüssige liquide Mittel an die Aktionäre ausgeschüttet und gegebenenfalls in Niedrigzinsphasen zusätzlich eine **Steigerung der Eigenkapitalrendite** (sog. *Leverage-Effekt*) erzielt werden[56]. Ferner kann bereits die Ankündigung des Erwerbs eine positive Signalwirkung am Kapitalmarkt hervorrufen und den Kurs der Aktien günstig beeinflussen. Wegen der jederzeit möglichen Wiederausgabe der Anteile am Markt ist eine flexible Form der Eigenkapitalfinanzierung eröffnet[57]. Den damit verbundenen Gefahren der ihrerseits marktschädlichen Kursbeeinflussung und der Spekulation mit eigenen Aktien soll § 71 I Nr. 8 S. 2 AktG begegnen, der den Handel in eigenen Aktien ausdrücklich als unzulässigen Zweck des Eigenerwerbs deklariert.

aa) Ermächtigungsbeschluss

49 Voraussetzung für den Erwerb eigener Aktien nach Nr. 8 ist ein zuvor gefasster **Ermächtigungsbeschluss** der Hauptversammlung. Die Dauer der Ermächtigung darf fünf Jahre nicht überschreiten. Die Verlängerung durch erneute Beschlussfas-

---

[56] Vgl. *Lutter/Drygala* in KölnKomm. AktG, § 71 Rn. 119.

[57] Siehe auch die plastische Formulierung von *Lutter*, AG 1997, Sonderheft August, 52, 56: *„pulsierendes Eigenkapital"*. *Huber*, Festschrift Kropff, 1997, S. 103, 109 ff., spricht von einer dem genehmigten Kapital vergleichbaren *„Kapitalherabsetzung auf Zeit"*.

sung ist möglich. Der Beschluss muss den **höchsten und niedrigsten Gegenwert** festlegen, für den der Vorstand die eigenen Aktien erwerben darf.

Die getroffene Festsetzung entbindet aber nicht von den allgemeinen Schranken, insbesondere dem Verbot unzulässiger Einlagenrückgewähr[58]. Zu teuer darf der Vorstand die Aktien also nicht erwerben. Gegen einen ganz niedrigen Preis ist hingegen von Rechts wegen nichts zu sagen.

Schließlich muss der Beschluss den Anteil der zu erwerbenden Aktien am Grund-   **50**
kapital nach oben **begrenzen**, wobei die Grenze 10 % vom Grundkapital nicht überschritten werden darf. Befinden sich bereits eigene Aktien im Besitz der Gesellschaft, so ist zudem § 71 II 2 AktG zu beachten; beide Schwellen gelten kumulativ[59].

bb) Einsatzmöglichkeiten

Die Einsatzmöglichkeiten des Erwerbs eigener Aktien sind mannigfaltig, da der   **51**
Gesetzgeber – mit Ausnahme des Handels in eigenen Aktien – eine **Zweckvorgabe nicht getroffen** hat. Insbesondere kann ein Erwerb, der nach den spezielleren Regelungen der Nr. 1-7 bereits zulässig ist, auch auf einen entsprechenden Ermächtigungsbeschluss gestützt werden[60]. Der Eigenerwerb kann zudem zur kurzfristigen Kurspflege und somit als Mittel zur Bewältigung von Kurseinbrüchen eingesetzt werden, indem extreme Kursverluste durch Stützungskäufe und die damit verbundene positive Signalwirkung auf den Kapitalmarkt aufgefangen werden können[61].

Der Erwerb eigener Aktien kommt auch als Mittel zur **Abwehr feindlicher**   **52**
Übernahmen in Betracht, da er zu einer Steigerung des Börsenkurses führen und so die Kosten der Übernahme verteuern kann. Gleichzeitig können erworbene Aktien an einen dem Vorstand genehmeren Dritten („White Knight") veräußert werden[62]. Allerdings ist dieser Eingriff des Vorstands in den Übernahmevorgang nicht unproblematisch. § 33 WpÜG verpflichtet den Vorstand der Zielgesellschaft bei Übernahmeversuchen zur Neutralität (**Vereitelungsverbot**). Die Aktionäre und nicht die Verwaltung sollen entscheiden, ob sie das Angebot des Übernahmeinteressenten für akzeptabel halten oder nicht.

Nach Bekanntwerden eines Übernahmeangebotes muss der Vorstand sich grundsätzlich aller Handlungen enthalten, die den Erfolg des Angebots vereiteln können (§ 33 I 1 WpÜG); allerdings darf er die Geschäfte fortführen, wie es ein Vorstand einer nicht vom Übernahmeangebot betroffenen Gesellschaft auch tun würde. Er kann daher insbe-

---

[58] Vgl. *Lutter/Drygala* in KölnKomm. AktG, § 71 Rn. 128.

[59] *Lutter/Drygala* in KölnKomm. AktG, § 71 Rn. 134.

[60] *Lutter/Drygala* in KölnKomm. AktG, § 71 Rn. 141.

[61] *Claussen*, DB 1998, 177, 180; *Kindl*, DStR 1999, 1276, 1279; *Posner*, AG 1994, 312, 320.

[62] *Lutter/Drygala* in KölnKomm. AktG, § 71 Rn. 143; *Oechsler* in MünchKomm. AktG, § 71 Rn. 10.

sondere ein bereits laufendes Rückkaufprogramm fortführen[63]. Der Handlungsspielraum des Vorstandes kann zwar durch die Hauptversammlung erweitert werden, doch stellt § 33 II WpÜG an Vorratsbeschlüsse, die bereits vor Bekanntwerden eines Übernahmeangebots gefasst werden, strenge Anforderungen. Ein präventiver Vorratsbeschluss bedarf einer qualifizierten Mehrheit von mindestens 75 % des vertretenen Grundkapitals und ist auf längstens 18 Monate zu begrenzen (§ 33 II 2, 3 WpÜG); er kann zugleich Ermächtigungsbeschluss im Sinne von § 71 I Nr. 8 AktG sein, wenn bereits im Vorratsbeschluss der Vorstand zum Erwerb eigener Aktien ermächtigt wird. Voraussetzung ist jedenfalls, dass die Ermächtigung sowohl den aktienrechtlichen Anforderungen des § 71 AktG als auch den übernahmerechtlichen des § 33 II WpÜG genügt[64].

53   Nur wenn der Eigenerwerb zur Abwehr von Übernahmeversuchen eingesetzt werden soll, muss dies im Beschluss angegeben werden. In allen anderen Fällen kann die Hauptversammlung dem Vorstand Vorgaben zu zulässigen Erwerbszwecken machen, muss dies aber nicht.

cc) Gleichbehandlung der Aktionäre, Andienungs- und Bezugsrecht

54   In jedem Fall muss der Vorstand aber bei Erwerb und Veräußerung darauf achten, dass der **Gleichbehandlungsgrundsatz** nicht verletzt wird. Erwerb und Veräußerung über die Börse genügen stets dem Gleichbehandlungsgebot. Die Hauptversammlung kann eine andere Art des Erwerbs bzw. der Veräußerung beschließen (§ 71 I Nr. 8 S. 4 AktG).

55   Beim Erwerb eigener Aktien steht den Aktionären ein **Andienungsrecht** – gleichsam als eine Art „umgekehrtes Bezugsrecht" – zu[65].

So kann die AG insbesondere den Aktionären ein **öffentliches Rückkaufangebot** machen. Der **Paketerwerb** von einzelnen Aktionären ist hingegen problematisch, aber nicht ausgeschlossen[66]. Erforderlich ist aber eine entsprechende Festsetzung im Ermächtigungsbeschluss, durch den das Andienungsrecht ausgeschlossen wird.

56   Erfolgt die Veräußerung nicht über die Börse, so haben die Aktionäre ein **gesetzliches Bezugsrecht** (§§ 71 I Nr. 8 S. 4, 186 III und IV AktG).

Das Bezugsrecht entspricht dem Bezugsrecht bei der Kapitalerhöhung und kann unter den gleichen Voraussetzungen ausgeschlossen werden. Für Einzelheiten siehe unten § 15 Rn. 13 ff.

---

[63] *Lutter/Drygala* in KölnKomm. AktG, § 71 Rn. 147.

[64] *Röh* in Haarmann/Riemer/Schüppen, WpÜG, 3. Aufl. 2007, § 33 Rn. 47.

[65] Wie hier *Oechsler* in MünchKomm. AktG, § 71 Rn. 223; *Merkt* in Großkomm. AktG, § 71 Rn. 69; *Paefgen*, AG 1999, 67, 68 f.; *Habersack*, ZIP 2004, 1121, 1125; a.A. *Cahn* in Spindler/Stilz, AktG, § 71 Rn. 121 mit weiteren Nachweisen zur Gegenansicht.

[66] *Lutter/Drygala* in KölnKomm. AktG, § 71 Rn. 173; *Bosse*, NZG 2000, 16, 17 ff. a.A. *Huber*, Festschrift Kropff, 1997, S. 103, 116; *Hüffer*, AktG, § 71 Rn. 19k.

3. Rechtsfolgen

Ist der Erwerb eigener Aktien nicht nach § 71 I, II AktG erlaubt, so ist er **57** unzulässig und das schuldrechtliche Verpflichtungsgeschäft (z.B. Kaufvertrag) unwirksam; das dingliche Verfügungsgeschäft bleibt hingegen wirksam (Abs. 4).

Hat der Aktionär bereits die **Aktien auf die AG übertragen**, so ist die Mitgliedschaft auf die AG wirksam übergegangen. Es kommt daher nur ein Anspruch auf Rückübereignung bzw. Rückabtretung nach §§ 812 ff. BGB in Betracht. Einen **gezahlten Erwerbspreis** kann und muss die AG nach den §§ 57 I, 62 I AktG zurückfordern. Es handelt sich insoweit um eine verbotene Einlagenrückgewähr, denn nur der zulässige Eigenerwerb gilt nicht als solche (§ 57 I 2 AktG).

§ 71c AktG enthält weitere Vorgaben zur Veräußerung eigener Aktien, wenn diese unzulässigerweise erworben wurden (Abs. 1) oder die Besitzgrenzen des § 71 II AktG überschritten werden (Abs. 2).

§ 21 Organe der AG

I. Grundlagen

Literatur: *Büdenbender*, Vorstand, Aufsichtsrat und Hauptversammlung – Kompetenzen, Kooperation, Kontrollbefugnisse, JA 1999, 713; *Langenbucher*, Einführung in das Recht der Aktiengesellschaft, JURA 2004, 577; *Peltzer*, Vorstand und Geschäftsführung als Leitungs- und gesetzliches Vertretungsorgan der Gesellschaft, JuS 2003, 348.

1. Organtrias

Die aktienrechtliche Organisationsverfassung sieht vor, dass jede AG genau   **1**
drei Organe hat: Vorstand, Aufsichtsrat und Hauptversammlung.

Ein wichtiger Unterschied zur GmbH besteht dabei darin, dass die AG nicht „von oben nach unten" organisiert ist. Anders als die Gesellschafterversammlung der GmbH ist die Hauptversammlung der AG nicht das der Unternehmensleitung übergeordnete Organ. Denn obwohl das Gesetz bestimmte Grundlagenentscheidungen der Hauptversammlung zuweist (§ 119 I AktG), liegen die Geschicke des Unternehmens in den Händen des Vorstandes und – mit Abstrichen – des Aufsichtsrates.

Jedes Organ in der AG übt die ihm nach dem Gesetz zustehenden Kompetenzen in Unabhängigkeit aus. Ein übergeordnetes oder untergeordnetes Organ gibt es dabei nicht.

Der **Vorstand leitet** gemäß § 76 I AktG die Geschäfte der AG **in eigener Ver-**   **2**
antwortung und ist dabei Weisungen nicht unterworfen. Er verwaltet und gestaltet das von der Gesellschaft – allein oder im Konzernverbund – betriebene Unternehmen und hat dafür Sorge zu tragen, dass dabei die Interessen der Aktionäre angemessen berücksichtigt werden. Dabei steht ihm im Rahmen der Geschäftsleitung ein weitreichendes **unternehmerisches Ermessen** zu (vgl. § 93 II 2 AktG).

Der **Aufsichtsrat überwacht** und berät den Vorstand (§ 111 AktG). Er ist auch   **3**
für dessen Auswahl, Bestellung und Abberufung zuständig (§ 84 AktG). Über die Besetzung des Aufsichtsrates wiederum entscheidet die Hauptversammlung, sofern nicht das Mitbestimmungsrecht Arbeitnehmervertreter im Aufsichtsrat vorschreibt oder Entsendungsrechte bestehen (§ 101 AktG). Entscheidungsbefugnisse in Geschäftsführungsfragen hat der Aufsichtsrat nicht (§ 111 IV 1 AktG).

Mit dieser organisatorischen Trennung zwischen Geschäftsführung (Vorstand) und Überwachung (Aufsichtsrat) unterscheidet sich die Verfassung der deutschen AG von dem international dominierenden **Board-Modell**[1], das ein einheitliches Leitungsorgan (Board oder Verwaltungsrat) vorsieht. Die Differenzierung zwischen Leitung und Überwachung wird dann intern hergestellt, indem dem Gremium zugleich interne (geschäftsleitende) und externe (stärker überwachend/beratend tätige) Direktoren angehören. Man bezeichnet das international übliche Verwaltungsratsmodell auch als **monistisches**, das deutsche System mit separatem Aufsichtsrat als **dualistisches System**.

4 Wegen des Prinzips der Satzungsstrenge (§ 23 V AktG und oben § 1 Rn. 27) ist diese gesetzliche Kompetenzordnung weitgehend **zwingend**. Es ist also nicht möglich, den Aufsichtsrat durch die Satzung abzuschaffen oder durch einen an internationalen Vorbildern orientierten Verwaltungsrat zu ersetzen. Nur in der SE besteht nach Art. 38 SE-VO ein Wahlrecht zwischen monistischem und dualistischem System[2].

2. Prinzipal-Agent-Konflikt

Literatur: *Jensen/Meckling*, Theory of the Firm, Managerial Behaviour, Agency Costs and Ownership Structure, 3 Journal of Financial Economics (1976), 305; *Blair/Stout*, Specific Investments: Explaining Anomalies in Corporate Law, 31 Journal of Corporation Law (2006), 719.

5 Mit der **Trennung von Leitungsmacht und Teilhaberschaft** einher geht die Gefahr, dass die Entscheidungen und Maßnahmen des Vorstandes Aktionärsinteressen zuwiderlaufen. Schlagwortartig wird dies als Prinzipal-Agent-Konflikt bezeichnet.

Die **Prinzipal-Agent-Theorie** hat ihren Ursprung in den Sozial- und Wirtschaftswissenschaften[3]. Die Theorie beruht auf der Annahme, dass eine Person (der Agent), die damit betraut ist, im Interesse eines anderen (des Prinzipals) zu handeln, dazu neigt, ihren Handlungsspielraum zum eigenen Vorteil (und damit zum Schaden des Prinzipals) auszunutzen, sofern keine hinreichende Kontrolle gewährleistet ist[4]. Typischerweise überträgt dabei der Prinzipal Aufgaben, um diese nicht selbst erledigen zu müssen, auf einen Agenten und stattet diesen mit Entscheidungskompetenzen aus. Charakteristisch ist in diesen Fällen eine **asymmetrische Informationsverteilung** zwischen den Beteiligten. Es besteht nämlich die Gefahr, dass dem Prinzipal Eigenschaften des Agenten (*hidden characteristics*), seine Handlungen und Kenntnisse (*hidden actions* und *hidden information*) sowie seine Absichten (*hidden intentions*) verborgen bleiben. Die Überwindung dieser Defizite verursacht sog. Agency-Kosten. Zielsetzung der Prinzipal-Agent-Theorie in ihrer wirtschaftswissenschaftlichen Ausformung ist es, institutionelle Arrangements zu entwickeln, die die bestehenden Informationsdefizite anreizeffizient und kostenminimierend ausgleichen.

---

[1] Näher dazu *Hellgart/Hoger*, ZGR 2011, 38 ff.

[2] Zu den daran anschließenden unternehmensverfassungsrechtlichen Problemen siehe *Kepper*, Die mitbestimmte monistische SE, 2010, passim.

[3] Grundlegend *Berle/Means*, The Modern Corporation and Private Property, passim; *Jensen/Meckling*, 3 Journal of Financial Economics (1976), S. 305, 308.

[4] Vgl. *Baums*, ZIP 1995, 11; *Fleischer*, ZGR 2001, 1, 6 f.; *Seibert*, ZRP 2011, 166.

In der AG stehen Management und Aktionäre in einer typischen Prinzipal-Agent-Beziehung[5].

Dies gilt zunächst für das Verhältnis Vorstand-Aktionäre: Die Aktionäre übertra-   **6**
gen – von Gesetzes wegen – dem **Vorstand** die Leitung der Gesellschaft. Dieser
handelt als Treuhänder der Aktionäre, verwaltet er doch – bei einer wirtschaftlichen Betrachtungsweise – deren in die Gesellschaft investiertes Kapital. Dabei
besteht sowohl die Gefahr, dass Mitglieder des Vorstandes nicht die erforderliche
fachliche oder persönliche Eignung haben, um den bestmöglichen wirtschaftlichen
Erfolg herbeizuführen, als auch die Gefahr, dass sie eigene Interessen über die der
Gesellschaft stellen. Dieser typische Prinzipal-Agent-Konflikt wird noch dadurch
verstärkt, dass Auswahl, Überwachung und Abberufung des Vorstandes nicht
durch die Hauptversammlung, sondern durch den Aufsichtsrat als zwischengeschaltetes Organ erfolgen.

Aber auch der **Aufsichtsrat** wird als Treuhänder der Aktionäre tätig, soll er   **7**
doch deren Interesse an einer effektiven Überwachung verwirklichen. Das Gesetz
stattet zu diesem Zweck den Aufsichtsrat – und nicht etwa die Hauptversammlung
– mit zahlreichen Befugnissen aus, mittels derer die Tätigkeit des Vorstandes auf
ihre Rechtmäßigkeit, Ordnungsgemäßheit und auch ökonomische Zweckmäßigkeit überprüft werden kann.

3. Corporate Governance

Literatur: *Bartz*, Corporate Governance in Deutschland – Eine Einführung, JA 2003,
905; *Fleischer*, Zukunftsfragen der Corporate Governance in Deutschland und Europa:
Aufsichtsräte, institutionelle Investoren, Proxy Advisors und Whistleblowers, ZGR 2011,
155; *Hopt*, Gemeinsame Grundsätze der Corporate Governance in Europa?, ZGR 2000,
779; *Lutter*, Vergleichende Corporate Governance - Die deutsche Sicht, ZGR 2001, 224;
ders., Die Kontrolle der gesellschaftsrechtlichen Organe – Corporate Governance – ein
internationales Thema, JURA 2002, 83; *Mülbert*, Corporate Governance in der Krise,
ZHR 174 (2010), 375; *Sünner*, Effizienz von Unternehmensorganen als Grundsatz der
Corporate Governance, AG 2000, 492; *Teichmann*, Corporate Governance in Europa,
ZGR 2001, 645; *Veil/Brinkmann*, Corporate Governance im europäischen Gesellschaftsrecht, JURA 2007, 366.

a) Begriff

Der Principal-Agent-Konflikt, den es in der GmbH in diesem Ausmaß wegen der   **8**
Weisungsbefugnis und der Kompetenz-Kompetenz der Gesellschafterversammlung nicht gibt, zwingt im Aktienrecht dazu, das Verhältnis der Organe untereinander, die individuellen Aufgaben und Befugnisse sowie die persönlichen Anfor-

---

[5] Vgl. auch *Fama/Jensen*, 26 Journal of Law and Economics (1983), S. 301 ff.; *Eidenmüller*, JZ
2001, 1041, 1046 ff.; *Hopt*, Festschrift Wiedemann, 2002, S. 1013, 1014 f.; *Wiedemann*, ZGR
2006, 240, 244 f.; allgemein zur Problematik im Vertragsrecht *Fleischer*, Informationsasymmet-
rie im Vertragsrecht, 2001, passim.

derungen an die Organmitglieder stets aufs Neue einer **kritischen Überprüfung** zu unterziehen. Kaum ein Begriff hat die aktienrechtliche Diskussion in den letzten Jahren dabei so sehr geprägt wie der Begriff der „Corporate Governance".

> Corporate Governance bezeichnet die Gesamtheit der organisatorischen und inhaltlichen Ausgestaltung der **Leitung und Überwachung** von Unternehmen.

9 Die in diesem Zusammenhang diskutierten Probleme sind vielgestaltig. Im Kern geht es bei der Corporate-Governance-Diskussion um folgende **Fragen**:

- ⮩ Welche Anforderungen sind an eine ordnungsgemäße Unternehmensleitung und ihre Überwachung zu stellen?
- ⮩ Wie kann das Recht – insbesondere: das Gesellschaftsrecht, das Kapitalmarktrecht, das Recht der Rechnungslegung und Abschlussprüfung – zur Verbesserung der Qualität der Unternehmensleitung und ihrer Überwachung beitragen?
- ⮩ Wer soll die Standards guter Corporate Governance festlegen: der Gesetzgeber oder mit Praktikern besetzte Kommissionen?
- ⮩ Welchen Grad der Verbindlichkeit sollen diese Standards haben?

b) Entwicklungstendenzen

aa) Aufsichtsrat

10 Im Fokus der (deutschen) Corporate-Governance-Diskussion stand und steht vor allem der Aufsichtsrat. Es geht dabei zuvörderst um die **Professionalisierung und Stärkung des Aufsichtsrates.**

> Dieser wurde lange Zeit vor allem als Kontrollorgan begriffen, dessen Arbeitsschwerpunkt auf der retrospektiven Überprüfung der Vorstandtätigkeit lag. Zudem wurde – zumindest in der Praxis – das Aufsichtsratsmandat oft als „Ehrenamt" angesehen, was vielfach zu einer eher laxen Mandatswahrnehmung führte. Dazu trug auch die zwischen den Unternehmen lange Zeit bestehende Ringverflechtung („Deutschland AG"[6]) bei.

Nachdem diese Defizite Anfang der 1990er Jahre erkannt wurden[7], entschied sich der Gesetzgeber, Abhilfe vorrangig durch eine Stärkung des Aufsichtsrates zu schaffen. Es wurden durch mehrere Gesetzesänderungen (insbesondere durch KonTraG, UMAG, VorstAG, dazu oben § 18 Rn. 4), die Befugnisse und Pflichten des Aufsichtsrates in Bezug auf die Kontrolltätigkeit intensiviert und erweitert. Nach modernem Verständnis ist der Aufsichtsrat zugleich als „mitunternehmerisches Organ" nicht nur Kontrolleur, sondern auch Berater des Vorstandes in unternehmerischen Angelegenheiten (dazu unten Rn. 110).

---

[6] Vgl. *Adams*, AG 1994, S. 148 ff.
[7] Siehe *Lutter*, ZHR 159 (1995), 287.

Damit einher gehen höhere Anforderungen an die **individuelle Mandatswahr-** 11
nehmung. Angesprochen sind damit die Fähigkeiten und Kenntnisse, die ein jedes
Aufsichtsratsmitglied haben und die Sorgfalt, die bei der Organtätigkeit beachtet
werden muss. Konsequenterweise ist auch die **Haftung** der Aufsichtsratsmitglieder in weitaus stärkerem Maße, als dies früher der Fall war, in den Blick gerückt.
Und schließlich sind die **Unabhängigkeit** der Aufsichtsratsmitglieder (von der
AG, vom Vorstand, von Aktionären oder Dritten) und die sachgerechte Behandlung von Interessenkonflikten ein stets aktuelles Thema.

Zum anderen sind die **Arbeitsweise und Organisation des Aufsichtsrates**
(z.B. die Bildung von Ausschüssen, vgl. § 107 III AktG), **seine Organpflichten**
und Befugnisse Gegenstand der Diskussion um eine effektive Unternehmens-
überwachung. Während sich die Information des Aufsichtsrates früher zumeist auf
die Berichterstattung durch den Vorstand (§ 90 AktG) beschränkte, ist es mittlerweile weitgehend anerkannt, dass der Aufsichtsrat nicht nur berechtigt, sondern
auch verpflichtet ist, andere Informationsquellen zu nutzen (siehe unten Rn. 112).

bb) Weitere Kernthemen

Der Aufsichtsrat fungiert als gesellschaftsinternes Überwachungsorgan, der **Ab-** 12
schlussprüfer kontrolliert hingegen als externer Sachverständiger. Dieser wird
auf Vorschlag des Aufsichtsrates von der Hauptversammlung gewählt. Auch um
seine Stellung geht es in der Corporate-Governance-Diskussion, wobei insbesondere der Sicherung der Unabhängigkeit des Abschlussprüfers eine zentrale Bedeutung zukommt.

Auch Fragen der **Vergütung des Managements** spielten in der jüngeren Ver- 13
gangenheit eine große Rolle – und zwar sowohl in der gesellschaftlichen Diskussion als auch bei gesetzgeberischen Maßnahmen (VorstOG[8], VorstAG[9]).

Eine wesentliche Zielstellung ist es schließlich, für ein Mehr an **Transparenz** 14
und Publizität zu sorgen. Davon, dass im Bereich der Rechnungslegung ein
grundlegender Wandel von der Geheimhaltung relevanter Finanzdaten hin zu einer umfassenden Veröffentlichung stattgefunden hat, war bereits oben § 14 Rn. 30
die Rede. Die Offenlegung betrifft aber nicht nur die finanziellen Angaben im Jahresabschluss, sondern auch den gesellschaftsinternen Umgang mit Fragen der
Corporate Governance.

> **Beispiel:** § 289a HGB verlangt von börsennotierten (und anderen) Gesellschaften, dass
> diese eine „Erklärung zur Unternehmensführung" in ihren Lagebericht aufnehmen. Dieser
> sog. „Corporate-Governance-Bericht" muss relevante Angaben zu Praktiken der Unter-
> nehmensführung sowie eine Beschreibung der Arbeitsweise von Vorstand und Aufsichts-
> rat sowie der Zusammensetzung und Arbeitsweise von deren Ausschüssen enthalten.

---

[8] Gesetz über die Offenlegung der Vorstandsvergütungen vom 3. August.2005, BGBl. I S. 2267.
[9] Gesetz zur Angemessenheit der Vorstandsvergütung vom 31. Juli 2009, BGBl. I S. 2509.

c) Deutscher Corporate Governance Kodex (DCGK)

Literatur: *Borges*, Selbstregulierung im Gesellschaftsrecht – zur Bindung an Corporate Governance-Kodizes, ZGR 2003, 508; *Hoffmann-Becking,* Deutscher Corporate Governance Kodex – Anmerkungen zu Zulässigkeit, Inhalt und Verfahren, Festschrift Hüffer, 2010, S. 337; *Kirschbaum/Wittmann*, Selbstregulierung im Gesellschaftsrecht: Der Deutsche Corporate Governance Kodex, JuS 2005, 1062; *Lutter*, Die Erklärung zum Corporate Governance Kodex gemäß § 161 AktG – Pflichtverstöße und Binnenhaftung von Vorstands- und Aufsichtsratsmitgliedern, ZHR 166 (2002), 523; *ders.*, Deutscher Corporate Governance Kodex und die Erklärungen nach § 161 AktG, Festschrift Huber, 2006, S. 871; *Ulmer*, Der Deutsche Corporate Governance Kodex – ein neues Regulierungsinstrument für börsennotierte Aktiengesellschaften, ZHR 166 (2002), 150.

aa) Grundlagen

15   Zunehmend haben die im Zuge der Corporate-Governance-Diskussion aufgeworfenen Forderungen nach einem Mehr an Regulierung Eingang in das Aktiengesetz gefunden[10]. Doch nicht jeder Vorschlag kann, mag er noch so sinnvoll sein, alsbald in eine gesetzliche Form gegossen und somit mit normativer Verbindlichkeit ausgestattet werden.

Das Gesetzgebungsverfahren ist – jedenfalls in der Regel[11] – ein längerer, von politischen Kompromissen geprägter Prozess. Ad-hoc-Neuerungen können daher allenfalls *en passant* in bereits laufende Verfahren integriert werden[12].

Diese Schwerfälligkeit des Gesetzgebungsverfahrens führt dazu, dass das AktG bisweilen hinter dem zurückbleibt, was von den beteiligten Politik-, Rechts- und Wirtschaftskreisen überwiegend als sinnvolle und zeitgemäße Standards einer guten Unternehmensführung angesehen wird. Gleichzeitig ist das nationale Regelwerk mit seinen über 400 Paragrafen für ausländische Investoren schwer verständlich. Um diese Lücke zu schließen, hat im Jahr 2001 die **Regierungskommission „Corporate Governance"** in ihrem Abschlussbericht vorgeschlagen, einen Kodex zu entwickeln, in dem Standards guter Unternehmensführung festgehalten werden sollten[13]. Das Bundesministerium der Justiz (BMJ) hat daraufhin die **Regierungskommission „Deutscher Corporate Governance Kodex"** eingesetzt,

---

[10] Das Gesetz zur Angemessenheit der Vorstandsvergütung (VorstAG), das kurz vor Ende der vergangenen Legislaturperiode noch den Weg durch Fraktions- und Koalitions-Arbeitsgruppen, Ministerien und schließlich durch Bundestag und Bundesrat genommen hat, kann hierfür als anschaulicher Beleg dienen.

[11] Eine Ausnahme stellt insoweit die Gesetzgebung zur Finanzmarktstabilisierung im Herbst 2008 dar, die – unter tätiger Mithilfe von Anwaltskanzleien – innerhalb von wenigen Tagen von Entwürfen zu Gesetzen wurde.

[12] So geschehen etwa beim VorstAG, in das nach der ersten Lesung im Bundestag noch Regelungen zum Selbstbehalt bei D&O-Versicherungen (§ 93 II Satz 3 AktG) und – weit über den ursprünglichen Regelungsgegenstand des Gesetzes hinaus gehend – zur Cooling-Off-Periode beim Wechsel vom Vorstand in den Aufsichtsrat (§ 100 II Nr. 4 AktG) aufgenommen wurden.

[13] Vgl. *Baums* (Hrsg.), Abschlussbericht der Regierungskommission Corporate Governance, 2001, S. 7.

die erstmals im Februar 2002 den **DCGK** vorgelegt hat. In der Folgezeit hat die Kommission den Kodex mehrfach geändert[14]. Der Kodex und seine Änderungen wurden und werden vom BMJ im amtlichen Teil des **elektronischen** Bundesanzeigers bekanntgemacht.

> **Hinweis:** Leicht einsehbar ist der DCGK in der jeweils gültigen Fassung auf der offiziellen Internetseite der Kommission unter *www.corporate-governance-kodex.de*.

Die Kodex-Kommission unterliegt **keinen Weisungen** staatlicher Organe, auch bestehen keine gesetzlichen Vorgaben hinsichtlich des Ablaufs der Kommissionsarbeit und der Beschlussfassung. Dies alles führt zu einem Gewinn an **Flexibilität**: Die Kommission kann insbesondere nach Bedarf tagen, beraten und beschließen, sich also den rechtspolitischen Problemen dann annehmen, wenn sich diese stellen – ohne dabei an die Restriktionen des politischen Tagesgeschäfts gebunden zu sein.

16

Dabei hängt die Effizienz der Kommissionsarbeit in besonderem Maße von der Einsatzbereitschaft der Mitglieder und der Organisationskompetenz des Vorsitzenden[15] ab. Der Kommission gehörten und gehören renommierte Wissenschaftler ebenso wie hochrangige Praktiker aus der Wirtschaft an. Deren fachliches **Know-how** in Fragen der Unternehmensführung und der insoweit bestehenden rechtlichen Rahmenbedingungen haben maßgeblich dazu beigetragen, dass der DCGK schnell Anerkennung gefunden hat.

bb) Verfassungsrechtliche Bedenken

Allerdings hat der Kodex durchaus auch **Kritik** erfahren. Zum einen wird die Effektivität des Modells der Selbstverpflichtung bezweifelt. Eine entscheidende Rolle dürfte dabei spielen, dass die Bemühungen um eine bessere Corporate Governance die jüngsten Finanz- und Wirtschaftskrisen nicht haben verhindern können. Zum anderen wird – insbesondere in Ansehung des § 161 AktG (dazu sogleich Rn. 21 ff.) – die verfassungsmäßige Legitimation der Kommission und des Kodex bezweifelt[16]. Der Vorwurf, der Kodex verstoße gegen den Vorbehalt des Gesetzes (Art. 20 III GG) und das Demokratieprinzip (Art. 20 II GG) wird vor allem dadurch genährt, dass der Kodex, obwohl er keine Gesetzeskraft hat, doch die Pflichtenlage der ihm Unterworfenen beeinflusst.

17

> Der DCGK ist damit kein rechtliches *nullum*!

---

[14] Die bei Abschluss des Manuskripts zu diesem Buch letzte Änderung erfolgte zum 26. Mai 2010.

[15] Diese Funktion hatte bis 2008 *Gerhard Cromme* (Aufsichtsratsvorsitzender der *Thyssen Krupp AG*) inne. Sein Nachfolger wurde *Klaus-Peter Müller* (Aufsichtsratsvorsitzender der *Commerzbank AG*).

[16] Vgl. *Sester* in Spindler/Stilz, AktG, § 161 Rn. 4; *Spindler* in K. Schmidt/Lutter, AktG, § 161 Rn. 11; *Hoffmann-Becking*, Festschrift Hüffer, 2010, S. 337, 341 f.

Zur Unzufriedenheit trägt dabei auch bei, dass der Gesetzgeber in den Fällen, in denen die Befolgung der Empfehlungen schwach geblieben ist, die Sache anschließend doch im Gesetz geregelt hat.

Das war etwa bei der Offenlegung der Managementvergütung (jetzt § 285 I Nr. 9 HGB) ebenso der Fall wie beim Selbstbehalt in der D&O-Versicherung (jetzt § 93 II 3 AktG). In der Frage der Frauenquote im Aufsichtsrat (vgl. Ziff. 5.4.1 DCGK) zeichnet sich bereits jetzt eine ähnliche Entwicklung ab.

Wenn die Regelung aber in Wirklichkeit nicht *„comply or explain"* (dazu unten Rn. 22) lautet, sondern *„comply or get regulated"*, steht der Charakter des Kodex als *soft law*[17] letztlich nur auf dem Papier, denn die Unternehmen haben dann nur die Wahl, den Kodex „freiwillig" zu 100 % zu befolgen oder durch den Gesetzgeber zum selben Verhalten verpflichtet zu werden. Ohne eine hinreichende Möglichkeit, vom Kodex abzuweichen, ist aber die Verfassungsmäßigkeit in der Tat zweifelhaft.

cc) Empfehlungen und Anregungen

18   Der Kodex enthält:
➲   Regelungen, die das geltende Aktienrecht wiederholen,
➲   Empfehlungen („soll") und
➲   Anregungen („sollte" bzw. „kann").

19   Soweit der DCGK lediglich gesetzliche Vorschriften zur Leitung und Überwachung deutscher börsennotierter Gesellschaften wiederholt, ergibt sich die Verbindlichkeit bereits aus dem AktG. Der Kodex hat diesbezüglich nur eine **Dokumentations- und Informationsfunktion**. Gerade mit Blick auf ausländische Kapitalmarktakteure wird eine Zusammenfassung wichtiger gesetzlicher Vorgaben aber als hilfreich angesehen.

20   Bei **Empfehlungen und Anregungen** besteht **keine Rechtspflicht**, die Inhalte zu befolgen. Die Kodex-**Empfehlungen** werden aber dadurch in das aktienrechtliche Pflichtprogramm von Vorstand und Aufsichtsrat börsennotierter Aktiengesellschaften integriert, dass in Bezug auf sie eine **Entsprechenserklärung** abzugeben und zu begründen ist (näher dazu sogleich Rn. 21 ff.). Eine falsche Erklärung kann dabei durchaus Rechtsfolgen zeitigen. Die Anregungen sind hingegen – wie der Name schon sagt – rechtlich vollkommen unverbindlich.

dd) Die Entsprechenserklärung

21   Gemäß § 161 AktG sind Vorstände und Aufsichtsräte **börsennotierter** Gesellschaften verpflichtet, sich jährlich darüber zu erklären, ob den Empfehlungen des DCGK „entsprochen wurde und wird" und „welche Empfehlungen nicht angewendet wurden oder werden und warum nicht".

---

[17] *Lutter*, ZGR 2000, 1, 18; *v. Werder*, DB 2002, 801; kritisch *Ulmer*, ZHR 166 (2002), 150, 161.

Durch das BilMoG[18] wurde der **Adressatenkreis** der Vorschrift erweitert. Die Pflicht zur Abgabe einer Entsprechenserklärung trifft nunmehr auch die Organe von Aktiengesellschaften, die ausschließlich andere Wertpapiere als Aktien (insbesondere Anleihen) zum Handel an einem organisierten Markt im Sinne des § 2 V WpHG ausgegeben haben oder deren ausgegebene Aktien zwar nicht an einer Börse, aber auf eigene Veranlassung über ein multilaterales Handelssystem im Sinne des § 2 III 1 Nr. 8 WpHG gehandelt werden.

§ 161 AktG zwingt nicht dazu, die Empfehlungen des Kodex umzusetzen. Der **22** Gesetzgeber hat vielmehr deutlich gemacht, dass **Abweichungen** – also die Nichtbefolgung der Empfehlungen – **zulässig** sind. Verlangt wird lediglich (aber immerhin!) die **Offenlegung und Begründung** der Abweichungen.

Es gilt der Grundsatz: *„Comply or explain!"*

Die Entsprechenserklärung hat in erster Linie eine **Informationsfunktion**: Die Kapitalmarktteilnehmer sollen in die Lage versetzt werden, sich über den Umgang der Verwaltung mit den Vorgaben des DCGK Kenntnis verschaffen zu können. Dem entspricht es, dass § 161 II AktG nunmehr verlangt, dass die Erklärung dauerhaft auf der Internetseite der Gesellschaft zugänglich zu machen ist. Zugleich soll die Entsprechenserklärung auch dazu beitragen, dass die Verwaltungsorgane die eigene Unternehmensleitung in Ansehung der Kodex-Empfehlungen **kritisch reflektieren** und etwaige Abweichungen nicht nur praktizieren, sondern vielmehr auch rechtfertigen.

Dabei muss gemäß § 161 I 1 AktG die Erklärung sowohl vergangenheitsbezogen **23** als auch zukunftsgerichtet sein: Die Erklärung darüber, ob und inwieweit vom DCGK in der Vergangenheit abgewichen wurde, ist **Wissenserklärung** von Vorstand und Aufsichtsrat, mittels derer diese über einen abgeschlossenen Sachverhalt berichten. Soweit die zukünftige Befolgung des DCGK Gegenstand der Entsprechenserklärung ist, handelt es sich um eine auf das künftige Verhalten der Verwaltungsorgane bezogene **Absichtserklärung**.

Die Entsprechenserklärung bewirkt **keine Selbstbindung** von Vorstand und **24** Aufsichtsrat.

Diese können daher Beschlüsse fassen, deren Inhalt von der Erklärung abweicht. Die Folge ist dann nicht die Nichtigkeit der Beschlüsse[19], sondern die Fehlerhaftigkeit der Entsprechenserklärung[20].

---

[18] Gesetz zur Modernisierung des Bilanzrechts vom 26. Mai 2009, BGBl. I S. 1102.

[19] So aber OLG München, ZIP 2009, 133; *E. Vetter*, NZG 2008, 121, 123 f.

[20] Zutreffend *Semler* in MünchKomm. AktG, § 161 Rn. 52 ff.; *Spindler* in K. Schmidt/Lutter, AktG, § 161 Rn. 67.

4. Das Unternehmensinteresse

Literatur: *Klöhn*, Interessenkonflikte zwischen Aktionären und Gläubigern der Aktiengesellschaft im Spiegel der Vorstandspflichten, ZGR 2008, 110; *Kübler*, Shareholder Value: Eine Herausforderung für das deutsche Recht, Festschrift Zöllner, 1998, S. 321; *Kuhner*, Unternehmensinteresse vs. Shareholder Value als Leitmaxime kapital-marktorientierter Aktiengesellschaften, ZGR 2004, 244; *Mülbert*, Shareholder Value aus rechtlicher Sicht, ZGR 1997, 129; *ders.*, Marktwertmaximierung als Unternehmensziel der Aktiengesellschaft, Festschrift Röhricht, 2005, S. 421; *ders.*, Soziale Verantwortung von Unternehmen im Gesellschaftsrecht, AG 2009, 766; *Raisch*, Begriff und Bedeutung des Unternehmensinteresses, Festschrift Hefermehl, 1976, S. 347; *v. Werder*, Zur Stakeholderbalance des Rechts der Corporate Governance, Festschrift Schwark, 2009, S. 285; *Zöllner*, Unternehmensinnenrecht – Gibt es das?, AG 2003, 2.

25   Vorstand und Aufsichtsrat sind dem Unternehmensinteresse verpflichtet.

Sie müssen, wie das Gesetz es bisweilen formuliert, zum **„Wohl der Gesellschaft"** handeln. Anders als das AktG 1937 enthält das AktG 1965 keine Gemeinwohlklausel, die die Leitungstätigkeit des Vorstandes explizit auf das Interesse der Allgemeinheit verpflichtet. Was das Unternehmensinteresse ist, sagt das Gesetz nicht. Es überrascht daher nicht, dass keine Einigkeit darüber besteht, wie das Unternehmensinteresse zu bestimmen ist[21], welche Einzelinteressen dabei zu berücksichtigen sind und ob den Leitungsorganen insoweit ein Einschätzungsspielraum zusteht.

a) Shareholder Value

26   Die Befürworter eines strikten Shareholder-Value-Ansatzes[22] verlangen eine vollständige Ausrichtung des Verwaltungshandels an den Aktionärsinteressen[23].

Ein darüber hinausgehendes Unternehmensinteresse, das es zu verfolgen gelte, existiert nach dieser Auffassung nicht[24]. Allein relevante Leitungsmaxime ist hiernach die **Maximierung der Aktionärsrendite** (*shareholder primacy*).

---

[21] Zu den unterschiedlichen Auffassungen darüber, wie ein etwaiges Unternehmensinteresse zu bestimmen ist, vgl. etwa *Mülbert*, ZGR 1997, 142 ff.; *Kuhner*, ZGR 2004, 244, 247 ff.; skeptisch *Spindler* in MünchKomm. AktG, § 76 Rn. 69.

[22] Dazu aus rechtlicher Sicht *Mülbert*, ZGR 1997, 129 ff.; *v. Werder*, ZGR 1998, 69 ff. Betriebswirtschaftlich bezeichnet der Terminus „Shareholder Value" den finanziellen Wert des Eigenkapitals eines Unternehmens für die Eigentümer bzw. deren Anteilseigner; dazu *Busse von Colbe*, ZGR 1997, 271.

[23] Vgl. die für das amerikanische Recht grundlegende Entscheidung *Dodge v. Ford Motor Co.*, 204 Mich. 459, 170 N.W. 668, 3 A.L.R. 413.

[24] So *Mülbert*, ZGR 1997, 129, 156; *Zöllner*, AG 2003, 2, 8; *Wiedemann*, Gesellschaftsrecht I, § 11 III 2 b.

Allerdings ist in diesem Zusammenhang zu beachten, dass nach dem Begründer dieses Ansatzes, *Alfred Rappaport*, die Renditemaximierung, auf die die Leitungstätigkeit des Managements zielen müsse, eine **langfristige** sein soll[25]. Die insbesondere von Investorenseite erhobene Forderung, auf eine kurzfristige Erhöhung des Börsenkurses hinzuarbeiten, folgt damit keineswegs aus dem Shareholder-Value-Modell in seiner ursprünglichen Form.

b) Berücksichtigung sonstiger (Stakeholder-)Interessen?

Der Shareholder-Value-Ansatz war zu keinem Zeitpunkt unumstritten. Gleichsam als Gegenpol zu einer Gewinnmaximierung im Sinne des Shareholder-Value-Ansatzes wird von dessen Gegnern die Sozialbindung auch der erwerbswirtschaftlich ausgerichteten Aktiengesellschaft hervorgehoben[26]. Hiernach wären auch die Interessen der Arbeitnehmer, der Gläubiger und der Allgemeinheit (kurzum: der sog. *stakeholder*) bei der Unternehmensleitung gleichrangig zu berücksichtigen.   **27**

> In der Diskussion ist dabei die Rede von der *corporate social responsibility* der Unternehmen[27], die Verantwortung nicht nur für ihre *shareholder*, sondern auch für die *stakeholder* übernehmen müssten[28]. Umgekehrt sind große Unternehmen ihrerseits bestrebt, als *good corporate citizen*, als „verantwortungsvolle Staatsbürger" zu erscheinen.

c) Stellungnahme

Gegen die zuletzt genannte Ansicht spricht vor allem ihre Zielpluralität. Wenn der Vorstand bei seinen Entscheidungen stets mehrere Belange gegeneinander abwägen muss, wird häufig mehr als eine Entscheidung möglich sein. Dann besteht aber die Gefahr, dass der Vorstand in Wirklichkeit eigennützige Ziele verfolgt („*hidden agenda*") und sich einer Kontrolle dadurch entzieht, dass letztlich jede seiner Handlungen einem anerkannten Interesse dient.   **28**

Zugleich ist es nicht möglich, die unternehmerische Zwecksetzung der AG von den Aktionärsinteressen gänzlich oder auch nur weitreichend zu lösen. Die **Aktionäre** bleiben als **Eigenkapitalgeber Träger des unternehmerischen Risikos**. Ihren Interessen muss folglich auch weiterhin Rechnung getragen werden.

Die Grundausrichtung der Unternehmenspolitik auf einen hohen *shareholder value* ist somit unabdingbar.   **29**

---

[25] Vgl. *Rappaport*, Creating Shareholder Value, 1986 (dt.: Shareholder Value, 1999).

[26] Siehe insbesondere *Raiser*, Das Unternehmen als Organisation, 1969, S. 166 ff.; *Zöllner*, AG 2003, 2 ff.; *Spindler* in MünchKomm. AktG, § 76 Rn. 76 ff.

[27] Vgl. auch das Grünbuch der EU-Kommission „Europäische Rahmenbedingungen für die soziale Verantwortung der Unternehmen", KOM (2001) 366, S. 1.

[28] Grundlegend hierzu *Blair/Stout*, 85 Virginia Law Review (1999), S. 247 ff.; siehe ferner *Elhauge*, 80 New York University Law Review (2005), S. 733 ff.

Allerdings ist die **nachhaltige Gewinnerzielung** im Zweifel der kurzfristigen vorzuziehen. Vorstand und Aufsichtsrat müssen daher vor allem die mittel- und langfristigen wirtschaftlichen Folgen ihrer Entscheidungen im Auge behalten. Das verdeutlichen sowohl § 87 I 2 AktG als auch Ziff. 4.1.1 DCGK. Eine Rechtspflicht zur kurzfristigen Maximierung des Aktienkurses ist daher abzulehnen.

30 Darüber hinaus muss man es als zulässig ansehen, dass die Leitungsorgane auch das **Gemeinwohl**, also die Auswirkung bestimmter Maßnahmen auf Arbeitnehmer, Gläubiger und die Allgemeinheit bei der Entscheidungsfindung mit berücksichtigen.

Dies gilt vor allem deshalb, weil diese Faktoren sich etwa in Gestalt der **Arbeitnehmermotivation** oder des **Images des Unternehmens in der Öffentlichkeit** auch wirtschaftlich auswirken können. Ist die zu treffende Entscheidung unter solchen Gesichtspunkten risikoträchtig, kann sich die Befugnis zur Berücksichtigung weiterer Belange zu einer Pflicht verdichten; dies gilt vor allem, wenn das Erscheinungsbild des Unternehmens in der Öffentlichkeit Schaden zu nehmen droht.

> **Beispiel:** Die 1995 geplante Versenkung des ausgedienten Öltanks *„Brent Spar"* war für den Betreiber *Shell* eine mediale Katastrophe, die sich durchaus auch wirtschaftlich niedergeschlagen haben dürfte.

Zusammenfassend lässt sich sagen: Vorstand und Aufsichtsrat müssen die Interessen der Aktionäre berücksichtigen. Sie sind aber nicht deren kurzfristigen Renditeerwartungen verpflichtet, sondern einer nachhaltigen Unternehmenspolitik. Im Rahmen des unternehmerischen Ermessens dürfen auch Stakeholder-Interessen angemessen berücksichtigt werden.

II. Der Vorstand

Literatur: *Fleischer*, Zur Leitungsaufgabe des Vorstands im Aktienrecht, ZIP 2003, 1; *Hüffer*, Das Leitungsermessen des Vorstands in der Aktiengesellschaft, Festschrift Th. Raiser, 2005, S. 163; *Keßler*, Die Leitungsmacht des Vorstandes einer Aktiengesellschaft, AG 2005, 61 und 120; *Peltzer*, Vorstand und Geschäftsführung als Leitungs- und gesetzliches Vertretungsorgan der Gesellschaft, JuS 2003, 348.

1. Der Vorstand als Leitungsorgan

31 Gemäß § 76 I AktG hat der Vorstand die Gesellschaft unter **eigener Verantwortung** zu leiten. Der Vorstand ist **Geschäftsführungs- und Vertretungsorgan** (vgl. §§ 77, 78 AktG).

a) Leitung und Geschäftsführung

Das AktG unterscheidet begrifflich zwischen Leitung (§ 76 AktG) und Geschäfts- **32**
führung (§ 77 AktG). Gemeinhin wird die Geschäftsführung als der weitere, die
Leitung umfassende Begriff verstanden. Leitung ist demnach ein herausgehobener
Teilbereich der Geschäftsführung, zu dem Unternehmensplanung, -koordination
und -kontrolle zählen. Derartige Leitungsaufgaben kann der Vorstand – im Gegensatz zu sonstigen Geschäftsführungsaufgaben – nicht delegieren.

Der Vorstand muss also die **Richtlinien der Unternehmenspolitik** selbst
und eigenverantwortlich **festlegen.** Hierzu zählen insbesondere auch die
Festlegung wirtschaftlicher Zielgrößen und der Unternehmensstrategie, die
Organisation des Unternehmens sowie die Besetzung wichtiger Führungspo-
sitionen.

Das Gesetz enthält zudem eine Vielzahl **konkreter Aufgabenzuweisungen** an **33**
den Vorstand, die entsprechende Handlungspflichten begründen.

So hat der Vorstand beispielsweise
- die Maßnahmen vorzubereiten, die in die Zuständigkeit der Hauptversammlung
  fallen, und die von der Hauptversammlung beschlossenen Maßnahmen auszuführen
  (§ 83 I, II AktG),
- dem Aufsichtsrat zu berichten (§ 90 AktG),
- die Führung der Handelsbücher sicherzustellen (§ 91 I AktG),
- geeignete Maßnahmen zu treffen, um Entwicklungen, die den Fortbestand der Gesellschaft gefährden, erkennen zu können (Schaffung eines Risikofrüherkennungs-
  systems[29], § 91 II AktG),
- die Hauptversammlung einzuberufen, wenn ein Verlust in Höhe der Hälfte des
  Grundkapitals droht oder eingetreten ist (§ 92 I AktG), wenn Gesetz oder Satzung es
  vorsehen oder das Wohl der Gesellschaft es erfordert (§ 121 I, II AktG),
- den Jahresabschluss aufzustellen und (im Regelfall) an seiner Feststellung mitzuwirken (§ 264 HGB, §§ 170 ff. AktG),
- gemeinsam mit dem Aufsichtsrat die Entsprechenserklärung nach § 161 AktG
  abzugeben (dazu oben Rn. 21 ff.),
- bei Überschuldung oder Zahlungsunfähigkeit Insolvenzantrag zu stellen (§ 15a I 1
  InsO).

b) Compliance

Zur Unternehmensleitung zählt auch die sog. **Compliance.** Der Vorstand ist **34**
danach verpflichtet, für die Einhaltung der gesetzlichen Bestimmungen und
der unternehmensinternen Richtlinien im Unternehmen zu sorgen.

---

[29] Dazu *Drygala/Drygala*, ZIP 2000, 297.

> Bisweilen wird der Begriff der Compliance weiter verstanden und mit gesellschaftlichen oder gesellschaftspolitischen Wertvorstellungen (Stichwort: „Unternehmensethik") überladen. Nach hier zugrunde liegendem Verständnis bedarf es insoweit zumindest einer Aufnahme in entsprechende unternehmensinterne Richtlinien.

35 Eine ordnungsgemäße Compliance verlangt es, dass der Vorstand alle **zumutbaren Maßnahmen** trifft, um auf ein regelkonformes Verhalten des Unternehmens und seiner Mitarbeiter hinzuwirken. Dazu muss er zunächst die Bedeutung normgerechten Verhaltens gegenüber den Mitarbeitern verdeutlichen, wozu auch geeignete Schulungen gehören. Ferner muss der Vorstand das Unternehmen so organisieren, dass Regelverstöße aufgedeckt werden können und tatsächlich auch sanktioniert werden. In größeren Unternehmen empfiehlt sich die Schaffung einer besonderen Compliance-Organisation unter der Leitung eines weisungsunabhängigen **Compliance-Beauftragten**.

> Für Wertpapierdienstleister und Kreditinstitute enthalten die § 33 WpHG, § 25a KWG spezialgesetzliche Vorgaben zur Compliance.

36 Hinsichtlich der **Ausgestaltung des Compliance-Systems** hat der Vorstand wiederum Gestaltungsfreiheit. Es existieren eine Vielzahl von betriebswirtschaftlichen Vorschlägen, wie eine zweckgemäße Organisation aussehen kann[30]. Eine Rechtspflicht, eine ganz bestimmte Organisation einzurichten, gibt es nicht. Die Organisation ist den Erfordernissen des Unternehmens anzupassen. Zudem würde das rechtliche Festschreiben eines bestimmten Organisationsmodells die Weiterentwicklung der bisher entwickelten Systeme behindern („Versteinerungseffekt").

> Zur parallelen Problematik bei der Suche nach der „richtigen" Methode zur Unternehmensbewertung oben § 12 Rn. 82.

37 Die Compliance erstreckt sich auch auf **konzernverbundene Unternehmen**, doch stellt sich hier die Frage, welche Befugnisse der Vorstand hat, um die Regelkonformität auch in abhängigen Gesellschaften durchzusetzen (dazu § 33 Rn. 6 ff.).

c) Weisungsfreiheit und Bedeutung des Unternehmensgegenstandes

38 Bei der Leitung und Geschäftsführung ist der Vorstand **Weisungen nicht unterworfen**. Die Leitungsmacht des Vorstandes wird – im Innenverhältnis – lediglich durch die gesetzlichen Kompetenzen der anderen Organe, die Vorgaben der Satzung und die Geschäftsordnungen begrenzt (§ 82 II AktG).

39 Gebunden ist der Vorstand insbesondere an den in der Satzung festgelegten (§ 23 III Nr. 2 AktG) **Unternehmensgegenstand**. Dieser hat nicht nur eine Informationsfunktion für den Rechtsverkehr, sondern entfaltet eine **begrenzende Wirkung**[31]. Maßnahmen, die vom Unternehmensgegenstand nicht gedeckt sind, darf der Vorstand nicht ergreifen.

---

[30] Näher dazu *Gößwein/Hohmann*, BB 2011, 963 ff.

[31] *Pentz* in MünchKomm. AktG, § 23 Rn. 86; *Braunfels* in Heidel, AktG, § 23 Rn. 22; *Seibt* in K. Schmidt/Lutter, AktG, § 23 Rn. 38 und § 82 Rn. 13.

> **Beispiel:** Sieht der Unternehmensgegenstand einer AG den Betrieb einer Textilfabrik vor, darf der Vorstand keine Eisdielen eröffnen. Erforderlich wäre hierfür eine Satzungsänderung, für die nach § 179 AktG ein mit ¾-Mehrheit zu fassender Beschluss der Hauptversammlung nötig ist.

Zugleich ist der Unternehmensgegenstand auch **Handlungsauftrag** an den Vorstand. Ob der Unternehmensgegenstand zwingend ausgefüllt werden muss, ist eine Frage der Auslegung.

Jedenfalls darf der Vorstand den Geschäftsbetrieb nicht einfach einstellen und seine Tätigkeit auf die Verwaltung des Gesellschaftsvermögens beschränken. Im Übrigen wird die Problematik des **Unterschreitens des Unternehmensgegenstandes** immer dann virulent, wenn traditionelle Geschäftsfelder unrentabel geworden sind und daher eingestellt werden.

Praktisch bedeutsam sind sog. **Konzernklauseln**, die den Geschäftsbetrieb durch **40** Tochtergesellschaften zulassen. Dies kann so weit gehen, dass die AG selbst nur noch Holding-Funktionen wahrnimmt.

> **Hinweis:** Für die Praxis empfiehlt sich eine möglichst klare Formulierung des Unternehmensgegenstandes. Dabei sollte auch deutlich werden, ob und ggf. welche Geschäftsbereiche zwingend betrieben werden müssen oder ob es sich insoweit nur um eine Option für den Vorstand handelt.

d) Vertretung

Im Außenverhältnis gilt: Die Vertretungsmacht des Vorstandes ist nicht **41** beschränkbar (§ 82 I AktG).

Es handelt sich um denselben handelsrechtlichen Grundsatz, der sich auch in den §§ 50, 126 HGB, § 37 GmbHG wiederfindet. Allenfalls nach den Grundsätzen des Missbrauchs der Vertretungsmacht können Beschränkungen im Innenverhältnis ausnahmsweise nach außen durchschlagen (siehe dazu oben § 11 Rn. 58).

Besteht der Vorstand aus mehreren Personen (dazu sogleich Rn. 44 ff.) sind **42** diese nur gemeinsam zur Vertretung berechtigt (**Gesamtvertretungsmacht**). Allerdings kann die Satzung Abweichendes bestimmen (§ 78 II 1 AktG). Möglich ist hiernach die Einräumung von **Einzelvertretungsmacht** für alle Vorstandsmitglieder oder einzelne von ihnen (für Einzelheiten siehe § 78 III AktG). Auch bei Bestehen von Gesamtvertretung ist jedes Vorstandsmitglied zur Entgegennahme von Willenserklärungen berechtigt (**Passivvertretung**).

Hat die AG keinen Vorstand (**Führungslosigkeit**), erfolgt die Passivvertretung – nicht: die Aktivvertretung! – durch den Aufsichtsrat (§ 78 II 2 AktG).

Vorstandsmitgliedern gegenüber vertritt der Aufsichtsrat die Gesellschaft **43** gerichtlich und außergerichtlich (§ 112 AktG).

2. Organisation des Vorstandes

a) Zahl der Vorstandsmitglieder; persönliche Voraussetzungen

44 Der Vorstand einer Aktiengesellschaft kann aus einer oder mehreren Personen bestehen (§ 76 II 1 AktG).

Die **Satzung** muss die Zahl der Vorstandsmitglieder festlegen oder die Regeln, nach denen sich diese Zahl bestimmt (§ 23 III Nr. 6 AktG). Als zulässig wird auch die Angabe einer Mindest- und/oder Höchstzahl angesehen, wobei die Entscheidung über die konkrete Zahl dann dem Aufsichtsrat obliegt[32].

> In Gesellschaften mit einem Grundkapital von mehr als 3.000.000 EUR *muss* der Vorstand aus mindestens zwei Personen bestehen, es sei denn, die Satzung lässt ein Mitglied ausdrücklich genügen (§ 76 II 2 AktG).

45 Nach § 76 II 3 AktG bleiben die Vorschriften über die Bestellung eines Arbeitsdirektors unberührt. Ist deshalb nach § 13 Montanmitbestimmungsgesetz oder § 33 MitbestG ein **Arbeitsdirektor** zu bestellen, so muss der Vorstand aus mindestens zwei Mitgliedern bestehen. Der Arbeitsdirektor ist für die Personal- und Sozialangelegenheiten („Human Resources") verantwortlich.

46 Gemäß § 94 AktG können **stellvertretende Vorstandsmitglieder** bestellt werden. Sie sind echte Vorstandsmitglieder im Rechtssinne, nicht nur rechtsgeschäftliche Stellvertreter (vgl. zur Parallelvorschrift des § 44 GmbHG oben § 11 Rn. 7).

47 Mitglied des Vorstandes können nur natürliche Personen sein, die voll geschäftsfähig sind (§ 76 III 1 AktG). Die Sätze 2 und 3 der Vorschrift enthalten die aus § 6 II GmbHG bereits bekannten **Inhabilitätsgründe** (siehe § 11 Rn. 13).

b) Arbeitsweise, Geschäftsverteilung und Gesamtverantwortung

48 Die interne Arbeitsweise und Geschäftsverteilung des Vorstandes wird typischerweise in einer **Geschäftsordnung** geregelt (§ 77 II AktG). Sie wird vom Vorstand selbst erlassen, wenn ihr Erlass nicht durch Satzung dem Aufsichtsrat zugewiesen ist.

49 Gibt es mehrere Vorstandsmitglieder, so sind diese gemeinschaftlich zur Geschäftsführung berechtigt und verpflichtet (§ 77 I 1 AktG).

Gemeinschaftliche Geschäftsführung bedeutet im Grundsatz, dass die Vorstandsmitglieder einvernehmlich handeln müssen. Das ist aber unpraktisch, da gerade bei unternehmerischen Entscheidungen Meinungsverschiedenheiten auftreten können und der Zwang zur Einstimmigkeit den Vorstand handlungsunfähig ma-

---

[32] BGH ZIP 2002, 216; *Hüffer*, AktG, § 76 Rn. 22; *Spindler* in MünchKomm. AktG, § 76 Rn. 95.

chen würde. Daher ist es zulässig und praktisch auch die Regel, dass durch Satzung oder Geschäftsordnung Mehrheitsentscheidungen vorgesehen sind.

Vorgaben über den Ablauf von Vorstandssitzungen, Verfahren und Form der Vorstandsbeschlüsse enthält das AktG **nicht**. Dies ist für den Aufsichtsrat und erst recht für die Hauptversammlung anders!

Praktisch üblich ist es, dass verschiedene Verantwortungsbereiche (Vorstandsressorts) gebildet werden, in denen jeweils ein Vorstandsmitglied federführend ist. **50**

Die Geschäftsverteilung sollte sich dabei an den Bedürfnissen des Unternehmens, aber auch an individuellen Fähigkeiten und Erfahrungen der Vorstandsmitglieder orientieren. Die Gestaltungsmöglichkeiten sind vielfältig.

Vorstandsressorts können nach verschiedenen Kriterien gebildet werden, die auch untereinander kombinierbar sind:
- **funktionale Organisation** nach betriebswirtschaftlichen Aufgabenbereichen (z.B. „Finanzen", „Einkauf", „Marketing"),
- **divisionale Organisation** nach Unternehmenssparten (z.B. „Versandhandel", „Kaufhäuser", „Versicherungen"),
- **regionale Organisation** (z.B. „Europa", „Nordamerika", „Asien").

Für den Vorstand gilt das **Prinzip der Gesamtverantwortung**, d.h. alle Vorstandsmitglieder sind für eine rechts- und ordnungsgemäße Geschäftsleitung verantwortlich. Hieran ändert auch die Bildung von Vorstandsressorts grundsätzlich nichts. Allerdings zwingen die praktischen Gegebenheiten zu einem arbeitsteiligen Zusammenwirken. **51**

Das Ressortprinzip modifiziert die individuelle Verantwortlichkeit der Vorstandsmitglieder: So ist jedes Mitglied primär für das ihm zugewiesene Ressort verantwortlich. Bezüglich der Ressorts der anderen Mitglieder bestehen Überwachungspflichten. Die Vorstandsmitglieder müssen sich aber wechselseitig über alle relevanten Vorgänge und Entwicklungen informieren.

Dabei dürfen die Vorstandsmitglieder aber davon ausgehen, dass ihre Kollegen sie zutreffend und vollständig informieren; anderenfalls wäre eine **vertrauensvolle Zusammenarbeit** nicht möglich. Erst wenn konkrete Anhaltspunkte für Fehlentwicklungen vorliegen oder Zweifel an der Kompetenz eines Vorstandsmitglieds bestehen, intensiviert sich die Überwachungspflicht und die übrigen Mitglieder müssen eigenständige Nachforschungen anstellen. Werden dabei Missstände deutlich, so müssen diese beseitigt werden.

c) Vorsitzender

52 Besteht der Vorstand aus mehreren Mitgliedern, so *kann* der Aufsichtsrat einen Vorstandsvorsitzenden bestimmten (§ 84 II AktG).

Erforderlich hierfür ist ein **Beschluss des Gesamtaufsichtsrates**; die Übertragung auf einen Ausschuss ist unzulässig (vgl. § 107 III 2 AktG). Dies zeigt, dass der Gesetzgeber dem Amt des Vorstandsvorsitzenden eine gewisse Bedeutung beigemessen hat. Umso mehr verwundert es, dass der Gesetzgeber darauf verzichtet hat, die Rechtsstellung des Vorstandsvorsitzenden näher auszugestalten. Lediglich in § 80 I 2 AktG wird auf ihn Bezug genommen und die gesonderte Angabe auf Geschäftsbriefen vorgeschrieben.

53 Der Vorstandsvorsitzende hat nach der gesetzlichen Konzeption keine hervorgehobene Stellung. Er ist vielmehr primus inter pares.

Allerdings werden dem Vorstandsvorsitzenden in der Praxis durch die Geschäftsordnung (zulässigerweise) eine Reihe von Aufgaben zugewiesen.

Hierzu zählen typischerweise:
- die Vorbereitung und Leitung der Vorstandssitzungen,
- die Koordination der Vorstandstätigkeit,
- die Repräsentation des Vorstandes nach außen,
- der Kontakt zum Aufsichtsrat und dessen Vorsitzenden.

Bei der Beschlussfassung des Vorstandes hat der Vorsitzende nur eine Stimme. Sehen Satzung oder Geschäftsordnung vor, dass Beschlüsse des Vorstandes mehrheitlich gefasst werden, kann für den Fall der Stimmgleichheit dem Vorsitzenden ein **Stichentscheidungsrecht** eingeräumt werden[33], damit dieser die Pattsituation auflösen kann. Auch die Einräumung eines **Vetorechts** ist grundsätzlich möglich[34] (vgl. § 77 I 2 AktG); etwas anderes gilt aber, wenn nach dem Mitbestimmungsrecht ein Arbeitsdirektor dem Vorstand angehören muss[35] (oben Rn. 45). Ein Alleinentscheidungsrecht auch gegen den mehrheitlichen Willen der anderen Mitglieder kann dem Vorstandsvorsitzenden nicht eingeräumt werden[36].

---

[33] *Hüffer*, AktG, § 84 Rn. 21; *Weber* in Hölters, AktG, § 77 Rn. 42; *Oltmanns* in Heidel, AktG, § 84 Rn. 17; *Seibt* in K. Schmidt/Lutter, AktG, § 84 Rn. 41; a.A. *T. Bezzenberger*, ZGR 1996, 661, 662 ff.

[34] Wie hier *Seibt* in K. Schmidt/Lutter, AktG, § 84 Rn. 41 und § 77 Rn. 14; *Spindler* in MünchKomm. AktG, § 77 Rn. 17; *Hüffer*, AktG, § 77 Rn. 12; a.A. *T. Bezzenberger*, ZGR 1996, 661, 662 ff.; *Erle*, AG 1987, 7, 8 ff.

[35] BGHZ 89, 48, 59; *Seibt* in K. Schmidt/Lutter, AktG, § 77 Rn. 15; *Spindler* in MünchKomm. AktG, § 77 Rn. 19; *Schiessl*, ZGR 1992, 64, 70 f.

[36] *Seibt* in K. Schmidt/Lutter, AktG, § 77 Rn. 13; *Weber* in Hölters, AktG, § 77 Rn. 15; *Hüffer*, AktG, § 77 Rn. 16.

3. Organverhältnis

Literatur: *Fleischer*, Bestellungsdauer und Widerruf der Bestellung von Vorstandsmitgliedern im in- und ausländischen Aktienrecht, AG 2006, 429.

Ebenso wie beim GmbH-Geschäftsführer ist auch beim Vorstand der AG zu unterscheiden zwischen dem körperschaftlichen Akt der Bestellung zum Organmitglied und dem schuldrechtlichen Anstellungsvertrag. In § 84 I 5 und III 5 AktG kommt dieses **Trennungsprinzip** zum Ausdruck.　**54**

a) Bestellung

Vorstandsmitglieder werden vom Aufsichtsrat für höchstens fünf Jahre bestellt (§ 84 I 1 AktG).　**55**

Der Aufsichtsrat entscheidet durch Mehrheitsbeschluss. Die Personalkompetenz liegt beim **Gesamtaufsichtsrat**, d.h. die Übertragung auf einen Aufsichtsratsausschuss (dazu unten Rn. 165 ff.) ist unzulässig (§ 107 III 3 AktG).

Der Aufsichtsrat entscheidet auch über die **Dauer der Bestellung**. Die gesetzliche **Höchstfrist** von fünf Jahren soll sicherstellen, dass die Personalkompetenz des Aufsichtsrates nicht leerläuft. Dies ist deshalb bedeutsam, weil die Bestellung nur aus wichtigem Grund widerrufen werden kann (§ 84 III AktG). Die Höchstfrist stellt sicher, dass der Aufsichtsrat nach spätestens fünf Jahren die „Personalie Vorstand" überprüfen kann.

Der Aufsichtsrat kann auch eine **kürzere Amtsdauer** festlegen. Obwohl das Gesetz eine Mindestdauer nicht vorsieht, geht die h.M. davon aus, dass eine Befristung von weniger als einem Jahr regelmäßig sorgfaltswidrig ist[37], zumal dadurch auch § 84 III AktG unterlaufen werden könnte.

Die **Wiederbestellung** ist (auch mehrfach) zulässig. Allerdings darf der Wiederbestellungsbeschluss nicht früher als ein Jahr vor Ablauf der Bestellung gefasst werden; anderenfalls ist er unwirksam (§ 84 I 3 AktG). Die Wiederbestellung darf wiederum nur für maximal fünf Jahre erfolgen.　**56**

Problematisch sind die Fälle, in denen keine Wiederbestellung vorgenommen wird, sondern die bisherige Bestellung aufgehoben und sogleich eine Neubestellung vorgenommen wird. Hiergegen werden Bedenken unter dem Gesichtspunkt der Umgehung geäußert[38]. Diese Ansicht verkennt, dass die Neubestellung auf die maximal zulässige Amtszeit durchaus auch dann im Interesse der AG liegen kann, wenn die laufende Amtszeit noch länger als ein Jahr dauert. Das gilt insbesondere, wenn Zweifel daran bestehen, ob der Vorstand noch für eine weitere volle Amtszeit zur Verfügung steht. Dann sind die einvernehmliche Aufhebung der bisherigen Bestellung und die Neubestellung auf fünf Jahre ein probates Mittel für den Aufsichtsrat, solche Zweifel zu zerstreuen und – gerade auch gegenüber dem Kapitalmarkt – Vertrauen zum Vorstand zu signalisieren.

---

[37] Vgl. *Hüffer*, AktG, § 84 Rn. 7 mit weiteren Nachweisen.
[38] So jüngst OLG Zweibrücken ZIP 2011, 617.

Ferner kommt auch in Betracht, dass das Mitglied ein neues Ressort übernehmen oder Vorstandsvorsitzender werden soll. Umgehung sollte man also nur dann annehmen, wenn ein **Sachgrund** für die genannte Verfahrensweise fehlt und es allein darum geht, dem Vorstand einen Vorteil zuzuwenden[39]. Unzulässig wäre auch eine jährliche Wiederbestellung.

57   Die Bestellung wird nur wirksam, wenn die bestellten Vorstandsmitglieder sie **angenommen** haben. Dies kann aber auch konkludent, etwa durch Aufnahme der Vorstandstätigkeit, erfolgen.

58   Ist die **Bestellung unwirksam**, sind die (vermeintlich) Bestellten nicht Vorstandsmitglieder geworden. Der Rechtsverkehr wird aber durch § 15 HGB und die allgemeinen Grundsätze der Rechtsscheinhaftung geschützt, sodass die nach außen vorgenommenen Rechtshandlungen jedenfalls gutgläubigen Personen gegenüber nicht unwirksam sind. Darüber hinaus gelangen die Grundsätze der **Lehre vom fehlerhaften Organ**[40] zur Anwendung, wenn die Vorstandstätigkeit tatsächlich aufgenommen wurde. Dabei handelt es sich um eine Weiterentwicklung der Lehre von der fehlerhaften Gesellschaft. Ziel ist es, das fehlerhaft bestellte Organ für die Vergangenheit wie ein Organ – mit allen Organrechten und -pflichten – zu behandeln, um so insbesondere die Unwirksamkeit **vorgenommener Organhandlungen zu vermeiden**. Nach h.M. endet die (fehlerhafte) Organstellung beim fehlerhaft bestellten Vorstand erst mit einem die Fehlerhaftigkeit feststellenden Beschluss des Aufsichtsrates[41].

Im Einzelnen ist hier noch vieles umstritten. Da die Problematik der unwirksamen Bestellung beim Aufsichtsrat virulenter ist, sollen die entsprechenden Grundsätze dort dargestellt werden (siehe unten Rn. 148 ff.).

b) Abberufung

59   Gemäß § 84 III 1 AktG kann der Aufsichtsrat die Bestellung zum Vorstandsmitglied widerrufen, wenn ein wichtiger Grund zur Abberufung vorliegt.

Anders als der GmbH-Geschäftsführer sind die Mitglieder des Vorstandes somit **gegen die grundlose Abberufung geschützt**. Hierdurch soll die Unabhängigkeit des Vorstandes sichergestellt und die Bereitschaft zu eigenverantwortlichem Handeln gefördert werden.

Über dem Vorstand soll nicht bei jeder unternehmerischen Entscheidung das **Damoklesschwert der Abberufung** schweben.

---

[39] Wie hier auch *Fleischer* in Spindler/Stilz, AktG, § 84 Rn. 26 mit weiteren Nachweisen zum Meinungsstand.

[40] Vgl. *Spindler* in MünchKomm. AktG, § 84 Rn. 225 ff.

[41] *Mertens* in KölnKomm. AktG, § 84 Rn. 32; *Seibt* in K. Schmidt/Lutter, AktG, § 84 Rn. 22; *Spindler* in MünchKomm. AktG, § 84 Rn. 233; *Fleischer* in Spindler/Stilz, AktG, § 84 Rn. 21.

Allerdings macht diese Vorschrift es dem Aufsichtsrat nicht einfacher, einen Vorstand abzulösen, der zwar sorgfältig, aber glücklos agiert. In Fällen dieser Art ist die Norm der Einstieg in den **Abfindungspoker**, der dann häufig mit einer einvernehmlichen Trennung zu für den Vorstand günstigen Konditionen endet. Zudem wird ein professioneller Aufsichtsrat sich nicht leichtfertig von einem Vorstand trennen. Es ist daher fraglich, ob die Norm den Vorstand tatsächlich in erforderlichem Maße absichert oder ob sie nur die ohnehin erfolgende Trennung für die AG verteuert. Gegen die Vorschrift spricht auch, dass zahlreiche ausländische Aktienrechte die freie Widerrufbarkeit vorsehen[42], ohne dass es deshalb zu einer häufigeren Abberufung der Vorstände käme.

Als **wichtige Gründe** nennt § 84 III 2 AktG exemplarisch   **60**

⮷   grobe Pflichtverletzungen,

⮷   die Unfähigkeit zu ordnungsgemäßer Geschäftsführung sowie

⮷   den Vertrauensentzug durch die Hauptversammlung.

Zum Vorliegen eines wichtigen Grundes kann zunächst auf die Ausführungen zu § 38 II GmbHG verwiesen werden (siehe oben § 11 Rn. 27 ff.).

Der **Vertrauensentzug durch die Hauptversammlung** setzt einen entsprechen-   **61**
den Beschluss voraus, der vor der Abberufung gefasst sein muss. Umstritten ist dabei, ob der Beschluss, durch den die Entlastung des Vorstandes (§ 120 I, II AktG) verweigert wird, ausreicht[43] oder ob ein eigenständiger Beschluss gefasst werden muss[44]. Dabei ist zu berücksichtigen, dass die Entlastung sich auf die Vergangenheit bezieht. Durch sie wird die Organtätigkeit für das abgelaufene Geschäftsjahr als im Wesentlichen ordnungsgemäß gebilligt – oder bei der Verweigerung der Entlastung eben nicht gebilligt. Damit muss nicht zugleich ein Vertrauensentzug für die Zukunft liegen. Allerdings ist die Verweigerung der Entlastung im Rahmen einer **Gesamtwürdigung** durchaus zu beachten.

Der Vertrauensentzug durch die Hauptversammlung ist **unbeachtlich**, wenn er aus „offenbar unsachlichen Gründen" erfolgt ist[45] (§ 84 III 2 a.E. AktG). Allerdings sind daran strenge Anforderungen zu stellen: Die Entscheidung muss willkürlich sein oder auf eine rechtswidrige Maßnahme zielen, die die Aktionäre gegen den Vorstand durchsetzen wollen[46].

Der Vertrauensentzug durch die Hauptversammlung berechtigt den Auf-   **62**
sichtsrat lediglich, die Bestellung zu widerrufen, rechtlich gebunden ist er an das Votum der Hauptversammlung nicht.

Der Aufsichtsrat muss also eigenständig prüfen, ob er tatsächlich abberufen will. Es ist aber wenig empfehlenswert, einen Vorstand gegen den Willen der Aktionäre im Amt zu halten.

---

[42] Siehe *Fleischer*, AG 2006, 429, 431 ff.

[43] So *Mertens/Cahn* in KölnKomm. AktG, § 84 Rn. 127; *Oltmanns* in Heidel, AktG, § 84 Rn. 24.

[44] Dafür *Seibt* in K. Schmidt/Lutter, AktG, § 84 Rn. 51; *Fleischer* in Spindler/Stilz, AktG, § 84 Rn. 111; *Spindler* in MünchKomm. AktG, § 84 Rn. 127; *Hüffer*, AktG, § 84 Rn. 30.

[45] Näher dazu KG ZIP 2003, 1042, 1046.

[46] BGHZ 13, 188, 193; BGH WM 1975, 787, 789; KG ZIP 2003, 1042, 1046.

63 Der Widerruf der Bestellung setzt neben dem Beschluss des Aufsichtsrates auch dessen Mitteilung an das abzuberufende Vorstandsmitglied voraus. Hinsichtlich der **Rechtsschutzmöglichkeiten** des Abberufenen ist wie folgt zu unterscheiden:

> ⮑ Ist ein **wirksamer Beschluss nicht gefasst** worden, so wird die Abberufung nicht wirksam. Das betreffende Mitglied kann Klage auf **Feststellung** der Unwirksamkeit erheben[47].

> ⮑ Ist der **Beschluss wirksam**, kann immer noch zweifelhaft sein, **ob ein wichtiger Grund** für die Abberufung **vorliegt**. Um *insoweit* für Rechtssicherheit zu sorgen, ordnet § 84 III 4 AktG die Wirksamkeit des Widerrufs der Bestellung an, bis deren Unwirksamkeit rechtskräftig festgestellt wird. Das abberufene Vorstandsmitglied muss daher **Gestaltungsklage** erheben, um die Wirkungen der grundlosen Abberufung zu beseitigen[48].

> Klagegegner ist jeweils die AG, vertreten durch den Aufsichtsrat (§ 112 AktG) [49].

c) Sonstige Beendigungsgründe

64 Als weitere Beendigungsgründe kommen in Betracht:

> ⮑ Ablauf der Amtszeit, sofern keine Wiederbestellung erfolgt,
> ⮑ Tod, Geschäftsunfähigkeit oder Eintritt sonstiger Inhabilitätsgründe im Sinne des § 76 II AktG,
> ⮑ Amtsniederlegung (dazu oben § 11 Rn. 34 ff.),
> ⮑ Vollbeendigung der AG (dazu unten § 26 Rn. 14).

4. Anstellungsvertrag

a) Überblick

65 Neben dem Organverhältnis besteht typischerweise ein schuldrechtlicher Anstellungsvertrag zwischen der AG und jedem einzelnen Vorstandsmitglied. Dabei handelt es sich um einen **Geschäftsbesorgungsvertrag mit dienstvertraglichen Elementen**. Wie beim GmbH-Geschäftsführer gilt auch hier: Der Anstellungsvertrag ist **kein Arbeitsvertrag**, da Vorstandsmitglieder Arbeitgeberfunktionen für die AG wahrnehmen.

66 **Zuständig** für den Abschluss ist auf Seiten der AG der **Aufsichtsrat**. Im Gegensatz zur Bestellung kann der Aufsichtsrat die Entscheidung über den Abschluss des Anstellungsvertrages auch auf einen **Ausschuss** übertragen. Allerdings muss

---

[47] OLG Stuttgart AG 2003, 211, 212; *Mertens/Cahn* in KölnKomm. AktG, § 84 Rn. 136; *Hüffer*, AktG, § 84 Rn. 34.

[48] *Hüffer*, AktG, § 84 Rn. 34; *Mertens/Cahn* in KölnKomm. AktG, § 84 Rn. 136.

[49] BGH NJW 1981, 2748, 2749; BGH WM 1984, 532; *Wiesner* in MünchHdb. GesR IV (AG), § 20 Rn 53.

seit dem VorstAG 2009 über die Höhe und Zusammensetzung der Vorstandsvergütung zwingend der Gesamtaufsichtsrat entscheiden (§ 107 III 3 AktG). Beim Vertragsschluss handelt der Aufsichtsrat als **gesetzlicher Vertreter** der AG (§ 112 AktG). Dabei kann der Aufsichtsratsvorsitzende zur Abgabe der erforderlichen Willenserklärungen ermächtigt werden.

Äußerst umstritten ist die Frage, ob die Anstellung auch **durch einen Dritten** (z.B. das beherrschende Unternehmen) erfolgen kann[50]. Dies ist deshalb problematisch, weil § 76 I AktG den Vorstand zur eigenverantwortlichen Leitung der AG verpflichtet, aus einer Drittanstellung aber schuldrechtlichen Bindungen zum Dritten unterliegt. Problematisch ist insoweit auch, dass § 87 I 2 AktG verlangt, die Vergütungsstruktur an der langfristigen Entwicklung der AG auszurichten. Dabei ist ganz offensichtlich die Gesellschaft gemeint, mit der das Organverhältnis besteht. Hier muss sichergestellt sein, dass die organschaftliche Pflicht zur AG sich gegenüber abweichenden Vertragspflichten durchsetzt und dass auch die im Vertrag vorgesehenen Vergütungsbestandteile damit vereinbar sind. **67**

Die **Laufzeit des Anstellungsvertrages** muss nicht der Dauer der Bestellung entsprechen. Sie darf aber (zunächst) fünf Jahre nicht überschreiten; allerdings kann für die Fälle der Wiederbestellung eine automatische Verlängerung des Anstellungsvertrages bis zum Ende der Amtszeit vorgesehen werden (§ 84 I 5 AktG). **68**

Hinsichtlich der **Beendigung des Anstellungsvertrages** gelten die allgemeinen Vorschriften. Insoweit kann zunächst auf die Ausführungen oben § 11 Rn. 46 ff. verwiesen werden. Aus § 84 III 5 AktG folgt auch hier, dass der Widerruf der Bestellung nicht zwingend zur Beendigung des Anstellungsvertrages führt. Dies gilt auch, wenn ein wichtiger Grund zur Abberufung vorliegt: Stets ist zu prüfen, ob der Anstellungsvertrag seinerseits aus wichtigem Grund gekündigt werden kann. **69**

Die rechtliche Selbständigkeit von Organstellung und Anstellungsvertrag führt dazu, dass die Trennung vom bisherigen Vorstand für die AG **teuer** werden kann, da sowohl der alte als auch der neue Vorstand zu bezahlen sind. Oft erhalten ausscheidende Vorstände hohe Abfindungen, die ihre Grundlage im Anstellungsvertrag haben. In der Öffentlichkeit werden derartige *„golden parachutes"* nicht selten kritisch betrachtet, insbesondere wenn das Ausscheiden die Folge unternehmerischer Fehlentwicklungen ist. Dabei trägt die starke Stellung, die das AktG 1965 einem amtierenden Vorstand einräumt, durchaus dazu bei, dessen Verhandlungsposition zu verbessern und die Grundlage für hohe Abfindungen zu bilden.

b) Insbesondere: Vorstandsvergütung

Literatur: *Baums*, Anerkennungsprämien für Vorstandsmitglieder, Festschrift Huber, 2006, S. 657; *Hoffmann-Becking/Krieger*, Leitfaden zur Anwendung des Gesetzes zur Angemessenheit der Vorstandsvergütung (VorstAG), NZG 2009, Beilage zu Heft 26; *Seibert*, Das VorstAG – Regelungen zur Angemessenheit der Vorstandsvergütung und zum Aufsichtsrat, WM 2009, 1489; *Thüsing*, Das Gesetz zur Angemessenheit der

---

[50] Ablehnend *Mertens/Cahn* in KölnKomm. AktG, § 84 Rn. 56; *Spindler* in MünchKomm. AktG, § 84 Rn. 66; *Theobald*, Festschrift Th. Raiser, 2005, S. 421, 431 ff.; grundsätzlich befürwortend *Seibt* in K. Schmidt/Lutter, AktG, § 84 Rn. 26; *Hohenstatt/Seibt/Wagner*, ZIP 2008, 2289, 2293.

Vorstandsvergütung, AG 2009, 517; *Wittuhn/Hamann*, Herabsetzung von Vorstands-vergütungen in der Krise, ZGR 2009, 847.

aa) Grundlagen

70   Die Vergütung des Vorstandes ist eine **rechtspolitisch brisante** Thematik, die auch den Gesetzgeber in der jüngeren Vergangenheit mehrfach beschäftigt hat[51].

> Gemäß § 87 I 1 AktG hat der Aufsichtsrat bei der „Festsetzung" der Ge-samtbezüge des einzelnen Vorstandsmitglieds dafür zu sorgen, dass diese in einem angemessenen Verhältnis zu den Aufgaben und Leistungen des Vor-standsmitglieds sowie zur Lage der Gesellschaft stehen. Die marktübliche Vergütung soll dabei nicht ohne besondere Gründe überschritten werden.

71   Hierzu ist zunächst anzumerken, dass in der Praxis von einer „Festsetzung" der Vorstandsvergütung keine Rede sein kann. Diese wird nämlich typischerweise nicht einseitig vom Aufsichtsrat bestimmt, sondern ist das **Ergebnis von Ver-handlungen**, die der Aufsichtsrat mit dem Vorstand führt.

> Zudem ist es missverständlich, wenn § 87 I 1 AktG von der „üblichen Vergütung" spricht, die regelmäßig als Obergrenze dient. Eine derartige „Üblichkeit" gibt es nur bedingt. Vielmehr lassen sich leicht verschiedene Vergleichsgruppen bilden, die zu jeweils unterschiedlichen Aussagen über „das Übliche" führen. Und schließlich sind die „besonderen Gründe", die eine höhere Vergütung rechtfertigen, derart unbestimmt, dass sich solche Gründe leicht finden lassen. Insgesamt bietet § 87 I 1 AktG somit kaum Anhaltspunkte dafür, was als sachgerechte Vergütung im Einzelfall angesehen werden kann. Allenfalls „Evidenzfälle", in denen die Vergütung jedes vernünftige Maß übersteigt, lassen sich erfassen. Dies ist auch bei der Frage nach der Verantwortlichkeit des Aufsichtsrates für eine zu hohe Vergütung zu berücksichtigen (dazu sogleich Rn. 75).

72   Die **Gesamtvergütung** von Vorstandsmitgliedern setzt sich typischerweise aus mehreren Komponenten zusammen: dem **Festgehalt** und den **variablen Vergü-tungsbestandteilen** (Gewinnbeteiligungen, Provisionen, Aktienbezugsrechte etc.).

> Zudem zählen nach § 87 I 1 AktG auch Aufwandsentschädigungen, Versicherungs-entgelte und Nebenleistungen jeder Art zur Vergütung, weshalb auch hierüber der Auf-sichtsrat entscheiden und auf die Angemessenheit achten muss. Entsprechendes gilt für Ruhegehalt, Hinterbliebenenbezüge und Leistungen verwandter Art (Satz 5).

73   Bei **börsennotierten Gesellschaften** (§ 3 II AktG) ist die Vergütung auf eine **nachhaltige** Unternehmensentwicklung auszurichten (§ 87 I 3 AktG). Deshalb sind die variablen Vergütungsbestandteile anhand **mehrjähriger Bemessungs-grundlagen** zu gewähren (Satz 4). Durch diese im Jahre 2009 in Reaktion auf die Finanzkrise eingeführte Vorschrift soll verhindert werden, dass der Vorstand bei unternehmerischen Entscheidungen kurzfristige Gewinne und Börsenkurssteige-

---

[51] Gesetz über die Offenlegung der Vorstandsvergütungen (Vorstandsvergütungs-Offenlegungs-gesetz – VorstOG) vom 3. August 2005, BGBl. I S. 2267; Gesetz zur Angemessenheit der Vor-standsvergütung (VorstAG) vom 31. Juli 2009, BGBl. I S. 2509.

rungen erstrebt und dabei die langfristige Entwicklung des Unternehmens gefährdet. Darüber hinaus soll für außerordentliche Entwicklungen eine Begrenzungsmöglichkeit (**„Cap"**) vereinbart werden. Die Vorstandsmitglieder sollen nicht über Gebühr von unvorhergesehenen Marktentwicklungen profitieren, die zu Gewinnen führen, die nichts mit ihrer Leitungstätigkeit zu tun haben (sog. **„windfall profits"**).

Für den Fall, dass sich die Lage der Gesellschaft verschlechtert und die Wei-   **74**
tergewährung der vereinbarten Bezüge unbillig für die Gesellschaft wäre, ist
der Aufsichtsrat berechtigt und – seit dem VorstAG sogar – verpflichtet, die
Bezüge auf die angemessene Höhe **herabzusetzen** (§ 87 II 1 AktG).

Der Sache nach handelt es sich um ein **einseitiges Recht des Aufsichtsrates zur Vertragsanpassung**. Der Anstellungsvertrag bleibt im Übrigen unberührt, doch begründet die Anpassung ein **Sonderkündigungsrecht** zugunsten des Vorstandsmitglieds (§ 87 II 3 und 4 AktG). Die Ausübung des Herabsetzungsrechts kann also durchaus dazu führen, dass die Gesellschaft in der Krise einen neuen Vorstand suchen muss.

bb) Rechtsfolgen unangemessener Vergütungen

Ist die Gesamtvergütung entgegen § 87 II AktG zu hoch festgesetzt oder wird eine   **75**
gebotene Herabsetzung nicht vorgenommen, so führt dies nicht zur Unwirksamkeit der Vergütungsabrede. § 87 AktG ist **kein Verbotsgesetz** im Sinne des § 134 BGB. Allerdings handelt der Aufsichtsrat in diesen Fällen sorgfaltswidrig, weshalb seine Mitglieder, sofern sie schuldhaft gehandelt haben, der AG für den entstanden Schaden haften (§§ 116 S. 1 und 3, 93 II 1 AktG). Eine Pflichtverletzung des Aufsichtsrates kann dabei nicht nur dann vorliegen, wenn die Gesamtbezüge sich der Höhe nach als unangemessen darstellen (**quantitative Unangemessenheit**), sondern auch, wenn die Ausgestaltung einzelner Vergütungskomponenten unangemessen ist (**qualitative Unangemessenheit**).

Beispiele dafür sind die Zusagen von Abfindungen auch bei Abberufung aus wichtigem Grund oder die Nichtanrechnung anderweitigen Verdienstes auf Abfindungszahlungen.

Zu beachten ist aber, dass dem Aufsichtsrat ein **Beurteilungsspielraum** hinsichtlich der Angemessenheit zukommt, sodass stets eine gewisse Bandbreite angemessener Vergütung besteht. Praktisch kommt daher nur eine Evidenzkontrolle in Betracht, in deren Rahmen zu fragen ist, ob der Aufsichtsrat aufgrund einer hinreichenden Informationsgrundlage zu einem vernünftigen Ergebnis gekommen ist. Nur wenn die ausgehandelten Bezüge offenkundig den Anforderungen des § 87 AktG nicht genügen, stellt sich in einem zweiten Schritt die Frage danach, was im konkreten Fall noch als Obergrenze einer angemessenen Vergütung hätte angesehen werden können.

76   Eine Pflicht der Vorstandsmitglieder, nur eine angemessene Vergütung zu verlangen, besteht nicht[52]. Daher dürfen diese die für sie bestmögliche Vergütungsver-
einbarung anstreben, ohne sich gegenüber der AG schadensersatzpflichtig zu machen[53].

cc) Votum der Hauptversammlung zum Vergütungssystem

77   Eine bislang im deutschen Recht singuläre Regelung findet sich seit dem VorstAG
in § 120 IV AktG. Danach kann bei börsennotierten Gesellschaften die Hauptversammlung über die Billigung des Systems zur Vergütung der Vorstandsmitglieder
beschließen[54]. Auch diese Regelung ist eine Reaktion auf die Finanzkrise und die
öffentliche Kritik an überhöhten Vorstandsgehältern.

> Zum Vergütungssystem gehören die Grundsätze zur Aufteilung der Gesamtvergütung in
> Festgehalt und variable Bestandteile sowie nähere Beschreibung einschließlich ihrer Be-
> messungsgrundlage[55].

78   Die Besonderheit besteht darin, dass weder der zustimmende noch der ablehnende
Beschluss Rechtswirkungen entfaltet (§ 120 IV 2 AktG). Insbesondere ist der Aufsichtsrat **nicht** an das „beschlossene" Vergütungssystem **gebunden**. Umgekehrt
ist er nicht gehindert, ein „abgelehntes" Vergütungssystem doch anzuwenden[56]. In
jedem Fall bleibt der Aufsichtsrat für die Angemessenheit der Vorstandsvergütung
verantwortlich. Der Hauptversammlungsbeschluss hat auch **keine enthaftende
Wirkung**. Und da der Beschluss keine Wirkungen zeitigt, kann er konsequenterweise auch nicht angefochten werden (§ 120 IV 3 AktG).

> Es handelt sich dabei also um einen Beschluss der Hauptversammlung mit
> nur konsultativer Wirkung. Er soll der Hauptversammlung zwar eine gewis-
> se Mitsprache ermöglichen, aber keine Rechtswirkungen entfalten.

> Einen verbindlichen Beschluss der Hauptversammlung hat der Gesetzgeber nicht vorge-
> sehen, weil er dem Sachverstand des Gremiums misstraut und die Ausnutzung der
> Entscheidungsmöglichkeit durch räuberische Aktionäre fürchtet. Insofern ist die Vor-
> schrift auch Ausdruck der Delegitimation, die die Hauptversammlung durch das Auftreten
> von populistischen Selbstdarstellern und berufsmäßigen Anfechtungsklägern erfahren hat.

---

[52] A.A. *Peltzer*, Festschrift Lutter, 2000, S. 571, 578; *Schwark*, Festschrift Raiser, 2005, S. 377,
394 f.; *Spindler* in MünchKomm. AktG, § 87 Rn. 79.

[53] Wie hier *Seibt* in K. Schmidt/Lutter, AktG, § 87 Rn. 16.

[54] Dazu *Schick*, ZIP 2011, 593.

[55] *Spindler* in K. Schmidt/Lutter, AktG, § 120 Rn. 60; *Hoffmann* in Spindler/Stilz, AktG, § 120
Rn. 53.

[56] Vgl. *Hoffmann* in Spindler/Stilz, AktG, § 120 Rn. 55 mit weiteren Nachweisen.

dd) Offenlegung

Sämtliche AGs müssen die Gesamtbezüge des Vorstandes im Anhang zum Jah- **79**
resabschluss bzw. im Konzernanhang offenlegen (§§ 285 S. 1 Nr. 9, 314 I Nr. 6
HGB). **Börsennotierte AGs** sind zudem seit dem VorstOG verpflichtet, die Vergütung der Vorstandsmitglieder individuell offenzulegen. Hierzu sind Bezüge jedes einzelnen, namentlich zu bezeichnenden Vorstandsmitglieds anzugeben und in
ihre festen und variablen Bestandteile aufzuschlüsseln. Allerdings kann die
Hauptversammlung mit ¾-Mehrheit beschließen, dass die individuelle Offenlegung unterbleibt.

> Diese **Opt-out-Möglichkeit** erscheint rechtspolitisch fragwürdig. Einerseits geht der
> Gesetzgeber davon aus, dass der Kapitalmarkt und somit auch potentielle Aktionäre ein
> anerkennenswertes Interesse an der individuellen Offenlegung der Vorstandsvergütung[57]
> haben; andererseits stellt er die Transparenz aber zur Disposition der gegenwärtigen
> Aktionäre. Dass die erstrebte **Transparenz selbst zweifelhaft** ist, weil sie weniger den
> Bedürfnissen des Kapitalmarktes, sondern wohl eher einem voyeuristischen Interesse der
> Öffentlichkeit geschuldet ist, steht auf einem anderen Blatt.

Die Vorschrift ist auch noch aus einem anderen Grunde nicht überzeugend: Ent- **80**
scheidungspsychologisch nachgewiesen ist, dass Menschen die Frage, was ihnen
zusteht, in starkem Maße daran festmachen, was andere erhalten.

> **Beispiel:** Bietet man beispielsweise einer Testpersonen 100 EUR an unter der Bedingung,
> dass ein anderer Proband 120 EUR erhält, und dass beide nichts erhalten, wenn der
> Befragte ablehnt, so tendiert tatsächlich eine Mehrheit zur Ablehnung – obwohl dann
> beide Beteiligten schlechter stehen als bei einer Annahme.

Die Einführung der Norm im Jahre 2005 hat also nicht etwa dazu geführt, dass die
Vergütungen sinken, sondern hat im Gegenteil einen **Fahrstuhleffekt** in Gang gesetzt, der vielen Vorständen unter Berufung auf den Verdienst des Kollegen zu einer Gehaltserhöhung verholfen hat. Insofern hat sich die gute Absicht des Gesetzgebers ins Gegenteil verkehrt.

5. Verantwortlichkeit und Haftung gegenüber der AG

> **Literatur:** *Busse*, Binnenhaftung der Vorstandsmitglieder einer Aktiengesellschaft,
> JURA 2000, 337; *Fleischer*, Die „Business Judgement Rule": Vom Richterrecht zur
> Kodifizierung, ZIP 2004, 685; *ders.*, Zur aktienrechtlichen Verantwortlichkeit faktischer
> Organe, AG 2004, 517; *Harnos/Rudzio*, Die Innenhaftung des Vorstands der Aktien-
> gesellschaft, JuS 2010, 104; *Lutter*, Die Business Judgement Rule und ihre praktische
> Anwendung, ZIP 2007, 841.

---

[57] Vgl. näher dazu *van Kann*, DStR 2005, 1496.

a) Sorgfaltsmaßstab

81   Gemäß § 93 I 1 AktG haben Vorstandsmitglieder bei ihrer Geschäftsführung die Sorgfalt eines ordentlichen und gewissenhaften Geschäftsleiters anzuwenden.

Wie § 43 I GmbHG hat auch § 93 I AktG eine **doppelte Funktion**: Beide Vorschriften legen sowohl den Verschuldensmaßstab fest und konkretisieren zugleich den organschaftlichen Pflichtenkanon.

aa) Legalität

82   Der Vorstand ist dem Unternehmensinteresse verpflichtet. Seine Aufgabe ist es, die Gesellschaft eigenverantwortlich zu leiten und dabei den Gesellschaftszweck bestmöglich zu verwirklichen (siehe bereits § 11 Rn. 9). Dabei muss er sich innerhalb des durch Gesetz, Satzung und Anstellungsvertrag abgesteckten Rahmens bewegen (**Legalitätspflicht**). Zudem muss er dafür Sorge tragen, dass auch die ihm untergeordneten Mitarbeiter sich gesetzeskonform verhalten (siehe schon zur Compliance oben Rn. 34 ff.).

bb) Loyalität

83   Darüber hinaus sind die Vorstandsmitglieder der Gesellschaft zur **Loyalität** verpflichtet. Sie müssen insbesondere drohende Schäden abwenden, sich bietende Geschäftschancen wahrnehmen und dürfen nicht in Konkurrenz zu ihr treten.

Flankiert wird die allgemeine Loyalitätspflicht durch § 88 AktG, der ein umfassendes **Wettbewerbsverbot** für die Dauer der Bestellung[58] normiert, sowie durch § 93 I 3 AktG, wonach die Vorstandsmitglieder Stillschweigen über vertrauliche Angaben und Geheimnisse der Gesellschaft, namentlich Betriebs- oder Geschäftsgeheimnisse bewahren müssen (**Verschwiegenheitspflicht**).

b) Business Judgment Rule

84   Die meisten unternehmerischen Betätigungen bergen das Risiko des Fehlschlags, mag dieses in manchen Fällen auch größer sein als in anderen. Der Vorstand ist zwar zu einer sorgfältigen Unternehmensleitung verpflichtet, muss für den unternehmerischen Erfolg aber nicht einstehen. Darüber hinaus soll der Vorstand in vertretbarem Maße auch Risiken eingehen. Dem allen trägt die sog. **Business Judgment Rule** Rechnung. Danach besteht bei unternehmerischen Entscheidungen ein **Ermessenspielraum**, der der gerichtlichen Kontrolle entzogen ist, sofern die Entscheidungen nur auf einer hinreichenden Informationsgrundlage und zum Wohl der Gesellschaft getroffen werden.

---

[58] Für Einzelheiten siehe *Seibt* in K. Schmidt/Lutter, AktG, § 88 Rn. 1 ff.

Die Business Judgement Rule hat ihre Wurzeln im angloamerikanischen Rechtskreis. Es handelt sich dabei um „[...] *a presumption that in making a business decision, the directors of a corporation acted on an informed basis, in good faith and in the honest belief that the action taken was in the best interests of the company*"[59]. Der BGH hat in seiner ARAG/Garmenbeck-Entscheidung[60] erstmals die Business Judgment Rule auf die Verwaltungsorgane der AG angewendet. Durch das UMAG[61] wurde sie 2005 in § 93 I 2 AktG kodifiziert.

Nach § 93 I 2 AktG liegt eine Pflichtverletzung von vornherein nicht vor, **85** wenn die Vorstandsmitglieder bei einer unternehmerischen Entscheidung vernünftigerweise annehmen durften, auf der Grundlage angemessener Information zum Wohle der Gesellschaft zu handeln.

Die Business Judgment Rule greift dabei nur bei **rechtmäßigem Verhalten** ein. Verletzt der Vorstand durch eine Entscheidung das Gesetz, kann er sich nicht darauf berufen, zum Wohle der Gesellschaft gehandelt zu haben.

> **Beispiel:** Die Bildung schwarzer Kassen erfüllt den Straftatbestand der Untreue[62] (§ 266 I StGB). Die Entscheidung, solche Kassen zu bilden oder weiter zu unterhalten, ist daher pflichtwidrig, auch wenn sie möglicherweise der Gesellschaft nützt.

Darüber hinaus muss die unternehmerische Entscheidung **frei von sachfremden** **86** **Erwägungen** oder Sonderinteressen zum Wohle der Gesellschaft getroffen werden. Wichtig ist dabei, dass die für eine sachgerechte Entscheidung erforderliche **Informationsgrundlage** geschaffen wurde, der Vorstand also die Faktenlage geprüft, potentielle Risiken analysiert und gegen die erstrebten Vorteile abgewogen hat. Was erforderlich ist, ist dabei stets eine Frage des Einzelfalls. Eine Pflicht, alle verfügbaren Informationen heranzuziehen[63], ist mit dem Gesetzeswortlaut („annehmen durfte") nicht vereinbar und auch geeignet, den Haftungsfreiraum zu entwerten, denn ein Mehr an Informationen ist fast immer möglich. Stets empfiehlt sich für die Praxis eine **sorgfältige Dokumentation** des Prozesses der Entscheidungsfindung.

> Umstritten ist, ob der Vorstand auch **existenzgefährdende Risiken** eingehen kann[64]. Dies ist zu bejahen. Allerdings sind dabei die Eintrittswahrscheinlichkeit des Risikos und der zu erwartende Nutzen gegeneinander abzuwägen[65].

---

[59] *Smith v. Van Gorkom*, 488 A.2d 858 (Del. 1985).

[60] BGHZ 135, 244 – „ARAG/Garmenbeck".

[61] Gesetz zur Unternehmensintegrität und Modernisierung des Anfechtungsrechts vom 22. September 2005, BGBl. I S. 2802.

[62] BGHSt 51, 100.

[63] So BGH NJW 2008, 3361; *Goette*, ZGR 2008, 436, 448.

[64] Dafür *Drygala*, Festschrift Hopt, 2010, S. 541 ff.; dagegen OLG Düsseldorf ZIP 2010, 28, 32; *Hölters* in Hölters, AktG, § 93 Rn. 32; *Florstedt*, AG 2010, 315, 319 ff.

[65] Für Näheres siehe *Drygala*, Festschrift Hopt, 2010, S. 541 ff.; *Krieger/Sailer-Coceani* in K. Schmidt/Lutter, AktG, § 93 Rn. 13.

87   Liegen die Voraussetzungen des § 93 I 2 AktG vor, wird unwiderleglich vermutet, dass in Bezug auf die konkrete unternehmerische Entscheidung pflichtgemäß gehandelt wurde.

c) Allgemeine Sorgfaltshaftung

88   § 93 II AktG statuiert eine dem § 43 II GmbHG vergleichbare, im Ergebnis aber strengere Sorgfaltshaftung.

Vorstandsmitglieder, die ihre Pflichten zur sorgfältigen Geschäftsleitung verletzen, sind der Gesellschaft zum Ersatz des daraus entstehenden Schadens als Gesamtschuldner verpflichtet (§ 93 II 1 AktG).

89   In § 93 III AktG werden neun Sondertatbestände exemplarisch aufgeführt, in denen eine Ersatzpflicht eintritt, z.B. bei Verstoß gegen das Verbot der Einlagenrückgewähr (§ 57 I AktG) oder bei unzulässigen Zahlungen nach Insolvenzreife (§ 92 II AktG). In diesen Fällen wird ein entsprechender Schaden der AG vermutet.

Das Konzernrecht kennt zudem weitere Haftungstatbestände (§§ 309 f., 317 f. AktG).

90   Obwohl die Leitungsverantwortung den Vorstand als Organ trifft, haften die einzelnen Vorstandsmitglieder nur für **individuelle Pflichtverletzungen**. Allerdings ist der **Grundsatz der Gesamtverantwortung** zu beachten, nach dem auch bei der vorstandsinternen Geschäftsverteilung die an sich unzuständigen Vorstandsmitglieder eine Überwachungspflicht bezüglich der zuständigen Kollegen trifft (dazu oben Rn. 51).

Für Fremdverschulden, etwa durch vom Vorstand beauftragte Angestellte, haften die Vorstandsmitglieder nicht[66]. Allerdings kann insoweit ein eigenes Auswahl-, Überwachungs- oder Organisationsverschulden in Betracht kommen.

91   Ist streitig, ob die Vorstandsmitglieder die Sorgfalt eines ordentlichen und gewissenhaften Geschäftsleiters angewandt haben, so trifft diese hierfür nach § 93 II 2 AktG die **Beweislast**. Die Vorschrift enthält eine Beweislastumkehr zugunsten der AG.

Diese muss als Anspruchsinhaberin aber weiterhin beweisen:
- ➲ das potentiell schadensstiftende Verhalten des Vorstandsmitglieds,
- ➲ den Eintritt und die Höhe des Schadens (anders in den Fällen des § 93 III AktG),
- ➲ die adäquate Kausalität zwischen Verhalten und Schaden.

92   Die Haftung gegenüber der Gesellschaft entfällt, wenn das Verhalten auf einem rechtmäßigen Beschluss der Hauptversammlung beruht (§ 93 IV 1 AktG).

---

[66] *Hüffer*, AktG, § 93 Rn. 14; *Landwehrmann* in Heidel, AktG, § 93 Rn. 108; *Krieger/Sailer-Coceani* in K. Schmidt/Lutter, AktG, § 93 Rn. 29.

§ 119 II AktG eröffnet dem Vorstand die Möglichkeit, Maßnahmen der Geschäftsführung der Hauptversammlung zur Beschlussfassung vorzulegen. Diese **Vorlagebefugnis** hat eine **haftungsbegrenzende Funktion**, da sie es dem Vorstand ermöglicht, in potentiellen Haftungsfällen die Zustimmung der Hauptversammlung vorab einzuholen und sich so zu exkulpieren. Der Beschluss muss **vor** der betreffenden Maßnahme gefasst sein. Eine Ausnahme wird man aber für Maßnahmen gelten lassen können, die unter dem Vorbehalt der Zustimmung der Hauptversammlung erfolgen.

Die **Billigung durch den Aufsichtsrat** lässt die Haftung hingegen nicht entfallen (§ 93 IV 2 AktG). In diesen Fällen kommt vielmehr zusätzlich eine Haftung der Aufsichtsratsmitglieder (§§ 116, 93 II AktG) in Betracht.

Die **Entlastung** der Vorstandsmitglieder durch die Hauptversammlung ent- **93** hält keinen Verzicht auf Ersatzansprüche (§ 120 II 2 AktG). Anders als im GmbH-Recht hat die Entlastung auch keine präkludierende Wirkung[67] (arg. ex § 93 IV 3 AktG).

Ein **Verzicht auf den Schadensersatzanspruch** ist nur unter den engen Voraus- **94** setzungen des § 93 IV 3 AktG möglich. Danach kann die Gesellschaft generell erst drei Jahre nach der Entstehung des Anspruchs verzichten, wenn die Hauptversammlung dem zustimmt und nicht eine Minderheit von 10 % des Grundkapitals Widerspruch erhebt.

Die vorherige Billigung der Hauptversammlung oder der nachträgliche Ver- **95** zicht oder Vergleich wirken aber nur gegenüber der Gesellschaft, nicht aber gegenüber deren **Gläubigern** (§ 93 V AktG). Diese können die Ersatzansprüche selbst geltend machen und Leistung an sich verlangen, soweit sie von der AG keine Befriedigung erlangen können. Dies gilt jedoch nur in den Fällen des § 93 III AktG oder bei Vorliegen eines gröblichen Sorgfaltsverstoßes.

Ersatzansprüche aus § 93 II, III AktG verjähren bei börsennotierten Gesellschaften in zehn, ansonsten in fünf Jahren (§ 93 VI AktG).

Die Organhaftung dient nicht nur der Kompensation, sondern auch der **Präventi-** **96** **on**. Seit dem VorstAG begrenzt § 93 II 3 AktG die Versicherbarkeit, wodurch ein (weiterer) Anreiz für pflichtgemäßes Handeln geschaffen werden soll.

Schließt die AG zugunsten der Vorstandsmitglieder eine sog. D&O-Versicherung ab, so muss seit dem VorstAG zwingend ein Selbstbehalt von mindestens 10 % des Schadens bis mindestens zur Höhe des 1,5fachen der jährlichen Festvergütung vorgesehen werden.

Bei der Bestimmung des Mindestselbstbehalts sind zwei Werte anzusetzen: eine prozentuale Quote, die sich auf jeden einzelnen Schadensfall bezieht, und eine absolute Obergrenze, die für alle Schadensfälle in einem Jahr gilt. Das haftende Vorstandsmitglied ist

---

[67] *Drinhausen* in Hölters, AktG, § 120 Rn. 26; vgl. für Näheres auch *Kubis*, NZG 2005, 791.

danach mit mindestens 10 % an jedem Schaden zu beteiligen, doch kann eine absolute Obergrenze vorgesehen werden, die mindestens dem 1,5fachen der Jahresfestvergütung entsprechen muss[68].

> Allerdings bleibt es den Vorstandsmitgliedern unbenommen, sich auf **eigene Kosten** gegen Risiken zu versichern, welche die von der Gesellschaft abgeschlossene Versicherung nicht übernehmen darf. Eine Gesetzesumgehung liegt darin nicht.

d) Anspruchsverfolgung durch den Aufsichtsrat

97 Zur Durchsetzung von Ersatzansprüchen gegen den Vorstand ist der Aufsichtsrat zuständig (§ 112 AktG). Dies betrifft auch Ansprüche gegen **vormalige** Vorstände, selbst wenn diese mittlerweile Mitglied des Aufsichtsrates sind.

> Aufgrund seiner Überwachungsverantwortung ist der Aufsichtsrat **verpflichtet**, das Bestehen von Ersatzansprüchen gegen Vorstandsmitglieder zu prüfen. Kommt er dabei zu dem Ergebnis, dass Ersatzansprüche bestehen, so muss er diese grundsätzlich geltend machen, notfalls auf dem Klageweg; anderenfalls macht er sich selbst schadensersatzpflichtig[69] (§§ 116, 93 II AktG).

Allerdings ist ein Prozessieren „um jeden Preis" nicht geboten. Der Aufsichtsrat hat vielmehr zu prüfen, ob der Anspruch prozessual durchsetzbar und das Vorstandsmitglied für den Schadensersatz wirtschaftlich leistungsfähig ist[70]. Ferner ist ein abwägungsfähiger Gesichtspunkt, inwieweit der Prozess für die Gesellschaft auch Nachteile hätte, z.B. durch die entstehende Öffentlichkeitswirkung. Insofern besteht ein **Beurteilungsspielraum**.

Einfach „unter den Tisch fallen lassen" darf der Aufsichtsrat die Sache aber nicht. Dieser früher nicht ganz unübliche Weg ist, wie der BGH in der „ARAG"-Entscheidung zu Recht betont hat, eine Pflichtverletzung des Aufsichtsrates. Seit Anerkennung dieses Rechtsgrundsatzes ist eine aktivere Haltung der Aufsichtsräte bei der Inanspruchnahme von Vorständen zu verzeichnen.

e) Klageerzwingung, Sonderprüfung und Klagezulassungsverfahren

98 Trotz der Haftungssanktion besteht immer noch eine gewisse **Tendenz** des Aufsichtsrates, **von einer Anspruchsverfolgung abzusehen**.

---

[68] Vgl. Beschlussempfehlung und Bericht des Rechtsausschusses, BT-Drucks 16/13433, S. 11; *Fleischer* in Spindler/Stilz, AktG, § 93 Rn. 247; *Mertens/Cahn* in KölnKomm. AktG, § 93 Rn. 251; *Kerst*, WM 2010, 594, 604.

[69] BGHZ 135, 244 – „ARAG/Garmenbeck"; *Drygala* in K. Schmidt/Lutter, § 111 Rn. 17 mit weiteren Nachweisen.

[70] BGHZ 135, 244, 252 ff.; *Drygala* in K. Schmidt/Lutter, § 116 Rn. 10; *Habersack* in Münch-Komm. AktG, § 116 AktG Rn. 42.

Dies ist zum einen der kollegialen Verbundenheit von Vorstands- und Aufsichtsratsmitgliedern geschuldet, zum anderen aber auch dem Umstand, dass bei Pflichtverletzungen des Vorstandes oftmals auch der Aufsichtsrat seinen Pflichten nicht hinreichend nachgekommen ist. In der Vergangenheit wurden Haftungsansprüche gegen Vorstände daher oft nur in der Insolvenz der Gesellschaft verfolgt, denn der Insolvenzverwalter kennt solche Rücksichten naturgemäß nicht.

> **Beispiel** dafür ist der „MPS"-Fall[71], in dem es um eine Darlehensgewährung an die Muttergesellschaft ging. Hier wurden die Aufsichtsratsmitglieder vom Insolvenzverwalter wegen Vernachlässigung ihrer Überwachungspflicht in Anspruch genommen.

Das **Vollzugsdefizit** der Organhaftung soll durch die §§ 142 ff. AktG **bekämpft** werden.

Gemäß § 147 I AktG kann die Hauptversammlung durch Mehrheitsbe-   **99**
schluss die zuständigen Gesellschaftsorgane zur Geltendmachung von Ersatzansprüchen[72] verpflichten.

Das zuständige Organ – bei Ansprüchen gegen aktuelle oder ehemalige Vorstandsmitglieder gemäß § 112 AktG der Aufsichtsrat – muss dann innerhalb von sechs Monaten die Ansprüche – notfalls gerichtlich[73] – geltend machen. Die Fristversäumung führt zur Schadensersatzpflicht gemäß §§ 93, 116 AktG.

Zudem können nach Maßgabe des § 147 II AktG auch besondere Vertreter zur   **100**
Anspruchsverfolgung bestellt werden und zwar entweder
 ⊃ durch Mehrheitsbeschluss der Hauptversammlung (Satz 1) oder
 ⊃ durch das Amtsgericht am Sitz der AG (Sätze 2-8, § 23a II Nr. 4 GVG, § 375 Nr. 3 FamFG).

Die **gerichtliche Bestellung** setzt einen entsprechenden Antrag einer qualifizierten Aktionärsminderheit (insgesamt 10 % des Grundkapitals oder anteiliger Betrag von 1 Mio. EUR) voraus.

Um das Klageerzwingungsrecht aus § 147 AktG effektiv in Anspruch nehmen zu   **101**
können, bedürfen die Aktionäre Informationen über etwaige Fehler in der Geschäftsführung der Gesellschaft. Zur **Informationsbeschaffung** kommt nach Maßgabe der §§ 142, 143 AktG die **Durchführung einer Sonderprüfung** in Betracht. Die Bestellung eines Sonderprüfers[74] erfolgt entweder durch Mehrheitsbeschluss der Hauptversammlung (Abs. 1) oder durch das Gericht (Abs. 2) auf An-

---

[71] BGHZ 179, 71 – „MPS".

[72] Zu den erfassten Ansprüchen siehe *Hüffer*, AktG, § 147 Rn. 2.

[73] So wohl auch *Hüffer*, AktG, § 147 Rn. 5; a.A. *Mock* in Spindler/Stilz, AktG, § 147 Rn. 18; *Spindler* in K. Schmidt/Lutter, AktG, § 147 Rn. 11; *Schröer* in MünchKomm. AktG, § 147 Rn. 25, die jeweils eine außergerichtliche Geltendmachung ausreichen lassen.

[74] Näher dazu *Spindler* in K. Schmidt/Lutter, AktG, § 147 Rn. 14 ff.

trag einer qualifizierten Aktionärsminderheit (insgesamt 1 % des Grundkapitals oder anteiliger Betrag von 100.000 EUR).

102   Schließlich kann eine qualifizierte Aktionärsminderheit (insgesamt 1 % des Grundkapitals oder anteiliger Betrag von 100.000 EUR) beim Landgericht am Sitz der AG das sog. **Klagezulassungsverfahren** durchführen und beantragen, die Ersatzansprüche der AG **im eigenen Namen** (Prozessstandschaft) geltend zu machen.

Das Gericht lässt die Klage zu, wenn die Voraussetzungen des § 148 I 2 AktG (Aktionärsstellung vor Kenntnis vom Anspruch, angemessene Fristsetzung zur Klageerhebung, Verdacht auf Unredlichkeit oder grobe Pflichtwidrigkeit, kein überwiegendes, der Klage entgegenstehendes Gesellschaftsinteresse) vorliegen[75]. Die Klage muss dann innerhalb von drei Monaten erhoben werden. Ein daraufhin ergehendes Urteil wirkt für und gegen die AG und alle Aktionäre (Abs. 5); die Kostentragung richtet sich dann nach § 148 VI AktG[76].

Allerdings können die zuständigen Gesellschaftsorgane bis zur rechtskräftigen Entscheidung weiterhin die Ersatzansprüche für die AG geltend machen. In diesen Fällen wird ein anhängiges Zulassungs- oder Klageverfahren der Aktionäre unzulässig, doch kann die Gesellschaft ein anhängiges Klageverfahren auch übernehmen.

103   Die **praktische Bedeutung** der §§ 142, 147 AktG ist **nicht** übermäßig **hoch**[77]. Sonderprüfungen kommen gelegentlich vor, aber an den Klagemöglichkeiten der §§ 147 f. AktG hat die Aktionärsminderheit oft kein Interesse, da sie das **Prozesskostenrisiko** selbst tragen muss, ein etwaiger Ersatzanspruch aber der AG zugute kommt. Der einzelne Aktionär profitiert davon nur in Höhe seiner Beteiligung, während diejenigen Aktionäre, die keine Rechtsmittel ergriffen haben, als Trittbrettfahrer partizipieren. Wenn man das ändern wollte, müsste man eine Erfolgsprämie für den Kläger oder zumindest eine Freistellung vom Kostenrisiko für den Fall einführen, dass die Klage Aussicht auf Erfolg hatte. Vorschläge dafür gibt es, aber der Gesetzgeber hat sie bisher aus Furcht vor „räuberischen Schadensersatzklagen" nicht aufgegriffen.

6. Haftung gegenüber Dritten

104   Hinsichtlich der Haftung gegenüber Dritten, insbesondere Gesellschaftsgläubigern gilt im Wesentlich dasselbe wie für die GmbH-Geschäftsführer. Neben speziellen Außenhaftungstatbeständen (z.B. der Handelndenhaftung in der Vor-AG gemäß § 41 I 2 AktG) kann sich eine Haftung aus den allgemeinen zivilrechtlichen Haf-

---

[75] Für Einzelheiten siehe *Spindler* in K. Schmidt/Lutter, AktG, § 148 Rn. 15 ff.

[76] Dazu *Spindler* in K. Schmidt/Lutter, AktG, § 148 Rn. 53 ff.

[77] *Seibert*, NZG 2007, 841, 842.

tungstatbeständen ergeben. In Betracht kommen dabei insbesondere eine Haftung aus **culpa in contrahendo** (§ 311 BGB) und aus **unerlaubter Handlung** (§§ 823 ff. BGB). Von besonderer praktischer Bedeutung ist auch hier die Haftung wegen Insolvenzverschleppung nach § 823 II BGB i.V.m. § 15a I 1 InsO.

Für Einzelheiten siehe die Ausführungen oben § 11 Rn. 108 ff.

7. Haftung gegenüber Aktionären

Das AktG ordnet vereinzelt die unmittelbare Haftung an (z.B. § 117 I 2, II AktG). Im Übrigen können sich Ersatzansprüche auch hier aus **culpa in contrahendo** (§ 311 BGB) und aus **unerlaubter Handlung** (§§ 823 ff. BGB) ergeben. § 93 AktG ist dabei kein Schutzgesetz zu Gunsten der Aktionäre[78].
105

Für Einzelheiten siehe zunächst die Ausführungen oben § 11 Rn. 115 f. In den Fällen fehlerhafter Kapitalmarktinformation, durch die die Aktionäre zum Aktienerwerb verleitet wurden, hat der BGH die persönliche Haftung der Vorstandsmitglieder aus § 826 BGB abgeleitet[79].

In Betracht kommt aber – wie im GmbH-Recht – eine deliktische Haftung wegen **Verletzung von Mitgliedschaftsrechten**. Zur Erinnerung: Die Mitgliedschaft ist „absolutes" und „sonstiges" Recht im Sinne des § 823 I BGB. Erforderlich ist insoweit stets ein mitgliedschaftsbezogener Eingriff (näher dazu oben § 11 Rn. 116).
106

Bei Bestehen von Schadensersatzansprüchen ist stets zu prüfen, ob der Aktionär Leistung an sich oder nur an die AG verlangen kann. Letzteres ist immer dann der Fall, wenn er nur **mittelbar** dadurch geschädigt wurde, dass der AG ein Schaden entstanden und so der Wert der Beteiligung gesunken ist.
107

III. Der Aufsichtsrat

Literatur: *Büdenbender*, Die Kontrolle des Vorstandes durch den Aufsichtsrat in deutschen Aktiengesellschaften, JA 1999, 813; *Deckert*, Der Aufsichtsrat in der Diskussion, JuS 1999, 736; *Hüffer*, Die leitungsbezogene Verantwortung des Aufsichtsrats, NZG 2007, 47; *Lieder*, Der Aufsichtsrat im Wandel der Zeit, 2006; *Lutter/Krieger*, Rechte und Pflichten des Aufsichtsrats, 5. Aufl. 2009; *Semler*, Grundsätze ordnungsmäßiger Überwachung?, Festschrift Peltzer, 2001, S. 489.

---

[78] BGHZ 125, 366, 375; *Hölters* in Hölters, AktG, § 93 Rn. 351; *Hüffer*, AktG, § 93 Rn. 19; *Mertens/Cahn* in KölnKomm. AktG, § 93 Rn. 207.

[79] Vgl. *Mertens/Cahn* in KölnKomm. AktG, § 93 Rn. 227.

1. Der Aufsichtsrat als Überwachungsorgan

a) Kontrolle und Beratung

108   Gemäß § 111 I AktG hat der Aufsichtsrat die Geschäftsführung zu überwachen; diese kann ihm aber nicht übertragen werden (Abs. 4).

Leitungs- und Überwachungskompetenz sind in der Aktiengesellschaft verschiedenen Organen zugewiesen: Der **Vorstand leitet** die Gesellschaft unter eigener Verantwortung (§ 76 I AktG); der **Aufsichtsrat überwacht** eben diese Geschäftsleitung. Gemeinsam bilden beide Organe die Verwaltung der AG.

109   Traditionell wurde der Aufsichtsrat in erster Linie als **Kontrollorgan** betrachtet, der retrospektiv die Tätigkeit der Geschäftsleitung überprüfen sollte. Im Fokus der Überwachungstätigkeit stand vor allem Vergangenes, nämlich die geschäftsleitenden Maßnahmen und Entscheidungen, über die der Vorstand vor dem Aufsichtsrat Rechenschaft abzulegen hat. Diese vergangenheitsbezogene Überwachung stellt auch heute noch einen Schwerpunkt der Aufsichtsratstätigkeit dar. Der Vorstand muss demgemäß regelmäßig Rechenschaft über die Geschäftsführung ablegen.

110   Doch haben sich nach modernem Verständnis der Aufgabenkreis und damit auch die Funktion des Aufsichtsrates erweitert. Eine gute Corporate Governance erfordert nicht nur die vergangenheitsbezogene Kontrolle, sondern auch die zukunftsgerichtete **Beratung** des Vorstands. Der Aufsichtsrat ist nach modernem Verständnis ein **mitunternehmerisches Organ** und als solches aktiv in die unternehmerische Planung einzubeziehen[80]. Der Aufsichtsrat soll nicht nur Kontrolleur des Vorstandes, sondern Mitgestalter der Zukunft des Unternehmens sein.

Zur Überwachungsaufgabe des Aufsichtsrates zählen somit sowohl die retrospektive Kontrolle als auch zukunftsbezogene Beratung des Vorstandes.

b) Information des Aufsichtsrates

111   Eine sinnvolle Überwachung der Geschäftsleitung ist nicht möglich ohne hinreichende Informationen. Der Aufsichtsrat nimmt aber an den Handlungen des Vorstandes nicht unmittelbar teil und hat daher **keine Kenntnis aus erster Hand** von den Vorgängen im Unternehmen. Darin liegt ein Nachteil im Vergleich zum (monistischen) Board-System, das Geschäftsleitung und Überwachung in einem Organ (dem Board oder Verwaltungsrat) zusammenfasst[81]. Der Aufsichtsrat soll hingegen Entscheidungen überwachen, an denen er nicht teilnimmt und deren Folgen

---

[80] *Lutter*, ZHR 159 (1995), 287, 290 ff.; *Drygala* in K. Schmidt/Lutter, AktG, § 111 Rn. 4; *Hopt/Roth* in Großkomm. AktG, § 111 Rn. 61 ff.; *Hüffer*, AktG, § 111 Rn. 5; *Habersack* in MünchKomm. AktG, § 111 Rn. 39 ff.; siehe auch BGHZ 135, 244 – „ARAG/Garmenbeck".

[81] Für Näheres vgl. *Böckli*, Handbuch Corporate Governance, 2009, S. 255 ff.

er auch nicht aus unmittelbarer Anschauung beurteilen kann. Um diesem Problem abzuhelfen, verpflichtet das Gesetz den Vorstand, den Aufsichtsrat nach § 90 I und II AktG umfassend zu informieren. Daher ist der Vorstand für eine hinlängliche Informationsversorgung des Aufsichtsrates mit verantwortlich.

Daraus darf freilich nicht der Schluss gezogen werden, dass nur das überwacht **112** werden müsse, was auch berichtet worden sei. Der Aufsichtsrat ist zum einen verpflichtet, die **Regelberichte** nach § 90 I, II AktG daraufhin zu überprüfen, ob sie seinem Informationsbedürfnis genügen oder ob Erweiterungen nötig sind. Daneben hat der Aufsichtsrat die Möglichkeit – und bei hinreichendem Anlass auch die Pflicht – **zusätzliche Berichte** anzufordern (§ 90 III AktG) und **Einsicht in die Bücher und Schriften der Gesellschaft** zu nehmen (§ 90 II AktG).

Die hinreichende Information des Aufsichtsrates ist daher gemeinsame Aufgabe von Vorstand und Aufsichtsrat (so auch Ziff. 3.4 DCGK), wobei der Vorstand schwerpunktmäßig für die regelmäßige Information, der Aufsichtsrat für deren sachgerechte Ergänzung verantwortlich ist.

Zum Zwecke der Überwachung der Geschäftsleitung kann der Aufsichtsrat auch **113** die Bücher und Schriften der Gesellschaft sowie deren Vermögensgegenstände einsehen und prüfen (§ 111 II 1 AktG). Das **Einsichts- und Prüfungsrecht** ergänzt die Berichtspflicht des Vorstandes (§ 90 AktG) und gibt dem Aufsichtsrat die Möglichkeit, sich gegen den Willen des Vorstandes jederzeit Informationen zu verschaffen. Das Recht steht dem Aufsichtsrat als Organ zu, nicht hingegen einzelnen Mitgliedern.

Die Wahrnehmung des Einsichts- und Prüfungsrechts durch den Gesamt- **114** Aufsichtsrat ist in der Regel nicht nur unzweckmäßig, sondern kann sogar dem Unternehmensinteresse zuwiderlaufen. Deshalb ermöglicht § 111 II 2 AktG die **Beauftragung einzelner Aufsichtsratsmitglieder**. Zudem erlaubt die Vorschrift im Zusammenhang mit der Einsicht in die Bücher und Schriften der Gesellschaft die **Einschaltung sachverständiger Dritte**.

Sachverständige können nicht mit der umfassenden Prüfung der Geschäftsleitung beauftragt werden, vielmehr muss der Prüfungsauftrag sich auf konkrete Fragen beziehen. Dadurch soll verhindert werden, dass der Aufsichtsrat sich zu weiten Teilen seines Prüfungsauftrages durch Delegation an Dritte entledigt.

Darüber hinaus kann der Aufsichtsrat **Mitarbeiter** des Unternehmens auch ohne **115** Einverständnis des Vorstandes zu bestimmten Vorgängen befragen[82]. Rechtliche Grundlage hierfür ist § 109 I 2 AktG (Befragung als Sachverständige).

In der Praxis gibt es vor allem in größeren Unternehmen sog. **Whistleblower**-Systeme. Als Whistleblower bezeichnet man Personen, die als Informationsinsider bei Rechtsverstößen oder sonstigen ernsthaften Fehlentwicklungen im Unternehmen einen „warnen-

---

[82] *Drygala* in K. Schmidt/Lutter, AktG, § 111 Rn. 41; restriktiver *Semler*, Leitung und Überwachung der Aktiengesellschaft, 2. Aufl. 1996, Rn. 174: nur bei Verdacht unzureichender Information durch den Vorstand.

den Pfiff" dadurch ertönen lassen, dass sie unter Übergehung der unternehmensinternen Hierarchie Informationen an eine mit Überwachungsaufgaben betraute geeignete Stelle im Unternehmen weitergeben. Dabei besteht ein enger Zusammenhang zur Compliance (dazu oben Rn. 34 ff.), da es regelmäßig um die Aufdeckung compliance-relevanter Sachverhalte geht. Eine Rechtspflicht zur Einführung von Whistleblower-Systemen besteht nicht, vielmehr ist dafür der Vorstand im Rahmen seines Organisationsermessens verantwortlich. Ist ein Whistleblower-System eingerichtet, so trifft den Aufsichtsrat allerdings insoweit eine Überwachungspflicht. Der Aufsichtsrat kann zudem selbst als Anlaufstelle für anonyme Beschwerden fungieren.

c) Überwachungsgegenstand

116   Gegenstand der Überwachung sind die Leitungsmaßnahmen in der Gesellschaft, also die **Tätigkeit des Vorstandes**.

Gegenstand der Prüfung durch den Aufsichtsrat ist dabei alles, was ihm der Vorstand gemäß § 90 I AktG berichten muss:

⊃   die vom Vorstand beabsichtigte Geschäftspolitik sowie sonstige grundsätzliche Fragen der Unternehmenspolitik, insbesondere der Finanz-, Investitions- und Personalplanung (§ 90 I Nr. 1 AktG),

⊃   die gegenwärtige Lage der Gesellschaft, also deren Rentabilität, ihre aktuelle finanzielle Situation, der Gang der Geschäfte etc. (§ 90 I Nr. 2 AktG),

⊃   einzelne Geschäfte, wenn sie von wesentlicher Bedeutung für die Gesellschaft, namentlich deren Liquidität oder Rentabilität sein können (§ 90 I Nr. 3 AktG).

117   Der Aufsichtsrat muss generell gegen rechtswidrige Maßnahmen des Vorstandes einschreiten, wenn diese ihm bekannt werden[83]. Er kann dazu auch im Wege eines **Interorganstreits** gerichtlich die Beseitigung oder Unterlassung rechtswidriger Zustände oder Maßnahmen vom Vorstand verlangen[84]. Nicht anzuerkennen ist demgegenüber die Möglichkeit einer *actio pro socio* einzelner Aufsichtsratsmitglieder für den Gesamtaufsichtsrat oder die Gesellschaft; erforderlich ist vielmehr stets ein Beschluss des Gesamt-Aufsichtsrates, der als Organ gegen den Vorstand vorgehen kann.

Zur Verpflichtung, **Schadensersatzansprüche** gegen den Vorstand zu prüfen und ggf. geltend zu machen, siehe bereits oben Rn. 97 .

118   Der Aufsichtsrat muss neben der **Rechtmäßigkeit** der Geschäftsleitung auch deren **Ordnungs- und Zweckmäßigkeit** überwachen. Dabei spielen auch Aspekte der Wirtschaftlichkeit eine ganz erhebliche Rolle.

---

[83] *Semler*, Leitung und Überwachung der Aktiengesellschaft, 2. Aufl. 1996, Rn. 197 ff.; *Hüffer*, AktG, § 114 Rn. 4; *Spindler* in Spindler/Stilz, AktG, § 111 Rn. 9.

[84] Wie hier *Hüffer*, AktG, § 111 Rn. 4; *Hommelhoff*, ZHR 143 (1979), 288, 290 ff.; *K. Schmidt*, ZZP 92 (1979), 212, 214 ff.; a.A. *Werner*, AG 1990, 1, 16; ausdrücklich offenlassend BGHZ 106, 54, 66 – „Opel".

Der Aufsichtsrat muss also darauf achten, dass der Vorstand

- ⊃ das Unternehmen angemessen und effizient organisiert,
- ⊃ für eine hinreichende Koordination und Kontrolle der unternehmensinternen Entscheidungsprozesse Sorge trägt und nachgeordnete Entscheidungsträger sorgfältig auswählt und überwacht,
- ⊃ gesetzlich vorgeschriebene Überwachungssysteme (vgl. §§ 91 II, 107 III 2 AktG) im Unternehmen eingerichtet hat und diese angemessen funktionieren,
- ⊃ die Liquidität und Ertragskraft der Gesellschaft und ihre Überlebensfähigkeit im Wettbewerb dauerhaft sicherstellt.

Beratung ist die **präventive Überwachung** des Vorstandes[85]. Sie ist nicht nur **119** Recht, sondern auch Pflicht des Aufsichtsrates. Der Aufsichtsrat muss erörtern, ob die Planungen und Vorschläge des Vorstands plausibel sind oder ob ein anderes Vorgehen vielleicht erfolgsversprechender sein könnte[86]. Dabei kann vom Aufsichtsrat aber nicht verlangt werden, dass er sich so intensiv mit der Zukunftsplanung beschäftigt wie der Vorstand. Zudem darf die Planungshoheit des Vorstandes nicht beeinträchtigt werden. Die endgültige Entscheidung muss stets dem Vorstand überlassen sein.

d) Überwachungsdichte

Die Intensität der Überwachungspflicht ist abhängig von der wirtschaftlichen Lage, in der sich die Gesellschaft befindet[87].   **120**

Bei der **wirtschaftlich gesunden Gesellschaft** soll eine „begleitende Überwachung" genügen[88]. Dies bedeutet aber nicht, dass der Aufsichtsrat dem Vorstand freie Hand geben und dessen Berichte unreflektiert zur Kenntnis nehmen darf. Insbesondere die Überwachung der risikobegrenzenden Systeme der Gesellschaft (Rechnungslegung, Compliance, Frühwarnsystem und Risikomanagement) vertragen keine Reduktion der Überwachungsdichte[89], weil diese dazu führen kann, dass gefährliche Fehlentwicklungen eben nicht „früh erkannt werden" (§ 91 II AktG). Ferner kann kein Zweifel daran bestehen, dass auch bei guter Ertragslage diejenigen Projekte sorgfältig zu überwachen und zu beraten sind, die in die Zukunft weisen (z.B. Großinvestitionen, Fusionsvorhaben).

---

[85] BGHZ 114, 127, 130; *Drygala* in K. Schmidt/Lutter, AktG, § 111 Rn. 19; *Hüffer*, AktG, § 111 Rn. 5; ähnlich *Hopt/Roth* in Großkomm. AktG, § 111 Rn. 288.

[86] *Lutter/Krieger*, Rechte und Pflichten des Aufsichtsrats, Rn. 94; *Drygala* in K. Schmidt/Lutter, AktG, § 111 Rn. 19.

[87] Grundlegend *Semler*, Leitung und Überwachung der Aktiengesellschaft, 2. Aufl. 1996, Rn. 231 ff.; ferner *Drygala* in K. Schmidt/Lutter, AktG, § 111 Rn. 22 ff.; *Lutter/Krieger*, Rechte und Pflichten des Aufsichtsrats, Rn. 86 ff.; *Hopt/Roth* in Großkomm. AktG, § 111 Rn. 317; *Hüffer*, AktG, § 111 Rn. 7.

[88] *Semler*, Leitung und Überwachung der Aktiengesellschaft, 2. Aufl. 1996, Rn. 232.

[89] Vgl. *Drygala* in K. Schmidt/Lutter, AktG, § 111 Rn. 23.

121   Bei **negativen Entwicklungen** im Unternehmen erhöhen sich Kontrolldichte und
Beratungsaufwand. Der Aufsichtsrat muss dann gemeinsam mit dem Vorstand alternative Strategien erörtern, die auf eine Verbesserung der wirtschaftlichen Lage
abzielen, und ggf. auf deren Umsetzung hinwirken[90]. In der **Krise** gilt dies noch
verstärkt. Hier ist der Aufsichtsrat gefordert, durch die vermehrte Anforderung
von Berichten und die Einsetzung von Sachverständigen die Ursachen der Krise
zu erforschen und Lösungsmöglichkeiten zu suchen[91]. Zudem muss er vom Vorstand ein Sanierungskonzept einfordern. Hat die Sanierung keinen Erfolg, ist der
Aufsichtsrat schließlich verpflichtet, auf die rechtzeitige Stellung eines Insolvenzantrages (§ 15a InsO) hinzuwirken[92].

> Gerade in der Krise kommt der Stellung des Aufsichtsrates als mitunter-
> nehmerisches Organ also eine besondere Bedeutung zu. Insbesondere muss
> er in geeigneter Weise von seiner Personalkompetenz Gebrauch machen, al-
> so für einen Vorstand sorgen, der als Krisenmanager geeignet ist[93].

e) Überwachung im Konzern

122   Im Konzernverbund erweitert sich die Überwachungsaufgabe des Aufsichtsrates.
Gegenstand der Überwachung ist nämlich die gesamte Leitungstätigkeit des Vorstandes, also auch die **Konzernleitung**. Demgemäß ist der Konzernabschluss einschließlich des Konzernlageberichts dem Aufsichtsrat der Obergesellschaft zur
Prüfung vorzulegen (§§ 171, 337 AktG); ferner bezieht sich die Berichtspflicht
des Vorstandes auch auf Tochter- und Gemeinschaftsunternehmen (§ 90 I 2
AktG).
   Die **Intensität der Überwachungspflicht** hängt dabei nicht nur von der wirtschaftlichen Lage des Unternehmens, sondern auch von den Einwirkungsmöglichkeiten des Vorstandes der Obergesellschaft und damit der Art der Konzernierung
ab (siehe dazu unten § 33 Rn. 24 f.).

f) Zustimmungsvorbehalte

123   Dem Aufsichtsrat können Maßnahmen der Geschäftsführung zwar nicht
übertragen werden (§ 111 IV 1 AktG), doch kann – und **muss** – für bestimmte Arten von Geschäften festgelegt werden, dass der Vorstand die Zustimmung des Aufsichtsrates einholen muss (Satz 2).

---

[90] *Drygala* in K. Schmidt/Lutter, AktG, § 111 Rn. 24.

[91] *Drygala* in K. Schmidt/Lutter, AktG, § 111 Rn. 25.

[92] Vgl. BGH ZIP 2009, 860.

[93] *Lutter/Krieger*, Rechte und Pflichten des Aufsichtsrats, Rn. 89.

Durch das so begründete **Vetorecht** des Aufsichtsrates kann dieser Einfluss auf die geschäftsleitende Tätigkeit des Vorstandes nehmen, und zwar im Sinne einer **präventiven Kontrolle**[94].

Zustimmungsvorbehalte können in der **Satzung** verankert oder durch den **Aufsichtsrat selbst** statuiert werden. Der Aufsichtsrat kann dabei auch in Ansehung einer konkreten Maßnahme eine Zustimmungspflicht ad hoc durch Beschluss begründen.

124

> Der Gesetzgeber hat zwar die Festsetzung von Zustimmungserfordernissen **zwingend vorgeschrieben**, zugleich aber darauf verzichtet, konkrete inhaltliche Vorgaben im Sinne eines Grundkatalogs zustimmungspflichtiger Geschäfte zu geben[95].

Es steht somit im **Ermessen** von Satzungsgeber und Aufsichtsrat, über die inhaltliche Ausgestaltung und den Umfang der Zustimmungserfordernisse zu entscheiden. **Umfang und Ausgestaltung** des Zustimmungskatalogs müssen aber gewährleisten, dass der Aufsichtsrat seiner Überwachungsaufgabe nachkommen kann[96]. Dementsprechend verlangt Ziff. 3.3 DCGK, dass Zustimmungsvorbehalte für Geschäfte von grundlegender Bedeutung festgelegt werden, namentlich für Entscheidungen oder Maßnahmen, die die Vermögens-, Finanz- oder Ertragslage des Unternehmens grundlegend verändern. Für die Praxis gibt es Musterkataloge, die allerdings an die konkreten Bedürfnisse des jeweiligen Unternehmens anzupassen sind.

125

Noch ungeklärt ist, ob das einzelne Aufsichtsratsmitglied einen Anspruch darauf hat, dass ein sachgerechter Zustimmungskatalog beschlossen wird. Hiergegen spricht, dass durch das Fehlen eines solchen Katalogs die organschaftlichen Rechte der Aufsichtsratsmitglieder nicht berührt werden. Das einzelne Mitglied kann daher die Aufstellung eines hinreichenden Katalogs nicht erzwingen. Allerdings kann das Mitglied durch entsprechende Beschlussanträge darauf hinwirken, dass ein solcher Katalog beschlossen wird. Eine Ablehnung dieser Anträge durch die Mehrheit schützt das überstimmte Mitglied vor dem Vorwurf der Untätigkeit und einer Haftung nach §§ 116, 93 AktG.

Über die Erteilung der Zustimmung entscheidet der Aufsichtsrat durch Beschluss. Die Übertragung auf einen Ausschuss ist zulässig. Erforderlich ist stets die **vorherige** Zustimmung (Einwilligung im Sinne des § 183 BGB). Das gilt auch bei eilbedürftigen Geschäften[97].

126

---

[94] *Drygala* in K. Schmidt/Lutter, AktG, § 111 Rn. 47.

[95] *Lutter/Krieger*, Rechte und Pflichten des Aufsichtsrats, Rn. 104; *Spindler* in Spindler/Stilz, AktG, § 111 Rn. 63.

[96] *Drygala* in K. Schmidt/Lutter, AktG, § 111 Rn. 53.

[97] Wie hier *Götz*, ZGR 1990, 633, 643; *Lutter/Krieger*, Rechte und Pflichten des Aufsichtsrats, Rn. 115; *Hüffer*, AktG, § 111 Rn. 19; *Habersack* in MünchKomm. AktG, § 111 Rn. 124; a.A. *Hoffmann-Becking* in MünchHdb. GesR IV (AG), § 29 Rn. 46; *Bürgers/Israel* in Bürgers/Körber, AktG, § 111 Rn. 25.

Verweigert der Aufsichtsrat die Zustimmung, kann der Vorstand die Zustimmungskompetenz auf die Hauptversammlung übertragen (§ 111 IV 3 AktG). Stimmt diese mit ¾-Mehrheit zu, so darf der Vorstand die zustimmungspflichtige Maßnahme durchführen (§ 111 IV 4 AktG). Praktische Bedeutung hat diese Vorgehensweise aber nicht erlangt, weil die Einberufung zu lange dauert und der bestehende Konflikt zwischen Aufsichtsrat und Vorstand durch die Einschaltung der HV öffentlich wird.

127 Ohne die nach § 111 IV AktG erforderliche Zustimmung darf der Vorstand das zustimmungspflichtige Geschäft nicht tätigen. Allerdings wird seine Vertretungsmacht hierdurch **nach außen nicht beschränkt** (§§ 78, 82 I AktG).

Der eigenmächtig handelnde Vorstand macht sich aber schadensersatzpflichtig (§ 93 AktG).

2. Weitere Aufgaben und Befugnisse

128 Neben der (allgemeinen) Überwachungsaufgabe weist das AktG dem Aufsichtsrat weitere Organpflichten und Befugnisse zu.

Hierzu zählen insbesondere:
- die **Bestellung und Abberufung der Vorstandsmitglieder**, Abschluss des Anstellungsvertrages und Festsetzung einer angemessenen Vergütung (§§ 84, 87 AktG, dazu oben Rn. 55 ff.),
- gerichtliche und außergerichtliche **Vertretung der AG gegenüber** gegenwärtigen und ehemaligen **Vorstandsmitgliedern** (§ 112 AktG),
- **Einberufung der Hauptversammlung**, wenn das Wohl der Gesellschaft es fordert (§ 111 III AktG),
- Abgabe von **Beschlussvorschlägen** für alle Gegenstände, über die die Hauptversammlung beschließen soll (§ 124 III AktG),
- **Vorschlag** an die Hauptversammlung zur Wahl **des Abschlussprüfers** und Erteilung des Prüfungsauftrages (§ 111 II 3 AktG),
- **Prüfung des Jahresabschlusses** und Bericht an die Hauptversammlung (§ 171 AktG) sowie im Regelfall auch Feststellung des Jahresabschlusses gemeinsam mit dem Vorstand (§ 172 AktG),
- Abgabe der **Entsprechenserklärung** gemeinsam mit dem Vorstand (§ 161 AktG),
- **Stellung des Insolvenzantrages bei** Vorliegen eines Insolvenzgrundes und **Führungslosigkeit** der AG (§ 15a III InsO).

3. Größe und Zusammensetzung des Aufsichtsrates

a) Aktienrechtliche Vorgaben

129 Der Aufsichtsrat muss aus mindestens drei Mitgliedern bestehen (§ 95 S. 1 AktG).

In der Satzung kann eine **höhere**, durch drei teilbare Zahl festgesetzt werden (§ 95 S. 2 und 3 AktG). Dies ist praktisch auch zu empfehlen, da die Beschlussfähigkeit des Aufsichtsrates gemäß § 108 II 3 AktG die Anwesenheit von drei Mitgliedern voraussetzt und somit bereits die Abwesenheit eines Mitglieds des dreiköpfigen Aufsichtsrates zur Beschlussunfähigkeit führt.

Die Zahl der Aufsichtsratssitze darf jedoch abhängig vom Grundkapital neun, 15 bzw. 21 Sitze nicht überschreiten (§ 95 S. 4 AktG). Die **Höchstzahlen** bezwecken die Sicherung einer sachgemäßen Wahrnehmung der Aufgaben durch den Aufsichtsrat[98], doch erscheint fraglich, ob ein Gremium mit 21 Mitgliedern wirklich effizient arbeiten kann[99].

> Die Höchstzahlen gelten nur für mitbestimmungsfreie bzw. die dem Drittelbeteiligungsgesetz unterfallende AGs. **Abweichende mitbestimmungsrechtliche Regelungen** bleiben davon unberührt (§ 95 S. 5 AktG). Bei Gesellschaften, die dem MitbestG unterliegen, bemisst sich die Anzahl der Aufsichtsratsmitglieder gemäß § 7 MitbestG nach der Anzahl der Arbeitnehmer des Unternehmens, also nicht nach dem Grundkapital.

§ 96 AktG regelt die **Zusammensetzung** des Aufsichtsrates und verweist dazu auf Vorschriften in mitbestimmungsrechtlichen Spezialgesetzen. Danach sind **sechs mögliche Aufsichtsratssysteme** zu unterscheiden.   **130**

> Der Aufsichtsrat kann gebildet werden:
> ○   nach dem Mitbestimmungsgesetz (MitbestG),
> ○   nach dem Montanmitbestimmungsgesetz (MontanMitbestG),
> ○   nach dem Montanmitbestimmungs-Ergänzungsgesetz (MontanMitbestErgG),
> ○   nach dem Drittelbeteiligungsgesetz (DrittelbG),
> ○   nach dem Gesetz über die Mitbestimmung der Arbeitnehmer bei einer grenzüberschreitenden Verschmelzung[100] (MgVG) sowie
> ○   ohne Arbeitnehmerbeteiligung.

b) Mitbestimmungsrechtliche Modifikationen

Von praktischer Bedeutung sind insbesondere die Vorschriften des MitbestG und des DrittelbG[101].   **131**

> Zu beachten ist, dass beide Gesetze nur anwendbar sind, soweit nicht die Mitbestimmungsvoraussetzungen nach den spezielleren MontanMitbestG und MontanMitbestErgG vorliegen. Dies ist dann der Fall, wenn das Unternehmen einen bestimmten Betriebszweck erfüllt (Förderung oder Verarbeitung von Steinkohle, Braunkohle oder Eisenerz), es in einem bestimmten Umfang der Eisen und Stahl erzeugenden Industrie angehört oder von solchen Unternehmen abhängig ist. Durch den Strukturwandel der Wirtschaft weg von der Schwerindustrie unterfallen diesen Regeln nur noch wenige Unternehmen.

---

[98] *Drygala* in K. Schmidt/Lutter, AktG, § 95 Rn. 1; *Spindler* in Spindler/Stilz, AktG, § 95 Rn. 2.

[99] Vgl. *Drygala* in K. Schmidt/Lutter, AktG, § 95 Rn. 1 mit weiteren Nachweisen.

[100] Dazu *Teichmann*, Der Konzern 2007, 89 ff.

[101] Für die übrigen Mitbestimmungssysteme siehe die Darstellung bei *Drygala* in K. Schmidt/Lutter, AktG, § 96 Rn. 2 ff.

> Nach Angaben der IG Metall unterliegen noch neun Zechen und 22 Eisen- und Stahl-
> betriebe mit insgesamt etwa 100.000 Beschäftigten der Montanmitbestimmung.

132 Das **MitbestG** findet Anwendung, wenn die AG in der Regel **mehr als 2.000 Arbeitnehmer** beschäftigt (§ 1 I MitbestG). Im Konzern werden dem herrschenden
Unternehmen die Arbeitnehmer der Konzernunternehmen zugerechnet (§ 5 MitbestG).

> Unterfällt die AG dem MitbestG, so ist der Aufsichtsrat **paritätisch**, also
> hälftig aus Anteilseigner- und Arbeitnehmervertretern zu besetzen, wobei
> die Zahl der Mitglieder abhängig ist von der Zahl der beschäftigten Arbeit-
> nehmer (vgl. § 7 MitbestG).

Das verfassungsrechtlich gebotene leichte Übergewicht der Anteilseignerseite[102]
wird dadurch hergestellt, dass die Aktionäre gem. § 27 II MitbestG das Letztentscheidungsrecht über die Person des Aufsichtsratsvorsitzenden innehaben und diesem durch § 29 II MitbestG ein Zweitstimmrecht eingeräumt wird, wenn bei einer
Beschlussfassung Stimmengleichheit eingetreten ist.

Vertreter der Arbeitnehmer sind zum einen unternehmensangehörige Belegschaftsver-
treter, zum anderen Gewerkschaftsvertreter (mindestens zwei, § 7 II MitbestG). Die
Arbeitnehmervertreter werden nach Maßgabe des § 9 MitbestG entweder durch die
(volljährigen) Arbeitnehmer in unmittelbarer Wahl (§ 18 MitbestG) oder durch Delegierte
(§§ 10 ff. MitbestG) gewählt. Nicht wahlberechtigt sind dabei die im Ausland beschäftigten Mitarbeiter, was europarechtlich nicht unproblematisch ist.

133 Das **DrittelbG** ist anwendbar, wenn die AG **mehr als 500, aber nicht mehr als
2.000 Arbeitnehmer** beschäftigt (§ 1 I Nr. 1 S. 1 DrittelbG).

> Der Aufsichtsrat einer dem DrittelbG unterliegenden Gesellschaft muss zu
> einem Drittel aus Vertretern der Arbeitnehmer bestehen (§ 4 I DrittelbG).

Die **Arbeitnehmervertreter** werden hier durch die (volljährigen) Arbeitnehmer des
Unternehmens gewählt (§ 5 II DrittelbG). Auch hier dürfen nur die inländischen
Arbeitnehmer an der Wahl mitwirken.

c) Statusverfahren

134 Bestehen Zweifel über die Zusammensetzung des Aufsichtsrates sind diese im
sog. Statusverfahren zu klären (§ 96 II AktG). Dieses verläuft gemäß den §§ 97-99
AktG in zwei Schritten.

↪ In einem **ersten Schritt** wird geklärt, nach welchen gesetzlichen Vorschriften der Aufsichtsrat nunmehr zusammenzusetzen ist. Dazu erfolgt
entweder eine **Bekanntmachung durch den Vorstand** gemäß § 97 I

---

[102] Zur verfassungsrechtlichen Zulässigkeit des MitbestG *nur* unter dieser Voraussetzung vgl.
BVerfGE 50, 290.

AktG oder die **Beantragung einer gerichtlichen Entscheidung** gemäß § 98 AktG.

Die Entscheidung, ob der Weg der Bekanntmachung oder der gerichtlichen Entscheidung gewählt wird, liegt im Ermessen des Vorstandes. Jedoch sollte der Vorstand den außergerichtlichen Weg der Bekanntmachung wählen, wenn er nicht mit einem Widerspruch seitens eines Antragsberechtigten (§ 98 II AktG) rechnet. Sind die für die Zusammensetzung maßgebenden Vorschriften hingegen streitig oder unklar, so sollte eine Entscheidung unmittelbar im gerichtlichen Verfahren nach § 98 AktG gesucht werden. Das gerichtliche Verfahren können außer dem Vorstand auch die in § 98 II AktG aufgelisteten Antragsberechtigten, namentlich auch jedes Aufsichtsratsmitglied und jeder Aktionär beantragen.

⮑ In dem darauf folgenden **zweiten Schritt** wird die Zusammensetzung des Aufsichtsrates an die gesetzlichen Erfordernisse angepasst[103]. Bis dahin bleibt die bisherige Zusammensetzung des Aufsichtsrates bestehen.

4. Mitglieder des Aufsichtsrates

a) Persönliche Anforderungen

Mitglied des Aufsichtsrates kann nur eine **natürliche, unbeschränkt geschäftsfähige Person** sein (§ 100 I 1 AktG).   135

Darüber hinaus enthalten die §§ 100 II, 105 AktG **Hinderungsgründe**, deren Vorliegen die Übernahme eines Aufsichtsratsmandats hindert oder, wenn sie später auftreten, zum Erlöschen des Mandats führen.

Mitglied des Aufsichtsrates kann danach **nicht** sein, wer
⮑ bereits Mitglied in **zehn Aufsichtsräten** ist, wobei das Amt des **Aufsichtsratsvorsitzenden doppelt** zählt (§ 100 II 1 Nr. 1, S. 3 AktG),
⮑ **gesetzlicher Vertreter** eines von der Gesellschaft **abhängigen Unternehmens** ist (§ 100 II 1 Nr. 3 AktG),
⮑ gesetzlicher Vertreter einer anderen Kapitalgesellschaft ist, deren Aufsichtsrat ein Vorstandsmitglied der AG angehört (**Verbot der Überkreuzverflechtung**, § 100 II 1 Nr. 3 AktG),
⮑ **Mitglied des Vorstandes** derselben AG, deren Prokurist oder Generalhandlungsbevollmächtigter **ist** (§ 105 I AktG) oder
⮑ **in den letzten zwei Jahren Mitglied des Vorstandes** derselben *börsennotierten AG* **war**, es sei denn, die Wahl ist aufgrund eines qualifizierten Aktionärsvorschlags (mindestens 25 % der Stimmrechte) erfolgt (§ 100 II 1 Nr. 4 AktG).

Der unmittelbare **Wechsel vom Vorstand in den Aufsichtsrat** war bisher **gängige Praxis**, ist aber unter Corporate-Governance-Gesichtspunkten **problematisch**[104].   136

---

[103] Für Einzelheiten siehe *Göz*, ZIP 1998, 1523 ff.

[104] Vgl. dazu *Lieder*, Der Aufsichtsrat im Wandel der Zeit, 2006, S. 714 ff. mit zahlreichen Nachweisen.

Der Ämterwechsel kann zu Interessenkonflikten führen, da das ehemalige Vorstandsmitglied nunmehr als Kontrolleur in eigener Sache auftreten müsste. Insoweit besteht
zumindest die Gefahr, dass die Tätigkeit des neu zusammengesetzten Vorstandes behin-
dert, etwaige Fehlentscheidung aus der Vergangenheit nicht korrigiert und Missstände
nicht ausgeräumt werden[105]. Allerdings können für die Zulässigkeit des unmittelbaren
Wechsels vom Vorstand in den Aufsichtsrat durchaus **vernünftige unternehmerische
Gründe** sprechen. Insbesondere bleibt so das Know-how eines ehemaligen Vorstandsmitglieds dem Unternehmen erhalten. Zudem können durch den Ämterwechsel sowohl die
Arbeit des Aufsichtsrates als auch die des neu zusammengesetzten Vorstandes verbessert
werden[106].

Der Gesetzgeber hat im Zuge des VorstAG für **börsennotierte** AGs in § 100 II 1
Nr. 4 AktG eine sog. **Cooling-Off-Periode** vorgeschrieben. Danach können Vorstandsmitglieder nach Beendigung ihres Amtes erst nach Ablauf einer zweijähri-
gen Karenzzeit in den Aufsichtsrat wechseln. Diese Entscheidung hat der Gesetzgeber jedoch zugleich wieder durch eine **Opt-out-Klausel** relativiert. Der
Wechsel ist zulässig, wenn Aktionäre, die zusammen mindestens 25 % der Stimmrechte halten, die Wahl vorschlagen[107]. Das Erreichen des Quorums spreche dafür,
dass ein systematisches Kontrolldefizit nicht bestehe und die Entscheidung über
den unmittelbaren Ämterwechsel weiterhin der Hauptversammlung überlassen
werden könne[108].

137   Die §§ 100 I, II, 105 AktG gelten für alle Aufsichtsratsmitglieder. Arbeit-
        nehmervertreter müssen zudem noch besondere Wählbarkeitsvoraussetzun-
        gen erfüllen, die sich aus mitbestimmungsrechtlichen Vorschriften ergeben
        (§ 7 II-IV MitbestG, §§ 4 II, 6 I Montan-MitbestG, §§ 5, 6 MitbestErgG, § 4
        II, III DrittelbG).

In der **Satzung** können weitere persönliche Voraussetzungen festgelegt werden,
allerdings nicht für Arbeitnehmervertreter (§ 100 IV AktG).

b) Unabhängigkeit und Sachkunde

138   Problematisch ist die Wahrnehmung des Aufsichtsratsmandats durch Mitglieder,
        die für ein Konkurrenzunternehmen tätig sind oder in deren Person andere **Inte-
        ressenkonflikte** bestehen. Unstreitig ist, dass solche Konflikte nichts an der
        Pflicht zur ordnungsgemäßen Amtsausübung ändern, weshalb das Mitglied ver-

---

[105] Beschlussempfehlung und Bericht des Rechtsausschusses zum VorstAG, BT-Drucks.
16/13433, S. 11; *Hohenstatt*, ZIP 2009, 1349, 1355; zuvor bereits *Lieder*, NZG 2005, 569, 572 f.;
Roth/Wörle, ZGR 2004, 565, 586; *Schiessl*, AG 2002, 593, 598.

[106] Vgl. etwa *Claussen/Bröcker*, AG 2000, 481, 490; *Frühauf*, ZGR 1998, 407, 417.

[107] Für Einzelheiten zum Wahlvorschlag siehe *Hoffmann-Becking/Krieger*, NZG-Beilage, 2009,
1, 8; *Drygala* in K. Schmidt/Lutter, AktG, § 100 Rn. 16 ff.

[108] Stellungnahme des Rechtsausschusses zum VorstAG, BT-Drucks. 16/13433, S. 11.

pflichtet ist, sich in konkreten Konfliktlagen entsprechend zu verhalten, z.B. also sich des Stimmrechts zu enthalten oder der Sitzung fernzubleiben.

Es besteht aber kein generelles Verbot, bei Interessenkonflikten ein Aufsichtsratsmandat zu übernehmen[109]. Allerdings gebietet es die Loyalitätspflicht, die anderen Mitglieder oder den Vorsitzenden von der Existenz eines möglichen Interessenkonflikts zu informieren.

Die **Entscheidung**, wie dann weiter zu verfahren ist, sollte **dem Aufsichtsrat überlassen** sein. Ähnlich wie der Vertretene nach § 181 BGB dem Stellvertreter das Selbstkontrahieren gestatten kann oder die Gesellschaft auf ein Wettbewerbsverbot verzichten kann, sollte auch der Aufsichtsrat entscheiden können, ob er den Interessenkonflikt für so schwerwiegend hält, dass Rechtsfolgen geboten sind. Das Gremium kann dann entscheiden, ob es einen Stimmrechtsausschluss für geboten hält oder ob das betroffene Mitglied der Sitzung ganz fernbleiben muss, um die anderen Mitglieder nicht zu beeinflussen. Ferner kann der Aufsichtsrat auch feststellen, dass der Interessenkonflikt nicht so intensiv ist, dass überhaupt eine Maßnahme erforderlich wäre, sofern nicht ein Fall des gesetzlichen Stimmverbots analog § 34 BGB vorliegt. Diese Verfahrensweise entspricht langjähriger Praxis im englischen Recht und hat sich dort sehr bewährt[110]. **139**

Sinnwidrig wäre es freilich, jemanden zum Aufsichtsrat zu bestellen, bei dem der Interessenkonflikt so **massiv** auftritt, dass das Mitglied fortgesetzt zur Stimmenthaltung oder zum Fernbleiben von der Sitzung verpflichtet wäre. Ist eine derartige Entwicklung bei der Bestellung bereits absehbar, so muss diese unterbleiben. Ein dem entgegenstehender Wahlbeschluss ist anfechtbar.

Unabhängigkeit der Aufsichtsratsmitglieder wird vom Gesetz nicht gefordert. Ziff. 5.4.2 des DCGK empfiehlt aber, dass dem Aufsichtsrat eine nach seiner Einschätzung ausreichende Anzahl unabhängiger Mitglieder angehören soll, um eine unabhängige Beratung und Überwachung des Vorstandes durch den Aufsichtsrat zu ermöglichen. Nach dem Kodex ist ein Aufsichtsratsmitglied als unabhängig anzusehen, wenn es in keiner geschäftlichen oder persönlichen Beziehung zu der Gesellschaft oder deren Vorstand steht, die einen Interessenkonflikt begründet. **140**

Auch **Fachkompetenz** verlangt das AktG nicht ausdrücklich. Aber natürlich ist diese für die sachgerechte Wahrnehmung des Mandats unabdingbar. Jedes Aufsichtsratsmitglied muss in der Lage sein, die allgemeinen Aufgaben zu erfüllen, ohne dabei auf ständige Beratung durch Externe angewiesen zu sein. Dies betrifft insbesondere auch den Bereich der Rechnungslegung. **141**

Jedes Aufsichtsratsmitglied muss eine Bilanz lesen können!

[109] Wie hier *Drygala* in K. Schmidt/Lutter, AktG, § 100 Rn. 28; strenger *Spindler* in Spindler/Stilz, AktG, § 100 Rn. 34; *Lutter*, ZHR 159 (1995), 287, 303; *Lutter/Krieger*, Rechte und Pflichten des Aufsichtsrats, Rn. 21 ff.

[110] Näher dazu *Torwegge*, Treue- und Sorgfaltspflichten im englischen und deutschen Gesellschaftsrecht, 2009, S. 95 ff.; wie hier auch *U.H. Schneider*, Festschrift Goette, 2011, S. 425 ff.

Allerdings führt das Fehlen der erforderlichen Sachkunde nicht zur Unwirksamkeit der Bestellung, sondern ggf. zur Haftung nach §§ 116, 93 AktG.

142 Neben den individuellen Fähigkeiten des einzelnen Mitglieds ist aber auch die Gesamtzusammensetzung des Gremiums wichtig. Angesichts der heutigen Anforderungen an die Mandatswahrnehmung kann nicht erwartet werden, dass jedes Mitglied in jedem Bereich gleich kompetent ist. Deswegen ist es Aufgabe des Aufsichtsrates, selbst darauf zu achten, dass die Gesamtzusammensetzung den Anforderungen entspricht (so auch 5.4.1. Abs. 1 DCGK, sog. **Kollektivperspektive**).

> **Beispiel:** Ein Gremium in einem Industrieunternehmen, das sich aus lauter Juristen zusammensetzt, ist unter den Aspekten guter Corporate Governance deutlich suboptimal.

Der Aufsichtsrat ist daher verpflichtet, bei seinen **Wahlvorschlägen** an die Hauptversammlung für die Wahl neuer Mitglieder (§ 124 III AktG) zu beachten, wie der Vorgeschlagene in das Anforderungsprofil des Gesamtgremiums passt. Eine zu einseitige Zusammensetzung der Vorschlagsliste kann eine Pflichtverletzung darstellen.

Allerdings bleibt die Rechtsprechung des BGH zu den Mindestanforderungen von dieser Sichtweise unberührt. Diese Mindestkenntnisse muss jedes Mitglied aufweisen und sich ggf. auch auf eigene Kosten aneignen. Die gegenwärtig in Mode befindlichen **Qualifizierungsmaßnahmen** von Aufsichtsräten auf Kosten der Gesellschaft dürfen daher nur die Weiterbildung, nicht die „Grundausbildung" betreffen[111].

143 In kapitalmarktorientierten Aktiengesellschaften im Sinne des § 264d HGB (dazu oben § 1 Rn. 40) muss zudem mindestens ein Aufsichtsratsmitglied unabhängig sein[112] und über Sachverstand auf den Gebieten Rechnungslegung oder Abschlussprüfung (**unabhängiger Finanzexperte**) verfügen[113].

Der durch das BilMoG neu eingeführte § 100 V AktG statuiert eine **objektive Besetzungsregel**, die Anforderungen zwar an die Zusammensetzung des Gremiums, nicht aber konkret an einzelne Aufsichtsratsmitglieder stellt. Das Fehlen eines unabhängigen Finanzexperten führt dazu, dass der Aufsichtsrat gesetzeswidrig besetzt ist.

---

[111] Missverständlich daher die Formulierung von Ziff. 5.4.1. Abs. 4 DCGK: „Aus- und Weiterbildung".

[112] Vgl. insoweit Nr. 13.1 und den Anhang II der „Empfehlung der Europäischen Kommission vom 15. Februar 2005 zu den Aufgaben von nicht geschäftsführenden Direktoren oder Aufsichtsratsmitgliedern börsennotierter Gesellschaften sowie zu den Ausschüssen des Verwaltungs-/Aufsichtsrats", 2005/162/EG, ABl. L 52, S. 51.

[113] Für Einzelheiten siehe *Drygala* in K. Schmidt/Lutter, AktG, § 100 Rn. 40 ff.; *Staake*, ZIP 2010, 1013 ff.

Ein spezielles Verfahren zur Behebung des Besetzungsmangels hat der Gesetzgeber nicht vorgesehen. Insoweit bietet sich eine analoge Anwendung der §§ 97 ff. AktG (**Status-verfahren**) an[114].

c) Bestellung

> § 101 AktG regelt die Bestellung des Aufsichtsrates und gibt dafür drei **144**
> Möglichkeiten vor:
> ⮑ die Wahl durch die Aktionäre,
> ⮑ die Wahl durch Arbeitnehmer und
> ⮑ die Entsendung durch einen entsendungsberechtigten Aktionär.

Zudem sieht § 104 AktG unter bestimmten Voraussetzungen die **gerichtliche Bestellung** vor, wenn der Aufsichtsrat beschlussunfähig (Abs. 1) oder unvollständig besetzt ist (Abs. 2 und 3).

Die Aufsichtsratsmitglieder werden gem. § 101 I 1 AktG von der **Hauptver-**   **145**
sammlung gewählt, soweit sie nicht in den Aufsichtsrat zu entsenden oder nach den mitbestimmungsrechtlichen Vorschriften von den Arbeitnehmern zu bestimmen sind (dazu bereits oben Rn. 131 ff.). Die Hauptversammlung entscheidet durch Mehrheitsbeschluss. Sie ist dabei an Wahlvorschläge des Aufsichtsrates (die § 124 II AktG zwingend vorschreibt) nicht gebunden. Die Wahl kann als Einzel-, Block- oder Listenwahl erfolgen[115]. Bis zur (auch konkludent möglichen) Annahme durch die Gewählten ist die Bestellung schwebend unwirksam; eine Verpflichtung zur Annahme besteht nicht.

Die Bestellung muss befristet sein. Das folgt aus § 102 I AktG, der die Amtszeit auf (ca.) fünf Jahre begrenzt.

Nach § 101 II 1 AktG kann bestimmten Aktionären bzw. Inhabern bestimmter Aktien durch die Satzung ein **Entsendungsrecht** für Mitglieder des Aufsichtsrates   **146**
eingeräumt werden[116]. Das Entsendungsrecht ist ein Sonderrecht im Sinne des § 35 BGB, sodass seine Aufhebung oder Einschränkung nur mit Zustimmung des Entsendungsberechtigten und nur durch Satzungsänderung möglich ist[117]. Durch Entsendungsrechte können höchstens ein Drittel der Anteilseignervertreter im Aufsichtsrat bestellt werden (§ 101 II 4 AktG).

Entsendungsrechte sind sowohl mit dem Eigentumsgrundrecht der übrigen Aktionäre (Art. 14 GG) als auch mit der europarechtlichen Kapitalverkehrsfreiheit (Art. 63 AEUV =

---

[114] *Staake*, ZIP 2010, 1013, 1021 f.; ebenso *Drygala* in K. Schmidt/Lutter, AktG, § 100 Rn. 64.

[115] Näher dazu *Drygala* in K. Schmidt/Lutter, AktG, § 101 Rn. 8 ff.

[116] Das früher in § 7 MitbestErgG a.F. verankerte Entsendungsrecht der Gewerkschaften ist 1981 entfallen.

[117] *Habersack* in MünchKomm. AktG, § 101 Rn. 31; *Bürgers/Israel* in Bürgers/Körber, AktG, § 101 Rn. 12; *Spindler* in Spindler/Stilz, AktG, § 101 Rn. 50.

ex-Art. § 56 Abs. 1 EGV) vereinbar[118]. Die europarechtliche Zulässigkeit wurde inzident auch vom EuGH in seiner Entscheidung zum VW-Gesetz[119] bestätigt.

Den Entsendungsberechtigten trifft keine Pflicht zur Entsendung. Übt er sein Entsendungsrecht nicht aus, so bleibt der Aufsichtsratssitz frei. Das Besetzungsrecht fällt nicht an die Hauptversammlung zurück, es sei denn, der Entsendungsberechtigte hat ausdrücklich auf die Ausübung seines Rechts verzichtet.

147 Gewählte und entsandte Aufsichtsratsmitglieder haben die **gleichen Rechte und Pflichten**. Wie die von der Hauptversammlung bestellten Aufsichtsratsmitglieder ist auch das entsandte Mitglied dem Unternehmensinteresse verpflichtet[120].

Kollidieren die Interessen des Entsendungsberechtigten und das Gesellschaftsinteresse, so hat der Entsandte dem Gesellschaftsinteresse den Vorrang einzuräumen. An **Weisungen** des Entsendungsberechtigten, die dem Gesellschaftsinteresse widersprechen, ist das entsandte Aufsichtsratsmitglied nicht gebunden[121].

Das Rechtsverhältnis zwischen Entsendungsberechtigtem und Entsandtem ist regelmäßig als Geschäftsbesorgungsvertrag oder als Auftrag zu qualifizieren[122]. Jedoch ist aufgrund der besonderen Stellung des Aufsichtsratsmitglieds der Inhalt dieses Vertrages gegenüber dem gesetzlichen Normalmodell erheblich modifiziert. Der Entsandte ist auch (entgegen den Regeln des BGB) dem Entsendungsberechtigten gegenüber zur **Verschwiegenheit** verpflichtet[123]. Davon macht § 394 I AktG eine Ausnahme für Aufsichtsratsmitglieder, die auf Veranlassung einer Gebietskörperschaft in den Aufsichtsrat gewählt oder entsandt worden sind.

d) Rechtsfolgen fehlerhafter Bestellung

148 Problematisch sind die Fälle, in denen der Wahlbeschluss der Hauptversammlung fehlerhaft ist[124]. Sowohl das Vorliegen eines Nichtigkeitsgrundes (§ 250 Akt) als auch eine erfolgreiche Anfechtung nach § 251 AktG führen bei strikter Anwendung des Gesetzes dazu, dass die Bestellung zum Aufsichtsrat als nicht erfolgt anzusehen wäre.

---

[118] BGH ZIP 2009, 1566; OLG Hamm ZIP 2008, 1530.

[119] EuGH BB 2007, 2423, 242; dazu *Lieder*, ZHR 172 (2008), 306, 324.

[120] BGHZ 36, 296, 306; *Habersack* in MünchKomm. AktG, § 101 Rn. 51; *Spindler* in Spindler/Stilz, AktG, § 101 Rn. 77.

[121] *Decher*, ZIP 1990, 227, 279 f.; *Habersack* in MünchKomm. AktG, § 101 Rn. 51; *Hüffer*, AktG, § 101 Rn. 10; *Spindler* in Spindler/Stilz, AktG, § 101 Rn. 77.

[122] Vgl. *Habersack* in MünchKomm. AktG, § 101 Rn. 46; *Drygala* in K. Schmidt/Lutter, AktG, § 101 Rn. 25.

[123] Vgl. für Einzelheiten *v. Stebut*, Geheimnisschutz und Verschwiegenheitspflicht im Aktienrecht, 1972, S. 132 ff.

[124] Zur Fehlerhaftigkeit der Wahl von Arbeitnehmervertretern siehe die § 22 MitbestG, § 11 DrittelbG und *Drygala* in K. Schmidt/Lutter, AktG, § 101 Rn. 38 f.

Dementsprechend verneint die **traditionelle Auffassung** jegliche Berechtigung **149** des unwirksam bestellten Aufsichtsratsmitglieds zur Vornahme organschaftlicher Handlungen. Hiernach wären alle dennoch ausgeführten Amtshandlungen **nichtig**, insbesondere auch die Stimmabgabe im Rahmen der Beschlussfassung des Aufsichtsrates.

Zwar führt auch nach dieser Auffassung allein die Teilnahme eines unwirksam bestellten Aufsichtsratsmitglieds an der Beschlussfassung nicht zur Nichtigkeit des Aufsichtsratsbeschlusses. Vielmehr soll die Teilnahme unschädlich sein, wenn feststeht, dass der gefasste Beschluss nicht auf der Stimmabgabe dieses Mitglieds beruhte[125]. Jedoch werden durch diese Einschränkungen die Folgen einer unwirksamen Bestellung nur partiell abgemildert. Insbesondere wenn die Bestellung mehrerer oder gar aller Mitglieder sich im Nachhinein als fehlerhaft herausstellt, sind die gefassten Beschlüsse durch diese Konstruktion nicht zu retten, wenn das Fehlen der Stimmen der unwirksam bestellten Mitglieder zum Entfallen der Beschlussfähigkeit des Aufsichtsrates oder zum Nichterreichen der erforderlichen Stimmmehrheit führt. In diesen Fällen wären die gefassten Beschlüsse von vornherein als rechtsfehlerhaft und damit als unwirksam anzusehen. Angesichts des Umstandes, dass namentlich Nichtigkeitsfeststellungs- und Anfechtungsklagen erst nach Jahren zur rechtskräftigen Entscheidung gelangen, sind die dargestellten **Folgen unkalkulierbar**. Dies gilt nicht zuletzt deswegen, weil die Beschlüsse des Aufsichtsrates ihrerseits Voraussetzung für andere Rechtsakte sind – etwa die Billigung des Jahresabschlusses, für dessen Feststellung (§ 172 AktG) und die darauf beruhende Gewinnverteilung (§ 174 AktG), die Bestellung des Vorstandes für dessen geschäftsleitende Tätigkeit usw.

Allerdings soll ein unwirksam bestelltes Aufsichtsratsmitglied zur **ordnungsge-** **150** **mäßen Wahrnehmung des (vermeintlichen) Mandats** verpflichtet sein und auch nach Maßgabe der §§ 116, 93 AktG haften[126], sofern es trotz nichtiger oder wirksam angefochtener Bestellung im Aufsichtsrat tätig wird. Im Außenverhältnis sollen zusätzlich die Vorschriften des § 15 HGB und die allgemeinen Rechtsscheingrundsätze zur Anwendung gelangen.

Darüber hinausgehend will die **Lehre vom fehlerhaften Organ** auch das **151** unwirksam bestellte Aufsichtsratsmitglied bis zur tatsächlichen Beendigung des Mandats wie ein wirksam bestelltes Mitglied behandeln[127].

Diese Lehre stellt eine konsequente **Weiterentwicklung der Lehre von der fehlerhaften Gesellschaft** dar. Nach modernem Verständnis beschränkt sich der Anwendungsbereich der hierzu richterrechtlich entwickelten Grundsätze[128] nicht mehr nur auf die Errichtung von Personengesellschaften. Es handelt sich vielmehr um ein allgemeines Institut des Verbandsrechts, das auf alle Strukturänderungen

---

[125] BGHZ 47, 341, 346; *Spindler* in Spindler/Stilz, AktG, § 101 Rn. 112.

[126] *Spindler* in Spindler/Stilz, AktG, § 101 Rn. 110; *Habersack* in MünchKomm. AktG, § 101 Rn. 70; a.A. *Stein*, Das faktische Organ, 1984, S. 149 ff., 183 ff.

[127] *Schürnbrand*, Organschaft im Recht der privaten Verbände, 2007, S. 286 ff.; *Habersack* in MünchKomm. AktG, § 101 Rn. 70 f.; *Happ*, Festschrift Hüffer, 2010, S. 293, 305 ff.

[128] Dazu *K. Schmidt*, Gesellschaftsrecht, § 6.

anzuwenden ist[129]. Aufgrund des Dauercharakters der Organtätigkeit erscheint es nunmehr geboten, diese Grundsätze auf die fehlerhafte Organbestellung auszudehnen und hinsichtlich der Wirksamkeit des Organhandelns grundsätzlich auf die Annahme und Ausübung des Mandats abzustellen.

> Das auf Grundlage des angefochtenen Wahlbeschlusses bestellte Aufsichtsratsmitglied steht daher bis zur Beendigung des Mandats sowohl hinsichtlich der Organpflichten als auch der Organrechte einem fehlerfrei bestellten Aufsichtsratsmitglied gleich. Dies gilt nicht nur während der Anhängigkeit einer Anfechtungsklage, sondern auch bis zur Rechtskraft eines Urteils, durch das das Vorliegen eines Nichtigkeitsgrundes festgestellt wird.

152 Die Lehre vom fehlerhaften Organ knüpft an einen durch die Bestellung und die Aufnahme der Organtätigkeit erzeugten (abstrakten) **Rechtsschein** an, um Rechtssicherheit im Hinblick auf die Wirksamkeit von Rechtshandlungen des Organs und seiner Mitglieder zu gewährleisten. Dem liegt der Gedanke zugrunde, dass Rechtsverstöße, die zur Unwirksamkeit der Bestellung führen, nicht immer klar und unstreitig vorliegen.

> Kein Raum ist für die „Lehre vom fehlerhaften Organ" daher in den Fällen, in denen der Rechtsverstoß ohne weiteres festgestellt werden kann[130]. Hierzu zählen insbesondere Verstöße gegen die §§ 100 I, II, 105 AktG.

e) Beendigung des Mandats

153 Die Mitgliedschaft im Aufsichtsrat endet in folgenden Fällen:

- Tod des Mitglieds,
- Wegfall der persönlichen Voraussetzungen nach § 100 I, II AktG,
- Wechsel in den Vorstand, sofern nicht ausnahmsweise § 105 II AktG eingreift,
- Vollbeendigung der Gesellschaft, liquidationslosem Erlöschen durch Verschmelzung sowie Formwechsel, sofern nach neuer Rechtsform ein Aufsichtsrat nicht zu bilden ist (vgl. § 203 S. 1 UmwG),
- Ablauf der festgelegten Bestelldauer (Wiederbestellung ist aber möglich),
- Amtsniederlegung[131],
- Abberufung (§ 103 AktG).

154 Gemäß § 103 I AktG kann die Hauptversammlung die von ihr gewählten Aufsichtsratsmitglieder durch Beschluss abberufen.

Der Abberufungsbeschluss bedarf **keines sachlichen Grundes**[132], muss aber mit **¾-Mehrheit** gefasst werden, sofern die Satzung keine andere Mehrheit vor-

---

[129] Vgl. dazu *Schäfer*, Die Lehre vom fehlerhaften Verband, 2002, S. 289 ff.

[130] *Drygala* in K. Schmidt/Lutter, AktG, § 101 Rn. 37.

[131] Dazu *Link*, Die Amtsniederlegung durch Gesellschaftsorgane, 2003; *Singhof*, AG 1998, 318; *Wardenbach*, AG 1999, 74.

[132] Vgl. *Drygala* in K. Schmidt/Lutter, AktG, § 103 Rn. 3.

schreibt – was freilich bei vielen Gesellschaften der Fall ist. Insbesondere wenn ein Großaktionär vorhanden ist, wird die Schwelle gerne auf die einfache Mehrheit herabgesetzt. Ist das abzuberufende Mitglied zugleich Aktionär, so besteht kein Stimmverbot, da es sich um eine Maßnahme der innergesellschaftlichen Willensbildung handelt[133].

> Ein entsandtes Mitglied kann vom Entsendungsberechtigten jederzeit abberufen werden, § 103 II 1 AktG.

155

Das Abberufungsrecht ist an **keine sachlichen Kriterien** geknüpft; der tatsächliche Entzug des Vertrauens genügt. Abberufung kann auch dann erfolgen, wenn das Aufsichtsratsmitglied nicht sogleich durch ein anderes ersetzt wird. Dies gilt selbst dann, wenn der Aufsichtsrat durch die Abberufung beschlussunfähig wird[134]. Hat der Entsendungsberechtigte sich selbst entsandt, so kann er sein Amt jederzeit niederlegen.

> Zudem können gemäß § 103 III AktG Aufsichtsratsmitglieder – gleich ob von der Hauptversammlung, den Arbeitnehmern oder einem Entsendungsberechtigten bestimmt – bei Vorliegen eines wichtigen Grundes gerichtlich abberufen werden.

156

Zuständig ist das Amtsgericht am Sitz der Gesellschaft (vgl. § 23a Abs. 2 Nr. 4 GVG, § 375 Nr. 3 FamFG). Erforderlich ist ein **Antrag des Aufsichtsrates**, der hierüber durch Beschluss entscheidet[135]. Bei entsandten Mitgliedern kann der Antrag auch von einer qualifizierten Aktionärsminderheit (insgesamt 10 % des Grundkapitals oder anteiliger Betrag von 1 Mio. EUR) gestellt werden.

Das Gericht gibt dem Antrag des Aufsichtsrates nur statt, wenn in der Person des abzuberufenden Aufsichtsratsmitglieds ein **wichtiger Grund** vorliegt, wenn also der Gesellschaft ein Festhalten an dem Aufsichtsratsmitglied bis zur regulären Beendigung des Mandatsverhältnisses unzumutbar ist[136]. Der wichtige Grund muss jedenfalls überwiegend auf die Person des betroffenen Aufsichtsratsmitglieds zurückzuführen sein; ein Verschulden ist nicht erforderlich.

Arbeitnehmervertreter können zudem nach Maßgabe der einschlägigen mitbestimmungsrechtlichen Vorschriften abberufen werden (§ 23 MitbestG, § 10 MitbestErgG, § 12 DrittelbG, § 11 II Montan-MitbestG, § 37 I SEBG, § 26 I MgVG).

---

[133] *Drygala* in K. Schmidt/Lutter, AktG, § 103 Rn. 4.

[134] Vgl. *Drygala* in K. Schmidt/Lutter, AktG, § 103 Rn. 8.

[135] Zur Problematik der Beschlussunfähigkeit beim dreiköpfigen Aufsichtsrat in diesem Zusammenhang siehe BGH AG 2007, 484; *Drygala* in K. Schmidt/Lutter, AktG, § 103 Rn. 13.

[136] Beispiel bei *Drygala* in K. Schmidt/Lutter, AktG, § 103 Rn. 16.

f) Vergütung und Beraterverträge

157   Neben dem Organverhältnis besteht – anders als beim Vorstand – **kein vertragliches Anstellungsverhältnis**[137]. Ein Vergütungsanspruch besteht gemäß § 113 I AktG nur, wenn und soweit die Satzung eine Vergütung festsetzt oder die Hauptversammlung sie bewilligt.

Vergütung im Sinne des § 113 AktG sind zunächst **die festen oder variablen
Entgelte**, die die Aufsichtsratsmitglieder als Gegenleistung für ihre Tätigkeit für
die Gesellschaft erhalten, ferner sog. **Sitzungsgelder, Aufwandsentschädigun-
gen** und **Sachleistungen**. Auch der Abschluss einer D&O-Versicherung auf Kosten der Gesellschaft ist eine solche Sachleistung[138]. **Keine** Vergütung ist der Ersatz
von notwendigen Auslagen, die auch pauschaliert abgegolten werden können[139].
Gemäß § 113 III AktG können die Aufsichtsratsmitglieder auch am Jahresgewinn beteiligt werden. Daneben sind andere Formen der variablen Vergütung zulässig (z.B. Anknüpfung an Dividende, Vorsteuerergebnis).

158   Entgegen einer verbreiteten Auffassung stellt die Gewährung von Aktienoptionen keine zulässige Vergütungsform dar[140].

§ 192 II Nr. 3 AktG beschränkt den Kreis der Bezugsberechtigten für Aktien aus
einer bedingten Kapitalerhöhung auf Arbeitnehmer und Mitglieder des Ge-
schäftsführungsorgans. Gleiches gilt für die Verwendung eigener Aktien zur Bedienung von Aktienoptionen, da § 71 I Nr. 8 S. 5 AktG auf § 193 II Nr. 4 AktG
verweist, der wiederum auf § 192 II Nr. 3 AktG Bezug nimmt. Der Aufsichtsrat ist
kein Geschäftsführungs-, sondern Kontrollorgan der Gesellschaft. Es fehlt mithin
bereits an der rechtlichen Grundlage, Aktienoptionen von Aufsichtsratsmitgliedern
zu bedienen.

> **Unzulässig** sind ferner **schuldrechtliche Gestaltungsformen**, durch die Aufsichtsrats-
> mitgliedern eine am Börsenkurs orientierte variable Vergütung gewährt wird (*phantom
> stocks* und *stock appreciation rights*). Dies ergibt sich aus der besonderen Funk-tion des
> Aufsichtsrates als Kontrollorgan. Bei einer am Börsenkurs orientierten Vergütung besteht
> die Gefahr, dass der Aufsichtsrat seiner Überwachungsaufgabe nicht mehr in hinreichen-
> dem Maße nachkommt und Unregelmäßigkeiten bei der Unternehmensleitung aus Sorge
> vor einem Absinken des Aktienkurses verschwiegen werden. Damit würde ein Fehlanreiz
> gesetzt werden, das langfristige Interesse an einem Erfolg des Unternehmens hinter das
> Ziel eines kurzfristig hoch bleibenden Börsenkurses zurückzustellen. Bedenklich ist

---

[137] Wie hier *Spindler* in Spindler/Stilz, AktG, § 101 Rn. 9; *Habersack* in MünchKomm. AktG,
§ 101 Rn. 67; anders die früher h.M., vgl. etwa RGZ 123, 351, 354.

[138] *Drygala* in K. Schmidt/Lutter, AktG, § 113 Rn. 12; *Feddersen*, AG 2000, 385, 394; *Hüffer*,
AktG, § 113 Rn. 2a; a.A. *Habersack* in MünchKomm. AktG, § 113 Rn. 13.

[139] Vgl. *Fonk*, NZG 2009, 761 ff.

[140] Wie hier BGHZ, 158, 122; *Drygala* in K. Schmidt/Lutter, AktG, § 113 Rn. 29; a.A. etwa
Hoff, WM 2003, 910, 911; *Lutter*, Festschrift Hadding, 2004, S. 561, 567.

zudem, dass die Anreizsysteme für den Vorstand in der Regel auch am Börsenkurs orientiert sind, sodass für beide Organe dieselben Erfolgsparameter mit ihren Anreizwirkungen gelten.

Nach § 113 I 3 AktG soll die Vergütung in einem angemessenen Verhältnis zu den Aufgaben der Aufsichtsratsmitglieder und der Lage der Gesellschaft stehen.   **159**

Ziel der Vorschrift ist es, überhöhte Aufsichtsratsvergütungen zu verhindern. Wann eine Vergütung angemessen ist, ist stets eine Frage des Einzelfalls. Dem Aufsichtsratsvorsitzenden sollte im Regelfall eine höhere Vergütung gewährt werden als den übrigen Mitgliedern[141]. Im Übrigen gilt das Gleichbehandlungsgebot[142].

Im Gegensatz zu den Gehältern der Vorstände sind die Aufsichtsratsvergütungen eher bescheiden. Evident unangemessene Vergütungen sind bisher nicht bekannt geworden. Ein Hauptversammlungsbeschluss, der eine überhöhte Vergütung festsetzt, wäre wegen Gesetzesverletzung anfechtbar, aber nicht nichtig.

§ 113 AktG wird ergänzt durch § 114 AktG, wonach sog. **Beraterverträge** zwischen der AG und Aufsichtsratsmitgliedern[143] nur mit Zustimmung des Aufsichtsrates wirksam werden. Ziel der Regelung ist es zum einen eine unsachgemäße Beeinflussung der Aufsichtsratsmitglieder durch den Vorstand zu verhindern. Zum anderen soll eine Umgehung des § 113 AktG verhindert werden.   **160**

Aus einer **Gesamtbetrachtung der §§ 113, 114 AktG** ergibt sich somit, dass Verträge, deren Gegenstand außerhalb der Organpflichten liegt, unter Beachtung der förmlichen Voraussetzungen des § 114 I AktG wirksam geschlossen werden können, dass aber andererseits Verträge, deren Gegenstand mit der Organpflicht identisch ist, selbst mit Zustimmung des Aufsichtsrates nicht wirksam geschlossen werden können.

§ 114 I AktG untersagt Beratungsverträge in Bereichen, die unternehmerische Führungsfunktionen und Führungsentscheidungen betreffen, weil die diesbezügliche Beratung Teil der originären Aufsichtsratsaufgabe ist, und erlaubt Beratungsverträge dort, wo sie ganz oder wesentlich das Tagesgeschäft der Gesellschaft betreffen. Der BGH verlangt darüber hinaus, dass dem Aufsichtsrat offengelegt und erkennbar gemacht werden muss, dass es sich bei der vom Aufsichtsratsmitglied übernommenen Verpflichtung um eine „außerhalb der Aufsichtsratstätigkeit" liegende Tätigkeit handelt. Diese Einschränkung macht die Vorschrift in wesentlichen Teilen für die Praxis **unbrauchbar**, da sich häufig erst im Nachhinein fest-

---

[141] *Drygala* in K. Schmidt/Lutter, AktG § 113 Rn. 15; *Hüffer*, AktG, § 113 Rn. 4; *Habersack* in MünchKomm. AktG, § 113 Rn. 39.

[142] *Hopt/Roth* in Großkomm. AktG, § 113 Rn. 67 ff.

[143] Zu Fragen der Zurechnung siehe *Drygala* in K. Schmidt/Lutter, AktG, § 114 Rn. 13 ff.

stellen lässt, ob sämtliche Aspekte der entfalteten Tätigkeit außerhalb der Aufsichtsratspflichten lagen. Eine **praktikable Lösung** liegt darin, dass das Mitglied zunächst die Tätigkeit aufgrund eines **Rahmenvertrages** übernimmt und der Aufsichtsrat später die Vergütung in Kenntnis vom Gegenstand der Tätigkeit und der konkret erbrachten Leistung genehmigt[144]. Der Normzweck, keine Tätigkeit zu vergüten die schon mit der Aufsichtsratsvergütung abgegolten ist, lässt sich auch mit einer **nachgelagerten Entscheidung** erreichen.

5. Organisation des Aufsichtsrates

a) Vorsitzender

161   Der Aufsichtsrat muss aus seiner Mitte einen Vorsitzenden und mindestens einen Stellvertreter wählen (§ 107 I AktG).

Bei diesen handelt es sich um **zwingend erforderliche Funktionsträger**, **nicht** aber um **Organe** der AG. Das Wahlverfahren kann in der Satzung festgeschrieben werden, subsidiär gelten die allgemeinen Regeln über die Beschlussfassung des Aufsichtsrates.

Für Gesellschaften, die dem **MitbestG** unterliegen, ist in § 27 MitbestG ein besonderes Wahlverfahren angeordnet. Dieses soll sicherstellen, dass das Amt des Vorsitzenden und seines Stellvertreters nicht gegen den Willen der Arbeitnehmervertreter allein mit Vertretern der Anteilseigner besetzt werden kann. Praktisch läuft das darauf hinaus, dass die Arbeitgeber den Vorsitzenden, die Arbeitnehmer den Stellvertretenden bestimmen.

162   Der Vorsitzende hat die **Tätigkeit des Aufsichtsrates zu koordinieren und zu leiten**. Er hat alle Befugnisse, die dem Vorsitzenden eines Kollegiums üblicherweise zustehen: Er muss die Sitzungen vorbereiten, einberufen und leiten, die Arbeit der Ausschüsse koordinieren, die aufsichtsratsinterne Kommunikation sicherstellen und über Rechtsfragen entscheiden, die sich im Zusammenhang mit den vom Aufsichtsrat zu treffenden Entscheidungen stellen. Gegenüber den anderen Aufsichtsratsmitgliedern steht ihm allerdings **kein Weisungsrecht** zu[145]; er kann aber im Rahmen der Sitzungsleitung Mitgliedern das Wort entziehen oder diesen die Teilnahme gänzlich versagen, wenn dies für den ordnungsgemäßen Ablauf der Sitzung erforderlich ist[146]. Seine verfahrensleitenden Befugnisse stehen im Übrigen unter dem Vorbehalt, dass der Aufsichtsrat nicht eine andere Vorgehensweise beschließt.

In der **mitbestimmten Gesellschaft** nach dem MitbestG ist der Aufsichtsratsvorsitzende kraft Gesetzes Mitglied im Vermittlungsausschuss (§ 27 III MitbestG). Ihm steht bei Stimmgleichheit das Zweitstimmrecht gem. §§ 29 II, 31 IV MitbestG zu.

---

[144] Vgl. *Drygala* in K. Schmidt/Lutter, AktG, § 114 Rn. 19.

[145] Vgl. *Drygala* in K. Schmidt/Lutter, AktG, § 107 Rn. 19.

[146] Vgl. *Peus*, Der Aufsichtsratsvorsitzende, 1983, S. 108.

Ein zweiter wichtiger Aufgabenkomplex ist die **Repräsentation des Aufsichtsrates** gegenüber anderen Organen und der Öffentlichkeit. Der Vorsitzende ist der **wichtigste Ansprechpartner und Berater des Vorstandes**[147] (vgl. auch Ziff. 5.2 DCKG). Er muss dafür sorgen, dass der Aufsichtsrat seiner Überwachungsaufgabe überhaupt nachkommen kann und die notwendigen Informationen erhält. Zu diesem Zwecke empfängt er die Vorstandsberichte und leitet sie an die Aufsichtsratsmitglieder weiter (§ 90 I 3, V 3 AktG). In der Hauptversammlung erläutert er den Bericht des Aufsichtsrates (§ 176 I 2 AktG). Typischerweise bestimmt die Satzung ihn auch zum **Leiter der Hauptversammlung**. **163**

Der Vorsitzende ist kraft Amtes **Erklärungsvertreter** des Aufsichtsrates. Er verkündet die Beschlüsse nach außen, sofern nicht ein anderes Mitglied dazu ermächtigt wird. Zugleich ist er empfangszuständig für dem Aufsichtsrat gegenüber abzugebende Willenserklärungen[148]. **164**

> Er ist jedoch nicht organschaftlicher Vertreter gegenüber dem Vorstand oder Dritten in den Fällen des § 112 AktG; hier bedarf es einer gesonderten Ermächtigung durch den Aufsichtsrat, die aber auch konkludent erfolgen kann.

b) Ausschüsse

Der Aufsichtsrat kann einen oder mehrere Ausschüsse mit der Wahrnehmung bestimmter Aufgaben betrauen (§ 107 IIII 1 AktG). **165**

aa) Allgemeines

Zwar zwingt das Gesetz nicht explizit zur Ausschussbildung, doch besteht eine Pflicht des Aufsichtsrates zu sachgerechter Organisation seiner Tätigkeit, welche jedenfalls in größeren Aufsichtsräten regelmäßig zur Ausschussbildung zwingen wird[149]. In der Praxis am häufigsten anzutreffen sind Personalausschüsse und Aufsichtsratspräsidien, ferner auch Ausschüsse für besondere Sachgebiete wie Finanzen, Investitionen, Kreditvergabe etc. Eine zunehmende Bedeutung erlangt die Bildung von Prüfungsausschüssen und Nominierungsausschüssen zur Vorbereitung der Aufsichtsratswahlen. **166**

> Zwingend vorgesehen ist für Gesellschaften, die dem MitbestG unterfallen, die Bildung eines Vermittlungsausschusses (§ 27 III MitbestG). Dessen gesetzlich zugewiesene Aufgabe ist die Unterbreitung von Personalvorschlägen, wenn bei der Bestellung oder Abberufung von Vorstandsmitgliedern im ersten Wahlgang die qualifizierte Mehrheit nicht erreicht wird.

---

[147] *Hüffer*, AktG, § 107 Rn. 5; *Habersack* in MünchKomm. AktG, § 107 Rn. 45, 57; *Krieger*, ZGR 1985, 338, 340 ff.; *Peus*, Der Aufsichtsratsvorsitzende, 1983, S. 162 f.; *Lutter/Krieger*, Rechte und Pflichten des Aufsichtsrats, Rn. 678.

[148] *Hopt/Roth* in Großkomm. AktG, § 107 Rn. 118.

[149] *Spindler* in Spindler/Stilz, AktG, § 107 Rn. 81; *Lutter/Krieger*, Rechte und Pflichten des Aufsichtsrats, Rn. 743; *Krieger*, ZGR 1985, 338, 361 f.

167   Ausschüsse können unterschiedliche Aufgaben und Funktionen haben:

⊃   Vorbereitung von Verhandlungen und Beschlüssen des Gesamtaufsichtsrates (**vorbereitende Ausschüsse**),

⊃   Überwachung der Ausführung der Beschlüsse des Gesamtaufsichtsrates (**überwachende Ausschüsse**),

⊃   Entscheidung anstelle des Gesamtaufsichtsrates (entscheidende oder **erledigende Ausschüsse**).

> Allerdings dürfen die in § 107 III 3 AktG benannten Aufgaben nicht auf Ausschüsse übertragen werden.

168   Über die Einsetzung von Ausschüssen **entscheidet** allein der Aufsichtsrat. Satzungsregeln, die die Bildung von Ausschüssen vorschreiben, verbieten oder einschränken, sind unzulässig[150]. Der Aufsichtsrat kann die Ausschüsse entweder durch die Geschäftsordnung oder durch Beschluss einsetzen[151].

169   Gemäß § 107 III 4 AktG ist dem Gesamtaufsichtsrat über die Ausschussarbeit **regelmäßig zu berichten**. Die Vorschrift soll gewährleisten, dass der Aufsichtsrat seiner Pflicht zur allgemeinen Überwachung der Geschäftsleitung nachkommen kann. Zugleich sollen dadurch die aus der Aufgabendelegation resultierenden Informationsdefizite des Plenums ausgeglichen werden.

bb) Insbesondere: Prüfungsausschuss

170   Seit dem BilMoG ist in § 107 III 2, IV AktG der Prüfungsausschuss explizit geregelt[152]. Der Prüfungsausschuss (oftmals auch *audit committee* genannt) ist kein eigenständiges Organ der Aktiengesellschaft, sondern ein Ausschuss aus der Mitte des Aufsichtsrates. Der Prüfungsausschuss kann daher ausschließlich mit Aufsichtsratsmitgliedern besetzt werden. Bei kapitalmarktorientierten AGs muss mindestens ein Ausschussmitglied die Kriterien des § 100 V AktG erfüllen, also unabhängig und sachverständig in Finanzfragen sein (§ 107 IV AktG).

> Dem Prüfungsausschuss obliegt gemäß § 107 III 2 AktG die Überwachung des Rechnungslegungsprozesses, der Wirksamkeit des internen Kontrollsystems, des Risikomanagementsystems und des internen Revisionssystems sowie der Abschlussprüfung, hier insbesondere der Unabhängigkeit des Ab-

---

[150] BGHZ 83, 106, 115; *Lutter/Krieger*, Rechte und Pflichten des Aufsichtsrats, Rn. 752; *Hüffer*, AktG, § 107 Rn. 16.

[151] Zur Besetzung und inneren Ordnung von Ausschüssen siehe *Drygala* in K. Schmidt/Lutter, AktG, § 107 Rn. 42 ff.

[152] Die besondere Erwähnung des Prüfungsausschusses im AktG geht zurück auf Art. 41 der EU-Abschlussprüferrichtlinie (Richtlinie 2006/43/EG vom 17. Mai 2006, ABl. L 157, S. 87), der die Bildung eines Prüfungsausschusses für „Unternehmen von öffentlichem Interesse" grundsätzlich vorschreibt.

schlussprüfers und der vom Abschlussprüfer zusätzlich erbrachten Leistungen.

Die Einrichtung eines Prüfungsausschusses wird auch vom DCGK (Ziff. 5.3.2 Satz 1) empfohlen. Wird ein Prüfungsausschuss nicht gebildet, was zulässig ist, obliegen diese Aufgaben dem Aufsichtsrat als Gremium. Richtet der Aufsichtsrat einen Prüfungsausschuss ein, so ist er nicht verpflichtet, das genannte Spektrum an Aufgaben in vollem Umfang auf den Prüfungsausschuss zu übertragen. In umgekehrter Richtung kommt die Übertragung weiterer, in § 107 III 2 AktG nicht ausdrücklich genannter Aufgaben in Betracht. Zu nennen ist insbesondere die Überwachung des Compliance-Systems, das der Überwachung der Einhaltung von Rechtsvorschriften im Unternehmen dient.

Die in § 107 III 2 AktG bezeichneten Aufgabenbereiche sind nicht fest umrissen. **171** Dem Gesetzgeber ging es augenscheinlich bei der Formulierung des § 107 III 2 AktG nicht um eine eindeutige Abgrenzung der Bereiche, sondern um ein möglichst **engmaschiges Netz von Informations- und Überwachungssystemen**. Dabei hat er Überschneidungen der verschiedenen Systeme und Aufgabenbereiche in Kauf genommen. Eine Pflicht, sämtliche genannten Informations- und Überwachungssysteme einzurichten, lässt sich auch aus § 107 III 2 AktG nicht ableiten[153].

Die ausdrückliche Normierung der Überwachungspflichten hat aber immerhin zu einer Verdeutlichung der Pflichten des Aufsichtsrates und des von ihm eingesetzten Prüfungsausschusses beigetragen. Diese haben sich zunehmend zu einer Pflicht zur Systemüberwachung verdichtet. Der Prüfungsausschuss oder bei seinem Fehlen der Gesamtaufsichtsrat muss sich über die bestehenden Informations- und Überwachungssysteme informieren und diese auf ihre Funktionalität hin bewerten[154]. Erkennt der Prüfungsausschuss, dass eines der benannten Systeme unzureichend ist, so muss er dies, ggf. nach weiteren Prüfungsmaßnahmen, dem Gesamtaufsichtsrat mitteilen[155]. Der Aufsichtsrat kann Verbesserungsmöglichkeiten mit dem Vorstand erörtern und ggf. nach § 111 IV 2 AktG Veränderungen bestehender Systeme seiner Zustimmung unterstellen.

c) Sitzungen

Gem. § 110 III 1 AktG muss der Aufsichtsrat zwei Sitzungen im Kalender- **172** halbjahr (also insgesamt vier pro Jahr) abhalten.

Die Regelung ist für börsennotierte Gesellschaften im Sinne des § 3 AktG zwingend. Bei nicht börsennotierten Gesellschaften kann der Aufsichtsrat beschließen, dass nur eine Sitzung im Kalenderhalbjahr abzuhalten ist.

Das AktG geht von der **Präsenzsitzung als Regelfall** aus. Allerdings lässt § 108 **173** IV AktG die Beschlussfassung auch ohne Abhaltung einer Präsenzsitzung zu. Danach kann der Aufsichtsrat in schriftlicher, fernmündlicher oder vergleichbaren Formen (Stimmabgabe per Telefax oder Telegramm, Telefon- oder Videokonfe-

---

[153] *Drygala* in K. Schmidt/Lutter, AktG, § 107 Rn. 67.

[154] *Drygala* in K. Schmidt/Lutter, AktG, § 107 Rn. 72.

[155] Vgl. dazu *Drygala* in K. Schmidt/Lutter, AktG, § 107 Rn. 74.

renz) entscheiden, sofern kein Mitglied diesem Verfahren widerspricht. Zudem lässt § 108 III AktG die schriftliche Stimmabgabe durch abwesende Mitglieder zu.

Darüber hinaus ist auch – obwohl gesetzlich nicht vorgesehen – eine sog. **gemischte Beschlussfassung** zulässig. Der Aufsichtsrat kann also bestimmen, dass die anwesenden Mitglieder in der Sitzung und die abwesenden Mitglieder nachträglich abstimmen[156]. Ferner können abwesende Mitglieder auch telefonisch oder mittels Videoübertragung an einer Präsenzsitzung teilnehmen und auf diesem Wege an der Beschlussfassung mitwirken.

174 Die **Einberufung** von Sitzungen erfolgt grundsätzlich durch den Aufsichtsratsvorsitzenden, im Falle der Verhinderung durch seinen Stellvertreter. Gemäß § 110 I 1 AktG können jedes Aufsichtsratsmitglied einzeln und der Vorstand als Organ (also nicht einzelne Mitglieder) die Einberufung des Aufsichtsrates verlangen. Der Aufsichtsratsvorsitzende kann den Aufsichtsrat auch aus eigener Initiative einberufen. Er ist sogar dazu verpflichtet, wenn das Gesellschaftsinteresse eine Zusammenkunft des Aufsichtsrates gebietet.

Gesetzliche Anforderungen an die **Form** der Einberufung bestehen nicht, können aber von Satzung oder Geschäftsordnung vorgesehen werden. Die **Einberufungsfrist** muss angemessen sein. In den Fällen des § 110 I 1 AktG muss die Sitzung innerhalb von zwei Wochen stattfinden (Satz 2); anderenfalls kann die Einberufung im Wege der Selbsthilfe vorgenommen werden (§ 110 II AktG). Aus der Einberufung muss erkennbar sein, wer für welche Aktiengesellschaft den Aufsichtsrat einberuft; daneben selbstverständlich Zeit und Ort der Sitzung. Weiterhin ist zugleich oder in engem zeitlichen Zusammenhang mit der Einberufung die **Tagesordnung** bekannt zu geben, die zuvor vom Aufsichtsratsvorsitzenden festzusetzen ist.

175 Aufsichtsratsmitglieder sind kraft Amtes zur Teilnahme an den Sitzungen des Aufsichtsrates und derjenigen Ausschüsse, denen sie angehören, berechtigt und verpflichtet.

Vorstandsmitglieder haben zwar kein Recht auf Teilnahme, sie sind aber auf Verlangen des Aufsichtsrates zur Teilnahme verpflichtet. In der Praxis ist die Teilnahme des Vorstandes die Regel. Personen, die weder dem Aufsichtsrat noch dem Vorstand angehören, dürfen grundsätzlich nicht an den Sitzungen teilnehmen (§ 109 I 1 AktG). Die **Teilnahme Dritter** ist aber zulässig, wenn diese als Sachverständige oder Auskunftspersonen zur Beratung über einzelne Gegenstände zugezogen werden sollen (§ 109 I 2 AktG).

Die Vorschrift gewährt mithin kein eigenes Teilnahmerecht, sondern ermöglicht es dem Aufsichtsrat sich bei Bedarf sachkundigen Rat einzuholen. Eine Hinzuziehung Dritter ist dabei nur insofern zulässig, als sie auch tatsächlich bei der Beratung einzelner Tagesordnungspunkte mit ihrem Sachverstand beitragen oder Auskunft geben können, nicht aber als ständige Berater. Über die Vorschrift lässt sich in den Fällen, in denen der besondere Sachverstand gerade bei Mitarbeitern des Unternehmens vorhanden ist, ein direkter Kontakt des Aufsichtsrates zu diesen Mitarbeitern herstellen – und zwar auch ohne Einwilligung des Vorstandes (dazu oben Rn. 115).

---

[156] *Drygala* in K. Schmidt/Lutter, AktG, § 108 Rn. 24 mit weiteren Nachweisen.

Die Satzung kann zulassen, dass anstelle eines **verhinderten** Aufsichtsratsmitglieds eine Person an Sitzungen des Aufsichtsrates und seiner Ausschüsse teilnehmen kann, die nicht dem Aufsichtsrat angehört (§ 109 III AktG).

6. Beschlussfassung

a) Gebot ausdrücklicher Beschlussfassung

Gemäß § 108 I AktG entscheidet der Aufsichtsrat – ebenso wie seine Ausschüsse   **176**
– durch Beschlüsse, die in Sitzungen gefasst werden. Beschlüsse sind ausdrücklich zu fassen. Eine stillschweigende oder konkludente Übereinkunft der Mitglieder genügt nicht[157]. Die Sitzungen und damit auch die gefassten Beschlüsse sind zu protokollieren (§ 107 II AktG).

Einem Beschluss muss immer ein **Beschlussantrag** vorausgehen, über den abgestimmt wird[158]. Jedes Aufsichtsratsmitglied ist berechtigt, zu einem Gegenstand der Tagesordnung einen solchen Antrag zu stellen.

b) Beschlussfähigkeit

Wirksame Beschlüsse können nur gefasst werden, wenn der Aufsichtsrat **be-**   **177**
schlussfähig ist. Gemäß § 108 II 1 AktG kann die Satzung die Voraussetzungen der Beschlussfähigkeit regeln, soweit eine gesetzliche Regelung nicht besteht[159].

Als Untergrenze für die Beschlussfähigkeit schreibt § 148 II 3 AktG die Teilnahme von mindestens **drei** Mitgliedern zwingend vor.

Teilnahme bedeutet dabei nicht nur Abgabe einer Ja- oder Nein-Stimme, sondern auch Stimmenthaltung. Abwesende Mitglieder können durch schriftliche Stimmabgabe nach Maßgabe des § 108 III AktG an der Beschlussfassung teilnehmen. Die bloße Anwesenheit ist grundsätzlich keine Teilnahme. Allerdings macht der BGH für die Fälle, in denen ein Stimmverbot besteht, eine **Ausnahme**: Das anwesende, aber nicht stimmberechtigte Mitglied soll bei der Feststellung der Beschlussfähigkeit zu berücksichtigen sein[160]. Hierdurch soll die Beschlussfähigkeit dreiköpfiger Aufsichtsräte sichergestellt werden.

---

[157] *Drygala* in K. Schmidt/Lutter, AktG, § 108 Rn. 4.

[158] *Hüffer*, AktG, § 108 Rn. 6; *Spindler* in Spindler/Stilz, AktG, § 108 Rn. 15.

[159] Für Einzelheiten siehe *Drygala* in K. Schmidt/Lutter, AktG, § 108 Rn. 8 ff.

[160] BGH ZIP 2007, 1056, a.A. BayObLG ZIP 2003, 1194; OLG Frankfurt ZIP 2005, 2322.

c) Stimmrecht

178   **Stimmberechtigt** ist grundsätzlich jedes Aufsichtsratsmitglied. Einen allgemeinen Stimmrechtsausschluss für Fälle der Interessenkollision gibt es für den Aufsichtsrat nicht[161].

> Analog § 34 BGB (nicht: § 136 AktG) unterliegt ein Mitglied aber immer dann einem Stimmverbot, wenn über den Abschluss eines Rechtsgeschäfts mit ihm oder über die Einleitung oder Erledigung eines Rechtsstreits zwischen der Gesellschaft und ihm abgestimmt wird[162].

Stimmberechtigt bleibt das Mitglied hingegen bei der inneren Entscheidungsfindung des Organs ohne Sanktionscharakter gegen das betreffende Mitglied. Daher besteht das Stimmrecht etwa bei der eigenen Wahl zum Vorstandsmitglied oder in eine besondere Funktion innerhalb des Aufsichtsrates (z.B. zum Aufsichtsratsvorsitzenden).

d) Mehrheit

179   Im Aufsichtsrat entscheidet grundsätzlich[163] die Mehrheit der abgegebenen Stimmen (**einfache Mehrheit**). Ein positiver Beschluss liegt demnach immer dann vor, wenn die Anzahl der gültigen Ja-Stimmen die Anzahl der gültigen Nein-Stimmen übersteigt; Stimmgleichheit genügt nicht. Stimmenthaltungen bleiben außer Betracht. Die Satzung kann aber dem Aufsichtsratsvorsitzenden ein Stichentscheidungsrecht, nicht aber ein Vetorecht einräumen.

> Für mitbestimmte Gesellschaften existieren zahlreiche besondere Mehrheitserfordernisse (vgl. etwa § 124 III 4 AktG; §§ 27, 31, 32, 37 MitbestG; § 13 Montan-MitbestG; § 15 MitbestErgG).

e) Fehlerhafte Aufsichtsratsbeschlüsse

180   Ein Aufsichtsratsbeschluss ist immer dann fehlerhaft, wenn im Beschlussverfahren Mängel aufgetreten sind oder der Beschlussinhalt gegen Gesetz oder Satzung verstößt.

---

[161] *Lutter/Krieger*, Rechte und Pflichten des Aufsichtsrats, Rn. 728; *Hüffer*, AktG, § 108 Rn. 9; *Spindler* in Spindler/Stilz, AktG, § 108 Rn. 26; *Bürgers/Israel* in Bürgers/Körber, AktG, § 108 Rn. 11.

[162] BayObLGZ 2003, 89; *Meilicke*, Festschrift W. Schmidt, 1959, S. 71, 85 ff.; *Ulmer*, NJW 1982, 2288, 2289; *Lutter/Krieger*, Rechte und Pflichten des Aufsichtsrats, Rn. 728; *Hüffer*, AktG, § 108 Rn. 9.

[163] Zu Abweichungen durch Satzungsregelungen siehe etwa *Habersack* in MünchKomm. AktG, § 108 Rn. 23 ff.

Eine generelle gesetzliche Regelung, welche über das rechtliche Schicksal fehlerhafter Beschlüsse Auskunft gibt, findet sich nicht. Früher wurden fehlerhafte Aufsichtsratsbeschlüsse deshalb generell als nichtig angesehen mit der Folge, dass jeder Betroffene sich auf den Mangel ohne zeitliche Begrenzung berufen konnte. Nach heute einhelliger Auffassung sind Differenzierungen nach Art und Schwere des Mangels erforderlich, wobei im Einzelnen vieles streitig ist[164].

⮑ **Verstöße gegen bloße Ordnungsvorschriften** beeinträchtigen die Wirksamkeit des Beschlusses nicht.

Beispiele: Teilnahme Dritter an Aufsichtsratssitzungen entgegen § 109 AktG; die fehlende Protokollierung entgegen § 107 II AktG.

⮑ **Schwerwiegende Mängel** führen zur **uneingeschränkten Nichtigkeit** des Beschlusses. Dies gilt sowohl bei Verstößen gegen zwingende gesetzliche oder statutarische inhaltliche Vorgaben (Inhaltsmängel) und unverzichtbare Verfahrensvorschriften (Verfahrensmängel).

Beispiele für schwerwiegende Inhaltsmängel:
Bestellung eines den Anforderungen des § 76 III AktG nicht genügenden Vorstandsmitgliedes; Entscheidungen, bei denen der Aufsichtsrat sein ihm eingeräumtes Ermessen überschreitet oder die nicht in seinen Kompetenzbereich fallen.

Beispiele für schwerwiegende Verfahrensmängel:
fehlende Beschlussfähigkeit; Nichtladung oder unzulässigen Ausschluss einzelner Mitglieder; Feststellung eines positiven Beschlusses, obwohl Mehrheit nicht erreicht wurde.

⮑ **Minderschwere Mängel**, insbesondere Verstöße gegen verzichtbare oder heilbare Verfahrensregeln, führen zur **eingeschränkten Nichtigkeit**, die gegenüber dem Aufsichtsratsvorsitzenden oder durch Erhebung einer Nichtigkeitsfeststellungsklage innerhalb einer angemessenen Frist geltend zu machen sind (Rechtsgedanke der Verwirkung)[165].

Beispiel: Einberufungsmängel.

7. Verantwortlichkeit und Haftung

Gemäß §§ 116 S. 1 i.V.m. 93 I, II AktG haben die Aufsichtsratsmitglieder bei der Erfüllung ihrer Aufgaben die Sorgfalt eines ordentlichen und gewissenhaften Aufsichtsratsmitglieds anzuwenden; anderenfalls haften sie der Gesellschaft auf Schadensersatz.

181

---

[164] Zum Folgenden vgl. *Drygala* in K. Schmidt/Lutter, AktG, § 108 Rn. 34 ff. mit weiteren Nachweisen zum Meinungsstand.

[165] BGHZ 122, 342, 346 ff.; BGHZ 35, 244, 247 – „ARAG/Garmenbeck"; *Drygala* in K. Schmidt/Lutter, AktG, § 108 Rn. 39 f.; *Hopt/Roth* in Großkomm. AktG, § 108 Rn. 139 f.; *Hüffer*, AktG, § 108 Rn. 19; *Spindler* in Spindler/Stilz, AktG, § 108 Rn. 73 f.

a) Organverantwortung und individuelle Sorgfaltspflicht

182 Zur Überwachung der Geschäftsleitung ist der Aufsichtsrat als Organ berechtigt und verpflichtet; er ist Träger der organschaftlichen Funktionen. Den einzelnen Mitgliedern stehen gegenüber dem Vorstand grundsätzlich keine eigenen Amtsbefugnisse zu (Ausnahme: § 90 III 2 AktG).

> Die Überwachungspflicht ist mithin eine **kollektive**, keine individuelle. Alle Mitglieder sind aber verpflichtet, durch Mitarbeit im Aufsichtsrat an der Erfüllung der Überwachungsaufgabe **mitzuwirken**.

Insbesondere muss jedes Mitglied gegebenenfalls darauf hinwirken, dass der Aufsichtsrat seiner Überwachungsfunktion hinreichend gerecht wird. Insofern kann man durchaus von einer **Gesamtverantwortung** der Aufsichtsratsmitglieder sprechen. Zwar setzt die Haftung einzelner Mitglieder die Verletzung einer individuellen Pflicht voraus, doch kann diese Pflichtverletzung gerade darin bestehen, dass nicht genügend auf eine ordnungsgemäße Erfüllung der Organpflichten hingewirkt wird.

183 Haftungsadressaten sind dabei nur die Aufsichtsratsmitglieder persönlich, eine Haftung des Organs selbst scheidet mangels Rechtssubjektivität aus[166].

Daher muss auch das Verschulden für jedes Organmitglied separat festgestellt werden; eine wechselseitige Zurechnung ist nicht möglich.

b) Mindeststandards sorgfältiger Mandatswahrnehmung

184 Das Gesetz fordert von den Aufsichtsratsmitgliedern keine besondere berufliche Sachkunde oder sonstige fachliche Qualifikation. Allerdings ist eine sachgerechte Mitwirkung an der Aufsichtsratsarbeit nur möglich, wenn die Mitglieder in der Lage sind, die **wesentlichen wirtschaftlichen Zusammenhänge** und Geschäftsvorfälle ohne fremde Hilfe zu erfassen und zu beurteilen.

> Nur wer fähig ist, sich aufgrund der Vorstandsberichte, des Geschäftsganges und des Prüfberichtes des Abschlussprüfers überhaupt ein Bild von der wirtschaftlichen Lage der Gesellschaft zu machen, kann beurteilen, ob die Geschäftsführung und Berichterstattung des Vorstandes den gesetzlichen Anforderungen genügt und ob der Aufsichtsrat effektiv organisiert ist. Diese Grundvoraussetzungen muss jedes Aufsichtsratsmitglied erfüllen; anderenfalls liegt bereits in der Übernahme des Mandats ein Sorgfaltsverstoß in Gestalt des Übernahmeverschuldens.

---

[166] Anders bereits im Ansatz *Szalai/Marz*, DStR 2010, 809 ff.

c) Einzelne Mitwirkungspflichten

Die Sorgfaltspflicht hat den Charakter einer **Generalklausel**, die durch Herausar-   **185**
beitung konkreter objektiver Verhaltenspflichten **zu präzisieren** ist.

Bestandteil der umfassenden Sorgfaltspflicht sind demnach unter anderem[167]:

- ⮑ die Pflicht zur Mitarbeit im Plenum und gegebenenfalls in Ausschüssen, insbesondere durch Teilnahme an Diskussionen und Beschlussfassungen,
- ⮑ die Pflicht, auf eine gesetzeskonforme und effektive Organisation und Arbeitsweise des Aufsichtsrates hinzuwirken, namentlich auch durch Verlangen der Einberufung (§ 110 I AktG) oder Selbsteinberufung des Aufsichtsrates (§ 110 II AktG),
- ⮑ die Pflicht zur Information durch Erörterung und Prüfung der Vorstandsberichte,
- ⮑ die Pflicht, gegebenenfalls weitere Berichte anzufordern (§ 90 III 2 AktG) oder auf die Ausübung der Rechte aus § 111 II AktG hinzuwirken,
- ⮑ die Pflicht, auf die Existenz und Wirkung des gesetzlich vorgeschriebenen internen Kontrollsystems zu achten (§ 91 II AktG),
- ⮑ die Pflicht, sich zu allen relevanten Entscheidungen ein persönliches Urteil zu bilden, namentlich über die Eignung des Vorstandes, die Qualität der Geschäftsleitung, Rechtmäßigkeit des Jahresabschlusses,
- ⮑ die Pflicht, bei Anhaltspunkten für Pflichtwidrigkeiten des Vorstandes eine Befassung des Aufsichtsrates herbeizuführen.

d) Treuepflicht

Jedes Aufsichtsratsmitglied trifft gegenüber der Gesellschaft eine aus der Amts-   **186**
stellung fließende Treuepflicht. Der Grad der gebotenen Rücksichtnahme auf die
Interessen der Gesellschaft richtet sich danach, ob das Mitglied gerade in seiner
Funktion als Aufsichtsrat handelt oder nicht. In allen Fällen folgt aus der Treuepflicht das Verbot, das Aufsichtsratsamt zu benutzen, um im eigenen Interesse
oder im Interesse eines anderen Unternehmens nachteilig auf die Gesellschaft ein-
zuwirken.

Handeln Mitglieder in ihrer Funktion als Amtsträger, so sind sie streng den
Interessen der Gesellschaft verpflichtet.

Kollidierende Interessen, an die die Mitglieder etwa aufgrund ihrer beruflichen
Stellung oder vertraglicher Abreden gebunden sind, müssen hinter das Unternehmensinteresse **zurücktreten**[168] (zum Verfahren bei Vorliegen von Interessenkonflikten oben Rn. 138 ff.). Bei nachhaltigen und weitreichenden Interessenkollisio-
nen kann ausnahmsweise eine Pflicht zur Niederlegung des Mandats bestehen[169].

---

[167] Vgl. auch *Hopt/Roth* in Großkomm. AktG, § 116 AktG Rn. 115 ff.

[168] Vgl. dazu *Spindler* in Spindler/Stilz, AktG, § 116 Rn. 21 ff.

[169] *Lutter*, ZHR 145 (1981), 224, 246; *Spindler* in Spindler/Stilz, AktG, § 116 Rn. 66; *Bürgers/Israel* in Bürgers/Körber, AktG, § 116 Rn. 8.

187   Außerhalb ihrer Organfunktion sind die Mitglieder hingegen nicht gehindert, eigene oder fremde Interessen zu verfolgen, selbst wenn dadurch der Gesellschaft Nachteile entstehen könnten[170].

Sie unterliegen **keinem Wettbewerbsverbot**[171]. Ein Verbot, Geschäftschancen der Gesellschaft für sich oder Dritte auszunutzen, besteht nur, wenn der Zugriff auf die Geschäftschancen erst durch das Amt als Aufsichtsratsmitglied ermöglicht wurde.

Alle Aufsichtsratsmitglieder sind verpflichtet, Geheimnisse und vertrauliche Angaben der Gesellschaft zu wahren (§ 116 S. 2 AktG)[172].

e) Allgemeine Sorgfaltshaftung

188   Aufsichtsratsmitglieder haften gesamtschuldnerisch für die schuldhafte Verletzung individueller Pflichten der Gesellschaft auf Ersatz des hieraus entstandenen Schadens (§ 116 S. 1 i.V.m. § 93 II 1 AktG).

Alle Aufsichtsratsmitglieder haben dabei für diejenige Sorgfalt einzustehen, die von einem durchschnittlichen Aufsichtsratsmitglied erwartet werden kann[173].

Zu fragen ist mithin stets, ob die Pflichtverletzung **für ein durchschnittliches Aufsichtsratsmitglied vermeidbar** gewesen wäre. Persönliche Unwissenheit und Unfähigkeit exkulpieren nicht; Gleiches gilt für Zeitmangel.

189   Im Übrigen haften Aufsichtsratsmitglieder nach ihren Fähigkeiten und Kenntnissen. Insbesondere müssen sie besondere Kenntnisse und Fähigkeiten, die über diejenigen eines durchschnittlichen Aufsichtsratsmitglieds hinausgehen, im Rahmen des zumutbaren Arbeitseinsatzes auch einsetzen[174].

Üben Mitglieder einen Beruf aus, müssen sie auch ihr Aufsichtsratsmandat mit der **berufstypischen Sorgfalt** wahrnehmen. Für besondere Funktionen, etwa den Aufsichtsratsvorsitz oder die Mitgliedschaft in einem Ausschuss, sind besondere

---

[170] *Spindler* in Spindler/Stilz, AktG, § 116 Rn. 71; *Merkt*, ZHR 159 (1995), 423, 432 ff.; *Ulmer*, NJW 1980, 1603, 1606 f.; *Werner*, ZHR 145 (981), 252, 261 ff.

[171] *Hopt/Roth* in Großkomm. AktG, § 116 AktG Rn. 193; *Spindler* in Spindler/Stilz, AktG, § 116 Rn. 71; *Ulmer*, NJW 1980, 1603, 1606; *Fleck*, Festschrift Heinsius, 1991, S. 89, 92.

[172] Näher dazu *Drygala* in K. Schmidt/Lutter, AktG, § 116 Rn. 23 ff.

[173] BGHZ 85, 293, 295 – „Hertie"; *Lutter/Krieger*, Rechte und Pflichten des Aufsichtsrats, Rn. 86; *Hüffer*, AktG, § 111 Rn. 2; *Hopt/Roth* in Großkomm. AktG, § 116 Rn. 43.

[174] ZIP 1981, 194, 197; *Dreher*, Festschrift Boujong, 1996, S. 71; *Lutter/Krieger*, Rechte und Pflichten des Aufsichtsrats, Rn. 1008; *Spindler* in Spindler/Stilz, AktG, § 116 Rn. 17; a.A. *K. Schmidt*, Gesellschaftsrecht, § 28 III 1d; *Hüffer*, AktG, § 116 Rn. 3.

Kenntnisse und Fähigkeiten erforderlich. Die Mitglieder, die diese Funktionen übernehmen, unterliegen strengeren Sorgfaltsanforderungen[175].

Die **Business Judgment Rule** (§ 93 I 2 AktG und oben Rn. 84 ff.) gelangt bei   **190** unternehmerischen Entscheidungen auch zugunsten der Aufsichtsratsmitglieder zur Anwendung. Der Katalog des § 93 III AktG gilt für Aufsichtsratsmitglieder entsprechend.

Für die weiteren Tatbestandsvoraussetzungen, die Regeln zur Beweislast und Verzichtbarkeit kann auf die Ausführungen oben Rn. 88 ff. verwiesen werden. Zur Haftung bei **unangemessener Vorstandsvergütung** nach § 116 S. 3 AktG siehe bereits oben Rn. 75.

Die **Geltendmachung von Ersatzansprüchen** gegen Aufsichtsratsmitglieder ist   **191** zuvörderst Aufgabe des Vorstandes (§ 78 AktG). Den Aktionären stehen auch hier, Sonderprüfung, Klageerzwingungs- und Klagezulassungsverfahren (§§ 142 ff. AktG) als Mittel zur Effektivierung der Anspruchsdurchsetzung zur Verfügung (dazu oben Rn. 98 ff.).

Praktisch üblich ist der Abschluss von sog. **D&O-Versicherungen** auch zugunsten der Aufsichtsratsmitglieder. Ein Selbstbehalt muss dabei nicht vorgesehen werden, da in § 116 S. 1 AktG gerade nicht auf § 93 II 3 AktG verwiesen wird. Allerdings empfiehlt Ziff. 3.8 DCGK den Selbstbehalt auch für den Aufsichtsrat.

IV. Die Hauptversammlung

Literatur: *Butzke*, Die Hauptversammlung der Aktiengesellschaft, 5. Aufl. 2011.

1. Grundlagen

Der **Begriff** „Hauptversammlung" wird vom AktG in **zwei Bedeutungen** verwen-   **192** det:

> Zum einen handelt es sich bei der Hauptversammlung um ein **Organ der Aktiengesellschaft**, zum anderen um die tatsächliche **Zusammenkunft der Aktionäre**, in der der Organwille gebildet wird.

Als Organ der Aktiengesellschaft ist die Hauptversammlung unabhängig von der konkreten Zusammensetzung des Aktionärskreises. Zwar sind die Aktionäre aufgrund der Mitgliedschaft im Verband Aktiengesellschaft **geborene Organmitglieder**, doch können sie mit dem Organ nicht gleichgesetzt werden. Es handelt sich bei der Hauptversammlung vielmehr um ein Rechtsgebilde, das mit Feststel-

---

[175] *Drygala* in K. Schmidt/Lutter, AktG, § 116 Rn. 37; *Hüffer*, AktG, § 116 Rn. 3; *Lutter/Krieger*, Rechte und Pflichten des Aufsichtsrats, Rn. 1008.

lung der Satzung entsteht und bis zum Erlöschen der Gesellschaft unverändert fortbesteht („ständiges Organ")[176].

193

Zentrale Funktion der Hauptversammlung ist es, den mehrheitlichen Willen der Anteilseigner zu bilden und gegenüber den anderen Gesellschaftsorganen einheitlich zu vertreten. Wirksame Beschlüsse der Hauptversammlung wirken nicht nur für die zustimmenden, sondern für sämtliche Aktionäre.

Der rechtliche Einfluss auf die unternehmerische Entwicklung der Gesellschaft, den jeder Aktionär ohne Ansehung des Beteiligungsumfangs oder anderweitiger faktischer Einwirkungsmöglichkeiten durch die Wahrnehmung der aus der Mitgliedschaft fließenden Rechte ausüben kann, beschränkt sich grundsätzlich auf die Teilhabe an der internen Willensbildung des Organs Hauptversammlung und ist der innerverbandlichen Entscheidungsfindung somit vorgelagert – sofern die Hauptversammlung überhaupt in diese eingebunden ist.

194   Bisweilen wird die Hauptversammlung als **„Grundorgan"** oder „oberstes Organ" der AG bezeichnet. Dies wird der aktienrechtlichen Organisationsverfassung allerdings nicht gerecht. Der Gesetzgeber hat – anders als im GmbH-Recht – auf eine Hierarchie unter den drei Gesellschaftsorganen (Vorstand – Aufsichtsrat – Hauptversammlung) verzichtet und diesen lediglich bestimmte Aufgabenbereiche zugewiesen und sie diesbezüglich mit Kompetenzen ausgestattet. Ein generelles Über-/Unterordnungsverhältnis besteht in keiner Interorganbeziehung. Zwar ist die Hauptversammlung insoweit „privilegiert", als sie im Gegensatz zu Vorstand und Aufsichtsrat über Gesellschaftszweck und Unternehmensgegenstand bestimmen und diese ändern kann, während die Verwaltungsorgane an die diesbezüglichen Vorgaben der Anteilseigner gebunden sind. Indes lässt sich daraus noch **nicht** eine weiter gehende Vorrangstellung herleiten, zumal es der Vorstand ist, der die Gesellschaft eigenverantwortlich leitet und der dabei vom Aufsichtsrat (und nicht etwa von der Hauptversammlung) überwacht wird.

2. Kompetenzen der Hauptversammlung

Literatur: *Becker/Horn*, Ungeschriebene Aktionärsrechte nach Holzmüller und Gelatine, JuS 2005, 1067; *Ekkenga*, „Macrotron" und das Grundrecht auf Aktieneigentum – Der BGH als der bessere Gesetzgeber?, ZGR 2003, 878; *Fleischer*, Ungeschriebene Hauptversammlungszuständigkeiten im Aktienrecht: Von „Holzmüller" zu „Gelatine", NJW 2004, 2335; *Henze*, Voraussetzungen und Folgen des Delisting, Festschrift Th. Raiser, 2005, S. 145; *Hoffmann-Becking*, „Holzmüller", „Gelatine" und die These von der Mediatisierung der Aktionärsrechte, ZHR 172 (2008), 231; *Liebscher*, Ungeschriebene Hauptversammlungszuständigkeiten im Lichte von Holzmüller, Macroton und Gelatine, ZGR 2005, 1; *Reichert*, Mitwirkungsrechte und Rechtsschutz der Aktionäre nach Macrotron und Gelatine, AG 2005, 150; *Staake*, Ungeschriebene Hauptversammlungskompetenzen in börsennotierten und nicht börsennotierten Aktiengesellschaften, 2009.

---

[176] So auch *Kubis* in MünchKomm. AktG, § 118 Rn. 11; a.A. *Semler* in MünchHdb. GesR IV (AG), § 34 Rn. 7; *Hüffer*, AktG, § 118 Rn. 5.

a) Geschriebene Kompetenzen

Die Zuständigkeiten der Hauptversammlung (als Organ) sind im Wesentlichen in **195**
§ 119 I AktG aufgeführt. Danach beschließt die Hauptversammlung über:

- ➲ Nr. 1: die Bestellung der Aufsichtsratsmitglieder, soweit nicht mitbestimmungs-
  rechtliche Vorschriften eingreifen (§ 101 AktG),
- ➲ Nr. 2: die Verwendung des Bilanzgewinns (§ 175 AktG),
- ➲ Nr. 3: die Entlastung von Vorstands- und Aufsichtsratsmitgliedern (§ 120 AktG),
- ➲ Nr. 4: die Bestellung des Abschlussprüfers,
- ➲ Nr. 5: Satzungsänderungen (§ 179 AktG),
- ➲ Nr. 6: Kapitalmaßnahmen (§§ 182 ff. AktG),
- ➲ Nr. 7: die Bestellung von Sonderprüfern (§ 142 AktG),
- ➲ Nr. 8: die Auflösung der Gesellschaft (§ 262 I Nr. 2 AktG).

Hinzu kommen weitere über das AktG und weitere Gesetze verstreute punktuelle **196**
Zuständigkeiten[177]. Der Hauptversammlung obliegt insbesondere auch die Entscheidung über:

- ➲ die Abberufung von Aufsichtsratsmitgliedern (§ 103 I AktG),
- ➲ die Übertragung des gesamten Vermögens der AG (§ 179a AktG),
- ➲ einen Squeeze-out (§ 327a AktG),
- ➲ Umwandlungen nach dem UmwG, also insbesondere Verschmelzung, Spaltung und
  Formwechsel (vgl. §§ 13, 50, 125, 193 UmwG),
- ➲ den Abschluss von Unternehmensverträgen (§ 293 AktG),
- ➲ den (nur eingeschränkt möglichen) Verzicht auf Ansprüche gegen Gründer und
  Organmitglieder (§§ 50, 93 IV AktG).

Grundsätzlich nicht in den Zuständigkeitsbereich der Hauptversammlung fällt **197**
hingegen die Entscheidung über **Fragen der laufenden Geschäftsführung.** Diese
Frage hat der Gesetzgeber von 1937 der Hauptversammlung entzogen, und der
Gesetzgeber von 1965 hat daran festgehalten, um die Professionalität der Entscheidungsfindung zu stärken. Der **Vorstand kann** allerdings derartige Fragen der
Hauptversammlung **vorlegen**, die sodann für den Vorstand bindend darüber zu befinden hat (§ 119 II AktG und oben Rn. 92). Von dieser Möglichkeit wird allerdings in der Praxis kaum Gebrauch gemacht, weil eine solche Vorlage leicht den
Eindruck erwecken kann, der Vorstand sei mit seiner Leitungsaufgabe überfordert
oder wisse in der konkreten Frage keinen Rat.

Gemäß § 119 I AktG beschließt die Hauptversammlung nur in den durch Ge- **198**
setz und in der Satzung ausdrücklich bestimmten Fällen (sog. **Enumerations-**
prinzip). Dies darf nicht zu der Annahme verleiten, die Satzung könnte die Zuständigkeiten der Hauptversammlung beliebig erweitern – das Gegenteil ist der
Fall[178].

---

[177] Siehe die Auflistung bei *Spindler* in K. Schmidt/Lutter, AktG, § 119 Rn. 7 ff.
[178] Vgl. auch die Begr. zum RegE des AktG 1965 bei *Kropff*, S. 165.

Aus § 23 V AktG folgt, dass die aktienrechtliche Kompetenzordnung weitgehend zwingendes Recht und der Disposition der Aktionäre entzogen ist. Eine abweichende statutarische Gestaltung des verbandsinternen Machtgefüges ist somit – bis auf wenige Ausnahmen – ausgeschlossen.

b) Ungeschriebene Kompetenzen

199   Aus dem zwingenden Charakter der Kompetenzordnung folgt indes nicht notwendigerweise, dass die gesetzliche Regelung der Zuständigkeiten abschließend ist. Bald nach Inkrafttreten des AktG 1965 wurde die Frage aufgeworfen, ob und – vor allem – in welchen Fällen „ungeschriebene" Hauptversammlungskompetenzen in Betracht kommen. Aus dieser Diskussion hervorgegangen sind die „Holzmüller/Gelatine-Grundsätze" und die „Macrotron-Grundsätze" – jeweils benannt nach wegweisenden Entscheidungen des BGH.

> Zur Zuständigkeit der Hauptversammlung als Mittel des Konzerneingangsschutzes siehe zudem unten § 30 Rn. 11 f.

aa) Die „Holzmüller/Gelatine"-Grundsätze

200   In seiner „Holzmüller"-Entscheidung aus dem Jahr 1982 statuierte der BGH erstmals eine in **Ausnahmefällen** bestehende Verpflichtung des Vorstandes, bei schwerwiegenden Eingriffen in die Rechte und Interessen der Aktionäre eine Entscheidung der Hauptversammlung herbeizuführen[179].

Dies sei immer dann der Fall, wenn eine Maßnahme so tief in die Mitgliedsrechte der Aktionäre und deren im Anteilseigentum verkörpertes Vermögensinteresse eingreifen würde, dass der Vorstand vernünftigerweise nicht annehmen könne, er dürfe sie in eigener Verantwortung treffen[180].

In concreto bejahte der BGH die Zustimmungspflicht der Hauptversammlung bei der **wirtschaftlichen Ausgliederung eines wesentlichen Betriebsteils** auf eine Tochtergesellschaft.

> Der Entscheidung lag folgender **Sachverhalt** zugrunde: Die Beklagte betrieb einen **Holzhandel** und einen **Seehafenbetrieb**, wobei letzter ca. 80 % des Unternehmenswertes ausmachte und in der Zukunft höhere Erlöse versprach. Der Vorstand beabsichtigte den Seehafenbetrieb auszugliedern und in eine neu zu gründende KGaA einzubringen. Der Holzhandel hingegen sollte weiterhin von der Beklagten selbst betrieben werden. Zu diesem Zwecke wurden zunächst die künftige Komplementär-GmbH und sodann die Holzmüller KGaA gegründet, in die die Beklagte den Seehafenbetrieb satzungsgemäß als Einlage einbrachte. Sowohl bei der Komplementär-GmbH als auch bei der KGaA selbst handelte es sich um hundertprozentige Töchter der Beklagten.

---

[179] BGHZ 83, 122 ff. – „Holzmüller".
[180] BGHZ 83, 122, 131 – „Holzmüller".

Nach Auffassung des BGH kam eine Pflicht zur Befragung der Hauptversammlung nicht nur bei der Ausgliederung in Betracht, sondern auch bei Maßnahmen in der Tochtergesellschaft, sofern sich diese auf die wirtschaftlichen und rechtlichen Verhältnisse der Obergesellschaft und ihre Gesellschafter wesentlich auswirken können[181]. Als dogmatische Grundlage diente dabei § 119 II AktG: Das danach bestehende **Ermessen des Vorstandes**, eine Entscheidung der Hauptversammlung herbeizuführen, sollte sich **auf Null reduzieren.**

Nachdem die „Holzmüller"-Entscheidung zunächst überwiegend auf Kritik gestoßen war, **201** gewannen die Befürworter einer stärker an den Bedürfnissen des Aktionärsschutzes orientierten Kompetenzordnung und der Ausweitung der Zuständigkeiten der Hauptversammlung gegenüber den Skeptikern bald an Boden[182]. Durch zahlreiche Versuche, die „Holzmüller-Grundsätze" in einem über den vom BGH entschiedenen Einzelfall hinausreichenden dogmatischen System zu verorten und ihren Anwendungsbereich sowie die maßgeblichen Eingreifkriterien zu präzisieren, entstand ein **kaum zu überblickendes Meinungsspektrum**[183]. Restriktiven Ansätzen, die ungeschriebene Hauptversammlungskompetenzen auf Umwandlungssachverhalte beschränkten, wollten, standen organisationsrechtliche Modelle gegenüber, nach denen die „Holzmüller"-Grundsätze zu einer Grundlagenkompetenz der Hauptversammlung fortzuentwickeln waren. Auch im Hinblick auf die quantitativen Eingreifkriterien. Ein Konsens fehlte bereits bei der Frage, ob die „Holzmüller"-Grundsätze nur in engen Ausnahmefällen anwendbar seien oder lediglich einem Bagatellvorbehalt unterliegen sollten.

In seinen beiden **„Gelatine"-Urteilen**[184] präzisierte der BGH im Jahr 2004 den **202** Anwendungsbereich ungeschriebener Hauptversammlungskompetenzen, wobei er allzu extensiven Lösungsmodellen eine Absage erteilte.

Zum **Sachverhalt**: Beide Gelatine-Fälle betrafen Umstrukturierungsmaßnahmen in einem bereits bestehenden Konzern, in dem die Muttergesellschaft selbst operativ tätig war, zugleich aber auch Holding-Funktionen wahrnahm. Die Beklagte, die *Deutsche Gelatine-Fabriken Stoess AG*, deren wesentliches Geschäftsfeld die Herstellung und der Vertrieb von Gelatine und Nebenprodukten ist, hatte zunächst ihre 100%igen Beteiligungen an einer schwedischen und einer englischen Gesellschaft im Wege der Sachkapitalerhöhung auf eine weitere Tochtergesellschaft übertragen, wobei namentlich die schwedische Gesellschaft bislang nicht unerheblich zum Konzernergebnis beigetragen hatte. Die Einbringung der Beteiligung wurde von einem Minderheitsaktionär gerichtlich angegriffen, woraufhin der Vorstand der *Deutsche Gelatine-Fabriken Stoess AG* die Genehmigung der Maßnahme in der Hauptversammlung zur Abstimmung stellte. Der Antrag wurde mit knapp 70 % des vertretenen Grundkapitals angenommen („Gelatine I"). Sodann beabsichtigte der Vorstand der *Deutsche Gelatine-Fabriken Stoess AG* eine Minderheitsbeteiligung an einer GmbH & Co. KG sowie an deren Komplementärin in eine ihrer 100%igen Tochtergesellschaften einzubringen. Für den Vorschlag stimmten 66,4 % des vertretenen Grundkapitals („Gelatine II").

---

[181] BGHZ 83, 122 ff. – „Holzmüller".

[182] Zur Rezeption der Entscheidung siehe *Staake*, Ungeschriebene Hauptversammlungskompetenzen in börsennotierten und nicht börsennotierten Aktiengesellschaften, 2009, S. 32 ff., 37 ff.

[183] Vgl. *Staake*, Ungeschriebene Hauptversammlungskompetenzen in börsennotierten und nicht börsennotierten Aktiengesellschaften, 2009, S. 38 ff.

[184] BGHZ 159, 30 ff. – „Gelatine I"; BGH ZIP 2004, 1001 ff. – „Gelatine II".

Der BGH bekennt sich in den „Gelatine"-Urteilen zur **Eingriffslösung**: Das die Zustimmungspflicht auslösende Kriterium ist danach weiterhin der schwerwiegende Eingriff in die Aktionärsrechte.

Ungeschriebene Hauptversammlungskompetenzen sind somit ein Instrument des **verbandsrechtlichen Minderheitenschutzes**. Durch das Erfordernis einer kollektiven Entscheidung der Aktionäre soll einer Aushöhlung des mitgliedschaftlichen Einflusses vorgebeugt werden.

203 **Qualitatives Eingreifkriterium** ist dabei stets der **Mediatisierungseffekt** einer beabsichtigten Maßnahme. Mediatisierung bedeutet die faktische Verkürzung mitgliedschaftlicher Herrschafts- und Vermögensrechte durch unternehmerische Entscheidungen, die die Struktur der Gesellschaft bzw. des von ihr betriebenen Unternehmens nachhaltig zulasten der Aktionäre ändern[185]. Typischerweise gehen Mediatisierungseffekte mit Maßnahmen der **Konzernbildung** (z.B. Ausgliederung von Unternehmensteilen, Erwerb von Beteiligungen[186]) und **Konzernleitung** (z.B. Kapitalmaßnahmen in Tochtergesellschaften) einher. Denn dadurch ergeben sich Verschiebungen in den Beteiligungsverhältnissen oder den Zuständigkeiten, mithin rechtliche Veränderungen. Hingegen führt die (vollständige[187]) Veräußerung eines Betriebsteils oder einer Tochtergesellschaft nicht zu einem Mediatisierungseffekt, da sich hier nur wirtschaftlich, aber nicht rechtlich etwas ändert[188].

Das Vorliegen eines Konzerns im Sinne der §§ 15 ff. AktG ist indes nicht Voraussetzung für das Eingreifen der „Holzmüller/Gelatine"-Grundsätze.

Achtung: Über den konkreten Anwendungsbereich der „Holzmüller/Gelatine"-Grundsätze besteht allerdings noch immer keine Einigkeit![189]

204 Der BGH fordert darüber hinaus, dass der **Eingriff eine quasi-satzungsändernde Qualität** erreicht, und bestätigt damit den Ausnahmecharakter der „Holzmüller/Gelatine"-Grundsätze. Die Durchbrechung der gesetzlich vorgesehenen Kompetenzordnung sei regelmäßig erst dann zu rechtfertigen, wenn der Be-

---

[185] Vgl. *Spindler* in K. Schmidt/Lutter, AktG, § 119 Rn. 30; *Drinhausen* in Hölters, AktG, § 119 Rn. 20.

[186] So auch *Geßler*, Festschrift Stimpel, 1985, S. 771, 786 f.; *Spindler* in K. Schmidt/Lutter, AktG, § 119 Rn. 33; *Staake*, Ungeschriebene Hauptversammlungskompetenzen in börsennotierten und nicht börsennotierten Aktiengesellschaften, 2009, S. 76; ablehnend für den derivativen Beteiligungserwerb hingegen *Krieger* in MünchHdb. GesR IV (AG), § 69 Rn. 10; *Reger* in Bürgers/Körber, AktG, § 119 Rn. 17; *Renner*, NZG 2002, 1091 ff.

[187] Zur Möglichkeit eines Mediatisierungseffekts bei (nur) partiellen Anteilsveräußerungen siehe *Staake*, Ungeschriebene Hauptversammlungskompetenzen in börsennotierten und nicht börsennotierten Aktiengesellschaften, 2009, S. 82.

[188] *Staake*, Ungeschriebene Hauptversammlungskompetenzen in börsennotierten und nicht börsennotierten Aktiengesellschaften, 2009, S. 81 f. mit weiteren Nachweisen auch zur Gegenauffassung.

[189] Vgl. die tatbestandliche Beliebigkeit in LG Frankfurt a.M. ZIP 2010, 429; kritisch dazu *Staake*, WuB II A. § 119 AktG 1.10.

reich, auf den sich die Maßnahme erstreckt, in seiner Bedeutung für die Gesellschaft die Ausmaße des Holzmüller-Falles erreiche[190], also rund 80 % des Unternehmensvermögens betroffen seien. Auf die Benennung konkreter Schwellenwerte und Parameter, die zur Ausfüllung dieses Wesentlichkeitskriteriums dienen könnten, hat der BGH indes verzichtet. Zukünftig dürfte somit in Ansehung der **quantitativen Eingreifkriterien** weiterhin eine Gesamtbetrachtung des konkret zu entscheidenden Falles im Vordergrund stehen.

Bemerkenswert ist, dass der BGH in seinen „Gelatine"-Entscheidungen die **205** Hauptversammlungskompetenz nicht mehr aus § 119 II AktG ableitet und auch Vorschlägen aus dem Schrifttum, Einzel- oder Gesamtanalogien zu geschriebenen Zuständigkeiten zu ziehen[191], eine Absage erteilt.

Die „Holzmüller/Gelatine"-Grundsätze seien vielmehr das Ergebnis einer „offenen Rechtsfortbildung"[192].

Dieser Schritt ermöglicht es dem BGH die aus seiner Sicht „zutreffenden Elemente beider Ansätze"[193] zu verbinden. So soll nach Auffassung des BGH bei Vorliegen der Voraussetzungen der „Holzmüller/Gelatine"-Grundsätze der legitimierende Beschluss der Hauptversammlung einer **qualifizierten ¾-Mehrheit** bedürfen (Parallele zu „Grundlagengeschäften" nach §§ 179, 179a 293 AktG). Andererseits soll das Fehlen des Beschlusses **nicht auf das Außenverhältnis durchschlagen** (Parallele zu § 119 II AktG).

Anders als die „Holzmüller"-Entscheidung sind die „Gelatine"-Urteile im Schrifttum **206** überwiegend begrüßt worden[194]. Und in der Tat hat der BGH dazu beigetragen, das nach „Holzmüller" entstandene „Chaos" im Meinungsbild zu entwirren, wenngleich weiterhin Unklarheiten über Anwendungsbereich und quantitative Eingreifkriterien bestehen. Zu **kritisieren** ist aber, dass der BGH bei seiner Eingriffslösung zu einseitig dem „Leitbild des Aktionärs als wirtschaftlicher Eigentümer" verhaftet ist. Der BGH hat die seit dem „Holzmüller"- Urteil aufgetretenen Veränderungen der Rahmenbedingungen für **börsennotierte Aktiengesellschaften** und deren Aktionäre vollständig ausgeblendet. Weder findet sich ein Hinweis auf die veränderten Beteiligungsstrukturen noch darauf, dass der Typus des unternehmerisch agierenden Aktionärs teilweise von anlageorientierten Kleinaktionären und institutionellen Investoren verdrängt worden ist. Zudem blieben vom Kapitalmarktrecht getroffene Wertungen (vgl. oben § 18 Rn. 34 ff.) unberücksichtigt. Es ist durchaus zweifelhaft, ob die „Holzmüller/Gelatine"-Grundsätze den Anforderungen börsennotierter AGs gerecht werden. Dennoch soll die Frage, ob das damit verfolgte

---

[190] BGHZ 159, 30, 44 f. – „Gelatine I".

[191] Vgl. die Nachweise bei *Drinhausen* in Hölters, AktG, § 119 Rn. 20; dazu auch *Staake*, Ungeschriebene Hauptversammlungskompetenzen in börsennotierten und nicht börsennotierten Aktiengesellschaften, 2009, S. 57 f.

[192] BGHZ 159, 30, 42 f. – „Gelatine I"; kritisch insoweit *Fleischer*, NJW 2004, 2335, 2337; *Liebscher*, ZGR 2005, 1, 24.

[193] BGHZ 159, 30, 44 f. – „Gelatine I".

[194] Vgl. *Hüffer*, AktG, § 119 Rn. 18; *Adolff*, ZHR 169 (5005), 310; *Altmeppen*, ZIP 2004, 999 ff.; *M. Arnold*, ZIP 2005, 1573; *Habersack*, AG 2005, 137 ff.

verbandsrechtliche Schutzkonzept auf die nicht börsennotierte AG beschränkt werden sollte, hier nur aufgeworfen werden[195].

207

Grobschema zu den „Holzmüller/Gelatine"-Grundsätzen

Eingreifkriterien:

- ➲ qualitativ: Mediatisierungseffekt, d.h. strukturändernde Maßnahme führt zu einer faktischen Verkürzung mitgliedschaftlicher Rechte (z.B. durch wirtschaftliche Ausgliederung, Beteiligungserwerb [str.], Kapitalmaßnahmen in Tochtergesellschaften)
- ➲ quantitativ: „quasi-satzungsändernde Qualität" des Eingriffs (Richtwert: mind. 80 % des Unternehmenswertes betroffen)

Rechtsfolgen:

- ➲ Zustimmungspflicht der Hauptversammlung (¾-Mehrheit)
- ➲ aber keine Beschränkung der Vertretungsmacht nach außen bei fehlender Zustimmung
- ➲ Unterlassungsanspruch der Aktionäre gegen Durchführung der Maßnahme ohne Zustimmung der Hauptversammlung (sog. *actio negatoria*)

bb) Die „Macrotron"-Grundsätze

208   Weder die erstmalige Börsennotierung (Listing, *going public*) noch der Rückzug von der Börse (Delisting, *going private*) führen zu einer Mediatisierung der Aktionärsrechte, sodass die „Holzmüller/Gelatine"-Grundsätze nicht zur Anwendung gelangen. Dies hat der BGH in seiner „Macrotron"-Entscheidung[196] aus dem Jahr 2002 ausdrücklich bestätigt, für das **Delisting** aber ungeachtet dessen einen zustimmenden Hauptversammlungsbeschluss verlangt.

209   Der BGH leitet die ungeschriebene Hauptversammlungskompetenz aus der **verfassungsrechtlichen Eigentumsgarantie** (Art. 14 GG) ab und knüpft dabei an die Auffassung des BVerfG an, nach der zum Eigentum im Sinne des Art. 14 GG auch das durch Privatnützigkeit und Verfügungsbefugnis geprägte Aktieneigentum gehöre[197] und die Verkehrsfähigkeit einer Aktie bei der Wertbestimmung der Anteile zu beachten sei[198]. Der BGH geht aber noch einen Schritt weiter:

> Auch die Möglichkeit, den Verkehrswert der Aktien jederzeit durch Veräußerung zu realisieren, sei vom Schutzbereich des Art. 14 GG erfasst. Der Entzug der Möglichkeit, erworbene Anteile über die Börse zu veräußern, stelle demgemäß eine Beeinträchtigung des verfassungsrechtlich geschütz-

---

[195] Beantwortet (und bejaht) wird sie bei *Staake*, Ungeschriebene Hauptversammlungskompetenzen in börsennotierten und nicht börsennotierten Aktiengesellschaften, 2009, S. 173 ff.

[196] BGHZ 153, 47 ff. – „Macrotron".

[197] ZIP 2003, 2114 f.

[198] Vgl. BVerfGE 14, 263, 276 f.; 25, 371, 407; 50, 290, 339; 100, 289, 301.

ten Eigentums dar[199], über die nicht das Management, sondern die Hauptversammlung zu entscheiden habe.

Obwohl der **vollständige Rückzug von der Börse** also nicht unmittelbar in Aktionärsrechte eingreift, ist nach Auffassung des BGH somit ein **Hauptversammlungsbeschluss** herbeizuführen. Anders als in der „Gelatine"-Entscheidung fordert der BGH hierfür aber keine qualifizierte Mehrheit, sondern lässt – ohne nähere Begründung – die **einfache Stimmmehrheit** genügen[200].

Ein hinreichender Schutz der Aktionäre ist nach Auffassung des BGH zudem nur sichergestellt, *„ wenn den Minderheitsaktionären der Wert ihrer Aktien ersetzt wird und ihnen die Möglichkeit offen steht, die Richtigkeit der Wertbemessung in einem gerichtlichen Verfahren zu prüfen"*[201]. Dies gelte auch dann, wenn die einschlägigen Börsenordnungen die Zulässigkeit des Widerrufs der Börsennotierung auf Antrag des Emittenten an die Abgabe eines öffentlichen Kaufangebotes knüpfen[202]. Ein adäquater Schutz kann nach Auffassung des BGH nur durch ein gesellschaftsrechtliches Abfindungsangebot erreicht werden[203].

210

211

Den Minderheitsaktionären muss daher mit dem Beschlussantrag ein **Pflichtangebot** über den Kauf ihrer Aktien vorgelegt werden, wobei wegen der Entschädigungsfunktion der Kaufpreis dem Anteilswert entsprechen muss.

Verpflichtet hierzu seien entweder die Gesellschaft selbst (allerdings nur im Rahmen des gemäß §§ 71 f. AktG Zulässigen) oder alternativ der Großaktionär[204]. Die **Angemessenheit** des Angebotes kann im **Spruchverfahren** (§§ 1 ff. SpruchG) überprüft werden.

Die „Macrotron"-Entscheidung ist, was die praktischen Ergebnisse angeht, durchaus zu begrüßen. Doch steht die dogmatische **Begründung auf tönernen Füßen**. Der verfassungsrechtliche Lösungsansatz zwingt den BGH bei Begründung sowohl der Hauptversammlungszuständigkeit als auch des Pflichtangebotes zu einer Argumentation vom Ergebnis her. Der Begründungsaufwand, den der BGH betreiben muss, um den Gehalt der Eigentumsgarantie in die aktienrechtliche Kompetenzordnung zu transferieren, ist ebenso beträchtlich wie überflüssig.

212

Plausibler erscheint der Weg über eine **Analogie zum umwandlungsrechtlichen Formwechsel**. Die umwandlungsrechtliche Dimension der Problematik wurde in § 29 I 1 UmwG für den Fall der Verschmelzung einer börsennotierten Aktienge-

---

[199] BGHZ 153, 47, 54 f. – „Macrotron".

[200] BGHZ 153, 47, 53. – „Macrotron".

[201] BGHZ 153, 47, 56 unter Verweis auf BVerfGE 100, 289, 303 – „DAT/Altana"; BVerfG, ZIP 2000, 1670, 1672 f. – „Moto-Meter".

[202] Eingehend hierzu bereits *Schwark/Geiser*, ZHR 161 (1997), 739, 762.

[203] BGHZ 153, 47, 55 ff. – „Macrotron"

[204] BGHZ 153, 47, 57 – „Macrotron"

sellschaft auf eine nicht börsennotierte Aktiengesellschaft erstmals thematisiert. Seit 2007 fordert die Vorschrift auch bei der Verschmelzung einer börsennotierten auf eine nicht börsennotierte AG das Angebot einer Abfindung an dissentierende Minderheitsgesellschafter. Nach hier vertretener Auffassung rechtfertigen die rechtlichen und tatsächlichen Unterschiede zwischen börsennotierten und nicht börsennotierten AGs die Annahme, dass es nicht mehr nur eine Rechtsform „AG" gibt, sondern derer zwei.

> Der vollständige Rückzug von der Börse stellt somit einen **Rechtsform-wechsel** dar, der analog §§ 190 ff. UmwG zu behandeln ist.

213   Begreift man das Delisting – anders als BGH und ganz h.M. – als Formwechsel im Sinne des UmwG, gilt Folgendes[205]:

- ⮫ Das Erfordernis eines Hauptversammlungsbeschlusses ergibt sich aus einer Analogie zu §§ 193, 240 I 1 UmwG. Der Beschluss bedarf zwar keiner sachlichen Rechtfertigung, muss aber mit ¾-Mehrheit gefasst werden (anders der BGH).
- ⮫ Den austrittswilligen Aktionären steht analog §§ 207 ff., 29 f. UmwG ein Abfindungsanspruch gegen die Gesellschaft – und nur gegen diese (anders der BGH) – zu.
- ⮫ Die Angemessenheit des Abfindungsanspruchs kann (nur) im Spruchverfahren überprüft werden (§ 32 UmwG analog, § 1 Nr. 4 SpruchG).

214   Auch der Übergang von der nicht börsennotierten zur börsennotierten AG durch einen **Börsengang** ist konsequenterweise als Rechtsformwechsel anzusehen[206].

Auch hier bedarf es also eines mit qualifizierter Mehrheit gefassten **Hauptver-sammlungsbeschlusses**[207], sofern der spätere Gang an die Börse nicht bereits in der Satzung vorgesehen ist. **Entbehrlich** erscheint hingegen das Erfordernis eines **Pflichtangebotes**[208]. Dieses solle austrittswilligen Aktionären eine Lösungsmöglichkeit einräumen. Ein solches ist hier beim Gang an die Börse aber gerade nicht erforderlich. Dadurch, dass die Aktien nunmehr an der Börse gehandelt werden, sich also der Kreis potentieller Erwerber durch den Börsengang deutlich erhöht

---

[205] Für Einzelheiten und erforderliche Modifikationen siehe *Staake*, Ungeschriebene Hauptversammlungskompetenzen in börsennotierten und nicht börsennotierten Aktiengesellschaften, 2009, S. 165 ff.

[206] *Staake*, Ungeschriebene Hauptversammlungskompetenzen in börsennotierten und nicht börsennotierten Aktiengesellschaften, 2009, S. 168.

[207] Für eine einfache Mehrheit noch *Lutter/Drygala*, Festschrift Raisch, 1995, S. 239, 241.

[208] Näher dazu *Staake*, Ungeschriebene Hauptversammlungskompetenzen in börsennotierten und nicht börsennotierten Aktiengesellschaften, 2009, S. 168 f.

hat, ist es den Aktionären typischerweise möglich, den *exit* durch Veräußerung ihrer Anteile über den Kapitalmarkt selbst herbeizuführen.

3. Einberufung der Hauptversammlung

a) Einberufungsgründe

Wirksame Hauptversammlungsbeschlüsse können nur gefasst werden (vgl. § 241 I **215** Nr. 1 AktG), wenn die Hauptversammlung ordnungsgemäß, also insbesondere nach Maßgabe der §§ 121 ff. AktG einberufen wurde.

> Hier ist insbesondere in börsennotierten Gesellschaften **höchste Vorsicht** geboten: Räuberische Aktionäre nutzen häufig Formfehler zur Erhebung ihrer Anfechtungsklagen.

§ 121 I AktG bestimmt, dass die Hauptversammlung in den durch Gesetz oder Satzung bestimmten Fällen einzuberufen ist. Dabei ist zwischen ordentlicher und außerordentlicher Hauptversammlung zu unterscheiden.

Die **ordentliche Hauptversammlung** muss einmal jährlich stattfinden – und zwar **216** in den ersten acht Monaten des Geschäftsjahres (§§ 120 I 1, 175 I 2 AktG). In ihr beschließen die Aktionäre über die Verwendung des Bilanzgewinns (§ 175 I 1 AktG) sowie über die Entlastung der Mitglieder des Vorstandes und des Aufsichtsrates (§ 120 I AktG), wobei beide Tagesordnungspunkte miteinander verbunden werden sollen (nicht: müssen, § 120 III AktG).

> Auch der Abschlussprüfer für das Geschäftsjahr ist jährlich zu wählen. Wahlen zum Aufsichtsrat finden hingegen nicht jedes Jahr statt, sind aber auch typischer Beschlussgegenstand einer ordentlichen Hauptversammlung.

Außerordentliche Hauptversammlungen sind anlassbezogen. Sie werden zum **217** einen immer dann durchgeführt, wenn bestimmte Maßnahmen die Zustimmung der Hauptversammlung erfordern und der Vorstand nicht bis zur nächsten ordentlichen Hauptversammlung warten will (oder kann).

> Allerdings verursacht eine außerordentliche Hauptversammlung erheblichen Aufwand, sodass in der Praxis zumeist versucht wird, sie zu vermeiden.

Allerdings schreibt das AktG die außerordentliche Hauptversammlung in bestimmten Fällen[209] vor, etwa wenn

- ➲ ein Verlust in Höhe der Hälfte des Grundkapitals droht oder bereits eingetreten ist (§ 92 I AktG),
- ➲ das Gesellschaftswohl es erfordert (§ 121 I AktG) oder
- ➲ eine qualifizierte Aktionärsminderheit (mindestens 5 % des Grundkapitals) die Einberufung verlangt (§ 122 I AktG).

---

[209] Für weitere Einberufungspflichten *Ziemons* in K. Schmidt/Lutter, AktG, § 121 Rn. 7.

218   Grundsätzlich kann die Satzung zwar weitere Fälle festlegen, in denen die Hauptver-
        sammlung zwingend einzuberufen ist. Allerdings darf hierdurch die aktienrechtliche
        Kompetenzordnung nicht ausgehebelt werden (§ 23 V AktG). Spielräume bestehen
        namentlich dort, wo das Gesetz selbst die Übertragung an die Hauptversammlung als
        Möglichkeit vorsieht (z.B. bei § 68 II 3 AktG). Zudem kann die Satzung das nach § 122 I
        AktG erforderliche Quorum herabsetzen.

b) Zuständigkeit

219   Zuständig für die Einberufung ist grundsätzlich der Vorstand, der darüber
        mit einfacher Mehrheit beschließt (§ 121 II 1 AktG).

        Daneben kann und muss der **Aufsichtsrat** die Hauptversammlung einberufen,
        wenn das Wohl der Gesellschaft dies erfordert (§ 111 III AktG). Wird einem
        Minderheitsverlangen gemäß § 122 I AktG (siehe soeben Rn. 217) durch den
        Vorstand nicht Rechnung getragen, so können die die Einberufung begehrenden
        Aktionäre gerichtlich zur **Selbstvornahme** der Einberufung ermächtigt werden
        (§ 122 III AktG).

        Die Satzung kann auch anderen Personen – etwa einzelnen Aktionären, aber auch
        externen Dritten – das Recht einräumen, die Hauptversammlung einzuberufen (vgl. § 121
        II 3 AktG).

c) Inhalt

220   Die Einberufung muss die Firma, den Sitz der Gesellschaft sowie Zeit und
        Ort der Hauptversammlung enthalten (§ 121 III 1 AktG).

        Die Hauptversammlung soll, sofern die Satzung nichts anderes bestimmt[210], am
        Sitz der Gesellschaft stattfinden. Bei börsennotierten Gesellschaften kann alterna-
        tiv auch der Börsensitz als **Versammlungsort** gewählt werden.

        Bei der Auswahl des **Versammlungslokals** ist dafür Sorge zu tragen, dass es genügend
        Platz für die teilnehmenden Aktionäre bietet und auch sonst eine ordnungsgemäße
        Durchführung sichergestellt ist (z.B. Vorhandensein der benötigten technischen Hilfs-
        mittel, Möglichkeit von Einlasskontrollen).

221   **Datum, Beginn und Ende** der Hauptversammlung müssen dem Zumutbaren und
        der Verkehrssitte entsprechen[211]. Nach h.M. kann die Hauptversammlung nicht an
        Sonn- oder Feiertagen stattfinden[212]. Mehrtägige Hauptversammlungen sind zuläs-
        sig, müssen aber entsprechend einberufen werden. Umstritten ist, ob bei einer auf

---

[210] Näher dazu *Hüffer*, AktG, § 121 Rn. 13.

[211] *Hüffer*, AktG, § 121 Rn. 17.

[212] *Ziemons* in K. Schmidt/Lutter, AktG, § 121 Rn. 30; *Kubis* in MünchKomm. AktG, § 121
Rn. 35; *Werner* in Großkomm. AktG, § 121 Rn. 53; *Rieckers* in Spindler/Stilz, AktG, § 121
Rn. 79; a.A. *Hüffer*, AktG, § 121 Rn. 17, sofern ein wichtiger Grund vorliegt.

nur einen Tag terminierten Hauptversammlung die Fortsetzung **nach Mitternacht** zur Nichtigkeit der gefassten Beschlüsse führt[213]. Dies ist zu verneinen. § 241 Nr. 1 AktG greift nicht ein, weil die Dauer der Hauptversammlung nicht unter § 121 III 2 AktG fällt. In Betracht kommt daher lediglich eine **Anfechtbarkeit** – und diese auch nur dann, wenn die Beschlussfassung nach Mitternacht im konkreten Fall **unzumutbar** war[214].

Bei der Einberufung ist zudem die Tagesordnung anzugeben (§ 121 III 2 AktG).   **222**

Bei **börsennotierten Gesellschaften** sind zusätzliche Angaben gemäß § 121 III 3 AktG   **223**
erforderlich, namentlich Angaben zu:
- ⊃ Teilnahme- und Stimmrechtsvoraussetzungen (Nr. 1),
- ⊃ dem Verfahren der Stimmabgabe durch Bevollmächtigte sowie (sofern vorgesehen) durch Briefwahl oder in elektronischer Form (Nr. 2),
- ⊃ einzelnen Aktionärsrechten im Zusammenhang mit der Vorbereitung und Durchführung der Hauptversammlung (Nr. 3),
- ⊃ der Internetseite der AG (Nr. 4).

d) Einberufungsfrist und Anmeldestichtag

Die Hauptversammlung ist mindestens 30 Tage vor dem Tage der Versammlung einzuberufen, wobei weder der Tag der Einberufung noch der Versammlungstag mitzurechnen ist (§§ 123 I, 121 VII AktG).   **224**

Beispiel[215]: Die Hauptversammlung soll am 21. Juli stattfinden. Hiervon ausgehend sind 30 volle Tage zurückzurechnen, die zwischen Einberufung und Hauptversammlung liegen müssen. Die Einberufung muss also spätestens am 31. Tag vor der Hauptversammlung erfolgen, hier dem 20. Juni (bis 24 Uhr). Dies gilt auch, wenn dieser Tag ein Samstag, Sonntag oder Feiertag ist (§ 121 VII 2 AktG).

Wurde den Aktionären ein öffentliches Übernahmeangebot im Sinne des WpÜG gemacht, so muss gemäß § 16 IV WpÜG die Einberufungsfrist nur 14 Tage betragen.

Die Satzung kann die Teilnahme an der Hauptversammlung oder die Ausübung   **225**
des Stimmrechts davon abhängig machen, dass die Aktionäre sich vor der Versammlung **anmelden** (§ 123 II AktG). Die Anmeldung muss der Gesellschaft unter der in der Einberufung hierfür mitgeteilten Adresse mindestens sechs Tage vor der Versammlung zugehen, sofern die Satzung keine kürzere Frist bestimmt.

---

[213] Dafür LG Düsseldorf ZIP 2007, 1859, 1860; LG Mainz AG 2005, 894; *Mülbert* in Großkomm. AktG, Vorb. zu § 118 Rn. 131.

[214] Ebenso *Ziemons* in K. Schmidt/Lutter, AktG, § 121 Rn. 34; *Hüffer*, AktG, § 121 Rn. 17; *Rieckers* in Spindler/Stilz, AktG, § 121 Rn. 108; *Happ/Freitag*, AG 1998, 493, 495 ff.; generell auch gegen eine Anfechtbarkeit *Reger* in Bürgers/Körber, AktG, § 121 Rn. 28.

[215] Weitere Berechnungsbeispiele bei *Florstedt*, ZIP 2010, 761 ff.

Die Einberufungsfrist verlängert sich um die Dauer der Anmeldefrist (§ 123 II 4 AktG).

Beispiel: Die Hauptversammlung soll am 21. Juli stattfinden. Sieht die Satzung eine Anmeldung der Aktionäre zur Teilnahme vor, so verlängert sich die 30-Tages-Frist des § 123 I AktG um die Anmeldefrist, nach § 123 II AktG also um sechs Tage. Die Einberufung muss daher spätestens am 14. Juni erfolgen.

---

e) Bekanntmachung

226   Die Einberufung erfolgt durch die Bekanntmachung in den Gesellschaftsblättern gemäß §§ 121 III, IV, 124 I AktG.

Hierzu muss sie mindestens im elektronischen Bundesanzeiger als Pflicht-Gesellschaftsblatt (§ 25 S. 1 AktG) eingerückt werden. Sieht die Satzung weitere Blätter oder elektronische Informationsmedien als Gesellschaftsblätter vor, so muss die Einberufung auch in diesen veröffentlicht werden. Bekanntgemacht ist die Einberufung dann mit der letzten Veröffentlichung; dieser Zeitpunkt ist auch bei der Prüfung der Einberufungsfrist zugrunde zu legen.

227   Sind die Aktionäre der Gesellschaft **namentlich** bekannt, so kann die Hauptversammlung mit eingeschriebenem Brief einberufen werden, wenn die Satzung nichts anderes bestimmt. Der Tag der Absendung gilt in diesen Fällen als Tag der Bekanntmachung[216]. Namentlich bekannt sind die Aktionäre stets, wenn nur Namensaktien ausgegeben wurden. Hier gilt nur als Aktionär, wer im Aktienregister eingetragen ist (§ 67 I AktG und unten § 22 Rn. 16 f.). Auch bei Inhaberaktien oder unverkörperten Mitgliedschaften kann der Vorstand von allen Aktionären Kenntnis haben[217], doch besteht stets die Gefahr von Irrtümern, weshalb es dann ratsam ist, von dieser Form der Bekanntmachung abzusehen[218].

Bei **börsennotierten Gesellschaften** ist die Einberufung auch solchen Medien zuzuleiten, bei denen davon ausgegangen werden kann, dass sie die Information in der gesamten Europäischen Union verbreiten (§ 121 IVa AktG). Die Verbreitung über elektronische Informationsmedien genügt. Diese Pflicht entfällt, wenn die AG ausschließlich Namensaktien ausgegeben hat oder, auch bei Inhaberaktien, die Einberufung unmittelbar nach § 121 IV 2 AktG den Aktionären zuleitet.

228   Bekannt zu machen ist nicht nur die vom Vorstand vorgeschlagene **Tagesordnung**, sondern auch die von einer qualifizierten Aktionärsminderheit (mindestens 5 % des Grundkapitals oder anteiliger Betrag von 500.000 EUR) gemäß § 122 II AktG **beantragten Ergänzungen**, ferner die gemäß § 124 III AktG erforderlichen **Beschlussvorschläge** von Vorstand und Aufsichtsrat zu den einzelnen Beschlussgegenständen. Soll die Hauptversammlung einen zustimmungspflichtigen Ver-

---

[216] Dazu *Lutter,* AG 1994, 429, 437.

[217] Hierauf explizit hinweisend Begr. RegE, BT-Drucks 12/6721, S. 8.

[218] Vgl. auch *Hüffer*, AktG, § 121 Rn. 11d.

tragsschluss oder eine Satzungsänderung beschließen, so ist der entsprechende
Wortlaut der Satzungsänderung bzw. der wesentliche Inhalt des Vertrages bekanntzumachen (§ 124 II 2 AktG).

Über Gegenstände der Tagesordnung, die nicht ordnungsgemäß bekanntgemacht sind, dürfen keine Beschlüsse gefasst werden (§ 124 IV 1 AktG).

Zur Beschlussfassung über den in der Versammlung gestellten Antrag auf Einberufung
einer Hauptversammlung (z.B. Antrag auf Vertagung), zu Anträgen, die zu Gegenständen
der Tagesordnung gestellt werden, und zu Verhandlungen ohne Beschlussfassung bedarf
es keiner Bekanntmachung (§ 124 IV 2 AktG).

Bei **börsennotierten Gesellschaften** müssen alsbald nach der Einberufung die für   **229**
die Hauptversammlung wesentlichen Inhalte über die **Internetseite** der Gesellschaft zugänglich gemacht werden (vgl. § 124a AktG).

f) Mitteilungspflichten

Gemäß § 125 I AktG hat der Vorstand mindestens 21 Tage vor der Versammlung   **230**
den Kreditinstituten, die in der letzten Hauptversammlung Stimmrechte der Aktionäre ausgeübt oder die Mitteilung verlangt haben, die Einberufung der Hauptversammlung **mitzuteilen.** Kreditinstitute, die Inhaberaktien verwahren oder bei Namensaktien treuhänderisch im Aktienregister eingetragen sind, sind verpflichtet,
die erhaltene Mitteilung unverzüglich an die Aktionäre zu übermitteln (§ 128 I
AktG).

Die Mitteilungspflicht nach § 125 I AktG besteht auch gegenüber **Aktionärs-**   **231**
vereinigungen, die in der letzten Hauptversammlung Stimmrechte der Aktionäre
ausgeübt oder die Mitteilung verlangt haben.

Aktionärsvereinigungen sind auf Dauer angelegte Personenzusammen-
schlüsse, deren Hauptzweck die Ausübung von Aktionärsrechten ist.

Die bedeutendsten deutschen Aktionärsvereinigungen sind die *Schutzgemeinschaft der
Kapitalanleger (SdK), Deutsche Schutzvereinigung für Wertpapierbesitz (DSW)* und der
Dachverband der Kritischen Aktionärinnen und Aktionäre, die allesamt in der Rechtsform
des eingetragen Vereins organisiert sind.

Die gleiche Mitteilung ist den im Aktienregister am 14. Tag vor der Hauptver-   **232**
sammlung eingetragen Aktionären sowie den Aktionären und Aufsichtsratsmitgliedern zu übersenden, die dies verlangen (§ 125 II, IV AktG).

g) Anträge von Aktionären, Aktionärsforum

Aktionäre haben die Möglichkeit, bereits im Vorfeld der Hauptversammlung An-   **233**
träge zu stellen. Stehen diese im Widerspruch zu Beschlussvorschlägen von Vorstand und Aufsichtsrat, handelt es sich um sog. **Gegenanträge**, die nach Maßgabe

der §§ 126 i.V.m. 125, 128 AktG von der Gesellschaft zu publizieren sind. Das Fristerfordernis in § 126 AktG soll lediglich für eine zeitige Verbreitung des Antrages im Vorfeld der Hauptversammlung sorgen, nicht aber in der Versammlung gestellte Anträge ausschließen.

Gegenanträge können daher auch noch in der Hauptversammlung selbst gestellt werden.

Entsprechendes gilt für Vorschläge für die Wahl von Aufsichtsratsmitgliedern oder Abschlussprüfern (§ 127 AktG).

234 Seit dem UMAG[219] können Aktionäre und Aktionärsvereinigungen zudem im **Aktionärsforum des elektronischen Bundesregisters**[220] zur gemeinsamen Antragstellung oder Abstimmung in der Hauptversammlung auffordern (§ 127a AktG). Hierdurch soll nach der Vorstellung des Gesetzgebers die Ausübung mitgliedschaftlicher Verwaltungsrechte effizienter gestaltet werden. Die praktische Bedeutung des Aktionärsforums ist jedoch gering geblieben[221].

Die Aufforderung erfolgt dabei rein formal und ohne Begründung. Zur Begründung kann aber auf externe Internetseiten verwiesen werden. Die Gesellschaft hat die Möglichkeit, auf eine Stellungnahme zum Antrag auf ihrer Internetseite hinzuweisen. Das Nähere zum Aktionärsforum regelt die Aktionärsforumsverordnung (AktFoV, vgl. § 127a V AktG).

h) Folgen von Einberufungsmängeln; Vollversammlung

235 Ist die Versammlung nicht ordnungsgemäß einberufen, so können Beschlüsse wirksam nur gefasst werden, wenn sämtliche Aktionäre erschienen oder vertreten sind und kein Aktionär der Beschlussfassung widerspricht (§ 121 VI AktG, sog. Vollversammlung).

In allen anderen Fällen gilt:

- ⮑ Verstöße gegen § 121 II, III 1 und IV AktG führen zur **Nichtigkeit** aller in der Hauptversammlung gefassten Beschlüsse (§ 241 Nr. 1 AktG).
- ⮑ Sonstige Verstöße (Ausnahme: § 124a AktG) können zur **Anfechtbarkeit** des Beschlusses führen[222].

---

[219] Gesetz zur Unternehmensintegrität und Modernisierung des Anfechtungsrechts vom 22. September 2005, BGBl I S. 2802.

[220] Näher dazu *Seibert*, AG 2006, 16 ff.

[221] *Drinhausen* in Hölters, AktG, § 127a Rn. 1.

[222] Für Einzelheiten muss auf die Kommentierungen zu den jeweiligen Vorschriften verwiesen werden.

4. Teilnahme

a) Teilnahmerecht der Aktionäre und Nachweis der Berechtigung

Jeder Aktionär ist zur Teilnahme an der Hauptversammlung berechtigt – und zwar unabhängig davon, ob er bei der Beschlussfassung stimmberechtigt ist. **236**

Das Teilnahmerecht kann durch die Satzung nicht ausgeschlossen, aber von einer **Anmeldung** abhängig gemacht werden (§ 123 II AktG, dazu oben Rn. 225).

Für **Namensaktien** bedarf es wegen § 67 II AktG keines gesonderten **Nach-** **237** **weises über die Aktionärsstellung**: Wer im Aktienregister als Inhaber von Namensaktien ausgewiesen ist, gilt gegenüber der Gesellschaft insoweit auch als Aktionär (dazu noch unten § 22 Rn. 16 f.).

Problematischer ist dies bei **Inhaberaktien.** Da § 67 AktG nicht gilt, muss die **238** Berechtigung auf andere Weise nachgewiesen werden. Wie dieser Nachweis zu führen ist, bestimmt gemäß § 123 IV 1 AktG die Satzung. Bei börsennotierten Gesellschaften genügt aber ein in Textform erstellter besonderer Nachweis des Anteilsbesitzes durch das depotführende Institut (S. 2).

> Hintergrund dieser Regelung ist, dass insbesondere bei börsennotierten Gesellschaften die Aktien regelmäßig girosammelverwahrt sind und die Übertragungen durch Buchungen der beteiligten Depotbanken erfolgen. Der Depotauszug kann daher zur Legitimation dienen.

Der Nachweis hat sich **bei börsennotierten Gesellschaften** auf den Beginn des 21. Tages vor der Versammlung zu beziehen und muss der Gesellschaft mindestens sechs Tage vor der Hauptversammlung zugehen (§ 123 IV 3 AktG), sofern Satzung oder Einberufung keine kürzere Frist bestimmen (S. 4).

Bei Inhaberaktien gilt im Verhältnis zur Gesellschaft für die Teilnahme an der Versammlung oder die Ausübung des Stimmrechts als Aktionär nur, wer den entsprechenden Nachweis erbracht hat (§ 123 IV 6 AktG). Für Namensaktien gilt § 67 II AktG.

b) Online-Teilnahme

Literatur: *Noack*, Briefwahl und Online-Teilnahme an der Hauptversammlung, WM 2009, 2289.

Gemäß § 118 I 1 AktG üben die Aktionäre ihre Rechte in den Angelegenheiten **239** der Gesellschaft in der Hauptversammlung aus, soweit das Gesetz nichts anderes bestimmt. Gesetzlicher Ausgangsfall ist dabei die sog. **Präsenzversammlung** als tatsächliche Zusammenkunft der Aktionäre.

> Demgemäß war die Teilnahme lange Zeit nur durch die physische Anwesenheit am Versammlungsort möglich. Dieser Zwang zur physischen Präsenz führt aber dazu, dass die Teilnahme für einen großen Teil der Aktionäre ökonomisch nicht sinnvoll ist, da die Kosten der Teilnahme (z.B. Reise- und Übernachtungskosten) gerade bei kleinem

Anteilsbesitz in keinem vernünftigen Verhältnis zum Nutzen der Beteiligung (z.B. Dividende) stehen. Daher bestand seit einiger Zeit die Bestrebung, die Hauptversammlung „**virtueller**" zu gestalten. Eine Vorreiterrolle hat insofern die EU-Aktionärsrechtericht-linie eingenommen, deren Vorgaben der deutsche Gesetzgeber im Jahr 2009 mit dem ARUG umgesetzt hat. Nunmehr sind nach § 118 I 2 AktG die Teilnahme ohne Anwesen-heit und nach § 118 II AktG die Stimmabgabe ohne Teilnahme („Briefwahl", dazu unten Rn. 264) möglich.

240   Nach § 118 I 2 AktG kann die Satzung vorsehen oder den Vorstand dazu ermächtigen vorzusehen, dass die Aktionäre an der Hauptversammlung ohne physische Anwesenheit teilnehmen und ihre Verwaltungsrechte (insbeson-dere das Stimmrecht) im Wege elektronischer Kommunikation ausüben können (**Online-Teilnahme**).

Es bleibt danach dabei, dass die Hauptversammlung an einem bestimmten Ort ab-gehalten wird. Lediglich wird die **Option** eröffnet, dass Aktionäre mit Hilfe von **elektronischen Kommunikationsmitteln**, insbesondere des Internets, zur Haupt-versammlung zugeschaltet werden; die Stimmabgabe erfolgt dann elektronisch.

Dies setzt natürlich voraus, dass die Hauptversammlung auch **in Bild und Ton übertragen** wird. Hierzu können nach § 118 IV AktG die Satzung oder die Ge-schäftsordnung ermächtigen – und zwar auch für die Fälle, in denen die Online-Teilnahme nicht möglich ist.

> **Achtung:** Ein gesetzlicher Zwang, die Online-Teilnahme zu ermöglichen, besteht nicht!

c) Teilnahme und Anwesenheit weiterer Personen

241   Die Mitglieder des Vorstandes und des Aufsichtsrates sind zur Teilnahme an der Hauptversammlung berechtigt und verpflichtet (§ 118 III 1 AktG).

Die Satzung kann es zulassen, dass Aufsichtsratsmitglieder über Bild- und Tonübertra-gung zugeschaltet werden (S. 2).

242   Der **Abschlussprüfer** ist zur Teilnahme nur verpflichtet, wenn die Hauptver-sammlung ausnahmsweise über die Feststellung des Jahresabschlusses entscheidet (§§ 173, 175 II AktG). Allerdings empfiehlt sich die Anwesenheit des Abschluss-prüfers auch in den Fällen, in denen die Hauptversammlung den bereits von Vor-stand und Aufsichtsrat (§ 172 AktG) festgestellten Jahresabschluss nur entgegen nimmt (was die Regel ist, siehe unten § 24 Rn. 6 ff.). Ein Teilnahmerecht hat der Abschlussprüfer in diesen Fällen aber nur, wenn die Satzung ein solches vor-sieht[223].

Wegen § 130 AktG (dazu unten Rn. 248) ist die Anwesenheit eines **Notars** grundsätzlich erforderlich. Bei **Kreditinstituten und Versicherungen** sind zudem Vertreter der

---

[223] *Drygala* in K. Schmidt/Lutter, AktG, § 176 Rn. 21.

Aufsichtsbehörden – in der Regel der BaFin – teilnahmeberechtigt (§ 44 I Nr. 2 KWG, § 83 I Nr. 5 VAG).

Sonstige Dritte haben kein Teilnahme- oder Anwesenheitsrecht.   **243**

Das gilt auch für die Presse, da die Hauptversammlung von Gesetzes wegen keine öffentliche Veranstaltung ist. Allerdings können die Presse oder sonstige Personen durch den Versammlungsleiter zugelassen werden, was namentlich bei größeren Aktiengesellschaften die Regel ist.

> Schließlich bedienen sich die Gesellschaften bei der Vorbereitung und Durchführung typischerweise externer Hilfe. Die Organisation von Hauptversammlungen ist nicht nur für Anwaltskanzleien ein lukratives Geschäft. Aufgrund des hohen Fehlerpotentials und der weitreichenden Folgen von Beschlussmängeln (siehe unten Rn. 284 ff.) ist die Inanspruchnahme **professioneller Unterstützung** auf rechtlicher, aber auch organisatorischer Ebene zumeist sogar ein Gebot unternehmerischer Sorgfalt. Die Anwesenheit von **Hilfspersonen** (z.B. Anwälten im sog. Back-Office, Technikern, Einlasskontrolleuren) ist faktisch oft unverzichtbar; ein eigenes Recht auf Anwesenheit haben diese Hilfspersonen aber nicht.

5. Ablauf der Hauptversammlung

> **Literatur:** *Martens*, Leitfaden für die Leitung der Hauptversammlung einer Aktiengesellschaft, 3. Aufl. 2003; *Stützle/Walgenbach*, Leitung der Hauptversammlung und Mitspracherechte der Aktionäre in Fragen der Versammlungsleitung, ZHR 155 (1991), 516; *Wicke*, Die Leitung der Hauptversammlung einer Aktiengesellschaft, NZG 2007, 771.

Das AktG enthält vergleichsweise wenige Vorschriften über den Ablauf der   **244**
Hauptversammlung. Die nähere Ausgestaltung des Verfahrens in der Aktionärsversammlung ergibt sich aus der Satzung oder aus der Geschäftsordnung, die von der Hauptversammlung mit ¾-Mehrheit beschlossen werden kann (§ 129 I 1 AktG), wovon aber in der Praxis nur selten Gebrauch gemacht wird.

a) Versammlungsleitung

Anders als die Gesellschafterversammlung der GmbH muss die Hauptver-   **245**
sammlung einen Versammlungsleiter haben.

Dies ergibt sich mittelbar aus § 130 I, II AktG. Die **Person** des Versammlungsleiters kann dabei durch die Satzung oder zu Beginn der Hauptversammlung durch Beschluss bestimmt werden. In der Praxis fungiert der **Aufsichtsratsvorsitzende** häufig als Versammlungsleiter.

Der Versammlungsleiter hat für eine sachgerechte Behandlung der Versammlungsgegenstände zu sorgen. Im Einzelnen[224]:

- ⊃ Er eröffnet und schließt die Versammlung.
- ⊃ Er erteilt das Wort. Dabei kann er die Redezeit generell oder im Einzelfall beschränken. Dies darf aber nicht dazu führen, dass die Ausübung des mitgliedschaftlichen Rede- und Fragerechts unangemessen beschnitten wird.
- ⊃ Er übt die sitzungspolizeilichen Befugnisse aus. Insbesondere kann er störende Teilnehmer zur Ordnung rufen und als *ultima ratio* auch des Raumes verweisen, wenn dies erforderlich und verhältnismäßig ist.
- ⊃ Er stellt die Beschlussgegenstände zur Abstimmung (regelmäßig, aber nicht zwingend in der Reihenfolge der Tagesordnung). Bei mehreren Anträgen hat er eine sachgerechte Abstimmungsreihenfolge festzulegen.
- ⊃ Er stellt die gefassten Beschlüsse fest (§ 130 II 3 AktG, dazu unten Rn. 266).

b) Teilnehmerverzeichnis

246 Gemäß § 129 AktG sind die erschienenen oder vertretenen Aktionäre sowie die Stimmrechtsvertreter mit Angabe ihres Namens, Wohnorts und der gehaltenen Aktien in ein **Teilnehmerverzeichnis** aufzuführen. Das Verzeichnis ist vor der ersten Abstimmung allen Teilnehmern zugänglich zu machen. Jeder Aktionär hat einen Anspruch auf Einsichtnahme und zwar noch bis zu zwei Jahre nach der Hauptversammlung (§ 129 IV AktG).

c) Behandlung der Tagesordnungspunkte

247 Nach der Behandlung der Formalia – der Wahl des Versammlungsleiters, der Feststellung der ordnungsgemäßen Einberufung, der Vorstellung der Tagesordnung etc. – wird mit der Behandlung der einzelnen Tagesordnungspunkte begonnen. Die Beschlussgegenstände werden vom Versammlungsleiter **einzeln aufgerufen** und vor der Beschlussfassung diskutiert, wobei der Versammlungsleiter die Reihenfolge der Redner und die Redezeit nach seinem Ermessen bestimmt.

> Wichtige Tagesordnungspunkte bei ordentlichen Hauptversammlungen sind in der Praxis der **Bericht des Vorstandes**, in dem dieser Rechenschaft über das abgelaufene Geschäftsjahr ablegt und die zukünftige Planung umreißt, und die **Aussprache vor der Abstimmung über die Entlastung** der Organmitglieder. Letztere wird mangels anderer Gelegenheit oft für „Kritik jeder Art" genutzt.

Sind einzelne Tagesordnungspunkte abstimmungsreif, stellt der Versammlungsleiter sie zur **Abstimmung**. Spätestens vor der Abstimmung muss das Stimmverfahren festgelegt und erläutert werden. Das **Ergebnis** der Beschlussfassung wird vom Versammlungsleiter **festgestellt und verkündet**.

---

[224] Siehe zum Folgenden auch *Hüffer*, AktG, § 129 Rn. 19 ff.; *Wicke* in Spindler/Stilz, AktG, Anh. zu § 119 Rn. 5 ff.

d) Niederschrift

> Über die Verhandlung ist eine Niederschrift anzufertigen, in der jeder Be-   **248**
> schluss beurkundet werden muss (§ 130 I 1 AktG).

Die Niederschrift ist von einem **Notar** zu unterschreiben (Abs. 5). Bei **nicht börsennotierten Gesellschaften** genügt eine vom Vorsitzenden des Aufsichtsrates zu
unterzeichnende Niederschrift, es sei denn, der Beschluss ist von Gesetzes wegen
mit mindestens ¾-Mehrheit zu fassen (Abs. 1 S. 3). Der Inhalt der Niederschrift
richtet sich nach § 130 II, III AktG.

Der Vorstand muss unverzüglich nach der Versammlung eine öffentlich be-
glaubigte Abschrift zum Handelsregister einreichen (§ 130 V AktG). Bei börsennotierten Gesellschaften sind die Abstimmungsergebnisse innerhalb von einer
Woche auf der Internetseite der Gesellschaft zu veröffentlichen (Abs. 6).

6. Information der Aktionäre

Eine sachgemäße Ausübung des Stimmrechts ist nur bei angemessener Informati-   **249**
on möglich. Anders als bei der GmbH (vgl. § 51a GmbHG und oben § 13 Rn. 8
ff.) gibt es in der AG kein allgemeines Einsichts- und Auskunftsrecht der Gesellschafter. Die Aktionäre sind daher zunächst auf die Informationen angewiesen, die
die Verwaltung veröffentlicht. Darüber hinaus gewährt § 131 AktG einen Auskunftsanspruch, der anders als der Anspruch nach § 51a GmbHG nur in der
Hauptversammlung ausgeübt werden kann und auch weniger weit reicht.

a) Informationen anlässlich ordentlicher Hauptversammlungen

> Vor ordentlichen Hauptversammlungen, in denen unter anderem über die   **250**
> Gewinnverwendung beschlossen wird (§ 174 AktG), sind nach § 175 II 1
> AktG Dokumente der Rechnungslegung in den Geschäftsräumen der Gesell-
> schaft auszulegen, damit die Aktionäre diese einsehen können.

Im Einzelnen handelt es sich dabei um:
- ⊃ den Jahresabschluss, ggf. auch den Konzernabschluss,
- ⊃ ggf. einen vom Aufsichtsrat gebilligten Einzelabschluss nach § 325 IIa HGB (IFRS-
  Abschluss),
- ⊃ den (Konzern-)Lagebericht,
- ⊃ den (schriftlichen) Bericht des Aufsichtsrats, den dieser nach Maßgabe des § 171 II,
  III AktG an die Hauptversammlung erstatten muss,
- ⊃ den Gewinnverwendungsvorschlag des Vorstandes.

Auszulegen sind die Dokumente **von der Einberufung an**. Auf Verlangen ist den   **251**
Aktionären auf Kosten der Gesellschaft eine Abschrift zu erteilen (§ 174 I 2

AktG). Allerdings bedarf es weder einer Auslegung noch müssen die Dokumente kopiert werden, wenn sie auf der **Internetseite** der Gesellschaft zugänglich sind.

Während der Hauptversammlung sind die bezeichneten Dokumente den Aktionären zugänglich zu machen (§ 176 I 1 AktG). Damit soll jedem Aktionär ermöglicht werden, während der Hauptversammlung die Unterlagen ohne Probleme einzusehen. Dies kann auch in elektronischer Form (z.B. über Monitore) erfolgen.

> Bei börsennotierten Gesellschaften muss der Hauptversammlung zudem der Bericht nach §§ 289 IV, 315 IV HGB zugänglich gemacht werden[225].

252   Gemäß § 176 I 2 AktG sollen zu Beginn der Verhandlung der Vorstand seine Vorlage und der Aufsichtsratsvorsitzende den Bericht des Aufsichtsrates **erläutern**. Zudem soll der Vorstand auch zu einem Jahresfehlbetrag oder einem Verlust Stellung nehmen, der das Jahresergebnis wesentlich beeinträchtigt (S. 3).

b) Weitere Informationsquellen

253   Weitere Informationsquellen sind unter anderem der (mündliche) **Bericht des Vorstandes** in der Hauptversammlung, Begründungen zu einzelnen Beschlussvorschlägen – und natürlich die Tages- und Fachpresse.

> Bei Gesellschaften, deren Aktien oder andere von ihnen emittierte Wertpapiere am regulierten Markt gehandelt werden, bestehen zudem **kapitalmarktrechtliche Pflichten** zur Regelpublizität nach den §§ 37v ff. WpHG und den jeweiligen Börsenordnungen sowie zur Ad-hoc-Publizität (§ 15 WpHG).

c) Frage- und Auskunftsrecht

254   Gemäß § 131 I AktG ist jedem Aktionär auf Verlangen in der Hauptversammlung vom Vorstand Auskunft über Angelegenheiten der Gesellschaft zu geben, soweit sie zur sachgemäßen Beurteilung des Gegenstandes der Tagesordnung erforderlich ist.

Das mitgliedschaftliche Recht, Auskunft zu verlangen, ist **versammlungsbezogen**, kann also nicht außerhalb der Hauptversammlung ausgeübt werden. Auskunftsberechtigt ist daher jeder Aktionär, der an der Hauptversammlung teilnimmt.

> Auf die Stimmberechtigung kommt es nicht an, sodass auch Inhaber von stimmrechtslosen Vorzugsaktien (§§ 139 ff. AktG und oben § 18 Rn. 16) Auskunft verlangen können. Das Auskunftsrecht ist nicht höchstpersönlich und kann daher auch durch Vertreter wahrgenommen werden.

255   Das **Auskunftsverlangen** ist in der Hauptversammlung geltend zu machen und zwar in Gestalt von **Fragen**, die an den Vorstand oder den Versammlungsleiter zu

---

[225] Näher dazu *Kiefner*, NZG 2010, 692.

richten sind. Letzterer beantwortet die Fragen aber nicht selbst, sondern leitet sie an den Vorstand weiter. Die Fragen können mündlich oder schriftlich gestellt werden[226], wobei letztere zu verlesen sind.

Das Auskunftsverlangen muss sich auf „**Angelegenheiten der Gesellschaft**"   **256** beziehen. Dies ist weit zu verstehen: Erfasst ist alles, was sich auf die AG und ihre Tätigkeit bezieht. Die Auskunft muss zudem „**zur sachgemäßen Beurteilung eines Gegenstandes der Tagesordnung erforderlich**" sein. Maßgeblich ist insofern, ob die begehrte Auskunft für die Urteilsbildung eines „objektiv denkenden" Aktionärs, der die Gesellschaftsverhältnisse nur aufgrund allgemein bekannter Tatsachen kennt, wesentlich wäre[227].

> **Beispiele**[228]: Einzelerläuterungen zu Positionen in der Bilanz werden regelmäßig für erforderlich gehalten, sofern die Position in der Gesamtrelation nicht eine nur unwesentliche Rolle spielt. – Bei der Wahl von Aufsichtsratsmitgliedern ist Auskunft über andere Aufsichtsratsmandate der Kandidaten zu geben, nicht hingegen über deren persönliche Hobbys. – Zur Vorbereitung der Entscheidung über die Entlastung der Aufsichtsratsmitglieder sind Fragen nach der Anzahl der Sitzungen und dem Teilnahmeverhalten einzelner Mitglieder in der Regel zu beantworten, nicht aber Fragen zum Ablauf der Sitzungen.

Wurde einem Aktionär mit Blick auf seine Aktionärsstellung außerhalb der Hauptversammlung Auskunft erteilt, so muss diese Auskunft auch allen anderen Aktionären, die sie begehren, erteilt werden (§ 131 IV 1 AktG). Auf das Erfordernis der „sachgerechten Beurteilung" kommt es dann nicht an. Damit soll einem Informationsmonopol bestimmter Aktionäre vorgebeugt und die Gleichbehandlung der Aktionäre sichergestellt werden. Dass sich hierdurch Informationsasymmetrien zwischen Aktionären nicht vermeiden lassen, steht auf einem anderen Blatt.

Auskunftspflichtig ist die Gesellschaft, die durch den Vorstand organ-   **257** schaftlich bei der Auskunftserteilung vertreten wird. Die Auskunft ist mündlich zu erteilen, muss aber nicht unmittelbar an die Frage anschließen. Insbesondere bei Fragen mehrerer Aktionäre kann es sinnvoll sein, diese *en bloc* zu beantworten.

> Die Auskunft muss den Grundsätzen einer gewissenhaften und getreuen Rechenschaft entsprechen (§ 131 II 1 AktG), d.h. sie muss inhaltlich zutreffend und vollständig sein.

Der Vorstand darf also nicht lügen! Die Auskunft muss aber nicht erteilt werden,   **258** wenn ein Verweigerungsrecht nach § 131 III 1 AktG **besteht**.

> Der Vorstand darf die Auskunft **verweigern**, wenn diese zu einem nicht unerheblichen Nachteil für die Gesellschaft oder einem verbundenen Unternehmen führen könnte

---

[226] So auch *Spindler* in K. Schmidt/Lutter, AktG, § 131 Rn. 24; *Meilicke/Heidel*, DStR 1992, 72, 74; a.A. OLG Frankfurt AG 2007, 672, 675; *Kubis* in MünchKomm. AktG, § 131 Rn. 27; *Hüffer*, AktG, § 131 Rn. 8.

[227] *Hüffer*, AktG, § 131 Rn. 12.

[228] Zur reichhaltigen Kasuistik siehe *Spindler* in K. Schmidt/Lutter, AktG, § 131 Rn. 28 ff.

(Nr. 1), der Vorstand sich strafbar machen würde (Nr. 5) oder die Information in der Woche vor der Hauptversammlung ununterbrochen auf der Internetseite der Gesellschaft abrufbar war (Nr. 7), ferner auch bei bestimmten steuer- und bilanzrechtlichen Fragen (Nr. 2-4, 6).

Die in § 131 III 1 AktG aufgeführten Verweigerungsgründe sind zwar abschließend, doch kann das Auskunftsverlangen im Einzelfall **rechtsmissbräuchlich** sein[229]. Dies gilt insbesondere dann, wenn ein Aktionär vom Auskunftsrecht in exzessiver Weise Gebrauch macht (Verbot übermäßiger Rechtsausübung)[230].

259   Zur Verhinderung von Missbräuchen können die Satzung oder die Geschäftsordnung den Versammlungsleiter ermächtigen, das Rede- und Fragerecht zeitlich angemessen zu beschränken (§ 131 II 2 AktG).

Nach h.M. soll es der Ermächtigung aber gar nicht bedürfen, da der Versammlungsleiter auch kraft seiner Stellung und Funktion das Rederecht und – unter strengeren Voraussetzungen – auch das Fragerecht begrenzen darf[231]. Dies ergebe sich aus Art. 14 GG, der zum Schutz der Teilnahmerechte aller Aktionäre eine Beschränkbarkeit des Rede- und Fragerechts zwingend gebiete[232].

> **Achtung:** Die Beschränkung des Rede- und Fragerechts ist in der Praxis häufig ein Anlass für Anfechtungsklagen – und das nicht zufällig: Sog. „räuberische Aktionäre" und „Berufskläger" legen es oft gerade darauf an, durch einen exzessiven Gebrauch ihrer mitgliedschaftlichen Rechte, den Versammlungsleiter dazu zu bringen, ihnen das Wort zu entziehen. Hier ist das taktische Geschick des Versammlungsleiters gefordert, der entsprechende Beschränkungen „mit Augenmaß" vornehmen und rechtzeitig ankündigen muss.

260   Bei **Verweigerung der Auskunft** kann der die Auskunft begehrende Aktionär verlangen, dass seine Frage und der Grund der Verweigerung in die **Niederschrift** über die Verhandlung aufgenommen werden (§ 131 V AktG). Der Aktionär kann zudem das sog. **Auskunftserzwingungsverfahren** einleiten (§ 132 AktG)[233]. Zudem kann der Verstoß gegen Auskunftspflichten einen Anfechtungsgrund darstellen (vgl. § 243 I, IV AktG, dazu unten Rn. 304 ff.).

---

[229] So auch *Groß*, AG 1997, 97, 104; *Spitze/Diekmann*, ZHR 158 (1994), 447, 470; *Nitschke/Bartsch*, AG 1969, 95, 99 f.; a.A. *Meilicke/Heidel*, DStR 1992, 113, 115; *Meyer-Landrut*, Festschrift Schilling, 1973, S. 235, 242 ff.

[230] Dazu *Hüffer*, AktG, § 131 Rn. 34.

[231] *Drinhausen* in Hölters, AktG, § 131 Rn. 28; *Hüffer*, AktG, § 131 Rn. 22b.

[232] So *Hüffer*, AktG, § 131 Rn. 22b.

[233] Für Einzelheiten siehe *Spindler* in K. Schmidt/Lutter, AktG, § 132 Rn. 1 ff.

7. Beschlussfassung

a) Willensbildung durch Abstimmung

Die Hauptversammlung entscheidet durch Beschluss. Beschlüsse sind das Ergebnis von Abstimmungen, in denen die Aktionäre ihr mitgliedschaftliches Stimmrecht ausüben.

261

Zur Rechtsnatur von Beschlüssen siehe oben § 11 Rn. 142.

Das AktG enthält grundsätzlich **keine Vorgaben zur Beschlussfähigkeit** (Ausnahme: § 52 V AktG), sodass die Teilnahme eines einzelnen Aktionärs unabhängig von dessen Beteiligungsumfang genügt. Allerdings kann die Satzung eine Mindestpräsenz vorsehen, wovon aber praktisch kaum Gebrauch gemacht wird.

Jedem Beschluss muss ein **Beschlussantrag** vorausgehen, der vom Leiter der Hauptversammlung zur Abstimmung gestellt wird.

262

Etwas anderes gilt lediglich in der Einpersonen-AG[234]: Hier genügt die Dokumentation des vom Alleingesellschafter gefassten Beschlusses in der Niederschrift.

Stimmen die Aktionäre einem Beschlussantrag mit der erforderlichen Mehrheit zu, so ist der Antrag angenommen (**positiver Beschluss**); anderenfalls – also auch bei Stimmgleichheit – abgelehnt (**negativer Beschluss**).

Achtung: Auch negative Beschlüsse sind Beschlüsse. Auf sie sind die §§ 241 ff. AktG anwendbar (dazu unten Rn. 297 ff.). Allerdings führt die erfolgreiche Anfechtung eines negativen Beschlusses nicht zu einem positiven Beschluss; insoweit ist eine weitere Abstimmung herbeizuführen.

Zum **Abstimmungsverfahren** enthält das Gesetz keine Vorgaben. Daher obliegt es dem Versammlungsleiter, ein zweckmäßiges Verfahren festzulegen, sofern dies nicht bereits durch die Satzung geschehen ist. Dies gilt sowohl für die Reihenfolge der Abstimmung über verschiedene Anträge zu einem Beschlussgegenstand als auch für die **Form der Stimmabgabe**. Eine Stimmabgabe durch Handheben kann selbst in einer kleineren Hauptversammlung nur dann erfolgen, wenn dem Versammlungsleiter bekannt ist, wie viele Aktien die betreffende Person hält bzw. vertritt. Ansonsten werden zumeist sog. **Stimmkarten** verwendet. Wichtig ist dabei stets, dass ersichtlich wird, für welchen **Beteiligungsumfang** die Stimmabgabe erfolgt. Unter dieser Bedingung sind auch **geheime Abstimmungen** zulässig; hierauf haben die Aktionäre aber keinen Anspruch.

263

Seit dem ARUG setzt die Stimmabgabe nicht mehr zwingend die physische Anwesenheit am Versammlungsort voraus. § 118 I 2 AktG ermöglicht die Stimmabgabe im Wege elektronischer Kommunikation bei der **Online-Teilnahme** (dazu oben Rn. 239 f.), § 118 II

264

---

[234] Vgl. *Balzer*, Der Beschluss als rechtstechnisches Mittel, 1965, S. 103 ff.; *Hirschmann* in Hölters, AktG, § 133 Rn. 6.

AktG die schriftliche oder elektronische Stimmabgabe ohne Teilnahme (sog. **Briefwahl**). Voraussetzung ist jeweils eine entsprechende Satzungsregelung, durch die diese Form der Stimmabgabe zugelassen oder der Vorstand ermächtigt wird, sie zuzulassen.

265 Die **Stimmabgabe** muss sich immer auf einen **konkreten Beschlussantrag** beziehen. Es kann (nur) mit „ja" oder „nein" gestimmt oder sich der Stimme enthalten werden. Stimmenthaltungen sind bei der Feststellung der Mehrheit nicht zu berücksichtigen. Die **Auszählung** der Stimmen kann nach der Additions- oder der Subtraktionsmethode erfolgen.

Bei der Additionsmethode werden die Summe der „Ja"-Stimmen und die Summe der „Nein"-Stimmen ermittelt und miteinander verglichen. Bei der Subtraktionsmethode werden die „Nein"-Stimmen und die Enthaltungen gezählt und von der Gesamtzahl der vertretenen Stimmen abgezogen; die Differenz ergibt die „Ja"-Stimmen.

266 Beschlüsse werden erst mit **Feststellung** des Abstimmungsergebnisses durch den Versammlungsleiter wirksam. Sie müssen nach § 130 I, II AktG in der Niederschrift zur Versammlung protokolliert werden.

Verstöße gegen § 130 I und II 1 (nicht: S. 2!) AktG führen gemäß § 241 Nr. 2 AktG stets zur **Nichtigkeit** der gefassten Beschlüsse – und zwar auch dann, wenn über das Beschlussergebnis kein Zweifel besteht[235].

b) Mehrheitserfordernisse

267 Die Beschlüsse der Hauptversammlung bedürfen der einfachen Mehrheit, sofern nicht Gesetz oder Satzung eine größere Mehrheit oder weitere Erfordernisse vorsehen (§ 133 I AktG).

Gemeint sind insoweit positive Beschlüsse. Genauer ist daher zu formulieren: Für die **Annahme eines Beschlussantrages** ist grundsätzlich **die einfache Stimmmehrheit** erforderlich.

268 Für Kapitalmaßnahmen und sonstige Satzungsänderungen sowie grundlegende Strukturmaßnahmen (vgl. etwa §§ 179a, 262 I Nr. 2, 293, 319 AktG, §§ 65, 240 I UmwG) ist eine **qualifizierte Mehrheit** von ¾ des bei der Beschlussfassung vertreten Grundkapitals notwendig.

Hierin liegt keine Abweichung vom Grundsatz des § 133 I AktG, sondern eine Ergänzung desselben. In den bezeichneten Fällen bedarf es einer **doppelten Mehrheit**: der einfachen Stimmmehrheit und der qualifizierten Kapitalmehrheit. Relevant wird diese Unterscheidung aber nur, wenn Stimmrechtsquote und Anteil am Grundkapital auseinanderfallen. Praktisch von Bedeutung ist dies nur, wenn die Satzung Höchststimmrechte vorsieht, was gemäß § 133 I 2 AktG nur bei nicht börsennotierten Gesellschaften zulässig ist.

---

[235] BGH AG 1994, 466, 467; *Ziemons* in K. Schmidt/Lutter, AktG, § 130 Rn. 22; *Kubis* in MünchKomm. AktG, § 130 Rn. 70.

Auch für **Wahlen** (z.B. zum Aufsichtsrat) gilt grundsätzlich das Erfordernis der   **269**
einfachen Stimmmehrheit. Allerdings kann die Satzung andere Bestimmungen
treffen (§ 133 II AktG) und auch die relative Mehrheit genügen lassen.

c) Stimmrecht

Als mitgliedschaftliches Verwaltungsrecht steht das Stimmrecht den Aktionären   **270**
zu. Die **Stimmmacht** richtet sich dabei nach der **kapitalmäßigen Beteiligung**: also bei Nennbetragsaktien nach dem Nennbetrag, bei Stückaktien nach deren Zahl
(§ 134 I 1 AktG).

Es gilt der Grundsatz: „One Share, one vote."

Die Gewährung eines überproportionalen Stimmgewichts ist unzulässig. **Mehr-
stimmrechte** sind seit dem KonTraG 1998 **ausgeschlossen** (§ 12 II AktG). Allerdings erhöht sich das (relative) Stimmgewicht automatisch, sofern andere Aktien
vom Stimmrecht ausgeschlossen sind.

Das Stimmrecht besteht aber nur, wenn die **Einlage vollständig geleistet** wurde (§ 134 II
1 AktG); es sei denn, es ist noch auf keine Aktie die Einlage vollständig geleistet worden
(S. 5). Die Satzung kann bestimmen, dass das Stimmrecht bereits mit Leistung der gesetzlichen Mindesteinlage (dazu oben § 19 Rn. 12) oder einer höheren statutarischen Mindesteinlage beginnt[236].

Anders als bei der GmbH **muss** das Stimmrecht aus mehreren Aktien nach h.M.   **271**
nicht einheitlich ausgeübt werden, selbst wenn ein sachlicher Grund hierfür nicht
vorliegt.

Ein Aktionär kann daher mit einem Teil seiner Stimmen für einen Antrag und mit einem anderen Teil dagegen stimmen. Ob das sinnvoll ist, wenn hierfür kein Anlass (z.B. Treu-händerstellung bezüglich eines Teils der Aktien) besteht, steht auf einem anderen Blatt.

d) Ausschluss und Einschränkungen des Stimmrechts

Das Stimmrecht kann generell oder im Einzelfall ausgeschlossen, der Höhe nach   **272**
oder inhaltlich beschränkt sein.

aa) Vorzugsaktien

| Der generelle Ausschluss des Stimmrechts ist nach Maßgabe der §§ 12 I 2, 139 ff. AktG bei Vorzugsaktien möglich. | **273**
|---|

Diese heißen deshalb so, weil der Ausschluss des Stimmrechts durch einen **Vorzug bei der Verteilung des Gewinns** kompensiert wird. Daher lebt das Stimmrecht auch auf, wenn der Dividendenvorzug nicht gezahlt werden kann (für Ein-

---

[236] Näher dazu *Spindler* in K. Schmidt/Lutter, AktG, § 134 Rn. 35 mit weiteren Nachweisen.

zelheiten siehe § 139 II AktG). Im Übrigen stehen Vorzugsaktionären die gleichen Rechte zu wie den übrigen Aktionären (§ 140 I AktG). Sie können insbesondere auch Beschlüsse der Hauptversammlung anfechten, sofern die Voraussetzungen des § 245 Nr. 1 AktG erfüllt sind[237].

bb) Höchststimmrechte

274 Bei nicht börsennotierten Gesellschaften kann die Satzung Höchststimmrechte vorsehen (§ 133 I 2 AktG), die zu einem **unterproportionalen** Stimmgewicht führen.

> Einen Sonderfall stellt insoweit das **VW-Gesetz**[238] dar. Dieses sah zur Absicherung des Einflusses des Landes Niedersachsen auf die Volkswagen AG eine gesetzliche [!] Stimmrechtsbeschränkung der VW-Aktionäre auf jeweils maximal 20 % des Grundkapitals vor. Der EuGH hat darin einen Verstoß gegen die Kapitalverkehrsfreiheit gesehen und die Regelung für europarechtswidrig erklärt[239]. Daraufhin wurde das Höchststimmrecht gestrichen. Allerdings sieht das VW-Gesetz weiterhin vor, dass wichtige Entscheidungen nur mit einer Mehrheit von 80 % des Grundkapitals plus einer Aktie gefasst werden können. Da das Land Niedersachsen mit 20 % an VW beteiligt ist, können gegen den Willen der Landesregierung keine wichtigen Entscheidungen gefasst werden. Die EU-Kommission hält auch diese Regelung für europarechtswidrig[240], der EuGH hat sich hierzu noch nicht geäußert.

cc) Stimmverbote nach § 136 I AktG

275 Das Stimmrecht ist **im Einzelfall** ausgeschlossen, wenn ein Stimmverbot nach § 136 I 1 AktG besteht.

Danach ist ein Aktionär nicht stimmberechtigt bei der Beschlussfassung über:

➲ seine Entlastung nach § 120 I, II AktG,
➲ die Befreiung von einer Verbindlichkeit gegenüber der AG,
➲ die Geltendmachung von Ansprüchen durch die AG.

> Im Gegensatz zu § 47 IV GmbHG (dazu oben § 11 Rn. 161 ff.) ist die Vornahme eines Rechtsgeschäfts mit dem Aktionär hier nicht erwähnt. Dies ist kein Versehen, sondern eine bewusste Entscheidung des Gesetzgebers[241], der damit den Leistungsaustausch zwischen Gesellschaft und Gesellschafter (z.B. im Konzern) erleichtern wollte.

---

[237] *K. Schmidt* in Großkomm. AktG, § 245 Rn. 13; *Hüffer* in MünchKomm. AktG, § 245 Rn. 19.

[238] Gesetz über die Überführung der Anteilsrechte an der Volkswagen Werk Gesellschaft mit beschränkter Haftung in private Hand vom 21. Juli 1960, BGBl. I S. 585 (zuletzt geändert 2009).

[239] EuGH Slg. 2007, I-9020 = NJW 2007, 3481.

[240] Vgl. dazu *Rapp-Jung/Bartosch*, BB 2009, 2210.

[241] *Rieckers* in Spindler/Stilz, AktG, § 136 Rn. 17.

dd) Bewegliche Ausübungsschranken

Darüber hinaus gelten auch bei der AG die oben § 11 Rn. 164 dargestellten „be-   **276**
weglichen Ausübungsschranken". Insbesondere unterliegen auch Aktionäre
Treuebindungen gegenüber der AG einerseits und den Mitaktionären andererseits. Dies gilt nicht nur für Mehrheitsaktionäre[242], sondern – wie der BGH in seiner „Girmes"-Entscheidung[243] zutreffend festgestellt hat – auch für Minderheitsaktionäre. Für weitere Einzelheiten siehe unten § 23 Rn. 16.

ee) Stimmbindungsvereinbarungen

Wie in der GmbH können sich inhaltliche Beschränkungen des Stimmrechts auch   **277**
in der AG durch schuldrechtliche Abreden der Aktionäre untereinander (sog.
Stimmbindungsverträge) ergeben[244]. Wichtig ist insofern auch hier: Stimmbindungsverträge haben **keine Außenwirkung**. Abredewidrig abgegebene Stimmen
sind also gültig! Für Näheres siehe die Ausführungen oben § 11 Rn. 166.

e) Stimmrechtsausübung durch Dritte

Das Stimmrecht muss nicht persönlich ausgeübt werden. Die Stimmrechtsaus-   **278**
übung durch Dritte ist in den §§ 129 III, 134 III AktG und vor allem in § 135
AktG ausführlich geregelt.

aa) Stimmrechtsvertretung

Das Stimmrecht kann durch einen Bevollmächtigten ausgeübt werden   **279**
(§ 134 III 1 AktG).

Die Erteilung der Vollmacht, ihr Widerruf und der Nachweis der Bevollmächtigung gegenüber der Gesellschaft bedürfen der **Textform**, sofern in der Satzung
oder der Einberufung nichts anderes bestimmt ist (§ 134 III 3 AktG). In börsennotierten AGs muss die elektronische Übermittlung des Nachweises möglich sein
(S. 4).
  Grundsätzlich ist der Aktionär in der Auswahl der **Person des Stimmrechtsvertreters** frei. Allerdings können sich aus der Treuepflicht auch insoweit Bindungen ergeben. Aktionäre, die einem Stimmverbot unterliegen, können nicht als
Stimmrechtsvertreter fungieren (§ 136 I 1 AktG).

---

[242] Vgl. BGHZ 13, 184 – „Linotype"; ablehnend noch BGH JZ 1976, 561 – „Audi-NSU".
[243] BGHZ 129, 136 – „Girmes".
[244] Zu Stimmbindungsvereinbarungen mit Dritten siehe *Schröer* in MünchKomm. AktG, § 136
Rn. 67 ff.

280   Seit dem NaStraG[245] besteht die Möglichkeit, dass die Gesellschaft selbst einen Stimmrechtsvertreter benennt (§ 134 III 5 AktG).

> **Achtung:** Diese Form der Stimmrechtsvertretung wird bisweilen als „**Proxy-Voting**" bezeichnet. Der Begriff ist dem amerikanischen Recht entlehnt, hat dort aber eine weitergehende Bedeutung[246].

Die Aktionäre können den **von der Gesellschaft benannten Stimmrechtsvertreter** wählen, müssen dies aber natürlich nicht. Nach h.M. soll – über den Wortlaut des § 134 III AktG hinaus – diese Form der Stimmrechtsvertretung nur möglich sein, wenn der Aktionär **konkrete Weisungen** hinsichtlich der Stimmabgabe gibt[247]. Allerdings genügt die Weisung, entsprechend den Beschlussvorschlägen der Verwaltung zu stimmen.

bb) Insbesondere: Depotstimmrecht der Banken

281   Besondere **rechtspolitische Brisanz** hat das sog. Depotstimmrecht der Banken. Kreditinstitute spielen bei der Verwahrung von Aktienurkunden und bei der Buchung von Übertragungsvorgängen im Rahmen der Girosammelverwahrung (dazu oben § 18 Rn. 28 und unten § 22 Rn. 7) eine große Rolle. Vielfach bieten die depotführenden Banken ihren Kunden auch die Wahrnehmung der Stimmrechte aus den verwahrten Aktien an. Dies ist einerseits **erwünscht**, da anderenfalls viele Stimmrechte brach liegen würden. Andererseits führt die Bündelung vieler Stimmrechte zu der **Gefahr**, dass die Banken den über die Stimmmacht vermittelten Einfluss nicht im besten Interesse der Aktionäre, sondern in ihrem eigenen Interesse ausüben. Diese kann vom Interesse der Aktionäre insbesondere dann abweichen, wenn die Bank mit der Gesellschaft in geschäftlichen Beziehungen steht (z.B. als Kreditgeber).

§ 135 AktG soll den mit dem Depotstimmrecht verbundenen Gefahren begegnen, zugleich aber auch seinen Einsatz nicht über Gebühr erschweren. Zu diesem Zweck enthält die Vorschrift besondere Vorgaben zur Erteilung der Stimmrechtsvollmacht, zu den Pflichten bei Fehlen von Weisungen, zu Hinweis- und Mitteilungspflichten und zur Möglichkeit der Unterbevollmächtigung[248].

Nachdem das KonTraG 1998 die Ausübung des Depotstimmrechts deutlich erschwert hatte und es infolgedessen zu einem Rückgang der Hauptversammlungspräsenzen kam, hat der Gesetzgeber mit dem NaStraG 2001 und dem ARUG 2009 versucht, das Depotstimmrecht durch eine **Entbürokratisierung** wieder attraktiver zu gestalten.

---

[245] Gesetz zur Namensaktie und zur Erleichterung der Stimmrechtsausübung vom 18. Januar 2001, BGBl. I S. 123.

[246] Dazu *Hanloser*, NZG 2001, 355.

[247] Vgl. *Hüffer*, AktG, § 134 Rn. 26 b; *Spindler* in K. Schmidt/Lutter, AktG, § 134 Rn. 56; *Hirschmann* in Hölters, AktG, § 134 Rn. 51; *Seibert*, ZIP 2001, 53, 55.

[248] Für Einzelheiten siehe *Spindler* in K. Schmidt/Lutter, AktG, § 136 Rn. 8 ff.

> **Achtung:** § 135 AktG ist ein abschreckendes Beispiel dafür, dass (gut gemeinte) Bestrebungen des Gesetzgebers, bestimmten Interessenkonflikten Rechnung zu tragen, zur Detailversessenheit und damit zur Unlesbarkeit des Gesetzes führen können. Man mag einwenden, dass die Vorschrift ohnehin an Kreditinstitute und damit an „Experten" für komplizierte gesetzliche Regelwerke (werfen Sie einmal einen Blick in das KWG!) adressiert ist.

§ 135 I 1 AktG stellt klar, dass auch depotführende Kreditinstitute das Stimmrecht aus den verwahrten Aktien nur ausüben können, wenn sie hierzu **bevollmächtigt** wurden.   **282**

Entsprechendes gilt für Aktionärsvereinigungen (§ 135 VIII AktG). Kreditinstitute, die als „Platzhalter" im Aktienregister eingetragen sind (vgl. 67 IV AktG), bedürfen keiner Vollmacht, sondern einer Ermächtigung (§ 135 VI AktG).

Wie alle anderen Stimmrechtsvertreter sind auch Kreditinstitute **weisungsgebunden**, d.h. sie müssen die Vorgaben der Aktionäre einhalten. Oftmals verzichten Aktionäre in der Praxis aber auf Weisungen. Generelle Vollmachten ohne besondere Vorgaben hinsichtlich des Stimmverhaltens lässt das Gesetz aber nur zu, wenn das Kreditinstitut

- ⮑ **eigene Abstimmungsvorschläge** unterbreitet hat, denen gemäß es in der Hauptversammlung abstimmen soll (§ 135 I 4 Nr. 1, II, III AktG) oder
- ⮑ entsprechend den **Beschlussvorschlägen von Vorstand und Aufsichtsrat** abstimmen soll (§ 135 I 4 Nr. 2, IV AktG).

Eine Pflicht, eigene Abstimmungsvorschläge zu unterbreiten, besteht von Gesetzes wegen nicht.

> Gemäß § 135 VII AktG führt nur das Fehlen einer wirksamen Vollmacht schlechthin (Verstoß gegen § 135 I 1 AktG) zur Unwirksamkeit der Stimmabgabe. Verstöße gegen die übrigen Vorgaben der Vorschrift schlagen auf die Stimmabgabe nicht durch.

cc) Legitimationsübertragung

Neben der Bevollmächtigung sieht das Gesetz (vgl. § 129 III AktG) eine weitere Möglichkeit der Stimmrechtsausübung durch Dritte vor: die Legitimationsübertragung. Darunter versteht man die **Ermächtigung** im Sinne des § 185 BGB, **fremde Stimmrechte im eigenen Namen wahrzunehmen**[249].   **283**

Die auf diese Weise legitimierten Personen sind wie Aktionäre in das Teilnehmerverzeichnis einzutragen. Kreditinstitute können nur ermächtigt werden, wenn sie bei Namensaktien als Platzhalter im Aktienregister stehen (§ 135 VI AktG); anderenfalls ist nur die Stimmrechtsvollmacht zulässig,

Die Legitimationsübertragung ist ein **Fremdkörper** im Verbandsrecht, da sie das Abspaltungsverbot ohne Not (schließlich besteht die Möglichkeit der Stimmrechtsvollmacht) lockert.

---

[249] *Ziemons* in K. Schmidt/Lutter, AktG, § 129 Rn. 28; *Wicke* in Spindler/Stilz, AktG, § 129 Rn. 28.

8. Fehlerhafte Hauptversammlungsbeschlüsse

Literatur: *Baums*, Der unwirksame Hauptversammlungsbeschluss, ZHR 142 (1978), 582; *Florstedt*, Die Reform des Beschlußmängelrechts durch das ARUG, AG 2009, 465; *Hüffer*, Beschlussmängel im Aktienrecht und im Recht der GmbH – eine Bestandsaufnahme unter Berücksichtigung der Beschlüsse von Leitungs- und Überwachungsorganen, ZGR 2001, 833; *K.-P. Martens/S. Martens*, Rechtsprechung und Gesetzgebung im Kampf gegen missbräuchliche Anfechtungsklagen, AG 2009, 173; *Noack/Zetzsche*, Die Informationsanfechtung nach der Neufassung des § 243 Abs. 4 AktG, ZHR 170 (2006), 218; *K. Schmidt*, Reflexionen über das Beschlussmängelrecht, AG 2009, 248; *Szalai*, Die Treuepflicht als Schranke des aktienrechtlichen Anfechtungsrechts, DStR 2008, 358; *M. Winter*, Die Anfechtung eintragungsbedürftiger Strukturbeschlüsse de lege lata und de lege ferenda, Festschrift Ulmer, 2003, S. 699; *Zöllner*, Zur Problematik der aktienrechtlichen Anfechtungsklage, AG 2000, 145.

a) Überblick

284 In den **§§ 241 ff. AktG** ist das sog. **Beschlussmängelrecht** geregelt. Hauptversammlungsbeschlüsse können fehlerhaft sein, weil der Beschluss nicht im vorgeschriebenen Verfahren zustande gekommen ist (**Verfahrensmängel**) oder weil sein Inhalt den durch Gesetz oder Satzung aufgestellten Vorgaben widerspricht (**Inhaltsmängel**). Mängel können dabei unterschiedliche Auswirkungen auf die Wirksamkeit des betreffenden Beschlusses haben. Das AktG unterscheidet als Fehlerfolgen die **Nichtigkeit** (§§ 241 f., 250, 253 AktG) und die **Anfechtbarkeit** (§§ 243 ff., 251 f., 254 f. AktG).

285 Nichtige Beschlüsse sind von Anfang an **unwirksam**.

Auf die Unwirksamkeit kann sich jeder berufen. Das Gesetz ordnet diese Rechtsfolge nur bei bestimmten Mängeln an, die **abschließend** insbesondere in § 241 AktG benannt sind. Im Übrigen führt die Gesetzes- oder Satzungswidrigkeit lediglich zur Anfechtbarkeit eines Beschlusses – und dies auch nur, wenn der Beschluss hierauf beruht.

286 Anfechtbare Beschlüsse sind zunächst **wirksam**, können aber durch Erhebung einer (befristeten) Anfechtungsklage mit dem Ziel angegriffen werden, dass das Gericht den Beschluss für nichtig erklärt.

Anfechtungsberechtigt ist nicht jeder, sondern nur die in § 245 AktG genannten Personen (siehe unten Rn. 308). Die **Anfechtungsklage** ist binnen eines Monats zu erheben, anderenfalls kann der Mangel nicht mehr geltend gemacht werden. Für die Nichtigkeit sieht das AktG eine entsprechende Klagefrist nicht vor. Allerdings kommt bei bestimmten **Nichtigkeitsgründen** nach § 242 AktG eine **Heilung** (auch durch Zeitablauf) in Betracht.

Darüber hinaus knüpft das Gesetz die Wirksamkeit von Hauptversammlungsbeschlüssen an weitere Voraussetzungen. So werden beispielsweise Satzungsänderungen erst mit Eintragung im Handelsregister wirksam (§ 182 AktG).

Die §§ 241 ff. AktG setzen voraus, dass es sich um einen Beschluss der Hauptver-   **287**
sammlung handelt. Sie gelten **nicht** für Rechtsakte, die dem Organ Hauptversammlung in keiner Weise zuzurechnen sind.

Bisweilen wird hierfür die Kategorie der **Nicht- oder Scheinbeschlüsse** verwendet, von denen die rechtswidrigen Beschlüsse abzugrenzen seien. Bei einem Nicht- oder Scheinbeschluss soll es bereits an den Mindestvoraussetzungen für einen Hauptversammlungsbeschluss schlechthin fehlen.

> **Beispiel:** Insassen eines Irrenhauses treten spontan als Hauptversammlung der Siemens AG zusammen und beschließen die Ausschüttung der Gewinnrücklagen. – Hierbei handelt es sich sicherlich nicht um einen Beschluss der Hauptversammlung der Siemens AG – und zwar unabhängig davon, ob die „Teilnehmer" Siemens-Aktionäre sind oder nicht.

Ob es zur Begründung dieses Ergebnisses der Kategorie des Nichtbeschlusses bedarf oder ob nicht die allgemeinen Kriterien der Zurechnung ausreichen, mag hier dahinstehen. Sobald aber zumindest der Anschein eines der Gesellschaft zurechenbaren Hauptversammlungsbeschlusses besteht, sollte auch von einem Beschluss ausgegangen werden – wenn auch zumeist von einem nichtigen.

b) Nichtigkeit

Hauptversammlungsbeschlüsse sind nichtig und damit kraft Gesetzes un-   **288**
wirksam, wenn ein Nichtigkeitsgrund vorliegt.

aa) Nichtigkeitsgründe

Die wichtigsten Nichtigkeitsgründe enthält § 246 AktG. Folgende Mängel führen   **289**
danach zur Nichtigkeit:

- ⊃ **Nr. 1:** Verstoß gegen § 121 II, III 1, IV AktG (Einberufung der Hauptversammlung durch unzuständige Person; fehlerhafte Angabe von Firma, Sitz der Gesellschaft, Zeit und Ort der Versammlung oder fehlerhafte Bekanntmachung)
- ⊃ **Nr. 2:** Verstoß gegen § 130 I, II 1, IV AktG (fehlerhafte Beurkundung)
- ⊃ **Nr. 3:** Beschlussinhalt verletzt Vorschriften, die ausschließlich oder überwiegend zum Schutz der Gläubiger der Gesellschaft oder sonst im öffentlichen Interesse gegeben sind, oder ist mit dem „Wesen der AG" unvereinbar

> **Beispiele für gläubigerschützende Vorschriften:** §§ 57, 58 IV, 71 ff. AktG (Kapitalerhaltung); §§ 225, 233, 303, 321 AktG (vgl. jeweils die Überschriften).

Der **Begriff des öffentlichen Interesses** ist weit auszulegen und umfasst auch die Vorschriften, die das Strukturbild der AG als einer Organisationsform prägen. Hierzu zählen auch die zwingenden Grenzen der Satzungsautonomie (§ 23 V AktG)[250] und insbesondere die aktienrechtliche Kompetenzordnung, da diese die Struktur der AG prägen und somit im öffentlichen Interesse liegen[251]. Daher sind Beschlüsse, durch die die Hauptversammlung in die Geschäftsführungskompetenz des Vorstandes eingreift, nichtig. Praktische Bedeutung hat der Nichtigkeitsgrund auch bei Verstößen gegen die §§ 25 ff. MitbestG erlangt[252]. Der **Auffangtatbestand** „Unvereinbarkeit mit der Natur der AG" hat daneben keine eigenständige Bedeutung erlangt.

➲ **Nr. 4:** Sittenwidrigkeit des Beschlussinhalts (nicht: des Zustandekommens oder des Zwecks!)

➲ **Nr. 5:** Nichtigerklärung durch rechtskräftiges Urteil im Anfechtungsprozess (vgl. § 248 AktG und unten Rn. 297 ff.)

➲ **Nr. 6:** Amtslöschung nach § 398 FamFG[253]

Weitere Nichtigkeitsgründe enthalten die §§ 192 IV, 212, 217 II, 228 II, 234 III, 235 II AktG, die allesamt Fehler bei Kapitalmaßnahmen betreffen. Die Nichtigkeit der Wahl von Aufsichtsratsmitgliedern ist in § 250 AktG gesondert geregelt, die Nichtigkeit von Gewinnverwendungsbeschlüssen in § 253 AktG.

Thematisch verwandt ist § 256 AktG, der die **Nichtigkeit des Jahresabschlusses** betrifft.

290 Bei komplexen Beschlussanträgen kann auch eine bloße **Teilnichtigkeit** in Betracht kommen. Dies setzt voraus, dass der Mangel sich nicht auf alle Beschlussteile bezieht, ein sinnvoller „Rest-Beschluss" verbleibt und vom Willen der Abstimmenden noch gedeckt ist. Letzteres ist durch Auslegung des Beschlusses zu ermitteln[254].

bb) Geltendmachung der Nichtigkeit

291 Die Nichtigkeit kann grundsätzlich von jedermann ohne zeitliche Begrenzung (zur Heilung sogleich Rn. 296) geltend gemacht werden. Aus einem nichtigen Beschluss können Rechte nicht hergeleitet werden. Die Nichtigkeit kann (muss aber nicht) gerichtlich festgestellt werden.

292 Aktionäre, der Vorstand als Organ sowie die Mitglieder von Vorstand und Aufsichtsrat können gemäß § 249 AktG **Nichtigkeitsklage** erheben.

---

[250] Vgl. *Göz* in Bürgers/Körber, AktG, § 241 Rn. 15; *Englisch* in Hölters, AktG, § 241 Rn. 51.

[251] *Gessler*, ZGR 1980, 438; *Göz* in Bürgers/Körber, AktG, § 241 Rn. 17.

[252] Dazu *Hüffer*, AktG, § 241 Rn. 22.

[253] Dazu *Munzig* in BeckOK FamFG, 3. Ed. 2011, § 398 Rn. 30 ff.

[254] OLG Hamburg AG 2000, 326, 328; *Hüffer*, AktG, § 241 Rn. 36.

Dabei handelt es sich um eine besondere Form der Feststellungsklage, bei der es der Feststellung eines besonderen Feststellungsinteresses (§ 265 I ZPO) nicht bedarf[255].

> Gemäß §§ 249, 246 II AktG kann die Nichtigkeitsklage nur gegen die Gesellschaft, vertreten durch den Vorstand und den Aufsichtsrat, erhoben werden. Nach § 249 I AktG finden die für die Anfechtungsklage geltenden §§ 246 II, III 1-5, IV, 246a, 247, 248 und 248a AktG entsprechende Anwendung (dazu sogleich mehr unter Rn. 297 ff.).

Möglich ist zudem die Erhebung der Anfechtungsklage nach §§ 243 ff. AktG, da   **293**
diese auch auf Nichtigkeitsgründe gestützt werden kann[256].

> Obwohl die Anfechtungsklage eine Gestaltungsklage und die Nichtigkeitsklage eine Feststellungsklage ist, verfolgen beide **dasselbe Rechtsschutzziel**: die richterliche Klärung der Nichtigkeit des Hauptversammlungsbeschlusses mit Wirkung für und gegen jedermann. Aus der Identität der Rechtsschutzziele bzw. des Streitgegenstandes folgt, dass das Gericht bei erhobener Anfechtungsklage auch Nichtigkeitsgründe zu prüfen hat und umgekehrt.

Dritten, die die Nichtigkeit von Hauptversammlungsbeschlüssen festgestellt wissen wollen, ist der Weg über § 249 AktG versperrt. Sie können aber eine allgemeine Feststellungsklage erheben, sofern das nach § 256 ZPO erforderliche Feststellungsinteresse gegeben ist[257].   **294**

Hängt die Wirksamkeit eines Beschlusses von der Eintragung ins Handelsregister ab (siehe oben Rn. 286), dann stellt die Nichtigkeit ein **von Amts wegen zu beachtendes Eintragungshindernis dar**.   **295**

cc) Heilung

Die Nichtigkeit kann in den Fällen des § 241 Nr. 1-4 AktG durch die Eintragung   **296**
des Beschlusses in das Handelsregister geheilt werden, sofern die Voraussetzungen des § 242 AktG vorliegen[258]. Die Vorschrift dient der **Rechtssicherheit**. Mit Heilung kann der Mangel nicht mehr geltend gemacht werden und der Beschluss wird wirksam.

c) Anfechtbarkeit

Gemäß § 243 I AktG kann ein Hauptversammlungsbeschluss wegen Verletzung des Gesetzes oder der Satzung durch Klage angefochten werden.   **297**

---

[255] BGHZ 43, 261, 265.

[256] *Hüffer* in MünchKomm. AktG, § 241 Rn. 15.

[257] *Hüffer* in MünchKomm. AktG, § 249 Rn. 6; *Englisch* in Hölters, AktG, § 249 Rn. 7.

[258] Für Einzelheiten siehe zunächst den Gesetzestext und sodann *Englisch* in Hölters, AktG, § 241 Rn. 13 ff.

aa) Inhaltsmängel

298   Die Rechtswidrigkeit eines Beschlusses kann sich aus seinem Inhalt oder seinem Zustandekommen ergeben. Bei Inhaltsmängeln ist das **Ergebnis der Beschlussfassung**, also die im Beschlusstext enthaltene Anordnung oder Feststellung, mit dem materiellen Recht unvereinbar, ohne dass bereits der Nichtigkeitsgrund des § 241 Nr. 3 AktG vorliegt. Der Beschluss kann dabei gegen einzelne Vorschriften, aber auch gegen gesellschaftsrechtliche Grundprinzipien verstoßen.

> Zu beachten sind insbesondere die „beweglichen Schranken der Mehrheitsherrschaft"[259], namentlich
> ➲ die gesellschaftsrechtliche Treuepflicht und
> ➲ der Gleichbehandlungsgrundsatz (§ 53a AktG).

299   Im Rahmen der Anfechtungsklage findet insoweit eine **materielle Beschlusskontrolle** statt. Bestimmte Beschlüsse bedürfen dabei einer **sachlichen Rechtfertigung**, d.h. die Gesellschaft muss darlegen, dass die beschlossene Maßnahme notwendig ist, ein milderes Mittel nicht zur Verfügung steht und die damit verbundenen Eingriffe in die Rechtsstellung der dissentierenden Aktionäre deshalb „als kleineres Übel" hinzunehmen sind.

> ➲ Einer solchen **Inhaltskontrolle** unterliegt insbesondere der **Ausschluss des Bezugsrechts** bei Kapitalmaßnahmen, sofern dieser nicht bereits durch § 186 III 4 AktG legitimiert ist (näher dazu unten § 25 Rn. 17 ff.); ferner jeder Beschluss, durch den eine **nicht börsennotierte Gesellschaft** von einer anderen im Sinne des Konzernrechts (§§ 15 ff. AktG) **abhängig wird** (dazu unten § 29 Rn. 30 ff.).
> ➲ Einer sachlichen Rechtfertigung bedarf es hingegen **nicht**, wenn das Gesetz selbst eine Abwägung der widerstreitenden Interessen vornimmt. Dies wird etwa angenommen für den Beschluss über die Auflösung der Gesellschaft (§ 262 I Nr. 2 AktG), ferner bei Zustimmungsbeschlüssen zu Umwandlungen nach dem UmwG oder den Abschluss von Unternehmensverträgen (§ 293 AktG). Auch der Beschluss über das Delisting (dazu oben Rn. 208 ff.) und über den Squeeze-out (§ 327a AktG) sollen keines sachlichen Grundes bedürfen.

300   Eine **Konkretisierung** der Treuepflicht und des Gleichbehandlungsgebots findet sich in **§ 243 II 1 AktG**. Die Vorschrift soll verhindern, dass sich ein Mehrheitsaktionär mit Hilfe seines Stimmgewichts Sondervorteile erstrebt und hierdurch die AG oder seine Mitaktionäre schädigt. Dies ist allerdings zulässig, wenn ein angemessener Ausgleich gewährt wird (§ 243 II 2 AktG).

> **Achtung:** § 243 II AktG entfaltet keine Sperrwirkung, sodass auch bei erfolgter Ausgleichsgewährung eine Anfechtung nach Abs. 1 weiterhin möglich sein kann.

---

[259] *Hüffer*, AktG, § 243 Rn. 21; grundlegend *Zöllner*, Die Schranken der gesetzlichen Stimmrechtsmacht, 1963, passim; *M. Winter*, Mitgliedschaftliche Treubindungen, 1988, passim.

bb) Verfahrensmängel

Auch formelle Mängel bei der Vorbereitung und Durchführung der Hauptver- **301**
sammlung kommen als Anfechtungsgrund in Betracht. Allerdings besteht Einigkeit darüber, dass nicht jeder Verfahrensmangel zur Anfechtung berechtigt und
der Wortlaut des § 243 I AktG insoweit teleologisch zu reduzieren ist:

Nur „wesentliche" Verfahrensmängel sollen zur Anfechtung berechtigen.

Umstritten ist allerdings, wann ein Mangel so wesentlich ist, dass er zur Anfecht- **302**
barkeit führt. Die ältere Rechtsprechung stellte auf die **potentielle Kausalität** des
Mangels für das Beschlussergebnis ab[260]. Danach musste die AG als Beklagte im
Anfechtungsprozess darlegen und ggf. beweisen, dass ein Mangel auf das Ergebnis keinen Einfluss gehabt hat. Das Kriterium der potentiellen Kausalität ist immer
dann geeignet, wenn es um die Frage geht, ob das Abstimmungsergebnis richtig
festgestellt wurde.

> **Beispiel:** Bei der Auszählung wurden die Stimmen eines Aktionärs berücksichtigt, der
> einem Stimmverbot (§ 136 I AktG) unterlag. – Hier ist zu fragen, ob bei Nichtberück-
> sichtigung die Abstimmung zu einem anderen Ergebnis geführt hätte. Nur wenn dies der
> Fall ist, war der Verfahrensmangel (falsche Auszählung) kausal für das Beschlusser-
> gebnis.

Geht es hingegen um Vorbereitungs- und Durchführungsmängel (z.B. um Verstö- **303**
ße gegen Einberufungsvorschriften) oder um Informationspflichtverletzungen
(z.B. Verweigerung der Auskunft auf eine nach § 131 AktG zulässige Frage eines
Aktionärs), ist das Kriterium der potentiellen Kausalität weniger geeignet. Vorzugswürdig ist es daher, in diesen Fällen im Anschluss an die jüngere Rechtsprechung auf die **Relevanz der verletzten Vorschrift** für die Aktionärsrechte
abzustellen[261]. Dabei kommt es auf den **Zweck** der Vorschrift und auf ihre **Bedeutung aus Sicht eines verständigen Aktionärs** an.

> Der Sache nach wird hier eine Wertung vorgenommen. Zu fragen ist, ob die Rechts-
> verletzung so schwer wiegt, dass die Beschlussfassung im Ganzen als „bemakelt" anzu-
> sehen und ein Festhalten am Beschlussergebnis unzumutbar ist.

> **Beispiel**[262]**:** Bei der Einberufung wurde die Tagesordnung nicht ordnungsgemäß bekannt
> gemacht (Verstoß gegen die §§ 124-127 AktG). – Die Hauptversammlung fand an einem
> unzulässigen Ort statt[263].

---

[260] RGZ 65, 241, 242 f.; 167, 151, 165.

[261] *Hüffer* in MünchKomm. AktG, § 243 Rn. 30; *Zöllner* in KölnKomm. AktG, § 243 Rn. 81 ff.

[262] Zur reichhaltigen Kasuistik siehe *Hüffer*, AktG, § 243 Rn. 14 ff.

[263] RGZ 44, 8, 9 f; BGH AG 1985, 188, 189.

cc) Insbesondere: Informationspflichtverletzungen

304 Der Gesetzgeber hat das Relevanzkriterium für die Verletzung von Informationspflichten in **§ 243 IV 1 AktG** sogar normiert.

> Danach besteht bei unrichtiger, unvollständiger oder verweigerter Erteilung von Informationen ein Recht zur Anfechtung nur dann, wenn ein objektiv urteilender Aktionär die Erteilung der Information als wesentliche Voraussetzung für die sachgerechte Wahrnehmung seiner Teilnahme- und Mitgliedschaftsrechte angesehen hätte.

Die Vorschrift ist dem Umstand geschuldet, dass in der Vergangenheit Informationspflichtverletzungen oftmals Gegenstand von Anfechtungsklagen waren. Es war bereits die Rede von Berufsklägern und räuberischen Aktionären, die nicht nur Fehler bei der Auskunftserteilung geltend gemacht, sondern diese sogar durch ausschweifende Reden und lange Fragenkataloge – kurzum: durch eine exzessive Ausübung der Rechte aus § 131 AktG – provoziert haben. Dem sollte durch die Klarstellung in § 243 IV 1 AktG begegnet werden. Die Vorschrift gilt aber nicht nur für Verstöße gegen § 131 AktG (dazu oben Rn. 254), sondern auch für andere Informationspflichten, etwa die Pflicht zur Auslegung der Dokumente der Rechnungslegung vor der ordentlichen Hauptversammlung gemäß § 175 II AktG (dazu oben Rn.250).

305 Eine andere Zielrichtung verfolgt **§ 243 IV 2 AktG**. Die durch das UMAG[264] 2005 eingeführte Vorschrift kodifiziert eine Rechtsprechung des BGH[265], wonach die Anfechtungsklage bei sog. **Bewertungsrügen** generell eingeschränkt sein soll.

> Mangelhafte Informationen über die Ermittlung, Höhe oder Angemessenheit von Ausgleich, Abfindung, Zuzahlung oder über sonstige Kompensationen können danach nicht im Wege der Anfechtungsklage geltend gemacht werden, sondern im sog. **Spruchverfahren**, wenn der Anwendungsbereich des § 1 SpruchG eröffnet ist.

Das Spruchverfahren ist unter anderem vorgesehen für die Bestimmung
- des Ausgleichs für außenstehende Aktionäre und der Abfindung solcher Aktionäre bei **Beherrschungs- und Gewinnabführungsverträgen** (§§ 304, 305 AktG) und bei der **Eingliederung** (§ 320b AktG),
- der Barabfindung von Minderheitsaktionären beim **Squeeze-out** (§§ 327a ff. AktG),
- der Zuzahlung an Anteilsinhaber oder der Barabfindung von Anteilsinhabern anlässlich von **Umwandlungen** nach dem UmwG.

Dahinter steht die gesetzliche Wertentscheidung, dass die Wirksamkeit eines Beschlusses unangetastet bleiben kann, wenn nicht die Maßnahme an sich angegriffen wird, sondern um die Höhe einer Kompensation gestritten wird. Die Anfechtungsklage ist aber nicht gesperrt, wenn die Information gänzlich verweigert

---

[264] Gesetz zur Unternehmensintegrität und Modernisierung des Anfechtungsrechts vom 22. September 2005, BGBl. I S. 2802.
[265] Vgl. BGHZ 146, 179, 181 – „MAN"; BGH NJW 2001, 1428 ff. – „Aqua Butzke".

wurde, denn § 243 IV 2 AktG nennt anders als S. 1 der Vorschrift die verweigerte Informationserteilung nicht.

dd) Geltendmachung: Anfechtungsklage

Im Gegensatz zu nichtigen Hauptversammlungsbeschlüssen sind anfechtbare Be-   **306**
schlüsse zunächst wirksam. Die Unwirksamkeit des Beschlusses muss durch die Anfechtungsklage (§ 246 AktG) herbeigeführt werden. Geschieht dies nicht, wird der Beschluss ungeachtet seiner Rechtswidrigkeit endgültig wirksam.

Die Anfechtungsklage ist eine Gestaltungsklage, deren Ziel es ist, dass das   **307**
Gericht den angegriffenen Beschluss für nichtig erklärt. Sie ist gegen die Gesellschaft als Klagegegnerin zu richten[266].

Die **Anfechtungsbefugnis** ist in § 245 AktG geregelt. Nach dessen Nr. 1 können   **308**
Aktionäre einen Beschluss nur anfechten, wenn sie bereits vor der Bekanntmachung der Tagesordnung Aktionär waren, in der Hauptversammlung erschienen sind und gegen den Beschluss Widerspruch zur Niederschrift eingelegt haben. Nicht erschienene Aktionäre sind nur anfechtungsbefugt bei unberechtigter Nichtzulassung zur Hauptversammlung sowie bei Einberufungs- und Bekanntmachungsmängeln (Nr. 2). Stets anfechtungsbefugt ist der **Vorstand** als Organ (Nr. 4), die Mitglieder von Vorstand und Aufsichtsrat individuell hingegen nur, wenn die Ausführung des Beschlusses zur straf- oder zivilrechtlichen Haftung führen würde (Nr. 5).

Nach h.M.[267], der auch der BGH[268] folgt, handelt es sich bei der Anfechtungsbefugnis um eine **materiell-rechtliche** Voraussetzung, da es um die Geltendmachung eines Anspruchs auf die Beseitigung rechtswidriger Beschlüsse gehe. Die Anfechtungsbefugnis sei daher im Rahmen der Begründetheit der Klage zu prüfen. **Dies überzeugt** schon deshalb **nicht**, weil der gemäß § 245 Nr. 4 AktG anfechtungsberechtigte Vorstand keinen Anspruch gegen die AG hat, sondern bei der Geschäftsführung auch auf die Rechtmäßigkeit von Hauptversammlungsbeschlüssen achten soll. Für die Aktionäre gilt: Sie machen von ihrem mitgliedschaftlichen Recht, rechtswidrige Beschlüsse anzugreifen, durch Erhebung der Anfechtungsklage Gebrauch. Unter welchen Voraussetzungen das möglich ist, sagt unter anderem § 245 AktG, der die Klagemöglichkeit einschränkt. Dies spricht für den prozessualen Charakter der Anfechtungsbefugnis. Die Annahme eines zusätzlichen Anspruchs gegen die AG ist überflüssig, zumal ein solcher von den Gerichten auch nicht geprüft wird![269]

---

[266] *Englisch* in Hölters, AktG, § 246 Rn. 31; *Göz* in Bürgers/Körber, AktG, § 246 Rn. 14; *Heidel* in Heidel, AktG, § 246 Rn. 6.

[267] *Hüffer* in MünchKomm. AktG, § 245 Rn. 3; *Zöllner* in KölnKomm. AktG, § 245 Rn. 2; *Noack*, AG 1989, 78, 83; *Hüffer*, AktG, § 245 Rn. 2.

[268] BGH AG 2007, 863.

[269] Vgl. auch *Schwab* in K. Schmidt/Lutter, AktG, § 245 Rn. 2.

Entgegen der überwiegenden Auffassung ist die Anfechtungsbefugnis daher keine Frage der Begründetheit, sondern der **Zulässigkeit**[270].

309 Die Anfechtungsklage kann – anders als die Nichtigkeitsklage – nur **zeitlich befristet** und zwar innerhalb eines Monats nach der Beschlussfassung erhoben werden (§ 246 I AktG). Für die Fristberechnung gelten die §§ 187 ff. BGB. Nach h.M.[271] handelt es sich bei der Klagefrist um eine materiell-rechtliche Ausschlussfrist, die in der Begründetheit zu prüfen ist. Vorzugswürdig erscheint aber auch hier die Gegenauffassung, nach der die Einhaltung der Klagefrist **Zulässigkeitsvoraussetzung** ist[272].

310 Ein besonderes Rechtsschutzbedürfnis müssen die Anfechtungskläger nicht dartun. Die Anfechtungsklage ist auf die Herbeiführung eines gesetzes- und satzungskonformen Zustandes gerichtet, ohne dass es einer besonderen Betroffenheit der Kläger bedarf (sog. **Polizeifunktion der Anfechtungsklage**). Aktionäre müssen daher nicht eine besondere Beeinträchtigung ihrer mitgliedschaftlichen Stellung gelten machen. Dies führt dazu, dass bereits das Innehaben von nur einer Aktie genügt, um rechtswidrige Hauptversammlungsbeschlüsse anzugreifen. Auch auf die Motivation des Klägers kommt es grundsätzlich nicht an. Dies gilt jedoch nicht schrankenlos.

311 In seiner Entscheidung in Sachen „Kochs Adler" hat der BGH[273] ausgeführt, dass Anfechtungsklagen im Einzelfall mit dem Einwand des **individuellen Rechtsmissbrauchs** begegnet werden kann.

Rechtsmissbräuchlich ist die Klageerhebung insbesondere dann, wenn der Kläger die Anfechtungsklage nur erhebt, um sich deren „Lästigkeitswert" von der Gesellschaft **„abkaufen"** zu lassen, z.B. im Wege eines Vergleichs.

> Dies ist das **Geschäftsmodell der „räuberischen Aktionäre"**, denen es nicht darauf ankommt, einen rechtswidrigen Zustand zu beseitigen, sondern lediglich – zulasten der Gesellschaft und damit auch ihrer Mitgesellschafter – eigene wirtschaftliche Vorteile anzustreben. Dies geht sogar soweit, dass Fehler absichtlich provoziert und dann zum Gegenstand der Anfechtungsklagen gemacht werden.

Missbräuchlich erhobene Anfechtungsklagen können, da zugleich ein Verstoß gegen die gesellschaftsrechtliche Treuepflicht vorliegt, **Schadensersatzpflichten** begründen[274]. Gezahlte Vergleichsprämien können zudem einen Verstoß gegen

---

[270] Wie hier *Schwab* in K. Schmidt/Lutter, AktG, § 245 Rn. 2; *K. Schmidt* in Großkomm. AktG, § 245 Rn. 6; *Landrock*, Der Innenrechtsstreit in der Aktiengesellschaft, 1993, S. 234.

[271] *Heidel* in Heidel, AktG, § 246 Rn. 4; *Hüffer*, AktG, § 246 Rn. 20; *Göz* in Bürgers/Körber, AktG, § 246 Rn. 7; *Kindl*, AG 2000, 166, 182 f.

[272] So auch *Schwab* in K. Schmidt/Lutter, AktG, § 246 Rn. 4; *Landrock*, Der Innenrechtsstreit in der Aktiengesellschaft, 1993, S. 249.

[273] BGHZ 107, 296, 312.

[274] Vgl. auch *Szalai*, DStR 2008, 358, 361.

§ 57 I AktG darstellen und ggf. nach § 62 I AktG zurückgefordert werden. Diese Sanktionsdrohungen haben aber nicht dazu geführt, dass den räuberischen Aktionären „das Handwerk gelegt" wurde. Der Gesetzgeber sah sich daher dazu veranlasst, im Zuge des UMAG 2005 mit der Schaffung des § 246a AktG ein allgemeines Freigabeverfahren einzuführen.

ee) Das Freigabeverfahren

Literatur: *Faßbender*, Das Freigabeverfahren nach § 246 a AktG – Offene Fragen und Gestaltungsmöglichkeiten, AG 2006, 872; *Koch/Wackerbeck*, Der Schutz vor räuberischen Aktionären durch die Neuregelungen des ARUG, ZIP 2009, 1603; *Zöllner*, Evaluation des Freigabeverfahrens, Festschrift Westermann, 2008, S. 1631.

Anfechtungsklagen sind nicht nur mit personellem und finanziellem Aufwand verbunden – sie können der beklagten Gesellschaft auch Zeit kosten. Dies gilt namentlich für die Fälle, in denen der Hauptversammlungsbeschluss, um seine Wirkungen zu entfalten, in das Handelsregister eingetragen werden muss. Dabei ist zu unterscheiden: **312**

➲ Bei der Eingliederung (§§ 319 V, 320 I 3 AktG), der Verschmelzung (§ 16 II UmwG) und dem Squeeze-out (§ 327 e II AktG) ist eine sog. **Negativerklärung** erforderlich. Die Anmeldung zum Handelsregister muss die Erklärung des Vorstandes enthalten, dass eine fristgerechte Anfechtung nicht erfolgt oder die Anfechtungsklage rechtskräftig abgewiesen ist. Der Hauptversammlungsbeschluss darf folglich nicht angemeldet – und daher auch erst recht nicht eingetragen – werden, wenn die Anfechtungsfrist noch läuft oder eine Anfechtungsklage noch rechtshängig ist.

➲ Auch in den Fällen, in denen eine Negativerklärung nicht vorgesehen ist, wie etwa bei Satzungsänderungen, Kapitalmaßnahmen und dem Abschluss von Unternehmensverträgen, hindert eine erhobene Anfechtungsklage oftmals die Eintragung des angefochtenen Beschlusses, da die Registergerichte die **Entscheidung über den Eintragungsantrag** bis zur Entscheidung über die Anfechtungsklage **aussetzen** können und dies praktisch auch häufig tun (sog. **faktische Registersperre**).

> Zudem ist ein Vollzug der beschlossenen Maßnahme trotz laufender Klage oft untunlich: Wird z.B. eine Kapitalerhöhung angefochten, aber vollzogen, und hat die Klage Erfolg, müssten die ausgegebenen Aktien nachträglich wieder „eingesammelt" werden, was insbesondere bei Börsennotierung kaum möglich ist. Bei einem angefochtenen Gewinnverwendungsbeschluss riskiert der Vorstand die Haftung aus §§ 57, 93 III Nr. 2 AktG, wenn er die Dividende auszahlt und sich später die Nichtigkeit des Gewinnverwendungsbeschlusses herausstellt. Hier wird der Vollzug aus praktischen Gründen unterbleiben.

Die rechtliche oder faktische Registersperre kann durch sog. **Freigabeverfahren** überwunden werden. **313**

Das allgemeine Freigabeverfahren ist seit dem UMAG 2005 in **§ 246a AktG** geregelt. Die Regelung wurde zuletzt durch das ARUG 2009 grundlegend erweitert, da sich die ursprüngliche Regelung als nicht hinreichend effizient zur Bekämpfung räuberischer Aktionäre erwiesen hat.

Für Eingliederung und Squeeze-out sind die §§ 319 VI, 327e II AktG maßgeblich, für Verschmelzungen § 16 II UmwG, die aber inhaltlich im Wesentlichen mit § 246a AktG übereinstimmen. Im Folgenden wird daher nur noch auf § 246a AktG Bezug genommen.

Im Freigabeverfahren kann auf Antrag der Gesellschaft das Gericht durch Beschluss feststellen, dass die Erhebung der Anfechtungsklage der Eintragung nicht entgegensteht und Mängel des Hauptversammlungsbeschlusses die Eintragung unberührt lassen (§ 246a I 1 AktG).

314   Als **einzige Instanz** entscheidet im Freigabeverfahren das **OLG**, in dessen Bezirk die Gesellschaft ihren Sitz hat. Die Eingangszuständigkeit des OLG[275] dient der Verfahrensbeschleunigung, führt aber dazu, dass das Freigabeverfahren bei einem anderen Gericht anhängig ist als die Anfechtungsklage.

Gegen den Freigabebeschluss ist ein Rechtsmittel nicht statthaft (§ 246a III 4 AktG). Der Beschluss soll innerhalb von drei Monaten ergehen (S. 6). Er bindet das Registergericht (S. 5), d.h. die Eintragung muss erfolgen.

315   Der Freigabebeschluss muss gemäß § 246a II AktG ergehen, wenn

- ➲   die Klage unzulässig oder offensichtlich unbegründet ist (Nr. 1),
- ➲   der Anfechtungskläger nicht innerhalb einer Woche ab Zustellung des Antrags nachweist, dass er seit der Bekanntmachung der Einberufung der Hauptversammlung einen anteiligen Betrag am Grundkapital von mindestens 1.000 EUR hält (Nr. 2) oder
- ➲   das alsbaldige Wirksamwerden des Hauptversammlungsbeschlusses vorrangig erscheint, weil die vom Antragsteller dargelegten wesentlichen Nachteile für die Gesellschaft und ihre Aktionäre nach freier Überzeugung des Gerichts die Nachteile für den Antragsgegner überwiegen, es sei denn, es liegt eine besondere Schwere des Rechtsverstoßes vor (Nr. 3).

Die Bagatellschwelle (Nr. 2) soll es den Berufsklägern erschweren, sich flächendeckend „auf Vorrat" bei Aktiengesellschaften einzukaufen, da der Erwerb der Aktien nach Bekanntmachung der Tagesordnung bereits die Anfechtungsbefugnis ausschließt (vgl. § 245 Nr. 1 und 3 AktG). Die durch das ARUG neu gefasste Interessenabwägungsklausel (Nr. 3) führt dazu, dass in der Regel das Gesellschaftsinteresse überwiegt, da deren wirtschaftliche Interessen typischerweise gewichtiger sind als die Interessen einzelner Aktionäre. Dies ist rechtspolitisch gewollt. Die Rückausnahme bei besonders schweren Rechtsverstößen stellt ein Korrektiv dar. Sie soll insbesondere eingreifen, wenn Aktionärsrechte vollkommen missachtet oder vorsätzlich verletzt werden.

---

[275] Kritisch dazu *Florstedt*, AG 2009, 467, 468 f.

Erweist sich die weiterhin rechtshängige **Anfechtungsklage** später als **begründet**, **316** so ist die Gesellschaft dem klagenden Aktionär zum **Schadensersatz** verpflichtet (§ 246a IV 1 AktG). Die erfolgte Eintragung kann aber nicht rückgängig gemacht werden und ihre Wirkungen (z.B. eine erfolgte Kapitalerhöhung) bleiben trotz der festgestellten Beschlussmängel unberührt (S. 2).

Das erfolgreiche Freigabeverfahren verweist den Anfechtungskläger somit im Ergebnis auf Sekundäransprüche, die an die Stelle des Primärrechtsschutzes (Verhinderung der beschlossenen Maßnahmen) treten.

§ 22 Erwerb und Verlust der Mitgliedschaft

Literatur: *Staake*, JA 2004, 247.

I. Verknüpfung von Mitgliedschaft und Aktie

Zur Erinnerung: Der Begriff „Aktie" bezeichnet neben einem Anteil am Grundka- **1**
pital und der urkundlichen Verbriefung in einem Wertpapier auch die Mitgliedschaft in der AG, also das Bündel an mitgliedschaftlichen Rechten und Pflichten,
die mit der Gesellschafterstellung kraft Gesetzes oder Satzung verbunden sind
(siehe zum Ganzen bereits oben § 18 Rn. 15).

> Dabei stehen die drei Bedeutungen des Aktienbegriffs nicht isoliert nebeneinander; sie
> sind vielmehr miteinander verknüpft: Der Umfang der anteiligen Beteiligung am Grund-
> kapital bestimmt das Maß des mitgliedschaftlichen Einflusses wie auch die Höhe der
> Leistungspflichten, während die wertpapiermäßige Verbriefung bei der rechtsgeschäft-
> lichen Übertragung der Gesellschafterstellung eine Rolle spielt.

Wie auch bei der GmbH unterscheidet man zwischen dem originären und dem de- **2**
rivativen Erwerb der Mitgliedschaft. **Originär erwirbt**, wer bei Gründung der AG
(dazu oben § 19) oder bei einer Kapitalerhöhung (dazu unten § 25 Rn. 4 ff.) Aktien übernimmt. Die wertpapierrechtliche Zuordnung der ausgegebenen Aktienurkunden erfolgt über einen Zeichnungsvertrag zwischen der AG und den übernehmenden Aktionären.

Der **derivative Erwerb** kann sich insbesondere durch rechtsgeschäftliche **3**
Übertragung oder durch Gesamtrechtsnachfolge (etwa beim Tod des bisherigen
Aktionärs nach § 1922 BGB) vollziehen.

> Aktien sind rechtsgeschäftlich übertragbar und vererbbar.

> Für die gemeinschaftliche Berechtigung an Aktien enthält § 69 AktG eine Regelung, die
> derjenigen des § 18 GmbHG entspricht. Siehe dazu oben § 12 Rn. 5.

II. Rechtsgeschäftliche Übertragung von Aktien

1. Bedeutung der wertpapierrechtlichen Verbriefung

Die Begründung der Mitgliedschaften ist von der wertpapiermäßigen Verbriefung **4**
unabhängig. Inhaber- wie Namensaktien sind lediglich deklaratorische Wertpapiere, deren Wirkungen vom Bestehen der verbrieften Mitgliedschaften abhängig
sind (kein Wertpapier ohne Mitgliedschaft, siehe oben § 18 Rn. 17).

Dies hat zur Folge, dass es auch gänzlich unverbriefte Mitgliedschaften geben kann. Hiervon zu unterscheiden sind wiederum die Fälle, in denen zwar nicht jede Mitgliedschaft einzeln verbrieft ist, es aber sog. Globalurkunden gibt, die diese Funktion übernehmen (dazu unten Rn. 7).

5   Die **wertpapierrechtliche Bedeutung** zeigt sich bei der Übertragung der Mitgliedschaften. Die Verbriefung ermöglicht die **Anwendung sachenrechtlicher Grundsätze**, einschließlich der **Möglichkeit des gutgläubigen Erwerbs** vom Nichtberechtigten.

> Hinsichtlich der rechtsgeschäftlichen Übertragung ist nach wertpapierrechtlichen Grundsätzen danach zu unterscheiden, ob die Aktien auf den **Inhaber** oder auf den **Namen** lauten und ob die Aktien verbrieft sind oder nicht.

Obwohl die Unterscheidung zwischen Inhaber- und Namensaktien im Ausgangspunkt wertpapierrechtlicher Natur ist, ist die Verbriefung in Aktienurkunden nicht zwingende Voraussetzung für die Einordnung als Inhaber- bzw. Namensaktien. Mit anderen Worten: **Auch unverbriefte Aktien sind entweder Inhaber- oder Namensaktien**, wenngleich die besonderen sachenrechtlichen Übertragungsgrundsätze hier nicht eingreifen. Dies ist von Bedeutung namentlich bei der Frage nach der Vinkulierbarkeit (§ 68 II AktG) und für die Eintragung im Aktienregister (§ 67 AktG); beides sieht das Gesetz nur für Namensaktien vor.

2. Inhaberaktien

a) Sachenrechtliche Übereignung

6   Inhaberaktien können **nach sachenrechtlichen Grundsätzen** (§§ 929 ff. BGB) übertragen werden.

> Es gilt dabei der Satz: „Das Recht aus dem Papier folgt dem Recht am Papier."

Inhaberaktien sind demnach **Wertpapiere im engeren Sinne**. Unter dem Vorbehalt, dass die Mitgliedschaft tatsächlich besteht, ist ein gutgläubiger Erwerb nach den §§ 932 ff. BGB auch möglich, wenn das Papier dem wahren Aktionär abhanden gekommen ist (§ 935 II BGB).

Dies gilt gemäß § 367 HGB nicht für Kreditinstitute, wenn der Verlust bereits im Bundesanzeiger bekannt gegeben wurde.

7   Die wertpapierrechtlichen Grundsätze gelten auch, wenn die Aktien nicht einzeln, sondern in **Globalurkunden** verbrieft sind und bei der **Wertpapiersammelbank**, der *Clearstream International S.A.*, verwahrt werden, was praktisch die Regel ist (vgl. schon oben § 18 Rn. 27 ff.). Hier vollzieht sich die Übertragung von Mitgliedschaften faktisch durch **„Umbuchung"**. Diese lassen sich allerdings sachenrechtlich als **Begründung von Besitzmittlungsverhältnissen** einordnen. Dies genügt als Übergabesurrogat für die Übertragung nach §§ 929, 931 BGB.

b) Abtretung

Die Verkörperung der Mitgliedschaft führt nicht dazu, dass deren Übertragung **8**
zwingend nach den für Sachen geltenden Vorschriften erfolgen muss.

> Der Aktionär kann die verbriefte Mitgliedschaft auch nach §§ 413, 398 BGB
> durch Abtretung übertragen[1].

Dann besteht aber **nicht** die Möglichkeit eines **gutgläubigen Erwerbs**. Der Zessionar wird in diesem Fall nach § 952 II BGB auch Eigentümer des Papiers, wobei die Wirksamkeit der Übertragung unabhängig von der Übergabe der Urkunde ist[2].

> Fehlt es an einer Verbriefung, ist die Abtretung der allein mögliche Weg, die Mitgliedschaft rechtsgeschäftlich zu übertragen.

3. Namensaktien

a) Übertragung durch Übereignung und Indossament

Namensaktien sind sog. **Orderpapiere**, weil sie gemäß § 68 II AktG durch Indos- **9**
sament übertragen werden können.

> Das Indossament ist eine wertpapierrechtliche Sonderform rechtsgeschäftlicher Übertragung, bei der zusätzlich zur Übereignung eine schriftliche Erklärung auf dem Wertpapier erforderlich ist.

Die Indossierung der Namensaktie allein reicht für deren Übertragung nicht aus, stets ist zudem die Einigung zwischen Veräußerer und Erwerber sowie die Übergabe der Urkunde bzw. ein Übergabesurrogat notwendig[3]. Auch bei Orderpapieren sind nämlich die **sachenrechtlichen Grundsätze** anwendbar.

> Auch hier gilt also der Satz: „Das Recht aus dem Papier folgt dem Recht am Papier."

Das Indossament stellt mithin ein **zusätzliches Erfordernis** dar, auf das gemäß § 68 I 2 AktG bestimmte Vorschriften des Wechselgesetzes Anwendung finden, wodurch die besonderen wechselrechtlichen Wirkungen der Indossierung auch für die Namensaktie fruchtbar gemacht werden.

> So begründet die **Legitimationsfunktion** eine widerlegbare Vermutung für **10**
> die materielle Berechtigung des durch eine lückenlose Indossamentenkette
> formell als berechtigt ausgewiesenen Besitzers der Urkunde (Art. 16 WG).

---

[1] *Staake*, JA 2004, 247, 251 mit weiteren Nachweisen.

[2] *Staake*, JA 2004, 247, 251; *Hueck/Canaris,* Recht der Wertpapiere, § 1 I 5 b.

[3] Vgl. BGH, NJW 1958, 302; a.A. *Zöllner*, Wertpapierrecht, § 14 I 1 b.

Diese **Beweislastumkehr** zugunsten des Besitzers schließt im Falle des Fehlens einzelner Indossamente – etwa bei Übertragung durch Gesamtrechtsnachfolge, aber auch bei rechtsgeschäftlicher Abtretung – den anderweitigen Nachweis der wirksamen Übertragung nicht aus. Eine Lücke in der Indossamentenreihe ist folglich als geschlossen anzusehen, wenn die Rechtsnachfolge anderweitig nachgewiesen wurde[4].

11   Die **Transportfunktion** des Indossaments führt zu einem besonderen Gutglaubensschutz gemäß § 68 I 2 AktG, Art. 16 II WG.

Als **Rechtsscheinträger** fungiert dabei eine **lückenlose Indossamentenkette**. Der Nachweis eines wirksamen Rechtsübergangs durch außerhalb der Urkunde liegende Umstände genügt insoweit nicht.

> Nach Art. 16 II WG ist der gutgläubige Erwerb der Namensaktie selbst dann möglich, wenn die Urkunde „irgendwie abhanden gekommen" ist. Der Begriff des Abhandenkommens im Sinne von Art. 16 II WG ist ein spezifisch wertpapierrechtlicher und weiter als bei § 935 BGB. Erfasst werden neben dem unfreiwilligen Besitzverlust auch die unwirksame Übereignung durch den Berechtigten selbst sowie Fälle, in denen ein Dritter ohne Verfügungs- oder Vertretungsmacht über die Urkunde verfügt[5]. Ein gutgläubiger Erwerb soll nach einer verbreiteten Auffassung auch dann möglich sein, wenn die Verfügung des Berechtigten aufgrund fehlender voller Geschäftsfähigkeit unwirksam ist[6]. Ein derart weitgehender Verkehrsschutz ist indes mit den allgemeinen zivilrechtlichen Wertungen schwerlich vereinbar, wonach ein zurechenbarer Rechtsschein in diesen Konstellationen fehlt, sodass insoweit eine restriktive Auslegung des Art. 16 II WG geboten ist[7].

12   Eine weitestgehende **Annäherung an Inhaberpapiere** erfahren Namensaktien, wenn sie mit einem **Blankoindossament** versehen werden, was nach § 68 I 2 AktG, Art. 13 II WG zulässig ist. In diesen Fällen kann die Übertragung durch formlose Einigung und Übergabe der Urkunde erfolgen (Art. 14 II WG), ohne dass die Legitimationswirkung des Indossaments verloren geht (Art. 16 I S. 1 WG)[8]. Die besondere Bedeutung blankoindossierter Namensaktien liegt neben ihrer erhöhten Umlauffähigkeit darin, dass nur sie an einer Börse handelbar und depotfähig im Sinne des DepotG sind[9].

---

[4] *Staake*, JA 2004, 247, 252 mit weiteren Nachweisen.

[5] Vgl. *Hüffer*, AktG, § 68 Rn. 9.

[6] So etwa für das Wechselrecht BGH NJW 1951, 402; a.A. *Hueck/Canaris*, Recht der Wertpapiere, § 8 IV 2 b cc; *Zöllner*, Wertpapierrecht, § 14 VI 1 c.

[7] *Lutter /Drygala* in KölnKomm. AktG, § 68 Rn. 23; *Bayer* in MünchKomm. AktG, § 68 Rn. 21; *Staake*, JA 2004, 247, 252.

[8] Vgl. zum Blankoindossament *Hueck/Canaris*, Recht der Wertpapiere, § 8 VI.

[9] *Lutter/Drygala* in KölnKomm. AktG, § 68 Rn. 16.

b) Abtretung

Wie Inhaberaktien können Namensaktien auch durch Abtretung übertragen wer- **13** den[10]. Die Übergabe der Urkunde ist wiederum nicht Wirksamkeitsvorausset- zung[11], § 952 II BGB findet Anwendung.

Allerdings ist die Abtretung hier in zweierlei Hinsicht nachteilig: Einerseits ge- nießt der Erwerber **keinen Gutglaubensschutz**, andererseits wird durch die **Un- terbrechung der Indossamentenkette** auch ein späterer gutgläubiger Erwerb ausgeschlossen, was zu einer wesentlichen Einschränkung der Verkehrsfähigkeit führt.

Fehlt es an einer Verkörperung, so ist die Abtretung wiederum der einzig mögliche Weg der Übertragung.

c) Vinkulierung

Grundsätzlich sind Aktien frei übertragbar. Gemäß § 68 II AktG kann aller- **14** dings die Satzung die Übertragung von Namensaktien an die Zustimmung der Gesellschaft binden. In diesen Fällen spricht man von **vinkulierten Namensaktien**.

Sind die Aktionäre verpflichtet, wiederkehrende Nebenleistungen zu erbringen, so ist diese Gestaltungsform zwingend erforderlich (§ 55 I 1 AktG).

Durch die Vinkulierung kann die Gesellschaft **vor Überfremdung geschützt** und die Zahlungsfähigkeit von Aktionären beim Erwerb nicht volleingezahlter Aktien überprüft werden[12]. Werden vinkulierte Namensaktien veräußert, hängt die Wirk- samkeit des Verfügungsgeschäfts von der Zustimmung der Gesellschaft ab, wäh- rend das zugrunde liegende Verpflichtungsgeschäft wirksam bleibt[13]. Eine Vinku- lierungsklausel erfasst allerdings **nur rechtsgeschäftliche Übertragungen**, nicht hingegen Fälle der Gesamtrechtsnachfolge[14].

Gesellschaftsintern zuständig für die Entscheidung ist der Vorstand, sofern **15** die Satzung die Zustimmungskompetenz nicht auf die Hauptversammlung oder den Aufsichtsrat übertragen hat.

Zur Frage, ob auch bei Fehlen einer entsprechenden Satzungsklausel die Hauptversamm- lung zuständig ist, wenn die Zustimmung zur Begründung der Abhängigkeit der AG von einem anderen Unternehmen führen würde, siehe unten § 29 Rn. 30 ff.

---

[10] BGH NJW 1958, 302; *Bayer* in MünchKomm. AktG, § 68 Rn. 30; *Staake*, JA 2004, 247, 252.

[11] *Lutter/Drygala* in KölnKomm. AktG, § 68 Rn. 35; *Bayer* in MünchKomm. AktG, § 68 Rn. 30; *Hüffer*, AktG, § 68 Rn. 3; anders noch BGH NJW 1958, 302, 303.

[12] *Hüffer*, AktG, § 68 Rn. 10 ff.; *Staake*, JA 2004, 247, 253.

[13] Zur Anwendbarkeit der Vinkulierungsklausel bei Umgehungsgeschäften eingehend *Lutter/ Grunewald*, AG 1989, 109.

[14] *Lutter/Drygala* in KölnKomm. AktG, § 68 Rn. 6, 66; *Solveen* in Hölters, AktG, § 68 Rn. 12; *Bayer* in MünchKomm. AktG, § 68 Rn. 52.

Das zuständige Organ hat stets nach pflichtgemäßem Ermessen und unter Berücksichtigung des Gleichheitsgebotes (§ 53a AktG) zu entscheiden[15]. Die Zustimmung selbst bzw. deren Verweigerung erteilt **im Außenverhältnis** der Vorstand (§ 68 II 2 AktG). Die Satzung kann bestimmte Verweigerungsgründe benennen (§ 68 II 3 AktG), die allerdings nicht zur faktischen Unveräußerbarkeit der Aktien führen dürfen[16].

d) Bedeutung des Aktienregisters

16   Die Eintragung im Aktienregister ist weder Wirksamkeitsvoraussetzung für die Übertragung von Namensaktien noch werden etwaige Mängel hierdurch geheilt.

Es besteht auch **keine Eintragungspflicht** des Aktionärs, sodass das Register nicht zwingend einen vollständigen Überblick über die Beteiligungsverhältnisse gibt. Das Gesetz geht vielmehr davon aus, dass der jeweilige Aktionär ein eigenes Interesse an seiner Eintragung hat – und zwar wegen § 67 II AktG:

17   Danach *gilt* im Verhältnis zur Gesellschaft als Aktionär nur, wer als solcher im Aktienregister eingetragen ist.

Die Eintragung begründet eine **unwiderlegbare Vermutung** der Aktionärsstellung[17] und legitimiert den Aktionär gegenüber der Gesellschaft, ohne dass es auf die Gutgläubigkeit eines Beteiligten ankommt. Daher kann nur der eingetragene Aktionär die mitgliedschaftlichen Rechte (dazu unten § 23 Rn. 2 ff.) geltend machen.

> **Beispiel:** Ein materiell zwar berechtigter, formell jedoch nicht legitimierter Aktionär kann nicht an der Hauptversammlung teilnehmen.

In Bezug auf die Dividende ist es üblich, separate **Gewinnanteilsscheine** auszugeben, die ihrerseits auf den Namen oder – was praktisch häufiger ist[18] – auf den Inhaber lauten können. Damit kann die Dividende auch an solche Aktionäre ausgezahlt werden, die nicht im Register eingetragen sind. Auch ein Bezugsrecht kann auf diesem Wege abgewickelt werden. Das relativiert die Bedeutung der Eintragung.

Umgekehrt kann die AG nur von dem Eingetragenen die Erfüllung der mitgliedschaftlichen Pflichten verlangen – nach allgemeinen Grundsätzen der Rechts-

---

[15] BGH NJW 1987, 1019, 1020; noch für ein freies Ermessen etwa RGZ 132, 149, 156.

[16] Näher dazu *Lutter/Drygala* in KölnKomm. AktG, § 68 Rn. 70.

[17] OLG Hamburg AG 2003, 694; *Bayer* in MünchKomm. AktG, § 67 Rn. 39; *Lutter/Drygala* in KölnKomm. AktG, § 67 Rn. 46; *Lieder*, NZG 2005, 159, 160; *Spindler*, ZGR 2000, 420, 423.

[18] *Solveen* in Hölters, AktG, § 72 Rn. 5.

scheinhaftung aber nur, wenn der Eingetragene seine Eintragung **zurechenbar** (mit-)veranlasst hat[19].

Aufgrund dieser weitreichenden Rechtsfolgen sieht § 67 V AktG ein besonderes Verfahren zur Berichtigung von Falscheintragungen vor, durch das eine eigenmächtige Löschung eines formell Legitimierten durch die AG gegen dessen Willen verhindert wird[20].

4. Eigentumserwerb nach DepotG

Sowohl für Inhaber- als auch für Namensaktien kommen zusätzlich zu den bereits   **18** erörterten Möglichkeiten des Eigentumserwerbs zwei depotrechtliche Sondertatbestände in Betracht und zwar für die Fälle, in denen ein **Kreditinstitut als Kommissionär** die Wertpapiere für den Auftraggeber erwirbt.

Das Eigentum an den erworbenen Stücken geht gemäß § 18 III DepotG mit **Absendung des vom Kommissionär zu erstellenden Stückeverzeichnisses** über. Befinden sich die Aktien in Sammelverwahrung oder besteht nur eine Globalurkunde und scheidet ein Erwerb einzelner Stücke somit aus, erlangt der Kommittent spätestens mit **Eintragung des Übertragungsvermerkes im Verwahrungsbuch** Miteigentum am Bestand (§ 24 II DepotG).

5. Treuhand, Legitimationsübertragung

Die Aktionärsstellung kann auch treuhänderisch für einen anderen gehalten wer-   **19** den. Die **Treuhandübertragung** erfolgt nach den dargestellten Grundsätzen, da sich Bindungen hier nur aus dem (zumeist schuldrechtlichen) Innenverhältnis ergeben, im Verhältnis zur AG der Treuhänder aber Aktionär mit allen Rechten und Pflichten wird. Bei Namensaktien muss daher auch der Treuhandaktionär in das Aktienregister eingetragen werden, um mitgliedschaftliche Rechte ausüben zu können.

Darüber hinaus kennt das Aktienrecht mit der **Legitimationsübertragung** eine   **20** besondere Form der Treuhänderschaft (vgl. § 129 III AktG). Legitimationsaktionäre sind solche, die nicht Eigentümer der Aktien sind, aber aufgrund einer Ermächtigung des Eigentümers Rechte aus der Aktie wahrnehmen[21] (siehe dazu bereits oben § 21 Rn. 283).

---

[19] *Lutter/Drygala* in KölnKomm. AktG, § 67 Rn. 59.

[20] Siehe dazu *Bayer* in MünchKomm. AktG, § 67 Rn. 101 ff.

[21] Vgl. *Happ*, Festschrift Rowedder, 1994, S. 119, 123 ff.

III. Dingliche Belastungen, Zwangsvollstreckung

1. Inhaberaktien

21   Inhaberaktien können verpfändet (§§ 1293, 1205 ff. BGB), mit einem Nießbrauch belastet (§§ 1069 I, 1081 ff. BGB) und im Rahmen der Zwangsvollstreckung gepfändet werden (§§ 808 ff. ZPO).

2. Namensaktien

22   Auch an Namensaktien können **Pfandrechte und Nießbräuche** bestellt werden, allerdings im Falle der Vinkulierung nur mit Zustimmung der AG.

> Nießbrauch und Pfandrecht können analog § 67 I AktG in das Aktienregister eingetragen werden – mit der Folge, dass sie an der Legitimationswirkung des Aktienregisters gemäß § 67 II AktG teilnehmen[22]. Eine Eintragungspflicht besteht allerdings nicht.

Die **Pfändung** im Rahmen der Zwangsvollstreckung erfolgt gemäß § 808 ZPO und ist stets unabhängig von einem entgegenstehenden Willen der AG möglich, weil Vermögenswerte der hoheitlichen Vollstreckung durch private Abreden nicht entzogen werden können. Die Interessen der Gesellschaft sind erst dann berührt, wenn der Vollstreckungsgläubiger die gepfändeten Aktien verwerten will. Nach h.M.[23] bedarf die Verwertung folglich der Zustimmung, die jedoch nur aus wichtigem Grund versagt werden darf.

IV. Vererbung

23   Aktien sind frei vererbbar. Mit dem Tod des Aktionärs gehen die Aktien kraft Gesetzes auf den Erben über (§ 1922 BGB). Bei mehreren Erben greift § 69 AktG.

> Umstritten ist, ob bei Namensaktien die Ausübung mitgliedschaftlicher Rechte durch den Erben dessen Eintragung im Aktienregister (wegen § 67 II AktG) voraussetzt[24]. Dies ist zu verneinen[25]. Aus der Legitimationswirkung des § 67 II AktG folgt, dass die Position des Eingetragenen ein selbständiger, von der Mitgliedschaft losgelöster Vermögenswert ist, der nach dem Grundsatz des § 1922 BGB auf den Erben übergeht. Der Erbe kann alle mitgliedschaftlichen Rechte ausüben, auch wenn er selbst (noch) nicht im Aktienregister

---

[22] *Lutter/Drygala* in KölnKomm. AktG, § 67 Rn. 33 ff.; *Hüffer*, AktG, § 67 Rn. 9; *Bayer* in MünchKomm. AktG, § 67 Rn. 30.

[23] Bejahend *Hüffer*, AktG, § 68 Rn. 11; *Bayer* in MünchKomm. AktG, § 68 Rn. 113; verneinend *Knur*, Festschrift Flume, Bd. II, 1978, S. 173, 183; *Kossmann*, BB 1985, 1364; *Schrötter*, DB 1977, 2265, 2269.

[24] So *Bayer* in MünchKomm. AktG, § 67 Rn. 64.

[25] Vgl. *Lutter/Drygala* in KölnKomm. AktG, § 67 Rn. 71 mit weiteren Nachweisen.

eingetragen ist. Die Rechtslage entspricht hier also derjenigen bei § 16 I GmbHG (siehe dazu oben § 12 Rn. 12 ff.).

V. Beendigung der Mitgliedschaft

1. Überblick

Die Mitgliedschaft des Aktionärs endet mit dem **freiwilligen oder unfreiwilligen** **24** **Verlust der Gesellschafterstellung.** Neben der bereits dargestellten rechtsgeschäftlichen Übertragung und der Gesamtrechtsnachfolge gibt es weitere geschriebene und ungeschriebene Beendigungsgründe, die nachfolgend im Überblick dargestellt werden sollen.

a) Kaduzierung

Gemäß § 64 AktG können Aktionäre, die ihre Leistungspflichten nicht erbringen, ausgeschlossen werden. **25**

Das Kaduzierungsverfahren entspricht im Wesentlichen dem der §§ 21 ff. GmbHG (siehe dazu § 7 Rn. 74 ff.).

Auch das Aktienrecht kennt eine Haftung der Vormänner für rückständige Beträge[26] (§ 65 AktG als Pendant zu § 22 GmbHG), nicht aber eine Ausfallhaftung der übrigen Gesellschafter. An deren Stelle tritt die engere Gründerhaftung gemäß § 46 AktG.

Die Kaduzierung beseitigt die Zuordnung der Mitgliedschaft an den säumigen Aktionär, **nicht aber die Mitgliedschaft selbst.** Diese fällt der AG zu[27], die die Aktien treuhänderisch hält, bis ein neuer Inhaber (im Verfahren nach § 65 AktG) gefunden ist.

b) Einziehung

Aktien können **zwangsweise oder nach Erwerb** durch die Gesellschaft eingezogen werden, zwangsweise jedoch nur, sofern dies bereits vor Übernahme der betroffenen Anteile in der Satzung festgelegt war. **26**

Die Einziehung (Amortisation) ist eine **besondere Form der Kapitalherabsetzung** und in den §§ 237 ff. AktG geregelt. Grundsätzlich ist das Verfahren der ordentlichen Kapitalherabsetzung einzuhalten (Ausnahmen: § 237 III AktG). Über

---

[26] Dazu *Drygala* in KölnKomm. AktG, § 65 Rn. 1 ff.

[27] *Drygala* in KölnKomm. AktG, § 64 Rn. 43; für Herrenlosigkeit bzw. „Subjektlosigkeit" hingegen *Westermann* in Bürgers/Körber, AktG, § 64 Rn. 12; *Hüffer*, AktG, § 64 Rn. 8; *Bayer* in MünchKomm. AktG, § 64 Rn. 69 f.

die Einziehung beschließt zwingend die Hauptversammlung (vgl. § 237 IV AktG). Anders als bei der Kaduzierung werden bei der Einziehung die **Anteile vernichtet**. Die Aktionäre sind abzufinden. Für den Schutz der Gesellschaftsgläubiger sorgt § 225 AktG.

> Für Näheres zur Einziehung siehe auch oben § 12 Rn. 53 ff.

c) Ausschluss

27   Der Ausschluss von (Minderheits-)Aktionären, der sog. **Squeeze-out**, ist in den 2001 eingeführten[28] §§ 327a-f AktG geregelt. Diese ermöglichen es einem Aktionär, der unmittelbar oder mittelbar mindestens 95 % des Grundkapitals hält, auch die übrigen Aktien in seiner Hand zu vereinigen. Erforderlich ist hierfür zum einen ein entsprechender Beschluss der Hauptversammlung, zum anderen eine angemessene Barabfindung der übrigen Aktionäre.

> Für Einzelheiten siehe sogleich unten Rn. 32 ff. Zum später eingeführten übernahmerechtlichen Squeeze-out nach den §§ 39a-c WpÜG unten Rn. 41 ff.

28   Daneben soll nach wohl herrschender Auffassung auch ein **Ausschluss aus wichtigem Grund** möglich sein[29]. Da es sich dabei um einen allgemeinen Grundsatz des Verbandsrechts handelt, ist dem im Ausgangspunkt zuzustimmen. Allerdings ist zu beachten, dass die personellen Verflechtungen in der AG typischerweise weniger stark sind als in der GmbH und dass auch die Einflussmöglichkeiten des einzelnen Aktionärs deutlich geringer sind. Ein hinreichend wichtiger Grund für den Ausschluss eines Aktionärs dürfte daher **nur in extrem gelagerten Ausnahmefällen** gegeben sein. Zudem ist der Ausschluss nur als *ultima ratio* zulässig[30].

> Das Ausschlussverfahren erfolgt in **zwei Schritten**[31]: Zunächst muss die Hauptversammlung die Ausschließung mit qualifizierter ¾-Mehrheit beschließen, sodann wird im Rahmen einer Ausschließungsklage das Vorliegen eines wichtigen Grundes überprüft. Mit Rechtskraft des stattgebenden Ausschließungsurteils verliert der Aktionär die Mitgliedschaft. Der ausgeschlossene Aktionär hat einen Abfindungsanspruch gegen die Gesellschaft. Für weitere Einzelheiten zum Ausschluss, insbesondere zu den Rechtsfolgen siehe oben § 12 Rn. 71 ff.

---

[28] Durch das Gesetz zur Regelung von öffentlichen Angeboten zum Erwerb von Wertpapieren und von Unternehmensübernahmen vom 20. Dezember 2001, BGBl. I S. 3822.

[29] *Grunewald*, Der Ausschluß aus Gesellschaft und Verein, 1987, S. 52 ff.; *Müller-Michaels* in Hölters, AktG, Vorb. zu § 327a Rn. 14; *K. Schmidt*, Gesellschaftsrecht, § 28 I 5; *Habersack*, ZIP 2001, 1230; *Fleischer*, ZGR 2002, 757, 759; *Becker*, ZGR 1986, 386.

[30] Vgl. *Haberstock/Greitemann* in Hölters, AktG, § 237 Rn. 36.

[31] Vgl. dazu *Müller-Michaels* in Hölters, AktG, § 327a Rn. 17.

d) Austritt

In bestimmten Konstellationen gewährt das Gesetz Aktionären die Möglichkeit, **29** gegen Abfindung aus der Gesellschaft auszuscheiden.

So können bei **Abschluss eines Beherrschungs- oder Gewinnabführungsvertrages** die außenstehenden Aktionäre nicht nur eine angemessene Ausgleichszahlung (§ 304 AktG) verlangen, sondern alternativ auch gegen eine Abfindung aus der Gesellschaft ausscheiden (§ 305 AktG). Auch das Umwandlungsrecht schreibt für bestimmte Formen der **Verschmelzung und Spaltung** (§§ 29, 125 S. 1 UmwG) und beim **Formwechsel** (§ 207 AktG) ein Abfindungsangebot vor. Entsprechendes gilt beim **Delisting** (siehe dazu § 21 Rn. 208 ff.). Und schließlich kann auch die kapitalmarktrechtliche Schadensersatzhaftung dazu führen, dass Aktionäre einen Anspruch gegen die Gesellschaft auf Übernahme der Aktien haben können (dazu oben § 20 Rn. 50 ff.).

Nach überwiegender Auffassung soll daneben auch ein **Austritt aus wichtigem** **30** **Grund** möglich sein[32]. Voraussetzung ist aber insoweit, dass kein milderes Mittel besteht, den Konflikt in der Gesellschaft zu lösen, und der bestehende Konflikt ein Verbleiben in der Gesellschaft für die Aktionäre schlechthin unzumutbar macht. Als milderes Mittel kommt insbesondere die Anteilsveräußerung in Betracht, ggf. auch an die AG selbst, wenn § 71 AktG dies zulässt.

e) Beendigung der AG

Darüber hinaus endet die Mitgliedschaft notwendigerweise, wenn die **AG aufhört** **31** **zu existieren.** Dies ist namentlich bei der Beendigung nach Auflösung und Liquidation (§§ 262 ff. AktG, dazu unten § 26) und bei der Verschmelzung auf einen anderen Rechtsträger (vgl. § 20 I Nr. 2 UmwG, dazu unten § 35) der Fall.

Kein Fall der Beendigung ist die Kraftloserklärung von Aktien gemäß §§ 72 ff. AktG. Diese betrifft lediglich die Aktienurkunde, lässt die Mitgliedschaft hingegen unberührt.

2. Der aktienrechtliche Squeeze-out (§§ 327a ff. AktG)

Literatur: *Fleischer*, Das neue Recht des Squeeze out, ZGR 2002, 757; *Fuhrmann/ Simon*, Der Ausschluss von Minderheitsaktionären, WM 2002, 1211; *Lieder/Stange*, Squeeze-out: Aktuelle Streit- und Zweifelsfragen, Der Konzern 2008, 617; *Mülbert*, Abschwächungen des mitgliedschaftlichen Bestandsschutzes im Aktienrecht, Festschrift Ulmer, 2003, S. 433.

a) Normzweck und Kritik

Mit Einführung der §§ 327a ff. AktG hat der Gesetzgeber ein bislang dem deut- **32** schen Verbandsrecht fremdes Rechtsinstitut geschaffen, das den zwangsweisen Ausschluss von Minderheitsaktionären zugunsten des sog. Hauptaktionärs ermöglicht. Erklärtes Ziel des Gesetzgebers war es dabei, die Entfaltung der **unterneh-**

---

[32] Vgl. Meinungsstand bei *Schindler*, Das Austrittsrecht bei Kapitalgesellschaften, 1999, S. 80 ff.

merischen Initiative des Hauptaktionärs zu stärken[33]. Dieser muss nach erfolgtem Ausschluss der Minderheitsaktionäre die aufwendigen Formalien bei der Einberufung und Durchführung der Hauptversammlung nicht mehr beachten (§ 121 VI AktG), Anfechtungsklagen ebenso wenig befürchten wie inhaltliche Opposition. Bezweckt wurde, mit anderen Worten, eine Vereinfachung der Unternehmensführung in Fällen, in denen die Aktionärsminderheit aufgrund ihrer geringen Beteiligung nur einen untergeordneten Beitrag zur Finanzierung des Unternehmens leistet[34].

33 Das Ausschlussverfahren nach §§ 327a ff. AktG ist nicht ohne Kritik geblieben. **Zu Recht bemängelt** wurde namentlich die Einbeziehung auch nicht börsennotierter Aktiengesellschaften in den Anwendungsbereich der Squeeze-out-Regeln[35].

> Das unternehmerische Interesse des Hauptaktionärs allein vermag den Ausschluss der Aktionärsminderheit nämlich nicht zu rechtfertigen. Hinzukommen muss vielmehr, dass die übrigen Aktionäre **typischerweise** die **Beteiligung an der Gesellschaft gerade als Kapitalanlage betrachten**. Nur dann ist davon auszugehen, dass ein finanzieller Ausgleich den Verlust mitgliedschaftlicher Rechte aufwiegt. Oder anders formuliert: **Nur wenn die Minderheitsaktionäre sich zunächst an einer Publikumsgesellschaft beteiligt hatten, kann ihnen zugemutet werden, die Gesellschaft gegen angemessene Abfindung zu verlassen**[36]. Dies ist in nicht börsennotierten Gesellschaften – sofern nicht ein Delisting zuvor erfolgt ist – grundsätzlich aber nicht der Fall. Hier haben sich die Minderheitsaktionäre auf eine „ausschließlich gesellschaftsrechtlich geprägte"[37] Mitgliedschaft mit den daraus resultierenden Treuepflichten und Bestandsinteressen eingelassen. Auch geht hier das Argument fehl, der ausgeschlossene Aktionär könne sich unter den Bedingungen des Kapitalmarkts, an einer anderen, ebenso renditeträchtigen Gesellschaft beteiligen[38].

> Allerdings hat der Gesetzgeber sich ausdrücklich gegen eine Beschränkung des Ausschlussverfahrens auf börsennotierte Gesellschaften entschieden[39].

34 Da der Squeeze-out auf den vollständigen Entzug der mitgliedschaftlichen Position der Minderheit abzielt, sind früh **verfassungsrechtliche Bedenken** geäußert worden. Das **BVerfG** hat in den §§ 327a ff. AktG jedoch **keinen Verstoß gegen**

---

[33] Begr. RegE, BT-Drucks.14/7034, S. 31 f.

[34] *Baums*, Ausschluss von Minderheitsaktionären, 2001, S. 24 ff.; *Hüffer*, AktG, § 327a Rn. 1.

[35] Vgl. *Drygala*, AG 2001, 291, 298; *Fleischer*, ZGR 2002, 757, 770 ff. ; *Habersack*, ZIP 2001, 1230, 1234 f.; *Merkt*, AG 2003, 126, 133; siehe auch *Hanau*, NZG 2002, 1040, 1042 ff.; dezidiert a.A. hingegen *Vetter*, AG 2002, 176, 184.

[36] So ausdrücklich *Habersack*, ZIP 2001, 1230, 1235.

[37] *Habersack*, ZIP 2001, 1230, 1235.

[38] *Drygala*, AG 2001, 291, 298.

[39] Für eine teleologische Reduktion dennoch *Hanau*, NZG 2002, 1040, 1042; damit sympathisierend *Staake*, Ungeschriebene Hauptversammlungskompetenzen in börsennotieren und nicht börsennotierten Aktiengesellschaften. 2009, S. 187 f.

Art. 14 GG gesehen[40]. Entscheidender Grund hierfür ist das Erfordernis einer angemessenen Abfindung, die zudem gerichtlich überprüft werden kann.

Die Regelungen zum Squeeze-out sind damit ein weiterer Beleg für eine zunehmend an den Vermögensinteressen der Aktionäre, jedenfalls der Kleinaktionäre, orientierte Sichtweise (dazu bereits oben § 18 Rn. 31 ff.).

b) Voraussetzungen und Verfahren

Voraussetzung für den Squeeze-out ist zunächst, dass der Hauptaktionär **95 % des** **35**
Grundkapitals hält. Der Hauptaktionär kann natürliche oder juristische Person oder rechtsfähige Personengesellschaft sein. Aktien, die ein vom Hauptaktionär abhängiges Unternehmen hält, werden ihm nach §§ 327a II, 16 IV AktG zugerechnet.

Der Hauptaktionär muss einen **Übertragungsbeschluss der Hauptversamm-** **36**
lung über die Übertragung der verbliebenen Aktien auf ihn gegen Barabfindung **verlangen**. Für die Vorbereitung und Durchführung der Hauptversammlung enthalten die §§ 327d f. AktG besondere Vorgaben, die der Information der Minderheitsgesellschafter dienen.

Die Hauptversammlung entscheidet über den Squeeze-out mit einfacher Stim- **37**
menmehrheit (§ 133 I AktG), die wegen der Beteiligungsverhältnisse stets erreicht wird. Der Beschluss bedarf **keiner sachlichen Rechtfertigung**. Notwendiger Beschlussinhalt ist die **Barabfindung**.

Der Hauptaktionär muss eine zum Zeitpunkt der Beschlussfassung angemessene Abfindung festlegen (§ 327b I 1 AktG). Zu diesem Stichtag als Bewertungszeitpunkt ist der volle Aktienwert anzusetzen, wobei nach herrschender Auffassung der Börsenkurs die Untergrenze bildet[41]. Die Angemessenheit der Barabfindung ist durch einen schriftlichen Bericht in Vorbereitung der Hauptversammlung zu begründen und durch einen Sachverständigen zu prüfen (§ 327c II AktG). Um die erforderliche Liquidität sicherzustellen, bedarf es außerdem einer Zahlungsgarantie eines Kreditinstituts für die Barabfindungszahlung (§ 327b III AktG).

Abschließend meldet der Vorstand den Übertragungsbeschluss zur **Eintragung in** **38**
das Handelsregister an. Dabei hat er anzugeben, ob eine Klage gegen den Übertragungsbeschluss erhoben wurde und ob diese rechtskräftig abgewiesen bzw. zurückgenommen wurde (sog. **Negativerklärung**, §§ 327e II, 319 V, VI AktG).

Das Registergericht trägt den Beschluss nicht ein, wenn eine Anfechtungsklage rechtshängig ist (Registersperre). Gemäß §§ 327e II, 319 VI AktG kann aber ein Freigabeverfahren durchgeführt werden (siehe bereits oben § 21 Rn. 312 ff.).

Mit Eintragung des Übertragungsbeschlusses gehen die Aktien der Minderheitsaktionäre *ipso iure* auf den Hauptaktionär über (§ 327e III AktG).

---

[40] BVerfG NJW 2007, 3268.
[41] BVerfGE 100, 289 ff.; BGHZ 147, 108, 115 ff.

c) Rechtsschutz

39 Die Minderheitsaktionäre können gegen den Übertragungsbeschluss nach Maßgabe der §§ 241 ff. AktG vorgehen.

> Insbesondere kann eine Anfechtungsklage darauf gestützt werden, dass die Voraussetzungen des § 327a AktG nicht vorliegen, weil der Hauptaktionär weniger als 95 % des Grundkapitals hält. In diesem Fall ist der Beschluss materiell rechtswidrig. Zudem können nach den allgemeinen Grundsätzen auch Verfahrensmängel geltend gemacht werden (dazu oben § 21 Rn. 301 ff.).

40 Soweit allerdings geltend gemacht wird, dass die im Beschluss festgelegte Barabfindung unangemessen niedrig ist, scheidet die Anfechtung aus. Über die **Höhe der Abfindung** soll allein im **Spruchverfahren** gestritten werden (§ 327f S. 1 AktG, § 1 Nr. 3 SpruchG); etwas anderes gilt nur, wenn ein Abfindungsangebot im Beschluss gänzlich fehlt (§ 327f S. 2 AktG).

> Wegen § 243 IV 2 AktG kann eine Anfechtungsklage auch nicht darauf gestützt werden, dass die Informationen betreffend die Ermittlung, Höhe oder Angemessenheit der Abfindung unrichtig, unvollständig oder unzureichend waren. Auch insoweit ist das Spruchverfahren der „richtige Ort".

3. Der übernahmerechtliche Squeeze-out

> **Literatur:** *Deilmann*, Aktienrechtlicher versus übernahmerechtlicher Squeeze-out, NZG 2007, 721; *Heidel/Lochner*, Der übernahmerechtliche Squeeze- und Sell-out gemäß §§ 39 a ff. WpÜG, Der Konzern 2006, 653; *Paefgen*, Zum Zwangsausschluss im neuen Übernahmerecht, WM 2007, 765.

a) Regelungsort

41 Die Kritik an den aktienrechtlichen Squeeze-out-Regeln richtete sich auch darauf, dass deren Anwendung nicht von einem vorangegangenen Übernahme- oder Pflichtangebot nach dem WpÜG abhängig ist[42]. Im Zuge der Umsetzung der europäischen Übernahmerichtlinie[43] sah sich der Gesetzgeber aber gezwungen, ein Squeeze-out-Modell zu schaffen, das gerade diese Verflechtung von Angebot und Ausschlussverfahren erfüllt. Jedoch hat der Gesetzgeber nicht die Kritik zum Anlass genommen und das bestehende Ausschlussverfahren modifiziert, sondern durch Einfügung der §§ 39a und 39b WpÜG eine **zusätzliche Möglichkeit** der Ausschließung von Minderheitsaktionären geschaffen[44].

---

[42] Vgl. *Habersack*, ZIP 2001, 1230, 1235; *Hanau*, NZG 2002, 1040, 1047.

[43] Richtlinie 2004/25/EG des Europäischen Parlaments und des Rates vom 21. April 2004 betreffend Übernahmeangebote, ABl. Nr. L 142, S. 12 ff. Die in diesem Zusammenhang maßgeblichen Regelungen finden sich in den Art. 15 und 16 der Richtlinie.

[44] Durch das Übernahmerichtlinie-Umsetzungsgesetz vom 8. August 2006, BGBl. I S. 1426.

b) Voraussetzungen und Verfahren

Hält nach Abgabe eines Übernahmeangebotes (§§ 29 ff. WpÜG) oder eines **42** Pflichtangebotes (§§ 35 ff. WpÜG) der Bieter 95 % des stimmberechtigten Grundkapitals der Zielgesellschaft und verfügt er zudem über 95 % der Stimmrechte, so kann er innerhalb von drei Monaten nach Ablauf der Annahmefrist (§ 16 I WpÜG) beim ausschließlich zuständigen LG Frankfurt a.M.[45] den **Antrag auf Übertragung der übrigen stimmberechtigten Aktien** stellen (vgl. §§ 39a f. WpÜG).

Ebenso wie beim aktienrechtlichen Squeeze-out muss der Bieter eine **angemes- 43 sene Abfindung gewähren** (§ 39a I 1 WpÜG).

Die Art der Gegenleistung muss allerdings der Gegenleistung des Übernahme- oder Pflichtangebotes entsprechen. Handelt es sich dabei nicht um eine Geldleistung, so muss den auszuschließenden Aktionären wahlweise eine Barabfindung angeboten werden (§ 39a I 2 WpÜG). Die Angemessenheit der Abfindung wird unwiderleglich vermutet, wenn der Bieter aufgrund des Angebotes 90 % des vom Angebot betroffenen Grundkapitals erworben hat (S. 3)[46].

Anders als beim aktienrechtlichen Squeeze-out bedarf es für den Ausschluss der **44** Minderheitsaktionäre nach dem WpÜG keines Hauptversammlungsbeschlusses; der **Ausschluss** erfolgt vielmehr **durch Gerichtsbeschluss** (vgl. § 39b WpÜG).

Damit entfallen von vornherein die aktienrechtlichen Klagemöglichkeiten der Minderheitsaktionäre. Diesen verbleibt als einziges Rechtsmittel die sofortige Beschwerde vor zum Wertpapiererwerbs- und Übernahmesenat des OLG Frankfurt a.M., die allerdings stets aufschiebende Wirkung hat[47].

c) Andienungsrecht („Sell-out")

Unabhängig von der Stellung eines Übernahmeantrages nach § 39a I 1 WpÜG **45** kann bei Vorliegen der Voraussetzungen für einen übernahmerechtlichen Squeeze-out jeder Aktionär der Zielgesellschaft gemäß § 39c WpÜG innerhalb von **drei Monaten** nach Ablauf der Angebotsfrist die Übernahme seiner Aktien verlangen (sog. „Sell-out").

Dadurch soll vermieden werden, dass Minderheitsaktionäre, die das Übernahme- oder Pflichtangebot nicht angenommen haben, an die Mitgliedschaft dauerhaft gebunden bleiben, da die Gefahr besteht, dass ein liquider Börsenhandel bei weniger als fünf Prozent der Anteile im Streubesitz kaum noch stattfindet[48]. Das Andienungsrecht sichert somit die freie Liquidierbarkeit des investierten Vermögens.

---

[45] Vgl. § 39a V WpÜG. Die damit einhergehende Verfahrenskonzentration befürwortend *Seibt/Heiser*, AG 2006, 301, 317. Das Antragsverfahren ist ein solches der Freiwilligen Gerichtsbarkeit (§ 39b I WpÜG).

[46] Kritisch hierzu *Heidel/Lochner*, DB 2005, 2564 ff.; siehe auch *Rühland*, NZG 2006, 401, 404.

[47] Kritisch *Meyer*, WM 2006, 1135, 1143; *Seibt/Heiser*, AG 2006, 301, 319.

[48] *Meyer*, WM 2006, 1135, 1143.

d) Verhältnis zum aktienrechtlichen Squeeze-out

46   Das übernahmerechtliche Squeeze-out-Verfahren geht dem aktienrechtlichen vor (§ 39a VI WpÜG).

Im Übrigen bleiben die §§ 327a ff. AktG indes unberührt, sodass, sofern noch kein Übernahmeantrag gestellt wurde, der Mehrheitsaktionär innerhalb der Dreimonatsfrist frei entscheiden kann, welches Ausschlussverfahren er betreiben will.

4. Der umwandlungsrechtliche Squeeze-out

47   Durch das Dritte Gesetz zur Änderung des Umwandlungsgesetzes[49] wurden 2011 zudem für Konzernverschmelzungen mit § 62 V UmwG die Squeeze-out-Möglichkeiten erweitert. Davon betroffen sind sog. **Upstream-Verschmelzungen**, bei denen eine Tochter-AG auf die Mutter-AG verschmolzen wird. Hält die Mutter als Hauptaktionärin Aktien in Höhe von mindestens 90 % des Grundkapitals an der Tochter, so kann die Hauptversammlung der Tochter innerhalb von drei Monaten nach Abschluss des Verschmelzungsvertrages einen Übernahmebeschluss nach § 327a AktG fassen. § 62 V UmwG stellt somit wegen der geringen Beteiligungsschwelle (90 % statt 95 %) eine Erleichterung dar[50].

---

[49] Vom 11. Juli 2011, BGBl I S. 1338; dazu *Heckschen*, NJW 2011, 2390.
[50] Siehe zum Ganzen *Austmann*, NZG 2011, 684 ff.

§ 23 Mitgliedschaftliche Rechte und Pflichten

Literatur: *Habersack,* Die Mitgliedschaft – subjektives Recht und „sonstiges Recht", 1996; *Lutter,* Theorie der Mitgliedschaft, AcP 180 (1980), 84.

I. Aktie und Mitgliedschaft

Mitglieder der Aktiengesellschaft sind die Aktionäre. Erforderlich, aber auch aus- **1** reichend zum Erwerb der Mitgliedschaft ist also die Inhaberschaft an mindestens einer Aktie. Die Aktien vermitteln dabei eine anteilige Berechtigung am Grundkapital und verkörpern gleichzeitig die Mitgliedschaft. Die Verbriefung in Aktienurkunden ist hierfür nicht entscheidend.

Die Mitgliedschaft ist ein **Bündel an Rechten und Pflichten**, die aus der Gesellschafterstellung erwachsen. Zugleich wird die Mitgliedschaft selbst als „**sonstiges" Recht im Sinne des § 823 I BGB** angesehen[1] (siehe auch unten Rn. 10).

II. Mitgliedschaftliche Rechte

1. Verwaltungs- und Vermögensrechte

Das AktG trennt – anders als das GmbHG (dazu oben § 13 Rn. 2) – sauber zwi- **2** schen den organschaftlichen Rechten (Kompetenzen), die der Hauptversammlung zustehen (dazu oben § 21 Rn. 195 ff.), und den mitgliedschaftlichen Rechten, die dem einzelnen Aktionär zugeordnet sind. Hinsichtlich der mitgliedschaftlichen Individualrechte wird auch im Aktienrecht zwischen Verwaltungsrechten und Vermögensrechten unterschieden.

Zu den **Verwaltungsrechten** zählen insbesondere: **3**
- das Recht auf Teilnahme an der Hauptversammlung (§ 118 I AktG, siehe dazu § 21 Rn. 236 ff.),
- das Rederecht in der Hauptversammlung (siehe § 21 Rn. 259),
- das Stimmrecht in der Hauptversammlung (§ 134 AktG, siehe § 21 Rn. 270),
- das Auskunfts- und Fragerecht in der Hauptversammlung (§ 131 AktG, siehe § 21 Rn. 254 ff.),
- das Recht zur Anfechtung von Beschlüssen der Hauptversammlung (§ 245 AktG, dazu § 21 Rn. 308),
- das Recht auf Einsichtnahme in die Dokumente der Rechnungslegung gemäß § 175 II AktG (dazu § 21 Rn. 250).

---

[1] BGHZ 110, 323 – „Schärenkreuzer"; *Lutter,* AcP 180 (1980), 84, 130 f.; *Reuter,* Festschrift Hermann Lange, 1992, S. 707, 710 ff.; *K. Schmidt,* JZ 1991, 157, 158 f.; *Habersack,* Die Mitgliedschaft – subjektives oder „sonstiges Recht", 1996, passim; ablehnend etwa *Hadding,* Festschrift Kellermann, 1991, S. 91, 102 ff.

4

> Diese Rechte stehen jedem Mitglied zu, also auch demjenigen, der nur eine einzige Aktie besitzt. Hinzu kommen verschiedene **Minderheitsrechte**, die an das Innehaben eines bestimmten Kapitalanteils geknüpft sind:
> - das Recht zur Einberufung der Hauptversammlung (erforderlich sind 5 % des Grundkapitals, siehe § 122 AktG und oben § 21 Rn. 217),
> - das Recht, die Bestellung eines Sonderprüfers oder eines besonderen Vertreters gerichtlich zu beantragen oder das Klagezulassungsverfahren zu betreiben (erforderlich sind 1 % bzw. 10 % des Grundkapitals, siehe §§ 142 II, 147 II, 148 AktG und oben § 21 Rn. 98 ff.).

Die Verwaltungsrechte sind in der AG sehr viel weniger stark ausgeprägt als in der GmbH. Am deutlichsten wird dies bei dem Vergleich des Auskunfts- und Fragerechts nach § 131 AktG mit dem umfassenden Informationsrecht nach § 51a GmbHG. Dies trägt dem Umstand Rechnung, dass sich Kleinaktionäre normalerweise nicht aktiv an der Verwaltung der Gesellschaft beteiligen.

Die Verwaltungsrechte können nicht von der Aktie abgetrennt und selbständig übertragen werden (**Abspaltungsverbot**). Allerdings ermöglicht § 129 III AktG die Legitimationsübertragung, was einer Stimmrechtsabspaltung sehr nahe kommt (dazu oben § 21 Rn. 283).

5

> Zu den **Vermögensrechten** zählen insbesondere:
> - der Anspruch auf den Anteil am Bilanzgewinn (sog. Dividende, §§ 58 IV, 60 AktG, dazu unten § 24 Rn. 17 ff.),
> - das Bezugsrecht bei Kapitalerhöhungen (§§ 186 I, 212 AktG, dazu § 25 Rn. 14 ff.),
> - der Anspruch auf Beteiligung am Liquidationserlös (§ 271 AktG, dazu § 26 Rn. 12),
> - der Anspruch auf Vergütung von Nebenleistungen (§§ 55, 61 AktG),
> - Ausgleichs-, Umtausch- und Abfindungsansprüche im Umwandlungs- und Konzernrecht (vgl. etwa §§ 304, 305, 320 AktG, §§ 15, 29 UmwG).

Bei den Vermögensrechten ist zwischen dem **abstrakten Stammrecht** und den hieraus abgeleiteten **konkreten Ansprüchen** zu unterscheiden. Das Stammrecht kann nicht losgelöst von der Mitgliedschaft übertragen werden; insofern greift das Abspaltungsverbot. Die konkreten Ansprüche sind hingegen übertragbar.

> **Beispiel:** Jeder Aktionär ist aufgrund der Mitgliedschaft am erwirtschafteten Gewinn zu beteiligen. Dieses abstrakte Recht kann nicht übertragen werden (Stammrecht). Durch den auf dem Jahresabschluss basierenden Gewinnverwendungsbeschluss der Hauptversammlung konkretisiert sich das abstrakte Recht zu einem schuldrechtlichen Anspruch auf die Dividende für das vergangene Geschäftsjahr. Dieser Anspruch ist abtretbar – und zwar auch im Voraus.

Zur Einteilung der mitgliedschaftlichen Rechte in **Haupt- und Hilfsrechte** unten Rn. 32.

2. Aktionärsklage

a) Keine actio pro socio

In der GmbH haben die Gesellschafter eine (beschränkte) Hilfszuständigkeit, der **6** Gesellschaft zustehende Ansprüche im Wege der *actio pro socio* gerichtlich geltend zu machen (siehe oben § 13 Rn. 24 ff.), wenn die Gesellschaft selbst keine Klage erhebt. Diese Grundsätze sind auf die AG **nicht** übertragbar[2]. Der Gesetzgeber hat die Klagemöglichkeiten der Aktionäre in den §§ 147, 148 AktG kodifiziert und diese an besondere Anforderungen, insbesondere an gewisse Beteiligungsschwellen geknüpft (dazu oben § 21 Rn. 98 ff.). Einer derartigen Regelung bedürfte es nicht, wenn der Aktionär schon auf die aus allgemeinen verbandsrechtlichen Grundsätzen folgende *actio pro socio* zurückgreifen könnte[3].

Der Ausschluss der *actio pro socio* hat insbesondere zur **Folge**, dass Aktionäre **7** nicht gegen Mitglieder des Vorstandes oder des Aufsichtsrates Schadensersatzansprüche wegen unsorgfältiger Geschäftsführung bzw. Überwachung nach §§ 93, 116 AktG geltend machen können. Diese Ansprüche stehen der Gesellschaft zu. Bleibt diese untätig, sind den Aktionären die Hände gebunden. Im Rechtsvergleich ist das nicht selbstverständlich; insbesondere das **amerikanische Recht** lässt eine Aktionärsklage in solchen Fällen zu. Das hat etwa in der Finanzkrise von 2008 dazu geführt, dass Bankvorstände von Aktionären wegen der eingetretenen Verluste alsbald, aber ohne Erfolg verklagt worden sind[4].

Im Gegensatz dazu gewährt das Konzernrecht in den §§ 309 IV, 371 IV, 318 IV AktG **8** individuelle Klagerechte der Aktionäre. Dies soll der durch die Abhängigkeit von einem anderen Unternehmen entstehenden besonderen Gefährdungslage Rechnung tragen (dazu § 30 Rn. 1). Damit handelt es sich aber um konzernspezifische Regelungen, die nach zutreffender und herrschender Auffassung keinen allgemeinen Rechtsgedanken enthalten und nicht auf die konzernunabhängige AG übertragbar sind.

Die Lösung des deutschen Rechts trägt dazu bei, dass Ersatzansprüche gegen Lei- **9** tungsorgane nicht immer durchgesetzt werden und schwächt damit die Effektivität der Organhaftung. Auf der anderen Seite schützt sie die Vorstände davor, mehr Zeit im Gerichtssaal als im Büro zu verbringen. Zudem ist das Kostenrisiko für einen privaten Kläger erheblich. Daher vermag die Entscheidung des deutschen Gesetzgebers letztlich zu überzeugen.

---

[2] Ebenso *Casper* in Spindler/Stilz, AktG, Vorb. zu §§ 241 ff. Rn. 29; *Hüffer*, AktG, § 148 Rn. 2; *Zöllner*, ZGR 1988, 392, 408; *G. Bezzenberger/T. Bezzenberger* in Großkomm. AktG, § 148 Rn. 8; a.A. aber *Bühring-Uhle/Nelle*, AG 1989, 41, 49 ff; *Wellkamp*, DZWiR 1994, 221, 223 f.

[3] *Casper* in Spindler/Stilz, AktG, Vorb. zu §§ 241 ff. Rn. 29.

[4] Vgl. die „Citigroup"-Entscheidung des Delaware Court of Chancery, 964 A.2d 106 (Del. Ch. 2009); dazu *Fleischer*, RIW 2010, 337 ff.

b) Mitgliedschaftliche Abwehrklage

10 Von der *actio pro socio* zu unterscheiden ist die sog. *actio negatoria*, die Abwehrklage zum Schutz der Mitgliedschaft. Gedanklicher Ausgangspunkt ist insoweit die Anerkennung der **Mitgliedschaft als „absolutes" und „sonstiges" Recht** im Sinne des § 823 I BGB (siehe oben Rn. 1).

> Aufbauend auf maßgeblich von *Knobbe-Keuk*[5] geleistete Vorarbeiten entwickelte der BGH in seiner „Holzmüller"-Entscheidung (dazu bereits oben § 21 Rn. 200 ff.) den Gedanken, dass jeder Aktionär einen verbandsrechtlichen Anspruch darauf habe, dass *„die Gesellschaft seine Mitgliedsrechte achtet und alles unterlässt, was sie über das durch Gesetz und Satzung gedeckte Maß hinaus beeinträchtigt"*[6].

Bereits aus dieser Formulierung wird deutlich, dass nicht jedwedes rechtswidrige Verwaltungshandeln im Wege der mitgliedschaftlichen Abwehrklage angegriffen werden kann. Es bedarf vielmehr der folgenden **Einschränkung**:

11 Die mitgliedschaftliche Abwehrklage setzt stets einen rechtswidrigen mitgliedschaftsbezogenen Eingriff voraus[7]. Der Eingriff muss nicht zum Entzug der Mitgliedschaft führen; es genügt vielmehr, wenn er sich gegen konkret den einzelnen Aktionär schützende Rechte richtet.

> **Beispiele:**
> - Eingriffe in den Kompetenzbereich der Hauptversammlung[8],
> - rechtswidriger Bezugsrechtsausschluss beim genehmigten Kapital[9],
> - sonstige Verstöße gegen den Gleichbehandlungsgrundsatz (dazu unten Rn. 27 ff.).

12 Die Aktionärsklage ist dabei idealerweise gerichtet auf die **Unterlassung** der rechtswidrigen Maßnahme. Voraussetzung hierfür ist aber, dass der Aktionär von der Maßnahme Kenntnis erlangt, was oftmals nicht der Fall ist. In Betracht kommt daher auf zweiter Ebene ein Restitutionsanspruch auf **Wiederherstellung** des gesetzmäßigen Zustandes. Indes ist auch dies nicht immer möglich (z.B. nicht mehr nach Durchführung einer Kapitalerhöhung). In diesen Fällen bleibt dem Aktionär nur noch ein Schadensersatzanspruch (siehe dazu auch oben § 21 Rn. 316). Zu beachten ist auch hier das **erhebliche Kostenrisiko**, das der Kläger bei einem solchen Vorgehen zu tragen hat.

---

[5] *Knobbe-Keuk*, Festschrift Ballerstedt, 1975, S. 239 ff.; siehe ferner *Lutter*, AcP 180 (1980), 84, 142 f.; *Großfeld*, JZ 1981, 234 ff.; *Adolff*, ZHR 169 (2005), 310 ff.; gegen die Abwehrklage insbesondere *Wiedemann*, Gesellschaftsrecht I, § 8 IV 1 c dd.

[6] BGHZ 83, 122, 133 – „Holzmüller".

[7] *Spindler* in MünchKomm. AktG, § 93 Rn. 269; *Casper* in Spindler/Stilz, AktG, Vorb. zu §§ 241 ff. Rn. 16; *Reuter*, Festschrift Lange, 1992, S. 707, 713 ff; *Götz/Götz*, JuS 1995, 106, 109.

[8] BGHZ 83, 122, 134 f. – „Holzmüller".

[9] BGHZ 164, 249, 254 – „Commerzbank/Mangusta II".

III. Mitgliedschaftliche Pflichten

1. Einlagepflicht

Die Hauptpflicht der Aktionäre ist – wie bei der GmbH – die Einlagepflicht. Hier- **13**
von war bereits im Zusammenhang mit der Gründung (§ 19 Rn. 11 ff.) und den
Regeln zur Sicherung der Kapitalerhaltung (§ 20 Rn. 3 ff.) die Rede.

2. Nebenleistungspflichten

Neben der Einlageverpflichtung haben die Aktionäre grundsätzlich keine weiteren **14**
Leistungspflichten. Allerdings kann die Satzung gemäß § 55 AktG einzelnen oder
allen Aktionären die Verpflichtung auferlegen, neben den Einlagen auch **wiederkehrende, nicht in Geld bestehende Leistungen** zu erbringen (sog. Nebenleistungsaktien). Möglich ist dies jedoch nur bei vinkulierten Namensaktien. Es kann
also eine weitere Leistungspflicht statuiert werden. Die Satzung kann auch eine
Gegenleistung vorsehen.

> § 55 AktG hat heute kaum praktische Bedeutung. Ursprünglich sollte sie den besonderen
> Bedürfnissen in der Rübenzuckerindustrie Rechnung tragen[10]. In anderen Wirtschafts-
> bereichen hat sich die Nebenleistungs-AG nicht durchgesetzt. Heute gibt es gerade zwei
> AGs, die eine entsprechende Satzungsregelung enthalten: die Norddeutsche Rüben AG
> und die Sachsenmilch AG[11].

3. Treuepflichten

Literatur: *Dreher*, Treuepflichten zwischen Aktionären und Verhaltenspflichten bei der
Stimmrechtsbündelung, ZHR 157 (1993), 150; *Hennrichs*, Treupflichten im Aktienrecht,
AcP 195 (1995), 221; *Henze*, Die Treupflicht im Aktienrecht, BB 1996, 489; *Lutter*, Zur
Treuepflicht des Großaktionärs, JZ 1976, 225; *ders.*, Die Treuepflicht des Aktionärs, ZHR
153 (1989), 446; *ders.*, Treupflichten und ihre Anwendungsprobleme, ZHR 162 (1998),
164; *Schnorbus*, Treuepflichten im Aktienrecht und Haftung des Stimmrechtsvertreters,
JuS 1998, 877; *Szalai*, Die Treuepflicht als Schranke des aktienrechtlichen Anfechtungsrechts, DStR 2008, 358; *Timm*, Treuepflichten im Aktienrecht, WM 1991, 481.

---

[10] Dazu *Drygala* in KölnKomm. AktG, § 55 Rn. 1 f.
[11] Vgl. *Bayer* in AG-Sonderheft August 2010, 15 f.

a) Grundlagen

15 Dass **zwischen der AG und ihren Aktionären Treuepflichten** bestehen, ist seit langem anerkannt. Bereits das RG bejahte eine Treuebindung des Aktionärs gegenüber seiner Gesellschaft, die der Begrenzung des Anfechtungsrechts diente[12].

> Als ergänzendes Gegenstück hat der BGH später auch eine **Treuepflicht der Gesellschaft gegenüber ihren Aktionären** anerkannt[13]. Die AG ist danach verpflichtet, dem einzelnen Aktionär die ungehinderte und sachgemäße Wahrnehmung seiner Mitgliedschaftsrechte zu ermöglichen. Sie hat außerdem alles zu unterlassen, was dieses Recht beeinträchtigen könnte.

16 Demgegenüber wurden **Treuepflichten zwischen den Aktionären** lange Zeit unter Hinweis auf die körperschaftliche Struktur der Aktiengesellschaft abgelehnt[14]. Nach mittlerweile ganz herrschender Auffassung sind aber auch die Aktionäre untereinander an die Treuepflicht gebunden[15]. Damit ist die Treuepflicht ein gemeinsames Merkmal aller Gesellschaften, unabhängig von ihrer Rechtsform.

> ⮑ Diese betrifft zum einen den **Mehrheitsaktionär**, weil dieser die Möglichkeit besitzt, durch Einflussnahme auf die Geschäftsführung gesellschaftsbezogene Interessen der Mitgesellschafter zu beeinflussen. Die Treuepflicht dient insoweit als Gegengewicht zur Einflussnahmemöglichkeit des Mehrheitsaktionärs[16].
>
> ⮑ Darüber hinaus nehmen der BGH[17] und die ihm folgende Literatur[18] an, dass auch der **Minderheitsaktionär** einer Treuepflichtbindung unterliegt. Auch der Minderheitsaktionär darf seine Mitgliedsrechte nur unter angemessener Berücksichtigung der gesellschaftsbezogenen Interessen der anderen Aktionäre ausüben. Insbesondere darf das Zustandekommen von Beschlüssen nicht aus eigensüchtigen Motiven verhindert werden, wenn die Beschlüsse im Interesse der Gesellschaft oder der Mitaktionäre unbedingt erforderlich und allen Aktionären zumutbar sind[19].

---

[12] Vgl. RGZ 146, 385, 395; siehe auch RGZ 158, 248, 254; bestätigt durch BGHZ 14, 25, 38; BGHZ 103, 184, 194 – „Linotype"; BGHZ 129, 136, 142 – „Girmes".

[13] Vgl. BGHZ 127, 107, 111 – „BMW".

[14] BGH JZ 1976, 561 – „Audi/NSU".

[15] Grundlegend BGHZ 103, 184 ff. – „Linotype" im Anschluss an *Lutter*, JZ 1976, 225 ff. und *Wiedemann*, Festschrift Barz, 1974, S. 561, 569; ferner BGH NJW 1992, 3167, 3171 – „IBN/Scheich Kamel"; BGHZ 142, 167, 169 f. – „Hilgers".

[16] BGHZ 103,184, 195 – „Linotype".

[17] Grundlegend BGHZ 129, 136, 142 ff. – „Girmes".

[18] Vgl. etwa *Drygala* in KölnKomm. AktG, § 53a Rn. 94; *Henze/Notz* in Großkomm. AktG, Anh. zu § 53a Rn. 71 ff.; *Fleischer* in K. Schmidt/Lutter, AktG, § 53a Rn. 50; *Cahn/Senger* in Spindler/Stilz, AktG, § 53a Rn. 37 (alle mit weiteren Nachweisen).

[19] Vgl. BGHZ 129, 136, 42 ff.; *Henze/Notz* in Großkomm. AktG, Anh. zu § 53a Rn. 72.

> Bedeutsam wird diese Treuepflicht vor allem dann, wenn mehrere Minderheitsaktionäre durch Stimmbindung und Stimmrechtsbündelung eine Sperrminorität erreichen und ihre Zustimmung zu Beschlüssen erforderlich ist, um eine Insolvenz der Gesellschaft abzuwenden (z.B. durch eine Kapitalmaßnahme[20]).

Zu verneinen ist die Treuepflichtbindung des Alleinaktionärs. Eine Treuepflicht **17** gegenüber Mitaktionären kommt in der Einpersonen-AG von vornherein nicht in Betracht. In Anlehnung an die ganz herrschende Ansicht im Recht der GmbH[21] (dazu oben § 13 Rn. 53) ist aber auch eine Treuepflicht des Alleinaktionärs gegenüber der Gesellschaft zu verneinen[22]. Die Treuepflicht dient allein dazu, auf die unternehmensbezogenen Interessen der Mitaktionäre Rücksicht zu nehmen. Sind keine Mitaktionäre vorhanden, so verliert die Treuepflicht ihren Zweck. Allein der Gedanke des Gläubigerschutzes vermag sie nicht zu tragen. Zwar besitzen auch die Gesellschaftsgläubiger unternehmensbezogene Interessen. Diese sind jedoch nicht der eigentliche Grund der Treuebindung. Sie werden zudem durch die Vorschriften zur Sicherung der Kapitalaufbringung und Kapitalerhaltung und die §§ 311 ff. AktG hinreichend geschützt[23]. In Extremfällen tritt die Haftung aufgrund existenzvernichtenden Eingriffs hinzu; dann geht es aber um Handlungen, die sich mehr oder weniger gezielt gegen Gläubigerinteressen richten. Entsprechendes gilt bei **einvernehmlichem Handeln** aller Aktionäre[24].

b) Inhalt und Anwendungsfälle

Die Treuepflicht ermöglicht insbesondere eine inhaltliche Kontrolle von Organ- **18** oder Aktionärsverhalten unterhalb der Schwelle zum Rechtsmissbrauch. Wie auch bei der GmbH gilt: Intensität, Umfang und inhaltliche Ausprägung der Treuebindungen lassen sich nicht abstrakt-generell, sondern nur vor dem Hintergrund des jeweiligen Einzelfalles bestimmen. Erforderlich ist stets eine Interessenabwägung. Zudem können die aus der allgemeinen Treuepflicht im konkreten Fall folgenden Pflichten vielgestaltig sein.

Vgl. insoweit zunächst die Ausführungen oben § 13 Rn. 47 ff.

Die gesellschaftsrechtliche Treuepflicht verpflichtet den Aktionär gegenüber der **19** AG und den Mitaktionären in erster Linie zur **angemessenen Rücksichtnahme.** Ihr kommt deshalb in erster Linie die Funktion zu, der Ausübung von Aktionärsrechten äußere Grenzen zu ziehen (**Schrankenfunktion der Treuepflicht**[25]). Daneben bedingt die Treuepflicht im Einzelfall auch die Pflicht des Aktionärs, durch

---

[20] Siehe den Sachverhalt bei BGHZ 129, 136 ff. – „Girmes".

[21] Vgl. etwa BGHZ 119, 257, 262; 122, 333, 336.

[22] *Drygala* in KölnKomm. AktG, § 53a Rn. 89; *Henze/Notz* in Großkomm. AktG, Anh. zu § 53a Rn. 71 ff.; *Fleischer* in K. Schmidt/Lutter, AktG, § 53a Rn. 51; *Cahn/Senger* in Spindler/Stilz, AktG, § 53a Rn. 40; *Lutter,* ZHR 162 (1998), 164, 183; a.A. etwa *Burg,* Gesellschafterhaftung und Existenzvernichtung, 2006, S. 73 ff.; *Burgard,* ZIP 2002, 827 ff.

[23] *Drygala* in KölnKomm. AktG, § 53a Rn. 89.

[24] *Drygala* in KölnKomm. AktG, § 53a Rn. 90.

[25] *Fleischer* in K. Schmidt/Lutter, AktG, § 53a Rn. 54.

aktives Tun zur Verwirklichung der gesellschaftlichen Zwecksetzung beizutragen (**Ergänzungsfunktion der Treuepflicht**)[26].

Aufgrund der Gegenseitigkeitsnatur der Treuepflicht ist auch die Gesellschaft verpflichtet, ihren Aktionären die **sachgemäße Wahrnehmung ihrer mitgliedschaftlichen Rechte zu ermöglichen** und deren willkürliche Beeinträchtigung zu unterlassen.

20 Treuepflichtverstöße wegen Missachtung der gebotenen Rücksichtnahme kommen insbesondere bei der **Ausübung des Stimmrechts** in Betracht.

Der Aktionär darf dabei einerseits weder Beschlüsse herbeiführen, die ihm einseitig Vorteile zulasten der AG oder der anderen Aktionäre verschaffen noch die Interessen der anderen Aktionäre in sonstiger Weise unangemessen benachteiligen. Andererseits darf er auch keine Beschlüsse verhindern, die im Interesse der AG und der Mitaktionäre erforderlich sind.

Treuepflichtwidrig sind beispielsweise:
- die Entlastung der Verwaltung trotz eindeutiger oder schwerwiegender Satzungs- oder Gesetzesverstöße[27],
- die Wahl eines Abschlussprüfers, gegen den erkennbar die Besorgnis der Befangenheit besteht[28],
- die Versagung der Zustimmung zur Übertragung vinkulierter Aktien ohne sachlichen Grund,
- die Stimmabgabe des Mehrheitsaktionärs für eine Gesellschaftsauflösung nach vorheriger Vereinbarung mit dem Vorstand, wesentliche Gesellschaftswerte zu übernehmen[29],
- die Verhinderung einer sinnvollen Sanierung aus eigennützigen Gründen durch Minderheitsgesellschafter mit Sperrminorität („Blockadepolitik")[30].

21 Die **Ausübung sonstiger Minderheitsrechte** (Gegenanträge, Informationsverlangen, Erhebung von Schadensersatzklagen) ist regelmäßig nicht treuwidrig, auch wenn sie für die Gesellschaft lästig ist. **Treuwidrig** ist sie aber dann, wenn damit Zwecke verfolgt werden, die außerhalb des Verbandszwecks liegen.

Beispiele:
- Streben nach ungerechtfertigten Sondervorteilen durch missbräuchliche Erhebung einer Anfechtungsklage (dazu oben § 21 Rn. 311),
- Beschlussanfechtung, um in einen außerhalb des Mitgliedschaftsverhältnisses liegenden Rechtsstreit Druck auf die Gegenseite aufzubauen[31].

---

[26] *Fleischer* in K. Schmidt/Lutter, AktG, § 53a Rn. 54.

[27] Vgl. BGHZ 153, 47, 51 – „Macrotron".

[28] BGHZ 153, 32, 43 f. – „HypoVereinsbank".

[29] BGHZ 103, 184, 193 – „Linotype".

[30] BGHZ 129, 136, 152 f. – „Girmes".

[31] Vgl. BGHZ 180, 9 ff. – „Kirch/Deutsche Bank".

Im Übrigen ist zu beachten, dass die Minderheits- und Individualrechte dem Aktionär vom Gesetz gerade zur Wahrung seiner Rechtsposition eingeräumt wurden; das darf durch die Treuebindung nicht relativiert werden.

c) Folgen eines Verstoßes gegen die Treuepflicht

Aus Treuepflichtverstößen können unterschiedliche Ansprüche des beeinträchtigten Aktionärs erwachsen: **22**

➲ Erfüllungsansprüche (z.B. auf Zustimmung nach § 68 II AktG zur Übertragung vinkulierter Namensaktien),
➲ Unterlassungsansprüche,
➲ Schadensersatzansprüche[32].

Treuwidrig abgegebene Stimmen bei der Beschlussfassung der Hauptversammlung sind **nichtig** und dürfen daher bei der Ermittlung des Abstimmungsergebnisses nicht berücksichtigt werden[33]. Werden die Stimmen dennoch mitgezählt und hat dies Auswirkungen auf das Beschlussergebnis, so ist der **Beschluss anfechtbar** (§ 243 AktG). Dies gilt auch, wenn der Beschlussinhalt gegen die Treuepflicht verstößt. **23**

In Betracht kommt zudem eine **positive Beschlussfeststellungsklage**, wenn ein Beschluss nicht gefasst wurde, weil die erforderliche Mehrheit aufgrund von treuepflichtwidrig abgegebenen Stimmen nicht erreicht wurde (Rechtsfortbildung zu §§ 243, 245 AktG)[34].

4. Wettbewerbsverbot?

Wie auch in der GmbH gilt in der AG **kein allgemeines Wettbewerbsverbot**. Die Aktionäre können daher in Konkurrenz zu „ihrer" Gesellschaft treten. Etwas anderes gilt aber, wenn ein Aktionär zugleich Mitglied des Vorstandes ist; dann greift § 88 AktG (dazu oben § 21 Rn. 83). **24**

Ob – wie in der GmbH (siehe oben § 13 Rn. 54 ff.) – aus der gesellschaftsrechtlichen Treuepflicht ein **Wettbewerbsverbot des Mehrheitsgesellschafters** abgeleitet werden kann, ist **umstritten**[35]. Der **BGH** lehnt ein Wettbewerbsverbot **25**

---

[32] Näher dazu *Drygala* in KölnKomm. AktG, § 53a Rn. 131 ff.

[33] BGHZ 102, 172, 176 f.; BGH NJW 1991, 846; BGH AG 1993, 514, 515; *Hüffer*, AktG, § 53a Rn. 22; *Cahn/Senger* in Spindler/Stilz, AktG, § 53a Rn. 56; a.A. *Koppensteiner*, ZIP 1994, 1325, 1326; *Oelrichs*, GmbHR 1995, 863, 866 ff.

[34] BGHZ 76, 191, 197 ff.; *Drygala* in KölnKomm. AktG, § 53a Rn. 139; *Henze/Notz* in Großkomm. AktG, Anh. zu § 53a Rn. 137; *Bungeroth* in MünchKomm. AktG, Vorb. zu § 53a Rn. 42; *Fleischer* in Schmidt/Lutter, AktG, § 53a Rn. 64.

[35] Ablehnend etwa OLG Stuttgart AG 2007, 633, 639 f.; *Müller* in Spindler/Stilz, AktG, Vorb. zu § 311 Rn. 44 f.; *J. Vetter* in K. Schmidt/Lutter, AktG, § 311 Rn.122; *Koppensteiner* in KölnKomm. AktG, Anh. zu § 318 Rn. 8 f.; befürwortend *Habersack* in Emmerich/Habersack, Vorb. zu § 311 Rn. 7 f.; *Armbrüster*, ZIP 1997, 1269, 1271; *Burgard*, Festschrift Lutter, 2000, S. 1033, 1039 ff.; *Hennrichs*, AcP 195 (1995), 221, 253; *Henze*, BB 1996, 489, 497.

jedenfalls für die Fälle ab, in denen die Wettbewerbslage schon bei Begründung der Mehrheitsbeteiligung bestand[36].

Das überzeugt allerdings weniger, weil die Erkennbarkeit der Gefahrenlage aufgrund des schon bestehenden Wettbewerbs der Minderheit nichts nützt. Diese bleibt vielmehr nach dem Paketverkauf des Mehrheitsaktionärs in der jetzt abhängigen Gesellschaft zurück, da die Abhängigkeitsbegründung als solche kein Pflichtangebot auslöst. Dem wirkt in **börsennotierten Gesellschaften** das Erfordernis eines Pflichtangebotes nach §§ 29 ff., 35 WpÜG entgegen. In der börsennotierten AG kann man es daher bei dem vom BGH gefundenen Ergebnis belassen; denn wer sich, statt das Übernahmeangebot anzunehmen, dem Schutzsystem der §§ 311 ff. AktG anvertraut, ist seines eigenen Unglücks Schmied. In nicht börsennotierten Gesellschaften fehlt es demgegenüber an einer solchen „Exit-Möglichkeit" – und auch die §§ 311 ff. AktG reichen als Schutzstandard nicht aus.

Bei nicht börsennotierten Gesellschaften ist ein ungeschriebenes Wettbewerbsverbot des Mehrheitsgesellschafters auf der Grundlage der Treuepflicht daher anzuerkennen.

26   Von diesem Wettbewerbsverbot kann nur **durch Beschluss** der Hauptversammlung **befreit** werden. Der Beschluss bedarf analog § 179 II AktG einer qualifizierten ¾-Mehrheit; der Mehrheitsgesellschafter ist dabei vom Stimmrecht ausgeschlossen (§ 136 I 1 AktG). Einer darüber hinausgehenden Inhaltskontrolle bedarf es dann aber nicht[37].

IV. Gleichbehandlungsgrundsatz

Literatur: *Bachmann*, Der Grundsatz der Gleichbehandlung im Kapitalmarktrecht, ZHR 170 (2006), 144; *Henn*, Die Gleichbehandlung der Aktionäre in Theorie und Praxis, AG 1985, 240; *Verse*, Der Gleichbehandlungsgrundsatz im Recht der Kapitalgesellschaften, 2006.

1. Adressaten und Begünstigte

27   Gemäß § 53a AktG sind Aktionäre unter gleichen Voraussetzungen gleich zu behandeln. Die Vorschrift geht zurück auf Art. 42 der Kapitalrichtlinie; sie formuliert aber einen **zentralen Grundsatz des Korporationsrechts**, der im Aktienrecht seit langem anerkannt war[38]. Das Gleichbehandlungsgebot ist eine spezielle Ausprägung der gesellschaftsrechtlichen Treuepflicht der Gesellschaft gegenüber ihren Aktionären.

---

[36] BGH NZG 2008, 831.

[37] A.A. *Habersack* in Emmerich/Habersack, Aktien- und GmbH-Konzernrecht, Vorb. zu § 311 Rn. 8; *Burgard*, Festschrift Lutter, 2000, S. 1033, 1050 f.

[38] Vgl. schon RGZ 41, 97, 99; 52, 287, 293; 62, 50, 60.

Das Gleichbehandlungsgebot richtet sich (nur) an die Aktiengesellschaft. Es betrifft nur das Verhältnis zwischen dem Aktionär einerseits und der Gesellschaft und ihren Organen andererseits.

Beziehungen **zwischen den Aktionären** werden von § 53a AktG **nicht erfasst**. Ein Aktionär hat deshalb gegen seinen Mitaktionär keinen Anspruch auf Gleichbehandlung. Im Einzelfall können aber Rücksichtnahmepflichten aus der mitgliedschaftlichen Treuepflicht hergeleitet werden (siehe oben Rn. 15 ff.).

Begünstigte des Gleichbehandlungsgebots sind **allein die Aktionäre**, sodass Dritten eine Berufung auf § 53a AktG verwehrt ist. Das gilt auch für Personen, die erst noch Mitglied werden wollen; eine vormitgliedschaftliche Gleichbehandlungspflicht ist nicht anzuerkennen[39]. **28**

2. Verbot willkürlicher Differenzierung

Das Gleichbehandlungsgebot ist **kein verselbständigtes subjektives Recht** des einzelnen Aktionärs, sondern **integraler Bestandteil der Mitgliedschaft**[40]. Es sichert deren Bestand und Inhalt gegenüber ungleicher Beeinträchtigung durch die innerverbandlichen Entscheidungsträger. **29**

Ein Verstoß gegen den Gleichbehandlungsgrundsatz liegt vor, wenn
- ein Aktionär im Vergleich zu anderen Aktionären ungleich behandelt wird,
- für diese Ungleichbehandlung ein sachlicher Grund fehlt und
- die Ungleichbehandlung weder in der Satzung zulässigerweise gestattet ist noch der Betroffene ihr zugestimmt hat.

Die Bestimmung der ungleichen Behandlung erfolgt allein anhand **objektiver Kriterien**[41]. **30**

- Eine ungleiche Behandlung kann sich zum einen daraus ergeben, dass einigen Aktionären Vorteile gewährt oder Beschränkungen auferlegt werden, von denen andere Aktionäre nicht betroffen sind (**formale oder schematische Ungleichbehandlung**).

---

[39] Näher dazu *Drygala* in KölnKomm. AktG, § 53a Rn. 7 f.; vgl. auch *Bachmann*, ZHR 170 (2006), 144, 160 ff.

[40] *Bungeroth* in MünchKomm. AktG, § 53a Rn. 4.

[41] Vgl. *Drygala* in KölnKomm. AktG, § 53a Rn. 12; *Henze/Notz* in Großkomm. AktG, Anh. zu § 53a Rn. 53; *Bungeroth* in MünchKomm. AktG, Vorb. zu § 53a Rn. 11; *Fleischer* in K. Schmidt/Lutter, § 53a Rn. 27.

> **Beispiele:**
> - Ausschluss einzelner Aktionäre vom Bezugsrecht,
> - Erteilung von Informationen nur an einzelne Aktionäre,
> - Einführung von Höchststimmrechten für ausländische Aktionäre.

↻ Zum anderen kann eine ungleiche Behandlung dann vorliegen, wenn zwar keine formale Ungleichbehandlung feststellbar ist, die Mitgliedschaftsrechte einzelner Aktionäre durch bestimmte Maßnahmen aber stärker betroffen sind (**materielle Ungleichbehandlung**).

> **Beispiel:** Kapitalherabsetzung im Verhältnis 10:1, die dazu führt, dass Aktionäre, die weniger als zehn Aktien haben, ihre Mitgliedschaft verlieren[42].

31 Allerdings führt nicht jede Ungleichbehandlung zu einem Verstoß gegen § 53a AktG. Die Ungleichbehandlung ist deshalb erlaubt, wenn Sachgründe sie rechtfertigen[43]. Daher lässt sich der Gleichbehandlungsgrundsatz auch als Willkürverbot verstehen und formulieren:

Untersagt ist nur die willkürliche, d.h. nicht durch ausreichende Sachgründe getragene Ungleichbehandlung.

Welche **Sachgründe** im Einzelnen eine Differenzierung erlauben oder gebieten, lässt sich indes nicht abstrakt festlegen. Grundsätzlich ist zu fordern, dass die Ungleichbehandlung **im Interesse der Gesellschaft** liegt[44]. Sonderinteressen einzelner Aktionäre, Drittinteressen und das Gemeinwohl vermögen eine Ungleichbehandlung daher nicht zu rechtfertigen[45].

Allerdings genügt nicht schon das bloße Vorliegen eines einschlägigen Interesses der Gesellschaft. Vielmehr muss die Ungleichbehandlung zum Schutz oder zur Förderung des Gesellschaftsinteresses **geeignet und erforderlich** sein. Zudem muss sie nach umfassender Interessenabwägung das **angemessene Mittel** darstellen, um einen Teil der Aktionäre gegenüber ihren Mitaktionären zurückzusetzen (Verhältnismäßigkeit im engeren Sinne). Es gelten daher ähnliche Voraussetzungen wie bei der materiellen Beschlusskontrolle (etwa beim Bezugsrechtsausschluss, siehe dazu unten § 25 Rn. 17 ff.).

---

[42] Dazu *Drygala* in KölnKomm. AktG, § 53a Rn. 14; eine materielle Ungleichbehandlung verneinend aber *Cahn/Senger* in Spindler/Stilz, AktG, § 53a Rn. 25.

[43] BGHZ 120, 141, 150.

[44] Vgl. BGHZ 33, 175, 186; 55, 381, 386; 120, 141, 150.

[45] *Drygala* in KölnKomm. AktG, § 53a Rn. 17; *Bungeroth* in MünchKomm. AktG, Vorb. zu § 53a Rn. 15.

3. Gleichbehandlungsmaßstab

§ 53a AktG verlangt eine Gleichbehandlung „unter gleichen Voraussetzungen".   **32**
Bei der Festlegung des Maßstabs der Gleichbehandlung muss dabei der Charakter
der AG als Kapitalgesellschaft berücksichtigt werden. Die h.M. differenziert insoweit zwischen Haupt- und Hilfsrechten des Aktionärs:

⊃ Für alle **Hauptrechte des Aktionärs** muss die Gleichbehandlung deshalb
grundsätzlich[46] nach Maßgabe der **Kapitalbeteiligung**, d.h. des nominellen
Umfangs des Aktienbesitzes, erfolgen[47].

> Zu den Hauptrechten zählen das Stimmrecht, der Anspruch auf Gewinnbeteiligung, das
> Bezugsrecht sowie das Recht auf Abwicklungsüberschuss.

⊃ Für die **Hilfsrechte des Aktionärs** gilt hingegen grundsätzlich eine
Gleichbehandlung nach Köpfen[48].

> Hilfsrechte sind das Recht auf Hauptversammlungsteilnahme, das Rederecht[49], das Aus-
> kunftsrecht sowie die Anfechtungsbefugnis.

4. Satzungsmäßige Modifikationen

Eine Ungleichbehandlung ohne sachlichen Grund stellt keinen Verstoß gegen   **33**
§ 53a AktG dar, wenn sie von der Satzung gedeckt ist. Satzungsmäßige Modifikationen des Gleichbehandlungsgebots werden vom Gesetz in weitem Umfang zugelassen.

> **Zulässig** sind beispielsweise:
> - Schaffung verschiedener Aktiengattungen, deren Aktien jeweils unterschiedliche
>   Rechte vermitteln (vgl. §§ 11, 12 i.V.m. 23 III Nr. 4 AktG),
> - Einführung von Nebenleistungspflichten nur für einen Teil der Aktien (vgl. § 55 I 1
>   AktG),
> - Zulassung der Zwangseinziehung nur von bestimmten Aktien (vgl. § 237 I 2 AktG).

Modifikationen des Gleichbehandlungsgebots können in der Gründungssatzung
nach freiem Ermessen vorgenommen werden. Problematischer ist die **nachträgli-**

---

[46] Zu statutarischen Gestaltungsmöglichkeiten vgl. *Drygala* in KölnKomm. AktG, § 53a Rn. 24.

[47] BGHZ 70, 117, 121 (zur nachträglichen Einführung eines Höchststimmrechts); *Drygala* in
KölnKomm. AktG, § 53a Rn. 24; *Bungeroth* in MünchKomm. AktG, § 51a Rn. 11 f.; *Hüffer*,
AktG, § 51a Rn. 6; *Fleischer* in K. Schmidt/Lutter, AktG, § 53a Rn. 25; *Immenga*, AG 1976,
293, 294.

[48] Vgl. OLG Stuttgart, AG 1994, 411, 415; *Drygala* in KölnKomm. AktG, § 53a Rn. 26;
Bungeroth in MünchKomm. AktG, § 51a Rn. 13.; *Fleischer* in K. Schmidt/Lutter, AktG, § 53a
Rn. 26; *Cahn/Senger* in Spindler/Stilz, AktG, § 53a Rn. 10.

[49] Eine Differenzierung nach Kapitalanteilen insoweit zulassend aber *Bungeroth* in Münch-
Komm. AktG, § 51a Rn. 13; *Hüffer*, AktG, § 51a Rn. 7; dagegen zu Recht *Cahn/Senger* in
Spindler/Stilz, AktG, § 53a Rn. 17.

che Einführung von Satzungsregelungen, die auf eine Ungleichbehandlung abzielen. Deren Zulässigkeit lässt sich nicht abstrakt, sondern nur in Ansehung der jeweiligen gesetzlichen Regelung, von der abgewichen werden soll, beantworten[50].

5. Verzicht auf Gleichbehandlung

34 **Ein pauschaler Verzicht** des betroffenen Aktionärs auf die Geltung des Gleichbehandlungsgrundsatzes ist nach einhelliger Auffassung **unzulässig**[51]. Der Aktionär kann zudem nicht von vornherein auf Gleichbehandlung in bestimmten Angelegenheiten verzichten.

> Unzulässig wäre es deshalb etwa, das Gleichbehandlungsgebot hinsichtlich des Maßstabs der Aktienzuteilung bei künftigen Kapitalerhöhungen auszuschließen[52].

35 Zulässig ist demgegenüber ein Gleichbehandlungsverzicht im Einzelfall[53]. Erforderlich ist insoweit die ausdrückliche oder konkludente **Zustimmung jedes betroffenen Aktionärs**; diese kann auch nachträglich erteilt werden.

> Eine **Ausnahme** gilt insoweit gemäß **§ 179 III AktG**. Änderungen des Verhältnisses mehrerer Aktiengattungen zum Nachteil einer Gattung können erfolgen, wenn die Aktionäre der betroffenen Gattung mit qualifizierter Mehrheit einen entsprechenden Sonderbeschluss fassen. Auf die Zustimmung jedes einzelnen Aktionärs kommt es hierbei nicht an.

6. Rechtsfolgen aus einer Verletzung des Gleichbehandlungsgrundsatzes

36 Verstößt ein **Beschluss der Hauptversammlung** gegen das Gleichbehandlungsgebot, so führt dies zur Anfechtbarkeit nach § 243 I AktG[54].

In besonders gravierenden Fällen kann der gegen das Gleichbehandlungsgebot verstoßende Beschluss (ausnahmsweise) nichtig sein[55]. Gegen die generelle Annahme von Nichtigkeit spricht, dass die betroffenen Aktionäre ihre Zustimmung zu dem gleichheitswidrigen Beschluss erklären oder nachträglich auf ihr Recht auf Gleichbehandlung verzichten können. Da der Grund der Nichtigkeit auf diese Weise beseitigt werden könnte, erscheint die drastische Nichtigkeitsfolge unan-

---

[50] Vgl. dazu *Drygala* in KölnKomm. AktG, § 53a Rn. 30 ff.

[51] Siehe die Nachweise bei *Drygala* in KölnKomm. AktG, § 53a Rn. 33.

[52] *Fleischer* in K. Schmidt/Lutter, AktG, § 53a Rn. 38.

[53] *Henze/Notz* in Großkomm. AktG, § 53a Rn. 93 f.

[54] RGZ 118, 67, 72 f.; RG JW 1935, 1776; BGHZ 116, 359; *Drygala* in KölnKomm. AktG, § 53a Rn. 37; *Bungeroth* in MünchKomm. AktG, § 51a Rn. 28; *Fleischer* in K. Schmidt/Lutter, AktG, § 53a Rn. 39; *Cahn/Senger* in Spindler/Stilz, AktG, § 53a Rn. 32.

[55] *Drygala* in KölnKomm. AktG, § 53a Rn. 37.

gemessen[56]. Unvereinbar mit dem „Wesen der Aktiengesellschaft" und deshalb nichtig gemäß § 241 Nr. 3 AktG wäre aber jedenfalls ein Beschluss, mit dem das Gleichbehandlungsgebot vollständig oder für bestimmte Aktionärsgruppen außer Kraft gesetzt werden soll.

Gleichbehandlungswidrige **Maßnahmen der Verwaltung** können[57] **37**
- ➲ Leistungsverweigerungsrechte auslösen,
- ➲ Ansprüche auf aktive Gleichbehandlung begründen,
- ➲ Beseitigungsansprüche entstehen lassen und
- ➲ zu Schadensersatzansprüchen führen.

---

[56] Zutreffend *Henze/Notz* in Großkomm. AktG, § 53a Rn. 110.
[57] Für Einzelheiten siehe *Drygala* in KölnKomm. AktG, § 53a Rn. 39 ff.

§ 24 Rechnungslegung und Ergebnisverwendung

Literatur: *Baums*, Rücklagenbildung und Gewinnausschüttung im Aktienrecht, Festschrift K. Schmidt, 2009, S. 57; *Drygala*, Aufsichtsratsbericht und Vertraulichkeit im System der Corporate Governance, AG 2007, 381; *Lutter*, Rücklagenbildung im Konzern, Festschrift Goerdeler, 1987, S. 327; *ders.*, Der Streit um die Gültigkeit des Jahresabschlusses einer Aktiengesellschaft, Festschrift Helmrich, 1994, S. 685; *Schön*, Bestandskraft und fehlerhafte Bilanzen – Information, Gewinnverteilung, Kapitalerhaltung, Festschrift 50 Jahre BGH, 2000, S. 153; *Strieder/Graf*, Zusammenarbeit zwischen Abschlussprüfer und Aufsichtsrat, BB 1997, 1943; *Sünner*, Der Bericht des Aufsichtsrats an die Hauptversammlung nach § 171 Abs. 2 AktG, AG 2008, 411; *E. Vetter*, Die Berichterstattung des Aufsichtsrates an die Hauptversammlung als Bestandteil seiner Überwachungsaufgabe, ZIP 2006, 257.

I. Buchführung und Rechnungslegung

Aus § 76 I AktG, §§ 238 ff., 264 ff. HGB folgt die Pflicht des Vorstandes, für eine ordnungsgemäße Buchführung und Rechnungslegung zu sorgen.   **1**

Hinsichtlich der zu beachtenden Grundsätze ordnungsgemäßer Buchführung kann zunächst auf die Ausführungen zur GmbH (oben § 14) verwiesen werden. Diese gelten auch für die AG.

Zu den jährlich zu erstellenden Dokumenten der Rechnungslegung zählen auch bei der AG grundsätzlich:
- ⊃ der Jahresabschluss bestehend aus Bilanz sowie Gewinn- und Verlustrechnung (§§ 242, 266, 275 HGB),
- ⊃ der Anhang zum Jahresabschluss (§§ 264 I, 284 ff. HGB),
- ⊃ der Lagebericht (§ 289 HGB).

Für Einzelheiten siehe oben § 14 Rn. 5 ff. Bei börsennotierten Gesellschaften hat der Lagebericht insbesondere die in § 289 IV HGB geforderten Angaben zu erhalten. Zudem schreibt § 289a HGB für diese (und weitere kapitalmarktaktive) Gesellschaften eine **„Erklärung zur Unternehmensführung"** vor, in der neben der Entsprechenserklärung (§ 161 AktG, dazu oben § 21 Rn. 21 ff.) unter anderem auch Angaben zu Unternehmensführungspraktiken und zur Arbeitsweise von Vorstand und Aufsichtsrat zu machen sind. Im Konzern sind nach Maßgabe der §§ 290 ff. HGB **Konzernabschluss und Konzernlagebericht** zu erstellen.

Auch bei der AG gilt § 267 HGB, wonach zwischen **kleinen, mittelgroßen und großen Kapitalgesellschaften** zu unterscheiden ist. Danach bestimmt sich unter anderem, ob der Jahresabschluss von einem Abschlussprüfer zu prüfen ist (vgl. § 316 I HGB und oben § 14 Rn. 13 ff.).

> **Wichtig** in diesem Zusammenhang: Kapitalmarktorientierte AGs im Sinne des § 264d HGB (dazu oben § 1 Rn. 40) gelten stets als große Kapitalgesellschaften und sind daher immer prüfungspflichtig!

II. Aufstellung und Prüfung des Jahresabschlusses

2 Grundlage für die Ergebnisverwendung ist auch in der AG der festgestellte Jahresabschluss. Der Feststellung des Jahresabschlusses gehen dessen Aufstellung, die Prüfung durch den Abschlussprüfer, die Vorlage an den Aufsichtsrat (§ 170 AktG) sowie dessen Prüfung (§ 171 AktG) voraus.

> **Zur Erinnerung:** Feststellung und Aufstellung des Jahresabschlusses sind strikt zu unterscheiden. Während die **Feststellung** auf die Verbindlichkeit des Jahresabschlusses zielt, ist die **Aufstellung** lediglich ein technischer Vorgang, bei dem der Jahresabschluss aus der periodischen Buchführung (§§ 238 ff. HGB) entwickelt wird und in dem das Geschäftsführungsorgan seine bilanzpolitischen Vorstellungen vorlegt.

3 Zuständig für die **Aufstellung** des Jahresabschlusses ist grundsätzlich allein der **Vorstand** (§§ 242, 264 HGB).

> Da es sich bei der Aufstellung des Jahresabschlusses lediglich um einen **Entwurf** handelt[1], kann dieser vom Vorstand bis zur Feststellung noch verändert werden, sodass insbesondere nachträglich gewonnene Erkenntnisse über zum Abschlussstichtag bestehende Risiken (sog. **Wertaufhellungen**) noch berücksichtigt werden können[2].

4 Der Vorstand hat den Jahresabschluss und den Lagebericht unverzüglich nach ihrer Aufstellung **dem Aufsichtsrat vorzulegen** (§ 171 I 1 AktG). Zugleich hat der Vorstand einen Vorschlag zur Verwendung des Bilanzgewinns zu unterbreiten (§ 171 II AktG). Aufgabe des Aufsichtsrates ist es dann, die übermittelten Dokumente auf ihre Recht- und Zweckmäßigkeit hin zu prüfen. Die **Prüfung** erfolgt entweder durch das Aufsichtsratsplenum oder – praktisch häufiger – durch einen Prüfungsausschuss (*audit committee*, vgl. § 107 III 2 AktG und § 21 Rn. 170 f.).

> Die Prüfungspflicht hinsichtlich der Rechnungslegung ist ein **Kernbestandteil der Aufsichtsratstätigkeit**, denn der Jahresabschluss ist finanzielles Abbild des geschäftlichen Erfolges oder Misserfolges des Unternehmens[3].

Ist der Jahresabschluss durch einen Abschlussprüfer zu prüfen, so hat dieser an den Verhandlungen des Aufsichtsrates oder des Prüfungsausschusses teilzunehmen und über die wesentlichen Ergebnisse seiner Prüfung zu berichten (§ 171 I 2 AktG). Hieraus ergibt sich, dass der Aufsichtsrat erst nach erfolgter Abschlussprüfung tätig wird.

---

[1] *Brönner* in Großkomm. AktG, § 172 Rn. 4; *Kropff,* Festschrift Peltzer, 2001, S. 219 ff.; *Priester*, Festschrift Kropff, 1997, S. 591, 598.

[2] Vgl. dazu *Kropff*, WPg 2000, 1137 ff.

[3] *Drygala* in K. Schmidt/Lutter, AktG, § 171 Rn. 3; *Hüffer*, AktG, § 171 Rn. 3.

III. Bericht des Aufsichtsrates an die Hauptversammlung

Der Aufsichtsrat muss über seine Feststellungen im Hinblick auf den Jahresab- **5**
schluss **schriftlich gegenüber der Hauptversammlung berichten** (§ 171 II
AktG). Der Bericht hat sich zudem auf die Prüfungstätigkeit des Aufsichtsrates im
Geschäftsjahr insgesamt zu erstrecken, also auf die Frage, wie er die Tätigkeit des
Vorstandes überwacht hat.

> Der Bericht soll die Hauptversammlung über die Tätigkeit des Aufsichtsrates im vergan-
> genen Geschäftsjahr informieren, insbesondere im Hinblick auf die anstehende Entlastung
> der Aufsichtsratsmitglieder. Fehlende oder inhaltlich unzulängliche Berichte können eine
> **Anfechtbarkeit des Entlastungsbeschlusses** begründen.

IV. Feststellung des Jahresabschlusses

Die Feststellung des Jahresabschlusses nebst Anhang erfolgt in der Regel **6**
gemeinsam durch **Vorstand und Aufsichtsrat** – und zwar dergestalt, dass
der Aufsichtsrat den Vorschlag des Vorstandes (Aufstellung) billigt.

Der Billigungsbeschluss muss vom **Gesamtaufsichtsrat** gefasst werden; die
Übertragung auf einen Ausschuss ist unzulässig (§ 107 III 3 AktG). Einer weiteren
Ausführung bedarf es nicht: Mit dem billigenden Beschluss des Aufsichtsrates ist
der Jahresabschluss festgestellt[4].

> Nur **ausnahmsweise** geht die Feststellungskompetenz auf die **Hauptversammlung** über[5] **7**
> (vgl. § 173 AktG), nämlich wenn
> ⮞ Vorstand und Aufsichtsrat dies beschließen,
> ⮞ der Aufsichtsrat den Jahresabschluss nicht billigt oder
> ⮞ die dem Aufsichtsrat gem. § 171 III 3 AktG gesetzte Nachfrist fruchtlos verstrichen
>   ist (Fiktion der Nichtbilligung).

> Hierin besteht eine gewichtige Abweichung zur GmbH, bei der die Gesellschafterver-
> sammlung über die Feststellung entscheidet (vgl. § 42a GmbHG und § 14 Rn. 18).

Mit der Feststellung wird der Jahresabschluss für die Gesellschaftsorgane, Aktio- **8**
näre und die sonstigen Inhaber gewinnabhängiger Ansprüche **verbindlich**. Der
festgestellte Jahresabschluss kann **nur noch eingeschränkt abgeändert** werden[6].
Er bildet die Grundlage für die Fortführung der Geschäfte im neuen Geschäftsjahr.
Zugleich werden die vom Vorstand in der Aufstellung getroffenen bilanzpolitischen Entscheidungen wirksam. Diese können also auch von der Hauptversammlung nicht mehr geändert werden.

---

[4] A.A. etwa *Hüffer*, AktG, § 172 Rn. 3; *Priester*, Festschrift Kropff, 1997, S. 591, 600.

[5] Dazu *Drygala* in K. Schmidt/Lutter, AktG, § 172 Rn. 18 f., § 173 Rn. 3 ff.

[6] Zur nachträglichen Änderbarkeit von Jahresabschlüssen siehe *Drygala* in K. Schmidt/Lutter,
AktG, § 172 Rn. 22 ff.

Nach der Feststellung des Jahresabschlusses ist dieser gem. § 245 S. 1 HGB vom Kaufmann zu unterzeichnen. Für die Aktiengesellschaft müssen sämtliche Vorstands-mitglieder die Unterzeichnung vornehmen. Die Unterzeichnung ist lediglich öffentlich-rechtliche Pflicht, durch die die Verantwortung für die Buchführung und den Jahres-abschluss dokumentiert wird[7]; gesellschaftsrechtlich ist sie ohne Bedeutung.

9   Unverzüglich nach Eingang des Aufsichtsratsberichts muss der Vorstand die Hauptversammlung einberufen (§ 175 I AktG), damit diese über die Ge-winnverwendung beschließen kann.

Danach ist der Jahresabschluss zum Handelsregister einzureichen (§ 325 I HGB) und nach Maßgabe des § 325 II HGB ggf. im elektronischen Bundesanzeiger zu veröffentlichen.

V. Ergebnisverwendung

1. Gewinnverwendungsbeschluss der Hauptversammlung

10   Über die Verwendung des im festgestellten Jahresabschluss ausgewiesenen Bilanzgewinns entscheidet gemäß § 174 AktG die Hauptversammlung.

Die Hauptversammlung kann beschließen, den Bilanzgewinn ganz oder zum Teil
- ➲ an die Aktionäre auszuschütten (Dividende),
- ➲ in Gewinnrücklagen einzustellen (vgl. § 58 III AktG) oder
- ➲ zur Bildung eines Gewinnvortrags zu verwenden.

Die Kompetenzzuweisung an die Hauptversammlung ist **zwingend** und einer sat-zungsmäßigen Modifikation nicht zugänglich[8]. Allerdings ist die Hauptversamm-lung **an den festgestellten Jahresbeschluss gebunden** (vgl. § 174 I 2, III AktG). Sie darf im Gewinnverwendungsbeschluss also weder von einem höheren Bilanz-gewinn noch von einem niedrigeren Bilanzgewinn als im festgestellten Jahresab-schluss ausgehen. Verfügt werden kann nur über das, was der festgestellte Ab-schluss ausweist. Von daher ist die Hauptversammlung durch die vorgelagerte Entscheidung von Vorstand und Aufsichtsrat bereits in erheblichem Umfang prä-judiziert.

---

[7] BGH AG 1985, 188, 189.

[8] *Brönner* in Großkomm. AktG, § 174 Rn. 10; *Hüffer*, AktG, § 174 Rn. 1; *Euler/Müller* in Spind-ler/Stilz, AktG, § 174 Rn. 7.

2. Vorgelagerte Rücklagenbildung

a) Thesaurierungskompetenz der Verwaltung

Dies ist von besonderer Bedeutung wegen **§ 58 II AktG**. Danach können Vor- **11**
stand und Aufsichtsrat, sofern sie den Jahresabschluss feststellen (was die Regel
ist, siehe Rn. 6), bis **zu 50 % des erwirtschafteten Jahresüberschusses in Gewinnrücklagen einstellen.**

> **Beispiel 1:** Die M-AG erwirtschaftet einen Jahresüberschuss von 1 Mio. EUR. – Gemäß
> § 58 II 1 AktG können Vorstand und Aufsichtsrat der M-AG bis zu 500.000 EUR in
> Gewinnrücklagen einstellen.

Diese Form der **Thesaurierung** führt dazu, dass sich der ausgewiesene Bilanzgewinn verringert. Ein Teil des erzielten Überschusses wird so an der Hauptversammlung „vorbeigeschleust" und kann in der Gesellschaft verbleiben. Die the-
saurierten Beträge bilden die sogenannten „anderen Gewinnrücklagen" nach § 272
III HGB. Diese bilden neben dem Grundkapital, den gesetzlichen Rücklagen und
der Kapitalrücklage einen erheblichen Teil des **Eigenkapitals.**

> Berühmt ist in diesem Zusammenhang das Wort *Kronsteins*[9] von den *„gläsernen, aber
> verschlossenen Taschen"*. – Die Aktionäre können das Vorhandensein dieser Beträge er-
> kennen, weil sie in der Bilanz abgebildet werden, aber ihre Ausschüttung nicht erzwingen.

Durch die Möglichkeit der Rücklagenbildung soll dem **„Selbstfinanzierungsinteresse"**
der Gesellschaft Rechnung getragen werden[10]. Dies hat wirtschaftliche Vorteile. Insbesondere dient die Rücklagenbildung einer nachhaltigen Unternehmenspolitik und sichert
somit die langfristige Bestandskraft des Unternehmens. Unproblematisch ist die Thesau-
rierungsbefugnis der Verwaltung gleichwohl nicht. Denn diese **schränkt die Entschei-
dungsautonomie der Aktionäre** ein. Sie zwingt den Aktionär dazu, den fraglichen
Betrag, der als Ausschüttung zur Verfügung gestanden hätte, weiterhin gerade in diesem
einen Unternehmen zu halten und nimmt ihm die Möglichkeit des Konsums oder der
Anlage in einem anderen, besser rentierlichen oder bei gleicher Rendite risikoärmerem
Unternehmen[11]. Diesen Interessenwiderstreit hat der Gesetzgeber dadurch zu lösen versucht, dass nur ein Teil des Jahresüberschusses von Vorstand und Aufsichtsrat in Gewinnrücklagen eingestellt werden kann.

Allerdings kann die **Satzung** Vorstand und Aufsichtsrat zur Einstellung eines grö- **12**
ßeren oder kleineren Teils des Jahresüberschusses ermächtigen (§ 58 II 2 AktG).
Zulässig sind dabei auch Regelungen, wonach der gesamte Jahresüberschuss in
Rücklagen eingestellt werden kann.

---

[9] Vgl. *Kronstein/Claussen*, Publizität und Gewinnverteilung im neuen Aktienrecht, 1960, S. 136.

[10] Vgl. zum Folgenden *Drygala* in KölnKomm. AktG, § 58 Rn. 14 ff.

[11] *Drygala* in KölnKomm. AktG, § 58 Rn. 18; *Cahn/Senger* in Spindler/Stilz, AktG, § 58 Rn. 8;
Henze in Großkomm. AktG, § 58 Rn. 13.

In der Praxis wirken sich diese Satzungsregelungen bei **börsennotierten Gesellschaften** nicht aus. Die Dividendenpolitik wird hier nämlich maßgeblich von den Erwartungen des Marktes mitbestimmt, weshalb die Dividendenrendite auch in Gesellschaften, deren Satzung die vollständige Thesaurierung zuließe, in der Regel auf „Marktniveau" liegt[12].

b) Sonderproblem: Rücklagenbildung im Konzern

13   Die gesetzgeberische Wertentscheidung, dass – vorbehaltlich einer abweichenden Satzungsregelung – die Aktionäre über die Verwendung von mindestens 50 % des Jahresüberschusses beschließen können, beschränkt sich nach dem Wortlaut des § 58 II AktG auf den von der Gesellschaft selbst erwirtschafteten Überschuss. Was aber gilt im Unternehmensverbund, wenn der Überschuss nicht von der Muttergesellschaft, sondern von Tochtergesellschaften erwirtschaftet wird?

Beispiel 2: Die M-AG betreibt das Unternehmen nicht selbst, sondern über eine Tochtergesellschaft, die T-AG, an der sie sämtliche Aktien hält. Die T-AG erwirtschaftet einen Jahresüberschuss von 1 Mio. EUR.

§ 58 II 1 AktG ist **auf jeder Konzernstufe anwendbar**, also im Beispiel sowohl bei der M-AG als auch bei der T-AG. Bei der T-AG können Vorstand und Aufsichtsrat 500.000 EUR in Rücklagen einstellen. Über die Verwendung der restlichen 500.000 EUR beschließt die Hauptversammlung der T-AG.

➲   Beschließt die Hauptversammlung der T-AG die Ausschüttung von 500.000 EUR an die M-AG, dann ist dies zugleich der Jahresüberschuss der M-AG. Für diesen gilt aber auch § 58 II 1 AktG. Vorstand und Aufsichtsrat der M-AG könnten also 250.000 EUR in Rücklagen einstellen. Der Hauptversammlung der M-AG verbliebe somit nur noch die Entscheidung über 250.000 EUR (und nicht wie im **Beispiel 1** über 500.000 EUR).

➲   Es kann für die Aktionäre der M-AG sogar noch „schlimmer" kommen. Alleinaktionärin der T-AG ist die M-AG – und diese wird bei der Ausübung ihrer Aktionärsrechte durch den Vorstand vertreten. Also könnte der Vorstand der M-AG bereits bei der Beschlussfassung der Hauptversammlung der T-AG über die Gewinnverwendung dafür sorgen, dass auch die restlichen 500.000 EUR in Rücklagen bei der T-AG eingestellt werden. Dann käme bei der M-AG nichts an!

14   Bei einer wortlautgetreuen Auslegung des § 58 II AktG stehen die Aktionäre der Muttergesellschaft im Konzern also schlechter als sie bei einem Einheitsunternehmen stehen würden. Dies wird in Teilen der Literatur als unbefriedigend und **korrekturbedürftig** angesehen[13], wobei zwei Lösungsansätze vertreten werden:

➲   Die **strenge Auffassung** will eine bilanzielle Gesamtbetrachtung anstellen, bei der der Muttergesellschaft die bei der Tochtergesellschaft gebildeten Rücklagen zuge-

---

[12] Dazu *Drygala* in KölnKomm. AktG, § 58 Rn. 24 ff.

[13] Eine Korrektur ablehnend hingegen *Hüffer*, AktG, § 58 Rn. 17; *Henze* in Großkomm. AktG, § 58 Rn. 57 ff.; *Westermann*, Festschrift Pleyer, 1986, S. 421, 437 ff.; *Beusch*, Festschrift Goerdeler, 1987, S. 25 ff.; *Thomas*, ZGR 1985, 365 ff.

rechnet werden[14]. Die Höchstgrenzen des § 58 II AktG sollen dabei auf diesen Gesamtbetrag angewendet werden. Ein Überschreiten der Höchstgrenzen soll zur Nichtigkeit des Jahresabschlusses der Muttergesellschaft führen (§ 256 Nr. 4 AktG).

⮕ Die **weniger strenge Auffassung** fordert lediglich, dass die Verwaltung der Muttergesellschaft die in den Tochtergesellschaften bereits gebildeten anderen Gewinnrücklagen angemessen zu berücksichtigen hat[15]. Welche Folgen ein Verstoß gegen diese Organpflicht zeitigen soll, wird allerdings sehr uneinheitlich beantwortet[16].

Richtigerweise ist zwischen börsennotierten und nicht börsennotierten Aktiengesellschaften zu unterscheiden. Bei **börsennotierten Gesellschaften** bedarf es **keiner** Korrektur des § 58 II AktG. Hier verhindern die Mechanismen des Kapitalmarktes und hier insbesondere die institutionellen Investoren (zu diesen siehe § 1 Rn. 38) eine zu restriktive Dividendenpolitik. Finanzwissenschaftliche Studien belegen, dass der Markt (bzw. die für die Kursbildung relevanten Marktteilnehmer) die Bewertung der Ausschüttungspolitik am Konzernabschluss, also auch in den von Tochtergesellschaften erwirtschafteten Überschüssen festmachen[17].

Zudem stellt die auch in Deutschland real gewordene Gefahr der feindlichen Übernahme einen starken Anreiz für das Management dar, es mit der Rücklagenbildung nicht zu übertreiben. Eine gut gefüllte „Unternehmenskasse" ist für Übernahmeinteressenten reizvoll. Nach erfolgter Übernahme könnte nämlich die Auflösung der Gewinnrücklagen und die Ausschüttung einer „Superdividende" beschlossen werden, wodurch die Kosten der Übernahme (jedenfalls zum Teil) gedeckt wären.

Bei **nicht börsennotierten Gesellschaften** hingegen können die korrigierenden Kräfte des Kapitalmarktes nicht einwirken. Zudem ist häufig ein Konflikt zwischen Mehrheit und Minderheit Hintergrund der Verfahrensweise der Verwaltung. Gleichzeitig ist die Gesetzeslage evident unakzeptabel. Eine angemessene Lösung bieten die **„Holzmüller/Gelatine"-Grundsätze**[18] (dazu oben § 21 Rn. 200 ff.). Es stellt eine unzulässige Kompetenzverlagerung und damit einen schweren Eingriff in die mitgliedschaftlichen Belange dar, wenn die konzernweit vorgenommene Thesaurierung die von § 58 II 1 AktG oder der Satzung der Obergesellschaft gezogenen Grenzen signifikant überschreitet[19].

15

16

---

[14] *Geßler*, Festschrift Meilicke, 1985, S. 18, 26; *ders.*, AG 1985, 257, 261 f.; *Götz*, AG 1984, 85, 93 f.; *Hübner*, Festschrift Stimpel, 1985, S. 791, 798 f.; *Theisen*, ZHR 156 (1992), 174, 182 ff.

[15] *Bayer* in MünchKomm. AktG, § 58 Rn. 69; *Fleischer* in K. Schmidt/Lutter, AktG, § 58 Rn. 29; *Lutter*, Festschrift Goerdeler, 1987, S. 327, 338; *Timm*, Die Aktiengesellschaft als Konzernspitze, 1980, S. 90 ff.

[16] Vgl. die Darstellung des Meinungsstandes bei *Drygala* in KölnKomm. AktG, § 58 Rn. 69.

[17] Vgl. die Nachweise bei *Drygala* in KölnKomm. AktG, § 58 Rn. 72.

[18] *Bayer* in MünchKomm. AktG, § 58 Rn. 69; *Lutter*, Festschrift Goerdeler, 1987, S. 327, 347.

[19] Für Einzelheiten siehe *Drygala* in KölnKomm. AktG, § 58 Rn. 74 ff.

IV. Dividendenanspruch der Aktionäre

17   Ist im Gewinnverwendungsbeschluss eine Ausschüttung vorgesehen, so entsteht mit der Beschlussfassung ein unentziehbarer Anspruch des Aktionärs gegen die Gesellschaft auf Zahlung der Dividende.

Der konkrete Zahlungsanspruch resultiert zwar aus der Mitgliedschaft, ist aber **schuldrechtlicher Natur**. Er ist verkehrsfähig, kann also losgelöst von der Mitgliedschaft übertragen werden. Die Verbriefung des Anspruchs in einem separaten **Gewinnanteilsschein** ist möglich und verbreitet[20].

18   Die **Höhe des Anspruchs** ergibt sich aus der Gesamtsumme des zur Verwendung bestimmten Bilanzgewinns, wie er sich aus dem Gewinnverwendungsbeschluss ergibt, und dem Verteilungsschlüssel des § 60 AktG. Danach richtet sich der Gewinnanteil in der Regel **nach der Kapitalbeteiligung** des jeweiligen Aktionärs. Der Anspruch ist auf **Geldzahlung** gerichtet, soweit nicht ausnahmsweise eine Sachdividende satzungsmäßig vorgesehen ist (vgl. § 58 V AktG) und von der Hauptversammlung beschlossen wird.

19   Der Anspruch setzt einen **wirksamen** Gewinnverwendungsbeschluss voraus. Daran fehlt es, wenn der Gewinnverwendungsbeschluss nichtig ist oder auf die Anfechtungsklage hin für nichtig erklärt wurde. Insoweit gelten die allgemeinen Nichtigkeits- und Anfechtungsgründe (§§ 241, 243 AktG). Gemäß § 253 AktG führt zudem die **Nichtigkeit des Jahresabschlusses** (vgl. § 256 AktG) stets auch **zur Nichtigkeit des Gewinnverwendungsbeschlusses**. § 254 AktG normiert spezielle Anfechtungsgründe.

> Erfolgt die Auszahlung der Dividende aufgrund eines unwirksamen Gewinnverwendungsbeschlusses, so handelt es sich um eine **verbotene Einlagenrückgewähr** (§ 57 I 1 AktG). Ein Rückgewähranspruch der Gesellschaft besteht aber nur, wenn der Aktionär hinsichtlich der Unwirksamkeit **bösgläubig** war (§ 62 I 2 AktG).

---

[20] Dazu *Drygala* in KölnKomm. AktG, § 58 Rn. 144 ff.

§ 25 Kapitalmaßnahmen

I. Überblick

Kapitalmaßnahmen (§§ 182 ff. AktG) sind besondere Formen der Satzungsänderung (§ 179 AktG). Insoweit kann zunächst auf die Ausführungen zur GmbH (oben § 15 Rn. 1) verwiesen werden.

1

Als reale („effektive") Kapitalerhöhungen kennt das Aktienrecht
- ⊃ die **ordentlich Kapitalerhöhung** (§§ 182-191 AktG), bei der aufgrund eines Hauptversammlungsbeschlusses das Grundkapital durch Ausgabe neuer („junger") Aktien gegen Bar- oder Sacheinlagen erhöht wird,
- ⊃ das **genehmigte Kapital** (§§ 202-206 AktG), bei dem die Hauptversammlung die Verwaltung ermächtigt, das Grundkapital zu einem späteren Zeitpunkt gegen Einlagen zu erhöhen, und
- ⊃ die **bedingte Kapitalerhöhung** (§§ 192-201 AktG), die zweckgebunden und bedarfsabhängig zur Erfüllung von Umtausch- oder Bezugsrechten auf die neuen Aktien (sog. „Bezugsaktien") eingesetzt wird.

Die („nominelle") **Kapitalerhöhung aus Gesellschaftsmitteln** ist geregelt in den §§ 207-220 AktG. Bei ihr wird der AG kein neues Kapital von außen zugeführt, sondern es werden Kapital- oder Gewinnrücklagen (vgl. § 208 AktG) in Grundkapital umgewandelt.

Eine Sonderstellung nehmen die in § 221 AktG geregelten Finanzierungsformen ein. **Wandel- und Optionsanleihen**, vom Gesetz nicht ganz treffend gemeinsam als „Wandelschuldverschreibungen" bezeichnet, beeinflussen das Grundkapital nicht unmittelbar, gewähren dem Berechtigten aber unter bestimmten Voraussetzungen einen Anspruch auf Aktien der Gesellschaft. Um diesen Anspruch zu erfüllen, kann insbesondere auf das bedingte Kapital zurückgegriffen werden, aber auch auf eigene Aktien, die die AG nach § 71 AktG erworben hat (dazu oben § 20 Rn. 44 ff.). **Gewinnschuldverschreibungen und Genussrechte** verknüpfen die Hingabe von Fremdkapital mit mitgliedschaftsähnlichen Rechten.

2

Da die genannten Finanzierungsformen, die auch wertpapierrechtlich verbrieft sein können, Elemente der Fremdkapitalfinanzierung mit einer eigenkapitalrechtlichen Komponente verknüpfen, werden sie auch als hybride Finanzierungsformen oder – unter Rückgriff auf einen Begriff aus der Architektur – als **„Mezzanine"-Kapital** bezeichnet.

3   Das Grundkapital einer AG kann nach Maßgabe der §§ 222 ff. AktG herabgesetzt werden und zwar durch

➲   die sog. **ordentliche Kapitalherabsetzung** (§§ 222-228 AktG),
➲   die **vereinfachte Kapitalherabsetzung** (§§ 229-236 AktG) oder
➲   **Einziehung** der Aktien (§§ 237-239 AktG).

Auch ein **Kapitalschnitt**, also die Kombination aus Kapitalherabsetzung und an-
schließender Kapitalerhöhung ist möglich; dies hat besondere Bedeutung in Sanierungssituationen (vgl. etwa § 228 AktG und oben § 15 Rn. 40).

II. Ordentliche Kapitalerhöhung

Literatur: *T. Bezzenberger*, Das Bezugsrecht der Aktionäre und sein Ausschluss, ZIP
2002, 1917; *Hopt*, Emissionsgeschäft und Emissionskonsortien, Festschrift Kellermann,
1991, S. 181; *Kindler*, Bezugsrechtsausschluß und unternehmerisches Ermessen nach
deutschem und europäischem Recht, ZGR 1998, 35; *Lutter*, Materielle und förmliche
Erfordernisse eines Bezugsrechtsausschlusses, ZGR 1979, 401; *Martens*, Der Ausschluß
des Bezugsrechts, ZIP 1992, 1677; *Seibt/Voigt*, Kapitalerhöhungen zu Sanierungs-
zwecken, AG 2009, 133; *Wymeersch*, Das Bezugsrecht der alten Aktionäre in der
Europäischen Gemeinschaft: eine rechtsvergleichende Untersuchung, AG 1998, 382;
Zöllner, Gerechtigkeit bei der Kapitalerhöhung, AG 2002, 585.

1. Verfahren

4   Die ordentliche Kapitalerhöhung verläuft auch bei der AG in mehreren
Schritten:

➲   Kapitalerhöhungsbeschluss der Hauptversammlung (§§ 182 ff., 186 III,
    IV AktG),
➲   Anmeldung des Beschlusses zum Handelsregister (§ 184 AktG),
➲   Zeichnung der jungen Aktien (§ 185 AktG),
➲   Leistung der Einlage durch die Übernehmer,
➲   Anmeldung der Durchführung zum Handelsregister (§ 188 AktG),
➲   Eintragung im Handelsregister → **Folge:** Wirksamwerden der Kapital-
    erhöhung (§ 190 AktG),
➲   Ausgabe der jungen Aktien (§ 191 AktG).

Das Grundkapital soll nach § 182 IV 1 AktG nicht erhöht werden, solange ausstehende
Einlagen auf das bisherige Grundkapital noch erlangt werden können.

a) Kapitalerhöhungsbeschluss

5   Zuständig für die Entscheidung über die Durchführung einer ordentlichen Kapitalerhöhung ist allein die **Hauptversammlung**.

In der Diskussion ist ein Vorschlag, im Insolvenzverfahren auch eine Kapitalerhöhung durch Beschluss der Gläubigerversammlung zuzulassen[1]. Dies ist aufgrund der Kapitalrichtlinie, die die alleinige Zuständigkeit der Hauptversammlung in Art. 25 I 1 der Kapitalrichtlinie normiert, nicht unproblematisch[2].

Die Hauptversammlung beschließt mit **qualifizierter Mehrheit** von 75 % des bei 6
der Beschlussfassung vertretenen Grundkapitals (§ 182 I 1 AktG). Die Satzung kann eine andere Kapitalmehrheit vorsehen und weitere Erfordernisse aufstellen (S. 2 und 3).

Bestehen mehrere stimmberechtigte Aktiengattungen, muss jede Gattung durch Sonderbeschluss zustimmen (§ 182 II AktG).

Der Kapitalerhöhungsbeschluss muss den **Erhöhungsbetrag** sowie die Anzahl der 7
auszugebenden neuen Aktien enthalten. Allerdings genügt die Angabe eines Maximalbetrages, sodass eine **„Bis-zu-Kapitalerhöhung"** möglich ist. So kann sichergestellt werden, dass die Kapitalerhöhung wirksam wird, auch wenn nicht alle jungen Aktien gezeichnet werden (siehe bereits § 15 Rn. 7). Des Weiteren muss, sofern die Aktien nicht zum geringsten Ausgabebetrag (vgl. § 9 I AktG und dazu § 19 Rn. 12) ausgegeben werden sollen, der (höhere) **Mindestausgabebetrag** bestimmt sein.

Die ordentliche Kapitalerhöhung kann nur durch **Ausgabe neuer Aktien** erfolgen (§ 182 I 8
4 AktG). Daher können die Nennbeträge der bereits bestehenden Aktien nicht einfach erhöht werden. Bei Gesellschaften mit Stückaktien muss sich die Zahl der Aktien in demselben Verhältnis wie das Grundkapital erhöhen (S. 5). Der Beschluss muss Angaben zum Nennbetrag bzw. bei Stückaktien zu deren Zahl, Aktienart und Aktiengattung enthalten. Insbesondere muss festgelegt werden, ob die jungen Aktien auf den Inhaber oder den Namen lauten, sofern die Satzung keine entsprechende Vorgabe enthält.

Sollen **Sacheinlagen** erbracht werden, muss dies nach Maßgabe der §§ 183, 27 9
AktG im Beschluss festgesetzt werden.

Bei Sacheinlagen bedarf es zudem nach Maßgabe der §§ 183 III, 183a, 33 ff. AktG einer Prüfung des Wertes der Einlage durch einen Sachverständigen (Wirtschaftsprüfer), denn das Problem einer möglichen Überbewertung der Sacheinlage stellt sich natürlich nicht nur bei der Gründung, sondern auch bei jeder Kapitalerhöhung. Ein Kapitalerhöhungsbericht (analog zum Gründungsbericht nach § 32 AktG) ist indes nicht erforderlich (vgl. bereits oben § 15 Rn. 11). Jedoch finden die Regeln zur verdeckten Sacheinlage und zum Hin- und Herzahlen auch bei Kapitalerhöhungen Anwendung (§§ 183 II, 27 III, IV AktG).

Soll das **Bezugsrecht** der Altaktionäre auf die jungen Aktien **ausgeschlossen** 10
werden, muss auch dies bereits im Erhöhungsbeschluss geschehen (§ 186 III, IV AktG, dazu unten Rn. 17 ff.).

---

[1] Vgl. § 225a II InsO-E des RegE zu einem Gesetz zur weiteren Erleichterung der Sanierung von Unternehmen (ESUG).

[2] Großzügiger *Eidenmüller/Engert*, ZIP 2009, 541, 542.

b) Durchführung

11 Der Erhöhungsbeschluss ist sodann zum Handelsregister anzumelden (§ 184 AktG). Anschließend werden die jungen Aktien von den bezugswilligen Aktionären oder – wenn das Bezugsrecht ausgeschlossen oder nicht vollständig ausgeübt wird – von Dritten gezeichnet. Die Zeichnung erfolgt durch schriftliche Erklärung, den sog. **Zeichnungsschein** (Inhalt: § 185 I 3 AktG). Zwar sieht § 185 AktG nur eine einseitige Erklärung des Zeichners vor, doch besteht Einigkeit darüber, dass diese durch die Gesellschaft angenommen werden muss, was auch konkludent geschehen kann.

> Der so zustande kommende **Zeichnungsvertrag** hat eine **Doppelnatur**: Er ist schuldrechtliches Verpflichtungsgeschäft und korporationsrechtlicher Vertrag[3]. Aufgrund des Zeichnungsvertrages wird der Zeichner noch nicht Aktionär. Hierdurch verpflichtet er sich aber zur Übernahme der Aktien und zur Leistung der Einlagen; die Gesellschaft wird zur Zuteilung der Aktien an den Zeichner verpflichtet. Einen Anspruch auf Durchführung der Kapitalerhöhung erlangt der Zeichner indes nicht.

12 Das **weitere Verfahren** nach erfolgter Zeichnung entspricht im Wesentlichen dem Gründungsverfahren. Bevor Vorstand und Aufsichtsratsvorsitzender (§ 188 I AktG) die Durchführung der Kapitalerhöhung zum Handelsregister anmelden können, müssen bei Bareinlagen ein Viertel des geringsten Ausgabebetrages und ein etwaiges Agio, bei Sacheinlagen diese vollständig (dazu oben § 19 Rn. 11, 14) an die AG zur freien Verfügung geleistet worden sein (§§ 188 II, 36, 36a AktG). Wie bei der Gründung ist bei einer Leistung der Einlage durch Einzahlung auf ein Konto der Gesellschaft eine Bankbescheinigung über den Geldeingang erforderlich (§ 37 I AktG), für deren Richtigkeit die ausstellende Bank der Gesellschaft haftet. Das Registergericht prüft nach §§ 188 II, 38 AktG die Eintragungsvoraussetzungen. Mit der Eintragung der Durchführung im Handelsregister wird die Kapitalerhöhung wirksam. Erst jetzt können die neuen Aktien ausgegeben werden (§ 191 AktG). Durch dieses Vorausgabeverbot soll nicht nur verhindert werden, dass Aktionäre ihren Risikobeitrag nicht wirksam erbringen, sondern auch, dass Aktien in Verkehr kommen, bei denen die endgültige Durchführung der zugrunde liegenden Kapitalmaßnahme noch nicht sichergestellt ist (sog. Schwindelemission)[4]. Die vorzeitige Ausgabe der Papiere ist eine Ordnungswidrigkeit nach § 405 I Nr. 2 AktG.

> Instruktiv dazu der Fall BGH AG 1988, 76 ff., in dem eine wegen Verstoßes gegen § 191 AktG nichtige Aktie als Kreditsicherheit verpfändet wurde. Als der Kreditnehmer in Insolvenz geriet, stellte sich die Wertlosigkeit der Sicherheit heraus.

---

[3] RGZ 79, 174, 177; *Wiedemann* in Großkomm. AktG, § 185 Rn. 29 f.; *Hüffer*, AktG, § 185 Rn. 4; *v. Dryander/Niggemann* in Hölters, AktG, § 185 Rn. 7.

[4] BGH AG 1988, 76, 78; *v. Dryander/Niggemann* in Hölters, AktG, § 191 Rn. 1; *Hüffer*, AktG, § 191 Rn. 1; *Peifer* in MünchKomm. AktG, § 191 Rn. 1.

c) Fremdemissionen

Insbesondere bei börsennotierten Gesellschaften haben die Kapitalerhöhungen re-   **13**
gelmäßig ein solches Volumen, dass die AG selbst mit dem Vertrieb der Papiere
überfordert wäre. Dann erfolgt die Kapitalerhöhung unter Einschaltung von Kreditinstituten, und zwar in der Weise, dass die beteiligten **Emissionsbanken** die
jungen Aktien zunächst vollständig zeichnen und dann an bezugswillige Aktionäre
und Dritte veräußern. Übernehmen mehrere Kreditinstitute diese Aufgabe gemeinschaftlich, spricht man von einem **Konsortium** und von Konsortialbanken[5].

> Mit § 186 V AktG hat der Gesetzgeber diese Art der Emission legitimiert. Dazu sogleich
> noch Rn. 29 f.

Der **Vorteil** derartiger Fremdemissionen besteht darin, dass die Gesellschaft sich
nicht mit der Verteilung der Aktien befassen muss, sondern hierfür die **professionellen Vertriebswege** der Banken genutzt werden können. Zudem wird so sichergestellt, dass **alle jungen Aktien übernommen** werden.

2. Bezugsrecht und Bezugsrechtsausschluss

a) Gesetzliches Bezugsrecht

Gemäß § 186 I 1 AktG haben die bisherigen Aktionäre ein gesetzliches Be-   **14**
zugsrecht auf die jungen Aktien. Hierdurch sollen sie vor einer Verwässerung ihrer Beteiligung geschützt werden.

> **Beispiel:** Eine AG hat ein Grundkapital in Höhe von 3 Mio. EUR, gestückelt in 300.000
> Aktien mit einem Nennbetrag von jeweils 10 EUR. Das Grundkapital soll durch Ausgabe
> von weiteren 200.000 Nennbetragsaktien um 2 Mio. EUR erhöht werden. – Durch das
> gesetzliche Bezugsrecht erhalten die Altaktionäre die Möglichkeit, entsprechend ihrer
> bisherigen Beteiligung junge Aktien zu zeichnen. Das Bezugsverhältnis beträgt hier 3:2,
> d.h. jeder Aktionär kann auf drei alte Aktien zwei neue verlangen, natürlich nicht gratis,
> sondern nur gegen Übernahme der Einlagepflicht.

Ohne das Bezugsrecht würde sich der Anteil der bisherigen Aktionäre an der AG
durch die Ausgabe neuer Aktien vermindern – und zwar sowohl der Stimmrechtsanteil als auch der Anteil am Bilanzgewinn. Diesen Effekt bezeichnet man als
Verwässerung. Diese ist vor allem für solche Aktionäre gefährlich, die mit einem
Quorum an der AG beteiligt sind, das ihnen besondere Rechte verleiht, etwa der
Sperrminorität von 25 %. Kommt es hier zu einer Kapitalerhöhung unter Ausschluss des Bezugsrechts, sinkt der prozentuale Anteil des betreffenden Aktionärs
und seine Sperrminorität geht verloren.

---

[5] Rechtlich handelt es sich dabei um Gesellschaften bürgerlichen Rechts; vgl. etwa *Ulmer* in
MünchKomm. BGB, Vorb. zu § 705 Rn 58.

15   Der **konkrete Anspruch** auf die Zuteilung junger Aktien entsteht mit Eintragung des Kapitalerhöhungsbeschlusses. Er steht aber unter der auflösenden Bedingung, dass die Kapitalerhöhung auch durchgeführt wird. Ein Anspruch auf Durchführung der Kapitalerhöhung besteht nicht.

> Hält die AG eigene Aktien, so stehen ihr daraus keine mitgliedschaftlichen Rechte und mithin auch keine Bezugsrechte zu. In diesen Fällen verbessert sich das Bezugsverhältnis zugunsten der übrigen Aktionäre.

16   Das Bezugsrecht wird **durch Erklärung** gegenüber der Gesellschaft ausgeübt. Hierzu ist eine Bezugsfrist von mindestens zwei Wochen einzuräumen (§ 186 I 2 AktG). Diese ist gemeinsam mit dem Ausgabebetrag oder den Grundlagen seiner Festsetzung vom Vorstand in den Gesellschaftsblättern nach Maßgabe des § 186 II AktG bekanntzumachen, jedenfalls also im elektronischen Bundesanzeiger einzurücken (vgl. § 25 AktG).

b) Ausschluss des Bezugsrechts

17   Das gesetzliche Bezugsrecht kann ganz oder zum Teil ausgeschlossen werden, wie § 186 III, IV AktG zeigt.

Das Bezugsrecht ist für die Gesellschaft vielfach **lästig**. Sollen die neuen Aktien gegen Sacheinlagen ausgegeben werden, etwa zum Zweck der Übernahme eines anderen Unternehmens, so ist klar, dass nur derjenige Aktien erhalten kann, der in der Lage ist, die fraglichen Sachen einzubringen. Bei einer Barkapitalerhöhung erschwert das Bezugsrecht die technische Durchführung, weil die Maßnahme länger dauert als eine Kapitalerhöhung ohne Bezugsrecht.

> Die Bezugsfrist von 14 Tagen ist an der Börse eine lange Zeit; der Aktienkurs kann sich in dieser Zeit erheblich bewegen. Rutscht er dann unter den Bezugskurs, droht die Kapitalerhöhung zu scheitern. Es muss also mit Sicherheitsabschlägen gearbeitet werden[6]. Das wiederum führt dazu, dass die Gesellschaft für die neuen Aktien weniger erlöst als bei einer bezugsrechtsfreien Emission, die bei professioneller Abwicklung an einem Tag „durchgezogen" werden kann.

Das mitgliedschaftliche Interesse der Aktionäre an einem Schutz vor Verwässerung kollidiert also mit dem Interesse der AG an einer flexiblen und preisoptimalen Abwicklung. Das Gesetz versucht in § 186 AktG, diese **kollidierenden Interessen** durch eine Reihe von formellen und materiellen Erfordernissen zum Ausgleich zu bringen.

18   Der Bezugsrechtsausschluss muss danach **im Kapitalerhöhungsbeschluss** mit einer Kapitalmehrheit von 75 % erfolgen (§ 186 III 1 und 2 AktG), die Satzung kann eine größere (nicht: geringere) Mehrheit bestimmen (S. 3). Der Beschluss darf nur gefasst werden, wenn die Ausschließung ausdrücklich und ordnungsgemäß (vgl. § 124 AktG) bekannt gemacht worden ist (§ 186 IV 1 AktG). Der Vor-

---

[6] Siehe *Langenbucher*, Aktien- und Kapitalmarktrecht, § 10 Rn. 38 (mit Berechnungsbeispiel).

stand hat zuvor einen schriftlichen Bericht über den Grund für den Bezugsrechtsausschluss vorzulegen (Satz 2), um der Hauptversammlung eine sachgerechte Entscheidung zu ermöglichen[7]. Ferner ist der vorgeschlagene Ausgabebetrag mittels
Berechnungsgrundlagen und Bewertungskriterien[8] zu begründen.

> § 186 III, IV AktG regeln aber nur die **formellen** Voraussetzungen für den   **19**
> Bezugsrechtsausschluss. Nach mittlerweile h.M. ist in **materieller** Hinsicht
> zusätzlich erforderlich, dass der Ausschluss auch sachlich gerechtfertigt ist[9].
> Damit berücksichtigt die Rechtsprechung das besondere Interesse der Akti-
> onäre an einem Verwässerungsschutz.

Der Ausschluss des Bezugsrechts stellt danach einen besonders schweren Eingriff
in die Mitgliedschaft des Aktionärs dar, der nicht im freien Belieben der Mehrheit
stehen soll, sondern einer **materiell-rechtlichen Inhaltskontrolle** unterworfen ist.

> **Grundlegend dazu BGHZ 71, 40 – „Kali & Salz"**
> „Da eine Erhöhung des Grundkapitals von der Sache her notwendigerweise auf den
> Zweck der Gesellschaft und damit auf deren Interessen bezogen ist, muß auch ein mit ihr
> verbundener Bezugsrechtsausschluß im Gesellschaftsinteresse seine Rechtfertigung
> finden [...]. Bei dieser Rechtfertigung ist besonders in Betracht zu ziehen, daß für einen
> Aktionär der Entzug des Vorrechts, Kapital in „seinem" Unternehmen investieren zu
> können, im allgemeinen einen schweren Eingriff in seine Mitgliedschaft bedeutet; sie muß
> sich daher darauf erstrecken, daß das mit der Kapitalerhöhung verfolgte Ziel auf dem
> normalen gesetzlichen Weg, d.h. mit einem Bezugsrecht für alle Aktionäre, nicht erreich-
> bar ist [...]. Der Ausschluß dieses Rechts führt stets dazu, daß der Anteil der betroffenen
> Aktionäre am Gesellschaftsvermögen mit dem entsprechenden Gewinn- und Liquidations-
> anteil mindestens relativ absinkt; zugleich verschieben sich die Stimmrechtsquoten [...].
> Aber auch sonst erleiden die vom Bezugsrecht ausgeschlossenen Aktionäre häufig inso-
> fern einen erheblichen wirtschaftlichen Nachteil, als der innere Wert ihrer Beteiligung, je
> nach den Ausgabebedingungen für die neuen Aktien, verwässert wird, ohne daß sie hier-
> für in Gestalt des Bezugsrechts einen unmittelbaren Ausgleich erhalten. Diese Gesichts-
> punkte machen es notwendig, für jeden Bezugsrechtsausschluß eine besondere sachliche
> Begründung zu fordern, an die umso strengere Anforderungen zu stellen sind, je schwerer
> der Eingriff in die mitgliedschafts- und vermögensrechtliche Stellung der ausgeschlos-
> senen Aktionäre wiegt."

Der Bezugsrechtsausschluss ist danach nur zulässig, wenn die Gesellschaft nach   **20**
vernünftigen kaufmännischen Überlegungen ein dringendes Interesse daran hat
und zu erwarten ist, dass der angestrebte Zweck den Beteiligungs- und Stimm-

---

[7] BGH NJW 1982, 2444; *Servatius* in Spindler/Stilz, AktG, § 186 Rn. 25; *Marsch-Barner* in
Bürgers/Körber, AktG, § 186 Rn. 24.

[8] *Hüffer*, AktG, § 186 Rn. 24; *v. Dryander/Niggemann* in Hölters, AktG, § 186 Rn. 53; *Peifer* in
MünchKomm. AktG, § 186 Rn. 67.

[9] BGHZ 71, 40 – „Kali & Salz"; BGHZ 83, 319, 325 f. – „Holzmann"; *Krieger* in MünchHdb.
GesR IV (AG), § 56 Rn. 76 ff.; *Hüffer*, AktG, § 186 Rn. 25 ff.; *Peifer* in MünchKomm. AktG,
§ 186 Rn. 71 ff.; *Wiedemann* in Großkomm. AktG, § 186 Rn. 134 ff.; *Marsch-Barner* in Bür-
gers/Körber, AktG, § 186 Rn. 28; kritisch aber *Ekkenga*, AG 1994, 59, 65; *Mülbert*, Aktiengesellschaft, Unternehmensgruppe und Kapitalmarkt, 2. Aufl. 1996, S. 330 ff.

rechtsverlust der ausgeschlossenen Aktionäre auch unter Berücksichtigung des Gleichbehandlungsgebots überwiegt.

Die Inhaltskontrolle vollzieht sich in der Sache als Verhältnismäßigkeitsprüfung[10].

➲ Dabei ist zunächst zu fragen, ob überhaupt ein **sachlicher Grund** für den Bezugs-rechtsausschluss gegeben ist, ob dieser also im Interesse der Gesellschaft liegt. Hierfür genügt es nicht, dass ein Bedarf an frischem Eigenkapital besteht, da dieser auch durch die Altaktionäre gedeckt werden kann, sofern diese hierzu bereit sind.

➲ Der Ausschluss muss ferner zur Erreichung des verfolgten Zwecks **geeignet** und insoweit auch **erforderlich**, also einziges oder zumindest mildestes von ähnlich effektiven Mitteln sein.

➲ Und schließlich muss der Ausschluss **angemessen** sein, d.h. das Gesellschafts-interesse muss höher zu bewerten sein als das Interesse der Aktionäre am Erhalt ihrer Rechtsposition. Je schwerer der Eingriff in die Aktionärsrechte wiegt, desto gewichtiger muss das Interesse der Gesellschaft am Ausschluss des Bezugsrechts sein.

21 Bei der **Kapitalerhöhung gegen Sacheinlagen** bedeutet das, dass der Ausschluss zulässig ist, wenn die Gesellschaft nach kaufmännischem Ermessen ein dringen-des Interesse an den fraglichen Gegenständen hat und die (prognostizierten) Vor-teile des Erwerbs die Nachteile für die Altaktionäre aufwiegen. Insofern besteht ein Beurteilungsspielraum.

Die Ansicht, es sei zusätzlich zu prüfen, ob nicht auch eine Barkapitalerhöhung mit nach-folgendem Ankauf der fraglichen Gegenstände in Betracht kommt[11], ist im Grundsatz richtig; dieser Weg wird aber verschlossen sein, wenn der Vertragspartner nur dann zum Geschäft bereit ist, wenn er Aktien als Gegenleistung erhält. Eine Barkapitalerhöhung mit dem Verkäufer der fraglichen Gegenstände als Inferenten wäre zudem wegen § 27 IV AktG bedenklich, denn eine Bareinlage mit nachgeschaltetem Erwerbsgeschäft ist gerade-zu der klassische Fall der verdeckten Sacheinlage.

22 Bei der **Kapitalerhöhung gegen Bareinlagen** sind die Kriterien strenger, da Bar-geld grundsätzlich jeder Aktionär zur Verfügung stellen kann und die Leistung des einen hier so gut ist wie die des anderen. Ein anerkannter Fall ist der Ausschluss von **Spitzenbeträgen.**

> **Beispiel:** Bei einer Kapitalerhöhung im Verhältnis 7:1 kann das Bezugsrecht für den nicht durch 7 teilbaren Restbetrag ausgeschlossen werden.

Als Ausschlussgrund anerkannt ist zudem die Absicht, die neuen Aktien an **Ar-beitnehmer** auszugeben[12]. Bei der Begebung *en bloc* sind zulässige Zwecke die **Platzierung an ausländischen Börsen**[13], **Sanierungsmaßnahmen**[14] und die

---

[10] Zum Folgenden vgl. *Hüffer*, AktG, § 186 Rn. 26 ff.

[11] *Hüffer*, AktG, § 186 Rn. 34; *Lutter* in KölnKomm. AktG, 2. Aufl., § 186 Rn. 79; *Servatius* in Spindler/Stilz, AktG, § 186 Rn. 48.

[12] BGHZ 144, 290.

[13] BGHZ 125, 239.

[14] BGH NJW 1982, 2444, 2446.

Vorbereitung eines Unternehmenszusammenschlusses[15]. Ferner kommt eine Kapitalerhöhung mit Bezugsrechtsausschluss als Abwehrmittel beim Versuch einer **feindlichen Übernahme** in Betracht[16]; dazu muss die Maßnahme aber auch nach dem WpÜG zulässig sein.

> Eine Inhaltskontrolle findet im Übrigen auch dann statt, wenn die Ausübung des Bezugsrechts faktisch erschwert wird, etwa durch belastende Nebenbedingungen, oder besonders hohe Ausgabekurse (sog. **faktischer Bezugsrechtsausschluss**)[17].

23

c) Kritik und Rechtsvergleich

Allerdings ist fraglich, ob die Rechtsprechung, die es als ein Privileg des Aktionärs ansieht, Mittel in „sein" Unternehmen zu investieren, für die **Publikumsgesellschaft mit großem Aktionärskreis** heute noch überzeugt. Es ist sehr zweifelhaft, ob Anleger-Aktionäre die AG, deren Papiere sie im Depot haben, wirklich als „ihre" Gesellschaft ansehen. Dort, wo die Aktien breit gestreut sind und kein Aktionär über große Pakete verfügt, ist auch die Verwässerung des Stimmrechts weitgehend ohne Belang.

24

> Ob einem Aktionär 0,00015 % oder 0,00011 % der Aktien gehören, hat auf die Entscheidungsfindung in der Hauptversammlung wenig Einfluss.

Ob eine Verwässerung der Gewinnbeteiligung eintritt, hängt davon ab, was der Vorstand mit den neu erworbenen Mitteln macht und ob die geplante Investition mindestens so profitabel ist wie das bisherige Geschäft. Insofern kann man für die Regelung des § 186 AktG anführen, dass sie den Vorstand zwingt, seine Ideen vor der Hauptversammlung zu begründen und um Zustimmung dafür zu werben. Aber es fragt sich auch, ob ein Kleinaktionär, den die Planung des Vorstandes nicht überzeugt, nicht lieber die Aktie verkaufen sollte, statt auf der Hauptversammlung in Opposition zu gehen (*exit* statt *voice*)[18].

> **Rechtsvergleichend** ist schon die **Existenz eines Bezugsrechts keine Selbstverständlichkeit** mehr. In den Gesellschaftsrechten der USA überwiegt die Lösung, die Frage der Satzungsgestaltung zu überlassen. Das führt dazu, dass bei Publikumsgesellschaften amerikanischer Rechtsform das Bezugsrecht praktisch nicht mehr anzutreffen ist[19]. Negative Auswirkungen auf die Aktienperformance haben sich dadurch nicht ergeben[20], sodass die

25

---

[15] BGHZ 83, 319.

[16] Vgl. dazu *Hüffer*, AktG, § 186 Rn. 32.

[17] Vgl. dazu *v. Dryander/Niggemann* in Hölters, AktG, § 186 Rn. 39 ff.

[18] Kritisch insbesondere *Servatius* in Spindler/Stilz, AktG, § 186 Rn. 41; *Mülbert*, Aktiengesellschaft, Unternehmensgruppe und Kapitalmarkt, 2. Aufl. 1996, S. 310 ff.; *Bezzenberger*, ZIP 2002, 1917.

[19] Vgl. *Kübler*, ZBB 1993, 2 ff.; *Kübler/Mendelson/Mundheim*, AG 1990, 464 ff.

[20] Auf die Vorzüge des fehlenden Bezugsrechts hinweisend *Escher-Weingart*, Reform durch Deregulierung im Kapitalgesellschaftsrecht, 2001, S. 266.

Annahme gerechtfertigt erscheint, dass unter den Bedingungen eines entwickelten Kapitalmarktes das Bezugsrecht jedenfalls dort verzichtbar sein könnte, wo die Gesellschaft
keinen dominierenden Großaktionär hat.

26   **In der EU** ist die Existenz des Bezugsrechts durch Art. 29 I der Kapitalrichtlinie
rechtlich abgesichert, sodass eine gänzliche oder teilweise Abschaffung nach ame-
rikanischem Vorbild eine Änderung der Richtlinie voraussetzen würde. Jedoch unterscheiden sich die europäischen Rechtsordnungen erheblich, was die Anforderungen an einen Ausschluss des Bezugsrechts angeht. Vielfach finden sich nur
formelle Anforderungen; der Gedanke einer materiellen Beschlusskontrolle hat international keine Gefolgschaft gefunden[21].

d) Vereinfachter Bezugsrechtsausschluss

27   In Deutschland hat es von Seiten der Praxis erhebliche Kritik an der strengen
Handhabung des Bezugsrechtsausschlusses durch die Rechtsprechung gegeben.
Befürchtet wurde ein Finanzierungsnachteil deutscher Aktiengesellschaften durch
das Bezugsrecht. Diese Kritik hat dazu geführt, dass 1994 als eine der ersten
Maßnahmen zur Deregulierung des AktG von 1965[22] eine Sondervorschrift einge-
führt worden ist:

> § 186 III 4 AktG enthält eine Privilegierung: Danach ist der Bezugsrechts-
> ausschluss („insbesondere dann") zulässig, wenn
> ➲   bei einer Kapitalerhöhung gegen Bareinlagen
> ➲   das Grundkapital um nicht mehr als 10 % erhöht wird <u>und</u>
> ➲   der Ausgabebetrag den Börsenpreis nicht wesentlich unterschreitet.

Dieser **„vereinfachte Bezugsrechtsausschluss"** zielt ersichtlich auf börsennotierte Gesellschaften mit großem Streubesitz, bei denen es den Aktionären ohne weiteres möglich
ist, Anteile am Kapitalmarkt zu erwerben und so ihre Beteiligungsquote ohne höhere Ver-
mögensaufwendungen aufrecht zu erhalten[23]. Einer Verwässerung des Beteiligungswertes
soll durch die Anknüpfung an den Börsenkurs vorgebeugt werden. § 186 III 4 AktG
enthält somit eine Abwägungsentscheidung des Gesetzgebers **zugunsten der Finanzie-
rungsinteressen der Gesellschaft**[24]. Seit der Einführung der Norm und der Liberalisierung des genehmigten Kapitals durch den BGH (dazu unten Rn. 31 ff.) ist die Kritik
am Bezugsrecht und an der materiellen Beschlusskontrolle leiser geworden; diese Regeln
scheinen das Interesse der Praxis an einer flexiblen Handhabung hinreichend zu
befriedigen.

---

[21] Vgl. für Frankreich und Italien *Kindler*, ZHR 158 (1994), 344 ff.; ferner *Wiedemann* in Großkomm. AktG, § 186 Rn. 23 ff.

[22] Durch das Gesetz für kleine Aktiengesellschaften und zur Deregulierung des Aktienrechts
vom 2. August 1994, BGBl. I S. 1961.

[23] Begr. RegE., BT-Drucks. 12/6721, S. 10.

[24] *Hüffer*, AktG, § 186 Rn. 39 b.

Prüfungsschema: Ausschluss des Bezugsrechts   **28**

Formelle Voraussetzungen:
- ➲ Bekanntmachung des beabsichtigten Ausschlusses (§ 186 IV 1 AktG)
- ➲ Bericht des Vorstandes (§ 186 IV 2 AktG)
- ➲ Beschluss der Hauptversammlung als Bestandteil des Kapitalerhö-
  hungsbeschlusses (§ 186 III 1 AktG)
- ➲ Zustimmung von mindestens 75 % des vertretenen Grundkapitals
  (§ 186 III 2 AktG)

Materielle Voraussetzungen:
- ➲ sachlicher Grund, Geeignetheit, Erforderlichkeit und Angemessenheit
  (ungeschrieben) <u>oder</u>
- ➲ Fall des § 186 III 4 AktG

e) Mittelbares Bezugsrecht

Auch bei **Fremdemissionen** (oben Rn. 13) besteht ein Bezugsrecht der Altaktio-   **29**
näre. Allerdings werden hier sämtliche Anteile zunächst von der oder den Emissionsbanken übernommen. Ein unmittelbarer Bezug der jungen Aktien durch die
Aktionäre scheidet dabei aus. Hier hilft jedoch § 186 V AktG weiter.

Als Bezugsrechtsausschluss ist es danach nicht anzusehen, wenn die neuen
Aktien von der Emissionsbank mit der Verpflichtung übernommen werden
sollen, sie den Aktionären zum Bezug anzubieten[25]. Man spricht insoweit
vom **„mittelbaren Bezugsrecht"**, das den Aktionären durch die vertragliche Abrede zwischen Gesellschaft und Emissionsbanken eingeräumt wird.

Die Beteiligung von drei Personen am Emissionsvorgang (AG, Emissionsbank,   **30**
endgültiger Aktionär) wirft die Frage auf, auf wen hinsichtlich der **Einlageer-**
bringung, der Erfüllung der Einlagepflicht und möglicher Umgehungsgeschäfte
abzustellen ist.

Beispiel: Hat eine Gesellschaft im Wege des mittelbaren Bezugsrechts das Kapital erhöht,
so hat die beteiligte Bank (bzw. das Konsortium) die Einlage nach §§ 188, 36 AktG
geleistet. Einen Teil der Aktien hat Aktionär A dann von der Bank gegen einen Geld-
betrag erworben. Wie ist zu entscheiden, wenn jetzt die Gesellschaft mit A ein Verkehrsgeschäft durchführt, das bei wirtschaftlicher Betrachtung dem Vorgang den Charakter
einer Sacheinlage gibt (vgl. § 27 III AktG) oder wenn die Gesellschaft dem A ein
Darlehen gewährt (vgl. § 27 IV AktG)?

Für die Anwendung des § 27 III, IV AktG fehlt es bei formaler Betrachtung an einer
Einlageleistung durch A, denn er hat die Aktien nicht direkt von der AG gegen Einlage,
sondern entgeltlich von der Bank erworben. Aber eine solche Betrachtung wäre künstlich,

---

[25] Für Einzelheiten siehe *Servatius* in Spindler/Stilz, AktG, § 186 Rn. 67 ff.

denn der ganze Vorgang dient dazu, den Aktionären die Aktien zu verschaffen; die Bank ist nur zur technischen Durchführung eingeschaltet. Daher ist, soweit die Bank in ihrer Rolle als Emissionshelfer tätig wird, auf den dahinter stehenden Aktionär abzustellen[26]. Die oben dargestellten Vorgänge sind also so zu behandeln, als sei A selbst Zeichner der Aktien. Die Bank haftet ihrerseits nicht für die ordnungsmäßige Kapitalaufbringung. – Anders ist es freilich, wenn die Bank durch eigenes Verhalten die Wirksamkeit der Kapitalaufbringung in Frage stellt: Verrechnet sie etwa den Einlagebetrag mit eigenen Forderungen gegen die AG (unzulässig nach § 66 I 2 AktG), so tut sie dies nicht in ihrer Rolle als Emissionshelfer, sondern aus eigenem Interesse. Insoweit gelten die Vorschriften der Kapitalaufbringung uneingeschränkt.

III. Genehmigtes Kapital

Literatur: *Bayer*, Materielle Schranken und Kontrollinstrumente beim Einsatz des genehmigten Kapitals mit Bezugsrechtsausschluss, ZHR 168 (2004), 132; *Cahn*, Pflichten des Vorstandes beim genehmigten Kapital mit Bezugsrechtsausschluß, ZHR 163 (1999), 554; *Henze*, Die Kontrolle des Bezugsrechtsausschlusses im Rahmen des genehmigten Kapitals in der Rechtsprechung des Bundesgerichtshofs, Festschrift Priester, 2007, S. 201; *Mülbert*, Genehmigtes Kapital im Vorfeld eines unerwünschten Übernahmeangebots, Festschrift Schwark, 2009, S. 553; *Schürnbrand*, Bestands- und Rechtsschutz beim genehmigten Kapital, ZHR 171 (2007), 731; *Wilsing*, Berichtpflichten des Vorstands und Rechtsschutz der Aktionäre bei der Ausübung der Ermächtigung zum Bezugsrechtsauschluss im Rahmen eines genehmigten Kapitals, ZGR 2006, 723.

1. Begriff und Bedeutung

31 Ein wesentlicher Nachteil der ordentlichen Kapitalerhöhung besteht darin, dass sie einer erheblichen Vorlaufzeit bedarf, da zunächst die Hauptversammlung einberufen werden muss. Außerdem ist die Abhaltung einer außerordentlichen Hauptversammlung mit erheblichem Aufwand verbunden. Das genehmigte Kapital (§§ 202-206 AktG) ist eine **schnellere, flexiblere und kostengünstigere Form der Eigenkapitalbeschaffung**.

> Beim genehmigten Kapital wird der Vorstand durch die Satzung **ermächtigt,** das Grundkapital bis zu einem bestimmten Nennbetrag durch Ausgabe neuer Aktien gegen Einlagen zu erhöhen, ohne dass es hierfür eines Beschlusses der Hauptversammlung bedarf.

Da nicht die Hauptversammlung, sondern der Vorstand über Zeitpunkt und Umfang der Ausnutzung des genehmigten Kapitals entscheidet, kann zeitnah auf aktuelle Entwicklungen reagiert werden.

---

[26] Vgl. BGHZ 118, 83 ff.

> So kann **beispielsweise** eine günstige Börsensituation ausgenutzt werden, um eine Barkapitalerhöhung durchzuführen. Ein praktisch häufiger Einsatzzweck ist die Verwendung der neuen Aktien als Akquisitionswährung beim Erwerb von Unternehmen und Beteiligungen[27].

2. Voraussetzungen

Das genehmigte Kapital setzt zwingend eine Ermächtigung in der Satzung voraus. **32** Diese kann bereits in der Gründungssatzung enthalten sein (§ 202 I AktG) oder nachträglich durch satzungsändernden Beschluss der Hauptversammlung eingeführt werden (§ 202 II AktG). Der Beschluss bedarf einer Mehrheit von mindestens 75 % des bei der Beschlussfassung vertretenen Grundkapitals. Die Satzung kann eine größere Mehrheit oder weitere Erfordernisse festlegen.

Die Ermächtigung ist auf maximal fünf Jahre befristet (§ 202 I, II AktG).   **33**

Eine „Verlängerung" ist nur dergestalt möglich, dass die Hauptversammlung die Ermächtigung neu beschließt und zwar nach Maßgabe des § 202 II AktG.

Die Satzung muss die **Dauer der Ermächtigung** angeben. Erforderlich ist entweder die Benennung eines konkreten Datums, bis zu dem die Ermächtigung gilt, oder die Bestimmung der Berechnungsgrundlage für die Frist (z.B. „drei Jahre ab Eintragung"). Fehlt die Angabe oder ist die Frist zu lang bemessen, gilt nicht die gesetzliche Höchstfrist; vielmehr ist die Ermächtigung nichtig[28].

Ferner ist der **Nennbetrag**, bis zu dem das Grundkapital erhöht werden kann, **34** konkret zu beziffern. Der Nennbetrag des genehmigten Kapitals darf nach § 202 III AktG die Hälfte des Grundkapitals, das zum Zeitpunkt des Wirksamwerdens der Ermächtigung (also bei Eintragung im Handelsregister) vorhanden ist, nicht überschreiten. Hierdurch sollen sowohl der Einfluss des Vorstandes als auch der Umfang einer möglichen Verwässerung begrenzt werden.

Fehlt die Angabe des Nennbetrages oder wird die zulässige Höchstschwelle überschritten, so ist die Ermächtigung wiederum nichtig[29].

3. Durchführung

Über die Ausgabe neuer Aktien aufgrund des genehmigten Kapitals ent-   **35** scheidet der Vorstand.

---

[27] Vgl. *Bayer* in MünchKomm. AktG, § 202 Rn. 1.

[28] OLG Celle NJW 1962, 2160, 216; *Bayer* in MünchKomm. AktG, § 202 Rn. 58; *Krieger* in MünchHdb. GesR IV (AG), § 58 Rn 13; *Hüffer*, AktG, § 202 Rn. 11.

[29] *Hirte* in Großkomm. AktG, § 202 Rn. 133, 154; *Hüffer*, AktG, § 202 Rn. 12; *Krieger* in MünchHdb, GesR IV (AG), § 58 Rn 8; *v. Dryander/Niggemann* in Hölters, AktG, § 202 Rn. 41.

Es handelt sich dabei um eine Maßnahme der Geschäftsführung. Weder Hauptversammlung noch Aufsichtsrat können den Vorstand anweisen, von der Ermächtigung Gebrauch zu machen. Der Vorstand kann nach **pflichtgemäßem Ermessen**
Zeitpunkt und Umfang der Durchführung der Kapitalerhöhung bestimmen, diese
auch in mehreren Schritten („Tranchen") durchführen oder ganz von ihr absehen.

36   Nach § 202 III 2 AktG soll der Vorstand die Zustimmung des Aufsichtsrates einholen. Bei
        Fehlen der Zustimmung berührt dies aber die Wirksamkeit der eingetragenen Kapital-
        erhöhung nicht. Allerdings darf das Registergericht, das das Fehlen der Zustimmung
        feststellt, die Eintragung nicht vornehmen. Jedoch indiziert die Mitwirkung des Aufsichts-
        ratsvorsitzenden bei der Anmeldung das Vorhandensein der Zustimmung, weshalb eine
        besondere Prüfung regelmäßig unterbleibt.

37   Über den **Inhalt der Aktienrechte und die Ausgabebedingungen**, also insbe-
        sondere auch über die Festsetzung des Ausgabebetrages, entscheidet der Vorstand
        mit Zustimmung des Aufsichtsrates, sofern die Satzung keine Vorgaben enthält
        (§ 204 I AktG). Insoweit ist die Zustimmung des Aufsichtsrates Wirksamkeitsvo-
        raussetzung.

        Gegen **Sacheinlagen** dürfen Aktien nur ausgegeben werden, wenn die Ermächtigung dies
        vorsieht (§ 205 I AktG).

38   Für die Ausgabe der Aktien gelten im Übrigen die Regeln für die ordentliche Ka-
        pitalerhöhung (§ 203 I 1 AktG), d.h. die Aktien müssen gezeichnet werden, Min-
        desteinlagen erbracht und die Durchführung in das Handelsregister eingetragen
        werden. Erst mit Eintragung wird die Kapitalerhöhung wirksam.

        Da durch die Ausgabe der neuen Aktien der Satzungstext in Ansehung des Grundkapitals
        unrichtig geworden ist, muss die Satzung im Verfahren nach den §§ 179 ff. AktG geän-
        dert werden. Ist der Aufsichtsrat zu Fassungsänderungen ermächtigt (§ 179 I 2 AktG),
        bedarf es keines Hauptversammlungsbeschlusses.

4. Bezugsrecht und Bezugsrechtsausschluss

39   Auch beim genehmigten Kapital haben die Altaktionäre ein **gesetzliches Bezugs-
        recht** auf die neuen Aktien – und auch hier kann das Bezugsrecht ausgeschlossen
        werden. Die Besonderheit beim genehmigten Kapital besteht nun darin, dass nicht
        zwingend die Gründer bzw. bei späterer Einführung die Hauptversammlung über
        den Bezugsrechtsausschluss entscheiden müssen, sondern auch insoweit der Vor-
        stand ermächtigt werden kann.

        Soll der Vorstand zur Entscheidung über den Bezugsrechtsausschluss er-
        mächtigt sein, so muss dies in der Satzung ausdrücklich bestimmt werden
        (§ 203 II 1 AktG). Für den Ausschluss bedarf der Vorstand der Zustimmung
        des Aufsichtsrates (§ 204 I 2 AktG).

Hinsichtlich der **formellen und materiellen Voraussetzungen** des Bezugsrechts- **40**
ausschlusses ist zu unterscheiden:

- ➲ Ist der Bezugsrechtsausschluss selbst oder die Ermächtigung zum Bezugsrechtsausschluss bereits in der **Gründungssatzung** enthalten, bestehen insoweit keine weiteren Anforderungen, da die Gründer hier einstimmig entschieden haben.

- ➲ Wird das Bezugsrecht hingegen durch die **Hauptversammlung** selbst ausgeschlossen (sog. Direktausschluss) oder der Vorstand von dieser zum
  Ausschluss ermächtigt, findet § 186 III, IV AktG Anwendung (vgl. § 203
  II 2 AktG). In **materieller Hinsicht** stößt die Beschlusskontrolle hier an
  ihre Grenzen, da zu diesem Zeitpunkt zumeist noch gar nicht fest steht, ob
  und wann das genehmigte Kapital ausgenutzt wird und warum es eines
  Bezugsrechtsausschlusses bedarf. Demgemäß können die strengen Anforderungen der „Kali & Salz"-Rechtsprechung des BGH (siehe oben Rn.19)
  nicht eingreifen, weil die Überprüfung eines in der Zukunft liegenden und
  noch nicht konkret geplanten Vorgangs auf seine Erforderlichkeit, Geeignetheit und Verhältnismäßigkeit hin nicht möglich ist. Die ältere Rechtsprechung hat denn auch dazu geführt, dass die §§ 202 ff. AktG eine gewisse Zeit lang totes Recht waren. Der BGH hat sie dann in seiner
  „Siemens/Nold"-Entscheidung[30] zu Recht deutlich abgemildert.

Es gelten zwar grundsätzlich weiterhin die in **„Kali & Salz"** formulierten **41**
Kriterien für den **Ausschluss des Bezugsrechts**. Ob sie vorliegen, ist aber
nicht schon bereits bei der Beschlussfassung der Hauptversammlung über
das genehmigte Kapital zu prüfen, sondern dies entscheidet der Vorstand
gemeinsam mit dem Aufsichtsrat bei der Ausübung der Ermächtigung und
der konkreten Entscheidung, dabei das Bezugsrecht auszuschließen. Zum
Zeitpunkt der Beschlussfassung durch die Hauptversammlung genügt es,
*„wenn die Maßnahme, zu deren Durchführung der Vorstand ermächtigt
werden soll, im wohlverstandenen Interesse der Gesellschaft liegt"*[31].

Im (auch hier erforderlichen) schriftlichen **Bericht des Vorstandes** nach § 186 IV AktG
über den Grund des Bezugsrechtsausschlusses, genügt eine **abstrakt-generelle Um-
schreibung**, warum ein (potentieller) Bezugsrechtsausschluss im Gesellschaftsinteresse
liegt. Damit ermöglicht § 202 AktG in seinem heutigen Verständnis auch reine Vorratsbeschlüsse.

Bei der **Ausübung einer Ermächtigung** zum Bezugsrechtsausschluss (§ 203 II **42**
AktG) ist der Vorstand nicht frei – und zwar unabhängig davon, ob die Ermächtigung bereits in der Gründungssatzung enthalten war oder später durch Hauptversammlungsbeschluss erteilt wurde. Der Vorstand muss prüfen, ob der Bezugs-

---

[30] BGHZ 136, 133 ff.
[31] BGHZ 136, 133 ff. – „Siemens/Nold"; wesentlich strenger noch BGHZ 83, 319, 325 – „Holzmann".

rechtsausschluss zur Erreichung des im Ermächtigungsbeschluss festgesetzten Zwecks geeignet, erforderlich und verhältnismäßig ist, also anhand der „Kali & Salz"-Kriterien prüfen, ob das Gesellschaftsinteresse am Bezugsrechtsausschluss die Interessen der Aktionäre überwiegt. Nur wenn er zu einem positiven Ergebnis kommt, darf er von der Ermächtigung Gebrauch machen; anderenfalls handelt er pflichtwidrig und schuldet der Gesellschaft nach § 93 I AktG Schadensersatz.

> „Der Vorstand darf von der Ermächtigung zur Kapitalerhöhung und zum Bezugsrechtsausschluss nur dann Gebrauch machen, wenn das konkrete Vorhaben seiner abstrakten Umschreibung entspricht und auch im Zeitpunkt seiner Realisierung noch im wohlverstandenen Interesse der Gesellschaft liegt." (**BGHZ 136, 133 – „Siemens/Nold"**)

Eines **nochmaligen Berichts** an die Hauptversammlung vor Durchführung der Kapitalerhöhung **bedarf es nicht**[32]. Der Vorstand muss aber in der nächsten Hauptversammlung nach Durchführung der Maßnahme Bericht erstatten und die Gründe für den Bezugsrechtsausschluss darlegen.

43   Gegen den Bezugsrechtsausschluss durch den Vorstand können sich Aktionäre weder durch Anfechtungs- noch durch Nichtigkeitsklage wehren, da diese jeweils einen Hauptversammlungsbeschluss voraussetzen. Der rechtswidrige Bezugsrechtsausschluss stellt allerdings eine Verletzung mitgliedschaftlicher Rechte dar, gegen die die Aktionäre individuell im Wege einer **vorbeugenden Unterlassungsklage** vorgehen können (sog. *actio negatoria*)[33]. Nach Durchführung der Kapitalerhöhung kann eine **allgemeine Feststellungsklage** (§ 256 ZPO) erhoben werden, mit der die Feststellung der Rechtswidrigkeit geltend gemacht werden kann. Diese kann Grundlage für eine spätere Nichtentlastung von Vorstand und – dem Ausschluss zustimmenden – Aufsichtsrat sein, aber auch für Schadensersatzbegehren gegen die AG, die sich ein pflichtwidriges Handeln ihres Vorstandes nach § 31 BGB zurechnen lassen muss[34].

> Mit der „Siemens/Nold"-Rechtsprechung hat der BGH daher den Rechtsschutz der Aktionäre von der präventiv wirkenden Anfechtungsklage weg- und in die nachgelagerte Kontrolle durch Haftung und Nichtentlastung hineinverlagert.

---

[32] BGHZ 164, 241, 244 ff.; *Wilsing*, ZGR 2006, 722, 724 ff; *Krieger* in MünchHdb. GesR IV (AG), § 58 Rn. 45; *ders.*, Festschrift Wiedemann, 2002, S. 1081, 1087 ff.; *Bosse*, ZIP 2001, 104, 106 f; *Cahn*, ZHR 164 (2000), 113, 118; a.A. *Bayer* in MünchKomm. AktG, § 203 Rn. 161; *Bayer*, Festschrift Ulmer, 2003, S. 21, 30; *Raiser/Veil*, Recht der Kapitalgesellschaften, § 20 Rn. 45; *Meilicke/Heidel*, DB 2000, 2358, 2359.

[33] Erstmals anerkannt von BGHZ 83, 122 – „Holzmüller".

[34] BGHZ 164, 249, 256; *Bayer* in MünchKomm. AktG, § 203 Rn. 172; *Reichert/Senger*, Der Konzern 2006, 338, 348 ff.

Dagegen wurde und wird eingewendet, dass diese Kontrolle weniger effektiv sei und ein rechtswidriges Verhalten des Vorstandes möglicherweise nicht unterbinden könne[35]. Die seit 2006 gemachten Erfahrungen sind aber recht positiv. Fälle eines Missbrauchs der von der Rechtsprechung eröffneten Möglichkeiten sind nicht bekannt geworden. Das spricht dafür, dass der BGH hier die richtige Balance zwischen Flexibilität der Unternehmensfinanzierung einerseits und wirksamer Begrenzung der Mehrheits- und Verwaltungsmacht andererseits gefunden hat.

IV. Bedingtes Kapital

Literatur: *Claussen*, Stock Options – Quo vadis?, Festschrift Horn, 2006, S. 313; *Fuchs*, Aktienoptionen für Führungskräfte und bedingte Kapitalerhöhung, DB 1997, 661; *Jäger*, Aktienoptionspläne in Recht und Praxis – eine Zwischenbilanz, DStR 1999, 28; *Martens*, Die mit Optionsrechten gekoppelte Aktienemission, AG 1989, 69.

1. Begriff

Die bedingte Kapitalerhöhung wird in § 192 I AktG legal definiert.   **44**

Es handelt sich um eine Sonderform der Kapitalerhöhung gegen Einlagen, die nur so weit durchgeführt werden soll, wie Dritte von einem Umtausch- oder Bezugsrecht Gebrauch machen, welches die Gesellschaft auf die neuen Aktien (sog. Bezugsaktien) eingeräumt hat.

Ermöglicht wird somit eine **bedarfsabhängige Kapitalbeschaffung** durch eine sukzessive Ausgabe von Aktien zur Befriedigung eines bei der Beschlussfassung noch nicht definitiv feststehenden Kapitalbedarfs.

2. Einsatzzwecke

Die **Einsatzzwecke** des bedingten Kapitals sind beschränkt.   **45**

Eine bedingte Kapitalerhöhung ist gemäß § 192 II AktG nur zulässig
- ⮞ zur Gewährung von Umtausch- oder Bezugsrechten an Gläubiger von Wandelschuldverschreibungen (Nr. 1),
- ⮞ zur Vorbereitung des Zusammenschlusses von Unternehmen (Nr. 2),
- ⮞ zur Gewährung von Bezugsrechten an Arbeitnehmer und Mitglieder der Geschäftsführung der Gesellschaft oder eines verbundenen Unternehmens (Nr. 3, sog. *stock options*).

---

[35] Kritisch insbesondere *Lutter*, JZ 1998, 50 ff.; vgl. auch *Hüffer*, AktG, § 203 Rn. 11a.

a) Bedienung von Wandelschuldverschreibungen

46 Praktisch bedeutsamster Anwendungsfall des bedingten Kapitals ist § 192 II Nr. 1 AktG, der die Bedienung von **Umtauschrechten aus Wandelanleihen** und **Bezugsrechten aus Optionsanleihen** (§ 221 I AktG und unten Rn. 59 ff.) sicherstellen soll. Einigkeit besteht dahingehend, dass über den Wortlaut hinaus auch **Gewinnschuldverschreibungen** und **Genussrechte** (§ 221 III AktG und unten Rn. 64 ff.) durch bedingtes Kapital abgesichert werden können, wenn sie ein Umtausch- oder Bezugsrecht hinsichtlich neuer Aktien einräumen.

> Umstritten ist, ob auch **selbständige Optionsrechte** (sog. *naked warrants*), die anders als Wandelschuldverschreibungen nicht mit der Gewährung von Fremdkapital verbunden sind, sondern von vornherein nur ein Optionsrecht verbriefen, durch bedingtes Kapital bedient werden können. Die Frage ist – entgegen der wohl (noch) überwiegenden Meinung[36] – zu bejahen[37]. Das Erfordernis, die Option mit einem Anleheelement zu verknüpfen, lässt sich dem Telos des § 192 II Nr. 1 AktG nicht entnehmen, zumal in der Praxis auch bei Optionsanleihen in der Regel die Optionsrechte selbständig verbrieft und gehandelt werden[38]. Entsprechendes gilt für sog. **Huckepack-Emissionen**, bei denen an den Bezug junger Aktien ein Optionsrecht auf den Bezug weiterer Aktien gekoppelt wird[39].

b) Vorbereitung von Unternehmenszusammenschlüssen

47 Unternehmenszusammenschluss im Sinne von § 192 II Nr. 2 AktG ist jede Verbindung zwischen zwei oder mehreren Unternehmen ohne Rücksicht darauf, ob deren Selbständigkeit erhalten bleibt oder ein bestimmtes Niveau an Einfluss erreicht wird[40].

Erfasst werden zum einen **umwandlungsrechtliche Vorgänge**, namentlich die Verschmelzung durch Aufnahme (§§ 2 Nr. 1, 4 ff., 60 ff. UmwG) sowie die Spaltung und Ausgliederung zur Aufnahme (§§ 123 ff., 141 ff., 153 ff. UmwG). Hier muss der übernehmende Rechtsträger Anteile bereit halten, die den Gesellschaftern des übertragenden Rechtsträger zu gewähren sind.

> Allerdings zwingt § 193 II Nr. 1 und 2 AktG zur Individualisierung der beteiligten Unternehmen und damit zur Offenlegung des Vorhabens. Dies ist oftmals unerwünscht, weshalb das bedingte Kapital hier praktisch keine Bedeutung erlangt hat. Die Praxis behilft sich vielmehr mit der Ausnutzung von genehmigtem Kapital (siehe Rn. 31 ff.).

---

[36] OLG Stuttgart ZIP 2002, 1807, 1809; *Hüffer*, AktG, § 221 Rn. 75; *Frey* in Großkomm. AktG, § 192 Rn. 65 ff.; *Lutter*, ZIP 1997, 1, 7; *Rosener*, Festschrift Bezzenberger, 2000, S. 745, 750 f.; *Zimmer*, DB 1999, 999, 1001.

[37] Wie hier *Habersack* in MünchKomm. AktG, § 221 Rn. 37; *Habersack*, Festschrift Nobbe, 2009, S. 539, 559 ff.; *Fuchs*, AG 1995, 433, 439 ff.; *Paefgen*, AG 1999, 67, 70 f.; *Roth/Schoneweg*, WM 2002, 677, 681 ff.

[38] *Steiner*, WM 1990, 1776, 1777; *Fuchs* in MünchKomm. AktG, § 192 Rn. 50.

[39] *Fuchs* in MünchKomm. AktG, § 192 Rn. 53; a.A. *Lutter* in KölnKomm. AktG, § 192 Rn. 9.

[40] OLG München WM 1993, 1285, 1288; *Hüffer*, AktG, § 192 Rn. 14; *Lutter* in KölnKomm. AktG, § 192 Rn. 13 f.; *Fuchs* in MünchKomm. AktG, § 192 Rn. 60.

Als Zusammenschluss von Unternehmen gilt ferner die **Mehrheitseingliederung** nach § 319 AktG und – praktisch bedeutsamer – der **Abschluss von Beherrschungs- und Gewinnabführungsverträgen** (§ 291 AktG). Hier sind opponierende Gesellschafter in den Fällen der §§ 305 II Nr. 1 und 2, 320 b AktG auf deren Wunsch in Aktien des herrschenden Unternehmens abzufinden, die aus einer bedingten Kapitalerhöhung stammen können.

Zu Abfindungspflichten im Vertragskonzern siehe eingehend unten § 32 Rn. 42 f.

c) Bedienung von stock options

Als dritten Einsatzzweck sieht § 192 II Nr. 3 AktG die Bedienung von Bezugs-   **48** rechten vor, die Arbeitnehmern oder Mitgliedern der Geschäftsführung der AG oder eines verbundenen Unternehmens durch die Begebung von Aktienoptionen (sog. *stock options*) gewährt wurden.

Aktienoptionen sind eine Form der **variablen, erfolgsabhängigen Vergütung**, durch die nicht nur die bisherige Tätigkeit honoriert, sondern auch ein positiver Anreiz für die zukünftige Tätigkeit geschaffen wird. Mitarbeiteroptionen zielen typischerweise auf die langfristige Bindung der Arbeitnehmer an das Unternehmen[41]. Aktienoptionen für Vorstandsmitglieder hingegen tragen nach verbreiteter Auffassung dazu bei, dass der bestehende Prinzipal-Agent-Konflikt (dazu oben § 21 Rn. 5 ff.) gemildert wird. Denn durch die unternehmerische Beteiligung und bei börsennotierten Gesellschaften vor allem durch die damit verbundene Bezugnahme auf den Börsenkurs wird ein Anreiz dahingehend gesetzt, das Leitungshandeln der Organe am *shareholder value* auszurichten und einen Interessengleichlauf zwischen Aktionären und Verwaltung zu erreichen[42]. Damit wird zugleich die Notwendigkeit weiterer Kontrolle (z.B. durch Aufsichtsrat und Abschlussprüfer, aber auch durch Klagerechte der Aktionäre) verringert. Indes besteht die Gefahr, dass der mit Aktienoptionen vergütete Vorstand die dauerhafte Rentabilität dem kurzzeitigen Anstieg der Börsenkurse opfert. Hier sollen Mindesthaltefristen vorbeugen, die das VorstAG[43] 2009 von zwei auf vier Jahre verlängert hat (vgl. § 193 II Nr. 4 AktG). Dem Problem, dass durch externe Zufallsereignisse oder einmalige Veräußerungsgeschäfte der Börsenkurs unangemessen in die Höhe getrieben wird und sog. *windfall profits* entstehen[44] (auch ein Problem des § 87 AktG, dazu oben § 21 Rn. 73), ist durch geeignete Ausgabebedingungen, insbesondere die Vereinbarung von *caps* Rechnung zu tragen.

Nicht zum Kreis der (potentiell) Begünstigten zählen **Aufsichtsratsmitglieder.**   **49** Diese können nicht durch *stock options* entlohnt werden[45]. Auch vergleichbare schuldrechtliche Gestaltungen (z.B. durch sog. *phantom stocks*) sind unzulässig (siehe dazu bereits oben § 21 Rn. 158).

---

[41] Zu sog. Verfallklauseln, die an die Beendigung des Arbeitsverhältnisses anknüpfen, siehe *Staake*, NJOZ 2010, 2494 ff.

[42] Grundlegend *Rappaport*, Creating Shareholder Value, 1986, passim.

[43] Gesetz zur Angemessenheit der Vorstandsvergütung vom 31. Juli 2009, BGBl. I S. 2509.

[44] Kritisch diesbezüglich *Lutter*, ZIP 2003, 737, 742.

[45] BGHZ 158, 122; a.A. *Fuchs* in MünchKomm. AktG, § 192 Rn. 94 ff.

3. Verfahren

a) Kapitalerhöhungsbeschluss

50   Auch die bedingte Kapitalerhöhung verläuft in mehreren Schritten.

> Erforderlich ist zunächst ein **Kapitalerhöhungsbeschluss** der Hauptver-
> sammlung (§§ 192-194 AktG).

Anders als das genehmigte Kapital soll nach h.M. das bedingte Kapital nicht bereits in der
Gründungssatzung vorgesehen werden können[46].

Der Beschluss muss mit einer **Mehrheit** von mindestens 75 % des bei der Beschlussfassung vertretenen Grundkapitals gefasst werden. Die Satzung kann auch
hier eine höhere Mehrheit oder weitere Erfordernisse festlegen.

51   Im Beschluss muss der **Höchstbetrag** angegeben werden, bis zu dem das
Grundkapital maximal erhöht werden kann. Das bedingte Kapital ist allerdings der
Höhe nach begrenzt. Es darf in den Fällen des § 192 III Nr. 3 AktG ein Zehntel, in
allen anderen Fällen die Hälfte des zum Zeitpunkt der Beschlussfassung bestehen
Grundkapitals nicht überschreiten.

Der Beschluss muss zudem den in § 193 II AktG bezeichneten **Mindestinhalt** aufweisen.
Insbesondere müssen der Zweck der Kapitalerhöhung, der Kreis der Bezugsberechtigten
und der Ausgabebetrag bzw. dessen Berechnungsgrundlagen angegeben werden. Im Falle
der bedingten Kapitalerhöhung gegen Sacheinlagen gilt § 194 AktG, der die allgemeinen
Voraussetzungen teilweise modifiziert.

b) Durchführung

52   Der Beschluss ist vom Vorstand und dem Aufsichtsratsvorsitzenden zum Handelsregister anzumelden (§ 195 AktG). Nach **Eintragung** kann die Hauptversammlung keine entgegenstehenden Beschlüsse fassen (§ 192 IV AktG). Erst nach Eintragung können die sog. Bezugsaktien ausgegeben werden (§ 197 S. 1 AktG).
Auch können Umtausch- und Bezugsrechte vorher nicht wirksam begründet werden (S. 2). Sollen derartige Rechte bereits vorher geschaffen werden, müssen diese
mit einer aufschiebenden Bedingung versehen werden.

53   Die Ausführung der bedingten Kapitalerhöhung hängt davon ab, ob, wann und
in welchem Umfang die Berechtigten von ihren Umtausch- oder Bezugsrechten
Gebrauch machen. Die Ausübung der Rechte erfolgt durch schriftliche Bezugser-
klärung (§ 198 AktG), die von der AG angenommen werden muss (**Zeichnungsvertrag**). Von den Bedingungen des Umtausch- oder Bezugsrechts ist es abhängig, ob, in welcher Form und in welcher Höhe die Berechtigten eine
Gegenleistung zu erbringen haben. Es ist möglich, auch Sacheinlangen als Ge-

---

[46] So *Fuchs* in MünchKomm. AktG, § 221 Rn. 22; *Lutter* in KölnKomm. AktG, 2. Aufl. 1995,
§ 221 Rn. 2; a.A. *Frey* in Großkomm. AktG, § 221 Rn. 24; zweifelnd auch *Hüffer*, AktG, § 221
Rn. 7.

genleistung festzusetzen; dann findet die übliche Werthaltigkeitsprüfung statt (§ 194 II-V AktG).

Beim **Umtausch von Wandelanleihen** wird der Anspruch des Papierinhabers auf Rückzahlung der Anleihe mit der Einlagepflicht **verrechnet**, ohne dass dies eine Sacheinlage darstellen würde (§ 194 I 2 AktG); eine ähnliche Regelung trifft § 194 III AktG für Geldforderungen von Arbeitnehmern aus Gewinnbeteiligungen. Das Gesetz ermöglicht hier ausnahmsweise die Einbringung einer Forderung als Bareinlage unter Verzicht auf eine Werthaltigkeitsprüfung, weil es davon ausgeht, dass der Bezugsberechtigte nur dann wandeln wird, wenn die Aktien mehr wert sind als die ihm zustehende Forderung, sodass Werthaltigkeitsprobleme normalerweise nicht auftreten können.

Die **Ausgabe der Bezugsaktien** erfolgt durch den Vorstand gegen Zahlung des im **54** Beschluss festgesetzten Gegenwertes (§ 199 AktG)[47].

Mit der Ausgabe der Bezugsaktien ist das Grundkapital um den jeweiligen Gesamtnennbetrag der Bezugsaktien bzw. den anteilig auf sie entfallenden Betrag erhöht (§ 200 AktG).

Zuletzt hat der Vorstand innerhalb eines Monats nach Ablauf des Geschäftsjahres **55** alle im letzten Geschäftsjahr ausgegebenen Bezugsaktien zur Eintragung im Handelsregister anzumelden. Die Eintragung selbst hat nur eine **deklaratorische** Funktion.

Zu beachten ist, dass durch die Aktienausgabe der **Satzungswortlaut unrichtig** wird und im Verfahren nach §§ 179 ff. AktG spätestens mit Ablauf der Bezugsfrist oder nach Ausübung aller Bezugsrechte zu berichtigen ist. Eines Beschlusses der Hauptversammlung bedarf es dabei nicht, wenn der Aufsichtsrat durch Satzungsregelung ermächtigt ist, die Fassungsänderung vorzunehmen (§ 179 I 2 AktG).

4. Kein Bezugsrecht

Bei der bedingten Kapitalerhöhung steht den Altaktionären ein gesetzliches **56** Bezugsrecht nicht zu.

Dies ist der Zweckgebundenheit des bedingten Kapitals geschuldet; ermöglicht werden soll gerade die **bedarfsabhängige** Kapitalerhöhung.

Umstritten ist, ob dieser „gesetzliche Bezugsrechtsausschluss" zu Schutzdefizi- **57** ten führt, die anderweitig, namentlich durch eine materielle Beschlusskontrolle kompensiert werden müssen. Damit ist die Frage aufgeworfen, ob die Schaffung des bedingten Kapitals eines **sachlichen Grundes** bedarf[48].

In den Fällen des § 192 II Nr. 1 AktG ist dabei zu beachten, dass den Aktionären ohnehin ein gesetzliches Bezugsrecht auf die zu begebenden Wandel- und Gewinnschuldverschrei-

---

[47] Für Einzelheiten siehe *Riekers* in Spindler/Stilz, AktG, § 199 Rn. 4 ff.

[48] Dafür *Frey* in Großkomm. AktG, § 192 Rn. 125 f.; dagegen OLG Stuttgart ZIP 2001, 1367, 1370; *Weiß*, WM 1999, 353, 359 f.; *Hoffmann-Becking*, NZG 1999, 797, 802.

bungen sowie Genussrechte zusteht (§ 221 IV AktG). Zwar kann dieses ausgeschlossen werden (S. 2 i.V.m. § 186 III, IV AktG), doch bedarf es hierfür eines sachlichen Grundes (siehe oben Rn. 19). Die Beschlusskontrolle findet also hier statt. In den Fällen des **§ 192 II Nr. 3 AktG** bestehen spezielle inhaltliche Beschlussanforderungen (§ 193 II Nr. 4 AktG). Zudem wird mit der zweckspezifischen Beschränkung des Umfangs (bis zu 10 % statt bis zu 50 %) den Interessen der Altaktionäre hinreichend Rechnung getragen, sodass ein auf dieser Rechtsgrundlage ergehender Hauptversammlungsbeschluss seine Rechtfertigung in sich trägt[49]. Es verbleibt als möglicher „Einsatzbereich" für eine Beschlusskontrolle nur **§ 192 II Nr. 2 AktG**, der aber praktisch ohnehin nicht relevant ist.

V. Die Finanzierungsinstrumente des § 221 AktG

Literatur: *Fuchs*, Selbständige Optionsscheine als Finanzierungsinstrument der Aktiengesellschaft, AG 1995, 433; *Habersack*, Anwendungsvoraussetzungen und -grenzen des § 221 AktG, Festschrift Nobbe, 2009, S. 539; *Lutter*, Genußrechtsfragen, ZGR 1993, 291; *Lutter/Hirte* (Hrsg.), Wandel- und Optionsanleihen in Europa, 2000; *Schlitt/Seiler/Singhof*, Rechtsfragen und Gestaltungsmöglichkeiten bei Wandelschuldverschreibungen, AG 2003, 254.

1. Überblick

a) Finanzierungsformen

58   Bei Kapitalerhöhungen gegen Einlagen fließt der Gesellschaft neues **Eigenkapital** zu und neue Mitgliedschaftsrechte werden geschaffen. Möglich ist aber auch eine Finanzierung durch die Aufnahme von Bankkrediten oder die Begebung von Schuldverschreibungen (= **wertpapierrechtlich verbriefte Forderungen**, vgl. etwa § 793 BGB), bei der der Gesellschaft zeitweise Kapital gegen eine Verzinsung überlassen wird. Aufgrund der bestehenden Rückzahlungsansprüche handelt es sich dabei um **Fremdkapital** (dazu auch oben § 1 Rn. 23).

In der Praxis bleibt es nicht bei dieser strikten Trennung zwischen Eigen- und Fremdkapitalfinanzierung. Vielmehr kann die **Emission von Anleihen mit Elementen der Eigenkapitalfinanzierung verbunden** werden, in dem neben oder anstelle des Rückzahlungsanspruchs dem Gläubiger ein Anspruch auf Aktien der emittierenden Gesellschaft gewährt oder eine „quasi-mitgliedschaftliche" Stellung in Bezug auf den Gewinn der Gesellschaft eingeräumt wird. Die Zulässigkeit derartiger Gestaltungen wird in § 221 AktG vorausgesetzt. Die Vorschrift betrifft Wandel- und Gewinnschuldverschreibungen (Abs. 1) und Genussrechte (Abs. 3).

Eine weitere hybride Finanzierungsform ist die **stille Gesellschaft**[50] (§§ 230 ff. HGB). Diese wird aktienrechtlich als Teilgewinnabführungsvertrag im Sinne des § 292 I Nr. 2 AktG qualifiziert[51] und unterfällt daher den Regeln über den Vertragskonzern (siehe unten § 32 Rn. 4).

---

[49] OLG Stuttgart ZIP 2001, 1367, 1370; *Rieckers* in Spindler/Stilz, AktG, § 192 Rn. 17.

[50] Zu Rechtsnatur und Spielarten der stillen Gesellschaft etwa *Sterzenbach*, BuW 2001, 385.

[51] BGHZ 156, 38, 43; *Habersack* in MünchKomm. AktG, § 221 Rn. 88.

b) Wandelschuldverschreibungen

Der Terminus „Wandelschuldverschreibung" ist zum Teil irreführend. Es handelt **59** sich nach der Legaldefinition in § 221 I 1 AktG nämlich um Schuldverschreibungen, bei denen den Gläubigern ein Umtausch- oder Bezugsrecht auf Aktien eingeräumt wird[52]. Dabei handelt es sich um zwei zu unterscheidende Gestaltungsformen: um **Wandelanleihen** und **Optionsanleihen**.

> **Wandelanleihen** (*convertible bonds*) sind Schuldverschreibungen, die den **60** Gläubigern das Recht einräumen, ihren Anspruch auf Rückzahlung des Anleihebetrages nach Maßgabe der Wandlungsbedingungen gegen eine bestimmte Zahl von Aktien einzutauschen.

Der Anspruch auf Aktien der Gesellschaft tritt dabei also **an die Stelle des Rückzahlungsanspruchs**. Das Wandlungsrecht ist als Ersetzungsbefugnis der Gläubiger zu qualifizieren.

In der Praxis finden sich auch Gestaltungen, in denen das Wandlungsrecht der Gläubiger zu einer Wandlungspflicht verdichtet ist (sog. **Pflichtwandelanleihen**). Hingegen konnte nach bisheriger Rechtslage ein **Wandlungsrecht der Gesellschaft** nicht vorgesehen werden. Dies will der Gesetzgeber ändern. Der Referentenentwurf einer „Aktienrechtsnovelle 2011" sieht vor, dass auch „umgekehrte Wandelanleihen" zulässig sein sollen[53].

> **Optionsanleihen** sind Schuldverschreibungen, bei denen den Gläubigern **61** neben dem Rückzahlungsanspruch ein Bezugsrecht auf Aktien für eine bestimmte Zeit und zu einem fest bestimmten Kurs eingeräumt wird.

Hier wird der Rückzahlungsanspruch gerade nicht in ein Bezugsrecht umgewandelt; die Anleihegläubiger haben vielmehr das **Optionsrecht neben dem Rückzahlungsanspruch**.

Beide Formen der – in der Regel auf den Inhaber lautenden (§§ 793 ff. BGB) – Schuld- **62** verschreibungen führen dazu, dass aus Forderungsgläubigern Aktionäre werden können. Darin liegt für die Gläubiger eine **Chance auf einen Kursgewinn**, da der Kurs der Schuldverschreibungen mit der zugrunde liegenden Aktie steigt (aber auch fällt). Nach unten ist er allerdings durch den **Rückzahlungsanspruch aus der Anleihe zum Nennwert abgesichert**. Zudem erhalten die Gläubiger **Zinsen**, was für Aktionäre verboten ist (§ 57 II AktG). Bei der Optionsanleihe ist das Optionsrecht zudem regelmäßig in einem eigenen Wertpapier verbrieft. Dieser sog. **Optionsschein** kann von der Anleihe abgetrennt und separat gehandelt werden, was zu einer zusätzlichen Spekulationsmöglichkeit verhilft. Aufgrund dieser Chancen gelingt es Gesellschaften für gewöhnlich, die Wandel- und Optionsanleihen mit einem (relativ) niedrigen Zinssatz am Kapitalmarkt zu platzieren.

Vor Ausübung des Umtausch- oder Bezugsrechts vermitteln die Wandel- bzw. **63** Optionsanleihen keinerlei mitgliedschaftliche Rechte. Insbesondere haben die

---

[52] Zur Frage, ob und unter welchen Voraussetzungen die Wandelschuldverschreibung durch Dritte ausgegeben werden kann, siehe etwa *Habersack* in MünchKomm. AktG, § 221 Rn. 41 ff.

[53] Vgl. dazu *Drygala*, WM 2011, 1637 ff.

Gläubiger noch **kein Anwartschaftsrecht** auf die Aktien[54], da die Gesellschaft den Erwerb auch nach Begebung der Schuldverschreibungen noch verhindern kann, z.B. durch die zweckwidrige Verwendung des zu deren Bedienung bereit gestellten bedingten Kapitals.

c) Gewinnschuldverschreibungen

64   Gewinnschuldverschreibungen sind Schuldverschreibungen, bei denen die Rechte der Gläubiger mit Gewinnanteilen von Aktionären in Verbindung gebracht werden.

Eine mitgliedschaftliche Beteiligung an der AG ist damit nicht verbunden, auch nicht in Gestalt eines mitgliedschaftlichen Gewinnbezugsrechts. Es handelt sich vielmehr um eine „gewöhnliche" Anleihe (in der Regel eine Inhaberschuldverschreibung im Sinne der §§ 793 ff. BGB), deren **Besonderheit in der Verzinsung** besteht, die ganz oder zum Teil an das Ergebnis der emittierenden Gesellschaft oder eines anderen Unternehmens gekoppelt ist. Gewinnschuldverschreibungen liegen regelmäßig **partiarische Darlehen**[55] zugrunde.

> Der Terminus „Gewinnschuldverschreibung" ist dabei zu eng. Anknüpfungspunkt kann nicht nur die an die Aktionäre ausgeschüttete Dividende sein, sondern beispielsweise auch der Jahresüberschuss, der Bilanzgewinn oder andere ergebnisorientierte Faktoren. Auch die Kombination mit einem Umtausch- oder Bezugsrecht ist möglich.

d) Genussrechte

65   Genussrechte sind Dauerschuldverhältnisse eigener Art, die den Gläubigern Vermögensrechte gewähren, die mit den mitgliedschaftlichen Vermögens- rechten der Aktionäre vergleichbar sind. Das verbriefte Genussrecht wird als Genussschein bezeichnet.

Genussrechte sind im Gesetz inhaltlich nicht geregelt, sodass sich **sehr verschie- dene Erscheinungsformen** finden. Typisch ist jedoch eine gewinnabhängige Ausschüttung in Verbindung mit einer Teilnahme auch am Verlust des Unterneh- mens. Das Genussrecht steht damit der stillen Gesellschaft nahe (vgl. §§ 231, 232 II HGB). Der jeweilige Inhalt des Genussrechts kann je nach Ausgestaltung stark variieren und mehr oder weniger der mitgliedschaftlichen Position angeglichen werden[56].

Nicht möglich ist aber die **Einräumung von Mitverwaltungsrechten**, da ein gewisser rechtlicher Abstand zur Vorzugsaktie gehalten werden muss. Durch die

---

[54] Vgl. *Haberstock/Greitemann* in Hölters, AktG, § 221 Rn. 9.

[55] Dazu *Ulmer* in MünchKomm. BGB, Vorb. zu § 705 Rn. 108 ff.

[56] Zu den verschiedenen Gestaltungsformen *Habersack* in MünchKomm. AktG, § 221 Rn. 75.

Ausgabe aktien-gleicher Genussrechte würde § 139 II AktG umgangen werden. Genussrechte können aber mit Umtausch- oder Bezugsrechten kombiniert werden; man spricht dann von **Wandel- oder Optionsgenussscheinen.**

> Der Reiz von Genussrechten für die Emittenten lag in der Vergangenheit insbesondere **66** darin, dass unter bestimmten Voraussetzungen das Genussrechtskapital **steuerlich wie Fremdkapital, bilanziell** (und bankaufsichtsrechtlich, vgl. § 10 V KWG) **aber wie Eigenkapital** behandelt wurde[57]. Daher sind in der Vergangenheit vor allem Banken als Genussscheinemittenten hervorgetreten. Die Verschärfung der Bankenregulierung im Nachgang der Finanzkrise (**Basel III**) hat diesen Vorteil aufgehoben[58], sodass die Genussscheine für die Emittenten erheblich an Reiz verloren haben. Für die Genussrechts-inhaber sind die Risiken geringer als bei einer Investition in Aktien, aber höher als bei Anleihen. Daher fällt die Rendite zumeist höher aus als bei einer Anleihe.

e) Andere Rechtsformen

Genussscheine und Gewinnschuldverschreibungen sind keine dem Aktienrecht **67** vorbehaltenen Gestaltungen. Sie können auch von Gesellschaften anderer Rechts-form begeben werden.

> Junge Unternehmen, z.B. aus der Solar- oder Windenergiebranche, greifen gern auf diese Finanzierungsform zurück. Vielleicht ist Ihnen entsprechende Werbung im Fernsehen oder in öffentlichen Verkehrsmitteln schon einmal aufgefallen.

Die Genussscheine oder Schuldverschreibungen können auch dann an der **Börse** notiert sein, wenn das emittierende Unternehmen selbst keine AG und damit nicht börsenfähig ist. Das Unternehmen muss in diesem Fall die Anforderungen für sog. kapitalmarktorientierte Unternehmen nach § 264d HGB erfüllen. Ob im Innenver-hältnis zur Ausgabe von Genussscheinen ein Beschluss der Gesellschafterver-sammlung erforderlich ist, richtet sich nach dem auf die Emittentin anwendbaren Gesellschaftsrecht, also z.B. bei einer e.G. als Emittentin nach dem GenG.

2. Voraussetzungen

a) Hauptversammlungsbeschluss

Die dargestellten Finanzierungsformen berühren die mitgliedschaftliche Stellung **68** der Aktionäre in unterschiedlicher Weise. Bei der Wandel- und Optionsanleihe droht bei Ausübung der Wandel- oder Optionsrechte die Aufnahme neuer Aktio-näre, wodurch wie bei jeder Kapitalerhöhung der Verwässerungseffekt in Bezug auf Stimmgewicht und Gewinnanteil eintritt. Bei Gewinnschuldverschreibungen und Genussrechten steht hingegen im Vordergrund, dass die gewinnabhängigen Rechte der Wertpapierinhaber den auf die Aktionäre entfallenden Gewinnanteil schmälern. Bei Wandelgenussscheinen treten beide Probleme gleichzeitig auf.

---

[57] Einzelheiten bei *Haberstock/Greitemann* in Hölters, AktG, § 221 Rn. 122 ff.
[58] Näher dazu *Schmitt*, BB 2011, 105 ff.

Daher verlangt § 221 I 2, III AktG vor der Begebung einen Beschluss der
Hauptversammlung, der mit einer Mehrheit von mindestens 75 % des bei
der Beschlussfassung vertretenen Grundkapitals gefasst werden muss.

Die Satzung kann eine andere (auch niedrigere) Mehrheit oder weitere Erfordernisse
vorsehen (§ 221 I 3 AktG). Bei mehreren Aktiengattungen sind jeweils Sonderbeschlüsse
zu fassen (S. 4 i.V.m. § 182 II AktG).

69 Allerdings handelt es sich insoweit nur um eine **interne Zuständigkeitsvertei-
lung**, die die Vertretungsmacht des Vorstandes nach außen nicht beschränkt (vgl.
§ 82 AktG).

Fehlt der Hauptversammlungsbeschluss oder ist dieser unwirksam, so berührt dies die Wirksamkeit der Begebung der Papiere nicht.

Anders ist dies beim Beschluss zur Schaffung des genehmigten Kapitals, mit dem die
Papiere unterlegt werden sollen: Hier kann eine Beschlussnichtigkeit dazu führen, dass
die AG die zu beziehenden Aktien nicht liefern kann (§ 275 I BGB).

b) Bezugsrecht

70 Darüber hinaus haben die Aktionäre auf Wandel- und Optionsanleihen, Gewinnschuldverschreibungen und Genussrechte gemäß § 221 IV AktG ein
Bezugsrecht.

Mit dieser Regelung beugt das Gesetz einer Verkürzung der mitgliedschaftlichen
Rechte der Aktionäre vor. Wenn sie selbst die fraglichen Papiere beziehen können, partizipieren sie an den dort verbrieften Vorteilen und können ihre Rechtsposition wahren. **§ 186 AktG** findet demnach Anwendung.

Für die Möglichkeit des Bezugsrechtsausschlusses sowie das mittelbare Bezugsrecht bei
Zwischenschaltung von Emissionsbanken kann daher auf die obigen Ausführungen (siehe
Rn. 17 ff. und 29 f.) verwiesen werden.

Sollen die Papiere an Mitglieder des Vorstandes oder Arbeitnehmer der Gesellschaft oder eines verbundenen Unternehmens begeben werden, muss der Beschluss den Anforderungen des § 193 II Nr. 4 AktG entsprechen. Auch hier scheidet eine Begebung an Aufsichtsratsmitglieder aus[59].

c) Begebung und Übertragung

71 Die Begebung der Papiere erfolgt nach den allgemeinen wertpapierrechtlichen
Grundsätzen. Erforderlich ist daher nicht nur die Ausstellung der Urkunden, sondern auch ein **Begebungsvertrag** zwischen der Gesellschaft und dem (ersten)

---

[59] Vgl. *Habersack* in MünchKomm. AktG, § 221 Rn. 132 mit weiteren Nachweisen.

Gläubiger. In der Praxis wird auch hier, sofern die Emittentin nicht selbst eine Bank ist, gerne von der Möglichkeit der Fremdemission Gebrauch gemacht und zwar aus den oben Rn. 13 dargestellten Gründen.

Die Übertragung richtet sich nach der Art der Verbriefung. Typischerweise **72** werden die Papiere als **Inhaberschuldverschreibungen** ausgegeben[60] – mit der Folge, dass die §§ 793 ff. BGB sowie die §§ 929 ff. BGB anwendbar sind. Ein gutgläubiger Erwerb ist möglich und zwar wegen § 935 II BGB auch bei abhanden gekommenen Papieren. Für die Geltendmachung der Rechte aus dem Papier ist dessen Vorlage erforderlich (§ 797 BGB), aber auch ausreichend. Für die Börsenzulassung gelten die §§ 32 ff. BörsG.

d) Inhaltskontrolle nach §§ 305 ff. BGB

Da den in § 221 AktG geregelten Papieren schuldrechtliche Rechtsverhältnisse **73** zugrunde liegen, findet neben den Vorgaben des § 221 AktG und des Wertpapierrechts auch das BGB Anwendung. Dabei ist auf die **§§ 305 ff. BGB** zu achten. Denn die Wertpapierbedingungen, die das Rechtsverhältnis zwischen Emittent und Inhaber des Papiers näher ausgestalten, werden typischerweise vom Emittenten **einseitig vorformuliert**.

> Bei aller Effizienz ist der Kapitalmarkt typischerweise nicht in der Lage, solche Nebenbestimmungen zu verarbeiten: Die Anleger (auch die professionellen), konzentrieren sich mit Recht auf die wirtschaftlichen Kernmerkmale des Papiers und gehen im Übrigen davon aus, dass alles seine Richtigkeit haben werde. Zudem fallen die Bedingungen z.T. auch sehr kompliziert aus, sodass rechtliche Risiken auch von Experten verkannt werden.

Dass Wertpapierbedingungen im Grundsatz der **AGB-Kontrolle** unterliegen, hat der BGH – zutreffend – mehrfach festgestellt[61]. Bei der Reform des **Schuldverschreibungsgesetzes** im Jahre 2008 hat der Gesetzgeber eine Freistellung dieser Bedingungen von den §§ 305 ff. BGB erwogen, aber den Gedanken im Laufe des Gesetzgebungsverfahrens wieder fallenlassen. Einige Einzelfragen sind jetzt im Schuldverschreibungsgesetz (SchVG) besonders geregelt, z.B. das Transparenzgebot in § 3 SchVG[62]. Im Übrigen finden aber weiterhin die §§ 305 ff. BGB Anwendung.

Die Einzelheiten der AGB-Kontrolle sind nach wie vor sehr strittig, insoweit muss auf die weiterführende Literatur verwiesen werden[63].

---

[60] Einzelheiten dazu bei *Habersack* in MünchKomm. BGB, § 793 Rn. 5 ff.

[61] Vgl. für Genussrechte BGHZ 119, 305, 312; für Inhaberschuldverschreibungen BGHZ 163, 311, 314 ff.; BGH ZIP 2009, 1558; zustimmend etwa *Hüffer*, AktG, § 221 Rn. 35; *Lutter* in Kölner Komm. AktG, § 221 Rn. 221; *Hopt*, Festschrift Steindorff, 1990, S. 364 ff.; ablehnend etwa *Assmann*, WM 2005, 1053 ff.; *Ekkenga*, ZHR 160 (1996), 59, 69 f.; differenzierend *Habersack* in MünchKomm. AktG, § 221 Rn. 255.

[62] Näher zum SchVG *Horn*, BKR 2009, 446.

[63] Siehe die Literaturhinweise bei *Ulmer/Habersack* in Ulmer/Brandner/Hensen, AGB-Recht, 11. Aufl. 2011, § 305 Rn. 70.

VI. Kapitalerhöhung aus Gesellschaftsmitteln

74   Bei der in den §§ 207-220 AktG geregelten Kapitalerhöhung aus Gesellschaftsmit-
      teln werden die neuen Aktien nicht gegen Einlagen ausgegeben. Die Gesellschaft
      erhält kein zusätzliches Eigenkapital, vielmehr werden **Kapital- und Gewinn-**
      rücklagen (für Einzelheiten: § 208 AktG) in Grundkapital **umgewandelt**. Deshalb
      wird diese Form der Kapitalerhöhung auch als „nominelle" bezeichnet.

      Zur Motivation siehe die Ausführungen zur GmbH oben § 15 Rn. 31 ff.

75   Die Kapitalerhöhung aus Gesellschaftsmitteln bedarf eines **Beschlusses der**
      Hauptversammlung, der zur Eintragung ins Handelsregister anzumelden ist
      (§ 207 I, II AktG). Die Vorschriften über die ordentliche Kapitalerhöhung gelten
      insoweit sinngemäß, erforderlich ist also insbesondere eine ¾-Kapitalmehrheit.

76   Dem **Kapitalerhöhungsbeschluss** ist eine **Bilanz zugrunde zu legen** (§ 207
      III AktG). Dies kann die letzte Jahresbilanz, aber auch eine gesondert zu erstellen-
      de Bilanz sein. Die Bilanz darf zum Anmeldungszeitpunkt aber maximal acht Mo-
      nate alt sein und muss vom Abschlussprüfer mit einem uneingeschränkten Bestä-
      tigungsvermerk versehen worden sein (vgl. § 209 AktG). Das soll sicherstellen,
      dass die Rücklagen, die in Eigenkapital umgewandelt werden sollen, auch tatsäch-
      lich vorhanden sind.

77   Die nominelle Kapitalerhöhung wird bereits mit der Eintragung des Erhö-
      hungsbeschlusses im Handelsregister wirksam (§ 211 AktG). Die neuen Ak-
      tien fallen gemäß § 212 AktG den Aktionären automatisch (und zwingend!)
      im Verhältnis ihrer Anteile am bisherigen Grundkapital zu.

      Nach der Eintragung des Beschlusses über die Erhöhung des Grundkapitals durch
      Ausgabe neuer Aktien hat der Vorstand bei einzelverbrieften Aktien unverzüglich die
      Aktionäre aufzufordern, die neuen Aktienurkunden abzuholen (§ 214 I 1 AktG) oder bei
      fehlender Verbriefung sich diese zuteilen zu lassen (Abs. 5). Die Aufforderung ist in den
      Gesellschaftsblättern (vgl. § 25 AktG) bekannt zu machen (§ 214 I 2-4 AktG). Werden die
      neuen Aktien nicht innerhalb eines Jahres abgeholt, kann die Gesellschaft nach drei-
      maliger Androhung die Aktien für Rechnung des Berechtigten verkaufen (und über sie
      verfügen). Sind die Aktien in einer oder mehreren Dauerglobalurkunden verbrieft (Fall
      des § 10 V AktG), genügt es, die Urkunde zu berichtigen und den Verwahrer der Global-
      urkunde zu benachrichtigen. Die Aktionäre erhalten dann Mitteilung über ihre geänderten
      Bestände von ihrer Depotbank; eines Umtausches von einzelnen Urkunden bedarf es
      nicht.

78   Hat die Gesellschaft nur **Stückaktien** ausgegeben, kann auf die Ausgabe neuer
      Aktien verzichtet werden (§ 207 II 2 AktG). In diesem Fall erhöht sich der auf die
      einzelnen Stücke entfallene anteilige Betrag am Grundkapital.

VII. Kapitalherabsetzung

1. Praktische Bedeutung

Ordentliche Kapitalherabsetzungen sind extrem selten. Das liegt zum einen daran,   **79**
dass der Fall, dass eine Gesellschaft überkapitalisiert ist und deshalb die nicht be-
nötigten Mittel an die Gesellschafter zurückgeben will, nicht besonders häufig ist.
Zum anderen ist das Verfahren auch kompliziert und langwierig, sodass Gesellschaften, bei denen diese Situation doch einmal vorliegt, eher über Aktienrückkäu-
fe oder eine Umwandlung nachdenken werden. Von großer Bedeutung ist in Sanierungssituationen jedoch die vereinfachte Kapitalherabsetzung, denn hier ist die
Beseitigung des nicht mehr durch Aktiva gedeckten und deshalb entwerteten Alt-
kapitals häufig Voraussetzung dafür, neue Mittel einwerben zu können.

2. Verfahren der ordentlichen Kapitalherabsetzung

Das Grundkapital einer AG kann nicht nur erhöht, sondern auch herabgesetzt wer-   **80**
den, allerdings **nicht unter den Mindestbetrag von 50.000 EUR** (vgl. § 7 AktG).
Die Herabsetzung unter diesen Betrag ist ausnahmsweise zulässig, wenn sie mit
einer zugleich beschlossenen Barkapitalerhöhung verbunden wird (§ 228 AktG,
sog. **Kapitalschnitt**, siehe dazu bereits oben § 15 Rn. 40).

Erforderlich ist stets ein **Beschluss der Hauptversammlung,** der mit einer
Mehrheit von mindestens 75 % des vertretenen Grundkapitals gefasst werden muss (§ 222 I 1 AktG).

Die Satzung kann eine größere Mehrheit und weitere Erfordernisse vorsehen (Satz 2).
Bestehen mehrere Aktiengattungen, müssen die Aktionäre jeder Gattung in einem Sonderbeschluss zustimmen (§ 222 II AktG).

Im Kapitalherabsetzungsbeschluss ist der **Zweck der Herabsetzung** anzugeben   **81**
(§ 222 III AktG). Dieser kann darin bestehen, das Grundkapital zum Teil an die
Aktionäre zurückzuzahlen (**„effektive Kapitalherabsetzung"**); darin liegt kein
Verstoß gegen § 57 I 1 AktG. Die Herabsetzung kann aber auch dazu dienen, die
Aktionäre von offenen Einlagepflichten zu befreien (vgl. § 225 II 2 AktG). Soll
das frei gewordene Kapital in Rücklagen eingestellt oder eine eingetretene Unterbilanz beseitigt werden, handelt es sich um eine **„nominelle Kapitalherabsetzung"**.

Zudem muss im Beschluss die Art der Herabsetzung angegeben werden (§ 222 IV 3   **82**
AktG). Dabei ist zu unterscheiden:
➲ Hat die Gesellschaft **Nennbetragsaktien** ausgegeben, so muss die Summe der
   Nennbeträge mit dem Nennbetrag des Grundkapitals übereinstimmen. Mithin sind
   die Nennbeträge der Aktien gemäß § 222 IV 1 AktG entsprechend herabzusetzen.
   Dabei ist § 8 II 1 AktG zu beachten, wonach der Mindestnennbetrag 1 EUR betragen

muss. Würde dieser Betrag unterschritten, so müssten Aktien zusammengelegt
werden (§ 222 IV 2 AktG).

➲ Bei **Stückaktien** ist eine Anpassung grundsätzlich nicht erforderlich, da sich der
anteilige Betrag am Grundkapital automatisch verringert. Etwas anderes gilt nur,
wenn dieser Betrag unter den in § 8 III 3 AktG vorgeschriebenen Mindestbetrag von
1 EUR absinken würde; in diesem Fall müssten Stückaktien zusammengelegt
werden (§ 222 IV 2 AktG).

83   Durch die Zusammenlegung von Aktien (§ 222 IV 2 AktG) können sog. „Spitzen" entstehen, die nicht ausgeglichen werden können. Dies rechtfertigt allerdings
noch nicht die Annahme, die Kapitalherabsetzung bedürfe in diesen Fällen einer
sachlichen Rechtfertigung[64]. Eklatante Fälle, in denen es der Mehrheit gerade darum geht, durch die Bildung großer Spitzen Kleinaktionäre aus der Gesellschaft zu
drängen, können über § 53a AktG und die gesellschaftsrechtliche Treuepflicht
(dazu oben § 23 Rn. 15 ff.) gelöst werden.

84   Der Kapitalherabsetzungsbeschluss ist zur Eintragung im Handelsregister anzumelden (§ 223 AktG). **Mit Eintragung** wird die Herabsetzung **wirksam** (§ 224
AktG).

Die Durchführung der Herabsetzung (nach § 227 AktG ebenfalls zur Eintragung im
Handelsregister anzumelden) kann die Änderung bestehender oder die Ausgabe neuer
Aktienurkunden erforderlich machen. Werden die alten Aktienurkunden auf Aufforderung
nicht bei der AG eingereicht, kann diese sie gemäß § 226 AktG **für kraftlos erklären**.

85   Die **Gesellschaftsgläubiger** bedürfen im Zuge einer ordentlichen Kapitalherabsetzung eines besonderen Schutzes, denn den Aktionären wird im Fall der effektiven Kapitalherabsetzung der Risikobetrag zurückgewährt. In allen anderen Fällen
kommt es zu einer Lockerung der Vermögensbindung. Es muss insbesondere gewährleistet werden, dass keine Beträge an die Aktionäre ausgeschüttet werden, die
zur Deckung der Verbindlichkeiten der Gesellschaft erforderlich sind.

Deshalb ist den Gläubigern auf Verlangen Sicherheit zu leisten, soweit sie
nicht Befriedigung verlangen können (§ 225 I 1 AktG). Zahlungen an die
Aktionäre dürfen erst nach Verstreichen einer Sperrfrist von sechs Monaten
vorgenommen werden (S. 2).

3. Vereinfachte Kapitalherabsetzung

86   Die §§ 229-236 AktG enthalten **Erleichterungen** für Kapitalherabsetzungen, durch die eine eingetretene Unterbilanz beseitigt oder Beträge in die
Kapitalrücklage eingestellt werden sollen (§ 229 I AktG).

---

[64] So aber *Lutter* in KölnKomm. AktG, § 222 Rn. 44 ff.; wie hier BGHZ 138, 71, 74; *Oechsler* in
MünchKomm. AktG, § 222 Rn. 25; *Krieger* in MünchHdb. GesR IV (AG), § 60 Rn 15; *Hüffer*,
AktG, § 222 Rn. 14.

Der Unterschied zur regulären Kapitalherabsetzung liegt hier darin, dass das herabzusetzende Kapital nicht ausgeschüttet werden darf, es sich also zwingend um eine **nominelle Kapitalherabsetzung** handelt. Vielmehr ist in diesen Fällen das Kapital bereits vorher verwirtschaftet worden. Dagegen ist der Gläubiger aber nicht geschützt. Das rechtfertigt das geringere Ausmaß an Gläubigerschutz, das die §§ 229 ff. AktG vorsehen.

Die vereinfachte Kapitalherabsetzung ist erst zulässig, nachdem die Gewinnrücklagen aufgelöst sind und wenn die nach der Kapitalherabsetzung bestehende gesetzliche Rücklage und Kapitalrücklage (§ 150 II AktG) zusammen nicht mehr als 10 % des Wertes des Grundkapitals haben (§ 229 II 1 AktG). Ferner darf ein Gewinnvortrag nicht vorhanden sein (S. 2). Weitere Vorgaben für die Einstellung in die Kapitalrücklage enthalten die §§ 231 f. AktG.

Die **Durchführung** der vereinfachten Kapitalherabsetzung entspricht im Wesentlichen derjenigen der ordentlichen Kapitalherabsetzung. Allerdings gilt § 225 AktG nicht, d.h. die Gläubiger haben **keinen Anspruch auf Sicherheitsleistung.** Dem Gläubigerschutz dient hier § 233 AktG, der die Gewinnausschüttung beschränkt. **87**

An die Aktionäre darf danach Gewinn erst ausgeschüttet werden, wenn die gesetzliche Rücklage und die Kapitalrücklage zusammen wieder 10 % des Grundkapitals erreicht haben (§ 233 I AktG). Wird die Quote bereits in den ersten zwei Geschäftsjahren nach der Kapitalherabsetzung erreicht, so darf die Dividende nur bis zu 4 % betragen, es sei denn, alle Altgläubiger wurden befriedigt oder sichergestellt (§ 222 II AktG).

4. Einziehung

Werden Aktien eingezogen, vermindert sich das Grundkapital. Es handelt sich **88** mithin um eine Kapitalherabsetzung (§§ 237-239 AktG), für die grundsätzlich die Regeln der ordentlichen Kapitalherabsetzung gelten (§ 237 II AktG). Etwas anderes gilt nur in den in § 237 III AktG benannten Fällen, in denen vorbehaltlich einer abweichenden Satzungsregelung die Hauptversammlung mit einfacher Stimmmehrheit beschließen kann.

Für die Voraussetzungen von **freiwilliger Einziehung** und **Zwangseinziehung** im Übrigen siehe oben § 22 Rn. 26.

§ 26 Auflösung, Liquidation und Beendigung der AG

Literatur: *Hüffer*, Das Ende der Rechtspersönlichkeit von Kapitalgesellschaften, Gedächtnisschrift Schultz, 1987, S. 99; *Lindacher*, Die Nachgesellschaft – Prozessuale Fragen bei gelöschten Kapitalgesellschaften, Festschrift Henckel, 1995, S. 509.

I. Überblick

Das „Ende" der AG entspricht im Wesentlichen demjenigen der GmbH. Die **Auf-** **1** **lösung** der Gesellschaft leitet ein **Abwicklungsverfahren (Liquidation)** ein, in dem die Gesellschaftsgläubiger befriedigt und das verbleibende Vermögen unter den Aktionären verteilt werden soll. Erst nach vollständiger Abwicklung *und* Löschung im Handelsregister tritt **Beendigung** ein und die AG erlischt.

Vgl. insoweit auch das Schaubild oben § 16 Rn. 1.

Zur Beendigung ohne vorherige Liquidation kommt es, wenn die Gesellschaft auf einen anderen Rechtsträger verschmolzen wird. Dieser wird Gesamtrechtsnachfolger der erlöschenden Gesellschaft (§ 20 I Nr. 1 und 2 UmwG, siehe dazu unten § 34 Rn. 10 ff.).

II. Auflösungsgründe

Die AG wird aufgelöst, wenn ein Auflösungsgrund vorliegt. **2**

> Gemäß § 262 I AktG wird die AG **aufgelöst**, wenn
> ➔ die in der Satzung bestimmte Zeit abgelaufen ist (Nr. 1),
> ➔ die Hauptversammlung beschließt (Nr. 2),
> ➔ über das Vermögen der AG das Insolvenzverfahren eröffnet (Nr. 3) oder die Eröffnung mangels Masse abgelehnt wird (Nr. 4),
> ➔ die Gesellschaft von Amts wegen nach § 399 FamFG oder § 394 FamFG aus dem Handelsregister gelöscht wird (Nr. 5 und 6, dazu oben § 16 Rn. 14 f.).

Der **Auflösungsbeschluss der Hauptversammlung** bedarf einer Mehrheit von **3** mindestens 75 % des vertretenen Grundkapitals. Die Satzung kann eine höhere Mehrheit und weitere Erfordernisse bestimmen. Einer Inhaltskontrolle unterliegt der Beschluss jedoch nicht; es bedarf also keines sachlichen Grundes für die Auflösung.

Umstritten ist, ob dies auch in den Fällen der sog. **übertragenden Auflösung** gilt. In diesen Konstellationen beschließt die Hauptversammlung, das betriebene Unternehmen im Ganzen auf den Mehrheitsaktionär zu übertragen (§ 179a AktG), sodass dieser das bislang von der AG betriebene Unternehmen weiterführen kann. Zugleich wird die Auflösung der AG beschlossen. Der BGH hat diese Vorgehensweise für (grundsätzlich) zulässig angesehen und eine Inhaltskontrolle abgelehnt[1]. Die Richtigkeit dieser Lösung erscheint jedoch zweifelhaft. Sie dürfte insbesondere mit der Wertung der §§ 327a ff. AktG nicht vereinbar sein. Im wirtschaftlichen Ergebnis ähneln sich übertragende Auflösung und Squeeze-out. Ist letzterer aber nur zulässig, wenn der Mehrheitsaktionär 95 % des Grundkapitals hält, dann sollte für die übertragende Auflösung nichts anderes gelten[2].

4   Gemäß § 262 II AktG kann eine AG „aus anderen Gründen" aufgelöst werden. In Betracht kommen insoweit aber nur andere gesetzliche Auflösungsgründe.

Weitere gesetzliche Auflösungsgründe:
- Verschmelzung auf einen anderen Rechtsträger (siehe oben Rn. 1),
- Rücknahme der Geschäftserlaubnis (vgl. §§ 38 KWG, § 87 VAG),
- dauerhaftes Entstehen einer Keinpersonen-AG,
- Gemeinwohlgefährdung (vgl. § 396 FamFG).

---

5   Anders als bei der GmbH können durch die Satzung keine weiteren Auflösungsgründe festgelegt werden (vgl. § 23 V AktG).

Die Satzung kann einzelnen Aktionären daher auch **kein Recht zur Kündigung der AG** einräumen[3]. Das AktG kennt auch keine **Auflösungsklage** (anders § 61 GmbHG).

Ob Bedarf für eine analoge Anwendung des § 61 GmbHG[4] überhaupt besteht, erscheint zweifelhaft. Wenn der Gesellschaftszweck unmöglich geworden ist oder ein anderer wichtiger Grund für die Auflösung vorliegt, dürfte bereits die gesellschaftsrechtliche **Treuepflicht** die erforderlichen Mittel an die Hand geben, um ein „Aushungern der Minderheit" zu verhindern. Im Übrigen ist ein Austrittsrecht aus wichtigem Grund (dazu oben § 22 Rn. 29 f.) stets das mildere Mittel zur Auflösungsklage.

III. Liquidation

6   Mit Auflösung tritt die AG in das Liquidationsstadium ein.

Maßgeblich sind insoweit grundsätzlich die §§ 264 ff. AktG. Etwas anderes gilt bei Eröffnung des Insolvenzverfahrens; dann gelten die Vorschriften der InsO.

---

[1] BGHZ 103, 184, 190 f. – „Linotype".

[2] *Hüffer* in MünchKomm. AktG, § 262 Rn. 21; *Bachmann* in Spindler/Stilz, AktG, § 262 Rn. 71.

[3] Anders noch RGZ 79, 418, 422; dem folgend *Wiedemann* in Großkomm. AktG, § 262 Rn. 39; wie hier die mittlerweile h.M., vgl. *Bachmann* in Spindler/Stilz, AktG, § 262 Rn. 71; *Riesenhuber* in K. Schmidt/Lutter, AktG, § 262 Rn. 12; *Hüffer* in MünchKomm. AktG, § 262 Rn. 21.

[4] Diese für „geschlossene Gesellschaften" erwägend *Bachmann* in Spindler/Stilz, AktG, § 262 Rn. 65.

Nach Maßgabe des § 274 AktG kann – in den dort genannten Fällen – die Hauptversamm- **7** lung die **Fortsetzung** einer aufgelösten AG mit qualifizierter ¾-Mehrheit **beschließen**[5]. Allerdings darf die Vermögensverteilung (siehe unten Rn. 12) noch nicht begonnen haben, denn dann wäre die Erhaltung des Grundkapitals nicht sichergestellt.

Im Rechtsverkehr ist die Liquidation durch einen **Firmenzusatz** (z.B. „AG i.L.") **8** kenntlich zu machen (§§ 268 IV, 269 VI AktG). An der Rechts- und Parteifähigkeit der Gesellschaft ändert sich aber nichts.

Die Abwicklung besorgen gemäß § 265 I AktG die Vorstandsmitglieder als **9** **Abwickler** (= Liquidatoren). Satzung oder Hauptversammlung können andere (auch juristische!) Personen als Abwickler bestimmen. Die Abwickler können jederzeit von der Hauptversammlung abberufen werden (§ 265 V AktG). Auf Antrag des Aufsichtsrates oder einer Aktionärsminderheit (5 % des Grundkapitals oder anteiliger Betrag von 500.000 EUR), hat das Gericht bei Vorliegen eines wichtigen Grundes die Abwickler zu bestellen und abzuberufen (§ 265 III AktG). Die Abwickler sind als solche zum Handelsregister anzumelden (§ 266 I AktG). Sie unterliegen denselben Pflichtenbindungen wie der Vorstand (§ 268 II AktG).

Die Abwickler (Liquidatoren) haben die **Aufgabe**, die laufenden Geschäfte **10** der AG zu beenden, offene Verbindlichkeiten zu begleichen, Forderungen einzuziehen und das Vermögen zu liquidieren (§ 268 I 1 AktG).

Die Abwickler **vertreten die Gesellschaft** gerichtlich und außergerichtlich (§ 269 AktG). Soweit es die Abwicklung erfordert, dürfen die Abwickler auch neue Geschäfte eingehen (§ 268 I 2 AktG). Zulässig ist es insbesondere auch, den Geschäftsbetrieb im Ganzen zu verkaufen.

Für den Beginn der Liquidation ist eine **Eröffnungsbilanz** und ein erläuternder Bericht **11** von den Abwicklern zu erstellen (§ 270 I AktG). Hierfür gelten grundsätzlich die Regeln für die Aufstellung eines Jahresabschlusses; allerdings sind die Vermögensgegenstände zwingend mit ihrem Veräußerungswert anzusetzen (§ 270 II 2 und 3 AktG). Das Gericht kann von der Prüfung des Jahresabschlusses und des Lageberichts durch einen Abschlussprüfer befreien, wenn die Verhältnisse der Gesellschaft so überschaubar sind, dass eine Prüfung im Interesse der Gläubiger und Aktionäre nicht geboten erscheint (§ 270 III AktG). Die Feststellung der Eröffnungsbilanz beschließt die Hauptversammlung (§ 270 II 1 AktG).

Die Abwickler haben unter Hinweis auf die Auflösung der Gesellschaft die Gläu- **12** biger der Gesellschaft aufzufordern, ihre Ansprüche anzumelden (§ 267 AktG); dies ist in den Gesellschaftsblättern bekannt zu machen, also jedenfalls im elektronischen Bundesanzeiger einzurücken (vgl. § 25 AktG). Unstreitige Verbindlichkeiten sind zu begleichen. Soweit eine Verbindlichkeit streitig ist, darf das Vermögen nur verteilt werden, wenn dem Gläubiger Sicherheit geleistet worden ist (§ 272 III AktG). Das nach Begleichung der Verbindlichkeiten verbleibende Restvermögen (sog. Liquidationserlös) darf nicht vor Ablauf eines **Sperrjahres** an die Aktionäre verteilt werden.

---

[5] Für Einzelheiten siehe *Hüffer*, AktG, § 274 Rn. 2 ff.

Die Verteilung des Liquidationserlöses unter die Aktionäre erfolgt im Regelfall im Verhältnis der Kapitalanteile (vgl. § 271 AktG).

13   Die Liquidation ist beendet, wenn das verwertbare Gesellschaftsvermögen verteilt ist und keine sonstigen Abwicklungsmaßnahmen mehr erforderlich sind. Anschließend ist eine Schlussrechnung aufzustellen und das Ende der Abwicklung zum Handelsregister anzumelden (Schluss der Abwicklung, § 273 I 1 AktG). Die Gesellschaft ist dann aus dem Handelsregister zu löschen (§ 273 I 2 AktG).

IV. Beendigung und Nachtragsliquidation

14   Hinsichtlich der Beendigung der AG gilt dasselbe wie bei der GmbH: Die Beendigung ist ein **Doppeltatbestand**[6]:

Die aufgelöste und abgewickelte AG erlischt danach nur dann, wenn
➲   kein Vermögen mehr vorhanden ist **und**
➲   die Gesellschaft aus dem Handelsregister gelöscht wurde.

15   Stellt sich nach erfolgter Löschung heraus, dass noch Vermögen vorhanden ist oder sind sonstige Abwicklungsmaßnahmen erforderlich, so hat eine **Nachtragsliquidation** stattzufinden (vgl. § 273 IV AktG und bei Löschung wegen Vermögenslosigkeit § 264 II 1 AktG).

Für Einzelheiten kann insoweit auf die Ausführungen zur GmbH (oben § 16 Rn. 25 f.) verwiesen werden.

---

[6] Wie hier OLG Stuttgart AG 1999, 280, 281; OLG Köln NZG 2002, 1062; *Bachmann* in Spindler/Stilz, AktG, § 273 Rn. 10; *Hirschmann* in Hölters, AktG, § 273 Rn. 5; a.A. *Hüffer*, Gedächtnisschrift Schultz, 1987, S. 99, 103 ff.; *ders.* in MünchKomm. AktG, § 273 Rn. 16: Löschung führt zur Auflösung.

4. Teil:

Die Kommanditgesellschaft auf Aktien

§ 27 Grundlagen des Rechts der KGaA

Literatur: *Arnold*, Die GmbH & Co. KGaA, 2001; *Kallmeyer*, Die Kommanditgesellschaft auf Aktien – eine interessante Rechtsformalternative für den Mittelstand?, DStR 1994, 977; *Mertens*, Zur Existenzberechtigung der Kommanditgesellschaft auf Aktien, Festschrift Barz, 1974, S. 253; *Priester*, Die Kommanditgesellschaft auf Aktien ohne natürlichen Komplementär, ZHR 160 (1996), 250; *K. Schmidt*, Deregulierung des Aktienrechts durch Deregulierung der Kommanditgesellschaft auf Aktien?, ZHR 160 (1996), 265; *Schürmann/Groh*, KGaA und GmbH & Co. KGaA, BB 1995, 684; *Sethe*, Die personalistische Kapitalgesellschaft mit Börsenzugang, 1996; *Wichert*, Satzungsänderungen in der KGaA, AG 1999, 362.

I. Struktur der KGaA

Die Kommanditgesellschaft auf Aktien (KGaA) ist in den §§ 278 ff. AktG geregelt. Sie verfügt über eine eigene Rechtspersönlichkeit (§ 278 I AktG) und kann selbst Gesellschafterin anderer Gesellschaften sowie Trägerin sonstiger Rechte und Pflichten sein. Im Gegensatz zur Kommanditgesellschaft im Sinne der §§ 161 ff. HGB (KG) als einer Personengesellschaft handelt es sich bei der KGaA um eine **Kapitalgesellschaft**. Sie ist Formkaufmann gemäß § 278 III AktG i.V.m. § 6 HGB. **1**

Die KGaA ist eine **Mischform aus AG und KG** und nicht lediglich eine Variante der AG[1]. In ihr finden sich **kapital- und personengesellschaftsrechtliche Elemente**, was sich aus den Verweisen des § 278 II, III AktG sowohl in das Recht der AG als auch in das Recht der KG ergibt. **2**

Ähnlich wie in der KG existieren in der KGaA **zwei Arten von Gesellschaftern**: unbeschränkt haftende Gesellschafter (sog. **Komplementäre**) sowie beschränkt haftende, am Grundkapital der KGaA beteiligte, Gesellschafter, die hier nicht Kommanditisten, sondern **Kommanditaktionäre** genannt werden.

Wie in der AG existieren **drei Organe**. Die Kommanditaktionäre üben in der **Hauptversammlung** ihre Rechte aus. Die **Komplementäre** sind regelmäßig vertretungsberechtigte Organe der AG. Sie führen die Geschäfte und vertreten die Gesellschaft nach außen. Als drittes Gesellschaftsorgan existiert auch hier ein **Aufsichtsrat**, der allerdings im Vergleich mit der AG nur eingeschränkte Kompetenzen hat. **3**

Besonders prägend für die Behandlung der KGaA ist die Doppelfunktion der Komplementäre als **Organ und Mitglied** des Verbandes. Ihre **Organstellung** besteht **aufgrund**

---

[1] Vgl. BGHZ 132, 392, 398.

der **Mitgliedschaft**. Entsprechend ist bei den jeweiligen Rechten und Pflichten zwischen organ- und mitgliedschaftlicher Herkunft zu unterscheiden.

4 **Traditionelles Leitbild** der KGaA ist der selbständig handelnde und seinen (großen) unternehmerischen Freiraum nutzende Komplementär, der die Gesellschaft unternehmerisch leitet, während die Kommanditaktionäre lediglich das notwendige Kapital stellen[2]. Wie in der AG geht das gesetzliche Leitbild von einem großen Kommanditaktionärskreis aus. Insbesondere ist die KGaA ohne Einschränkungen börsenfähig.

> Die KGaA eignet sich daher besonders für Unternehmer und Unternehmerfamilien, die an der Börse Eigenkapital aufnehmen, aber die unternehmerische Führung nicht aus der Hand geben wollen. **Bekanntestes Beispiel** für eine Gesellschaft mit solcher Motivationslage dürfte die Henkel KGaA sein.

5 Der Freiraum des Komplementärs wird durch die Pflicht zur Übernahme der **persönlichen Haftung** nach § 278 I, II AktG i.V.m. §§ 161 II, 128 HGB ausgeglichen. Diesen Nachteil kann man jedoch vermeiden: Zulässig ist es, dass eine andere juristische Person die Funktion des Komplementärs übernimmt.

Wer will, kann also zur Haftungsbeschränkung eine GmbH zwischenschalten. Die so entstehende Mischform nennt man GmbH & Co. KGaA. Zulässigkeitsbedenken haben sich hier ebenso wenig durchgesetzt wie bei der GmbH & Co. KG[3]. Endgültig klargestellt wurde die Zulässigkeit durch die Einfügung von § 279 II AktG im Jahre 1998.

II. Anwendbares Recht

1. Grundlegende Weichenstellung

6 Inwieweit die Mitwirkungs- und Überwachungsrechte der Kommanditaktionäre die beherrschende Stellung des Komplementärs relativieren, ist davon abhängig, ob diese sich nach Aktienrecht oder nach KG-Recht richten, und ob die Satzung der KGaA diese Rechte modifizieren (d.h. insbesondere abschwächen) kann.

- ⊃ Hinsichtlich des anwendbaren Rechts richtet sich das Verhältnis der Komplementäre untereinander, zur Gesamtheit der Kommanditaktionäre und zu Dritten gemäß § 278 II AktG nach den §§ 161 ff. HGB und damit nach personengesellschaftsrechtlichen Grundsätzen.
- ⊃ Dem Aktienrecht unterliegen hingegen die Rechtsverhältnisse unter den Kommanditaktionären, d.h. insbesondere die Durchführung der Hauptversammlung.

Stets ist zu prüfen, ob die §§ 278 ff. AktG eine Sonderregelung enthalten.

---

[2] *Perlitt* in MünchKomm. AktG, Vorb. zu § 278 Rn. 30.

[3] Vgl. zu dieser Diskussion BGHZ 134, 392 und oben § 17 Rn. 3.

Für die Kommanditaktionäre und ihr Verhältnis als Gesamtheit gegenüber Dritten gelten grundsätzlich aktienrechtliche Vorschriften. Das Verhältnis zwischen Komplementären sowie zwischen den Gesellschaftergruppen (als Organisationsverhältnis) ist personengesellschaftsrechtlich geprägt.

Kontrollfrage: Besteht eine im fraglichen Normkomplex geregelte vergleichbare Interessenlage typischerweise (nicht unbedingt im konkreten Fall!) eher in der KG oder eher in der AG?

2. (Partielle) Satzungsautonomie

a) Ausgangspunkt

Diese **Janusköpfigkeit** führt zu vielerlei Schwierigkeiten im Detail sowie bei der **7** Bestimmung des anwendbaren Rechts. Die Frage des anwendbaren Rechts ist jedoch von maßgeblicher Bedeutung. So besteht entgegen § 23 V AktG im Innenverhältnis hinsichtlich der Führungskompetenzen weitgehende **Satzungsautonomie**, die erst ihre Grenzen im Wesen der KGaA oder den Rechten Dritter sowie der zwingenden aktienrechtlichen Grundkapitalstruktur findet. Das führt zu einem gegenüber der Aktiengesellschaft erheblich gesteigerten Maß an gesellschaftsrechtlicher Gestaltungsfreiheit.

b) Kein Sonderrecht der atypischen KGaA

Von dem soeben (oben Rn. 3) beschriebenen Leitbild der KGaA finden sich daher **8** oft Abweichungen. Insbesondere die – aufgrund der Satzungsautonomie grundsätzlich zulässige – Beschränkung der Rechte der Kommanditaktionäre hat zu einer Diskussion um eine abweichende Behandlung der **atypischen KGaA** geführt.

Der missbräuchlichen Ausnutzung der Satzungsgestaltungsfreiheit ist aber richtigerweise mit den allgemeinen Instituten und durch Auslegung der gesetzlichen Bestimmungen beizukommen, statt eine Art „Sonderrecht" zu schaffen[4].

Berücksichtigt werden muss jedoch, dass es sich um eine Publikumsgesellschaft **9** handelt und dass auch im Recht der KG bei einer Publikums-KG eine **Inhaltskontrolle** von Vertragsbestimmungen am Maßstab des § 242 BGB stattfindet[5]. Hinter diesen Schutzstandard sollte auch die KGaA nicht zurückfallen, wenn sie **Publikumsgesellschaft** ist.

---

[4] Vgl. *Bachmann* in Spindler/Stilz, AktG, § 278 Rn. 28 ff. mit weiteren Nachweisen.

[5] Ebenso *Raiser/Veil*, Recht der Kapitalgesellschaften, § 23 Rn. 49 f.

Hingegen findet der personengesellschaftsrechtliche Bestimmtheitsgrundsatz auf Publikumsgesellschaften keine Anwendung; das gilt auch für die KGaA mit großem Gesellschafterkreis[6].

c) Gestaltungsmöglichkeiten

10   In Bezug auf die Gestaltungsfreiheit ist zu unterscheiden:
➲ Sind aktienrechtliche Vorschriften anwendbar, gilt der Grundsatz der
   Satzungsstrenge und es besteht ein nur geringer Gestaltungsspielraum.
   Der Verweis in § 278 III AktG bezieht sich also auch auf § 23 V AktG.
➲ Soweit Personengesellschaftsrecht Anwendung findet, besteht grundsätzlich Gestaltungsfreiheit, die weit weniger strengen Einschränkungen
   unterliegt, was sich aus § 278 II AktG und dem Verweis auf **§ 163
   HGB** ergibt.

11   Gestärkt werden können insbesondere **mitgliedschaftliche Rechte** der Kommanditaktionäre. Inwieweit einzelne **Kompetenzen der Hauptversammlung beschnitten** bzw. modifiziert werden können, ist sehr umstritten[7]. Diskutiert wird
dies beispielsweise für die Beschränkung der Zustimmungskompetenz bei wichtigen Geschäften nach § 278 II AktG i.V.m. §§ 163, 164 HGB[8], die Einräumung
von Vetorechten der Komplementäre sowie die Erhöhungen der Beschlusserfor-
dernisse bei Grundlagenkompetenzen[9].

12   Wenn sich der zu beurteilende Sachverhalt nicht nach aktienrechtlichen Regelungen richtet, sondern nach Personengesellschaftsrecht, sind die grundlegenden
Prinzipien des Personengesellschaftsrechts als **Grenzen der Vertrags- und damit
auch der Gestaltungsfreiheit** zu beachten[10]:

➲ **Verbandssouveränität:** Der Verband trifft die ihn betreffenden Regelungen selbst
   und überlässt sie nicht Dritten.
➲ **Selbstorganschaft:** Die Geschäfte werden nur von Gesellschaftern – hier den
   Komplementären (§ 164 HGB) – geführt.
➲ **Abspaltungsverbot:** Mitgliedschaftliche (Verwaltungs-)Rechte können nicht von
   der Mitgliedschaft getrennt übertragen werden. Möglich ist aber die Übertragung
   einzelner Ansprüche.
➲ **Bestimmtheitsgrundsatz:** Soweit vom Einstimmigkeitsprinzip abgewichen wird,
   muss die Ausnahme bestimmt genug formuliert sein; dies gilt nicht in der Publikumsgesellschaft (siehe oben Rn. 9); dafür findet bei diesen eine **Inhaltskontrolle**
   des Gesellschaftsvertrages statt: Bestimmungen, die die Kommanditaktionäre entgegen dem Grundsatz von Treu und Glauben unangemessen benachteiligen, sind
   unwirksam.

---

[6] BGH NJW 1985, 974.

[7] Vgl. etwa *Heermann*, ZGR 2000, 61.

[8] Dafür etwa *Heermann*, ZGR 2000, 61, 76 ff.; dagegen *Habel/Strieder*, BB 1997, 1375, 1377.

[9] Vgl. *Raiser/Veil*, Recht der Kapitalgesellschaften, § 23 Rn. 52.

[10] Zum Folgenden *Perlitt* in MünchKomm. AktG, Vorb. zu § 278 Rn. 36.

- ⮑ **Kernbereichslehre:** Bestimmte, die Mitgliedschaft grundlegend statuierende Rechtspositionen sind unentziehbar. Soweit sie eingeschränkt werden, muss dies verhältnismäßig sein und im Interesse der Gesellschaft erfolgen (z.B. Beschränkung des Teilnahmerechts des Kommanditaktionärs an der Hauptversammlung, der Klagebefugnis, der Mitwirkungsbefugnisse bei Grundlagengeschäften etc.). Zudem müssen Art und Ausmaß der Beschränkung hinreichend klar sein; insofern existiert eine Überschneidung mit dem Bestimmtheitsgrundsatz. Die Bestimmung des Kernbereichs ist im Einzelfall schwierig.
- ⮑ **Treuepflicht:** Der einzelne Gesellschafter ist sowohl gegenüber der Gesellschaft als auch gegenüber den Mitgesellschaftern zur Rücksichtnahme auf deren Interessen verpflichtet. Die Pflichtenbindung kann – je nachdem ob es sich um ein eher eigennütziges Recht oder ein uneigennütziges Recht handelt – unterschiedlich stark ausgeprägt sein.

III. Bedeutung der KGaA

Angesichts der Möglichkeit, der Regelungsstrenge des Aktienrechts zu entfliehen, verwundert es fast, dass die KGaA als Rechtsform vor allem bei börsennotierten Gesellschaften doch nur **relativ selten** gewählt wird. Derzeit gibt es ca. 230 Gesellschaften in der Rechtsform der KGaA[11].   **13**

Die **Gründe** hierfür sind in den Mechanismen des Kapitalmarktes zu suchen. Die KGaA ist im Ausland unbekannt und wird daher von ausländischen Investoren eher gemieden. Dazu trägt auch bei, dass die fehlende Satzungsstrenge zu einer Gestaltungsvielfalt führt, mit der sich ein potentieller Investor auseinandersetzen muss. Zudem kann eine KGaA wegen der unentziehbaren Stellung des Komplementärs nicht feindlich übernommen werden, sodass sich in ihrem Aktienkurs keine Kontrollprämie abbildet. Dies alles schlägt sich in einem tendenziell niedrigeren Börsenkurs nieder, der zu einem Finanzierungsnachteil im Vergleich zur AG führt.

IV. Wesentliche Unterschiede zur AG

Die wesentlichen Unterschiede zwischen AG und KGaA[12] sind in ihrer Gesellschaftsstruktur begründet. Während die KGaA Komplementäre und Kommanditaktionäre zu ihrem Gesellschafterkreis zählt, kennt die AG lediglich Aktionäre. Die Komplementäre müssen aufgrund ihrer persönlichen Haftung keine Einlage auf das Grundkapital leisten. In der KGaA sind die Komplementäre zugleich Organe der Gesellschaft, die für diese handeln (vgl. § 278 II AktG i.V.m. §§ 161 II, 114, 125 ff. HGB). Anders als bei der AG greift also der Grundsatz der Selbstorganschaft.   **14**

---

[11] *Bayer*, Aktienrecht in Zahlen, AG-Sonderheft August 2010, 7; weitere Zahlen bei *Philbert*, Die KGaA zwischen Personengesellschaftsrecht und Aktienrecht, 2005, S. 258 ff.

[12] Dazu ausführlich *Müller* in Beck'sches Handbuch der AG, § 1 Rn. 116 ff.

Dies entspricht dem personengesellschaftlichen Prinzip des Gleichlaufs von Handlungsmacht und Haftung.

15 Bestimmte Geschäftsführungsmaßnahmen bedürfen aber als „Ausnahme" aufgrund Gesetzes oder Satzung der Zustimmung der Hauptversammlung. In der Hauptversammlung der KGaA haben nur die Kommanditaktionäre ein Stimmrecht (§ 285 AktG). Zum Aufsichtsrat kann nur gewählt werden, wer nicht persönlich haftender Gesellschafter ist (vgl. § 287 III AktG). Außerdem hat der Aufsichtsrat bei der KGaA keine Bestellungskompetenz bezüglich des Leitungsorgans, da es sich bei den Komplementären um geborene Organe handelt. Zudem soll die Leitungskompetenz demjenigen vorbehalten sein, der auch die persönliche Haftung übernimmt.

> Daraus folgt in **mitbestimmten** Gesellschaften eine nicht unerhebliche Reduktion des Einflusspotentials der Arbeitnehmervertreter.

16 Unter **steuerlichen Gesichtspunkten** wird der Komplementär im Gegensatz zu Kommanditaktionären und einfachen Aktionären als Mitunternehmer – wie ein „gewöhnlicher" Personengesellschafter – behandelt (vgl. § 15 I 1 Nr. 3 EStG).

§ 28 Einzelheiten zum Recht der KGaA

I. Besonderheiten bei der Gründung

1. Anwendbare Vorschriften

Für die Gründung der KGaA gelten **weitgehend** die Vorschriften über die **Grün-**   **1**
dung der AG. Dies ergibt sich aus den §§ 279-282 AktG sowie § 278 III AktG.
Es gelten also die §§ 23 ff. AktG sinngemäß, soweit sich aus den speziellen Regelungen zur KGaA nichts anderes ergibt.

Statt der Neugründung kann eine KGaA auch durch **Umwandlungen** nach dem
UmwG entstehen. Siehe dazu unten § 34.

2. Gründer

Die KG hat keine Mindestanzahl oder Maximalanzahl von Gesellschaftern, selbst   **2**
die Gründung einer **Einpersonen-KGaA** ist möglich. Anders als bei der KG kann
der Komplementär nämlich gleichzeitig auch Kommanditaktionär sein[1].

Der Komplementär kann selbst – wie auch bei der KG (vgl. nur §§ 172 VI,
177a HGB) – eine **juristische Person** sein, sodass beispielsweise die Bildung einer GmbH & Co. KGaA möglich ist[2]. Nach § 279 II AktG muss dann aber ein die
Haftungsbeschränkung kennzeichnender Zusatz in die Firma aufgenommen werden.

3. Ablauf der Gründung im Überblick

An der Feststellung der Satzung müssen alle Gesellschafter mitwirken (§ 280 II   **3**
AktG). Die Satzung bedarf der notariellen Beurkundung (§ 280 I AktG). Der Mindestinhalt der Satzung ergibt sich aus §§ 281 i.V.m. 23 AktG.

Zwingend vorgeschrieben sind die folgenden Angaben:
- ⮞ die nach § 23 III, IV AktG (dazu oben § 19 Rn. 4 ff.) notwendigen Satzungsbestandteile (§ 281 I AktG),

---

[1] *Assmann/Sethe* in Großkomm. AktG, § 278 Rn. 18; *Mertens/Cahn* in KölnKomm. AktG, § 278
Rn. 44; *Perlitt* in MünchKomm. AktG, § 278 Rn. 10; *Müller-Michaels* in Hölters, AktG, § 278
Rn. 7; *Hüffer*, AktG, § 278 Rn. 5.
[2] BGHZ 134, 392; vgl. zu Problemen speziell mit dieser Rechtsform *K. Schmidt*, Festschrift
Priester, 2007, S. 691 ff.

➲ die Gründer, der eingezahlte Betrag des Grundkapitals sowie die Zahl und Gattung der von jedem Gründer übernommenen Aktien (§§ 278 III i.V.m. 23 I AktG),

➲ Name, Vorname und Wohnort jedes persönlich haftenden Gesellschafters sowie dessen Vermögenseinlagen, soweit sie nicht auf das Grundkapital gezahlt wurden (§ 281 I, II AktG).

Daneben können je nach Lage **weitere Satzungsbestimmungen** erforderlich oder zumindest sinnvoll sein. Dies ist – wie bei der AG – etwa der Fall bei der Vereinbarung von **Sacheinlagen, Sondervorteilen**, dem Ansatz von Gründungsaufwendungen usw.

> Die gewählte **Firma** muss die Rechtsform erkennen lassen und daher entweder „Kommanditgesellschaft auf Aktien" lauten oder eine allgemein verständliche Abkürzung enthalten (§ 279 I AktG). Wenn keine natürliche Person voll haftet, ist dies kenntlich zu machen (§ 279 II AktG).

4   Ist die **Übernahme der Aktien** durch die **Kommanditaktionäre** erfolgt, so ist die KGaA errichtet (§§ 278 III, 29 AktG). Anschließend erfolgt die **Bestellung des ersten Aufsichtsrates** sowie eines **Abschlussprüfers** und es sind die versprochenen **Einlagen** der **Kommanditaktionäre** zu erbringen. Es gelten auch die entsprechenden Normen für Sacheinlagen in der AG, einschließlich der Regeln über verdeckte Sacheinlagen und das Hin- und Herzahlen (§ 27 III und IV AktG).

5   Im Handelsregister einzutragen sind die Vertretungsorgane – die Komplementäre bzw. deren Vertreter – sowie der Umfang ihrer Vertretungsmacht. Der Eintragung geht ein **Gründungsbericht** (§ 32 AktG) und wegen § 283 Nr. 2 AktG eine **Gründungsprüfung** (§ 33 II Nr. 1 AktG) voraus. Erst hiernach kann die KGaA angemeldet werden. In der Eintragung sind die Komplementäre mit ihrer Vertretungsbefugnis anzugeben (§ 282 AktG).

> Die KGaA entsteht **als solche** erst mit der Eintragung (§§ 278 III, 41 I AktG).

4. Vor-KGaA

6   Die Regeln der **Vorgesellschaft** sind auch auf die KGaA anzuwenden, wenn vor der Eintragung bereits der Geschäftsbetrieb aufgenommen oder ein im Wege der Sacheinlage eingebrachtes Unternehmen fortgeführt wird. Es gilt insbesondere die Handelndenhaftung nach § 41 I 2 AktG.

7   Im Hinblick auf die **Vorbelastungs- und Verlustdeckungshaftung** gelten die entsprechenden kapitalgesellschaftsrechtlichen Regeln (siehe oben § 6 Rn. 15 ff.) **nur** für die **Kommanditaktionäre**, die also ein vor Eintragung verlorenes Grundkapital wieder auffüllen müssen. Dafür findet die Regelung über die Kommanditistenhaftung vor Eintragung (§ 176 HGB) keine Anwendung.

> Die **Komplementäre** haften ohnehin persönlich und unterliegen der aktienrechtlichen Pflicht zur Kapitalaufbringung nicht; daher ist es nur konsequent, dass sich die Haftung

nur nach Personengesellschaftsrecht richtet und eine besondere Haftung nach den Grundsätzen der Vorgesellschaft entbehrlich ist.

5. Behandlung von Vermögenseinlagen der Komplementäre

Komplementäre müssen nicht, können aber **Vermögenseinlagen** erbringen.   **8**
Eine Einlagepflicht wäre in der Satzung festzuhalten (§ 281 II AktG).

Dabei ist umstritten, ob auch die Einlageleistung der Komplementäre (Vermögenseinlage) allein nach personengesellschaftsrechtlichen Regeln erfolgt oder ob zum Teil ergänzend Aktienrecht Anwendung findet.

Konkret geht es darum, ob die Vermögenseinlage Gegenstand des **Grün-**   **9**
dungsberichts und einer eventuellen **Sachgründungsprüfung** ist[3] und ob sie bei der Bestimmung der 10%-Grenze des § 52 AktG mitzurechnen ist[4]. Beides ist **zu verneinen**. Im Hinblick auf eine mögliche Überbewertung der Sacheinlage ist auch das Personengesellschaftsrecht leistungsfähig genug, um Manipulationen zu verhindern; dies zwar nicht im Wege einer Vorab-Kontrolle durch das Registergericht, jedoch in Gestalt einer Nachzahlungspflicht, die denjenigen trifft, der eine überbewertete Sacheinlage eingebracht hat[5]. Folgt man dem, dann ist es nur konsequent, die Vermögenseinlage auch bei der Nachgründung (§ 52 AktG) außer Betracht zu lassen und insoweit nur auf das Kommanditkapital abzustellen[6].

II. Organe der KGaA

1. Komplementäre

a) Geschäftsführungs- und Vertretungsorgan

Komplementäre sind als persönlich haftende Gesellschafter grundsätzlich ge-   **10**
schäftsführungs- und vertretungsbefugt (vgl. §§ 114 ff., 125, 161 ff. HGB, § 278 II AktG). Insofern besteht ein **Gleichlauf von Handlungsmacht und Haftung**.

Einen Vorstand gibt es in der KGaA nicht. Die Komplementäre leiten die Geschäfte der KGaA und sind dem **Vorstand vergleichbar**, weshalb § 283 AktG auf zahlreiche der für den Vorstand geltenden Normen verweist. Insbesondere trifft sie dieselbe Sorgfaltspflicht und Verantwortlichkeit wie die Vorstandsmitglieder (§ 93 AktG).

---

[3] Ablehnend etwa *Zätzsch/Maul* in Beck'sches Handbuch der AG, § 2 Rn. 495.

[4] Vgl. *Perlitt* in MünchKomm. AktG, § 278 Rn. 335; *Mertens/Cahn* in KölnKomm. AktG, § 278 Rn. 14.

[5] *Wichert* in Heidel, AktG, § 281 Rn. 14 mit weiteren Nachweisen.

[6] *Bachmann* in Spindler/Stilz, AktG, § 280 Rn. 15.

Dies ist dem Umstand geschuldet, dass das Eigenkapital regelmäßig von einer Vielzahl von Kommanditaktionären aufgebracht wird, sodass die Pflichtenwahrnehmung der Komplementäre typischerweise Drittinteressen betrifft. Deshalb wäre insbesondere die Anwendung von § 708 BGB hier nicht sinnvoll.

Soweit nicht § 283 AktG oder die Sonderregelungen der §§ 284, 288 AktG eingreifen, findet das Recht der KG Anwendung (§ 278 II AktG i.V.m. §§ 161, 105 ff. HGB). Komplementäre sind daher **„geborene" Gesellschaftsorgane**, wie dies auch im Personengesellschaftsrecht der Fall ist. Es bedarf daher weder einer Wahl noch einer expliziten Festlegung in der Satzung.

Ist eine **juristische Person** Komplementär, nimmt deren Vertretungsorgan (z.B. der Geschäftsführer der Komplementär-GmbH) die tatsächlichen Geschäftsführungsaufgaben wahr.

b) Vertretungsmacht

11   Gibt es mehrere Komplementäre, so haben diese vorbehaltlich einer abweichenden Satzungsregelung **Einzelvertretungsmacht** (§§ 161 II, 125 HGB). Eine abweichende Vertretungsregelung muss, um nach außen wirksam zu sein, im Handelsregister verlautbart werden. Auch nachträgliche Änderungen der Vertretungsbefugnis sind zum Handelsregister anzumelden (§§ 278 III, 283 Nr. 1, 81 AktG).

Eine umfangmäßige bzw. gegenständliche Beschränkung der Vertretungsmacht ist nicht möglich (§ 278 II AktG, §§ 161 II, 126 II HGB)[7].

12   Die **unbeschränkte Vertretungsbefugnis nach außen** schließt es aber nicht aus, dass **im Innenverhältnis eine Zustimmungspflicht** bestehen kann (§ 278 II AktG, §§ 161 II, 116 HGB). Bei außergewöhnlichen Geschäften bedarf es darüber hinaus der Zustimmung der Kommanditaktionäre (vgl. § 164 HGB) durch Hauptversammlungsbeschluss.

c) Funktionsverlust

13   Anders als der AG-Vorstand können die Komplementäre **nicht** durch den Aufsichtsrat **abberufen werden**. In der Satzung kann auch vorgesehen werden, dass einzelne Komplementäre keine oder nur eine eingeschränkte Geschäftsführungs- und Vertretungsbefugnis haben.

14   Ihre Organstellung verlieren Komplementäre jedenfalls mit dem Ausscheiden aus der Gesellschaft, das freiwillig oder bei Vorliegen eines wichtigen Grundes auch unfreiwillig erfolgen kann (nähere dazu unten Rn. 43 f.). Jedoch ist Hinauskündigung[8] nach allgemeinen Grundsätzen nur als *ultima ratio* zulässig.

---

[7] *K. Schmidt*, Gesellschaftsrecht, § 32 III 2.

[8] Näher dazu *Perlitt* in MünchKomm. AktG, § 289 Rn. 119 ff.

Vorrangig in Betracht zu ziehen ist daher ein **Entzug der Vertretungs- und**   **15**
Geschäftsführungsbefugnis als mildere Maßnahme.

Hierfür bedarf es gemäß § 278 II AktG, §§ 161 II, 117, 127 HGB:

- ➲ eines wichtigen Grundes,
- ➲ eines Beschlusses der Komplementäre und Gesamtheit der Kommanditaktionäre (Hauptversammlung) <u>und</u>
- ➲ einer gerichtlichen Entscheidung.

Im gerichtlichen Verfahren vertritt der Aufsichtsrat die Kommanditaktionäre (§ 287 II
AktG) und wirkt mit den anderen Komplementären zusammen. Umstritten ist, ob die
KGaA selbst Partei der Klage[9] oder ob dies die Gesamtheit der Kommanditaktionäre in
notwendiger Streitgenossenschaft mit den Komplementären ist[10].

Ein wichtiger Grund liegt insbesondere vor, wenn der Komplementär seine organschaftlichen Pflichten grob verletzt hat oder zur ordnungsmäßigen Geschäftsführung bzw. Vertretung unfähig ist (vgl. §§ 117, 127 HGB).

Eine Satzungsregelung über die Details des Entzuges der Geschäftsfüh-
rungs- und Vertretungsbefugnis ist dringend zu empfehlen[11].

Die Satzung kann auf das Klageerfordernis verzichten. Zudem sind Konkretisie-
rungen, welche Umstände als wichtiger Grund anzusehen sind, grundsätzlich zulässig. Umstritten ist aber, ob und inwieweit das Erfordernis des „wichtigen Grundes" aufgeweicht werden kann[12].

Problematisch ist der Entzug der Geschäftsführungs- und Vertretungsmacht, wenn nur
ein Komplementär vorhanden ist, da so eine Handlungsunfähigkeit droht. Diese kann aber
durch die analoge Anwendung von **§ 29 BGB** (Bestellung eines Notvorstandes) behoben
werden[13].

2. Hauptversammlung

a) Doppelfunktion

Wie in der AG bildet die Hauptversammlung ein weiteres Gesellschaftsorgan   **16**
(§§ 278 III, 285 f. AktG), das gleichsam zwischen Geschäftsführung und Aktionär
steht. Auch sie hat eine Doppelfunktion: Sie ist zum einen **Organ** der KGaA, zum
anderen die **tatsächliche Zusammenkunft** der Kommanditaktionäre zum Zwecke

---

[9] So *Hüffer*, AktG, § 287 Rn. 2; *Sethe*, AG 1996, 289, 299 f.

[10] So RGZ 74, 297; 82, 360.

[11] *Raiser/Veil*, Recht der Kapitalgesellschaften, § 23 Rn. 14.

[12] Vgl. etwa die Darstellung bei *Bachmann* in Spindler/Stilz, AktG, § 278 Rn. 77.

[13] Siehe dazu BGHZ 51, 198, 200 f.; ferner auch *Raiser/Veil*, Recht der Kapitalgesellschaften,
§ 23 Rn. 27.

der Ausübung mitgliedschaftlicher Teilhaberechte (§§ 278 III i.V.m. 118 ff. AktG).

> Die Hauptversammlung als Organ besteht aus der **Gesamtheit der (jeweiligen) Kommanditaktionäre.**

Bemerkenswert ist, dass das Gesetz zwei verschiedene Formulierungen verwendet: „Gesamtheit der Kommanditaktionäre" (vgl. §§ 278 II, 287 II AktG) und „Hauptversammlung" (vgl. §§ 285 I, II, III, 286 I, 287 II, 289 IV, 290 I AktG). Ob damit eine materiell-rechtlich relevante Differenzierung verbunden ist, ist umstritten[14]. Praktisch bedeutsam ist dieser Streit allerdings nicht.

b) Zuständigkeiten

17   Die Zuständigkeiten der Hauptversammlung entsprechen im Wesentlichen den Hauptversammlungskompetenzen bei der AG. Einschlägig ist insbesondere der Zuständigkeitskatalog des **§ 119 I AktG** sowie die an anderer Stellung im AktG geregelten Zuständigkeiten. Für Satzungsänderungen und Auflösungen ist **§ 289 AktG als Sonderregelung** zu beachten.

Für einfache Geschäftsführungsfragen gilt aber nicht § 119 II AktG, sondern § 278 II AktG i.V.m. § 164 HGB[15].

> Daher bedürfen nach dem gesetzlichen Normalstatut alle Geschäfte, die entweder von ihrem Gegenstand oder ihrem Volumen her über die gewöhnliche Geschäftätigkeit der Gesellschaft hinausgehen, eines Hauptversammlungsbeschlusses.

Diese Regel kann aber in der Satzung (unter Beachtung des Bestimmtheitsgrundsatzes) abgeschwächt oder ganz aufgehoben werden.

Zur **Feststellung des Jahresabschlusses** siehe unten Rn. 28.

c) Zustimmungsvorbehalt

18   Hauptversammlungsbeschlüsse, für die bei der KG das Einverständnis des Komplementärs notwendig wäre, bedürfen der **Zustimmung der Komplementäre** der KGaA (§ 285 II AktG).

Dies ist nicht nur bei Grundlagenbeschlüssen der Fall, sondern auch bei anderen Maßnahmen[16], z.B. bei der Feststellung des Jahresabschlusses (vgl. § 286 I AktG).

---

[14] Vgl. die Darstellung bei *Raiser/Veil*, Recht der Kapitalgesellschaften, § 23 Rn. 41.

[15] *Bachmann* in Spindler/Stilz, AktG, § 285 Rn. 8; *Perlitt* in MünchKomm. AktG, § 285 Rn. 4.

[16] *Raiser/Veil*, Recht der Kapitalgesellschaften, § 23 Rn. 50.

Die Zustimmung ist Wirksamkeitsvoraussetzung für den Hauptversammlungsbeschluss[17].

Bei Bestehen eines Zustimmungsvorbehalts müssen **sämtliche Komplementäre** (unabhängig von der Geschäftsführungs- und Vertretungsbefugnis[18]) zustimmen, sofern die Satzung keine abweichende Regelung (z.B. Zustimmungsquoren) trifft. Ein förmlicher Zustimmungsbeschluss ist nicht erforderlich; es genügt, wenn alle Komplementäre formlos zustimmen.

d) Vorbereitung und Ablauf der Hauptversammlung

Einberufung und Durchführung der Hauptversammlung richten sich weitgehend nach dem **Recht der AG** (§§ 121 ff. AktG, dazu oben § 21 Rn. 215 ff.). In Bezug auf die Zuständigkeit bestehen aber weitergehende Gestaltungsspielräume.   **19**

Die **Einberufung** der Hauptversammlung wird regelmäßig durch die geschäftsführungsbefugten Komplementäre erfolgen (§§ 283 Nr. 3, 121 ff. AktG), abweichende Regelungen sind aber zulässig. Für Mitteilungen an Komplementäre gelten die strengen Formvorschriften der §§ 121 ff. AktG nicht.

Teilnahmeberechtigt sind alle Kommanditaktionäre. In entsprechender Anwendung des § 118 III AktG sollen die Komplementäre (als Äquivalent zum Vorstand bei der AG) und die Mitglieder des Aufsichtsrates teilnehmen. Falls sie Vorlage- und Auskunftspflichten (vgl. §§ 278 III, 120 I, 131 I, 175 II, 176 I AktG) nachkommen müssen, was die Regel ist, besteht eine Teilnahmepflicht.   **20**

e) Beschlussfassung und Stimmrecht

Die Hauptversammlung entscheidet durch Beschlussfassung, also durch **Abstimmung über bestimmte Beschlussanträge** (näher dazu oben § 21 Rn. 261 ff.). **Beschlüsse** der Hauptversammlung bedürfen mangels abweichender Vorschriften der **einfachen Mehrheit** (§ 133 I AktG), bei Satzungsänderungen sowie in den weiteren gesetzlich bestimmten Fällen der qualifizierten Mehrheit der abgegebenen Stimmen (§ 179 III AktG). Beschlüsse sind nach Maßgabe des § 130 AktG in einer Niederschrift festzuhalten, Satzungsänderungen zum Handelsregister anzumelden.   **21**

Das **Stimmrecht** ist wie in der AG an die Inhaberschaft der **Aktien** geknüpft. Insofern kann auf die Darstellung zur AG und die **§§ 133 ff. AktG** verwiesen werden (siehe oben § 21 Rn. 270). **Komplementäre** haben als solche **kein Stimmrecht** in der Hauptversammlung. Nur wenn ein Komplementär zugleich auch Kommanditaktionär ist, was möglich ist (siehe oben Rn. 2), kommt ihm in der letztgenannten Funktion ein Stimmrecht zu.   **22**

---

[17] Vgl. *Perlitt* in MünchKomm. AktG, § 285 Rn. 52; *Mertens/Cahn* in KölnKomm. AktG, § 285 Rn. 48; *Assmann/Sethe* in Großkomm. AktG, § 285 Rn. 64; *Müller-Michaels* in Hölters, AktG, § 285 Rn. 6.

[18] *Hüffer*, AktG, § 285 Rn. 2.

Sofern ein Komplementär gleichzeitig Kommanditaktionär ist, bestehen trotz der §§ 278 III, 23 V AktG Gestaltungsspielräume, da an die Komplementäreigenschaft angeknüpft wird. So ist es etwa möglich, die Stimmrechtsausübung zu beschränken oder gar zu untersagen[19].

23 In § 285 I AktG sind einige **Stimmverbote** für Komplementäre, die zugleich Kommanditaktionär sind, aufgeführt. Daneben gelten die allgemeinen Stimmverbote aufgrund Interessenkollision sowohl für Komplementäre als auch für Kommanditaktionäre. Es besteht auch hier ein Stimmverbot in den Fällen, in denen über Maßnahmen abgestimmt wird, die aus einem im Verhalten oder in der Person des Betroffenen liegenden wichtigen Grund getroffen werden sollen (kein Richten in eigener Sache).

3. Aufsichtsrat

a) Zusammensetzung

24 Die Zusammensetzung des Aufsichtsrates entspricht grundsätzlich derjenigen bei der AG. Der Aufsichtsrat muss daher aus zumindest drei Mitgliedern bestehen. Die Mitglieder werden durch die Hauptversammlung gewählt, sofern nicht Entsendungsrechte bestehen oder nach mitbestimmungsrechtlichen Vorschriften Arbeitnehmervertreter dem Aufsichtsrat angehören müssen (§ 101 AktG).

Im Übrigen sind mitbestimmungsrechtliche Vorschriften nur anwendbar, soweit dies dem Wesen der KGaA nicht widerspricht[20].

Aufgrund der Überwachungsfunktion des Aufsichtsrates können **Komplementäre keine Aufsichtsratsmitglieder** sein (§ 287 III AktG).

b) Aufgaben und Befugnisse

25 Der Aufsichtsrat in der KGaA ist zwar obligatorisch, hat aber zum Teil andere Kompetenzen als in der AG. Seine Arbeitsweise richtet sich nach den §§ 278 III, 287 i.V.m. 95 ff. AktG.

Die Hauptaufgabe des Aufsichtsrates besteht – wie in der AG – in der **Überwachung** der Komplementäre (§§ 278 III, 111 I, III AktG).

Insgesamt unterliegen die Komplementäre jedoch einem **weniger strengen** Regime als der Vorstand einer AG. Dies bezieht sich insbesondere auf Sanktionen.

---

[19] Vgl. *Perlitt* in MünchKomm. AktG, § 285 Rn. 11; *K. Schmidt* in K. Schmidt/Lutter, AktG, § 285 Rn. 14; *Mertens/Cahn* in KölnKomm. AktG, § 285 Rn. 32; *Wichert* in Heidel, AktG, § 285 Rn. 5; zweifelnd *Bachmann* in Spindler/Stilz, AktG, § 285 Rn. 14.

[20] Dazu *Bachmann* in Spindler/Stilz, AktG, § 278 Rn. 83.

So ist etwa die Abberufung eines Komplementärs durch den Aufsichtsrat nicht möglich (siehe schon oben Rn. 13).

Anders als in der AG **führt** der Aufsichtsrat gemäß § 287 I AktG die **Beschlüsse**   **26**
der Hauptversammlung aus. Damit sind insbesondere die Beschlüsse gemeint, mit denen die Hauptversammlung personengesellschaftsrechtliche Befugnisse geltend macht.

Hierzu zählen z.B. das Auskunftsbegehren gegenüber den Komplementären, die Zustimmung zur Aufnahme neuer Komplementäre, die Billigung außergewöhnlicher Geschäfte, die Entziehung der Geschäftsführungs- und Vertretungsbefugnis[21] (dazu oben Rn. 15).

§ 287 I AktG ist dispositiv und die Aufgabe kann auch einem anderen Organ oder einer bestimmten Person übertragen werden[22].

Zudem kommt dem Aufsichtsrat eine **Vertretungsfunktion** zu. Er vertritt die   **27**
Kommanditaktionäre in ihrer Gesamtheit bei Rechtsstreitigkeiten mit den Komplementären (§ 287 II AktG) und die KGaA gegenüber allen oder einzelnen Komplementären (§§ 278 III, 112 AktG).

Zum Teil regeln die §§ 278 ff. AktG **von der AG abweichende Kompeten-**   **28**
zen, was sich etwa daran zeigt, dass anders als in der AG (siehe dort § 172 AktG und oben § 24 Rn. 6 ff.) die **Hauptversammlung den Jahresabschluss** feststellt (§ 286 I AktG). Dem Aufsichtsrat kommen auch **keine Mitwirkungsbefugnisse bei der Geschäftsführung** zu. Er kann daher den Komplementären keine Geschäftsordnung geben (Nichtanwendung des § 77 II AktG). Auch § 111 IV AktG findet keine Anwendung.

Der Aufsichtsrat kann somit nicht bestimmte Maßnahmen von seiner Zustimmung abhängig machen. Er hat daher nur wenige Möglichkeiten, ein bestimmtes Handeln der Komplementäre zu verhindern, selbst wenn er es für falsch oder sogar für illegal hält.

Bemerkt also der Aufsichtsrat einer KGaA, dass der Komplementär das Gesellschaftsvermögen in hochriskante Termingeschäfte investiert, kann er die Geschäftsleitung deswegen weder abberufen noch die Vorgänge durch Verhängung eines Zustimmungsvorbehaltes nach § 111 IV AktG verhindern. Ihm bleibt nur die Drohung mit Schadensersatzansprüchen (die allerdings nichts nützen, solange der Gesellschaft kein Schaden entsteht), oder der Rücktritt. Bei illegalem Verhalten (z.B. Kartellverstößen, Korruption), wäre noch an einen Antrag auf Ausschließung nach § 289 V AktG zu denken.

Diese Einschränkung der Kompetenzen ist unter dem Gesichtspunkt der **Corpora-**   **29**
te Governance nur solange akzeptabel, als die Hauptversammlung die Zuständigkeit für Geschäfte, die über den gewöhnlichen Betrieb hinausgehen (§ 164 HGB),

---

[21] Weitere Beispiele bei *Bachmann* in Spindler/Stilz, AktG, § 287 Rn. 21.
[22] *Assmann/Sethe* in Großkomm. AktG, § 287 Rn. 55; *Bachmann* in Spindler/Stilz, AktG, § 287 Rn. 23; *Perlitt* in MünchKomm. AktG, § 287 Rn. 9 f.

behält. Nur dann ist ein hinreichendes Gegengewicht zu den Komplementären geschaffen.

> Wird § 164 HGB hingegen durch die Satzung abbedungen, muss dem Aufsichtsrat durch die Satzung die Möglichkeit eingeräumt werden, Geschäftsleitungsmaßnahmen von seiner Zustimmung abhängig zu machen (Zustimmungsvorbehalt). Sind beide Organe machtlos, wird der **erforderliche Mindeststandard an Kontrolle** derjenigen, die fremdes Geld verwalten, deutlich verfehlt. Das gilt vor allem in der GmbH & Co. KGaA, in der auch die unbeschränkte Haftung als Korrektiv entfällt. Eine derartige Satzungsgestaltung, die die Hauptversammlung schwächt, ohne den Aufsichtsrat zu stärken, sollte nach **§ 242 BGB** beanstandet werden.

30   Im **Innenverhältnis** besteht bzgl. der Position des Aufsichtsrates sehr **weitgehend Satzungsautonomie**, sodass der Aufsichtsrat durch die Satzung durchaus auch aufgewertet werden kann. Neben dem Aufsichtsrat, aber nicht an seiner Stelle, kann auch ein Beirat bestellt werden.

c) Arbeitsweise und Mandatswahrnehmung

31   Die Arbeitsweise des Aufsichtsrates und die Anforderungen an die individuelle Mandatswahrnehmung, die Sorgfaltspflichten und die Haftung bei Verstößen hiergegen richten sich nach den für die AG geltenden Regeln. Die §§ 278 ff. AktG enthalten insoweit keine Sonderregeln. Daher kann auf die Ausführungen oben § 21 Rn. 135 ff. verwiesen werden.

III. Die Mitgliedschaft in der KGaA

1. Komplementäre

a) Mitgliedschaftliche Rechte und Pflichten

32   Die Komplementäre sind nicht nur **geborene Geschäftsführungs- und Vertretungsorgane** mit organschaftlichen Befugnissen und Pflichten (vgl. § 283 AktG), sondern auch **Verbandsmitglieder** mit mitgliedschaftlichen Rechten und Pflichten. Eine trennscharfe Unterscheidung ist allerdings nicht möglich, da es zu den mitgliedschaftlichen Befugnissen der Komplementäre eben auch zählt, die Geschäfte der KGaA zu leiten.

> Die Mitgliedschaftsrechte der Komplementäre sind nicht aktienrechtlicher Natur, sondern dem **Personengesellschaftsrecht entlehnt**. Auch hier kann zwischen Verwaltungs- und Vermögensrechten unterschieden werden.

> Soweit der Komplementär außerdem Kommanditaktionär ist, kommen ihm auch aktienrechtliche Mitgliedschafts- und Minderheitenrechte zu, die wegen der ohnehin bestehenden Machtposition jedoch weitgehend bedeutungslos sind. Insofern ist stets darauf abzustellen, in welcher Funktion der Komplementär-Kommanditaktionär Rechte geltend macht.

Zentrales Merkmal der Komplementärstellung ist die **Beteiligung am Unterneh-**   **33**
mensrisiko durch die Übernahme der persönlichen Haftung (wofür im Gegenzug regelmäßig die Geschäftsführungsbefugnis und Vertretungsmacht besteht).
Komplementäre partizipieren an Gewinn und Verlust der Gesellschaft nach Maßgabe der §§ 161 II, 120-122 HGB (näher dazu unten Rn. 60, 66 f.). Eine darüber
hinausgehende **Pflicht** zur **Vermögenseinlage**, zum Erwerb von Aktien oder zur
Übernahme von Nebenleistungsverpflichtungen besteht von Gesetzes wegen
nicht, kann aber in der Satzung festgelegt werden.

Sorgfalts- und Loyalitätspflichten ergeben sich wegen der strukturellen Nähe   **34**
zum Vorstand zumeist aus der Organstellung (vgl. §§ 283, 93 AktG). Daneben
können aber Treuepflichten zwischen der Gesellschaft und den Gesellschaftern
oder unter Gesellschaftern bestehen, die aber zumeist überlagert werden. Ausprägung dieser Treuepflicht ist u.a. auch der allgemeine gesellschaftsrechtliche
Gleichbehandlungsgrundsatz (nicht § 53a AktG, da dieser nur für Kommanditaktionäre gilt).

Ein **Wettbewerbsverbot** ist in § 284 AktG normiert. Dieses entspricht im We-   **35**
sentlichen dem Verbot des § 112 HGB (für die OHG- und KG-Gesellschafter) sowie dem Verbot des § 88 AktG (für Vorstände). Soweit gegen das Wettbewerbsverbot verstoßen wird, kann der Gesellschaft ein Schadensersatzanspruch aus
§ 284 II 1 AktG zustehen. Alternativ kann die Gesellschaft auch verlangen, dass
die verbotswidrig abgeschlossenen Geschäfte als für ihre Rechnung geschlossenen
gelten und so den Vergütungsanspruch verlangen (§ 284 II 2 AktG).

Das Wettbewerbsverbot **steht nicht zur Disposition** der Gesellschafter[23]. Nach § 284 I 2
AktG kann die Einwilligung (im Sinne eines Verzichts) nur für bestimmte Arten von
Geschäften oder für bestimmte Handelsgesellschaften erteilt werden. Diese Aussage liefe
leer, wenn auf das Wettbewerbsverbot gänzlich verzichtet werden kann. Verschärfungen
sind an § 1 GWB sowie § 138 I BGB zu messen[24].

Zum **Zustimmungsvorbehalt gemäß § 285 II AktG** bei bestimmten Beschlüssen   **36**
der Hauptversammlung siehe bereits oben Rn. 18. Der Sache nach handelt es sich
um ein **mitgliedschaftliches Vetorecht** der Komplementäre.

Komplementäre können die Rechtswidrigkeit von Hauptversammlungsbeschlüssen aber
auch im Wege der **Anfechtungs- oder Nichtigkeitsklagen** geltend machen[25].

Im Rahmen der Tätigkeit als Komplementär besteht ein **Aufwendungsersatzan-**   **37**
spruch nach § 110 HGB i.V.m. §§ 667, 670 BGB und nach § 669 BGB ein Anspruch auf Vorschuss. Als spielgelbildliche Pflicht ist nach § 667 BGB alles durch
die Geschäftsführung Erlangte herauszugeben. Für von der Geschäftsführung ausgeschlossene Komplementäre ist schließlich das **Informationsrecht nach § 118**
HGB relevant.

---

[23] Ebenso *Armbrüster*, ZIP 1997, 1269, 1272; *Bachmann* in Spindler/Stilz, AktG, § 284 Rn. 8;
a.A. *Hüffer*, AktG, § 284 Rn. 1; *Perlitt* in MünchKomm. AktG, § 284 Rn. 26.

[24] Vgl. *Bachmann* in Spindler/Stilz, AktG, § 284 Rn. 7 ff.

[25] Vgl. dazu *Bachmann* in Spindler/Stilz, AktG, § 285 Rn. 12.

b) Persönliche Haftung

38   Komplementäre haften den Gesellschaftsgläubigern persönlich, unbeschränkt und unmittelbar mit ihrem gesamten Vermögen (§ 278 II AktG
i.V.m. §§ 161 II, 128 ff. HGB).

Mehrere Komplementäre haften als **Gesamtschuldner**. Entsprechend bestimmen
sich die **Regressansprüche** der Komplementäre untereinander nach § 426 BGB.
Gegenüber der KGaA hat der Komplementär einen Ersatzanspruch nach §§ 161 II,
110 HGB, der aber natürlich nur von Nutzen ist, wenn die Gesellschaft hinreichend solvent ist.

§ 129 HGB sorgt für den **Gleichlauf zwischen Gesellschaftsschuld und Gesellschafterhaftung**. Eintretende Komplementäre haften nach § 130 HGB auch
für bisher begründete Verbindlichkeiten. Nach Ausscheiden haften die Komplementäre gemäß § 160 HGB noch bis zu fünf Jahre für bis zu diesem Zeitpunkt begründete Verbindlichkeiten (materielle Ausschlussfrist).

Von der Haftung gegenüber den Gesellschaftsgläubigern ist die **aus der Organstellung**
erwachsende Haftung nach §§ 283 Nr. 3 i.V.m. 93 AktG zu **unterscheiden**. Hierbei
handelt es sich um eine reine Organhaftung. Für Einzelheiten hierzu siehe § 21 Rn. 81 ff.

c) Erwerb und Verlust der Mitgliedschaft

39   Erwerb und Verlust der Mitgliedschaft vollziehen sich nach den **Grundsätzen der
Personengesellschaft**. Es gelten daher dieselben Regeln wie für den Gesellschaf-
terwechsel in der OHG, auf die § 161 II HGB verweist.

Da das Ausscheiden oder Eintreten eines Komplementärs eine **Änderung
des Gesellschaftsvertrages** ist, bedarf es der **Zustimmung der Hauptversammlung** (nicht aber jedes Kommanditaktionärs) mit satzungsändernder
Mehrheit sowie **der Zustimmung der Komplementäre** (§ 285 II AktG).

Dasselbe gilt für die nachträgliche Einführung von abweichenden Regelungen. Da in das
Recht der KG verwiesen wird, besteht hier weitgehende Gestaltungsfreiheit, so können
etwa vom Gesetz abweichende Mehrheiten bestimmt werden. Das (freiwillige oder unfrei-
willige) Ausscheiden eines Komplementärs ist von allen Komplementären zur Eintragung
ins Handelsregister anzumelden (§ 289 VI AktG).

aa) Eintritt

40   Der **Eintritt** in eine bestehende Gesellschaft erfolgt durch vertragliche Einigung
zwischen dem Eintretenden und den übrigen Gesellschaftern. In diesem Fall wird
eine neue Mitgliedschaft geschaffen. Mit dem Eintritt eines Neugesellschafters
wächst der dem Neugesellschafter zukommende Anteil den anderen Gesellschaftern ab.

bb) Austritt

Auch der **Austritt** kann durch Austrittsvereinbarung mit den übrigen Gesellschaftern erfolgen; allerdings muss der Austritt grundsätzlich durch Gesellschaftsvertrag **zugelassen** sein[26]. Mit dem Ausscheiden des Alt-Komplementärs wächst der Anteil des Ausscheidenden am Gesellschaftsvermögen den übrigen Gesellschaftern zu (vgl. § 738 BGB). Das Ausscheiden des **einzigen Komplementärs** führt zur Auflösung der KGaA[27].

41

cc) Verfügung über Anteil

Vom Ein- bzw. Austritt zu trennen ist die **Verfügung über den Anteil**, bei dem die **Mitgliedschaft** von einem Altgesellschafter auf einen Neugesellschafter unmittelbar übergeht, also **erhalten** bleibt. Da die verbleibenden Gesellschafter durch die Übertragung einen neuen Mitgesellschafter erhalten, ist eine Anteilsübertragung nach den **§§ 413, 398 BGB** nicht ohne **Zustimmung der übrigen Gesellschafter** möglich. In der KGaA ist in jedem Fall eine Satzungsänderung notwendig.

42

dd) Ausschluss

Ein Ausschluss gegen den Willen des Gesellschafters durch die übrigen Gesellschafter (Kommanditaktionäre und Komplementäre) ist durch Erhebung der **Ausschlussklage** und nur **aufgrund eines „wichtigen Grundes"**[28] möglich (§ 289 IV AktG i.V.m. §§ 161 II, 140 HGB).

43

Hierbei werden die Kommanditaktionäre durch den Aufsichtsrat vertreten (§ 287 II AktG), der mit den anderen Komplementären zusammenwirken muss. Die Satzung kann auf das Klageerfordernis verzichten und den wichtigen Grund zumindest konkretisieren. Erforderlich ist stets ein Ausschließungsbeschluss der Hauptversammlung, der mit einer Kapitalmehrheit von mindestens 75 % gefasst werden muss, sowie die Zustimmung der Komplementäre.

ee) Austritt

Auch der **Austritt eines Komplementärs aus wichtigem Grund** ist grundsätzlich möglich[29] – trotz des abweichenden Wortlauts des § 289 V AktG. Die Vorschrift stammt noch aus einer Zeit, in der die Kündigung oder der Ausschluss des Gesellschafters zur Auflösung der Gesellschaft führte (§ 131 Nr. 6 HGB a.F.). Nach heutigem Verständnis ist § 289 V AktG korrigierend auszulegen und ein Kündigungsrecht nach § 131 III Nr. 3 HGB anzunehmen[30]. Die Vorschriften aus dem HGB

44

[26] *Maul* in Beck'sches Handbuch der AG, § 4 Rn. 182 f.

[27] *Bachmann* in Spindler/Stilz, AktG, § 289 Rn. 26 mit weiteren Nachweisen.

[28] Näher dazu *Bachmann* in Spindler/Stilz, AktG, § 289 Rn. 6.

[29] *Hüffer*, AktG, § 289 Rn. 8; *K. Schmidt* in K. Schmidt/Lutter, AktG, § 289 Rn. 26; *Raiser/Veil*, Recht der Kapitalgesellschaften, § 23 Rn. 17; *Veil*, NZG 1999, 72, 74 ff.

[30] Vgl. *Bachmann* in Spindler/Stilz, AktG, § 289 Rn. 20 mit weiteren Nachweisen.

gelten entsprechend. Die Satzung kann eine Kündigung erschweren oder erleichtern, die Kündigung aus wichtigem Grund ist aber nicht vollständig ausschließen.

ff) Abfindungsanspruch

45 Mit der Beendigung der Mitgliedschaft erwächst ein Anspruch auf das **Auseinandersetzungs- und Abfindungsguthaben.** Scheidet der Komplementär vor Beendigung der Gesellschaft aus derselben aus, so entsteht ein Abfindungsanspruch (vgl. § 738 BGB)[31].

> Dies gilt nicht, wenn der Wechsel im Mitgliederbestand durch Verfügung über den Anteil erfolgt ist.

Die **Höhe** des Anspruchs bemisst sich grundsätzlich danach, was er im Falle der Beendigung zu diesem Zeitpunkt erhalten hätte, also im Zweifel den vollen wirtschaftlichen Wert des Anteils (vgl. dazu oben § 12 Rn. 79 ff.).

gg) Vererblichkeit

46 Der Tod des Kommanditaktionärs führt von Gesetzes wegen nicht dazu, dass dessen Erben an seine Stelle rücken. Diese haben vielmehr einen Abfindungsanspruch (§ 738 BGB). Allerdings kann die Mitgliedschaft als Komplementär in der KGaA durch die Satzung **vererblich gestellt** werden[32].

2. Kommanditaktionäre

a) Mitgliedschaftliche Rechte

47 Für die Kommanditaktionäre verweist § 278 III AktG auf die Vorschriften über die AG. Sie haben grundsätzlich dieselben mitgliedschaftlichen Rechte wie Aktionäre in der AG.

> Dies gilt sowohl für die Vermögensrechte als auch für die Verwaltungsrechte. Insoweit kann daher zunächst auf die Ausführungen oben § 23 Rn. 2 ff. verwiesen werden.

48 Die **wichtigsten Verwaltungsrechte** der Kommanditaktionäre sind das **Teilnahme- und Stimmrecht** in der Hauptversammlung. Für Komplementäre, die zugleich Kommanditaktionäre sind, gelten bei der Stimmrechtsausübung die Beschränkungen des § 285 AktG.

49 Diese Rechte werden durch **Auskunfts- und Informationsrechte** flankiert. Das Auskunftsrecht nach § 131 I AktG wird wegen der **Feststellungskompetenz**

---

[31] Näher dazu *Perlitt* in MünchKomm. AktG, § 289 Rn. 191 f.
[32] Zu Details und Varianten vgl. *K. Schmidt* in MünchKomm. HGB, § 139 Rn. 11 ff., 16 ff., 23 ff.; *C. Schäfer* in Staub, HGB, § 139 Rn. 9 ff.; zu Auslegungsproblemen einer Nachfolgeklausel BGH NJW-RR 2002, 538.

der Hauptversammlung über den **Jahresabschluss** nach § 286 I AktG weniger stark beschränkt als das in der AG der Fall ist; so gilt etwa § 131 III Nr. 3, 4 AktG nicht. Bezüglich in der Hauptversammlung gefasster Beschlüsse besteht ein **Anfechtungsrecht** eines jeden einzelnen Kommanditaktionärs nach Maßgabe der §§ 278 III, 241 ff. AktG.

Wie in der AG fußen auf der Mitgliedschaft nicht nur Verwaltungs- sondern auch **Vermögensrechte**. So besteht etwa ein **Gewinnbeteiligungsrecht**, das sich nach der Kapitalbeteiligung bemisst, wobei für das Verhältnis zwischen den Gesellschaftergruppen § 168 HGB zu beachten ist (dazu unten Rn. 67). Auch hier ist das abstrakte mitgliedschaftliche Stammrecht vom konkreten Anspruch zu trennen (siehe dazu § 13 Rn. 6). Zudem besteht ein **Anspruch auf Teilhabe am Auseinandersetzungsguthaben** (Liquidationserlös) gemäß der Höhe der Kapitalbeteiligung gemäß § 271 II AktG.   50

b) Mitgliedschaftliche Pflichten

Hauptpflicht der Kommanditaktionäre ist die **Einlageleistung**.   51

Auch insoweit gelten die Vorschriften über die Bar- und Sacheinlagen in der AG entsprechend (siehe § 19 Rn. 11 ff.). Das schließt die Umgehungsregeln (§§ 27 III und IV, 52 AktG) ein.

Die Auferlegung von Nebenleistungsverpflichten im Sinne des § 55 AktG ist möglich, aber gänzlich unüblich.

Kommanditaktionäre unterliegen zudem der **Treuepflicht** gegenüber der Gesellschaft und den Mitgesellschaftern. Diese kommen ihnen aber auch zugute, wenn sie sich in der Minderheitenposition befinden. Besondere Ausprägung der Treuepflicht ist auch in der KGaA das allgemeine **Gleichbehandlungsgebot** (§ 53a AktG, dazu oben § 23 Rn. 27 ff.).   52

c) Erwerb und Verlust der Mitgliedschaft

Die Stellung als Kommanditaktionär knüpft wie die Aktionärsstellung in der AG an die Innehabung von Aktien an. Diese können als Namens- oder Inhaberaktien verbrieft sein. **Erwerb und Übertragung** erfolgen dabei nach den zum Aktienrecht dargestellten Grundsätzen (siehe oben § 22 Rn. 1 ff.). Auch in Bezug auf die **Beendigung der Mitgliedschaft** (insbesondere durch Ausschluss, Austritt oder Einziehung der Aktien) kann auf die Ausführungen zur Aktiengesellschaft verwiesen werden (oben § 22 Rn. 24 ff.).   53

Bisweilen wird mit Blick auf § 131 III Nr. 3 HGB eine Austrittskündigung auch ohne Vorliegen eines wichtigen Grundes für möglich gehalten[33]. Dem ist nicht zu folgen, da die Stellung als Kommanditaktionär aktienrechtlich (und nicht personengesellschafts-

---

[33] *Mertens*, AG 2004, 333 ff.

rechtlich) geprägt ist. Daher kommt ein Austrittsrecht nur ganz ausnahmsweise in Betracht[34].

IV. Die Finanzverfassung der KGaA

1. Überblick

a) Das zweigliedrige Kapitalsystem in der KGaA

54   Die **Kommanditaktionäre** leisten lediglich einen finanziellen Beitrag zum Gesellschaftserfolg, nämlich ihre Einlage. **Komplementäre** können einerseits selbst Aktien übernehmen (oder später erwerben) und somit Kommanditaktionär werden. Darüber hinaus können sie auch Vermögenseinlagen erbringen (siehe oben § 27 Rn. 8 f.). Die Kapitalstruktur in der KGaA ist zweigeteilt:

> Die Vermögenseinlagen der Komplementäre und die Einlagen auf das Grundkapital bilden zusammen das sog. **Gesamtkapital**[35].

b) Die Bedeutung des „Kapitalanteils"

55   Das Gesetz stellt verschiedentlich auf den **Kapitalanteil** ab. Wenn der Gesellschaftsvertrag keine Regelung enthält, ist der Kapitalanteil maßgeblich für die Ermittlung der Entnahmerechte (§ 288 AktG), des Auseinandersetzungsguthabens (§§ 121, 122, 155 HGB) oder die Gewinn- bzw. Verlustverteilung (vgl. §§ 167, 120 HGB). Er kann darüber hinaus als Bezugspunkt für weitere Gesellschafterrechte (etwa das Stimmrecht) gemacht werden.

> Der Kapitalanteil ist eine Rechengröße, die die Kapitalbeteiligung des Gesellschafters abbilden soll.

Der Kapitalanteil darf nicht mit dem ideellen Anteil am Gesellschaftsvermögen verwechselt werden. Es handelt sich weder um einen eigenständigen Anspruch, noch um ein übertragbares Recht, sondern um eine reine Bilanzziffer, die den gegenwärtigen Stand der Einlage des Gesellschafters angibt, wie er sich nach den Methoden der kaufmännischen Buchführung und Bilanzierung errechnet[36].

---

[34] Ebenso *Hüffer*, AktG, § 289 Rn. 6; *Veil*, NZG 2000, 72, 76 f.

[35] Vgl. *Perlitt* in MünchKomm. AktG, vor § 278 Rn. 67 ff.

[36] *U. Huber*, Vermögensanteil, Kapitalanteil und Gesellschaftsanteil an Personalgesellschaften des Handelsrecht, 1970, S. 228; siehe ferner *K. Schmidt*, Gesellschaftsrecht, § 47 III 2.

2. Kapitalschutz

a) Kapitalaufbringung

aa) Einlagen der Kommanditaktionäre

Für die Einlageleistung der Kommanditaktionäre gelten die aktienrechtlichen **56**
Vorgaben zur Einlagepflicht der Aktionäre. Die Aufbringung des Grundkapitals
wird in der KGaA nach denselben Regeln geschützt wie in der AG. Daher kann
auf die Ausführungen oben § 20 Rn. 3 ff. verwiesen werden.

bb) Vermögenseinlagen der Komplementäre

Komplementäre müssen in dieser Funktion keine Vermögenseinlage erbringen. **57**
Wenn sie sich aber hierzu entschließen, ist dies nach Höhe und Art[37] in der Satzung festzuhalten (§ 281 II AktG). In Bezug auf die Aufbringung gilt das Recht
der Personengesellschaften (vgl. § 278 II AktG).

> Die Einlageleistung in der KGaA muss zumindest bilanzierbar sein, um eine Vermögens-
> einlage im Sinne des § 281 II AktG zu bilden. Dienstleistungen sind jedenfalls weder
> wertmäßig konkret bestimmbar noch ohne weiteres bilanziell aktivierbar. Damit scheiden
> sie – wie bei AG und GmbH – als einlagefähiger Gegenstand aus[38].

Obwohl in Bezug auf die Einlage grundsätzlich Personengesellschaftsrecht Anwendung findet, wird teilweise die analoge Anwendung des **§ 27 III AktG** zur
Regelung der verdeckten Sacheinlage vorgeschlagen[39]. Hierfür besteht indes **keine
Veranlassung**, da die Komplementäre ohnehin als Vollhafter agieren. Auch eine
aktienrechtliche Differenzhaftung kommt aus diesem Grund nicht in Betracht.

b) Kapitalerhaltung

aa) Kommanditaktionäre

Für die von den Kommanditaktionären geleisteten Einlagen auf das Grundkapital **58**
bestehen auch in Bezug auf die Kapitalerhaltung dieselben Regelungen wie für die
AG; insbesondere gilt auch hier der strenge § 57 AktG. Die unzulässige Einlagenrückgewähr begründet den aktienrechtlichen Rückgewähranspruch aus § 62 AktG.
Für Näheres siehe die Ausführungen oben § 20 Rn. 35 ff.

---

[37] *Perlitt* in MünchKomm. AktG, § 281 Rn. 18; *Bachmann* in Spindler/Stilz, AktG, § 281
Rn. 10; abweichend *Masuch*, NZG 2003, 1048, 1050.
[38] Ebenso *Perlitt* in MünchKomm. AktG, § 281 Rn. 24; *Raiser/Veil*, Recht der Kapitalgesellschaften, § 23 Rn. 10.
[39] *Raiser/Veil*, Recht der Kapitalgesellschaften, § 23 Rn. 10.

bb) Komplementäre

59 Soweit Komplementäre **Vermögenseinlagen** geleistet haben, unterliegen diese **nicht** den allgemeinen für Kommanditaktionäre geltenden **aktienrechtlichen Bindungen**.

60 Allerdings gibt es Beschränkungen, die sich zum einen aus der gesellschaftsrechtlichen Treuepflicht, zum anderen auch aus **§ 288 AktG** ergeben können. Soweit der auf den jeweiligen Komplementär entfallende Verlust seinen Kapitalanteil übersteigt, sind Gewinnentnahmen verboten. § 288 I 2 AktG erweitert dieses Verbot auf eine Betrachtung aller Komplementäre und ihre Kapitalanteile, sofern die den Kapitalanteilen gegenüberstehenden Kosten in der Summe größer sind als die Summe der Anteile, der Rücklagen und des Gewinnvortrages selbst.

> **Zweck** der Regelung ist der **Schutz des Grundkapitals**, da ohne entsprechend vorhandenes „freies" Vermögen Zahlungen aus dem gebundenen Kapital geleistet werden müssten. Ansprüche auf nicht vom Gewinn abhängige Tätigkeitsvergütungen bleiben hiervon aber unberührt (§ 288 III AktG); das Geschäftsleitergehalt kann daher auch bei negativen Kapitalkonten gezahlt werden.

Entnahmen des Komplementärs entgegen § 288 I AktG sind **zurückzugewähren**[40]. Darüber hinaus kommen Schadensersatzansprüche aufgrund Sorgfaltspflichtverletzung (§§ 283 Nr. 3, 93 I, II AktG) oder wegen unerlaubter Handlung (§ 823 II BGB i.V.m. einem Schutzgesetz) in Betracht[41].

61 Sofern ein Komplementär **zugleich Kommanditaktionär ist**, gelten für ihn auch die allgemeinen Entnahmeverbote aus dem Aktienrecht, jedoch nur in dieser Funktion. Zahlungen, die er auf seinen Kommanditanteil empfängt, sind an § 57 AktG zu messen. Leistungen auf den Anteil als Komplementär folgen § 288 AktG.

c) Gesellschafterdarlehen

62 Die Behandlung von Gesellschafterdarlehen richtet sich seit dem MoMiG rechtsformneutral nach den §§ 39 I Nr. 5, IV, 135 InsO. Danach unterliegen Gesellschafterdarlehen nicht der Nachrangigkeit und der Anfechtung in der Insolvenz, wenn die Gesellschaft eine natürliche Person als Vollhafter hat.

Damit ist die Anwendbarkeit der Vorschriften bei der gesetzestypischen KGaA ausgeschlossen – und zwar auch, soweit es um Darlehen von Kommanditaktionären geht.

> In der GmbH & Co. KGaA greifen hingegen die insolvenzrechtlichen Regeln sowohl bei Darlehen der Komplementäre als auch der Kommanditaktionäre, sofern diese nicht unter das Kleinbeteiligungsprivileg fallen.

---

[40] Für Einzelheiten siehe *Bachmann* in Spindler/Stilz, AktG, § 288 Rn. 7.

[41] *Perlitt* in MünchKomm. AktG, § 288 Rn. 57 f.; *Hüffer*, AktG, § 288 Rn. 4; *Assmann/Sethe* in Großkomm. AktG, § 288 Rn. 56; *Förl/Fett* in Bürgers/Körber, AktG, § 288 Rn. 8.

3. Kapitalmaßnahmen

Kapitalmaßnahmen bedürfen stets eines mit qualifizierter Mehrheit gefassten Be-   **63**
schlusses der Hauptversammlung und der Zustimmung der Komplementäre.
Grundsätzlich sind alle Kapitalmaßnahmen möglich, die auch aus der AG bekannt
sind. Daher kann auf die Ausführungen oben § 25 verwiesen werden.

4. Rechnungslegung und Feststellung des Jahresabschlusses

Die **Rechnungslegung obliegt** in der KGaA den **Komplementären** (§ 283 Nr. 9   **64**
AktG, §§ 242, 264 I HGB). Diese stellen insbesondere den Jahresabschluss auf.
Der **Aufsichtsrat** hat dabei eine Überwachungsaufgabe. Der Jahresabschluss wird
entsprechend den Vorschriften für die AG aufgestellt, allerdings gibt es nach
§ 286 AktG einige Besonderheiten. So sind etwa die Vermögenseinlagen der
Komplementäre besonders auszuweisen (§ 286 II AktG)[42].

Die **Feststellung des Jahresabschlusses**, also die Billigung und Anerken-   **65**
nung als das für die Gesellschaft verbindliche Rechenwerk, obliegt der
Hauptversammlung (§ 286 I AktG).

Hierin besteht ein wesentlicher Unterschied zur AG, bei der die Feststellung des Jahresabschlusses in aller Regel durch Vorstand und Aufsichtsrat erfolgt (siehe oben § 24 Rn. 6).

Die Hauptversammlung kann den Jahresabschluss auch noch ändern (vgl. § 173
III AktG). Macht sie von dieser Möglichkeit Gebrauch, müssen die Komplementäre zustimmen (§ 286 I 2 AktG). Im Ergebnis ist also eine Willensübereinstimmung
beider Organe nötig. Sehr umstritten ist die Verfahrensweise, wenn diese freiwillig nicht herbeigeführt werden kann[43].

Die Feststellungskompetenz der Hauptversammlung ist nicht abdingbar. Sie
kann durch Satzungsregelung also nicht einem anderen Organ zugewiesen
werden.

5. Gewinnverwendung

Die Aufteilung des nach festgestelltem Jahresabschluss auszuschüttenden Ge-   **66**
winns erfolgt gemäß § 278 II AktG nach den Regeln für die KG, also nach §§ 168,
121 HGB. Dies ist aber satzungsdispositiv.

---

[42] Für Einzelheiten siehe *Bachmann* in Spindler/Stilz, AktG, § 286 Rn. 5 ff.
[43] Näher dazu *Perlitt* in MünchKomm. AktG, § 286 Rn. 66 ff.

67 Nach der gesetzlichen Konzeption ist das Gewinnverteilungsverfahren mehrstufig:

⊃ Auf der **ersten Stufe erhält** jeder Komplementär und jeder Kommanditaktionär einen **Gewinnvoraus** in Höhe von 4 % seines Kapitalanteils (§§ 121 II, 168 I HGB). Reicht der Gewinn zur Verteilung des Voraus nicht aus, ist ein entsprechend niedrigerer Satz auszuzahlen (§ 121 I 2 HGB).

⊃ Auf der **zweiten Stufe** muss die **Verteilung des übrigen Gewinns zwischen den Gesellschaftergruppen** in einem „den Umständen nach angemessenen Verhältnis" erfolgen (§ 168 II HGB). Hier empfiehlt sich unbedingt eine genauere Regelung in der Satzung!

⊃ Auf der **dritten Stufe** erfolgt die Aufteilung des Überschusses **innerhalb der einzelnen Gesellschaftergruppen**. Zwischen den Kommanditaktionären sind allerdings aktienrechtliche Maßstäbe anzulegen. Konkret gilt nicht nur § 60 AktG, sondern auch § 53a AktG. Zwischen den Komplementären richtet sich die Verteilung vorbehaltlich einer abweichenden Satzungsregelung nicht nach Kapitalanteilen, sondern nach Köpfen (§ 121 III HGB).

V. Auflösung, Liquidation und Beendigung der KGaA

Literatur: *Veil*, Die Kündigung der KGaA durch persönlich haftende Gesellschafter und Kommanditaktionäre, NZG 2000, 72.

1. Auflösung

68 Auch bei der KGaA führt die Auflösung nicht ohne weiteres zum Erlöschen der Gesellschaft. Vielmehr tritt diese durch die Auflösung in das Liquidationsstadium ein. Die Auflösung setzt einen **Auflösungsgrund** voraus.

69 Die Auflösungsgründe richten sich zum einen nach den handelsrechtlichen Vorschriften (**§ 289 I AktG** i.V.m. §§ 161 II, **131 I HGB**).

Auflösungsgründe sind hiernach:

⊃ Zeitablauf (§ 131 I Nr. 1 HGB)
⊃ Auflösungsbeschluss der Gesellschafter (§ 131 I Nr. 2 HGB)

Erforderlich ist ein **Beschluss der Hauptversammlung**, der mit qualifizierter ¾-Mehrheit gefasst werden muss (§ 289 IV AktG). Die Satzung kann eine höhere Mehrheit und weitere Erfordernisse festlegen. Der Auflösung müssen **alle Komplementäre zustimmen** (§ 285 II 1 AktG, § 119 HGB), sofern die Satzung nicht einen Mehrheitsbeschluss zulässt[44].

---

[44] RGZ 114, 393, 395; *Perlitt* in MünchKomm. AktG, § 289 Rn. 17; *Bachmann* in Spindler/Stilz, AktG, § 289 Rn. 8; *K. Schmidt* in K. Schmidt/Lutter, AktG, § 289 Rn. 7; kritisch insoweit *Assmann/Sethe* in Großkomm AktG, § 289 Rn. 21 ff.

➲ Eröffnung des Insolvenzverfahrens über das Vermögen der Gesellschaft (§ 131 I Nr. 3 HGB)

➲ gerichtliche Entscheidung (§ 131 I Nr. 3 HGB)

Diese setzt die Erhebung einer **Auflösungsklage** voraus (§ 133 HGB). Erforderlich ist insoweit ein **wichtiger Grund**[45]. Klagebefugt ist jeder Komplementär, ferner auch die Gesamtheit der Kommanditaktionäre, die dazu einen entsprechenden Hauptversammlungsbeschluss fassen müssen, der vom Aufsichtsrat ausgeführt wird[46] (§ 285 I AktG). Die Klage ist gegen die Gesellschaft zu richten[47].

Zum anderen benennt **§ 289 II AktG** weitere Auflösungsgründe: 70

➲ die rechtskräftige Ablehnung der Eröffnung des Insolvenzverfahrens mangels Masse (§ 289 II Nr. 1 AktG) und

➲ die Amtslöschung nach § 399 FamFG (nur bei Verstoß gegen zwingendes Aktienrecht) und § 394 FamFG (§ 289 II Nr. 2 und 3 AktG).

Daneben kommen **weitere gesetzliche Auflösungsgründe** in Betracht, z.B.:
- das Ausscheiden des einzigen Komplementärs,
- die Amtslöschung wegen Gemeinwohlgefährdung (§ 396 FamFG),
- die Gesamtrechtsnachfolge im Wege der Umwandlung,
- die erfolgreiche Nichtigkeitsklage (§ 275 AktG),
- die Rücknahme der Geschäftserlaubnis gemäß § 38 KWG, § 87 VAG.

Die **Satzung** kann weitere Auflösungsgründe benennen. Auch können wichtige Gründe für eine Auflösungsklage benannt werden. Ein Ausschluss der Auflösungsklage ist hingegen nicht möglich[48].

2. Liquidation und Beendigung

Die Auflösung ist von allen Komplementären zur Eintragung im Handelsregister   71
anzumelden (§ 289 V AktG). Mit Auflösung tritt die Gesellschaft in das Liquidationsstadium ein. Gemäß § 290 I AktG fungieren alle Komplementäre und eine oder mehrere von der Hauptversammlung gewählte Personen als **Abwickler** (= Liquidatoren). Die Satzung kann aber eine andere Regelung vorsehen, z.B. die Auswahl auf den Aufsichtsrat übertragen oder vorsehen, dass die Komplementäre nicht zum Abwickler werden. Im Übrigen richtet sich die Abwicklung nach den

---

[45] *Bachmann* in Spindler/Stilz, AktG, § 289 Rn. 6.

[46] *Bachmann* in Spindler/Stilz, AktG, § 289 Rn. 6; *Assmann/Sethe* in Großkomm. AktG, § 289 Rn. 47 f.; *K. Schmidt* in K. Schmidt/Lutter, AktG, § 289 Rn. 10.

[47] Ebenso *Mertens/Cahn* in KölnKomm. AktG, § 289 Rn. 17; *Wichert* in Heidel, AktG, § 289 Rn. 6; a.A. *Bachmann* in Spindler/Stilz, AktG, § 289 Rn. 6; *Assmann/Sethe* in Großkomm. AktG, § 289 Rn. 46; *K. Schmidt* in K. Schmidt/Lutter, AktG, § 289 Rn. 9; *Perlitt* in MünchKomm. AktG, § 289 Rn. 28: andere Gesellschafter als Klagegegner.

[48] *Perlitt* in MünchKomm. AktG, § 289 Rn. 17; *Assmann/Sethe* in Großkomm. AktG, § 289 Rn. 53.

aktienrechtlichen Vorschriften, also nach den §§ 262 ff. AktG. Insoweit kann auf die Ausführungen oben § 26 verwiesen werden.

72   Eine Besonderheit besteht lediglich hinsichtlich der **Verteilung des Liquidationserlöses**, bei der (wie bei der Gewinnverteilung, siehe Rn. 66 f.) die Gesellschafterstruktur zu beachten ist.

> ⊃ Die Verteilung **zwischen den beiden Gesellschaftergruppen** (Komplementäre einerseits, Gesamtheit der Kommanditaktionäre andererseits) richtet sich gemäß § 278 II AktG nach dem Handelsrecht, konkret nach **§ 155 HGB**. Die Summe der Kapitalanteile der Komplementäre ist danach ins Verhältnis zum Grundkapital zu setzen.

> ⊃ Die Verteilung innerhalb der Gruppe der **Komplementäre** bestimmt sich ebenfalls nach § 155 HGB, also nach den Kapitalanteilen.

> ⊃ Die Verteilung unter den einzelnen **Kommanditaktionären** richtet sich hingegen nach § 271 AktG, also nach der Beteiligung am Grundkapital.

Die Vermögensverteilung darf wie bei der AG erst nach Ablauf eines **Sperrjahres** erfolgen[49] (§ 272 AktG). Wenn sich bei der Liquidation ein negativer Saldo ergibt, trifft die **Komplementäre** eine **Nachschusspflicht**[50] (vgl. § 735 BGB). Hierin verwirklicht sich ihre persönliche Haftung auch noch in der Liquidation.

73   Der Abschluss der Liquidation ist zum Handelsregister anzumelden und die Gesellschaft daraufhin zu löschen (vgl. § 273 I AktG). Auch bei der KGaA gilt: Die **Beendigung** ist ein **Doppeltatbestand**. Die Löschung führt nur dann zur Beendigung, wenn tatsächlich kein Vermögen mehr vorhanden ist und auch sonstige Abwicklungsmaßnahmen nicht mehr erforderlich sind. Anderenfalls besteht die Gesellschaft trotz Löschung fort und es ist eine Nachtragsliquidation durchzuführen (vgl. §§ 273 IV, 290 III AktG und oben § 16 Rn. 25 f.).

---

[49] Vgl. *Bachmann* in Spindler/Stilz, AktG, § 290 Rn. 8 mit weiteren Nachweisen auch zur Gegenauffassung.

[50] *Bachmann* in Spindler/Stilz, AktG, § 290 Rn. 8; *Mertens/Cahn* in KölnKomm. AktG, § 290 Rn. 9; *Assmann/Sethe* in Großkomm. AktG, § 290 Rn. 2.

5. Teil:

Grundzüge des Konzernrechts

§ 29 Einführung in das Konzernrecht

Literatur: *Grunewald*, Einführung ins Konzernrecht, JA 1992, 11; *Lutter*, 100 Bände BGHZ: Konzernrecht, ZHR 151 (1987), 444; *Mülbert*, Unternehmensbegriff und Konzernorganisationsrecht, ZHR 163 (1999), *K. Schmidt*, „Unternehmen" und „Abhängigkeit", ZGR 1980, 277; *ders.*, Was ist, was will und was kann das Konzernrecht des Aktiengesetzes, Festschrift Druey, 2002, S. 551; *Timm*, Grundfälle zum Konzernrecht, JuS 1999, 553 und 656; *Werner*, Die Grundbegriffe der Unternehmensverbindungen im Konzerngesellschaftsrecht, JuS 1977, 141; *Wiedemann*, Die Unternehmensgruppe im Privatrecht, 1988; *Zöllner*, Zum Unternehmensbegriff der §§ 15 ff. AktG, ZGR 1976, 1.

I. Regelungsanliegen des Konzernrechts

1. Rechtliche Selbständigkeit und einheitliche Leitung

Das Konzernrecht regelt nach der gesetzlichen Definition die Zusammenfassung mehrerer Unternehmen unter einheitlicher Leitung (§ 18 AktG). **1**

Die Besonderheit besteht dabei darin, dass die einheitlich geleiteten Unternehmen rechtlich selbständige Gesellschaften (insbesondere AG und GmbH) als Unternehmensträger aufweisen. Diese Gesellschaften werden, obwohl sie selbst Leitungsorgane (Vorstand, Aufsichtsrat, Geschäftsführer) haben, von einer dritten Seite (dem herrschenden Unternehmen) einheitlich geleitet. Dabei ist zwar das herrschende Unternehmen selbst rechtsfähig, der aus ihm und den geleiteten (abhängigen) Unternehmen gebildete Verbund jedoch als solcher nicht. Es handelt sich daher wirtschaftlich um eine Einheit, in der wichtige Entscheidungen in der Konzernzentrale fallen, rechtlich gesehen jedoch um eine Vielheit, also mehrere selbständige Rechtsträger, die mit eigenen Willensbildungsorganen ausgestattet sind. Man spricht plakativ von der **Einheit in Vielheit.**

> **Achtung:** Dieser Unterschied wird im allgemeinen Sprachgebrauch nicht immer beachtet: Wenn davon die Rede ist, dass der S.-Konzern in Italien Amtsträger bestochen habe, so ist das juristisch falsch: Verantwortlich sein kann nur eine (oder mehrere) der beteiligten Gesellschaften, nicht aber der Konzern an sich, da er kein Rechtssubjekt ist.

2. Konzernrecht als Schutzrecht

Der Konzern bereitet Probleme im Hinblick auf den **Gläubiger- und Minderhei-** **2**
tenschutz. Diese resultieren daraus, dass dann, wenn ein Unternehmen mehrere andere beherrscht, eine andere Interessenlage besteht als bei einem „gewöhnlichen" Mehrheitsgesellschafter. Letzterer hat unter normalen Umständen ein Eigeninteresse daran, dass die von ihm kontrollierte Gesellschaft floriert, da ihm die

Gewinne zugutekommen. Davon profitieren Minderheitsgesellschafter, aber auch Gläubiger, da der Erfolg der Gesellschaft deren Befriedigungschancen erhöht. Das ändert sich, wenn der Mehrheitsgesellschafter an mehreren Gesellschaften maßgeblich beteiligt und/oder selbst unternehmerisch tätig ist. Dann kann für ihn ein Anreiz bestehen, Gewinne zwischen den Gesellschaften zu verschieben oder Mittel aus den beherrschten Gesellschaften herauszuziehen und in sein eigenes Unternehmen zu verlagern. Das gilt vor allem dann, wenn er an den beteiligten Gesellschaften in unterschiedlicher Höhe beteiligt ist:

> **Beispiel:** Tim ist an der *Fastfood Unlimited GmbH* (F-GmbH) mit 100 %, an der *Döner Express GmbH* (D-GmbH) mit 70 % beteiligt. Das bedeutet, dass jeder Euro, den die F-GmbH verdient, wirtschaftlich ihm selbst gehört, während er jeden Euro, den die D-GmbH verdient, im Verhältnis 70:30 mit dem oder den dort vorhandenen Minderheitsgesellschaftern teilen muss. Naheliegend, wenn auch nicht nett, ist es, in dieser Lage dahin zu wirken, dass profitable Geschäfte möglichst von der F-GmbH gemacht werden, während riskante oder weniger aussichtsreiche Dinge bei der D-GmbH verbleiben. Das gefährdet die Interessen der Minderheitsgesellschafter in der D-GmbH.

3   Aus Sicht der Gläubiger ist das zunächst einmal gleichgültig, solange wenigstens das Haftkapital erhalten bleibt und alle beteiligten Gesellschaften zahlungsfähig bleiben. Der interne Streit der Gesellschafter um Gleichbehandlung und die Gewinnverteilung geht sie nichts an. Aber es ist auch möglich, dass die Gesellschaft durch die Konzernleitung ruiniert wird.

> **Beispiel:** Die K-Backwaren-Fabrik GmbH (K-GmbH) hat einen lukrativen Vertrag über die Lieferung von Toastbrot an einen bundesweiten Lebensmittel-Discounter. Aus diesem Vertrag könnte sie profitabel wirtschaften, wenn sie nicht so viele Schulden hätte. Zins und Tilgung fressen den Gewinn restlos auf. Weil der Mehrheitsgesellschafter das unbefriedigend findet, veranlasst er die Übertragung der wesentlichen Produktionsmittel und der Vertragsbeziehung über die Toast-Lieferung auf eine andere ihm gehörende Gesellschaft und lässt die K-GmbH in die Insolvenz fallen. Die Produktion geht nahtlos weiter – und die Gläubiger fallen aus[1].

4   Insbesondere lässt sich der Konzern auch gezielt dazu einsetzen, **Haftungsrisiken zu segmentieren**: Ein Unternehmen, das sich nicht sicher ist, ob eine neue Geschäftsidee tragfähig ist, wird geneigt sein, dieses durch eine selbständige GmbH (oder AG) betreiben zu lassen. Realisieren sich die Risiken, kann man die betroffene GmbH oder AG ohne Schaden für die anderen Gesellschaften fallen lassen. Vermögen und Geschäft der übrigen Gesellschaften der Gruppe sind abgeschirmt.

> **Beispiel:** Aus den USA werden Fälle berichtet, in denen Taxiunternehmen in der Weise segmentiert wurden, dass jedes Taxi von seiner eigenen, eigens dafür gegründeten *Corporation* betrieben wurde. Bei Ansprüchen von Gästen (insbesondere aus Deliktsrecht), die die Versicherungssumme überstiegen, gingen die jeweilige *Corporation* in die Insolvenz und die Geschädigten leer aus.

---

[1] Dieser Sachverhalt lag der „KBV"-Entscheidung des BGH (BGHZ 151, 181) zugrunde.

Diesen Interessengegensatz zwischen den unternehmerischen Gesellschaf- **5**
tern und den Minderheitsgesellschaftern sowie den Gläubigern bezeichnet
man als **Konzernkonflikt.**

Der Begriff beschreibt den Umstand, dass der Interessengleichlauf der Beteiligten
durch die unternehmerische Beteiligung eines der Gesellschafter gestört ist. Soweit es dem Konzernrecht darum geht, diesem Konflikt entgegenzuwirken und die
Gläubiger und die Minderheit zu schützen, handelt es sich um **Konzernrecht als
Schutzrecht.**

3. Konzernrecht als Organisationsrecht

Die Haftungsabschirmung ist aber nicht das einzige und oft auch nicht das wesent- **6**
liche Motiv der Konzernbildung. Es besteht eine starke organisatorische Komponente. Denn die Organisation eines Unternehmens in mehreren rechtlich selbständigen Gesellschaften hat Vorteile:

➲ Möglich ist eine **Trennung von strategischer und operativer Leitung**: Während
sich die Konzernzentrale den Kopf über das große Ganze zerbricht, verantworten
die Leitungen der Tochtergesellschaften das Tagesgeschäft. Diese Funktionstren-
nung ist betriebswirtschaftlich anerkanntermaßen vorteilhaft[2].

➲ Die rechtliche Selbständigkeit der Tochtergesellschaften führt zu einer **klaren
Zuordnung von Kosten und Erfolgen**, die in der eigenen Rechnungslegung der
Tochtergesellschaft zum Ausdruck kommt. Das ermöglicht es, Tochtergesell-
schaften als eigenständige „Profit-Center" zu führen.

➲ In **grenzüberschreitenden Zusammenhängen** wird man die im Ausland tätige
Einheit als selbständige Gesellschaft in der im Tätigkeitsland gebräuchlichen
Rechtsform organisieren, weil das das Auftreten am Markt erleichtert.

Diese Organisationsvorteile werfen ebenfalls **Rechtsfragen** auf. Hinsichtlich der **7**
Leitung, aber auch hinsichtlich der Finanzierung und der Überwachung muss
rechtlich eine Gesellschaft verantwortlich sein, auch wenn die Frage wirtschaftlich
die ganze Gruppe angeht. Damit ist die Frage aufgeworfen, wem die Kompetenzen zustehen, wie intensiv sie wahrzunehmen sind und welche Mittel dafür zur
Verfügung stehen. Das betrifft auch das Zusammenwirken von Vorstand und Aufsichtsrat und damit die Corporate Governance.

> **Beispiel:** War „der S.-Konzern" von einer Korruptionsaffäre betroffen, so stellt sich die
> Frage, wer dafür zu sorgen hat, dass Rechtsverstöße zukünftig unterbleiben (Compliance):
> Der Vorstand der betroffenen Tochtergesellschaft? Alle Vorstände? Der Vorstand der
> Obergesellschaft? Und wenn Letzteres: Wie setzt er die Maßnahmen durch? Und welche
> Rolle spielt dabei der Aufsichtsrat?

Abgesehen vom Erfordernis, Grundsätze für die Organisation und die Überwa- **8**
chung im Konzern aufzustellen, geht mit der Konzerngründung auch eine **Zu-**

---

[2] *Bühner/Spindler*, DB 1986, 601; *Theisen*, DBW 48 (1988), 279; *Scheffler*, AG 1990, 173.

ständigkeitsverlagerung weg von der Hauptversammlung der Muttergesellschaft einher. Dieses Problem stellt sich **vor allem in der AG**, weniger in der GmbH, bei der der Gesellschaftereinfluss größer ist und die Gesellschafterversammlung als oberstes Organ jede Entscheidung an sich ziehen kann.

> **Beispiel:** In einem Einheitsunternehmen in der Rechtsform der AG wäre die Hauptversammlung in jedem Fall zuständig für die Erhöhung des Kapitals (§ 182 AktG) und die Entscheidung über den Ausschluss des Bezugsrechts. Sie kann also darüber entscheiden, ob überhaupt neue Anteile ausgegeben werden und wenn ja, ob diese Dritten oder den Altaktionären zum Kauf angeboten werden sollen. Das ändert sich, wenn die AG z.B. alleinige Gesellschafterin einer weiteren AG ist. In dieser zweiten AG übt der Vorstand der Mutter-AG die Stimmrechte aus, er „ist" faktisch die Hauptversammlung. Daher kann er in der Tochter beliebig das Kapital erhöhen und auch darüber entscheiden, dass Dritte an der Tochter beteiligt werden sollen – ohne die Aktionäre „oben" zu befragen!

Die Aktionäre der Obergesellschaft stört das vor allem dann, wenn die Tochtergesellschaft den wirtschaftlich wichtigsten Teil der Gesamtunternehmung ausmacht. Diese Konfliktlage war Ausgangspunkt der Klagen von Minderheitsgesellschaftern gegen die Ausgliederung von Geschäften in Tochtergesellschaften, die dann zu den **„Holzmüller"- und „Gelatine"-Urteilen** des BGH[3] geführt haben (siehe oben § 21 Rn. 200 ff.). Auch diese Urteile haben also einen ausgesprochenen Konzernbezug[4].

9   Rechtlich nur einem bestimmten Unternehmen zugeordnet ist auch das Stamm- bzw. Grundkapital. Der Konzern als solcher hat weder ein Mindest- noch überhaupt ein Kapital, da er nicht rechtsfähig ist. Wirtschaftlich wird aber gleichwohl mehr oder weniger „aus einem Topf" gewirtschaftet. Stellt also eine Konzerngesellschaft einer anderen Konzerngesellschaft Geld zur Verfügung, fragt sich automatisch, ob dies mit dem Gebot der Kapitalaufbringung und -erhaltung zu vereinbaren ist. Mit diesen Fragen befasst sich das Recht der **Konzernfinanzierung**[5].

10   Soweit sich das Konzernrecht mit derartigen Organisationsfragen beschäftigt und Regeln für die Finanzierung, Leitung und Überwachung in der Unternehmensgruppe aufstellt, handelt es sich um **Konzernrecht als Organisationsrecht.**

II. Notwendigkeit eines Konzernrechts

1. „Im Konzern ist alles anders"

11   Die Existenz eines eigenständigen Konzernrechts ist rechtsvergleichend keine Selbstverständlichkeit. Deutschland war im Jahre 1965 Pionier einer solchen Lö-

---

[3] BGHZ 83, 122 – „Holzmüller"; BGHZ 159, 30 = ZIP 2004, 993 – „Gelatine I"; BGH ZIP 2004, 1001 – „Gelatine II".

[4] Vgl. *Staake*, Ungeschriebene Hauptversammlungskompetenzen in börsennotierten und nicht börsennotierten Aktiengesellschaften, 2009, S. 71 ff.

[5] Näher hierzu *Spindler*, ZHR 171 (2007), 245.

sung. Rechtstatsächlicher Hintergrund dafür war, dass zur damaligen Zeit in Deutschland das Vorhandensein eines unternehmerisch tätigen Mehrheitsgesellschafters sowohl in der AG als auch in der GmbH die Regel war. Verbreitet waren auch wechselseitige Beteiligungen anzutreffen.

Das dadurch entstandene Beteiligungsgeflecht wurde mitunter plakativ als **„Deutschland AG"** bezeichnet[6].

Die kapitalmarktorientierte AG, die sich vornehmlich über die Beteiligung einer großen Anzahl geringfügig beteiligter Aktionäre finanziert, war damals ganz deutlich die Ausnahme. Der Gesetzgeber hat daher die Konzernverbindung als Regelfall vorgefunden und darauf reagiert.

Die von ihm gefundene Lösung hat nachfolgend auch im **Ausland** Beachtung gefunden. **12**
Einige Staaten sind dem deutschen Modell ganz oder teilweise gefolgt. Es ist auch versucht worden, die anderen Mitgliedstaaten der EU von den Vorteilen der deutschen Lösung zu überzeugen; doch ist dies ganz überwiegend nicht gelungen. Nur wenige andere Staaten haben von sich aus ein geschriebenes Konzernrecht eingeführt[7], und der Vorschlag einer Harmonisierung des Konzernrechts auf europäischer Ebene[8] ist endgültig **gescheitert**. Das bedeutet aber nicht, dass die Staaten, die auf ein besonderes Konzernrecht verzichten, das Problem nicht zur Kenntnis nehmen. Sie regulieren es jedoch mit allgemeinen Mitteln, also solchen, die auch für die unverbundenen Unternehmen und ihre Gesellschafter gelten. In jüngster Zeit taucht das Problem als ein **Teilaspekt der Corporate Governance** wieder auf den Radarschirmen europäischer Institutionen auf[9].

Für das deutsche Aktienrecht hingegen betonte die **Wissenschaft** in den Jahren **13** nach 1965, dass der Konzern durchgehend nach eigenen, konzernspezifischen Rechtsregeln verlange. Wo das AktG 1965 das nicht leisten konnte, wurde versucht, die Lücken durch Analogien oder die Herausarbeitung von ungeschriebenen Rechtsgrundsätzen und Rechtsfiguren des Konzernrechts zu schließen. Ziel war die Herausarbeitung eines **geschlossenen rechtlichen Regelungssystems für verbundene Unternehmen**.

Paradigmatisch lässt sich dafür die Feststellung von *Wiedemann*[10] zitieren: **„Im Konzern ist alles anders"**. Dann ist es nur konsequent, dass auch andere Regeln nötig sind.

Die **Rechtsprechung** hat diese Tendenz zur Herausarbeitung eines besonderen Konzernrechts – wenn nötig auch über das Gesetz hinaus – zunächst mitgetragen[11]. Zwei Entwicklungen haben diese Tendenz jedoch inzwischen gestoppt und sogar umgekehrt.

---

[6] Vgl. *Adams*, ZIP 1994, 148 ff. mit Übersicht über die damals bestehenden Verflechtungen.

[7] Vgl. dazu *Forum Europaeum Konzernrecht*, ZGR 1998, 672, 676 ff.

[8] Vorschlag des Richtlinienentwurfs von 1984 abgedruckt in ZGR 1985, 444, 446 ff.

[9] Siehe Grünbuch „Europäischer Corporate Governance-Rahmen" der EU-Kommission, KOM (2011) 164/3, Frage 16.

[10] *Wiedemann*, Die Unternehmensgruppe im Privatrecht, 1988, S. 9.

[11] Vgl. BGHZ 80, 69 – „Süssen"; BGHZ 83, 122 – „Holzmüller"; BGHZ 89, 162 – „Heumann/Ogilvy"; BGHZ 95, 330 – „Autokran".

2. Trendwende

14   Zum einen ist die **Entwicklung einer besonderen Haftungsordnung für den faktischen GmbH-Konzern missglückt**. Sie hat zwischenzeitlich zu dem Ergebnis geführt, dass jeder, der wirtschaftliche Interessen in mehr als einer GmbH verfolgte, als Konzernspitze in die Gefahr persönlicher Haftung geriet[12]. Die notwendige Korrektur dieser überschießenden Tendenz[13] hat dann aber Zweifeln Raum gegeben, ob der konzernrechtliche Ansatz überhaupt zutreffend ist[14]. In der Folge hat sich der BGH vom konzernrechtlichen Ansatz in der Haftungsfrage ganz abgewendet und die Fälle zunächst mit der Durchgriffshaftung gelöst[15], bevor er dann zu einem Ansatz bei § 826 BGB übergegangen ist[16] (eingehend dazu oben § 10 Rn. 21 ff.).

15   Zum anderen hat der **Legitimationsverlust**, den die Hauptversammlung durch das massenweise Auftreten von Selbstdarstellern und räuberischen Aktionären erlitten hat, dazu geführt, dass der BGH sich auch vom Gedanken einer konzernbedingten Stärkung der Hauptversammlungskompetenzen abgewendet hat[17] (dazu oben § 21 Rn. 202 ff. und unten § 33 Rn. 26 f.). Es dominiert vielmehr die auch in anderen Entscheidungen anzutreffende **Tendenz zur Stärkung des Vorstandes** als eines unabhängigen Akteurs auf den globalen Kapitalmärkten, während der Hauptversammlung die Kompetenz zur sachgerechten Entscheidung weitgehend abgesprochen wird. Damit ist das Konzept eines Konzernrechts als Organisationsrecht in einem wesentlichen Punkt unvollständig geblieben[18].

16   Verneint man aber die Notwendigkeit eines besonderen Konzernrechts in zwei derartig zentralen Punkten, stellt sich die Frage, ob nicht auch der Rest des Gebäudes einstürzt[19]. Denn wenn in diesen Punkten eine konzernrechtliche Lösung entbehrlich erscheint, stellt sich die **berechtigte Frage**, warum das in den anderen Punkten anders sein soll. Derartige Thesen finden sich inzwischen in der Literatur durchaus[20]. Und auch die Befürworter eines Konzernrechts sprechen nur noch von dessen „Bestand und Bewährung"[21], was bestenfalls auf den Erhalt des Status quo, jedoch nicht auf Ausbau und Vollendung hinweist. In der Rechtsprechung finden

---

[12] BGHZ 115, 187 – „Video"; zur Kritik daran *Knobbe-Keuk*, DB 1992, 1461.

[13] Durch BGHZ 122, 123 – „TBB".

[14] Grundlegend *Versteegen*, Konzernverantwortlichkeit und Haftungsprivilegien, 1993.

[15] BGHZ 151, 181 - „KBV". Der „Toastbrot-Fall" (oben Rn. 3) ist dieser Entscheidung nachgebildet.

[16] BGHZ 173, 246 – „Trihotel".

[17] BGHZ 159,30 - „Gelatine I"; BGH ZIP 2004, 1001 – „Gelatine II".

[18] Wie hier auch *Lutter*, Festschrift K. Schmidt, 2009, S. 1065: „unvollendetes Konzernrecht".

[19] In Anlehnung an die berühmten Worte *Abraham Lincolns* aus dem Jahr 1858: „A house divided against itself cannot stand."

[20] *Wackerbarth*, Der Konzern 2005, 562.

[21] Vgl. *Decher*, ZHR 171 (2007), 126.

sich inzwischen sogar Urteile, die mit Grundannahmen des Konzernrechts ganz evident unvereinbar sind.

So hat der BGH[22] etwa die Zurechnung einer Zahlung an eine **Schwestergesellschaft**, die geeignet gewesen wäre, den Tatbestand der verdeckten Sacheinlage zu erfüllen, mit dem Argument abgelehnt, der Vorstand der Schwestergesellschaft leite diese in eigener Verantwortung (§ 76 AktG). Das Konzernrecht geht jedoch davon aus, dass in einer abhängigen AG der Vorstand unter dem Einfluss des herrschenden Unternehmens steht (so ausdrücklich § 311 AktG). Das legt die Annahme einer **Zurechnungseinheit** zwischen der Konzernspitze und den beiden Schwestergesellschaften nahe[23].

3. Stellungnahme

> Bei der Beurteilung dieser Entwicklung ist zu berücksichtigen, dass es kon-   **17**
> zernrechtliche Regelungen mit **unterschiedlicher Wirkungsrichtung** gibt.

Dort, wo der Gesetzgeber den Konzern gegenüber dem allgemeinen Gesellschaftsrecht **privilegiert**, erscheint es sinnvoll, an der Differenzierung zwischen allgemeinem Recht und Konzernrecht festzuhalten, weil die unternehmerisch motivierte Einflussnahme eine andere Beurteilung verdient als die privat motivierte und in der Regel auch eher förderungswürdig ist.

> So macht es einen Unterschied, ob ein Gesellschafter einer AG Mittel entzieht, weil er damit in einer anderen von ihm beherrschten Gesellschaft Investitionen tätigen will, oder ob er vorhat, das Geld seinem privaten Konsum zuzuführen.

In umgekehrter Richtung wird auch von den Gegnern des Konzernrechts nicht be-   **18**
stritten, dass die **Gefahr schädigender Einflüsse im Konzern** jedenfalls höher ist als im unverbundenen Unternehmen[24]. Das liegt daran, dass die Folgen einer Schädigung für die geschädigte Gesellschaft gleich, für den schädigenden Gesellschafter jedoch verschieden sind[25].

> **Beispiel:** Entzieht der mit 51 % beteiligte Gesellschafter „seiner" Gesellschaft 100.000 EUR, so schädigt er sich mittelbar selbst in Höhe von 51.000 EUR; den Rest des Schadens trägt die Minderheit. Auf die Konzernzugehörigkeit kommt es insoweit nicht an.

Die Konzernzugehörigkeit wirkt sich aber bei der **Mittelverwendung** aus.

➲ Ist der Gesellschafter ein **Privatmann**, so kann er die Mittel verbrauchen oder am Kapitalmarkt neu investieren. Im ersten Fall ist die Rendite null, im zweiten liegt sie bei festverzinslichen Anlagen langfristig zwischen 3 % und 4 %, bei Aktienanlagen vielleicht bei 8 %. Die Eigenkapitalrendite er-

---

[22] BGHZ 171, 113.

[23] So auch *Schall*, ZIP 2010, 205, 208 ff.

[24] *Wackerbarth*, Der Konzern 2005, 562, 563.

[25] Das übersieht *Wackerbarth*, Der Konzern 2005, 562 ff. in seiner Kritik am Konzernrecht.

folgreicher inhabergeführter Unternehmen liegt bedeutend höher. Folglich tauscht der Mehrheitsgesellschafter, der seine Gesellschaft durch den Abzug von Kapital schädigt, eine gute Geldanlage gegen eine schlechtere ein.

Das ist irrational, was nicht ausschließt, dass es gleichwohl vorkommt, da Menschen nicht immer rational mit ihrem Geld umgehen. Zudem kann es sein, dass dem Gesellschafter der Konsum wichtiger ist als die Rendite.

➲ Ist der Gesellschafter hingegen ein **herrschendes Unternehmen**, so kann er das entzogene Geld weiterhin unternehmerisch anlegen, indem er es in eine weitere von ihm kontrollierte Gesellschaft einspeist, wo es die gleiche oder sogar eine höhere Rendite erwirtschaftet als in der Gesellschaft, der die Mittel entzogen wurden. Daher handelt der Gesellschafter bei einer solchen unternehmerisch motivierten Maßnahme rational, was zugleich erklärt, warum solche Schädigungen in Unternehmensverbindungen häufiger sind. Dann stellt sich aber die Frage, ob das Recht nicht gut daran tut, **Präventionsmaßnahmen** gegen solche rationalen Schädigungen beizubehalten oder sogar wieder auszubauen.

19   Die Frage nach der Sinnhaftigkeit besonderer konzernrechtlicher Regeln kann daher nicht generell, sondern nur bezogen auf den jeweiligen Normkomplex beantwortet werden.

Wo sich ein besonderer konzernrechtlicher Regelungsansatz als entbehrlich erweist, muss weiter beachtet werden, dass die Vereinheitlichung der Lösung in beide Richtungen erfolgen kann: Neben der Aufgabe des konzernrechtlichen Ansatzes kommt auch die Ausdehnung des konzernrechtlichen Modells auf alle Gesellschafter in Betracht[26]. Eine solche differenzierende Betrachtung wird hier im Folgenden vorgeschlagen.

III. Konzernrechtliche Grundbegriffe

1. Systematik

20   Die Zusammenfassung mehrerer rechtlich selbständiger Unternehmen unter einheitlicher Leitung ist mit Gesellschaften aller Rechtsformen möglich. Gesetzlich geregelt ist die Frage nur im Aktiengesetz, weil der Gesetzgeber 1965 hier den Schwerpunkt des Regelungsbedarfs gesehen hat. Dabei zerfällt die Materie im AktG in zwei Teile: Einen allgemeinen, vor allem **Definitionen** und Hilfsnormen enthaltenden Teil in den §§ 15-19 AktG („Konzernrecht AT") und die eigentlichen **inhaltlichen Regelungen** („Konzernrecht BT").

---

[26] Zum Gedanken eines *„Konzernrechts für alle"* schon *Drygala*, GmbHR 2003, 729 ff.

Letztere unterscheiden zwischen

- ⊃ der **Eingliederung** (§§ 320 ff. AktG) als stärkster Form der Unternehmensverbindung,
- ⊃ dem auf einer vertraglichen Regelung zwischen den beteiligten Unternehmen beruhenden **Vertragskonzern** (§§ 291 ff.) und
- ⊃ dem **faktischen Konzern** (§§ 311 ff.), bei dem die Beherrschung der einen Gesellschaft durch die andere auf der faktischen Einflussmöglichkeit des beherrschenden Gesellschafters beruht.

Für die **übrigen Rechtsformen**, also insbesondere die GmbH, aber auch die Personengesellschaft, besteht Einigkeit, dass die Definitionsnormen der §§ 15 ff. AktG rechtsformübergreifend anwendbar sind. Hinsichtlich der sachlichen Regelungen der §§ 291 ff. AktG muss die analoge Anwendbarkeit für die einzelnen Rechtsformen individuell geprüft werden. **21**

2. Unternehmensbegriff

Unter den Definitionsnormen der §§ 15 ff. AktG ist der **Unternehmensbegriff** von besonderer Bedeutung, denn das Konzernrecht ist nur auf Unternehmen anwendbar. **22**

Deutlich zeigt sich das an der **aktienrechtlichen Meldepflicht** für bedeutende Beteiligungen nach § 20 AktG. Ihr unterliegen nur Unternehmen, nicht private Investoren. Eine solche Beschränkung kennt die **kapitalmarktrechtliche Parallelregelung** in §§ 21 ff. WpHG nicht.

Der konzernrechtliche Unternehmensbegriff ist dabei **nicht** mit dem des Verbraucherrechts nach §§ 13 f. BGB identisch, und zwar natürlich schon deshalb nicht, weil die Thematik hier schon seit 1965 besteht, während die Unterscheidung zwischen Verbraucher und Unternehmer erst 2001 in das BGB gekommen ist. Auch ist die Interessenlage eine ganz andere.

a) Abhängiges Unternehmen

In der Sache besteht Einigkeit dahingehend, dass **abhängiges Unternehmen** in einer Unternehmensgruppe jeder Rechtsträger mit wirtschaftlicher Betätigung sein kann[27]. **23**

Das schließt außer den Personen- und Kapitalgesellschaften auch Rechtsträger des öffentlichen Rechts (z.B. Landesbanken) ein.

---

[27] *Emmerich* in Emmerich/Habersack, Aktien- und GmbH-Konzernrecht, § 15 Rn. 10.

b) Herrschendes Unternehmen

24   Hinsichtlich des Begriffs des herrschenden Unternehmens ist die Lage weniger
eindeutig. Durchgesetzt hat sich die Ansicht, dass der Unternehmensbegriff nicht
formal, also an die Rechtsform anknüpfend, sondern schutzzweckorientiert zu
entwickeln ist:

> **Herrschendes Unternehmen** sollte also jeder Rechtsträger sein können, bei
> dem die Gefahr besteht, dass er in sich die konzernspezifische Gefahrenlage,
> also den oben beschriebenen Konzernkonflikt, verwirklicht.

Das ist nach der inzwischen ständigen Rechtsprechung dann der Fall, wenn der
betreffende Gesellschafter *„eine wirtschaftliche Interessenbindung außerhalb der Gesellschaft verfolgt, die die Besorgnis begründet, der Gesellschafter könnte deswegen seinen
Einfluss zum Nachteil der Gesellschaft geltend machen"*[28].

Herrschendes Unternehmen sind danach zum einen **Gesellschafter, die selbst einer unternehmerischen Tätigkeit nachgehen**, also insbesondere am Markt auftretende Handelsgesellschaften und Einzelunternehmer. **Privatpersonen** kommen
ebenfalls in Betracht, sobald sie an mehr als einer Gesellschaft beteiligt sind. Denn
dann verfolgen sie ebenfalls wirtschaftliche Aktivitäten außerhalb der beherrschten Gesellschaft und es besteht die eingangs beschriebene Gefahr, dass der Gesellschafter z.B. Ressourcen zwischen den Gesellschaften verschiebt. Das rechtfertigt
die Anwendung des Konzernrechts.

Für den Vertragskonzern wird man zudem auf die Beteiligung an einer anderen Gesellschaft verzichten können. Siehe näher dazu unten § 32 Rn. 19 ff.

25   **Nicht erforderlich** ist dabei, dass die beiden (oder mehreren) Gesellschaften, die
der gemeinsame Mehrheitsgesellschafter beherrscht, in einem Wettbewerbsver-
hältnis stehen oder dass sie überhaupt **in derselben Branche** tätig sind.

> **Beispiel:** So wurde etwa in der „Video"-Entscheidung[29] die Beherrschung einer GmbH,
> die eine Videothek betrieb, und einer zweiten, die mit Damenwäsche handelte, für ausrei-
> chend gehalten.

> Als **Merksatz** lässt sich daher festhalten: Ab der zweiten beherrschten Ge-
> sellschaft ist auch eine natürliche Person „Unternehmen" im Sinne des Kon-
> zernrechts.

26   Gleiches gilt für Gewerkschaften, Stiftungen und Vereine mit **multiplem Beteili-
gungsbesitz** und zwar selbst dann, wenn das herrschende Unternehmen selbst keinen Erwerbszweck verfolgt. Eine **Ausnahme** greift jedoch dann ein, wenn ein Unternehmen selbst nicht anbietend am Markt tätig wird und gleichzeitig nur eine

---

[28] BGHZ 69, 334, 337 f. – „VEBA/Gelsenberg".
[29] BGHZ 115, 187.

andere Gesellschaft beherrscht (Holding mit nur einer Untergesellschaft)[30]. Dies gilt unabhängig von der Rechtsform der betroffenen Gesellschaft, sodass auch bei Handelsgesellschaften und GmbHs die Unternehmenseigenschaft im konzernrechtlichen Sinne ausnahmsweise fehlen kann. Daran zeigt sich, dass es nicht auf die Rechtform, sondern auf die Gefahrenlage ankommt!

> Paradefall solcher reinen **Verwaltungsgesellschaften** ist die Verwaltungs-GmbH in der GmbH & Co. KG (dazu oben § 17). Sie tut nicht mehr, als die Geschäfte der KG zu führen; eine darüber hinausgehende eigene Leistung bietet sie am Markt nicht an. Bei formaler Betrachtung wäre sie, da Handelsgesellschaft, als Unternehmen anzusehen. Richtigerweise kann aufgrund des beschränkten Tätigkeitsfeldes der Konzernkonflikt jedoch nicht auftreten, sodass sie aus dem Unternehmensbegriff herausfällt. Das gilt unabhängig davon, ob die Anteile an der Verwaltungs-GmbH der KG gehören (Einheitsmodell) oder ob GmbH und KG gemeinsame Gesellschafter haben (Personenidentitätsmodell). Diese Wertung lässt sich auf andere reine Vermögensverwaltungsgesellschaften und Holdings mit nur einer Untergesellschaft übertragen[31].

Körperschaften des öffentlichen Rechts sind jedenfalls dann herrschende Unternehmen, wenn sie mehrere Rechtsträger mit Erwerbszweck beherrschen.   **27**

> Daher ist in Städten und Landkreisen das Bestehen eines **kommunalen Konzerns** nicht ungewöhnlich, wenn etwa Krankenhäuser, Altenheime, Stadtwerke und/oder Müllabfuhr in mehreren GmbHs oder Aktiengesellschaften betrieben werden. Die Bundesrepublik Deutschland ist wegen ihres Beteiligungsbesitzes (insbesondere an der *Telekom AG*, *Lufthansa AG* und *Deutsche Bahn AG*) ebenfalls herrschendes Unternehmen.

Zweifelhaft ist die Unternehmenseigenschaft dort, wo die betreffende Körperschaft des öffentlichen Rechts **nur an einem Unternehmen** maßgeblich beteiligt ist.

> **Beispiel:** Dies wurde im Verhältnis des Landes **Niedersachsen** zur **VW-AG** problematisch. Der BGH bejahte in diesem Fall die Unternehmenseigenschaft des Landes mit dem Konflikt zwischen politischen und wirtschaftlichen Interessen[32]. Es sei denkbar, dass die öffentliche Hand, auch wenn sie nur an einem Unternehmen beteiligt ist, vom Unternehmensinteresse abweichende politische Ziele verfolgt, die das Unternehmen schädigen könnten. Daher sei die öffentliche Hand auch bei der Beherrschung nur einer Gesellschaft als Unternehmen im Sinne des Konzernrechts anzusehen.

Der vom BGH dargestellte Befund ist **richtig**; den angenommenen Interessenkonflikt gibt es tatsächlich. Es gilt als gesichert, dass Politiker bei der Entscheidung von Sachfragen vielfach nicht die sachlich angemessene Lösung anstreben, sondern diejenige, die die eigene Wiederwahl fördert. So wäre es denkbar, dass das Land das Unternehmen veranlasst, auf (sachlich gebotene) Entlassungen zu verzichten, wenn Landtagswahlen vor der Tür stehen, oder dass es das Unternehmen zur Kürzung von Investitionen veranlasst, damit eine höhere Dividende ausge-

---

[30] Wie hier *J. Vetter* in K. Schmidt/Lutter, AktG, § 15 Rn. 51.

[31] Zur Besitzgesellschaft bei der Betriebsaufspaltung *Bayer* in MünchKomm. AktG, § 15 Rn. 45; *J. Vetter* in K. Schmidt/Lutter, AktG, § 15 Rn. 48.

[32] BGHZ 135, 107 ff.

schüttet werden kann, was dann öffentlich als Beitrag zur Haushaltssanierung aus-
gelobt wird.

> **Beispiel:** So hat der Bund für das Geschäftsjahr 2010 für seine Beteiligung an der
> *Deutschen Bahn AG* eine Dividende in Höhe von 500 Mio. EUR verlangt und erhalten.

28   Allerdings **können solche Konflikte**, die sich aus einer anderen Zielsetzung des
Aktionärs im Verhältnis zum Unternehmen ergeben, praktisch **mit jedem ein-
flussreichen Gesellschafter auftreten**. Legendär sind inzwischen die Konflikte
zwischen Finanzinvestoren und dem Management über die Frage, ob finanzielle
Reserven (kurzfristig) ausgeschüttet oder (langfristig) reinvestiert werden sollen.

> **Beispiel:** Auseinandersetzung zwischen der *Deutschen Börse AG* und dem britischen
> Hedge-Fonds *The Children's Investment Fund* (TCI) im Jahr 2005 über den geplanten
> Erwerb der London Stock Exchange (LSE).

Ausländischen Großinvestoren wird vielfach der Vorbehalt entgegengebracht, ihnen ginge
es um die Aneignung von Know-how zu Gunsten ihrer heimischen Wirtschaft. Sozial
motivierte Gesellschafter wie Gewerkschaften, Stiftungen und Kirchen könnten
möglicherweise die wirtschaftlichen Belange überhaupt vernachlässigen und damit den
Bestand des Unternehmens gefährden.

> **Beispiel:** Vor allem den deutschen Gewerkschaften ist es in den 1980er und 1990er
> Jahren gelungen, einige spektakuläre Insolvenzen zu produzieren, etwa bei der „Neuen
> Heimat" und vor allem bei der *co op AG*, einer Rechtsnachfolgerin vormaliger Konsum-
> genossenschaften.

Es handelt sich daher bei der im Fall „Niedersachsen/VW" aufgeworfenen Frage
nicht um ein Sonderproblem, sondern um eine **Kernfrage des Konzernrechts**.
Denn nimmt man den Ansatz des BGH ernst, muss man entweder alle derartigen
Großaktionäre in das Konzernrecht einbeziehen[33] oder aber keinen – jedenfalls sofern nicht mehrere Unternehmen beherrscht werden. Eine inhaltliche Differenzierung, welcher Aktionär unter welchen Voraussetzungen als „gefährlich" anzusehen ist, ist weder rechtssicher möglich noch in der Sache wünschenswert, weil sie
mit dem Charakter der AG als eines für den Beitritt aller offenen Verbandes nicht
zu vereinbaren wäre.

29   Vollends überfordert wäre das Konzernrecht jedoch dann, wenn man ihm auch
die Aufgabe zuwiese, Abhängigkeitslagen zu regulieren, die sich aus dem Vorhandensein **unterschiedlicher wirtschaftlicher Macht** ergeben. Zwar sind Ab-
hängigkeiten etwa des Zulieferers im Verhältnis zum Großabnehmer oder des
Kreditnehmers im Verhältnis zur Großbank nicht zu leugnen. Nur geht es dabei
um den Schutz der Entscheidungsfreiheit des wirtschaftlich schwächeren Teils,
vor allem in der Verhandlungssituation, z.B. in den Verhandlungen mit der Großbank oder dem wirtschaftlich mächtigen Nachfrager. Daraus können sich Gefahren für die Gesellschafterminderheit oder die (anderen) Gläubiger ergeben, aber

---

[33] Dafür *Koppensteiner* in KölnKomm. AktG, § 15 Rn. 84; im Ergebnis auch *Schall* in Spind-
ler/Stilz, AktG, Vorb. zu § 15 Rn. 27 f.

diese sind Nebenfolge der Fremdbestimmung, die ihre Ursache in der schwachen Verhandlungsposition hat, aber nicht selbst der Kern des Problems ist.

Die im Kern vorliegende Problematik der mangelnden Fähigkeit zur rechtsgeschäftlichen Selbstbestimmung ist aber nicht Aufgabe des Konzernrechts; sie ist mit Mitteln des Vertragsrechts (§§ 138, 242, 305 ff. BGB) und des Rechts der Wirtschaftsordnung, hier vor allem die §§ 19 ff. GWB, zu lösen.

Daher ist eine Einbeziehung **wirtschaftlicher Abhängigkeitsverhältnisse** in die §§ 15 ff. AktG **abzulehnen**[34]. Der Einfluss des herrschenden Unternehmens muss vielmehr gesellschaftsrechtlich, d.h. durch Stimmrechte, vermittelt sein.

3. Abhängigkeit

a) Begriff und Bedeutung

Die Abhängigkeit eines Unternehmens ist der eigentliche Zentralbegriff des Konzernrechts. Sie liegt vor, wenn das herrschende Unternehmen gegenüber dem abhängigen seinen Willen durchsetzen *kann*. Dass es von dieser Möglichkeit auch Gebrauch macht, also die einheitliche Leitung im Sinne der Konzerndefinition des § 18 AktG tatsächlich herbeiführt, ist nicht Voraussetzung.   30

Zahlreiche konzernrechtliche Regelungen (etwa die §§ 56 II und III, 71d, 160 Nr. 1, 2 und 8, 305 II AktG) stellen nur auf die Abhängigkeit ab und setzen einen Konzern im technischen Sinne gar nicht voraus. Dies gilt vor allem für die Regelung des **faktischen Konzerns** in den §§ 311 ff. AktG: Auch hier genügt Abhängigkeit, wie sich aus dem Wortlaut eindeutig ergibt.

Hauptsächliche Rechtsfolge der Abhängigkeit ist die Pflicht, in einem **Abhän-**   31
gigkeitsbericht Rechtsgeschäfte und Maßnahmen zwischen beherrschtem und herrschendem Unternehmen zu dokumentieren (§ 312 AktG).

Im Bilanzrecht verlangt der **Konzernabschluss** nach § 290 HGB ebenfalls keinen Konzern im Sinne des § 18 AktG[35], sondern verwendet einen eigenen, europäisch geprägten Begriff der „Kontrolle" über ein Unternehmen. Das ist mit § 18 AktG nicht identisch.

---

[34] Die gegenteilige, an sich schon „scheintote" These wurde jüngst von *Schall* (in Spindler/Stilz, AktG, § 15 Rn 16 f.) wieder zum Leben erweckt, ohne dass dabei neue Argumente vorgebracht werden konnten. Ihr endgültiges Ableben wäre wünschenswert.

[35] Das war bei Inkrafttreten des AktG 1965 noch anders. Die Regelung wurde im Jahre 2009 durch das BilMoG europäischen Standards angepasst.

b) Abhängigkeitsvermutung

32   Die Abhängigkeit eines Unternehmens wird vermutet, wenn das andere Unternehmen mit Mehrheit beteiligt ist (§ 17 II AktG).

Dabei kommt es auf die **Mehrheit der Stimmrechte**, nicht des Kapitals, an.
Stimmrechtslose Anteile oder eigene Aktien (vgl. § 71b AktG) sind also nicht
mitzuzählen.

c) Abhängigkeit kraft realer Einflussmöglichkeit

33   Greift die Vermutung nicht ein, weil dem Aktionär weniger als 50 % der
stimmberechtigten Aktien gehören, kann die Gesellschaft trotzdem abhängig
sein. Die Abhängigkeit muss dann positiv festgestellt werden.

Sie liegt vor, wenn ein Gesellschafter trotz unter 50 % liegender Beteiligung die
Möglichkeit hat, in der Gesellschaft **regelmäßig seinen Willen durchzusetzen**.
Das kann insbesondere in der AG der Fall sein, wenn ein Teil der Gesellschafter
sein Stimmrecht häufig nicht wahrnimmt, also die Anzahl der in der HV vertretenen Aktien dauerhaft unter 100 % liegt. Dann genügt schon ein entsprechend ge-
ringerer Stimmrechtsanteil, um die Gesellschaft zu beherrschen. Diese sogenannte
Hauptversammlungsmehrheit genügt, um die Gesellschaft als abhängig anzusehen. In der GmbH und in der Personengesellschaft kann die Abhängigkeit sich
auch durch Vertragsgestaltung ergeben, indem einem Gesellschafter, der nicht mit
Mehrheit beteiligt ist, Sonderrechte eingeräumt werden, die einen beherrschenden
Einfluss begründen.

> **Beispiel:** Im Fall „VW/Niedersachsen" war das Land Niedersachsen an VW nur mit
> 20,1 % beteiligt, hatte aber aufgrund des VW-Gesetzes alter Fassung[36] eine erhebliche
> gestärkte Rechtsposition, insbesondere durch Entsendungsrechte zum Aufsichtsrat, Veto-
> rechte bei bestimmten Beschlüssen und ein auf 80 % angehobenes Mehrheitserfordernis
> bei satzungsändernden Beschlüssen, sodass mit 20,1 % schon eine Sperrminorität bestand.

d) Widerlegung der Vermutung

34   Die Abhängigkeitsvermutung aus § 17 II AktG kann widerlegt werden.

Es muss dafür nachgewiesen werden, dass dem betreffenden Gesellschafter trotz
der ihm zustehenden Stimmrechte die **Möglichkeit zur Beherrschung fehlt**. Dies
kann der Fall sein, wenn satzungsmäßige Sonderrechte für andere Gesellschafter

---

[36] Es geht um die Fassung, die später vom EuGH beanstandet wurde, vgl. EuGH NJW 2007,
3481.

bestehen, die den Einfluss begrenzen. Auch die Besetzung des Aufsichtsrates spielt – unter Beachtung der Mitbestimmungsregelung – eine Rolle.

Eine montan-mitbestimmte Gesellschaft kann daher nach zutreffender Ansicht gar nicht beherrscht werden[37].

In der **Personengesellschaft** kann Beherrschung nur vorliegen, wenn der Gesellschaftsvertrag Mehrheitsentscheidungen zulässt. Ansonsten steht § 118 HGB der Beherrschung entgegen.

In der AG ist das maßgebliche Mittel zur Widerlegung der Vermutung der sogenannte **Entherrschungsvertrag**[38].   **35**

In ihm verpflichtet sich der Gesellschafter gegenüber der Gesellschaft selbst, seine Rechte nicht in einem Umfang auszuüben, der eine Beherrschung ermöglicht. Insbesondere muss die Verpflichtung enthalten sein, in der Hauptversammlung weniger als die Hälfte der insgesamt vertretenen Stimmen abzugeben. Der Vertrag muss auf längere Zeit, d.h. über die Amtsperiode der amtierenden Organe hinaus, angelegt sein. Er muss zudem ernsthaft gewollt sein und von Unternehmen und Gesellschafter auch tatsächlich praktiziert werden.

e) Abhängigkeit kraft Zurechnung

aa) Handeln für Rechnung und wirtschaftliche Verflechtung

Eine Abhängigkeit ohne Mehrheitsbeteiligung kann sich auch dadurch ergeben, dass eine Mehrheitsbeteiligung auf mehrere Personen verteilt ist, die sich aber rechtlich oder wirtschaftlich nahe stehen. Diese Frage regelt § 16 IV AktG. Es geht dabei neben der Klarstellung, dass bei einem Einzelkaufmann auch Anteile mitzählen, die im Privatvermögen gehalten werden, um **zwei Fallgruppen**:   **36**

➲ Zuzurechnen sind zum einen Anteile, die ein anderer **für Rechnung** des Gesellschafters hält.

Der Begriff „halten für Rechnung" kommt im AktG an mehreren Stellen vor (etwa in §§ 56 III, 71a AktG). Der klassische Fall der Für-Rechnung-Abrede liegt vor, wenn der Dritte Beauftragter des Gesellschafters ist, also nach §§ 667, 670 BGB Aufwendungsersatz für den Anteilserwerb verlangen kann und daraus erlangte Vorteile an den Auftraggeber weiterleiten muss. In diesem Fall **trägt der Auftraggeber das wirtschaftliche Risiko**, sodass bei wirtschaftlicher Betrachtung die Aktien als ihm gehörend anzusehen sind. Das gilt unabhängig von der Frage, ob der Beauftragte weisungsgebunden ist[39]; die Risikoübernahme genügt. Da diese Risikoübernahme häufig auch bei

---

[37] Vgl. *Koppensteiner* in KölnKomm. AktG, § 17 Rn. 120; anders *J. Vetter* in K. Schmidt/Lutter, § 17 Rn. 7.

[38] Dazu *Hommelhoff*, Die Konzernleitungspflicht, 1988, S. 81 ff.

[39] *Vedder*, Zum Begriff „für Rechnung" im AktG und im WpHG, 1999, S. 121 ff.

der entgeltlichen Geschäftsbesorgung und in Treuhandverhältnissen vorliegt, sind auch dies Gestaltungen, die häufig zu einer Zurechnung nach § 16 IV AktG führen.

⊃   Der zweite in § 16 IV AktG erwähnte Fall ist das Halten der Anteile durch ein **weiteres beherrschtes Unternehmen**. Der fragliche Gesellschafter ist mit der abhängigen Gesellschaft also nicht nur direkt, sondern auch (oder nur) mittelbar durch ein weiteres Beteiligungsunternehmen verbunden (siehe dazu das Beispiel unten § 31 Rn. 15 f.).

Die Zurechnung legitimiert sich hier wie im zuerst genannten Fall dadurch, dass der Obergesellschaft Zahlungen der mittelbar beherrschten Gesellschaft an die Zwischengesellschaft wirtschaftlich zugutekommen. Dass die Gesellschaft an der Konzernspitze die Möglichkeit hat, die gesamte Gruppe durch Weisungen zu steuern, tritt hinzu, ist aber nicht das alleinige Kriterium. Darum unterbricht auch das Vorhandensein einer AG in der Zurechnungskette trotz der Weisungsunabhängigkeit ihres Vorstandes die Zurechnung nicht[40].

⊃   Die beiden Fälle können zudem auch **kombiniert** auftreten, also dergestalt, dass in der Zurechnungskette sowohl abhängige Gesellschaften als auch für fremde Rechnung handelnde Personen vorkommen.

> Keine Voraussetzung des § 16 IV AktG ist, dass das herrschende Unternehmen selbst Anteile hält: Die Stellung als „Konzernmutter" kann sich vielmehr auch allein aus mittelbaren Beteiligungen ergeben. Das ist gerade bei mehrstufigen Konzernen durchaus üblich.

37   Die beiden in § 16 IV AktG genannten Fälle enthalten einen **allgemeinen Rechtsgedanken**, der überall dort angewendet werden kann, wo eine Norm die Gesellschafterstellung voraussetzt, also z.B. bei den Zahlungsverboten (§ 30 GmbHG, § 57 AktG) oder den Gesellschafterdarlehen (§§ 39 I Nr. 5, 135 InsO).

Als Gesellschafter wird auch behandelt, wer die Beteiligung mittelbar durch für fremde Rechnung handelnde Personen oder abhängige Unternehmen hält.

bb) Weitere Zurechnungsgründe

38   Weniger gesichert sind Zurechnungsgründe jenseits der in § 16 IV AktG genannten Fälle.

⊃   **Familienangehörigkeit** allein genügt (gerade bei volljährigen Familienmitgliedern) als solche nicht. Hier müssen Zusatzkriterien hinzukommen, wie das dauerhafte gemeinsame Auftreten als Interessenverband[41] oder eine interne Stimmrechtsbindung zwischen den Gesellschaftern. Außerdem ist zu prüfen, ob das eine Familienmitglied dem anderen die Beteiligung finanziert; dann kann Handeln für fremde Rechnung vorliegen.

⊃   Auch außerhalb von Familien können **Stimmbindungsverträge** dazu führen, dass ein einzelner Gesellschafter oder eine gemeinsam handelnde Gruppe von Personen die beherrschende Stellung erlangt.

---

[40] Zu Unrecht a.A. BGHZ 170, 113 (siehe oben Rn. 16).
[41] BGHZ 80, 69, 73.

⮩ Ein zunehmender Teil der Literatur spricht sich ferner mit guten Gründen dafür aus, auch im Konzernrecht die **kapitalmarktrechtlichen Zurechnungstatbestände der §§ 21 f. WpHG** entsprechend anzuwenden. Damit wird ein wünschenswerter Gleichlauf zwischen Kapitalmarktrecht und Konzernrecht hergestellt. Daher sind z.B. auch das Bestehen von **Kaufoptionen** auf größere Aktienpakete[42] (§ 22 I 1 Nr. 5 WpHG) oder das abgestimmte Verhalten einer Investorengruppe gegenüber der Gesellschaft[43] (sog. **acting in concert**, § 22 II WpHG) abhängigkeitsbegründend.

cc) Rechtsfolgen der Zurechnung

Ist nach dem Vorstehenden eine Zurechnung zu bejahen, erfolgt sie in **voller** Höhe, nicht quotal. **39**

> **Beispiel:** Beherrscht also A die B durch Beteiligung mit 51 % und ist B wiederum an C mit ebenfalls 51 % beteiligt, so ist A so zu behandeln, als sei er selbst Mehrheitsgesellschafter der C. Falsch wäre es, die Anteile „durchzurechnen" und ihn nur als mit 26,01 % beteiligt anzusehen.

Wichtig ist auch, dass die Zurechnung nach § 16 IV AktG nicht dazu führt, dass die **mittelbare Beteiligung die unmittelbare absorbiert**.

> Dass in dem obigen **Beispiel** A herrschendes Unternehmen gegenüber C ist, führt nicht dazu, dass B aus der Betrachtung ausscheidet. Da B aber die Voraussetzungen des § 17 AktG ohne weiteres selbst erfüllt, sind sowohl A als auch B im Verhältnis zu C als herrschende Unternehmen anzusehen. C ist gleichzeitig von mehreren Unternehmen abhängig!

4. Konzern

Der Konzern ist in § 18 AktG definiert durch das **Bestehen einheitlicher Leitung**. **40**

Erforderlich ist also, dass das herrschende Unternehmen den bestehenden Einfluss auch ausnutzt, und (nach h.M.) das abhängige Unternehmen in wenigstens einer zentralen unternehmerischen Funktion (Finanzierung, Planung *oder* Personal[44]) seiner Führung unterstellt. Nach anderer Auffassung soll bereits die Übernahme der strategischen Leitung genügen[45].

---

[42] So auch *Bayer* in MünchKomm. AktG, § 17 Rn. 53 ff.; *Lutter*, Festschrift Steindorff, 1990, S. 125, 132 f.; *Weber*, ZIP 1994, 678 ff.; *Noack*, Gesellschaftervereinbarungen bei Kapitalgesellschaften, 1994, S. 90; ablehnend hingegen etwa OLG Düsseldorf AG 1996, 36, 38 f.; *J. Vetter* in K. Schmidt/Lutter, AktG, § 17 Rn. 35; *Schall* in Spindler/Stilz, AktG, § 17 Rn. 37; *Krieger*, Festschrift Semler, 1993, S. 503, 505 ff.

[43] Dazu *J. Vetter* in K. Schmidt/Lutter, AktG, § 17 Rn. 26 ff.; *Schall* in Spindler/Stilz, AktG, § 17 Rn. 32.

[44] Der enge Konzernbegriff verlangt eine Zentralisierung mehrerer Funktionen, vgl. *Emmerich* in Emmerich/Habersack, Aktien- und GmbH-Konzernrecht, § 18 Rn. 10.

[45] *Wiedemann*, Die Unternehmensgruppe im Privatrecht, 1988, S. 14 f.

Das Bestehen eines Konzerns wird vermutet, wenn Abhängigkeit besteht (§ 18 I 3 AktG). Es besteht also eine **Vermutungskaskade**: Aus der Mehrheitsbeteiligung folgt die Vermutung der Abhängigkeit, aus der Abhängigkeit die Vermutung der Konzernierung.

41   **Direkte Rechtsfolgen** bringt der Konzernbegriff **nicht** mehr hervor, seitdem die Pflicht zur Erstellung einer Konzernbilanz vom aktienrechtlichen Konzernbegriff abgekoppelt und in § 290 HGB mit einer eigenen Definition versehen wurde. **Mittelbar** wird der Konzernbegriff für die Frage herangezogen, ob die materiellen konzernrechtlichen Vorschriften, insbesondere die §§ 311 ff. AktG, so auszulegen sind, dass sie die Herstellung einer einheitlichen Leitung ermöglichen. Dafür ist der Konzernbegriff jedoch unergiebig; die Frage muss direkt aus § 311 AktG selbst heraus beantwortet werden (siehe unten § 31 Rn. 14 ff.).

5. Weitere Grundbegriffe

a) Gleichordnungskonzern

42   In den §§ 18 II, 291 II AktG mehr erwähnt als geregelt ist der Gleichordnungskonzern.

Es handelt sich um eine Unternehmensverbindung, bei der die beteiligten Unternehmen unter einheitlicher Leitung stehen, ohne voneinander abhängig zu sein.

Es darf daher **keinen gemeinsamen Mehrheitsgesellschafter** geben, denn dieser wäre ja herrschendes Unternehmen (siehe oben Rn. 24 ff.). Ein gemeinsames Leitungsorgan, das als GbR verfasst ist, wäre nach Anerkennung der Rechtsfähigkeit der Außen-GbR ebenfalls als herrschendes Unternehmen anzusehen und würde den Gleichordnungskonzern ausschließen. Übrig bleibt die Installation eines von beiden Unternehmen zu besetzenden, geschäftsleitenden, aber nicht rechtsfähigen Zentralorgans (Konzernausschuss) oder die vollständige oder überwiegende Personalidentität in den Leitungsgremien der beteiligten Gesellschaften.

Gleichordnungskonzerne sind praktisch selten; auf eine nähere Darstellung soll daher hier verzichtet werden[46].

b) Wechselseitige Beteiligung

43   Als verbundene Unternehmen betrachtet das AktG auch wechselseitig beteiligte Unternehmen. Derartige Beteiligungen (**Ringverflechtungen**) waren früher in Deutschland ausgesprochen verbreitet, sodass bisweilen von der „Deutschland

---

[46] Vgl. statt dessen *K. Schmidt*, ZHR 155 (1991), 417; *Lutter/Drygala*, ZGR 1995, 557 ff.

AG" die Rede war[47]. Ihre Bedeutung ist in den vergangenen Jahren unter dem Druck der Kapitalmärkte aber zurückgegangen.

Aus der wechselseitigen Beteiligung entstehen **Gefahren** für das Kapital und auch für die Corporate Governance, wie folgendes Beispiel zeigt:

> **Beispiel:** Die A-AG ist an der B-AG mit 20 % beteiligt und umgekehrt. Erhöht die A-AG ihr Kapital und übt die B-AG ihr Bezugsrecht aus, so fließen 20 % des von der B-AG eingezahlten Kapitals aus Mitteln, die der A bereits gehören, denn in dieser Höhe ist sie am Vermögen der B beteiligt, aus dem die Einlage stammt. Von daher steht der Vorgang der (verbotenen) Selbstzeichnung nach § 56 I AktG nahe. Dieser Effekt tritt umso stärker auf, je höher die beiden Unternehmen jeweils am Kapital des jeweils anderen Partners beteiligt sind. Bei einer 100%igen wechselseitigen Beteiligung würden die Unternehmen sich selbst gehören und könnten Kapital in beliebiger Höhe ausweisen, ohne dass ein realer Risikobeitrag erbracht würde. In Bezug auf die Corporate Governance ist zu vermuten, dass die Vorstände der A-AG und B-AG sich in der Hauptversammlung jeweils unterstützen werden, in der Erwartung, von dem Unterstützten wiederum Unterstützung zu erfahren. Auch dieser Effekt verstärkt sich mit der Höhe der Beteiligung. Bei einer wechselseitigen Mehrheitsbeteiligung könnten z.B. in der GmbH die Geschäftsführer nicht mehr gegen ihren Willen abberufen werden.

Das Gesetz reagiert darauf mit einer besonderen Regelung, die eine Schranke bei **44** 25 % der Anteile zieht: Nach §§ 19 I i.V.m. 328 I AktG findet eine **Stimmrechtsbeschränkung auf 25 %** statt. Diese soll insbesondere verhindern, dass die Leitungs- und Kontrollorgane nicht mehr abberufen werden können.

> Darin muss man zudem die Wertung sehen, dass das Gesetz erst die über 25 % hinausgehende wechselseitige Beteiligung als Problem ansieht. Unterhalb dieser Grenze bleibt die wechselseitige Beteiligung daher rechtlich folgenlos.

Besteht ein beherrschender Einfluss eines der Unternehmen auf das andere, weil eine Mehrheitsbeteiligung besteht oder die vorhandenen Anteile für eine Beherrschung auch ohne Anteilsmehrheit ausreichen, handelt es sich nach § 19 II und III AktG um abhängige und herrschende Unternehmen. Das führt zum Eingreifen der **Zurechnungsvorschriften** der §§ 56 II, 71d AktG.

Rechtsfolgen sind das Verbot der Teilnahme an Kapitalerhöhungen (§ 56 **45** AktG) und das Eingreifen von § 71b AktG: Die betroffenen Anteile werden also **wie eigene Aktien behandelt**, und aus diesen stehen dem betroffenen Unternehmen keine Rechte zu. Zudem greift die Veräußerungspflicht in Bezug auf eigene Aktien nach § 71c AktG.

> Mit dieser Regelung wird bereits ein Ausbau von wechselseitigen Beteiligungen über 25 % hinaus wirtschaftlich unattraktiv, da man für die Anteile Geld bezahlen muss, ohne dadurch zusätzliche Rechte zu erlangen. Die qualifizierte wechselseitige Beteiligung über 50 % hinaus kann wegen der Veräußerungspflicht nach § 71c AktG nur vorübergehend

---

[47] *Adams*, ZIP 1994, 148 ff.

auftreten, zudem sind die Aktien wegen § 71b AktG vollständig „eingefroren". Das kommt faktisch einem Verbot sehr nahe.

Zu beachten ist, dass auch auf die 25%-Schwelle der §§ 19, 328 AktG die Zurechnungskriterien nach § 16 IV AktG Anwendung finden, sodass mittelbare Beteiligungen mitzuzählen sind. Die Vorschriften über wechselseitige Beteiligungen sind im Grundsatz nur auf inländische Aktiengesellschaften und KGaA anwendbar. Die Übertragbarkeit auf Gesellschaften anderer Rechtsform und auf wechselseitige Beteiligungen unter Mitwirkung von Auslandsgesellschaften ist sehr umstritten[48].

---

[48] Dazu *J. Vetter* in K. Schmidt/Lutter, AktG, § 19 Rn. 19 f.

§ 30 Konzerneingangskontrolle

Literatur: *Lutter/Timm*, Konzernrechtlicher Präventivschutz im GmbH-Recht, NJW 1982, 409; *Mülbert*, Übernahmerecht zwischen Kapitalmarktrecht und Aktien(konzern)-recht, ZIP 2001, 1221; *Zöllner*, Schutz der Aktionärsminderheit bei einfacher Konzernierung, Festschrift Kropff, 1997, S. 333.

I. Problemstellung

Das geschriebene Konzernrecht regelt vor allem den Schutz von Gläubigern und   1
Minderheiten im Konzern; das zeigt sich deutlich an System und Funktionsweise
der §§ 311 ff. AktG einerseits, den §§ 291 ff. AktG andererseits. Die Einflüsse des
herrschenden Unternehmens sollen in Grenzen gehalten werden (§ 311 AktG)
bzw. Gläubiger und Minderheit werden durch besondere Ansprüche geschützt
(§§ 303-305 AktG).

Beides hat **Nachteile**: Im faktischen Konzern ist die Effektivität des Schutzsystems der §§ 311 ff. AktG zweifelhaft (siehe dazu unten § 31 Rn. 45 ff.). Das Recht
des Vertragskonzerns schützt die Minderheit zwar effektiv vor Vermögenseinbußen; aber an den Zukunftschancen „ihres" Unternehmens nehmen sie nur noch bedingt teil, wenn sie entweder gegen Abfindung ausscheiden oder eine Ausgleichszahlung akzeptieren, die aus der Aktie de facto ein festverzinsliches Wertpapier
macht.

Zugleich zeigt die Erfahrung, dass dann, wenn ein herrschendes Unternehmen
einmal die Kontrolle über eine Gesellschaft erlangt hat, oft weitere Konzernierungsschritte nachfolgen, bis schließlich das Unternehmen von der Börse genommen und die Minderheit nach § 327a AktG „gesqueezed" wird (dazu oben § 22
Rn. 32 ff.). Man hat deshalb die **Abhängigkeitsbegründung** als den **„archimedischen Punkt des Konzernrechts"** bezeichnet[1] und die Frage gestellt, inwieweit
ein Schutz nicht in der Abhängigkeit, sondern vor dem Entstehen von Abhängigkeit entwickelt werden kann. Dies wird mit dem Schlagwort „Konzerneingangskontrolle" bezeichnet.

II. Methoden der Abhängigkeitsbegründung

Bei einer Gesellschaft, die von Anfang an als Tochtergesellschaft gegründet wurde,   2
stellt sich das Problem von vornherein nicht. Eine Eingangskontrolle müsste
sich an die Gründer richten, das wäre aber sinnlos. Ist die betreffende Gesellschaft
aber zunächst als konzernunabhängiges Gebilde entstanden, so kann sie abhängig
werden durch:

---

[1] *Lutter/Timm*, NJW 1982, 409.

⊃ **Kontrollwechsel**, d.h. dadurch, dass an Stelle des bisherigen nicht-unternehmerischen Mehrheitsgesellschafters ein neuer, unternehmerischer Mehrheitsgesellschafter tritt (z.B. nach Anteilsverkauf).

> Vorgänge dieser Art bildeten den Hintergrund der Auseinandersetzung in den Fällen „ITT"[2] und „Heumann/Ogilvy"[3]: In beiden Fällen hatten sich internationale Konzerne in bisherige Familiengesellschaften eingekauft, die dadurch abhängig geworden waren. Die verbliebenen Minderheitsgesellschafter gerieten alsbald in den Konflikt mit dem neuen Mehrheitsgesellschafter.

⊃ **Statuswechsel des Mehrheitsgesellschafters**, bei dem ein bisher als nicht-unternehmerisch zu qualifizierender Mehrheitsgesellschafter nachträglich zum herrschenden Unternehmen wird.

> Dies geschieht insbesondere dadurch, dass er sich an weiteren Gesellschaften beteiligt. Daraus entsteht die für den Unternehmensbegriff entscheidende Lage, dass er wirtschaftliche Interessenbindungen auch außerhalb der Gesellschaft verfolgt und deshalb die Gefahr besteht, er könne seinen Einfluss zum Nachteil der Gesellschaft ausüben.

III. Gegenmaßnahmen

1. GmbH

3   Für die GmbH ist in der **älteren Rechtsprechung** weitgehend anerkannt, dass die Gesellschaft eines Schutzes vor der nachträglichen Begründung der Abhängigkeit bedarf[4]. Dies wird mit besonderen Gefahren begründet, die von dem Gesellschafter ausgehen, der unternehmerische Interessen auch außerhalb der Gesellschaft wahrnimmt. Ob diese Rechtsprechung Bestand hat, nachdem der BGH in Haftungsfragen nicht mehr zwischen unternehmerischen und nicht-unternehmerischen Gesellschaftern differenziert, sondern beide Fälle gleich (nämlich nach § 826 BGB, siehe oben § 10 Rn. 17 ff.) beurteilt, ist unsicher. Lehnt man die Existenz einer besonderen Konzerngefahr gänzlich ab, spricht unabhängig von der Rechtsform des Unternehmens wenig dafür, einen Schutz vor Begründung der Abhängigkeit zu gewähren.

4   Jedoch geht es hier, anders als in Fällen der tatsächlich vorgekommenen Schädigung nach § 826 BGB, um eine **präventive Betrachtung**. Insofern kann man aber durchaus an dem Gedanken festhalten, dass der unternehmerische Gesellschafter mehr ökonomischen Anreiz zu einem die Gesellschaft schädigenden Verhalten hat als der Privatgesellschafter, und dass der Interessengleichlauf zwischen Mehrheit und Minderheit durch die anderweitige Interessenbindung stärker gestört wird als im Verhältnis zwischen Gesellschaft und Gläubiger.

---

[2] BGHZ 65, 17.

[3] BGHZ 89, 162.

[4] Vgl. BGHZ 80, 69 ff. – „Süssen"

Von daher spricht viel dafür, trotz der Neuorientierung in Fragen des Gläubigerschutzes an dem erreichten konzernrechtlichen Rechtszustand festzuhalten, soweit der **Minderheitenschutz** betroffen ist.

Geht man weiterhin von der Existenz einer besonderen Konzerneingangskontrolle   **5** in der GmbH aus, so kommen als Abwehrmaßnahmen, mit denen die Entstehung von Abhängigkeit verhindert werden kann, **zwei unterschiedliche Konzepte** in Betracht:

➲ Für die Fälle, in denen die Abhängigkeitsbegründung durch Anteilsübertragung erfolgt, kann dem durch die **Anteilsvinkulierung nach § 15 V GmbHG** entgegengewirkt werden. Die Vinkulierung der Geschäftsanteile ist zwar nicht von Gesetzes wegen, aber in den meisten GmbHs durch die Satzung vorgesehen, sodass für den Regelfall davon ausgegangen werden kann, dass die Gesellschaft über einen entsprechenden Präventivschutz verfügt.

➲ In den anderen Fällen, in denen der schon vorhandene Mehrheitsgesellschafter anderweitige unternehmerische Tätigkeiten aufnimmt, wirkt dem das **ungeschriebene Wettbewerbsverbot** entgegen, das in der GmbH auch für den maßgeblich beteiligten Gesellschafter gilt und das gesellschaftsvertraglich näher ausgestaltet werden kann (dazu oben § 13 Rn. 54 ff.). Von daher ist die GmbH (ebenso wie eine Personengesellschaft) bei üblicher Vertragsgestaltung recht gut gegen eine Abhängigkeitsbegründung gesichert.

Der **Schwachpunkt** des Schutzes ist in beiden Fällen die Befreiungsmöglichkeit   **6** durch die Gesellschafterversammlung, denn die Versammlung kann sowohl im Fall der Vinkulierung der Anteilsübertragung zustimmen als auch im Fall des Wettbewerbsverbots von diesem Befreiung erteilen. Der durch den Beschluss begünstigte Gesellschafter ist in beiden Fällen stimmberechtigt, da es sich um eine Maßnahme der innergesellschaftlichen Willensbildung handelt, bei der das Stimmverbot des § 47 IV GmbHG nicht eingreift (dazu oben § 11 Rn. 161).

Der BGH reagiert auf diese Gefahr einer Selbstbefreiung mit einer **Inhalts-**   **7** **kontrolle** des abhängigkeitsbegründenden Beschlusses[5].

Maßstab ist – wie bei der Kontrolle des Bezugsrechtsausschlusses (vgl. § 25 Rn. 19 ff.) – die **sachliche Rechtfertigung** des Befreiungsbeschlusses. Das bedeutet, dass die Aufgabe der Unabhängigkeit im Interesse der Gesellschaft liegen, erforderlich und verhältnismäßig sein muss[6].

---

[5] BGHZ 80, 69 ff. – „Süssen"; siehe dazu *Habersack* in Emmerich/Habersack, Aktien- und GmbH-Konzernrecht, Anh. zu § 318 Rn. 12 f. mit weiteren Nachweisen.

[6] BGHZ 80, 69, 74 – „Süssen"; *Emmerich* AG 1991, 303, 307; *Timm*, BB 1981, 1491, 1494 f.; *Altmeppen* in MünchKomm. AktG, § 293 Rn. 47.

> **Hauptfall** ist die Anlehnung an einen Konzern, um die wirtschaftliche Überlebensfähigkeit der Gesellschaft zu sichern oder einen finanzkräftigen Großinvestor zur Durchführung erforderlicher Investitionen zu gewinnen. Allein das Interesse des bisherigen Mehrheitsgesellschafters an einem attraktiven Kaufpreis für seinen Anteil genügt jedoch nicht.

Diese Rechtsprechung lässt sich auf andere abhängigkeitsbegründende Beschlüsse übertragen, z.B. für den Fall einer Verschmelzung einer GmbH auf eine bereits konzernangehörige Gesellschaft.

2. AG

8   Sehr viel schwieriger stellt sich die Lage in der AG dar. Die Aktien sind hier frei übertragbar, sofern nicht von der Möglichkeit Gebrauch gemacht wurde, **vinkulierte Namensaktien** (§ 68 II AktG) einzuführen. Sofern das der Fall ist, steht die **Entscheidungskompetenz** über die Freigabe der Übertragung meist dem **Vorstand** zu (siehe schon § 22 Rn. 15 und unten Rn. 12). Von daher fehlt es an einem Hauptversammlungsbeschluss, den man der materiellen Beschlusskontrolle unterziehen könnte. Fraglich kann allenfalls sein, ob der Vorstand bei seiner Entscheidung die drohende Abhängigkeitslage mit berücksichtigen muss.

9   Ob der Mehrheitsgesellschafter in der AG einem generellen **Wettbewerbsverbot** unterliegt, ist sehr strittig (siehe oben § 23 Rn. 25). Der BGH verneint es jedenfalls für die Fälle, in denen die Wettbewerbslage schon bestand, als die Beteiligung erworben wurde[7]. Auch darüberhinausgehend wird ein Wettbewerbsverbot (und die daran anschließende Konzerneingangskontrolle) von vielen mit dem Argument der Konzernoffenheit der AG abgelehnt[8].

a) Börsennotierte Gesellschaften

10   Zugleich gibt es in der börsennotierten AG einen ergänzenden Schutz durch das kapitalmarktrechtliche Pflichtangebot nach §§ 29 ff., 35 WpÜG.

Es greift ein, wenn ein Aktionär erstmals mehr als 30 % der Stimmrechte erwirbt und gibt den anderen Aktionären die Möglichkeit, zum Angebotspreis aus der Gesellschaft auszuscheiden, wobei das Angebot mindestens dem Durchschnittskurs der letzten drei Monate entsprechen muss (vgl. § 5 WpÜGAngebV).

Obwohl das WpÜG an sich keine konzernrechtliche Regelung ist, besteht ein erkennbarer **funktionaler Zusammenhang mit dem Konzerneingangsschutz**, auf den in der Diskus-

---

[7] BGH NZG 2008, 831; vgl. dazu *Drygala* in KölnKomm. AktG, § 53a Rn. 117 mit weiteren Nachweisen auch zur gegenteiligen Ansicht.

[8] BGHZ 119, 1, 7; BGH NZG 2008, 831; *K. Schmidt*, Gesellschaftsrecht, § 17 II 1; *Hüffer*, Festschrift Röhricht, 2005, S. 251, 257 ff.; *Lutter*, ZHR 162 (1998), 165, 173.

sion um die Einführung eines solchen Pflichtangebots auch vielfach hingewiesen wurde[9]. Denn die Minderheit kann sich den Gefahren, die sich aus der Abhängigkeitsbegründung ergeben, durch Veräußerung der Aktien entziehen, und diejenigen Aktionäre, die das Angebot nicht angenommen haben, müssen sich jedenfalls ein Stück weit vorhalten lassen, auf eigene Gefahr in der Gesellschaft verblieben zu sein. Zudem ist ein besonderes mitgliedschaftliches Interesse, gerade an dieser AG beteiligt zu sein, für den **typischen Kleinaktionär** in der börsennotierten AG nicht anzuerkennen (siehe oben § 1 Rn. 37 und § 18 Rn. 34 ff.). Das soll nicht bedeuten, dass für die Aktionäre, die sich trotz Abhängigkeitsbegründung zum Verbleib in der AG entscheiden, kein rechtlicher Schutz erforderlich sei. Jedoch muss in dieser Lage das gesetzliche System, das die §§ 311 ff. AktG für den Schutz im bestehenden Konzern ja durchaus vorsehen, als ausreichend angesehen werden.

In der **börsennotierten AG ist** daher eine besondere Berücksichtigung der Konzerngefahr bei abhängigkeitsbegründenden Beschlüssen der Hauptversammlung abzulehnen.

b) Nicht börsennotierte Gesellschaften

In der nicht börsennotierten AG besteht hingegen **keine Möglichkeit, sich** im Falle eines Kontrollwechsels der Gefahr, dass sich die §§ 311 ff. AktG als nicht ausreichend erweisen, durch Veräußerung der Aktien am Markt **zu entziehen**. Auch ein Austritt aus wichtigem Grund oder analog § 305 AktG kommt erst in Betracht, wenn eine breitflächige, das System der §§ 311 ff. AktG überfordernde Schädigung der Gesellschaft vorliegt (qualifiziert-faktische Konzernierung, siehe dazu unten § 31 Rn. 50 ff.), nicht aber wegen der Abhängigkeit an sich. Hinzu kommt, dass in der nicht börsennotierten AG oftmals Aktionäre mit größerem Anteilsbesitz und echtem mitunternehmerischen Interesse vorhanden sind, für die die Beteiligung gerade an dieser Gesellschaft einen Wert an sich und nicht nur eine austauschbare Finanzinvestition darstellt.

11

Daher ist für die nicht börsennotierte Aktiengesellschaft am Prinzip des Konzerneingangsschutzes festzuhalten, allerdings nur insoweit, als das Aktienrecht im Rahmen der Satzungsstrenge dafür Raum gewährt.

Auswirkungen hat das vor allem beim Bestehen von **vinkulierten Namensaktien**, wenn die Genehmigung der Anteilsübertragung zu einer Abhängigkeitsbegründung führen würde. Nach dem Gesetz liegt die Zuständigkeit der Genehmigung beim Vorstand, wenn die Satzung keine andere Bestimmung trifft, was sie aber nur selten tut. Wegen der besonderen, einer Strukturänderung gleichenden Bedeutung der Abhängigkeit ist jedoch anzunehmen, dass sich auch ohne Aussage der Satzung dazu die **Zuständigkeit auf die Hauptversammlung verlagert,**

12

---

[9] Vgl. *Hopt*, Festschrift Rittner, 1991, S. 187, 201; *Mülbert*, ZIP 2001, 1221, 1226; *Fleischer*, NZG 2002, 545, 546; *Ihrig*, ZHR 167 (2003), 315, 342.

wenn die Genehmigung zur Abhängigkeitsbegründung führt[10]. Zugleich unterliegt der Beschluss, durch den die Hauptversammlung der Abhängigkeitsbegründung zustimmt, der **materiellen Beschlusskontrolle**. Das gilt auch für andere abhängigkeitsbegründende Beschlüsse, z.B. im Rahmen einer Verschmelzung.

> Diese ungeschriebenen Zuständigkeiten der Hauptversammlung ergeben sich allerdings nicht aus den „Holzmüller/Gelatine"-Grundsätzen, da es am für diese erforderlichen Mediatisierungseffekt fehlt[11] (näher dazu oben § 21 Rn. 203). Es handelt es vielmehr um eine **eigenständige Fallgruppe** ungeschriebener Hauptversammlungskompetenzen bei nicht börsennotierten AGs.

IV. Präventivschutz in der Muttergesellschaft

13   Die Frage des Schutzes nicht im, sondern vor dem Konzern stellt sich auch bei der Obergesellschaft. War diese zunächst ein Einheitsunternehmen, so können Minderheiteninteressen durch die Konzerngründung gefährdet werden, indem die Geschäftsführung geschäftliche Entscheidungen und damit auch Kompetenzen in Tochtergesellschaften verlagert und sich damit der Aufsicht durch die Gesellschafter der Muttergesellschaft entzieht. Das ist die sogenannte „Holzmüller"-Problematik, also die Frage, ob die Hauptversammlung „oben" der Konzerngründung zustimmen muss.

Diese Frage wird von manchen ebenfalls als ein Problem des konzernrechtlichen Präventivschutzes angesehen, hier jedoch als ein solches des **Konzernorganisationsrechts** behandelt, da die auftretenden Gefahren ganz andere sind und ein gemeinsamer Nenner zwischen den beiden Problemen nur in der Tatsache besteht, dass Fragen des Minderheitenschutzes angesprochen sind. Für Einzelheiten siehe unten § 33.

---

[10] *Lutter/Drygala* in KölnKomm. AktG, § 68 Rn. 68.

[11] *Staake*, Ungeschriebene Hauptversammlungskompetenzen in börsennotierten und nicht börsennotierten Aktiengesellschaften, 2009, S. 84.

§ 31 Faktischer Konzern

Literatur: *Decher*, Das Konzernrecht des Aktiengesetzes: Bestand und Bewährung, ZHR 171 (2007), 126; *Hüffer*, Informationen zwischen Tochtergesellschaft und herrschendem Unternehmen im vertragslosen Konzern, Festschrift Schwark, 2009, S. 185; *Koppensteiner*, Abhängige Aktiengesellschaften aus rechtspolitischer Sicht, Festschrift Steindorff, 1990, S. 79; *Kropff*, Benachteiligungsverbot und Nachteilsausgleich im faktischen Konzern, Festschrift Kastner, 1992, S. 279; *K. Schmidt*, Abhängigkeit und faktischer Konzern als Aufgaben der Rechtspolitik, JZ 1992, 856; *Timm*, Grundfälle zum Konzernrecht, JuS 1999, 867; *Ulmer*, Das Sonderrecht der §§ 311 ff. AktG und sein Verhältnis zur allgemeinen aktienrechtlichen Haftung für Schädigungen der AG, Festschrift Hüffer, 2009, S. 997; *E. Vetter*, Interessenkonflikte im Konzern – vergleichende Betrachtungen zum faktischen Konzern und zum Vertragskonzern, ZHR 171 (2007), 342; *Zöllner*, Schutz der Aktionärsminderheit bei einfacher Konzernierung, Festschrift Kropff, 1997, S. 333.

I. Überblick und Problemlage

1. Legitimität des faktischen AG-Konzerns

Von den drei im AktG geregelten Konzernformen (Eingliederung, Vertragskonzern, faktischer Konzern) stellt der in den §§ 311 ff. AktG geregelte faktische Konzern die **schwächste Form der Unternehmensverbindung** dar. **1**

> Sie beruht allein auf dem beherrschenden Einfluss des dominierenden unternehmerischen Gesellschafters, der diesem aufgrund seiner Stimmrechtsmacht zuwächst.

Die Mehrheitsbeteiligung vermittelt in einer AG allerdings kein besonders großes Maß an Einfluss. Der Vorstand leitet die Gesellschaft **in eigener Verantwortung** (§ 76 AktG) und ist daher weder dem Aufsichtsrat noch dem Mehrheitsgesellschafter weisungsunterworfen. Dem Aufsichtsrat schuldet der Vorstand regelmäßig Bericht und Rechenschaft (§ 90 AktG), aber der Aktionär hat von Rechts wegen nur Anspruch darauf, einmal im Jahr auf der Hauptversammlung Fragen stellen zu dürfen (§ 131 AktG). Ferner kann nicht die Hauptversammlung den Vorstand abberufen, sondern nur der Aufsichtsrat (§ 84 AktG), und auch dies setzt einen Abberufungsgrund voraus.

Einfluss auf den Vorstand nehmen kann das herrschende Unternehmen daher **2** einmal über den Aufsichtsrat, indem es diesen mit seinen Interessenvertretern besetzt. Verbreitet sind auch **Doppelmandate**, bei denen Leitungspersonal der Muttergesellschaft Aufsichtsrats- oder auch Vorstandsmandate in der Tochtergesellschaft wahrnimmt[1]. Die andere Möglichkeit der Einflussnahme besteht darin, an Hauptversammlung und Aufsichtsrat vorbei direkt auf den Vorstand zuzugehen und ihm in so genannten „**Kamingesprächen**" klar zu machen, welche Entscheidungen von ihm erwartet werden[2]. In jüngerer Zeit zunehmend verbreitet ist auch die Methode, den Vorstand finanziell auf die Interessen der Muttergesellschaft auszurichten, indem man ihn an deren wirtschaftlichem Erfolg beteiligt[3] oder bei wunschgemäßem Verhalten aus der Kasse des Mehrheitsgesellschafters bonifiziert[4].

3   Im Sinne des AktG ist dies alles nicht, da es die unabhängige Leitung der AG durch den Vorstand recht deutlich in Frage stellt. Das zeigt sich nicht zuletzt an § 117 AktG, der die Ausnutzung des Einflusses auf die Aktiengesellschaft ausdrücklich verbietet, jedenfalls sofern sie vorsätzlich erfolgt[5]. Gerade die für den echten Konzern (im Gegensatz zur bloßen Abhängigkeit) vorausgesetzte einheitliche Leitung ist schwer vereinbar mit der von § 76 AktG gewollten eigenverantwortlichen Leitung. Daher hat es durchaus **Forderungen** gegeben, **den faktischen Konzern** zumindest für die AG[6] **zu verbieten**[7] bzw. auf die gleichwohl erfolgende Herstellung einheitlicher Leitung mit Sanktionen zu reagieren[8], z.B. mit einer Pflicht zur Haftungsübernahme des herrschenden Unternehmens. Diese Vorschläge haben sich aber **nicht durchgesetzt**.

4   Ein Verbot scheitert an der mangelnden Durchsetzbarkeit, und die Idee eines Gleichlaufs von Herrschaft und Haftung wurde vom Gesetzgeber des AktG 1965 verworfen. Dabei hat auch die Überlegung eine Rolle gespielt, dass die **Zusammenfassung von Unternehmen** unter einheitlicher Leitung **gesamtwirtschaftlich auch Vorteile** mit sich bringt, die sich aus Skaleneffekten und Finanzierungsvorteilen ergeben.

> **Beispiel:** So können etwa verbundene Unternehmen ihren Einkauf zentralisieren, um günstigere Preise durchzusetzen. Sie können sich gegenseitig mit liquiden Mitteln aushelfen und so die Inanspruchnahme von teurem Bankkredit vermeiden.

---

[1] BGHZ 180, 105 – „Vorstandsdoppelmandat"; *Habersack* in Emmerich/Habersack, Aktien- und GmbH-Konzernrecht, § 311 Rn. 28; *Hoffmann-Becking*, ZHR 150 (1986), 570 ff.; *Decher*, Personelle Verflechtungen im Aktienkonzern, 1986, S. 127 ff.

[2] Dies versucht das Gesetz mit dem Begriff der Veranlassung zu erfassen, siehe *Koppensteiner* in KölnKomm. AktG, § 311 Rn. 3 f.

[3] OLG München ZIP 2008, 1237 ff.; LG Köln AG 2008, 327, 335; für eine Zulässigkeit aber offenbar BGH ZIP 2009, 2436, der dort (in einem obiter dictum) betont, dass sich der Ansatz des OLG München „von den Regeln des § 87 AktG [a.F.] entfernt".

[4] Dazu *Drygala*, Festschrift K. Schmidt, 2009, S. 269, 283 ff.

[5] Weiterführend *Voigt*, Haftung aus Einfluss auf die Aktiengesellschaft, 2004; *Kort* in Großkomm. AktG, § 117 Rn. 1.

[6] In der GmbH ist die Ausgangslage wegen der schon von Gesetzes wegen bestehenden Weisungsgebundenheit des Geschäftsführers (§ 37 GmbHG) anders.

[7] Siehe dazu *Bälz*, Festschrift L. Raiser, 1974, S. 287, 312; *ders.*, AG 1992, 227, 303 f.

[8] Näher *Dettling*, Die Entstehungsgeschichte des Konzernrechts im Aktiengesetz von 1965, 1997, S. 213 ff.

Es ist daher nicht zu bestreiten, dass die Konzernbildung auch **nützliche Folgen** hervorbringt; diese wollte der Gesetzgeber des AktG 1965 nicht zerschlagen oder von unattraktiven Bedingungen abhängig machen. Er hat sich daher dafür entschieden, den faktischen Konzern in den §§ 311 ff. AktG zu legitimieren, zugleich aber **Schutzregeln zugunsten der Gesellschafter-Minderheit und der Gläubiger** einzuführen.

2. Regelungsüberblick

Das Grundkonzept der §§ 311 ff. AktG lässt sich dahin zusammenfassen, 5 dass nachteilige Einflussnahmen des herrschenden Unternehmens im Ausgangspunkt verboten bleiben, sie jedoch zulässig werden, wenn sie im Konzerninteresse liegen und bis zum Jahresende ausgeglichen werden.

Nun mag man sich auf den Standpunkt stellen, dass dies für das herrschende Unternehmen kein großer Vorteil sei, da alles aus der Maßnahme Erlangte ja alsbald zurückgewährt werden müsse[9]. Diese Betrachtung wäre jedoch verfehlt. Denn **Bedeutung** hat die Norm **auch und vor allem für den Vorstand des abhängigen Unternehmens**. Denn dieser ist weiterhin nicht weisungsgebunden und nur dem Interesse seines Unternehmens verpflichtet. Die §§ 76, 93 AktG gelten auch im faktischen Konzern uneingeschränkt. Würde der Vorstand ohne die Regelung in § 311 AktG den nachteiligen Einflüssen nachgeben, so würde er stets pflichtwidrig handeln und sich Schadensersatzansprüchen ausgesetzt sehen. Das gilt vor allem im finanziellen Bereich, wo § 57 AktG alle Zuwendungen an Aktionäre außerhalb der Gewinnausschüttung verbietet. Das allgemeine Aktienrecht würde den Vorstand des Tochterunternehmens daher in eine permanente Abwehrhaltung gegen das herrschende Unternehmen zwingen.

Indem § 311 AktG es dem Tochtervorstand erlaubt, dem Konzerneinfluss 6 unter der Voraussetzung eines glaubhaft zugesagten Ausgleichs nachzugeben, schafft die Norm überhaupt erst die Möglichkeit dazu, eine AG einer einheitlichen Leitung zu unterstellen[10].

Ohne die Vorschrift müsste dies entweder am fortgesetzten Widerstand des Tochtervorstandes scheitern, oder dieser müsste fortdauernd das Risiko einer pflichtwidrigen Unternehmensleitung tragen. Von daher handelt es sich um eine Vorschrift mit erheblicher **Privilegierungswirkung**[11]. Dabei soll jedoch der Einfluss

---

[9] So vor allem *Altmeppen* in MünchKomm. AktG, § 311 Rn. 38 ff.

[10] Zutreffend *Mülbert*, ZHR 163 (1999), 1, 24; ähnlich bereits *Lutter/Timm*, BB 1978, 836, 838 f.

[11] Wie hier auch *Raiser/Veil*, Recht der Kapitalgesellschaften, § 53 Rn. 3; *Habersack* in Emmerich/Habersack, Aktien- und GmbH-Konzernrecht, § 311 Rn. 2; anerkannt auch von BGHZ 179, 71 – „MPS".

des herrschenden Unternehmens dadurch begrenzt bleiben, dass die Zufügung von Nachteilen nur gegen Ausgleich möglich ist. Insofern ist die **Schutzwirkung** der Norm ebenfalls gegeben, und sie erschöpft sich nicht in der Wiederholung dessen, was bereits nach allgemeinem Aktienrecht gilt.

7   Flankiert wird die Erlaubnis für den Vorstand, dem Einfluss des herrschenden Unternehmens nachzugeben, durch eine besondere **Dokumentationspflicht**: Rechtsgeschäfte und Maßnahmen, die auf Veranlassung oder im Interesse des herrschenden Unternehmens vorgenommen worden sind, müssen in einem Abhängigkeitsbericht dokumentiert werden (§ 312 AktG). Dieser muss vom Wirtschaftsprüfer und vom Aufsichtsrat geprüft werden.

8   Weiterhin flankiert das Gesetz die Regelungen mit einer besonderen **Organhaftung** sowohl für das Einfluss ausübende Organ der Muttergesellschaft (§ 317 AktG) als auch für den Vorstand der Tochter, die ihre Pflichten bei der Aufstellung des Abhängigkeitsberichts verletzen (§ 318 AktG). Hinzu kommt in Bezug auf die Rechtsdurchsetzung eine Individualklagebefugnis für außenstehende Aktionäre und Gläubiger, die dem allgemeinen Aktienrecht ebenfalls fremd ist (siehe §§ 317 IV, 318 IV, 309 IV AktG). Hier geht es ganz eindeutig um den Schutz der abhängigen Gesellschaft, ihrer Gesellschafter und Gläubiger.

9   Privilegierungs- und Schutzfunktion der §§ 311 ff. AktG stehen daher gleichrangig nebeneinander[12].

3. Keine analoge Anwendung auf die GmbH und Personengesellschaft

10   Gesetzlich nicht geregelt ist der faktische Konzern bei der GmbH. Ein entsprechendes Gesetzgebungsverfahren ist in den 1970er Jahren gescheitert[13].

Es besteht heute Einigkeit darüber, dass die **§§ 311 ff. AktG nicht analog** auf die GmbH anwendbar sind[14].

Zweifelhaft ist nach der Aufgabe der Reform von 1970/71 schon die planwidrige Regelungslücke. Vor allem fehlt es aber an der Vergleichbarkeit der Interessenlage, da die §§ 311 ff. AktG von einer Gesellschaft mit weisungsfrei agierendem

---

[12] Abweichend aber *Koppensteiner* in KölnKomm. AktG, Vorb. zu § 311 Rn. 18: Vorrang der Schutzfunktion.

[13] Dies war die große GmbH-Reform (Gesetzesentwurf abgedruckt in BT-Drucks. VI/3088), durch die die GmbH in vielen Punkten der AG angenähert werden sollte. Die dagegen gerichtete deutliche Kritik („Mord an der GmbH", so *Wiethölter* in Centrale für GmbH (Hrsg.), Probleme der GmbH-Reform, 1970, S. 11) führte zum Scheitern des Gesetzesentwurfs.

[14] Statt vieler BGHZ 65, 15, 18 – „ITT"; BGHZ 95, 330, 340 – „Autokran"; BGHZ 149, 10, 16 – „Bremer Vulkan"; *Raiser/Veil*, Recht der Kapitalgesellschaften, § 53 Rn. 7; *Kuhlmann/Ahnis*, Konzern- und Umwandlungsrecht, Rn. 237; für Teilanalogien in Einzelfragen *Habersack* in Emmerich/Habersack, Aktien- und GmbH-Konzernrecht, Anh. zu § 318 Rn. 6.

Leitungsorgan ausgehen. Dieses gibt es in der GmbH aufgrund ihrer **vertikalen Leitungsstruktur** mit dem weisungsgebundenem Geschäftsführer und der Gesellschafterversammlung als oberstem Organ der Gesellschaft nicht. Von daher bedarf der Gesellschaftereinfluss in der GmbH nicht der Legitimation durch die §§ 311 ff. AktG, da er schon aus dem GmbH-Gesetz heraus legitimiert ist. Schließlich sind auch die Kontrollorgane in Gestalt von Aufsichtsrat und Wirtschaftsprüfer, die in der AG bei der Prüfung des Abhängigkeitsberichts entscheidend mitwirken (§§ 313, 314 AktG), in der GmbH nicht in jedem Fall vorhanden. Von daher fehlt einer Analogie jede Basis; das GmbH-Recht muss insoweit seine eigenen Regeln entwickeln (näher unten Rn. 62 ff.). Gleiches gilt für Personengesellschafts-Konzerne.

4. Abkoppelung vom Unternehmensbegriff?

Angesichts der zunehmenden (und auch berechtigten) Kritik an der Unterscheidung zwischen unternehmerischen und sonstigen Mehrheitsgesellschaftern (vgl. oben § 29 Rn. 28) kann man sich die Frage stellen, warum das System der §§ 311 ff. AktG nicht auf jeden beherrschenden Gesellschafter Anwendung findet. Dann wäre es einem Mehrheitsgesellschafter generell möglich, unter den Voraussetzungen des § 311 AktG (näher dazu sogleich Rn. 14 ff.) Rechtsgeschäfte und Maßnahmen vorzunehmen, die für die beherrschte Gesellschaft nachteilig sind. Insofern bewirkt § 311 AktG aber auch eine partielle – und an einen Ausgleich zum Jahresende gekoppelte – Freistellung von der Kapitalbindung nach § 57 AktG.

11

> Das ist **europarechtlich problematisch**, denn das Prinzip der Kapitalerhaltung folgt aus Art. 15 I der Kapitalrichtlinie. § 311 AktG ist damit nur vereinbar, weil es sich um eine konzernrechtliche Regelung handelt; denn das Konzernrecht ist bisher nicht europäisch geregelt, woraus die Befugnis der Mitgliedstaaten folgt, für diesen Sonderfall abweichende Regeln zu erlassen bzw. beizubehalten. Selbst das ist umstritten, entspricht aber der überwiegenden Meinung und überzeugt auch, da im Scheitern der Konzernrechtsrichtlinie[15] ein Regelungsverzicht auf europäischer Ebene zu sehen ist[16]. Nicht möglich ist es aber, die Ausnahme zum Regelfall zu erklären – das wäre mit dem europäischen Recht nicht vereinbar.

Ferner liegt § 311 AktG die gesetzgeberische Entscheidung zugrunde, dem unternehmerischen Gesellschafter etwas mehr Handlungsspielraum einzuräumen als dem „gewöhnlichen", da die **Unternehmensverbindung auch volkswirtschaftlich nützliche Wirkungen hervorbringt**.

12

Das zeigt sich am deutlichsten an § 308 AktG, nachdem selbst im Vertragskonzern nachteilige Weisungen nur erfolgen dürfen, wenn sie im **Konzerninteresse** liegen. Diese Begrenzung muss im faktischen Konzern erst recht gelten[17]. Dies ist

---

[15] Vorentwurf abgedruckt bei *Lutter*, Europäisches Unternehmensrecht, 4. Aufl. 1996, S. 279 ff.

[16] Näher zum Problem *Emmerich* in Emmerich/Habersack, Aktien- und GmbH-Konzernrecht, § 291 Rn. 78; *Veil* in Spindler/Stilz, AktG, § 291 Rn. 71.

[17] Zutreffend *Hüffer*, AktG, § 311 Rn. 49; *Koppensteiner* in KölnKomm. AktG, § 311 Rn. 102.

bei einem Privatgesellschafter, der in die Belange der abhängigen Gesellschaft eingreift, um sein privates Vermögen zu mehren, ganz evident nicht der Fall. Auch wäre eine solche Lösung ein Widerspruch zu § 117 AktG. Selbst wenn man also die Differenzierung zwischen unternehmerischen und nicht unternehmerischen Gesellschaftern mit dem BGH[18] in Haftungsfragen aufgibt, kann man mit gutem Grund dort anders entscheiden, wo das Konzernrecht den unternehmerischen Gesellschafter privilegiert. Denn dieses Privileg sollte dem vorbehalten bleiben, der mit seiner Beteiligung unternehmerische und nicht lediglich private Zwecke verfolgt[19].

13 Die Regelung der §§ 311 ff. AktG muss daher in ihrem Kern auf unternehmerische Gesellschafter beschränkt bleiben.

> Dabei ist freilich nicht zu verkennen ist, dass es demjenigen, der darauf Wert legt, ohne große Mühe möglich ist, diesen Status zu erlangen. Hierfür genügt ja schon die Gründung einer zweiten Gesellschaft, siehe oben § 29 Rn. 24.

II. Anwendungsbereich der §§ 311 ff. AktG

1. Allgemeine Voraussetzungen

14 Die Regelung des § 311 AktG findet – siehe die Abschnittsüberschrift – Anwendung bei Fehlen eines Beherrschungsvertrages.

Es muss sich daher (1.) um eine AG oder KGaA handeln, diese muss (2.) abhängig im Sinne der §§ 16 ff. AktG sein, und es darf (3.) kein Beherrschungsvertrag mit dem herrschenden Unternehmen existieren.

Denn im letzteren Fall greifen die §§ 302 ff. AktG mit ihren Regeln über den Gläubiger- und Minderheitenschutz im Vertragskonzern ein, und das Schutzsystem der §§ 311 ff. AktG wird überflüssig. Gleiches gilt bei Bestehen einer Eingliederungsbeziehung; auch insoweit gehen die spezielleren Regeln der §§ 319 ff. AktG vor.

Für den isolierten Gewinnabführungsvertrag, der ebenfalls die Haftung nach §§ 320 ff. AktG auslöst, besteht eine Sonderregel in § 316 AktG, nach der der Abhängigkeitsbericht entfällt. Nicht ausreichend sind hingegen die sonstigen Unternehmensverträge nach § 292 AktG (Betriebsführungsvertrag, Betriebspachtvertrag etc. siehe dazu unten § 32 Rn. 4), da diese nicht mit einem besonderen Gläubiger- und Minderheitenschutz hinterlegt sind.

---

[18] BGHZ 149, 10 – „Bremer Vulkan"; BGHZ 151, 181, 187 – „KBV"; BGHZ 173, 246 – „Trihotel"; BGH ZIP 2009, 802 – „Sanitary".

[19] Wie hier *Mülbert*, ZHR 163 (1999), 1, 32.

2. Mehrstufige Konzernbeziehung

Zweifelhaft ist die Anwendbarkeit der §§ 311 ff. AktG in mehrstufigen Konzern- **15** beziehungen, bei denen nur in einem Teil der Verbindungen Beherrschungsverträ- ge bestehen, in anderen jedoch nicht.

> Ist **beispielsweise** die M-AG mit 51 % an der T-GmbH beteiligt und diese wiederum mit 80 % an der E-AG, so ist die E-AG sowohl von der M-AG als auch von der T-GmbH abhängig, da der M-AG die mittelbar über die T-GmbH gehaltene Beteiligung nach § 16 IV AktG zugerechnet wird.

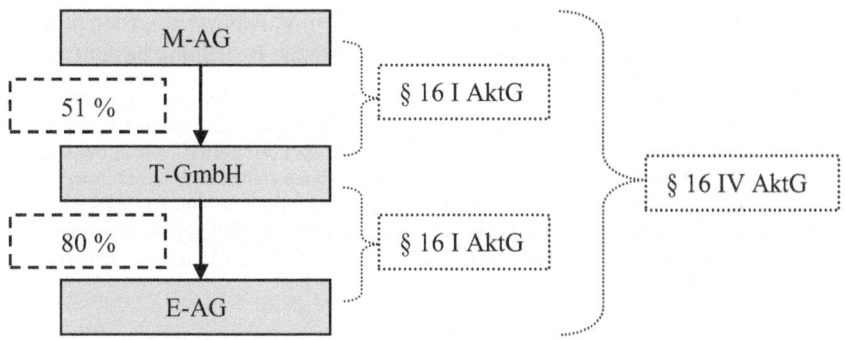

Abb. 4: Beispiel einer mehrstufigen Konzernbeziehung

Grundsätzlich müsste im **Beispiel** E sowohl im Verhältnis zu M als auch zu T ei- **16** nen Abhängigkeitsbericht erstellen. Fraglich ist, inwieweit diese Pflicht entfällt, wenn in einer der Beziehungen ein Beherrschungsvertrag besteht. Insoweit ist wie folgt **zu differenzieren**.

➲ Einigkeit besteht darüber, dass dann, wenn die Mutter M einen Beherr- schungsvertrag mit der Tochter T geschlossen hat und diese wiederum mit der Enkelin E (sog. **durchgehende Kette**), die §§ 311 ff. AktG auch im Verhältnis zwischen M und E verdrängt sind[20].

Grund ist der Schutz, den die Kette von Beherrschungsverträgen den Gläubigern der E gewährt. Denn in dieser Konstellation muss T nach § 302 AktG den Verlust der E aus- gleichen, und M wiederum den Verlust der T. Im Ergebnis haftet also die Konzernspitze so, als bestünde zwischen M und E ein Beherrschungsvertrag. Eines zusätzlichen Gläubi- gerschutzes bedarf es nicht.

➲ Umgekehrt ist anerkannt, dass ein Beherrschungsvertrag nur im Verhältnis zwischen M und T an der Anwendung der §§ 311 ff. AktG auf E nichts ändert[21].

---

[20] Vgl. OLG Frankfurt NZG 2000, 790 f.; *Habersack* in Emmerich/Habersack, Aktien- und GmbH-Konzernrecht, § 311 Rn. 18.

[21] *Hüffer*, AktG, § 311 Rn. 15; *Krieger* in MünchHdb. GesR IV (AG), § 69 Rn. 70.

Auch das ist konsequent, denn die E hat daraus keinen Vorteil, insbesondere erlangt sie Verlustausgleichsansprüche weder gegen M noch gegen T.

➲ Anerkannt ist drittens, dass ein direkter Beherrschungsvertrag zwischen M und E die §§ 311 ff. AktG in diesem Verhältnis ausschließt[22].

E erlangt daraus Ansprüche gegen M, die unter den Gesichtspunkten des Minderheiten- und Gläubigerschutzes genügend sind. Zudem setzt ein Beherrschungsvertrag eine direkte Beteiligung der beiden Unternehmen aneinander nicht voraus.

➲ Umstritten ist, ob ein **Beherrschungsvertrag zwischen T und E** genügt, um die §§ 311 ff. AktG auszuschließen[23]. Im Verhältnis E zu T ist das sicherlich der Fall, denn hier besteht ein Beherrschungsvertrag. Aber zweifelhaft ist, ob dies auch im Verhältnis E zu M wirkt, wo weder mittelbar noch unmittelbar eine vertragskonzernrechtliche Beziehung besteht.

Dafür spricht der Wortlaut, der nur vom Bestehen „eines" Beherrschungsvertrages spricht; unter diesem Aspekt könnte der Vertrag mit T genügen. Auch erlangt E aus dem Beherrschungsvertrag den Anspruch auf Verlustausgleich (§ 302 AktG), sodass der Gläubigerschutz auf den ersten Blick gewahrt erscheint. Jedoch richtet sich dieser Anspruch nur gegen T, und diese kann durchaus eine finanzschwache Zwischenholding sein, möglicherweise eine nur zu diesem Zweck zwischengeschobene GmbH mit Mindestkapital. Denselben Wert wie ein Anspruch gegen die Konzernspitze hat der Beherrschungsvertrag mit T also nicht.

Daher sprechen die besseren Gründe dafür, die §§ 311 ff. AktG insgesamt nur dann als verdrängt anzusehen, wenn ein Beherrschungsvertrag mit der Konzernspitze direkt oder eine durchgehende Kette von Beherrschungsverträgen besteht[24].

III. Einflussgrenzen des § 311 AktG

17   § 311 AktG liegt ersichtlich das Konzept zugrunde, dem herrschenden Unternehmen zwar ein gewisses Maß an Einfluss auf das abhängige Unternehmen und sein Leitungsorgan zu ermöglichen, diesen Einfluss jedoch zugleich in Grenzen zu halten. Wo diese Grenzen tatsächlich verlaufen, ist jedoch nicht ganz einfach zu bestimmen.

---

[22] Vgl. *J. Vetter* in K. Schmidt/Lutter, AktG, § 311 Rn. 21; *Müller* in Spindler/Stilz, AktG, § 311 Rn. 10.

[23] Dafür *Altmeppen* in MünchKomm. AktG, § 311 Rn. 52 ff.; *Koppensteiner* in KölnKomm. AktG, § 311 Rn. 31; *Hüffer*, AktG, § 311 Rn. 15.

[24] Wie hier *Habersack* in Emmerich/Habersack, Aktien- und GmbH-Konzernrecht, § 311 Rn. 19; *Kuhlmann/Ahnis*, Konzern- und Umwandlungsrecht, Rn. 114; *Cahn*, BB 2000, 1477, 1478 ff.

1. Nachteiligkeit

a) Ausgangspunkt

Eine wichtige Weichenstellung enthält § 311 AktG insoweit, als er nur von nachteiligen Einflüssen des herrschenden Unternehmens handelt. Was nachteilig ist, ergibt sich mittelbar aus § 317 II AktG: Nachteilig ist das nicht, was der Geschäftsleiter eines nicht abhängigen Unternehmens gleichfalls getan hätte. Dabei berücksichtigt die Rechtsprechung, dass dieser in § 317 II AktG in Bezug genommene Vergleichsgeschäftsleiter nach § 93 I 2 AktG über einen kontrollfreien **Ermessensspielraum** bei unternehmerischen Entscheidungen verfügt[25]. Alle Maßnahmen, die in diesen Entscheidungsspielraum fallen, sind von vornherein nicht nachteilig, auch wenn sie auf Veranlassung des herrschenden Unternehmens vorgenommen worden sind.

18

> **Beispiel:** Praktisch wurde dies im Verhältnis der Bundesrepublik als herrschendem Unternehmen gegenüber der *Deutsche Telekom AG*. Hier ging es um den Vorwurf, die *Deutsche Telekom AG* habe im Rahmen der Versteigerung von UMTS-Mobilfunklizenzen im Jahre 2000 an die Bundesrepublik (in deren Funktion als Lizenzgeber) auf deren Veranlassung hin einen überhöhten Preis gezahlt. Der BGH[26] wies das zurück, da auch andere Mobilfunkunternehmen, bei denen keine gesellschaftsrechtliche Verbindung zur Marktgegenseite bestand, ähnliche Preise geboten hatten. Damit liege ein von § 93 I 2 AktG gedecktes Verhalten vor, das im Rahmen des § 317 II AktG nicht als Nachteil zu werten sei.

Beurteilungszeitpunkt ist der Zeitpunkt der Vornahme des Rechtsgeschäfts. Auch das deckt sich mit § 93 I 2 AktG[27] und soll verhindern, dass der Richter später – im Wege des sog. Rückschaufehlers oder auch *„hindsight bias"*[28] – aus der Tatsache, dass das Geschäft zu Verlusten geführt hat, zu Unrecht schlussfolgert, dass es von vornherein nachteilig gewesen sei. Insofern ist jedoch zu beachten, dass es § 311 AktG nicht verbietet, Risiken einzugehen, nur müssen diese sich in dem Ausmaß halten, wie sie auch ein unabhängiges Unternehmen eingegangen wäre[29].

19

Diese **„Als-ob-Betrachtung"** liegt § 311 AktG insgesamt zugrunde: Das abhängige Unternehmen soll so gestellt werden, als ob die Abhängigkeit nicht bestünde.

[25] BGHZ 179, 71 – „MPS"; OLG Köln NZG 2006, 547, 550; *Hüffer*, AktG, § 311 Rn. 27; *Koppensteiner* in KölnKomm. AktG, § 311 Rn. 36; anderer Ansatz bei *Altmeppen* in MünchKomm. AktG, § 311 Rn. 157 ff.; *ders.*, ZHR 171 (2007), 320, 330 ff.

[26] BGHZ 175, 365 – „UMTS-Lizenzen".

[27] *Fleischer*, NJW 2010, 1504, 1506.

[28] Vgl. *Brömmelmeyer*, WM 2005, 2065, 2068; *Koch*, ZGR 206, 769, 782; *Schäfer*, ZIP 2005, 1253 f.

[29] *Habersack* in Emmerich/Habersack, Aktien- und GmbH-Konzernrecht, § 311 Rn. 40.

b) Beurteilung durch Drittvergleich

20 Dementsprechend wird der Nachteil bisher aus dem Drittvergleich heraus definiert:

Als nachteilig beurteilt werden nach § 317 II AktG Rechtsgeschäfte, die in einem unabhängigen Unternehmen nicht vorgenommen worden wären.

Der Grund dafür kann einmal in einer **unzulänglichen Gegenleistung** gesehen werden, also insbesondere in einem zu niedrigen Preis, der einem Dritten nicht gewährt worden wäre. Dies ist sozusagen der „Klassiker" der nachteiligen Maßnahme[30]. Ergänzend werden aber auch die **sonstigen Umstände des Geschäfts** an sich herangezogen, also die Frage, ob die Gesellschaft, abgesehen von der Angemessenheit der Gegenleistung, überhaupt ein Eigeninteresse an der Durchführung hatte und ob ein konzernunabhängiges Unternehmen die Maßnahme nicht ganz und gar unterlassen hätte[31].

Bedeutung hat diese Einschränkung insbesondere für außergewöhnliche Geschäfte, etwa die Aufgabe ganzer Produktionslinien, den Verzicht auf Geschäftschancen und die Vergabe von Darlehen an die Muttergesellschaft durch ein Unternehmen, das sonst keine Finanzgeschäfte tätigt.

21 **Kompensationsgeschäfte** oder die gleichzeitige Zuwendung von Vorteilen schließen die Nachteiligkeit der Maßnahme nicht aus, sondern sind im Rahmen des nach den §§ 311, 317 AktG geschuldeten Ausgleichs zu würdigen.

c) Verhältnis zu § 57 AktG

22 Die bisher vorherrschende Interpretation des § 311 AktG aus dem Konzept des Drittvergleichs heraus führt zu einem Konflikt mit § 57 AktG n.F. **Vor der Mo-MiG-Reform** von 2008 wurde das Verhältnis der beiden Normen zueinander dahingehend verstanden, dass § 311 AktG unter den in der Norm genannten Voraussetzungen, also insbesondere gegen Ausgleich, auch Zuwendungen an den Aktionär jenseits der Ausschüttung des ordnungsgemäß festgestellten Bilanzgewinns ermöglichte. Diese Sichtweise hat der BGH in der „MPS"-Entscheidung aus dem Jahr 2008 bestätigt[32].

23 Das hat zur Folge, dass sich etwa die Frage nach der **Zulässigkeit des Cash-Pools im Konzern** – und nur dort kommt er tatsächlich vor! – gar nicht nach § 57 AktG, sondern allein nach § 311 AktG bestimmt. Gleichzeitig hat der Gesetzgeber durch das **MoMiG** aber **§ 57 AktG liberalisiert**, und zwar mit dem Ziel, den

---

[30] Vgl. insoweit schon BGHZ 65, 15 – „ITT": Zahlung einer Konzernumlage ohne werthaltige Gegenleistung.

[31] *Habersack* in Emmerich/Habersack, Aktien- und GmbH-Konzernrecht, § 311 Rn. 57.

[32] BGHZ 179, 71 – „MPS".

Cash-Pool rechtlich abzusichern[33]. Dabei hat er aber (unverständlicherweise) § 311 AktG unverändert gelassen, sodass bei formaler Betrachtung die Reform des § 57 AktG die konzernverbundenen Unternehmen gar nicht erreicht. Dieser Fehler ist dadurch geschehen, dass man das MoMiG als ein rein GmbH-rechtliches Gesetz erdacht hat – und es in der GmbH keinen § 311 AktG gibt. Die Übernahme der Regelungen ins Aktienrecht erfolgte, ohne die Besonderheiten der AG zu bedenken.

> Ein erheblicher Wertungsunterschied zwischen den beiden Normen ergibt sich nunmehr daraus, dass bei § 57 AktG die bilanzielle Betrachtungsweise gilt, bei § 311 AktG hingegen nach wie vor der Drittvergleich vorzunehmen ist (wegen § 317 II AktG).

Damit sind Darlehensgeschäfte zwischen Gesellschaft und Gesellschafter nach § 57 AktG allein **nach bilanziellen Kriterien** zu beurteilen, wie sich aus § 57 I 3 AktG n.F. deutlich ergibt (siehe dazu oben § 20 Rn. 29). Will man keine Wertungswidersprüche produzieren und vor allem erreichen, dass die durch das MoMiG bezweckte Absicherung des Cash-Pools auch die verbundenen Unternehmen erreicht, muss man diese Wertung in den § 311 AktG hinein übernehmen[34]. **24**

> § 311 AktG ist daher zukünftig so zu verstehen, dass ein Nachteil nicht vorliegt, wenn das fragliche Geschäft entweder dem Drittvergleich standhält <u>oder</u> bei Anwendung der bilanziellen Betrachtungsweise lediglich zu einem Tausch von Aktiva führt.

Eine Rechtsgrundlage dafür bietet § 317 II AktG: Wenn es auf die Verhaltensweise des Vorstandes eines unabhängigen Unternehmens ankommt, ist zu berücksichtigen, dass dieser von den Handlungsspielräumen, die § 57 AktG n.F. eröffnet, mutmaßlich Gebrauch machen würde.

Beispiele aus der Rechtsprechung für Nachteile sind etwa:
- Erhebung einer Konzernumlage ohne werthaltige Gegenleistung[35],
- Abgabe von (durch die Tochter bezahltem) Personal an die Muttergesellschaft[36],
- Vereinbarung eines (längerfristigen) Darlehens ohne Zinsen[37],
- Heranziehung der Tochter zu konzernweiten Steuervorauszahlungen, ohne sie an Steuererstattungsansprüchen zu beteiligen[38].

---

[33] Begr. RegE zum MoMiG, BT-Drucks. 16/6140, S. 41.

[34] So auch *Mülbert/Leuschner*, NZG 2009, 281, 286 f.

[35] BGHZ 65, 15 –„ITT" (zur GmbH).

[36] OLG Stuttgart, AG 1979, 200, 202.

[37] BGHZ 179, 71 – „MPS".

[38] BGHZ 141, 79 – „Buderus".

2. Bewertbarkeit des Nachteils

a) Allgemeines

25   Das Schutzkonzept der §§ 311 ff. AktG setzt voraus, dass die dem abhängigen
Unternehmen zugefügten **Nachteile isolierbar und bewertbar** sind. Nur dann ist
es möglich, sie im Abhängigkeitsbericht zu dokumentieren und am Geschäftsjahresende auszugleichen.

26   Schwierigkeiten verursachen unter diesem Gesichtspunkt besonders häufige
Eingriffe des herrschenden Unternehmens. Sie können es erschweren, die eintretenden Folgen einer bestimmten Maßnahme zuzuordnen, sodass der Nachteil nicht
mehr ausgleichsfähig ist. Probleme bereitet auch die Beurteilung von **besonders
schwerwiegenden Eingriffen**.

Beispiele:

- Aufgabe ganzer Produktlinien, etwa die Aufgabe der Hochbau- und Ingenieur-
  bausparte in einem bisher breit aufgestellten Bauunternehmen, die Gegenstand der
  „STRABAG"- Entscheidung des OLG Köln war[39],
- Aufgabe unternehmerischer Teilfunktionen, also z.B. der Verzicht auf eine eigene
  EDV[40] oder einen eigenen Vertrieb,
- Übertragung des unternehmenseigenen Know-how auf eine konzerneigene Ver-
  wertungsgesellschaft, was ein entscheidendes Hindernis bei den Überlegungen zur
  Herauslösung von *Opel* aus dem *GM-Konzern* im Jahre 2009 war.

Derartige Maßnahmen sind **einem Einzelausgleich nur bedingt zugänglich**, weil
die Folgen sich schwer abschätzen lassen. Allerdings liegt hier der Schwerpunkt
auf der Frage, ob die Maßnahme überhaupt nachteilig ist. Auch unabhängige Unternehmen gliedern Geschäftsbereiche aus oder stellen sich am Markt vollkommen
neu auf.

Beispiele:

- Ausgliederung des Immobilienbesitzes der *Bayer AG* im Frühjahr 2011,
- Umbau der *Bayer AG* von einem „chemischen Gemischtwarenladen" zu einem
  Pharmaspezialisten in den 1990er Jahren,
- Wandel der *Mannesmann AG* von einem Stahlerzeuger zum Mobilfunkanbieter.

---

27   Man darf § 311 AktG also nicht im Sinne einer „Veränderungssperre" für
die wirtschaftliche Struktur des abhängigen Unternehmens verstehen.

Das wäre auch ökonomisch nicht sinnvoll, denn er würde notwendige Veränderungen blockieren und das abhängige Unternehmen daran hindern, am wirtschaftlichen Wandel teilzunehmen. Gelingt es dem herrschenden Unternehmen daher,

---

[39] OLG Köln ZIP 2009, 1469.

[40] Zur Auslagerung der EDV bei der Opel AG siehe LG Darmstadt, AG 1987, 218, 220; OLG
Frankfurt AG 1988, 109; *Stein*, ZGR 1988, 163, 181 ff.

bei außergewöhnlichen Geschäften und Maßnahmen darzulegen, dass das Vorhaben wirtschaftlich aussichtsreich ist, so fehlt es bereits am Nachteil[41].

> Daran scheiterte etwa die Klage der Aktionärsminderheit im oben angesprochenen „STRABAG"-Fall des OLG Köln[42].

Ist eine außergewöhnliche Maßnahme hingegen als nachteilig zu qualifizieren, so **28** wird sie in der Regel auch unzulässig sein, denn die Auswirkungen lassen sich nur bedingt quantifizieren, sodass das Konzept der §§ 311 ff. AktG hier von vornherein an Grenzen stößt.

Denn ist der Ausgleich nicht möglich oder unsicher, darf der Vorstand des abhängigen Unternehmens das Rechtsgeschäft oder die Maßnahme nicht unter Berufung auf §§ 311 ff. AktG durchführen[43].

Im Übrigen, d.h. vor allem im Hinblick auf den Abhängigkeitsbericht und einen möglichen Schadensersatz, bleiben die §§ 311 ff. AktG auch auf nicht bewertbare Maßnahmen und Rechtsgeschäfte anwendbar.

b) Sonderfall: Konzern mit Matrix-Organisation

Ein anerkannter **Fall der strukturellen Unbewertbarkeit** ist der Konzern mit **29** Matrix-Organisation.

> Dabei wird die unternehmerische Tätigkeit zusätzlich zu den Geschäftsfeldern (also Hochbau, Tiefbau, Ingenieurbau etc.) auch nach Funktionen aufgeteilt: Einkauf, Vertrieb, Finanzierung und andere unternehmerische Teilfunktionen werden auf separate Service-Tochtergesellschaften ausgegliedert, und die operativ tätigen Einheiten sind verpflichtet, deren Dienste in Anspruch zu nehmen[44].

Bereits unter Beteiligung von GmbHs ist diese Organisationsform schwierig, weil die Erfüllung gesetzlicher Pflichten in Frage steht, wenn die betreffende Gesellschaft keinen Einfluss mehr auf den Verbleib ihrer Finanzmittel hat und auch eine etwaige Insolvenzantragspflicht nicht aufgrund eigener Buchführungsunterlagen prüfen kann. In der **faktisch konzernierten AG** spricht viel dafür, dass diese Organisationsform mit der Pflicht zur eigenverantwortlichen Leitung nach § 76 AktG, von der der Vorstand nicht entbunden ist, nicht vereinbar und daher **insgesamt unzulässig** ist.

---

[41] *Habersack* in Emmerich/Habersack, Aktien- und GmbH-Konzernrecht, § 311 Rn. 53 f.

[42] OLG Köln ZIP 2009, 1469.

[43] Allg. Meinung, siehe etwa *Hüffer*, AktG, § 311 Rn. 25, *Altmeppen* in MünchKomm. AktG, § 311 Rn. 197 f.

[44] Vgl. zuletzt *Wieneke* in VGR (Hrsg.), Gesellschaftsrecht in der Diskussion 2010, 2011, S. 91 ff.; *Wisskirchen/Pannhorn/Bissels*, DB 2008, 1139.

c) Zwischenfazit

30   Die Normen der §§ 311 ff. AktG legitimieren also nur Eingriffe, die das
System des Ausgleichs zum Jahresende weder von ihrer Anzahl und Dichte
noch von ihren Auswirkungen her überfordern.

Genügt das dem herrschenden Unternehmen nicht, muss es entweder einen Beherrschungsvertrag abschließen – oder das abhängige Unternehmen in eine GmbH
umwandeln, für die § 311 AktG nicht gilt.

3. Veranlassung des Nachteils

31   Unter die §§ 311 ff. AktG fallen nur solche Nachteile, die vom herrschenden
Unternehmen veranlasst worden sind.

Es ist also eine **Kausalität des Konzerneinflusses** für die Durchführung erforderlich. Kommt der Vorstand des Tochterunternehmens hingegen von sich aus auf die
fragliche Idee, gelten die Schutzvorschriften nicht. Das herrschende Unternehmen
muss die Maßnahme nach herrschender Ansicht auch nicht nur angeregt haben, es
muss mit einem bestimmten Anspruch an Verbindlichkeit an den Vorstand des
Tochterunternehmens herangetreten sein[45].

> Eine förmliche Weisung ist hingegen nicht erforderlich; auch auf subjektive Elemente
> (also etwa die Erkennbarkeit des Umstandes, dass der Tochtervorstand sich „veranlasst
> fühlen" werde), kommt es nicht an[46].

Besteht ein Doppelmandat im Vorstand der beiden Unternehmen, wird die Veranlassung vermutet[47]. Ansonsten liegt die **Beweislast beim Anspruchsteller**.

> Das ist bei § 317 AktG kein größeres Problem, da Anspruchsteller die Gesellschaft selbst
> ist, die über die notwendigen Sitzungsprotokolle etc. verfügt, aus denen sich der Einfluss
> der Konzernspitze im Zweifel ergeben wird. Das gilt auch in der Insolvenz der Tochter,
> wo die Geschäftsunterlagen dem Insolvenzverwalter zur Verfügung stehen.

32   Ganz problematisch ist die Lage jedoch für einen **Individualkläger**, der die (hier
ausnahmsweise zulässige) Gesellschafterklage auf Ersatz nach §§ 317 IV, 309 IV
AktG erheben will. Für ihn als Außenstehenden ist der **Beweis der Veranlassung
kaum zu führen**. Für diesen Fall sollte man eine tatsächliche Vermutung der Ver-

---

[45] *Raiser/Veil*, Recht der Kapitalgesellschaften, § 53 Rn. 33 f.

[46] *Habersack* in Emmerich/Habersack, Aktien- und GmbH-Konzernrecht, § 311 Rn. 24; *Koppensteiner* in KölnKomm. AktG, § 311 Rn. 11; a.A. jedoch *J. Vetter* in K. Schmidt/Lutter, AktG,
§ 311 Rn. 27.

[47] *Raiser/Veil*, Recht der Kapitalgesellschaften, § 53 Rn. 34; *Altmeppen* in MünchKomm. AktG,
§ 311 Rn. 82.

anlassung bereits dann bejahen, wenn das Unternehmen unter einheitlicher Leitung (im Sinne des § 18 I AktG) stand[48].

IV. Rechtsfolgen

1. Nachteilsausgleich und Schadensersatz

Jede vom herrschenden Unternehmen veranlasste Maßnahme und jedes veranlasste Rechtsgeschäft sind nach § 312 AktG zunächst **im Abhängigkeitsbericht zu dokumentieren.** Auf die Nachteiligkeit kommt es insoweit nicht an.   **33**

Jedoch ziehen nur nachteilige Rechtsgeschäfte und Maßnahmen die Ausgleichspflicht nach §§ 311, 317 I AktG nach sich.   **34**

Dabei ist **Anspruchsgrundlage** für den Nachteilsausgleich als solchen bereits § 311 AktG selbst. Die Haftung des herrschenden Unternehmens nach § 317 AktG tritt ergänzend hinzu und erfasst auch **Folgeschäden,** die dem abhängigen Unternehmen über den Nachteil als solchen hinaus entstanden sind. Umgekehrt ist dann, wenn aufgrund einer günstigen Entwicklung aus dem zugefügten Nachteil kein Schaden entstanden ist, gleichwohl der **ursprüngliche Nachteil** zu ersetzen. Er bildet insoweit einen **unwiderleglichen Mindestschaden**[49].

> **Beispiel:** Hat also das herrschende Unternehmen die Tochtergesellschaft veranlasst, die Produktion von Getränkedosen einzustellen und den dazugehörenden Geschäftsbereich zu veräußern, so ist der darin (zum Zeitpunkt der Maßnahme) liegende Nachteil auch dann auszugleichen, wenn am Geschäftsjahresende aufgrund der Einführung des Dosenpfands der Geschäftsbereich wertlos geworden ist.

Zu ersetzen sind ferner **Individualschäden von Aktionären,** die über den Schaden der AG hinausgehen und deshalb durch die Ersatzleistung an die AG nicht ausgeglichen werden können (§ 317 I 2 AktG).   **35**

Wenn der Aktionär hingegen nur mittelbar durch Schädigung der AG beeinträchtigt ist (z.B. durch Kursrückgang), dann genießt die Wiederherstellung des Vermögens der AG Vorrang[50].

---

[48] *Kuhlmann/Ahnis,* Konzern- und Umwandlungsrecht, Rn. 146 f.

[49] *Hüffer,* AktG, § 311 Rn. 7.

[50] *Habersack* in Emmerich/Habersack, Aktien- und GmbH-Konzernrecht, § 311 Rn. 13a.

2. Abhängigkeitsbericht

a) Inhalt

36   Gemäß § 312 AktG ist ein Abhängigkeitsbericht zu erstellen, in den Maßnahmen und Rechtsgeschäfte des betreffenden Geschäftsjahres aufzunehmen
sind.

Rechtsgeschäfte mit dem herrschenden Unternehmen sind stets anzugeben,
Rechtsgeschäfte mit Dritten hingegen nur dann, wenn sie von herrschenden Unternehmen veranlasst wurden. **Sonstige Maßnahmen**, also solche, die keine
Rechtsgeschäfte sind, sind zu berichten, wenn sie auf Veranlassung oder im Interesse des herrschenden Unternehmens vorgenommen wurden.

> Demgemäß enthält der Bericht auch eine Aussage darüber, wie stark sich der Einfluss des
> herrschenden Unternehmens ausgewirkt hat, denn soweit der Tochtervorstand aus
> eigenem Antrieb handelte, kann und wird die Angabe unterbleiben.

Der Bericht enthält bei Rechtsgeschäften eine **Angabe zu Leistung und Gegenleistung**. Wurde die Maßnahme als nachteilig eingestuft, muss zudem angegeben
werden, wie der Nachteil ausgeglichen wurde[51]. Eine darüber hinausgehende Aussage zur Nachteiligkeit der Geschäfte, also z.B. eine Erklärung dazu, warum ein
Geschäft nicht als nachteilig angesehen wurde, wird nur im Ausnahmefall für erforderlich gehalten[52].

> Von daher ist der Bericht in vielen Fällen nicht mehr als eine Aufzählung von
> Rechtsgeschäften, die zudem in Konzernen, bei denen ein intensiver Leistungsaustausch
> zwischen den Unternehmen stattfindet, recht **lang und eintönig** ausfallen kann.

b) Prüfung

37   Der Bericht ist, sofern nicht die AG wegen ihrer geringen Größe nach § 316
HGB von der Prüfungspflicht insgesamt ausgenommen ist[53], durch den Abschlussprüfer zu prüfen (§ 313 AktG).

Prüfungsmaßstab ist die Richtigkeit des Berichts (Nr. 1), d.h. die Frage, ob die
angegebenen Maßnahmen und Rechtsgeschäfte durchgeführt wurden. Die Vollständigkeit des Berichts ist – nach ausdrücklicher, aber aus heutiger Sicht zweifelhafter Absicht des Gesetzgebers[54] – nicht Prüfungsgegenstand. Man fürchtete,

---

[51] *Raiser/Veil*, Recht der Kapitalgesellschaften, § 53 Rn. 38.

[52] *Habersack* in Emmerich/Habersack, Aktien- und GmbH-Konzernrecht, § 312 Rn. 37; *Altmeppen* in MünchKomm. AktG, § 312 Rn. 116.

[53] Die Ausnahme ist inhaltlich nicht überzeugend, da damit bei der nicht prüfungspflichtigen AG
eine neutrale Sicht auf den Bericht gänzlich fehlt, so mit Recht *Hüffer*, AktG, § 313 Rn. 2.

[54] Begr. RegE bei *Kropff*, S. 414.

dass der Prüfer den Betrieb stören würde, wenn er überprüft, ob weitere Geschäfte oder Maßnahmen in den Bericht hätten aufgenommen werden müssen. Auch soll er der Frage nicht nachgehen, ob der Vorstand zu dem Geschäft veranlasst wurde oder nicht. Hinsichtlich der im Bericht enthaltenen Rechtsgeschäfte und Maßnahmen prüft der Abschlussprüfer nur, ob sie sich im Rahmen des kaufmännisch vertretbaren hielten[55].

Bedenkt man zusätzlich, dass häufig Mutter und Tochter denselben Wirtschaftsprüfer bzw. dieselbe Prüfungsgesellschaft beschäftigen, verwundert es daher wenig, dass Abhängigkeitsberichte **nur selten** vom Abschlussprüfer **beanstandet** werden.

Die nach § 314 AktG vorgesehene weitere **Prüfung durch den Aufsichtsrat** leidet schließlich daran, dass das Organ in der Regel durch Vertreter des herrschenden Unternehmens dominiert wird, die wenig Interesse daran haben, den Bericht zu beanstanden.   **38**

Dem durch eine Pflicht zur Beteiligung von Minderheitenvertretern zu begegnen[56], ist wegen der Mitbestimmung problematisch, denn eine solche Pflicht gefährdet die Einheitlichkeit der Willensbildung auf der Arbeitgeberseite[57] und damit das „leichte Übergewicht" der Eigentümer, das nach BVerfG Voraussetzung dafür ist, dass die paritätische Mitbestimmung als verfassungsmäßig angesehen werden kann[58].

Die erforderliche **Schlusserklärung** (§ 314 III AktG) kann zudem mit Mehrheit beschlossen werden, sodass Einwände einer Minderheit (z.B. der Arbeitnehmervertreter) überstimmt werden können. Das Ergebnis der Prüfung findet Eingang in den Bericht, den der Aufsichtsrat an die Hauptversammlung erstattet (§ 171 II AktG).

c) Keine Veröffentlichung

Der Bericht als solcher wird **nicht veröffentlicht**, sodass ihn weder die Aktionäre noch andere interessierte Personenkreise (z.B. Gläubiger) einsehen können; sie erfahren nach § 171 II AktG nur das Ergebnis der Prüfungen.   **39**

Auch das macht es einzelnen Aktionären praktisch extrem schwer, Nachteile im Konzern auf eigene Initiative gerichtlich zu verfolgen (§§ 317 IV, 309 IV AktG).

---

[55] Für Einzelheiten siehe *Habersack* in Emmerich/Habersack, Aktien- und GmbH-Konzernrecht, § 313 Rn. 20 ff.

[56] *U. H. Schneider*, ZHR 143 (1979), 485, OLG Hamm, AG 1987, 38 f. Diese Idee steht letztlich auch hinter der Empfehlung des DCGK, dem Aufsichtsrat sollten genügend „unabhängige" Mitglieder angehören. Insoweit ist strittig, ob Unabhängigkeit nur vom Vorstand oder auch vom Mehrheitsgesellschafter gemeint ist, siehe dazu *Langenbucher*, ZGR 2007, 571, 594 ff.; *Habersack*, AG 2008, 98, 105; *Lutter*, EuZW 2009, 799.

[57] Wie hier *Habersack*, ZHR 168 (2004), 373, 376; a.A. *Wackerbarth*, Grenzen der Leitungsmacht in der internationalen Unternehmensgruppe, 2001, S. 319 f.

[58] Vgl. BVerfGE 50, 290.

Mit der Nichtveröffentlichung des Berichts wollte der Gesetzgeber den Bedenken der betroffenen Unternehmen Rechnung tragen, die befürchteten, aus den Angaben (insbesondere zu den für die Leistungen gezahlten Preisen) könnten Konkurrenten Schlussfolgerungen über das Geschäftsmodell ziehen[59].

> Es geht also im Kern um dieselben Bedenken, die auch gegen die Pflicht zur Veröffentlichung des Jahresabschlusses an sich immer wieder erhoben worden sind und die dazu geführt haben, dass bis ins Jahr 2005 viele Unternehmen ihren Jahresabschluss nicht publizierten[60] (dazu oben § 14 Rn. 31).

40 Für die kapitalmarktorientierten Unternehmen, die nach **International Financial Reporting Standards (IFRS)** bilanzieren, ist diese gesetzgeberische Entscheidung inzwischen überholt. Die Regelung in § 312 AktG konkurriert bereits seit 2004 mit dem Rechnungslegungs-Standard IAS 24.9, der eine Veröffentlichung von *„related party transactions"* vorsieht[61].

> Ein herrschendes Unternehmen, das wenigstens die Hauptversammlungsmehrheit an der Gesellschaft hält, erfüllt ohne weiteres die Definition der *„related party"*[62]. Gleichzeitig ist IAS 24.9 auch gläubigerfreundlicher, indem weder eine konzernrechtliche Beziehung verlangt noch auf die Veranlassung abgestellt wird. Die Regelung geht insoweit von einem **Informationsinteresse der Öffentlichkeit** aus, das bei kapitalmarktorientierten Unternehmen unter dem Stichwort *„decision usefulness"*[63] des Jahresabschlusses auch sonst bejaht wird. Das überzeugt, denn in Unternehmen mit Großaktionär befürchten Investoren durchaus, dass dieser seine Machtposition zu ihrem Nachteil ausüben könnte, und richten ihre Investitionsentscheidung daran aus[64]. Von daher ist es zutreffend, potentiellen Anlegern nicht nur das Prüfungsergebnis von Abschlussprüfer und Aufsichtsrat zur Verfügung zu stellen, sondern auch die Rohdaten zum Leistungsverkehr zwischen den Unternehmen, sodass sie daraus ihre eigenen Schlüsse zur Dichte der Verflechtung zwischen den Unternehmen ziehen können.

41 Eine erleichterte Regelung zum selben Thema enthält seit 2009 auch das Bilanzrecht des HGB. Hier verlangt § 285 Nr. 21 HGB[65] eine Angabe zu diesem Thema im **Anhang des Jahresabschlusses**, dies allerdings beschränkt auf wesentliche Geschäftsvorfälle zwischen den Unternehmen und auf solche, die nicht zu marktüblichen Bedingungen zustande gekommen sind. Diese Regelung gilt auch für die „HGB-Bilanzierer", d.h. für alle nicht börsennotierten Unternehmen und solche,

---

[59] Begr. RegE bei *Kropff*, S. 411.

[60] Die diesbezügliche Praxis wurde vom EuGH als europarechtswidrig beanstandet, siehe EuGH Slg 2004, I-8663 = ZIP 2004, 2134; siehe auch EuGH Slg. 1997, 6843.

[61] Nachzulesen unter *http://www.iasplus.com/standard/ias24.htm*.

[62] Es handelt sich um dieselbe Problematik, die jedoch vom Bilanzrecht nicht als eine konzernrechtliche begriffen wird, zutreffend *Wackerbarth*, Der Konzern 2005, 562, 569.

[63] Zu diesem Grundanliegen der IFRS *Merkt* in Baumbach/Hopt, HGB, Vorb. zu § 238 Rn. 139.

[64] *Wackerbarth*, Der Konzern 2005, 562, 565; *La Porta/Lopez de Silanes/Shleifer/Vishny*, J. Pol. Econ. 106 (1998); *Black*, UCLA L.Rev. 48 (2001), 781, 804 f.; *Djankov/La Porta/Lopez-de-Silanes/Shleifer*, The Law and economics of self-dealing, J. Fin. Econ. 88 (2008), 430.

[65] Eingefügt durch das Gesetz zur Modernisierung des Bilanzrechts (Bilanzrechtsmodernisierungsgesetz, BilMoG) vom 25. Mai 2009, BGBl. I S. 1102.

die keinen Konzernabschluss erstellen. Diese Unternehmen müssen sich seit 2009 zumindest in Bezug auf Geschäftsvorfälle von besonderer Bedeutung dem Urteil der Öffentlichkeit stellen.

Von daher erscheint die im Jahre 1965 getroffene Entscheidung gegen eine Veröffentlichung des Abhängigkeitsberichts nicht mehr als zeitgemäß[66]. **42**

Gleichzeitig fragt es sich in zunehmendem Maße, ob der Abhängigkeitsbericht noch einen Zusatznutzen stiftet, wenn weitgehend dieselben Angaben schon nach dem Bilanzrecht zu machen und zu publizieren sind. Auch hierin kann man ein Beispiel dafür sehen, dass das **Konzernrecht** nach und nach **vom allgemeinen Unternehmensrecht absorbiert** wird.

3. Organhaftung

Hinsichtlich der in §§ 317, 318 AktG geregelten Haftung der Organe muss zwischen den Organen der herrschenden und der abhängigen Gesellschaft unterschieden werden. **43**

Die **Organe der abhängigen Gesellschaft** haften nach § 318 AktG neben den nach § 317 AktG Ersatzpflichtigen, wenn sie den Abhängigkeitsbericht falsch erstellt (Vorstand) oder nicht hinreichend geprüft haben (Aufsichtsrat).

Diese Haftung hat eher deklaratorischen Charakter, weil entsprechende Pflichten sich auch zwanglos schon aus §§ 93, 116 AktG herleiten lassen.

Die **Organe des herrschenden Unternehmens** haften dem abhängigen Unternehmen nach § 317 III AktG auf Schadensersatz, wenn der nach den §§ 311, 317 I AktG gebotene Ausgleich einer nachteiligen Maßnahme oder eines Rechtsgeschäfts nicht bis zum Geschäftsjahresende geleistet wird.

Die Haftung knüpft also an die **Versäumung des Ausgleichs** an, nicht an die Nachteilszufügung an sich[67]. Es haften nach § 317 III AktG nur die Organmitglieder, die an der Nachteilszufügung im Sinne einer **Veranlassung** aktiv mitgewirkt haben. Die Vorschrift wird als eine Form der Handelndenhaftung ähnlich § 11 II GmbHG verstanden[68], sodass Organisations- und Überwachungsmängel für eine Haftung nicht genügen.

---

[66] So auch *Habersack* in Emmerich/Habersack, Aktien- und GmbH-Konzernrecht, § 312 Rn. 3.

[67] Wie hier *Habersack* in Emmerich/Habersack, Aktien- und GmbH-Konzernrecht, § 317 Rn. 9; *Hüffer*, AktG, § 317 Rn. 6; a.A. *Koppensteiner* in KölnKomm. AktG, § 317 Rn. 8; *Raiser/Veil*, Recht der Kapitalgesellschaften, § 53 Rn. 45.

[68] *Hüffer*, AktG, § 317 Rn. 14.; a.A. *Koppensteiner* in KölnKomm. AktG, § 317 Rn. 44.

44   Wie alle konzernrechtlichen Ersatzansprüche können auch die Haftungsansprüche aus §§ 317 III, 318 I und II AktG von einzelnen **Aktionären** (mit
dem Ziel der Leistung an die Gesellschaft) und von **Gläubigern** der Gesellschaft (mit dem Ziel der Leistung an sich selbst) verfolgt werden.

Die Vorschriften nehmen dazu auf § 309 III bis V AktG Bezug, wo die Voraussetzungen der Aktionärs- und Gläubigerklage näher geregelt sind. Praktisch kommen
solche Klagen freilich selten vor, da die in Betracht kommenden Kläger das **Kostenrisiko** scheuen. In der Insolvenz werden die Ansprüche ausschließlich vom Insolvenzverwalter geltend gemacht (§ 309 IV 5 AktG).

V. Gesamtbewertung des Schutzsystems

45   Die Effektivität der §§ 311 ff. AktG wird in der Literatur skeptisch gesehen, wobei anfänglich sehr negative Urteile („nutzlos") überwogen[69]. Ausgangspunkt dieser **Kritik** ist die Tatsache, dass es trotz §§ 311 ff. AktG kaum zur Durchsetzung
von Ersatzansprüchen im Verhältnis der beteiligten Unternehmen gekommen ist,
und schon gar nicht zu Klagen außenstehender Aktionäre oder Gläubiger[70].

Inzwischen finden sich auch **moderatere Töne**. So wird zu Recht darauf verwiesen, dass die Vorschriften ihren Sinn weniger darin haben, als Anspruchsgrundlage zu fungieren, sondern vielmehr in einer **präventiven Wirkung**, die das
herrschende Unternehmen daran hindert, zu weitgehend in die Belange des abhängigen Unternehmens einzugreifen[71]. Verwiesen wird insbesondere auf die **Publizität** des Abhängigkeitsberichts, die der Tochtervorstand nutzen könnte, um Einflüsse des herrschenden Unternehmens im Vorfeld abzuwehren.

> Für die nach IFRS Rechnung legenden Unternehmen ist dieses Anliegen von IAS 24.9
> überholt, der eine Angabepflicht unabhängig von einer Veranlassung normiert (siehe oben
> Rn. 40).

46   Im Übrigen ist auch empirisch zu beobachten, dass trotz der Grenzen des § 311
AktG eine **fortschreitende Konzernintegration** nach Begründung der Abhängigkeit nicht verhindert werden kann[72]. Das lässt darauf schließen, dass es auf Dauer
nicht möglich ist, das Schutzziel der §§ 311 ff. AktG, die Gesellschaft so zu stellen, wie sie ohne die Abhängigkeit stünde, tatsächlich zu erreichen.

---

[69] Siehe *Timm*, NJW 1992, 2185, 2193.

[70] *Wackerbarth*, Der Konzern 2005, 562, 564 f.

[71] Die Präventionswirkung betonend insbesondere *Hommelhoff*, Gutachten G zum 59. DJT,
1992, S. 19 ff.; *Decher*, ZHR 171 (2007), 126, 129 ff.; *K. Schmidt*, JZ 1992, 856, 858 f.

[72] Das ist unter dem Gesichtspunkt des konzernrechtlichen Präventivschutzes allgemein anerkannt; siehe etwa *Wiedemann*, Die Unternehmensgruppe im Privatrecht, 1988, S. 61: „Voraussetzungen der §§ 311 ff. [...] im Zeitablauf fiktiv"; *ders.*, ZGR 1978, 487: „archimedischer
Punkt der Unternehmensverbindung"; dem folgend auch *Lutter/Timm*, NJW 1982, 409, 411.

Hierauf mit einer Verschärfung des Konzernrechts zu reagieren, ist jedoch nicht **47** angezeigt. Solche Konzepte, die auf einen Zwang zum Abschluss eines Unternehmensvertrages hinausliefen, hätten mehr Nachteile als Vorteile[73]. Stattdessen ist zu fragen, ob der mit den §§ 311 ff. AktG betriebene erhebliche legislatorische Aufwand gerechtfertigt ist und ob die von der Normengruppe zu erreichende bescheidene Wirkung nicht mit weniger Aufwand erreicht werden kann. Auf die besonderen **Anspruchsgrundlagen** der §§ 311 ff. AktG trifft dies ohne weiteres zu. Diese sind, wie allgemein anerkannt wird, **weitgehend totes Recht**[74] und gehen nur wenig über das hinaus, was schon das allgemeine Aktienrecht leistet. Die (zweifellos nützliche) Präventionswirkung des Abhängigkeitsberichts kann auch durch das **Bilanzrecht** verwirklicht werden, jedenfalls wenn man § 285 Nr. 21 HGB erweitern oder die Anwendung von IAS 24.9 auch für die nicht börsennotierte AG vorschreiben würde.

> Ergänzend wäre über eine **Einbindung der Hauptversammlung** nachzudenken, die den Bericht über die Leistungsbeziehungen mit nahe stehenden Personen und Unternehmen in geeigneter Form billigen könnte. Solange das Problem der räuberischen Anfechtungsklagen nicht erledigt ist, kommt dies freilich nur in Form eines unverbindlichen Billigungsbeschlusses nach dem Vorbild von § 120 IV AktG in Betracht. Der Vorschlag, Geschäfte zwischen Gesellschaft und Gesellschafter insgesamt dem Votum der Hauptversammlung (bei Stimmverbot des begünstigten Gesellschafters) zu unterstellen[75], ist hingegen für die Publikumsgesellschaft nicht praktikabel und vielmehr geeignet, den Leistungsaustausch im Konzern zum Erliegen zu bringen.

Erhaltenswert erscheint hingegen das **limitierte Konzernprivileg** in § 311 AktG. **48** Dieses System der vorsichtigen Öffnung in Richtung auf die Konzerninteressen hat sich bewährt und findet auch Gegenstücke in anderen Rechtsordnungen, die ohne besonderes Konzernrecht auskommen[76]. Es könnte im Anschluss an die Business Judgment Rule als weiterer *safe harbour* des Vorstandes in § 93 I AktG integriert werden.

VI. Überschreitung der Grenzen der §§ 311 ff. AktG

1. Problemlage

Wie oben dargestellt, dürfen nachteilige Maßnahmen und Rechtsgeschäfte zulas- **49** ten des abhängigen Unternehmens nur in einer Weise durchgeführt werden, dass sie dem Einzelausgleich zugänglich sind. Sie dürfen also weder von ihrer Häufig-

---

[73] Zutreffend *Altmeppen* in MünchKomm. AktG, Vorb. zu § 311 Rn. 28.

[74] Wie hier auch *Kuhlmann/Ahnis*, Konzern- und Umwandlungsrecht, Rn. 168.

[75] *Wackerbarth*, Der Konzern 2005, 574 f.

[76] Insbesondere in Frankreich, wo die Rechtsprechung eine ähnliche Formel im Rahmen der Vorstandspflichten formuliert hat (nach der Leitentscheidung „Rozenblum"-Formel genannt); näher dazu *Forum Europaeum Konzernrecht*, ZGR 1998, 672, 710 ff.; ablehnend allerdings *Müller* in Spindler/Stilz, AktG, Vorb. zu § 311 Rn. 18; *Habersack*, NZG 2004, 1, 7 f.

keit noch von ihren Auswirkungen her das System des Einzelausgleichs überfordern. Es erscheint von vornherein zweifelhaft, ob es möglich ist, auf dieser Grundlage eine zentrale Leitung in wesentlichen unternehmerischen Funktionen herzustellen, wie § 18 I AktG dies für den („echten") Konzern verlangt[77].

Es ist also naheliegend, dass die Grenzen des § 311 AktG missachtet werden, und die Frage ist, was dann gelten soll. Die Organhaftung nach §§ 317, 318 AktG greift dann fraglos ein, aber zweifelhaft ist, ob diese die Problematik ausreichend bewältigt. Bedenken ergeben sich zum einen aufgrund des in der AG immer noch zu beobachtenden **Vollzugsdefizits der Organhaftung** (dazu oben Rn. 43 f.). Zum anderen ist die **Bezifferung eines Schadens** problematisch, wenn das Ausgleichssystem die Zuordnung eines konkreten Schadens zu einer konkreten Maßnahme gerade nicht mehr ermöglicht. Und schließlich fragt es sich, ob die Organe der richtige Haftungsadressat sind: Sollte nicht das herrschende Unternehmen haften, das schließlich auch den Vorteil von der Nachteilszufügung hatte? Und das möglichst in einer pauschalen Form, die den Nachweis eines konkreten Schadens entbehrlich macht?

2. Die Idee des „qualifiziert-faktischen Konzerns"

50 Die vorstehenden Überlegungen haben die Wissenschaft[78] zu der Überlegung geführt, dass es möglicherweise eine Konzernform gibt, die mit dem Instrumentarium der §§ 311 ff. AktG nicht mehr bewältigt werden kann, weil die Leitungsdichte und die Auswirkungen eher der Lage im Vertragskonzern entsprechen. Dann müsste man konsequenterweise, so die seinerzeitige Überlegung, auch die **Regeln des Vertragskonzerns anwenden**[79], also der Minderheit eine Möglichkeit geben, gegen Abfindung auszuscheiden (§ 305 AktG analog), und das herrschende Unternehmen in eine pauschale Haftung für eingetretene Verluste zu nehmen (§ 302 AktG analog), bzw. in der Insolvenz sogar in die Ausfallhaftung (§ 303 AktG analog)[80].

51 Das Unglück dieser Ansicht bestand darin, dass sie sich die GmbH als „Experimentierfeld" für ihre Theorie aussuchte[81]. Das verursachte von Anfang an Probleme, weil der haftungsauslösende Tatbestand unklar war: Sollte es auf die Dichte der Leitung ankommen[82] (**Strukturhaftung**)? Das entspräche zwar der Lage im

---

[77] Wie hier auch *Hüffer*, AktG, § 311 Rn. 10; *K. Schmidt*, JZ 1992, 856, 857.

[78] Grundlegend Arbeitskreis GmbH-Reform (Hrsg.), Thesen und Vorschläge zur GmbH-Reform, Band 2, 1972, 49 ff.

[79] So etwa *Ulmer*, NJW 1986, 1584; *Wiedemann*, ZGR 1986, 656, 664.

[80] BGHZ 95, 330, 346 – „Autokran".

[81] Zu den Hintergründen *Lutter* in Hommelhoff/Stimpel/Ulmer, Der faktische GmbH-Konzern, 1992, S. 183, 184.

[82] So BGHZ 107, 7 – „Tiefbau"; BGHZ 115, 187 – „Video"; *Ulmer*, NJW 1986, 1584; *Wiedemann*, ZGR 1986, 656, 664.

Vertragskonzern, dessen Regeln analog angewendet werden sollen. Es verträgt sich aber schlecht mit der Tatsache, dass die GmbH oft von ihren Gesellschaftern geleitet wird und eine dichtere Leitung als die, die durch den Gesellschafter höchstpersönlich ausgeübt wird, kaum vorstellbar ist[83]. Gleiches gilt im Fall des Doppelmandats[84].

> Dieser Ansatz war daher geeignet, im GmbH-Recht jeden der Gefahr einer Konzernhaftung auszusetzen, der die GmbH persönlich führt, und diese Gefahr hat sich für eine Weile auch tatsächlich realisiert[85].

Das Alternativkonzept, kumulativ an die Dichte und die Nachteiligkeit der Leitung anzuknüpfen (**Verhaltenshaftung**)[86], vermeidet den Fehler, allein aus der – vollkommen legalen – Übernahme der Geschäftsführung eine Haftung herzuleiten. Sie ist jedoch dem Einwand ausgesetzt, dass sie den unternehmerisch tätigen Gesellschafter strenger behandelt als den nicht-unternehmerischen, der der Konzernhaftung nicht unterliegt[87]. Dass der unternehmerisch tätige Gesellschafter mehr Anreiz hat, die Gesellschaft zu schädigen, trägt diese Differenzierung nicht, denn dies ändert nichts an dem konkret an den Tag gelegten Leitungsverhalten und den dadurch eingetretenen Schäden bei Gesellschaft und Gläubigern. **52**

> Letztlich hängt bei identischem Verhalten die Haftung dann davon ab, ob der Unternehmensbegriff erfüllt ist oder nicht, was (auch wegen der Gestaltungsoffenheit des Unternehmensbegriffs) kaum eine sachgerechte Abgrenzung ermöglicht[88].

Der BGH hat diese Widersprüche zum Anlass genommen, sich nach anfänglicher Anerkennung des qualifiziert faktischen Konzerns[89] **für die GmbH** von diesem Konzept wieder zu distanzieren und abzuwenden[90]. Er hat die Konzernhaftung analog §§ 302 f. AktG für die GmbH aufgegeben und durch das Konzept der Haftung für Existenzvernichtung ersetzt, das (je nach Vorliebe des Senatsvorsitzenden) zeitweise auf Durchgriffsgesichtspunkte[91], dann aber auf eine Anwendung **53**

---

[83] *Kleindiek*, ZIP 1991, 1330, 1336; *Timm*, GmbHR 1992, 213, 218; *K. Schmidt*, ZIP 1991, 1325, 1329.

[84] Wenig weitergeführt haben insoweit die Versuche, zwischen „guten" und „bösen" Doppelmandaten zu unterscheiden, dazu *Streyl*, Zur konzernrechtlichen Problematik von Vorstands-Doppelmandaten, 1992, S. 118 ff.

[85] Siehe *Knobbe-Keuk*, DB 1992, 1461, 1462, in Auseinandersetzung mit BGHZ 115, 187 – „Video".

[86] Dafür *Lutter*, ZGR 1992, 244, 266 f.; *Timm*, NJW 1987, 977, 982; *Rehbinder*, AG 1986, 85, 95 f.

[87] Erstmals deutlich herausgearbeitet hat diesen Einwand *Versteegen*, Konzernverantwortlichkeit und Haftungsprivileg, 1993, der es verdient, dafür gelegentlich zitiert zu werden.

[88] Zutreffend *K. Schmidt*, ZIP 1993, 549, 552 f.

[89] Grundlegend insoweit BGHZ 95, 330 – „Autokran".

[90] BGHZ 149, 10 – „Bremer Vulkan; BGHZ 151, 181, 187 – „KBV"; BGHZ 173, 246 – „Trihotel"; BGH ZIP 2009, 802 – „Sanitary".

[91] BGHZ 149, 10 – „Bremer Vulkan"; BGHZ 151, 181, 187 – „KBV"; dazu *Röhricht*, Festschrift 50 Jahre BGH, Bd. 1, 2000, S. 83.

von § 826 BGB im Verhältnis von Gesellschaft und Gesellschafter gestützt wurde (und wird)[92].

Für weitere Einzelheiten zur Existenzvernichtungshaftung siehe oben § 10 Rn. 21 ff.

3. Fortgeltung für die AG?

54   **Für die AG** ist die Meinungslage weniger eindeutig. Ein **erheblicher Teil der Literatur** meint, auch in der AG ohne eine Pauschalhaftung für nicht quantifizierbare Nachteile auszukommen[93]. Ergänzend wird auf Beweiserleichterungen für klagende Einzelgläubiger und Minderheitsgesellschafter sowie auf die Möglichkeit der Schadensschätzung nach § 287 ZPO verwiesen[94]. Zudem sollen die Verfolgungsrechte der Gläubiger nach §§ 309 IV, 317 IV AktG analog angewendet werden, auch wenn es nicht um konzernrechtliche Anspruchsgrundlagen geht[95].

55   Demgegenüber verweist die **Gegenauffassung** auf die strukturellen Unterschiede zwischen GmbH und AG und kommt damit zu dem Ergebnis, dass für die AG am Konzept des qualifiziert faktischen Konzerns festzuhalten sei[96]. **Dem ist zu folgen.** Das Haftungskonzept des BGH für die GmbH zielt darauf, den Gesellschaftsgläubiger nur dann zu schützen, wenn es zu einer Insolvenz gekommen ist. Schädigungen der Gesellschaft, die nicht zur Insolvenz führen, muss er hingegen ersatzlos hinnehmen, auch wenn sie seine Forderung gefährden. Dieses Konzept ist in der AG schon in Richtung auf die Gläubiger nicht durchzuhalten, denn hier greift ergänzend **§ 117 AktG** ein, der ebenfalls eine vorsätzliche Schädigung, jedoch keine Insolvenz voraussetzt.

56   § 117 AktG ist unter normalen Umständen gegenüber § 311 AktG subsidiär, lebt aber wieder auf, wenn die Grenzen zulässiger Konzernleitung nach § 311 AktG überschritten werden[97].

Von daher lässt sich das Konzept eines nur auf den Insolvenzfall bezogenen Schutzes in der AG von vornherein nicht durchhalten. Selbst in der Einmann-AG,

---

[92] BGHZ 173, 246 – „Trihotel"; BGH ZIP 2009, 802 – „Sanitary".

[93] *Hüffer*, AktG, § 1 Rn. 25; *ders.*, AG 2004, 416 f.; *Koppensteiner* in KölnKomm. AktG, Anh. zu § 318 Rn. 63 ff.; ablehnend auch OLG Stuttgart, ZIP 2007, 1210.

[94] *Kuhlmann/Ahnis*, Konzern- und Umwandlungsrecht, Rn. 424 ff.; *Altmeppen* in MünchKomm. AktG, § 317 Rn. 14.

[95] *Habersack*, ZGR 2008, 533, 548.

[96] *Habersack* in Emmerich/Habersack, Aktien- und GmbH-Konzernrecht, Anh. zu § 317 Rn. 5; *Raiser/Veil*, Recht der Kapitalgesellschaften, § 53 Rn. 63; *Wiedemann*, ZGR 2003, 283, 296; *K. Schmidt*, Gesellschaftsrecht, § 31 IV 4 a; dafür (in anderem Zusammenhang) auch OLG Köln, AG 2009, 416, 418 ff.

[97] *Schall* in Spindler/Stilz, AktG, § 117 Rn. 8 ff.; *J. Vetter* in K. Schmidt/Lutter, AktG, § 311 Rn. 124.

in der die Treuepflicht nicht eingreift[98], bietet § 117 AktG einen Schutz der AG gegen vorsätzlich schädigende Eingriffe auch im Vorfeld der Insolvenz.

Problematisch ist der Ansatz des BGH bei § 826 BGB in Bezug auf den **Minderheitenschutz**. Denn die Minderheit wird nicht erst dann geschädigt, wenn die Gesellschaft insolvent wird. Die Minderheitsgesellschafter haben vielmehr ein Recht, an den Erträgen der Gesellschaft zu partizipieren – und dieses wird auch dann massiv beeinträchtigt, wenn der Mehrheitsgesellschafter die Gesellschaft über die Grenzen des § 311 AktG hinaus schädigt, ohne dadurch eine Insolvenz zu verursachen[99]. Auf die Störung des Interessengleichlaufs im Innenverhältnis, der nach § 705 BGB Kernmerkmal jeder Gesellschaft ist, kann § 826 BGB daher keine befriedigende Antwort liefern.

57

> Der Minderheitenschutz muss vielmehr bei einer Überschreitung der Grenzen des § 311 AktG früher einsetzen als bei der Haftung wegen Existenzvernichtung.

Ansprüche auf Unterlassung des rechtswidrigen Leitungsverhaltens, die ihren Rechtsgrund in der Treuepflicht finden[100], können dazu ebenso beitragen, wie das Recht, analog § 305 AktG gegen Abfindung aus der Gesellschaft auszuscheiden[101], wenn der Mehrheitsgesellschafter fortgesetzt rechtswidrig in die Belange der abhängigen Gesellschaft eingreift. Allerdings hat der BGH in dieser Frage der klagenden Minderheit den vollen **Beweis** dafür auferlegt, dass eine solche Schädigung tatsächlich vorliegt[102].

58

> Der BGH hat das mit der Höhe der Beteiligung (im konkreten Fall über 40 %) begründet, dabei aber nicht berücksichtigt, dass auch einer „großen" Minderheit abgesehen von § 131 AktG nur das mühsame und langwierige Verfahren der Sonderprüfung (§§ 315 II, 142 II AktG) zur Verfügung steht. Für einen „kleinen" Minderheitsaktionär ist eine Klage von vornherein unattraktiv, da sie hohen Aufwand verursacht, von dem im Erfolgsfall nicht er, sondern die Gesellschaft profitiert.

Das lässt darauf schließen, dass ein allein auf Abwehr des schädigenden Konzerneinflusses zielendes Konzept in der AG **nicht funktionieren wird**. Der Minderheit fehlen zum einen die rechtlichen Mittel (siehe § 131 AktG im Vergleich zu § 51a GmbHG). Zum anderen ist das Kostenrisiko zu hoch, dass die Minderheit trifft, wenn sie im Interesse der Gesellschaft den Konflikt mit dem Mehrheitsgesellschafter aufnimmt. Zudem lassen sich keine Mittel finden, allein die Minderheit zu schützen. Die in Betracht kommenden Schadensersatzansprüche entstehen durchgängig bei der Gesellschaft. Die Schädigung der Minderheit ist nur **Reflex**

59

---

[98] Näher *Drygala* in KölnKomm. AktG, § 53a Rn. 89.

[99] *J. Vetter* in K. Schmidt/Lutter, AktG, § 317 Rn. 52.

[100] *Kuhlmann/Ahnis*, Konzern- und Umwandlungsrecht, Rn. 424; *Henze/Notz* in Großkomm. AktG, Anh. zu § 53a Rn. 157.

[101] *Habersack* in Emmerich/Habersack, Aktien- und GmbH-Konzernrecht, Anh. zu § 317 Rn. 29.

[102] BGH ZIP 2008, 1872 ff.; zuvor schon OLG Stuttgart ZIP 2007, 1210 ff.

des bei der Gesellschaft entstandenen Vermögensabflusses. Der Schadensaus-
gleich kommt notwendig auch der schädigenden Mehrheit zu Gute.

60   Dann erscheint es aber konsequenter, für die AG den **pauschalen Verlust-
         ausgleich analog § 302 AktG** beizubehalten, zumal dieser auch das Prob-
         lem bewältigt, dass Schadensersatzansprüche gerade dann, wenn das Aus-
         gleichssystem der §§ 311 f. AktG überfordert ist, kaum zu beziffern sind.
         Daher sind in der AG weiterhin die Regeln des qualifiziert-faktischen Kon-
         zerns anzuwenden, allerdings nicht in Form der Strukturhaftung wegen
         übermäßiger Leitungsdichte[103], sondern in der vom BGH (vor der Recht-
         sprechungsänderung) vertretenen Form der **Verhaltenshaftung**[104].

Dies trägt der Tatsache Rechnung, dass eine dichte Leitung nicht zwingend nachteilig gewesen sein muss. Daher genügt die bloße Leitungsdichte nicht; weder die
Übernahme des Vorstandsamtes durch den (privaten) Mehrheitsgesellschafter
noch das Doppelmandat sind als solche Haftungstatbestände. Es muss zusätzlich
wenigstens ein erheblicher Nachteil zugefügt worden sein, und dieser muss zudem
von einer Art sein, der sich dem Einzelausgleich entzieht.

Dies kann insbesondere der Fall sein, wenn der zugefügte Nachteil
- ⊃   die abhängige Gesellschaft direkt ruiniert (insofern besteht Gleichlauf mit der
      Existenzvernichtungshaftung),
- ⊃   wegen einer Vielzahl nicht oder schlecht dokumentierter Eingriffe nicht quantifizier-
      bar ist[105] oder
- ⊃   unabsehbare nachteilige Folgen für die abhängige Gesellschaft mit sich bringt.

61   Nach hier vertretener Auffassung hat jeder Gesellschafter die Möglichkeit, durch Beherr-
         schungsvertrag die AG seiner Leitung zu unterstellen, auch wenn er nicht als herrschen-
         des Unternehmen im Sinne der §§ 15 ff. AktG anzusehen ist („Opt-in-Modell", dazu
         unten § 32 Rn. 23). Dann ist aber eine analoge Anwendung des Vertragskonzernrechts
         auch auf den **„Privatgesellschafter"** möglich, wenn er den Abschluss eines Beherr-
         schungsvertrages unterlassen, aber gleichwohl eine dichte und nachteilige Leitung herbei-
         geführt hat, wie sie nur im Vertragskonzern zulässig ist. Damit entfällt mit der Zulassung
         des privaten Vertragskonzerns zugleich ein wesentlicher Einwand gegen die Konzern-
         Verhaltenshaftung.

---

[103] Dafür aber *K. Schmidt*, Gesellschaftsrecht, § 31 IV 4 a; *Raiser/Veil*, Recht der Kapitalgesellschaften, § 53 Rn. 63.

[104] So zuletzt BGHZ 122, 123 – „TBB"; im Ergebnis wie hier auch *Habersack* in Emmerich/
Habersack, Aktien- und GmbH-Konzernrecht, Anh. zu § 317 Rn. 9 ff.

[105] Hierzu gehört insbesondere der Fall des fehlenden Abhängigkeitsberichts, so auch OLG Köln
AG 2009, 416.

VII. Faktischer GmbH-Konzern

1. Treuepflicht als Ausgangspunkt

In der GmbH findet, wie bereits dargestellt, das Schutzsystem der §§ 311 ff. AktG   **62**
keine Anwendung. Soweit es um den nachgewiesenen Einzeleingriff in die Interessen der Gesellschaft geht, der auch die Minderheit nachteilig betrifft, erfolgt die
Korrektur mit einem konzernrechtsunspezifischen Mittel, nämlich der **gesellschaftsrechtlichen Treuepflicht.** Diese verbietet es dem Mehrheitsgesellschafter
strikt, die Interessen der Gesellschaft zum Schaden der Gesellschafterminderheit
zu beeinträchtigen.

> **Leitfall** dazu ist **BGHZ 65, 15 – „ITT":** Dort hatte das herrschende Unternehmen mit
> dem abhängigen die Zahlung einer sogenannten Konzernumlage vereinbart, d.h. einer
> Zahlung des Tochterunternehmens, durch die Vorteile der Zugehörigkeit zum Konzern
> vergolten werden sollten. Tatsächlich standen der Zahlung jedoch keine werthaltigen
> Leistungen der Mutter gegenüber.

Auf einen späteren Ausgleich der Nachteile, wie ihn § 311 AktG vorsieht, kann
sich der GmbH-Mehrheitsgesellschafter nicht berufen. Das Privileg der begrenzten Schädigung gegen Ausgleich findet auf die GmbH keine, auch nicht sinnge-
mäße Anwendung. Etwas anderes gilt nur, wenn alle Gesellschafter zustimmen[106].

> Dass es sich bei dem Mehrheitsgesellschafter um ein herrschendes Unter-   **63**
> nehmen im Sinne der §§ 15 ff. AktG handelt, ist für die Anwendung der
> Treuepflicht nicht erforderlich. Selbstverständlich unterliegt auch der private
> Mehrheitsgesellschafter denselben Schranken.

> Die Entscheidung des BGH im Fall „ITT" hätte also nicht anders ausfallen können, wenn
> ein nicht-unternehmerischer Mehrheitsgesellschafter der Gesellschaft Mittel entzogen
> hätte, um davon eine Urlaubsreise zu finanzieren.

2. Treuepflicht in der mehrgliedrigen Gesellschaft

a) Abwehrrecht der Minderheit

Da die Treuepflicht primär der Minderheit geschuldet ist, hängt das Ausmaß des   **64**
Schutzes ganz davon ab, wie die Minderheit sich zur Konzernleitung verhält.

> Da das begrenzte Privileg der Schädigung gegen Ausgleich in der GmbH
> nicht gilt, kann eine aktive Minderheit aufgrund der Treuepflicht die Unter-
> lassung bzw. Rückgängigmachung von allen Maßnahmen verlangen, die in
> die Eigenbelange der GmbH eingreifen.

---

[106] *Decher* in MünchHdb. GesR III (GmbH), § 68 Rn. 18 mit weiteren Nachweisen.

65   Die **erforderlichen Informationen** dazu kann sie sich durch das praktisch unbe-
grenzte Auskunftsrecht des GmbH-Gesellschafters nach § 51a GmbHG verschaffen. Gegen den Willen einer engagierten Minderheit ist eine Konzernintegration
einer GmbH also nur schwer möglich[107]. Der Mehrheitsgesellschafter ist auf den
Abschluss eines Beherrschungsvertrages angewiesen, alternativ kommt der Abschluss einer schuldrechtlichen Konzernvereinbarung in Betracht, die den Umfang
der Konzernleitung in Abstimmung mit der Minderheit regelt und/oder finanzielle
Ausgleichsleistungen gewährt.

b) Definition der Nachteiligkeit

66   Angesichts dieses Ausgangsbefundes kommt es in der mehrgliedrigen GmbH entscheidend darauf an, ob die fragliche Maßnahme nachteilig ist.

> Dafür wird verbreitet auf § 317 II AktG Bezug genommen; die dazu gewonnenen Erkennt-
> nisse sollen auf die hier diskutierte Frage übertragbar sein[108]. Gleiches gilt für die
> Berücksichtigung des unternehmerischen Ermessens im Rahmen des § 317 II AktG[109].
> Bei dieser Annahme ist jedoch Vorsicht geboten. Denn § 317 II AktG liegt die Annahme
> eines unabhängigen Vorstandes in der abhängigen Gesellschaft zugrunde, und eben den
> gibt es in der GmbH nicht. § 317 II AktG ist daher ebenso wie der ganze Komplex der
> §§ 311 ff. AktG nicht auf die GmbH übertragbar.

67   Soweit auf das **unternehmerische Ermessen** abgestellt wird, ist zu bedenken,
dass dieses dem GmbH-Geschäftsführer nur zusteht, wenn er ohne Beteiligung der
Gesellschafterversammlung entscheidet. Daran fehlt es, wenn er Weisungen aus-
führt oder wenn die Angelegenheit wegen ihrer Bedeutung vom Geschäftsführer
der Gesellschafterversammlung vorzulegen ist (siehe oben § 11 Rn. 70 ff.).

> Letzteres wird in der GmbH oft der Fall sein, sofern es nicht um alltägliche Rechts-
> geschäfte mit dem Mehrheitsgesellschafter geht, für die sich aber dann auch unschwer
> eine Vergleichsbasis für die Angemessenheit der Gegenleistung anhand von Marktpreisen
> finden lassen wird[110]. Geht das Geschäft in seiner Bedeutung darüber hinaus oder ist es
> überhaupt nur im Konzern möglich (z.B. das Cash-Pooling), so ist von einer Zuständig-
> keit der Gesellschafterversammlung auszugehen[111] und zu fragen, ob das herrschende
> Unternehmen in einer solchen Gesellschafterversammlung mit „ja" hätte stimmen können,
> ohne gegen das Gesetz oder die Treuepflicht zu verstoßen.

68   Hierbei wird sich in vielen Fällen bereits ergeben, dass bei Herbeiführung des Gesellschafterbeschlusses das herrschende Unternehmen nach § 47 II GmbHG **vom
Stimmrecht ausgeschlossen** gewesen wäre; dies gilt vor allem bei allen Rechts-

---

[107] Dazu *Lutter* in Lutter/Hommelhoff, GmbHG, Anh. zu § 13 Rn. 25; *Decher* in MünchHdb.
GesR III (GmbH), § 68 Rn. 21.

[108] *Habersack* in Emmerich/Habersack, Aktien- und GmbH-Konzernrecht, Anh. zu § 318 Rn. 29;
Emmerich in Scholz, GmbHG, Anh. zu § 13 Rn. 73.

[109] *Decher* in MünchHdb. GesR III (GmbH), § 68 Rn. 21.

[110] *Decher* in MünchHdb. GesR III (GmbH), § 68 Rn. 23.

[111] *Lutter* in Lutter/Hommehoff, GmbHG, Anh. zu § 13 Rn. 20; *ders.*, ZGR 1982, 244, 261.

geschäften nichtkorporativer Art mit dem herrschenden Unternehmen[112]. Dann hätte die **Minderheit allein entscheiden** können, und entsprechend sollte man in diesen Fällen auch dann die Zustimmung der Minderheit fordern, wenn das Geschäft durch Zusammenwirken des Mehrheitsgesellschafters mit dem von ihm eingesetzten Geschäftsführer vollzogen wird, in einer konzernunverbundenen GmbH der Geschäftsführer die Angelegenheit aber der Gesellschafterversammlung vorgelegt hätte.

Greift bei einem hypothetischen Gesellschafterbeschluss **kein Stimmverbot** ein, weil es nicht um Rechtsgeschäfte, sondern um Maßnahmen geht (insbesondere Investitionen, Umstrukturierung, Nutzung von Geschäftschancen), ist die Nachteiligkeit ebenfalls nicht aus der Position des Geschäftsführers und seines Ermessens, sondern aus der Gesellschafterperspektive heraus zu beurteilen. Es ist schließlich die Gesellschafterversammlung, die in der GmbH die wichtigen Entscheidungen bestimmt. Treuwidrig sind dabei Maßnahmen, die mit dem Interesse der Gesellschafter an einer gemeinsamen Zweckverfolgung (vgl. § 705 BGB) nicht vereinbar sind. **69**

Das ist der Fall bei Maßnahmen, die gegen das **Gebot der Gleichbehandlung** verstoßen oder einem Gesellschafter Sondervorteile einräumen. Auch die Übertragung von Geschäftschancen der GmbH auf den Mehrheitsgesellschafter ist unzulässig[113]. Kritisch sind unter diesem Gesichtspunkt auch Entscheidungen, die die GmbH ihrer wirtschaftlichen Selbständigkeit berauben[114] oder (insofern doch wieder ähnlich wie bei § 311 AktG) zu unkalkulierbaren Auswirkungen führen. Insofern wird es auf die Umstände des Einzelfalls ankommen.

Zugleich unterliegt auch die Gesellschafter-Minderheit einer Treuepflichtbindung: Sie darf ihren Einfluss nicht missbrauchen, um ihre Vorstellungen von der sachgerechten Unternehmensführung gegen die des Mehrheitsgesellschafters durchzusetzen. In Sanierungssituationen kann eine Pflicht zur Zustimmung bestehen[115]. **70**

3. Treuepflichten in der Einpersonen-GmbH und bei einvernehmlichem Handeln

Existiert in der GmbH keine Minderheit oder hat diese abstrakt in Form einer Konzernvereinbarung oder konkret durch Einverständnis mit der fraglichen Maßnahme der Konzernleitung zugestimmt, ist die GmbH selbst nicht durch die Treuepflicht geschützt. **71**

---

[112] Insoweit für die GmbH zutreffend die Forderung von *Wackerbarth*, Der Konzern 2005, 562, 574 f.; *ders.*, Grenzen der Leitungsmacht in der internationalen Unternehmensgruppe, 2001, S. 319 ff.

[113] *Lutter* in Lutter/Hommelhoff, GmbHG, Anh. zu § 13 Rn. 21.

[114] Wie hier *Zöllner* in Baumbach/Hueck, GmbHG, Anh. KonzR Rn. 77, 81.

[115] Für die AG siehe BGHZ 129, 136 – „Girmes".

Obwohl sie als juristische Person grundsätzlich als Adressat einer Treuebindung in Betracht käme, wird die Anwendung eines Schädigungsverbots im Verhältnis des Gesellschafters zur Gesellschaft inzwischen ganz überwiegend abgelehnt[116] (siehe bereits oben § 13 Rn. 53). Denn es ist nicht mit der Grundaussage des GmbHG vereinbar, dass in der GmbH die Gesellschafter das Unternehmensinteresse definieren[117]. Deshalb können sie, wenn sie sich einig sind, die GmbH in den Grenzen des Gesetzes (siehe sogleich unten) auch schädigen.

72   Eine solche **einverständliche Schädigung** liegt nach Ansicht des BGH bereits dann vor, wenn die anderen Gesellschafter von dem Vorfall wissen, aber dagegen nichts unternehmen[118]. Ein förmlicher Beschluss ist nicht erforderlich.

Auch der Geschäftsführer ist bei einer Handlungsweise des Mehrheitsgesellschafters, die möglicherweise in die Belange der Minderheit eingreift, unter dem Gesichtspunkt seiner Sorgfaltspflicht nach § 43 GmbHG nur verpflichtet, die Minderheit zu informieren. Erfolgt dann keine Anfechtung, darf er die Maßnahme durchführen.

73   Zu beachten sind gegenüber einem Alleingesellschafter oder einer einverständlich handelnden Gesellschaftergruppe aber natürlich die zwingenden gesetzlichen Regelungen im GmbHG selbst (§§ 19, 30, 64 GmbHG), aber auch außerhalb (z.B. aus dem Umwelt-, Sozial, Arbeits- und Steuerrecht).

Aber auch das ist **kein Konzernspezifikum**, sondern gilt ebenso in der unverbundenen GmbH.

4. Ergänzung durch Existenzvernichtungshaftung

74   Dieses an die Treuepflicht gegenüber der Gesellschafter-Minderheit anknüpfende Konzept kann für den **Gläubigerschutz nur reflexhaft** wirken. Eine engagierte Minderheit, die Konzerneinflüsse abwehrt, schützt zugleich die Gläubiger. Bleibt die Minderheit jedoch passiv oder handelt es sich überhaupt um eine Einmann-Gesellschaft, reduziert sich der Gläubigerschutz auf das gesetzliche Minimum, insbesondere die §§ 30, 64 GmbHG.

Dies ist nicht immer ausreichend. Das zeigen die zahlreichen von der Rechtsprechung entschiedenen Fälle, in denen die Gesellschaft durch Eingriffe des Mehrheitsgesellschafters schwer geschädigt oder ruiniert wurde, ohne dass herkömmliche Anspruchsgrundlagen (insbesondere §§ 30, 31 GmbHG) das Problem hätten bewältigen können (siehe oben Rn. 10 Rn. 17). Zur Schließung dieser Lü-

---

[116] BGHZ 95, 330, 340; BGH ZIP 1999, 1352; BGHZ 122, 333, 336; *Zöllner* in Baumbach/Hueck, GmbHG, Anh. KonzR Rn. 112 f.; a.A. etwa *Ziemons*, Die Haftung der Gesellschafter für Einflussnahme auf die Geschäftsführung der GmbH, 1996, S. 94 ff.

[117] *Zöllner*, AG 2003, 1, 7 f.

[118] BGH NJW-RR 2003, 895; enger noch OLG Koblenz GmbHR 1999, 122.

cke zieht die Rechtsprechung heute die auf § 826 BGB gestützte **Existenzvernichtungshaftung** heran (dazu § 10 Rn. 21 ff. und oben Rn. 53).

> Auch dabei handelt es sich nicht um eine konzernspezifische Rechtsfigur. Gegenüber einem nicht-unternehmerischen Gesellschafter könnte auch insoweit nicht anders entschieden werden.

5. GmbH-Konzernrecht – alles nur geträumt?

Nachdem die Treuepflicht auf den herrschenden GmbH-Gesellschafter unmodi-   **75**
fiziert Anwendung findet und sich der BGH vom Konzept einer eigenständigen konzernrechtlichen Haftungsgrundlage in Bezug auf den Gläubigerschutz abgewandt hat, bleibt vom Gedanken eines eigenständigen GmbH-Konzernrechts nicht viel.

Analog anwendbar ist das Recht des **Vertragskonzerns** (siehe unten § 32 Rn. 59 ff.). Von Bedeutung bleiben zudem im Hinblick auf den Minderheitenschutz gewisse konzernpräventive Regeln (dazu oben § 30 Rn. 3 ff.) sowie das **Recht der Konzernorganisation** (dazu unten § 33), das auch auf die GmbH Anwendung findet und sich zunehmend zum eigentlichen Kern der Materie entwickelt.

> Soweit es um Konzernrecht als Schutzrecht geht, hat sich hingegen das allgemeine Gesellschaftsrecht durchgesetzt, während sich der Gedanke eines besonderen konzernrechtlichen Schutzes sowohl für die Gläubiger als auch für die Minderheit nicht dauerhaft im Recht etablieren konnte.

§ 32 Vertragskonzernrecht

Literatur: *Hirte*, Grenzen der Vertragsfreiheit bei aktienrechtlichen Unternehmensverträgen, ZGR 1994, 644; *Kort*, Anwendung der Grundsätze der fehlerhaften Gesellschaft auf einen „verdeckten" Beherrschungsvertrag?, NZG 2009, 364; *Sonnenschein*, Der aktienrechtliche Vertragskonzern im Unternehmensrecht, ZGR 1981, 429; *Timm*, Grundfälle zum Konzernrecht, JuS 1999, 760; *Veil*, Unternehmensverträge, 2003; *Zöllner*, Inhalt und Wirkungen von Beherrschungsverträgen bei der GmbH, ZGR 1992, 173.

I. Überblick

Mit den in §§ 291 f. AktG geregelten Unternehmensverträgen gibt das Konzern- **1** recht dem herrschenden Unternehmen die Möglichkeit, die Konzernherrschaft auf eine vertragliche und damit **gesicherte Grundlage** zu stellen. Das gilt besonders für die beiden in § 291 AktG geregelten Erscheinungsformen, nämlich den **Beherrschungsvertrag**, durch den das herrschende Unternehmen ein Weisungsrecht gegenüber der Geschäftsleitung des abhängigen Unternehmens erlangt (vgl. § 308 AktG) und den **Gewinnabführungsvertrag**, durch den sich das abhängige Unternehmen verpflichtet, seinen gesamten Jahresgewinn an das herrschende Unternehmen abzuführen.

Diese Verträge haben strukturändernden Charakter. Durch sie wird die Ge- **2** meinsamkeit der Zweckverfolgung nach § 705 BGB aufgegeben, das abhängige Unternehmen orientiert sich vielmehr allein an den Interessen des herrschenden Unternehmens, und die Vermögensbindung wird aufgehoben (§ 291 III AktG).

Wirtschaftlich steht die Maßnahme der Verschmelzung nach dem UmwG nahe. Die Erfordernisse für den Abschluss solcher Verträge orientieren sich daher am Recht der **Satzungsänderung**.

Bei einem Unternehmen, das sich in den Dienst eines anderen stellt, kann nicht **3** davon ausgegangen werden, dass Gewinn erwirtschaftet wird. Gläubiger und Gesellschafterminderheit müssen gesichert werden.

- ⮑ Zum Schutz der Gläubiger muss das herrschende Unternehmen das wirtschaftliche Risiko in Gestalt eines **Verlustausgleichs** übernehmen (§§ 302 f. AktG).
- ⮑ Den außenstehenden Aktionären muss es nach deren Wahl entweder einen **Ausgleich für den wegfallenden Gewinn** zahlen (§ 304 AktG) oder sie **abfinden** (§ 305 AktG).

Die in § 292 AktG geregelten **sonstigen Unternehmensverträge** haben mit den **4** Fällen des § 291 AktG gemein, dass sie entweder einem Dritten Einfluss auf die Geschäftsführung gewähren (**Betriebsführungsvertrag, Betriebspacht**) oder

Dritten einen Anteil am Gewinn einräumen (**Gewinngemeinschaft, Teilgewinn-abführungsvertrag**).

Dazu gehört auch die **stille Gesellschaft** mit einer AG („AG & Still")[1] sowie die Begebung von **Gewinnschuldverschreibungen**. Hier ist also die Einhaltung des Verfahrens nach den §§ 293 ff. AktG erforderlich; die Begründung allein durch Handlung des Vorstandes führt zur Nichtigkeit der Rechtsverhältnisse!

5   Diese Verträge bedürfen zu ihrer Wirksamkeit ebenfalls der Einhaltung der **Regeln der Satzungsänderung**, d.h. es ist bei ihnen eine Entscheidung der Hauptversammlung mit qualifizierter Mehrheit sowie die Eintragung ins Handelsregister erforderlich. Die **besonderen Schutzrechte** zugunsten der Gläubiger und der Aktionärsminderheit finden jedoch **keine bzw. nur partielle Anwendung**. Da derartige Verträge – abgesehen von den der stillen Gesellschaft und der Begebung von Gewinnschuldverschreibungen – relativ selten sind, wird hier von einer näheren Darstellung zu den sonstigen Unternehmensverträgen abgesehen.

Zur Anwendung der §§ 291 ff. AktG auf die GmbH siehe unten Rn. 59 ff.

II. Beherrschungsvertrag

1. Voraussetzungen

a) Allgemeines

6   Mit dem Beherrschungsvertrag erlangt das herrschende Unternehmen ein gesichertes und rechtlich anerkanntes Mittel zur Sicherung seiner Leitungsmacht gegenüber der abhängigen AG.

Damit erledigen sich weitgehend die Zweifelsfragen über die Einflussgrenzen im faktischen Konzern; die Tochtergesellschaft kann vollständig in den Konzern integriert werden. Der Beherrschungsvertrag ermöglicht dem herrschenden Unternehmen weitgehend das **„Durchregieren"** im abhängigen Unternehmen. Wegen des schon erwähnten strukturändernden Charakters ist der Abschluss eines solchen Vertrages von mehreren **Voraussetzungen** abhängig:

aa) Vertragsschluss

7   Zunächst muss nach § 293 III AktG ein schriftlicher Vertrag abgeschlossen werden, der ein Weisungsrecht des herrschenden Unternehmens vorsieht.

---

[1] Zur „AG & Still" als Gewinnabführungsvertrag BGHZ 156, 38, 42 ff.; BGH WM 2006, 1154, 1156; *Emmerich* in Emmerich/Habersack, Aktien- und GmbH-Konzernrecht, § 292 Rn. 29 mit weiteren Nachweisen.

Zuständig für den Vertragsschluss sind die Leitungsorgane der beteiligten Gesellschaften. Der genaue **Umfang der Weisungsbefugnis** steht zur Disposition der Parteien (§ 308 I 2 AktG), aber ein Vertrag, der nicht die Herstellung der einheitlichen Leitung im Sinne des § 18 AktG ermöglicht, ist kein Beherrschungsvertrag[2].

bb) Vertragsbericht

Der Vertrag ist durch einen **ausführlichen Bericht** der Leitungsorgane an die Hauptversammlung zu erläutern (§ 293a AktG). **8**

Damit soll den Hauptversammlungen eine Entscheidungshilfe für die Abstimmung über den Vertrag gegeben werden. Einen Schwerpunkt der Erläuterungen bildet dabei das Zahlenwerk zur Ermittlung der Ausgleichs- und Abfindungsansprüche gemäß §§ 304 f. AktG.

Insofern ist die Regelung ersichtlich dem Umwandlungsgesetz nachgebildet, das eine **vergleichbare Pflicht beim Verschmelzungsbericht** kennt (§ 8 UmwG, näher dazu unten § 35 Rn. 42 f.). Auch hierin zeigt sich die Fusionsähnlichkeit des Beherrschungsvertrages. Hinsichtlich der Berichtsdichte sollte man sich an dem im Umwandlungsrecht entwickelten Berichtsstandard orientieren.

cc) Prüfung durch Sachverständigen

Weil die vom Gesetz vorgesehenen Abfindungs- und Ausgleichsleistungen zugunsten der Minderheit nach §§ 304 f. AktG in der Regel eine **Unternehmensbewertung** voraussetzen, ist eine Prüfung des Vertrages und der darin angesetzten Anteilswerte durch einen Sachverständigen (**Wirtschaftsprüfer**) vorgesehen (§ 293b AktG). **9**

Dieser nimmt zur Angemessenheit von Ausgleich und Abfindung, die im Vertrag vorgesehen sind, in einem **Prüfungsbericht** gegenüber der Hauptversammlung Stellung.

Die Pflicht entfällt bei 100%igen Tochtergesellschaften, da es hier keine zu schützenden Minderheitsgesellschafter gibt.

dd) Zustimmung der Hauptversammlungen

Der Vertrag bedarf der Zustimmung **beider Hauptversammlungen** – bzw. bei Beteiligung einer GmbH der Gesellschafterversammlung – mit satzungsändernder (qualifizierter) Mehrheit (§ 293 I und II AktG). **10**

Dies gilt sowohl für die abhängige als auch für die herrschende Gesellschaft; letzteres deswegen, weil diese durch den Vertrag ja auch Risiken übernimmt (§ 302 AktG) und

---

[2] Zutreffend *Langenbucher* in K. Schmidt/Lutter, AktG, § 291 Rn. 28.

Verpflichtungen eingeht, die den Gewinn der herrschenden Gesellschaft schmälern (§§ 304 f. AktG)[3].

11 Der Mehrheitsgesellschafter ist in der Hauptversammlung der Untergesellschaft, die über den Vertragsschluss beschließt, **nicht vom Stimmrecht ausgeschlossen**. § 136 AktG regelt den Fall des Vertragsschlusses mit dem Gesellschafter (bewusst) nicht[4], zudem handelt es sich um eine Maßnahme der innergesellschaftlichen Verwaltung, bei der das Stimmverbot eine teleologische Einschränkung erfährt (siehe oben § 11 Rn. 162).

12 Ferner bedarf der Zustimmungsbeschluss **nicht** der **sachlichen Rechtfertigung** nach den Grundsätzen der „Kali & Salz"-Entscheidung[5] (dazu oben § 25 Rn. 19).

> Die Anwendung dieser Grundsätze wäre zwar wegen der besonderen Bedeutung des Beschlusses diskutabel, aber das Gesetz schützt die Minderheit auf andere Weise, insbesondere durch die Beschlussformalien nach den §§ 293 ff. AktG und die Ansprüche auf Ausgleich oder Abfindung (§§ 304 f. AktG). Gibt aber das Gesetz selbst zu erkennen, dass es den Minderheitenschutz nicht durch die sachliche Rechtfertigung, sondern auf andere Weise verwirklicht sehen will, so scheidet eine Anwendung der materiellen Beschlusskontrolle aus[6].

> Das alles hat zur Folge, dass das herrschende Unternehmen, das selbst über 75 % der Stimmrechte verfügt, den Abschluss eines Beherrschungsvertrages in der Hauptversammlung der Tochtergesellschaft erzwingen und damit die Konzernintegration weiter vorantreiben kann.

ee) Eintragung ins Handelsregister

13 Der Vertragsabschluss bedarf zu seiner Wirksamkeit der Eintragung in das Handelsregister **der abhängigen Gesellschaft** (§ 294 AktG).

Es handelt sich wie bei der Gesellschaftsgründung oder der Satzungsänderung um einen Fall der **konstitutiven Wirkung** der Eintragung. Eine Eintragung bei der beherrschenden Gesellschaft ist nicht notwendig, aber zulässig[7].

b) Rechtsschutz

14 In Bezug auf den Rechtsschutz besteht die Besonderheit, dass ein Beschluss der Hauptversammlung, der dem Beherrschungsvertrag zustimmt, **nicht** mit dem Argument angefochten werden kann, die Abfindung bzw. der Ausgleich seien vom

---

[3] BGHZ 105, 324, 335 f.

[4] Begr. RegE zum AktG 1965 bei *Kropff*, AktG, S. 380 f.

[5] *Veil* in Spindler/Stilz, AktG, § 293 Rn. 24; *Krieger* in MünchHdb. GesR IV (AG), § 70 Rn. 50; *Hüffer*, AktG, § 293 Rn. 6 f.

[6] *Lutter*, ZGR 1979, 401, 411; *Timm*, ZGR 1987, 404, 410; *Hüffer*, AktG, § 293 Rn. 6; in diese Richtung auch BGHZ 76, 352 und BGHZ 103, 184, 190 (jeweils zu Auflösungsbeschlüssen).

[7] *Decher* in MünchHdb. GesR III (GmbH), § 70 Rn. 10.

Wert her nicht angemessen (§§ 304 III 2, 305 V AktG). Der Grund dafür liegt darin, dass man über **Bewertungsfragen** besonders leicht streiten kann; hier ist zudem häufig mehr als ein Ergebnis vertretbar[8].

Zur Klärung dieser Fragen sieht das Gesetz anstelle der Anfechtungsklage das besondere Verfahren nach dem **Spruchverfahrensgesetz** vor (dazu oben § 21 Rn. 305).

Dieses Verfahren hemmt den Vollzug des Vertrages nicht; dieser wird vielmehr vollständig wirksam, und die Bewertungsrügen werden in das Spruchverfahren ausgelagert. Stellt das Gericht im Spruchverfahren eine Fehlbewertung fest, erhalten die Aktionäre eine Ausgleichszahlung (§ 13 S. 2 SpruchG).

> **Achtung:** Der Anfechtungsausschluss bei Bewertungsfragen gilt **nur in der abhängigen Gesellschaft**! Gesellschafter des herrschenden Unternehmens können den Beschluss ihrer Gesellschaft also durchaus mit dem Argument anfechten, Ausgleich oder Abfindung seien zu hoch bemessen, weshalb die Aktionäre des abhängigen Unternehmens ungerechtfertigt begünstigt werden[9]. Rechtspolitischen Vorschlägen, die Anfechtung auch in der herrschenden Gesellschaft auszuschließen[10], ist der Gesetzgeber bisher nicht gefolgt.

Soweit es um die Rechtmäßigkeit des Beschlusses im Übrigen geht, ist das **Freigabeverfahren** nach § 246a AktG anwendbar. Damit kann ein Beherrschungsvertrag ins Handelsregister eingetragen und vollzogen werden, auch wenn noch Anfechtungsklagen anhängig sind (siehe § 21 Rn. 312 ff.). **15**

c) Fehlerhafte Beherrschungsverträge

Wird eines der genannten Erfordernisse vergessen oder ist die betreffende Rechtshandlung nichtig, kann das dazu führen, dass der **Unternehmensvertrag auf fehlerhafter Grundlage in Vollzug gesetzt** wird. Dann entsteht die von der Gesellschaft auf fehlerhafter Vertragsgrundlage her bekannte Problematik, dass sich die vorgenommenen Maßnahmen **nur schwer rückabwickeln** lassen. Das gilt insbesondere insoweit, als das Weisungsrecht nach § 308 AktG tatsächlich ausgeübt wurde; das lässt sich gar nicht ungeschehen machen. Auch soweit die Aktionäre die Abfindung gewählt haben, ist die Wiedereinräumung der Aktionärsstellung nicht ohne weiteres möglich. **16**

---

[8] Deutlich dazu *Stilz*, Festschrift Goette, 2011, S. 529 ff.: „Scheinrationalität der Unternehmensbewertung".

[9] OLG Hamburg, NZG 2005, 218.

[10] Vgl. die Stellungnahmen des DAV, NZG 2000, 802 f. und 2002, 119, 124.

> Überzeugend ist es deshalb, die Grundsätze der fehlerhaften Gesellschaft
> auch auf fehlerhafte Beherrschungsverträge (und Unternehmensverträge
> überhaupt) anzuwenden[11].

17 Folgende **Einschränkungen** sind aber geboten: Zum einen muss (wie bei allen Verträgen auf fehlerhafter Grundlage) ein **objektiver Rechtsbindungswille** bei den Parteien vorhanden gewesen sein[12]. Ihr Verhalten muss sich aus Sicht des objektiven Beobachters als auf einen Vertragsschluss gerichtet darstellen. Dazu gehört, dass zumindest versucht wird, den Vertrag formgerecht, also unter Beachtung der §§ 293 ff. AktG zu schließen.

> **Fehlt es daran**, wird also insbesondere gar nicht versucht, einen Beherrschungsvertrag
> wirksam zu schließen, sondern verabreden die Parteien schlicht, die abhängige
> Gesellschaft ohne Beachtung der §§ 293 ff. AktG der Leitung des herrschenden
> Unternehmens zu unterstellen, so fehlt es an dem äußerlich festzustellenden Willen zum
> Vertragsschluss, der Voraussetzung für die Anwendung der Lehre vom fehlerhaften
> Vertrag ist. Es liegt dann kein verdeckter oder fehlerhafter Beherrschungsvertrag vor[13],
> sondern ein **faktischer Konzern mit unzulässiger Leitungsdichte**[14]. Rechtsfolge ist die
> Anwendung der Regeln des qualifiziert-faktischen Konzerns (dazu oben § 31 Rn. 50 ff.).

18 Zum anderen kann auch nicht auf die **Handelsregistereintragung** verzichtet werden. Ansonsten wäre es möglich, die konstitutive Wirkung der Eintragung zu umgehen. Zudem kann sich ein Vertrauen der Minderheit oder der Gläubiger auf einen Schutz nach vertragskonzernrechtlichen Regeln ohne die Registereintragung nicht bilden – und wenn doch, ist dieses Vertrauen nicht schutzwürdig (arg. ex § 15 I, III HGB).

> Die Rechtsprechung des BGH zum GmbH-Beherrschungsvertrag, bei dem die Berufung
> auf die Regeln über das Dauerschuldverhältnis auf fehlerhafter Vertragsgrundlage auch
> ohne Registereintragung zugelassen wurde[15], hatte besondere Ursachen im Recht des
> GmbH-Vertragskonzerns, die zudem entfallen sind, da die Praxis inzwischen Zeit hatte,
> sich den Erfordernissen der Rechtsprechung anzupassen[16]. Daher ist sowohl für die AG
> als auch für die GmbH an dem Erfordernis der Handelsregistereintragung bei beiden
> beteiligten Gesellschaften festzuhalten.

---

[11] Ganz h.M.; siehe BGHZ 103, 1, 4 ff.; BGHZ 105, 168, 182 f.; BGHZ 116, 37; *Hüffer*, AktG, § 291 Rn. 21; *Altmeppen* in MünchKomm. AktG, § 291 Rn. 97 ff.; *Raiser/Veil*, Recht der Kapitalgesellschaften, § 54 Rn. 31; *C. Schäfer*, Die Lehre vom fehlerhaften Verband, 2002, S. 455 ff.

[12] *Langenbucher* in K. Schmidt/Lutter, AktG, § 291 Rn. 40.

[13] So aber LG München ZIP 2008, 555, 561; OLG Schleswig ZIP 2009, 374; *Hirte/Schall*, Der Konzern 2006, 243, 245.

[14] Zutreffend *Veil* in Spindler/Stilz, AktG, § 291 Rn. 70; *Langenbucher* in K. Schmidt/Lutter, § 291 Rn. 29; zum Ganzen auch *Ederle*, Verdeckte Beherrschungsverträge, 2010.

[15] BGHZ 103, 1, 4; 105, 168, 182; 116, 37, 46.

[16] Zutreffend *Decher* in MünchHdb. GesR III (GmbH), § 70 Rn. 16.

d) Herrschendes Unternehmen erforderlich?

Die bisher ganz **herrschende Lehre** versteht § 291 AktG dahingehend, dass   **19**
nur Unternehmen im Sinne des § 15 AktG einen Beherrschungs- oder Gewinnabführungsvertrag abschließen können.

Zwar müsse die beherrschende Stellung des einen Vertragsteils, die sich aus der
Definition des § 15 AktG ergibt, nicht bereits vor Vertragsschluss gegeben sein;
sie könne sich auch erst infolge des Vertragsschlusses ergeben. Es ist aber nach
dieser Ansicht erforderlich, dass derjenige, mit dem der Vertrag geschlossen werden soll, den Unternehmensbegriff erfüllt[17].

Das kann allerdings für die **sonstigen Unternehmensverträge** nach § 292 AktG   **20**
schlechterdings nicht richtig sein. Das Schutzbedürfnis z.B. gegen eine Gewinn-
verlagerung durch Begründung stiller Gesellschaften mit Dritten (Fall des Teilgewinn-
abführungsvertrages, siehe oben Rn. 4) ist völlig unabhängig davon, ob der stille
Gesellschafter Unternehmen im Sinne der §§ 15 ff. AktG oder Privatanleger ist. Und auch
eine Betriebsverpachtung wäre ohne weiteres mit einer natürlichen Person als Vertragspartner vorstellbar, die außerhalb des gepachteten Betriebes keine wirtschaftlichen
Interessen verfolgt. Bei den Verträgen nach § 292 AktG findet das Vertragskonzernrecht
daher auch Anwendung, wenn die andere Partei den Unternehmensbegriff nach § 15
AktG nicht erfüllt[18].

Die herrschende Meinung führt dazu, dass ein **Beherrschungs- und Gewinnab-**   **21**
führungsvertrag mit einem Privatgesellschafter oder einer Handelsgesellschaft
ohne weitere unternehmerische Interessenbindung nichtig wäre, jedoch zur Wirksamkeit kommen müsste, sobald der betreffende Gesellschafter eine anderweitige
unternehmerische Tätigkeit aufnimmt[19]. Das erscheint nicht sachgerecht.

Zudem ist der **Unternehmensbegriff** (dazu oben § 29 Rn. 22 ff.) in seiner heutigen Form
im Wesentlichen gestaltbar. Wem es darauf ankommt, von § 291 AktG Gebrauch zu
machen, der gründet schnell die erforderliche zweite GmbH (oder UG oder Limited), die
ihn zum Unternehmen im konzernrechtlichen Sinne macht. Daher lässt sich auch eine
„Denaturierung" der AG durch ihren Mehrheits- oder Alleingesellschafter, der durch den
Beherrschungsvertrag eine Einflussposition erlangt, wie sie sonst nur in der GmbH
möglich ist[20], im Ergebnis nicht verhindern.

Der Unterschied zur Stellung des GmbH-Mehrheitsgesellschafters besteht darin,   **22**
dass derjenige Privatgesellschafter, der die AG kraft Vertrages seiner Leitung un-

---

[17] Vgl. *Koppensteiner* in KölnKomm. AktG, § 291 Rn. 9; *Krieger* in MünchHdb. IV (AG), § 70
Rn. 9; *Emmerich* in Emmerich/Habersack, Aktien- und GmbH-Konzernrecht, § 291 Rn. 9 f.;
Mülbert, ZHR 163 (1999), 1, 32 f.

[18] Das erkennen auch die Vertreter der Gegenansicht (mit Ausnahme für die Gewinngemeinschaft) weitgehend an, siehe etwa *Langenbucher* in K. Schmidt/Lutter, AktG, § 292 Rn. 2.

[19] So zutreffend *K. Schmidt*, Gesellschaftsrecht, § 31 II 1; *ders.*, Festschrift Koppensteiner, 2001,
S. 191, 206 ff.; dem folgend *Krieger* in MünchHdb. IV (AG), § 70 Rn. 9; *Rubner*, Der Konzern
2003, 735, 739.

[20] Gegen die hier vorgeschlagene Lösung deshalb *Mülbert*, ZHR 163 (1999), 1, 32.

terstellt, damit wegen der zwingenden Pflicht zur Verlustübernahme nach § 302 AktG die Haftungstrennung zwischen sich und der Kapitalgesellschaft aufgibt. Durch die entstehende **Haftungseinheit** zwischen Gesellschaft und Gesellschafter schlagen die unternehmerischen Risiken auf sein Vermögen durch, so dass auch der Einwand ungerechtfertigt ist, der Gesellschafter verfolge keine unternehmerischen Interessen im Sinne des § 308 I 2 AktG[21]. Er identifiziert sich vielmehr mit der unternehmerischen Zwecksetzung der AG. Es handelt sich daher bei der vertragskonzernierten AG mit herrschendem Privatgesellschafter mithin nicht um eine Alternative zur GmbH, sondern um eine **Organisationsform eigener Art**.

> Europarechtliche Einwände[22], die gegen diese Lösung erhoben werden, greifen nicht durch. Zwar trifft es zu, dass der herrschende Privatgesellschafter nach der hier verfolgten Lösung von der Kapitalbindung in der beherrschten AG freigestellt wird; das folgt aus § 291 III AktG. Dies widerspricht aber nicht der Kapitalrichtlinie, weil durch § 302 AktG die Haftungsbeschränkung weitgehend aufgehoben wird. Wo das der Fall ist, bedarf es auch keines Schutzes des Kapitals mehr. Denn schließlich existiert die Pflicht zur Kapitalaufbringung und Kapitalerhaltung nicht um ihrer selbst willen, sondern allein deshalb, um ein Gegengewicht zur beschränkten Haftung zu schaffen. Dieser Zweck wird obsolet, wenn den Gesellschafter die Verlustübernahmepflicht nach § 302 AktG trifft und dieser damit freiwillig auf die Haftungsbeschränkung verzichtet. Betrachtet man die Regelung im Überblick, kann hier, anders als bei § 311 AktG, von einem Privileg des herrschenden Gesellschafters im vermögensrechtlichen Bereich keine Rede sein.

23 Zu folgen ist daher der **Opt-in-Lösung**, die von *K. Schmidt*[23] entwickelt wurde:

> Privatgesellschafter oder Handelsgesellschaften, die nicht schon wegen anderweitiger unternehmerischer Interessenbindung Unternehmen im Sinne des § 15 AktG sind, erlangen den Unternehmensstatus, sobald sie durch Abschluss eines Beherrschungs- oder Gewinnabführungsvertrages für die Anwendbarkeit des Konzernrechts optieren.

> Daher handelt es sich insoweit tatsächlich um ein „**Konzernrecht für alle**".

---

[21] So aber *Altmeppen* in MünchKomm. AktG, § 291 Rn. 8. Dessen weiteres Argument, die Unzulässigkeit des Beherrschungsvertrages zeige sich auch daran, dass eine Verschmelzung nicht möglich sei (Rn. 10a), ist zudem umwandlungsrechtlich jedenfalls für den Alleingesellschafter nicht richtig, vgl. § 120 UmwG.

[22] Vgl. *Veil* in Spindler/Stilz, AktG, § 291 Rn. 7; *Langenbucher* in K. Schmidt/Lutter, AktG, § 291 Rn. 12.

[23] Vgl. *K. Schmidt*, Festschrift Koppensteiner, 2001, S. 191, 206 ff.; *ders.*, Gesellschaftsrecht, § 31 II 1.

2. Rechtsfolgen

a) *Weisungsrecht in Geschäftsführungsangelegenheiten*

> Als Folge des Beherrschungsvertrages erlangt das herrschende Unternehmen **24**
> das Recht, der Leitung der abhängigen Gesellschaft Weisungen zu erteilen,
> und zwar auch nachteilige (§ 308 I AktG).

Ausgeübt wird das Weisungsrecht vom Vorstand der Obergesellschaft, wobei eine Delegation auf Mitarbeiter zulässig ist[24].

Ein solcher bevollmächtigter Mitarbeiter ist Erfüllungsgehilfe der Gesellschaft, nicht des Vorstandes persönlich[25], so dass auch nur die Gesellschaft und nicht der Vorstand persönlich für Fehler des Mitarbeiters haftet[26].

Empfänger der Weisung ist der Vorstand der Tochter. Ein Recht des herrschen- **25** den Unternehmens zum direkten Zugriff auf die nachgeordneten Mitarbeiter der Tochter ergibt sich nicht, kann aber mit Zustimmung des Tochtervorstandes im Vertrag vorgesehen werden. Erforderlich ist aber, dass der Tochtervorstand sein verbleibendes Prüfungsrecht nach § 308 AktG noch wahrnehmen kann. Der Vertrag muss also dann, wenn er ein Recht zu Direktanweisungen an Mitarbeiter vorsieht, zumindest sicherstellen, dass der Tochtervorstand über die erteilten Weisungen so rechtzeitig informiert wird, dass er gegen unzulässige Weisungen noch rechtzeitig einschreiten kann[27].

Die Frage ist insbesondere für die Matrix-Organisation (siehe oben § 31 Rn. 29) von Belang. Verlangt man stets die Weisung an den Vorstand selbst, wäre diese Organisationsform auch im Vertragskonzern unzulässig.

> Das Weisungsrecht gilt in allen Angelegenheiten, die in der Tochtergesell-
> schaft in die Zuständigkeit des Vorstandes fallen und die **Geschäftsführung**
> betreffen.

Gegenüber den anderen Organen der Tochter besteht das Weisungsrecht **nicht**. **26** Wo für eine beabsichtigte Maßnahme also die Zustimmung des Aufsichtsrates oder ein Beschluss der Hauptversammlung nötig sind, ist das auch im Vertragskonzern zu beachten. Für den Fall, dass der Tochteraufsichtsrat seine Zustimmung verweigert, enthält § 308 III AktG ein besonderes Verfahren.

---

[24] Heute einhellige Meinung; vgl. nur *Hüffer*, AktG, § 308 Rn. 5; *Emmerich* in Emmerich/Habersack, Aktien- und GmbH-Konzernrecht, § 308 Rn. 14.

[25] Zutreffend *Altmeppen* in MünchKomm. AktG, § 308 Rn. 42 ff.; *Koppensteiner* in KölnKomm. AktG, § 308 Rn. 12; a.A. *Hüffer*, AktG, § 309 Rn. 4; *Veil* in Spindler/Stilz, AktG, § 308 Rn. 12.

[26] Vgl. auch *Drygala* in Oppenländer/Trölitzsch, Hdb. des GmbH-Geschäftsführers, § 43 Rn. 44.

[27] Sehr umstritten, vgl. *Altmeppen* in MünchKomm. AktG, § 308 Rn. 72 ff. mit weiteren Nachweisen zum Meinungsstand.

27 Nicht freigestellt ist das herrschende Unternehmen auch von der Beachtung der Satzung, also etwa des **Unternehmensgegenstandes**[28]. Zu beachten sind ferner auch bei Bestehen eines Beherrschungsvertrages **zwingende Vorschriften des Aktienrechts und sonstiges zwingendes Recht**, etwa die Pflicht zur Rechnungslegung und insbesondere die Insolvenzantragspflicht (§ 15a InsO).

> Insgesamt lässt sich daher festhalten, dass der Beherrschungsvertrag den Tochtervorstand von der **Legalitätspflicht** nicht entbindet. Nur dort, wo er ein unternehmerisches Ermessen hat, kann das herrschende Unternehmen durch die Weisung die Entscheidung an sich ziehen.

b) Weisung im Konzerninteresse

28 Eine weitere, allerdings nicht sehr gewichtige Einschränkung ergibt sich aus § 308 II AktG.

> Danach ist die nachteilige Weisung nur zu befolgen, wenn sie im Konzerninteresse liegt, also den wirtschaftlichen Belangen des herrschenden Unternehmens oder einer anderen dem Unternehmensverbund (auch faktisch) angehörenden Gesellschaft nützt.

Das Vorliegen dieser Voraussetzung wird allerdings **vermutet**, und der Vorstand der Tochter darf die Befolgung nur verweigern, wenn **offensichtlich** ist, dass die Weisung nicht im Konzerninteresse liegt. Damit sollen Meinungsverschiedenheiten über die Nützlichkeit der Maßnahme vermieden und der Beurteilung durch die Muttergesellschaft der Vorrang eingeräumt werden[29].

> Ablehnen kann der Tochtervorstand die Befolgung also nur in **Evidenzfällen**, wenn z.B. die Auszahlung von Geld an nicht konzernangehörige Dritte ohne erkennbare Rechtsgrundlage angewiesen wird.

29 Verstöße gegen die Legalitätspflicht sind nie vom Weisungsrecht gedeckt. Es kommt also nicht etwa darauf an, ob die illegale Maßnahme (z.B. Bestechung oder Kartellbildung) dem Konzern im Ganzen nützt!

30 Dient die legale Maßnahme hingegen den Konzerninteressen, so ist sie stets zu befolgen.

Eine Verhältnismäßigkeit der Nachteilszufügung in dem Sinn, dass um eines geringfügigen Vorteils des Konzerns willen bei der Tochter keine schwerwiegenden

---

[28] Vgl. nur *Langenbucher* in K. Schmidt/Lutter, AktG, § 308 Rn. 25 mit weiteren Nachweisen.

[29] *Veil* in Spindler/Stilz, AktG, § 308 Rn. 34 f.

Eingriffe vorgenommen werden dürfen[30], ist mit dem in § 308 AktG angelegten Vorrang des Konzerninteresses unvereinbar und würde auch dem Bedürfnis nach einer klaren Beurteilung nicht gerecht.

c) Aufhebung der Vermögensbindung

Die Vermögensbindung in der AG tritt gegenüber dem Weisungsrecht zurück.   **31**

Es dürfen daher auch Eingriffe in das Vermögen der AG angewiesen werden, und zwar nicht nur in die Rücklagen, sondern auch in das Grundkapital selbst.

Das ergibt sich aus der in § 291 III AktG enthaltenen Freistellung von der Vermögensbindung nach § 57 AktG. Auch die Regeln ordnungsgemäßer Gewinnverteilung (§§ 58, 60 AktG) sowie die Gleichbehandlungspflicht treten insoweit zurück. Seit dem MoMiG kommt es nicht mehr darauf an, dass die fragliche Transaktion „aufgrund" des Vertrages durchgeführt worden ist. Freigestellt sind also auch Zahlungen, die der Tochtervorstand ohne Vorliegen einer Weisung oder im isolierten Gewinnabführungsvertrag vornimmt[31].

Damit können auch **Konzernfinanzierungsmaßnahmen** auf eine rechtssichere Grundlage gestellt werden, die, wie etwa das **Cash-Pooling**, im faktischen Konzern problematisch sind (siehe oben § 31 Rn. 22 ff.) – dies freilich nur um den Preis, dass die Haftungstrennung verloren geht (wegen § 302 AktG).

Einen Anspruch auf Überweisung des gesamten Jahresgewinns hat das herrschen-   **32**
de Unternehmen jedoch nicht; dies ist Rechtsfolge des **Gewinnabführungsvertrages** (unten Rn. 48 ff.), der **separat abgeschlossen** werden muss, wenn das herrschende Unternehmen die Gewinnabführung möchte. Daher kann der Vorstand der Tochter aus dem Beherrschungsvertrag heraus auch nicht zur Gewinnabführung angewiesen werden[32]. Allerdings kann das herrschende Unternehmen durch Weisung dafür sorgen, dass der Gewinn bei ihm und nicht in der Tochter entsteht.

d) Ungeschriebene Grenzen des § 308 AktG

Vertretbar ist die weitgehende Aufhebung der Vermögensbindung nur, weil die   **33**
beteiligten Interessen anderweitig geschützt sind: die Interessen der **Minderheit** durch Garantiedividende und Austrittsrecht (§§ 304, 305 AktG), die der **Gläubiger** durch die Verlustausgleichspflicht (§ 302 AktG), durch die sie davon ausge-

---

[30] Dafür *Veil* in Spindler/Stilz, AktG, § 308 Rn. 26; *Emmerich* in Emmerich/Habersack, Aktien- und GmbH-Konzernrecht, § 308 Rn. 51; *Hüffer*, AktG, § 308 Rn. 17; für Beschränkung auf Fälle evidenten Missbrauchs des Weisungsrechts *Altmeppen* in MünchKomm. AktG, § 308 Rn. 113.

[31] Näher *Drygala/Kremer*, ZIP 2007, 1289, 1295 f.

[32] *Veil* in Spindler/Stilz, AktG, § 291 Rn. 17.

hen können, dass das Ausfallrisiko gering ist, weil die Muttergesellschaft die Tochter finanziell stützen muss.

Allerdings bieten diese Ausgleichsmechanismen **keinen lückenlosen Schutz**. Insbesondere ist die Verlustausgleichspflicht weniger wert als eine unbeschränktpersönliche Haftung, wie sie in den Personengesellschaften § 128 HGB vorsieht. Aus diesem Grunde werden jenseits des § 308 II AktG ungeschriebene Grenzen des Weisungsrechts diskutiert.

aa) Voraussichtliche Uneinbringlichkeit des Ausgleichsanspruchs

34 Zum einen ist weitgehend anerkannt, dass der Vorstand der Tochter die Weisung nicht befolgen muss und (wegen § 93 AktG) auch nicht befolgen darf, wenn bereits im Zeitpunkt der Weisungserteilung **absehbar** ist, dass die Muttergesellschaft den **Verlustausgleich am Ende des Geschäftsjahres nicht wird leisten können**, insbesondere weil sie akut insolvenzgefährdet ist[33].

> Damit ergibt sich in der Krise der Muttergesellschaft eine nicht unerhebliche Einschränkung des Weisungsrechts – und eine Pflicht des Tochtervorstandes, die finanzielle Situation bei der Mutter im Blick zu behalten!

bb) Existenzvernichtende Weisung

35 Unzulässig sind ferner Weisungen, die dazu führen würden, dass die Tochtergesellschaft das Geschäftsjahresende (als den für den Verlustausgleich maßgeblichen Zeitpunkt) nicht mehr „erlebt"[34]. In diesen Bereich gehören Vorgänge, die bei der GmbH als Fall des **existenzvernichtenden Eingriffs** diskutiert werden (siehe dazu oben § 10 Rn. 21 ff.). Dieser Gedanke ist auch hier zutreffend, weil § 291 III AktG zwar von der Kapitalbindung freistellt, aber nicht vom Verbot existenzvernichtender Eingriffe.

> Die nachteilige Weisung darf also nicht dazu führen, dass die abhängige Gesellschaft voraussichtlich noch vor Geschäftsjahresende in die Zahlungsunfähigkeit oder Überschuldung gerät.

> Auch das muss der Vorstand der Tochter prüfen, bevor er der Weisung folgt. Aller Sorgen ledig ist er also auch im Vertragskonzern nicht!

---

[33] *Veil* in Spindler/Stilz, AktG, § 308 Rn. 33; zu den Auswirkungen dieser Einschränkung auf das Cash-Pooling *Mülbert/Leuschner*, NZG 2009, 281, 287; *Wand/Tillmann/Heckenthaler*, AG 2009, 148, 154; *Altmeppen*, NZG 2010, 361, 364.

[34] *Hommelhoff*, Konzernleitungspflicht, 1982, S. 148 f.; *Fett* in Bürgers/Körber, AktG, § 308 Rn. 24; *Langenbucher* in K. Schmidt/Lutter, AktG, § 308 Rn. 31; a.A. etwa *Veil* in Spindler/Stilz, AktG, § 291 Rn. 16.

Kontrovers diskutiert wird die Behandlung von Weisungen, durch die die **Lebens-** **36** **fähigkeit der Tochtergesellschaft** außerhalb des Konzerns aufgehoben wird.

> Ein **Beispiel** wäre die Anweisung an die Tochter, die Forschung und Entwicklung einzustellen und sich auf die Produktion von Vorprodukten für die Muttergesellschaft zu konzentrieren, die außerhalb des Konzerns unverkäuflich sind. Damit wäre die Gesellschaft außerhalb des Konzerns nicht marktfähig und könnte auch kein marktfähiges Produkt mehr entwickeln.

Zugleich muss aber ein Vertragskonzern nicht ewig dauern; der Unternehmensvertrag kann auf begrenzte Zeit abgeschlossen und außerdem auch gekündigt werden (§ 297 AktG). Für diesen Fall schuldet das herrschende Unternehmen den Gläubigern Sicherheitsleistung (§ 303 AktG), was aber nichts daran ändert, dass die abhängige Gesellschaft in die Insolvenz gerät. Von daher steht der Fall dem existenzvernichtenden Eingriff nahe. Zudem muss der Gläubiger für § 303 AktG aktiv werden und die Sicherheit rechtzeitig verlangen. Nicht geschützt wird auch die in der Gesellschaft verbliebene Minderheit, die Gefahr läuft, bei Ende des Vertrages ein **weitgehend entleertes Unternehmen** zurück zu erhalten.

Mehrere Lösungsmodelle werden diskutiert: Nach dem einen soll die Befolgung von Weisungen, die in die oben beschriebene Lage führen, nur zulässig sein, wenn die Muttergesellschaft für den Fall der Vertragsbeendigung **Wiederaufbauhilfen** zusagt[35]. Andere wollen hingegen in diesem Fall den Verlustausgleich des letzten Jahres anders berechnen; nämlich unter Einbeziehung der Zerschlagungsverluste[36]. Wieder andere halten die Existenzvernichtungshaftung für ausreichend[37].

> Im Interesse eines präventiven Gläubigerschutzes sollte man grundsätzlich dem **erst-genannten Modell** folgen, aber **zusätzlich** eine Haftung für den Fall vorsehen, dass der fragliche Zustand ohne vertragliche Absicherung herbeigeführt wird. Dafür ist dann freilich die Existenzvernichtungshaftung ausreichend[38].

3. Organverantwortlichkeiten

Modifikationen gegenüber den allgemeinen Regeln enthalten die §§ 309, 310 **37** AktG im Hinblick auf die **Organhaftung**.

> Der **Vorstand der Tochtergesellschaft** haftet nicht nach § 93 II AktG, wenn er eine rechtmäßig erteilte Weisung befolgt hat[39].

---

[35] *Geßler*, ZHR 140 (1976), 433, 435; *Hommelhoff*, Konzernleitungspflicht, 1982, S. 309 ff.; *Emmerich* in Emmerich/Habersack, Aktien- und GmbH-Konzernrecht, § 296 Rn. 17a.

[36] *Langenbucher* in K. Schmidt/Lutter, AktG, § 308 Rn. 35; *Altmeppen* in MünchKomm. AktG, § 291 Rn. 68.

[37] *Emmerich/Habersack*, Konzernrecht, § 20 Rn. 4 f.

[38] *Emmerich/Habersack*, Konzernrecht, § 23 Rn. 44.

[39] *Hirte* in Großkomm. AktG, § 310 Rn. 3; *Koppensteiner* in KölnKomm. AktG, § 310 Rn. 1; *Langenbucher* in K. Schmidt/Lutter, AktG, § 310 Rn. 4.

Das ist praktisch dieselbe Regel, die auch für den GmbH-Geschäftsführer gilt. Er haftet
nur dann, wenn er die Weisung nicht hätte befolgen dürfen (dazu oben § 11 Rn. 73).

Als **Ausgleich** dafür wachsen die Organe der Muttergesellschaft, die die fragliche
Weisung erteilt haben, in die Verantwortung für die sorgfältige Leitung des Unternehmens hinein.

> Die **Organe der Muttergesellschaft**, werden haftungsrechtlich so behan-
> delt, als seien sie Organe der Tochter, d.h. der Maßstab des § 93 AktG findet
> auf sie Anwendung.

Das schließt allerdings § 93 I 2 AktG ein, so dass die Regeln über das unternehmerische Ermessen (Business Judgment Rule, dazu oben § 21 Rn. 84 ff.) auch hier
eingreifen[40].

38   Ein zweiter Haftungstatbestand neben der unsorgfältigen Weisungserteilung
ist die **Erteilung unzulässiger Weisungen**, also solcher, die die Grenzen
des § 308 AktG überschreiten[41].

Die eigentliche Bedeutung der Vorschrift liegt darin, dass die Organe „oben" nicht
nur gegenüber „ihrer" Gesellschaft für die unternehmerische Sorgfalt und die Beachtung des Gesetzes haften, sondern **unmittelbar auch der Tochter** gegenüber.
Damit wird eine die Grenzen der juristischen Person überschreitende Organver-
antwortlichkeit begründet, die das Recht sonst nicht kennt. Neben den von § 309
AktG erfassten Organen haftet das Mutterunternehmen, dem die rechtswidrige
Weisungserteilung nach **§ 31 BGB analog** zugerechnet wird.

4. Sicherung der Gläubiger

39   Eine Außenhaftung des herrschenden Unternehmens gegenüber den Tochtergläu-
bigern nach Art des § 128 HGB ist vom Gesetz **nicht** vorgesehen. Dass es sich um
eine bewusste Entscheidung handelt, sieht man an § 323 AktG, der entsprechendes
nur für die Eingliederung vorsieht. Stattdessen werden die Gläubiger im Vertragskonzern auf andere Weise geschützt.

a) Mittelbarer Schutz

40   Eine Sicherung der Gläubiger erfolgt zunächst durch eine **Pflicht zur Bildung er-
höhter Rücklagen** (§ 300 Nr. 3 AktG).

---

[40] *Emmerich* in Emmerich/Habersack, Aktien- und GmbH-Konzernrecht, § 309 Rn. 32a.

[41] *Langenbucher* in K. Schmidt/Lutter, AktG, § 309 Rn. 21; *Veil* in Spindler/Stilz, AktG, § 309
Rn. 24.

Im Übrigen werden die Gläubiger dadurch geschützt, dass die herrschende Gesellschaft jeden entstehenden **Jahresverlust ausgleichen** muss (§ 302 AktG).

Der **Verlustausgleichsanspruch steht der abhängigen Gesellschaft zu** und orientiert sich an bilanziellen Kriterien. Auszugleichen ist der bilanzielle Jahresfehlbetrag (§ 266 III Ziff. A V HGB). Die Feststellung des Jahresabschlusses ist dafür nicht erforderlich, der Anspruch wird bereits mit dem **Ende des Geschäftsjahres fällig**[42]. Damit soll sichergestellt werden, dass Verzögerungen bei der Bilanzfeststellung nicht zu Lasten der Tochtergesellschaft und ihrer Gläubiger gehen. Auch diese Regelung dient daher dem **Liquiditätsschutz**.

Der Anspruch ist in Geld zu erfüllen; die Einbuchung eines Anspruchs in die Bilanz der Tochter genügt nicht[43]. Die **Aufrechnung** durch das herrschende Unternehmen ist nicht nach § 66 AktG ausgeschlossen, jedoch wendet die Rechtsprechung, da der Anspruch nach § 302 AktG an Stelle der Vermögensbindung tritt, das **Vollwertigkeitsdogma** (dazu oben § 7 Rn. 10 ff.) entsprechend an. Eine Aufrechnung ist daher nur zulässig, wenn die zur Aufrechnung gestellte Gegenforderung (bei wirtschaftlicher Betrachtung) vollwertig ist, die Tochter sie also problemlos erfüllen könnte[44]. Ist die Tochter hingegen in der Krise, ist die Aufrechnung ausgeschlossen und Barzahlung geboten.

b) Anspruch auf Sicherheitsleistung

Der Verlustausgleichsanspruch sichert die Existenz und Zahlungsfähigkeit der Gesellschaft während der Vertragsdauer ab. Wie bereits zu § 308 AktG erwähnt, **endet** dieser Schutz jedoch **mit dem Vertrag**. **41**

§ 303 AktG sieht daher für den Fall der Vertragsbeendigung einen Anspruch auf **Sicherheitsleistung** vor.

Anspruchsberechtigt sind **Gläubiger**, deren Ansprüche zur Zeit des Bestehens des Vertrages begründet waren, sofern sie nicht schon durch andere Sicherungsrechte (dinglicher oder schuldrechtlicher Art) hinreichend abgesichert sind. Die Gläubiger müssen sich innerhalb von sechs Monaten nach Eintragung der Vertragsbeendigung im Handelsregister bei der Gesellschaft melden. Steht zu dem Zeitpunkt, indem der Gläubiger sich auf § 303 AktG beruft, bereits fest, dass die Tochtergesellschaft insolvent ist, wandelt sich der Anspruch nach § 303 AktG in einen **Zahlungsanspruch** gegen das herrschende Unternehmen um, da es sinnlos wäre, dem Gläubiger zuerst Sicherheit zu stellen, wenn schon feststeht, dass es zur Inanspruchnahme der Sicherheit kommen wird[45].

---

[42] BGHZ 142, 382, 384; 168, 285, 290.

[43] BGHZ 168, 285, 291; *Hüffer*, AktG, § 302 Rn. 15 mit weiteren Nachweisen.

[44] BGHZ 168, 285, 291.

[45] *Veil* in Spindler/Stilz, AktG, § 303 Rn. 22 ff.; *Altmeppen* in MünchKomm. AktG, § 303 Rn. 63; *Schubert* in Heidel, AktG, § 303 Rn. 18.

Mit dem Anspruch nach § 303 AktG sind die Gläubiger weitgehend auch gegen das Risiko abgesichert, dass die abhängige Gesellschaft außerhalb des Konzerns nicht überlebensfähig ist. Verbleibende Lücken kann die **Existenzvernichtungshaftung** schließen.

5. Sicherung der Gesellschafterminderheit

a) Abfindung

42   Das Gesetz gibt mit § 305 AktG der Gesellschafterminderheit die Möglichkeit, gegen Abfindung aus der vertraglich konzernierten Gesellschaft **auszuscheiden**.

Dabei schreibt § 305 II AktG ein **differenziertes Angebot** vor: Je nachdem, ob die Gesellschaft, mit der der Beherrschungsvertrag geschlossen werden soll, eine AG ist oder nicht, und ob diese AG ihrerseits von einem anderen Unternehmen abhängig ist oder nicht, sieht die Norm ein Angebot von Aktien, Geld oder ein wahlweises Angebot vor. Ist der andere Vertragsteil eine nicht abhängige AG mit Sitz im Inland, sind Aktien anzubieten; jedoch ist ein zusätzliches Barangebot nicht unzulässig[46].

> Werden – wie es das Gesetz vorsieht – nur Aktien angeboten, handelt es sich um einen Aktientausch, nicht um eine Abfindung. Die Minderheit kann also nur entscheiden, ob sie die Mitgliedschaft in der Muttergesellschaft fortsetzen möchte. Dass es sich bei den zum Tausch angebotenen Aktien um börsennotierte Aktien handelt, ist nicht erforderlich. Damit **bleibt § 305 AktG** ohne überzeugenden Grund **hinter dem Standard des WpÜG zurück**, das in § 31 II WpÜG ein Tauschangebot nur erlaubt, wenn die angebotenen Aktien an einer Börse gehandelt werden. Gerade in dem Fall, in dem die Aktien der Tochter börsennotiert sind, die der Mutter aber nicht, ist das Tauschangebot kein hinreichender Ausgleich, da das **Interesse der Aktionäre an einer jederzeitigen Verkäuflichkeit der Papiere nicht berücksichtigt** wird. Das ist nicht unbedenklich, denn laut BGH[47] ist die Fungibilität der Papiere eine Frage von verfassungsrechtlicher Bedeutung. Nimmt man diesen Ansatz ernst, wäre an der Verfassungsmäßigkeit von § 305 II Nr. 1 AktG zu zweifeln.

43   Sowohl bei der Barabfindung als auch bei der Festlegung des Umtauschverhältnisses im Rahmen eines Angebots nach § 305 II Nr. 1 AktG ist nach bisher herrschender Meinung eine **Unternehmensbewertung** durch Gutachten erforderlich[48].

> § 305 III AktG verweist insoweit auf das Umwandlungsrecht. Der **Börsenkurs** bildet bei börsennotierten Unternehmen nur die **Untergrenze der Bewertung**[49] (siehe dazu unten § 35 Rn. 30). Eine im Vordringen befindliche Meinung will nur noch auf den Börsenkurs abstellen, weil so die oft komplizierten und langwierigen Spruchverfahren über die

---

[46] *Emmerich* in Emmerich/Habersack, Aktien- und GmbH-Konzernrecht, § 305 Rn. 12.

[47] BGHZ 153, 47 ff. – „Macotron", dazu oben § 21 Rn. 208 ff.

[48] Vgl. etwa OLG München AG 2007, 287 f.; OLG Celle AG 1999, 128, 130.

[49] BVerfGE 100, 289; BGHZ 135, 374; 147, 108.

Richtigkeit des gutachterlich ermittelten Wertes vermieden werden könnten[50]. Das erscheint gerade hier nicht unbedenklich, da eine vertragsschließende Partei meist bereits Mehrheitsgesellschafter des anderen Unternehmens ist und die erforderliche ¾-Mehrheit bereits hält. Inwieweit der Börsenkurs den Wert der abhängigen Gesellschaft dann noch zuverlässig abbildet, erscheint zweifelhaft[51].

b) Angemessener Ausgleich

Alternativ zur Abfindung in bar oder in Aktien des herrschenden Unter- **44** nehmens muss ein Ausgleich angeboten werden (§ 304 AktG). Im Regelfall ist ein **fester**, aus den Vergangenheitsergebnissen und zukünftigen Ertragsaussichten orientierter **Ausgleich** in Form einer **Garantiedividende** zu zahlen.

Dies hat zur Folge, dass die außenstehenden Aktionäre an zukünftigen Geschäftschancen nicht mehr teilnehmen. Die Aktie wird zu einem Wertpapier mit garantierter Ausschüttung, ähnlich einer Anleihe („Rentenpapier").

Ist die herrschende Gesellschaft AG oder KGaA, kann sie wahlweise auch einen an ihren Ergebnissen orientierten Ausgleich anbieten (**variabler Ausgleich**), ohne freilich dazu verpflichtet zu sein.

Das **völlige Fehlen** eines Ausgleichsangebots führt zur Nichtigkeit des Vertrages (§ 304 III AktG). Im Übrigen gelten zum Rechtsschutz bei fehlerhaften Ausgleichs- oder Abfindungsangeboten die bereits gemachten Ausführungen (keine Anfechtbarkeit, Prüfung im Spruchverfahren, siehe oben Rn. 14).

c) Kein zusätzlicher Schutz bei Vertragsbeendigung

Keine besonderen Schutzrechte gibt es nach dem Gesetz für die Gesellschafter- **45** Minderheit, wenn der Beherrschungsvertrag endet. Während die Gläubiger insoweit durch § 303 AktG besonders geschützt sind, enden die Ansprüche der verbliebenen Minderheitsgesellschafter aus § 304 AktG mit dem Vertrag.

Ob die Gesellschaft außerhalb des Konzerns überleben kann, ist zu diesem Zeitpunkt durchaus offen. Dieses Problem kann man nur dadurch lösen, das man schon **vorbeugend** Weisungen des herrschenden Unternehmens, durch die die Gesellschaft ihre Lebensfähigkeit außerhalb des Konzerns verliert, für unzulässig hält, wenn sich das herrschende Unternehmen nicht zu **Wiederaufbauhilfen** für den Fall der Vertragsbeendigung verpflichtet (siehe oben Rn. 36).

---

[50] *Veil* in Spindler/Stilz, AktG, § 305 Rn. 51; *Krieger* in MünchHdb. GesR IV (AG), § 70 Rn. 135; *Stilz*, Festschrift Goette, 2011, S. 529, 537 ff.; *Busse v. Colbe*, Festschrift Lutter, 2000, S. 1053, 1064 f.

[51] Ablehnend auch *Hüffer*, AktG, § 305 Rn. 24c mit weiteren Nachweisen zum Meinungsstand.

6. Änderung des Vertrages

46   Da der Beherrschungsvertrag durch Willenserklärung der Parteien zustande
kommt, ist er auch einer Änderung zugänglich. Dem trägt **§ 295 AktG** Rechnung.
Die Norm stellt die Änderungsvereinbarung einem Neuabschluss gleich.

> Das oben beschriebene Verfahren ist also zum Schutz der Gläubiger und der
> Minderheit erneut zu durchlaufen.

Sollen die **Vereinbarungen über Ausgleich und Abfindung** geändert werden, ist
ein gesonderter Beschluss der außenstehenden Aktionäre erforderlich (§ 295 II
AktG). Damit soll verhindert werden, dass die Vertragsbedingungen nachträglich
zu Lasten des geschützten Personenkreises geändert werden. Sofern infolge der
Änderung ein neues Abfindungs- oder Ausgleichsangebot zu machen ist, ist diese
Regelung dahin zu verstehen, dass das alte Angebot zu wiederholen ist[52].

> Ob auch ein Parteiwechsel oder ein Beitritt eines weiteren Unternehmens auf der beherr-
> schenden Seite (der gelegentlich aus steuerlichen Gründen erforderlich sein kann) zu
> einem Wiederaufleben des alten Angebots oder zu einem neuen Angebot führt, ist vom
> Einzelfall abhängig[53].

7. Vertragsbeendigung

47   Beherrschungsverträge können durchaus nur für gewisse Zeit geschlossen werden,
und es kann Situationen geben, in denen das herrschende Unternehmen ein Inte-
resse haben kann, die Vertragsbeziehung zu beenden. Auch das kann steuerliche
Gründe haben, es kann aber auch sein, dass dem herrschenden Unternehmen der
Verlustausgleich auf Dauer schlicht zu teuer wird und es versucht, das abhängige
Unternehmen wie einen an ihm hängenden Mühlstein loszuwerden.

> Möglich ist es, den Vertrag von vornherein nur auf begrenzte Zeit abzu-
> schließen, ihn einvernehmlich aufzuheben oder ihn zu kündigen (§§ 296,
> 297 AktG).

Im Falle der **Aufhebung** ist ein **Sonderbeschluss** der außenstehenden Aktionäre
erforderlich, da diese durch die Beendigung ihre Schutzrechte verlieren.

> Zudem endet der Vertrag von Gesetzes wegen, wenn eine der beteiligten
> Gesellschaften aufgelöst oder das Insolvenzverfahren über ihr Vermögen er-
> öffnet wird.

---

[52] *Raiser/Veil*, Recht der Kapitalgesellschaftem, § 54 Rn. 102.
[53] Siehe dazu BGHZ 119, 1, 7 ff.; 138, 136, 141; *Röhricht*, ZHR 162 (1998), 249 ff.

Das Vertragsende bedarf nach § 298 AktG als actus contrarius zum Vertrags-schluss der **Eintragung ins Handelsregister**, die aber hier, anders als beim Ver-tragsschluss, nur **deklaratorische** Wirkung hat[54].

III. Gewinnabführungsvertrag

> Der ebenfalls in § 291 AktG geregelte Gewinnabführungsvertrag verpflich-tet das abhängige Unternehmen dazu, seinen ganzen Gewinn[55] an den ande-ren Vertragsteil abzuführen oder den Betrieb des Unternehmens von vornhe-rein auf fremde Rechnung zu führen.   **48**

Damit erlangt das herrschende Unternehmen einen gesicherten **Zugriff auf die fi-nanziellen Ergebnisse der abhängigen Gesellschaft**. Die Aufhebung der aktien-rechtlichen Vermögensbindung nach § 291 III AktG gilt auch für den Gewinnab-führungsvertrag.

Durch den Gewinnabführungsvertrag erlangt das herrschende Unternehmen   **49**
aber **kein Weisungsrecht** gegenüber dem Vorstand der abhängigen Gesellschaft, kann diesem also nicht sagen, wie er den abzuführenden Gewinn am besten er-wirtschaften soll. Insofern verbleibt es für den Vorstand der abhängigen Gesell-schaft bei § 76 AktG.

> Gewinnabführungsverträge werden daher mit Aktiengesellschaften oft in Kombination mit dem Beherrschungsvertrag geschlossen[56], um dem herrschenden Unternehmen das Maximum an Einfluss zu verschaffen. Man spricht dann von einem **kombinierten Beherrschungs- und Gewinnabführungsvertrag**.

Mit Blick auf das Steuerrecht ist der Gewinnabführungsvertrag allerdings sogar die wich-   **50**
tigere Komponente, da er (und nicht der Beherrschungsvertrag) zur Herstellung der **steuerrechtlichen Organschaft** führt, wodurch die beiden Unternehmen (vereinfacht ausgedrückt) steuerrechtlich wie eine einheitliche Gesellschaft behandelt werden (vgl. § 14 I 1 KStG).

In den Voraussetzungen seines Abschlusses und seiner Beendigung entspricht der   **51**
Gewinnabführungsvertrag dem Beherrschungsvertrag. Auch die Schutzvorschrif-ten zugunsten der Gläubiger (§§ 302 f. AktG) und der Minderheit (§§ 304 f. AktG) finden in vollem Umfang Anwendung. Daher kann insoweit auf die Aus-führungen zum Beherrschungsvertrag (oben Rn. 6 ff.) verwiesen werden.

---

[54] OLG Düsseldorf AG 1997, 578; *Krieger* in MünchHdb. GesR IV (AG), § 70 Rn. 213.

[55] Zur Berechnung im Einzelnen siehe *Veil* in Spindler/Stilz, AktG, § 291 Rn. 34 f.

[56] Zur Statistik siehe *Veil* in Spindler/Stilz, AktG, Vorb. zu § 291 Rn. 56.

IV. Eingliederung

1. Regelungsüberblick

52 Die in den §§ 320 ff. AktG geregelte Eingliederung ist die stärkste Form der Konzernierung im Aktienrecht.

Das herrschende Unternehmen erlangt ein **unbegrenztes Weisungsrecht**, d.h. die Grenzen des § 308 AktG gelten nicht. Auch die **Vermögensbindung** wird durch § 324 AktG **noch weitergehend zurückgedrängt**, als das nach § 291 III AktG der Fall ist. Während also für die abhängige Gesellschaft bei Bestehen eines Beherrschungs- und Gewinnabführungsvertrages noch gewisse Reste an Selbständigkeit verbleiben (siehe insbesondere § 308 AktG), verschafft die Eingliederung dem herrschenden Unternehmen die Möglichkeit, die abhängige Gesellschaft so zu leiten, als sei sie rechtlich gar nicht selbständig.

> Zwischen einer eingegliederten Gesellschaft und einer **unselbständigen Betriebsabteilung** besteht kaum noch ein Unterschied, obwohl die eingegliederte Gesellschaft **selbständiges Rechtssubjekt** bleibt.

Aus diesem letztgenannten Grunde hat die eingegliederte Gesellschaft auch weiterhin Organe, insbesondere sind weiterhin ein Vorstand und ein Aufsichtsrat nötig. Während dem Vorstand noch die Aufgabe zukommt, als eine Art Abteilungsleiter die Weisungen des herrschenden Unternehmens umzusetzen, wird der Aufsichtsrat weitgehend funktionslos.

53 In Bezug auf den **Minderheitenschutz** geht die Regelung ebenfalls über die §§ 304 f. AktG hinaus. Die Eingliederung verschafft dem herrschenden Unternehmen die Möglichkeit, die Gesellschafterminderheit aus der Gesellschaft **auszuschließen**; dies steht dem in den §§ 327a ff. AktG geregelten Squeeze-out nahe. Allerdings erfolgt die Abfindung hier nicht allein in bar, sondern die ausscheidenden Gesellschafter können auch eine **Abfindung in Aktien der Muttergesellschaft** verlangen.

> Diese Option ist aus Sicht der Muttergesellschaft vielfach weniger reizvoll als ein Squeeze-out, da sich die (unter Umständen renitente) Minderheit dann „eine Etage höher" in der Muttergesellschaft wiederfindet, wo sie nicht unbedingt erwünscht ist.

54 In Bezug auf den **Gläubigerschutz** geht die Regelung ebenfalls weiter als die §§ 302 f. AktG. Hier ist nicht nur Verlustausgleich und Sicherheitsleistung geschuldet, sondern es besteht eine **Außenhaftung** gegenüber den Gläubigern gemäß § 322 AktG. Diese ist (auch was Einwendungen angeht, siehe § 322 II und III AktG) ersichtlich § 128 HGB nachgebildet. Die Muttergesellschaft haftet also akzessorisch, gesamtschuldnerisch und auch auf die primäre Leistung, nicht nur auf Schadensersatz.

2. Praktische Bedeutung

Eingliederungskonzerne sind **praktisch selten**. Wer eine so enge Einbindung will,   **55**
wird zumeist erwägen, die abhängige Gesellschaft auch rechtlich zur unselbstän-
digen Betriebsabteilung herabzustufen, insbesondere indem er sie auf die Mutter
verschmilzt. Das verursacht keinen Mehraufwand, da die Voraussetzungen für eine Verschmelzung gemäß §§ 2 ff. UmwG ähnlich sind wie die für das Zustandekommen eines Vertragskonzerns. Zugleich entfallen aber mit der rechtlichen Selbständigkeit die Kosten für Aufsichtsrat, Wirtschaftsprüfer sowie Registergebühren
und Kammerbeiträge. Es macht insgesamt **wenig Sinn**, die Aufwendungen für den
Betrieb einer eigenständigen juristischen Person zu tragen, ohne die Vorteile der
rechtlichen Selbständigkeit in Anspruch zu nehmen.

3. Voraussetzungen

Die Eingliederung ist **nur zwischen Aktiengesellschaften** zulässig. Eine Übertra-   **56**
gung auf andere Rechtsformen (selbst auf die KGaA) scheidet nach allgemeiner
Ansicht aus[57]. Hinsichtlich der übrigen Voraussetzungen unterscheidet das Gesetz:

a) Eingliederung einer 100%igen Tochter

Eine 100%ige Tochtergesellschaft kann unter erleichterten Voraussetzungen ein-   **57**
gegliedert werden. Es ist (wie bei Beherrschungs- und Gewinnabführungsverträgen) ein **Beschluss beider Gesellschaften** erforderlich. Dieser ist in der 100%-
Tochter naturgemäß Formsache. In der Muttergesellschaft bedarf er der qualifizierten Mehrheit. Der Beschluss ist durch einen **Eingliederungsbericht** (§ 319 III
AktG) vorzubereiten. Bei Anfechtungsklagen (von Aktionären der Muttergesellschaft) findet ein Freigabeverfahren statt (§ 319 IV AktG). Anschließend erfolgt
die **Eintragung** in das Handelsregister.

b) Mehrheitseingliederung

Gehören der Muttergesellschaft nicht alle Aktien der einzugliedernden Gesell-   **58**
schaft, so ist die Eingliederung gleichwohl zulässig, wenn sich **95 % der Aktien**
in ihrer Hand befinden, sog. Mehrheitseingliederung (§ 320 AktG).

> Das Quorum ist nicht ohne Grund mit dem nach § 327a AktG identisch: Wie beim
> Squeeze-out geht es darum, eine kleine Minderheit außenstehender Aktionäre, die zur
> Finanzierung des Unternehmens nur noch einen geringen Beitrag leisten, aus der Gesell-
> schaft auszuschließen[58].

---

[57] *Singhoff* in Spindler/Stilz, AktG, § 319 Rn. 3.
[58] Siehe *Lutter/Drygala*, Festschrift Kropff, 1997, S. 197, 220.

Den außenstehenden Aktionären ist in diesem Fall **zusätzlich** ein **Abfindungsangebot** zu machen. Wie in anderen vergleichbaren Fällen ist dazu ein Bewertungsgutachten eines Sachverständigen erforderlich (§ 320 III AktG). Hinsichtlich der Art der Abfindung differenziert das Gesetz:

⊃ Ist die **Muttergesellschaft** selbst **keine abhängige AG**, muss die Abfindung in Aktien der Muttergesellschaft bestehen. Damit will das Gesetz der Minderheit erlauben, ihre unternehmerische Beteiligung fortzusetzen, wenn auch in veränderter Form.

⊃ Wenn die **Muttergesellschaft** ihrerseits **abhängig** im Sinne des § 16 AktG ist, muss ergänzend ein Angebot zur Abfindung in bar gemacht werden. Die Aktionäre haben dann ein Wahlrecht (§ 320b I AktG).

Es geht also eigentlich um einen **Aktientausch**. Insofern ist die Regelung weniger attraktiv als das Vorgehen nach § 327a AktG, der stets eine Barabfindung vorsieht und damit die Möglichkeit schafft, die Minderheit endgültig loszuwerden. Die Rechtsfolge ist freilich die gleiche:

Mit der Wirksamkeit des Eingliederungsbeschlusses durch Eintragung in das Handelsregister gehen die Aktien der außenstehenden Aktionäre auf die Muttergesellschaft über.

V. GmbH-Vertragskonzern

1. Analoge Anwendbarkeit der aktienrechtlichen Vorschriften

59   Anders als die Regelung über den faktischen Konzern ist das Vertragskonzernrecht auf die GmbH entsprechend anwendbar; darüber besteht heute Einigkeit.

GmbHs können sowohl auf der herrschenden als auch auf der abhängigen Seite des Vertrages beteiligt sein.

Ähnlich wie bei der Anwendung der §§ 241 ff. AktG im GmbH-Recht geht es jedoch nur um eine **entsprechende Anwendung**. Die Vorschriften sind also zum Teil nicht eins zu eins, sondern nur mit Modifikationen auf die GmbH übertragbar. Dies gilt insbesondere dort, wo sie auf die AG als Publikumsgesellschaft zugeschnitten sind.

2. Bedeutung des GmbH-Vertragskonzerns

60   Der Beherrschungsvertrag bringt dem herrschenden Unternehmen im GmbH-Recht weniger Vorteile als im Aktienrecht. Denn mit § 37 I GmbHG steht ihm ja schon von Gesetzes wegen ein Mittel zur Verfügung, um die Gesellschaft (mittels Weisung an den Geschäftsführer) zu beherrschen. Diese Möglichkeit hat er zudem, ohne die Nachteile in Hinblick auf Minderheiten- und Gläubigerschutz tragen zu müssen, die die §§ 302 ff. AktG vorsehen. Von daher ist der Beherrschungsvertrag im GmbH-Recht **verhältnismäßig unattraktiv.**

Allerdings steht dem Mehrheitsgesellschafter in der GmbH das Weisungsrecht **61** nach § 37 I GmbHG nicht persönlich zu, es liegt vielmehr bei der Gesellschafterversammlung. Ist dort eine Minderheit vorhanden, kann sie zwar die Beschlussfassung als solche nicht verhindern, aber z.B. Anfechtungsklage erheben und auch sonst versuchen, den Einfluss des herrschenden Unternehmens zurückzudrängen. Das weitgehende Auskunftsrecht jedes Gesellschafters (§ 51a GmbHG) sowie das in der GmbH aus der Treuepflicht hergeleitete generelle Schädigungsverbot (siehe oben § 13 Rn. 45) geben einer engagierten Minderheit dazu hinreichend Möglichkeiten[59]. Daher kann der Abschluss eines Beherrschungsvertrages auch mit einer GmbH **durchaus Sinn machen.**

Verbreitet anzutreffen sind aber hier auch **isolierte Gewinnabführungsver-** **62** **träge**[60]. Diese werden zur Herstellung der steuerlichen Organschaft geschlossen, während die Einflussnahme auf die Geschäftstätigkeit der Gesellschaft dann über § 37 I GmbHG erfolgt.

3. Voraussetzungen

Es besteht Einigkeit, dass sich Abschluss und Wirkungen des Unterneh- **63** mensvertrages im GmbH-Recht ganz weitgehend nach den **§§ 291 ff. AktG** richten.

Die für solche strukturändernden Beschlüsse charakteristischen Schritte, also Vertragserstellung in schriftlicher Form, Zustimmung der Gesellschafterversammlung und Eintragung ins Handelsregister, finden sich auch im GmbH-Recht wieder[61].

Auch die **Lehre vom fehlerhaften Unternehmensvertrag** findet Anwendung. Hier wurde sie sogar erfunden, denn in den 1980er Jahren waren viele Unternehmensverträge fehlerhaft, da häufig die Eintragung ins Handelsregister übersehen wurde.

---

[59] Zutreffend *Decher* in MünchHdb. GesR III (GmbH), § 68 Rn. 21.

[60] Siehe die Statistik bei *Veil* in Spindler/Stilz, AktG, Vorb. zu § 291 Rn. 56, die einen eindeutigen Schwerpunkt der isolierten Gewinnabführungsverträge dort ausweist, wo eine GmbH abhängiges Unternehmen ist.

[61] BGHZ 105, 324, 332; LG Berlin AG 1992, 91; *Emmerich/Habersack*, Konzernrecht, § 32 Rn. 10 ff.

4. Gläubiger- und Minderheitenschutz

64   Kommt ein Beherrschungs- oder Gewinnabführungsvertrag zustande, gelten
für die Gläubiger die **§§ 302 f. AktG** entsprechend. Wesentliche Unterschiede zum Aktienrecht bestehen im Hinblick auf den **Gläubigerschutz**
nicht.

65   Lebhaft umstritten ist jedoch die Frage, wie der **Schutz der Minderheit** sich in
der Gesellschafterversammlung der abhängigen Gesellschaft gestaltet.

➲   **Eine Ansicht** spricht sich dafür aus, dass aufgrund der schwerwiegenden Folgen für
die Interessenausrichtung der Gesellschaft nur eine **einstimmige Entscheidung** der
Gesellschafter das Zustandekommen des Vertrages legitimieren könne[62]. Es wird
eine Parallele zur Zweckänderung gezogen, die, etwa bei Aufgabe der Gewinnerzielungsabsicht, auch nur einvernehmlich möglich sei. Zugleich wird von dieser
Ansicht die Anwendbarkeit der §§ 293a-g AktG abgelehnt, da die Minderheit schon
durch die Einstimmigkeit hinreichend geschützt sei[63]. Insbesondere könne sie ihre
Zustimmung von der Erteilung hinreichender Informationen abhängig machen.
Diese Ansicht lehnt auch die analoge Anwendung der §§ 304, 305 AktG ab und
verweist die Parteien insoweit auf Verhandlungen über einen Ausgleich und eine
Abfindung[64].

➲   Die **Gegenansicht** orientiert sich stärker am Aktienrecht. Sie lässt den Beschluss mit
qualifizierter Mehrheit zu[65], wendet aber dann (mit Unterschieden im Detail) die
formalen Schutzvorschriften der §§ 293a-g AktG sowie die Pflicht zu Ausgleich und
Abfindung (§§ 304 f. AktG) entsprechend an[66].

66   Die **letztere Ansicht** ist **vorzugswürdig**. Es kann als **allgemeines Prinzip** des
Kapitalgesellschaftsrechts gelten, dass auch schwerwiegende Strukturentschei-
dungen mit qualifizierter Mehrheit beschlossen werden können. Dieser Grundsatz
wird auch im Umwandlungsrecht strikt durchgehalten, so dass der Gesellschafter,
der nicht über eine Sperrminorität verfügt, z.B. den Formwechsel in eine andere
Rechtsform nicht verhindern kann. Ihm bleibt, wenn er nicht einverstanden ist, nur
der Austritt gegen Abfindung (§ 29 UmwG). Gleiches gilt für den Auflösungsbeschluss, der ebenfalls mit ¾-Mehrheit herbeigeführt werden kann und keiner sach-

---

[62] *Altmeppen*, DB 1994, 1273; *Ebenroth/Müller*, BB 1991, 358 f.; *Emmerich/Habersack*, Konzernrecht, § 32 Rn. 16; *Zöllner* in Baumbach/Hueck, GmbHG, Anh. KonzR Rn. 55; *Raiser/Veil*,
Recht der Kapitalgesellschaften, § 54 Rn. 26; *Kleindiek*, ZIP 1988, 613, 616; *Kort*, ZIP 1999,
1309, 1311.

[63] *Decher* in MünchHdb. GesR III (GmbH), § 70 Rn. 7 f.; *Emmerich/Habersack*, Konzernrecht,
§ 32 Rn. 17.

[64] *Emmerich* in Scholz, GmbHG, Anh. zu § 13 Rn. 133; *Servatius* in Michalski, Syst. Darst. 4
Rn. 80; *Zöllner* in Baumbach/Hueck, GmbHG, Anh. KonzR Rn. 59; *Kuhlmann/Ahnis*, Konzern-
und Umwandlungsrecht, § 5 Rn. 812.

[65] *Liebscher*, GmbH-Konzernrecht, 2006, Rn. 640 ff.; *Krieger*, DStR 1992, 432, 435; *Lutter* in
Lutter/Hommelhoff, GmbHG, Anh. zu § 13 Rn. 63 f.; *Koppensteiner*, RdW 1985, 170; *Halm*,
NZG 2001, 728, 729 f.

[66] *Lutter* in Lutter/Hommelhoff, GmbHG, Anh. zu § 13 Rn. 57; *Koppensteiner* in Rowedder/
Schmidt-Leithoff, GmbHG, Anh. zu § 52 Rn. 59.

lichen Rechtfertigung bedarf. Die Unterwerfung der Gesellschaft unter einen Beherrschungsvertrag ist aber mit solchen Strukturmaßnahmen durchaus vergleichbar. Zudem könnte der mit ¾-Mehrheit beteiligte Gesellschafter auch die Umwandlung in die AG beschließen und den Beherrschungsvertrag dann durchsetzen, da im Aktienrecht ja die ¾-Mehrheit genügt. Insofern erweisen sich die §§ 3 ff. UmwG zusammen mit den §§ 293 ff. AktG als Ausdruck eines **einheitlichen gesetzlichen Schutzstandards bei Strukturmaßnahmen,** der rechtsformübergreifend als erforderlich, aber auch ausreichend angesehen werden sollte[67].

> Aus diesen Gründen erscheint die grundsätzliche Orientierung am Aktienrecht im Ausgangspunkt als richtig, die nur punktuell dort korrigiert wird, wo die Interessenlage in der GmbH es verlangt[68].

Die Minderheit kann also insbesondere eine **Ausgleichszahlung analog § 304 AktG** und eine **Abfindung analog § 305 AktG** verlangen, letztere allerdings nur in Geld, nicht in Anteilen des herrschenden Unternehmens[69].   **67**

Hinsichtlich der **formalen Bestimmungen in §§ 293a-g AktG** ist zu beachten, dass diese auf eine Publikumsgesellschaft zugeschnitten sind, und nicht alle Formalien, die dort geregelt sind, machen für die GmbH mit ihrem typischerweise kleineren Gesellschafterkreis Sinn. Man sollte diese Vorschriften daher **im Grundsatz anwenden,** aber wie im Umwandlungsgesetz (vgl. §§ 8 III, 48 UmwG) vorsehen, dass in der GmbH die Gesellschafter auf die in §§ 293a ff. AktG vorgesehenen Rechte **individuell verzichten** können. Dies gilt insbesondere für den Vertragsbericht und die Prüfung des Vertrages durch einen Wirtschaftsprüfer. So wird eine unnötige Formalisierung der Gesellschafterversammlung vermieden.

Dass im Hinblick auf die Bewertungsrüge das **Spruchverfahren** analog anwendbar ist, dürfte durch die „Moto-Meter"-Entscheidung des BVerfG[70] klargestellt sein. Von daher ist auch nicht zu befürchten, dass infolge der hier vertretenen Lösung Bewertungsfragen ins Anfechtungsverfahren hineingetragen werden[71].

5. Besonderheiten bei der Vertragsbeendigung

Gewisse Besonderheiten ergeben sich auch bei der ordentlichen Kündigung und der einvernehmlichen Aufhebung eines Beherrschungs- und/oder Gewinnabführungsvertrages mit einer GmbH.   **68**

---

[67] Siehe *Leinekugel*, Die Ausstrahlungswirkung des Umwandlungsgesetzes, 2000, passim; so auch *Lutter* in Lutter/Hommelhoff, GmbHG, Anh. zu § 13 Rn. 64.

[68] Mit umgekehrtem Ausgangspunkt *Emmerich/Habersack*, Konzernrecht, § 32 Rn. 4: Orientierung am GmbHG, Analogie zu §§ 291 ff. AktG nur im Ausnahmefall.

[69] Wie hier *Koppensteiner* in Rowedder/Schmidt-Leithoff, GmbHG, Anh. zu § 52 Rn. 59.

[70] BVerfG NJW 2001, 279 ff.

[71] Zu vorsichtig insoweit *Decher* in MünchHdb. GesR III (GmbH), § 70 Rn. 7; *Kuhlmann/Ahnis*, Konzern- und Umwandlungsrecht, § 5 Rn. 812.

⊃ **Auf der Ebene der Untergesellschaft** ist die stärkere Stellung der Gesellschafterversammlung zu berücksichtigen. Diese schließt es aus, dass der oder die Geschäftsführer ohne Zustimmung der Gesellschafterversammlung den Vertrag aufheben; § 296 AktG findet insoweit nur modifiziert Anwendung[72]. Gleiches gilt für den Ausspruch einer ordentlichen Kündigung[73].

⊃ Umgekehrt ist die Aufhebung bzw. Kündigung des Vertrages für die **Obergesellschaft** nicht **von** struktureller Bedeutung. Hier entfällt daher das Erfordernis der Beschlussfassung mit ¾-Mehrheit[74]. Handelt es sich bei der Tochtergesellschaft, die aus dem Beherrschungsvertrag entlassen werden soll, um eine besonders wertvolle Beteiligung, kann sich allerdings nach allgemeinen Regeln eine Vorlagepflicht des Geschäftsführers an die Gesellschafterversammlung ergeben; diese entscheidet dann jedoch mit einfacher Mehrheit.

Im Übrigen kann hinsichtlich des GmbH-Vertragskonzernrechts auf die aktienrechtliche Darstellung verwiesen werden.

---

[72] Umstritten, wie hier OLG Oldenburg NZG 2000, 1138, 1140; a.A. OLG Frankfurt ZIP 1993, 1790 f.; OLG Karlsruhe WM 1994, 1208 f.

[73] *Casper* in Ulmer/Habersack/Winter, GmbHG, Anh. zu § 77 Rn. 202; *Zöllner* in Baumbach/Hueck, GmbHG, Anh. KonzR Rn. 71; a.A. *Altmeppen* in Roth/Altmeppen, GmbHG, Anh. zu § 13 Rn. 100, *Bitter*, ZIP 2001, 345, 351.

[74] OLG Frankfurt ZIP 1993, 1790 f.; OLG Karlsruhe WM 1994, 1208 f.; *Decher* in MünchHdb. GesR III (GmbH), § 70 Rn. 37 mit weiteren Nachweisen.

§ 33 Konzernorganisationsrecht

Literatur: *Ehricke*, Gedanken zu einem allgemeinen Konzernorganisationsrecht zwischen Markt und Regulierung, ZGR 1996, 300; *Lutter*, Das unvollendete Konzernrecht, Festschrift K. Schmidt, 2009, S. 1065; *ders.*, Konzernphilosophie vs. konzernweite Compliance und konzernweites Risikomanagement, Festschrift Goette, 2011, S. 289; *Mülbert*, Unternehmensbegriff und Konzernorganisationsrecht, ZHR 163 (1999), 1.

I. Worum geht es?

Während die Haftungsfragen im Konzern an Bedeutung verloren haben und vielfach nicht mehr mit konzernrechtlichen Mitteln gelöst werden (siehe oben § 31 Rn. 50 ff.), sind die Fragestellungen rund um die **Organpflichten und Zuständigkeiten in der Unternehmensgruppe** weiterhin aktuell. Die dafür geltenden Regeln sind dem geschriebenen Konzernrecht nicht mit aller Deutlichkeit zu entnehmen, da dieses sich vor allem mit dem Konzernrecht als Schutzrecht befasst. Sie lassen sich aber wie folgt zusammenfassen: 1

II. Konzernklausel in der Satzung als Vorbedingung

Der **Regelfall** unternehmerischer Tätigkeit ist das **unverbundene Unternehmen**. **Schweigt die Satzung** zum Thema Konzerngründung und zur Verlagerung von Geschäften in Tochtergesellschaften, so ist daraus zu schließen, dass sämtliche unternehmerische Funktionen zur Ausfüllung des Unternehmensgegenstandes unmittelbar von der betroffenen Gesellschaft selbst wahrzunehmen sind. 2

Die Satzung muss (auch in der GmbH) der Geschäftsleitung die Gründung von Tochtergesellschaften also ausdrücklich freigeben[1].

Eine solche Konzernklausel ist allerdings **standardmäßig** in der Formulierung des Unternehmensgegenstandes der meisten Gesellschaften enthalten.

---

[1] Vgl. etwa *Emmerich/Habersack*, Konzernrecht, § 9 Rn. 1; *Krieger* in MünchHdb. GesR IV (AG), § 69 Rn. 7 f.

III. Leitungspflicht des Vorstandes „oben"

1. Erforderliche Leitungsdichte

a) Grundsatz

3   Dem Grunde nach anerkannt ist, dass der Vorstand bzw. Geschäftsführer der Muttergesellschaft sich um die Belange der abhängigen Unternehmen zu kümmern
hat.

> Die **Leitungsverantwortung** erstreckt sich auf das **gesamte Unterneh-
> mensvermögen**, und dazu gehört auch die Tochtergesellschaft[2].

> Geht dort etwas schief, kann er sich nicht darauf berufen, dies ginge ihn aufgrund der
> rechtlichen Selbständigkeit der Tochter nichts an.

4   Insofern gilt insbesondere **§ 91 II AktG**, wonach der Vorstand ein **Frühwarnsystem** zu errichten hat, mit dessen Hilfe **bestandsgefährdende Entwicklungen
rechtzeitig erkannt** werden können und zwar auch im Hinblick auf Tochtergesellschaften, vor allem für solche, für die die Obergesellschaft nach § 302 AktG
haften muss.

> Das **Verhalten eines Anlegeraktionärs**, der einmal im Jahr auf die Hauptversammlung
> geht, dort einige Fragen stellt und die Dividende vereinnahmt, ist für einen unterneh-
> merisch beteiligten Gesellschafter **zu wenig**, um dem Sorgfaltsgebot der § 43 GmbHG
> und § 93 AktG zu entsprechen. Allerdings **kann auch das anders** sein, wenn die Satzung
> die einzugehenden Beteiligungen als nichtunternehmerisch definiert, etwa weil die Gesell-
> schaft sich nur als Finanzanleger betätigt, aber in den Beteiligungsgesellschaften nicht die
> unternehmerische Führung übernehmen soll[3].

5   Hinsichtlich des Umfangs der Leitungspflicht besteht aber keine Verpflichtung, das Maximum an Leitungsdichte zu verwirklichen[4].

Denn Konzerne existieren in unterschiedlichen wirtschaftlichen Verdichtungsgra-
den. Vom straff orientierten Stammhauskonzern bis hin zur bloßen Finanzholding
reichen die in der Betriebswirtschaftslehre formulierten Leitungsmodelle[5]. Welches davon für das leistungsfähigste und für die betreffende Unternehmensgruppe
zutreffende ist, muss, soweit es um wirtschaftliche Fragen geht, der Konzernvorstand nach den Regeln des **unternehmerischen Ermessens** (§ 93 I 2 AktG) entscheiden. Das Recht sollte sich hier betont zurückhalten; es spricht vielmehr alles

---

[2] Siehe etwa *Altmeppen*, ZHR 164 (2000), 556, 558; *Kleindiek* in Hdb. Corporate Governance,
S. 787 ff.; *Krieger* in MünchHdb. GesR IV (AG), § 69 Rn. 21; *Mertens/Cahn* in KölnKomm.
AktG, § 76 Rn. 65.

[3] *Lutter*, Festschrift K. Schmidt, 2009, S. 1065, 1069 f.

[4] Dafür aber *Hommelhoff*, Konzernleitungspflicht, 1982, S. 43 ff., 165 ff.

[5] Vgl. *Theissen*, Der Konzern, 2. Aufl. 2000, S. 153 ff.

dafür, insoweit auf die Fähigkeit der Unternehmensleiter zur **sachgerechten Selbstorganisation** zu vertrauen. Zudem sollte das Recht nicht eine bestimmte Organisationsform vorschreiben und damit die Weiterentwicklung betriebswirtschaftlicher Modelle blockieren[6].

> Ist die Obergesellschaft eine GmbH, kann die Gesellschafterversammlung die Frage nach § 37 GmbHG an sich ziehen und dem Geschäftsführer Vorgaben dafür machen, wie dicht er die Tochtergesellschaften zu führen hat.

b) Besondere Regeln betreffend die Rechtmäßigkeit des Unternehmensverhaltens

Soweit es nicht um die unternehmerische Leitung, sondern um die Sicherung der   **6**
Rechtmäßigkeit des Unternehmenshandelns (**Compliance**) geht, ist die Lage freilich anders[7]. Denn hier geht es nicht um die betriebswirtschaftlich optimale Leitungsstruktur, sondern um diejenige, die das Anliegen des betreffenden Gesetzes hinreichend verwirklicht. Daher können die Anforderungen an ein ordnungsgemäßes Leitungsverhalten durchaus strenger ausfallen als dort, wo es um Fragen der Wirtschaftlichkeit geht. Denn eine Regel, dass Legalität nur im Rahmen des wirtschaftlich Vertretbaren verlangt werden kann, gibt es nicht! Auch die Kriterien der Erforderlichkeit und Verhältnismäßigkeit sind insofern keine absoluten Grenzen, sondern im Lichte des Verhaltens zu würdigen, das durch die zu beachtende Vorschrift bekämpft werden soll[8].

> Handelt es sich um die Verhinderung gravierender Rechtsverstöße, können vom Recht durchaus auch Maßnahmen gefordert werden, die vom betriebswirtschaftlichen Standpunkt aus unwirtschaftlich sind und den Gewinn des Unternehmens belasten.

Insofern steht es dem Gesetzgeber, aber auch den Gerichten frei, sich an außerökonomischen Kriterien wie dem Schutz des Weltfriedens oder der Umwelt zu orientieren. Wie weit die Legalitätspflicht im Konzern reicht, ist daher in starkem Maße vom geschützten Rechtsgut abhängig.

> Die Bekämpfung von Waffenschmuggel, Umweltverschmutzung und Korruption kann eine Pflicht der Konzernspitze zur engmaschigen Überwachung eher begründen als die Frage, ob der Koch in der Betriebskantine der Tochter saubere Fingernägel hat.

Im Bereich der Compliance zeigt sich insoweit eine **zunehmende Tendenz**, die   **7**
Konzernspitze im öffentlichen Recht als den eigentlich Verantwortlichen anzusehen und auf die rechtliche Selbständigkeit der Einzelgesellschaften und die Verantwortung ihrer Leitungsorgane wenig Rücksicht zu nehmen. Dies zeigt sich be-

---

[6] Zutreffend *Fleischer* in Spindler/Stilz, AktG, § 76 Rn. 73.

[7] Wie hier differenzierend auch *Lutter*, Festschrift Goette, 2011, S. 289, 297.

[8] Insofern abweichend *Fleischer*, CCZ 2008, 1, 3; *Mertens/Cahn* in KölnKomm. AktG, § 91 Rn. 37.

sonders deutlich im **europäischen Kartellrecht**, wo inzwischen mehrere Urteile vorliegen, in denen die Muttergesellschaft für Rechtsverstöße der Tochter haftbar gemacht wurde[9].

So hat der EuGH in der Sache „Akzo"[10] ausgeführt, dass die Muttergesellschaft dazu verpflichtet sei, dafür zu sorgen, dass in der Tochtergesellschaft keine Kartellabsprachen getroffen werden. Die Kartellbuße hat das Gericht zugleich am Umsatz der Mutter und nicht der Tochter bemessen.

Gleiches gilt im **Bankaufsichtsrecht**, wo in Reaktion auf die Finanzkrise der Gesetzgeber die Anforderungen an das Risikomanagement (MaRisk) erhöht und zugleich eine besondere Verantwortung der Organe „oben" für die gesamte Gruppe ausdrücklich festgeschrieben hat (siehe dazu § 25a I i.V.m. Ia KWG)[11].

8   Bei Verstößen gegen Rechtsvorschriften aller Art, die aus Tochtergesellschaften heraus begangen wurden, wird weiterhin mit zunehmendem Erfolg versucht, die Muttergesellschaft bzw. ihre Vorstände nach **§ 130 OWiG** mit **Bußgeld** zu belegen[12].

Nach dieser Vorschrift muss der Leiter eines Betriebes oder Unternehmens die erforderlichen Aufsichtsmaßnahmen ergreifen, um zu verhindern, dass in dem Betrieb oder Unternehmen Verstöße gegen Pflichten begangen werden, die den Inhaber treffen und die mit Geldbuße oder Strafe bedroht sind. Sieht man den Konzern-Geschäftsleiter mit der im Vordringen befindlichen Auffassung trotz der rechtlichen Vielheit im Konzern als Leiter *eines* Unternehmens an, greift die Norm bei Kartellverstößen oder Korruptionsdelikten ohne weiteres ein[13].

9   Soweit es daher um Fragen der Compliance geht, muss man den Vorstand der Muttergesellschaft nach heutigem Rechtsstand für verpflichtet ansehen, eine entsprechende Organisation zu errichten, die es ermöglicht, Rechtsverstößen der Tochtergesellschaften vorzubeugen und gleichwohl vorkommende Verstöße zu entdecken und zu sanktionieren.

Der **Verzicht** auf eine besondere Compliance-Organisation im Konzern erweist sich daher nur dann als vertretbar, wenn die Unternehmensgruppe nach ihrer Größe und ihrem Geschäftsgegenstand so **risikoarm** ist, dass mit der Begehung wesentlicher Rechtsverstöße nicht gerechnet werden muss[14].

---

[9] Vgl. die Zusammenstellung bei *Lutter*, Festschrift Goette, 2011, S. 289, 300 f.

[10] EuGH WM 2009, 2048.

[11] Näher dazu *Fleischer/Schmolke*, ZHR 173 (2009), 649, 664.

[12] *Lemke/Mosbacher*, OWiG, 2. Aufl. 2005, § 130 Rn. 7; *Rogall* in Karlsruher Komm. OWiG, 3. Aufl. 2006, § 130 Rn. 25; ablehnend *Koch*, ZHR 171 (2007), 554, 570 ff.; *ders.*, AG 2009, 564, 567 ff.; differenzierend nach Konzernform *Spindler* in Fleischer, Hdb. Vorstandsrecht, § 15 Rn. 127 f.

[13] *Dreher*, WuW 2009, 133 ff.; *Fleischer*, BB 2008, 1070; *Pampel*, BB 2007, 1636, 1637 f. (zum Kartellrecht); *Hetzer*, EWS 2008, 73, 78; *Hauschka/Greeve*, BB 2007, 165, 166 (zu Korruptionsdelikten); insgesamt dafür *Fleischer*, CCZ 2008, 1, 2.

[14] So auch *Fleischer*, BB 2008, 1070, 1072; *Hauschka/Greeve*, BB 2007, 165, 167.

Eine Risikobestandsaufnahme und die Einhaltung vernünftiger kaufmännischer Vorsichtsmaßnahmen (Dokumentation von Zahlungsvorgängen, Vier-Augen-Prinzip, hinreichende Kontrolle der Mitarbeiter) ist jedoch für alle Unternehmen **Mindeststandard**[15], und diesen Mindeststandard muss im Konzern die Konzernspitze durchsetzen.

2. Durchsetzung erforderlicher Überwachungsmaßnahmen

Die tatsächliche Durchsetzung von Compliance ist in großen und entsprechend tief **10** gestaffelten Konzernen keine einfache Aufgabe. Sie erfolgt inzwischen durch ein ganzes **Bündel von Maßnahmen**[16], zu denen insbesondere die Verabschiedung von **Compliance-Richtlinien** und die **Schaffung einer besonderen Compliance-Organisation** – mit einem neudeutsch *CCO*, für *Chief Compliance Officer*, genannten Menschen an der Spitze – gehören[17].

Im Konzern besteht die Herausforderung darin, diese Richtlinien und Verant **11** wortlichkeiten **auch in den Tochtergesellschaften** umzusetzen; und zwar **möglichst einheitlich**; denn es entstehen Reibungsverluste, wenn jede Gesellschaft ihr eigenes System verwendet. Zudem empfiehlt es sich, dass ein direkter Berichtsweg von den Compliance-Officer (CO) der Tochtergesellschaften zum Konzern-CCO etabliert wird[18]; denn der Informationsweg vom CO der Tochter über den Tochtervorstand zum Muttervorstand und von diesem zum CCO ist kompliziert und auch anfällig, da die Gefahr besteht, dass manche Information den CCO nur gefiltert erreicht.

Eine solche zentrale konzernweite Compliance-Organisation mit einheitli **12** chen Verantwortlichkeiten und durchgehenden Berichtswegen ist rechtlich möglich, soweit es um GmbH-Konzerne und Vertragskonzerne geht.

In beiden Fällen können die erforderlichen Maßnahmen und die Etablierung der Berichtswege gegenüber der Geschäftsleitung der Tochter angewiesen werden. Diese kann wiederum ihre Mitarbeiter anweisen, direkt an die Mutter zu berichten. Da die Einrichtung einer konzernweiten Compliance-Organisation auch einem legitimen Ziel dient, sind Konflikte unter dem Gesichtspunkt der Treuepflicht gegenüber der Gesellschafter-Minderheit (GmbH) oder des § 308 AktG (im Ver-

---

[15] *Hauschka/Greeve*, BB 2007, 165, 167.

[16] Siehe dazu *Löbbe*, Unternehmenskontrolle im Konzern, 2003, S. 102 ff.; *Wecker/van Laak*, Compliance in der Unternehmenspraxis, 2008, passim; *Wolf*, BB 2011, 1353 ff.; *Favoccia/Richter*, AG 2010, 137 ff.; *Kremer/Klahold*, ZGR 2010, 113 ff.; *Fleischer*, CCZ 2008, 1, 4 ff.

[17] Dazu *Hohmann/Gößwein*, BB 2011, 963.

[18] Abweichend *Fleischer*, CCZ 2008, 1, 6, der den Muttervorstand als Endpunkt des Berichtswesens nennt.

tragskonzern) regelmäßig nicht zu befürchten[19]. Sanktionen gegen Mitarbeiter, also z.B. Entlassungen wegen Rechtsverstößen oder diesbezügliche Ermittlungen, bedürfen jedoch der Mitwirkung der Tochter-Geschäftsführung[20].

13   Das Problem stellt auch hier der faktische AG-Konzern dar, bei dem ein Weisungsrecht des herrschenden Unternehmens nicht besteht und der Tochtervorstand sein Unternehmen weiterhin in eigener Verantwortlichkeit (§ 76 AktG) leitet. Das gilt auch für die Compliance[21].

Sich insoweit auf die Position zurückzuziehen, dass die Pflichten des Muttervorstands nicht weiter reichen können, als das Gesellschaftsrecht die Einwirkung zulässt[22], ist **kurzsichtig**, wenn das öffentliche Recht (unter Einschluss des Straf- und Ordnungswidrigkeitenrechts) sich von diesen Grenzen nicht beeindrucken lässt.

Insofern hat die Auseinandersetzung um das Verhältnis von gesellschaftsrechtlichem Zahlungsverbot (§ 64 S. 1 GmbHG) und strafrechtlichem Abführungsgebot (§ 266a StGB) von Sozialabgaben gezeigt, dass derartige Konflikte auch zu Lasten des Gesellschaftsrechts aufgelöst werden können[23]. Dann muss der **Pflichtenstandard** so interpretiert werden, dass ein Konflikt mit dem öffentlichen Recht vermieden werden kann, weil es dem Geschäftsleiter **nicht zumutbar** ist, sich der im Falle des Verstoßes eingreifenden Sanktionierung auszusetzen[24].

14   Von daher erscheint es nicht ausgeschlossen, dass im Compliance-Bereich die **Etablierung zusätzlicher Eingriffsmöglichkeiten der Konzernleitung** erfolgen muss, um dieser die Befolgung ihrer Pflichten zu ermöglichen. Dabei wird es noch das geringere Problem sein, den Tochtervorstand davon zu überzeugen, sich einer einheitlichen Compliance-Organisation anzuschließen. Diese Maßnahme ist für sein Unternehmen in aller Regel nicht nachteilig, sondern vielmehr geeignet, Reibungsverluste zu vermeiden[25].

15   Rechtlich **problematischer** ist die erforderliche **Kommunikationsversorgung**, denn die Muttergesellschaft hat im faktischen AG-Konzern von Gesetzes wegen **keinen** über § 131 AktG hinausgehenden Informationsanspruch gegenüber dem abhängigen Unternehmen. Eine **Ausnahme** gilt freilich insoweit, als es um die Rechnungslegung geht: Soweit es zur Erstellung des Konzernabschlusses erforderlich ist, muss der Tochtervorstand Auskünfte erteilen (§ 294 III 2 HGB). Diese

---

[19] Wie hier *Lutter*, Festschrift Goette, 2011, S. 289, 294.

[20] *U.H. Schneider*, NZG 2009, 1321, 1325.

[21] *Fleischer*, CCZ 2008, 1, 4.

[22] *Fleischer*, CCZ 2008, 1,6; *Bürkle* in Hauschka, Corporate Compliance, 2007, § 8 Rn. 39; *Dreher*, ZWeR 2004, 75, 102.

[23] Siehe BGH GmbHR 2007, 757, 758 f.; GmbHR 2008, 815; näher dazu auch *Tiedke/Peterek*, GmbHR 2008, 617 ff.; *Ransiek/Hüls*, ZGR 2009, 157, 172 ff.

[24] So deutlich BGH GmbHR 2007, 757, 758 f.; *Kleindiek* in Lutter/Hommelhoff, GmbHG, § 64 Rn. 13.

[25] *Fleischer*, CCZ 2008, 1, 6; *Lutter*, Festschrift Goette, 2011, S. 289, 294.

Pflicht sollte man dem Rechtsgedanken nach auch **auf andere Fälle erstrecken**, in denen die Überwachung der Geschäfte der Tochter dem Mutterunternehmen gesetzlich vorgeschrieben ist, wie etwa im Bereich des Bankaufsichtsrechts[26].

Daher kann die Muttergesellschaft vom Tochtervorstand verlangen, dass er an der Erfüllung gesetzlicher Pflichten der Mutter mitwirkt und die dazu erforderlichen Auskünfte erteilt.

Schwierig ist jedoch im faktischen AG-Konzern die **Etablierung direkter Be-**   **16**
richtswege. Denn selbst wenn man in Erweiterung des § 294 III 2 HGB eine Auskunftspflicht bejaht, trifft diese nur den Vorstand der Tochter selbst. Direktberichte von Mitarbeitern der Tochter an die Muttergesellschaft unter Umgehung des Tochtervorstandes sind davon ebenso wenig gedeckt wie Weisungsrechte des CCO direkt gegenüber Mitarbeitern der Tochtergesellschaft. Beides würde die Leitungsmacht des Vorstandes in der Tochter in Frage stellen, jedenfalls wenn der Informationsfluss ohne seine Beteiligung abläuft und Mitarbeiter seinem Direktionsrecht nicht mehr unterstehen. Das wäre mit § 76 AktG nicht zu vereinbaren[27].

Problematisch ist eine solche Compliance-Organisation auch deshalb, weil der Tochter-   **17**
Vorstand hinsichtlich der Rechtmäßigkeit des Handelns in dem von ihm geleiteten Unternehmen selbst verantwortlich ist und ihn der Einfluss des herrschenden Unternehmens im faktischen Konzern nicht von diesen Pflichten entbindet[28], denn **enthaftende Wirkung** haben nur Weisungen (siehe § 43 III GmbHG), **nicht** aber **faktische Einflussnahmen.** Von daher geht der Tochter-Vorstand auch ein **persönliches Risiko** ein, wenn er sich darauf verlässt, dass die Sache bei der Mutter und dem CCO schon gut aufgehoben sein werde.

Fazit: Zulässig, aber auch ausreichend ist im faktischen AG-Konzern daher   **18**
nur eine **dezentrale Compliance-Organisation**, bei der die inhaltliche Verantwortung beim Vorstand des faktisch beherrschten Unternehmens verbleibt[29], dieser aber mit der Muttergesellschaft zusammenarbeitet. Die Pflichten des Vorstandes der Muttergesellschaft bestehen darin, das Vorhandensein einer Compliance-Organisation in der Tochter zu überwachen, den Tochtervorstand zu der erforderlichen Zusammenarbeit anzuhalten, die Organisation in der Tochter angemessen zu unterstützen und bei Fehlentwicklungen einzugreifen[30]. Die Etablierung eines **konzernweiten Informa-**

---

[26] Dafür *Drygala* in K. Schmidt/Lutter, AktG, § 107 Rn. 77; *U.H. Schneider/S.H. Schneider*, ZIP 2007, 2061, 2064 f.; wohl auch *Mertens/Cahn* in KölnKomm. AktG, § 91 Rn. 36; enger *Fleischer*, CCZ 2008, 1, 6.

[27] Insofern a.A. *Lutter*, Festschrift Goette, 2011, S. 289, 294: „Personalhoheit" beim herrschenden Unternehmen.

[28] *J. Vetter* in K. Schmidt/Lutter, AktG, § 318 Rn. 14 ff. mit weiteren Nachweisen.

[29] Auch insofern a.A. *Lutter*, Festschrift Goette, 2011, S. 293: dezentrale Organisation nicht mehr möglich.

[30] Wie hier *U.H. Schneider/S.H. Schneider*, ZIP 2007, 2061, 2065.

tionssystems ist dazu zulässig, setzt aber voraus, dass der Vorstand der Tochter in dieses angemessen eingebunden wird.

3. Haftung aus fehlerhafter Konzernleitung

19　Ansprüche aus fehlerhafter Konzernleitung gegen das Leitungsorgan entstehen bei der **Obergesellschaft**, etwa wenn der Konzerngeschäftsführer unzulässig in die Belange der Tochtergesellschaften eingreift und damit für das herrschende Unternehmen Haftungsrisiken, etwa aus §§ 317, 117 AktG oder § 826 BGB verursacht. Umgekehrt kann auch eine übermäßig lockere Konzernführung nach § 43 GmbHG, § 93 AktG haftungsträchtig sein, etwa wenn der Konzernvorstand bestandsgefährdende Risiken (§ 91 II AktG), die aus der Tochter nach oben hochschlagen, wegen fehlender oder unzureichender Überwachungsinstrumente nicht rechtzeitig erkannt hat. Dasselbe gilt für eine fehlende oder nur unzureichende Compliance-Organisation.

20　　Umstritten ist demgegenüber, ob auch die **beherrschte Gesellschaft** einen Anspruch aus fehlerhafter Konzernleitung hat oder nur die herrschende, bei der der Konzernleiter die Organfunktion wahrnimmt[31]. § **309 AktG** beantwortet die Frage für den **Vertragskonzern** dahingehend, dass sich auch eine mögliche Anspruchsrichtung aus der Tochter heraus gegen den Konzerngeschäftsleiter ergibt.

> Auch strafrechtlich wird man daraus ableiten können, dass der Vorstand der Muttergesellschaft im Vertragskonzern eine Vermögensbetreuungspflicht im Sinne des § 266 StGB gegenüber der Tochtergesellschaft hat[32]. Aber die Vorschrift gilt nach überwiegender Meinung nur für tatsächlich erteilte Weisungen, nicht für Unterlassen[33]. Von daher ist sie einer Verallgemeinerung nur bedingt zugänglich.

21　Für den **faktischen Konzern** gilt in der **AG** § 317 II AktG, der aber auf die **GmbH** nicht übertragbar ist; das hat der BGH im „Bremer Vulkan"-Fall[34] zu Recht abgelehnt. Denn der Konzerngeschäftsleiter handelt als Vertreter der Mutter, wenn er Weisungen an die Tochter erteilt. Zudem ist in der GmbH, wo das Haftungsmodell auf der gesellschaftsrechtlichen Treuepflicht aufsetzt nur der Gesellschafter, nicht der Geschäftsführer Haftungsadressat wegen schädigender Einflussnahmen auf die Tochtergesellschaft.

> Nicht zu verwechseln damit ist die dem Geschäftsführer obliegende Treuepflicht (dazu oben § 11 Rn. 10); doch ist diese Ausfluss der Organstellung, und diese besteht wiederum nur bei der Muttergesellschaft.

---

[31] Dafür *U.H. Schneider*, ZHR 143 (1979), 485, 506 ff.; *ders.*, ZGR 1980, 511, 532 ff.; *ders./ S.H. Schneider*, AG 2005, 57, 61; *Jungkurth*, Konzernleitung bei der GmbH, 2000, S. 169 ff.; ähnlich auch *Wilhelm*, Rechtsform und Haftung, 1981, S. 221 ff.

[32] Überzeugend *Arens*, Untreue im Konzern, 2010, S. 322 ff.

[33] In Fällen von Ingerenz kann anderes gelten, siehe *Hüffer*, AktG, § 309 Rn. 10.

[34] BGHZ 149, 10.

Außerdem muss berücksichtigt werden, dass dann, wenn die Muttergesellschaft **22** GmbH ist, der Geschäftsführer die Entscheidung, die Tochter zu schädigen, möglicherweise nicht autonom, sondern in Befolgung einer **Weisung** der Gesellschafter getroffen hat. § 309 AktG geht demgegenüber von einem autonom handelnden Vorstand (§ 76 AktG) als Entscheidungsträger aus. Auch das belegt, dass die Interessenlage eine andere ist als im Aktienkonzernrecht. Hier verbleibt es also bei einer Organhaftung nur gegenüber der jeweiligen Gesellschaft, mit der das Organverhältnis besteht[35].

IV. Pflichten des Leitungsorgans der Tochter

Hinsichtlich der Pflichten des Leitungsorgans der Tochter stellt sich die Frage, **23** inwieweit der Konzerneinfluss den Vorstand bzw. Geschäftsführer von eigenen Pflichten **entlastet** bzw. auch von einer etwaigen Haftung wegen Sorgfaltspflichtverletzung **freistellt**. Darauf gibt das Recht **keine einheitliche Antwort**; es muss zwischen den Rechts- und Konzernformen unterschieden werden:

➲ Im **Vertragskonzern**, gleichgültig ob mit AG oder GmbH als abhängigem Unternehmen, ist die Lage verhältnismäßig übersichtlich. Soweit das herrschende Unternehmen den Tochter-Geschäftsführer eigenverantwortlich agieren lässt, gelten für ihn die § 43 GmbHG, § 93 AktG. Soweit **Weisungen** erteilt werden, sind diese am Maßstab des § 308 AktG zu überprüfen; d.h. insbesondere darauf, ob sie den Konzernbelangen dienen, ob keine zwingenden gesetzlichen Vorschriften verletzt sind und ob der Verlustausgleich sichergestellt erscheint. Ist dies der Fall, ist die Weisung **zu befolgen**.

Sowohl das GmbH-Recht (arg. ex. § 43 III GmbHG) als auch das Aktienkonzernrecht (§ 308 III AktG) befreien den Tochter-Geschäftsleiter für diesen Fall von der allgemeinen Sorgfaltspflicht nach § 43 GmbHG, § 93 AktG. Bei Verstößen gegen zwingendes Recht, also etwa §§ 30, 31 GmbHG, § 57 AktG, aber auch öffentliches Recht, etwa Kartell- oder Umweltvorschriften, ist die Weisung jedoch nicht zu befolgen (siehe oben § 11 Rn. 73), sodass die Freistellung insoweit nicht greift.

➲ Im **faktischen AG-Konzern** darf der Tochtervorstand einer Veranlassung folgen, auch wenn sie nachteilig ist, sofern die Nachteile ausgeglichen werden (§ 311 AktG). Selbst wenn das der Fall ist, *darf* er den Vorstellungen des herrschenden Unternehmens nur folgen, er *muss* es aber nicht.

An Maßnahmen, die den Rahmen der §§ 311 ff. AktG sprengen, darf er nicht mitwirken. Der Vorstand ist persönlich dafür verantwortlich, dass diese Regeln eingehalten werden (§ 318 AktG).

---

[35] Wie hier auch die ganz h.M., siehe etwa *Habersack* in Emmerich/Habersack, Aktien- und GmbH-Konzernrecht, § 311 Rn. 10; *Koppensteiner* in KölnKomm. AktG, § 311 Rn. 52; *Krieger* in MünchHdb. GesR IV (AG), § 69 Rn. 22.

⊃ Im **faktischen GmbH-Konzern** kann der Tochter-Geschäftsführer durch
Mehrheitsbeschlüsse der Gesellschafterversammlung auch zu nachteiligen
Maßnahmen angewiesen werden.

Es obliegt einer eventuell vorhandenen Minderheit, gegen den Beschluss Rechtsmittel zu
ergreifen. Der Geschäftsführer ist berechtigt, aber nicht verpflichtet, selbst Anfechtungsklagen zu erheben. Bleibt die Gesellschafterminderheit passiv, beschränkt sich die Prüfungspflicht des Tochter-Geschäftsführers auf die Einhaltung des Gesetzes, insbesondere
der §§ 19, 30, 64 GmbHG.

V. Konzernweite Pflichten des Aufsichtsrates

24   Hat die **Muttergesellschaft** einen Aufsichtsrat, so ist dieser auch verpflichtet, die Geschäftsleitung im Hinblick auf den Geschäftsgang in den Tochtergesellschaften zu überwachen und zu beraten.

Das war lange strittig, ist aber seit der Gesetzesänderung durch das KonTraG von
1998 allgemein anerkannt (vgl. § 90 I 2 und III AktG)[36]. Dem entspricht es, dass
der Vorstand dem Aufsichtsrat über die Vorgänge in Tochter- und Enkelgesell-
schaften umfassend **berichten** muss. Mit dieser Gesetzesänderung ging ein erheblicher Zuwachs an Aufgaben für den Aufsichtsrat der Konzernspitze einher[37].

25   In umgekehrter Richtung wird der Aufsichtsrat der **Tochtergesellschaft**
durch das Bestehen des faktischen Konzerns nicht entlastet.

Auch hier muss der Aufsichtsrat die Leitungsmaßnahmen seines Vorstandes
überwachen. Dabei ist er dem Gesellschafts-, nicht dem Konzerninteresse verpflichtet. Insbesondere ist zu prüfen, ob das herrschende Unternehmen die konzernrechtlichen **Grenzen zulässiger Einflussnahme** einhält[38].

⊃ In der **faktisch abhängigen** Gesellschaft prüft der Aufsichtsrat den Abhängigkeitsbericht des Vorstandes und berichtet darüber an die Hauptversammlung. Zudem hat er auf die Geltendmachung von Schadensersatzansprüchen gem. § 317 AktG hinzuwirken.

⊃ In der **vertraglich beherrschten** Gesellschaft hingegen ist der Vorstand
grundsätzlich verpflichtet, den Weisungen der Obergesellschaft zu folgen
(§ 308 AktG). Weisungen, die die Existenz der Untergesellschaft gefährden oder die offensichtlich nicht Konzernbelangen dienen, muss und darf

---

[36] Zur Rechtsentwicklung *Lutter*, Festschrift K. Schmidt, 2009, S. 1065, 1070.

[37] *Hopt/Roth* in Großkomm. AktG, § 111 Rn. 369 ff.; *Drygala* in K. Schmidt/Lutter, § 111
Rn. 29; *U.H. Schneider*, Festschrift Hadding, 2004, S. 621, 624 ff.

[38] *Hopt/Roth* in Großkomm. AktG, § 111 Rn. 381; *Hommelhoff*, ZGR 1996, 144, 147; *Lut-
ter/Krieger*, Rechte und Pflichten des Aufsichtsrats, Rn. 157; *Potthoff/Trescher*, Das Aufsichtsratsmitglied, 6. Aufl. 2003, S. 100.

nicht Folge geleistet werden. Der Aufsichtsrat muss mithin überwachen, ob der Vorstand der Untergesellschaft diese Grenzen der Weisungsgebundenheit beachtet[39].

VI. (Keine) Kompetenzverlängerung der Hauptversammlung

Nach dem zuvor zu Vorstand und Aufsichtsrat Gesagten sollte man annehmen, **26** dass sich auch die Kompetenzen, die bei der Hauptversammlung der Muttergesellschaft liegen, in den Konzern hinein verlängern[40]. Dann müsste also die Hauptversammlung „oben" nicht nur der Konzerngründung als solcher zustimmen, sondern auch dann zuständig sein, wenn in den Tochtergesellschaften Maßnahmen durchgeführt werden, die der Zustimmung der Haupt- bzw. Gesellschafterversammlung bedürfen. Nach dieser Regel müsste die Hauptversammlung „oben" also zustimmen, wenn in einer der Tochtergesellschaften der Unternehmensgegenstand geändert, das Kapital erhöht oder eine Strukturmaßnahme nach dem Umwandlungsgesetz durchgeführt wird, von wirtschaftlichen Bagatellfällen zunächst einmal abgesehen. Diese Regel hat der BGH im berühmten **„Holzmüller"**-Fall[41] anerkannt:

> Im Fall „Holzmüller" ging es primär um die Erlaubnis zur Konzerngründung, im konkreten Fall durch Ausgliederung des operativen Geschäfts auf eine Tochtergesellschaft. Aber der BGH stellte auch fest, dass die Hauptversammlung „oben" an einer eventuellen späteren Kapitalerhöhung in der Tochter zu beteiligen sei[42].

In den beiden **„Gelatine"**-Entscheidungen[43] hat die Rechtsprechung diese Aussa- **27** ge freilich wieder zurückgenommen und eine Zuständigkeit der Hauptversammlung „oben" nur noch für extreme Fälle anerkannt, die einer Veräußerung des gesamten Gesellschaftsvermögens (§ 361a AktG) oder einer Satzungsänderung (wegen Änderung des Unternehmensgegenstands) nahe kommen[44]. Die Gesamtanalogie zu den Regeln des Konzern- und des Umwandlungsrechts hat er hingegen ausdrücklich **verworfen**[45].

---

[39] Vgl. *Drygala* in K. Schmidt/Lutter, AktG, § 111 Rn. 31 mit weiteren Nachweisen.

[40] Dafür *Lutter*, Festschrift K. Schmidt, 2009, S. 1065, 1071 ff.

[41] BGHZ 83, 122 ff. – „Holzmüller", dazu oben § 21 Rn. 200 f.

[42] BGHZ 83, 122, 137 ff.; vgl. dazu schon *Lutter*, Festschrift Westermann, 1974, S. 364 ff.; *U.H. Schneider*, ZHR 1979, 485, 498 ff.; *Timm*, AG 1980, 172, 180 ff; eingehend *Staake*, Ungeschriebene Hauptversammlungskompetenzen in börsennotierten und nicht börsennotierten Aktiengesellschaften, 2009, S. 25 ff.

[43] BGHZ 159, 30 ff. – „Gelatine I"; BGH ZIP 2004, 1001 ff. – „Gelatine II", dazu oben § 21 Rn. 202 ff.

[44] Vgl. BGHZ 159, 30, 43 ff.

[45] Dazu *Staake*, Ungeschriebene Hauptversammlungskompetenzen in börsennotierten und nicht börsennotierten Aktiengesellschaften, 2009, S. 55 ff.

Das ist aus systematischer Sicht bedauerlich, erschließt sich aber zum einen aus der
Schwerfälligkeit des Organs Hauptversammlung, zum anderen aber auch aus der
Delegitimation, die die Hauptversammlung der börsennotierten AG als Bühne von Selbst-
darstellern und als Zentralorgan der räuberischen Aktionäre erlitten hat[46]. Aus diesem
Grunde wäre aber eine **Differenzierung zwischen börsennotierter und nicht börsen-
notierter AG** in dieser Frage richtig gewesen[47]; darüber sollte der BGH bei passender
Gelegenheit noch einmal nachdenken. Für Einzelheiten zu den „Holzmüller/ Gelatine"-
Grundsätzen siehe oben § 21 Rn. 200 ff.

VII. Informationsordnung in Konzern

28   Soweit Gesellschaftern der Obergesellschaft ein Informationsrecht zusteht,
erstreckt sich dies auch auf Angelegenheiten der verbundenen Unternehmen.

Das ist für die AG in § 131 I 2 AktG ausdrücklich erwähnt, gilt aber auch dort, wo
sich, wie im GmbH-Recht und im Recht der Personengesellschaften, eine ausdrückliche Regelung nicht findet. Auch § 51a GmbHG und § 166 HGB sind also
konzerndimensional zu verstehen[48].

29   Naturgemäß reicht die **aktienrechtliche Regelung** zur Leitung eines Konzerns
nicht aus. Ein herrschender Gesellschafter, der nur einmal im Jahr in der Hauptversammlung etwas erfährt, kann keine einheitliche Leitung ausüben, und auch die
Organe „oben" können auf dieser Grundlage ihrer Konzernleitungspflicht nicht
nachkommen.

⊃   Im **Vertragskonzern** kann der Tochtervorstand/Geschäftsführer daher
nach § 308 AktG auch **zur Informationserteilung angewiesen** werden[49].
Ein Anspruch der übrigen Aktionäre auf Gleichbehandlung besteht insoweit nicht[50].

⊃   Im **faktischen AG-Konzern** gilt das erweiterte Auskunftsrecht aus § 308
AktG freilich nicht. § 294 III 2 HGB statuiert insoweit ein Auskunftsrecht
des herrschenden Unternehmens, wenn die Angaben erforderlich sind, um
den Konzernabschluss zu erstellen.

Diese Regelung sollte man, wie oben Rn. 7 ff. dargestellt, auf Fälle erstrecken, in denen
die Mutter die Angaben benötigt, um andere gesetzliche Pflichten zu erfüllen, insbesondere solche des öffentlichen Rechts (unter Einschluss des Kapitalmarktrechts und des
Bank- und Versicherungsaufsichtsrechts). Im Übrigen wird auch auf Auskunftsverlangen

---

[46] So auch *Lutter*, Festschrift K. Schmidt, 2009, S. 1074.

[47] *Staake*, Ungeschriebene Hauptversammlungskompetenzen in börsennotierten und nicht börsennotierten Aktiengesellschaften, 2009, S. 87 ff., insbesondere S. 173 ff.

[48] Zu § 51a GmbHG siehe etwa *Lutter* in Lutter/Hommelhoff, GmbHG, § 51a Rn. 13 ff.; zur KG
etwa *Hopt* in Baumbach/Hopt, HGB, § 166 Rn. 16 (jeweils mit weiteren Nachweisen).

[49] *Veil* in Spindler/Stilz, AktG, § 308 Rn. 20; *Emmerich* in Emmerich/Habersack, Aktien- und
GmbH-Konzernrecht, § 308 Rn. 39; *Krieger* in MünchHdb. GesR IV (AG), § 70 Rn. 136.

[50] LG München, AG 1999, 13; *Götz*, ZGR 1998, 524, 527.

des herrschenden Unternehmens in der AG § 311 AktG angewendet[51], sodass der Tochtervorstand prüfen muss, ob die Auskunft dem abhängigen Unternehmen einen nicht ausgleichsfähigen Nachteil zufügen würde. Dies kann insbesondere bei Betriebsgeheimnissen der Fall sein[52]. Liegt ein solcher Fall des nicht wieder gut zu machenden Nachteils nicht vor und hält sich die begehrte Auskunft im Rahmen des zur Konzernleitung Erforderlichen, so darf der Tochtervorstand die Auskunft erteilen. Auch hier tritt der Gleichbehandlungsanspruch der übrigen Aktionäre zurück und auch § 131 IV 1 AktG findet keine Anwendung[53]. Wieder zeigt sich die Privilegierungswirkung des § 311 AktG.

⟳ In der **faktisch konzernierten GmbH** ist die Frage wegen des weitgehenden und konzernbezogenen Auskunftsanspruchs jedes Gesellschafters nach § 51a GmbHG überwiegend ohne Bedeutung.

VIII. Wettbewerbsverbote im Konzern

In der Unternehmensgruppe gilt **kein allgemeines Wettbewerbsverbot**. Ob eine   **30**
konzernangehörige Gesellschaft kraft Gesellschaftsrechts verpflichtet ist, Wettbewerb gegenüber einer anderen zu unterlassen, hängt von den Beteiligungsverhältnissen und von der Rechtsform der betroffenen Unternehmen ab. Denn die Voraussetzungen, unter denen ein Gesellschafter ohne weitere vertragliche Abreden verpflichtet ist, Wettbewerb zu unterlassen, sind ausgesprochen vielfältig.

So unterliegt der beherrschende Gesellschafter jedenfalls in der personalistischen GmbH in der Regel einem gesetzlichen Wettbewerbsverbot[54], während diese Frage bei der AG mehrheitlich (und wohl auch vom BGH) verneint wird[55] (siehe oben § 13 Rn. 57 und § 23 Rn. 25). Hinzukommen können (unter Beachtung des Kartellverbots nach dem GWB) vertragliche Wettbewerbsabreden innerhalb des Konzerns.

Besteht aber ein gesetzliches oder vertragliches Wettbewerbsverbot, so gilt   **31**
die Regel, dass derjenige, der dadurch in seiner Wettbewerbstätigkeit beschränkt ist, den fraglichen Wettbewerb auch nicht durch ein von ihm abhängiges Unternehmen ausüben oder ausüben lassen darf.

---

[51] *Altmeppen* in MünchKomm. AktG, § 311 Rn. 422 ff.; *Fleischer*, ZGR 2009, 505, 531 ff. (jeweils mit weiteren Nachweisen auch zu weitergehenden Ansichten).

[52] *Götz*, ZGR 1998, 524, 535 f.; *Lutter*, Information und Vertraulichkeit im Aufsichtsrat, 3. Aufl. 2006, Rn. 480; *Menke*, NZG 2004, 697, 699; *Singhoff*, ZGR 2001, 146, 160; näher zum Ganzen *S.H. Schneider*, Informationspflichten und Informationssystemerrichtungspflichten im Aktienkonzern, 2006, passim.

[53] LG Düsseldorf AG 1992, 461, 462; *Hüffer*, AktG, § 131 Rn. 38; *Siems* in Spindler/Stilz, AktG, § 131 Rn. 77; *Decher* in Großkomm. AktG, § 131 Rn. 348; a.A. etwa *Heidel* in Heidel, § 131 Rn. 76; *U.H. Schneider*, Festschrift Lutter, 2000, S. 1193, 1201.

[54] *Bayer* in Lutter/Hommelhoff, GmbHG, § 14 Rn. 26 mit weiteren Nachweisen.

[55] Differenzierend im Hinblick auf den herrschenden Gesellschafter in der AG etwa BGH ZIP 2008, 1872; ablehnend für Vorstandsmitglieder einer AG & Co. KG aber BGHZ 180, 105 ff.

Das folgt aus § 16 IV AktG und der Tatsache, dass einem unternehmerischen Gesellschafter die von ihm abhängigen Gesellschaften zugerechnet werden. Klar ist
also die Erstreckung eines Wettbewerbsverbots „nach unten", weniger klar die
Geltung „nach oben" und „zur Seite".

> **Beispiel:** Die T-GmbH ist Komplementärin der TMS-KG und unterliegt deshalb einem
> Wettbewerbsverbot nach § 112 HGB. Sie darf gegenüber der KG keinen Wettbewerb
> betreiben, ihn aber auch nicht durch eine von ihr abhängige Gesellschaft durchführen oder
> auch nur dulden. – Wie ist es aber, wenn die T-GmbH eine Muttergesellschaft (M-AG)
> hat, und diese den Wettbewerb betreibt?

Hier ist die Zurechnung problematisch, weil die Wettbewerb treibende Gesellschaft nicht
Tochter, sondern Mutter des eigentlich Unterlassungspflichtigen ist. Dennoch hat der
BGH im Fall „**Heumann-Ogilvy**"[56] eine solche **Zurechnung „von unten nach oben"**
bejaht, weil das Wettbewerbsverbot die Gesellschaft gerade vor den Gefahren schützen
soll, die aus der Existenz eines beherrschenden Gesellschafters folgen[57]. Und beherr-
schend ist die M-AG (mittelbar) im Verhältnis zur TMS-KG durchaus, denn sie kann über
die T-GmbH auch die TMS-KG beeinflussen. Das spricht dafür, das Wettbewerbsverbot
auf sie zu erstrecken.

> **Abwandlung:** Wie wäre zu entscheiden, wenn nicht die M-AG, sondern eine von dieser
> abhängige weitere Gesellschaft (J-GmbH), also eine Schwestergesellschaft der T-GmbH,
> die Handlung vornimmt?

Folgt man dem soeben entwickelten Gedanken, dann kann man auch eine Zurechnung der
Schwestergesellschaft, also der Gesellschaft, die mit der TMS-KG nur durch die
gemeinsame Mutter verbunden ist, nicht verneinen. Denn auch diese Gesellschaft
unterliegt dem **Einfluss der gemeinsamen Mutter**, die die Schwestergesellschaft veranlassen kann, eben den Wettbewerb zu betreiben, den sie selbst unterlassen muss.

32   Damit ergibt sich die allgemeine Regel, dass ein gegenüber einem beherr-
      schenden Gesellschafter eingreifendes Wettbewerbsverbot sich insgesamt
      auf den Konzern erstreckt.

Unterliegt daher eines der verbundenen Unternehmen einem vertraglichen oder
gesetzlichen Wettbewerbsverbot, so darf keines der gruppenangehörigen Unternehmen Wettbewerb betreiben, sofern nicht eine Befreiung durch die Gesellschafterversammlung des vom Wettbewerb beeinträchtigten Unternehmens erteilt ist.

IX. Zurechnung der Gesellschafterstellung in Kapitalfragen

33   Sehr schwierig und nicht einheitlich zu beantworten ist die Frage, ob die eben dar-
      gestellte Regel, wonach sich eine im Konzern bestehende Rechtspflicht auf alle
      verbundenen Unternehmen erstreckt, auch dort gilt, wo es um den **Schutz des**
      Kapitals der beteiligten Gesellschaften geht. Die Frage stellt sich bei der Kapital-

---

[56] BGHZ 89, 162 ff.; dazu *Wiedemann/Hirte*, ZGR 1986, 163 ff.

[57] BGHZ 89, 162, 166; siehe auch BGH ZIP 2002, 114 f.; BGH ZIP 2009, 1162.

aufbringung, bei Gesellschafterdarlehen und auch bei der Kapitalerhaltung (§ 30 GmbHG, § 57 AktG). In all diesen Fällen knüpft das Gesetz an die Gesellschafterstellung an und unterwirft den Gesellschafter, aber eben auch nur ihn, zum Schutz des Kapitals bestimmten Restriktionen. Es geht um die Frage, ob diese Beschränkungen auch für Geschäfte zwischen Gesellschaften gelten, die selbst nicht unmittelbar aneinander beteiligt, aber über andere Gesellschaften miteinander verbunden und damit Teil einer gemeinsamen Unternehmensgruppe sind.

> Muss also die Schwestergesellschaft bei einem Verkehrsgeschäft mit einer anderen Konzerngesellschaft darauf achten, dass das Verbot der verdeckten Sacheinlage (§ 19 IV GmbHG, § 27 III AktG) nicht verletzt wird? Muss sie damit rechnen, dass ein Darlehen, das sie der Schwester gibt, nach § 39 V InsO in der Insolvenz als Gesellschafterdarlehen behandelt wird? Und kann umgekehrt ein Darlehen, dass sie von ihrer Schwestergesellschaft empfängt und das den Anforderungen der § 30 I 2 GmbHG, § 57 I 2 AktG nicht genügt, als unzulässige Ausschüttung an Gesellschafter behandelt werden – und das, obwohl die fraglichen Gesellschaften nicht mit einem Euro Kapital aneinander beteiligt sind?

Keine Lösung ist es insoweit, sich auf die Position zurückzuziehen, dass dann, **34** wenn die betroffene Gesellschaft Aktiengesellschaft sei, der Vorstand ja die fragliche Finanzierungsentscheidung in eigener Verantwortung getroffen hätte[58]. Eine solche rechtsformbezogene Betrachtung verstößt gegen die Grundannahme des § 16 I AktG, dass auch eine AG trotz der formal fortbestehenden Leitungsautonomie des Vorstandes nach § 76 AktG unter die Kontrolle des Mehrheitsgesellschafters gebracht und einer einheitlichen Leitung unterstellt werden kann. Diese Leitung wirkt sich dann naturgemäß auch auf das Finanzierungsverhalten der fraglichen Gesellschaft aus – mehr noch: gerade hier wird das Bestehen einer einheitlichen Leitung oft besonders deutlich[59]. Teilt man diese Grundannahme nicht, muss man sich konsequenter Weise von Gedanken eines besonderen Konzernrechts insgesamt verabschieden.

Behandelt man das Problem hingegen vom Konzernrecht her, kann für die weitere **35** Behandlung der Problematik nur **§ 16 IV AktG leitend** sein. Danach werden einem Unternehmen[60] die Beteiligungen, die es durch von ihm abhängige Unternehmen an dritten Unternehmen hält, als eigene zugerechnet (dazu oben § 29 Rn. 36).

> Ist also A an B und B wiederum an C mehrheitlich beteiligt, so gilt A als beherrschender Gesellschafter von C.

In § 16 IV AktG geht es primär um die Beherrschung, jedoch ist die Gesellschafterstellung darin inbegriffen.

> Dann ist es aber auch konsequent, in Bezug auf Rechtsgeschäfte zwischen A und C, die das Kapital von C betreffen, die für Gesellschafter geltenden Regeln anzuwenden.

---

[58] So aber für Gesellschafterdarlehen BGH ZIP 2008, 1230; *Habersack*, ZIP 2008, 2385, 2389 ff.

[59] *Koppensteiner* in KölnKomm. AktG, § 18 Rn. 28 f.

[60] Siehe zur Frage, ob die Unternehmenseigenschaft selbst auch kraft Zurechnung begründet werden kann, BGHZ 148, 123, 126 f.; *Schall* in Spindler/Stilz, AktG, § 15 Rn. 30 ff.

> Bei allen drei angesprochenen Fragen (Kapitalaufbringung, Gesellschafter-
> darlehen, Kapitalerhaltung) sollte man also die Zurechnung der Gesellschaf-
> terstellung bejahen, wenn die fraglichen Unternehmen **in einer direkten
> Linie** nach § 16 IV AktG miteinander verbunden sind.

Das entspricht auch der Auffassung des BGH und der überwiegenden Meinung[61]. Die
Zurechnung sollte dabei in Übereinstimmung mit § 16 IV AktG als eine **unwiderlegliche**
ausgestaltet sein[62].

36   Schwieriger ist der Fall der **Schwestergesellschaften**, in denen eine direkte Betei-
ligungslinie der beiden beteiligten Akteure zueinander fehlt und sie nur über die
gemeinsame Muttergesellschaft miteinander verbunden sind. In einem so gelagerten Fall hat der BGH die Anwendung der Grundsätze über die verdeckte Sacheinlage abgelehnt[63].

Daran soll sich auch dadurch nichts ändern, dass die Maßnahme auf einer konzernweiten
Finanzierungsstrategie beruhte und mit der Muttergesellschaft abgesprochen war[64].
Entscheidend soll vielmehr nach Ansicht des BGH sein, dass die Einlagemittel nicht an
die Inferentin oder ein von ihr abhängiges Unternehmen zurückgeflossen seien[65]. Die Entscheidung ist nur vor dem **Hintergrund der Kapitalaufbringung** verständlich. Denn
eine Erstreckung auf Schwestergesellschaften hätte, was auch der BGH konstatiert, leicht
dazu führen können, dass Vermögensbewegungen innerhalb des Konzerns nur noch nach
den Regeln der Sacheinlage hätten vorgenommen werden können. Ein solcher „Zwang
zur Sacheinlage" ist aber gerade nur dann gewollt, wenn der Inferent die fragliche Sache
schon besitzt; nur dann ist es eine Umgehung, wenn er sie nicht als Sacheinlage einbringt,
sondern den Vorgang formal in ein Verkehrsgeschäft einkleidet. Eine Übertreibung wäre
es hingegen, wenn man verlangen würde, dass der Inferent die Sache, die die Gesellschaft
benötigt, selbst zuerst erwerben soll, um damit die Voraussetzungen einer Sacheinlage
erst zu schaffen[66]. Genau das wäre aber in dem vom BGH entschiedenen Fall erforderlich
gewesen. Der Fall ist daher **richtig entschieden**, der dort enthaltene Grundsatz **aber** nur
auf die verdeckte Sacheinlage anwendbar und **nicht auf andere Probleme der Konzernfinanzierung übertragbar**[67].

37   Für die weiteren Fälle ist bei Leistung an eine Schwestergesellschaft aber ebenfalls ein **qualifizierendes Element** erforderlich, das über die fehlende Gesellschafterstellung des Empfängers hinweghilft. Denn sowohl unter dem Gesichts-

---

[61] Zur Kapitalaufbringung: BGHZ 153, 107, 111; 170, 47, 53 f.; zum Gesellschafterdarlehen
(nach altem Recht) BGHZ 81, 315, 318; OLG Düsseldorf GmbHR 1997, 355; nach neuem Recht
ist die Frage str.; siehe einerseits *Habersack*, ZIP 2008, 2385, 2389, andererseits *Schall*, ZIP
2010, 205, 208 ff.; *Drygala* in KölnKomm. AktG, § 57 Rn. 167 f.; zur Kapitalerhaltung OLG
Hamm ZIP 1995, 1263, 1270; *Hüffer*, AktG, § 57 Rn. 15.

[62] A.A. (zu § 57 AktG) *Cahn*, Kapitalerhaltung im Konzern, 1998, S. 100 ff.; *ders.* in Spind-
ler/Stilz, AktG, § 57 Rn. 79: widerlegliche Vermutung der Zahlung causa societatis.

[63] BGHZ 171, 113 ff.

[64] BGHZ 171, 113, 117.

[65] BGHZ 171, 113, 118 ff.; zustimmend *Märtens* in MünchKomm. GmbHG, § 19 Rn. 216; ablehnend *Bayer* in Lutter/Hommelhoff, GmbHG, § 19 Rn. 62.

[66] Zutreffend *Hentzen/Schwandtner*, ZGR 2009, 1007, 1017 ff.

[67] Insofern zu voreilig *Bormann*, GmbHR 2007, 435, 436.

punkt der Finanzierung durch Gesellschafterdarlehen als auch unter dem Gesichtspunkt der Kapitalerhaltung ist die Schwestergesellschaft zunächst in einer neutralen Position: Sie hat weder das mit der Darlehensfinanzierung durch Gesellschafter verbundene erhöhte Risiko geschaffen[68] noch einen erbrachten Risikobeitrag zurückerhalten. Auch lässt sich nicht sagen, dass die Muttergesellschaft von der Maßnahme profitiert, denn Finanzbewegungen zwischen den Schwestergesellschaften sind für sie neutral, jedenfalls wenn sie an beiden Gesellschaften in identischer Höhe beteiligt ist. Deswegen scheidet eine unbedingte Zurechnung aus[69].

Entscheidend kann daher nur der Einfluss der Muttergesellschaft auf das finanzielle Geschehen sein. Eine derartige **Zurechnung kraft Veranlassung** wird für den Bereich der Kapitalerhaltung vielfach vertreten[70], und sie erscheint auch bei den Gesellschafterdarlehen überzeugend.

Allerdings ist im Konzern aufgrund der §§ 17 II, 18 I 3 AktG **zu vermuten**, dass eine finanzielle Bewegung im Konzern mit Billigung (und damit „auf Veranlassung") der Muttergesellschaft stattgefunden hat. Es ist aber möglich, diese Vermutung zu widerlegen; dann entfällt die Zurechnung.

---

[68] Zur *ratio legis* der neuen Vorschriften über das Gesellschafterdarlehen *Huber/Habersack*, BB 2006, 1 ff.; *Hueck/Fastrich* in Baumbach/Hueck, GmbHG, § 30 Rn. 6.

[69] Für eine solche aber *Geßler*, Festschrift Fischer, 1979, S. 131, 147 f.; *Bayer* in MünchKomm. AktG, § 57 Rn. 66 f.

[70] *Henze* in Großkomm. AktG, § 57 Rn. 95; *Canaris*, Festschrift Fischer, 1979, S. 31, 43 f.; *Drygala* in KölnKomm. AktG, § 57 Rn. 128 und 168; weiter differenzierend *Cahn/Senger* in Spindler/Stilz, AktG, § 57 Rn. 76.

6. Teil:

Grundzüge des Umwandlungsrechts

§ 34 Funktion und Strukturprinzipien des UmwG

Literatur: *Hoffmann/Riethmüller*, Einführung in das Umwandlungsrecht, JA 2009, 481; *Luther*, Einführung in das Umwandlungsrecht, JURA 2009, 770; *Lüttge*, Das neue Umwandlungs- und Umwandlungssteuerrecht, NJW 1995, 417; *Priester*, Das neue Umwandlungsrecht aus notarieller Sicht, DNotZ 1995, 427.

I. Ausgangslage

Die Entscheidung des Unternehmers, sein Unternehmen in einer bestimmten **1** Rechtsform zu betreiben, kann sich im weiteren Zeitablauf als überprüfungsbedürftig erweisen. Die Verhältnisse des Unternehmens und die wirtschaftlichen Rahmenbedingungen können sich ändern, sodass die ursprünglich gewählte Rechtsform nicht mehr als optimal empfunden wird. Das kann zu der Überlegung führen, die Rechtsform zu ändern (**Formwechsel**). Oder es kann die Überlegung entstehen, Betriebe oder Betriebsabteilungen, die bisher unselbständige Organisationseinheiten des Unternehmens waren, rechtlich zu verselbständigen. Diese Überlegung weist in Richtung auf eine **Abspaltung** oder **Ausgliederung** dieser Einheiten. Schließlich kann sich auch die Überlegung ergeben, das gesamte Unternehmen mit einem anderen rechtlich zu vereinigen. Das kann durch Beteiligungserwerb, aber auch durch eine **Verschmelzung** geschehen. Die hier angesprochenen Vorgänge des Formwechsels, der Ausgliederung und Abspaltung und der Verschmelzung ermöglicht das **Umwandlungsgesetz** von 1994.

II. Das UmwG als Angebot des Gesetzgebers

1. Handlungsoptionen außerhalb des UmwG

Das UmwG ist nicht die einzige Möglichkeit, die Rechtsform eines Unternehmens **2** zu ändern, Vermögensteile aus ihm heraus zu verselbständigen oder zwei Unternehmen zu einem einzigen zusammenzuführen. In vielen Fällen lässt sich ein wirtschaftlich identisches Ergebnis auch mit Vorgängen außerhalb des Umwandlungsgesetzes erreichen.

> Besonders deutlich ist dieses bei den **Personengesellschaften**, wo häufig bereits eine Vertragsänderung zur Änderung der Rechtsform führt.
> - ➲ Aus einer OHG wird eine Kommanditgesellschaft, wenn bei einem der Teilhaber die Haftung beschränkt wird.
> - ➲ Treten aus einer OHG alle Gesellschafter bis auf einen aus, wandelt sich die Handelsgesellschaft in ein einzelkaufmännisches Unternehmen um.
> - ➲ Nimmt eine GbR den Betrieb eines Handelsgewerbes auf, wird sie zur OHG.

3   Schwieriger, aber nicht unmöglich ist außerhalb des UmwG der Formwechsel
     vom Einzelkaufmann oder der Personengesellschaft in die Kapitalgesellschaft. Er
     ist nach allgemeinen Rechtsgrundsätzen als einaktiger Vorgang nicht möglich.
     Aber hier hilft die **Sacheinlage** weiter: Der Einzelunternehmer bzw. die OHG
     könnten, um dem Unternehmen die Rechtsform der GmbH zu geben, eine solche
     GmbH neu gründen und das bisher betriebene Geschäft als Sacheinlage in die
     GmbH einbringen. Dabei handelt es sich um eine **Einzelrechtsnachfolge**: Die Sa-
     chen, Forderungen und Vertragsbeziehungen, die zusammen das Unternehmen
     ausmachen, müssten einzeln auf die neu gegründete GmbH übertragen werden.
     Dazu ist (vor allem bei der Vertragsübernahme) gegebenenfalls das Einverständ-
     nis von Gläubigern erforderlich[1].

4   Auf diesem Wege der Einzelrechtsnachfolge sind auch **Ausgliederungen und
     Fusionen** möglich. So könnten beispielsweise zwei Unternehmen, die sich zu-
     sammenschließen wollen, zu diesem Zweck eine GmbH oder AG gründen und die
     bisher getrennt betriebenen Unternehmen als Sacheinlage in diese neue, gemein-
     same Gesellschaft einbringen. Auch dies ist eine Einzelrechtsnachfolge, die die
     oben beschriebenen Nachteile und Schwierigkeiten mit sich bringt.

2. Vereinfachungseffekt des UmwG

5   Bereits **vor Inkrafttreten des UmwG** von 1994 war die Möglichkeit der Um-
     wandlung und der Verschmelzung anerkannt. Die Regelungen waren jedoch auf
     viele Gesetze verstreut (Aktiengesetz, Genossenschaftsgesetz, Kapitalerhöhungs-
     gesetz). Ferner war die Regelung für Personengesellschaften und juristische Per-
     sonen uneinheitlich.

   > Geprägt war das vor 1994 geltende Umwandlungsrecht zudem noch von den inzwischen
   > weitgehend überwundenen Gedanken, dass bei Personengesellschaften Rechtsträger die
   > Gesellschafter und nicht die Gesellschaft selbst seien[2]. Die frühere Regelung ging deshalb
   > davon aus, dass bei einem Formwechsel von der Personengesellschaft zur juristischen
   > Person ein Wechsel der Rechtsträgerschaft stattfinden müsse.

6   **Regelungsanliegen** des Umwandlungsgesetzes von 1994 war es, das Stückwerk
     von verschiedenen Vorschriften zu überwinden und zu einer für Personengesell-
     schaften und Kapitalgesellschaften **einheitlichen Lösung** zu kommen. Dies ent-
     spricht einer Tendenz, die auch in § 14 I BGB („rechtsfähige Personengesell-
     schaft") und in der Rechtsprechung zur Rechtsfähigkeit der Außen-GbR[3] zum
     Ausdruck kommt.

---

[1] Zur Zustimmungsbedürftigkeit der Vertragsübernahme *Möschel* in MünchKomm. BGB, Vorb.
zu §§ 414-419 Rn. 8.

[2] So für die GbR in jüngerer Zeit noch *Zöllner*, Festschrift Gernhuber, 1993, S. 563 ff.; *ders.*,
Festschrift Kraft, 1998, S. 701 ff.; *Hueck*, Festschrift Zöllner, 1998, S. 275 ff.

[3] Grundlegend insoweit BGHZ 146, 341 – „ARGE Weißes Ross".

Dieser **rechtsformübergreifende Ansatz des Umwandlungsgesetzes** kommt am 7
deutlichsten in den §§ 3, 124 und 191 UmwG zum Ausdruck, in denen die beteiligungsfähigen Rechtsformen und die verschiedenen Möglichkeiten der Umwandlung aufgeführt sind. Nicht alle Rechtsformen können aber an allen Umwandlungsformen in jeder „Funktion" auftreten. So unterscheidet etwa § 3 UmwG für die Verschmelzung zwischen übertragenden, übernehmenden und neuen Rechtsträgern.

In allen Spielarten beteiligungsfähig sind nur:
- ➲ Personenhandelsgesellschaften (OHG, KG),
- ➲ Partnerschaftsgesellschaften,
- ➲ Kapitalgesellschaften (GmbH, AG und KGaA),
- ➲ eingetragene Genossenschaften.

> **Hinweis:** Für die anderen Gesellschaften muss jeweils anhand der genannten Normen geprüft werden, ob die Beteiligung in der konkreten Form möglich ist.

Wegen dieser Vielzahl der einbezogenen Verbände bemüht sich der Gesetzgeber 8
um eine neutrale Terminologie. Er vermeidet es insbesondere, in den Teilen des UmwG, die Verbände verschiedener Rechtsformen betreffen, von Gesellschaften und Gesellschaftern zu sprechen, sondern verwendet die Ausdrücke **„Rechtsträger"** und **„Anteilsinhaber"**. Damit bezieht er die Genossenschaften, Vereine und die versicherungsrechtlichen Körperschaften mit ein, die keine Gesellschaften darstellen und deren Mitglieder (etwa beim Verein) auch keine Gesellschafter sind[4].

Die **Gliederung** des UmwG greift diesen Gedanken auf. Das erste Buch des Gesetzes 9
besteht nur aus dem § 1. Direkt danach folgt das 2. Buch betreffend die Verschmelzung (§§ 2-122 UmwG). Dieser Abschnitt des Gesetzes übernimmt Funktionen, die im BGB dem **Allgemeinen Teil** zukommen. Hier finden sich zahlreiche Regelungen, die für sämtliche geregelte Umwandlungsformen relevant sind. Auf diese wird in den späteren Büchern verwiesen (vgl. §§ 125, 177 II UmwG). Neben der Verschmelzung regelt das Gesetz dann in den weiteren Büchern die Spaltung (§§ 123-173 UmwG), die Vermögensübertragung (§§ 174-189 UmwG) und den Formwechsel (§§ 190-304 UmwG).

III. Strukturprinzipien des Umwandlungsgesetzes

1. Das Prinzip der Gesamtrechtsnachfolge

Hinsichtlich der **Grundstruktur** der im Gesetz geregelten Umwandlungsvorgänge stellt der Formwechsel gemäß §§ 190 ff. UmwG in gewisser Weise einen Sonderfall dar. 10

> Die drei im Gesetz zuerst geregelten Vorgänge, also Verschmelzung, Spaltung und Vermögensübertragung sind dadurch gekennzeichnet, dass bei ihnen eine **Gesamtrechtsnachfolge** stattfindet.

---

[4] *Lutter/Drygala* in Lutter, UmwG, § 2 Rn. 4; *Stengel* in Semler/Stengel, UmwG, § 2 Rn. 4.

11 Kennzeichnend ist, wie § 2 UmwG für die Verschmelzung feststellt, dass das Vermögen als Ganzes von einem anderen Rechtsträger übernommen wird. Es findet also gerade keine einzelne Übertragung der betroffenen Vermögensgegenstände statt, sondern das Vermögen geht, insofern strukturell mit einem Erbfall vergleichbar, *uno actu* auf den anderen Rechtsträger über, so wie der Erbe mit dem Erbfall Rechtsnachfolger des Erblassers wird[5]. Gerade hierin liegt der **Vereinfachungseffekt**, denn die sachenrechtlich oft nicht einfache Einzelübertragung der Vermögensgegenstände, die Abtretung der betroffenen Forderungen und die Notwendigkeit von Vertragsübernahmen mit Zustimmung des Gläubigers werden vermieden.

> **Beispiel:** Verschmilzt also die A-AG, die Eigentümerin eines Grundstücks ist, nach dem UmwG auf die B-KG, so erwirb die B-KG mit Vollzug der Verschmelzung Eigentum am Grundstück, ohne dass es dazu einer Auflassung und Eintragung nach §§ 873, 925 BGB bedürfte. Das Grundbuch wird unrichtig, die B-KG kann (muss aber nicht) beim Grundbuchamt die Berichtigung veranlassen.

12 Dies ist beim **Formwechsel** grundlegend anders. Der Formwechsel führt lediglich dazu, dass ein und demselben Rechtsträger eine andere Rechtsform zugewiesen wird. Dies ändert an der Identität dieses Rechtsträgers jedoch nichts (vgl. § 190 I UmwG). Eigentümer des Gesellschaftsvermögens bzw. Inhaber der betroffenen schuldrechtlichen Rechtspositionen war und ist vor und nach dem Vorgang jeweils die betroffene Gesellschaft, die durch den Vorgang nur eine andere Rechtsform bekommen hat, ähnlich wie wenn eine natürliche Person durch Heirat oder nach dem Namensänderungsgesetz ihren Namen ändert.

> Beim Formwechsel findet ein Vermögensübergang überhaupt **nicht statt**, also weder in der Form der Einzel- noch der Gesamtrechtsnachfolge.

> **Beispiel:** Ändert die A-AG, die Eigentümerin einen Grundstücks ist, ihre Rechtsform durch Formwechsel in die der KG, findet ein Eigentumsübergang nicht statt. Nicht die Person des Eigentümers hat sich geändert, sondern nur dessen Rechtsform. Das Grundbuch ist lediglich klarstellend an die neuen Verhältnisse anzupassen.

2. Das Prinzip der Anteilsgewährung

13 Ein weiteres wichtiges Strukturprinzip des UmwG besteht darin, dass bei den durchgeführten Transaktionen **regelmäßig kein Geld** fließt. Die Gegenleistung für die stattfindende Güterbewegung besteht vielmehr in Anteilen an dem jeweili-

---

[5] Daraus darf man aber nicht den Schluss ziehen, dass Vorschriften des BGB und HGB anzuwenden wären, die an das Versterben einer natürlichen Person anknüpfen, wie etwa § 131 III HGB, § 673 BGB. Dies gilt jedenfalls dort, wo die Vorschriften auf eine Diskontinuität der Rechtsverhältnisse zielen, weil dieses Ergebnis § 20 UmwG widerspricht, dazu unten Rn. 10 ff.

gen neuen Rechtsträger. Die **Mitgliedschaft** endet nicht, sondern **setzt sich am neuen Rechtsträger fort**.

> **Beispiele:**
> - Die A-AG ändert durch Formwechsel ihre Rechtsform in die der KG. Die bisherigen Aktionäre werden (mit Ausnahme des persönlich haftenden Gesellschafters) Kommanditisten (§ 233 II UmwG).
> - Die A-AG verschmilzt auf die B-AG und geht dadurch unter (vgl. § 20 I Nr. 2 UmwG). Die Aktionäre der A-AG erhalten Aktien der B-AG.
> - Die *Bayer AG*, die zuvor ein Chemie- und Pharmaunternehmen war, hat im Jahre 2004 ihren Geschäftsbereich Chemikalien auf die neu gegründete *Lanxess AG* abgespalten. Die Aktionäre der *Bayer AG* erhielten im Zuge des Vorgangs Aktien der *Lanxess AG*.

Von diesem Prinzip macht das Gesetz zum einen dort eine **Ausnahme**, wo sich unrunde Umtauschverhältnisse ergeben. Beträgt beispielsweise das Umtauschverhältnis 7:1 (also für sieben alte Aktien eine neue), so ist jeder Aktionär benachteiligt, dessen Bestand nicht durch 7 teilbar ist. Hier erlaubt das Gesetz bare Zuzahlungen, die aber 10 % des Gesamtvolumens nicht übersteigen dürfen (§ 5 I Nr. 3 UmwG). **14**

Zum anderen kollidiert das Prinzip der Anteilsgewährung und die damit verbundene Mitgliedschaft in einem neuen Rechtsträger unter Umständen mit dem Interesse der Anteilsinhaber, an einem Rechtsträger bestimmter Form **nicht beteiligt sein zu wollen**. **15**

So würde etwa der Gesellschafter einer GmbH, aus der infolge eines Formwechsels oder einer Verschmelzung eine AG wird, sein weitgehendes Auskunftsrecht nach § 51a GmbHG verlieren. Er dürfte als Aktionär nicht mehr ständig, sondern nur noch einmal im Jahr auf der Hauptversammlung Fragen stellen (§ 131 AktG, siehe dazu § 13 Rn. 8 f. und § 21 Rn. 249 ff.).

Aus diesem Grunde kann ein Anteilsinhaber dann, wenn mit der Umwandlung ein Rechtsformwechsel einhergeht, auf die Fortsetzung seiner Mitgliedschaft verzichten und stattdessen eine **Abfindung** in bar verlangen.

Die §§ 29, 125 UmwG regeln das für die Verschmelzung und die Spaltung, § 207 UmwG für den Formwechsel. Erforderlich ist dazu allerdings, dass der opponierende Gesellschafter sowohl gegen die Umwandlung gestimmt als auch Widerspruch gegen die Maßnahme zu Protokoll erklärt hat (so wie es § 245 Nr. 1 AktG auch für die Anfechtungsbefugnis vorsieht). Schuldner des Abfindungsanspruchs ist allerdings die neue Gesellschaft, sodass dies nur eine scheinbare Ausnahme darstellt: Der opponierende Gesellschafter wird zunächst Mitglied und dann aus der neuen Gesellschaft heraus abgefunden. Für die Ermittlung der Abfindung gelten die von § 738 BGB her bekannten Grundsätze[6], sodass der volle wirtschaftli-

---

[6] Vgl. dazu *Ulmer/Schäfer* in MünchKomm. BGB, § 738 Rn. 32 ff.; ferner *Stratz* in Schmitt/Hörtnagl/Stratz, UmwG, § 30 Rn. 9 ff.; *Zeidler* in Semler/Stengel, UmwG, § 30 Rn. 4 ff.

che Wert zu vergüten ist. Bei börsennotierten Anteilen ist der **Börsenkurs** die Untergrenze[7].

Seit 2007 können die Gesellschafter eines übertragenden Rechtsträgers nach § 54 III UmwG zudem auf die Anteilsgewährung **verzichten**. Das soll vor allem **Sanierungsfusionen erleichtern**, bei denen in dem übertragenden Rechtsträger ein Aktivvermögen, für das man als Gegenleistung Anteile gewähren könnte, nicht mehr vorhanden ist.

16   Das Prinzip der Anteilsgewährung führt dazu, dass in dem übernehmenden oder neuen Rechtsträger die auszugebenden Mitgliedschaften erst geschaffen werden müssen.

Das ist bei einer OHG oder KG einfach, da dort die Mitgliedschaften schlicht durch Beitritt (Vertragsänderung) entstehen. Bei den Kapitalgesellschaften müssen die neuen Mitgliedschaften jedoch mit Kapital unterlegt werden. Es wird also regelmäßig eine **Kapitalerhöhung** nötig, aus der die auszugebenden Anteile hervorgehen (siehe etwa zur Verschmelzung §§ 54 f., 66 UmwG). Das macht den Gesamtvorgang nicht einfacher, denn die Kapitalerhöhung muss selbständig beschlossen und vor der Umwandlung in das Handelsregister eingetragen werden (§§ 53, 66 UmwG).

---

[7] Vgl. BVerfGE 100, 289 – „DAT/Altana"; ferner BGHZ 147, 108.

§ 35 Verschmelzung, Spaltung und Formwechsel

I. Die Verschmelzung

Literatur: *Mertens*, Zur Universalsukzession in einem neuen Umwandlungsrecht, AG 1994, 66; *Ossadnik/Maus*, Die Verschmelzung im neuen Umwandlungsrecht aus betriebswirtschaftlicher Sicht, DB 1995, 105; S*treck/Mack/Schwedhelm*, Verschmelzung und Formwechsel nach dem neuen Umwandlungsgesetz, GmbHR 1995, 161.

1. Verschmelzung zur Aufnahme und zur Neugründung

Das UmwG kennt die Verschmelzung in **zwei Unterformen**, nämlich einmal als **1** Verschmelzung zur Aufnahme und einmal als Verschmelzung zur Neugründung (vgl. § 2 Nr. 1 und 2 UmwG).

Bei der **Verschmelzung zur Aufnahme** überträgt ein übertragender Rechtsträger sein Vermögen im Wege der Gesamtrechtsnachfolge auf einen übernehmenden Rechtsträger.

Beispiel: Die A-AG möchte die B-AG übernehmen und sich deren Vermögen einverleiben. Nach dem UmwG ist das dergestalt möglich, dass die B-AG auf die A-AG verschmolzen wird. Die B-AG ist dann der übertragende, die A-AG der übernehmende Rechtsträger. Durch Vollzug der Verschmelzung durch Eintragung ins Handelsregister erlischt die B-AG liquidationslos. Die A-AG erwirbt das Vermögen der B-AG im Wege der Gesamtrechtsnachfolge. Sie kann jetzt die bisher von der B-AG betriebenen Unternehmen und Betriebsstätten als eigene weiterführen.

Bei der **Verschmelzung zur Neugründung** entsteht hingegen aus den beiden beteiligten Gesellschaften im Zuge der Verschmelzung ein neuer, gemeinsam gegründeter Rechtsträger.

Beispiel: Die A-AG und die B-AG vereinbaren, das Vermögen der beiden Gesellschaften in der C-AG zusammenzuführen, die im Zuge der Umwandlung neu gegründet wird. Die A-AG und die B-AG erlöschen, die C-AG führt das vereinigte Unternehmen weiter.

Nicht im Gesetz geregelt, aber gleichwohl beliebt, ist die Verschmelzung unter **2** Beteiligung einer so genannten „**NewCo**". Dabei werden zwei Gesellschaften in der Weise zusammengeführt, dass vorab, also außerhalb des UmwG eine neue Gesellschaft („New Company" oder eben kurz: „NewCo") gegründet wird. Häufig wird dazu auch eine Vorratsgesellschaft verwendet. Diese Gesellschaft fungiert dann als aufnehmende Gesellschaft für die Fusion der beiden beteiligten Gesellschaften.

> **Beispiel:** A-AG und B-AG gründen zunächst die C-GmbH und übertragen dann auf diese im Wege der Verschmelzung zur Aufnahme jeweils ihr Vermögen. Die beiden Aktiengesellschaften erlöschen, die GmbH bleibt übrig und führt das Unternehmen fort.

Der Vorteil dieser Konstruktion liegt darin, dass Gründungsvorgang und Verschmelzung rechtlich entkoppelt werden, was die Störanfälligkeit des Vorgangs reduziert. Zudem wird den Minderheitsaktionären der A-AG und B-AG, die mit der Verschmelzung möglicherweise nicht einverstanden sind, die Anfechtungsmöglichkeit genommen (vgl. § 14 II UmwG sowie unten Rn. 48 ff.).

3   Nicht erforderlich ist, dass die beteiligten Rechtsträger die gleiche Rechtsform haben. Das Gesetz ermöglicht ausdrücklich auch die **Mischverschmelzung** (§ 29 UmwG). Allerdings löst diese ein Abfindungsrecht für die Gesellschafter des übertragenen Rechtsträgers aus, die mit dem Vorgang nicht einverstanden sind.

4   Möglich ist auch, dass **mehr als zwei Gesellschaften** gleichzeitig an der Verschmelzung beteiligt sind. Das verdeutlicht schon das oben gebildete Beispiel mit der *NewCo*, bei der es drei Beteiligte gibt (einen übernehmenden und zwei übertragende Rechtsträger). Allerdings wird der Vorgang umso komplizierter und störanfälliger, je mehr Rechtsträger beteiligt sind. Verschmelzungen unter Beteiligungen einer großen Anzahl von Gesellschaften sind daher praktisch selten. In einem solchen Fall liegt es näher, zur **Sukzessiv- oder Kettenverschmelzung** zu greifen, bei der erst eine Gesellschaft auf eine andere und dann diese wiederum auf eine dritte verschmolzen wird[1].

2. Problemfälle der Beteiligungsfähigkeit

a) GbR

5   Die Beteiligungsfähigkeit ist in **§ 3 UmwG** geregelt. In dieser Liste **fehlt** zunächst einmal die GbR.

> Das stellt eine bewusste Entscheidung des Gesetzgebers dar, der davon ausgegangen ist, dass bei der GbR ein Bedürfnis für die Teilnahme an Verschmelzungen nicht besteht.

Allerdings ist stets zu prüfen, ob tatsächlich eine GbR vorliegt oder nicht durch Aufnahme eines Handelsgewerbes die Gesellschaft bereits zur OHG geworden ist (vgl. §§ 105 I, 123 II HGB). Zudem können kleingewerbliche GbR durch Eintragung in das Handelsregister nach § 105 II HGB ohne weiteres zur OHG werden und sind dann als solche beteiligungsfähig. Für die freiberufliche GbR kommt die vorherige Umwandlung in eine Partnerschaftsgesellschaft in Betracht.

---

[1] Näher dazu *Schröer* in Semler/Stengel, UmwG, § 5 Rn. 117.

b) UG (haftungsbeschränkt)

Bisweilen **verneint** wird die Beteiligungsfähigkeit der UG, soweit es um die Fä-   **6**
higkeit geht, **aufnehmender Rechtsträger** zu sein[2]. An sich ist die UG keine eigene Rechtform, sondern ein Unterfall der GmbH (siehe oben § 5 Rn. 1). Deshalb
hat der Gesetzgeber des MoMiG auch davon abgesehen, sie in § 3 UmwG ausdrücklich zu nennen.

Das Problem folgt auch nicht aus der fehlenden Erwähnung der UG in § 3
UmwG, sondern aus dem **Sacheinlageverbot** des § 5a II 2 GmbHG, wonach bei
der UG Sacheinlagen ausgeschlossen sind.

Dies gilt nach überwiegendem Verständnis nicht nur bei der Gründung, sondern auch bei
der Kapitalerhöhung (siehe dazu § 5 Rn. 14). Eine solche Kapitalerhöhung findet wegen
der Notwendigkeit, die auszugebenden Anteile zu schaffen (vgl. oben § 34 Rn. 13), auch
dort statt, wo eine GmbH oder UG aufnehmende Gesellschaft ist. Wertmäßig unterlegt
wird diese Kapitalerhöhung zudem mit dem von der übertragenden Gesellschaft eingebrachten Vermögen. Es handelt sich also bei den §§ 54 f. UmwG nicht um eine
Bareinlage, sondern um eine **Sacheinlage**. Diese schließt § 5a II 2 GmbHG aus. Etwas
anderes gilt nach hier vertretener Auffassung aber, wenn durch die Sachkapitalerhöhung
das Stammkapital über das gesetzliche Mindestkapital erreicht und die UG somit zur
GmbH wird (§ 5a V GmbHG, für Einzelheiten siehe ob § 5 Rn. 14). Daher ist zu
differenzieren:

Bei der Verschmelzung zur Neugründung scheidet die UG als übernehmender Rechtsträger aus. Die Verschmelzung auf eine bereits bestehende UG ist
hingegen möglich, wenn hierdurch die Schwelle des § 5a V GmbHG überschritten wird.

c) Aufgelöste Rechtsträger

Probleme ergeben sich auch bei aufgelösten Rechtsträgern (§ 3 III UmwG). Das   **7**
Gesetz lässt die Beteiligung eines aufgelösten Rechtsträgers zu, wenn **dessen
Fortsetzung beschlossen** werden könnte. Das ist konsequent, da ein aufgelöster,
aber noch nicht vollbeendeter Rechtsträger seine Rechtsfähigkeit noch nicht verloren hat und die Gesamtrechtsnachfolge einen besonders effektiven Weg der Liquidation (vgl. oben § 34 Rn. 11) darstellen kann.

Allerdings ist darauf zu achten, **auf welchem Grund die Auflösung beruht**,
denn davon hängt es ab, ob die Fortsetzung beschlossen werden kann. Handelt es
sich um den Beschluss der Gesellschafter, kann die Fortsetzung ohne weiteres beschlossen werden (siehe § 16 Rn. 8). Schwieriger ist es hingegen bei den gesetzlichen Auflösungsgründen, insbesondere bei der Insolvenz. Hier muss zunächst der
Auflösungsgrund behoben werden, um die Verschmelzungsfähigkeit wieder herzustellen.

Eine **Sperre** gegen die Beteiligung aufgelöster Rechtsträger stellt es auch dar, wenn bei
einem **Rechtsträger mit beschränkter Haftung** (GmbH und AG) bereits **mit der**

---

[2] *Tettinger*, Der Konzern 2008, 75, 76 f.

Vermögensverteilung begonnen worden ist. Eine Verschmelzung zu diesem Zeitpunkt könnte zu einer Umgehung der Ausschüttungssperre nach § 30 GmbHG, § 57 AktG führen. Strittig ist insofern, ob es ausreichend ist, das bereits Ausgeschüttete wieder einzulegen[3]. Ein ausdrücklicher Fortsetzungsbeschluss ist nicht erforderlich, dieser ist in dem Beschluss über die Verschmelzung konkludent mit enthalten.

8 Da die GbR nicht verschmelzungsfähig ist, ergeben sich **Probleme bei Personengesellschaften**, wenn im Zuge einer begonnenen Liquidation das **Handelsgewerbe weggefallen** ist. Denn dann wird die OHG automatisch zur GbR und die Verschmelzungsfähigkeit fällt weg. Daran ändert auch die Eintragung im Handelsregister nach § 5 HGB richtiger Ansicht nach nichts[4].

d) Überschuldete Gesellschaften

9 Kein Auflösungsgrund ist die **Überschuldung einer Gesellschaft**. Diese löst bei den Kapitalgesellschaften die Insolvenzantragspflicht aus (§§ 15a, 19 InsO), führt aber nicht *ipso iure* zur Auflösung der Gesellschaft. Die Problematik liegt auf einem anderen Gebiet. Grundsätzlich ist es erforderlich, den Gesellschaftern des übertragenden Rechtsträgers **Anteile am übernehmenden Rechtsträger zu gewähren** (vgl. § 2 UmwG); das ist ein **Strukturmerkmal** der Verschmelzung (oben § 34 Rn. 13). Ist der übertragende Rechtsträger überschuldet, werden die Anteilsinhaber des übernehmenden Rechtsträgers normalerweise nicht bereit sein, dafür auch noch Anteile zu gewähren. Denn der übernehmende Rechtsträger übernimmt auch die Verbindlichkeiten, nicht nur die Aktiva (Gesamtrechtsnachfolge).

> Ist der übertragende Rechtsträger überschuldet, ist der Wert des übertragenen Vermögens negativ. Der Erwerb macht den Übernehmer **ärmer**, nicht reicher. Eine Gegenleistung ist dann nicht zu erwarten.

10 Allerdings können die Anteilsinhaber des übertragenden Rechtsträgers auf die Anteilsgewährung **verzichten** (§ 54 I 3 UmwG). Das ändert dann freilich nichts daran, dass der übernehmende Rechtsträger eine überschuldete Vermögensmasse übernimmt und durch den Vorgang ärmer wird. Ist ein Gesellschafter mit qualifizierter Mehrheit an beiden Rechtsträgern beteiligt, besteht freilich ein Anreiz, den Vorgang trotzdem durchzusetzen, um so die überschuldete Gesellschaft geräuschlos und ohne lästiges Tätigwerden eines Insolvenzverwalters aus der Welt zu schaffen. Dadurch wird aber die Gesellschafterminderheit im übernehmenden Rechtsträger benachteiligt. Deshalb ist zu fordern, dass im übernehmenden Rechtsträger nicht nur ein Mehrheitsbeschluss ergeht, sondern **alle Anteilsinhaber** zustimmen[5].

---

[3] Näher dazu *Lutter/Drygala* in Lutter, UmwG, § 3 Rn. 19 mit Nachweisen zum Meinungsstand.

[4] A.A. *K. Schmidt*, ZHR 163 (1999), 87, 89 ff.; wie hier hingegen *Hopt* in Baumbach/Hopt, HGB, § 5 Rn. 1.

[5] Näher *Klein/Stephanblome*, ZGR 2007, 351, 368.

e) Auslandsgesellschaften

Ein besonderes Problem stellen Auslandsgesellschaften dar. § 1 I UmwG erklärt **11** ausdrücklich **nur Rechtsträger mit Sitz im Inland** für beteiligungsfähig. Mit dieser Aussage wollte sich der Gesetzgeber des Jahres 1994 aus der damals in vollem Gang befindlichen Diskussion über die Niederlassungsfreiheit ausländischer Gesellschaften heraushalten[6]. Insbesondere wollte er davon absehen, für eine Verschmelzung unter Beteiligung ausländischer Gesellschaften besondere Regeln kodifizieren zu müssen.

> Soweit diese Regelungen in der Vergangenheit als ein Verbot der Beteiligung von Gesellschaften ausländischer Rechtsform verstanden worden sind[7], ist diese Ansicht durch zwei Entwicklungen überholt: durch die Einführung der §§ 122a ff. UmwG und die Rechtsprechung des EuGH zur Niederlassungsfreiheit.

In den §§ 122a ff. UmwG ist die **grenzüberschreitende Verschmelzung** zwi- **12** schen Kapitalgesellschaften aufgrund einer zugrunde liegenden EU-Richtlinie[8] kodifiziert worden.

Die Entscheidung des Gesetzgebers von 1994, sich dieser Frage nicht zu widmen, wurde damit revidiert. Eine Streichung der entgegenstehenden Aussage in § 1 UmwG wäre sicher sinnvoll gewesen, ist aber unterblieben. Das ändert freilich nichts daran, dass die Verschmelzung unter Beteiligung der in § 122b UmwG genannten Gesellschaften zulässig ist. § 122b UmwG erfasst Kapitalgesellschaften, die ihren satzungsmäßigen Sitz, ihre Hauptverwaltung oder ihre Hauptniederlassung in einem Mitgliedstaat der EU oder in einem Vertragsstaat des Abkommens über den europäischen Wirtschaftsraum (EWR) haben. In Bezug auf diese Gesellschaften, und soweit es um die Verschmelzung geht, ist die Diskussion als beendet anzusehen.

> Es verbleiben als **Problemfälle**:
> - die grenzüberschreitende Verschmelzung von Personengesellschaften und
> - Umwandlungsvorgänge, die nicht Verschmelzung sind (also insbesondere Spaltung und Formwechsel).

Hierzu enthalten die §§ 122a ff. UmwG keine Regelung. Insoweit ist aber die **13** Rechtsprechung des EuGH zur **Niederlassungsfreiheit** in Umwandlungsfällen zu beachten, die eine Beschränkung auf Kapitalgesellschaften nicht enthält.

> Insbesondere wurde durch die „**Sevic**"-Entscheidung des EuGH[9] klargestellt, dass zumindest die **Herein-Verschmelzung** nach Deutschland unter

---

[6] BT-Drucks. 12/6699, S. 80.

[7] So etwa OLG Zweibrücken NJW 1990, 3092; BayObLG NJW-RR 1999, 401; OLG Hamm ZIP 1997, 1696.

[8] RL 05/56/EG über die Verschmelzung von Kapitalgesellschaften aus verschiedenen Mitgliedstaaten vom 26. Oktober 2005, ABl. 2005 Nr. L 310, S. 1.

[9] EuGH Slg. 2005, I-10805 = NJW 2006, 425.

den Schutz der Niederlassungsfreiheit (Art. 49, 54 AEUV [ex. Art. 43, 48 EGV]) fällt.

Das gilt nach den Aussagen des Urteils unabhängig von der Frage, ob es sich um eine Kapital- oder eine Personengesellschaft handelt. Gleiches muss man annehmen, wenn eine ausländische Gesellschaft durch eine andere Umwandlungsform als eine Verschmelzung ganz oder teilweise ihre Niederlassung nach Deutschland verlegt. In Betracht kommt dafür insbesondere die Abspaltung oder Ausgliederung von Vermögen auf eine Gesellschaft deutscher Rechtsform. Auch solche, von § 122a UmwG nicht erfasste Handlungen unterfallen dem Schutz der europäischen Niederlassungsfreiheit jedenfalls insoweit, als es sich um eine Vermögensverlagerung in das Inland handelt.

Diese Rechtsprechung ist auch nur konsequent, denn aus Sicht des deutschen Gesellschaftsrechts ist gegen eine solche Verfahrensweise **überhaupt nichts einzuwenden**[10]. Außer der Tatsache, dass die aufnehmende deutsche Gesellschaft Vermögen hinzu erwirbt, ändert sich weder für die Gesellschafter noch für die Arbeitnehmer noch für den deutschen Fiskus irgendetwas. Es wäre daher geradezu widersinnig, diesem Vorgang die rechtliche Anerkennung zu versagen.

14   Für die **Heraus-Verschmelzung** – also eine Konstellation, bei der die beteiligte Gesellschaft deutscher Rechtsform der übertragende Rechtsträger ist – gelten zunächst einmal die §§ 122a ff. UmwG. Damit ist klargestellt, dass auch Kapitalgesellschaften deutscher Rechtsform auf eine Kapitalgesellschaft ausländischer Rechtsform verschmelzen können. Insbesondere wäre es also möglich, eine deutsche AG oder eine deutsche GmbH dadurch „auswandern" zu lassen, dass man sie auf eine britische Limited oder PLC verschmilzt.

Was die von der Richtlinie und den §§ 122a ff. UmwG nicht erfassten Rechtsträger angeht, drängt sich eine analoge Anwendung der §§ 122a ff. UmwG geradezu auf.

Denn eine Ansicht, die die Personengesellschaft hier anders behandeln würde, wäre auf der Ebene des nationalen Rechts willkürlich und würde Probleme im Hinblick auf Art. 3 GG verursachen. Auf der Ebene des Europarechts ist zu beachten, dass der EuGH in der Entscheidung **„Cartesio"**[11] (allerdings nur in einem obiter dictum) die Möglichkeit eines **grenzüberschreitenden Formwechsels** als **von der Niederlassungsfreiheit geschützt** angesehen hat (siehe dazu § 2 Rn. 37). Diesem Vorgang entspricht es aber funktional durchaus, wenn eine inländische Personengesellschaft auf eine ausländische verschmilzt. Der EuGH könnte diese Frage kaum anders entscheiden. Auch aus Gründen des Europäischen Rechts ist daher die **analoge Anwendung der §§ 122a ff. UmwG** auf die grenzüberschreitende Verschmelzung von Personengesellschaften **geboten**.

---

[10] Vgl. *Lutter/Drygala*, JZ 2006, 770, 775.
[11] EuGH Slg. 2008, I-9641 = NJW 2009, 569.

Eine ausdrückliche gesetzliche Regelung der Problematik ist wünschenswert, auch was die Umwandlungsformen jenseits der Verschmelzung betrifft, für die die analoge Anwendung der Verschmelzungsvorschriften (§§ 122a ff. UmwG) alleine nicht recht weiter hilft. Diese wird jedoch dann erst erfolgen, wenn innerhalb Europas das IPR der Gesellschaften angeglichen wird.

3. Ablauf der Verschmelzung

a) Zu treffende Maßnahmen

Die **Initiative** zu einer Verschmelzung geht üblicherweise von den Unternehmensorganen aus. Diese erörtern gemeinsam die Sinnhaftigkeit einer Zusammenführung zweier Unternehmen und prüfen dann unter Mithilfe der geeigneten Berater, ob dies nach dem UmwG oder in einer der oben genannten Formen der Einzelrechtsnachfolge (siehe § 34 Rn. 2 ff.) geschehen soll. **15**

Sind die Parteien sich insoweit einig geworden, sieht das UmwG ein **Verfahren in sechs Schritten** vor, das wie folgt zusammengefasst werden kann: **16**

➲ Die Organe schließen einen (zunächst schwebend unwirksamen[12]) **Verschmelzungsvertrag** oder stellen einen Vertragsentwurf auf (§ 5 UmwG). Dieser enthält die rechtlichen und wirtschaftlichen Eckpunkte des Vorhabens. Der Vertrag bedarf der notariellen Beurkundung (§ 6 UmwG).

➲ Zur Information der Anteilseigner wird ein **Verschmelzungsbericht** erstellt (§ 8 UmwG).

➲ Der Verschmelzungsvertrag wird durch einen Sachverständigen (Wirtschaftsprüfer) **geprüft** (§§ 9-12 UmwG).

➲ Die Anteilsinhaber fassen einen **Verschmelzungsbeschluss** (§ 13 UmwG), mit dem sie dem Verschmelzungsvertrag zustimmen. Dieser wird dadurch für die Beteiligten verbindlich.

➲ Es bestehen Sonderregeln für den **Rechtsschutz** zugunsten der Anteilsinhaber, die mit dem Vorschlag nicht einverstanden sind (§§ 14-16 UmwG). Widersprechende Anteilsinhaber können unter Umständen verlangen, **gegen Abfindung auszuscheiden** (§ 29 UmwG).

➲ Die Verschmelzung ist **ins Handelsregister einzutragen** (§§ 16-20 UmwG).

Bei Kapitalgesellschaften kommt zwischen Punkt 3 und 4 noch die regelmäßig erforderliche Kapitalerhöhung hinzu.

Mit der **Eintragung** ins Handelsregister wird die Verschmelzung wirksam. Die übertragenden Anteilsinhaber erlöschen, ohne dass es einer Liquidation bedarf. Gleichzeitig werden etwaige Mängel der vorhergehenden Verschmelzungsschritte geheilt (§ 20 II UmwG). **17**

---

[12] *Ihrig* in Semler/Stengel, UmwG, § 40 Rn. 25; *Stratz* in Schmitt/Hörtnagl/Stratz, UmwG, § 13 Rn. 38; *Lutter/Drygala* in Lutter, UmwG, § 6 Rn. 4.

b) „AT-Charakter" der §§ 3-20 UmwG

18   Schaut man in die nachfolgenden Abschnitte des UmwG, insbesondere in die
§§ 126-131 UmwG für die Spaltung und in die §§ 191-202 UmwG für den Formwechsel, so wird deutlich, dass die §§ 3-20 UmwG innerhalb des Gesetzes die
Funktion eines allgemeinen Teils übernehmen.

Die vorgeschriebenen Schritte, insbesondere vertragliche Grundlage, die Information der Anteilsinhaber durch Bericht, die Einschaltung eines sachverständigen Prüfers, die Erforderlichkeit eines zustimmenden Beschlusses der Anteilsinhaber und die Eintragung in das Handelsregister sind allgemein vorhandene
Merkmale, die sich auch bei den Umwandlungsformen jenseits der Verschmelzung im Prinzip wiederfinden. Einzelne Merkmale können fehlen, wo sie keinen
Sinn machen.

> Das ist insbesondere beim **Formwechsel** der Fall in Bezug auf den zugrunde liegenden
> Vertrag. Da nur ein Rechtsträger vorhanden ist, macht die Zugrundelegung eines Vertra-
> ges keinen Sinn. Stattdessen entscheidet die Anteilseignerversammlung auf der Grundlage
> des Umwandlungsberichts nach § 192 UmwG über das Vorhaben.

c) Rechtsformbezogene Erleichterungen

19   Abgesehen von der Besonderheit beim Formwechsel finden sich auch rechtsformbezogene Erleichterungen in Bezug auf Personengesellschaft und GmbH. Es ist
nicht zu übersehen, dass das vom Umwandlungsgesetz als Regelfall vorgesehene
sechsschrittige Verfahren relativ **aufwendig und langwierig** ist.

Insbesondere das Erfordernis einer Prüfung des Vertrages durch einen Wirtschaftsprüfer und die Information der Anteilseignerversammlung durch einen ausführlichen, schriftlichen Bericht macht dort wenig Sinn, wo nur wenige Gesellschafter vorhanden sind, die zudem der Geschäftsführung nahe
stehen und über die Verhältnisse der Gesellschaft bereits gut informiert sind.

Deshalb ist ein Verschmelzungsbericht nach § 41 UmwG nicht erforderlich, wenn bei
Personenhandelsgesellschaften alle Gesellschafter der betroffenen Gesellschaft zur
Geschäftsführung berechtigt sind. Eine Prüfung der Verschmelzung findet nur dann statt,
wenn ein Gesellschafter dies verlangt. Bei der **GmbH** entfällt unter diesen Voraussetzungen die Prüfung ebenfalls (§ 48 UmwG). Ein Verschmelzungsbericht kann, obwohl
dies für die GmbH nicht ausdrücklich geregelt ist, nach einhelliger Meinung ebenfalls
entfallen, wenn alle Gesellschafter verzichten[13].

---

[13] Näher dazu *M. Winter* in Lutter, UmwG, § 47 Rn. 5.

d) *Rechtsformbezogene Zusatzanforderungen*

Je nach Struktur der Transaktion können aber auch weitere Erfordernisse **20**
dazu kommen. Das ist, wie bereits erwähnt, insbesondere in Bezug auf die
Kapitalerhöhung bei der aufnehmenden Kapitalgesellschaft der Fall.

Die durchzuführende **Kapitalerhöhung** muss zudem im Handelsregister eingetragen sein, bevor die Verschmelzung eingetragen werden kann (§§ 53, 66 UmwG).
Dadurch soll sichergestellt werden, dass die auszugebenden Anteile für die neuen
Gesellschafter auch tatsächlich zur Verfügung stehen. Bei der Kapitalerhöhung
sind die Vorschriften über die Übernahme der Einlagepflicht, die Leistung des
Kapitaleinlegers, die freie Verfügung und den Nachweis der Übernahmeerklärung
nicht anzuwenden, da sich der Verbleib der Anteile und die Erbringung der Gegenleistung aus den Regelungen des Verschmelzungsvertrages ergeben. Ferner ist
eine Kapitalerhöhung insoweit nicht erforderlich, als die übernehmende Gesellschaft eigene Geschäftsanteile innehat, die sie zur Bedienung der Ansprüche der
Anteilsinhaber des übertragenden Rechtsträgers verwenden kann.

Im Übrigen behandelt das Gesetz die Kapitalerhöhung im Zuge einer Verschmelzung aber
nicht wesentlich anders als eine gewöhnliche Kapitalerhöhung mit Sacheinlagen. Mit
diesen Regelungen soll auch im Falle einer Kapitalerhöhung, die verschmelzungsbedingt
durchgeführt wird, sichergestellt werden, dass die Inhaber der neuen Anteile einen wirksamen **Risikobeitrag** für ihre Beteiligung an der neuen gemeinsamen Gesellschaft leisten.
Insbesondere findet die Differenzhaftung für überbewertete Sacheinlagen (§§ 9a, 56 II
GmbHG) Anwendung.

Häufig ist der übernehmende Rechtsträger bereits an dem übertragenden beteiligt; **21**
nicht selten ist es sogar so, dass die erforderliche ¾-Mehrheit sich bereits in der
Hand des übernehmenden Rechtsträgers befindet (Fall der **Konzernverschmelzung**). In diesem Fall würde die Kapitalerhöhung in Bezug auf diese Anteile dazu
führen, dass der übernehmende Rechtsträger im Zuge der Verschmelzung Anteile
an sich selbst erwirbt. Gleiches gilt, wenn der übertragende Rechtsträger eigene
Anteile innehat (§§ 54 I Nr. 1 und 2, 68 I Nr. 1 und 2 UmwG). Die betroffenen
Anteile nehmen am Umtausch auch gar nicht teil[14], sodass eine Kapitalerhöhung
in diesen Fällen nicht nur nicht nötig, sondern sogar unzulässig ist.

Die Verschmelzung einer 100%igen Tochtergesellschaft auf die Muttergesellschaft ist daher ohne Kapitalerhöhung durchzuführen.

Ein **Verschmelzungshindernis** stellt es dar, wenn ein übertragender Rechtsträger **22**
nicht voll eingezahlte Anteile am übernehmenden Rechtsträger innehat. Denn
dann würde der übernehmende Rechtsträger diese Anteile an sich selbst im Zuge
der Verschmelzung erwerben, und der Anspruch auf die restliche Einlage würde

---

[14] Im Fall der Nr. 1 erlischt der Anspruch auf Anteilsgewährung durch Konfusion, im Fall der
Nr. 2 läge eine unzulässige (vgl. § 56 I AktG) Selbstzeichnung vor.

durch Konfusion erlöschen. Damit würde eine verbotene Befreiung von der Einzahlungspflicht (§ 19 II GmbHG, § 66 I AktG) eintreten. Dies regeln die §§ 54 I Nr. 3, 68 I Nr. 3 UmwG: Die Anteile müssen vor der Verschmelzung entweder voll eingezahlt oder veräußert werden, um das Hindernis zu überwinden.

Für den Fall, dass der übernehmende Rechtsträger **eigene Geschäftsanteile bzw. Aktien** innehat oder ein übertragender Rechtsträger solche Anteile innehat, die aber **voll eingezahlt** sind, besteht ein Kapitalerhöhungswahlrecht (§§ 54 I 2, 68 I 2 UmwG). Die Erhöhung ist hier entbehrlich, weil die Bedienung der Ansprüche auf Anteilsgewährung aus den vorhandenen eigenen Anteilen erfolgen kann.

e) Keine Bewahrung des Kapitalschutzniveaus

23   Die Verschmelzung lässt sich nutzen, um zu einer Veränderung des Kapitalschutzniveaus der beteiligten Gesellschaften zu kommen. So ist es insbesondere möglich, die höher kapitalisierte Muttergesellschaft auf die schwächer kapitalisierte Tochtergesellschaft zu verschmelzen (sog. **Down-Stream Merger**).

24   Generell wird bei der Verschmelzung zur Aufnahme der Umfang einer gegebenenfalls erforderlichen Kapitalerhöhung nicht durch den Umfang des Kapitals des übernehmenden Rechtsträgers, sondern nach dem **Umtauschverhältnis** (§ 5 Nr. 3 UmwG) bestimmt. Es sind so viele Anteile zu schaffen, wie die Anteilsinhaber des übertragenden Rechtsträgers nach dem zugrunde liegenden Umtauschverhältnis beanspruchen können.

> **Beispiel:** Erfolgt die Anteilsgewährung im Verhältnis 2:1, so muss die übernehmende Gesellschaft ihr Kapital also um 50 % erhöhen. Das gilt unabhängig davon, wie hoch die Kapitalziffer der übertragenden Gesellschaft ist.

25   Bei der Verschmelzung zur Neugründung oder unter Beteiligung einer NewCo steht es den Beteiligten ferner völlig frei, in welcher Höhe sie das Stammkapital der neu zu gründenden Gesellschaft festlegen wollen. Dieser Betrag kann auch deutlich geringer ausfallen als die Kapitalbeträge der beteiligten übertragenden Gesellschaften. Ist das eingebrachte Vermögen dann höher als das Stammkapital, sodass eine Überdeckung entsteht, ist dieser Betrag als Kapitalrücklage auszuweisen (§ 272 Abs. 2 Nr. 1 HGB). Dieser Betrag ist aber bei der GmbH nicht gegen Ausschüttung gesperrt.

Insbesondere ist es auch möglich, eine AG auf eine GmbH zu verschmelzen und auf diesem Wege die **strengere Vermögensbindung** des Aktienrechts (§ 57 AktG) **abzuschütteln**.

Hierin ist keine unzulässige Umgehung zu sehen[15]. Denn der Gesetzgeber hat die Problematik durchaus erkannt und sich gleichwohl dafür entschieden, einen Gläubigerschutz nur mit dem Instrument der Sicherheitsleistung nach § 22 UmwG vorzusehen.

---

[15] Ebenso *Rodewald*, GmbHR 2005, 515 ff.

Der **Anspruch auf Sicherheitsleistung** nach § 22 UmwG setzt aber den Nach- **26** weis einer zumindest denkbaren Gefährdung der Gläubigeransprüche voraus[16]. Das spricht dagegen, bereits die abstrakte Gefährdung, die mit einer Herabsetzung des Stammkapitals einhergeht, als Hindernis für die Verschmelzung anzusehen.

Eine strengere Auffassung würde zudem dem Umstand nicht gerecht, dass das gesetzliche Kapital nur noch einen Risikobeitrag des Gesellschafters darstellt und zudem längst verwirtschaftet sein kann, wenn es für den Gläubiger darauf ankommt (siehe oben § 1 Rn. 17). Der Gläubiger ist also nicht dagegen geschützt, dass sich bei der Gesellschaft, mit der er kontrahiert hat, Veränderungen ergeben. Dazu gehört auch die Teilnahme an einer Verschmelzung.

4. Die Anforderungen im Einzelnen

a) Der Verschmelzungsvertrag

Der Verschmelzungsvertrag muss die Mindestangaben nach § 5 UmwG enthalten. **27** Insbesondere muss er den dargestellten Grundprinzipien der Gesamtrechtsnach-folge und der Anteilsgewährung entsprechen. Daraus folgt u.a., dass der Vertrag auf die **Übertragung des gesamten Vermögens** gerichtet sein muss. Es ist nicht zulässig, einzelne Vermögensgegenstände von der Gesamtrechtsnachfolge auszu-nehmen.

Da die Gesamtrechtsnachfolge vom Gesetz als umfassend angesehen wird, erfasst sie auch Vermögenspositionen, die die Parteien vergessen hatten oder von deren Existenz sie gar nichts wussten, z.B. Ersatzansprüche gegen Dritte. Probleme können sich aber bei Vermögen außerhalb der EU ergeben, wenn das am Ort der Sache berufene materielle Recht die Gesamtrechtsnachfolge nicht anerkennt[17].

aa) Anteilsgewährung und Umtauschverhältnis

Zwingend ist auch die **Anteilsgewährung** mit einer Obergrenze der **baren Zu-** **28** **zahlung** von 10 %.

Einen zentralen Teil des Vertrages stellt die **Festlegung des Umtauschver-hältnisses** dar. Dieses bestimmt, wie viele Anteile am neuen Rechtsträger die bisherigen Anteilsinhaber für die Einbringung des übertragenden Rechts-trägers erhalten.

Das Umtauschverhältnis bestimmt, ob sich der Vorgang für die Anteilsinhaber „rechnet" und ist auch maßgeblich dafür, ob die Maßnahme die erforderliche Ak-zeptanz in der Abstimmung (§ 13 UmwG) findet – sofern nicht ein Gesellschafter

---

[16] *Grunewald* in Lutter, UmwG, § 22 Rn. 14 f.

[17] Zu Lösungsmöglichkeiten siehe *Racky*, DB 2003, 923; *Bungert*, Festschrift Heldrich, 2005, S. 527.

mit qualifizierter Mehrheit vorhanden und zur Durchführung der Maßnahme bereits fest entschlossen ist.

> Da sich das Umtauschverhältnis nach dem Wert des vom übertragenden in den übernehmenden Rechtsträger eingebrachten Vermögens bestimmt, muss ermittelt werden, was die beiden beteiligten Rechtsträger im Verhältnis zueinander wert sind.

29   Dabei benachteiligt ein „zu niedriges" Umtauschverhältnis die Anteilsinhaber des übertragenden Rechtsträgers, da sie für die von ihnen erbrachte Leistung keinen vollen Gegenwert erhalten. Umgekehrt aber benachteiligt ein „zu hohes" Umtauschverhältnis die Anteilsinhaber der übernehmenden Gesellschaft, da dann die neu hinzutretenden Gesellschafter am Kapital der neuen Gesellschaft unverhältnismäßig hoch beteiligt wären. Aus diesem Grund ist es üblich, die Unternehmenswerte der beteiligten Gesellschaften durch **Bewertungsgutachten** zu ermitteln, wie es auch bei der Abfindung von Gesellschaftern üblich ist. Dominierend, wenn auch nicht rechtlich zwingend vorgeschrieben, ist dabei die Anwendung der Ertragswertmethode (siehe oben § 12 Rn. 82).

30   Handelt es sich um **börsennotierte Gesellschaften**, so stellt sich die Frage, welche Rolle der **Börsenkurs** bei der Festlegung des Umtauschverhältnisses spielt. Bei der Abfindung eines Gesellschafters ist der Börsenkurs als Untergrenze anzusehen, da der Gesellschafter diesen Wert jederzeit am Markt realisieren könnte, weshalb er auch am Eigentumsschutz nach Art. 14 GG teilnimmt[18]. Die Sachlage ist jedoch anders, wenn nur eine Gesellschaft börsennotiert ist. Da aus Gleichbehandlungsgründen beide Gesellschaften dasselbe Bewertungsverfahren anwenden müssen, scheidet dann die Anwendung des Börsenkurses aus.

31   Sind die beiden Gesellschaften nicht voneinander abhängig, wird das Umtauschverhältnis zwischen den beiden Vorständen verhandelt. Eine **ausgehandelte Vereinbarung** hat **Richtigkeitsgewähr**. Zudem kennen die Vorstände auch Umstände, die den Börsenteilnehmern unbekannt sind oder die sie anders als die Kapitalmarktteilnehmer bewerten. Bei solchen *mergers of equals* kommt daher dem vereinbarten Umtauschverhältnis Vorrang zu. Nur wo diese Ausnahmen nicht eingreifen, kommt es auf den Börsenkurs an.

bb) Abfindung

32   Geht mit der Verschmelzung ein Rechtsformwechsel einher oder unterliegen die Anteile am neuen Rechtsträger Verfügungsbeschränkungen[19], die es im alten Rechtsträger nicht gab, so sind Anteilsinhaber, die gegen die Verschmelzung gestimmt haben, auf ihren Antrag hin in Geld abzufinden (§ 29 UmwG).

---

[18] *Zeidler* in Semler/Stengel, UmwG, § 30 Rn. 8; *Stratz* in Schmitt/Hörtnagl/Stratz, UmwG, § 5 Rn. 47.

[19] Gemeint sind hier in erster Linie die Anteilsvinkulierungen nach § 15 V GmbHG und die vinkulierte Namensaktie nach § 68 II AktG.

Das gleiche gilt seit 2007 auch für die **Verschmelzung einer börsennotierten auf** **33** **eine nicht börsennotierte AG**. Damit trägt der Gesetzgeber dem zunehmenden rechtlichen Unterschied zwischen börsennotierten und nicht börsennotierten Aktiengesellschaften (vgl. § 3 II AktG und oben § 1 Rn. 30 f.) Rechnung und erkennt die freie Übertragbarkeit als einen auch von Art. 14 GG mit geschützten Teil des Aktieneigentums an[20].

> Die nach § 29 UmwG geschuldete Abfindung kann bis zu 24,9 % des Gesellschaftsvermögens ausmachen, wenn nämlich die Verschmelzung nur mit knapper Mehrheit beschlossen wurde und alle Opponenten die Abfindung wählen. Dann kann mit ihr ein erheblicher Kapitalabfluss einhergehen.

Die Grundsätze der Kapitalerhaltung treten insoweit zurück, als § 71 I Nr. 3, II **34** AktG den Erwerb von bis zu 10 % der Aktien zu Abfindungszwecken erlaubt, dies freilich nur dann, wenn die Gesellschaft den Erwerb aus der Gewinnrücklage finanzieren kann (siehe oben § 20 Rn. 47). Bei der GmbH ergibt sich eine Begrenzung auf das freie (d.h. die Grenze des § 30 GmbHG übersteigende) Vermögen aus § 33 II GmbHG. **§ 29 UmwG** enthält von beiden Vorschriften eine teilweise Ausnahme, indem er anordnet, dass § 71 IV 1 AktG und § 33 II 3 GmbHG nicht anzuwenden sind. Das sind die Rechtsfolgen eines Erwerbs eigener Anteile, also die Vorschriften, die einen verbotenen Anteilsrückerwerb für nichtig erklären. Da das Gesetz eine **Ausnahme nur hinsichtlich der Rechtsfolgen**, nicht hinsichtlich des Tatbestands vorsieht, muss man annehmen, dass eine Abfindung, die die Erwerbsgrenzen der § 33 II GmbHG, § 71 II AktG überschreitet, nach wie vor rechtswidrig ist. Die Anordnung hinsichtlich der Rechtsfolgen in § 29 UmwG ist daher nur dahin zu verstehen, dass eine gleichwohl erfolgte Leistung, obwohl rechtswidrig, vom Empfänger ausnahmsweise behalten werden darf.

Diese Lesart entspricht der herrschenden Meinung[21]. Daraus folgt auch, dass der **Verschmelzungsbeschluss rechtswidrig** und anfechtbar ist, **wenn bereits bei der Beschlussfassung feststeht, dass die Erwerbsschranken überschritten werden**, weil bereits entsprechend viele Anteilsinhaber Opposition angemeldet haben. Konsequenterweise muss man dann aber auch annehmen, dass die Organe einen über § 33 II GmbHG, § 71 II AktG hinausgehenden Erwerb nicht durchführen dürfen, denn eine rechtswidrige Rückgewähr von Kapital dürfen sie nicht unterstützen (arg. § 43 II GmbHG, § 93 III Nr. 1 AktG)[22]. Reicht das Kapital der Gesellschaft nicht aus, um alle Gesellschafter abzufinden, ist der Rückerwerb entsprechend zu rationieren. Die verbleibenden Abfindungsansprüche sind gehemmt, bis das Kapital der Gesellschaft für einen weiteren Rückerwerb ausreicht.

---

[20] Zum verfassungsrechtlichen Bezug schon BVerfGE 100, 289 – „DAT/Altana"; BGH NJW 2001, 2080.

[21] Vgl. *Kalss* in Semler/Stengel, UmwG, § 29 Rn. 33; *Grunewald* in Lutter, UmwG, § 29 Rn. 24.

[22] Insoweit großzügiger die h.M., die sogar ein Leistungsverweigerungsrecht der Gesellschaft ablehnt, vgl. etwa *Grunewald* in Lutter, UmwG, § 29 Rn. 26; *Kalss* in Semler/Stengel, UmwG, § 29 Rn. 33.

cc) Behandlung von Sonderrechten

35 Schließlich sind den Inhabern von **Sonderrechten** nach § 23 UmwG dieselben Rechte im übertragenden Rechtsträger zu gewähren. Der Sonderrechtsbegriff ist hier allerdings nicht mit dem des allgemeinen Gesellschaftsrechts (also insbesondere im Sinne des § 35 BGB) identisch. Aus der Gesetzesbegründung, aber auch aus den von der Norm erwähnten Beispielen ergibt sich, dass **nur Vermögensrechte** gemeint sind.

> Das ist auch sinnvoll, da nur diese auch unter veränderten Bedingungen nachgebildet werden können. Inhaber von Sonderrechten auf Mitverwaltung (etwa auf Teilnahme an der Geschäftsführung, Zustimmungs- und Vetorechte, Entsendungsmandate zum Aufsichtsrat) können nach der Systematik des Gesetzes entweder die ganze Verschmelzung verhindern (Zustimmungserfordernis nach §§ 13 II, 50 II UmwG) oder müssen die Veränderung dulden. Auf § 23 UmwG können sie sich nicht berufen.

dd) Verschmelzungsstichtag

36 Wichtig ist im Vertrag auch die Festlegung des **Verschmelzungsstichtages** (§ 5 Nr. 6 UmwG). Allerdings ist bei der Abfassung des Vertrages und auch bei der Beschlussfassung nach § 13 UmwG nicht absehbar, wann die Verschmelzung ins Handelsregister eingetragen werden wird. Das hängt von der Arbeitsgeschwindigkeit des Gerichts, aber auch von eventuellen Anfechtungsklagen ab.

> Daher ist es nicht möglich, einen bestimmten Stichtag für die Wirksamkeit zu vereinbaren. Die Datumsfestlegung ist aber wichtig, weil festgelegt werden muss, wie lange die beteiligten Unternehmen noch jedes für sich wirtschaften und ab wann etwaige besondere Gewinne oder Verluste beide in gleichem Maße treffen.

37 Man behilft sich mit der Angabe eines nicht rechtlich, aber **wirtschaftlich verbindlichen Stichtages**: Ab diesem Datum führt die übertragende Gesellschaft ihre Geschäfte noch im eigenen Namen, aber bereits **für fremde Rechnung** (§§ 670, 667 BGB), sodass Gewinne und Verluste alle Beteiligten so treffen, als wenn die Verschmelzung schon wirksam geworden wäre.

> Werden Anfechtungsklagen erhoben und unterbleibt deswegen die Eintragung in das Handelsregister (was passieren kann, aber nicht muss), so kann sich dieser Zustand unter Umständen jahrelang hinziehen!

ee) Besondere Vorteile

38 Im Vertrag anzugeben sind zudem besondere **Vorteile**, die Organen oder sonstigen Beteiligten (z.B. dem Verschmelzungsprüfer) anlässlich der Verschmelzung gewährt werden. Das betrifft insbesondere Transaktionsboni, Halteprämien und ähnliche Zahlungen, die in dieser Situation an die Manager jenseits ihres ohnehin laufenden Vertrages gezahlt werden. Das Unterlassen der Angabe macht die Vereinbarung formnichtig (§ 6 UmwG). Zudem nehmen solche verborgenen Vergütungsabreden an der Heilungswirkung des § 20 UmwG nicht teil[23].

ff) Arbeitnehmerbezogene Angaben

§ 5 Nr. 9 UmwG ergänzt den Mindestinhalt um arbeitnehmerbezogene Angaben. **39** Danach sind Angaben hinsichtlich der **Auswirkung der Verschmelzung auf die Arbeitnehmer** und ihre Vertretungen sowie zu den insoweit vorgesehenen Maßnahmen zu machen.

> Damit soll die Maßnahme auch gegenüber den Mitarbeitern kommuniziert werden. Das ist ein Ausdruck sozialer Ausgewogenheit, jedoch ist der Vertrag dafür nicht der geeignete Standort. Eine Aufnahme in den Bericht oder die Erstellung eines separaten „Arbeitnehmerberichts" wäre sinnvoller gewesen. Stattdessen sieht das Gesetz vor, dass der Verschmelzungsvertrag dem zuständigen Betriebsrat jedes beteiligten Rechtsträgers zuzuleiten ist. Ist kein Betriebsrat vorhanden, so ist der Vertrag in betriebsüblicher Weise, also z.B. durch Aushang, bekannt zu machen.

Sehr **umstritten** ist, ob der Vertrag neben den unmittelbar eintretenden Folgen **40** (Übergang der Arbeitsverhältnisse, Änderungen der betrieblichen und unternehmerischen Mitbestimmung, Fortgeltung von Tarifverträgen und Betriebsvereinbarungen etc.) auch mittelbare – wirtschaftliche – Folgen angeben muss, insbesondere also **Fragen von Betriebsschließungen und Arbeitsplatzabbau** ansprechen muss[24]. Richtigerweise sind die mittelbaren Folgen, die zudem in ihrem Umfang tendenziell uferlos sind, mit den Arbeitnehmern nach den Regeln des Betriebsverfassungsgesetzes zu erörtern, zumal in nicht wenigen Fällen ohnehin die Pflicht besteht, die Betriebsräte zu beteiligen. Eine Aufnahme auch in den Vertrag wäre daher eine nutzlose Doppelinformation.

> Mangelnde Angaben nach § 5 Nr. 9 UmwG kann das Registergericht beanstanden, sie sind ein Eintragungshindernis. Eine Anfechtung kann darauf jedoch (insofern anders als bei Fehlern der Nr. 1-8) nicht gestützt werden, da nicht Aktionärs-, sondern Mitarbeiterinteressen geschützt sind. Das gilt auch für Arbeitnehmer, die zugleich Aktionäre sind.

gg) Besonderheiten bei der Verschmelzung zur Neugründung

Bei einer Verschmelzung zur Neugründung kommen die erforderlichen **Grün** **41** **dungsdokumente** für den neu zu gründenden Rechtsträger hinzu, also insbesondere Gesellschaftsvertrag bzw. Satzung. Die Gründungsregeln sind zu beachten (§ 36 II UmwG), sofern nicht die rechtsformbezogenen Sonderregeln (§ 56 ff., 73 ff. UmwG) Erleichterungen enthalten. **Gründer** sind allerdings nicht die Anteilsinhaber der übertragenden Rechtsträger, sondern die **übertragenden Rechtsträger selbst.** Dies hat zu Folge, dass die Anteilsinhaber nicht der Gründerhaftung unterliegen[25].

---

[23] *Drygala*, Festschrift K. Schmidt, 2009, S. 269, 286 mit Nachweisen auch zur Gegenmeinung.

[24] Vgl. *Lutter/Drygala* in Lutter, UmwG, § 5 Rn. 69.

[25] *Diekmann* in Semler/Stengel, UmwG, § 74 Rn. 5; *Grunewald* in Lutter, UmwG, § 74 Rn. 5.

Ferner ist sicherzustellen, dass bei der Neugründung einer Kapitalgesellschaft die Gesellschafter ihren Risikobeitrag in Gestalt des Grund- bzw. Stammkapitals erbringen.

b) Der Verschmelzungsbericht

42   Der Verschmelzungsbericht soll vor allem die **Anteilsinhaber** über das Vorhaben **informieren**, die nicht aktiv an der Verwaltung teilnehmen. Dem entspricht es, dass er verzichtbar ist bzw. von Gesetzes wegen wegfällt, wenn eine Personengesellschaft nur geschäftsführende Gesellschafter hat (§ 41 UmwG).

> Hinsichtlich der **Berichtsdichte** ist anerkannt, dass abstrakt-allgemeine Angaben nicht genügen. Der Bericht muss so umfangreich sein, dass sich die Anteilsinhaber ein eigenes Urteil über den Sinn der Maßnahme, aber insbesondere auch über das Umtauschverhältnis als „Kern" des Vertrages bilden können[26].

Daher sind Zahlenangaben zur Ermittlung des Umtauschverhältnisses erforderlich. Diese müssen so dicht sein, dass der Anteilsinhaber die Wertfindung gedanklich nachvollziehen kann. Wo mit Annahmen gearbeitet wird, z.B. bei der Ermittlung der zukünftigen Erträge und des Risikozuschlags im Rahmen der Ertragswertmethode, sind die **Wertungsgrundlagen offenzulegen**. Auf besondere Schwierigkeiten der Bewertung ist hinzuweisen. Geheimhaltungsbedürftige Umstände können entfallen, aber auch das ist (wie bei § 131 AktG) zu begründen[27].

Bei der Verschmelzung börsennotierter Aktiengesellschaften sind Berichte von mehr als 200 Seiten Länge keine Seltenheit. Das hat seine Ursache darin, dass ein mangelhafter Bericht die Anfechtbarkeit begründet, sofern der Mangel nicht nur von ganz untergeordneter Bedeutung ist (vgl. § 246 AktG). Daher wird hier nach dem Motto *„Besser zu viel als zu wenig"* gearbeitet. Und natürlich können die beteiligten Anwälte für einen langen Bericht auch mehr Stunden abrechnen.

43   Ergeben sich erhebliche Wertveränderungen nach dem Vertragsschluss, wird eine **Nachinformation** erforderlich. Die Nachinformation muss schriftlich in Form eines **Ergänzungsberichts** erfolgen, wenn die Zeit vor der Versammlung der Anteilsinhaber dafür noch ausreicht[28]. Kurz vor der Hauptversammlung eintretende Umstände können mündlich in der Versammlung berichtet werden. Im Zuge des Dritten Gesetzes zur Änderung des UmwG[29] hat der Gesetzgeber dies für die AG in **§ 64 I 2 UmwG n.F.** klargestellt.

---

[26] Vgl. näher dazu *Lutter/Drygala* in Lutter, UmwG, § 8 Rn. 12.

[27] *Gehling* in Semler/Stengel, UmwG, § 8 Rn. 65; *Stratz* in Schmitt/Hörtnagl/Stratz, UmwG, § 8 Rn. 32.

[28] *Lutter/Drygala* in Lutter, UmwG, § 8 Rn. 27.

[29] Vom 11. Juli 2011, BGBl. I S. 1338.

Allerdings ist dort nur von einer mündlichen Erläuterung die Rede. Hieraus sollte jedoch nicht der Schluss gezogen werden, dass ein schriftlicher Bericht generell entbehrlich wäre und die Nachinformation bei anderen Rechtsformen gänzlich unterbleiben könnte. Der Gesetzgeber wollte nicht hinter dem bisher erreichten Schutzstandard zurückbleiben, sondern lediglich eine EU-Richtlinie[30] umsetzen, die ihrerseits aber nur einen Mindeststandard vorsieht.

c) Verschmelzungsprüfung

Als **Verschmelzungsprüfer** kommen nur Wirtschaftsprüfer in Frage (§ 11 I   **44**
UmwG i.V.m. § 319 I HGB). Sie sollen vor allem dazu Stellung nehmen, ob
Umtauschverhältnis und Barabfindung sachgemäß berechnet sind.

Allerdings beruhen diese in erheblichem Umfang auf Prognosen, sodass sich **Bewertungsspielräume** ergeben. Die Bestätigung durch den Verschmelzungsprüfer besagt also nicht, dass die angesetzten Werte die einzig möglichen sind. In der Vergangenheit ist in vielen Fällen das Umtauschverhältnis nachträglich beanstandet worden, obwohl die Prüfer es bestätigt hatten.

Üblich ist die Bestellung eines **gemeinsamen Verschmelzungsprüfers** durch das Registergericht (§ 10 UmwG). Das erhöht unter Umständen die Akzeptanz des Gutachtens bei den Anteilsinhabern.

Häufig arbeiten die Prüfer gemeinsam mit der Unternehmensleitung an ihrem Bericht, d.h. während die Mitarbeiter der Unternehmen das Umtauschverhältnis ermitteln, wird der Prüfer zeitgleich tätig. Das ermöglicht es, den Vertragsinhalt von vornherein darauf abzustimmen, was der Prüfer gerade noch akzeptiert. Diese sog. **Simultanprüfung** wird von den Gerichten nicht beanstandet, weil sie Zeit spart. Sie ist gleichwohl geeignet, die Unbefangenheit der Prüfung zu beeinträchtigen. Hinzu kommt, dass häufig Prüfer bestellt werden, die auch sonst (z.B. bei der Prüfung des Jahresabschlusses) für eines der Unternehmen tätig und daher nicht neutral sind.   **45**

d) Verschmelzungsbeschluss

Mit dem Verschmelzungsbeschluss (§ 13 UmwG) stimmen die Anteilsinha-   **46**
ber der Maßnahme zu. Damit wird der schwebend unwirksame Vertrag nach
innen bindend[31], d.h. keiner der Beteiligten kann jetzt noch seine Mitwirkung am Vollzug verweigern, obwohl zur endgültigen Wirksamkeit noch die
Eintragung ins Handelsregister fehlt.

---

[30] Richtlinie 2009/109/EG vom 16. September 2009, ABl. Nr. L 259, S. 14.

[31] *Stratz* in Schmitt/Hörtnagl/Stratz, UmwG, § 13 Rn. 7; *Lutter/Drygala* in Lutter, UmwG, § 13 Rn. 18.

Der Beschluss ergeht mit ¾-**Mehrheit**, wenn sich nicht aus dem Recht des betroffenen Rechtsträgers ein **höheres Mehrheitserfordernis** ergibt.

Das ist insbesondere bei den Personengesellschaften der Fall, sofern ihre Gesellschaftsverträge nichts Abweichendes bestimmen (§ 43 UmwG). Die persönlich haftenden Gesellschafter müssen in jedem Fall zustimmen (§ 43 II 3 UmwG), da sie für die größere Vermögensmasse des neuen Rechtsträgers die Haftung übernehmen müssen; bei Widerspruch ist ihnen die Stellung eines Kommanditisten einzuräumen.

47   Ein **individuelles Zustimmungserfordernis** ergibt sich auch dort, wo einzelnen Gesellschaftern die Zustimmung zur Anteilsübertragung als Sonderrecht vorbehalten ist (§ 13 II UmwG). Eine materielle Beschlusskontrolle anhand der Kriterien von Geeignetheit, Erforderlichkeit und Verhältnismäßigkeit findet hier – anders als z.B. beim Bezugsrechtsausschluss (siehe oben § 25 Rn. 19 ff.) – nicht statt, da das Gesetz bereits umfangreiche Schutzvorkehrungen zugunsten der Minderheit enthält. Möglich ist aber eine Treuwidrigkeit der Verschmelzung im Einzelfall, z.B. bei der Verschmelzung einer überschuldeten Gesellschaft auf eine gesunde[32].

e) Rechtsschutz

48   Der Rechtsschutz bei der Verschmelzung erfolgt zunächst über die Erhebung von Anfechtungs- und Nichtigkeitsklagen (abhängig von der Rechtsform des betroffenen Rechtsträgers) gegen die Wirksamkeit des Verschmelzungsbeschlusses.

Das Gesetz sieht dafür einheitlich eine **Frist von einem Monat** vor (§ 14 I UmwG), abweichend von den allgemeinen Regeln auch für die Nichtigkeitsklage in der Personengesellschaft.

49   Die Klagebefugnis der Anteilsinhaber des übertragenden Rechtsträgers ist aber ausgeschlossen, soweit sie eine Unterbewertung ihrer Anteile rügen wollen (§ 14 II UmwG).

Grund dafür ist, dass über die zutreffende Bewertung aufgrund der damit verbundenen Unsicherheiten immer trefflich gestritten werden kann und ohne diese Vorschrift wohl keine größere Verschmelzung ohne Anfechtungsklage vollzogen werden könnte.

In **umgekehrter Richtung** ist die Anfechtungsbefugnis aber **nicht** ausgeschlossen[33]. Bemerkenswerterweise können die Anteilsinhaber des übernehmenden Rechtsträgers mit der Begründung anfechten, dass die Anteile am übertragenden Rechtsträger überbewertet sind. Der Grund dafür liegt in den Rechtsfolgen: Dringt die Klage durch, müsste man das Umtauschverhältnis nachträglich herabsetzen, d.h. den ehemaligen Anteilsinhabern des

---

[32] Vgl. *Gehling* in Semler/Stengel, UmwG, § 13 Rn. 44; *Lutter/Drygala* in Lutter, UmwG, § 13 Rn. 39 f.

[33] *Bork* in Lutter, UmwG, § 14 Rn. 14; *Winter*, Der Konzern 2007, 24, 28.

übertragenden Rechtsträgers Anteile entziehen oder den ehemaligen Anteilsinhabern des übernehmenden Rechtsträgers zusätzliche Anteile gewähren. Beides ist praktisch nicht durchführbar[34]. Die **Praxis** behilft sich mit der **NewCo-Konstruktion**: Hier hat der übernehmende Rechtsträger keine Anteilsinhaber, die an der Anfechtung Interesse hätten.

Ist die Anfechtung ausgeschlossen, haben die betroffenen Gesellschafter die   **50** Möglichkeit, die Fehlbewertung ihrer Anteile in einem speziellen Ersatzverfahren (sog. **Spruchverfahren**) zu rügen.

Dieses Verfahren hindert den Vollzug der Maßnahme nicht. Es richtet sich nach den Vorschriften des Gesetzes über das gesellschaftsrechtliche Spruchverfahren (SpruchG) und ist ein Verfahren der freiwilligen Gerichtsbarkeit. Dringt der Anteilsinhaber im Spruchverfahren durch, erhält er eine **bare Nachzahlung**. Eine Verbesserung in Natur, also durch zusätzliche Anteile, findet jedoch nicht statt[35].

Anfechtungs- und Nichtigkeitsklagen können zwar nicht auf Bewertungsfra-   **51** gen, aber auf alle anderen Verstöße gegen Gesetz und Satzung gestützt werden, insbesondere auch auf Formfehler.

Während des Laufs einer Anfechtungs- oder Nichtigkeitsklage besteht grundsätzlich eine **Registersperre** (vgl. § 16 II UmwG), d.h. die Maßnahme kann einstweilen nicht in das Handelsregister eingetragen werden und wird damit auch nicht wirksam.

Damit ist auf längere Zeit unklar, ob sie überhaupt vollzogen werden kann. Das ist   **52** für die beteiligten Unternehmen ein schwer erträglicher Zustand und eröffnet zugleich Aktionären die Möglichkeit, sich den durch die Verzögerung eintretenden Lästigkeitswert ihrer Klage abkaufen zu lassen.

Deshalb sieht § 16 III UmwG die Möglichkeit vor, die Eintragung im Wege des **Freigabeverfahrens** zu erreichen.

Zuständig dafür ist seit dem ARUG[36] das **OLG als erste und einzige Instanz**. Wegen der Häufigkeit von erpresserischen Anfechtungsklagen hat der Gesetzgeber die Möglichkeit der gerichtlichen Freigabe ständig zugunsten der Gesellschaft erweitert.

So ist seit dem ARUG die Freigabe immer zu gewähren, wenn der Kläger nicht **mindestens Anteile im Nennwert von 1.000 EUR** hält (d.h. bei der üblichen 1-EUR-Aktie 1.000 Stück). Das soll es den Berufsklägern erschweren, sich mit einem kleinen Anteil auf

---

[34] Vgl. *Hoffmann-Becking*, ZGR 1990, 482, 484 f.

[35] *Bork* in Lutter, UmwG, § 15 Rn. 5; *Stratz* in Schmitt/Hörtnagl/Stratz, UmwG, § 17 Rn. 15; a.A. *Philipp,* AG 1998, 264, 271; *Martens*, AG 2000, 301, 308; Stellungnahme des Handelsrechtsausschusses des DAV, NZG 2000, 802, 803.

[36] Gesetz zur Umsetzung der Aktionärsrechterichtlinie (ARUG) vom 30. Juli 2009, BGBl. I S. 2479.

Vorrat bei allen Aktiengesellschaften einzukaufen. Noch gravierender ist, dass es im Freigabeverfahren **regelmäßig nicht auf die Begründetheit der Klage ankommt**. Es sind nur die **wirtschaftlichen Folgen** gegeneinander abzuwägen, und diese werden bei der Gesellschaft regelmäßig überwiegen. Auf die eigentliche Rechtslage kommt es nur dann an, wenn die geltend gemachte Rechtsverletzung besonders schwer ist, also etwa der Verschmelzungsbericht ganz fehlt oder der Vorstand sich weigert, auf der Hauptversammlung Fragen zu beantworten. „Gewöhnliche" Rechtsverletzungen hindern die Freigabe hingegen nicht[37].

53 Kommt es zur **Freigabe**, kann der Aktionär den Vollzug der Verschmelzung nicht mehr aufhalten. Er kann die Klage in der Hauptsache nur noch mit dem Ziel des **Schadensersatzes** fortsetzen, wobei sein Schaden freilich (gerade bei formalen Mängeln) sehr gering sein wird.

Mehr als eine symbolische Genugtuung, im Recht gewesen zu sein, ist so nicht zu erreichen. Verfassungsrechtliche Bedenken gegen das Verfahren[38] sind gleichwohl unbegründet. Denn das Recht, mit aufschiebender Wirkung anfechten zu können, ist als solches nicht verfassungsrechtlich geschützt[39]. Insbesondere wäre der Gesetzgeber nicht gehindert, die Anfechtungsklage auch ganz abzuschaffen und den Aktionär vollständig auf den nachgelagerten Rechtsschutz zu verweisen.

f) Eintragung in das Handelsregister

54 Ist innerhalb der Frist keine Anfechtungs- oder Nichtigkeitsklage erhoben oder ist das Freigabeverfahren aus Sicht der Gesellschaft erfolgreich verlaufen, kann die Eintragung erfolgen. Das Registergericht prüft insbesondere die Vollständigkeit des Vertrages und die Wirksamkeit der gefassten Beschlüsse. Ergeben sich keine Beanstandungen, erfolgt die Eintragung.

55 Durch die Registereintragung wird die **Gesamtrechtsnachfolge** ausgelöst (konstitutive Wirkung der Registereintragung). Das Vermögen des übertragenden Rechtsträgers geht über, dieser erlischt ohne Liquidationsverfahren (§ 20 I Nr. 1 und 2 UmwG).

56 Bei dem Vermögensübergang sind **Übertragungshindernisse** des bürgerlichen Rechts in der Regel **unbeachtlich**, sodass entgegen der allgemeinen Regel des BGB ein Schuldnerwechsel ohne Zustimmung des Gläubigers eintreten kann.

Insbesondere gehen auch Forderungen über, hinsichtlich derer ein Abtretungsverbot nach § 399 BGB vereinbart war. War der übertragende Rechtsträger seinerseits Gesellschafter einer Personengesellschaft oder Mitglied in einem Verein (auch z.B. Arbeitgeberverband), so geht auch diese Rechtsposition über, obwohl Mitgliedschaften in Vereinen und Personengesellschaften im Regelfall personengebunden sind. Das Gesetz räumt hier der

---

[37] Vgl. *Bork* in Lutter, UmwG, § 16 Rn. 25; *Schwanna* in Semler/Stengel, UmwG, § 16 Rn. 33.

[38] Vgl. dazu *Saß/Ogorek*, NZG 2010, 337; *Wahl/Schult*, EWiR 2010, 511.

[39] Für die Abschaffung des Suspensiveffekts der aktienrechtlichen Anfechtungsklage etwa *Helm/Manthey*, NZG 2010, 415.

Gestaltungsfreiheit der Unternehmen den Vorrang vor den Interessen der Gläubiger an der Identität des Schuldners ein.

Kann der Gläubiger darlegen, dass seine Befriedigungsaussichten sich konkret **57** verschlechtern, kann er nach § 22 UmwG **Sicherheitsleistung** für seine Forderung verlangen. Lässt sich der Vertrag nicht unverändert fortführen, besteht ein primärer Anspruch auf Vertragsanpassung nach den Regeln des Wegfalls der Geschäftsgrundlage (§ 313 BGB). Hilft auch das nicht weiter, kann der Gläubiger außerordentlich kündigen.

> **Beispiel:** *Zock* hat Optionsscheine aus einer Optionsanleihe (§ 221 AktG) der A-AG erworben, die ein Recht zum Erwerb von Aktien der A-AG verbriefen. Die A-AG verschmilzt als übertragender Rechtsträger auf die B-AG.

Damit können Aktien der A-AG nicht mehr geliefert werden, und auch ein Barausgleich ist nicht möglich, da Aktien der A-AG an der Börse nicht mehr gehandelt werden. *Zock* kann daher von der B-AG verlangen, dass die Papiere auf Aktien der B-AG umgestellt werden, auch ist das Bezugsverhältnis gemäß den Festsetzungen des Verschmelzungsvertrages anzupassen.

Sind die Aktien der B-AG nicht börsennotiert oder ist der aufnehmende Rechtsträger überhaupt keine AG, kommt eine Umstellung auf Papiere der B-AG nicht in Betracht, da diese dem *Zock* keine Partizipation am Börsenkurs ermöglichen (was Sinn und Zweck des Optionsscheins ist). Hier kann Zock den Optionsschein vorzeitig kündigen. Das Optionsrecht ist unter Zugrundelegung der letzten Kurse der A-AG vor der Verschmelzung (einschließlich des Zeitwerts der Option) zu bewerten und der Optionswert auszuzahlen.

Die **Organverhältnisse** des übertragenden Rechtsträgers erlöschen. Nicht erfüllte **58** Anstellungsverträge der Organe müssen ausgezahlt werden, wenn der Vertrag keine andere Regelung enthält. Soll das Organverhältnis im übernehmenden Rechtsträger fortgesetzt werden, ist eine **Neubestellung** der betreffenden Personen erforderlich. Zuständig sind dafür die Organe des übernehmenden Rechtsträgers. Der Verschmelzungsvertrag kann diese Frage nicht verbindlich regeln, also z.B. nicht einem Vorstandsmitglied der übertragenden AG die Bestellung zum Vorstand in der übernehmenden AG zusagen. Darüber entscheidet allein der Aufsichtsrat der übernehmenden AG.

Eine wichtige Regelung enthält § 20 II UmwG: Etwaige Mängel der Ver- **59** schmelzung werden mit Eintragung geheilt.

Das gilt unabhängig von der Schwere des Mangels, also etwa auch bei einem fehlenden Vertrag oder einem nichtigen Verschmelzungsbeschluss[40]. Eine Rückgängigmachung der Verschmelzung kann auch nicht im Wege der Naturalrestitution (§ 249 BGB) gefordert werden.

---

[40] Eine Ausnahme kommt nur bei Vorgängen in Betracht, die das UmwG überhaupt nicht kennt (etwa natürliche Person als übertragender Rechtsträger), sowie bei der Beteiligung nicht beteiligungsfähiger Rechtsträger (z.B. GbR), vgl. BGH ZIP 2001, 2006.

II. Die Spaltung

Literatur: *Engelmeyer*, Ausgliederung durch partielle Gesamtrechtsnachfolge und Einzelrechtsnachfolge – ein Vergleich, AG 1999, 263; *Heidenhain*, Partielle Gesamtrechtsnachfolge bei der Spaltung, ZHR 168 (2004) 468; *Hennrichs*, Zum Formwechsel und zur Spaltung nach dem neuen Umwandlungsgesetz, ZIP 1995, 794.

1. Grundlagen und Formen der Spaltung

60 Die Spaltung stellt im Umwandlungsrecht das Gegenteil der Verschmelzung dar.

> Während die Verschmelzung im Wege der Gesamtrechtsnachfolge getrennte Vermögensmassen zusammenführt, trennt die Spaltung eine bisher einheitliche Vermögensmasse und verteilt sie auf verschiedene Rechtsträger.

Das **Prinzip der Gesamtrechtsnachfolge und der Anteilsgewährung** sind auch hier für die Transaktion leitend. Auch Spaltungen können wie Verschmelzungen sowohl **zur Neugründung** als auch **zur Aufnahme** erfolgen, die übernehmenden Rechtsträger können also bereits bestehen oder im Zuge der Spaltung erst geschaffen werden. Das Gesetz differenziert weiter danach, ob die vorhandene Vermögensmasse ganz oder nur teilweise aufgeteilt wird und wer die Anteile an den übernehmenden Rechtsträgern erhält. Das führt zu **drei Unterformen** der Spaltung: Aufspaltung, Abspaltung und Ausgliederung (vgl. § 123 UmwG).

a) Aufspaltung

61 Bei der Aufspaltung wird die *gesamte* Vermögensmasse des bisherigen Rechtsträgers vollständig auf zwei oder mehr übernehmende (bestehende oder neu gegründete) Rechtsträger verteilt. Der bisherige Rechtsträger erlischt. Die Anteilsinhaber des erloschenen Rechtsträgers erhalten nach Maßgabe des Umtauschverhältnisses Anteile an den übernehmenden Rechtsträgern.

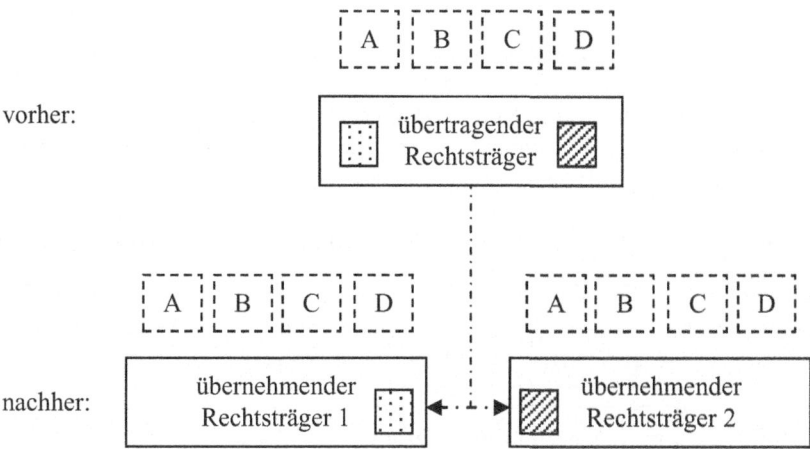

Abb. 5: Aufspaltung zur Neugründung

b) Abspaltung

Bei der **Abspaltung** wird *ein Teil* des Vermögens des bisherigen (übertragenden) Rechtsträgers auf einen oder mehrere übernehmende Rechtsträger übertragen. Der übertragende Rechtsträger bleibt mit seinem verminderten Vermögen bestehen. Die Anteilsinhaber des übertragenden Rechtsträgers erhalten Anteile an dem oder den übernehmenden Rechtsträger(n).

62

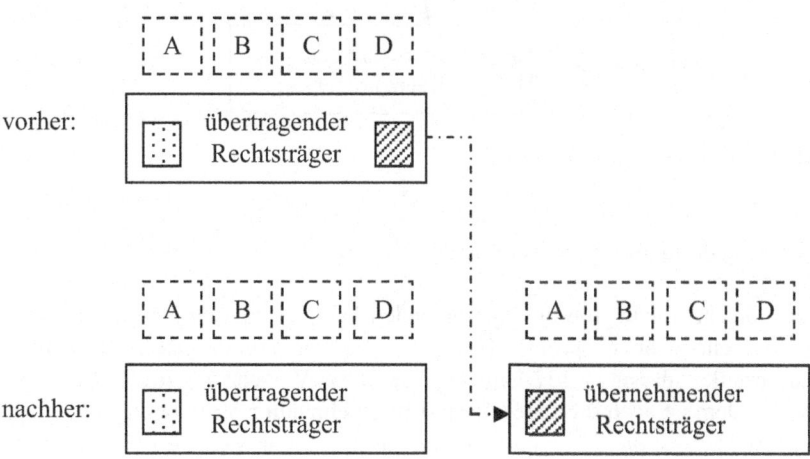

Abb. 6: Abspaltung zur Neugründung

c) Ausgliederung

63   Auch bei der Ausgliederung wird *ein Teil* des Vermögens des bisherigen
           (übertragenden) Rechtsträgers auf einen oder mehrere übernehmende
           Rechtsträger übertragen. Der Unterschied zur Abspaltung liegt darin, dass
           die Anteile an dem oder den übernehmenden Rechtsträger(n) hier der über-
           tragende Rechtsträger selbst erhält.

Der übernehmende Rechtsträger wird also **Tochtergesellschaft** des übertragenden
Rechtsträgers

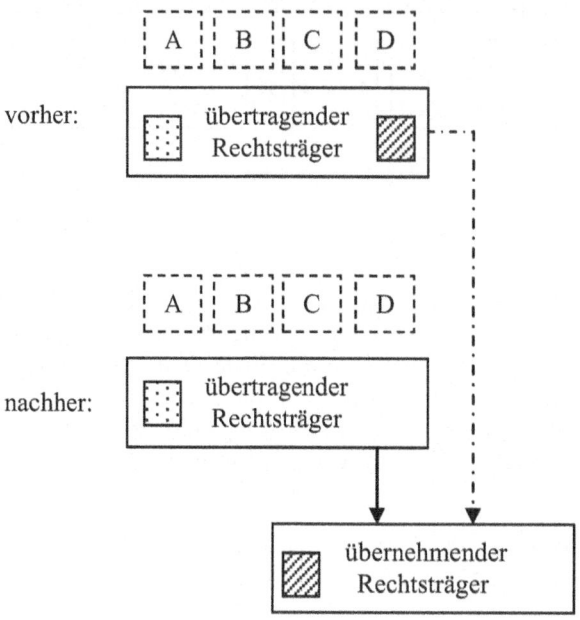

Abb. 7: Ausgliederung zur Neugründung

2. Umfang des betroffenen Vermögens

64   Eine Vorschrift, wie groß die übertragenden Teile jeweils sein müssen, enthält das
           Gesetz nicht mehr. Ursprünglich war nur die Übertragung ganzer Betriebe oder
           Betriebsteile zulässig (§ 132 UmwG a.F.). Diese Vorschrift wurde 2007 aufgeho-
           ben. Seitdem ist auch die **„Herausspaltung" einzelner Vermögensteile** zulässig.
           Dafür wird meist die Einzelübertragung günstiger sein, weil sie weniger Aufwand
           verursacht. Anders ist das dann, wenn der Vermögensgegenstand nach den Regeln

des BGB nicht übertragbar ist (z.B. unabtretbare Forderung). Dann kann die Spaltung eine Möglichkeit sein, diese Beschränkung zu überwinden[41].

3. Zusätzliche Angaben im Vertrag

Die Regelungen über den **Ablauf der Spaltung** entsprechen im Wesentlichen denen der Verschmelzung. Auch läuft das Verfahren in sechs Schritten ab: Vertrag – Bericht – Prüfung – Beschluss – Rechtsschutz – Eintragung.

65

Eine Besonderheit ergibt sich hinsichtlich des **Spaltungsvertrages**: Dieser muss eine Bestimmung darüber enthalten, wie die betroffenen Vermögensmassen (Aktiva und Passiva) verteilt werden, § 126 I Nr. 9 UmwG.

66

Damit wird die Gesamtrechtsnachfolge ihrem Inhalt nach konkretisiert. Bei **Abspaltungen** und **Ausgliederungen** genügt eine Bezeichnung des abzuspaltenden bzw. auszugliedernden Vermögens; nicht erwähnte Teile verbleiben beim bisherigen Rechtsträger.

Bei der **Aufspaltung** muss hingegen das gesamte Vermögen verteilt werden, da der bisherige Rechtsträger untergeht. Wird etwas vergessen, ist zunächst durch Auslegung zu klären, ob es nicht doch konkludent einem der übernehmenden Rechtsträger zugewiesen ist. Ist das nicht möglich, entsteht an verbliebenen Positionen des Aktivvermögens zunächst Miteigentum der beteiligten Rechtsträger (§ 131 III UmwG). Diese müssen die betroffenen Positionen im Wege der Einzelrechtsnachfolge unter sich aufteilen.

Vergessene Passivposten (d.h. Ansprüche von Gläubigern) sind für die Dauer von fünf Jahren ohnehin durch die Gesamtschuld nach § 133 UmwG geschützt (siehe unten Rn. 69). Nach Ablauf der Frist teilt sich die Forderung analog § 131 III UmwG auf die übernehmenden Rechtsträger auf.

Die Auf- bzw. Abspaltung hat nach der Grundregel des Gesetzes verhältniswahrend zu erfolgen.

67

Der Vertrag muss also vorsehen, dass alle Anteilsinhaber, die am übertragenden Rechtsträger beteiligt waren, auch am neuen Rechtsträger beteiligt sind und dass ihre Beteiligungsquote jedenfalls bei der Auf- und Abspaltung zur Neugründung identisch mit der Beteiligungsquote im übertragenden Rechtsträger zu sein hat.

Beispiel: Wer also bei der *Lanxess*-Abspaltung (siehe oben § 34 Rn. 13) vor der Maßnahme mit 1 % an der *Bayer AG* beteiligt war, erhielt im Zuge der Abspaltung ebenfalls einen Anteil von 1 % an der neu gegründeten *Lanxess AG*.

---

[41] Vgl. dazu *Schröer* in Semler/Stengel, UmwG, § 131 Rn. 15.

68 Erfolgt die **Auf- oder Abspaltung zur Aufnahme**, wird die Höhe der Beteiligungsquote vom Wert des aufnehmenden Rechtsträgers mit beeinflusst. Am Prinzip ändert das freilich nichts.

Eine nicht verhältniswahrende Spaltung ist möglich, aber nur mit Zustimmung aller Beteiligten.

Es müssen also nicht nur diejenigen zustimmen, die auf Anteile verzichten, sondern auch die, die entsprechend mehr erhalten, da sie dann auch die Beiträge zu dieser Gesellschaft zukünftig allein erbringen müssen. Mit der nicht verhältniswahrenden Spaltung lässt sich die **Realteilung von Unternehmen** verwirklichen.

> **Beispiel:** Unternehmer U betreibt mit seinen Söhnen S1 und S2 ein Unternehmen, das aus einem Gartenbaubetrieb und einer Baumschule besteht. Die beiden Söhne verstehen sich nicht übermäßig gut. Zur Vorbereitung der Nachfolge könnte es sich anbieten, das Unternehmen in zwei Gesellschaften aufzuspalten, die jeweils einen Betriebsteil übernehmen. Mit Zustimmung aller Beteiligten kann dann vorgesehen werden, dass S1 nur an der Gartenbau-Gesellschaft, S2 nur an der Baumschule beteiligt sein wird.

4. Gläubigerschutz

69 Eine Besonderheit ergibt sich auch in Bezug auf den Gläubigerschutz. Die Spaltung ist für den Gläubiger nicht ungefährlich, da sich die ihm haftende Vermögensmasse reduziert bzw. auf mehrere Rechtsträger verteilt. **Sicherheitsleistung** kann der Gläubiger unter denselben Voraussetzungen wie bei der Verschmelzung geltend machen, §§ 22, 125 UmwG. Zudem kommt eine Haftung übernehmender Rechtsträger nach **§ 25 HGB** in Betracht, was allerdings eine Fortführung der Firma voraussetzt[42].

Über diese allgemeinen Regeln hinaus ordnet § 133 UmwG eine gesamtschuldnerische Haftung der beteiligten Rechtsträger an.

70 Eine im Vordringen begriffene Gegenansicht spricht sich demgegenüber für ein Modell akzessorischer Haftung (wie im Verhältnis zwischen Gesellschaft und Gesellschafter bei §§ 128 f. HGB) aus[43]. Diese Ansicht mag praktische Vorzüge haben; sie ist aber mit dem Wortlaut des deutschen Rechts und auch der Spaltungs-

---

[42] Allgemein dazu etwa *Hörtnagl* in Schmitt/Hörtnagl/Stratz, UmwG, § 133 Rn. 17 ff.; *Maier-Reimer* in Semler/Stengel, UmwG, § 133 Rn. 111.

[43] Vgl. *K. Schmidt*, Gesellschaftsrecht, § 13 IV 5 a; *Habersack*, Festschrift Bezzenberger, 2000, S. 93, 96; *Mickel*, Die Rechtsnatur der Haftung gespaltener Rechtsträger nach § 133 Abs. 1 und 2 UmwG, 2005, S. 163 ff.

richtlinie[44] nicht vereinbar. Daher ist an der **gesamtschuldnerischen Haftung** festzuhalten. Der Gläubiger kann deshalb im Außenverhältnis alle beteiligten Rechtsträger nach seiner Wahl in Anspruch nehmen. Veränderungen in Ansehung der Forderung wirken nur für und gegen den Schuldner, bei dem sie vorliegen (§ 425 BGB, dort auch zu Ausnahmen). Wer für den Anspruch im Innenverhältnis zuständig ist, ergibt sich aus dem Spaltungsvertrag. Das danach für die Forderung des Gläubigers nicht zuständige Unternehmen kann nach § 426 BGB Regress bei demjenigen nehmen, der nach dem Vertrag für die Begleichung der Forderung zuständig war[45].

> Die Gesamtschuld endet nach fünf Jahren. Es findet also eine **Nachhaftungsbegrenzung**   **71**
> statt, wie sie auch aus §§ 26, 160 HGB bekannt ist. Auch die Voraussetzungen dafür sind
> diesen Vorschriften nachgebildet. Tritt die Nachhaftungsbegrenzung ein, haftet dem Gläu-
> biger nur noch das Unternehmen, dem die Forderung im Spaltungsvertrag zugewiesen
> wurde.

III. Der Formwechsel

> **Literatur:** *Hennrichs*, Zum Formwechsel und zur Spaltung nach dem neuen Umwand-
> lungsgesetz, ZIP 1995, 794; *Impelmann*, Die Verschmelzung und der Formwechsel von
> Unternehmen nach dem neuen Umwandlungsrecht, DStR 1995, 769.

Der Formwechsel nach dem Umwandlungsgesetz zeichnet sich dadurch aus,   **72**
dass ein Unternehmensträger seine Rechtsform verändern kann, ohne seine
Identität in Frage zu stellen.

Hierdurch **entfällt** die Notwendigkeit einer **Auflösung und Neugründung**. Vermieden wird zudem nicht nur die Einzelübertragung von Vermögensgegenständen, sondern ein Vermögensübergang findet überhaupt nicht statt. Aufgrund des Identitätsprinzips des § 20 I Nr. 1 UmwG bleibt der Vermögensträger identisch, obwohl er seine Rechtsform ändert.

> Dies gilt unabhängig von der Frage, ob es sich um eine juristische Person oder eine sog.
> Gesamthandsgesellschaft handelt. Damit ermöglicht der Formwechsel auch den identitäts-
> wahrenden Wechsel von der Personen- in die Kapitalgesellschaft.

Da ein Vermögensübergang nicht stattfindet und nur ein Rechtsträger beteiligt ist,   **73**
fällt der Inhalt des der Umwandlung zugrunde liegenden Dokuments im Vergleich
zu Verschmelzung und Spaltung **knapper** aus. Die auf die Vermögensübertragung
bezogenen Angaben entfallen. Zudem handelt es sich nicht um einen Vertrag, da
es nur eine Partei, nämlich den formwechselnden Rechtsträger, gibt. Auch die ar-

---

[44] Das Argument von *Schwab* in Lutter, UmwG, § 133 Rn. 24, die Richtlinie sei in dieser Frage in Übereinstimmung mit der französischen Ursprungsrechtsordnung auszulegen, ist europarechtlich fehlerhaft; vgl. *Lutter*, JZ 1992, 593, 596 ff.

[45] Insoweit unstreitig, auch die Anhänger der Akzessorietätslehre wenden § 426 BGB an; siehe *Kallmeyer*, UmwG, § 133 Rn. 3; *Schwab* in Lutter, UmwG, § 133 Rn. 27.

beitnehmerbezogenen Angaben sind hier weniger problematisch, da sich allein durch den Wechsel der Rechtsform des Arbeitgebers nur wenige Folgen ergeben.

> Immerhin ist denkbar, dass sich Mitbestimmungsrechte ändern, wenn die Rechtsform ge-
> ändert wird. Die unternehmerische Mitbestimmung entfällt ganz, wenn das Unternehmen
> seine Rechtsform in die einer Personengesellschaft ändert.

74   Da mit dem Formwechsel immer eine Veränderung der Gesellschafterrechte einhergeht, ist ein Abfindungsangebot an dissentierende Minderheitsgesellschafter hier zwingend (vgl. § 207 UmwG).

Die anzubietende Barabfindung muss „angemessen" sein, also dem wirtschaftlichen Wert der Beteiligung entsprechen[46]. Erforderlich ist daher wiederum eine **Unternehmensbewertung** (typischerweise nach der Ertragswertmethode). Die Höhe der Barabfindung ist in einem Bericht zu erläutern, insofern gelten ähnliche Grundsätze wie für den Verschmelzungsbericht. Auch ist eine sachverständige Prüfung des Abfindungsangebots nötig, sofern die Anteilsinhaber nicht darauf verzichten.

75   Ist die neue Rechtsform eine solche, die der Pflicht zur Aufbringung eines bestimmten Kapitals unterliegt, so muss das Vorhandensein des gesetzlichen Mindestkapitals, aber auch einer höheren satzungsmäßigen Kapitalgrundlage nachgewiesen werden, damit der Rechtsträger in der neuen Rechtsform eingetragen werden kann (Kapitaldeckungsprinzip, § 220 UmwG).

> Soll eine GmbH die Rechtsform in die AG ändern, muss nachgewiesen werden, dass ein
> Kapital von mindestens 50.000 EUR vorhanden ist. Eine Unterbilanz oder eine Über-
> schuldung der bisherigen Gesellschaft hindern daher den Formwechsel. Darin liegt eine
> Verschärfung gegenüber dem vor 1994 geltenden Recht, das bei einem Formwechsel von
> einer Kapitalgesellschaft in die andere eine Unterbilanz für unschädlich hielt[47].

Geht mit dem Formwechsel eine **Aufgabe der unbeschränkten Haftung** einher, haften die Gesellschafter gemäß § 224 UmwG weiterhin. § 224 UmwG enthält eine dem § 160 HGB entsprechende **materielle Ausschlussfrist**, durch die die Nachhaftung grundsätzlich auf fünf Jahre begrenzt wird.

> Die Gesellschafter einer OHG haften also noch fünf Jahre weiter für die von der OHG
> begrün-deten Verbindlichkeiten, wenn sie die Rechtsform in eine GmbH ändern.

76   Für den **Beschluss** der Anteilsinhaber, den **Rechtsschutz** und das **Eintragungsverfahren** ergeben sich keine wesentlichen Besonderheiten gegenüber der Verschmelzung. Insoweit kann daher auf die Ausführungen oben verwiesen werden (siehe Rn. 48 ff. und 54 ff.).

---

[46] Vgl. dazu umfassend *Decher* in Lutter, UmwG, § 208 Rn. 3.

[47] *Raiser/Veil*, Recht der Kapitalgesellschaften, § 47 Rn. 16.

Stichwortverzeichnis

A

Abfindung 12 70, 79 ff., **22** 37, **28** 45,
   34 32 ff., 74
– Gläubigerbenachteiligung **12** 86
– Gleichbehandlung **12** 87
– Höhe des Abfindungsanspruchs
   12 81 ff.
– Sittenwidrigkeit **12** 84f.
– statutarische Abfindungsklauseln
   12 83 ff.
siehe auch → *Unternehmensbewertung*
Abhängigkeit 29 30 ff.
– Abhängigkeitsbegründung **30** 1 ff.
– Entherrschungsvertrag **29** 35
– Vermutung **29** 32, 34
– wirtschaftliche Abhängigkeit **29** 29
– Zurechnung **29** 36 ff.
Abschlussprüfer 14 13 ff., 17, **21** 12,
   128, **21** 22, 42, **24** 1 ff.
Abspaltungsverbot 11 157, **13** 6, **23** 4
Abstimmung
siehe → *Beschlussfassung*
Abwehrklage (actio negatoria)
siehe → *Mitgliedschaft*
actio pro socio 13 24 ff., **23** 6 ff.
– Anwendungsbereich **13** 27 ff.
– gesetzliche Prozessstandschaft **13** 26
– Hilfszuständigkeit **13** 31
– Rechtskrafterstreckung **13** 37
Agio (Aufgeld) 1 22, **15** 8, **19** 11
Aktie 18 11 ff.
– Abtretung **22** 8, 13
– Anteil am Grundkapital **18** 12
– Begebungsvertrag **18** 18
– börslicher Handel **1** 27
– derivativer Erwerb **22** 3
– dingliche Belastung **22** 21 ff.
– Entkörperlichung **18** 27 ff,
– gutgläubiger Erwerb **22** 5
– Inhaberaktien **18** 20 f., **21** 238,
   22 6 ff., 21
– Legitimationsübertragung **21** 283,
   22 20
– Namensaktien **18** 20, **21** 237, **22** 9ff.,
   22
– Nebenleistungsaktien **23** 14
– Nennbetragsaktien **18** 13
– originärer Erwerb **22** 2
– Stammaktien **18** 16
– Stückaktien **18** 14
– Stückeverzeichnis **22** 18
– Übertragung **18** 22 ff., **22** 4 ff.
– Verbriefung **1** 9, **18** 17 ff., **22** 4 f.
– Vererbung **22** 23
– Vinkulierung **18** 26, **22** 14 ff., **30** 8
– Vorzugsaktien **18** 16, **21** 273
– Wertpapier **18** 17 ff., **22** 7 ff.
– Zwangsvollstreckung **22** 21 f.
siehe auch → *Aktienurkunde, Aktienre-
   gister, eigene Anteile, Indossament,
   Mitgliedschaft*
Aktienoptionen 21 72 f., 158
Aktienurkunden 18 17 ff., **22** 4 ff.
– Globalurkunde **18** 29, **22** 7
– Verbriefungsanspruch **18** 30
– Verwahrung **18** 27
siehe auch → *Wertpapiersammelbank*
Aktieneinheitsrecht 1 29
„Aktienrechtsreform in Permanenz"
   18 4
Aktienregister 22 16 ff.
– Legitimationswirkung **22** 17
Aktionärsleitbilder 18 31 ff.
Aktionärsforum 21 234
Aktionärskreis 1 35 ff.
– Anlegeraktionäre **1** 37, **18** 34
– ausländische Aktionäre **1** 35
– institutionelle Investoren **1** 38, **18** 34
– Unternehmergesellschafter **1** 36
Aktionärsvereinigungen 21 231
Amortisation
siehe → *Einziehung*
Amtslöschung 4 100, 102, **16** 14 f.,
   19 20, **21** 289, **28** 70
   siehe auch → *Auflösung*
Anlegerschutz 18 7
– Kapitalschutz vs. Anlegerschutz
   20 40 ff.
– rationale Anlageentscheidung **18** 7
Anfechtungsklage 11 173 ff., 306 ff.
– Anfechtungsbefugnis **21** 308
– Anfechtungsfrist **21** 309
– missbräuchliche Anfechtungsklagen
   21 311
– Polizeifunktion **11** 175, **21** 310

audit committee
siehe → *Aufsichtsrat*
Auflösung 16 1 ff., **17** 18 f., **26** 1 ff.,
  28 68 ff.
– Auflösungsgründe **16** 3 ff., **26** 2 ff.,
  28 68 ff.
– Auflösungsklage **16** 9 ff., **28** 69
– Nichtigkeitsklage **4** 99, **16** 16
siehe auch → *Amtslöschung, Nichtig-*
  keitsklage
Aufrechnungsverbot 7 10 ff., **8** 52,
  20 3 f.
– Aufrechnung durch die Gesellschaft
  7 12
– Ausnahmen **7** 11
siehe auch → *Kapitalaufbringung*
Aufsichtsrat 21 3, 10 f., 108 ff., **27** 3
– Abberufung **21** 154 ff.
– Allgemeine Sorgfaltshaftung **21** 190
– Amtsniederlegung **21** 153
– Aufgaben und Befugnisse **21** 108,
  128, **28** 25
– Ausschüsse **21** 165 ff.
– Beraterverträge **21** 160
– Beratung **21** 110, 119
– Bericht an die Hauptversammlung
– Beschlussfähigkeit **21** 178
– Beschlussfassung **21** 177 ff.
– Bestellung **21** 144 ff.
– Einsichts- und Prüfungsrecht
  21 113 f.
– Entsendungsrecht **21** 146 f.
– Erster Aufsichtsrat **19** 10, **28** 4
– Entlastung **24** 5
– fakultativer GmbH-Aufsichtsrat **11** 3,
  177 f.
– fehlerhafte Beschlüsse **21** 181
– Gesamtaufsichtsrat **21** 52, 55, 66,
  117, 167 , 169, 171
– Haftung **21** 11
– Hinderungsgründe **21** 135 f.
– Information **21** 111 ff., 171
– Interessenkonflikte **21** 138 f., 186
– Kontrolle **21** 109 f.
– konzernweite Pflichten **21** 122,
  33 24 ff.
– mitunternehmerisches Organ **21** 110
– obligatorischer GmbH-Aufsichtsrat
  11 179 ff.
– Professionalisierung **21** 10

– Prüfungsausschuss (audit committe)
  21 170 f.
– Sachkunde **21** 141 ff.
– Sitzungen **21** 1172 ff.
– Sorgfaltspflicht **21** 186, 189 f.
– Statusverfahren **21** 134, 143
– Treuepflicht **21** 187 f.
– Überwachung **21** 9, 108, 116 ff.,
  120 ff.
– Unabhängigkeit **21** 11, 140, 143
– Vergütung **21** 157 ff.
– Vertretung gegenüber Komplementä-
  ren **28** 27
– Vertretung gegenüber Vorstand
  21 43, 63, 66, 128
– Vorsitzender **21** 66, 161 ff., 174
– Wahlvorschlag **21** 142
– Zusammensetzung **21** 130 ff., **28** 24
– Zustimmungsvorbehalte **21** 123 ff.
siehe auch → *Business Judgment Rule,*
  Corporate Governance, fehlerhaftes
  Organ, Interorganstreit, Jahresab-
  schluss, Mitbestimmung
Auskunftsrecht 13 8 ff., **21** 254 ff.,
  28 49
– „Angelegenheiten der Gesellschaft"
  21 256
– Auskunft **13** 10 ff.
– Auskunftserzwingungsverfahren
  13 21, **21** 260
– Ausübungsschranken **13** 20, **21** 259
– Auskunftsverweigerung **13** 118,
  21 258
– Einsicht **13** 15
– Fragerecht **21** 254
ausländischer Notar 4 21, **12** 9
Ausschluss 12 51, 62 ff., **22** 27 f., **28** 43
– Ausschlussgrund **12** 63 f., **22** 28
– Ausschlussklage **12** 67, 69, 89
– Kapitalschutz **12** 66
– ultima ratio **12** 65, **22** 28
– Wirkungen **12** 71, 88 ff.
siehe auch → *Abfindung, Squeeze-out*
Austritt 12 51, 73 ff., **22** 29 f., **28** 44
– Austrittsgrund **12** 74
– Kapitalschutz **12** 76
– Wirkungen **12** 77
siehe auch → *Abfindung*
Auszahlungsverbot 8 13 ff.
– Ausnahmen **8** 33 ff.
– Austauschverträge **8** 19 ff.

– Auszahlung **8** 16
– bilanzielle Betrachtungsweise **8** 5,
  12, 20
– Darlehen **8** 22 ff.
– Drittvergleich **8** 19
– personelle Reichweite **8** 29 ff.
– Sicherheiten **8** 26
– Unterbilanz **8** 13
– verdeckte Verstöße **8** 17 f.
– Vollwertigkeits- und Deckungsgebot
  8 18
– Zurechnungseinheit **8** 32
siehe auch → *Einlagenrückgewähr,*
  Kapitalerhaltung, Rückzahlungs-/
  Rückgewähranspruch
„Autokran" (BGH) 10 18

B

Bareinlage
siehe → *Einlagen*
Beendigung 16 1, 24 ff., **17** 18, **26** 14 f.,
  28 73
siehe auch → *Auflösung, Liquidation,*
  Nachtragsliquidation
Befreiungsverbot 7 1, 6 ff., 58, **20** 3 f.
– Ausnahmen **7** 9
– Vergleich **7** 7
siehe auch → *Kapitalaufbringung*
Beherrschungsvertrag
siehe → *Vertragskonzern*
Beirat 11 4, 183
Beschlussfassung 11 142 ff., **21** 261,
  28 21
– Abstimmung 11, 142 f. **21** 261 ff.
– Auszählung **21** 265
– Beschlussfeststellung **11** 147, **21** 266
– kombinierte Beschlussfassung **11** 154
– Mehrheitserfordernisse **11** 145 f.,
  21 267 f.
– Mehrheitsprinzip **1** 8
– Niederschrift **11** 150, **21** 248
– ohne Präsenzversammlung **11** 153
siehe auch → *Gesellschafterversamm-*
  lung, Hauptversammlung, Stimm-
  recht
Beschlussmängel 11 167 ff., **21** 284 ff.
– Anfechtbarkeit **11** 171 ff., **21** 297 ff.
– Anfechtungsgründe **11** 172
– Aufsichtsratsbeschlüsse **21** 181
– Beurkundungsmängel **11** 169, **21** 289

– Bewertungsrügen **21** 305
– Einberufungsmängel **11** 132 ff., 168,
  21 235, 289
– Heilung **11** 134, 169, **21** 295
– Informationspflichtverletzungen
  21 304 ff.
– Inhaltsmängel **11** 172, **21** 284, 298 ff.
– Nichtigkeit **11** 168 ff., **21** 284 f.,
  288 ff.
– Nichtigkeitsgründe **11** 168, **21** 289
– Nichtigkeitsklage **11** 170, **21** 292
– Scheinbeschlüsse **21** 287
– Verfahrensmängel **11** 172, **21** 284,
  301 ff.
siehe auch → *Anfechtungsklage, Fest-*
  stellungsklage, Freigabeverfahren,
  Spruchverfahren, Treuepflicht
Bezugsrecht 15 13 ff., 29, **25** 14 ff.,
  39 ff., 70
– Ausübung **25** 16
– Bezugsrechtsausschluss **15** 17 ff.,
  25 10, 17 ff., 39 ff., 56 f.
– faktischer Bezugsrechtsausschluss
  25 23
– mittelbares Bezugsrecht **25** 29 ff.
– Nachbezugsrecht **15** 16
– vereinfachter Bezugsrechtsausschluss
  25 27
– Verwässerungseffekt **15** 13, **25** 14
Börsengesellschaftsrecht 1 33
Börsenzulassung 1 39
Börsengang 21 214
„Bremer Vulkan" (BGH) 10 19
Buchführung 14 1 ff., **24** 1
– doppelte Buchführung **14** 4
– Grundsätze ordnungsgemäßer Buchführung **14** 3
siehe auch → *Rechnungslegung, Jah-*
  resabschluss
Bundesanstalt für Finanzdienstleis-
  tungsaufsicht (BaFin) 18 6
Business Judgment Rule 11 68,
  21 84 ff., 190
siehe auch → *Geschäftsführer, Vorstand*

C

„Cartesio" (EuGH) 2 37, **34** 14
„Cash Pool II" (BGH) 7 69
Cash-Pooling 3 6, **7** 65 f.
– Kapitalaufbringung **7** 67 ff.
– Kapitalerhaltung **8** 27 ff.

„Centros" (EuGH) 2 32
Compliance 21 34 ff.
- Compliance-Beauftragter 21 35
- im Konzern 21 37, 33 6 ff.
Corporate Governance 1 26, 21 8 ff.,
- in der Publikums-KGaA 28 29
siehe auch → Aufsichtsrat, Abschluss-
    prüfer, Deutscher Corporate Gover-
    nance Kodex, Vorstand
culpa in contrahendo 11 103, 21 104

D

D&O-Versicherung 21 96, 191
„Daily Mail" (EuGH) 2 32, 37
Delisting 21 208 ff.
siehe auch → Pflichtangebot, Spruch-
    verfahren
Deregulierung des Aktienrechts 1 30
„Deutschland AG" 29 11, 43
Deutscher Corporate Governance
    Kodex (DCGK) 21 15 ff.
- Empfehlungen 21 18, 20
- Entsprechenserklärung 21 21 ff., 33,
    128
- verfassungsrechtliche Bedenken
    21 17
siehe auch → Corporate Governance
Differenzhaftung 4 73
siehe auch → Einlage, Gründung
Dividende
siehe → Gewinnanspruch

E

eigene Anteile 8 61 ff., 20 47 ff.
- Andienungs- und Bezugsrecht
    20 55 f.
- Einsatzmöglichkeiten 20 51
- Ruhen der Mitgliedschaftsrechte
    8 65, 14 28
Eigenkapital 1 21 f., 25 58, 66
- Kapitalbedarf und Eigenkapitalaus-
    stattung 9 1 ff.
- materielle Unterkapitalisierung 10 24
siehe auch → Mezzanine-Kapital
Eigenkapitalersatz 9 5 ff.
- Begriff der Krise 9 10
- Finanzierungsfolgenverantwortung
    9 6
- Neukonzeption durch das MoMiG
    9 11 ff.
- Novellenregeln 9 8

- Rechtsprechungsregeln 9 5 ff.
- Übergangsrecht 9 16
siehe auch → Gesellschafterdarlehen,
    Gesellschafterbesicherte Drittdarle-
    hen, Nutzungsüberlassung
Eigentumsgarantie 18 33, 21 209
Eingliederung 25 47, 29 20, 32 52 ff.
Einlage 4 44 ff., 5 11, 13 38, 19 11 ff.,
    23 13, 28 4, 51
- Änderung 4 69
- Bareinlage 4 44, 47 ff., 5 12, 15 10,
    19 12
- Bewertung 4 71 ff.
- Dienstleistungen 4 62
- endgültige freie Verfügbarkeit
    4 50 f., 70
- Fälligstellung 7 72
- gemischte Sacheinlage 4 60
- Mängelgewährleistung 4 79
- Mindesteinzahlung 4 49, 5 11, 19 12,
    14
- Mischeinlagen 4 44, 15 22
- Nebenleistungspflichten 23 14
- Sacheinlage 4 44, 58 ff, 5 12, 15 10,
    28, 19 13 f., 25 9
- Sachübernahme 4 59, 19 13
- Stammeinlage 4 33
- Überbewertung 4 73 ff.
- Vermögenseinlage 28 8 f., 57
- Verwendungsabreden 4 54
- Zahlung auf debitorisches Konto
    4 52 f.
siehe auch → Kapitalaufbringung
Einlagenrückgewähr 1 17, 20 25 ff.,
    24 19
- bilanzielle Betrachtungsweise 20 29
- Konzernprivileg 20 32
- Normzweck 20 27
- umfassende Vermögensbindung
    20 32
- Verbotstatbestand 20 28 ff.
- Zurechnung 20 30
siehe auch → Anlegerschutz, Auszah-
    lungsverbot, Kapitalerhaltung, Rück-
    zahlungs-/Rückgewähranspruch
Einpersonengesellschaft 1 9
    siehe auch → Gründung
Eintragungshindernis 4 73 f.
Einziehung 12 53 ff., 77, 22 26, 25 88
- Einziehungsentgelt 12 55
- Einziehungsgrund 12 58

– freiwillige Einziehung **12** 56
– Zwangseinziehung **12** 57
siehe auch → *Abfindung, Kapitalherab-*
setzung
Ergebnisverwendung 14 20 ff.,
24 10 ff., **28** 66
– Offenlegung **14** 30 f.
siehe auch → *Jahresabschluss,*
Rechnungslegung
„Eurobike" (BGH) 7 63
Europäische Interessenvereinigung
(EWiV) 2 5
Existenzvernichtungshaftung 10 17 ff.,
31 50 ff., 74
– „Aschenputtel-Konstellationen"
10 24
– deliktische Innenhaftung **10** 20 f.
– ersatzfähiger Schaden **10** 32
– Geschäftsführerhaftung **11** 62
– Haftungsvoraussetzungen **10** 21 ff.
– materielle Unterkapitalisierung **10** 24
– Sittenwidrigkeit **10** 25
– Täter und Teilnehmer **10** 30 f.

F

faktischer Konzern 29 20, **31** 1 ff.,
14 ff.
– Abhängigkeitsbericht **29** 31, **31** 36 ff.
– Doppelmandate **31** 2
– GmbH **31** 62 ff.
– Matrix-Organisation **31** 29
– Nachteilsausgleich **31** 5, 18 ff., **33** ff.
– Organhaftung **31** 8, 43 ff.
– qualifiziert-faktischer Konzern
31 50 ff.
– Veranlassung **31** 31 ff.
– Vermögensbindung **20** 33, **31** 23 ff.
siehe auch → *Existenzvernichtungs-*
haftung
Fälligkeitszinsen 7 73
siehe auch → *Einlage*
fehlerhafte Gesellschaft 4 97, **19** 18,
21 151
fehlerhaftes Organ 21 58, 151 f.
„Feldmühle" (BVerfG) 18 33
Feststellungsklage 11 149, 170, **21** 63,
292, **25** 243
– positive Beschlussfeststellungsklage
11 165, **13** 33, 51, **23** 23
financial assistance 20 18 ff.
– Leveraged Buyout **20** 20

siehe auch → *Hin- und Herzahlen,*
Kapitalerhaltung
Firma 4 27 f., **5** 5, **17** 21
Formkaufmann 1 11, **5** 1, **27** 1
Formwechsel 34 11, 72 ff.
– Kapitaldeckungsprinzip **34** 75
siehe auch → *Abfindung, Börsengang,*
Delisting
Freigabeverfahren 21 312 ff., **32** 15,
34 52
Fremdorganschaft 1 7, **11** 12
Fremdkapital 1 21, 23, **9** 3, **25** 66
Funktionen des Kapitals 1 16 ff.
– Gläubigerschutz **1** 17
– Risikobeitrag **1** 2, 18
– Seriositätsfunktion **1** 20
– Verlustpuffer **1** 17
Führungslosigkeit 3 7
– Insolvenzantrag **21** 128
– Passivvertretung **11** 22, **21** 42

G

„Gamma" (BGH) 10 15
„Gelatine" (BGH) 21 202 ff., **33** 27
Genussrechte 25 2, 58, 65 ff.
siehe auch → *Bezugsrecht*
Gesamtkapital 28 54
Geschäftsanteile 1 24, **3** 5, **4** 33 f.,
12 1 f., **15** 9
– Abtretung **12** 21 ff., 50
– derivativer Erwerb **12** 4, 21 ff.
– dingliche Belastung **12** 46
– Erwerb vom Nichtberechtigten
12 31 f.
– Nachfolgeklauseln **12** 44
– originärer Erwerb **12** 3
– stimmrechtslose Anteile **11** 160
– Vererbung **12** 4, 42 ff.
– Vermächtnis **12** 45
– Vinkulierung **12** 26 ff., **30** 5
– Zwangsvollstreckung **12** 48 f.
siehe auch → *Gesellschafterliste, Mit-*
gliedschaft
Geschäftschancen 11 67, **21** 83, 186
siehe auch → *Wettbewerbsverbot*
Geschäftsführer 11 2, 6 ff.
– Abberufung **11** 24 ff.
– allgemeine Sorgfaltshaftung **11** 64 ff.
– Amtsniederlegung **11** 34 ff.
– Anstellungsvertrag **11** 15, 37 ff.
– ausländische Geschäftsführer **11** 14

– Ausschlussgründe (Inhabilität) **3** 7,
  11 13, 35
– Bestellung **4** 43, **11** 15 ff.
– Entlastung **11** 76 f.
– Haftung gegenüber der GmbH
  (Innenhaftung) **8** 58, **11** 60 ff., 87 ff.
– Haftung gegenüber Gesellschaftern
  11 115 ff.
– Haftung gegenüber Gesellschafts-
  gläubigern (Außenhaftung) **11** 102 ff.
– Insolvenzantragspflicht **11** 108 ff.
– Kündigung **11** 47 ff.
– Legalitätspflicht **11** 67
– Mindestanforderungen **11** 13
– Missbrauch der Vertretungsmacht
  11 58
– Notgeschäftsführer **11** 21
– Pflichten und Befugnisse **11** 8 ff.
– Treuepflicht **11** 10, 36, 39, 44 f.
– Umfang der Vertretungsmacht
  11 56 ff.
– Vergütung **11** 43ff.
– Verschwiegenheit **11** 10, 36
– Vertretung **11** 53
– Weisungsgebundenheit **11** 2, 9, 70 ff.
– Wettbewerbsverbot **11** 11
Gesellschafterdarlehen 9 1 ff., **28** 62
– bilanzielle Behandlung **9** 33
– Insolvenzanfechtung **9** 29 ff.
– Nachrang in der Insolvenz **9** 28
– Normadressaten **9** 19 ff.
– Kleinbeteiligtenprivileg **9** 24 f.
– konzernrechtliche Zurechnung **9** 22
– Sanierungsprivileg **9** 26
– wirtschaftlich entsprechende Rechts-
  handlungen **9** 22, 27
siehe auch → Eigenkapitalersatz
**gesellschafterbesicherte Drittdarlehen
  9** 34
siehe auch → Eigenkapitalersatz
Gesellschafterklage
siehe → actio pro socio
Gesellschafterliste 4 83, **12** 6 ff.
– aufschiebend bedingte Verfügung
  12 40 f.
– Erwerb vom Nichtberechtigten
  12 31 ff.
– formelles Konsensprinzip **12** 8
– Gesamtrechtsnachfolge **12** 18
– Legitimationswirkung **12** 12 ff.
– Rechtsscheinträger **3** 6, 20, 31

– Scheinerwerber **12** 16 f.
– Widerspruch **12** 31, 41
– Zurechenbarkeit **12** 38 f.
*siehe auch → ausländischer Notar,
  Mitgliedschaft*
Gesellschafterversammlung 11 2
– Einberufung **11** 123 ff.
– Grundlagenkompetenz **11** 121
– Kompetenz-Kompetenz **11** 122
– oberstes Organ **11** 3, 117
– Präsenzversammlung **11** 153
– Rede- und Antragsrecht **11** 138
– Teilnahmerecht **11** 137, 138 f.
– Versammlungsleiter **11** 141
– Vollversammlung **11** 132
– Weisungsrecht **11** 3
– Zuständigkeiten **11** 120 ff.
*siehe auch → Beschlussfassung, Be-
  schlussmängel*
Gesellschaftsstatut 2 28
Gesellschaftsvertrag (GmbH) 4 18 ff.
– Auslegung **4** 40 ff.
– Doppelfunktion **4** 18
– fakultativer Inhalt **4** 35
– Mindestinhalt **4** 26 ff.
– notarielle Beurkundung **4** 19 ff.
– Sacheinlagevereinbarung **4** 63 f.
– schuldrechtliche Nebenabreden **4** 38
– Vertretung **4** 24 f.
siehe auch → Gründung
Gesellschaftszweck 4 30
siehe auch → Unternehmensgegenstand
Gewinnabführungsvertrag
siehe → Vertragskonzern
Gewinnanspruch 14 28 f., **17** 42 f.,
  24 17, **28** 67
siehe auch → Ergebnisverwendung
Gewinnanteilsschein 22 17, **24** 17
Gewinnschuldverschreibungen 25 2,
  64, 67
*siehe auch → Bezugsrecht, Schuldver-
  schreibungen*
Gewinnverwendung
siehe → Ergebnisverwendung
Gleichbehandlungsgebot 13 61 ff.,
  21 298, 300, **23** 27 ff., **28** 34, **28** 52
– Adressat **13** 62, **23** 27
– Maßstab **13** 63, **23** 32
– Rechtsfolgen von Verstößen **13** 64,
  23 36 f.
– Verzicht **23** 234 f.

– Willkürverbot **13** 62, **23** 29 ff.
GmbH & Co. KG 17 1 ff.
– Bedeutung **17** 4
– beteiligungsidentische GmbH & Co.
  KG **17** 12
– Einheitsgesellschaft **17** 13
– Gesellschafterhaftung **17** 25 ff.
– Kapitalanlagegesellschaften **17** 9
– Komplementärfähigkeit **17** 3
– Motive **17** 5 ff.
– Rechnungslegung **17** 44
– Rechtsformzusatz **17** 21
– Stellung der Kommanditisten **17** 38
– Vertretung **17** 23
siehe auch → *Kapitalaufbringung,*
  Kapitalerhaltung
Gründer 4 11 ff., **28** 2
– beschränkt Geschäftsfähige **4** 12
Grundkapital 18 12 ff.
siehe auch → *Aktie, Einlage, Funktionen*
  des Kapitals
Gründung 2 11 ff., **4** 1 ff., **5** 7 f.,
  19 1 ff., **28** 1
– Anmeldung zum Handelsregister
  4 82 ff.
– Einpersonengründung **4** 17
– Eintragung in das Handelsregister
  4 95 f.
– Gründungsbericht **19** 15, **28** 5
– Gründungsprüfung **19** 16, **28** 5, 9
– Musterprotokoll **4** 22
– Prüfung des Registergerichts **4** 90 ff.
– Sachgründungsbericht **4** 66 ff., 83,
  28 9
– Strohmanngründung **4** 17, **19** 17
– vereinfachtes Verfahren **4** 22
– Versicherung **4** 85 ff.
Gründungshaftung 4 84, **19** 17
Gründungsmängel 4 23, 97 ff.,
  19 18 ff.
siehe auch → *fehlerhafte Gesellschaft,*
  Nichtigkeitsklage
Gründungstheorie 2 28 f., **3** 6

H

Haftungsbeschränkung 1 12
Haftungsdurchgriff 10 3, 5 ff.
– materielle Unterkapitalisierung **10** 7,
  12 ff.
– Missbrauchslehre **10** 5

– Normzwecklehre **10** 5
– Vermögensvermischung **10** 7 f.
– Waschkorblagen **10** 8
siehe auch → *Existenzvernichtungs-*
  haftung
Handelndenhaftung 4 108, **6** 27 ff.
siehe auch → *Vorgesellschaft*
Handelsgesellschaft 1 11
Harmonisierung 2 1, 4
siehe auch → *Richtlinien*
Hauptversammlung 2 15, **21** 1, 192 ff.,
  28 16 ff.
– Ablauf **21** 244 ff., **28** 19
– Aktionärsanträge **21** 233 f.
– Anmeldung **21** 225
– außerordentliche Hauptversammlung
  21 217
– Einberufung **21** 215 ff., **28** 19
– Einberufungsfrist **21** 224
– Enumerationsprinzip **21** 198
– „Holzmüller/Gelatine"-Grundsätze
  21 200 ff., **24** 16, **29** 8, **33** 26 f.
– Kompetenzen **21** 195 ff., **28** 17
– Legitimationsverlust **29** 15
– Mehrheitserfordernisse **21** 267 ff.
– Mitteilungspflichten **21** 230 ff.
– Niederschrift **21** 248
– Online-Teilnahme **21** 239 f.
– ordentliche Hauptversammlung
  21 216
– Rederecht **21** 259
– Tagesordnung **21** 222, 228, 247
– Teilnahmerecht **21** 236, **28** 20
– Teilnehmerverzeichnis **21** 246
– Votum zum Vergütungssystem **21** 78
– Versammlungsleitung **21** 163, 245
– Versammlungsort **21** 220
– Versammlungszeit **21** 221
– „virtuelle" Hauptversammlung
  21 239 f.
– Vollversammlung **21** 235
siehe auch → *Auskunftsrecht, Beschluss-*
  fassung, Börsengang, Delisting,
  Kommanditaktionäre, Stimmrecht
Hin- und Herzahlen 7 45 ff., **20** 15 ff.
– Abrede **7** 49
– Befreiungsverbot **7** 58
– Dienstleistungen **7** 61
– Her- und Hinzahlen **7** 60
– Offenlegung **7** 56
– Rechtsfolgen **7** 57

– Rückgewähranspruch **7** 52
– Verzinsung **7** 53
– Voraussetzungen der Privilegierung
  7 50 ff.
siehe auch → financial assistance,
  Kapitalaufbringung, verdeckte Sach-
  einlage
„Holzmüller" (BGH) 21 200 f., **33** 26
„Holzmüller/Gelatine"-Grundsätze
siehe → Hauptversammlung

I

Idealverein 1 10
Indossament 18 23, **22** 9 ff.
– Blankoindossament **18** 24, **22** 12
– Indossamentenkette **22** 10 f.
siehe auch → Aktie
inländische Geschäftsanschrift 3 6,
  4 84
Insolvenz
– Insolvenzantragspflicht **11** 108 ff.
– Insolvenzgründe **11** 93, 110, **17** 20
– Insolvenzverschleppungshaftung
  11 108 ff.
– Zahlungen nach Insolvenzreife
  11 87 ff.
siehe auch → Auflösung, Quotenscha-
  den, Überschuldung, Zahlungsunfä-
  higkeit
„Inspire Art" (EuGH) 2 35
institutionelle Investoren
siehe → Aktionärskreis
Internationales Gesellschaftsrecht
  2 28
siehe auch → Gründungstheorie, Sitz-
  theorie
Interorganstreit 21 117

J

Jahresabschluss 14 5 ff., **16** ff., **24** 1,
  28 64 f.
– Bilanz **14** 4, 6
– Anhang **14** 11, **24** 1, **31** 41
– Aufstellung **14** 16, **24** 3
– Bilanzgewinn/Bilanzverlust **14** 24,
  28 64
– Feststellung **14** 18 f., **24** 6 ff., **28** 28,
  28 65
– Gewinn- und Verlustrechnung (GuV)
  14 4, 7

– Jahresüberschuss/Jahresfehlbetrag
  14 21 f.
– Nichtigkeit **14** 19, **21** 289, **24** 19
– Offenlegung **14** 30 f.
– Prüfung **14** 17, **21** 128, **24** 2 ,4
siehe auch → Abschlussprüfung, Rech-
  nungslegung, Ergebnisverwendung
juristische Person 1 3, **2** 8, **5** 4

K

Kaduzierung 7 74 ff., **12** 50, **13** 43,
  22 25
– Ausfallhaftung **7** 82 ff.
– Haftung der Vormänner **7** 80
siehe auch → Kapitalaufbringung
„Kali & Salz" (BGH) 25 19
Kapitalanteil 28 55
Kapitalaufbringung 7 1 ff., **17** 27,
  20 1, 3 ff., 56 f.
– GmbH & Co. KG **17** 27 ff.
– Prinzip der realen Kapitalaufbringung
  7 1 ff., **20** 3
siehe auch → Aufrechnungsverbot,
  Befreiungsverbot, Cash-Pooling,
  Hin- und Herzahlen, verdeckte Sach-
  einlage, Zurückbehaltungsrecht
Kapitalerhaltung 8 1 ff., **20** 1, 25 ff.,
  28 58 ff.
– Alternativkonzepte **8** 8
– bilanzielle Betrachtungsweise **8** 5,
  12, 20
– GmbH & Co. KG **17** 35 ff.
– Kapitalschutz vs. Anlegerschutz
  20 40 ff.
– Vermögensbindung im Konzern
  8 33 f., **20** 32 ff., **31** 23 ff., **32** 31
siehe auch → Auszahlungsverbot, Cash-
  Pooling, Einlagenrückgewähr, Rück-
  zahlungs-/Rückgewähranspruch
Kapitalerhöhung 5 13 ff., **15** 1 ff., **24** 1,
  4 ff., **34** 20 ff.
– bedingte Kapitalerhöhung **21** 158,
  24 1, 44 ff.
– Bezugsaktien **25** 54
– „Bis-zu-Kapitalerhöhung" **25** 7
– Durchführung **15** 20 ff., **25** 11 ff.,
  35 ff., 52 ff.
– Fremdemission **25** 13
– genehmigtes Kapital **15** 25 ff., **24** 1,
  31 ff.

- Kapitalerhöhung aus Gesellschaftsmitteln **5** 17, **15** 3, 31 ff., **24** 1,
  25 74 ff.
- Kapitalerhöhungsbeschluss **15** 6 ff.,
  25 4 ff., 32 ff., 50 f., 75
- ordentliche Kapitalerhöhung **15** 2,
  5 ff., **24** 1, 4 ff.
- Sachkapitalerhöhungsbericht **15** 11,
  25 9
- Übernahmevertrag **15** 20 f., **25** 11
- Zeichnungsschein **25** 11
siehe auch → *Bezugsrecht, Einlage,*
  Satzungsänderung
Kapitalherabsetzung 15 4, 36 ff., **25** 3,
  79 ff.
- Kapitalschnitt **15** 4, 40, **25** 3
- vereinfachte Kapitalherabsetzung
  15 4, 39, **25** 86 ff.
siehe auch → *Einziehung*
kapitalmarktorientierte Kapitalgesell-
  schaft 1 40
Kapitalmarktrecht 1 32, **18** 6 f., 34 ff.
siehe auch → *Anlegerschutz, Börsenge-*
  sellschaftsrecht
Kapitalsammelfunktion 1 13 , 25, **18** 9
„Keinmann-GmbH" 8 67
siehe auch → *eigene Anteile*
Klageerzwingungsverfahren 21 99 f.,
  191, **23** 4
Klagezulassungsverfahren 21 102 f.,
  191, **23** 4
„kleine AG" 1 30, **18** 8
Klumpenrisiko 8 23
Kommanditaktionäre 27 2 ff., **28** 16,
  57 ff.
siehe auch → *Hauptversammlung, Mit-*
  gliedschaft
Komplementäre 17 1 ff., **27** 2 ff.,
  28 32 ff.
- Funktionsverlust **28** 13 ff.
- Geschäftsführung **28** 10
- Haftung **27** 4, **28** 33, 38
- Kapitalerhaltung **28** 59 f.
- Komplementärfähigkeit **17** 3
- Vermögenseinlage **28** 8 f., 57
- Vertretung **28** 11 f.
- Zustimmungsvorbehalt **28** 18, 36
siehe auch → *GmbH & Co. KG, Mit-*
  gliedschaft
Konzern 29 1 ff.
- einheitliche Leitung **29** 40
- Gleichordnungskonzern **29** 42

- Informationsordnung **33** 15 f., 28 ff.
- Konzernbildung **21** 203, **30** 1 ff.
- Konzerneingangskontrolle **30** 1 ff.
- Konzernfinanzierung **29** 9, **32** 31
- Konzernleitung **21** 203, **33** 3 ff.
- Konzernklausel **21** 40, **33** 2
- Schwestergesellschaft **29** 16, **33** 36 f.
- Vorteile **31** 4
- Wettbewerbsverbot **33** 30 ff.
- Zurechnung **33** 33 ff.
siehe auch → *Abhängigkeit, faktischer*
  Konzern, Cash-Pooling, Compliance,
  Unternehmensbegriff, Vertragskon-
  zern
Konzernrecht
- Notwendigkeit **29** 11 ff.
- Organisationsrecht **29** 6 ff., **33** 1 ff.
- Schutzrecht **29** 2 ff.

L

Legalitätspflicht 11 67, **21** 82, **33** 6
Leistungsklage 11 165
Liquidation 12 52, **16** 1, 18 ff., **26** 6 ff.,
  28 71 f.
- Abwickler **26** 9 f.
- Anspruch auf Anteil am Liquidati-
  onserlös **16** 22, **26** 12, **28** 72
- Eröffnungsbilanz **14** 21, **26** 11
- Liquidatoren **11** 5, 21, **26** 9 f.
- Sperrjahr **16** 22, **26** 12
siehe auch → *Auflösung, Beendigung*

M

„Macrotron" (BGH) 21 208 ff.
Mantelverwendung 4 104 ff.
  siehe auch → *Vorratsgründung*
Mezzanine-Kapital 25 2
siehe auch → *Genussrechte, Optionsan-*
  leihen, Wandelanleihen
Mediatisierungseffekt 21 203
Mitgliedschaft 12 1 ff., **13** 1 ff.,
  18 15 ff., **22** 1 ff., **23** 1 ff.
- Abwehrklage (actio negatoria)
  23 10 f.
- Beendigung **12** 50 ff., **22** 24 ff.,
  28 39 ff., 53
- deliktischer Schutz **11** 116, **13** 1,
  21 106, **23** 1, 10
- Erwerb **12** 1 ff., **22** 4 ff., **28** 39 ff., 53
- Haupt- und Hilfsrechte **23** 5, 32

– Minderheitsrechte **13** 3, **23** 4
– Stammrecht **13** 6, **23** 5
– Vermögensrechte **13** 2, 4, **23** 2, 5,
  28 50
– Verwaltungsrechte **13** 2 f., **23** 2 ff.,
  28 48 ff.
siehe auch → *Abspaltungsverbot, Ak-*
  tien, Auskunftsrecht, eigene Anteile,
  Geschäftsanteil, Gewinnanspruch,
  Gleichbehandlungsgebot, Stimm-
  recht, Treuepflicht
Mitbestimmung 2 19 ff., **11** 179, **17** 8,
  21 130 ff.
– Arbeitsdirektor **21** 45
– Drittelbeteiligungsgesetz **2** 19,
  11 180, **21** 133
– Mitbestimmungsgesetz **2** 19,
  11 181 f., **21** 132
– Statusverfahren **21** 134
– Verhandlungslösung (SE) **2** 19
siehe auch →*Aufsichtsrat*
MoMiG 2 4 ff.
„Moto-Meter“ (BVerfG) 18 33
„MPS“ (BGH) 20 33, **31** 22
Musterprotokoll
siehe → *Gründung*

N

Nachgründung 20 8 ff.
Nachschüsse 8 37
– Nachschusspflicht **13** 39 ff.
– Preisgabe (Abandon) **13** 44
Nachtragsliquidation 16 25 f., **26** 15
Nichtigkeitsklage 4 98 ff. , **16** 16, **19** 19
– Nichtigkeitsgründe **4** 98
siehe auch → *Auflösung*
Niederlassungsfreiheit 2 26 ff., **34** 13
siehe auch → *Sitzverlegung*
„November“-Urteil (BGH) 7 67, **8** 10 f.
Nutzungsüberlassung 9 35 ff.
– Ausgleichsanspruch **9** 38
– Ausschluss des Aussonderungsrechts
  9 37
siehe auch → *Eigenkapitalersatz*

O

Optionsanleihen 25 1, 61 ff.
– Optionsschein **25** 62
siehe auch → *Bezugsrecht, Schuldver-*
  schreibungen, stock options

P

Pflichtangebot
– Delisting/Börsengang **21** 211 ff.
– Kontrollerwerb **30** 10
piercing the corporate veil 10 6
Prinzipal-Agent-Theorie 21 5 ff.
Proxy-Voting 21 280
siehe auch → *Stimmrecht*
Publikumsgesellschaft 1 13, 26, **25** 24
– GmbH & Co. KG **17** 14
– atypische KGaA **28** 8 f.

Q

„Qivive“ (BGH) 7 62
Quotenschaden 11 113
siehe auch → *Insolvenz*

R

Rechnungslegung 14 5 ff., **21** 9, **24** 1,
  28 64
– Bewertungsspielräume **14** 10
– Bilanzierungsgrundsätze **14** 9
– GmbH & Co. KG **17** 44
– International Financial Reporting
  Standards (IFRS) **14** 10, **31** 40
–   true and fair view **14** 11
siehe auch → *Abschlussprüfer, Buchfüh-*
  rung, Jahresabschluss
Rechtsanwalts-GmbH 1 11
Rechtsformmissbrauch 1 12, **6** 23,
  10 5, 9, 14
Rechtsscheinhaftung 5 5, **17** 21
Richtlinien 2 2
– richtlinienkonforme Auslegung **2** 4
siehe auch → *Harmonisierung*
Risikobeitrag 1 2, 18, **4** 106, **7** 1, **8** 6,
  9 15, **17** 30, 33
Rücklagen 1 22, **5** 16 f., **20** 2, **24** 11 ff.
– Gewinnrücklagen **14** 20
– Rücklagenbildung im Konzern
  24 13 ff.
– Selbstfinanzierungsinteresse **24** 11
Rückzahlung-/Rückgewähranspruch
  8 39 ff., **20** 35 ff.
– Ausfallhaftung **8** 53 ff.
– Haftungsumfang **8** 46 ff.
– Privilegierung des gutgläubigen
  Empfängers **8** 50, **20** 37
– Wertersatz **8** 43, **20** 35

siehe auch → *Auszahlungsverbot, Einlagenrückgewähr, Kapitalerhaltung*

S

Sacheinlage
siehe → *Einlage*
Satzung (AG) 19 4 ff.
- Auslegung **19** 9
- Gründungsaufwand **19** 8
- Inhalt **19** 7
- notarielle Beurkundung **19** 5
- Sacheinlagevereinbarung **19** 13
- Sondervorteile **19** 8
siehe auch → *Gesellschaftsvertrag (GmbH), Gründung*
Satzungsänderung 11 146, 151, **21** 268
siehe auch → *Kapitalerhöhung, Kapitalherabsetzung*
Satzungsdurchbrechung 11 151
Satzungssitz 2 28, **4** 27, 29
Satzungsstrenge 1 27, **21** 4, **27** 7
Schuldverschreibungen 1 23, **18** 21, **25** 59 ff., 71 f.
- AGB-Kontrolle **25** 73
- Schuldverschreibungsgesetz **25** 73
siehe auch → *Genussrecht, Gewinnschuldverschreibungen, Optionsanleihen, Wandelanleihen*
Schutzgesetz 11 106, 111
Selbstorganschaft 1 6, **27** 12, 14
"Sevic" (EuGH) 2 36 f., **34** 13
shareholder value
siehe → *Unternehmensinteresse*
"Siemens/Nold" (BGH) 25 40 ff.
Sitztheorie 2 28, 30, 39 f.
Sitzverlegung 2 28 ff.
- Niederlassungsfreiheit **2** 26 ff.
- Wegzug **2** 31 f., 37 f.
- Zuzug **2** 31, 33 ff., 38
siehe auch → *Niederlassungsfreiheit, Verwaltungssitz*
Societas Europaea (SE) 1 1, **2** 5 ff.
- Bedeutung **2** 22 f.
- dualistisches System **2** 16 f.
- Gründung **2** 11 ff.
- Mindestkapital **2** 19 ff.
- Mitbestimmung **2** 18 ff.
- monistisches (Board-)System **2** 16 ff.
- Organe **2** 15 ff.
- Satzungssitz **2** 10

Societas Privata Europaea (SPE) 1 1, **2** 24 ff.
Societas Cooperativa Europaea (SCE) 2 2
Solvenztest 8 8
siehe auch → *Kapitalerhaltung*
Sonderprüfung 21 101, **23** 4
Spaltung 34 60 ff.
- Ablauf **34** 65
- Abspaltung **34** 62
- Aufspaltung **34** 61
- Ausgliederung **34** 63
- Gesamtrechtnachfolge **34** 10
- Gläubigerschutz **34** 69 ff.
- Spaltungsvertrag **34** 66
- zur Aufnahme **34** 60, 68
- zur Neugründung **34** 60
Spruchverfahren 21 211, 305, **22** 40, **32** 14, 67, **34** 50
Squeeze-out 18 33, **22** 7, **22** 32 ff.
- aktienrechtlichter Squeeze-out **22** 32 ff.
- Andienungsrecht **22** 45
- Rechtsschutz **22** 39 f.
- "Sell-out" **22** 45
- übernahmerechtlicher Squeeze-out **22** 41 ff.
- umwandlungsrechtlicher Squeeze-out **22** 47
siehe auch → *Abfindung, Spruchverfahren*
Stammkapital 4 32, **5** 2, 9 f.
siehe auch → *Einlage, Funktionen des Kapitals, Geschäftsanteile*
stille Gesellschaft 25 58, **32** 4
Stimmrecht 11 156 ff., **21** 270 ff., **28** 22 f.
- bewegliche Ausübungsschranken **11** 164, **21** 276
- Depotstimmrecht **21** 281 ff.
- Höchststimmrechte **21** 274
- Legitimationsübertragung **21** 283
- positive Stimmpflicht **11** 165
- Stimmbindungsvereinbarungen **11** 166, **21** 277
- Stimmrechtsausschluss **11** 30, 161 ff., **15** 19, **21** 275, **28** 23
- Stimmrechtsvertretung **11** 159, **21** 279 ff.
siehe auch → *Beschlussfassung, Mitgliedschaft, Treuepflicht*

stock options 21 158, **25** 45, 48 ff.
System der Normativbedingungen
  1 4 f.

T

„TBB" (BGH) 10 18
Trennungsprinzip 10 1
siehe auch → Haftungsdurchgriff, Zu-
  rechnungsdurchgriff
Treuepflicht 13 46 ff., **23** 15 ff., **28** 52,
  31 62 ff.
– Aufsichtsrat **21** 187 f.
– Einpersonengesellschaft **13** 53, **31** 71
  ff.
– Geschäftsführer **11** 10, 36
– Inhalt **13** 47 ff., **23** 18 ff.
– Maßstab **13** 48
– Rechtsfolgen bei Verstößen **13** 50 ff.,
  23 22 f.
– Vorstand **21** 83
siehe auch → Mitgliedschaft, Stimm-
  recht, Wettbewerbsverbot
„Trihotel" (BGH) 10 20

U

Überschuldung 8 14, **11** 96 ff., 110,
  17 20
– Fortführungsprognose **11** 100
– Fortführungswerte **11** 97
– Überschuldungsbilanz **9** 33, **11** 97,
  99 f.
– Zerschlagungswerte **11** 97
– zweistufiger Überschuldungsbegriff
  11 96, 98
siehe auch → Insolvenz
„Überseering" (EuGH) 2 34
Umwandlungsrecht 34 1 ff.
– Gesamtrechtsnachfolge **34** 10
– Prinzip der Anteilsgewährung
  34 13 ff.
– Strukturprinzipien **34** 10 ff.
– Vereinfachungseffekt **34** 5, 11
siehe auch → Formwechsel, Spaltung,
  Verschmelzung, Vermögensübertra-
  gung
Unterbilanz 4 57, **8** 13 ff.
– Beseitigung **8** 51
siehe auch → Auszahlungsverbot
Unternehmensbegriff 29 22

– Körperschaften des öffentlichen
  Rechts **29** 27
Unternehmensbewertung 12 82
– Ertragswertmethode **12** 82
– Discounted-Cashflow-Methode **12** 82
– Substanzwertmethode **12** 82
siehe auch → Abfindung
Unternehmensgegenstand 1 11, **3** 8,
  4 27, 30 f., **21** 39
– Konzernklausel **21** 40, **33** 2
– Unterschreitung **21** 39
Unternehmensinteresse 21 25 ff.
– shareholder value **21** 26, 29
– Stakeholder-Interessen **21** 27
Unternehmergesellschaft (haftungsbe-
  schränkt) 1 19, **3** 5, **5** 1 ff.
– Gewinnerzielungsabsicht **5** 20 ff.
– „GmbH light" **5** 1
– Kapitalerhöhung **5** 13
– Rechtsformzusatz **5** 5f., 24 f.
– Sacheinlageverbot **5** 12, 14, **34** 6
– Thesaurierungspflicht **5** 16
– Übergang zur GmbH **5** 23 ff.
– Verschmelzungsfähigkeit **34** 6
– Volleinzahlungsgebot **5** 11, 15
Unterpari-Emission 15 8, **19** 11

V

verbundene Unternehmen
siehe → Abhängigkeit, Konzern, wech-
  selseitige Beteiligung
verdeckte Sacheinlage 3 5, **7** 18 ff.,
  20 5 ff.
– Abrede **7** 27 ff
– Anrechnungslösung **7** 22, 34 ff.
– Dienstleistungen **7** 29
– Gegengeschäft **7** 24
– Heilung **7** 43 f.
– Legaldefinition **7** 23
– Rechtsfolgen **7** 32 ff.
– Rechtsprechungsregeln **7** 20 ff.
– Strafbarkeit **7** 22
– Tatbestand **7** 23 ff.
– Umgehungsschutz **7** 19
– Unternehmergesellschaft (haftungs-
  beschränkt) **7** 30 f.
– verdeckte gemischte Sacheinlage
  7 40
– Zurechnungseinheit **7** 26
siehe auch → Kapitalaufbringung

Verkehrssicherungspflichten 11 105
Verlustdeckungshaftung 6 21 ff., **28** 7
siehe auch → *Vorgesellschaft*
Vermögenseinlagen
siehe → *Komplementäre*
Vermögensübertragung
– Gesamtrechtnachfolge **34** 10
Verschmelzung 34 1 ff.
– Ablauf **34** 15 ff.
– Anteilsgewährung **34** 28 ff.
– arbeitnehmerbezogene Angaben
  34 39 f.
– Beteiligungsfähigkeit **34** 5 ff.
– Down-Stream-Merger **34** 23
– Gesamtrechtnachfolge **34** 10, 55 f.
– grenzüberschreitende Verschmelzung
  2 36 f., **34** 11 ff.
– Heraus-Verschmelzung **34** 4
– Herein-Verschmelzung **34** 13
– Kettenverschmelzung **34** 4
– Konzernverschmelzung **34** 21
– Mischverschmelzung **34** 3
– NewCo **34** 2
– Sicherheitsleistung **34** 26, 57
– Sonderrechte **34** 35
– Stichtag **34** 36 f.
– Rechtschutz **34** 48 ff.
– Registersperre **34** 51
– Umtauschverhältnis **34** 28 ff.
– Verschmelzungsbericht **34** 42 f.
– Verschmelzungsbeschluss **34** 46 f.
– Verschmelzungsprüfung **34** 44 f.
– Verschmelzungsvertrag **34** 27
– zur Aufnahme **34** 1
– zur Neugründung **4** 3, **34** 1, 41
siehe auch → *Abfindung*
Vertragskonzern 29 20, **32** 1 ff.
– Abfindung **32** 42 f.
– angemessener Ausgleich **32** 44
– Ausgleichsanspruch **32** 1, 67
– Beherrschungsvertrag **25** 47, **32** 1,
  6 ff.
– fehlerhafter Unternehmensvertrag
  32 16 ff.
– Gewinnabführungsvertrag **25** 47,
  32 1, 32, 48 ff.
– Gläubigerschutz **32** 39 ff., 51, 64
– GmbH-Vertragskonzern **32** 59 ff.
– Konzerninteresse **32** 28 ff.

– Minderheitenschutz **32** 42 ff., 51,
  65 ff.
– Opt-in-Lösung **32** 23
– Organhaftung **32** 37 f.
– Sicherheitsleistung **32** 41
– sonstige Unternehmensverträge
  32 4 f.
– steuerrechtliche Organschaft **32** 50
– stille Gesellschaft **32** 4
– Vermögensbindung **8** 33 f., **20** 32,
  32 31
– Vertragsänderung **32** 46
– Vertragsbeendigung **32** 47, 68
– Vertragsschluss **32** 7 ff.
– Weisungsrecht **32** 24 ff., 49
– Wiederaufbauhilfen **32** 36
siehe auch → *Konzern*
Verwaltungsrat 2 17 f.
Verwaltungssitz 2 28
„Video"(BGH) 10 18
Vinkulierung 12 26 ff.
Vorbelastungshaftung 6 16 ff., **28** 7
– Scheitern der Gründung **6** 25
– stille Liquidation **6** 26
siehe auch → *Vorgesellschaft*
Vorbelastungsverbot 4 55 f., **6** 8
Vorgesellschaft 1 5, **4** 4, 7 ff., **6** 1 ff.,
  19 1, **28** 6 f.
– Durchgangsstadium **4** 7, **6** 1 ff.
– Haftungskontinuität **6** 14
– Identität zur GmbH **6** 3
– Rechtsnatur **6** 4 ff.
– Vertretung **6** 8 ff.
siehe auch → *Handelndenhaftung,*
  Vorbelastungshaftung, Verlustde-
  ckungshaftung
Vorgründungsgesellschaft 4 4 ff.
Vorratsgründung 4 103 ff., **5** 7
siehe auch → *Mantelverwendung*
Vorstand 21 1 f., 31 ff.
– allgemeine Sorgfaltshaftung **21** 88 ff.
– Abberufung **21** 59 ff.
– Amtsniederlegung **21** 9
– Anstellungsvertrag **21** 54, 65 ff.
– Arbeitsdirektor **21** 45
– Aufgaben **21** 32 f.
– Ausschlussgründe (Inhabilität) **21** 47
– Bestellung **21** 55 ff.
– Entlastung **21** 93
– Erster Vorstand **19** 10
– Geschäftsführung **21** 32

– Geschäftsordnung **21** 48
– Geschäftsverteilung **21** 49
– Gesamtverantwortung **21** 51, 90
– Haftung gegenüber Aktionären
  21 105 f.
– Legalitätspflicht **21** 82
– Sorgfaltsmaßstab **21** 81 ff.
– Stellvertreter **21** 46
– Treuepflicht **21** 83
– unternehmerisches Ermessen **21** 2
– Vergütung **21** 13, 70 ff.
– Verschwiegenheit **21** 83
– Vertretung **21** 31, 41 ff.
– Vorsitzender **21** 52 f.
– Vorstandsberichte **21** 111 f.
– Vorstandsressorts **21** 50
– Wettbewerbsverbot **21** 83
– Wiederbestellung **21** 56
siehe auch → *Business Judgment Rule,*
  Compliance, Corporate Governance,
  D&O-Versicherung, fehlerhaftes Or-
  gan, Konzern, Prinzipal-Agent-
  Theorie, Unternehmensinteresse

W

Wahlen 21 269
Wallstreet-Rule 1 38
Wandelanleihen 25 2, 59 ff.
– Pflichtwandelanleihen **25** 60
– Umtausch **25** 53
siehe auch → *Schuldverschreibungen*

Wandelschuldverschreibungen
  25 59 ff.
siehe auch → *Bezugsrecht, Optionsan-*
  leihen, Wandelanleihen
wechselseitige Beteiligung 29 43 ff.
Wertpapiersammelbank 18 28, **22** 7
Wettbewerb der Rechtsformen 2 30,
  3 4
siehe auch → *MoMiG*
Wettbewerbsverbot 13 54 ff., **23** 24 ff.,
– Eintrittsrecht **13** 60
– Geschäftsführer **11** 11, **13** 55
– GmbH-Gesellschafter **13** 55 f., **30** 5
– Komplementär **28** 35
– Konzern **33** 30 ff.
– Mehrheitsaktionär **23** 25 f., **30** 9
– Vorstand **21** 83
– statutarisches Wettbewerbsverbot
  13 58
siehe auch → *Treuepflicht*
Whistleblowing 21 1

Z

Zahlungsunfähigkeit 11 93 ff., 110
– Einstellen der Zahlungen **11** 95
– Zahlungsstockung **11** 94
siehe auch → *Insolvenz*
Zurechnungsdurchgriff 10 4
Zurückbehaltungsrecht 7 16 f.
siehe auch → *Kapitalaufbringung*
Zwischenverfügung 4 68, **4** 94

The manufacturer's authorised representative in the EU is Springer
Nature Customer Service Centre GmbH, Europaplatz 3, 69115 Heidelberg,
Germany. If you have any concerns regarding our products, please
contact ProductSafety@springernature.com

Printed and bound by CPI Group (UK) Ltd, Croydon, CR0 4YY
27/04/2026
02097663-0007